本书由教育部人文社会科学重点基地北京大学外国哲学研究所支持和资助

分析哲学
——批评与建构 上卷

陈波 等著

中国人民大学出版社
·北京·

序　言

本书是我所承担的国家社会科学基金重点项目"分析哲学若干基本理论问题新探"（项目批准号12AZD072）的结项成果之一。作为该重点项目的阶段性成果，本课题组先前在国际A&HCI期刊发表英文论文11篇、中文论文1篇；在中文核心期刊或CSSCI期刊发表中文论文23篇、中译文4篇。所发表的中文成果，被《中国人民大学复印报刊资料》转载15篇次，被其他文摘刊物转载2篇次。本书在先前阶段性成果的基础上，经过挑选、修改、扩充和重新编辑而成，有统一的主题和内在的结构，可以视作专著。本课题的另一结项成果是英文专题文集Chinese Studies on Analytic Philosophy，其中编入了我本人先前在国际A&HCI期刊发表的14篇英文论文，课题组其他成员的3篇A&HCI期刊英文论文，以及其他已经发表或尚未发表的17篇英文论文。

在申报和执行本国家社科基金重点项目的过程中，我有一个非常清楚的目标：不只是研读、转述、评论国外同行对有关问题的研究，而是直接面向哲学问题，参与到他们对有关哲学问题的讨论中去，成为他们的对话者或批评者；参与到哲学的当代建构中去，在批评性对话的过程中，大胆提出、阐发和论证自己的比较系统的原创性哲学观点和理论，尽最大努力在国际A&HCI期刊上发表论文，供国际同行去检视、评价或批评，故把本书命名为《分析哲学——批评与建构》。它属于基础理论研究，其突出特色在于问题导向以及研究的独立性和原创性：中国哲学家参与到国际学术共同体中，直接面向哲学问题，发展自己独立的哲学观点和论证，与西方哲学家同行进行学术对话。这显然有助于提高中国哲学家共同体的国际学术声誉，增强中国文化的软实力和影响力。

我们的努力得到了国家社科基金重点项目结项评审专家的高度认可。本项目结项等级为"优秀"，五位评审专家无一例外地给予本项目很高的评价，下面逐一摘抄他们各自的鉴定结论：

> 这是具有极高学术水平的研究成果，完全同意结项，并评定为优秀。

本成果总体上具有较高的学术价值，完成了课题的预期成果，对于国内哲学研究具有较大的借鉴、参考价值，是认真解决哲学问题的研究成果的典范。

这两项成果具有多方面的价值，上述的创新点和主要建树不仅会促进国内分析哲学研究的进一步发展，而且会加强此领域学术研究的国际交流与合作，也大大有利于扩大中国哲学的国际影响，促进我国的文化建设。

本成果的特色是将逻辑研究贯穿到了整部论文集的研究过程之中去，专业技术色彩很强，具有比较高的学术水平。本鉴定人认为该作品的凸出特点有：不仅仅是研读分析哲学的文献，而且是思考文献所思考的哲学问题，切入与文献写作者的思想对话。

这两项成果表现出很高的学术造诣和严谨的学术态度，具有很高的学术价值。就研究水平来说，与当前西方学术大致处于相同的水准。因此，这些成果将会成为中国学术进步的重要文献，也将对推动中国高等教育中的学术研究和教学发展起到积极的作用。

本书分为上、下两编。上编为"批评性评论"，其中第一个专题为"早中期分析哲学"，在对20世纪分析哲学内部的八大论战和语言哲学做了批评性回顾之后，依次对弗雷格、罗素、蒯因的部分思想，分析哲学芬兰学派及其代表性人物冯·赖特、亨迪卡的思想，以及对个别论题（如分析性和单称存在句）做了比较具体深入的讨论。①

第1章论述说，分析哲学是一个源于弗雷格、摩尔、罗素、维特根斯坦和逻辑实证主义者的不连续的历史传统，其特点是：尊重科学和常识，运用现代逻辑工具，强调精确和清晰的论证，把追求知识和真理的目标看得高于激发灵感、道德提升和精神慰藉等目标，以及自发形成的专业分工。此外，分析哲学家们不断地相互诘难和相互批判，从而导致分析哲学内部发生了多次大论战。该章概述和评论了其中的八次大论战：心理主义和反心理主义的论战，数学基础中三大派的论战，描述论和直接指称论的论战，实在论和反实在论的论战，本质主义和反本质主义的论战，内在论和外在论的论战，关于真理和逻辑真理的论战，逻辑一元论和逻辑多元论的论战。本章最后阐释了哲学论战的意义：揭示已有理论观点的问题和缺陷；开拓新的思维空间，发展新的理论观点；防

---

① 出于篇幅考虑，下面仅选择部分重点章节加以介绍。

止学术领域里的盲从、独断和专制；凸显哲学追求智慧和真理的本性。

第2章论述说，20世纪西方哲学发生了"语言转向"，关于语言和意义的研究出现了两种不同甚至对立的进路。一种是"二元进路"，它重点关注语言的形式维度，把语言视为一个抽象的、形式的符号系统，倾向于脱离语言使用者去考虑语言和世界之间的关系，以形式语义学作为其范例。这种进路的代表人物，包括弗雷格、罗素、早期维特根斯坦、卡尔纳普、塔斯基、乔姆斯基、戴维森和克里普克等人。另一种是"三元进路"，它重点关注语言的社会维度，思考语言、人（语言共同体）和世界之间的关系，强调人类共同体对语言和意义的形塑或建构作用，认为我们必须使用这样一些关键词，如社会共同体、交流或交往、意向性、约定、规则、语境、公共语言、共享意义等，才能合理地说明语言及其意义。这种进路的代表人物，包括后期维特根斯坦、奥斯汀、格赖斯、塞尔、斯特劳森、普特南、达米特、大卫·刘易斯、伯奇和布兰顿等人。在20世纪语言学和语言哲学中，二元进路始终占据支配性地位。

第3~4章旨在对弗雷格的思想理论做系统性阐释和批判性考察。首先，把弗雷格的思想理论概括为如下10论题：思想是直陈句或疑问句的涵义；思想有真假，若为真就永远为真，若为假就永远为假；思想有结构：主目-函数结构和复合结构；思想不属于外部世界，它是非物质的和不可感知的；思想不属于内心世界，它是公共可分享的；思想属于第三域：独立自存、不占时空、因果惰性、永恒实体；思想可以被人理解和把握；判定思想的同一性至少有两个标准；思想通过作用于人的内心世界，影响人的意志，从而作用于外部世界；思想的客观性可以确保逻辑和数学的客观性。其次，通过对弗雷格的反心理主义及其思想理论做批判性考察，得出如下结论：（1）弗雷格的思想理论是内在不一致的：一个思想不能既是一个语句的涵义又先于语言甚至独立于人的思考和心灵；（2）该理论有许多难以回答甚至不能解决的问题，例如：我们如何把握一个思想？我们如何判定一个思想是真的还是假的？我们如何识别思想之间的同一？我们如何厘清第三域成员之间的复杂关系？（3）造成弗雷格思想理论的所有困难的根源是：弗雷格隐含地只承认两个极端，即纯粹的客观性和纯粹的主观性，他缺乏像主体间性这样的中间范畴，让它成为架通纯粹主观性和纯粹客观性的桥梁。

第6章论述说，罗素和金岳霖关于归纳问题的研究，堪称中西哲学交流的一个典型案例。金岳霖受到了休谟哲学和罗素哲学的很大影响。如何回应休谟所提出的归纳问题是理解金岳霖的全部哲学活动的一条重要线索。本章首先重构了休谟关于因果关系和归纳推理的怀疑论证，其次就休谟怀疑论、因果律、归纳原则、经验公设等主题深入评析了罗素的归纳证成方案，再次就对休谟知识论的批评、因果关系的可靠性、归纳原则的永真性、归纳原则的先验性等主题仔细探讨了金岳霖的归纳证成方案，最后仔细比较了罗素和金岳霖在归纳问题研究上的异同并得出结论：他们二人的归纳证成方案都失败了。

第8章对蒯因的真理观做了批判性考察。首先，详细阐述蒯因关于"真"和"真理"究竟说了些什么，将其真理观概括为8个论题：（1）恒久句是真值承担者；（2）塔斯基的真定义是普遍适用的；（3）真就是去引号；（4）去引号论是符合论的残余；（5）真是内在的；（6）融贯必须是真理的内在要素；（7）对假说的评价同时受求真考虑和实用考虑所指导；（8）存在着经验上等价但逻辑上不相容的关于世界的理论。其次，揭示了蒯因真理观中的某些内在紧张：例如，塔斯基关于真的递归定义与蒯因关于意义和知识的整体论是否相容？蒯因是否同时坚持实在论的真理观和认知的真理观？在观察语句的主体间性和科学的客观性之间是否存在间隙？最后，论证了关于真的去引号说明是不充分的，因为一个合格的真理论至少必须回答如下问题：真理是否需要一个实在论基础？语言如何与世界相关联？人类心灵如何把握真理？为什么融贯在真信念之网中显得很重要？等等。

第9章阐述了芬兰哲学家冯·赖特的学术理路和思想进程。赖特早年受其博士生导师、当时的芬兰哲学领袖埃洛·凯依拉的影响，信奉逻辑经验主义，研究归纳概率逻辑。在20世纪50年代前后研究逻辑真理时，他偶然发现量词、狭义模态词、道义词、时态词、认知态度词之间的类似，由此提出广义模态逻辑的系统构想，并创立了道义逻辑、优先逻辑这样一些新的逻辑分支。在研究道义逻辑的过程中，他认识到义务、允许、禁止等一方面与道德规范和法律规范相关，另一方面与人的行动和行为相关，由此导致他对伦理学、一般价值和规范理论的研究。后面这些理论研究的结果，又进一步导致他研究人文社会科学方法论与自然科学方法论的联系与区别，提出了因果论解释模式和意向论解释模式之间的二元对立，他重点研究了意向论解释模式。晚年，他又研究心智哲学和文化哲学，对工业技术文明总体上持批评态度，倡导一种人文主义的生活方式。此外，作为维特根斯坦的遗嘱执行人之一，他在维氏遗著的搜寻、整理、编辑、出版等方面做了大量工作，并对其思想做了一些研究，这为他在国际哲学界赢得了广泛声誉和重要地位。

上编第二个专题为"克里普克哲学"。克里普克是 20 世纪后半期分析哲学的关键性人物，提出了很多有影响力的观点和学说。本专题对克里普克的许多学说提出了系统性的质疑，涉及他反对描述论的模态论证、语义论证和认知论证，他的必然性概念，他关于信念之谜和认知疑难的论述，他关于空专名和虚构实体的论述，他的真理论和悖论解决方案，他关于意外考试悖论的论述，等等。最终得出的结论是：克里普克的许多观点及其论证存在严重的纰漏或缺陷，甚至根本不能成立。

第 12 章论述说，在反对指称描述论的模态论证中，必然性无疑是一个最重要的概念。一直以来，无论是直接指称论者，还是被他们所批评的指称描述论者，都相信在论证中对于必然性概念的使用是恰当的，并且也是一致的。这篇文章试图指出，在实际的模态论证中，存在着两个属于不同范畴的必然性概念，它们被未加区分地使用于论证的不同步骤。因此，模态论证的结果是值得怀疑的。

第 13 章把克里普克反描述论的语义论证简要重构为：大前提，如果关于名称的描述论是正确的，则名称的意义必须是确定其所指的充分必要条件；小前提，事实上，名称的意义不是确定其所指的充分必要条件；结论，关于名称的描述论是错误的。本章作者只接受此论证的小前提，但不接受大前提，故不接受其结论。作者还揭示了在语义论证中两个很成问题的隐含假设：假设 1，"名称或摹状词如何指称对象"这一问题仅仅是名称（或摹状词）与对象、语言、世界之间的一种客观关系，与使用名称、摹状词以及整个语言的"我们"（语言共同体）无关；假设 2，如果名称有意义并且其意义由相应的摹状词给出的话，这些摹状词应该是确定名称所指的充分必要条件，我们有可能找出这样的充分必要条件。作者通过强调语言及其意义的社会性、约定性和历史性，详细地批驳了假设 1 和假设 2，由此得出结论：克里普克反描述论的语义论证不成立。

第 14 章质疑克里普克所提出的"先验偶然命题"和"后验必然命题"概念及其论证，论述说：克里普克只强调了"必然性"和"先验性"这两个概念的区别，几乎没有说明它们之间的联系。他关于"棍子 S 在时间 t_0 是一米长"是先验偶然命题的论证不成立，其根源在于他所援引的"一米"定义是如此不严格和不精确，以致不可能在它的基础上同时证明该命题的偶然性和先验性。当他论证"长庚星是启明星"这类命题是必然的时，他所强调的是等式两边的

"同"：等式两边表示同一个对象；当他论证这类陈述是后验的时，他所强调的是等式两边的"异"：等式两边有不同的名称。于是，他关于此类命题是"后验必然命题"的论证是把完全不同的东西叠加在一起的结果。他关于"理论同一性陈述是后验必然陈述"的论证被重构为五个步骤，其中许多步骤存在严重问题，因而该类论证是非结论性的。此外，克里普克所举证的那些命题都不是"先验偶然命题"或"后验必然命题"的适当例证。

第 18 章讨论认知疑难及其解决方案，论述说：任何名称理论都会遇到关于同一性陈述的弗雷格之谜和关于信念归属句的信念之谜，只是多数理论都将其当作两种不同种类的问题。本章通过分析表明，弗雷格之谜和信念之谜具有共同的结构特征，其背后隐藏着同样的"认知疑难"，因此有理由建构一个能对其做出统一解释的名称理论。而在传统的描述论和直接指称论框架下都不能给出这样的解释：描述论的"认知语境中普通的涵义转化为指称"的观点会导致语义的无穷倒退，从而使得认知陈述不可理解，并且也使得 *de re* 认知不可表达；直接指称论虽然克服了描述论的上述缺点，但却不能在语义学范围内解决认知疑难，而只得将其抛给语用学。本章通过将被直接指称论者所抛弃的认知成分重新纳入语义学，建立一种非描述的二维认知语义学，从而不仅可以在语义学框架中对认知疑难做出统一的解释，还可以避免描述论和直接指称论所面对的困难。

第 19 章讨论虚构对象的名字和反描述论论证，论述说：直接指称论的反描述论论证主要有三种，即模态论证、认识论论证和语义学论证。多数语言哲学家相信，这三个论证对于反驳一般的关于物理对象名字的指称描述论是有效的。但是，三个论证对于一种可能的虚构对象名字的描述论是否有效，是一个需要讨论的问题。本章根据虚构对象名字在语义上依赖于性质描述的特点，根据这种描述所产生的模态性质、认识论性质和语义学性质，最终得出否定性的结论：三个反描述论论证对于反驳虚构对象名字的描述理论是无效的。

上编第三个专题为"新近分析哲学"，涉及的哲学家有麦克道尔、威廉姆森和苏珊·哈克。其中，前 3 章对麦克道尔关于逻辑空间、自然和心灵事项的论述做了述评，随后 6 章批判性地考察了威廉姆森关于模糊性和连锁悖论、认知主义、二值原则、先验-后验的区分、必然主义等的论述。最后一章评述了苏珊·哈克的认知证成理论——基础融贯论。

第 23~24 章讨论和阐释麦克道尔哲学的中心论题。麦克道尔试图消解近现代哲学围绕着心灵与世界的关系而产生的诸多忧虑,并将这些忧虑归结为有关心灵事项对世界的指向性或者说其客观意蕴的忧虑。在他看来,这类忧虑产生的原因在于两种逻辑空间(理由的逻辑空间与自然科学的理解的逻辑空间)的截然区分以及近代以来所形成的有关自然的构想。为了消解它们,我们需要重新界定自然观念,使其包括第一自然和第二自然。

第 26 章和第 31 章分别讨论威廉姆森的认知主义和必然主义。在以往对模糊问题的研究中,语义方案是主要的解决途径,它试图通过修改经典语义来消除悖论。威廉姆森在批评语义方案的基础上,为认知主义提供了有力的辩护,使其在模糊性研究中得到复兴。认知主义主张,模糊性源自人类对事物本身存在状况的无知。第 26 章评论说,认知主义存在一些优点,如捍卫经典逻辑及其语义学,将模糊性产生的根源归结于人类自身而不是语言,以及对 KK 原则强有力的批判。但在详细考察威廉姆森的认知主义之后,可以发现,他的论证也有一些值得质疑之处,如对高阶模糊问题的处理,对 K 公理的彻底接受,以及对模糊性来源的解释。威廉姆森在《作为形而上学的模态逻辑》一书中论证了必然主义,即必然地任何东西都必然地是某个东西,或者说,任何对象都存在于任何可能世界之中。第 31 章首先重构了他支持必然主义的三个论证:诉诸巴肯公式的论证,诉诸存在限制的论证,以及诉诸模态概括公理的论证;其次阐释了他通过逻辑原则得出形而上学结论的方法论启示;最后评论说,威廉姆森的工作对于推动当代分析形而上学的发展具有重要意义。

第 27 章反驳了威廉姆森关于二值原则的论证。在对模糊性和连锁悖论的研究中,威廉姆森先后构造了三个论证去表明:否定二值原则将导致逻辑矛盾,亦称"荒谬"。本章论证了如下两个断言:(1)在一个良好设计且能得到很好证成的三值逻辑中,否定二值原则并不会导致荒谬。(2)在威廉姆森的论证中,某些推理步骤只在二值的经典逻辑中有效,而在某些非二值逻辑中无效;那些论证使用了塔斯基的去引号模式,后者本身就预设了二值原则。因此,威廉姆森的三个论证几乎是直接的循环论证:在假定二值原则之后,再证明否定二值原则将导致荒谬。本章最后列出了据以反驳威廉姆森论证的有关模糊性的一些观点,并为它们提供了简短的辩护和证成。

第 30 章考察威廉姆森对先验-后验区分的两个挑战,论述说:自康德以来,先验-后验之分就在哲学中扮演着重要的角色。但威廉姆森在最近的著作中对其认识论价值提出挑战。本章提议将其论证看成两种不同的挑战,在为其第一种挑战辩护的同时，也对其第二种挑战给出了新的反驳。所得出的结论是：威廉姆森成功地给出了既不能适当地归类为先验，也不能适当地归类为后验的例子，所以，他的第一个挑战可以得到辩护；但他将其反例推广到先验-后验之范例的尝试未能成功，因此，那些试图坚持认为先验-后验之分具有重要价值的人仍然可以通过接受第三类知识来避免威廉姆森的一般性批评。本章也解释了知识三分何以可能以及为何更优。

第32章讨论苏珊·哈克在《证据与探究》一书中提出的基础融贯论及其学术影响。哈克对各种形式的基础论和融贯论提出了系统性批评，发展和论述了她自己的一种中间型理论——基础融贯论，包括如下两个断言：（1）一个主体的经验是与其经验信念的证成相关联的，但是不需要任何类型的具有特殊地位的经验信念，后者只能通过经验的支持来得到证成，而与其他信念的支持无关。（2）证成不只是单方向的，而且包含着信念之间无处不在的相互支持。基础融贯论既包括证成的因果方面，也包括证成的逻辑或拟逻辑方面；好的证据必须考虑三个维度：支持性、独立安全性和全面性。哈克还提出了对基础融贯论的元证成：它的证成标准是以真理为导向的，旨在揭示和发现真理。哈克的基础融贯论产生了很大的学术影响，被视作当代认识论中有关认知证成的几种主要理论之一，但其确切学术价值需要等待未来哲学史的裁定。

本书下编为"理论性建构"，由9章组成，大部分由我本人撰写。在这些章节中，我在批判性审视当代西方哲学有关理论的基础上，提出、阐发和论证了一些带有很大原创性的比较系统的哲学观点和学说。

第33章首先区分了自然语言中词项（包括专名、摹状词、自然种类词以及表示社会化事物和人造物品的词等）的两种不同用法，即指示性使用和谓述性使用，然后对克里普克所提出的严格指示词和非严格指示词的区分提出了系统的反驳。本章论证了如下6个断言：（1）在不同的语境中，大多数词项都有指示性使用和谓述性使用，不论它们是作为句子的主词还是谓词；（2）对于专名和自然种类词来说，其指示性使用是第一位的，其谓述性使用寄生于前者；（3）对于限定摹状词来说，其谓述性使用是第一位的，其指示性使用寄生于前者；（4）指示性使用和谓述性使用的区分是语义的而非语用的；（5）指示性使用和谓述性使用的区分是对于当代语言哲学的新添加，因为它不同于先前已有的其他区分，如指称性用法和归属性用法、语义指称和说话者指称、从言模态和从物模态、宽辖域和窄辖域、模糊指称以及有关专名的谓述主义；（6）基于指示性使用和谓述性使用的区分，对"亚里士多德可能不是亚里士多德"和"亚里士多德可能不是亚历山大的老师"这两个句子，可以分别给出为真的解读和为假的解读。根据这一事实以及其他理由，可以推知：克里普克关于严格指示词和非严格指示词的区分是失败的。

第34章提出和论证了"语言和意义的社会建构论"（缩写为SCLM），由此系统地回答如下重要问题：语言如何工作？意义如何生成？SCLM由6个命题构成：（1）语言的首要功能是交流而不是表征，语言在本质上是一种社会现象；（2）语言的意义来源于人与外部世界的因果性互动，以及人与人的社会性互动；（3）语言的意义在于语言和世界的关联，由语言共同体的集体意向所确立；（4）语言的意义基于语言共同体在长期交往过程中形成的约定；（5）语义知识就是经过提炼和浓缩的经验知识，或者是被语言共同体所接受的语言用法；（6）语言和意义随语言共同体的交往实践或快或慢地变化。SCLM的关键在于：用"语言、人（语言共同体）和世界"的三元关系去取代"语言和世界"的二元关系。

第35章在作者先前建构的"语言和意义的社会建构论"的基础上，通过批判性评论关于名称的描述论和直接指称论，提出、阐发和论证了一种新的名称理论——社会历史的因果描述论。这一理论由以下6个论题组成：（1）名称与对象的关系始于广义的初始命名仪式；（2）在关于名称的因果历史链条上，所传递的首先是并且主要是关于名称所指对象的描述性信息；（3）被一个语言共同体所认可的那些描述性信息的集合构成了名称的意义；（4）相对于认知者的实践需要而言，在作为名称意义的描述集合中可以排出某种优先序：某些描述比其他描述更占有中心地位；（5）若考虑到说话者的意向、特定话语的背景条件和相关的知识网络等因素，由名称的意义甚至部分意义也可以确定名称的所指；（6）除极少数名称外，绝大多数名称都有所指，但其所指不一定是物理个体，也包括依附性对象、虚构对象和内涵对象。

第36章讨论演绎的证成，论述说：休谟提出了著名的归纳问题，并对归纳推理是否具有普遍必然性以及如何证明，给出了否定的答案。本章作者认为：（1）演绎推理具有与归纳推理类似的认识论地位，演绎证成将面对一个与归纳证成类似的两难困境。（2）对于证成一个逻辑系统而言，技术上的可靠性和完全性只是必要条件，而不是充分条件；还必须考虑它在认识论上是否正确或适当的问题，即逻辑系统内的形式论证是否充分适当地反映、刻画了逻辑系统外的非形式论证。（3）通过其所含逻辑常项的解释，逻辑系统与关于日常语言和思维实践的经验发生十分间接的联系。（4）不存在对演绎和逻辑系统的绝对证成，只存在对它们的相对证成。（5）逻辑在原则上是可修正的，但让逻辑不受伤害始终是一个合理的策略。（6）逻辑学家并不是理性领域的立法者，他们在认识论上没有任何特权。

第37章从哲学和法学的双重视角去审视"事实"和"证据"概念，论述说："事实"概念在语义学、本体论、认识论、科学哲学、法哲学以及司法实践中都起关键性作用。在严格的哲学审视之下，这一概念却面临一系列严重的理论困难：例如，我们如何去定义和说明"事实"概念？事实能否个体化？如何个体化？事实有特殊和普遍、正和负、真和假之分吗？命题如何"符合"事实？究竟是"事实"概念先于"命题"概念，还是"命题"概念先于"事实"概念？谁依赖谁？谁说明谁？"事实"是纯客观的因而是一个本体论概念，还是带有主观性因而是一个认识论概念？本书阐述和论证了如下观点："事实"是认知主体带着特定的意图和目标，利用特定的认知手段，对外部世界中的状况和事情所做的有意识的剪裁、提取和搜集，因而是主观性和客观性的混合物。用一种隐喻性说法："事实"是我们从世界母体上一片片"撕扯"下来的。最后究竟"撕扯"下一些什么，取决于我们想"撕扯"什么，"能"撕扯什么，以及"怎么"撕扯。如此理解的"事实"在科学研究和司法实践中作为"证据"起作用，奠基于此种"证据"概念的科学研究和司法实践都很难保证不出错，故两者都建立了一整套"事前防错"和"事后纠错"的程序和机制。司法审判应更多地追求"程序正义"，通过它去确保"实质正义"，其指导原则最好也从原来的"以事实为依据，以法律为准绳"改为"以证据为依据，以法律为准绳"。

第38章讨论现代逻辑视野下的实质真理论研究，论述说："真"是一种实质性质，说一个语句是真的意味着说出比这个语句本身更多的内容。实质真理论不仅借鉴弗雷格的涵义确定指称原则以及塔斯基关于对象语言和元语言的区分，而且避免多元真理论在统一性和多样性、局部性和全局性之间的纠结。实质真理论包括建构真理论和分层真理论。建构真理论由三个论题构成：（1）根据社会历史因果描述论确定名称的指称；（2）把语境原则与组合性原则结合起来确定语句的意义；（3）实质真理建立在有经验内容的语义知识的基础上。分层真理论也由三个论题构成：（1）理论与模型之间的关系是理论与理论之间的关系；（2）理论与理论之间的关系呈现出等级层次；（3）理论与实在通过多种方式关联起来，实质真理表现为实用真理、迂回真理和实验真理。

第39章讨论哲学中的可设想性论证及其限度，论述说：以僵尸论证为代表的可设想性论证在当代哲学中有着广泛的应用，但是对这种论证方式不加限制地使用造成很多哲学观点之间的争论。一种为可设想性论证设定限制条件的原则是：一个主体设想的内容所得出的可能性与另一个主体设想的内容所得出的可能性具有相同程度的确定性，当且仅当，就设想内容而言，A与B达成共鸣。从主体间的限制原则可以推广出共同体间的限制原则以及主体内的限制原则。这些原则都是从情感世界出发的，建立在主体间相互交流的基础上。共鸣的三个核心要素是：感同身受和设身处地，摆脱偏见和私欲，以及避免无知和冲动，从二阶想象坍塌为一阶想象乃至从高阶想象坍塌为低阶想象。根据主体内限制原则，从共鸣的三个核心要素可以分别构造出三种反驳僵尸论证的方案：对立主体方案、异世主体方案以及理想主体方案。共鸣并不是一个单纯的心理学概念，而是具有社会性维度的。在社会建构论的框架下，共鸣的三个核心要素分别体现为因果具身性、集体意向性以及社会约定性。

第40章讨论哲学语言及其术语伦理。通常认为，现代分析哲学中的逻辑分析派与日常语言派有着共同的动因，即通过语言上的分析与矫正来解决许多因为语言使用模糊而导致的哲学困境，两派的分歧只在于是应该靠人工语言还是靠日常语言来实现此种"诊疗"。但是，从"哲学语言"的视角重建有关现代分析哲学发展进程的叙事，可以发现，逻辑分析派与日常语言派之间的对立已呈现出新的样态与向度，那就是：哲学应该拥有自己的一套行业语言，而我们需要弄清楚人工语言与日常语言哪一个更适于作为哲学语言的模型或范本。本书认为，来自现代分析哲学发展的一项超越分析哲学思潮本身的重要思想遗产是"哲学语言具有一种无法消解的伦理维度"。作为科学上早已存在的术语伦理问题在现代哲学上的滞后显现，"哲学语言的伦理维度"使得处在"后分析哲学"时代的当代哲学家们相信：哲学语言可以而且应该区分为好的与坏的，而且在此种"好坏"判定的背后有一套关乎哲学语言规范与创新的"伦理准则"。

第41章通过对中国哲学界现状的批评性反省，着力阐发了哲学研究的两条不同路径：一是面向原典和传统，着眼于诠释和继承，即使是这种研究方式，也可以通过创造性诠释走向理论创新；二是面向学理性问题和当代现实问题，着眼于在深厚的学理基础上，谨守学术规范，从事哲学理论的开拓创新。这两种研究方式都是需要的，但目前中国哲学界的严重问题是，前一种占据绝对支配地位，而后一种几近阙如。正确的选择应该是：百花齐放，让不同的研究方式相互竞争，共同营造当代中国哲学的繁荣。

本书的具体分工如下：

陈　波：第1~4章，第6~8章，第10~11章，第13~14章，第25章，第27~28章，第32~37章，第38~39章（与刘靖贤合著），第41章。主编全书。

叶　闯：第9章，第12章，第17章，第19章。

韩林合：第23~24章。

刘靖贤：第5章，第26章（与王海若合著），第31章，第38~39章（与陈波合著）。

徐召清：第18章，第22章，第30章。

张力锋：第15~16章。

刘叶涛、杨四平：第20章。

赵　震：第21章。

王海若：第26章（与刘靖贤合著）。

胡兰双：第29章。

张留华：第40章。

全书若有任何讹误和疏漏，我应该负最主要的责任。欢迎读者批评指正。

本书的出版受到北京大学外国哲学研究所资助，特此致谢。感谢本书的责任编辑王鑫极其认真仔细的编辑工作。

陈　波

2018年1月10日于京西博雅西园

目 录

上编 批评性评论

一、早中期分析哲学 ··· 3
第 1 章　分析哲学内部的八次大论战 ······················· 4
第 2 章　20 世纪西方语言哲学回眸 ························ 24
第 3 章　弗雷格的思想理论述要 ··························· 45
第 4 章　超越弗雷格的"第三域"神话 ······················ 61
第 5 章　弗雷格的涵义无穷分层问题 ······················· 84
第 6 章　罗素与金岳霖论归纳问题
　　　　——中西哲学交流的一个案例 ···················· 103
第 7 章　蒯因的逻辑哲学
　　　　——重构与反省 ··································· 132
第 8 章　对蒯因真理观的批判性考察 ······················ 166
第 9 章　"根据指称决定者为真"的分析性新解及其问题 ···· 189
第 10 章　在分析传统和解释学传统之间
　　　　——冯·赖特的学术贡献 ·························· 202
第 11 章　在逻辑和哲学之间
　　　　——亨迪卡的学术贡献 ···························· 214

二、克里普克哲学 ·· 229
第 12 章　必然性概念在反描述论论证中的使用 ············ 230
第 13 章　反驳克里普克反描述论的语义论证 ·············· 241
第 14 章　存在"先验偶然命题"和"后验必然命题"吗？
　　　　——对克里普克知识论的批评 ···················· 265
第 15 章　个体本质：一条亚里士多德主义的路径 ········· 303

第 16 章　自然种类词的逻辑 ································· 318

第 17 章　分析性与信念之谜 ································· 332

第 18 章　认知疑难及其解决
　　　　——二维认知语义学方案 ································· 346

第 19 章　虚构对象的名字与反描述论论证 ································· 368

第 20 章　空专名、虚构对象与指称行动 ································· 383

第 21 章　克里普克的极小固定点真理论 ································· 393

第 22 章　克里普克论意外考试悖论 ································· 405

三、新近分析哲学 ································· 417

第 23 章　麦克道尔的两种逻辑空间学说 ································· 418

第 24 章　麦克道尔论心灵事项的客观意蕴 ································· 433

第 25 章　对模糊性和连锁悖论的新近研究 ································· 442

第 26 章　论威廉姆森的认知主义 ································· 460

第 27 章　反驳威廉姆森关于二值原则的论证 ································· 476

第 28 章　"知识优先"的认识论
　　　　——读《知识及其限度》 ································· 494

第 29 章　对威廉姆森反透明性系列论证的质疑 ································· 506

第 30 章　威廉姆森对先验-后验之分的两个挑战 ································· 527

第 31 章　论威廉姆森的必然主义 ································· 543

第 32 章　苏珊·哈克的基础融贯论 ································· 552

下编　理论性建构

第 33 章　自然语言中词项的指示性使用和谓述性使用 ································· 569

第 34 章　语言和意义的社会建构论
　　　　——语言如何工作？意义如何生成？ ································· 589

第 35 章　社会历史的因果描述论
　　　　——名称究竟如何指称对象？ ································· 616

第 36 章　演绎的证成
　　　　——与归纳问题类似的演绎问题 ································· 635

第37章　事实和证据
　　——从哲学和法学的视角看 ……………………………… 652

第38章　现代逻辑视野下的实质真理论研究 ……………………… 679

第39章　哲学中的可设想性论证及其限度
　　——对形而上学可能性的主体间性解释 …………………… 704

第40章　哲学语言及其术语伦理 …………………………………… 725

第41章　哲学研究的两条不同路径
　　——对中国哲学界现状的批评性反省 ……………………… 746

主要参考文献 ………………………………………………………… 763

CONTENTS

Part One Critical Examination

I **Early and Middle-Term Analytic Philosophy** ········· 3

　Chapter 1　Eight Debates inside Analytic Philosophy ············ 4
　Chapter 2　Retrospection and Reflection on Western Philosophy of Language in the 20th Century ············ 24
　Chapter 3　Outline of Frege's Theory of Thought ············ 45
　Chapter 4　Beyond Frege's Mysterious "Third Realm" ············ 61
　Chapter 5　Frege on "Infinite Hierarchy of Sinn" ············ 84
　Chapter 6　Russell and Jin Yuelin on Induction: From the Perspective of Comparative Philosophy ············ 103
　Chapter 7　Quine's Philosophy of Logic: Reconstruction and Reflection ··· 132
　Chapter 8　A Critical Look at Quine's Conception of Truth ············ 166
　Chapter 9　New Interpretation of Analyticity and Its Problems ············ 189
　Chapter 10　Between Analytic and Hermeneutic Traditions: von Wright's Academic Contribution ············ 202
　Chapter 11　Between Logic and Philosophy: Jaakko Hintikka's Academic Contribution ············ 214

II **Philosophy of Saul Kripke** ············ 229

　Chapter 12　The Use of the Concept "Necessity" in Anti-Descriptivist Arguments ············ 230
　Chapter 13　Kripke's Semantic Argument against Descriptivism Reconsidered ············ 241
　Chapter 14　Are There Contingent A Priori Propositions and Necessary A

		Posteriori Propositions?: Critical Review of Kripke's Theory of Knowledge	265
Chapter 15		Individual Essense: An Aristotlian Approach	303
Chapter 16		The Logic of Natural Kind Terms	318
Chapter 17		Analyticity and the Puzzle about Belief	332
Chapter 18		Epistemic Dilemmas and Their Resolutions: An Approach from Two-Dimensional Semantics	346
Chapter 19		The Names of Fictional Objects and Anti-Descriptivist Arguments	368
Chapter 20		Empty Names, Intentionality, and Referential Action	383
Chapter 21		Kripke's Theory of Truth Based on Minimal Fixed Point	393
Chapter 22		Kripke on the Paradox of Unexpected Examination	405

Ⅲ Recent Analytic Philosophy … 417

Chapter 23		McDowell's Theory of Two Kinds of Logical Spaces	418
Chapter 24		McDowell on the Objective Implication of Mind-Terms	433
Chapter 25		Recent Studies on Vagueness and Sorites Paradoxes	442
Chapter 26		On Williamson's Epistemicism	460
Chapter 27		Against Williamson's Arguments about Bivalence	476
Chapter 28		The "Knowledge First" Epistemology: Review of *Knowledge and Its Limit*	494
Chapter 29		Willianmson's Arguments for Anti-Luminosity Recondered	506
Chapter 30		Williamson's Challenges of the Distinction of A Priori and A Posteriori	527
Chapter 31		On Williamosn's Necessitism	543
Chapter 32		On Susan Haack's Theory of Epistemic Justification: Foundherentism	552

Part Two Theoretical Construction

Chapter 33   Designative and Predicative Uses of Terms in Natural

	Language …………………………………………………………	569
Chapter 34	Social Constructivism of Language and Meaning: How do Languages Work? How do Meanings Grow? …………………	589
Chapter 35	Social-Historic Causal Descriptivism: How do Names Refer to Their Objects? …………………………………………………	616
Chapter 36	Justification of Deduction: Problem of Deduction Similar to Problem of Induction ………………………………………	635
Chapter 37	Fact and Evidence: From the Perspectives of Philosophy and Jurisdiction …………………………………………………	652
Chapter 38	Studies on Substantive Theory of Truth: From the Perspective of Modern Logic ……………………………………………	679
Chapter 39	Conceivability Argument and Its Limits in Philosophy: The Intersubjective Interpretation of Metaphisical Possibility ………	704
Chapter 40	Language of Philosophy and Its Ethics of Terminology ………	725
Chapter 41	Two Different Approaches to Philosophy: A Critical Reflection to Contemporary Chinese Philosophy ………………………	746

Bibliography ……………………………………………………… 763

上编
批评性评论

一、早中期分析哲学

第 1 章　分析哲学内部的八次大论战

很难给"分析哲学"一个总括性的且能赢得广泛赞同的刻画和说明。大致说来，它是一个源于弗雷格、摩尔、罗素、维特根斯坦和逻辑实证主义者的不连续的历史传统，其发展途中曾经有过一些或大或小的学派，但从来没有形成一个统一的分析哲学学派，更没有形成一套为所有甚至大多数分析哲学家所秉持的实质性的哲学理论或立场。把所有分析哲学家聚合起来的，毋宁是一种做哲学的方式或风格，例如，尊重科学和常识，运用现代逻辑，强调精确和清晰的论证，把追求知识和真理的目标看得高于激发灵感、道德提升和精神慰藉等目标，以及自发形成的专业分工。此外，还有一个特点：分析哲学家不断地相互诘难和相互批判[①]，导致从 19 世纪末叶到当代，分析哲学内部发生了多次大论战，分别发生在逻辑哲学、数学哲学、语言哲学、形而上学、知识论、真理论、心灵哲学等领域之中。本章从中挑选出八大论战：心理主义和反心理主义的论战、数学基础中三大派的论战、描述论和直接指称论的论战、实在论和反实在论的论战、本质主义和反本质主义的论战、内在论和外在论的论战、关于真理和逻辑真理的论战、逻辑一元论和逻辑多元论的论战，分别对它们做简要的历史回顾与评论，最后阐释哲学论战的意义：揭示已有理论观点的问题和缺陷；开拓新的思维空间，发展新的理论观点；防止学术领域里的盲从、独断和专制；凸显哲学的追求智慧和真理的本性。

一、心理主义和反心理主义的论战

这次论战于 1890—1914 年间发生在德语地区，主要围绕"逻辑是不是心理学的一部分"这个问题来进行。论战双方都关注如何给逻辑学"奠基"，只是对

[①] 陈波. 分析哲学的价值. 中国社会科学，1997（4）.

奠基于何处有不同的看法：一方试图把逻辑学奠基于心理学，另一方要为逻辑学寻找更为客观可靠的基础。

在19世纪，受经验论哲学和实验心理学发展的影响，一些心理主义者——如德国埃德曼、耶路撒勒姆、冯特、西格沃特和克里，英国密尔，或许还有美国皮尔士——认为，内省是哲学研究的主要方法，心理学是哲学的基础学科，逻辑学、伦理学等其他学科皆是心理学的应用学科，逻辑学除了是心理学的一个分支外什么也不是。他们提出了支持其主张的如下五个论证[①]：

（1）心理学是研究所有思维规律的科学，逻辑学研究特殊的思维规律，所以，逻辑学是心理学的一部分。

（2）告诉我们应该如何做的规范性学科必须建立在描述和解释性科学之上。逻辑学是关于人类思维的规范性学科。仅有一门科学有资格构成逻辑的描述-解释性基础：经验心理学，所以，逻辑必定以心理学为基础。

（3）逻辑学是关于判断、概念和推理的理论。判断、概念和推理是人类的心理实体。所有人类的心理实体都属于心理学范畴。因此，逻辑学是心理学的一部分。

（4）逻辑真理的检验标准是对自明性的感知。对自明性的感知是人类的心理经验。因此，逻辑是关于人类的心理经验的，它是心理学的一部分。

（5）我们不能设想别样的逻辑。可设想性限度就是人类的心理限度。逻辑是相对于人类思维的，而这种思维只能由心理学来研究，因此逻辑学隶属于心理学。

弗雷格和胡塞尔等人对如上所述的心理主义提出了严厉的批判。他们认为，逻辑学与心理学截然不同，前者具有客观性、精确性，而后者具有主观性、模糊性，逻辑学不仅不是建立在心理学的基础之上的，而且还应该摒弃所有的心理因素。更有甚者，胡塞尔等人甚至联名呼吁，将心理学逐出德国大学的哲学系，要求取消实验心理学的教授职位，这迫使实验心理学之父冯特写了一本辩护性著作——《为生存而斗争的心理学》。

在仔细检视之后，罗伯特·汉纳（Robert Hanna）把弗雷格的反心理主义论证归结为如下四点：（1）模态降格：心理主义错误地把逻辑规律的必然性和严

[①] Kusch M. Psychologism. The Stanford Encyclopedia of Philosophy (Winter 2015 Edition). Zalta E, ed. https://plato.stanford.edu/archives/win2015/entries/psychologism/. 读取日期：2017-12-30。

格的无所不适性归约为经验规律的偶然的普遍性。（2）认知相对主义：心理主义错误地把客观的逻辑真理归约为单纯的（个别的、受社会制约的或受题材限制的）信念。（3）题材偏向：心理主义错误地把逻辑的完全形式的或题材中立的特性归约为心智内容的题材偏好（个体的、受社会制约的或受题材限制的）特性。（4）激进的经验论：心理主义错误地把逻辑知识的先验性归约为获得信念与证成信念的经验方法的后验性。汉纳接着指出："就我所能确定的而言，弗雷格和胡塞尔仅仅断定了逻辑是绝对必然的等等，但从没有尝试去独立地证明这些断言；他们也未曾做出任何严肃的尝试去把心理主义还原归结为假命题或荒谬命题。所以，即使他们完全正确地阐释了逻辑心理主义及其后果的性质，归根结底，他们并没有提出反驳心理主义的任何非循环论证，这等于说，归根结底，他们没有提出任何反驳心理主义的绝对使人信服的论证。"① 我本人持有与汉纳近似的立场，认为弗雷格的反心理主义有"丐题"之嫌，因为他的论证严重依赖于"逻辑是客观的、普遍的、必然的和先验的"这个关键性前提，但他几乎从未给出这个前提为真的证明，甚至是较弱的证成。②

为了反抗心理主义，弗雷格提出了他的研究必须遵循的三个基本原则，其中第一个就是："始终把心理的东西和逻辑的东西、主观的东西和客观的东西严格区分开来。"③ 他明确区分了语言表达式的涵义和所指：专名的所指是个体，概念词的所指是概念，作为特殊专名的语句的所指是它所具有的真值，这些东西都是客观的，与主观内在的带有神秘意味的"观念""意象""心象"无关。至于语言表达式的涵义，也不是个人的、私有的、内在的和主观的东西，而是可公共理解和可交流的东西。例如，语句的涵义就是语句所表达的思想（即命题）。弗雷格还在外部世界与内心世界之外，设定了一个"第三域"，主要由具有如下特征的思想组成：独立自存、不占时空、因果惰性、永恒实体。弗雷格试图由其研究对象即思想的客观性、普遍性和必然性来确保逻辑规律的客观性、普遍性和必然性，由此给逻辑学"奠基"。

弗雷格和胡塞尔对心理主义的批判几乎取得了压倒性胜利。从弗雷格开始，逻辑走上了客观化的道路，即从对观念的研究走向了对语言的研究，从对心智领域的研究走向了对业已形成的客观知识的逻辑结构和形式的研究。不过，随

---

① Hanna R. Rationality and Logic. Cambridge, MA: The MIT Press, 2006: 8-9.
② 陈波. 超越弗雷格的"第三域"神话. 哲学研究, 2012 (2): 63.
③ Frege G. The Frege Reader. Beaney M, ed. Oxford: Blackwell, 1997: 90.

着时间的推移，人们开始对弗雷格的反心理主义论证及其立场做批评性反思。有些学者指出：弗雷格"引出逻辑学和心理学之间区别的方式，在细节上是错误的，并在其更广的意蕴上是危险的"①，"弗雷格指责他那个时代的心理主义把逻辑学变成了'心理学的洗脸盆'，他提倡一种强形式的实在论去治疗这种心理主义疾病。但情况很可能是：该药方比疾病本身更糟糕"②。近些年来，随着认知科学和认知逻辑的勃兴，人们开始重新反思先前的心理主义和反心理主义的论战，甚至出现了某种形式的"心理主义复兴"——新心理主义。荷兰逻辑学家范丙申指出："现代逻辑正在经历着一个认知的转向，避开了弗雷格的'反心理主义'。逻辑学家与更多以经验观察为根据的研究领域的同事们之间的合作正在增进，特别是在关于理智主体的推理与信息更新方面的研究。既然纯粹的规范化从来不是一种可靠的立场，我们便把交叉领域的研究置于逻辑与经验事实之间长期存在联系这样的语境之中。我们还要讨论弗雷格城墙的倒塌对于作为一种理性主体性理论的逻辑的一个新议程意味着什么，以及什么会是对作为逻辑理论的朋友而非敌人的'心理主义'的一个切实可行的理解。"③

二、数学基础研究中三大派的论战

19 世纪末到 20 世纪初，数学基础研究中出现了三大流派——逻辑主义、直觉主义和形式主义——之间的论战，涉及如何给逻辑和数学"奠基"，也涉及逻辑和数学的关系。

逻辑主义主张，数学可以还原为逻辑学。也就是说，数学概念可以通过显定义从逻辑概念定义出来，数学定理可以通过纯粹的逻辑演绎法从逻辑公理推导出来。其代表性人物有弗雷格、罗素和蒯因等。弗雷格的逻辑主义主张算术可以还原为逻辑，即用逻辑符号定义算术符号，从逻辑公理推出算术公理。他在《算术基本规律》中给出了一个二阶理论，它实质上是由公理 V 和二阶逻辑构成。

---

① Baker G P, Hacker P M S. Frege：Logical Excavations. Oxford：Oxford University Press, 1984：50-51.

② Engel P. The Norm of Truth：An Introduction to the Philosophy of Logic. New York：Harvester Wheatsheaf, 1989：320.

③ 范丙申. 逻辑与推理：事实重要吗？湖北大学学报，2012（3）：1. 着重号为引者所加。

正当弗雷格在这个二阶理论中执行逻辑主义方案时，罗素在其中发现了"罗素悖论"，这个悖论最后迫使弗雷格放弃了他的逻辑主义。此后，罗素和蒯因分别从不同角度发展了逻辑主义，虽然他们都在某种程度上获得成功，但也都面临许多困境：罗素的系统使用了还原公理、无穷公理和选择公理，许多人认为这些公理具有更多的数学特征；而蒯因的 NF 系统的一致性至今仍然是一个开放问题。

直觉主义的代表人物是布劳维尔。他创造性地继承了康德的先验（apriori）直观理论，把对时间的先验直觉作为数学的基础：数学是独立于感觉经验的人类心灵的自由创造，它独立于逻辑和语言；先验的、原始的二·一性（two-oneness）直觉构成了数学的基础。这种直觉使人认识到作为知觉单位的"一"，然后通过不断的"并置"（juxtaposition），创造了自然数、有穷序数和最小的无穷序数。直觉主义者持有如下基本观点：（1）不承认实无穷，只承认潜无穷。他们把从潜无穷引申出来的自然数论作为其他数学理论的基础。（2）排中律不普遍有效。他们认为，排中律只对有穷域有效，对无穷论域却是无效的，因为在后者中没有能行的判定程序；他们把"真"理解为被证明为真，把"假"理解为假设为真将导致荒谬，这样排中律在数学中就等于说：每一个数学命题或者是可被证明的，或者假设为真将导致荒谬（即可被否证）。而数学中有不可证明的命题，故排中律失效。（3）存在等于被构造，也就是说，数学对象的存在以可构造为前提，或者能够具体给出数学对象，或者至少是能够给出找到数学对象的程序或算法。直觉主义者把上述观点用于改造古典数学，并建立了体现构造性观点的逻辑——直觉主义逻辑。

形式主义的代表性人物有柯里、罗宾逊和柯恩等人。罗宾逊说道："我对**数学**基础的看法，主要根据以下两点，或者说两条原则：（1）不论从无穷总体的哪种意义来说，无穷总体是不存在的（……）。更确切地说，任何讲到或意思上含有无穷总体的说法都是没有意义的。（2）虽然如此，我们还是应该'照常'继续搞**数学**这个行业，也就是说，应该把无穷总体当作真正存在的那样来行事。"[①] 形式主义者不承认数学对象的客观实在性，把数学等同于纯粹的符号操作，认为数学对象的存在性和数学命题的真理性就在于它们的一致性，"数学的存在即无矛盾"。数学是一门关于形式系统的科学，它所研究的只是一些事先毫无意义的符号系统，数学家的任务只是为某一符号系统确定作为前提的合式的

---

① 罗宾逊. 形式主义 64 // 中国社会科学院哲学研究所逻辑研究室编. 数理哲学译文集. 北京：商务印书馆，1988：62.

符号串，并给出确定符号之间形式关系的变形规则，从给定的前提按给定的变形规则得出作为定理的符号串。因此，数学就是符号的游戏，从事数学研究如同下棋，所驱遣的数学对象就像无实在意义的棋子，按给定的变形规则对符号进行机械的变形组合，就像按下棋规则去驱动棋子。对这种游戏的唯一要求就是它的无矛盾性（柯恩），还要考虑到"是否方便，是否富于成果"（柯里），以及结构上是否美（罗宾逊）等。

蒯因曾经指出，这场争论实际上是中世纪关于共相争论的延续，逻辑主义相当于实在论，直觉主义相当于概念论，形式主义相当于唯名论。[①] 这场论战在当代哲学和逻辑中得到某种延续：新逻辑主义、虚构主义（唯名论）、自然主义和结构主义都在某种程度上继承了数学基础研究三大派的思想。例如，在 20 世纪 80 年代，新逻辑主义发现，被弗雷格放弃的休谟原则与二阶逻辑是一致的，并且从休谟原则和二阶逻辑可以推出皮亚诺算术公理，这一结果被称为弗雷格定理。休谟原则是说，概念 F 的数和概念 G 的数相等当且仅当 F 和 G 等数。然而，很多人对休谟原则提出质疑，包括恺撒问题和良莠不齐反驳。此后，新弗雷格主义者尝试在保留公理 V 的前提下通过限制二阶逻辑来发展新逻辑主义：首先证明公理 V 与受限制的二阶逻辑的一致性，然后从公理 V 和受限制的二阶逻辑推出休谟原则，最后从休谟原则与受限制的二阶逻辑推出算术公理。[②]

三、描述论和直接指称论的论战

这场论战主要发生在语言哲学领域。自从克里普克的《命名与必然性》于 1972 年发表以来，在关于名称的描述论和直接指称论之间发生了一场长达 40 多年的"战争"。这场论战不仅发生在语言哲学领域，而且影响到形而上学、知识论和心灵哲学领域，并衍生出许多新的理论，如严格指示词和因果历史理论、因果描述论和二维语义学等。

在这场论战中，长期居于统治地位的描述论是被攻击的一方。传统描述论的代表人物是弗雷格和罗素（其观点有差异），其核心观点是：（1）名称都有涵义和所指；（2）关于名称所指对象的一个或一簇描述给出名称的涵义；（3）名称的涵义是识别名称所指的依据、标准或途径；（4）名称的所指是外部世界中

---

① 蒯因. 从逻辑的观点看. 江天骥，等译. 上海：上海人民出版社，1987：13-16.
② 刘靖贤. 新逻辑主义的困境与二阶分层概括. 湖北大学学报，2014（2）：17.

的对象。维特根斯坦、斯特劳森和塞尔将描述论发展成簇描述论：确定名称所指的不是单个描述，而是数目不定的许多描述的析取，后者也给出名称的意义。

直接指称论是发动攻击的一方，认为名称直接指称对象，而不必以"涵义"或"描述性内容"为中介；名称对所在语句的唯一语义贡献就在于指称对象。有些直接指称论者还认为，确定名称所指的不是关于相关对象的一个或一组特征性描述，而是开始于对象的初始命名仪式、在语言共同体内传播的因果历史链条，通过追溯这根因果历史链条，人们能够找到该名称的所指。直接指称论的代表人物是克里普克、唐奈兰、卡普兰、马库斯、普特南，他们是直接指称论的发明者和倡导者，以及后来的萨蒙和索姆斯，他们是克里普克理论的追随者、诠释者和修补者，也是回击新批评的捍卫者。

对直接指称论做出描述论回击的代表人物是达米特、埃文斯、塞尔、普兰廷加、刘易斯、大卫·索沙、斯坦利等人，其中有人对直接指称论提出了宽辖域名称的回击，即名称相对于模态词总是取宽辖域；有人提出了严格化摹状词的回击，即通过给摹状词加上"现实的"或"在现实世界中"，使相应的摹状词严格化，总是指称它在现实世界中所适用的对象，即使在其他可能世界中也固定地回指它在现实世界中所指称的对象；还有人发展了某种替代性理论，如"元语言的描述论"和"因果描述论"。

在这场论战的前多半个时段，直接指称论获得了压倒性优势地位，以至有人说"描述论已经死掉了"。但近一二十年来却出现了"描述论复兴"，与斯托内克、杰克森和查默斯等人的工作有关。他们发展了"二维描述论"，认为每一个名称都有两个意义：第一内涵，即一个唯一的识别属性；第二内涵，即例示该属性的对象。表达该属性的描述可以是因果描述，也可以是其他形式的描述；它们被用来确定该名称的所指，是其意义的一部分。我本人近十年来在国际A&HCI期刊发表了多篇英文论文，对克里普克的严格指示词理论提出系统性批评，发展了一种基于我自己提出的"语言和意义的社会建构论"的名称理论——"社会历史的因果描述论"。其要点是：(1) 名称与对象的关系始于广义的初始命名仪式；(2) 在关于名称的因果历史链条上，所传递的首先是并且主要是关于名称所指对象的描述性信息；(3) 被一个语言共同体所认可的那些描述性信息的集合构成了名称的意义；(4) 相对于认知者的实践需要，在作为名称意义的描述集合中可以排出某种优先序：某些描述比其他描述更占有中心地位；(5) 若考虑到说话者的意向、特定话语的背景条件和相关的知识网络等因素，由名称的意义甚至部分意义也可以确定名称的所指；（6）除极少数名称外，绝大多数名称都有所指，但其所指不一定是物理个体，也包括抽象对象、虚构对象和内涵对象。①

四、关于实在论和反实在论的论战

这场论战主要发生在形而上学领域，也发生在认识论、语义学、逻辑学、数学、伦理学等领域。很多西方的主流分析哲学家，例如蒯因、达米特、戴维森、普特南、大卫·刘易斯、克里普克、麦克道威尔、范·弗拉森、塞拉斯、内格尔、菲尔德、德维特、布兰登、夏皮罗等人，都参与了论战。他们所争论的主要问题是：（1）存在问题：这个世界上究竟存在哪些对象及其属性和关系？（2）独立问题：这个世界上的对象及其属性是否独立于人的意识和心灵（信念、语言实践、概念框架等）而存在？（3）表征问题：假如这个世界真的独立于人的意识和心灵而存在的话，人的意识和心灵如何表征不依赖于它们而存在的事物及其状况？或者说，我们如何获得关于这个独立存在的世界的知识？

形而上学的实在论断言：这个世界是按照它本来的样子而存在的，独立于我们关于它如何存在的信念；这个世界的事物及其属性和关系与我们发现它们是如何的能力无关；我们关于这个世界的信念客观地为真，与任何人认为它们为真或为假的信念无关。非实在论有多种不同的形式：错误理论、非认知主义、工具论、唯名论，某些形式的还原论和取消论对存在问题给出否定的回答；而观念论、主观主义、反实在论等对独立问题给出否定的回答：它们承认存在某些对象及其属性和关系，但否认这些对象及其属性和关系独立于人的意识和心灵而独立存在。具体就科学领域而言，实在论主张，存在一个不依赖于人的意识的物理世界，甚至那些未被观察到的现象（如基本粒子和黑洞）也是实际存在的；而反实在论断言，不能把科学理论视为真理，而只能看作有用的工具，即使被证明错误之后也被经常使用。普特南断言："实在论……是唯一不把科学获得成功诉诸奇迹的哲学。"②

---

① Chen Bo. Social Constructivism of Language and Meaning. Croatian Journal of Philosophy, 2015, XV (43)：87-113；Chen Bo. Socio-Historical Causal Descriptivism：A Hybrid and Alternative Theory of Names. Croatian Journal of Philosophy, 2016, XVI (46)：45-67.

② Putnam H. Mathematics, Matter and Method. Cambridge：Cambridge University Press, 1975：72.

在逻辑学领域，实在论和反实在论之争主要在达米特和戴维森之间进行。按达米特的表述，实在论和反实在论的真正分歧在于：实在论者承认二值原则，承认排中律，接受经典逻辑，接受超越于证据的"真"概念；而反实在论不承认二值原则和排中律，不接受经典逻辑和超越证据的"真"概念，认为"真"概念是与证据、证实、人的认知能力等等相关的。戴维森的真值条件语义学主张：一个句子的意义就是该句子为真为假的条件，但它不再对"真"概念本身给出进一步说明，而只是简单地断定：任一句子必定或者是真的或者是假的，没有既真又假或既不真也不假的情况发生，后者就是经典逻辑所秉持的二值原则。按达米特分析，二值原则背后隐藏着实在论假设：是语言之外的**外部世界**使得述说它的状况的任一句子或真或假，即使这种真假不被我们所知道，甚至在原则上不能被我们所知道。这样的"真"概念是超越人们所拥有的证据和证实的，也超越于人的认知能力之上。达米特从直觉主义逻辑出发，主张放弃二值原则：仅当我们有能力、证据和办法去证实某个句子为真（或为假）时，或者至少我们在原则上能够做到这一点时，我们才能够承认该句子为真（或为假）。他由此提出了一种证成主义的意义理论，其关键特征是分子性、彻底性和公共性（亦称"显示性"），它要说明：当我们知道一门语言时我们知道什么？我们关于语言的知识体现在什么地方？是如何体现的？在达米特看来，逻辑原则靠语义理论来提供证成，语义理论靠意义理论来提供证成，而意义理论是否成功则取决于它是否能够令人满意地解释我们的语言实践。

五、本质主义和反本质主义的论战

本质主义是自亚里士多德以来一种根深蒂固的哲学学说，其核心主张是：(1) 事物的所有属性区分为本质属性和偶有属性；(2) 模态刻画：一个对象的本质属性是它必然具有的属性，其偶有属性是它实际具有但可能不具有的属性。若用可能世界来刻画，一个对象的本质属性是它在所有可能世界中都具有的属性，其偶有属性是它实际具有但在有些可能世界中没有的属性；(3) 解释刻画：一个对象的本质属性将派生出该对象的其他属性和外显特征，它是其他特性和特征生成的基础、根据和原因，因而可以依据其本质属性去充分解释和说明其非本质特性。在整个20世纪，各种后现代思潮对本质主义和理性主义做了激烈批判和攻击，但这是来自分析哲学外部的批判。下面只考察分析哲学内部对本质主义的批评。

有些分析哲学家否认对象有所谓的"本质属性"。蒯因举例说，指称 9 有两种方式：一是用"7＋2"，7＋2 必然大于 7，故可以说 9 本质性地大于 7；一是用"太阳系行星的数目"（当时的共识是该数目为 9），但该数目有可能是 6，因此太阳系行星的数目只是偶然地大于 7。再考虑另一个例子：一位数学家必定是有理性的，但可能没有两条腿，故"有理性"是该数学家的本质属性，"有两条腿"则是他的偶有属性；一位自行车选手必然有两条腿，但可能不足够理性甚至缺乏理性，故"有两条腿"是他的本质属性，"有理性"则是他的偶有属性。但该数学家恰好也是一名自行车选手，他的本质属性是什么呢？蒯因通过这些例子试图表明，一个对象的本质属性取决于指称或描述该对象的方式。既然可以用不同方式去指称或描述一个对象，该对象就可能会有不同的"本质属性"，这会使本质属性成为完全相对和主观的东西，从而陷于哲学泥潭。① 后期维特根斯坦提出"家族相似"概念：一个家族的众多成员在很多特征上或多或少地相似，但又有或大或小的差别，很难找出一个特征作为本质属性为该家族的所有成员所共有。这种家族相似性也存在于各种游戏特别是语言游戏中："我想不出比'家族相似性'更好的表达式来刻画这种相似关系；因为一个家族的成员之间的各种各样的相似之处：体形、相貌、眼睛的颜色、步姿、性情等等，也以同样方式互相重叠和交叉。——所以我要说：'游戏'形成一个家族。"② 维特根斯坦进而断言，对象之间只有家族相似，没有所谓的"本质属性"，本质主义是错误的。

有些分析哲学家质疑对本质属性的模态刻画。根据模态刻画，一个对象的本质属性就是它的必然属性，也就是它在所有可能世界中都具有的属性。基特·法恩试图切断"本质"和"必然性"的这种联系。他考虑了这样一些属性："是一种元素（假如是金子的话）"，"是如此这般以至使得 2＋3＝5"，"不同于埃菲尔铁塔"，"是单元集{亚里士多德}的元素"等等，这些属性都是亚里士多德在所有可能世界中都具有的属性，因而都是他的必然属性，根据模态刻画，因而也是他的本质属性，但这是荒谬的。他认为，模态刻画不能区分一个事物的同一性条件和该事物同一性的后果。回到上面的例子，"是一种元素（假如是金子的话）"和"是如此这般以至使得 2＋3＝5"这两个属性并不能使亚里

---

① Quine W V. Word and Object. Cambridge, MA: The MIT Press, 1960: 196-200.
② 维特根斯坦. 哲学研究. 李步楼，译，陈维航，校. 北京：商务印书馆，1996: 48.

士多德成为他之所是;"不同于埃菲尔铁塔"并不是亚里士多德身份中的一个要素;尽管单元集{亚里士多德}必定包含亚里士多德作为唯一元素,但"是单元集{亚里士多德}的元素"并不是亚里士多德成为亚里士多德的条件。考虑到模态刻画的这些反例,法恩提出了替代方案——定义刻画:对于每一个对象,都有一个与之关联的命题 D(x) 作为 x 的"真实定义";x 的本质属性就是由 D(x) 指派给 x 的那些属性。①

有些分析哲学家无视或质疑本质属性的解释功能。克里普克认为,个体的本质就是其因果起源,例如一个人的本质就是源自他父母的、他由之发育而成的那颗受精卵;一张桌子的本质就是它由之制成的那些材料;自然种类的本质就是其内部结构,例如水的本质是 H_2O,金子的本质是原子序数为 79 的元素;老虎的本质是其内部的生理结构。他还认为,一个或一类对象只要其本质保持不变,即使它们失掉许许多多其他特性,甚至失掉它的全部偶有特征,也仍然是该个或该类事物;反之,一个或一类事物如果失去其本质,即使它们在其他性质方面仍然与原事物相同,它们也不再是该个或该类事物。我们可以设想这样一种非真实的情形:其中有这样一种动物,它具有现实世界中老虎的一切外部特征:胎生的、四肢着地、爬行、食肉、凶猛等等,但它却具有现实世界中鸟的内在结构。克里普克认为,即使在这种情况下,我们还是应该将其称为鸟,而不该将其称为虎:"我们不能够以虎的外貌特征来定义虎;因为可能存在着另一个物种,它具备虎的所有外貌特征,但又具有与虎完全不同的内部结构,因而这个物种不是虎种……"② 我曾对此提出批评:这种说法"完全忽视甚至排除了事物的本质属性与事物的其他性质及外显特征的内在联系,认为前者并不支配、决定、派生后者。但这是完全错误的"③,因为一个对象具有人的基因,它必定看起来就是人的样子,而不会是狗的样子。

六、内在论和外在论的论战

1963 年,埃德蒙·盖梯尔(Edmund Gettier)发表了仅 3 页的短文④,提出

---

① Fine K. Essence and Modality. Mind, 1994, 115 (459): 659-693.
② 克里普克. 命名与必然性. 梅文, 译. 涂纪亮, 朱水林, 校. 上海: 上海人民出版社, 2001: 133.
③ 陈波. 专名和通名理论批判. 中国社会科学, 1989 (5): 143.
④ Gettier E. Is Justified True Belief Knowledge? Analysis, 1963, 23: 121-123.

了著名的"盖梯尔问题"：有证成的真信念是知识吗？该文用几个例子表明：由于某种碰巧和运气成分，人们可能有内在适当的证成却没有知识，因而知识不等于有证成的真信念。把盖梯尔问题引入当代认识论中，要求重新思考真信念与知识的关系，由此引发了内在论和外在论的论战。内在论者坚持认为，知识要求证成，并且证成的性质完全由一个认知主体的内在状态或理由所决定。外在论者至少否认内在论者的某个承诺：或者知识不要求证成，或者证成的性质并不仅由主体的内在因素所决定。按照外在论的后一种观点，证成一个信念的那些事实包括一些外在事实：例如，信念是否由使得该信念为真的那些事态所引发？该信念是否反事实地依赖于使它为真的那些事态？信念是否由一个可靠的（或追踪真理的）信念形成过程所产生？或者，信念是否在客观上很有可能为真？这次论战重点关注如下问题：日常知识归属的意义，合理性的本性，信念的伦理学，怀疑论，以及自然主义在认识论中的作用。

为了理解内在论和外在论的区别，我们有必要先区别命题证成（propositional justification）和信念证成（doxastic justification）。命题证成是证成某个信念仅仅有好理由就足够了，而信念证成＝命题证成＋某种因果关系，即要求基于那些理由而持有某个信念，常把这个要求称为"建基要求"（the basing requirement）。

内在论者认为，命题证成，而不是信念证成，是完全由认知主体的内在状态决定的。这里，内在状态可以是他通过反思（例如回想或记忆）可通达的状态，也可以指他当下的身体状态、大脑状态或者心智状态（如果心智状态不同于大脑状态的话）。前一种看法称为"可通达主义"（accessibilism），后一种观点叫作"心智主义"（mentalism）。我们也可以把内在论表述为如下观点：除建基要求之外，所有决定证成的要素都是内在的。关于证成的外在论否认除开建基要求之外的证成要素都是内在的。从肯定的角度说，外在论强调一个信念和外部环境之间的依赖关系对于证成的重要性。例如，一个人的信念"绿草丛中有一只老虎"是由"绿草丛中有一只老虎"这个事实引起的，该事实对于确定该信念的证成状态是至关重要的，即使该事实可能未被那个人意识到，甚至不能被他意识到。

支持内在论的常常是如下三个考虑：（1）合理性：不具有好理由而持有一个信念是不合理的，对一个信念的认知证成要求持有使该信念为真的好理由，并且这些理由还必须为相应的认知主体意识到或所知晓。外在论者却允许一些不为认知主体所知悉的外在因素——如一个信念的因果起源，或某个信念形成过程的可靠性——去证成一个信念。（2）信念的伦理学：证成就是履行一个人的理智义务或责任，而一个人是否忠实履行其理智责任，例如他是否让他的信念严格依从于他所得到的证据，完全是一件内在的事情。（3）关于一些案例的自然判断，此处细节从略。

支持外在论的常常是如下三类论证：（1）依据真值联系的论证。对一个信念的认知证成意味着该信念在客观上很可能为真，这涉及该信念为真与相应的证据在现实世界中的关联度，而内在论主张仅仅拥有好理由不能确保一个信念客观上为真。（2）依据日常知识归属的论证。我们常常把知识归属给理智上不成熟或不精细的孩子、老人甚至动物，他们对于这些知识缺乏内在的证成，即不能给出为他们所知晓的好理由，自然的结论是：或者知识不需要证成，或者证成只需要一些外在条件，尽管这些条件不被相关认知主体所知晓。（3）依据激进怀疑论的不合理性的论证。外在论者认为，他们能够比内在论者更好地解释和说明激进怀疑论的不合理性，此处细节从略。

内在论和外在论的论战在当代哲学中广受关注，是因为它们涉及关于认识论的根本性问题：当建构有关信念、证据、证成、知识等关键性认识论概念的理论时，我们想达到的目标是什么？这些理论化工作的性质是什么？

七、关于真理和逻辑真理的论战

"真"和"真理"是哲学研究的中心话题，围绕下述问题产生了很多哲学争论，例如：什么是真值承担者，即究竟是什么东西——语句、陈述、命题、判断、信念、理论——为真或为假？什么是语句或命题的真或假？如何定义"真"和"假"？"真"和"真理"在我们的整个知识体系中究竟发挥什么作用，如何发挥作用？等等。已经提出的各种各样的真理论，如符合论、融贯论、冗余论或紧缩论、实用主义真理论等等，相互进行了激烈的论战。[1]

亚里士多德的如下断言构成符合论的精髓："说是者为非，或说非者为是，是假的；而说是者为是，或说非者为非，是真的。"[2] 也就是说，语句的真不在于词语与词语的关系，而在于词语与世界的关系，或内容与世界的关系，更具

---

[1] 陈波. 语句的真、真的语句、真的理论体系——"truth"的三重含义辨析. 北京大学学报, 2007 (1).

[2] Aristotle. Metaphysics. Ross W D, trans. 北京：中央编译出版社, 2012：85.

体地说，在于语句所表述的内容与对象在世界中的存在方式或存在状况的符合与对应。符合论后来演变出不同的版本，例如有假定事实的本体论地位的版本：存在一类特殊的实体——"事实"，与事实相符合的语句为真，不符合的语句为假。罗素、早期维特根斯坦、奥斯汀以及绝大多数逻辑经验论者，都是这个版本的倡导者和坚持者。但后来也发展出不假定事实的本体论地位的符合论版本。

融贯论的基本思想是：一个命题的真不在于它与实在、事实的符合或对应，而在于它与它所从属的命题系统中其他成员是否融贯：融贯者为真，不融贯者为假。更明确地说，真理在于一组信念的各个元素之间的融贯关系。一个命题是真的，当且仅当，它是一个融贯的命题集合中的元素。由此可以引申出：对融贯论者来说，谈论作为一个命题系统的元素的单个命题的真假是有意义的，但谈论它所从属的整个命题系统的真假是无意义的。早期融贯论属于哲学中的唯理论传统，17世纪的莱布尼茨、笛卡尔、斯宾诺莎，19世纪初的黑格尔和19世纪末的布拉德雷都持有融贯论思想。20世纪，某些逻辑经验论者如纽拉特和亨普尔，以及雷谢尔也是融贯论者。

实用主义真理论是由皮尔士、詹姆士和杜威等人提出的。他们认为，一个概念的意义是由运用它所产生的"实验的"或"实践的"结果来确定的；不实际造成任何经验差别的理论差别都不是真正的差别。在真理问题上，他们研究这样的问题：若一个信念或语句为真，会在实践中造成什么差别？可以对实用主义的真理观做如下概括：

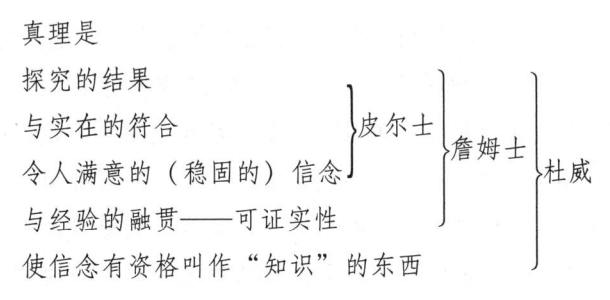

真理是
探究的结果
与实在的符合　　　　　　　⎫皮尔士
令人满意的（稳固的）信念　⎭　　　⎫詹姆士
与经验的融贯——可证实性　　　　　⎭　　⎫杜威
使信念有资格叫作"知识"的东西　　　　　⎭

冗余论最早由拉姆塞于1927年提出，后来由艾耶尔、斯特劳森、格罗弗等人加以充实和发展。他们认为，"p是真的"仅仅等同于p，或者说，说"p是真的"只不过意味着断定p、接受p、同意p等等。"真的"和"假的"这两个谓词是多余的，它们并没有对p做出什么新的描述和断定，可以把它们从任何语境中删除，而不会引起任何语义损失；根本没有孤立的真理问题，有的只是语言混乱。近几十年来，冗余论被发展成为"静默论"（quietism）、"去引号理论"（disquotationism）和"紧缩论"（deflationism）等形式，它们试图卸掉真概念的形而上学和认识论的重负，使其平凡化，认为"p 是真的当且仅当 p"穷尽了真概念的一切意蕴。

真理论方面的争论必然延伸到逻辑真理和数学真理。什么是逻辑真理和数学真理？它们在什么意义上为真？是什么东西、哪些因素使得它们为真？传统上，哲学家们利用"理性真理"和"事实真理"或"分析命题"和"综合命题"的区分去说明这些问题：逻辑真理和数学真理是空无经验内容的分析命题，因其所包含词语的意义或整个命题的形式结构为真，因而是普遍的、客观的、先验的和必然的。蒯因在《经验论的两个教条》等论著中，阐述了一种整体主义知识观：我们关于世界的知识总体是一个悬浮在经验基础上的结构，其中所有部分都与我们关于外部世界的感觉经验有关，各部分的差别不是经验内容有无的差别，而是程度的差别：多些或少些，远些或近些，直接或间接，等等。我们的知识总体中的任何部分，包括逻辑和数学，都含有经验内容，在原则上都是可修正的；但鉴于逻辑和数学在整个体系中的核心位置，对它们的修正必须慎之又慎：让逻辑不受伤害总是一个合理的策略。蒯因的观点引发热烈的争论，一直延续至今。

八、关于逻辑一元论和逻辑多元论之间的论战

这场论战紧随上一场论战而来。蒯因的整体论引出了逻辑的可修正性论题，进一步引发的问题是：逻辑理论为什么要修正？如何修正？修正后得到的逻辑系统与原来的逻辑系统是什么关系？由于有经典逻辑、变异逻辑和扩充逻辑的多种逻辑系统同时并存，其中有些还在下述意义上相互冲突：一些系统包含某些定理，另外一些系统则拒斥这些定理。由此牵扯出更具根本性的问题：逻辑有正确与错误之分吗？根据什么标准去做这种区分？正确的逻辑是一种还是多种？由此形成了逻辑一元论、多元论和工具论等，其中逻辑多元论是目前较为强势的一方。

问题 1：逻辑系统有正确和不正确之分吗？是否可以依据世界和心灵的某些结构性特征以及自然语言的使用惯例，去分辨逻辑理论的正确与错误？

逻辑工具论者对此给予否定回答：不存在任何"正确的"逻辑，正确性观

念是不适当的。他们只承认"内部"问题,即一逻辑系统是否一致与可靠,而拒绝"外部问题",即一逻辑系统是否正确地刻画了日常语言中的非形式论证,特别是世界和心灵的某些结构性特征。在他们看来,逻辑只是人们进行推理的工具,只有是否适用、方便、易于操作等问题,没有正确与否的问题,谈论逻辑的正确与否是文不对题。

一元论者和多元论者全都承认有"外部问题",也全都承认讨论一个逻辑系统的正确性是有意义的,但他们在下一问题上有分歧。

问题2:是只存在一个正确的逻辑系统,还是存在多个同等正确的逻辑系统?变异逻辑与经典逻辑之间是否有冲突或竞争?

一元论者的回答是:正确的逻辑是唯一的,经典逻辑及其扩充构成了那个正确的逻辑,而其他的逻辑则与经典逻辑及其扩充构成竞争关系,也就是说,或者经典逻辑是正确的,或者变异逻辑是正确的,但不能两者都是正确的。

多元论者认为,正确的逻辑系统不只是一个,而是有好多个,不同逻辑系统之间的竞争是表面的,内在是相容的。这是因为,人类心灵对世界的结构性特征的把握是多视角的,对推理和论证有效性的直观和领悟也是有差别的,这就为逻辑学家进行形式建构时留下了很大的自由空间,由此可以构造出不同的逻辑系统,它们适用于处理不同领域的推理和论证,有不同的用途。在一定方面或程度上是正确的,但并非完全和绝对正确。主张逻辑多元论的一个理由是:它鼓励逻辑创新,产生逻辑领域内的新发现,导致新逻辑系统的创立,这些都是有价值的事情。

问题3:一个逻辑系统必须是普遍适用的,即适用于一切题材的推理吗?或者一个逻辑可以是局部正确的,即只适用于某个有限的话语领域吗?

一元论者假定:逻辑应该是普遍适用的,可以应用于任何题材的推理。

多元论可区分为局部多元论和整体多元论。局部多元论者认为,不同的逻辑系统可以适用于不同的话语领域,例如经典逻辑也许适用于宏观现象领域,量子逻辑则适用于微观现象领域。他们把系统外的有效性或逻辑真理概念相对化,也把逻辑系统的正确性概念相对化,即相对于不同的话语领域。在他们看来,一个论证不是普遍有效的,而是在某个范围内有效的。整体多元论者则与一元论者持有同样的假定:逻辑应该是普遍适用的,可以应用于任何题材。但是,他们或者否认经典逻辑学家和变异逻辑学家恰好在同样意义上使用"有效"或"逻辑真"概念,或者否认他们之间在关于同样的论证或陈述上真正发生了分歧。

九、哲学论战的意义

像几乎所有的哲学论战一样，如上所述的此八大论战并没有就所争议的问题达成共识，所争议的那些问题并没有被最后解决，而是留待我们后人来继续研究，并对它们的解决做出我们的贡献。这就引出了一个问题：不解决争议且造成新争议的哲学论战究竟有什么价值和意义？哲学家们为什么要投身于这样的论战中去？这是一个严肃的问题，值得认真加以回答。

我认为，哲学论战的价值和意义至少体现在以下四点：

（1）揭示已有理论观点的问题和缺陷。在某种意义上，分析哲学肇始于弗雷格的反心理主义，在后来的很长时期内，后者占据了绝对统治地位。随着时间的推移，这种反心理主义暴露出很多严重的问题。首先，它基于早期实验心理学的不成熟，认为只要一触及心理现象，其研究结果就必然是私有的、个人的、主观的和不稳定的。但随着研究方法的不断改进，心理学已经像其他自然科学一样，成为一门值得尊敬的严肃科学，其很多研究结果也可以被重复验证，具有相当程度的客观性。其次，弗雷格在反对逻辑心理主义的过程中，所使用的不少关键性前提只是被假定为理所当然的，而没有得到严格的论证，其成立依据值得严重怀疑。再次，它把推理和论证的有效性完全与人的实际思维过程分离开来，从而使逻辑的规范性得不到合理的说明和辩护。最后，随着认知科学和人工智能的发展，我们必须研究人究竟是如何接受信息和处理信息的，如何根据新信息和环境反馈来调整和改变自己的思考和决策，这就要求我们去研究人的实际认知过程、思维过程和决策过程，从中提炼出认知的模式、程序、方法和规则等等。这样的工作既是描述性的，又是规范性的，认知规范从对成功或失败的认知实践的反思中提取，又被新的认知实践所检验。因此，当代逻辑学家和哲学家开始重新检讨和反思过去的心理主义和反心理主义的论战，甚至出现了某种形式的新心理主义。

（2）开拓新的思维空间，发展新的理论观点。哲学家们的相互诘难和相互批判，必然形成新的思维冲击力，促使旧理论的同情者和捍卫者去想尽办法回应批评，利用一切可能的资源，去改进和发展自己的理论，同时，也促使不满意旧理论的思想家去构想新的可能性，提出和建构新的理论，由此可以促进哲学的繁荣和进步。例如，在模态概念"必然"和"偶然"、理性概念"先验"和"后验"、意义概念"内涵"和"外延"之间，存在着下述论题所刻画的密切关联：

  弗雷格论题：两个表达式 A 和 B 有同样的涵义，当且仅当"A≡B"没有认知意义。

  康德论题：句子 S 是必然的当且仅当 S 是先验的。

  卡尔纳普论题：A 和 B 有同样的内涵，当且仅当"A≡B"是必然的。

结合康德论题和卡尔纳普论题，可以推出：

  新弗雷格论题：A 和 B 有同样的内涵，当且仅当"A≡B"是先验的。

由此导致如下的"金三角"：

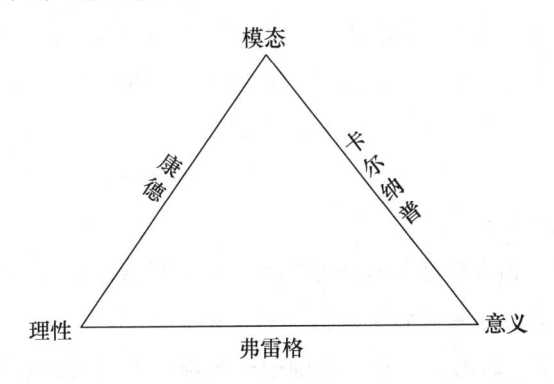

```
          模态
         /    \
       康      卡
       德      尔
              纳
              普
      /          \
   理性 —— 弗雷格 —— 意义
```

  但是，克里普克反对名称的描述论而建立了严格指示词理论，还由此推出"先验偶然命题"和"后验必然命题"的存在，这直接威胁到康德论题和新弗雷格论题，破坏了原来的金三角。有些哲学家，如卡普兰、斯托内克、埃文斯、戴维斯、汉姆斯通和查默斯，试图通过一些二维处理方法来恢复这个金三角，从而产生了二维语义学，后者的"中心思想是一个表达式的外延以两种不同的方式依赖于世界的可能状态：一是认知依赖（epistemic dependence），这是指表达式的外延依赖于现实世界（actual world）的呈现方式；二是指虚拟依赖（subjunctive dependence），这是指在现实世界的特征都已经固定的情形下，表达式的外延还依赖于世界的反事实（counterfactual）状态。对应于这两种不同的依赖性，一个表达式就具有两种不同的内涵，这两种内涵以不同的方式将表达式的外延和世界的可能状态联系起来。在二维语义学的框架中，这两种内涵被看作是体现了一个表达式的意义或内容的两个不同的维度"[①]。二维语义学在当代逻

---

  ① 黄益民. 二维语义学及其认知内涵概念. 哲学动态，2007（3）：52.

辑和哲学中都有很重要的应用，但目前还不成熟，正处于发展过程中。

（3）防止哲学领域里的盲从、独断和专制。如果说，政治或军事领域的独断和专制还可以找出些许"理由"的话，例如为了政府机构的高效运转，为了保证军队能打胜仗，那么，学术领域特别是哲学领域的独断和专制绝对是有害无益的。某些哲学"天才"人物，凭借其扎实的知识储备、卓越的洞察力、"天不怕地不怕"的特殊人格以及罕有其匹的创新能力，颠覆旧理论，提出新理论，很可能把普通读者一时"击晕"，使其失去判断力，成为他们的粉丝和俘虏，从而导致造神和盲从现象。只有少数冷静者和有能力者，躲在一边阅读和思考，对"天才"的学说提出质疑，逐渐形成影响，普通人也慢慢从"晕眩"状态中清醒过来，开始独立思考，最后往往导致旧偶像的坍塌，新英雄的出现。有一种说法：哲学史就是一种"学术弑父、思想弑父"的历史，后来者推翻其前辈，超越其前辈。想一想当年维也纳学派是何等风光，"拒斥形而上学"的口号是如何响遏行云，维特根斯坦和蒯因如何在很长时期内居于领袖地位，如今却物是人非，其影响日渐式微了。

（4）凸显哲学追求智慧和真理的本性。哲学对智慧和真理的追求，不能由单个哲学家来完成，而要靠哲学家群体的"对话"或"论战"，他们通过相互质疑、批评、诘难、提醒、补正、激励……来确保他们的探索活动始终对准理性、智慧和真理这样的目标。有学者指出："如果不对假定的前提进行检验，将它们束之高阁，社会就会陷入僵化，信仰就会变成教条，想象就会变得呆滞，智慧就会陷入贫乏。社会如果躺在无人质疑的教条的温床上睡大觉，就有可能渐渐烂掉。要激励想象，运用智慧，防止精神生活陷入贫瘠，要使对真理的追求（或者对正义的追求，对自我实现的追求）持之以恒，就必须对假设质疑，向前提挑战，至少应做到足以推动社会前进的水平……在这一过程中，那些提出上述恼人问题并对问题的答案抱有强烈好奇心的人，发挥着绝对的核心作用。"①

参考文献

1. 陈波. 专名和通名理论批判. 中国社会科学, 1989 (5).
2. 陈波. 分析哲学的价值. 中国社会科学, 1997 (4).
3. 陈波. 语句的真、真的语句、真的理论体系——"truth"的三重含义辨

---

① 麦基. 思想家. 周穗明, 等译. 北京：三联书店, 1987：4.

析. 北京大学学报，2007（1）.

4. 陈波. 超越弗雷格的"第三域"神话. 哲学研究，2012（2）.

5. 范丙申. 逻辑与推理：事实重要吗？湖北大学学报，2012（3）.

6. 克里普克. 命名与必然性. 梅文，译. 涂纪亮，朱水林，校. 上海：上海人民出版社，2001.

7. 蒯因. 从逻辑的观点看. 江天骥，等译. 上海：上海人民出版社，1987.

8. 黄益民. 二维语义学及其认知内涵概念. 哲学动态，2007（3）.

9. 刘靖贤. 新逻辑主义的困境与二阶分层概括. 湖北大学学报，2014（2）.

10. 罗宾逊. 形式主义64//中国社会科学院哲学研究所逻辑研究室编. 数理哲学译文集. 北京：商务印书馆，1988.

11. 麦基. 思想家. 周穗明，等译. 北京：三联书店，1987.

12. 维特根斯坦. 哲学研究. 李步楼，译. 陈维航，校. 北京：商务印书馆，1996.

13. Aristotle. Metaphysics. Ross W D, trans. 北京：中央编译出版社，2012.

14. Baker G P, Hacker P M S. Frege：Logical Excavations. Oxford University Press，1984.

15. Chen Bo. Social Constructivism of Language and Meaning. Croatian Journal of Philosophy，2015.

16. Chen Bo. Socio-historical Causal Descriptivism：A Hybrid and Alternative Theory of Names. Croatian Journal of Philosophy，2016.

17. Fine K. Essence and Modality. Mind，1994，115（459）.

18. Engel P. The Norm of Truth：An Introduction to the Philosophy of Logic. Harvester Wheatsheaf，1989.

19. Frege G. The Frege Reader. Beaney M，ed. Oxford：Blackwell，1997.

20. Gettier E. Is Justified True Belief Knowledge？Analysis，1963.

21. Hanna R. Rationality and Logic. Cambridge，MA：The MIT Press，2006.

22. Putnam H. Mathematics，Matter and Method. Cambridge：Cambridge University Press，1975.

23. Quine W V O. Word and Object. Cambridge，MA：MIT Press，1960.

第 2 章 20 世纪西方语言哲学回眸

什么是语言？语言如何工作？什么是语言意义？意义如何生成？关于这些大问题，在 20 世纪西方语言学和语言哲学领域内，出现了两种不同甚至对立的研究进路。

一种进路重点关注语言的形式维度，把语言视为一个抽象的、形式的符号系统，强调语言本身以及语言和外部世界之间的关系。它主要诉诸集合论和数理逻辑等技术工具，把形式语义学作为其范例。它倾向于脱离语言使用者去考虑语言和世界之间的指称或表述关系，其结果是几乎完全忽视语言的社会性和约定性等特征，因而不能说明语言意义的生成和演变，也难以解释语言交流何以能够成功进行。可以把这种进路称为"二元进路"。它起始于弗雷格，后来的代表人物包括罗素、早期维特根斯坦、卡尔纳普、塔斯基、乔姆斯基、戴维森和克里普克等人。

另一种进路集中关注语言的社会维度，研究作为一种社会现象的语言，强调人类共同体对语言和意义的形塑或建构作用。它断言，没有单纯的语言和世界之间的关系，后者取决于在其日常交往中使用该语言的人类共同体。正是语言共同体确立了语言和世界之间的指称或表述关系，给语言表达式赋予意义以及相互间的意义关系。为了合理地说明语言及其意义，我们必须使用如下关键词：社会共同体、交流或交往、意向性、约定、规则、语境、公共语言、共享意义等。可以把这种进路称为"三元进路"，其代表人物包括后期维特根斯坦、奥斯汀、格赖斯、塞尔、斯特劳森、普特南、达米特、大卫·刘易斯、伯奇和布兰顿等人。

关于语言研究的上述两种进路的区分，得到了分别来自斯特劳森和克里普克的两段引文的间接印证：

> 相反，我要去讨论某种冲突……我们或许可以将其称为交流-意向的理论家和形式语义学的理论家之间的冲突。根据前者，假如不提到说话者所具有的某种复杂类型的针对听众的意向，就不可能充分地说明意义概

念……相反的观点……是：这种学说简直把事情彻底弄颠倒了，语义的和句法的规则决定语句的意义，对这些规则的掌握构成了关于一个语言的知识。这些规则的系统根本不是用于交流的规则系统。这些规则可以用于这个目的，但是，相对于它们的本质特征，这是偶然的事情。一个人即使甚至没有隐含地想到交流功能，也完全有可能彻底理解一个语言，即具有完善的语言能力……①

我发现自己处于两种相互冲突的情感之中，被它们所撕扯：一种是"乔姆斯基式"的，认为自然语言中深层的合规则性，通过形式的、经验的和直观的技术的适当组合，一定会被发现；另一种则是与之对立的（后期）"维特根斯坦式"的，认为许多"深层结构""逻辑形式""底层语义学""本体论承诺"之类的东西，也就是哲学家号称能够通过这些技术而发现的东西，不过是一种空中楼阁。我不知道如何去化解这种紧张关系……②

一、二元进路的历史回顾

在二元进路中，我们可以找到两种相互关联的思想要素：一是对理想的语言和世界关系的憧憬和建构，另一是对现实的由日常语言所形塑的语言和世界关系的批判和改造。

弗雷格（Gottlob Frege）认为，语言表达式都有"涵义"（Sinn）和"所指"（Beteutung）。专名指称个体对象，例如"亚里士多德"指称亚里士多德这个人；专名的涵义则是其所指对象的呈现方式，体现为描述其所指对象属性的一个个摹状词。概念词（相当于谓词）的所指是概念，某些对象处于相应的概念之下。概念的最大特征是：有空位，不饱和，需要填充。例如，"（ ）是一位哲学家"是一个概念词，若在表示空位的括号位置填入"苏格拉底"，则得到一个真命题；若填入"朱元璋"，则得到一个假命题。弗雷格因此断言："概念是其值为真值的函数。"③ 但他对概念词的涵义语焉不详。在他看来，语句是广义的专

---

① Strawson P F. Logico-Linguistic Papers. London：Methuen, 1971：171-172.

② Kripke S A. Is There a Problem about Substitutional Quantification？//Evans G, McDowell J. Truth and Meaning：Essays in Semantics. Oxford：Clarendon Press, 1976：412.

③ Frege G. Function and Concept//Beaney M. The Frege Reader. Oxford：Blackwell, 1997：139.

名，其涵义是句子所表达的思想，其所指是它们所具有的真值：真或假。但他同时认为，思想在原则上可以独立于所有人的思维和语言而存在，故不是主观的，也不是可感知的，而是存在于除客观的可感知世界和主观的观念世界之外的第三域之中，是纯粹客观的东西。在考虑语言表达式的涵义和所指时，弗雷格提出了两个重要的原则：一是语境原则，"必须在句子的语境中去寻求一个语词的意义，而不要孤立地去寻求它的意义"[1]；另一个是组合性原则：一个复合句的涵义和所指是其构成要素的涵义和所指及其组合方式的函数。他看到了后一原则不适用的一些情况，例如引语语境和命题态度语境，并提出了初步解决方案。除考虑句子的涵义外，他还考虑了句子在"语力"（force）和"语调"（tone）等方面的差别。他也意识到，如上所述的语言表达式的涵义和所指的严格对应在自然语言中并不存在（这是自然语言的一个缺点），只能在理想的人工语言中才能存在。但他没有探讨语言和世界之间的指称或表述关系是如何形成的，也没有说明语言表达式的"涵义"来源于何处。

罗素（Bertrand Russell）在《数学原理》（与怀特海合著，3卷本，1910，1912，1913）中建构出现代数理逻辑之后，大力宣扬新发明的数理逻辑对于哲学的重要性，提出了一个重要论断："逻辑是哲学的本质。"[2] 他认为，在哲学中也要像在逻辑和数学中那样，去追求确实无疑的真理性知识，其具体途径是：从某种确定无疑的知识原子出发，运用数理逻辑工具，一步一步在逻辑上建构出我们关于外部世界的知识。他由此提出逻辑原子论，其要点是：世界由事实构成，命题与事实对应，事实使一个命题为真或为假。最简单的事实叫作原子事实，即一个个体具有某种性质，或多个个体具有某种关系。与原子事实对应的是原子命题。原子命题的真假取决于它与相应的原子事实是否符合和一致。分子命题是由原子命题通过逻辑联结词复合而成的，是原子命题的真值函项，与复合事实相对应。由原子命题还可以借助量词构造出全称或存在命题，与普遍（general）事实相对应。一切知识都可以用原子命题、分子命题和量化命题来表述。隐藏在这套哲学背后的根本假定是：语言和世界在逻辑结构上平行对应，整个世界就是建立在原子事实之上的逻辑构造，它同构于一个理想化的逻

---

[1] Frege G. The Foundations of Arithmetic//Beaney M. The Frege Reader. Oxford: Blackwell, 1997: 90.

[2] 罗素. 我们关于外间世界的知识. 陈启伟，译. 上海：上海译文出版社，2006: 21-40.

辑语言体系。

罗素还利用数理逻辑方法创立了被称为"哲学范例"的摹状词理论。按照他的分析,"当今的法国国王是秃头"这个句子隐含如下三个句子:(1)至少有一个个体是当今的法国国王;(2)至多有一个个体是当今的法国国王;(3)谁是当今的法国国王,谁就是光头。可以将其缩写成如下的数理逻辑公式:

$$\exists x\,(F(x) \wedge \forall y\,(F(x) \rightarrow T(y)) \wedge T(x))$$

在此公式中,原句子的主谓句形式不见了,摹状词"当今的法国国王"也不再作为指称表达式,而是被拆分为个体变项、谓词、命题联结词和量词的逻辑组合。罗素进一步断言,普通专名(如"亚里士多德"和"北京")只不过是伪装的摹状词。真正的专名是少数几个逻辑专名,如指示词"这"和"那"等,意指感觉材料。"存在"不是个体的性质,而是命题函项的性质,故把"存在"用于专名(如"a存在")是不合逻辑句法的。以往哲学中的本体论证明以及对这些证明的大部分反驳都不明了"存在"的这一特性,"都依赖于很坏的语法"。罗素自称,他关于"存在"的分析"澄清了从柏拉图的《泰阿泰德篇》开始的、两千年来关于'存在'的思想混乱"[①]。罗素的摹状词理论告诉我们:自然语言表面上的语法形式与其内在的逻辑形式并不一致,前者会误导我们去建立一套虚假的形而上学;逻辑上重要的概念可能暗含在一个语句中,而不作为该语句的词语出现,逻辑分析却能够使这些隐含的构成要素显现出来。

维特根斯坦(Ludwig Wittgenstein)的早期著作是《逻辑哲学论》,该书的主题是:语言记号如何能与世界处于意义关系之中?或者说,语言是如何可能的?他提出"图像说"去说明这种关系:"命题是实在的图像。命题是我们所构想的实在的模型。"[②] 思想表征实在,思想是带涵义的命题(语句),命题的总体构成语言。语言、思想和实在分享同样的逻辑形式,具有结构上的平行关系:图像中的要素及其组合方式对应于实在中的要素及其组合方式。例如,语言中的名称指称简单对象;基本命题表征事态,事态是对象的排列组合。基本命题因其所表征的事态存在或不存在而有真值:真或假。基本命题彼此独立,相互之间没有逻辑关系,也就没有矛盾或对立关系。复合命题是基本命题的真值函

[①] 罗素. 西方哲学史:下卷. 马元德,译. 北京:商务印书馆,1976:392.

[②] Wittgenstein L. Tractatus Logico-Philosophicus. Pears D F, McGuinness B F, trans. London: Routledge & Kegan Paul, 1961:37.

数。命题(包括基本命题和复合命题)的意义在于其为真或为假的可能性。真命题就是那些描述存在事态结构的命题。存在事态的总和构成事实。事实的总和就是世界。逻辑命题是对于世界无所述说的重言式,为所有命题提供图像形式,因而也提供了在描述世界的实际结构时所用的"脚手架"或"逻辑空间"的"坐标格"。凡是与实在没有图像关系因而既不为真也不为假的命题,不是"缺少意义的"(senseless)就是纯粹的"胡说"(nonsense)。有图像关系因而有真假可言的命题是"可说的"。真命题的总和构成自然科学。"不可说的"则包括:逻辑形式的地位,哲学的本质,伦理学,"唯我论"和"生命的意义问题",对于"世界存在"的特殊的神秘感觉,等等。在有关"不可说的"的讨论中,维特根斯坦表达了一种全新的哲学观:哲学就是语言批判,它的积极任务是对命题即有意义的语句的逻辑-语言分析;它的消极任务则是表明,形而上学的陈述是竭力想说按语言的天性根本无法说出的东西,因而是无意义的。没有哲学命题,也没有哲学知识。哲学不是一门认知科学,它的成果并不是人类的知识,而是改善人类的理解力。哲学问题都源自"误解我们的语言的逻辑",因而都是伪问题。当人们清楚地把握了这种逻辑,如同它在语言的有意义的使用中那样显示自身,哲学问题就会被消解。维特根斯坦最后告诫我们:凡是能够说的,我们必须将其说清楚;对于不可说的东西,我们必须保持沉默。

卡尔纳普(Rudolf Carnap)在其《思想自述》中说,"我一生都对语言现象感到着迷"①,但他仅把语言视作哲学和科学的工具。他的语言哲学实践涉及两方面:一是应用逻辑方法去分析形而上学和科学中的语句,二是定义语言系统以便用于科学理论的建构。具体包括:

(1)通过语言分析拒斥形而上学,认定后者是出自对语言的误用和滥用。他区分了两种说话方式,三种句子形式。一是"实质的说话方式",回答对象问题,使用对象句子,例如"5大于3","这朵玫瑰花是美丽的"。真的对象句子属于科学。二是"形式的说话方式",回答句法问题或逻辑问题,使用句法语句,例如"'5'是语言L中的一个数字记号","'玫瑰花'是一个事物词"。哲学语句大多是"伪对象句子",例如"5是一个对象","这朵玫瑰花是一个事物",或者问"数的本质是什么?",它们是混淆实质的说话方式和形式的说话方式的结果,没有经验意义,应该将其清理掉。

---

① Schilpp P A. The Philosophy of Rudolf Carnap. Chicago, IL: Open Court, 1963: 7.

（2）受莫里斯的"句法学、语义学和语用学"三分法和希尔伯特的元数学的影响，卡尔纳普首先从事对语言的句法研究。他把一个语言 L 看作一个形式系统，除初始符号外，还有用元语言表述的形成规则和变形规则。形成规则告诉我们，如何从初始符号得到合式公式以及如何从已有的合式公式得到新的更复杂的合式公式；变形规则告诉我们，如何从已经接受的公式（公理或公设）推演、派生出其他的可接受的公式（定理）。他用这样的方法研究了语言 I 和语言 II，并试图建立能应用于任一语言的"一般句法"。后来，他受塔斯基真理论的影响，从事对语言的语义研究，即让作为句法系统的语言得到解释，获得意义。在一个语义系统中，有两种类型的规则：一类是指涉规则，例如"语言符号'a'指涉金星"，"语言符号'B'指涉是蓝色的这个性质"；另一类是真值规则，例如，"'并非……'这种形式的句子是真的，当且仅当，语句'……'不是真的"。然后，他定义了真、L-真（逻辑真）、L-蕴涵、分析性和综合性等概念：一个陈述是 L-真的，如果它的真只依赖于语义规则；一个陈述是 L-假的，如果它的否定是 L-真的；一个陈述是分析的，如果它或者是 L-真的或者是 L-假的；一个陈述是综合的，如果它不是分析的。在研究"必然性""可能性"等模态概念时，他还提出了某种版本的可能世界语义学，其中语言表达式的意义包括内涵和外延，内涵被看作从可能世界到外延的函项。

（3）卡尔纳普断言："哲学应该被科学的逻辑所取代，也就是被对科学的概念和句子的逻辑分析所取代，因为科学的逻辑只不过是科学语言的逻辑句法。"①在他看来，一个科学理论是一个公理化的形式系统，包括五部分：（a）一个形式语言，包括逻辑符号和非逻辑符号；（b）一组逻辑-数学公理和推理规则；（c）一组非逻辑公理，它们表达了该理论的经验部分；（d）一组意义公设，它们陈述非逻辑符号的意义；（e）一组对应规则，它们给出该理论的经验解释。他还区分了经验术语和理论术语、经验规律和理论规律等，提出了可证实性的意义标准：一个句子是有意义的，当且仅当，该句子或其否定能够被观察或被经验证据所证实。

（4）他区分了相对于某个语言框架而言的"内部问题"和"外部问题"，对前者的回答要依赖该框架的语言资源和证据标准，对后者的回答却并非如此。例如，在经验观察语言内，下述问题是内部问题："在面前的桌子上有一本书

---

① Carnap R. The Logical Syntax of Language. London：Kegan Paul，1937：xiii.

吗?""月球的背面有一座 3 000 米的高山吗?"但像"有一个事物世界吗?"这样的问题却是外部问题。卡尔纳普认为,语言框架是无限多样的,相互之间没有优劣之分。因此,根据简便、有效等考虑,我们可以随意选取我们喜欢的语言框架,这被叫作"宽容原则":"每个人都可以如其所愿地随意建构他自己的逻辑,也就是他自己的语言形式。"①

塔斯基 (Alfred Tarski) 是形式语义学的奠基人,从对语义悖论的研究中引出其语言哲学主张:用理想化的形式语言对日常语言进行改造和重建。他认为,产生语义悖论有两个原因:一是日常语言的普遍性,又称"语义封闭性",即这种语言不仅包含它的句子及其他表达式,而且包含这些句子和表达式的名称以及内含这些名称的句子,还包含像"真的""假的""指称""外延"这样的语义表达式。二是通行的逻辑推理规则在其中有效。为了避免悖论,我们显然不能抛弃通行的逻辑推理规则,故我们只能把悖论归咎于日常语言的普遍性:要在一个如此丰富、普遍的语言系统内,无矛盾地定义真概念是不可能的。塔斯基认为,一个可接受的真定义必须满足两个限制条件:一是实质的充分性,即它能够把 T 模式(X 是真语句当且仅当 p)的所有特例作为后承推演出来;一是形式的正确性,具体指如下要求:(1) 必须区分语言的层级,即区分被谈论的语言和用来进行这种谈论的语言,前者是对象语言,后者是元语言。真定义必须相对于一定的语言层次,例如,"在对象语言 O 中真"只能在元语言 M 中才能定义,"在元语言 M 中真"则只能在元元语言 M′中才能定义。(2) 这两种语言都得有"明确规定的结构",即必须用公理化形式化方法来表述:首先给出不加定义的初始词项,给出造词、造句的规则(形成规则),通过定义引入其他词项;其次给出与初始词项相关的公理和推理规则,并经过证明程序得到定理或可证语句,由此避免歧义和混淆。(3) 与对象语言相比,元语言必须"实质上更丰富",即它必须把对象语言作为一个真部分包括在自身之内,此外它还包括:对象语言表达式的名称,如其引号名称或结构摹状名称;通常的逻辑工具,如"并非""或者""并且""如果,则""当且仅当"之类的逻辑词项;适用于对象语言句子的语义表达式,如"真的""假的""满足""有效"等。然后,塔斯基区分了两种形式的语言:一类是"较贫乏的",即其元语言真正丰富于对象语言,元语言具有比对象语言更高的逻辑类型;一类是"较丰富的",即其对

---

① Carnap R. The Logical Syntax of Language. London:Kegan Paul,1937:52.

象语言和元语言中的变元具有相同的逻辑类型，以至在元语言中所有的词项和语法形式都能在对象语言中得到翻译。他证明：对于前者，无矛盾地给出实质上充分、形式上正确的真定义是可能；对于后者，要给出这样的定义且不导致矛盾（悖论）是不可能的。

乔姆斯基（Noam Chomsky）把语言看作一种自然现象，是人通过生物进化过程而获得的种族特性，认为人的大脑中有专门的语言机制，即语言官能（language faculty）。他区分了"语言表现"和"语言能力"，后者是人得自遗传的先天禀赋，称为"普遍语法"（UG），在后天经验环境的触发下，UG 完形为个人的"特定语法"（PG），即由个人所习得的某种特殊语言的语法。语言的首要功能是表达思维而不是社会交往，因而语言是某种个人化的东西。他区分了"I-语言"和"E-语言"，前者指"internalized"（内在化的）、"innate"（天生的）、"individual"（个体的）和"intentional"（内涵的）的语言，即由人的心智结构的初始状态 UG 生发出来的某种规则系统；后者指"external"（外在化的）语言，是普遍语言的某种特殊状况，例如英语和汉语。他把研究重点放在 I-语言上，采用伽利略式的"抽象化"和"理想化"的研究方式，以及假说演绎法和现代数理逻辑的工具，由此建构出具有内在派生关系的形式系统，企图由此去说明语言的生成性，即个人在贫乏的语言输入基础上所获得的理解先前从未听说过的新句子的语言能力。他还区分了语言的"深层结构"和"表层结构"，前者决定句子的语义解释，后者与句子的语音形式密切相关，前者投射、衍生、转换为后者。在乔姆斯基那里，语言学变成了一门严格意义上的自然科学，其中语言是一个自主自足的系统，词汇、句法和语义是三个独立的模块，句法先于语义且独立于语义。

戴维森（Donald Davidson）拒绝把语言视为其使用者在交流中学会和使用的一套"清晰定义的共享结构"，认为诉诸共同约定对于语言交流来说既不必要也不充分，因为对话双方为了理解各自的话语，只要求听话者懂得说话者词语的意思，并不要求前者把同样的意谓加给他们自己对那些词语的使用。语言交流的必需条件是：说话者和听话者共享解释各自话语的能力，这种解释是如下更大计划的一部分：用理性的词汇，通过信念、欲望和意向的归属，使各自在一定情景下的行为变得有理可寻。正是这个条件保证个人习语具有社会性维度，因为说话者只能意图表达他人能够识别或解释为有意义的话语。戴维森主张真值条件语义学，其核心思想是：知道一个语句的意义就是知道该句子在什么情

形下为真，而不必知道如何分辨该语句是否实际上为真。他主张把塔斯基的真概念应用于对意义的理解，通过把

   "X"的意思是 p

替换为塔斯基的 T 约定

   "X"是真的当且仅当 p

意义论就变成真理论了。这就是"戴维森纲领"，它所预设的"真"概念是实在论的：语句的"真"在于该语句所说的与外部世界中的状况相吻合或相一致，与人的认知状态和认知能力无关。戴维森的真值条件语义学很容易刻画许多与句子意义相关的概念：两个语句是同义的，如果它们恰好在相同的条件下为真；一个语句是有歧义的，如果它虽然没有自相矛盾，但在相同的条件下既是真的又是假的；一个语句衍推另一个语句，如果不可能第一个语句为真而第二个语句不为真。更重要的是，它能够说明语言的生成性或组合性，即人们在掌握有限的语言资源的基础上所获得的理解潜在无限多的长而陌生的句子的能力。

  克里普克（Saul Kripke）在反对关于名称的描述论的语义论证中，使用虚构的"哥德尔-施密特"例证，以及非虚构的"皮亚诺-戴德金"例证，力图证明：与一个名称相应的摹状词既不是识别和确定该名称所指对象的充分条件，也不是必要条件。从他的这些论证中可以发掘出如下假设：一个摹状词究竟指称什么对象，只涉及该摹状词与其满足者的关系，只涉及语言和世界之间的关系，它只是一个事实问题，与我们使用该摹状词和该语言时的意向、约定、习惯和传统无关。换句话说，一个摹状词的语义所指是**事实上**恰好满足该摹状词的那个对象，而不是我们的语言共同体认为该摹状词所适用的那个对象。克里普克不同意普特南的语言分工假设："至少拥有一些词汇，与之相关的'标准'只有少数掌握它的人知道，而其他人对它的使用则依赖于他们与上述少数人的有条理的分工合作。"① 相反，他认为，一个名称指称什么对象，这是一个语义学问题，有确定的答案，所谓"专家"在这个问题上没有任何帮助，他们并不具备一种特殊的语义能力。具体就"20 世纪法国内阁成员、国务部长"这个谓词而言，"这个词仅仅意指它所意指的东西。要判定什么东西处在它的外延中，

----

  ① 普特南."意义"的意义//陈波，韩林合. 逻辑与语言——分析哲学经典文选. 北京：东方出版社，2005：466.

或许是棘手的或艰困的；这是一个关于我们将要知道什么的特殊问题。有时候，或许在很长时间内，我们有可能不知道……什么对象是否处在其外延内。但是，就实际确定该词项的外延而言，专家不能提供任何帮助。他们只能在此之后帮助我们弄清楚，哪些对象实际上处在该词项的外延之中"[1]。

二元进路在形式语义学中得到了最好的体现，后者泛指有关形式语言或自然语言的模型论语义学，包括外延语义学和内涵语义学。按照外延语义学，我们从一个待解释的形式语言或自然语言 L 开始，把 L 的构成要素映射到一个"世界"（或"模型"）中。L 的名字被映射到世界中的对象，谓词被映射到对象的性质或对象之间的关系。作为这些映射关系的组合，语句最终被映射到真值：真或假。外延语义学的主要目标是确定 L 中语句的真值。在内涵语义学中，语言 L 不再被映射到一个单一的世界，而是被映射到可能世界的一个集合。其目标仍然是为 L 中的句子提供真值条件。一个语句的意义被看作一个命题，等同于该语句在其中为真的那些可能世界的集合。无论是外延语义学还是内涵语义学，都满足弗雷格所提出的组合性原则。

形式语义学只关心个体词和谓词的客观所指以及公式的客观真值，完全不考虑这些表达式的使用者以及他们在使用这些表达式时的意图、习惯和传统，因此变成了一种客观主义的语义学。根据莱可夫的说法，它至少包括如下论题：（1）真值条件意义的学说：意义以指称和真值为基础。（2）符合真理论：真在于符号和世界中的事态之间的符合或对应。（3）客观指称的学说：有一种"客观上正确的方式"把符号与世界中的事物相关联。[2] 根据阿尔伯塔兹的说法，形式语义学包括如下重要假设：

（1）语言能够作为算法系统来描述。
（2）语言系统是自足且自主的，对它的分析不需要参照语言之外的事物。
（3）语法，尤其是句法，是语言的一个独立层面。
（4）语法具有生成性，可以生成某一语言的所有句子。

---

[1] Kripke S. A Problem in the Theory of Reference: the Linguistic Division of Labor and the Social Character of Naming//Philosophy and Culture: Proceedings of the XVIIth World Congress of Philosophy. Montreal: Editions du Beffroi, 1986: 241-247.

[2] Lakoff G. Cognitive Semantics//U. Eco, et al. Meaning and Mental Representations. Bloomington, IN: Indiana University Press, 1988: 125.

（5）意义可以用逻辑的形式语言根据真值条件得到客观的描述（形式主义假设），语言规则根据一个单义协调原则［真是一个与实在单义协调的概念］得到定义（塔斯基假设）。

（6）语义学是严格组合的（弗雷格假设），其重要性与句法相差甚远。

（7）像类比、隐喻之类的现象和辐射型概念等，应排除在语言分析之外。①

正像卡尔·波普尔（Karl Popper）的"没有认识主体的认识论"②一样，客观主义语义学也可以被叫作"没有语言共同体的语义学"。

二、三元进路的历史回顾

三元进路的共同特征是：为了正确地说明语言如何运作和意义如何生成，我们必须把语言放到语言交流过程中加以理解，必须把语言交流者的意向、公共的语言实践和共享的意义结构等等考虑在内。

后期维特根斯坦在《哲学研究》中提出"语言游戏说"，认为词语不由提到它们所指称的对象来定义，也不由人们与之关联的心智表征来定义，而是由在语言游戏中它们如何被使用来定义。"在我们使用'意义'这个词的各种情况中，有数量极大的一类——虽然不是全部，对之我们可以这样来说明它：一个词的意义就是它在语言中的使用。"③语言游戏与人的生命活动息息相关，是人的生活形式的一部分。人是语言的使用者，是语言游戏的主体，脱离人及其生活去谈论语言和意义，纯属虚妄。并且，各种语言游戏之间只有家族相似，没有本质的共同点；语言游戏像其他游戏一样，也是受规则支配的活动，这一说法隐含假定了语言的约定性特征：规则是公共的约定，人们不能私自地遵守规则；相应地，也不可能有"私人语言"。维特根斯坦本人及其追随者讨厌任何牌号的"理论"，从来不想甚至反对把上述关于"语言游戏"和"使用"的说法

---

① Albertazzi L. Meaning and Cognition：A Multidisciplinary Approach. Amsterdam：John Benjamin Publishing Company，2000：7.

② 卡尔·波普尔. 客观知识：一个进化论的研究. 舒炜光，等译. 上海：上海译文出版社，1987：114-162.

③ 维特根斯坦. 哲学研究. 李步楼，译. 北京：商务印书馆，1996：31. 着重号为引者所加。

发展成一个内容充实且足够清晰的语言哲学理论。

奥斯汀（John Langshaw Austin）和塞尔（John Searle）等人提出言语行为理论，其核心表述是：说话就是做事。话语不仅是说话者说出的有意义的表达，更是他们所做出的有目的行为。了解一个人所说的话语，不仅要知道他说了些什么，而且要知道他用所说的话语做了什么事情。奥斯汀指出："我们要更一般地考虑下述意义，在这些意义上，说什么可能就是做什么，或者在说什么的时候我们正在做什么（还可能考虑到那种不同的情况，在这种情况下，我们是通过说什么而做什么）。"① 塞尔指出，"我认为，在任何语言交际中都必须包含有一个言语行为"②。例如，一位教授通过说"我宣布，现在开始考试"而实施了"宣布"这个言语行为；一个人通过说"我向你道歉"而实施了向听话者"道歉"的言语行为。为了弄清楚通过说话而实施的行为，我们必须考虑到说话者的意向、说话者和听话者共有的背景知识，以及相关的规则、社会惯例和社会建制。在这些说法的基础上，塞尔已经发展出比较系统的关于直接言语行为和间接言语行为的理论，并试图应用现代逻辑的技术性手段去刻画这些言语行为，建立了相关的逻辑理论。在后来的一系列论著中，塞尔把关注的重点转向语言在社会中的作用，特别是语言在形塑或建构人类社会中的制度性实在（如钞票和婚姻）时的作用，而不怎么关注社会因素对语言意义的形塑或建构作用。

格赖斯（Paul Grice）认为，唯有依据会话参与者的意向和信念，才能理解像"交流""意谓"这样的概念。为了使一个语句意谓 p，某个人在使用该句子时必须满足如下条件：他意图使他的听众去相信他相信 p，还必须意图使他们相信：他使用该句子的意图就是使他们相信他相信 p，此外还必须满足有关会话参与者信念和意图的更复杂的条件。他还认为，人际会话过程的正常运行有赖于关于合作行为规范的一些假设。说话者和听话者在推出各自话语的真实涵义（即会话涵义）的过程中，这些规范发挥了十分重要的作用。他把语言表达式的"意义"分为"自然意义"（字面意义）和"非自然意义"，"会话涵义"是"非自然意义"的一种，即某个说话者在一个特定语境中带着特定意图说某个句子时所产生的特殊意义——用中国词语来说，相当于"言外之意"或"弦外之

---

① Austin J L. How to Do Things with Words. Cambridge, MA: Harvard University Press, 1962: 91.

② 塞尔. 什么是言语行为？//马蒂尼奇. 语言哲学. 牟博, 等译. 北京: 商务印书馆, 1998: 230.

音"。他提出交际合作原则，包括一个总则和四个准则，其中总则是：在你参与会话时，你要依据你所参与的谈话交流的公认目的或方向，使你的会话贡献符合这种需要。① 格赖斯由此发展了比较系统的"会话涵义"学说，进而把一个语句的一般意义解释成该句子相对于语言共同体多数成员的会话涵义，但他没有重点探讨语句的一般意义是什么以及如何产生等问题。

斯特劳森（Peter Strawson）在《论指称》②（1950）一文中，系统批评了罗素的摹状词理论，并正面阐述了自己关于语言使用及其意义的很多主张，概括如下：(1) 严格区分语句、语句的使用和语句的表达，并相应地区分语词、语词的使用和语词的表达。他断言，真假并不是语句本身的特征，而是语句的使用的特征，我们"不可能谈到语句本身的真或假，而只能谈到使用语句做了一个真或假的论断，或者说（如果这种说法更可取的话）使用语句表达了一个真或假的命题；并且，同样明显的是，我们不能说语句论述某一个特定的人物（因为，同一个语句在不同时间可能被用来谈论完全不同的特定人物），而只能说对语句进行一种使用来谈论某个特定人物"。一个孤立的语词谈不上指称，只有当它出现在一个句子中，并且这个语句被用来谈论某个特定的人或物时，才有指称。"'提到'和'指称'并不是语词本身所做的事情，而是人们能够用语词去做的事情。提到某物或指称某物，是语词的使用的特征，正如'论述'某物与或真或假是语句的使用的特征一样。"(2) 说出一个语词和语句是有意义的，它们的意义是关于如何使用该语词、该语句的一些规则、约定、习惯和一般性指导："虽然人们使用语词去指称特定的事物，但是，一个语词的意义并不是该语词可以被正确地用来指称的一组事物或单个事物：意义是为把语词使用于指称的一套规则、习惯和约定。""语句是否有意义的问题，也就是是否存在着这样的语言习惯、约定或规则，使得语句在逻辑上能被用来谈论某个东西的问题。"因此，意义不是某种私人性的东西，而是一种公共和一般的东西，来自社会制定的"规则"，历史形成的"习惯"，或社会共同体的"约定"。(3) 对语词和语句的使用，是说话人带着特定的意图、目的进行的。例如，可以把"当今法国国王是贤明的"作为历史教科书中的某个陈述，或作为对当下现实状

---

① 格赖斯. 逻辑与会话//马蒂尼奇. 语言哲学. 牟博，等译. 北京：商务印书馆，1998：301-302.

② 马蒂尼奇. 语言哲学. 牟博，等译. 北京：商务印书馆，1998：414-446. 以下相关引文都出自该处，不再一一注明。

况的某种描述，或被语文老师在课堂上用作例句，或作为某个童话故事中的一句话，如此等等。在这些不同情形下，被使用的语词或语句显然有不同的意义、所指或真值。在考虑具体使用中的语词或语句的指称或真假时，必须把语言使用者的各种意向性因素考虑在内。(4) 对语词和语句的使用是在特定语境中进行的，这里"语境"一词至少是指时间、地点、境况、说话者的身份、话题以及说话者和听话者双方的个人历史。在确定语词和语句的意义或所指时，应该把各种语境性因素或条件考虑在内。(5) 在说话者的话语中，常常隐藏着"预设"，即该话语具有真假值的前提条件；当其预设为假时，该话语无意义，因而没有真值。并且，根据使用语词的语境和使用者的意向，可以区分出语词的两种基本用法：指称性使用和归属性使用，前者与语境和说话者的意向密切相关，一直被逻辑学家所忽视或错误理解。在《意义与真》(1969) 一文中，斯特劳森可能对戴维森的真值条件语义学提出了最早的批评，他本人倡导一种关于意义和真的交流意向式研究。①

达米特 (Michael Dummett) 反复强调语言和意义的社会性特征，"……语言是社会现象，绝不是为个人所私有的，它的使用是公共可观察的"②。语言是由约定的实践和公认的使用标准构成的。共享意义是确保交流成功的必要条件。他论证说，在说一个给定语言时，说话者必须遵循词语的约定意义，即这些词语在它们所属的那个公共语言中的意义。假如不遵循这些标准，说话者就不能知道他们把同样的意谓加给了这些词语，意义就会变成私人性的和不可交流的，我们因此就无法学会一个语言，也无法知道别人是否理解该语言。学习或理解一个语言就是参与到这些共享的语言实践中去。没有一个说话者能够完整掌握支配词语使用的约定和把这些词语从语法上组合起来的规则，他们只能部分地掌握公共语言，但成功交流却依赖于对公共语言的这种掌握。他还认为，语义理论的核心是意义理论，它必须说明"语言是如何工作的"，并且要与人的语言行为和语言实践相吻合。它必须是一个理解理论，即要回答如下问题：当我们知道一个语言时我们知道什么？我们关于语言的知识体现在什么地方？是如何体现的？这被叫作"显示性要求"。它必须是彻底的，要对一个语言中所有初始词汇的意义给出说明。它必须是分子的，要说明复合表达式的意义如何由简单

---

① 该文后来收入 Strawson P F. Logico-Linguistic Papers. London：Methuen & Co. Ltd，1971：170-189。

② 达米特. 分析哲学的起源. 王路，译. 上海：上海译文出版社，2005：132.

表达式的意义以及把简单表达式组合成复合表达式的方式生成。最后，它还必须说明意义的公共性。

普特南（Hilary Putnam）的语言哲学大致上可归属于三元进路，因为他强调语言和意义的社会性。他构想了一个著名的思想实验——"孪生地球"，用以反驳语义内在论，因为后者"从来都反映着两种特殊的而且极有核心意义的哲学倾向：将认识当作纯粹**个人**事务的倾向，以及忽视**世界**（世界中的东西要多于个人所'观察'到的东西）的倾向。忽视语言的劳动分工，就是忽视了认识的社会性；忽视我们所说的大多数语词的索引性，就是忽视了来自环境的贡献。<u>传统的语言哲学，就像大多数传统哲学一样，把他人和世界抛在了一边；关于语言，一种更好的哲学和一种更好的科学，应该把这两者都包括进来</u>"①。关于词语究竟如何指称对象，他的回答是："词语的外延并不是由个体说话者头脑中的概念决定的，这既是因为外延（总的来说）是由**社会**决定的（就像那些'真正的'劳动一样，语言劳动也存在分工），也是因为外延（部分地来说）是被**索引性地**决定的。词项的外延有赖于充当范例的特定事物的实际上的本质，而这种实际的本质，一般来说，并不是完全被说话者所知晓的。<u>传统的语义学理论忽略了对外延起决定作用的两种贡献——来自社会的贡献和来自真实世界的贡献。</u>"②普特南用一个有穷要素序列（矢量）去描述某个语言中每个词语的意义，该矢量包含四个构成要素：该词语所指称的那个对象，例如由化学公式 H_2O 所个体化的那个对象；与该词语相关的一组典型描述，称作"范型"，例如"透明的"、"无色的"和"保湿的"；把该对象置于某个更一般范畴内的语义标记，例如"自然种类"和"液体"；句法标记，例如"具体名词"和"物质名词"。这样一个"意义矢量"提供了对一个表达式在一特定语言共同体中的指称和用法的描述，提供了有关它的正确使用的条件，并且使得听话者有可能去判断某个说话者是否把适当的意义归属给那个表达式，或者它的使用是否改变得足以引发意义差别。

大卫·刘易斯（David Lewis）强调语言的约定性，断言正是社会性约定把语言表达式与其意义关联起来。"存在语言的约定，这个老生常谈不是任何哲学派别的教条，却要求任何一位深思熟虑的人直接赞同——除非那个人是一位哲

---

① 普特南."意义"的意义//陈波，韩林合.逻辑与语言：分析哲学经典文选.北京：东方出版社，2005：523.下划线为引者所加。

② 同①488.下划线为引者所加。

学家。"① 蒯因就是这样一位哲学家，他反对关于语言的约定论，论证说：约定需要协议，而协议需要使用语言，所以语言先于约定，而不是约定的后果。刘易斯论证说，约定并不需要像协议这样的东西。他利用博弈论来刻画约定：博弈双方基于共同利益，在多次博弈过程中，逐渐趋于协调，达到反思的平衡，即某种合乎规则性，后者即约定。在《约定：一种哲学探究》（1969）一书中，他先提出关于约定的一般性说明，然后提出关于语言约定的特殊说明。在《多种语言和语言》（1975）一文中，他断言，语言是一种社会现象，是人类自然史的一部分；语言是一种理性的、受约定支配的社会活动领域；人们说出成串的声音，写出成串的字符，在听到相应的声音或字符时，用思想或行动对它们做出回应，由此交流各自的信念和愿望，并实现他们所企求的目标。②

泰勒·伯奇（Tyler Burge）为了确证个人习语在某种程度上是社会的，其意义必须以非个体主义的方式被确定，构想了一个很有名的思想实验——"关节炎"。有一个人，权且叫他"保罗"，使用"关节炎"一词去表达与他的关节肿疼有关的许多思想。有一天，保罗说"我的大腿部位患了关节炎"。如果他所属的语言共同体只把"关节炎"用于关节肿疼，他所说的话就是假的。然后，伯奇设想了另一种反事实的情况：保罗所属的语言共同体把"关节炎"既用于关节肿疼，也用于其他风湿性疾病。在这种反事实的情况下，保罗的身体状况和身体经验都未发生变化，他所做出的那个陈述也非真即假。但他所说的那句话在后一种情况下却是真的。伯奇由此做出结论：从保罗嘴里说出的"关节炎"一词的意义，在这两种情况下是不同的，因为保罗将属于不同的语言共同体。伯奇希望由此表明：某个人所用词语的意义，不仅取决于有关那个人的事实，还取决于那些词语在更大的语言共同体中的用法，实质性地依赖于那个人周围的其他人的语言实践。在澄清所用词语的意义、确定其指称时，那个人基于认知的理由而不是实用的理由，去依从他所属的语言共同体的其他成员，接受他们的订正或认可。伯奇一般性地断言：

> 随着一个人语言和认知资源的扩展，他在理解事例时对他人的依赖也

---

① Lewis D. Convention: A Philosophical Study. Oxford: Blackwell Publishers, 2002: 2.

② Lewis D. Languages and Language// Lewis D. Philosophical Papers: Vol. I. Oxford: Oxford University Press, 1983: 164.

在不断生长。在某些情况下，我们严重依赖于他人的感性经验（对于我们中居住在加州的那些人来说，如"老虎""企鹅""下雨"）。在其他情况下，我们依赖于理论背景知识（如"基因""癌症"），或更为普通的专业知识（如"关节炎""化油器"）。在很多此类情况下，我们有意地接纳他人已经获得的用法。我们依靠他们的经验来补充我们自己的。并且，我们接受他们对我们的解释的订正，因为他们有更好的条件去理解那些事例，后者部分地决定了我们概念的性质。虽然解释的功能在这些不同情况下明显有异，关于社会依赖的那个论证的主要论点同样地，甚至更为明显地，适用于那些与直接感知不那么密切关联的词项。[1]

布兰顿（Robert Brandom）强烈地批评表征主义及其体现者——形式语义学，它们没有考虑到语言的意向性内容，没有考虑到产生意向性内容的言语行为的意图和情境条件。他认为，语言最重要的功能不是表征和信息交流，而是做出断言以及伴随而来的推论。他发展了一套推理主义语义学，概述如下：在做出一个断言即公开说出一个语句时，说话者不仅对该语句的真做出"承诺"，而且对可从该语句推论出来的其他语句的真也做出承诺。他还给自己保留了通过该语句做出进一步推理的"资格"或"权利"。一旦他做出承诺，当遇到有人对他的断言提出质疑和挑战时，他必须通过从其他断言做出推理，以便给出支持该断言的理由，从而捍卫这个断言。这里提到的推理都是"实质"（有效的）推理，而不是传统上"形式"（有效的）推理。例如，从"这是红色的"推出"这是有颜色的"，从"x在y的左边"推出"y在x的右边"，从"天下雨"推出"地湿"，这样的推理都是实质推理，不能通过补充大前提把它们化归为形式推理。一个语句及其词项的语义内容是与该语句及其词项相关联的承诺与资格的集合，通过实质推理的链条或网络得到规定和揭示。若一位说话者对一个语句及其词项做出承诺并拥有资格，他便对它们的（几乎所有）推论也做出了承诺并拥有资格。承诺和资格是"道义计分"的两种规范地位，计分的表现是两种态度："归属"和"承担"。即是说，对话者既要求自己履行权利并将资格归属给其他人，也要求自己兑现承诺并将承诺归属给其他人，由此形成双向互动。这种双向互动只能在社会环境中进行，受到社会规范的控

---

[1] Burge T. Foundations of Mind: Philosophical Essays: Vol. 2. Oxford: Oxford University Press, 2007: 287-288.

制，而这些社会规范本身却是由对话者在上述互动过程中共同建构出来的。如何使那些支配给出和寻求理由的语言游戏的社会规范明晰化，乃哲学的任务。①

与三元进路的理论取向比较接近的是当代认知语言学。在很多认知语言学家看来，语言不是自主自足的系统，必须参照人的认知过程才能描述它；语言的词库、词法和句法构成一个连续体，语义先于句法，句法依赖于语义；意义先于真，理解先于真，故用真值条件语义学去研究自然语言的意义是不合适的。② 例如，兰盖克等人的认知语法建立在与形式语义学的那些假设完全相反的假设之上：

（1）语言不只是一个算法系统，还是在各个层次上表达人类经验并将其概念化的手段。

（2）语言不是一个有别于其他认知系统的模块。它反映了概念化的复杂性（所谓的"整体主义假设"）。

（3）词汇、词法和句法围绕一个由符号结构构成的连续统而排列（一个得到广泛赞同的假设）。

（4）语法既不是生成性的也不是建构性的。相反，它构成了一个供个人选择使用的符号资源的总汇。

（5）意义并不外在地与世界状况"直接关联"。在很大程度上，它是主观的、语境的和动态的。

（6）语义学是概念化的。它依赖于心智过程（作为意象和神经生理活动）的模式与内容。

（7）真不是真值函项的。相反，它是相对的，在很大程度上是隐喻性的。隐喻、原型概念、辐射型范畴等，被认为是与世界知识、感知和情感密切关联的。也就是说，它们是构成语言概念化的现象（百科全书和符号学假设）。③

---

① Brandom R. Articulating Reasons, An Introduction to Inferentialism. Cambridge, MA: Harvard University Press, 2000.

② 德克·盖拉茨. 认知语言学基础. 邵军航, 等译. 上海：上海译文出版社, 2012: 1-29.

③ Albertazzi L. Which Semantics? //Meaning and Cognition: A Multidisciplinary Approach. Amsterdam: John Benjamin Publishing Company, 2007: 13-14.

三、简要的评论

或许有读者感到奇怪,在如上所述的 20 世纪西方语言哲学图景中,为什么迄今没有见到蒯因这位或许是 20 世纪后半期最有影响的语言哲学家的位置?难道本章作者把他忘掉了吗?作为一名蒯因学者,我当然不会忘记蒯因及其语言哲学,先前之所以没有提到他,实在是因为我难以给他的语言哲学定位:究竟属于语言研究的二元进路还是三元进路?两种做法似乎都有某些道理,但似乎都没有充分的根据。

不错,蒯因在其名著《语词和对象》开篇就指出:"语言是一种社会的技艺。在习得语言时,关于说什么和何时说,我们必须完全依赖于主体间可资利用的提醒物。因此,除非根据人们的与社会可观察的刺激相应的外在倾向,去核实语言的意义就是毫无道理的。"① 后来,他另外给出了一个更简明的表述:"语言是一种社会的技艺。我们大家都只是根据他人在公共可认识的环境下的外部行为来习得这种技艺的。"② 两段引文充分体现了蒯因关于语言和意义的自然主义和行为主义观点,缩写为 NB 论题。NB 论题首先表明,蒯因认为,语言是一种社会的、主体间公共可观察的活动;在学习语言和理解语言时,我们都需要依赖社会共同体中的其他人,依赖语言使用者之间共享的提醒物;可以甚至必须用为一般自然科学所特有的主体间有效的研究技巧来学习和研究语言。因此,他既反对把意义等同于指称的指称论语义学,也反对把意义视为心智中内在观念的观念论语义学,将两者都斥为"语言的博物馆神话"。NB 论题还表明,蒯因的语言哲学至少包括两部分,一是行为主义的语言学习理论,二是行为主义的意义理论。有必要指出,蒯因是在本体论和认识论(但首先是认识论)的背景下去关注语言和意义的,他把学习和理解语言当作认知这个世界和认识我们自身这个总体努力的一部分,把"我们是如何从学会观察语句进展到掌握理论语句的"看作如下问题的一个变体:我们是如何在"贫乏的"感觉刺激的基础上产生出"汹涌的"输出即我们关于世界的科学理论的?因此,蒯因的语言哲学始终被置于他的本体论和认识论的背景之中,他更多地关注有关语言和意

---

① Quine W V. Word and Object. Cambridge, MA: The MIT Press, 1960: ix.

② Quine W V. Ontological Relativity and Other Essays. New York: Columbia University Press, 1969: 26.

义的本体论和认识论的问题,对如下这些问题——语言的本性,语言交流,意义的生成、传递和理解,语言、意义与语言使用者的关系——反而讨论很少。由于蒯因是行为主义者,反对心智主义语义学,反对内涵性实体,反对语言约定论,所以他根本不会去讨论交流意图、社会约定之类的话题。正因如此,我很难把他的语言哲学归于语言研究的三元进路。由于蒯因至少在字面上强调语言的社会性和意义(假如有所谓的"意义"的话!)的公共性,故我也很难把他的语言哲学归于二元进路。实际上,通过他的一系列意义怀疑主义论题,如翻译的不确定性、指称的不可测知性和本体论的相对性等,蒯因掘掉了二元进路和三元进路的共同基础,即承认有语言意义,它们是语言研究的重要对象,特别是语义学的重点对象。这样一来,我难以把蒯因的语言哲学归于二元进路或者归于三元进路,就是相当清楚的了。

应该强调指出,如上所述的二元进路已经发展出一些带有实质性的语言学成果,例如乔姆斯基的转换生成语法、戴维森的真值条件语义学、蒙塔古语法或内涵语义学、克里普克的可能世界语义学等,它们大都能刻画语言的生成性或组合性,即语言使用者基于有限的语言资源所获得的对潜在无限多的长而陌生的句子的理解能力。但是,三元进路却没有发展出有影响力的理论(维特根斯坦及其追随者甚至讨厌和反对任何牌号的"理论"),也没有获得多少有实质性的技术成果,或许应把奥斯汀、塞尔等人的言语行为理论和格赖斯的会话涵义学说除外。于是,在关于语言和意义的两种不同研究进路中,在整个20世纪,二元进路始终占据了支配性地位,正如塞尔所断言的:"……在语言哲学和语言学中,对语言的标准说明倾向于低估并由此错误地解释社会和社会约定的作用。"①

我不赞成语言研究的二元进路,认为其根本缺陷在于:不能说明语言的社会性和意义的公共性等特征。在我看来,语言在本质上是一种社会现象。这不仅意味着:我们是在社会环境中使用语言与其他人交流,在学习语言时必须依赖其他人,也经常彼此借用表达式及其用法;语言还帮助我们去完成各种社会功能,它们甚至已经成为社会制度性实在(如货币和婚姻)的构成要素。更重要的是,它还意味着:语言表达式的意义是由语言使用者及其共同体所赋予的;

---

① Searle J. What is Language: Some Preliminary Remarks//Tsohatzidis S L. John Searle's Philosophy of Language: Force, Meaning and Mind. Cambridge: Cambridge University Press, 2007: 17. 着重号为引者所加。

离开使用者共同体的生活、意向、习惯和传统，语言与其意义的关联将得不到正确的解释和说明，将会变成某种无法理解的神秘物。

我比较认同语言研究的三元进路，但需要做大量的工作，对它做纵深推进和横向扩展，首先必须为它提供强有力的理论支持。为此目的，我本人将提出和论证"语言和意义的社会建构论"（缩写为 SCLM），以便系统地回答如下重要问题：语言如何工作？意义如何生成？SCLM 将由六个命题构成：（1）语言的首要功能是交流而不是表征，语言在本质上是一种社会现象。（2）语言的意义来源于人与外部世界的因果性互动以及人与人的社会性互动。（3）语言的意义在于语言和世界的关联，由语言共同体的集体意向所确立。（4）语言的意义基于语言共同体在长期交往过程中形成的约定之上。（5）语义知识就是经过提炼和浓缩的经验知识，或者是被语言共同体所接受的语言用法。（6）语言和意义随语言共同体的交往实践或快或慢地变化。SCLM 的关键在于：把"语言和世界"的二元关系变成"语言、人（语言共同体）和世界"的三元关系，其中语言共同体将对语言和世界的关系施加决定性影响。①

至于在语言学和语言哲学中，应用如上概述的 SCLM 能够做些什么以及如何做，能够获得什么样的理论成果，新的研究方式如何对待在二元进路中已经做过的那些工作，这些问题有待我本人以及其他有类似立场的学界同人去进一步思考。

---

① 陈波. 语言和意义的社会建构论. 中国社会科学，2014（10）：121-142.

第 3 章 弗雷格的思想理论述要

为了反对心理主义，确保逻辑和数学的客观性，弗雷格在《算术基本规律》（1893）（第一卷）"导言"、《逻辑》（1897）、《思想》（1918）、《否定》（1918）、《复合思想》（1923）等后期论著中，阐述了一种柏拉图主义学说，即他的思想理论：除了可由感官感知的事物组成的外部世界（the external world）和由观念构成的内心世界（the inner world）之外，还有一个第三域（a third realm），其中最主要的居民就是"思想"，其特点是：独立于人的心灵而存在，是客观的，不可被人的感官所感知，无空间性，也无时间性，具有因果惰性，恒定不变，等等。这种思想理论是他早期一些观念的逻辑发展。例如，在《概念文字》（1879）中，他提出了"概念内容"这一概念，并把它划分为"可断定的内容"和"不可断定的内容"。其中，可断定的内容就是在做出一个判断时被断定的东西，与从一个判断中引出的推理的有效性相关。逻辑是关于可断定内容之间关系的科学。不可断定的内容则是对可断定内容再做划分的结果，其重要性取决于它们对可断定内容之间关系的影响。在《涵义和所指》（1892）中，弗雷格做出了后来广为人知的"涵义"（Sinn）和"所指"（Bedeutung）的区分，并在后来的论著中把该区分贯穿到所有语言表达式中，包括专名、摹状词、谓词和语句。弗雷格的"思想"概念就是其早期的"概念内容"或"涵义"等概念的进一步引申和发展。

在本章中，我将按其本义对弗雷格的思想理论予以重构，将其表述为如下 10 个论题。

论题 1：思想是直陈句或疑问句的涵义。

弗雷格指出："思想是语句的涵义，这不是要声称：每个语句的涵义都是思想。思想本身是不能被感官所感知的，却在可以被感官所感知的语句中表达出来。我们说，语句表达思想。"[1]

---

[1] Frege G. The Frege Reader. Beaney M, ed. Oxford: Blackwell, 1997: 328.

他论证说，并非所有的语句都表达思想，例如命令句、表达情感和要求的句子、感叹句等等，都不表达思想。疑问分为语词式疑问和命题式疑问（即疑问句）。前者在句法上是不完整的，并不表达一个思想，例如"who"（谁）或"what"（什么）。后者是指"是或否"问题，例如"拿破仑是法国皇帝吗？"，既然我们能够对它给予肯定或否定的回答，我们在回答时所肯定或否定的就是一个思想。因此，命题式疑问表达一个思想。

弗雷格认为，直陈句表达思想，例如，毕达哥拉斯定理就是一个思想：在直角三角形中，两条直角边的平方等于斜边的平方。他强调指出："在一个直陈句中必须区分两种东西：它与相应的命题式疑问所共有的内容以及断定。前者是思想，或者至少包含思想。于是，有可能表达一个思想而不认为它是真的。在一个直陈句中，这两件事情是如此紧密地连在一起，以至容易忽视它们的可分离性。"① "科学中的进步通常是以这种形式发生的：首先把握一个思想，由此它可能被表达在一个命题式疑问中，在经过适当的研究之后，该思想最后被承认是真的。"②

弗雷格指出，包含"我""这里""那里"的显索引句，例如"我今天受伤了"，不表达一个完整的思想，只有把语句中的一切不确定成分都固定下来，或者把话语的相关情景都表示出来之后，才表达一个完整的思想。有些句子是隐索引句，例如"德国人口总数是五千二百万"，由于一个国家的人口是一个变动的量，必须给这个句子补充信息，至少是"在某个确定的时间"。他强调，不能用索引句不表达完整的思想这一点去否认思想的客观性。

他还指出，语句的其他成分，如情感的、修辞的成分，句法形式的变换，如主动-被动语态的相互转换，以及音调的变化，都不表达思想，或对思想的表达不造成影响。主动-被动语态的转换会造成句子的主词和谓词的改变，由于这种改变与思想无关，所以，"主词和谓词的语法范畴对于逻辑来说不能有任何重要性"③。他把句子中与思想无关的部分叫作"思想的色彩或阴影（color and shadow）"。

弗雷格强调思想的可传递性和可分享性。他有一个假定：凡是不可分享的，就不能被他人理解，也就不可能被传递。

---

① Frege G. The Frege Reader. Beaney M, ed. Oxford: Blackwell, 1997: 328.
② 同①330.
③ 同①242.

论题 2：思想有真假，若为真则永远为真。

弗雷格指出，"真"这个词有多种多样的用法，它作为谓词可用于图画、观念、句子、思想。当它用于图画、物品等等时，是在其转义上使用的，例如"真实的"(genuine)、"诚实的"(veracious)，"本来的"(proper) 和"初始的"(primitive)。在其本来的意义上，"真"一词被归结为句子的真。"当我们称一个句子为真时，我们其实是指它的涵义是真的。所以，提出真这一问题的唯一东西根本上就是句子的涵义。"① "我把一个直陈句的涵义叫作思想。思想的例证是自然律、数学规律、历史事实：所有这些都在直陈句中得到表达。我现在能够更精确地说：'真'这个谓词适用于思想。"②

那么，究竟什么是一个思想的真或假呢？弗雷格论述了如下观点：

（1）"真"不在于观念或思想与实在的"符合"(correspondence)，因为"符合"是一种关系，而"真"不是关系。"符合"只能存在于同类事物之间，并且是两个事物的完全吻合 (coincidence)。但观念与实在是完全不同的东西，它们之间不可能有完全重合关系。因此，不能把"真"解释为"符合"。实际上，"真"是初始的和简单的，不能被定义，因为当我们用"符合"去定义"真"概念——例如，"真"就是观念与实在相符合——时，我们又可以问：观念与实在相符合，这是真的吗？又要用到真概念，这会导致无穷倒退。

（2）"真"也不是思想的性质，因为"红色的"是事物的一个性质，说"这朵玫瑰花是红色的"是对该朵玫瑰花有所谓述，而说一个句子为真并没有给该句子增加什么。"如果我断定'海水是咸的，这一说法是真的'，我所断定的东西与我断定'海水是咸的'相同。这使得我们承认：断定并不是在'真的'这个词中发现的，而是在说出这个句子的断定力中发现的。"③ "我们以直陈句的形式表达对真的承认。对此我们不需要'真'这个词。即使当我们确实使用它时，断定力本身也不在它上面，而在于直陈句的形式；在这种形式失去其断定力的地方，'真'这个词再也不能将它找回来。"④ 这是一种近似"冗余真理论"或"紧缩真理论"的观点。

（3）美有程度之分，但真没有程度之分。"……我们可以发现两个对象是美

---

① Frege G. The Frege Reader. Beaney M, ed. Oxford: Blackwell, 1997: 327.
② 同①231.
③ 同①323.
④ 同①330.

的，但其中一个比另一个更美。相反，如果两个思想是真的，其中一个不会比另一个更真。这里出现了一个实质性的区别，即真的东西不依赖于我们的承认是真的，而美的东西仅对于觉得它美的人才是美的。对此人美的东西，对彼人不一定美。"① 因此，关于美的不同判断之间不会有矛盾，但关于真的不同判断之间却很可能相互矛盾。

（4）思想若为真就永远为真，是恒久不变的。这是因为，思想为真与人的心灵无关，是客观的。"思想——例如自然律——为了成为真的，不仅不需要由我们承认它们为真：它们根本不必由我们所思考……这些思想如果是真的，不仅独立于我们承认它们为真而为真，而且独立于我们的思考这件事情本身。"② 因此，"真"与"被人们认为是真的"是完全不同的两回事情。"是真的完全不同于被认为是真的，无论是被一个人、许多人还是被所有人认为是真的，前者无论如何不能归结为后者。某些是真的东西却被每个人认为是假的，这里没有任何矛盾。我不把逻辑规律理解为关于认为是真的的心理学规律，而理解为关于是真的的规律。"③

（5）以上关于"真"这一谓词所说的也适用于"假"这一谓词。"在严格的意义上，它（指'假'——引者）仅适用于思想。看起来它在谓述语句或观念的地方，归根结底它仍然在谓述思想。假的东西本身就是假的，独立于我们的意见。关于某东西为假的争论同时就是关于某东西为真的争论。所以，关于其为假可以成为争论话题的东西不属于个别的心灵。"④

不过，对于以下问题，弗雷格没有给出任何说法：例如，一个思想在什么情况下为真？什么情况下为假？或者说，哪些思想为真，哪些思想为假？我们作为认知主体如何去识别和确定思想的真或假？

论题3：思想有结构：主目-函数结构和复合结构。

在弗雷格那里，一个句子或思想的最基本的内部结构就是"主目-函数结构"。

例如，从"苏格拉底是哲学家""柏拉图是哲学家""亚里士多德是哲学家"这三个句子出发，我们可以抽象出一个共同的概念词："（　）是哲学家"。概念词表达一个概念，相当于一个函数，括号部分相当于函数的主目，在括号

---

① Frege G. The Frege Reader. Beaney M, ed. Oxford：Blackwell, 1997：231-232.
② 同①233.
③ 同①202-203.
④ 同①238-239.

内填上指称对象的专名就得到一个或真或假的思想。在括号处填上不同的对象名称，就会得到有不同真值的思想，故弗雷格断言："概念就是其值为真值的函数。"① 类似地，从"恺撒征服高卢"出发，经过不同的抽象，我们可以得到不同的概念词："（　）征服高卢"和"恺撒征服（　）"，这是含一个主目的概念词；以及"（　）征服（　）"，这是含两个主目的概念词。循此办法，我们可以得到含多个主目的概念词，例如"（　）把（　）献给（　）"。弗雷格指出："我们把这种含一个主目的函数叫作概念，我们把这种含两个主目的函数叫作关系。"②

一个句子或思想还可以与别的思想相连接或相组合。在《否定》一文中，弗雷格讨论了这样的问题：可以否定一个句子，与句子的否定相对应的是什么？他的结论是：没有否定的思想，但有假思想。他给出了假思想作为第三域中的对象存在的三个理由：

（1）疑问句的涵义是思想。由于对疑问句既可以肯定地回答，也可以否定地回答，一个自然的结论是："并非所有思想都是真的。因此，思想的存在不在于它是真的。我们必须承认这种意义上的思想。因为我们在科学工作中使用疑问，因为探索者有时只能满足于提出疑问。当他提出一个疑问时，他就把握了一个思想。"③ 弗雷格的意思是：不能把思想等同于真思想，还存在着假思想。

（2）思想（包括假思想）是假言的复合思想的组成部分。例如，"如果 a 大于 b，那么 a^2 大于 b^2"。这个句子表达一个复合思想。通过假言易位，得到"如果 a^2 不大于 b^2，那么 a 不大于 b"。如果"a 大于 b"是真的，则"a 不大于 b"就是假的；反之亦然。如果"a 大于 b"是一个思想，那么"a 不大于 b"也应该是一个思想。所以，存在着假思想。

（3）思想处于否定之中。"一个假思想不是一个不存在的思想，即使把存在理解为不需要承载者，假思想也不是不存在的。一个假思想即使不被看作真的，有时也必然被看作不可缺少的……一定可以否定一个假思想，而为了能够这样做，我需要假思想，我不能否定不存在的东西。而且，我不能通过否定，将需要做其承载者的东西变成不是其承载者并且能被许多人作为相同的东西来把握

---

① Frege G. The Frege Reader. Beaney M, ed. Oxford: Blackwell, 1997: 139.
② 同①146.
③ 同①348.

的东西。"①

此外，在《复合思想》一文中，弗雷格还谈到了六类思想结构：A 且 B，并非（A 且 B），（并非 A）且（并非 B），并非［（并非 A）且（并非 B）］，（并非 A）且 B，并非［（并非 A）且 B］。他断言："……这六类复合思想中的任何一种都能够作为基础，能够与否定一道推导出其他的复合思想；因此，对逻辑来说，所有六类复合思想都是同等有效的。"② "就数学而言，我确信，它不包含以任何其他方式形成的复合思想。"可以把由此形成的复合思想叫作"数学复合思想"，弗雷格提出了"外延论题"或"组合性原则"的一种表述："如果一个数学复合思想中的一个构成思想被另一个有同样真值的思想所代替，那么，由此得到的复合思想与原来那个复合思想有同样的真值。"③

论题 4：思想不属于外部世界，它是非物质的和不可感知的。

弗雷格谈到了"外部世界"（the external world），即由日、月、山、川、老虎、狮子、猫、人、桌子、椅子等物理对象组成的世界，这些对象是物质性的，存在于时间和空间之中，可以为所有的认知主体所感知和分享。他论证说，思想不同于物理对象，因为它是非物质的，不占时间和空间，并且像观念一样是不可感知的。不过，思想与物理对象也有相似之处：思想是可分享的，不为个人所私有；它们甚至不依赖于人的心灵而存在。例如，毕达哥拉斯定理所表达的思想是"无时间地真，独立于任何认为它真的人为真；它不需要一个拥有者。它并非从被发现之时起才真；它像一颗行星一样，即使在任何人看见它之前，就已经处于与其他行星的相互作用之中"④。他把这种客观意义上的且为真的思想直接叫作"事实"："当科学家要使人认识到必须为科学建立坚实的基础时，他大声疾呼：'事实，事实，事实！'什么是事实？**事实就是真的思想**。但是，如果某种东西依赖于人的变化着的意识状态，科学家肯定不会承认它是科学的坚实基础。科学工作不在于创造出真的思想，而在于发现真的思想。"⑤

---

① Frege G. The Frege Reader. Beaney M, ed. Oxford: Blackwell, 1997: 350.
② Frege G. Compound Thoughts//Geach P. Logical Investigations. Stoothoff R H, trans. New Haven: Yale University Press, 1977: 73-74.
③ 同②77.
④ 同①337.
⑤ 同①342. 粗体为引者所加。

论题5：思想不属于内心世界，它是公共可分享的。

弗雷格还谈到了"内心世界"（the inner world），即一个由"观念"（ideas）组成的世界。在他看来，"观念"包括感官印象、知觉、人的想象力的创造物、感情、情绪、倾向、希望、决断，等等。他陈述了关于观念的四个论题，由此揭示了观念的特性：

（1）观念是不可感知的，它们不能被看见、听见、触摸、品尝、闻到。例如，我并没有看见我关于蓝天、白云的视觉印象。

（2）观念属于某个人。如果疼痛、情感和环球旅行的愿望不属于任何人，就不可能有疼痛、情感和环球旅行的愿望。内部世界预设了它是某个人的内部世界。

（3）观念要有一个拥有者。关于绿茵场的感觉印象一定是某个人关于该绿茵场的感觉印象。"我的任何一个观念的本性在于：它是我的意识的内容，另外某个人的任何观念本身都不同于我的观念。"①

（4）"每一个观念仅有一个拥有者，没有两个人拥有同一个观念。"② 例如，我关于绿茵场的感觉印象不能是你关于该绿茵场的感觉印象。

弗雷格论证说，思想不同于观念。首先，思想是可分享的，而观念不是（论题2和4）。例如，虽然你和我不可能拥有关于同一朵玫瑰花的同一个感觉印象，我们却可以拥有同一个思想，例如"这朵玫瑰花很漂亮"。其次，观念依赖于拥有它们的心灵（论题2），而思想则不依赖任何心灵，无所有者。当一个思想以相同方式呈现在所有思考者面前时，它对所有的心灵都是一样的。否则，两个人就绝不会有同一个思想，不同人做出的判断之间就不可能有矛盾，关于真的争论就会毫无结果，因为他们缺少争论的共同基础。不过，思想与观念也有某些相似之处：它们都是非物质的，不存在于时间和空间之中，因而是不可感知的。思想的对象包括物理对象，也包括他人的和先前的观念。以治病为例：先有某位病人的疼痛，后有第一位医生关于此病人疼痛的观念。第二位医生在治疗时，则把该病人的疼痛以及第一位医生关于此病人疼痛的观念作为思考的对象。

论题6：思想属于第三域：独立自存，不占时空，因果惰性，永恒不变。

弗雷格做出结论说："思想与观念不同，并不属于个人的心灵（它们不是主

---

① Frege G. The Frege Reader. Beaney M, ed. Oxford: Blackwell, 1997: 335.
② 同①.

观的），而是独立于我们的思维，以同样的方式面对我们每一个人（是客观的）。它们并不是思维的产物，而是仅仅被思维所把握。在这方面，它们类似于物理实体。它们与物理实体的区别在于，它们是不占空间的，我们或许可以进一步说，它们本质上也是无时间的——至少就其本性而言，它们摆脱了能够引起变化的任何东西。就其不占空间而言，它们与观念类似。"① 因此，"思想既不作为观念属于我的内心世界，也不属于外部世界，即感官上可感觉的事物的世界"②，而是属于由不依赖于心灵的实体所组成的第三域（the third realm）。"必须承认第三域。属于这个域的任何东西与观念的共同之处在于：它不能被感官所感知，而与事物的共同之处在于：当它们属于意识内容时不需要所有者。"③

为清楚起见，我把弗雷格关于三个领域的区分制成下表：

	外部世界	内心世界	第三域
所包含对象	物理对象，如日、月、山、川，以及某棵树、某只狗、某张桌子	心理实体，如观念、态度、感觉印象	抽象对象，如思想、数、真值、外延
对象的特点	客观的：独立于认知主体而存在 现实的：占据时间和空间，有变化，可由感官感知到，因为它们是某些效果的直接原因	主观的：被单个认知主体所拥有 非现实的：不占时间和空间，有变化，不稳定，不可感知，因为它们是内在于心灵的	客观的：独立于认知主体而存在 非现实的：不占时间和空间，无变化，恒久不变，为我们的思维所把握，但不可感知，因为它们不能对感觉主体有任何直接的因果影响

论题 7：思想可以被人理解和把握。

弗雷格说，在回答"3 大于 5 吗？"和"太阳大于月亮吗？"等问题之前，我们必须承认它们是有意义的。"无论如何，人们需要一个简明的名称来表达可作疑问句的意义的东西。我称它为思想……我们必须承认这种意义上的思想，因为我们在科学工作中使用疑问，因为探索者有时只能满足于提出疑问。当他提出一个疑问时，他就**把握**了一个思想。"④

---

① Frege G. The Frege Reader. Beaney M, ed. Oxford: Blackwell, 1997: 250.
② 同①342.
③ 同①337.
④ 同①348. 粗体为引者所加。

弗雷格强调指出：首先，必须把对一个思想的表达、理解与对一个思想的断定区分开，不仅在疑问句中是如此，在直陈句中也是如此。这两种语句的差别只在于，疑问句只是表达了一个思想，该思想本身有真假，但疑问句并没有对其真假做出断言；在直陈句中，不仅表达了一个本身有真假的思想，而且对其为真做出了断定，这种断定力在该句子的断定形式中。其次，思想的存在不在于它是真的，即不能把思想等同于真思想。例如，当科学家提出一个疑问时，他就表达、理解和把握了一个思想，以后的研究工作是为了确证该思想究竟是真的还是假的。我们经常进行间接证明（反证法），即先假设一个思想为假，推出荒谬或矛盾，由此证明该思想不能为假，必定为真。若任何思想都是真思想，以上两件事情就不可能发生。因此，弗雷格主张，我们必须区分以下三者：

（1）对一个思想的把握——思维；
（2）承认一个思想的真——判断的行为；
（3）对判断的表达——断定。①

例如，疑问句"约翰爱玛丽吗？"和直陈句"约翰爱玛丽"这两个语句，其形式不同，但表达同一个思想，即约翰爱玛丽。我可以思考这个思想，考虑它究竟是真还是假，而不判断它为真；我可以判断该思想是真的，因而相信它，而不断定它；当然，我也可以断定这个思想是真的：正是我表述这个思想时所附带的断定力，使得我断定该思想是真的。因此，谓词"真"是被连带表达出来的。在直陈句中，一个思想的表达与对其真的承认通常结合一起。但这种结合不是必然的，直陈句中并非总有断定，例如在戏剧舞台上说出的直陈句，故对思想的理解常常先于对它的真的承认。

弗雷格使用"把握"（erfassen）一词是经过精心挑选的，旨在突出思想的存在性和客观性。他论证说，在用手把握某件东西之前，该东西必须存在；在人的思维把握一个思想之前，该思想已经存在。"一个人看到一个事物，拥有一个观念，把握或思考一个思想。当他把握或思考一个思想时，他并没有创造它，而只是开始与先已存在的东西处于某种关系中——这种关系与看见一个事物或拥有一个观念是不同的。"② 他区分了思想独立于心灵的两种方式："是真的东

---

① Frege G. The Frege Reader. Beaney M, ed. Oxford: Blackwell, 1997: 329.
② 同①250.

西为真，独立于我们承认它为真这件事情……我们能够再往前走一步。为了成为一个真的思想……不仅不需要我们承认它们为真：它们也根本不需要被我们所思考……它们独立于我们的思考这件事情本身。"① 其结果是：思想"不是思维的产物，而仅仅被思维所把握"②。

但问题在于：我们究竟如何去把握一个思想？弗雷格的有关说法可归纳总结如下：

（1）把握一个思想预设了有一个思考者，思考者必须具有一定的思考能力。具有思考能力的人通过他的思考去把握思想。"把握一个思想预设了有一个把握它的人，一个思考者。这个人是思想活动的拥有者，而不是思想的拥有者。虽然该思想不属于该思考者的意识内容，但是他的意识中必然有某种东西是针对思想的。但是，不应该把这种东西与思想本身混淆起来。"③ "与对思想的把握相对应，必须有一种特殊的精神能力，即思维能力。在进行思考时，我们不是制造思想，而是把握思想。"④

（2）思想虽然不是感官可感知的，感觉印象却能够使我们承认一个思想的真，因为感觉印象使我们认识到某个事物有某种性质，由此也就认识到相应的思想是真的。"当我们在这里谈论思想的普遍性时，我们把它当作我们的研究对象并以此将它置于感官知觉的对象通常所处的位置。感官知觉的对象在其他地方，尤其是在自然科学中，确实是研究的对象，但是它们与思想有根本的不同。因为思想不是可由感官感知的。确实，表达思想的符号是可听见的或可看见的，思想本身却不如此。**感觉印象能够使我们承认一个思想的真……**"⑤ "无论如何总要想到：我们不可能认识到一个事物有某种性质，而不同时发现这个事物有这种性质这一思想是真的。因此，与一事物的每个性质结合在一起的，是思想的一个性质，即真。"⑥

（3）不可感知的思想穿上语句这个可感知的外衣之后，就成为架通可感知的东西到不可感知的东西的桥梁。换句话说，语言是人把握思想不可或缺的

---

① Frege G. The Frege Reader. Beaney M, ed. Oxford: Blackwell, 1997: 232-233.
② 同①250.
③ 同①342.
④ 同①341-342.
⑤ Frege G. Logical Generality//Frege G. Posthumous Writings. Long P, White R, trans. Oxford: Basil Blackwell, 1979: 259. 粗体为引者所加。
⑥ 同①328.

媒介。"语言似乎能够开辟出一条道路,因为一方面,它的语句能够被感官所感知,另一方面,这些语句表达思想。语言作为表达思想的媒介,必然使自身模仿在思想层面上所发生的东西。因此,**我们可以希望,能够把语言用作从可感觉的东西到达不可感觉的东西的桥梁**。一旦我们理解了在语言层面上发生的东西,我们可能会发现,更容易进一步把这种理解扩展到在思想层面上也成立的东西……我们不能忽视那道把语言层面与思想层面分隔开来的深深的鸿沟,这道鸿沟使这两个层面的相互对应受到了某种限制。"① "我们用某种语言来思考……思考,至少就其高级形式而言,只有凭借语言才会成为可能。"② "思想与某个特定语句的连接不是必然的,但是,我们所意识到的思想在我们的心智中是与某个语句相连接的,这一点对于我们人来说是必然的。"③

(4) 为了感知外物和把握思想,还需要某种"不可感知的东西"。问题是:什么是"不可感知的东西"? 仔细看弗雷格的原文:"对于看见事物来说,有视觉印象确实是必要的,但不充分。必须增加的东西是不可感知的(non-sensible)。正是这种东西为我们打开了外部世界;因为,假如没有这种不可感知的东西,每个人都仍将封闭在他的内心世界里。所以,既然决定性的要素在于不可感知的东西,即使没有感觉印象的合作,它也能够把我们引出内心世界,并使我们能够把握思想。除了我们的内心世界以外,还必须区分下述两者:一是真正可由感官知觉到的事物组成的外部世界,另一个是不可由感官知觉到的东西组成的领域。为了承认这两个领域,我们需要某种不可感知的东西;但是,为了获得关于事物的感官知觉,我们还必须有一些感觉印象,并且这些印象完全属于内心世界。因此,给出一个事物与给出一个思想的方式之间的区别,主要在于不可归属于这两个领域中的可归属于内心世界的某种东西。"④

弗雷格提到了"不可感知的东西"(non-sensible something),没有它的参与,我们就不能由感觉印象形成关于外部事物的感官知觉,从而形成关于外部

---

① Frege G. Logical Generality//Frege G. Posthumous Writings. Long P, White R, trans. Oxford: Basil Blackwell, 1979: 259. 粗体为引者所加。

② 同①142-143.

③ 同①269.

④ Frege G. The Frege Reader. Beaney M, ed. Oxford: Blackwell, 1997: 342-343.

世界的知识；没有它的参与，我们也不可能把握思想；并且，它归属于内心世界（the inner world）。但是，这种"不可感知的东西"究竟是什么呢？有人对之做康德主义的解释，认为它相当于康德哲学中的知性能力和各种先天的认识形式（如范畴）；有人将其解释为"语言"，我认为这明显不成立，因为前面引文表明，在弗雷格看来，只有穿上可感知的语言外衣之后，不可感知的思想才能被我们所理解和把握，因此，在他眼里，语言是"可感知的"东西，且不属于内心世界。还有人将其解释为"一种能力，它处理关于现实事物的感觉印象，由此将其转换为关于那些事物的感性知觉。这样一种能力确实是一种认知能力，并且可以正确地称之为'不可感知的'，但它不必是康德的理性能力……"① 在我看来，这些解释大都带有臆测性质，没有充足的文献证据，并且还具有与弗雷格论述一样的缺点：语焉不详，因而难以捉摸。

（5）把握思想是一个心智过程，是所有过程中最为神秘的，其困难程度远未被充分理解。但逻辑学家可以不去关心这个过程。

弗雷格指出，把握一个思想（如引力定律）"是一个心智过程！确实如此，但它是一个发生在心智范围内的过程，因为这个原因，从纯心理学的角度来看，它完全不能被理解。因为在把握该规律的时候，某种其本性不是本来意义上的心智的东西，即思想，浮现出来了；并且，**这个过程也许是所有过程中最为神秘的**。对我们来说，我们能够把握思想并承认它们是真的，这就足够了；这件事情是如何发生的，就其本身而言是一个问题［我会说，这个问题的困难程度远未被充分理解——弗雷格脚注］。对于化学家来说，能够看、闻和品尝，确实也就足够了；研究这些事情是如何发生的，并不是他的任务"②。

有人据此认为，弗雷格所关注的是为逻辑学奠定本体论基础，而承认思想作为逻辑的研究对象就能达此目的；至于我们如何把握思想，则是关于逻辑对象的一个认识论问题，前一问题可以独立于后一问题获得解决。我不同意这种看法，假如思想在本质上就是不能被我们所理解和把握的，那么，我们如何去

---

① Malzkorn W. How do We "Grasp" a Thought, Mr. Frege? //Newen A, et al. Building On Frege: New Essays on Sense, Content, and Concept. Stanford: CSLI Publications, 2001: 45.

② Frege G. The Frege Reader. Beaney M, ed. Oxford: Blackwell, 1997: 246. *粗体为引者所加。*

确定思想的真假及其真假关系，如何去研究思想之间的结构关系，如何去实现"逻辑学以特殊的方式研究真"这一目标？如此一来，弗雷格用思想的客观性和普遍性去保证逻辑的客观性和普遍性的计划就会破产，他的整个逻辑主义方案就会崩溃。

论题8：判定思想的同一性有两个标准。

弗雷格提出了判定两个语句是否表达同一思想的至少两个标准。

逻辑标准（LC）："在我看来，在把一个思想再认为同一个思想时，需要有一个客观的标准……在我看来，判定命题 A 是否像命题 B 那样表达同一个思想的唯一可能的手段如下所述，其中我假定：就其涵义而言，两个命题中没有任何一个包含了一个逻辑上自明的成分。如果'A 的内容是假的而 B 的内容是真的'和'A 的内容是真的而 B 的内容是假的'这两个假定都导致逻辑矛盾，并且如果能够以如此方式来确认这一点，即不知道 A 或 B 的内容是否为真或为假，为此目的也不需要纯逻辑规律之外的其他手段，那么，就其能够被断定为真或为假而言，没有任何东西属于 A 的内容而不属于 B 的内容，因为根本没有任何理由允许在 B 的内容中有任何这样的剩余物，并且根据上面的假定，这样的剩余物也不会是逻辑上自明的。同样，根据我们的假定，就其能够被断定为真或为假而言，没有任何东西能够属于 B 的内容，除非它也属于 A 的内容。"①

于是，我们有下面的逻辑标准 LC：

> **LC**：假定句子 A 和 B 的涵义中都不包含一个逻辑上自明的成分，那么，A 和 B 表达同一个思想，当且仅当，"A 的内容是假的而 B 的内容是真的"和"A 的内容是真的而 B 的内容是假的"这两个假定都导致逻辑矛盾，并且，确认这一点不需要知道 A 或 B 的内容是否为真或为假，也不需要纯逻辑规律之外的手段。

认知标准（EC）："现在，两个语句 A 和 B 可以处于这样的关系中：任何一个承认 A 的内容为真的人，也必须直接承认 B 的内容为真，并且反之亦然，任何一个接受 B 的内容的人也必须直接接受 A 的内容。这里假定了：在把握 A 和 B 的内容时没有任何困难。这些语句不必在所有方面都是等价的。例如，一个句子可以有我们有时称为诗的韵味的东西，而这正是另一个句子所缺乏

---

① Frege G. The Frege Reader. Beaney M, ed. Oxford: Blackwell, 1997: 305–306.

的。这种诗的韵味属于该句子的内容，但不属于我们作为真的或假的加以接受或拒绝的那部分内容。我认为，在两个同义的（equipollent）句子 A 和 B 的任何一个中，都没有任何东西必须被任何正确地把握它的人直接承认为真。"①

这最后一个限定条件排除了这样的可能性：所有自明的语句都表达同样的思想。于是，我们得到如下的认知标准：

EC：句子 A 和句子 B 表达同一思想，当且仅当，如果承认 A 的内容为真就必须承认 B 的内容为真，接受 B 的内容就必须接受 A 的内容，并且这种承认或接受与其中单个句子的自明性无关。

埃文斯提出了关于思想间"差异的直觉标准"，其精神与 EC 是一致的，只不过从反面表述："……与语句 S 相关联的思想（作为 S 的涵义）不一定不同于与句子 S′相关联的思想（作为 S′的涵义），如果对某人来说，他有可能在一给定时间理解这两个语句，而与此同时自洽地对它们采取不同的态度，就是说，接受（或拒绝）其中之一，而拒绝（或接受）另一个，或不知道另一个的真假。"②

论题 9：思想通过作用人的内心世界，影响人的意志，从而作用于外部世界。

在现实事物（即物理对象）之间，可以发生作用与反作用，可以有因果变化，并且这一切都发生在时空中。思想不是现实事物，但它们仍然是客观的，但没有变化，是永恒的，不受发生在外部世界或我们的心理活动中的任何东西的影响。于是，我们会遇到一个问题：一个思想如何起作用？

弗雷格指出："它被把握并被认为是真的。这是一种在思考者的内心世界中发生的过程，该过程可以在该人的内心世界中产生进一步的后果，而且它还可以侵入意志的领域，并使自身在外部世界中被注意到。"③ 这就是说，把握一个思想是一个心理事件，这预设了"有某个人在把握它，在思考它"。我们虽然不能影响思想，但思想却可以影响我们，它们作用于我们的内部世界，使我们认识到相应思想的真，进而影响我们的意志，由此影响我们在外部世界中的行为，

---

① Frege G. The Frege Reader. Beaney M, ed. Oxford：Blackwell, 1997：299-300.
② Evans G. The Varieties of Reference. New York：Oxford University Press, 1982：18.
③ 同①344.

从而在外部世界中产生效果。例如，当我们把握了毕达哥拉斯定理所传达的思想时，其结果可能是：我承认它是真的，我应用它做出一个决定并付诸实施，从而引起外部世界中某些物体的加速。我们还可以相互交流和传播思想，从而相互影响我们的意志和行为，由此带来外部世界的变化。

论题 10：思想的客观性可以确保逻辑和数学的客观性。

弗雷格认为，逻辑以特殊的方式研究"真"谓词和"真的规律"：它研究为真或为假的思想以及思想之间的结构关系。思想是客观的，恒久不变的，无时间性和空间性，具有确定的真值。真理（真的思想）具有某种描述的特征，逻辑学是要发现和描述真的规律，而不是发明这些规律。在这种意义上，逻辑命题是有内容的。由于逻辑关注真的规律，它必须重点关注句子中各构成成分以至整个句子本身的指称，因为只有从指称才能达到真理。逻辑对有内容的真规律的研究要以系统的方式进行，要使用公理和定义等。并且，公理和定义都应该是严格为真的命题，不需要事后对它们做解释，以确定其真假。他尚未意识到需要事先严格陈述所有的推理规则，也没有严格的元逻辑概念，认为不需要事后证明公理系统的无矛盾性，更没有考虑所谓的"完全性"问题。

弗雷格认为，既然逻辑学研究思想及其结构关系，而思想是客观的和普遍的，思想之间的结构关系也不依赖于任何特殊的题材和领域，所以，逻辑学也是客观的和普遍的：题材中立。他对逻辑命题持一种普遍主义的观点：逻辑学的对象域是我们所面对的这个世界，包括物理对象和第三领域的对象，逻辑命题中所涉及的个体词（专名）、谓词（一元或多元）、语句都可以是任何一个个体词、谓词和语句，这是把这些成分当作变项，可以用量词约束，因此他允许高阶量化和高阶逻辑。逻辑命题通过例示规则（instantiation）应用于具体的有内容的命题。由于具有客观性和普遍性，逻辑命题也是先验的、分析的、必然的。

弗雷格主要是为了实现他的逻辑主义纲领而构造逻辑系统的。他讨论逻辑时，所能想到的就是包括命题逻辑在内的一阶量化逻辑及其推广——高阶逻辑。他意识到这种逻辑不能处理句子中的某些成分或某些句子之间的结构关系，例如间接引语语境和命题态度词、预设等问题，但他并没有对这些问题做专门的逻辑处理。因此，他关于逻辑的许多说法是从一阶逻辑中抽引出来的。

关于弗雷格的思想理论，存在两种不同的解读：一种力图将其温和化和合理化，因而评价也偏于正面；另一种将其解读为一种柏拉图主义或实在论学说，评价偏向负面，甚至是完全否定的。我倾向于后一种解读和评价，同意这样的说法：弗雷格为对付心理主义疾病而开出的强实在论药方，是比疾病本身更坏的东西。① 篇幅所限，留待另文②去详细展开。

---

① Engel P. The Norm of Truth: An Introduction to the Philosophy of Logic. New York: Harvester Wheatsheaf, 1991: 320.

② 陈波. 超越弗雷格的"第三域"神话. 哲学研究, 2012 (2).

第 4 章　超越弗雷格的"第三域"神话

如达米特所指出的:"弗雷格关于思想及其构成涵义的看法是**神话式的**。这些恒久不变的实体居住在'第三域',后者既不同于物理世界,也不同于任何经验主体的内心世界……只要这样一种看法处于支配地位,一切都将是**神秘莫测的**"①。我同意以上说法。在本章中,我将关注一个中心问题:如何给弗雷格的思想理论去神秘化?本章由四节组成。在第一节,我将简短讨论以下问题:什么是心理主义?弗雷格如何批评心理主义?他的批评能够成立吗?在第二节,我将进一步考察弗雷格的反心理主义论证,包括它的否定方面和肯定方面。在第三节,我将揭示弗雷格的思想理论所面临的一些问题和困境。在第四节,我将提出我自己的思想理论,它是修改弗雷格思想理论的结果,并且打算作为该理论的替代者。

一、心理主义:弗雷格攻击的靶子

在 1890—1914 年间,德语地区发生了一场"心理主义论战",所争论的中心问题是:逻辑(和认识论)是不是心理学的一部分。弗雷格和胡塞尔是这场论战中的领袖人物。

作为一名数学家,弗雷格力图证明数学特别是算术的客观性、普遍性和必然性。为了确保这一点,他认为,我们必须把数学特别是算术化归于逻辑,即用逻辑的概念去定义数学的概念,从逻辑规律中推出数学规律。为此,我们必须先确保逻辑本身的客观性、普遍性和必然性。他花费了很大的精力去创立新的逻辑,即他的"概念语言"系统。他认为心理主义妨碍甚至损害逻辑和数学

---

① Dummett M. Frege and Other Philosophers. Oxford: Clarendon Press, 1991: 251. 粗体为引者所加。

的客观普遍性，故他毫不妥协地与心理主义做斗争。皮卡迪指出："在其每一篇著述——无论是著作、文章还是书信和评论——中，弗雷格从不错过谴责心理主义恶魔的机会。"①

在反对心理主义的过程中，弗雷格提到过埃德曼（Benno Erdmann）、文德（Wilhelm Wundt）、西格瓦特（Christoph von Sigwart）和克里（Benno Kerry）等人的逻辑学说，系统地批评了密尔的经验主义逻辑哲学和数学哲学，以及康德基于直观的关于数的看法。很有可能，他的批评所针对的不是某个特定的作者，而是一组学说即"逻辑心理主义"，可以把它归结为下述论题：逻辑可以解释性地化归于经验心理学。一般认为，19世纪的古典心理主义持有下面两个论题：

T1 逻辑化归于心理学：逻辑概念可用心理学概念来定义，逻辑规律可用心理学规律来证明。

T2 逻辑是思维过程的模型：因为它只不过是这个过程的一部分，或者因为它在这个过程中起规范性作用。

在弗雷格看来，逻辑心理主义把逻辑规律看作关于思维的描述性的心理规律，把"是真的"（being true）混同于"被看作是真的"（taking something to be true），无视引出判断的原因和证成判断的理由之间的区别，并且把一个表达式的意义混同于与该表达式相关联的心智表征。在《算术基础》一书的序言中，弗雷格清楚地陈述了他在其研究中一直坚持的三个原则，其中第一个是："始终要把心理的东西和逻辑的东西、主观的东西和客观的东西严格区别开来。"第二个是："不要孤立地寻求一个词语的意义，必须在命题的语境中去寻求它的意义。"② 他还告诫我们："不应该把对于一个观念的起源的描述当作一个定义，也不应该把对于意识到一个命题的心灵和肉体的条件的说明当作一个证明，还不应该把对一个命题的发现与它的真混淆起来！看起来，必须提醒我们，正像当我闭上眼睛时太阳不会消失一样，当我不再思考一个命题时，它也不会不再是真的。"③

在我看来，弗雷格对心理主义的批判可以概括为以下三点：

---

① Picardi E. Frege's Anti-Psychologism//Frege G: Critical Assessments of Leading Philosophers: Vol.1. London: Routledge, 2005: 340.

② Frege G. The Frege Reader. Beaney M, ed. Oxford: Blackwell, 1997: 90.

③ 同②89.

（1）从研究对象来看，逻辑和数学不同于心理学。心理学所研究的观念、意象等必定是私人性的，而逻辑或数学规律是客观的和公共性的，可以被每个人所理解和把握。观念、意象因人而异，是变化的、不稳定的、偶然的，而逻辑或数学规律是必然的和永恒不变的。因此，逻辑学和数学不是心理学的一个部分或分支。

弗雷格强调说："发现真理是所有科学的任务，而识别真理的规律则是逻辑学的任务。"① 逻辑以特殊的方式研究真：它研究能够为真或为假的思想。但逻辑不研究思想的产生和演变过程，与思维的心智过程和关于这个过程的心理学规律没有任何关系。"既然思想在本性上不是心灵的，由此推出：对逻辑进行任何心理学的处理只能造成危害。相反，这门科学的任务正是要从所有不同种类的东西因而也从心理的东西中提炼出逻辑的东西，并通过揭示语言在逻辑上的不完善性使思维从语言的束缚中解放出来。逻辑探讨真的规律，而不探讨把某物看作是真的规律；不探讨人们如何思维的问题，而探讨必须如何思维才能不偏离真的问题。"②

（2）从方法论上说，应该区别逻辑和数学规律的发现（discovery）与证成（justification）。心理学的方法是观察、内省、归纳、概括等，这些方法本质上是发现的方法，从中不能产生普遍必然的知识；逻辑或数学真理都是分析的、必然的、先验的，其证成与心理因素和事实问题无关。因此，逻辑和数学不是心理学的一个部分或分支。

弗雷格指出："常常发生这样的情况：我们先发现一个命题的内容，然后以另一种更困难的方式提供对它的严格证明，凭借这种证明，人们还经常更精确地认识到该命题的有效性条件。因此，人们一般必须区分开下面两个问题：一个是我们如何得到该判断的内容，另一个是我们如何提供对我们的断言的证成。"③ "用心理学的观点看待逻辑，我们会丧失证成一个信念的根据与实际产生它的原因之间的区别。这意味着本来意义上的证成是不可能的；取而代之，我们会得到关于如何达到该信念的说明。由此可以推出，一切东西都是由心理因素引起的。这种做法把迷信与科学发现置于同等地位。"④

---

① Frege G. The Frege Reader. Beaney M, ed. Oxford：Blackwell, 1997：325.
② 同①250.
③ 同①92.
④ 同①248-249.

(3) 从学科性质上说，心理学和其他自然科学都是描述性的，而逻辑是规范性的。因此，逻辑学不是心理学的一个部分或分支。

弗雷格断言："与伦理学一样，也可以把逻辑学称为规范科学。为了达到真理这一目标，我必须如何思维呢？我们期待逻辑学给予我们关于这一问题的回答，但是我们并不要求它探究每一个特殊的知识领域及其题材。相反，我们赋予逻辑学的任务只是说明对所有思维都成立且具有最大普遍性的东西，无论其题材是什么。我们必须假定，关于我们的思维以及我们认为某物为真的规则是由真理的规律规定的，是根据后者给出前者。因此我们能够说：逻辑学是一门最普遍的关于真理规律的科学。"① "……逻辑学规律应该是为了达到真理而提出的关于思维的指导原则，一开始人们普遍地认可这一点，而它只是太容易被忘记了。这里'规律'一词的歧义性是至关重要的。在一种意义上它陈述事物如何，在另一种意义上它规定事物应该如何。仅仅在后一种意义上，才能把逻辑规律称为'思维规律'：因为它们规定了人们应该如何思维。任何陈述事物如何的规律，能够被设想为规定了人们应该遵循它去思维，所以，在这种意义上，它是思维的规律。"②

可以用更显眼的方式，把弗雷格的反心理主义论证重构如下，其中"P1"表示"前提1"，"C"表示"结论"，以此类推：

P1. 逻辑是客观的、普遍的、必然的和先验的。
P2. 心理主义把逻辑看成主观的和描述性的。
C. 心理主义是错误的。

显然，即使 P2 是真的，C 还依赖于 P1；如果 P1 是真的，则 C 是真的；如果 P1 是假的，或者 P1 未被证明是真的，我们就不能断定"心理主义是错误的"。于是，P1 在上述论证中扮演了一个关键性角色，实际上，弗雷格的整个逻辑哲学（和数学哲学）都是从 P1 出发的。为了证明 C，他必须先证明 P1。但真实的情况是：他从未给出关于 P1 为真的证明，甚至没有给出关于 P1 的任何证成。这是因为：(1) 弗雷格接受了关于逻辑真理的传统的理性主义说明，坚持认为逻辑的初始的基本的真理是自明的。杰西昂论证说，弗雷格有两个自明性概念：一是自明的真理从根本上说是安全的，不依赖任何其他真理；二是为

---

① Frege G. The Frege Reader. Beaney M, ed. Oxford: Blackwell, 1997: 228.
② 同①202.

了理性地、先验地、有根据地承认一个自明真理为真,我们只需要清楚地把握其内容。① (2)弗雷格认为,去证成初始的基本的逻辑真理,这一任务超出了逻辑的范围。"我们为什么承认一个逻辑规律是真的? 有什么权利去这样做? 逻辑只能通过把该规律化归于另一个逻辑规律去回答这样的问题。若这样做是不可能的,逻辑也不能给出任何答案。"② "我们证成一个判断的途径有两条:一是追溯到已经承认为真的真理,二是不求助任何其他的判断。仅仅第一种情形,即推理,才是逻辑所关注的。"③ 可以说,在其反心理主义论证中,弗雷格犯有"窃题"(循环论证之一种)的谬误,因为他只是预设了而不是证成或证明了其中的一个关键性前提:逻辑规律是客观的、普遍的、分析的、必然的和先验的。

我发现,我对弗雷格的反心理主义论证的上述分析与罗伯特·汉纳的分析有些类似。在简短地回顾弗雷格和胡塞尔的论证之后,汉纳断言,他们对逻辑心理主义的反驳是:"它抹杀了下面两者之间的根本区别:一方面是纯逻辑的必然、客观地为真、完全形式的或题材中立的和先验的特性,另一方面是经验心理学的偶然的、基于信念的、有题材偏好的和后验的特性;因此它错误地把前者归结为后者。"④ 他把该反驳拆分为以下四点:

(1)**模态降格**:心理主义错误地把逻辑规律的必然性和严格的无所不适性归约为经验规律的偶然的普遍性。

(2)**认知相对主义**:心理主义错误地把客观的逻辑真理归约为单纯的(个别的、受社会制约的或受题材限制的)信念。

(3)**题材偏向**:心理主义错误地把逻辑的完全形式的或题材中立的特性归约为心智内容的题材偏好(个体的、受社会制约的或受题材限制的)特性。

(4)**激进的经验论**:心理主义错误地把逻辑知识的先验性归约为获得

---

① Jeshion R. Frege's Notion of Self-Evidence//Frege G: Critical Assessments of Leading Philosophers: Vol. 2. London: Routledge, 2006: 358.

② Frege G. The Frege Reader. Beaney M, ed. Oxford: Blackwell, 1997: 204.

③ Frege G. Logical Generality//Long P, White R, trans. Posthumous Writings. Oxford: Basil Blackwell, 1979: 175.

④ Hanna R. Rationality and Logic. Cambridge, MA: The MIT Press, 2006: 8.

信念与证成信念的经验方法的后验性。①

汉纳注意到，在上述（1）～（4）的每一点中，都包含一个关键词"错误地"："这是窃题。指出逻辑心理主义推出模态降格等等，并不等于反驳了它，除非人们已经用独立的论证证明：逻辑确实是必然地、客观地为真、题材中立的和先验的；或者，除非人们已经用独立的论证表明，上面四点归约中的一个或多个将直接导致假命题或荒谬的命题。但是，就我所能确定的而言，弗雷格和胡塞尔仅仅断定了逻辑是绝对必然的等等，却从未尝试去独立地证明这些断言，他们也未曾做出任何严肃的尝试去把心理主义还原归结为假命题或荒谬命题。所以，即使他们完全正确地阐释了逻辑心理主义及其后果的性质，归根结底，他们并没有提出反驳心理主义的任何非循环论证，这等于说，归根结底，他们没有提出任何反驳心理主义的绝对使人信服的论证。"②

二、对反心理主义论证的再考察

在这一节，我将把弗雷格的反心理主义论证再划分成两组子论证。一组论证是否定性的，旨在证明心理主义将导致荒谬；另一组论证是肯定性的，它通过论证思想是自我持存的、独立于人的心灵和思维的实体，旨在发展一种替代心理主义的理论，也就是弗雷格本人的思想理论。

（1）否定性论证。

这一组论证主要见于弗雷格的《思想》（1918）一文。他试图证明"一切都是观念"这一论题将导致荒谬（观念论和唯我论），所使用的证明方法是归谬法。下面，"R1"表示"理由1"，以此类推。

R1. 观念是不能被我们的感官所感知的。若一切东西都是观念，我们将被迫接受一些荒谬的结论：没有感觉和意识的对象，只有我们的观念；关于外在对象的任何断定都是自相矛盾。但真实情况是：我们有关于外在对象的感觉，例如关于颜色和重量的感觉。

R2. 我的观念只被我所拥有。若一切东西都是观念，我的所有知识和知觉都局限于我的观念范围，局限于我的意识舞台，在这种情况下，我就只有一个

---

① Hanna R. Rationality and Logic. Cambridge, MA: The MIT Press, 2006: 8.
② 同①8-9.

内心世界，并且我对别人一无所知，这将导致我和其他人不可沟通。

R3. 观念的产生需要外部原因，并且观念本身需要拥有者。若一切东西都是观念，沿此思路进一步推论下去，所留下的就只有观念，观念将失去它们的对象，也失去其所有者，甚至我本人也只是一个观念，不再是一个独立的存在。而没有拥有者的观念就不再是观念，变成了独立的对象。对立面发生了相互转化。

R4. 若一切东西都是观念，心理学就会把一切科学包括在自身之内，至少会成为凌驾于所有科学之上的最高法官，将会统治逻辑和数学。再没有比把逻辑和数学附属于心理学更错误的了。

在否定"一切东西都是观念"这一论题之后，弗雷格由此推出了一系列结论：

> 并非一切能够成为我的亲知对象的东西都是观念。
>
> 我有关于我本人的观念，但我并不是这种观念。我本人作为非观念对象而存在。
>
> 其他人作为非观念对象存在：我有关于他人的观念，但他人不同于我关于他人的观念；否则，历史科学、道德理论、法律和宗教何以可能？
>
> 我甚至能够推测，存在许多外在的事物；作为我的感觉、意识和思考的对象，它们独立于我的心灵和思考。不过，我在这一点上有可能犯错。
>
> 有许多人可以共同研究的科学。
>
> 如此等等。①

我只对这个否定性论证做简短的评论。该论证至少有两大问题：其一，心理主义者真的持有像"一切东西都是观念"这样强的主张吗？弗雷格没有给出来自任何作者的任何引文。退一步说，即使逻辑和数学领域中的某些心理主义者确实这么认为，也不意味着所有心理主义者都这么认为，更不意味着心理主义者只能这么认为。实际上，心理主义有不同的形式，其中有些持有比较极端的立场，有些则持有比较温和的主张。驳倒了心理主义的最荒谬的形式，并不意味着驳倒了心理主义的所有形式。实际上，某些形式的心理主义可以躲过弗雷格的批评而幸存下来。弗雷格的论证犯有"稻草人"或

---

① Frege G. The Frege Reader. Beaney M, ed. Oxford: Blackwell, 1997: 341.

"以偏概全"的谬误。其二,在反驳了"一切东西都是观念"这一论题之后,弗雷格推出:我存在,他人存在,我周围的环境存在,有可以被许多人研究的科学,等等。这些推论与笛卡尔的一系列推论很相似:我存在,上帝存在,他人和他人的心灵存在,物理对象存在,等等。这些结论真的能从那些前提推出吗?我不这么认为。例如,在否定"一切东西都是观念"之后,我们只能合逻辑地推出:有些东西不是观念,但我们不能确切地知道所提到的"有些东西"恰好就是我自己,或他人,或我周围的环境。如果弗雷格断言,我自己、他人和环境都是独立的存在,他必须为他的断言给出另外的证明,但他并没有给出这样的证明。可以说,他的否定性论证中的很多步骤是不具前提的推理(reasoning non sequitur)。

(2)肯定性论证。

这一组论证至少包括下面三个子论证:

A1. 基于真的论证。

弗雷格断言,思想有真值,即真(the true)和假(the false)。关于真,他强调说:(a)真不是实在和思想(或观念)之间的符合,因为符合是关系,而真不是关系。事实上,真是简单的、初始的、不可定义的。当试图根据"符合"去定义"真"时,我们进而追问:一个观念符合实在是真的吗?这导致无穷倒退。(b)真也不是思想的属性:当我说某个语句是真的,我对该语句无所谓述。"如果我断定'海水是咸的,这一说法是真的',我所断定的东西与我断定'海水是咸的'时相同。"① (c)美有程度之分,但真没有程度之分。"……我们可以发现两个对象是美的,但其中一个比另一个更美。相反,如果两个思想是真的,其中一个不会比另一个更真。"②

弗雷格还论证说,思想若为真就永远为真,是恒久不变的。这是因为,思想为真与人的心灵无关,是客观的。"是真的完全不同于被认为是真的,无论是被一个人、许多人还是被所有人认为是真的,前者无论如何不能归结为后者。某些是真的东西却被每个人认为是假的,这里没有任何矛盾。我不把逻辑规律理解为关于认为是真的的心理学规律,而理解为关于是真的的规律。"③ "思想——例如自然律——为了成为真的,不仅不需要由我们承认它们为真:它们

---

① Frege G. The Frege Reader. Beaney M, ed. Oxford: Blackwell, 1997: 323.
② 同①231-232.
③ 同①202-203.

根本不必由我们所思考……这些思想如果是真的，不仅独立于我们承认它们为真而为真，而且独立于我们的思考这件事情本身。"① 所以，思想是独立于人的心灵和思考而存在的实体，属于第三域。

A2. 类似性论证。

弗雷格谈到了"外部世界"（the outer world），即由日、月、山、川、老虎、人、桌子等物理对象组成的世界，这些对象是物质性的，存在于时间和空间之中，可以被所有的认知主体所感知。他论证说，思想不同于物理对象，因为它是非物质的，不占时间和空间，并且像观念一样是不可感知的。毕竟，思想与物理对象也有相似之处：思想是可分享的，不为个人所私有，它们甚至不依赖于人的心灵而存在。例如，毕达哥拉斯定理所表达的思想是"无时间地真，独立于任何认为它真的人为真；它不需要一个拥有者。它并非从被发现之时起才真；它像一颗行星一样，即使在任何人看见它之前，就已经处于与其他行星的相互作用之中"②。他把这种客观意义上为真的思想直接叫作"事实"："当科学家要使人认识到必须为科学建立坚实的基础时，他大声疾呼：'事实，事实，事实！'什么是事实？**事实就是真的思想**。但是，如果某种东西依赖于人的变化着的意识状态，科学家肯定不会承认它是科学的坚实基础。科学工作不在于创造出真的思想，而在于发现真的思想。"③

A3. 差异性论证。

弗雷格还谈到了"内心世界"（the inner world），即一个由"观念"（ideas）组成的世界。在他看来，"观念"包括感官印象、知觉、人的想象力的创造物、感情、情绪、倾向、希望、决断，等等。他论证了思想为何不同于观念。首先，观念是私有的，只能被一个人所拥有，而思想却可以被许多人所分享。例如，虽然你和我不可能拥有关于同一朵玫瑰花的同一个感觉印象，我们却可以拥有同一个思想，如"这朵玫瑰花很漂亮"。其次，观念依赖于拥有它们的心灵，而思想却无所有者：一个思想以相同方式呈现在所有思考者面前，它对所有的心灵都是一样的。否则，两个人绝不会有同一个思想，不同人做出的判断之间不可能有矛盾，关于真的争论就会毫无结果，因为他们缺少争论的共同基础。不过，思想与观念也有某些相似之处：它们都是非物质的，不存在于时间和空间

---

① Frege G. The Frege Reader. Beaney M, ed. Oxford: Blackwell, 1997: 233.
② 同①337.
③ 同①342. 粗体为引者所加。

之中，因而是不可感知的。

通过上面的论证，弗雷格做出结论：思想属于第三域，因为它们是独立自存、不占时空、因果惰性、恒久不变的实体。"思想既不作为观念属于我的内心世界，也不属于外部世界（即可由感官感知的事物的世界），而是属于由不依赖于心灵的实体所组成的第三域（the third realm）。"① "必须承认第三域。属于这个域的任何东西与观念的共同之处在于：它不能被感官所感知，而与事物的共同之处在于：当它们属于意识内容时不需要所有者。"②

弗雷格由此发展出一种思想理论，我将其概括为以下十个论题：

论题 1. 思想是直陈句或命题式疑问的涵义。

论题 2. 思想有真假，若为真就永远为真。

论题 3. 思想有结构：主目-函数结构和复合结构。

论题 4. 思想不属于外部世界，因为它们是非物质的和不可感知的。

论题 5. 思想不属于内心世界，因为它们可为许多人所分享。

论题 6. 思想属于第三域，因为它们是客观而非现实的：独立于心灵，不占时空，因果惰性，恒久不变。

论题 7. 思想可以被不同的人所理解和把握。

论题 8. 至少有判定思想同一性的两个标准。

论题 9. 思想通过作用人的内心世界，影响人的意志，从而作用于外部世界。

论题 10. 思想的客观性和普遍性可以确保逻辑的客观性和普遍性。

三、弗雷格思想理论的困境

弗雷格替代心理主义的方案是：用研究对象（在逻辑学那里是思想，在算术那里是数）的客观性和普遍性，来确保逻辑或数学规律的客观性和普遍性。问题是：这种方案奏效吗？我的回答是否定的，因为他的方案面临许多难解甚至无解的问题或困境。

1. 思想能够独立于语言吗？

如果把弗雷格思想理论中的有些论题搁在一起，就会发现其中存在紧张、

---

① Frege G. The Frege Reader. Beaney M, ed. Oxford: Blackwell, 1997: 342.
② 同①337.

冲突和矛盾之处。

一方面，弗雷格断言，"思想是语句的涵义，这不是要声称：每个语句的涵义都是思想。思想本身是不能被感官所感知的，却在可以被感官所感知的语句中表达出来。我们说，语句表达思想"①。像"巴黎是法国的首都"这样的直陈句，或者一个"yes/no 问句"（弗雷格称之为"命题式疑问"），如"奥巴马是美国总统吗？"，都表达思想：前者所表达的是巴黎是法国的首都这个思想，后者所表达的是奥巴马是美国总统这个思想，差别只在于对所表达思想的态度：前者的态度是肯定，后者的态度是疑虑。"科学中的进步通常以这种形式发生：首先把握一个思想，由此它可能被表达在一个命题式疑问中，在经过适当的研究之后，该思想最后被承认是真的。"② 弗雷格进而断言，思想是有结构的。单个句子通常被分析为主目-函数结构，如"（　）是一位哲学家"，或"（　）征服（　）"，其中"（　）"表示空位，可以用名称来填充。不同的复合语句有不同的复合结构，他谈到了六类思想结构：A 且 B，并非（A 且 B），（并非 A）且（并非 B），并非［（并非 A）且（并非 B）］，（并非 A）且 B，并非［（并非 A）且 B］。他强调说："思想的世界在语句、表达式、语词和记号的世界中有一个模型。与思想的结构相对应的，是把语词组合成一个句子……与思想的分解和破坏相对应的，必定是词语的被撕裂……"③

由弗雷格的这些话可以推知：思想不能独立于语句而存在，若没有语句就没有思想，我们可以甚至必须通过理解相应语句的结构去把握思想的结构。

另一方面，弗雷格又断言，思想不仅独立于我们承认它们为真而为真，而且独立于我们的思考本身；它们就像夜空中的星星一样是完全独立的存在；它们为真是无时间的、恒久不变的；真的思想是事实，是完全客观的；思想是被我们发现的，而不是被我们创造的。既然他承认"语言是人的创造"④，而思想不是人的创造，我们应该可以推出：他也应该承认，思想不仅不依赖于我们，而且也不依赖于语言：它们能够脱离语言而存在。这正是他所说的："一个思想与一个特定语句的连接不是必需的；但是，我们所意识到的思想在我们

---

① Frege G. The Frege Reader. Beaney M, ed. Oxford: Blackwell, 1997: 328.
② 同①330.
③ 同①351.
④ 同①369.

的心灵中与这个或那个语句相关联，这一点对于我们人来说却是必需的。但是，**这并不是由于思想的本性，而是由于我们自身的本性。做下面的假设并不导致任何矛盾：有这样的造物，能够像我们一样把握同一个思想，却不必把它置于一种能够被感官所感知的形式中**。不过，对于我们人来说，这一点还是必需的。"①

对弗雷格的"思想可以独立于语言而存在"这一论断，达米特用类比法构造了一个反驳它的归谬论证，我把它叫作"棋步论证"②。

棋步论证

（1）否定部分

P1. 思想与语言的关系类似于棋步与棋子的关系。（因明显而未被陈述的前提）

P2. 弗雷格论证：有些句子，没有人曾想到或表述过，但它们仍然有涵义，仍然表达思想；因此，思想的存在不依赖于人们对它们的表达、思考和把握，也不依赖于语言。思想可以用语言表达，但思想本身却先于或独立于语言。

P3. 达米特论证：我们有譬如说国际象棋，其中的棋子有很多走法，有一些走法甚至未曾被棋手们想到和使用过。我们还是可以说，"有"这样的棋子走法，简称"棋步"；但"这些棋步不依赖于棋子，它们可以独立于棋子而存在"的说法，却是相当病态的，不能成立。

C. 弗雷格关于思想可以独立于语言而存在的说法也是病态的，不能成立。

（2）肯定部分

P1. 思想与语言的关系类似于棋步与棋子的关系。

P2. 棋步**属于**棋子，在逻辑上依赖于棋子，离开棋子就不能存在。

C. 思想也**属于**语句，在逻辑上依赖于语句，离开语句也不能存在。

达米特还讨论了"思想和语言究竟谁先谁后"的问题，他的看法是：相对而言，语言先于思想，必须通过分析语言来分析思想。他认为，这一观念构成整个分析哲学传统的根本信条："分析哲学有各种不同的表现形态，下述

---

① Frege G. Logical Generality//Long P, White R, trans. Posthumous Writings. Oxford：Basil Blackwell，1979：269. 粗体为引者所加。

② Dummett M. Frege and Other Philosophers. Oxford：Clarendon Press，1991：249-250.

信念使它与其他学派区别开来：第一，通过对语言的一种哲学说明可以获得对思想的一种哲学说明；第二，一种综合说明只能以如此方式才能得到。"① 有证据表明，弗雷格也是信奉分析哲学的这个根本信条的。关于思想及其结构，他似乎同时持有两个论题：论题 A，思想的结构与句子的结构同构。这意味着，我们可以甚至必须通过语言的结构去理解和把握思想的结构。论题 B，两个结构上不同的句子能够表达同一个思想。这两个论题之间是否有冲突？如何消除这种冲突？围绕这些问题，在贝尔和达米特之间还发生了有意思的争论。②

达米特还用另一个类比论证——"舞步论证"去说明：思想是内在于语言的对象，而不能超越于语言之上。③

舞步论证

P1. 思想和语言的关系类似于舞步与舞者跳舞的关系。

P2. 与思想类似，舞步是对象：两个舞者可以跳同一个舞步，该舞步在某个特定舞者跳它之前，已经被跳过若干次，并且存在了很长时间；该舞步有客观的属性，能够被谈论和被思考。

P3. 该舞步不先于或独立于任何舞者的跳舞而存在。舞步是内在于跳舞者行为的对象，不能超越这种行为而存在。

C. 同样的道理，思想是内在于语言的对象，不能超越语言而存在。

在已经论证"思想内在于语言，而不是超越于语言，它们属于某个语言表达式"之后，达米特强调指出，对思想的把握必须通过语言来进行，至少这两件事情要同时进行："句子结构和思想结构这两个概念必须一起展开。但是，这足以推翻那种不参照思想的语言表达式而研究思想结构的看法。相反，这并不否定如下看法：对语言的研究不依赖于对被认为是不由语言表达的思想的直接研究。句子有语义性质，可由一定的手段被评价为真的或假的，因而表达一种思想。**思想是在把握句子的语义性质的过程中被把握的**：谈论思想的结构就是谈

---

① Dummett M. Origin of Analytical Philosophy. Cambridge, MA：Harvard University Press，1993：4.

② Bell D. Thoughts//Frege G：Critical Assessments of Leading Philosophers：Vol. 4. London：Routledge，2006：313 - 329；Dummett M. More About Thoughts//Gottlob Frege：Critical Assessments of Leading Philosophers：Vol. 4. London：Routledge，2006：330-350.

③ Dummett M. Frege and Other Philosophers. Oxford：Clarendon Press，1991：313.

论句子部分的语义关联。"①

在我看来，达米特的"棋步论证"和"舞步论证"相当有力量，他关于思想和语言之间的关系基本上是正确的。（或许更正确的说法是：语言和思想相互依赖，谁也离不开谁，没有先后之分。）如果语言先于思想，那么，对思想的表达、理解和把握就必须依赖于语言，若离开语言，思想就不能存在。由于弗雷格承认"语言是人的创造物"②，因此，思想也不能离开人类的活动（包括表达和思考）而存在，不能独立于人的心灵而存在。从根本上说，思想不可能是独立于语言和人类思考而独立自存的实体。弗雷格思想理论的论题 6 是错误的。

2. 如何去"把握"一个思想？如何去确定一个思想的真假？

弗雷格强调说，必须把对一个思想的表达、理解与对一个思想的断定区分开。例如，当科学家提出一个疑问时，他就表达、理解和把握了一个思想，以后的研究工作是为了确证该思想是真的还是假的；我们经常进行间接证明（反证法），即先假设一个思想为假，推出荒谬或矛盾，由此证明该思想不能为假，必定为真。若任何思想都是真思想，那么，先表达一个思想再求证其真假的做法，以及用反证法去证明一个思想为真的做法都是不允许或不必要的。因此，他主张严格区分以下三者：

(1) 对一个思想的把握——思维；
(2) 承认一个思想的真——判断的行为；
(3) 对判断的表达——断定。③

例如，疑问句"约翰爱玛丽吗？"和直陈句"约翰爱玛丽"这两个语句，其形式不同，但表达同一个思想，即约翰爱玛丽。我可以思考这个思想，考虑它究竟是真的还是假的，而不判断它为真；我可以判断该思想为真，因而相信它，但不断定它；我也可以断定这个思想是真的。正是我表述这个思想时所附带的断定力，使得我断定该思想是真的。因此，谓词"真"是被连带表达出来的。在直陈句中，一个思想的表达与对其真的承认通常结合一起。但这种结合

---

① Dummett M. Origin of Analytical Philosophy. Cambridge, MA: Harvard University Press, 1993: 7-8. 粗体为引者所加。

② Frege G. The Frege Reader. Beaney M, ed. Oxford: Blackwell, 1997: 369.

③ 同②329.

不是必然的，直陈句中并非总有断定，例如在戏剧舞台上说出的直陈句只是假装在断定，故对思想的理解常常先于对其真的承认。

弗雷格使用"把握"（erfassen [grasp]）一词是经过精心挑选的，旨在突出思想的存在性和客观性：在用手把握某件东西之前，该东西必须存在；在人的思维把握一个思想之前，该思想已经存在。"一个人看到一个事物，拥有一个观念，把握或思考一个思想。当他把握或思考一个思想时，他并没有创造它，而只是开始与先已存在的东西处于某种关系中——这种关系与看见一个事物或拥有一个观念是不同的。"① 他区分了思想独立于心灵的两种方式："是真的东西为真，独立于我们承认它为真这件事情……我们能够再往前走一步。为了成为一个真的思想……不仅不需要我们承认它们为真；它们也根本不需要被我们所思考……它们独立于我们的思考这件事情本身。"② 其结果是：思想"不是思维的产物，而仅仅被思维所把握"③。

我们有进入外部世界的通道，例如凭借我们的感官对它的感知；我们也有进入我们的内在世界的通道，例如凭借内省和对外显行为的观察。但问题在于：我们如何去把握独立自存、与我们毫无瓜葛的思想？我把弗雷格的有关说法整理如下，由于篇幅所限，只插入简要的评论：

（1）把握一个思想预设了有一个思考者，思考者必须具有一定的思考能力。具有思考能力的人通过他的思考去把握思想。"把握一个思想预设了有一个把握它的人，一个思考者。这个人是思想活动的拥有者，而不是思想的拥有者。"④ "与对思想的把握相对应，必须有一种特殊的精神能力，即思维能力。在进行思考时，我们不是制造思想，而是把握思想。"⑤

评论：这是在陈述把握思想的先决条件，本身是不足道的，关键在于：有思考能力的人如何去把握独立自存的思想？

（2）思想虽然不是感官可感知的，感觉印象却能够使我们承认一个思想的真，因为感觉印象使我们认识到某个事物有某种性质，由此也就认识到相应的思想是真的。"表达思想的符号是可听见的或可看见的，思想本身却不如此。**感**

---

① Frege G. The Frege Reader. Beaney M, ed. Oxford: Blackwell, 1997: 337.
② 同①232-233.
③ 同①250.
④ 同①342.
⑤ 同①341-342.

觉印象能够使我们承认一个思想的真……"① "无论如何总要想到：我们不可能认识到一个事物有某种性质，而不同时发现这个事物有这种性质这一思想是真的。因此，与一事物的每个性质结合在一起的，是思想的一个性质，即真。"②

评论：思想作为独立自存的实体，并不等同于一个事物具有某种性质这种可感知的状态。感觉印象如何有助于我们去把握不可被感知到的思想？这仍然是一个谜！

（3）不可感知的思想穿上语句这个可感知的外衣之后，就成为架通可感知的东西到不可感知的东西的桥梁。换句话说，语言是人把握思想不可或缺的媒介。"语言似乎能够开辟出一条道路，因为一方面，它的语句能够被感官所感知，另一方面，这些语句表达思想。语言作为表达思想的媒介，必然使自身模仿在思想层面上所发生的东西。因此，**我们可以希望，能够把语言用作从可感觉的东西到达不可感觉的东西的桥梁**。一旦我们理解了在语言层面上发生的东西，我们可能会发现，更容易进一步把这种理解扩展到在思想层面上也成立的东西……我们不能忽视那道把语言层面与思想层面分隔开来的深深的鸿沟，它使这两个层面的相互对应受到了某种限制。"③ "我们用某种语言来思考……思考，至少就其高级形式而言，只有凭借语言才会成为可能。"④

评论：可感知的语言究竟如何去表达本质上独立于语言的思想？这件事情究竟是如何发生的？不能仅用一个断言来代替可被批判考察的详细论证。

（4）为了感知外物和把握思想，还需要某种"不可感知的东西"。"对于看见事物来说，有视觉印象确实是必要的，但不充分。必须增加的东西是不可感知的（non-sensible）。正是这种东西为我们打开了外部世界；因为，假如没有这种不可感知的东西，每个人都仍将封闭在他的内心世界里。所以，既然决定性的要素在于不可感知的东西，即使没有感觉印象的合作，它也能够把我们引出内心世界，并使我们能够把握思想。除了我们的内心世界以外，还必须区分下述两者：一是真正可由感官知觉到的事物组成的外部世界，另一个是不可由感

---

① Frege G. Logical Generality//Long P, White R, trans. Posthumous Writings. Oxford：Basil Blackwell, 1979：259. 粗体为引者所加。

② Frege G. The Frege Reader. Beaney M, ed. Oxford：Blackwell, 1997：328.

③ 同①. 粗体为引者所加。

④ 同①142-143.

官知觉到的东西组成的领域。为了承认这两个领域，我们需要某种不可感知的东西；但是，为了获得关于事物的感官知觉，我们还必须有一些感觉印象，并且这些印象完全属于内心世界。因此，给出一个事物与给出一个思想的方式之间的区别，主要在于不可归属于这两个领域中而可归属于内心世界的某种东西。"①

这里，弗雷格提到了"不可感知的东西"（non-sensible something），没有它的参与，我们就不能由感觉印象形成关于外部事物的感官知觉，从而形成关于外部世界的知识；没有它的参与，我们也不可能把握思想；并且，它归属于内心世界。但是，这种"不可感知的东西"究竟是什么？有人对之做康德主义的解释，认为它相当于康德哲学中的知性能力和各种先天的认识形式（如范畴）；有人将其解释为"语言"，我认为这明显不对，因为前面的引文表明，在弗雷格看来，只有穿上可感知的语言外衣之后，不可感知的思想才能被我们所理解和把握，因此，在他眼里，语言是"可感知的"东西，且不属于内心世界；还有人将其解释为"一种能力，它处理关于现实事物的感觉印象，由此将其转换为关于那些事物的感性知觉。这样一种能力确实是一种认知能力，并且可以正确地称之为'不可感知的'，但它不必是康德的理性能力……"②。在我看来，所有这些解释都带有臆测性质，没有充足的文献证据，并且还有与弗雷格的阐述一样的缺点：语焉不详，因而难以捉摸。

（5）把握思想是一个心智过程，是所有过程中最为神秘的，其困难程度远未被充分理解。但逻辑学家可以不去关心这个过程。弗雷格指出，把握一个思想（如引力定律）"是一个心智过程！确实如此，但它是一个发生在心智范围内的过程，因为这个原因，从纯心理学的角度来看，它完全不能被理解。因为在把握该规律的时候，某种其本性不是本来意义上的心智的东西，即思想，浮现出来了；并且，**这个过程也许是所有过程中最为神秘的**。对我们来说，我们能够把握思想并承认它们是真的，这就足够了；这件事情是如何发生的，就其本身而言是一个问题。对于化学家来说，能够看、闻和品尝，确实也就足够了，研究这些事情是如何发生的，并不是他的任务"③。

---

① Frege G. The Frege Reader. Beaney M, ed. Oxford: Blackwell, 1997: 342−343.
② Malzkorn W. How do We "Grasp" a Thought, Mr. Frege? //Newen A, et al. Building On Frege: New Essays on Sense, Content, and Concept. Stanford: CSLI Publications, 2001: 45.
③ 同①246. 粗体为引者所加。

有人据此认为，弗雷格所关注的是为逻辑学奠定本体论基础，而承认思想作为逻辑的研究对象就能达此目的。至于我们如何把握思想，则是关于逻辑对象的一个认识论问题。前一问题可以独立于后一问题获得解决。我不同意这种看法，假如思想在本质上就是不能被我们所理解和把握的，那么，我们如何去确定思想的真假及其真假关系？如何去研究思想之间的结构关系？如何去实现"逻辑学以特殊的方式研究真"这一目标？如此一来，弗雷格用思想的客观性和普遍性去保证逻辑的客观性和普遍性的计划就会破产，他的整个逻辑主义方案就会崩溃。而关于"如何把握思想"这一问题，除了给出一些十分模糊的、隐喻性的说法（其中许多说法严格追究起来也有问题）之外，弗雷格并没有给我们一个清晰的说明，在我看来，他也不可能给出一个清晰的说明。这是他的思想理论的一个解不开的死结，将导致该理论最终垮掉，以至被抛弃。

3. 混乱不堪的第三域

在弗雷格看来，函数、概念、关系、真值、函数的值域、概念的外延和数等等，都是某种类型的对象或实体。他后期提出了"逻辑对象"的概念，并断言函数的值域、概念的外延和数都是逻辑对象。在《算术基本规律》第二卷附录中，他断言，算术的首要问题可以表述为："我们如何理解逻辑对象，特别是数？是什么使我们有理由承认数是对象？"[①] 在给罗素的一封信中，他谈道："我不会把一个类称为物理对象，而是称作逻辑对象……但问题是，我们如何把握逻辑对象？除下面一点外，我没有发现任何其他的回答：我们把它们理解成概念的外延，或者更一般地，理解成函数的值域。"[②] 这些对象或逻辑对象不能存在于外部世界，也不能存在于内心世界，故只能存在于第三域，即独立自存的抽象实体的世界：它们都是第三域中的居民。[③]

但问题在于：第三域的居民——如思想、真值（真和假）、（名称的）涵

[①] Frege G. The Frege Reader. Beaney M, ed. Oxford: Blackwell, 1997: 289.

[②] Frege G. Philosophical and Mathematical Correspondence. Abridged from the German edition by McGuinness B. Kaal H, trans. Chicago: University of Chicago Press, 1980: 140–141.

[③] Burge 指出："弗雷格在其一生的主要阶段都认为，不仅有思想内容，还有数和函数，都是这第三域的成员。"参看 Burge T. Frege on Knowing the Third Realm. Mind 101. 1992: 634。

义、函数、概念、关系、值域或外延、数——相互之间有什么关系？它们之间好像应该是对象与对象、实体与实体的关系。但是，不仅名称的涵义是思想的构成部分，而且函数、概念、关系等等也是思想的构成部分，这是否意味着：由一些实体可以构造出更复杂的实体？由此产生的问题是：如何构成？函数有值域，概念有外延，思想有真假，这是否意味着：在第三域中的对象中，存在着某种层次和结构？如何阐释这种层次和结构？还有，思想是独立自存的对象，真值（包括真和假）也是独立自存的对象。弗雷格还认为，正像存在真思想一样，也存在着假思想。"一个假思想即使不被看作真的，有时也必然被看作不可缺少的：首先作为一个疑问句的意义，其次作为一个假言的复合思想的组成部分，最后是处于否定之中。"① 由此产生的问题是：思想与真值的关系究竟是对象与性质的关系，还是对象与对象的关系？真思想和假思想是具有某种特定性质的思想，还是由不同实体组合成的复合实体？弗雷格从来没有把这些问题说清楚，我断言，他也没有办法把它们说清楚。

关于弗雷格所提出的第三域，我同意达米特的下述论断："没有办法去解释清楚，思想是如何与实在的其他领域中的事物发生关联的，也就是说，是什么东西使得思想是关于任何事物的思想。没有办法去解释清楚，我们是如何把握思想的。难怪弗雷格会写道：'这个过程也许是所有过程中最为神秘的。'首先，没有办法去解释清楚，我们是如何给词语或表达式附加涵义的，也就是说，是什么东西使得它们成为属于那些词语或表达式的涵义。对我们来说，所有这些事情都被弗雷格所已经给出的关于它们的非常好的、即使不是充分完善的阐释弄得模糊不清了。"②

四、一种供选择的思想理论

由上可知，弗雷格试图通过逻辑的题材（即思想）的客观性和普遍性来保证逻辑本身的客观性和普遍性（参看论题 10）。问题是：他的策略是否管用和奏效？我的回答是否定的，因为我认为，弗雷格的思想理论是一个患了癌症的机体，论题 6 就是其癌细胞之源。如果论题 6 不成立，论题 10 也不成立，其他

---

① Frege G. The Frege Reader. Beaney M, ed. Oxford: Blackwell, 1997: 350.
② Dummett M. Frege and Other Philosophers. Oxford: Clarendon Press, 1991: 251–252.

论题则需要进行小的修改。

现在，我来证明论题6为什么不成立。让我们回过头考察关于它的三个子论证。

（1）基于"真"的论证是不可靠的：（a）思想作为真值载体，是直陈句或命题式疑问句的涵义，我们通过理解句子的结构来把握思想的结构。因此，对思想的表达和理解必须凭借语言来进行。既然弗雷格也承认语言是人类的创造，故思想也依赖于人类的行为，它们不能是独立于人类和人类的心灵而存在的第三域中的对象。（b）我不赞成弗雷格的"真"概念："真"是初始的、简单的、不可定义的和冗余的。我认为，"真"是一个实质性的概念：说一个语句为"真"，是说出了一件很重要的事情；"真"与外部世界和我们语言的句子有关联。我们的话语是否为"真"至少取决于两个因素：一是外部世界的实际情景，二是我们用语言表达了什么并且是如何表达的。

（2）类似性论证并不是一个真正的论证。弗雷格通过类比做出了一些断言，如思想与外部事物类似，不是被人创造的而是被人发现的；像毕达哥拉斯定理这样的思想，就像天上的星星一样独立于我们而存在；思想是客观的而非现实的；它们是非物质的、不占时空的、不可感知的。弗雷格并没有证明这些断言为什么是真的。

（3）差异性论证是不可接受的，因为它包含一个不合法的逻辑跳跃：从"一个思想不依赖某个人"跳跃到"该思想不依赖于所有人（即人类共同体）"，或者从纯粹和完全的主观性跳跃到纯粹和完全的客观性。真实的情形是：我们不必这样去推理，我们还有更好的选择：

不依赖于某个人——不依赖于某个人但依赖于人类共同体——不依赖于人类共同体

纯粹和完全的主观性——主体间性——纯粹和完全的客观性

这就是说，尽管一个思想可以不依赖于某个人和某个语句而存在，但它们不能独立于所有人和所有语句而存在。如果这个世界上没有任何人和任何语句，也就没有任何思想。思想处于人类共同体的层面上，它们是主体间的（inter-subjective）：思想可以被不同的人表达、思考、理解和把握，更简单地说，思想可以被不同的人所分享。正是这一点把思想与观念区别开来。

弗雷格隐含地只承认两个极端，即纯粹的客观性和纯粹的主观性，他缺乏像主体间性这样的中间范畴，让它去成为架通纯粹的主观性和纯粹的客观性的桥梁。于是,既然他不喜欢心理主义的"纯粹的主观性",他就从一个极端跳到另一个极端:他不合逻辑地推出思想的客观性和非现实性,并设定一个由思想及其他逻辑对象所居住的第三域,由此造成了他的思想理论所面临的许多难以解决甚至无法解决的问题和困境。有人断言:弗雷格为对付心理主义疾病而开出的强实在论药方,是比该疾病本身更坏的东西。①

弗雷格宣称,逻辑以特殊的方式研究"真"谓词和"真的规律":它研究为真或为假的思想以及思想之间的结构关系。思想是客观的,恒久不变的,无时间性和空间性,具有确定的真值。真理(真的思想)具有某种描述的特征,逻辑学是要发现和描述真的规律,而不是发明这些规律。在这种意义上,逻辑命题是有内容的。由于逻辑关注真的规律,它必须重点关注句子中各构成成分以至整个句子本身的指称,因为只有从指称才能达到真理。逻辑对有内容的真规律的研究要以系统的方式进行,要使用公理和定义等。并且,公理和定义都应该是严格为真的命题,不需要事后对它们做解释,以便确定其真假。他尚未意识到需要事先严格陈述所有的推理规则,也没有严格的元逻辑概念,认为不需要事后证明公理系统的无矛盾性,更没有考虑所谓的"完全性"问题。

弗雷格认为,既然逻辑研究思想及其结构关系,而思想是客观的和普遍的,思想之间的结构关系也不依赖于任何特殊的题材和领域,故逻辑也是客观的和普遍的:题材中立。弗雷格对逻辑命题持一种普遍主义的观点:逻辑的对象域是我们所面对的这个世界,包括物理对象和第三域的对象,逻辑命题中所涉及的个体词(专名)、谓词(一元或多元)、语句都可以是任何一个个体词、谓词和语句,这实际上是把这些成分当作变项,可以用量词加以约束,因此他允许高阶量化和高阶逻辑。逻辑命题通过例示规则应用于具体的有内容的命题。由于具有客观性和普遍性,逻辑命题也是先验的、分析的和必然的。

我现在证明:弗雷格不能凭借思想的客观性和普遍性来保证逻辑的客观性和普遍性,即他的论题 10 不成立。理由有二:(1)从一门学科的研究对象的客观普遍性到相应学科内容的客观普遍性,从一门学科的研究对象的私人性和不稳定性到相应学科内容的非客观性,这样的推论线索很成问题,不能接受。确实,如果研究对象是客观存在的,是有目共睹的,它们就会时时提醒研究者注

---

① Engel P. The Norm of Truth: An Introduction to the Philosophy of Logic. New York: Harvester Wheatsheaf, 1991: 320.

意，不断校正他们所提出的理论，从而在他们之间比较容易达成共识。各门自然科学的情况大抵如此。但这并不意味着，自然科学的研究者们就不会发生分歧，不会犯错误，他们所提出的理论总是正确的。从研究对象的客观普遍性，必须再配上研究路径和研究方法的正确性和可靠性，才能达到相应学科理论的客观普遍性。再者，即使研究对象是复杂的、不稳定的、私人性的，也并非一定就不能对其做可靠的科学研究。例如，尽管心理现象是不稳定的、复杂的、带有私人性的，如果采用趋近正确与可靠的研究路径和研究方法，也能得出带有客观性和普遍性的理论成果。当代心理学正在摆脱心理主义的坏名声，逐渐成为值得信任的科学。（2）在弗雷格那里，逻辑是客观的、普遍的、必然的和先验的，这个论题只是一个预设或假定，并没有得到严格的证明或证成。如何证明或证成这个论题？其他技术性逻辑学家或许可以置之不理，但对于像弗雷格这样的逻辑主义者来说，该问题则是必须回答的：因为他们把数学化归于逻辑的目的，就是要证明数学的安全和可靠；如果逻辑本身不是安全和可靠的，他们的努力就会付诸东流，完全失败。

所以，弗雷格思想理论的论题6和论题10都没有得到证成，更别说得到证明了。这两个论题实际上都不成立。为了说明同一个思想可以被不同的人所表达、理解和把握，我们只需要关注思想的主体间性就足够了，完全不需要诉诸思想的纯粹的完全的客观性。凭借思想和语言之间的关系，我们可以清楚地解释思想的主体间性。在我看来，语言是一种公共建制，其特征是社会性、约定性和历史性，它是人与人之间、人与世界之间交流和沟通的桥梁与媒介。语言本身是物质性的：声音可听，文字可读。思想必须用语句来表达，必须固化在语句这种物质形式中，至少是对人类有重要意义的那些思想必须如此。于是，关于"如何去把握一个思想"和"如何去确定一个思想的真或假"等问题，就可以有比较容易的回答：通过语言结构去理解和把握思想的结构，通过对一个句子的语义分析去理解和把握该句子所表达的思想，通过考察对一个思想的语言表达以及它所涉及的这个世界的实际情形，来判定该思想是否为真或为假。

由此，我得到了另一个思想理论，由下面8个论题构成，也许可以把它作为弗雷格的思想理论的替代物：

论题1′. 思想是直陈句或命题式疑问的涵义。

论题2′. 思想有真假：如果为真，就永远为真。

论题3′. 思想有结构：主目-函数结构和复合结构。

论题 4′. 思想不属于外部世界，因为它是非物质的和不可感知的。

论题 5′. 思想不属于主观观念的世界，因为它是公共可分享的。

论题 6′. 思想必须通过语言来表达，通过理解语言可以去理解和把握思想。

论题 7′. 存在判定思想之间的同一性的标准。

论题 8′. 思想通过作用人的内心世界，影响人的意志，从而作用于外部世界。

由这 8 个论题所刻画出来的思想图景是这样的：思想依赖于语言，由一定的语言形式来表达；由于语言是人类的创造，思想也依赖于人类，特别是依赖于他们的表达、思考和心灵；只有不依赖于个别人的思想，没有不依赖于人类共同体的思想；思想可以在人类共同体之间传播和交流，可以被不同的认知主体所分享，这是思想的本质特征；人通过理解语言去理解和把握思想；思想在被人理解和把握之后，可以导致人们做出决定，付诸实施，由此造成外部世界的变化。

第 5 章　弗雷格的涵义无穷分层问题

一、导言

弗雷格区分了涵义（Sinn）和指称（Bedeutung）。在他看来，名称不仅有指称，而且有涵义。一个名称的指称是它标示（bezeichnen）的东西，而它的涵义是这个被标示的东西的给出方式（Gegebensein）。一般来说，通过一个东西的给出方式确定这个东西本身，即通过一个名称的涵义确定这个名称的指称。名称不仅包括专名，也包括概念词：一个专名的指称是一个对象，它的涵义是这个对象的给出方式；一个概念词的指称是一个概念，它的涵义是这个概念的给出方式。因为弗雷格把语句看作专名，所以语句也有指称和涵义：一个语句的指称是一个真值，即真或假，它的涵义是这个语句表达的思想。弗雷格还认为，在间接引语中，例如，在"哥白尼相信行星轨道是圆圈"这个语句中，"行星轨道是圆圈"这个从句的指称不再是它的通常指称，而是它的通常涵义。这就是在间接引语中发生的所谓指称转移（Reference Shift）现象。一个语句在间接引语中的指称被简称为它的间接指称，它在间接引语中的涵义被简称为间接涵义。既然一个语句的间接指称是思想而非真值，那么它的间接涵义是什么呢？

指称和涵义的区分不仅引出间接指称和间接涵义的区分，而且引出关于涵义的无穷分层问题。正是由于在间接引语中发生的指称转移，我们可以通过如下两种方式产生一个无穷分层（hierarchy）。首先，如果迭代地使用 that 从句，例如，在"我相信你相信他相信……（I believe that you believe that he believe that……）"这样的语句中，那么不仅得到单一间接引语中的指称和涵义，而且得到双重间接引语中的指称和涵义、三重间接引语中的指称和涵义……如此继续下去，以至无穷。其次，如果一个表达式具有一个涵义，那么假定另一个表达式标示这个涵义，也就是说，第二个表达式的指称是第一个表达式的涵义；

但是第二个表达式也具有一个涵义，于是再假定第三个表达式标示这个涵义，也就是说，第三个表达式的指称是第二个表达式的涵义；但是第三个表达式也具有一个涵义……如此继续下去，以至无穷。究竟什么是间接涵义？如何解决由间接涵义引起的无穷分层问题？这个问题在分析哲学特别是语言哲学中产生了广泛和持续的争论。

二、克里普克之前的争论

关于涵义无穷分层问题争论的起源最早可以追溯到卡尔纳普，他认为，实体的增殖远远超出了弗雷格关于名称的通常指称和晦暗指称之间的区分，事实上，这两个指称仅仅构成了指称无穷序列的开始，如果我们把弗雷格的方法运用于多重晦暗语境中的语句，那么我们不得不区分一个名称的通常指称、一重晦暗指称、双重晦暗指称等等，"一个名称的不同出现具有不同指称，这个事实当然是一个缺陷"[1]。此后，许多学者追随卡尔纳普，他们对弗雷格的涵义无穷分层进行批评。

戴维森曾经给出了所谓可学习性论证（Learnability Argument），用以说明涵义无穷分层是不可能的。为了完全理解一个名称的涵义，不仅需要理解它在单一间接引语中的涵义，而且需要理解它在双重间接引语中的涵义，还需要理解它在三重间接引语中的涵义……如此继续下去，以至无穷。因此，为了让一种语言是可学习的，必须消除这种无穷分层。[2] 虽然这个论证说明涵义无穷分层的不可能性，但它并没有说明究竟什么是名称的间接涵义；换言之，这个论证只是说明涵义的无穷分层将导致荒谬的结果，但是并没有解释为什么在间接引语中发生指称转移现象。

达米特也认为，弗雷格由于区分涵义和指称所导致的无穷分层问题是一种混乱，他建议通过修改弗雷格哲学的基本原则来避免无穷分层。在达米特看来，涵义确定指称的原则是可质疑的，因为除了涵义之外，语境在确定指称的过程中也发挥了重要作用。因此，涵义和语境共同确定了指称。达米特主张，一个

---

[1] Carnap R. Meaning and Necessity, A Study in Semantics and Modal Logic. Chicago: University of Chicago Press, 1947: 131-132.

[2] Davidson D. Theories of Meaning and Learnable Languages//Davidson D. Inquiry into Truth and Interpretation. Oxford: Oxford University Press, 1965.

名称在通常语境和晦暗语境中具有相同的涵义，但是由于语境不同，它们的指称不同。因此，所谓的间接涵义与直接涵义是相同的。① 放弃指称完全由涵义确定的原则，这一点与语境原则并不矛盾。事实上，在达米特看来，语境原则是说，名称不能孤立地具有指称，但这并不意味着，名称不能孤立地具有涵义。也就是说，指称随着语境的变化而变化，但是涵义并不随着语境的变化而变化。

另外，帕森斯还通过文本的历史研究说明，弗雷格本人并不承认涵义的无穷分层。②

相反，有些学者承认涵义的无穷分层，它们从不同角度给出了解释。

在卡普兰看来，弗雷格的涵义和指称理论是依赖语境的，也就是说，一个名称在一个语境中指称它的通常指称，但是在另一个语境（例如间接引语）中指称它的通常涵义。同一个名称在不同的语境中具有不同的指称和不同的涵义，因此，涵义和指称的识别和确定完全取决于语境。③ 然而，根据弗雷格的说法，一种理想的科学语言必须避免歧义，不允许一个名称在不同语境中具有不同的涵义和指称。因此，我们不能用语境依赖性解释在间接引语中发生的指称转移。

在丘奇看来，为了遵循单义性，避免歧义性，必须区分出一个无穷序列：第 0 层对象 o_0 是语句的指称（即真值），第 1 层对象 o_1 是语句的涵义（即弗雷格式的思想），第 2 层对象 o_2 是语句在间接引语中的涵义（即弗雷格式思想的名称的涵义），第 3 层对象 o_3 是语句在一次迭代的间接引语中的涵义，第 4 层对象 o_4 是语句在两次迭代的间接引语中的涵义……如此迭代，以至无穷。每一层次的元素（作为涵义）都可以确定上一层次的元素（作为指称）。④ 然而，根据弗雷格的说法，不同的涵义可以确定相同的指称，但是在丘奇的无穷序列中没有对此给出合理的解释。我们甚至都不知道第 2 层次的对象究竟是什么，我们当然也不能通过这个无穷序列来识别出一个名称的间接涵义。

在伯奇看来，涵义是一种思维方式，通常涵义和间接涵义是两种不同的思

---

① Dummett M. Frege: Philosophy of Language. London: Duckworth, 1973: 267-268.

② Parsons T. Frege's Hierarchies of Indirect Sense and the Paradox of Analysis. Midwest Studies in Philosophy: 1981, 6: 37-57.

③ Kaplan D. Quantifying in Synthese, 1968, 19: 178-214.

④ Church A. A Formulation of the Logic of Sense and Denotation//Henle P, Kallen H M, Langer S K. Structure, Method, and Meaning, Essays in Honor of H. M. Scheffer. New York: The Liberal Arts Press, 1951: 3-24. Church A. Outline of a Revised Formulation of the Logic of Sense and Denotation. Noûs, 1973, 7: 24-33.

维方式。一般来说，语句的涵义（即通常涵义）是这个语句呈现给心灵的方式，与此稍有不同，从句的涵义或语句在间接引语中的涵义（即间接涵义）不仅依赖于这个语句的通常涵义，而且依赖于从句引导词（that-clause）的涵义。以"哥白尼相信行星轨道是圆圈（Copernicus believed that the planetary orbits are circles）"这个语句为例，为了理解这个宾语从句的间接涵义，不仅需要理解从句本身的通常涵义（"the planetary orbits are circles"的通常涵义），还需要理解从句引导词的涵义（"that"的涵义）；一旦我们在复杂语境中通过从句引导词识别出从句的位置，并且理解引导词所引导的从句的通常涵义，我们也就理解了从句的间接涵义。① 然而，根据弗雷格的涵义理论，名称的涵义具有认识价值，而从句引导词的作用只是在语法层面上识别从句的位置，所以从句引导词的涵义与名称的涵义是完全不同类型的涵义。事实上，弗雷格根本没有谈论过从句引导词的涵义。因此，通过从句引导词的涵义解释从句的间接涵义，这种做法过于牵强。

克里普克在他的《弗雷格的涵义和指称理论》一文中也讨论了涵义无穷分层问题，并且给出了一个解决方案。与前人相比，克里普克如何看待涵义无穷分层问题？他的解决方案合理吗？他是否误解了弗雷格的本义？这是本章考察的目标。本章将从两个方面展开论述。首先，讨论克里普克如何解读弗雷格的涵义与指称理论。我认为，他解决涵义无穷分层问题的三个要点分别是回退道路、亲知启示性和递归规则，我将针对后两个要点进行详细论述，并且指出克里普克解决方案的不合理之处。其次，讨论弗雷格本人的涵义和指称理论。我认为，存在着语法涵义、认知涵义和逻辑涵义三个不同维度，只有通过逻辑涵义才能正确理解涵义和指称的区分，也只有逻辑涵义才能调和语法涵义和认知涵义之间的冲突。在此基础上，我将表明，从逻辑涵义的角度看，在弗雷格那里根本不存在关于涵义的无穷分层问题。

三、克里普克的解决方案

弗雷格区分名称的涵义和指称，他的目的在于说明为什么存在非不足道

---

① Burge T. Frege and the Hierarchy. Synthese, 1979, 40: 265-281. Burge T. Postscript to "Frege and the Hirarchy" //Burge T. Truth, Thought and Reason: Essay on Frege. Oxford: Oxford University Press, 2004: 167-210.

(具有认知价值)但真的同一陈述,例如,"晨星是昏星"这个语句,"晨星"和"昏星"这两个专名指称相同但涵义不同。因此,"晨星是昏星"比"晨星是晨星"提供了更多的认知意义。涵义被看作其指称的给出方式,因为指称的给出方式是多种多样的,所以相同的指称可以伴随不同的给出方式。弗雷格明确表示,存在一条从涵义到指称的前进道路,即通过识别涵义可以确定指称。但是克里普克认为,也存在一条从指称到涵义的回退道路(Backward Road),即通过确定指称也可以识别出涵义。克里普克在弗雷格《算术基本规律》一书中找到了一个证据,用以证明存在这条回退道路。弗雷格在该书第 31 节和 32 节首先给出形式系统所有语句的真值条件,然后指出这些语句都表达思想,即这些真值条件成立。在克里普克看来,这相当于说,通过确定语句的真值(指称)可以识别出它们所表达的思想(涵义)。①

为了解决涵义的无穷分层问题,克里普克需要说明什么是间接涵义;而为了说明究竟什么是间接涵义,他诉诸关于涵义的元语言解释(Metalinguistic Interpretation)。弗雷格似乎建议,为了谈论一个表达式"A"的涵义,我们可以只使用"'A'这个表达式的涵义"这个短语。② 也就是说,"A"这个表达式的间接指称是"A"这个表达式的通常涵义,而"A"这个表达式的间接涵义是"A"这个表达式的通常涵义的通常涵义,略微简短地说,

"A"这个表达式的间接涵义是<u>"A"这个表达式的涵义</u>的涵义。

如果按照弗雷格的建议,把上面语句中画横线的部分替换为<u>"'A'这个表达式的涵义"这个短语</u>,那么我们得到

"A"这个表达式的间接涵义是<u>"'A'这个表达式的涵义"这个短语</u>的涵义。

也就是说,通过增加引号的方式,我们把一个表达式的涵义的涵义转变为"一个表达式的涵义"这个短语的涵义。

---

① Kripke S. Frege's Theory of Sense and Reference: Some Exegetical Notes//Kripke S. Philosophical Troubles, Collected Papers: Vol. 1. Oxford: Oxford University Press, 2011: 255. 我认为,克里普克关于回退道路的论证是值得商榷的,但本章不打算具体讨论这个问题。我假定克里普克关于回退道路的论证是合理的。

② Kripke S. Frege's Theory of Sense and Reference: Some Exegetical Notes//Kripke S. Philosophical Troubles, Collected Papers: Vol. 1. Oxford: Oxford University Press, 2011: 258.

但是在克里普克看来，元语言解释面临着困难。假如一个人只懂汉语不懂英语，他不能理解"the planetary orbits are circular"这个语句的意思，但是假定他理解"the sense of……"这个短语的意思（在他看来，这个英语短语的意思相当于"……的涵义"这个汉语短语的意思）。由此，他理解"the sense of 'the planetary orbits are circular'"这个短语的意思（在他看来，这个英语短语的意思相当于"'the planetary orbits are circular'的涵义"这个短语的意思）。因此，如果他理解"Copernicus believed that"的意思（在他看来，这个英语短语的意思是"哥白尼知道"这个汉语短语的意思），那么即使他不理解"the planetary orbits are circular"这个语句的意思，他仍然理解"Copernicus believed that the planetary orbits are circular"这个语句的意思（在他看来，这个英语语句的意思是"哥白尼相信'the planetary orbits are circular'的涵义"这个汉语语句的意思）。这个例子说明，即使我们不能理解一个名称的涵义，但是根据元语言解释，我们仍然能够理解这个名称的涵义的涵义，即这个名称的间接涵义。

显然，上述结果是不合理的。为了避免这个不合理的结果，克里普克认为，名称的间接涵义必须是直接启示性的（immediately revelatory），他给出了如下定义：

> 一个涵义对其指称是启示性的，如果人们仅从这个涵义就能弄清楚这个指称是什么。
>
> 一个涵义是直接启示性的，如果无须演算就弄清楚它的指称。①

也就是说，如果人们理解一个间接涵义，那么他仅从这个涵义就能直接弄清楚它的指称是什么，这一过程既不需要经验信息，也不需要数学演算。克里普克也把直接启示性称为亲知启示性（acquaintance-revelatory）。例如，我们可以理解"行星的数目"这个表达式的涵义，但是为了知道它的指称，我们需要一些经验信息，所以这个表达式的涵义不是启示性的。又如，"3 的平方"这个表达式的涵义是启示性的，因为无须经验信息，我们就可以通过它的涵义知道它的指称。但是"3 的平方"这个表达式的涵义不是直接启示性的，因为为了通过它的涵义知道它的指称，我们需要进行计算，即 $3^2 = 9$，虽然这种计算是非常

---

① Kripke S. Frege's Theory of Sense and Reference: Some Exegetical Notes//Kripke S. Philosophical Troubles, Collected Papers: Vol. 1. Oxford: Oxford University Press. 2011: 259–261.

简单的，但对于确定指称来说是必不可少的。再如，"9"这个表达式的涵义是直接启示性的，因为既不需要经验信息，也不需要数学演算，我们就可以知道它的指称①。因此，要想识别出一个名称的间接涵义，它必须是直接启示性的，仅从这个间接涵义就可以知道它的间接指称，即它的通常涵义。只有满足这个条件才能避免元语言解释的困难。但是，通过直接启示性我们仅是有可能但并不一定识别出一个名称的间接涵义。为此，克里普克又给出了一个更为一般的指导规则：

（α）如果语词出现在直接引语中，则它们自名地（autonymously）指称，即指称自身。

（β）如果语词出现在间接引语中，例如"言说（says that）""相信（believes that）"等等，它们指称它们在"that"后从句中的涵义。②

而且克里普克认为，这两个规则也适用于涵义和指称的无穷分层：

（α）和（β）旨在被迭代地理解，以至于在出现直接引语或"that 从句"时，指称是由引号内或"that"后的从句递归地确定的。③

根据规则（α），一个语词在直接引语中的指称就是这个语词自身，语词的自名指称是清楚的，我们可以很容易地确定表达式自身，也可以很容易地识别出这个涵义。根据规则（β），一个语句的间接指称是它的通常涵义，相应地，这个语句的间接涵义是我们确定它的间接指称的方式。但是，在间接引语的情况中，如何识别出一个语词的涵义似乎并不像在直接引语的情况中那样容易。克里普克认为，某种递归规则可以帮助我们识别出一个语句的间接涵义。

组合性原则是弗雷格实际使用但没有明确表述的原则。根据这个原则，一个表达式整体的涵义是一个关于其部分涵义的函数，即把这些部分的涵义输入这个函数后可以输出这个整体的涵义。因为部分和整体之间是函数关系，所以把相同的部分涵义输入这个函数后可以输出相同的整体涵义。克里普克认为，反向的原则也成立，也就是说，这个函数还是一个一对一的函数，即把不同的部分涵义输入到这个函数后可以输出不同的整体涵义。由此得出，如果表达式

---

① Kripke S. Frege's Theory of Sense and Reference: Some Exegetical Notes//Kripke S. Philosophical Troubles, Collected Papers: Vol.1. Oxford: Oxford University Press, 2011: 261.
② 同①268.
③ 同①268.

部分的涵义相同，则整个表达式的涵义相同；反之，如果表达式部分的涵义不同，则整个表达式的涵义不同。因此，整个表达式的涵义是由其部分的涵义唯一地确定的。

根据从上述原则得来的递归规则，我们可以很容易地确定一个名称在引语中的涵义。对于（α）这种情况来说，在我们看到或听到整个语句时，也看到或听到它的任何部分，包括自名指称的部分。例如，

"北京"是一个由两个汉字构成的语词。

上述语句中的"北京"是自名指称的，它的指称不是北京这个城市，而是它自身，它的涵义是我们确定这个指称的方式。也就是说，在我们看到"北京"这两个汉字时，也识别出了"北京"的涵义，由此也确定了"北京"指称其自身，这是一个亲知的过程。类似地，对于（β）这种情况来说，也可以通过亲知和递归的方式识别出一个名称的涵义。例如，

克里普克相信哥白尼相信行星的轨道是圆圈

这里，把"行星的轨道是圆圈"缩写为 A，把"哥白尼相信"缩写为 B，由此可以把"哥白尼相信行星的轨道是圆圈"缩写为 BA。这里假定 A 的通常涵义是亲知启示性的。由此可得，在我们看到上述语句时，我们也识别出 A 的通常涵义，即 A 的间接指称。而 A 的间接涵义是确定其间接指称的方式，即识别出它的通常涵义的方式，因此，在以亲知的方式识别出 A 的通常涵义时，我们也理解了 A 的间接涵义。假如我们还理解 B 的通常涵义，那么我们也理解 BA 的通常涵义，这是由递归规则从 B 的通常涵义和 A 的间接涵义得到的，而且这是一个亲知的过程。由此我们确定了 BA 的间接指称，即识别出了 BA 的通常涵义。在以亲知的方式识别出 BA 的间接指称时，我们也理解了 BA 的间接涵义。

总之，克里普克对涵义无穷分层问题的解决方案是（α）和（β）这两个指导原则，它们的使用前提是回退道路、递归规则和亲知启示性。克里普克把他自己的解决方案做了如下概括：

在一个涵义中存在一个从指称到涵义的"回退道路"。因为任何识别出一个指称的人必须按照某种方式这样做。于是，因为他意识到他如何识别出这个指称，所以他也意识到这个指称被固定的方式，因此也意识到这个涵义。就我所知，弗雷格对此最明确的使用是在《算术基本规律》（1893）

的开端，他得出如下结论，任何词项都具有唯一的指称，而且任何语句都具有唯一的真值，在此之后他也得出如下结论，这个系统的任何语句都表达一个思想，由识别出这些真值条件的方式给出。语言规则，包括弗雷格式的思想，在通常情况下可以由（α）和（β）说明的一般原则给出。

但是为了运用这些规则，的确也为了理解它们，语言的使用者或思考者必须对直接或间接引用的材料、感觉、时间、主体以及内在心灵状态具有某种类似于罗素亲知的东西。虽然他们在摹状词的分析上有差别，但是弗雷格和罗素基本上比通常所认为的更为类似。亲知的学说在弗雷格那里比在罗素那里更不明显，但是我一直相信，需要用它来对他进行真正的理解。让我希望我是正确的。①

但是，在我看来，克里普克混淆了两种不同的涵义，即语法涵义和认知涵义。语法涵义是指，通过语言表达式的递归形成方式而派生出来的涵义，而这种递归形成方式是从组合性原则得来的。从部分表达式的涵义得到整个表达式的涵义；如果部分表达式的涵义相同，则整个表达式的涵义相同；如果部分表达式的涵义不同，那么整个表达式的涵义不同；即使部分表达式的涵义相同，但只要它们组合到一起的递归方式不同，整个表达式的涵义也不同。而认知涵义是指，通过理解一个语句而认知到（或者用弗雷格的话说，把握到）的涵义，这种涵义与这个语句在人们头脑中客观地呈现出来的内容有关。当然，由于每个人头脑中的背景知识不同，同一个语句在人们头脑中呈现出来的内容也会有所不同。但是既然人们之间的相互理解和交流是可能的，这就不得不假定这些不同内容之间有一个公共的客观部分，我们每个人都分有这个部分。

让我们看一看克里普克在哪个地方混淆了认知涵义和语法涵义。他的核心论证体现在如下段落中：

每当我们确定一个指称，我们内省地亲知这个指称是如何确定的，这就是对应的涵义。我们对这个涵义的内省亲知为我们提供了一个确定这个涵义的方式，以及一个指称这个涵义的方式，这就是间接涵义。因此，弗雷格的整个层次，包括间接涵义、双重间接涵义等等，都是通过这种方式

---

① Kripke S. Frege's Theory of Sense and Reference: Some Exegetical Notes//Kripke S. Philosophical Troubles, Collected Papers: Vol. 1. Oxford: Oxford University Press, 2011: 288.

给出的。整个层次的每个层次都是上一层次的亲知涵义。①

我把上述论证进行如下重构：

(1) 确定一个指称。

(2) 内省亲知是确定这个指称的方式。

(3) 内省亲知它的涵义。

(4) 确定这个涵义的方式。

(5) 间接涵义。

从（1）到（2）是根据亲知启示性和回退道路，从（2）到（3）是根据"确定这个指称的方式"等同于"它的涵义"。这三个步骤中的涵义都是认知涵义。任给一个语句，如果其涵义是亲知启示性的，我们当然能够确定其指称，因此也亲知其涵义，这个涵义是这个语句在我们头脑中呈现出来的客观公共的内容。但是从（4）到（5）的跳跃是从认知涵义过渡到语法涵义，（4）中的涵义仍然是认知涵义，但是（5）中的涵义变成了语法涵义，即识别出（4）中的涵义的方式，这种识别方式是通过辨认出从句在间接引语中的位置而得来的。从（4）到（5）是因为涵义的确定方式是涵义的涵义，即间接涵义。因此，克里普克对认知涵义和语法涵义的混淆发生在从（4）到（5）的过渡中。

通过递归的方式识别出来的涵义不同于通过头脑中呈现的客观内容识别出来的涵义。即使我们不理解语言表达式所表达的客观公共内容，我们仍然可以快速地学会一个通用的递归形成规则：从专名和概念词可以形成一个原子语句；原子语句通过连接词可以形成复合语句；从语句和命题态度词可以形成间接引语语句；通过命题态度词的重复可以形成迭代的间接引语语句。学会了这种递归形成规则，就学会了如何理解语句的语法涵义。但是认知涵义的获得却是一个漫长的过程，从读文识字到常识的积累，再到相关专业知识的学习，这是一个理论与实践、心灵与世界的交互过程，没有一个通用的方案快速地完成这个过程。因此，语法涵义完全不同于认知涵义。然而，克里普克却强行把二者拼接到一起。他把原子语句的涵义看作认知涵义，并且假定这些涵义是亲知启示性的，但把由原子语句递归形成的复合语句的涵义看作语法涵义。事实上，这

---

① Kripke S. Frege's Theory of Sense and Reference: Some Exegetical Notes//Kripke S. Philosophical Troubles, Collected Papers: Vol.1. Oxford: Oxford University Press, 2011: 271-272.

种拼接的做法给我们的思想带来混乱：即使不同的递归方式形成不同的语法涵义，但它们的认知涵义仍然有可能是相同的。例如，在有些情况下，人们把一个复合语句作为一个整体进行理解，他们既不关心这个语句部分的涵义，也不关心其各个部分的组合性结构。在这种情况下，人们抛开这个语句的语法涵义，直接理解了它的认知涵义。

四、语法涵义、认知涵义和逻辑涵义

让我们看一看什么是弗雷格所说的涵义。在我看来，弗雷格至少提到过三种不同类型的涵义，即语法涵义、认知涵义和逻辑涵义。

弗雷格最早在《函数和概念》这篇论文中给出了涵义和指称的区分：

> 我们必须区分涵义和指称。"2^4"和"4^2"当然具有相同的指称，也就是说，它们是相同的数的专名；但是，它们具有不同的涵义；因此，"$2^4 = 4^2$"和"$4 \times 4 = 4^2$"指称相同的东西，但是它们具有不同的涵义。①

他在这里似乎认为，涵义派生于语法表达式，体现在两个表达式（符号的结合）上的任何细微区别都说明这两个表达式的涵义不同。例如"2^4"和"4^2"是涵义不同的，即"$2 \times 2 \times 2 \times 2$"和"$4 \cdot 4$"是不同符号按照不同的方式形成的，所以"$2^4 = 4$"和"$4 \times 4 = 4^2$"表达了不同的思想。从这个角度看，涵义是语法涵义。

但是，弗雷格似乎又认为涵义具有认知价值，与认知过程（包括经验知识）或确定指称的过程有关。他在给乔丹的一封信中提到如下例子：一个探险者从北坡看一座雪山，从当地居民那里得知它的名称是"阿尔法"，而且对它进行了实地测量。另一位探险者从南坡看一座雪山，而且得知它的名称是"阿泰博"。然而，后来的比较表明，这两个探险者看到的是同一座雪山。

> "阿泰博是阿尔法"这个语句的内容远不是同一原则的纯粹结论，而是包含了有价值的地理学知识。②

---

① Frege G. Collected Papers on Mathematics, Logic, and Philosophy. McGuinness B, ed. Black M, et al, trans. Oxford: Blackwell, 1984: 145.

② Frege G. Philosophical and Mathematical Correspondence. McGuinness B, ed. Kaal H, trans. Oxford: Blackwell, 1980: 80. 这个例子与弗雷格在《涵义和指称》这篇论文的开篇所举的"晨星是昏星"的例子类似。

可以按照不同的方式确定一个对象，通过如此这般的方式为这个对象引入一个名称，又通过如此那般的方式为这个对象引入另一个名称，这两种不同方式是两种不同的认知过程，所以这两个名称的指称相同但涵义不同。从这个角度看，涵义应该是认知涵义。

此外，弗雷格还认为涵义与逻辑规律有关，由此派生出了逻辑涵义。对于语法涵义来说，按照不同方式形成的表达式，它们的涵义不同；但对于逻辑涵义来说，不同的表达式仍然可能具有相同的涵义。在一篇批判皮亚诺逻辑系统的遗稿中，弗雷格说：

> 让我们看一个语句，它是从我们的一般语句转变而来的，把前件的否定看作后件，把原后件的否定变为前件……涵义几乎不受它影响，因为这个语句在转变之后给出的信息与先前相比不多不少。[1]

也就是说，"$p \to q$"和"$\neg q \to \neg p$"这两个语句的语法涵义不同，前者是用蕴涵词从"p"和"q"得到的，而后者是先用否定词从"p"和"q"得到"$\neg p$"和"$\neg q$"，再用蕴涵词进行连接。但在弗雷格看来，这两个语句的涵义是相同的，因为根据假言易位规则，它们是逻辑上等价的。因此，逻辑涵义是名称在逻辑上的呈现方式，逻辑上等价的名称具有相同的呈现方式，所以具有相同的涵义；而逻辑上不等价的名称，它们的涵义不同。例如，"$p \to q$"和"$q \to p$"这两个语句的涵义不同。

那么如何调和这三种不同类型涵义之间的冲突？究竟哪一种涵义是弗雷格理解的涵义？我认为，逻辑涵义并不与其他两种涵义冲突，而且逻辑涵义还能调和其他两种涵义之间的冲突，因此，只有逻辑涵义才是弗雷格所理解的涵义。

首先，逻辑涵义不与认知涵义冲突。弗雷格发明新逻辑系统的目的就是为了揭示算术规律的认识论本性。

> 任何假定都不能被忽视，任何需要的公理都必须被揭示出来。正是由于那些默认地并且没有清楚意识地做出的假定，阻碍了对于一条规律的认识论本性的洞悉。[2]

---

[1] Frege G. Posthumous Writings. Long P, White R, trans. Oxford: Blackwell, 1979: 153-154.

[2] Frege G. Grundgesetze der Arithmetik, Begriffsschriftlich Abgeleitet. Jena: H. Pohle, 1893: 1.

通过建立概念文字，可以把算术知识整理为一个公理化系统，由此尽可能少地把其中一些知识假定为公理，而所有其他知识作为定理都可以凭借概念文字的逻辑规律由这些公理推导出来。因此，逻辑规律就像链条一样，毫无间隙地把公理和定理连接起来，由此我们追溯到算术知识的源泉。通过这种追溯，弗雷格发现算术的公理实际上仅仅是逻辑的公理，或者说，从逻辑规律可以推出算术规律，所以算术从根本上来源于逻辑。根据弗雷格的逻辑观①，在逻辑公理和非逻辑公理之间有着鲜明的界限，公理是"一个其真是确定的思想，不用通过逻辑推理链条的证明"②，而且公理的涵义必须是自明的、清澈见底的。因此，如果仅通过逻辑公理或规律就可以证明两个名称的相等或等价，那么我们自明地认识到它们的相等或等价，即它们的涵义是相同的。但是有很多名称，我们在常识上认为它们是"相等或等价的"，但却无法从逻辑公理或规律证明它们的相等或等价。这时我们首先要增加经验公理③，然后从经验公理经由逻辑公理或规律推出它们的相等或等价，但是从经验公理推出的相等或等价不再意味着涵义的相同，而仅仅意味着指称的相同。例如，"晨星"的涵义不同于"昏星"的涵义，在一个公理化的系统中，我们可以把晨星定义为一个在如此这般时间、如此这般位置出现的行星，把昏星定义为一个在如此那般时间、如此那般位置出现的行星。虽然根据经验公理（关于行星运行轨道的规律）可以证明晨星的定义恰好等同于昏星的定义，即这两个名称指称相同的行星，但是它们的涵义不同，因为只有仅仅通过逻辑公理或规律被证明为相等的东西才是涵义相同的。因此，其证明过程依赖于先天的逻辑公理还是后天的经验的非逻辑公理，这是判断一个等式或等价式的两边是否涵义相同的标准。由此可见，逻辑涵义与认知涵义并不矛盾：如果两个名称在逻辑上被证明为相等或等价，即它们的逻辑涵义相同，那么它们

---

① 但是由于罗素悖论的出现，弗雷格不得不质疑自己的逻辑观，因为他把他的第五公理看作纯粹逻辑规律，但这条公理与其他公理不一致，而一个不一致的逻辑系统是不可接受的。这里我避免进入罗素悖论的泥潭，我假定，逻辑上的一致性问题不影响关于语言哲学问题的讨论。

② Frege G. Collected Papers on Mathematics, Logic, and Philosophy. McGuinness B, ed. Black M, et al, trans. Oxford: Blackwell, 1984: 273.

③ "经验公理"似乎是一个自相矛盾的术语，因为在弗雷格看来，只有逻辑公理和几何公理（即先天知识的公理）才配得上"公理"这个名称，而经验知识（即后天知识）没有资格享有"公理"这个名称。这里对公理做了广义理解。

的认知涵义也相同，即不需要经验公理来证明它们的相等或等价；如果两个名称的认知涵义是不同的，即需要非逻辑公理才能证明它们的相等或等价，那么它们的逻辑涵义也是不同的，即不能仅仅通过逻辑公理证明它们的相等或等价。

其次，逻辑涵义也不与所谓的"语法涵义"相冲突。弗雷格在《函数和概念》一文中所举的例子似乎说明，语言表达式上的细微差别都表现为涵义上的差别，但这并不意味着弗雷格主张严格意义上的语法涵义。根据弗雷格的逻辑涵义，即使从逻辑公理推理算术公理，然后再从算术公理经由逻辑规律推出具体的算术定理，例如 $1+1=2$，这也并不意味着"$1+1$"和"2"是涵义相同的。这里的关键在于如何理解弗雷格的定义观。"1"、"2"和"$+$"并不是纯粹逻辑符号，只有通过定义才能把它们引入逻辑系统中，即用逻辑符号定义非逻辑符号。定义一般以等式的形式出现，其左边是被定义项，其右边是定义项；但是被定义项和定义项的相等是一种约定，并非从逻辑规律推导而来，事实上这一相等是不可证明的。在弗雷格看来，定义是"对语词或符号指称的规定"[1]，定义的目标在于"被定义项从定义项那里获得涵义"[2]，我们可以断定被定义项与定义项涵义相同，仅当这一点是"自明的"。也就是说，只有通过"直接洞见"才能识别出定义项和被定义项是涵义相同的。[3] 由此可见，定义等式仅能保证被定义项和定义项的指称相同，不能保证它们的涵义相同。在这个意义上，即使弗雷格成功地把算术公理还原为逻辑公理，他仍然不得不面对如下问题：他所定义的算术符号的涵义是不是我们日常使用的算术符号的涵义？只有通过直接洞见或自明性才能确定它们的涵义相同。但是直接洞见或自明性不是绝对确定的，它们随着我们直观能力和理想化能力的扩展而不断变化。[4] 因此，弗雷格不能绝对地确定他所定义的符号完全地反映或刻画了我们日常使用符号的涵义。具体来说，虽然从弗雷格的逻辑公理可以证明"$1+1$"和"2"是相等的，但是这一证明过程依赖于数算子和加法符号的

---

[1] Frege G. Collected Papers on Mathematics, Logic, and Philosophy. McGuinness B, ed. Black M, et al, trans. Oxford: Blackwell, 1984: 274.

[2] Frege G. Posthumous Writings. Long P, White R, trans. Oxford: Blackwell, 1979: 208.

[3] 同[2]210.

[4] 杰士恩甚至认为，弗雷格关于自明性的论述具有可错论的倾向："他（弗雷格）依赖于把命题判断为自明的，以此作为他识别算术基础的可错论方法的一部分。"Jeshion R. Frege's Notion of Self-Evidence. Mind, 2001, 110: 938.

定义①，这个定义的涵义并不像公理的涵义那样是自明的，弗雷格所定义的加法符号的涵义不一定就是我们日常使用的加法符号的涵义，所以即使在逻辑上证明"1+1"相等于"2"，这也不意味着"1+1"与"2"涵义相同。因此，弗雷格在《函数和概念》一文中所举的例子并不说明他主张严格的语法涵义，通过逻辑涵义也可以合理地解释这个例子。

克里普克混淆了上述三种不同类型涵义之间的区别，没有从逻辑涵义的角度正确地理解认知涵义和语法涵义，因此，他没有正确地把握弗雷格的涵义观。他在《弗雷格的涵义和指称理论》一文中也表达了他自己的困惑：

> 众所周知，弗雷格在后来的段落中似乎在这一点倒退了。参见他给胡塞尔的信②，这接近于把逻辑等价语句所表达的思想识别为同一的，不过它有一个限制条件，这个限制条件仅仅增加了困惑（至少对于本文作者而言）。根据弗雷格，算术通过恰当的定义被还原为逻辑，所以一个包含

---

① 为了定义加法符号，弗雷格先引入外延算子，它是由第五公理给出的，即
$$\varepsilon F = \varepsilon G \leftrightarrow \forall x(Fx \leftrightarrow Gx)$$
其涵义是，两个概念的外延相等当且仅当这两个概念等价。然后用外延算子定义数算子，即
$$\#F = \varepsilon[x: \exists G(x = \varepsilon G \wedge F \approx G)]$$
其涵义是，一个概念F的数是所有与这个概念等数的概念的等价类。由此可以定义加法符号：
$$a+b=c \leftrightarrow \exists F \exists G(a = \#F \wedge b = \#G \wedge \neg \exists x(Fx \wedge Gx) \wedge c = \#[x: Fx \vee Gx])$$
其涵义是，一个概念F的数是a，另一个概念G的数是b，而且F和G是不相交的概念，于是a+b是F和G并起来之后得到的概念的数。

② 弗雷格在给胡塞尔的信中说："在我看来，对于把一个思想再次识别为相同的而言，一个客观标准是必要的，因为没有它，逻辑分析是不可能的。在我看来，确定语句A和语句B表达了相同的思想，唯一的可能方式如下，而且我假定这两个语句都不包含一个在其涵义上逻辑自明的部分。假定A的内容是假而B的内容是真，假定A的内容是真而B的内容是假，如果这两个假定导致一个逻辑矛盾，而且为了确立这一点，既不需要知道A或B的内容是真或假，也不需要纯粹逻辑规律之外的东西，那么属于A的内容的东西，就其能够被判断为真或假而言，也都属于B的内容，因为在B的内容中根本不会存在对于任何这种多余的根据，而且根据前面的假设，这样一个多余也不会是逻辑自明的。同样，根据我们的假设，属于B的内容的东西，就其能够被判断为真或假而言，也都属于A的内容。因此，在A和B的内容中能够被判断为真或假的东西是同一的，仅此是与逻辑有关的，这就是被我称为A和B所表达的这个思想。" Frege G. Philosophical and Mathematical Correspondence. McGuinness B, ed. Kaal H, trans. Oxford: Blackwell, 1980: 70-71.

"738"的语句将与它在其中被替换为"643+95"的语句保持相同的涵义。这是弗雷格对先前关于涵义和指称观点的根本转变。①

克里普克不理解弗雷格的涵义在实质上是逻辑涵义,他从字面上把涵义理解为语法涵义,由此给出了关于如何理解涵义的所谓递归规则,而且把认知涵义严格局限为亲知启示性,然后从亲知的认知涵义出发,通过递归规则理解复杂语句(包括在迭代间接引语中的语句)的涵义。克里普克的这种做法是对弗雷格的歪曲。实际上,涵义无穷分层的问题是一个伪问题,它根本不会出现在弗雷格的涵义和指称理论中。

五、不存在涵义无穷分层问题

虽然弗雷格在生前正式发表的著作和论文中没有讨论由间接涵义引起的无穷分层问题,但是卡尔纳普在弗雷格关于概念文字的课堂上亲笔记录过如下表格②:

符号	专名	语句	概念词	间接引语中的语句
涵义	专名的涵义	思想	概念词的涵义	
指称	对象	真值	概念	思想

其中间接引语中语句的涵义一栏被留作空白,这肯定不是卡尔纳普的疏忽,而是弗雷格根本不认为这种语句具有涵义。而且在弗雷格给罗素的书信中也讨论过这个问题:

> 这里这个从句是一个思想的专名,正如"亚里士多德"是一个哲学家的专名。这里从句并不表达一个思想而是标示一个思想。在我的《概念文字》中我没有引入间接引语,因为我还没有机会这样做。③

可见,在弗雷格看来,间接引语中的从句根本不表达思想,所以也不具有涵义。既然不存在间接涵义,那么由间接涵义所引起的无穷分层问题当然也就不存在

---

① Kripke S. Frege's Theory of Sense and Reference:Some Exegetical Notes//Kripke S. Philosophical Troubles, Collected Papers:Vol. 1. Oxford:Oxford University Press, 2011:270.

② Frege G. Frege's Lectures on Logic:Carnap's Student Notes. 1910-1914. Reck E H, Awodey S, trans. Chicago:Open Court, 2004:74.

③ Frege G. Philosophical and Mathematical Correspondence. McGuinness B, ed. Kaal H, trans. Oxford:Blackwell, 1980:146.

了。但是，这个说法似乎不能令人信服，有人可能认为，通过否认间接涵义的存在而消解涵义无穷分层问题的做法是一种循环论证。为了应对这个挑战，我尝试从弗雷格的角度提出一种新的解释来消解涵义无穷分层问题。

首先，我把关于涵义和指称的区分与关于概念和对象的区分进行类比。众所周知，弗雷格不仅区分了概念和对象，也区分了一层概念和二层概念等等，由此还可以区分出更高层次的概念。① 但是，就我所知，弗雷格从未提到四层以上的概念，原因在于，通过外延算子的化归作用，可以用一层概念表示二层概念，由此还可以类似地用二层概念表示三层概念，等等。具体来说，可以用弗雷格的外延算子定义属于关系：

$$x \in y \leftrightarrow \exists Y (y = \varepsilon Y \wedge Yx)$$

其中 εY 表示 Y 这个概念的外延，在弗雷格看来，外延是对象。例如：

$$\exists x\, \phi(x)$$

这是一个二层概念（函数），其中 ϕ 表示这个二层概念的主目位置，如果把非空一层概念填充到这个主目位置，则这个函数的值是真，否则，这个函数的值是假。但是这个二层概念对应如下一层概念（函数）：

$$\exists x\, (x \in y)$$

其中 y 表示这个一层函数的主目位置，如果把非空外延填充到这个主目位置，则这个函数的值是真，否则，这个函数的值是假。因此，在弗雷格概念文字的系统中既不存在也不需要无穷层次的概念。遵循这个思路，我认为，即使确实存在所谓的间接涵义，也可以把二次迭代的间接引语中的语句涵义还原为一次迭代的间接引语中的语句涵义，类似地，还可以把三次迭代的间接引语中的语句涵义还原为二次迭代的间接引语中的语句涵义……如果这种还原是可能的，那么根本不存在涵义的无穷分层问题。

间接涵义的还原可以在如下方案中进行。我把"A 这个人相信 ψ 这个语句"形式化地表示为：在经典逻辑系统中从 A 所具有的经验公理可以推演出 ψ 这个

---

① 概念是其值总是真值的函数。如果一个函数的主目是对象，这个函数的值是真值，则这个函数是一层概念；如果一个函数的主目是一层概念，这个函数的值是真值，则这个函数是二层概念；类似地，如果一个函数的主目是二层概念，这个函数的值是真值，则这个函数是三层概念……由此可以得到无穷层次的概念。

语句，即：

$$\phi_A \vdash_C \psi$$

其中ϕ_A是 A 的经验公理的合取，$\vdash_C$表示相对于经典逻辑的推演关系。也就是说，我把涵义理解为逻辑涵义，如果 A 这个人相信ψ这个语句，而且把 A 头脑中所具有的经验知识进行公理化，这些经验公理的合取是ϕ_A，那么从ϕ_A可以推演出ψ。① 在相同主体的迭代间接引语中，例如

(S) A 这个人相信 A 这个人相信ψ这个语句

我首先将其形式化为：A 这个人相信，在经典逻辑系统中从 A 所具有的经验公理可以推出ψ这个语句，即：

A 这个人相信$\phi_A \vdash_C \rightarrow \psi$

根据演绎定理，上述形式化表示可以等价地写为：

A 这个人相信$\vdash_C \phi_A \rightarrow \psi$

进一步将其形式化为：

$$\phi_A \vdash_C \phi_A \rightarrow \psi$$

再根据演绎定理，将其等价地写为：

$$\vdash_C \phi_A \rightarrow (\phi_A \rightarrow \psi)$$

根据基本逻辑规律得到：

$$\vdash_C (\phi_A \wedge \phi_A) \rightarrow \psi$$

因为$(\phi_A \wedge \phi_A) \leftrightarrow \phi_A$，所以得到：

$$\vdash_C \phi_A \rightarrow \psi$$

因此，(S) 与 "A 这个人相信ψ这个语句" 在实质上是一回事，也就是说，就相同主体而言，一次迭代间接引语中的语句涵义被还原为单纯间接引语中的语

---

① 如果不借助于 A 的经验公理，仅从经典逻辑的公理和规则就可以证明ψ和χ等价，即$\vdash_C \psi \leftrightarrow \chi$，那么$\psi$和$\chi$是涵义相同的；但是如果经典逻辑的公理不能证明$\psi$和$\chi$等价，即$\vdash_C \psi \leftrightarrow \chi$，只有诉诸 A 的经验公理才能证明$\psi$和$\chi$等价，即$\phi_A \vdash_C \psi \leftrightarrow \chi$，那么$\psi$和$\chi$是指称相同但涵义不同的。

句涵义。对于不同主体的迭代间接引语，情况是类似的。例如：

(D) B 这个人相信 A 这个人相信 ψ 这个语句

按照前面类似的方法得到：

$$\vdash_C (\phi_B \wedge \phi_A) \to \psi$$

其中 ϕ_B 是 B 的经验公理的合取。根据演绎定理，等价地得到

$$\phi_B \wedge \phi_A \vdash_C \psi$$

因此，(D) 相当于说，从 B 和 A 的经验公理可以推演出 ψ，也就是说，A 和 B 共同相信 ψ 这个语句。因此，在不同主体的迭代间接引语中的语句涵义可以被还原为在两个主体的单纯间接引语中的语句涵义。

六、结语

从语言哲学的角度看，弗雷格与克里普克的根本分歧表现为描述理论和历史因果理论之间的争论。以弗雷格为代表的描述理论认为，专名既有指称又有涵义，专名的涵义是由摹状词给出的，摹状词帮助我们在具体情况中确定专名的指称。但是克里普克认为，专名没有涵义，只有指称，任何摹状词都不是确定专名指称的充分必要条件。因此，专名是严格指示词，它在任何可能世界中都指称同一个对象。在此基础上，克里普克发展出所谓的因果历史理论：在初始的命名仪式中人们通过实指的方式为某个对象命名一个名称，然后这个名称经过传递链条从一个说话者传播到另一个说话者。只要先前的说话者和后来的说话者保持一致，就可以正确地确定这个名称的指称，这个过程不需要涵义或摹状词的帮助。从克里普克对涵义无穷分层问题的解决方案中可以清楚地看出，历史因果理论的某些要点在间接涵义问题上重新表现出来：初始的命名仪式对应于涵义的亲知启示性，历史因果的传递链条对应于语言表达式的递归规则，以亲知的方式理解一个原子语句的认知涵义相当于以实指的方式为一个对象命名，通过递归规则理解复合语句的语法涵义相当于一个名称在历史因果的传递链条上从一个说话者传播到另一个说话者。因此，克里普克的解决方案实际上是描述理论与历史因果理论之间"战争"的延续。我不想对描述理论和历史因果理论之间的争论做出最终裁决，这种争论可能会一直持续下去，但是根据我在本章中的论证，克里普克对弗雷格关于涵义和指称理论的解读是不成功的，至少他歪曲了弗雷格的本义。

第6章 罗素与金岳霖论归纳问题
——中西哲学交流的一个案例

一、一个简短的历史回顾

在1840年鸦片战争之前,除了从明代开始进入中国的少数西方传教士外,中国知识界与西方知识界几乎没有什么接触。但在鸦片战争之后,特别是19世纪末和20世纪初,中国清朝政府开始官派留学生,后来又有自费留学生,赴欧美和日本留学,开始了中国知识界与西方知识界的交往和接触,包括哲学方面的交流和对话。本章将把罗素和金岳霖对归纳问题的研究作为中西哲学家之间交流、影响、对话的一个典型案例加以考察。

伯特兰·罗素(Bertrand Russell),英国哲学家、逻辑学家、著名社会活动家,曾与中国有过密切接触。应中国多个学术团体的邀请,他于1920年10月12日偕勃拉克(Dora Winifred Black)女士到达上海,先后在中国多个城市,如上海、杭州、南京、长沙、北京、保定等地,进行了长达9个月的讲学活动,做了大大小小60多次讲演,涉及20多个主题,包括爱因斯坦的相对论、数理逻辑、教育之效用、宗教之信仰、社会改造原理、布尔什维克思想、世界政治、中国、自由之路,到心的分析、物的分析和其他哲学主题。[①] 他在北京的讲演最为系统,可以概括为五大系列,即"哲学问题""心的分析""物的分析""数学逻辑""社会结构学",这些讲演大都在北京大学进行。当时,北大师生还成立了"罗素学说研究会",罗素本人参加了由该会举办的每两周一次的活动。他后来写道:"我在那里讲课的国立北京大学是一所非常出色的学府。校长和副校长都是热心致力于中国现代化的人物。副校长是我所认识的最真诚的唯

[①] 孙家祥. 罗素来华行程及讲演总表//袁刚,等. 中国到自由之路:罗素在华讲演集. 北京:北京大学出版社,2004:308-309.

心主义者之一……这里的学生应该得到他们的教授要教给他们的东西。他们有强烈的求知欲,准备为祖国做出无限的牺牲。周围的气氛氤氲着大觉醒的希望。"① 罗素在保定举办的一次讲演中患重感冒,引发支气管炎和肺炎,重病两周多,几乎致死,后休养了三个多月。罗素的很多讲演都被记录、整理,在当时的报刊上发表,或被出版社正式印行。他的讲学活动在当时的中国引起很大轰动,一时形成了所谓的"罗素热",并对中国思想界产生了比较长远的影响。罗素在其《自传》(第二卷,1968 年)中,用了专门一章近 50 页篇幅记述他的中国之行。从字里行间可以看出,他对中国的自然风光、人情物理颇多认同,但书中鲜少提及真正的学术交流和对话,这是可以理解的。当时的中国知识界对罗素的学问有所了解、能够与之进行实质性对话的人寥寥无几。罗素于 1921 年 7 月 11 日从天津乘船离开中国,并应邀顺访日本,在日本停留了 12 天。据罗素记述,日本之行颇不愉快,有一次他甚至情绪失控,感到愤怒,对日本记者发了很大的火。② 罗素中国之行的结果之一是,他写了一本书——《中国问题》,于 1922 年由 George Allen & Unwin 正式出版。

金岳霖,中国哲学家和逻辑学家。他生于湖南长沙的一个清朝官宦家庭,于 1911 年考取清华大学的前身——清华学堂,后来考取官费留学生,于 1914 年赴美国宾夕法尼亚大学留学,先学商业,不感兴趣,后改学政治学。1918 年进入哥伦比亚大学读政治学,于 1920 年以学位论文《T. H. 格林的政治学说》获博士学位。在读博士期间,受格林(T. H. Green)著作的影响,对哲学产生了很大兴趣。1921 年底至 1925 年,赴欧洲游学,到过英国、德国、法国、意大利等国家,先后在伦敦大学经济学院和剑桥大学待过不短的时间。在伦敦念书时,有两本书对他产生了很重要的影响:一本是罗素的《数学的原则》,另一本是休谟的《人性论》,从此他的理智探讨完全转向哲学,并对逻辑学感兴趣。他后来写道:"休谟底议论使我感觉到归纳说不通,因果靠不住,而科学在理论上的根基动摇。这在我现在的思想上也许不成一个重大的问题,可是,在当时的确是重大的问题,思想上的困难有时差不多成为情感上的痛苦。但是,我对于科学的信仰颇坚,所以总觉得休谟底说法有毛病。以后我慢慢地发现休谟底缺点不在于他底因果论本身,而在于他底整个的哲学。"③ 他认为,不把知识论问题理

---

① 罗素. 罗素自传:第二卷. 陈启伟,译. 北京:商务印书馆,2003:189.
② 同①195-198.
③ 金岳霖. 论道. 北京:商务印书馆,1987:4.

出个条理来，没有办法对休谟问题做出系统的回答，也没有办法写归纳法的书，而知识论又需要一个本体论的基础。于是，在30—40年代，金岳霖先后写作了《论道》和《知识论》两书，前者讲他的本体论，后者讲他的认识论。1926年，金岳霖开始在中国清华大学任教，讲授逻辑学，也讲授哲学，并创办了清华大学哲学系。他后来成为中国哲学界和逻辑学界的领袖人物之一，担任过多项重要的学术职务，如中国逻辑学会会长等。他的学术代表作有三本书：《逻辑》（1936）、《论道》（1940）、《知识论》（1948年完成，1983年出版）。

　　如前所述，金岳霖在伦敦游学期间，读过罗素的《数学的原则》，该书对他产生了很大影响。他后来写道："罗素底那本书我那时虽然不见得看得懂，然而它使我想到哲理之为哲理不一定要靠大题目，就是日常生活中所常用的概念也可以有很精深的分析，而此精深的分析也就是哲学。从此以后我注重分析，在思想上慢慢地与Green分家。"① 30年代，金岳霖编撰《逻辑》教科书时，把罗素和怀特海的《数学原理》中的逻辑系统介绍进中国，培养了中国最早的一代现代逻辑学家。在50—60年代，他还写作了《罗素哲学》一书（1988年出版），对罗素哲学做了比较系统的阐述与评论，当然也难免带有中国那个时代的鲜明烙印。在对归纳问题的研究上，我们也可以看到罗素对金岳霖的影响。罗素对归纳问题的探索，散见于多种论著中，如《哲学问题》（1912）、《我们关于外间世界的知识》（1914）、《哲学纲要》（1927）、《西方哲学史》（1945）、《人类的知识：其范围与限度》（1948）、《我的哲学发展》（1959）等，但以《哲学问题》第六章和《人类的知识：其范围与限度》第六部分的论述最为重要，它们分别提出了两种不同的归纳证成方式。就金岳霖而言，除前面提到的那三本书外，他还撰写和发表了多篇研究归纳问题的论文：《自由意志和因果关系的关系》（1926）、《休谟知识论的批评》（1928）、《释必然》（1933）、《归纳原则和先验性》（1940年发表于美国《哲学杂志》）、《势至原则》（1943）、《归纳总则和将来》（1943），等等，提出了一种与罗素方案有些类似的对归纳的先验主义证成。

二、休谟问题及其影响

　　在《人性论》第一卷（1739）及其改写本《人类理智研究》（1748）中，

---

① 金岳霖. 论道. 北京：商务印书馆，1987：3-4.

休谟从经验论立场出发，断言"思维的全部材料都是从我们的外部和内部的知觉来的，而心灵和意志只对它们进行混合和编排，或者用哲学的语言来表述我们的意思，那就是：我们的一切观念或比较微弱的知觉是我们的印象或比较生动的知觉的摹本"①，并据此对因果关系的必然性提出了根本性质疑，其中隐含着对归纳推理的合理性的根本性质疑。他的这个怀疑主义论证，史称"休谟问题"或"归纳问题"，在哲学史上产生了重要而深远的影响。

首先指出，休谟并没有使用"归纳推理"或其类似的表述，他最常用的说法是"或然论证"，在《人类理智研究》中常用"因果推理"，所探讨的主要推理形式是下面的"预测归纳推理"：

迄今所观察到的太阳每天都从东方升起，
所以，太阳明天仍将从东方升起。

或者，

迄今所观察到的火都是热的，并且这是火，
所以，这是热的。

它们从关于迄今已观察到的情况的断言推移到迄今尚未观察到的情况的断言，这是各种形式的归纳推理的共同特点。所以，休谟关于预测归纳推理的说法也一般性地适用于归纳推理的各种形式。

按我的理解，休谟关于因果关系和归纳推理的怀疑论证可重构如下：

（1）思维的全部材料来自知觉（perception），知觉包括印象和观念，印象是最强烈和最生动的，观念则是印象的摹本。

（2）人类理智的对象分为"观念的联系"和"实际的事情"，人类知识也分为"关于观念间联系的知识"和"关于实际事情的知识"。

（3）前一类知识仅仅凭借直观或演证就能发现其确实性如何。

（4）后一类知识的确实性不能凭借直观或演证来确证，而是建立在因果关系上的。

（5）一切因果推理都是建立在经验上的，因为原因与结果是不同的事件，结果并不内在地包含在原因中；无论对原因做多么精细的观察与分析，都不可

---

① 休谟. 人类理智研究 道德原理研究. 周晓亮, 译. 沈阳：沈阳出版社, 2001: 17.

能找出其结果。

（6）因果关系包括三个要素：时空上的相互邻近、时间上的先后相继以及必然性，其中"必然性"是经验观察中所没有的。

（7）因果推理必须依赖于如下的"类似原则"或"自然齐一律"："……我们所没有经验过的例子必然类似于我们所经验过的例子，而自然的进程是永远一致地继续同一不变的。"①

（8）对自然齐一律无法提供演证式的证明，"因为自然的进程可以改变，虽然一个对象与我们以前经验过的对象相似，但它也可能被不同或相反的结果所伴随，这里并不蕴涵矛盾"②。

（9）对自然齐一律也不能提供或然性论证，因为或然性是"建立在我们所经验过的那些对象与我们所没有经验过的那些对象互相类似那样一个假设。所以，这种假设决不能来自或然性"③。否则，就是循环论证和无穷倒退，是逻辑上的无效论证。

（10）对自然齐一律的证明也不能通过诉诸一个对象"产生出"另一个对象的"能力"来进行，因为"能力"概念来自对一些对象的可感性质的观察，而由观察做出推断时必须依赖自然齐一律。

（11）因此，自然齐一律没有得到有效的证明。

（12）所以，以自然齐一律为基础的因果推理也不是逻辑上有效的推理，因为有可能做如下设想：作为原因的事件发生，而作为结果的事件不发生；或者说，当其前提为真时，其结论可能为假。

休谟由此得出了他的最后结论："由此看来，不但我们的理性不能帮助我们发现原因和结果的最终联系，而且即使在经验给我们指出它们的恒常联合以后，我们也不能凭自己的理性使自己相信，我们为什么把那种经验扩大到我们所观察的那些特殊事例之外。我们只能假设，却永远不能证明，我们所经验过的那些对象必然类似于我们所未曾发现的那些对象。"④

休谟的论证主要是针对因果关系的，但其中包含一个对归纳推理的怀疑主

---

① 休谟. 人性论：上册. 关文运，译. 北京：商务印书馆，1997：106.
② 休谟. 人类理智研究 道德原理研究. 周晓亮，译. 沈阳：沈阳出版社，2001：33.
③ 同①107-108.
④ 同①109.

义论证,也可以按现代方式,把后一论证重构如下:(1)归纳推理不能得到演绎主义的证成。因为在归纳推理中,存在着两个逻辑的跳跃:一是从实际观察到的有限事例跳到了涉及潜无穷对象的全称结论;二是从过去、现在的经验跳到了对未来的预测。而这两者都没有演绎逻辑的保证,因为适用于有限的不一定适用于无限,并且将来与过去和现在可能有所不同。(2)归纳推理的有效性也不能归纳地证明,例如根据归纳法在实践中的成功去证明归纳,就要用到归纳推理,因此导致无穷倒退或循环论证。(3)归纳推理要以普遍因果律和自然齐一律为基础,而这两者的客观真理性并未得到证明。因为感官最多告诉我们过去一直如此,并没有告诉我们将来仍然如此,并且,感官告诉我们的只是现象间的先后关系和恒常汇合,而不是具有必然性的因果关系。因果律和自然齐一律没有经验的证据,只不过出自人们的习惯性的心理联想。"习惯是人生的伟大指导。"①

应该指出,休谟对因果必然性和归纳合理性的质疑,最终涉及"普遍必然的经验知识是否可能?如何可能?"的问题,涉及人类的认识能力及其限度等根本性问题。因此,休谟的诘难是深刻的,极富挑战性,得到了哲学家和逻辑学家的高度重视,他们提出了各种各样的归纳证成方案,主要有:(1)演绎主义证成,指通过给归纳推理增加一个被认为是普遍必然的大前提,把它与归纳例证相结合,以此确保归纳结论的必然真实性。这种方案暗中承认了归纳推理本身不能必然得出结论,其主张者首推密尔。(2)先验论或约定论的证成。先验论的代表人物是康德,也包括罗素和中国的金岳霖,他们通过给归纳推理增加某种先验性前提来为其辩护。约定论通过把归纳推理的大前提归诸某类主观的或社会的约定来为归纳推理辩护,其代表人物是庞卡莱。(3)概率主义证成,例如在贝叶斯方法的框架下通过发展概率归纳逻辑来为归纳逻辑做局部辩护。(4)实用主义证成,其代表人物是皮尔士和赖欣巴赫。他们认为,归纳是我们为获得真理所能采取的诸多策略中的最佳策略,并且是一个不断自我修正的过程,最终总会驱使我们达到或接近真实的归纳结论。(5)由于上述各种证成方案在总体上都不太成功,卡尔·波普尔等人坚持一种反归纳主义的立场。迄今为止,下述说法仍然是成立的:"归纳法是自然科学的胜利,却是哲学的耻辱。"②

---

① 休谟. 人类理智研究 道德原理研究. 周晓亮,译. 沈阳:沈阳出版社,2001:43.
② 施特格米勒. 归纳问题:休谟提出的挑战和当前的回答//洪谦. 逻辑经验主义. 北京:商务印书馆,1989:257.

三、罗素对归纳的证成

1. 休谟的怀疑论

在《西方哲学史》一书中，罗素对休谟评价很高，认为他是"哲学家当中一个最重要的人物，因为他把洛克和贝克莱的经验主义哲学发展到了它的逻辑终局，由于把这种哲学作得自相一致，使它成了难以相信的东西。从某种意义上讲，他代表着一条死胡同：沿着他的方向，不可能再往前进"①。他把对休谟哲学的考察重点放在《人性论》第一卷，认为其中最重要的部分又是《论知识和或然性》这一节。他解释说，在这一节中，"休谟所讨论的是靠非演证性推论从经验的资料所得到的那种不确实的知识。这里面包括我们有关未来的全部知识以及有关过去和现在的未观察部分的全部知识。实际上，一方面除去直接的观察结果，另一方面除去逻辑和数学，它包括其余的一切。通过对这种'或然的'知识进行分析，休谟得出了一些怀疑主义的结论，这些结论既难反驳，也同样难以接受"②。

罗素认为，休谟的学说包括两个方面。一是客观的方面："（1）当我们说'因为甲，结果乙'的时候，我们有权说的仅只是，在过去的经验里，甲和乙一向屡次一起出现或很快地相继出现，甲后面不跟着有乙或甲无乙伴随的事例，一回也没观察到过。（2）不管我们观察到过如何多的甲和乙连结的事例，那也不成为预料两者在未来某时候相连的理由，虽然那是这种预料的原因，也就是说，一向屡次观察到它和这种预料相连。"③ 罗素进一步把第（2）点诠释为：单纯枚举归纳不是妥当的论证形式。另一个是主观的方面："因为屡次观察到甲和乙连结，结果就因为有甲的印象，结果有乙的观念。但是，假如我们要按这学说的客观部分的提法来定义'因为……结果……'，那么必须把以上的话改一个说法……变成为：'一向屡次观察到：屡次观察到的二对象甲和乙连结的后面一向屡次跟着有这种场合：甲的印象后面跟着有乙的观念。'"④ 如果说罗素对休谟哲学的客观方面基本认同，至少没有太多异议的话，他对其主观方面则多

---

① 罗素.西方哲学史：下卷.马元德,译.北京：商务印书馆,1986：196.
② 同①200.
③ 同①205.
④ 同①203-204.

有批评。当休谟把因果必然性归结于现象间的恒常连结以及人的习惯性心理联想时，罗素回应说，"习惯律本身就是一个因果律"①。

有很多证据表明，罗素对休谟的论证做了最为激进的解读，他把休谟解读为一个彻底的怀疑论者，甚至是一个不可知论者，认为他否定了因果关系，否定了归纳推理，"得出了从经验和观察什么也不能知晓这个倒霉的结论"，从而导致理性的自我否定和非理性的大爆发，"整个十九世纪内以及二十世纪到此为止的非理性的发展，是休谟破坏经验主义的当然后果"。"所以，重要的是揭明在一种完全属于或大体属于经验主义的哲学的范围之内，是否存在对休谟的解答。若不存在，那么神志正常和精神错乱之间就没有理智上的差别了。"② 不过，罗素对休谟哲学的上述解读是一种误读，至少是过度引申的结果，他促成这种误读在20世纪哲学中占据了主导地位。休谟所得出的结论其实是相当温和而有节制的：我们在理性上没有证明甚至无法证明因果关系的客观性和必然性，我们在逻辑上没有证明甚至无法证明归纳推理的有效性，因果关系是否是客观且必然的？归纳推理能否得出必然真实的结论？我们只能如实地说"不知道"，至少是没有确切的证据去说"知道"。

2. 因果律

在《我们关于外间世界的知识》（1914）一书中，罗素比较系统地讨论了有关"原因"概念的五个问题，这里仅考察其中的三个。

（1）因果律的意义是什么？罗素指出，因果律"使我们能够从一个或更多的其他事物或事件的存在推出某个事物（或事件）的存在"③。罗素给出了因果律的两种不同表述，其中之一是："在同时或不同时的不同事件之间有恒定不变的关系，因而给定了整个宇宙在任何时间（不论多么短暂）中的状态，每一先前的和以后的事件在理论上都可以作为这个时间内某些事件的函数加以规定。"④

（2）因果律迄今有效的证据是什么？罗素几乎重复了休谟的论证：我们所真正发现的其实只是现象间的恒常"接续"或"共存"，至于一种现象"必然"

---

① 罗素. 西方哲学史：下卷. 马元德，译. 北京：商务印书馆，1986：204.
② 同①210-211.
③ 罗素. 我们关于外间世界的知识. 陈启伟，译. 上海：上海译文出版社，2006：160.
④ 同③166.

引起另一种现象的信念,只是出自动物式的习惯性联想。对于这种关于因果性的心理学解释,罗素始终表示怀疑,不大愿意接受。

(3) 因果律在将来仍然有效的证据是什么?也许有人会说,我们实际上有关于"过去的未来"的经验,例如"昨天"就是"前天"的"未来",而"今天"又是"昨天"的"未来",我们都有关于"昨天"和"今天"的经验,并且发现:无数个"昨天"和"今天"都是类似的,因此我们可以推知:未来的未来也是与过去的未来类似的。但罗素指出:"……这样一种论证其实是以未决的问题作为论据的。我们对于过去的未来虽具有经验,但是对于未来的未来却并没有经验,而问题是:未来的未来是否和过去的未来相似呢?这个问题并不是单凭过去的未来可以解答的。因此,我们还得寻找某种原则,使我们知道未来是和过去一样地在遵守同样的规律。"① 罗素建议,我们不妨把此问题转换一下:如果关于未来的推论是正当有效的,那么,在做出这种推论时所必然包含的原则是什么?这就是他本人所采取的思路。

3. 归纳原则

在《哲学问题》(1912)中,罗素把归纳的合理性问题表述为:如果发现两件事物常常是联系在一起的,又知道从来没有过只出现其一而不出现另一的例子,那么在一次新例子中,如果其一出现了,是不是就使我们有很好的根据可以预料会出现另一件呢?他强调说:"我们对于未来的全部预料的可靠性,我们由归纳法而获得的全部结果,事实上也就是我们日常生活所依据的全部信仰,都须取决于我们对于这个问题的答案。"②

罗素回答该问题的路径是:设定一个先验为真的归纳原则,并给出该原则的两种不同表述。第一种表述是:

(甲)如果发现某一事物甲和另一事物乙是相联系在一起的,而且从未发现它们分开过,那么甲和乙相联系的事例次数越多,则在新事例中(已知其中有一项存在时)它们相联系的或然性也便愈大。

(乙)在同样情况下,相联系的事例其数目如果足够多,便会使一项新联系的或然性几乎接近必然性,而且会使它无止境地接近于必然性。③

---

① 罗素. 哲学问题. 何兆武,译. 北京:商务印书馆,2000:52.
② 同①.
③ 同①53.

罗素认为，按这种表述，归纳原则将只能用于证验我们关于个别新事例的预测。但因果关系是普遍的，可以应用于许多事例，是存在于事物的种类之间的一种关系。于是，他给出了第二种表述：

（甲）如果发现甲种事物和乙种事物相联系的事例次数越多，则甲和乙永远相联系的或然性也就越大（假如不知道有不相联系的事例的话）。

（乙）在同样情况下，甲和乙相联系的事例次数足够多时，便几乎可以确定甲和乙是永远相联系的，并且可以肯定这个普遍规律将无限地接近于必然。①

众所周知，传统的简单归纳推理是这样的：

迄今所观察到的 S 都是 P，且没有发现有 S 不是 P，
所以，所有 S 都是 P。

按照罗素的第二种表述中的甲，他把上述推理改成了：

迄今所观察到的 S 都是 P，且没有发现有 S 不是 P，
所以，（大概）所有 S 都是 P。

为什么要这样改？只有一个解释：罗素暗中接受了休谟关于归纳法的怀疑主义结论，认为归纳推理"永远不能完全达到必然"，"或然性才是我们所应当追求的全部问题"②。不过，即使如此，我们也仍然可以追问：我们凭什么说，如果迄今所观察到的 S 都是 P，且没有发现有 S 不是 P，则大概所有 S 都是 P？如果从那些前提得出一个全称结论没有充分根据的话，则得出一个或然的结论也没有充分的根据。罗素却解释说：上面表述的归纳原则是一个先验的原则，并给出了如下理由：

（1）归纳原则不能被经验所否证。罗素论证说，或然性永远是相对于一定的材料来说的，任何反例的出现虽然可以算作一种新材料，从而大大地改变了原有的或然率，但决不证明我们是把过去材料的或然性估计错了。他举例说，有人看见过许多白天鹅，并且没有发现过黑天鹅，他便可以根据归纳原则论证说：根据已有的材料，**大概**所有的天鹅都是白的，而有些天鹅是黑色的这件事实不能反驳这个论证，因为"所有的天鹅都是白的"的概率是相对于原有证据

---

① 罗素. 哲学问题. 何兆武, 译. 北京：商务印书馆，2000：54.
② 同①52-53.

来计算的，一旦发现了新的证据，该命题的概率就应该重新计算，但这并不表明原来的计算是错误的。①

（2）归纳原则也同样不能凭经验来证明。罗素论证说，关于已观察事例的经验确实可以为归纳原则提供支持，至于未观察的事例，则只有归纳原则本身可以证明从已知到未知所做的那些推论是否合理了。"所有基于经验的论证，不论是论证未来的，或者论证过去那尚未经验的部分，或者现在的，都必须以归纳原则为前提；因此，我们若用经验来证明归纳原则，便不能不是以未决的问题为论据了"②，将会陷入循环论证。

（3）归纳原则是我们的一切常识、行为、习惯和科学推理所必须预设的。"我们的一切行为都是以过去确实有效的那些联想作基础的，因此我们才认为它们很可能在未来还有效；这种可能性就是靠了归纳原则才有效的。""科学上的普遍原则，例如对于定律的支配力的信仰、对于每件事必有原因的信仰都和日常生活中的信仰一样，是完全依靠着归纳原则的。"③ 于是，我们面临着这样的境地：或者根据归纳原则的内在证据来接受它，或者就放弃我们对于未来的预测所做的一切辩解④；"要么就是我们认识某种不经过经验的事物，要么就是科学是一种无稽之谈"⑤。而罗素坚定地认为，"放弃我们对于未来的预测所做的一切辩解"和断言"科学是一种无稽之谈"都是极不合理的，故我们必须承认，归纳原则是因其内在证据而成立的、无须经验证据而被认识的先验原则。

我禁不住要问：罗素关于"归纳原则是先验的"的上述论证合理吗？他所给出的那三个理由成立吗？我的看法是：只有第二个理由是成立的，第一个和第三个理由都不成立。在归纳推理中，我们根据某类事例在所发现的总体证据中以某个概率出现，推出它们在所有情况下（包括未来）也会以该概率出现。但随着反面证据的发现，该类事例出现的概率被大大缩小，这就反驳了原来的归纳结论，尽管没有反驳原来的概率计算过程。只有在预先假定我们的行为、习惯、常识和科学都是合理且可靠的情况下，才能得出归纳原则因其内在证据

---

① 罗素. 哲学问题. 何兆武，译. 北京：商务印书馆，2000：54—55.
② 同①55.
③ 同①55.
④ 同①55.
⑤ 罗素. 人类的知识：其范围与限度. 张金言，译. 北京：商务印书馆，1983：602.

而成立的结论。但这些预先假定却是与休谟的归纳怀疑论根本冲突的,接受这些假定,就等于预先承认了归纳推理是合理的和可靠的,这是典型的循环论证。因此,罗素并没有成功地证明归纳原则是先验的。

4. 经验公设

在《人类的知识》(1948)中,罗素已经改变了看法:如上所述的归纳原则不是先验的,甚至是不成立的。他指出:"归纳作为一个逻辑原则是无效的。显然,如果我们可以任意选择我们的类 β,我们就可以很容易地确信我们的归纳将要失败。设 α_1,α_2,…,α_n 为 α 中直到现在已经观察过的分子,并已发现它们都是 β 的分子,另外设 α_{n+1} 为 α 的下一个分子。就纯粹逻辑的范围而论,β 也许只由 α_1,α_2,…,α_n 这些项目组成;或者它也许是由把 α_{n+1} 除外的宇宙中所有事物组成;或者也许是由任何介乎这两者之间的任何类组成。就这类情况中无论哪一种情况来说,推论到 α_{n+1} 的归纳都是错误的。"① 通俗一点说,从"α_1,α_2,…,α_n 都是 β"得出"所有 α 都是 β"的结论时,其必要条件是 β 是 α 的内在属性,由 β 得到的是一个自然种类;如果 β 是 α 偶尔具有的一些属性,甚至是像古德曼(N. Goodman)谈到的"grue"(绿蓝)和"bleen"(蓝绿)这样的怪异谓词,由 β 得到的就是一个"人为制造出来的类"(manufactured class),由这样的 β 出发进行归纳推理,其结论"所有 α 都是 β"就会出错。

不过,在罗素的潜意识中,下述看法是根深蒂固的:尽管我们不能保证科学和常识不会出错,但它们大致上是可靠的,至少是有合理根据的,而科学和常识中所用的推理大都是与数学和逻辑不同的非演证性推理。这类依赖经验材料的、非绝对必然的推理,在科学上也常常是可靠的,通过它们,我们可以获得普遍规律性的知识。甚至动物也能够进行这样的"推理",例如,我刚刚解开拴狗的皮带,狗就兴奋地期待到外面走走,这是由现象的一再重复所养成的"习惯"和"预期"。在我们经历了无数次的太阳从东方升起后,不再预期太阳明天仍然从东方升起,反而预期它明天从西方升起,这是不可理喻的。因此,即使利用归纳原则为非演证性推理辩护失败了,罗素还要用新的方式去为它们辩护:他要寻找一组所谓的"经验公设",其本身具有比较可靠的根据,用它们做归纳推理的大前提,去证明归纳推理得出其结论是合理的。

罗素认为,这组"经验公设"要满足如下条件:"从单纯的逻辑观点来看,

---

① 罗素. 人类的知识:其范围与限度. 张金言,译. 北京:商务印书馆,1983:483-484.

公设必须有足够的能力去完成要它完成的任务","它们必须是这样一些公设,即某些依靠它们才具有正确性的推理从常识看来或多或少是无可置疑的","就一个被提出的公设来说,一定不能存在任何可以认它为伪的正面理由。"① 并且,"每个公设都有一个客观的和一个主观的方面:从客观方面来说,它肯定某件事情在属于某一种类的大多数情况下发生;从主观方面来说,它肯定在某些外界条件下,一种不能达到必然性的期待在或多或少的程度上具有合理的可信性。总起来看,这些公设是用来向我们提供在为归纳法找寻合理根据时所需要的那种先在或然性的"②。

然后,罗素具体提出了如下五个"经验公设":

A. 准永久性公设:"已知任何一个事件 A,经常发生的情况是:在任何一个相邻的时间,在某个相邻的地点有一个与 A 非常相似的事件。"③

罗素认为,这个公设的主要用途是代替常识中的"东西"和"人"的观念,而不涉及"实体"的概念。根据这个公设,那个时空相隔不远且非常相似的事件 A 是遭遇到事件 A 的那个人或那件东西的历史的一部分。

B. 可以彼此分开的因果线的公设:"通常可能形成这样一系列事件,从这个系列中一个或两个分子可以推论出关于所有其他分子的某种情况。"④

罗素断言,这个公设是 5 个公设中最重要的一个,它使我们能够从有关部分的知识做出一个具有或然性的推论,例如,把我们观看夜空时视觉的多重性归因于星体的繁多。尽管我们对宇宙中的事物不能件件都知道,无法确实无误地说出事事将要如何,然而这个公设使我们能够做出或然性的推论,从而获得知识和科学上的定律。

C. 时空连续性公设:"……在两个不相邻的事件之间有着因果关联时,在因果连锁上一定存在着一些中间环节,情况是每个环节都与下一个环节相邻,或者(另外一种可能)情况是存在着一种具有数学意义上的连续程序。"⑤

罗素指出,这个公设事先假定因果线的存在,并且只适用于它们,主要用

---

① 罗素. 人类的知识:其范围与限度. 张金言,译. 北京:商务印书馆,1983:523-524.

② 同①581.

③ 同①581.

④ 同①583.

⑤ 同①585.

于否认"超距作用";它并不是用来建立因果联系的证据,而是为了在那些早已确定了因果联系的情况下进行推论。我们在科学以及常识中关于未观察现象所做的大量推论都依赖这个公设。

D. 结构公设:"当许多结构上相似的复合事件在相离不远的领域围绕一个中心分布时,通常出现这种情况:所有这些事件都属于以一个位于中心的具有相同结构的事件为它们的起源的因果线。"①

罗素断定,这个公设极为重要,效果极大。时空结构能够说明一个复杂事件如何能与另一个复杂事件发生因果联系,虽然这两个事件在质的方面绝不相类,只要它们在时空结构的抽象性质方面足够类似就可以了。

E. 类推的公设:"如果已知 A 和 B 两类事件,并且已知每当 A 和 B 都能被观察到时,有理由相信 A 产生 B,那么,如果在一个已知实例中观察到 A,但却没有办法观察到 B 是否出现,B 的出现就具有或然性;如果观察到 B,但却不能观察到 A 是否出现,情况也是一样。"②

罗素解释说,这个公设除了能让我们推论出与我们自己以外的身体相关联的心理事件之外,还有许多用处。假如一个物体既可视又可触,当其坚硬的属性与视觉形象联系在一起时,该公设让我们进行如下推论:即使在该物体不被触到时,坚硬大概也与视觉形象联系在一起。

罗素最后说:"上面这些公设大概不是以逻辑上最简单的形式叙述出来的,进一步的研究很可能证明它们对于科学的推论并不全是必要条件。可是我却希望并且相信它们是充足条件。"③ 罗素的下面一段话表明,他实际上还认为,这组公设对于科学推理来说也是必要的:"所以我认为我们'认识'那类对于科学推理来说是必要的东西,如果已知它满足下列各条件:(1)它是真实的,(2)我们相信它,(3)它引导不出任何被经验驳倒的结论,(4)它在逻辑上具有必然性,如果任何一个事件或事件集合能够为任何其它事件提供证据的话。我认为这些条件是被满足了的。"④ 如此一来,在罗素看来,上面那 5 个公设就为科学推理的合理性提供了充分必要条件。不过,他又补充说:"不得不注意的是,这些公设只是表示或然性,不表示确实性,而且给予凯恩斯所需要的那种

---

① 罗素. 人类的知识:其范围与限度. 张金言,译. 北京:商务印书馆,1983:587.
② 同①.
③ 同①589.
④ 同①591.

限定的前提的或然性,使他的归纳推理有效。"①

5. 归纳问题能最终解决吗?

在《西方哲学史》中,罗素写道:"通过对这种'或然的'知识进行分析,休谟得出了一些怀疑主义的结论,这些结论既难反驳,也同样难以接受。结果成了给哲学家们所下的一道战表,依我看来,到现在一直还没有够得上对手的应战。"② 这就等于否定了此前由密尔、康德、庞卡莱等人提出的归纳问题的解决方案。

在《人类的知识》中,罗素又详细考察了对归纳的数学处理,特别是凯恩斯的概率论和冯·米塞斯、赖欣巴赫的频率说,得出的结论也是否定的:"数学的概率论并没有任何东西使我们有理由认为不管是一个特殊归纳还是一个普遍归纳具有或然性,不管有利于它的实例的确定数目有多么大。"③ 他所谓的"特殊归纳",就是前面谈到的"预测归纳推理";所谓的"普遍归纳",就是简单枚举法。

罗素本人对于归纳的态度一直是矛盾的:一方面,他几乎完全接受了关于归纳的休谟式怀疑论:"归纳的论证,除非是限于常识的范围内,其所导致的结论常常是伪多于真"④,"……从正确的前提所得到的归纳推理的结论,错误的时候多,正确的时候少,这是有明证的"⑤,"为归纳法本身找出根据是不可能的,因为我们可以证明归纳法导致虚妄和导致真理是同样常见"⑥。另一方面,他又认为:"……就适当的实例来讲,归纳法作为一个增加概括性命题的概率的手段还是很重要的。"⑦ 更重要的是,依据归纳法的习惯、常识和科学在很多时候是合理且可靠的,而不依赖习惯、常识和科学去思考和作为则是不可理喻的。因此,他又试图寻找一些所谓的"先验的""普遍的"原则去为归纳推理辩护,实质上是为常识和科学辩护。很明显,罗素是很难同时兼顾这两个方面的:如果他前面的断言为真,当他试图证成(甚至是先验地证成)归纳、常

---

① 罗素. 我的哲学发展. 温锡增,译. 北京:商务印书馆,1982:185.
② 罗素. 西方哲学史:下卷. 马元德,译. 北京:商务印书馆,1986:200.
③ 罗素. 人类的知识:其范围与限度. 张金言,译. 北京:商务印书馆,1983:500.
④ 同①174.
⑤ 同①189.
⑥ 同③517-518.
⑦ 同③518.

识和科学时，他就在做一件本质上不可能完成的事情，最终注定会失败。情况也确实如此。

四、金岳霖对归纳的证成

1. 对休谟知识论的批评

有许多证据表明，金岳霖认真研读过休谟的《人性论》，对其中的知识论做过仔细的考察、分析和评论。并且，如何回应休谟的怀疑论挑战？这是理解金岳霖的全部哲学活动的一条主线：据他自己讲，《论道》一书试图为解决休谟问题奠定一个本体论的基础，而《知识论》一书则试图为解决休谟问题提供知识论的准备。

尽管金岳霖承认休谟的论述很有道理，很有挑战性，但在总体上，他对休谟哲学持怀疑甚至是否定的态度："休谟底议论使我感觉到归纳说不通，因果靠不住，而科学在理论上的根基动摇……但是，我对于科学的信仰颇坚，所以总觉得休谟底说法有毛病。以后我慢慢地发现休谟底缺点不在于他底因果论本身，而在于他底整个的哲学。"① 他认为，其问题出在两个方面：一个是本体论，另一个是认识论。

金岳霖论述说，休谟认为一切知识都起源于印象和观念（"意象"），但"他的印象和意象的来源太有限，范围都太小，所以他的实在的种类不多"，他既不能肯定也不能否定外物存在；"他所举的关系不是根本分明，不是根本的种类，他的理论与事实不能严格的分别，而他的理论也不能十分的精密，他的可能的范围也就太小，他的经验没有一定的范围，他的时间和空间不能贯串，他的因果关系发生种种困难。同时他的知识论也有问题"②。在金岳霖看来，这些问题都源自休谟哲学在本体论方面所做的假设太少。"假设也是理论所必要的，不有假设，理论无从起首。推论是休氏所承认的，但不在现象内的推论，休氏似乎不能承认，理论的范围更加缩小。然而假设是不能免的。休氏的哲学开宗明义就有假设。理论上既不能承认假设，所以他自己的假设都变成了非理性的……他在理论上遇着困难问题的时候，他不增加假设，而以与理论毫不相干

---

① 金岳霖. 论道. 北京：商务印书馆，1987：4.
② 金岳霖. 休谟知识论的批评//金岳霖文集：第一卷. 兰州：甘肃人民出版社，1995：376.

的'习惯'来解释他的困难问题。"①

金岳霖采取了相反的路径：增加必需的假设。例如，他的《知识论》就是从两条假设出发的：一是"有正觉"，所谓"正觉"，是区别于梦觉、幻觉、错觉、野觉等等的可靠的感觉经验；二是"有外物"，即不依赖于认知者而独立存在的对象。在他那里，广义上的"外物"除包括可感知的物理对象外，还包括共相或观念，它们虽不能从经验中观察到，但也可以为认识所把握。为什么要承认这样的假设？金岳霖借助于"常识"，即人们日常生活中的信仰。有些信仰非常的基本，他将其称为"本能的信仰"："相信见闻底实在，相信外物之有都是这样的本能的信仰。"② 他论证说，"常识底任何部分都是可以批评的，一大部分也许是可以放弃的，但是它决不是可以完全推翻的"，因为"修改常识底最后根据依然是常识"。并且，若"常识完全推翻，一切学问都无从开始"。金岳霖的知识论就是从"常识中的知识立论，不但承认常识中有知识，而且认此知识为科学知识或哲学知识的大本营"③。他还为在哲学中引入假设的做法提出了更为根本性的辩护：哲学理论中最根本的部分，"或者是假设，或者是信仰；严格的说起来，大都是永远或暂不能证明或反证的思想。如果一个思想家一定要等这部分的思想证明之后，才承认它成立，他就不能有哲学"。他认为，"哲学是说出一个道理来的成见"④。

金岳霖还分析说，休谟之所以在归纳问题上发生困难，根子出在他的哲学体系上，出在他的认识论上。休谟的"哲学只让他承认意象不让他承认意念；意象是具体的，意念是抽象的；他既不能承认意念，在理论上他不能有抽象的思想"⑤。他"无形之中承认有普遍，而在他正式的哲学中又不承认有真正的普遍"⑥。并且，"知识所要得到的是一种客观的秩序，这种秩序在休谟只能被动地从印象去领取。印象总是现在或已往的。休谟既正式地没有真正的普遍，他也没有我们以后所要提出的真正的秩序。他只有跟着现在和已往的印象底秩序。

---

① 金岳霖. 休谟知识论的批评//金岳霖文集：第一卷. 兰州：甘肃人民出版社，1995：346.

② 金岳霖. 知识论. 北京：商务印书馆，1983：73.

③ 同②896.

④ 金岳霖. 冯友兰《中国哲学史》审查报告//金岳霖文集：第一卷. 兰州：甘肃人民出版社，1995：625.

⑤ 金岳霖. 论道. 北京：商务印书馆，1987：4.

⑥ 同②419.

既然如此，则假如将来推翻现在和已往，他辛辛苦苦所得到的秩序也就推翻"①。这就是说，由于休谟囿于感觉经验的范围，不承认理性的抽象，不懂得个别和一般、共相和殊相、特殊和普遍之间的关联，不懂得"特殊的事实表现于普遍的理"，并且"共相的关联或固然的理"也呈现于特殊的事实之中，由此导致他在归纳问题上造成困难，即无法在理智上弄清楚为什么从一些特殊的事例能够归纳、概括出一般性原理。基于这种认识，金岳霖本人采取了相反的立场，承认共相和殊相、具体和抽象、经验和理性之间的相互联系和相互渗透，同时承认意念的摹状（有时称"形容"）作用和规范（有时称"范畴"或"规律"）作用："就概念之为形容工具而言，它描写所与之所呈现的共相底关联，它是此关联的符号，此所以它能形容合于此关联的所与因而传达并且保存此关联于此所与之消灭之后。就概念之为范畴而言，它是我们应付将来的所与底办法，合乎此关联（即定义）之所与即表示现实此共相，不合乎此关联之所与即表示不现实此共相……这两方面是不能分开的，概念不形容，它也不能范畴……概念不范畴也不能形容……"②

2. 论因果关系的可靠性

金岳霖同意休谟的结论：因果关系没有事实上的必然性，但他不同意休谟把因果关系归于"习惯"和"联想"的做法，认为这样做的后果很严重：因果靠不住，归纳原则失去根基，科学的基础被动摇。在讨论因果联系是否靠得住时，他主张把这一问题分成两部分：一是 A——B（表示因果联系的普遍命题）本身的问题，这里他区分了"必然"与"固然"，阐述了"理有固然"这一命题；二是 A——B 的现实化问题，这里他论证了"势无必至"这一命题。因此，"理有固然，势无必至"经典性地表述了金岳霖对因果关系的可靠性以及现实化的看法。

"理"与"势"是中国传统哲学的一对范畴。在金岳霖那里，"理"表示共相的关联，"势"表示殊相的生灭。"共相底关联我们简单地叫作理。""势是殊相底生灭，它只是生生相承，灭灭相继。"③ 然后他又把"理"区分为"纯理"和"实理"，并相应地区分了"必然"和"固然"。

逻辑命题是"纯理"，它表示先天的形式，后者是所与的必要条件，是所与

---

① 金岳霖. 知识论. 北京：商务印书馆，1983：419.
② 金岳霖. 论道. 北京：商务印书馆，1987：7.
③ 同①339，684.

不能不遵守的形式。它对于事实毫无表示，是形成经验、获得经验的必要条件。在这个意义上，逻辑命题是先天命题。同时，逻辑命题完全是消极的，它承认所有的可能为可能，所以它不能假而必为真；它不以任何可能为事实，对于"本然"或"自然"的世界没有任何积极的陈述，对于其中的事实无所表示，所以它无往而不真。在这个意义上，逻辑命题是必然命题，"只有逻辑关系是必然的"①。这里的"必然"，一方面是指不能假，另一方面是指不能不真。

表示因果关系的命题，以及自然科学中的其他自然律却是"实理"，它们是"本然"或"自然"的世界固有之理，为个别事物普遍遵循；与此同时，它们又是人们从"本然"或"自然"的世界中抽象、概括出来的，是对于这个世界有所陈述、有所表示的"理"。这样的"理"是"固然"的，因为它们表示共相之间的关联，因而具有普遍性，没有例外发生，"一定靠得住"，是"事物之无可逃的"。但是，金岳霖又强调说，"固然不是必然"。"表示固然的理底命题不是逻辑命题，它是普遍的真的命题或自然律而已……遵守固然的理的命题的，只是事实；遵守必然的理的命题，任何情形都行，凡可以思议的，都遵守必然的理。"②

具体就因果关系来说，尽管它是"理有固然"，是没有例外的，但是，它的某一个具体实现却是"势无必至"，即并非在任何情形下都会得到实现，要看其他相应条件是否具备。例如，尽管我们已经确立了因果联系命题 A——B 的普遍有效性，但在某一具体场合，作为原因的 $at_m s_m$（其中 t_m 表示某个时间点，s_m 表示某个空间位置）发生之后，作为结果的 $bt_n s_n$ 是否发生，还取决于许多的背景条件，这些背景条件中有的起促进作用，有的起阻碍作用。也就是说，有些背景条件与 $at_m s_m$ 结合在一起，能够促使 $bt_n s_n$ 产生；有些背景条件与 $at_m s_m$ 结合在一起，则会阻碍 $bt_n s_n$ 产生。并且，这些背景条件又各有其背景条件……于是，在作为原因的 $at_m s_m$ 发生之后，作为结果的 $bt_n s_n$ 是否发生，就是一件很难说的事情。因此我们才说，因果关系"势无必至"。

但金岳霖的上述说法会产生很多困难，如因果关系的普遍性与因果实现的个别性，因果关系之"无所逃"与因果实现的受限制性之间的冲突。我认为，金岳霖虽然充分肯定了因果关系的可靠性，却没有提出令人信服的论证，所以，他由此构建的归纳证成方案其基础并不稳固。

---

① 金岳霖. 知识论. 北京：商务印书馆，1983：679.
② 同①680-681.

3. 归纳原则的永真性

休谟问题首先是因果问题：我们只能感觉到现象之间的先后接续和时空邻近，而感觉不到因果关系的必然性；由因到果的推理（即归纳推理）必须假定"将来与过去相似"或"自然齐一律"，但后两者未得到严格证明，因此归纳推理的合理性也存疑。于是，金岳霖说："休谟曾经提出这样的问题：我们有没有把握保障将来会与以往相似？这问题提出之后休谟只表示这问题困难，他没有解决这问题，也没有办法解决。可是他曾说归纳原则不能帮助我们解决这问题，因为如果我们不能保障将来与以往相似，归纳原则本身也失去效用。"①

金岳霖所谓的"归纳原则"，就是罗素在《哲学问题》一书中对该原则的第二种表述甲和乙的混合。由于金岳霖当时任教的西南联大偏居一隅，条件简陋，找不到原书，他仅凭记忆引用，由此可见他对该书用功之深，非常熟悉："如果在大量的事例中，一类事物以某种方式与另一类事物相联系，那么，第一类事物大概始终以类似方式与第二类事物相联系，并且，随着事例的增多，这种或然性几乎会趋近于确实性。"②

金岳霖把这个归纳原则改写成一个"如果——则"形式的条件句，"它的前件列举例子，它的后件是一结论式的普遍命题"③。他认为，归纳总是要从过去推至将来，其中包含对将来的预言，牵涉到时间因素，故他把归纳原则表述为：

如果 at_1——bt_1
at_2——bt_2
at_3——bt_3
⋮
⋮
at_n——bt_n

则（大概） A——B

其中，"at_1——bt_1"表示，"在 t_1 时 a 是 b"，而"A——B"大致相当于"所有 A 都是 B"。用另一种方式表述，这个条件句的前件是：

---

① 金岳霖. 归纳总则和将来//金岳霖文集：第二卷. 兰州：甘肃人民出版社，1995：419.

② Chin Y L.（金岳霖）. The Principle of Induction and A Priori. The Journal of Philosophy：Vol. 37. 1940（7）：179.

③ 金岳霖. 论道. 北京：商务印书馆，1987：9.

⟨1⟩ $\varphi(at_1, bt_1) \wedge \varphi(at_2, bt_2) \wedge \varphi(at_3, bt_3) \wedge \cdots \wedge \varphi(at_n, bt_n)$

它的后件是

⟨2⟩ (大概)(a, b) $\varphi(a, b)$

⟨2⟩是一全称命题，它在逻辑上等值于下述合取命题：

⟨3⟩ $\varphi(at_1, bt_1) \wedge \varphi(at_2, bt_2) \wedge \varphi(at_3, bt_3) \wedge \cdots \wedge \varphi(at_n, bt_n) \wedge \cdots \wedge \varphi(at_\infty, bt_\infty)$

其中，"$\varphi(at_1, bt_1)$"表示"在t_1时a与b具有φ关系"，而"(a, b) $\varphi(a, b)$"则表示"对于所有的a和b而言，a与b具有φ关系"。

首先，要考虑结论中"大概"这个限定词。根据休谟的质疑，归纳推理没有逻辑的必然性：前提真时，结论不一定真。罗素（隐含地）承认这一点，但他同时认为，归纳推理虽不能得确实的结论，但既然有很多正面事例的支持，其结论还是很可能为真，特别是随着正面事例越来越多，这种或然性就会越来越接近确实性。金岳霖的解释有所不同："大概所表示的可以说是例证与结论的关系质。假如例证不十分代表普遍情形，则大概底程度低；假如例证十分代表普遍情形，则大概底程度高。大概所注重的是特殊的例证底代表性。"① 他又指出，当我们考虑归纳原则是否永真，能否为将来所推翻时，假如将来推翻以往，也推翻归纳原则，则大概推算（即概率演算——引者）问题就根本不发生，因为大概不经推算我们已经就知道它为零了。所以，关键在于将来能否推翻以往，归纳原则是否永真。在考虑此问题时，"大概"的限定词不起什么作用，可以完全撇开。

金岳霖认为，上面表述的归纳原则"是先验的永真的原则，只要经验继续着，归纳原则总是真的"②。他在论证这一点时，分别考虑了两种情形：

第一，假如时间在t_n时打住。这是一种假想的情形，却是逻辑所允许的。

在这种情况下，就根本不会有t_{n+1}，因而不会有$\varphi(at_{n+1}, bt_{n+1})$，也不会有$\varphi(at_{n+1}, bt_{n+1})$，所有的只是前提中所列举的$\varphi(at_1, bt_1)$，$\varphi(at_2, bt_2)$，$\varphi(at_3, bt_3)$，$\cdots$，$\varphi(at_n, bt_n)$。如此一来，结论(a, b) $\varphi(a, b)$就变成了一个历史总结，它只不过是那些前提的缩写，可以看作由完全归纳得出的结论。但金岳霖认为，完全归纳根本不是真正的归纳推理，因为它的结论并未超出前

---

① 金岳霖. 知识论. 北京：商务印书馆，1983：420-421.
② 同①424.

提所断定的范围，也不包括对未来的预言。

不过，我对金岳霖的上述说法有严重质疑。即使时间在 t_n 时打住，我们就能够完全地列举某个范围内的所有情形吗？回答是：在很多的时候不能。例如，以"2011 年 6 月 12 日的中国人口"为例，其数字肯定是确定的和有穷的，但我们没有办法精确地知道该数字究竟是什么，我们这时所做出的关于中国人怎么样的结论并不是我们所有样本的简单缩写，而是通过简单枚举归纳所得出的结论。特别是，如果像金岳霖那样，考虑到时间往过去方向无限延伸的可能性，或者考虑到时间点无限切分的可能性，那么，就更不能说归纳原则的前件是一个穷尽的列举了。金岳霖把归纳原则的关键理解为将来是否能推翻以往，但这种说法很成问题。我认为，归纳推理的关键在于从已经观察过的事例推至未经观察过的事例，或者简单地说，从已知推出未知。只有当被考察事物的数量很小时，我们才可以对其例证做穷尽的考察，得出一个必然真的完全归纳的结论。当被考察事物的数量很大甚至无穷时，我们只能对它们做简单枚举归纳，从关于小数目样本的断言推出关于整类事物的断言，这时的归纳结论大大超出了其前提所断定的范围，很可能被否定，这就表明：从原有样本证据的基础上得出该归纳结论不是完全合理的，归纳原则因此受到质疑。

第二，假如时间在 t_n 时不打住。这是物理世界的真实情形。

既然时间在 t_n 时不打住，在 t_n 之后就有别的时间如 t_{n+1}，所与也会源源而来。于是，我们可能有 $\varphi(at_{n+1}, bt_{n+1})$，也可能有 $\neg\varphi(at_{n+1}, bt_{n+1})$。金岳霖考虑了两个问题：一是 $\varphi(at_{n+1}, bt_{n+1})$ 或 $\neg\varphi(at_{n+1}, bt_{n+1})$ 是否会推翻归纳结论 $(a, b) \varphi(a, b)$，二是它们是否会推翻归纳原则本身。

当新证据是 $\varphi(at_{n+1}, bt_{n+1})$ 时，金岳霖认为，它肯定不能推翻原归纳结论 $(a, b) \varphi(a, b)$，它更不能推翻归纳原则本身，因为推翻归纳原则意味着肯定其前件而否定其后件。既然新证据是 $\varphi(at_{n+1}, bt_{n+1})$，它当然不能推翻其后件 $(a, b) \varphi(a, b)$，更不能推翻归纳原则本身。他进而认为，$\varphi(at_{n+1}, bt_{n+1})$ 为归纳结论 $(a, b) \varphi(a, b)$ 提供了新的正例，对该结论有所加强，但"这并不意味着归纳原则也得到了加强。假如说此原则可为一正例所加强，那么它该为反例所削弱。但事情并非如此"[1]。

---

[1] Chin Y L. (金岳霖). The Principle of Induction and A Priori. The Journal of Philosophy: Vol. 37. 1940 (7): 182.

当新证据是¬φ(at_{n+1}, bt_{n+1}) 时，金岳霖认为，它肯定会推翻原归纳结论(a, b) φ(a, b)，既然在t_{n+1}时发现有的 a 和 b 没有φ关系，那么，说"所有的 a 和所有的 b 之间有φ关系"就是假的。而问题的关键在于：它是否能够推翻归纳原则本身？金岳霖的回答是：不能。他的论证有两个关键环节：一是所有例证都是以往或现在的，就是说，例证要成为例证，必须被认知者所经验到，而被经验到的东西肯定是以往的或现在的，尚未出现的、未来的东西不能被人们经验到。二是时间川流不息，"现在"指当下的时间，但它不会片刻驻留，它在不断地变成"过去"，所谓的"将来"也在不断地变成"现在"，因此，金岳霖说，"现在"是一个任指词，它可以指任意的时间点。当¬φ(at_{n+1}, bt_{n+1}) 成为新证据时，我们这时已经是处在t_{n+1}这个时间点上，t_{n+1}已经变成了"现在"，此时我们所具有的证据是：

〈4〉 φ(at_1, bt_1) ∧φ(at_2, bt_2) ∧φ(at_3, bt_3) ∧…∧φ(at_n, bt_n) ∧¬φ(at_{n+1}, bt_{n+1}) 而〈4〉又蕴涵着

〈5〉 ¬(a, b) φ(a, b)

也就是说，¬φ(at_{n+1}, bt_{n+1}) 所推翻的只是归纳原则的后件，归纳原则本身仍毫发无损，因为用条件句形式表述的归纳原则只有在前件真、后件假的情况下才是假的；当有反例出现时，后件固然为假，但前件也一定为假，因此前件真、后件假的情况仍然未出现。

金岳霖对他所谓的"归纳原则"给予了先验的论证，但对归纳推理却给予了演绎主义的证成，即把如上所述的归纳原则作为大前提，把个别性例证作为小前提，把由归纳概括得到的全称命题作为结论，由此构成如下形式的演绎推理：

如果φ(at_1, bt_1) ∧φ(at_2, bt_2) ∧φ(at_3, bt_3) ∧…∧φ(at_n, bt_n)，则（大概）(a, b) φ(a, b)，

φ(at_1, bt_1) ∧φ(at_2, bt_2) ∧φ(at_3, bt_3) ∧…∧φ(at_n, bt_n)，

所以，（大概）(a, b) φ(a, b)。

他论证说，如果结论是假的，推论又没有错，一般说来，或者两个前提都是假的，或者两个前提之一是假的。但他认为，当这种情况发生时，需要改变的不是作为第一前提的归纳原则，而是作为第二前提的归纳例证。[①]

[①] 金岳霖. 知识论. 北京：商务印书馆，1983：436.

我只能说，金岳霖的上述论证是机智的，但却是无效的，因为其中包含严重的逻辑错误。原因有二：

（1）休谟所质疑的归纳推理是从一些个别性例证得出一个全称概括命题，金岳霖所接受的罗素的"归纳原则"是从一些个别性例证得出一个语气不确定的概括命题"（大概）所有 A 都是 B"，因此把休谟质疑的对象改变了，罗素和金岳霖的论证都不是针对休谟的，更不能反驳休谟，于是休谟原来对归纳法的质疑仍然有效。实际上，当罗素和金岳霖把归纳原则的后件表述为"（大概）所有 A 都是 B"时，他们就暗中接受了休谟的质疑，即归纳法不能必然地得出全称结论。但即使像他们那样去表述归纳原则，也没有逻辑的理由保证该原则会永远成立。因为说"大概"就等于给后件一个较高的概率，而要把某个概率赋予某个归纳推理的结论，还需要求助于如下形式的归纳原理作为附加前提："如果我们在各种各样的条件下都观察到大量现象 A 毫无例外地具有性质 B，则所有现象 A 在很大程度上都有性质 B。"这个归纳原理本身的真实性仍有待证明。如果归纳结论涉及潜无穷对象的全称陈述，而被观察确证的归纳例证不论数量多么大，总是有限的，当以无限做底数去除不管多大的数量时，所得到的商即概率总是零。因此，归纳结论不仅得不到必然的支持，甚至也得不到或然的支持。给归纳结论加上"大概"的限制语无济于事。

（2）金岳霖对归纳原则永真性的论证中含有近似诡辩的步骤，即他随意地改变"现在"所指的时间点。本来，如果归纳原则（用 p 表示）成立，那么，根据在 t_n 时所观察到的所有 a 都是 b（用 q 表示），我们就可以合乎逻辑地推出结论：所有 a 都是 b（用 r 表示）。这个结论中包含一个对未来的预言：在 t_{n+i}（$i \geq 1$）时发现的 a 也应该是 b（用 s 表示）。如果在 t_{n+i}（$i \geq 1$）时发现有 a 确实不是 b（即¬s），则根据逻辑上有效的推理形式"（r→s）→(¬s→¬r)"，这个发现就证伪了在 t_n 时根据归纳原则所做出的那个结论：所有 a 都是 b。再根据逻辑上有效的推理模式"（p∧q→r）→(q∧¬r→¬p)"，就可以确定无疑地推出：以 t_n 做参数的归纳原则本身不成立。因此，否证归纳原则后件的反例也是否定该原则本身的反例，而并非如金岳霖所说是该原则的正例。金岳霖之所以那样说，是因为他在论证中暗中利用了时间点的变换：若在 t_{n+i} 时发现有 a 不是 b 时，就把在 t_n 时所做出的归纳概括说成在 t_{n+i}（$i \geq 1$）时做出的，于是该发现就被包括在归纳原则的前件中，从而只是其后件的反例，而不成为该原则的反例。但这种时间点的随意变换是不合法的。按照这种论证方式，我甚至可以证明：一切将来都是现在，或者说，只有现在而没有将来。因为时间川流不息，任意时间点 t_1，t_2，t_3，…，t_n，t_{n+1} 等等都有机会变成"现在"；并且，若我们站在任何一个时间点说话，该时间点就变成"现在"；于是，所有的时间点都是"现在"这个时间点。此外，金岳霖所采取的论证策略是：当新证据 $\neg\varphi(at_{n+i}, bt_{n+i})$ 否证归纳原则的后件时，也必然否证该原则的前件，因此前件真、后件假的情况不会出现，因此归纳原则恒成立。这就是他所谓的否证归纳原则结论的反例并不是该原则本身的反例，而是它的正例。在我看来，这个论证是无效的，因为它使用了逻辑上常用的"否定后件式"，后者成立的前提条件是作为充分条件假言命题的归纳原则必须成立，因此上述论证是一个典型的循环论证：通过假定归纳原则成立，它去论证归纳原则成立。

4. 归纳原则的先验性

根据前面的论证，相对于一特定的归纳来说，时间所提供的例证仅仅改变归纳原则的前件的内容，并且可能改变其后件的真值，但不能改变该原则本身的真值：该原则始终为真，在任何时间都有效。在这个意义上，金岳霖断言，归纳原则是先验的，它本身不能被归纳地证明，也就是说，不能由来自经验的证据所确证或反证。说归纳原则是先验的，"就是说它是经验底必要条件，就是说如果它是假的，世界虽有，然而是任何知识者所不能经验的。其结果当然就是，无论在任何经验中，归纳原则总是真的，我们虽可以思议到一种我们根本无从经验的世界，然而我们不能想象到一种我们可以经验而同时归纳原则为假的世界"①。

金岳霖还指出，尽管归纳原则是先验的，但它并不是重言式。重言式说尽了这个世界的所有可能性，也就等于关于这个世界什么也没有说。但金岳霖认为，归纳原则关于这个世界是说了些什么的，"它虽然不同于可能涉及某一特定领域内所考察对象的任一特殊的归纳，它却是假设了特定的事例的存在，假设了普遍的联系存在，假设了特称命题为全称命题所包含。它假设它所处理的全称命题不是空的可能性，而是在有顺序的事例中得以实现，这就假设了一个被分离为时间空间支架的世界。因此，所想的无时间的模糊不清的事物状态就完全否定了它的断定"②。

---

① 金岳霖. 知识论. 北京：商务印书馆，1983：453.
② Chin Y L.（金岳霖）. The Principle of Induction and A Priori. The Journal of Philosophy, 1940, 37 (7)：186-187.

金岳霖进一步断言,归纳原则是接受总则。当我们面对这个世界中异彩纷呈的杂多对象时,我们要把它们纳入我们的思维构架中,我们就必须用概念、范畴去把它们分门别类:这是一张桌子,那是一匹马,那是一朵玫瑰;而且,在类别之上还有类别:马是动物,桌子是家具,玫瑰是植物。金岳霖把这种工作叫作意念对所与的"收容""应付""范畴""规律"等等。在这些工作中,都可以感受到归纳原则的影子:例如,当我们说"这是一张桌子"时,我们实际上在做"抽象"和"普遍化"的工作,我们是在把眼前的这个对象归入"桌子"的类别之中。所以,金岳霖说:"其实任何意念底引用同时是归纳原则底引用。"[①]

五、比较和评论

毫无疑问,在解答休谟所提出的归纳问题时,中国哲学家金岳霖明显受到了英国哲学家罗素的很大影响。但问题在于:要确切地弄清楚其影响表现在哪些方面,在他们之间有哪些异同。

他们之间的"同",在我看来,主要有以下五点:

(1) 罗素和金岳霖的出发点是类似的:他们都相信习惯、常识和科学的合理性和力量,都试图在面对休谟的怀疑论挑战时,为它们做出某种形式和某种程度的辩护。如前所述,罗素相当坚定地认为,尽管我们不能保证科学和常识不会出错,但它们大致上是可靠的,至少是有合理根据的;而科学和常识中所用的推理大都是非演证性推理,这类依赖经验材料、非绝对必然的推理,也常常是可靠的,我们凭借它们可以获得普遍规律性的知识。他所要做的事情是:构想各种途径和方法去为常识和科学的合理性和有效性辩护,当一种办法失败时,就去寻找另一种。在金岳霖那里,作为其知识论的出发点的两条重要原理——"有正觉"和"有外物",也是在常识那里寻求支持:它们都是我们的常识信念中最基本的信念,甚至是本能的信念;若不假设它们,我们关于这个世界的一切知识和学问就没有出发点,就变成不可能的了;基于经验和归纳的科学已经取得了如此巨大的成功,设想它们是不合理的、无根据的、完全凑巧的,是不可理喻的。因此,金岳霖也努力寻找为常识和科学辩护的途径和方法。

---

① 金岳霖. 知识论. 北京:商务印书馆,1983:456.

（2）罗素和金岳霖都把休谟问题解读成归纳问题，并把其怀疑论解读得相当激进，犹以罗素为甚。他把休谟哲学解释成否定了因果关系的客观必然性，否定了归纳推理的合理性，从而也否定了整个经验科学的合理性，也就是说，他几乎把休谟解释成了一位彻底的怀疑论者，甚至是一位不可知论者和非理性主义者。在这一点上，金岳霖明显受到罗素的影响，他也认为："休谟底议论使我感觉到归纳说不通，因果靠不住，而科学在理论上的根基动摇。"实际上，休谟的怀疑论首先是针对因果关系的，而不是针对归纳推理的。休谟问题首先是因果问题，由此才派生出归纳问题。休谟的怀疑论也是相当温和的："休谟并没有说在原因和结果之间没有必然联系，他只是说我们不可能**知道**这样一种可能的必然性。换句话说，休谟的结论是认识论的，而不是本体论的。而且，他并没有说我们不应该预期那些球按照迄今为止的运动方式而运动。休谟只是说我们不可能知道这一点……"①

（3）罗素和金岳霖都力求证成归纳推理的合理性，其办法是诉诸某些先验假设。在罗素那里，先是他所阐述的"归纳原则"，后是他所提出的五个"经验公设"，它们都是任何归纳推理所必须假设的，其本身的有效性不能由经验来保证。在金岳霖那里，则只是罗素所提出的"归纳原则"，认为其核心是将来与以往类似，不会被将来的经验所推翻，相反是获得经验的先决条件，因而是先验的。当罗素和金岳霖用先验的方式去证成归纳时，他们不是在回答休谟问题，而是根本取消了休谟问题，因为引入先验的前提就等于取消了休谟问题赖以产生的经验论前提。

（4）罗素和金岳霖都给归纳结论加上了"大概"的限制语，这等于暗中接受了休谟对归纳法的质疑，即它不能必然地得出全称结论。即使如此，也没有逻辑的理由去保证由罗素和金岳霖表述的归纳原则永远成立。因为说"大概"就等于给后件一个较高的概率，而要把某个概率赋予某个归纳推理的结论，还需要求助于如下形式的归纳原理作为附加前提："如果我们在各种各样的条件下都观察到大量现象 A 毫无例外地具有性质 B，则所有现象 A 在很大程度上都有性质 B。"这个归纳原理本身的真实性仍有待证明。特别是当归纳结论是涉及潜无穷对象的全称陈述时，无论被观察确证的归纳例证的数量多么大，但总是有限的，当以无限做底数去除不管多大的数量时，所得到的商即概率总是接近零。

---

① 希尔贝克，等. 西方哲学史——从古希腊到二十世纪. 童世骏，等译. 上海：上海译文出版社，2004：300.

因此，归纳结论不仅得不到必然的支持，甚至也得不到或然的支持。给归纳结论加上"大概"的限制语也无济于事。

（5）罗素和金岳霖都在做一件几乎注定要失败的事情，他们各自的归纳证成尝试也确实都失败了。在罗素那里，一方面，他几乎完全接受了休谟关于归纳的怀疑论："为归纳法本身找出根据是不可能的，因为我们可以证明归纳法导致虚妄和导致真理是同样常见的。"① 另一方面，他又认为，依据归纳法的习惯、常识和科学在很多时候是合理且可靠的。但罗素很难同时兼顾这两方面：如果他前面的断言为真，当他试图证成（甚至是先验地证成）归纳、常识和科学时，就不可能获得成功。在金岳霖的归纳证成中，存在着某些近似诡辩的步骤或因素，即随意地变换"现在"的时间参考点，从而把所有后来发现的归纳原则的反例都解释成该原则的正例。

再看罗素和金岳霖之间的"异"，至少有以下两点：

（1）罗素和金岳霖对休谟哲学的态度有所不同。罗素基本上接受了休谟的认识论前提和怀疑论结论，只是不太同意他对于因果必然性和归纳推理的心理主义解释——诉诸"习惯性的心理联想"，而想为常识和科学提供更坚实一些的基础。因此，罗素在为归纳、常识和科学辩护时，常常显得信心不足，态度相当犹豫，不是那么坚决，有时甚至显露出某种悲观情绪。相反，金岳霖对休谟哲学的批评多于肯定，认为它在两方面都有问题：在本体论上它假设太少，在认识论上不懂个别和一般、特殊和普遍、殊相和共相之间的关联。于是，金岳霖本人对休谟哲学做了很大改进。在为归纳、常识和科学做辩护时，他也显得信心满满，态度相当坚决。

（2）就归纳证成而言，罗素先后提出了两套方案：一是《哲学问题》（1912）中的"归纳原则"，对其提供了两种不同的表述，对其先验性给予了证明：该原则既不能被经验所证实，也不能被经验所否证，它是获得经验、常识和科学的先决条件，因而是先验的。但他后来意识到其中潜藏的问题，放弃了这一方案。二是《人类的知识》（1948）中的五个"经验公设"，但罗素本人对这五个公设的态度有些矛盾：一方面说它们为科学推理提供了充分必要条件，以它们为大前提，科学推理的合理性和有效性便获得了某种保证；另一方面，他又说，这些公设是"经验的"，只有或然性，没有确实性。本身没有确实性的东西怎么能

---

① 罗素. 人类的知识：其范围与限度. 张金言，译. 北京：商务印书馆，1983：517-518.

够为别的东西的确实性提供担保?！金岳霖只有一套归纳证成方案，那就是罗素所提出的"归纳原则"，但由于他当时偏居一隅，条件所限，他只凭记忆引用了罗素对归纳原则的一种表述（我认为是比较好的一种表述），但对该原则的解释与罗素的有所不同：罗素认为，即使在证明将来与以往类似时，也要假定归纳原则；而金岳霖认为，该原则成立与否的关键在于将来是否与以往类似，因此他把证明该原则的先验性和永真性的重点放在了"将来不可能推翻以往"上。金岳霖对归纳原则的有效性持有充分的信心，对它提供了比罗素的论证更为细致的论证，但该论证与罗素的论证一样是不成立的，其中甚至有某种近似诡辩的环节，即随意地变换"现在"的时间参考点。

在中国知识界与西方知识界长期隔绝之后，以金岳霖为代表的一代中国哲学家，有留学西洋的经历，对西方哲学有一定程度的了解，对其研究路径和方法也比较熟悉，他们试图按西方的以问题为导向的方式去研究哲学，力求提出自己的理论，去与国际同行交流和对话，融入国际学术共同体。金岳霖是其中的佼佼者，但从总体上看，他的尝试并不成功。在 1949 年之后，由于复杂的历史因素，中国向世界打开的门又被关上了，金岳霖等中国学者也就失去了与国际哲学同行交流、对话的机会，融入国际哲学界、走上国际学术舞台的任务，倒是由金岳霖的一位学生——王浩完成了，他是一位真正具有国际水准和声誉的逻辑学家和哲学家，只不过他不是中国人的身份，而是华裔美国人的身份。走上国际哲学舞台，对于中国哲学工作者来说，仍然是一个有待完成的使命。

第 7 章 蒯因的逻辑哲学
——重构与反省

蒯因（W. V. O. Quine），20 世纪后半期美国哲学的领军型人物，也是同时期国际分析哲学界的代表性人物。在新近进行的一项国际性哲学调查中，他位列过去 200 年间最重要哲学家的第 5 位。① 蒯因首先是一位逻辑学家，在数理逻辑方面有很多建树；但更重要的是一位哲学家，他对逻辑哲学问题做了系统性探讨，提出了他自己的独创性理论；他还把数理逻辑运用到他的全部哲学研究中，发展了一个有统一主题和清晰脉络的哲学体系，"从逻辑和语言的观点看"是其哲学研究最鲜明的方法论特点之一。②

傅伟勋曾提出"创造的诠释学"，主张在研究某位思想家的学说时，要依次考虑如下五个步骤或层面：(1)"实谓"：原作者实际上说了什么？(2)"意谓"：原作者真正意谓什么？(3)"蕴谓"：原作者可能说什么？(4)"当谓"：原作者本来应该说什么？(5)"创谓"：作为创造的诠释家，我应该说什么？③ 在本章中，我将把此方法应用到对蒯因逻辑哲学的系统探讨中。本章分三节：第一节讨论蒯因关于逻辑或逻辑真理究竟说了些什么，属于"实谓"和"意谓"层次；第二节分析蒯因的逻辑哲学遭遇到哪些难题、困境和悖论，可归于"蕴谓"层次；第三节探讨蒯因关于逻辑或逻辑真理本来应该再说些什么，属于"当谓"和"创谓"层次。我将遵循蒯因的自然化认识论的思路，发展出一种带有实在论和认知主义色彩的逻辑哲学。

一、蒯因关于逻辑究竟说了些什么？

可以说，蒯因的逻辑哲学是他的自然化认识论的一部分，也是他关于知识

---

① http://leiterreports.typepad.com/blog/2009/03/so-who-is-the-most-important-philosopher-of-the-past-200-years.html. 读取日期：2014-03-18。
② 陈波. 蒯因哲学研究——从逻辑和语言的观点看. 北京：三联书店，1990.
③ Charles Wei-Hsun Fu. Creative Hermeneutics: A Taoist Metaphysics and Heidegger. Journal of Chinese Philosophy, 1976, 3 (2): 117-119.

或科学的整体主义的一部分。可以把他的逻辑观概括为如下 11 个论题。

T1. 只有真值函项和（带等词的）量化的逻辑才是"逻辑"，视需要可将其称为"初等逻辑"、"谓词演算"、"量化理论"或"正统逻辑"。

在蒯因看来，逻辑有三个特征：（1）它是外延的。"我把两个闭语句称为共外延的，如果它们同真或同假。当然，两个谓词、普遍词项或开语句是共外延的，如果它们对于相同的对象或对象序列来说是真的。两个单称词项是共外延的，如果它们指称相同的对象。最后指出，一个表达式是外延的，如果用共外延的表达式替换其部分表达式总是得到一个共外延的整体。外延主义是外延理论的嗜好。"①（2）它是完全的。如果一个模式是有效的，那么它在逻辑系统中是可证的。（3）它有许多方法论甚至美学上的优点，例如方便性、有效性、优雅性、熟悉性、精致性、简单性等。

T2. 真值函项和（带等词的）量化的逻辑为我们关于世界的知识体系提供了标准记法。

蒯因认为，"我们所面临的这个世界体系的构架，就是今天逻辑学家们十分熟悉的结构，即量化逻辑或谓词演算"②，"科学语言的基本结构，已经以一种熟知的形式被离析出来并得到系统化。这就是谓词演算：量化和真值函项的逻辑"③。他十分关注本体论。为了揭示出一个科学理论的本体论承诺，我们不得不按照标准记法（即谓词演算的语言）改写这个理论，从而对该理论进行语义整编。然后，根据他的标准"存在就是成为约束变项的值"④，我们可以识别出该理论在本体论上所承诺的实体。最后，依据他的口号"没有同一性就没有实体"⑤，只有该理论提供了其所承诺的实体的个体化标准，我们才能接受这些实体。

T3. 集合论被排除在逻辑的范围之外。

蒯因不把集合论看作逻辑，其中"∈"是初始谓词，类或集合是量化变元的值。不过，他把关于真类和关系的理论看作"伪装的逻辑"。他认为，"属于

---

① Gibson R F. Quintessence: Basic Readings from the Philosophy of W. V. Quine. Cambridge, MA: Harvard University Press, 2004: 329.

② Quine W V. Word and Object. MA: The MIT Press, 1960: 228.

③ Quine W V. Confessions of a Confirmed Extensionalist and Other Essays. Cambridge, MA: Harvard University Press, 2008: 227.

④ 同①189.

⑤ 同①107.

关系"($x \in \alpha$)不能还原为逻辑中的"谓述关系"(Fx)。在逻辑和集合论之间有三个重要区别:(1)逻辑是完全的,而集合论不是。从哥德尔不完全性定理可以推出,集合论在根本上是不可完全的。(2)逻辑是论题中立的,所以它没有本体论承诺,但是,由于集合论允许对类或集合进行量化,故它在本体论上承诺了类或集合的存在。(3)"集合论有许多种,其区别不仅在表述上而且在内容上:关于什么样的集合被说成是存在的。"① 相反,逻辑只有一种。我们虽然有不同的逻辑系统,但是它们并不在内容上不同,因为它们有相同的定理集或逻辑真理集。

T4. 高阶量化理论不属于逻辑。

蒯因至少给出了两个理由:(1)从形式上说,逻辑是完全的,但是高阶量化理论不是完全的。也就是说,对于初等逻辑来说,逻辑真理集恰好是定理集,但是这种情形并不出现在高阶逻辑中。在他看来,这是所谓的"高阶逻辑"的一大缺陷。(2)逻辑就其本体论而言是中立的,但是高阶逻辑具有特殊的本体论承诺,例如,它允许对谓词和命题进行量化,所以它在本体论上承诺了抽象对象(例如,性质和命题)的存在。由于这些对象缺少个体化标准,蒯因拒绝承认它们作为抽象对象而存在。

T5. 模态逻辑不应被看作逻辑。

众所周知,蒯因激烈地批判模态逻辑(即关于必然性和可能性的逻辑)和可能世界语义学。在他看来:(1)模态逻辑来源于混淆表达式的使用和提及,所以就其来源而言是不合法的。(2)模态语境是指称晦暗的,在其中同一替换规则和存在概括规则失效。模态逻辑失去了外延性。在蒯因看来,这是不能把它看作逻辑的最好理由。(3)为了处理模态语境的晦暗问题,我们不得不接受抽象对象,例如命题、性质和概念,这将造成很多棘手的哲学问题。即使如此,我们仍然不能摆脱困境,甚至还能通过证明 $p \leftrightarrow \Box p$ 使模态逻辑坍塌为初等逻辑。(4)模态逻辑将返回亚里士多德的本质主义,而蒯因将后者视为臭名昭著的柏拉图主义泥潭。因此,他拒绝模态逻辑和可能世界语义学,主张停留在标准语法(即量化逻辑)的范围内。

T6. 没有必要发展关于命题态度词的逻辑。

蒯因断言,命题态度词(例如"认为"、"相信"和"希望")导致指称晦

---

① Quine W V. Philosophy of Logic. 2nd ed. Cambridge, MA: Harvard University Press, 1986: 65.

暗语境,同一替换规则在其中失效。他考虑了对包含命题态度词的语句的几种可能解读,以"汤姆相信达尔文错了(Tom believes that Darwin erred)"为例:(1)承认如下构造,通过前置小品词"that"由语句形成单称词项。例如,"Tom believes that Darwin erred"被释义为三部分:Tom,believes 和 that Darwin erred。(2)承认如下构造,通过插入小品词"that"由二元谓词和语句形成一元谓词:Tom 和 believes that Darwin erred。(3)将"believes that"处理为新的词汇范畴——态度词,然后承认如下构造:通过把态度词"believes that"和语句"Darwin erred"连接起来形成一元谓词"believes that Darwin erred"。(4)承认如下构造,将语句看作其构成部分,并给出一元谓词。动词"believes"不再被视为一个词项,而是成为算子"believes[ ]"的部分("[ ]"是内涵抽象记号),例如"Tom believes[Darwin erred]"。(5)通过语义上溯,把"Tom believes that Darwin erred"看作"Tom believes 'Darwin erred'"、"Tom believes-true 'Darwin erred'"或者"Tom believes-true 'x erred' of Darwin"。蒯因拒绝(1)和(3),因为它们错误地把命题看作内涵实体。他偏向于(2)和(5),因为他讨厌的内涵实体(如命题)并不在其中出现。按照这种方式,他实际上消掉了态度词,只把它们看作逻辑标准语法的一般谓词,故没有必要再发展关于命题态度词的逻辑。①

T7. 关于逻辑真理的语言学理论是错误的。

根据语言学理论,逻辑真理是纯粹由于语言而真的,与我们生活于其中的世界毫无关系。具体地说,这个理论断言:(1)逻辑真理仅仅由于逻辑词项的潜在意义和使用而为真;(2)逻辑真理仅仅由于语言约定而为真。蒯因认为,即使(1)可能对于初等逻辑成立,它仍然没有解释力,因为我们可以通过其在行为方面的明显性或潜在明显性来解释逻辑真理,而不必诉诸(1)。(2)也不成立,因为如果我们通过约定而承认逻辑真理,我们就应该通过约定而承认任何学科的真理,也就是说,语言约定并不能区分逻辑真理和经验真理;还因为语言约定的证成(justification)不得不依赖于其他语言约定,这将导致循环论证和无穷倒退的谬误。蒯因指出,尽管逻辑理论极大地依赖于语言,但它并不是面向语言的,而是面向世界的。真谓词维持了逻辑学家与世界的联系,世界是他的注意力之所在。②

---

① 关于时间、事件和副词,蒯因也得出了类似结论。参见 Quine W V. Philosophy of Logic. 2nd ed. Cambridge, MA: Harvard University Press, 1986: 30-32.

② 同①97.

T8. 存在对逻辑真理的多种不同刻画。

在《依据约定为真》(1936)一文和《语词和对象》(1960)一书中，蒯因通过区分表达式的"本质出现"和"空洞出现"来刻画逻辑真理。在《逻辑哲学》(1970)一书中，他通过如下方式来定义逻辑真理：(1)根据结构："一个语句是逻辑真的，如果所有分享其逻辑结构的语句都是真的。"(2)根据替换："一个语句是逻辑真的，如果在改变其谓词的情况下它仍然是真的。""逻辑真理被定义为这样一个语句，在用语句替换其简单部分时我们仍然只得到真。"(3)根据模型："一个模式是有效的，如果它被它的所有模型满足。最后，逻辑真理是……任何可以在有效的模式中进行替换而得到的语句。"(4)根据证明："如果我们选择这些证明程序其中之一……我们可以把逻辑真理简单定义为由这些证明规则产生的任何语句。"(5)根据语法："一个逻辑真理是……其语法结构使得所有具有该结构的语句都为真的语句"，"逻辑真理是通过词汇替换而不会变为假的真理"①。

在关于逻辑真理的这些定义中，蒯因预先假设了一个给定的逻辑词汇清单，使用了哥德尔完全性定理，把替换不变性置于重要位置，这些做法在某种程度上都是可被质疑的，有循环论证的嫌疑。

T9. 逻辑真理具有三个显著特征。

蒯因指出：(1)逻辑真理在行为意义上是明显或潜在明显的。一个语句就其本身而言是明显的，如果在彻底翻译的语境下任何证据都直接地且毫不犹豫地支持这个语句，且在这样做时也不需要任何附加信息。一个语句是潜在明显的，如果它可以从明显的真理通过一系列单独明显的步骤而得到。(2)逻辑真理是论题中立的：它们缺少特殊的主题。"逻辑不偏爱词典的特别部分，也不偏爱变元值的这个或那个子域。"(3)逻辑真理是普遍适用的："它[逻辑]是所有科学（包括数学在内）的婢女。"②

T10. 面对顽强不屈的经验，逻辑是可修正的。

根据蒯因的整体论，我们的知识总体或其中一个足够大的部分是被经验证据不充分决定的：它作为一个整体被经验证据所检验，其中的个别陈述不能被经验确定地证实或证伪。就其经验内容而言，知识体系内只有程度的差别：有

---

① Quine W V. Philosophy of Logic. 2nd ed. Cambridge, MA: Harvard University Press, 1986: 49-50, 52, 57, 58.

② 同①98.

些陈述或多或少地接近于观察边缘,比其他陈述具有或多或少的经验内容,不存在种类的不同:有些陈述具有经验内容,有些陈述没有。以这种方式,逻辑或数学陈述也具有它们的经验内容,仅仅就其是处于我们知识中距离感官证据较远的部分而言,它们不同于其他更接近于这些证据的陈述。在顽强不屈的经验面前,任何陈述都不能免于修正,即使逻辑或数学的陈述也不例外。

T11. 不伤害或不修正逻辑总是一个合理的策略。

蒯因认为,虽然我们的知识体系作为整体面对经验法庭,但它仍然有其自身的结构,其中有不同部分和不同层次的差别。例如,有些部分或层次处于这个体系的观察边缘,具有较多的经验内容;其他部分或层次(例如逻辑和数学)处于这个体系的中心,具有较少的经验内容。在我们的认识和行动中,应该总是遵循最小损害原则。既然逻辑和数学处于我们知识体系的中心位置,远离观察和证据,倘若我们试图通过修正逻辑或数学来恢复系统的一致性,我们将做出代价很高甚至是很危险的选择,由此导致该知识系统的瓦解。因此,虽然逻辑是可修正的,但我们总是应该克制修正逻辑的冲动,而寻求别的解决问题之道。

除了 T1 ~ T11 之外,蒯因还给出了关于逻辑或逻辑真理的其他观点,在下一节将予以讨论。

应该注意,如同康德试图把逻辑冻结在传统形式逻辑(其主要部分是亚里士多德的三段论和斯多亚派的命题逻辑)层次上一样,蒯因似乎试图把逻辑冻结在真值函项和量化的逻辑层次上,因为他并不接受任何其他版本的逻辑或逻辑分支。然而,当代逻辑的发展与蒯因的原初设想几乎背道而驰,可给出如下例证:

(1)由于卡尔纳普、康格尔、蒙塔古、普莱尔、亨迪卡、马库斯,尤其是克里普克的工作,模态逻辑及其可能世界语义学自从 20 世纪 50 年代以来取得了迅猛且成功的发展。在某种意义上,模态逻辑已经成为新的"经典"逻辑,可能世界语义学已经成为新的"经典"语义学:它们是发展新逻辑分支的必要的且强有力的工具。

(2)与蒯因的判断相反,命题态度词归属已经成为当代语言哲学、逻辑哲学、心灵哲学甚至形而上学和认识论领域内的热门话题。

(3)许多当代数学哲学家已经接受高阶逻辑,因为它对于发展数学理论来说是绝对必需的。例如,对某些数学哲学观点(如莱特的抽象主义和夏皮罗的结构主义）的论证都依赖于二阶逻辑。

（4）蒯因的集合论工作偏离了集合论的发展主流。请看如下评论："……集合论的领军人物 D. A. 马丁在一篇评论文章中指出，虽然蒯因的《集合论及其逻辑》发表于 1963 年，那时 ZF 公理系统已被确定为标准系统多年（例如，它的一个版本或变体已被布尔巴基丛书的第一卷采纳），但该书对这个话题的处理似乎使人觉得，如何面对罗素悖论而继续发展集合论仍然是一个开放问题。"①

作为一位杰出的逻辑学家和哲学家，蒯因关于逻辑或逻辑真理的说法为什么会如此偏离当代逻辑的实际发展进程，甚至与其背道而驰呢？对于这个问题，我给出以下尝试性回答：蒯因给逻辑加上了太多的本体论重负，在逻辑和本体论之间施加了过于紧密的联系。如前所述，他提出了两个著名口号："存在就是成为约束变项的值"，"没有同一性就没有实体"。在他的本体论中，遵循第二个口号，他愉快地接受了物理对象，有些不情愿地接受了类或集合的存在，但是他强烈拒绝承认内涵实体（例如命题）、抽象对象（例如性质）、可能个体等其他实体。主要出于本体论考虑以及方法论和美学上的偏好（例如完全性、简单性和优雅性），蒯因只把量化理论看作逻辑，却把集合论和高阶逻辑都排除在逻辑范围之外，忽视了发展一些新逻辑分支（如模态逻辑、时间逻辑、命题态度逻辑、反事实条件句逻辑等）的可能性。我认为，蒯因的这种做法是错误的，至少是值得商榷的。事实上，逻辑研究命题之间的推理关系，而这种关系只是假设性的：如果某个前提集是真的，则某个特定的结论也必须是真的。因此，逻辑是论题中立的，它可以适用于任何话语范围，甚至适用于完全虚构的话语范围。例如，关于魔鬼或外星人，我们也可以清楚地和理性地（即合乎逻辑地）谈论，互相交换有关它们的看法，不管我们是否承认它们确实在这个宇宙中存在。

二、蒯因的逻辑哲学遭遇到哪些困境？

在蒯因的逻辑哲学中，有许多矛盾、冲突甚至悖论，其中最明显的是他关于逻辑所说的和所做的之间的鸿沟。在理论上，蒯因严肃地坚持逻辑的可修正性；在实践中，他却是极端保守的：只把关于真值函项和量化的理论看作逻辑，不承认对经典逻辑做实质性修正的任何变异逻辑是真正的逻辑，甚至不承认它

---

① Burgess J. Quine's Philosophy of Logic and Mathematics//A Companion to W. V. Quine. Oxford: Wiley-Blackwell, 2014: 293.

们是对经典逻辑的真正修正。下面，我将讨论蒯因哲学中的四个"悖论"，包括卡茨的可修正性悖论，可修正性和坏翻译的悖论，可修正性和变异的悖论，以及用逻辑修正逻辑的悖论。根据我的分析，对于蒯因的逻辑哲学来说，其中的两个悖论是真实的，其他两个悖论则是表面的和虚假的，可以被解释掉。

1. 卡茨的可修正性悖论

卡茨（Jerrod J. Katz）发现，有三个原则处于蒯因整体主义认识论的核心，即不矛盾原则（NC）、普遍可修正性原则（UR）以及简单性原则（S）①。然而，我倾向于把简单性原则替换为实用准则（PMs），因为实用准则更准确地反映了蒯因关于理论评价和选择的立场。因此，我们得到如下三个原则：

NC："……整个科学是一个力场，其边界条件是经验。与边缘经验的冲突导致力场内部的重新调整。对我们的某些陈述必须重新分配真值。"②

UR："经验意义的单位是整个科学……如果我们在系统的其他地方做出足够巨大的调整，那么在任何情况下任何陈述都可以被认为是真的……相反……没有任何陈述是免于修正的。甚至排中律这一逻辑规律的修正已经被提议为简化量子力学的方式。"③

PMs：在评价或选择假说或理论时，我们必须考虑它们是否具有保守性、谦和性、简单性、概括性和可反驳性这些特征。④

卡茨指出，第一个原则是说，在什么时候"必须"修正我们的信念系统："若出现不一致，就要求修正"；第二个原则是说，我们在哪里进行修正："该系统的任何陈述都不能免于修正"；第三个原则是说，我们应该如何修正："它提供了在与经验冲突时最好去修正哪些陈述。"⑤ 他强调，这些原则是蒯因整体主义认识论的构成性原则。然而，如果把它们放在一起，将会产生可修正性悖论："由于这些原则是赞成信念修正的每个论证的前提，所以就一个支持信念修正的论证而言，不可能修正它们中的任何一个，因为修正它们中的任何一个都锯掉了这个论证所依赖的躯干。任何改变这些构成性原则真值的论证都必然得到与这个论证的某个

---

① Katz J J. Realistic Rationalism. Cambridge, MA: The MIT Press, 1998: 72-73.

② Quine W V. From a Logical Point of View. 2nd ed. Cambridge, MA: Harvard University Press, 1961: 42.

③ 同②42-43.

④ Quine W V, Ullian J S. The Web of Belief. 2nd ed. New York: MaGraw-Hill, 1978: 68-82, 99.

⑤ 同①72.

前提相矛盾的结论，而且必然是关于修正这些构成性原则的不可靠论证。"①

卡茨考虑了这个悖论的一个特例。假定 UR、NC 在原则上是可修正的。如果它是可修正的，那么存在一个可能的对其进行再评价的信念修正论证。但是，因为 NC 是一个构成性原则，它必然作为这个论证的前提出现。然而，如果在系统中正确地修正一个信念，该信念是完全错误的，那么它就不能是一个可靠论证的一部分。修正信念的论证就是不可靠的，没有为修正提供任何根据。因此，不存在任何修正 NC 的可靠论证，它是不可修正的。然而，因为所有信念都是可修正的，NC 也必然是可修正的，因此，它既是可修正的又是不可修正的。他得出如下结论："无限制的普遍性允许应用于自身的危险步骤，是悖论的熟知特征。把信念修正的认识论应用于自身，由此得到一个不可修正的可修正原则。因此，正如理发师悖论证明，不存在一个实际的理发师，他给那些且只给那些不给自己刮胡子的人刮胡子，可修正性悖论证明，不存在一个实际的认识论，它宣称一切东西包括它自己都是可修正的。"②

一些学者有启发性地但也有争议地回应了这个悖论。③ 我本人的回应是：该悖论是虚假的，论证如下：

（1）在讨论蒯因的可修正性论题时，我们应特别注意他本人使用的语词，例如："readjustment"（再调整）、"redistribution"（再分配）、"reevaluation"（再评价）、"retract"（撤销）、"rescind"（废除）、"exempt"（免除）、"restore"（恢复）、"refute"（反驳）、"reject"（拒绝）等等。④ 我将澄清蒯因的"可修正的"一词的如下确切涵义：

（i）加强或削弱。这两个词非常接近于蒯因的语词"再调整""（真值的）

---

① Katz J J. Realistic Rationalism. Cambridge, MA: The MIT Press, 1998: 73.
② 同①74.
③ Adler J. The Revisability Paradox. Philosophical Forum, 2003, XXXIV (3 & 4): 383–389; Chase J K. The Logic of Quinean Revisability. Syntheses, 2012, 184 (3): 357–373; Colyvan M. Naturalism and the Paradox of Revisability. Pacific Philosophical Quarterly, 2006, 87 (1): 1–11; Elstein D Y. A New Revisability Paradox. Pacific Philosophical Quarterly, 2007, 88 (3): 308–318; Tamminga A, Verhaegh S. Katz's Revisability Paradox Dissolved. Australasian Journal of Philosophy, 2013, 91 (4): 771–784.
④ Quine W V. From a Logical Point of View. 2nd ed. Cambridge, MA: Harvard University Press, 1961: 42; Quine W V. Pursuit of Truth. 2nd ed. Cambridge, MA: Harvard University Press, 1992: 13–15; Quine W V. From Stimulus to Science. Cambridge, MA: Harvard University Press, 1995: 46.

再分配""再评价"。当发现我们的理论与感官证据相冲突时,为了消除冲突且恢复一致,我们不得不首先在理论中进行调整,例如:把某些断言从存在陈述加强为全称陈述,或者从边缘陈述加强为核心陈述;相应地,把某些断言从全称陈述削弱为存在陈述,或者从核心陈述削弱为边缘陈述。

(ii) 纳入、废除和替换。为了消除经验的反抗,我们把新的辅助假设加入理论中:"我们总是可以通过把恰当的前提明确地纳入 S 中来提供更为实质性的结论。"① 我们可以把某些陈述从理论中废除或撤销,让它们消失;也可以在系统中引入新陈述去替换掉旧陈述。

(iii) 否定,这接近于蒯因自己的语词"反驳"和"拒绝"。用卡茨的解释,修正"在于把一个陈述从标记为真变成标记为假"②,或者(在我看来还应加上)把一个陈述从标记为假变成标记为真。也就是说,我们否认、反驳或拒绝一些原有陈述,把它们的真值从真改变为假,或者从假改变为真,或者将其转变成新形式,把后者保留在系统中。

蒯因提纲挈领地阐述了如何去修正我们的理论:我们的理论蕴涵一个失效的观察断言句,我们不得不修补这个漏洞。在修补时,我们并不是只有一种选择,而是有很多选择,并且以简单性和最小损害原则为指导。我们按照这种方式进行尝试,直到有问题的蕴涵被消除。这就是他的整体论和可修正性论题的核心内容。③

在重新表述他的可修正性悖论时,卡茨只考虑了两种修正方式:(1)"一个陈述从标记为真变成在系统中消失",以及(2)"把一个陈述从标记为真变成标记为假"④,而且他更关注于(2)。即使他的论证在这些情况下是成立的,他仍然不能得到他的结论,因为他忽视了修正的其他情况,即加强、削弱、纳入和替换。很难证明,这四种情况也会导致可修正性悖论。

就"可修正性"这个语词而言,我认为,克莱凡和埃尔斯坦分别犯了比卡茨更为严重的错误:他们都把"修正"等同于"否定",即把"p 被修正"等同于"¬p"。让我们看看柯里文的论证:

让我们把普遍可修正性(R)形式化为 $(\forall x) \Diamond Rx$,其中 Ra = "a 被修

---

① Quine W V. Pursuit of Truth. 2nd ed. Cambridge, MA: Harvard University Press, 1992:14.

② Katz J J. Realistic Rationalism. Cambridge, MA: The MIT Press, 1998:74.

③ 同①13-16.

④ 同②.

正"，那么，这个论证是这样得出矛盾的：

1. $(\forall x) \Diamond Rxw_1$　　　（普遍可修正性）

然而，如果我们把 1 应用于它自身，并且把"被修正"读为接受其否定，则我们得到：

2. $\Diamond \neg (\forall x) \Diamond Rxw_1$　　（在 1 中例示为 1）
3. $(\exists x) \Box \neg Rxw_2$　　（由 2）
4. $\Box \neg Raw_2$　　（在 3 中例示为 a）
5. $\Diamond Raw_1$　　（在 1 中例示为 a）
6. Raw_3　　（由 5）

我们可以得到矛盾：

7. $\neg Ra\ w_3$　　（由 4）

假设 w_2 可通达 w_3。只有通达关系在像 S5（D5 或 K5）这样的逻辑中是传递且对称的情况下，这个假设才成立。①

克莱凡的结论是：关于认识论的恰当模态系统不能像 S5 一样强，这有令人信服的论证，故我们不应采取与 S5 一样强的认知逻辑，因此，卡茨的论证不成立，得不出他的"可修正性悖论"。按照与克莱凡类似的方式，我也可以得出结论：如果不把"p 被修正"等同于"¬p"，那么 $(\forall x) \Diamond Rx$ 并不蕴涵 $\Diamond \neg (\forall x) \Diamond Rx$，克莱凡的论证就坍塌了。

埃尔斯坦宣称发现了一个新的可修正性悖论。他的论证非常简单。假定蒯因的一个原则 UR：在经验面前任何信念在原则上都是可修正的；UR 蕴涵 ER：在经验面前有些原则是可修正的。因为 ER 也是我们的一个信念，所以它也是可修正的："我们现在得到某种类似于悖论的方法。发现一个具有如下性质的信念：修正这个信念导致一个新的信念集，这个信念集禁止先前的修正。最明显的信念就是可修正性的存在断言（ER）……在修正 ER 时考虑如下情况：得到的信念集包含 ¬ER，因此它禁止任何修正。但是从修正后的角度看，人们不能把修正看作是得到证成的。当然，事先已经知道，任何对 ER 的修正都没有得到事后的证成。"②

---

① Colyvan M. Naturalism and the Paradox of Revisability. Pacific Philosophical Quarterly, 2006, 87 (1): 7.

② Elstein D Y. A New Revisability Paradox. Pacific Philosophical Quarterly, 2007, 88 (3): 311. 着重号为引者所加。

在埃尔斯坦的论证中，关键的步骤是让"ER 被修正"等同于"¬ER"。根据我对"可修正的"一词的澄清，这个步骤是不合法的或无效的，因此，他所谓的"新的可修正性悖论"是子虚乌有的。

（2）我们应该严肃地对待蒯因的隐喻"力场"（a field of force）、"力场的边缘"（the periphery of the field）、"力场的内部"（the interior of the field）等等。① 按照我的理解，通过这些隐喻，蒯因强调了下面一点：尽管我们的知识或科学的各个部分连为一体，但其中仍可区分出不同的层次和复杂的结构。我这里把蒯因的隐喻转化为另一个隐喻：知识的金字塔。如下图示：

形而上学、认识论……
逻辑、数学、语法……
经验科学方法论……
物理学、化学、生物学……
较具体的自然科学分支……
观察断言句……
感官证据、观察报告、材料……
感官刺激、观察……

所有这些项目构成了我们关于世界知识的整体，其中哲学（例如形而上学和认识论）也被包含进来，因为"自然主义哲学与自然科学是连续的"②，"哲学家和科学家在同一条船上"③。这些项目仅有程度的差别：距离感觉刺激或远或近，经验内容或多或少，抽象程度或高或低，等等，而非种类的不同。

显然，蒯因承认知识整体中的这些项目是有区别的，例如有些陈述处于核心，有些处于边缘；有些处于抽象和普遍的层面；有些处于具体和特殊的层面；等等。按照这种方式思考，卡茨提到的三个构成性原则（即 NC、UR 和 PMs）可能处于与我们的经验理论不同的层次上：经验理论是由关于外部世界的所有断言构成的，而构成性原则是关于这些理论的断言；换言之，经验理论是对象理论，而三个原则是关于它们的元理论，所以它们是关于如何修正经验理论的指导原则。

---

① Quine W V. From a Logical Point of View. 2nd ed. Cambridge, MA: Harvard University Press, 1961: 43-44.

② Gibson R F. Quintessence: Basic Readings from the Philosophy of W. V. Quine. Harvard University Press, 2004: 281.

③ Quine W V. Word and Object. Cambridge, MA: Harvard University Press, 1960: 3.

蒯因曾经明确表达了层次的观念。例如，为了消除冲突和反抗，"现在S中的某个或更多语句将不得不废除。我们免除S中的某些成员，因为不借助它们，这个重要的蕴涵关系仍然成立。因此，任何纯粹逻辑真理都是可免除的，因为无论如何，这些逻辑真理并没有为S逻辑蕴涵的东西增加任何东西"①。也就是说，如果前提集S和逻辑一起蕴涵Q，那么集合S本身也蕴涵Q。逻辑承担着蕴涵关系。"这里我诉诸蕴涵：一簇语句蕴涵观察断言句。在这样做时，我赋予逻辑一种特殊地位：逻辑蕴涵是理论和实验之间的纽带。"② 从这些引文容易看出，蒯因相信逻辑是经验理论的基础或者超越于经验理论之外。

通过蒯因隐含承认的陈述或理论的层级，我们可以避免卡茨的可修正性悖论：面对顽强不屈的经验，我们首先选择修正关于世界的理论中较为经验化的部分；如果这个策略行不通，我们可以选择修正我们的逻辑和数学；如果这仍然行不通，我们可以选择修正我们关于科学的哲学，其中包括那些构成性原则，如 NC、UR 和 PMs。我们按照这种方式不断尝试：一个步骤接着另一步骤，一个部分接着另一部分，一个层次接着另一层次。

我的分析非常接近于塔明戛和维海格的分析。③ 利用他人发展的基于认知保护带（epistemic entrenchment）的信念修正逻辑，他们论述说，卡茨错误地假定了构成性原则是关于世界的整体论的经验主义理论的内部陈述；实际上，最好把构成性原则看作关于科学探究的整体论的经验主义理论的属性。如果没有卡茨的那个错误假定，就无法得出他的可修正性悖论。

不过，为防止误解，我还要补充说，虽然在范围和层次上相互不同，我们知识的所有项目仍被连接为一个整体，与观察或感官证据相关联，因此，整体中的任何项目（包括逻辑和数学）仍然分享或多或少的经验内容，面对顽强不屈的经验在原则上都是可修正的。与此同时，对知识整体的任何修正都必须具有合理的证成，必须在不同的层次、部分、片段中进行，并且是分步骤进行的。利用罗尔斯所提出的来回往返法（back-and-forth），在修正科学总体时，我们最

---

① Quine W V. Pursuit of Truth. 2nd ed. Cambridge, MA：Harvard University Press, 1992：14.

② Gibson R F. Quintessence：Basic Readings from the Philosophy of W. V. Quine. Cambridge, MA：Harvard University Press, 2004：58. 着重号为引者所加。

③ Tamminga A, Verhaegh S. Katz's Revisability Paradox Dissolved. Australasian Journal of Philosophy, 2013, 91 (4)：771-784.

终将达到"反思的均衡"（reflective equilibrium）。

2. 可修正性和坏翻译的悖论

这个悖论涉及蒯因的逻辑可修正性论题与他关于逻辑在翻译中的特殊地位的断言相冲突。

在谈论翻译时，蒯因通常指不同语言和文化之间的翻译，特别是指其极端情况：彻底翻译（radical translation），即语言学家把事先一无所知的丛林语言翻译为他们的母语。为了完成这项工作，语言学家不得不进入说这种语言的丛林部落，与这个社群生活在一起，与其中的成员交朋友，如此等等。假设有一个叫作"约翰"的语言学家，他来到某个部落，通常按如下方式进行翻译：

（1）观察这个部落的人在什么情境下说什么话，以及其他人如何回应他的话。

（2）移情：约翰设想，如果他处于这些人的位置，他将会说什么和怎么说。

（3）善意原则：约翰尽可能把部落的人看作与他和他自己的社群相似，如友善、温和、真诚、理性、在大多数情况下说真话，等等。

（4）"保持明显"的准则："翻译的一个准则是，如果所断定的句子明显有错误，那多半在于有一些隐而不显的语言差别。"① "在理解一种陌生语言时，我们应该做的是使那些明显的语句转变成真的，最好还是明显的英语句子。"②

（5）逻辑真理特别是那些包含逻辑常项的真理是明显的或潜在明显的，所以在把丛林语言翻译为他的语言时，约翰应该把他的逻辑施加于丛林部落。约翰让逻辑成为翻译手册的一部分。根据他的手册，丛林部落将赞同所有的经典重言式，反对所有的经典矛盾式。

（6）因此，在丛林语言的翻译中不能违反我们的逻辑规律。一个丛林人表面上反对形如"p 或非 p"的语句，或表面上赞同形如"p 且非 p"的语句，这就意味着我们的翻译出错了，我们做了坏的翻译甚至是荒谬的翻译。

（7）蒯因的结论是：很可能存在前逻辑文化，但是肯定不存在逻辑外或非逻辑的文化。"我们看到，两种文化的逻辑至多是不可比较的，却从不处于冲突之中，因为冲突将会使我们的翻译不可靠。"③

于是，我们得到蒯因逻辑哲学中的第二个悖论：

---

① Quine W V. Word and Object. Cambridge, MA: Harvard University Press, 1960: 58.

② Quine W V. Philosophy of Logic. 2nd ed. Cambridge, MA: Harvard University Press, 1986: 82.

③ 同②96.

P1. 根据蒯因的整体主义，逻辑是可修正的。

P2. 根据他关于彻底翻译的论证，逻辑是不可修正的。

结论：逻辑既是可修正的又是不可修正的。

这个悖论的根源是什么？如何消解它？我们有两个选择：第一个是否认 P1，第二个是否认 P2。我不喜欢第一个选择，因为我真诚地信奉蒯因的自然化认识论及其大多数结论，特别是其整体主义知识论。因此，我决定拒斥 P2。

根据我的看法，善意原则和"保持明显"的准则是蒯因关于翻译的论证中最成问题的，而且它们之间有密切关联："'保持明显'的准则禁止把外族人表征为与我们的逻辑相矛盾（可能除复合语句中可改正的混乱之外）的任何翻译手册"，"我的意思仅是，在逻辑与翻译的不可分性中不存在附加的意味。无论其原因如何，明显性都足以说明这种不可分性"。"逻辑与翻译不可分，正如任何明显的东西都与翻译不可分。"①

善意原则亦称"最大一致原则"。在我看来，这只是一个实用原则，并没有被充分证成，更别提是绝对确定的了。我们可以想象某种情形，其中这个原则不仅是错误的，甚至是危险的和灾难性的。在这个世界上，确实存在着恶棍、灵媒、魔鬼、精神病人、精神变态者、巫师、纳粹分子以及食人部落等。至少在某些情形中，他们并不像我们那样正常和有理性，他们可能以完全不同于我们的方式行动和思考。例如，丛林部落有可能遵循三值逻辑：当知道某个说法为真时表示同意，当知道该说法为假时表示反对，当不知道其为真为假时则沉默不语。在这种情况下，如果"非 p"对其成员来说意味着 p 是假的，那么他们否认形如"p 或者非 p"的语句并不十分荒谬。这个部落也有可能是思维浅薄的，只要能够满足他们的当下要求，他们乐于在一个场合持有信念 p，而在另一场合持有信念¬p，也就是说，他们乐于持有相互冲突的信念。

"保持明显"的准则甚至是更成问题的，因为我们不知道"明显"一词究竟意味什么。"明显——易于看到或理解；清楚的、显然的"[Obvious—easy to see or understand; plain, evident.（《韦伯斯特新世界词典》）]，但是此定义没有解释任何东西。关于这个语词的任何解释都易于导致分歧和争论。我们认为有些东西是非常明显的，但是其他人并不这样认为。想象这样一个情形：你与一

---

① Quine W V. Philosophy of Logic. 2nd ed. Cambridge, MA: Harvard University Press, 1986: 83, 97.

个丛林人聊天,他是这个部落的巫师,但是你不知道这个事实。突然间,开始下雨。这个人欢快地呼喊:"Nala hama gutai!"根据善意原则和"保持明显"的准则,你猜想他是在说:"下雨了!"或者"终于下雨了!"但他实际上在说:"神出现了!"或者"神来了!"最好还是引用蒯因自己的例子:甚至在面对行为证据的实指层面上,我们都不能分辨土著语词"gavagai"的正确翻译是什么:是兔子、兔子的片段、兔子的未分离部分、兔性,还是其他?这就是蒯因的著名论题——"指称的不可测知性"。如果甚至在实指层面上都不能达到明显性,我们还能指望在更为普遍和抽象的层次上达到它吗?

3. 可修正性和变异的悖论

蒯因认为,变异逻辑其实并不是正统逻辑(即经典逻辑)真正的竞争对手,因为它们与经典逻辑表面上的不相容可以解释为相关逻辑联结词发生意义改变的结果。他宣称:"……当某人采纳一种其规律与我们的逻辑规律明显相反的逻辑时,我们宁愿猜想他只是把新的意义赋予一些熟悉的词汇('并且''或者''非''所有'等等)。"① 在反思关于矛盾律的争论时,他的评论是:"我关于这个对话的观点是,两边都不知道他们在谈论什么。他们认为他们在谈论否定、'~'、'非';但是,当他们把'p·~p'这样的合取式看作是真的,并且不把这种语句看作蕴涵所有其他语句时,这个记号无疑不再被视为否定。很明显,变异逻辑学家在这里陷入了困境:当他试图否定这个学说时,他只是改变了主题。"②

我把蒯因关于变异的论证重新表述如下:

(1) 如果存在变异,则肯定存在相关逻辑联结词的意义改变。

(2) 如果存在逻辑联结词的意义改变,就不存在变异逻辑与经典逻辑之间的真正冲突和对立。

(3) 结论:在变异逻辑和经典逻辑之间没有真正的冲突和对立,因为在变异逻辑中显然存在逻辑联结词的意义改变。

因为变异逻辑是对经典逻辑的现成仅有的"修正",如果它们不是对经典逻辑的真正修正,那么我们将面临一个困境:或者"逻辑是可修正的"是一句空话,或者逻辑本身是不可修正的。由此,我们得到蒯因逻辑哲学中的第三个悖论:

---

① Quine W V. Word and Object. Cambridge, MA: Harvard University Press, 1960: 59.

② Quine W V. Philosophy of Logic. 2nd ed. Cambridge, MA: Harvard University Press, 1986: 81. 着重号为引者所加。

P1. 根据蒯因的整体论，逻辑是可修正的。

P2. 根据他关于变异的论证，或者"逻辑是可修正的"是一句空话，或者逻辑是不可修正的。

C. 逻辑既是可修正的又是不可修正的。

我不接受蒯因关于变异逻辑的论证，所以我不接受上述 P2，我也不认为这个悖论是真实的悖论，但它对于蒯因的逻辑哲学来说是真实的，如果蒯因不改变他关于变异逻辑的观点的话。就变异逻辑和经典逻辑的关系而言，我持有如下两个主要观点：（i）在变异逻辑和经典逻辑之间，当然有逻辑联结词的某种意义改变，但是这种改变并不是完全的和彻底的，以至于像蒯因所断定的那样，变异逻辑完全改变了主题，因而在谈论与经典逻辑所谈论的不同的东西。（ii）在变异逻辑学家和经典逻辑学家之间有实质性的分歧、冲突和竞争，但是这种冲突和对立并不是全局的和总体性的，而是局部的和部分的。因此，变异逻辑和经典逻辑仍然有某些共同之处，我们可以在语法和语义上对它们做比较，甚至可以用某种方式把其中之一翻译成另一种。

对蒯因关于变异的论证中（1）的最明显论证将诉诸如下论题：逻辑联结词的意义完全是由包含它们的系统的公理或推理规则给出的。由这个论题大概可以得到，采用一个变异公理集蕴涵着其联结词的意义改变。但是，这个论题已经受到普莱尔的联结词"tonk"的挑战。他设计了一个包含联结词"tonk"的系统，遵循如下引入规则和消除规则：

A ⊢ A tonk B

A tonk B ⊢ B

普莱尔试图用这个系统表明，联结词的意义不能由系统的公理或推理规则给出。可以看到，"tonk"的两个规则既不是语法上恰当的，因为它们允许 A ⊢ B，也不是语义上恰当的，因为无法给出与这两个规则一致的唯一真值表。既然这两个规则是不可接受的，它们不能给出"tonk"的意义也就不足为奇了。我引用哈克的断言："联结词的意义被看作，一部分来自它们在其中出现的系统的公理和规则及其形式语义，一部分来自赋予这些联结词的非形式解读以及形式语义的非形式解释。"①

---

① Haack S. Philosophy of Logics. Cambridge: Cambridge University Press, 1978: 230.

另外，哈克认为，即便如此，意义是由公理或推理规则给出的这一论题是否支持（1），这仍然是可质疑的。因为变异系统的典型情形是：它们的公理或规则非常接近于但不完全等同于经典逻辑的公理或规则，所以联结词在变异系统中的意义部分地而非完全地不同于它们在经典逻辑中的意义。她还认为，无论如何，对"变异逻辑必定包含意义改变"这一点并没有给出合理的一般性论证。①

针对蒯因关于变异的论证中的（2），我将引用两个论证说明，联结词的意义改变并不足以表明，在变异逻辑与经典逻辑之间没有实质性对立。

哈克考虑了如下情况：一个变异逻辑学家 D 否认合式公式"$(p \vee q) \rightarrow (\neg p \rightarrow q)$"是逻辑真理。经典逻辑学家 C 却把这个合式公式看作定理。后来发现 D 用"$\vee$"所指的正是 C 用"&"所指的东西。由此可得，当 D 反对"$(p \vee q) \rightarrow (\neg p \rightarrow q)$"是逻辑真理时，他所反对的不是 C 在断定"$(p \vee q) \rightarrow (\neg p \rightarrow q)$"是逻辑真理时所断定的东西。但是不能由此得出，在 C 和 D 之间就不存在实质性分歧，因为 C 也认为"$(p \vee q) \rightarrow (\neg p \rightarrow q)$"是逻辑真理。所以当 D 否认"$(p \vee q) \rightarrow (\neg p \rightarrow q)$"是逻辑真理时，他所否认的仍然是 C 所接受的东西。②

威廉姆森重新发现了一个原本被卡尔·波普尔证明过的结论，与下面的意义改变论题相反：经典逻辑学家与直觉主义逻辑学家之间的区别仅仅是语词上的，因为他们把不同的意义赋予相关的逻辑词语，故他们在谈论不同的东西。他认为："如果争议是口头的，那么我们需要消除那些逻辑词的歧义，比如区分经典否定'并非$_C$'和直觉主义否定'并非$_I$'。此时的图景是，每一方关于自己的话都是对的：'并非$_C$'的逻辑是经典的，而'并非$_I$'的逻辑是直觉主义的。因此，特别地，由于双重否定在经典逻辑中可消去，'P 是并非$_C$并非$_C$真的'应该蕴涵'P 是真的'；与此不同的是，双重否定在直觉主义逻辑中通常不能消去，'P 是并非$_I$并非$_I$真的'不应该蕴涵'P 是真的'。在此图景下，只要从符号上区别开来，'并非$_C$'和'并非$_I$'可以在同一语言中和平共处的逻辑原则就足够强以至于蕴涵了'并非$_C$'和'并非$_I$'等价，所以'并非$_C$'满足双重否定律，仅当'并非$_I$'也满足该定律。于是，和平共处是不可能的。经典逻辑与直觉主义逻辑之间的争议是真正的争论，而不只是口头上的。我将这种思考方式

---

① Haack S. Deviant Logic, Fuzzy Logic: Beyond the Formalism. Chicago: The University of Chicago University, 1996: 13-14.

② 同①9.

推广到与其他逻辑词有关的问题上,比如'存在'。"①

我要追问一个在我看来更为重要的问题:即使在变异逻辑中确实存在逻辑联结词的意义改变,为什么会发生逻辑联结词的这种意义改变呢?实际上,蒯因本人部分地(在我看来,正确地)回答了这个问题:"在拒斥排中律时,他实际上是抛弃了经典否定或析取,或是两者都抛弃了;他可能有他的理由。"②"尝试我们所想做的,三值逻辑却原来是忠实于形式的:它是对经典的真假二分法或经典否定的拒斥。"③"直觉主义者不应被看成,在某些固定的逻辑算子即否定和析取的那些真的定律方面,与我们有争执。他毋宁应该被看成是反对我们的否定和析取,认为是不科学的观念,而提出他自己的某种别的有些类似的观念。"④

我想强调指出,变异逻辑学家与经典逻辑学家在重要问题上的分歧还可以追溯到更为根本的层次:关于逻辑与实在的关系、逻辑与认知和思维的关系,以及逻辑与数学的关系,他们持有很不相同的立场。例如,作为变异逻辑的直觉主义逻辑根植于一种非常独特的数学哲学——直觉主义。达米特正确地指出,直觉主义者"承认,他附加给数学词语的意义不同于经典数学家附加给它们的意义;但是,他坚持认为,经典的意义是不融贯的,出自经典数学家对数学语言如何起作用这一点的误解。于是,对'如何可能去怀疑基本的逻辑规律'这个问题的回答就是:在有关逻辑的不一致的背后,还有更为根本的关于正确的意义模式的不一致,也就是关于我们应该把什么东西看作理解一个陈述的构成要素方面的不一致"⑤。

4. 用逻辑修正逻辑的悖论

在《依据约定为真》(1936)一文中,蒯因论述说,无论是逻辑的约定还是非逻辑的约定,都要符合于相关词项的日常用法;在证成我们所选择的约定时,我们不得不诉诸其他的约定,这将导致循环论证和无穷倒退:"……如果逻辑是

---

① Williamson T. Interview with Timothy Williamson on the Philosophy of Logic. (Chinese Translation) Journal of Hubei University (Philosophy and Social Science), 2013, 40 (4): 21.

② Quine W V. Philosophy of Logic. 2nd ed. Cambridge, MA: Harvard University Press, 1986: 83. 着重号为引者所加。

③ 同②84. 着重号为引者所加。

④ 同②87. 着重号为引者所加。

⑤ Dummett M A E. The Logical Basis of Metaphysics. Cambridge, MA: Harvard University Press, 1991: 17.

从约定中产生的，那么，为了从约定中推出逻辑，也需要逻辑。"①

达米特、哈克和博格西安都注意到了相同的现象：在证成最根本的逻辑规则时，例如肯定前件式和否定后件式，我们不得不使用那完全同样的规则，所以我们在进行某种循环论证，这似乎是"悖论性的"。②

类似的情形也出现在蒯因的逻辑可修正性论题中：在修正逻辑时，我们不得不使用逻辑。这种情形似乎也是悖论性的，暂且称其为"用逻辑修正逻辑的悖论"。不过，我认为这个"悖论"不是真实的。我将诉诸蒯因最著名的隐喻——"纽拉特之船"来论证这一点："纽拉特把科学比喻为一条船，如果我们想对其重建，我们必须在航行过程中一块甲板接着一块甲板地重建。哲学家和科学家在同一条船上。"③ 下面，我用该隐喻去证成逻辑的可修正性而并不导致矛盾和循环论证。

（1）在修正逻辑（即经典逻辑）时，我们通常拒绝经典逻辑的一些规律，而接受经典逻辑的大多数其他规律。例如，直觉主义逻辑仅仅放弃了排中律、间接证明、双重否定律以及经典逻辑的相关规律；弗协调逻辑仅仅排除了矛盾律、爆炸律（即 $A \wedge \neg A \rightarrow B$）以及经典逻辑的相关规律。在修正经典逻辑的某个部分时，可以使用我们仍然接受的经典逻辑的其他部分。这里根本没有什么矛盾或悖论。实际上，我们既不能拒绝经典逻辑的所有规律，也不能构造一个与经典逻辑完全不相同的新逻辑。

（2）即使我们用一种新的逻辑来修正经典逻辑，这种新逻辑与经典逻辑并不处于相同的层次。在这种情况下，经典逻辑是对象逻辑，而新逻辑是元逻辑。我们用元逻辑来评价或修正对象逻辑，然后用另一种新逻辑去证成第一种新逻辑。按照这种方式，我们没有任何明显的循环或悖论，但有某种无穷倒退论证。不过，并非任何无穷倒退论证都是恶性的，至少它们中的一些是合理的和可证成的，正如蒯因所言，在证成整个科学时，我们没有最后的立足点。

（3）逻辑可修正性论题仅仅意味着：若有必要，我们可以修正逻辑；它并

---

① Quine W V. The Ways of Paradox and Other Essays. Cambridge, MA: Harvard University Press, 1976: 97.

② Dummett M A E. Justification of Deduction. The Proceedings of British Academy, LIX. Oxford: Oxford University Press, 1974; Haack S. Justification of Deduction. Mind, 1976, 85 (337): 112-119; Boghossian P. Knowledge of Logic//Boghossian P, Peacocke C. New Essays on the A Priori. Clarendon Press, 2000: 229-253.

③ Quine W V. Word and Object. Cambridge, MA: Harvard University Press, 1960: 3.

不意味着：我们在某些情形下必须修正逻辑。换言之，修正逻辑只是一种可能性，而不是必然性。我们还要清楚地意识到：修正逻辑是代价最大的选择，我们必须慎之又慎；在考虑选择去修正经典逻辑时，我们必须依据翔实的分析和深入的思考，必须有足够充分的理由。

三、如何发展和完善蒯因的逻辑哲学？

为什么逻辑是可修正的？逻辑与我们生活于其中的世界、与我们关于这个世界的认知、与我们的语言实践有联系吗？如果有联系，如何联系？如果逻辑确实是可修正的，我们如何修正逻辑？更具体地说，我们通过什么样的方式、程序或手段来修正逻辑？为什么对于大多数人来说，甚至对于某些资深哲学家来说，接受逻辑的可修正性论题显得如此困难？等等。对于这些问题，蒯因的整体论只为我们勾勒出一幅非常粗略的图画；他没有为我们提供更为翔实的解释和合理的论证。如果他还活着，他应该进一步处理这些问题，并且给出一个足够成熟的说明。然而遗憾的是，他不能再做这些事情了。所有这些工作都留待我们去完成。

在我看来，所有这些问题都可以还原为一个带有根本性和实质性的问题：我们需要对逻辑及其可修正性做全面的证成吗？我的回答是：当然需要！因为逻辑处于我们知识体系的基础和中心，如果它出错了，这将给我们的知识体系带来危险，甚至造成这个体系的崩溃。如果我们要清楚正确地理解我们的自然知识的本性，我们就不得不首先清楚正确地理解我们的逻辑知识的本性。下面，我将遵循蒯因的自然化认识论的精神，发展出对逻辑及其可修正性的系统性证成，其中包括实在论证成和认识论证成。

我的基本观点是：逻辑与我们生活于其中的世界、与我们关于这个世界的认知以及与我们的语言和思维实践有关联。明确地说，逻辑理论包含关于世界、认知、语言和思维的描述性内容或事实性因素。描述对于被描述者而言可真可假，逻辑理论也有可能出错，这就是为什么逻辑是可修正的根本原因。①

---

① 参看范丙申的如下断言："现代逻辑正在摆脱弗雷格的'反心理主义'，经历一场认知转向。逻辑学家与其同事在更为经验化领域的合作正在扩展，特别是在关于智能主体推理和信息更新的研究中。我们把这种跨界合作置于逻辑和经验事实之间长期联系的背景下，因为纯粹的规范性从来不是一个合理的立场。"（Van Bentham J. Logic and Reasoning: Do the Facts Matter? Studia Logica, 2008, 88: 67. 着重号为引者所加。）

作为预备性工作，我想强调"客观逻辑"（objective logic）与"理论逻辑"（theoretical logic）之间的区别。"客观逻辑"是一种广义上的存在逻辑，即作为外部世界的秩序、结构和规律而存在的逻辑，人们在其日常生活中遵循这种逻辑，去指导和规范他们如何思考和行动。"理论逻辑"则体现为逻辑学家们所构建的逻辑系统，它们是对客观逻辑的描述、刻画和重构，因而不是被发明而是被发现的，所以可真可假。我提出如下的逻辑研究模型：

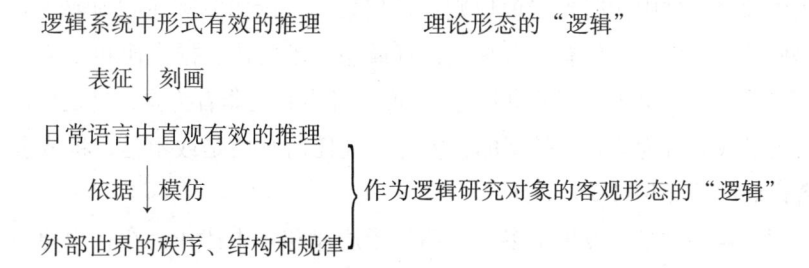

```
逻辑系统中形式有效的推理         理论形态的"逻辑"
    表征 │ 刻画
日常语言中直观有效的推理
    依据 │ 模仿           } 作为逻辑研究对象的客观形态的"逻辑"
外部世界的秩序、结构和规律
```

1. 逻辑及其可修正性的实在论证成

我认为，逻辑深深地根植于我们的认知方式、思维方式和语言使用方式之中，所有这些都最终建基于外部世界的秩序、结构和规律。因此，逻辑与外部世界具有直接或间接的联系。如果逻辑在这个世界中起作用，它必须以这个世界为基础，然后从世界那里获得合作。对于上述观点，我给出如下五个从弱到强的理由。

（1）非常基本的逻辑规律同时也是存在的规律、认知的规律和语义的规律，例如矛盾律和排中律。亚里士多德在《形而上学》[①] 中已经论证过这一点。

第一，亚里士多德断言，矛盾律和排中律是事物的规律和存在的规律。"……事物不能同时既是又不是。"（996^b29-30）"同一属性不能在同一时间且在同一方面既属于又不属于同一对象。"（1005^b18-20）"我们现在已经设定，任何事物不可能同时既是又不是，由此也已经表明，这是所有原则中最不可争议的。"（1006^b3）"同一事物不能在同一时间既是又不是。"（$1061^b34-1062^a1$）

第二，亚里士多德宣称，这两个规律是我们的认知行为（例如知道、相信、肯定和否定）的指导原则。"任何人不可能相信同一事物既是又不是。"（1005^b23-24）"同一个人不可能同时相信同一事物既是又不是。"（1005^b28-30）"对立之间没有居中地带，但我们对于一个主词必须或者肯定或者否定一个谓述。"

---

① Aristotle. Metaphysics. Ross W D, trans. 北京：中央编译出版社，2012.

(1012^b11-13)"不可能同时真正地肯定和否定。"(1011^b20)"所以不可能对同一主词真正地做出相对立的肯定和否定。"(1062^a23-24)

第三,亚里士多德认为,这两个规律是支配语句或陈述真假的语义学规律。"对立陈述不同时为真";"对立的东西对于同一事物同时为真,这是不可能的"(1011^b13-16)。"不能对同一主词同时做出对立的陈述,也不能做出相反的陈述"(1063^b15-18)。"对于任何东西,或者肯定是真的或者否定是真的。"(143^b15)我们由矛盾律和排中律得到二值原则:任何语句、命题或陈述必须或者是真的或者是假的,它们有且仅有一个真值:真或假。矛盾律、排中律和二值原则共同刻画或确定了亚里士多德的真概念:"说是者为非或非者为是,这是假的,而说是者为是或非者为非,这是真的;因此,说任何东西是或不是,将或者说真的或者说假的。"(1011^b25-26)

更为重要的是,亚里士多德表明,矛盾律和排中律作为存在规律可以解释它们作为认知和语义规律的地位,前者决定后者。"……如果对立的性质不可能同时属于同一对象……显然,同一个人也不可能同时相信同一事物既是又不是。"(1005^b26-31)也就是说,事物如何存在决定了我们应该如何认识和思考。矛盾律和排中律首先是作为存在的规律,然后派生出它们作为认知和语义的规律。

(2) 经典逻辑不是本体论中立的,它有自己的本体论承诺。

经典逻辑在本体论上并不是完全中立的,它有许多定理对外部世界或经典逻辑的论域做出了存在性断言,例如,∃x (x = x),¬∃x (Fx ∧¬Fx) 和∃x (Fx ∨¬Fx),其中"∃x (x = x)"是说某物存在。经典逻辑还有两个关于论域的假定:(i) 其论域必须是非空的,即是说,经典逻辑的量词毫无例外地有存在涵义,经典逻辑的所有单称词项都指称该论域中的个体,故经典逻辑中不存在无指称的词项。否则,对于一个含无所指词项的句子,我们将无法确定其真值,二值原则将不成立,还会导出一些很不自然的结果。(ii) 其论域也不能太大,例如,既不能存在绝对无穷的个体,也不能包含所有集合的集合。否则,经典逻辑将会产生一些悖论。[①]

(3) 逻辑理论依赖于我们如何对外部世界进行概念化。

亚里士多德引入了十个范畴:实体、数量、性质、关系、地点、时间、状

---

① Williamson T. A Note on Truth, Satisfaction and the Empty Domain. Analysis, 1999, 59: 3-8.

态、具有、主动和被动。实体范畴是所有其他九个范畴的核心，它们都从不同角度规定和说明了实体范畴，都可以归属于"属性"范畴。实体是所有属性的承担者，可以用作语句的主词。相反，所有其他范畴仅可以用作语句的谓词。因此，亚里士多德十范畴系统的一个逻辑后果是对语句做主谓式分析，在此基础上他发展出关于直言语句、直接推理和三段论的理论，这是人类历史上最早的逻辑系统。这种逻辑给出了如下的世界图景：世界由第一实体（个体）和第二实体（种和属）构成，实体具有其他九个范畴所刻画的属性或性质，例如可感的、在时空之中等等。

康德引入了范畴表和判断表。他的范畴表有四组，其中每组又有三种范畴：（1）量：统一性、多样性和总体性；（2）质：实在、否定和限制；（3）关系：实体和偶性、原因和结果、主动和被动之间的交互作用；（4）模态：可能和不可能、存在和不存在、必然和偶然。他的判断表也有四组，每组又有三种判断：（1）量：全称、特称和单称；（2）质：肯定、否定和无限；（3）关系：直言、假言和选言；（4）样式：或然、实然和必然。康德给出了比亚里士多德更为丰富的内容，也描绘了一幅更为复杂的世界图景：世界由对象和对象的类构成，它们不仅具有特定性质，而且处于复杂的相互关系中，其中最重要的关系是因果关系。但是，康德并没有摆脱对语句做主谓式分析的藩篱，只是增加了基于因果关系的语句之间的条件关系（由"如果，则"表达），以及"可能"和"必然"这些模态性质。19 世纪之前的传统逻辑就是建立在康德对世界的概念化基础上的。

弗雷格用他对语句的主目-函数分析取代了亚里士多德对语句的主词–谓词分析。在数学中，函数有空位（自变元或主目），是不饱和的，需要填充；填充并经过适当运算后就得到一个应变元。弗雷格从不同方面扩展了函数的概念，例如，自变元和定义域、函数的运算，以及应变元和值域，并且提出了如下的重要主张：概念是从对象到真值的函数。如果概念有一个空位，如 F（x），它是一元概念；如果概念有两个空位，像 R（x，y），它是二元概念；以此类推。这类语句是原子的，由此通过逻辑联结词和量词可以构造复合语句。最后，我们得到真值函项和带等词的量化逻辑。弗雷格的分析为我们提供了关于外部世界的另一幅图景：世界由个体或个体的类构成，其中的个体不仅具有特定属性或性质，还处于复杂的相互关系之中……

（4）逻辑是自然的教导，它对人类来说甚至具有生存价值。

蒯因曾用达尔文的自然选择理论说明了物种的相似标准、预期的成功以及归纳的效率。他谈道,"达尔文给了我们某种鼓舞。假如人们的性质划分是与基因有关的特性,那么已经导致最成功归纳的划分将会倾向于在自然选择中占据主导地位。在其归纳过程中犯错误的生物有一种可怜却值得赞扬的倾向:在繁衍其种类之前就已经死去"①,"我感谢归纳的有效,并且注意到,如果达尔文的进化论是真的,那么它有助于解释哪种归纳是灵验的","学习能力本身是具有生存价值的自然选择的产物"②。

我同意蒯因的说法,并且想把他对归纳的说明扩展到对演绎逻辑效力的解释中。实际上,语言和逻辑都是人类为了满足他们的生存需要而回应外部世界以及相互合作的手段。正是自然界本身以及从中获取生存经验的老一代人教会新一代人如何思考和行动。世界对我们正确的思想和行为给予成功的奖赏,对我们的错误思想和行为给予失败的惩罚。日积月累,我们不断积累正确的思维方式,并且将它们内化为我们的认知和行为的普遍结构,这就是客观形态的逻辑,也就是逻辑学家试图在他们的研究中发现和刻画的对象。

因此,我们的逻辑(即经典逻辑)在外部世界中有事实基础。有些逻辑真理不仅是语义有效的,而且是事实真的。举例说明。$\forall x \, (x = x)$ 是说,所有事物都是自身同一的;$\neg \exists x \, (F(x) \wedge \neg F(x))$ 是说,世界上没有任何事物具有某个性质同时又不具有这个性质;所谓"莱布尼茨律",即 $\forall x \forall y \, ((x = y) \to (F(x) \to F(y)))$ 是说,如果两个事物是同一的,即它们是相同的事物,那么,如果其中之一具有某个性质,则另一个也具有该性质,反之亦然。所有这些公式都是事实真的,因为它们报道了世界的实际情况,世界的事物正如这些公式所说。另外,有些推理形式,例如肯定前件式($p \to q, p \vdash q$)和三段论(如 MAP, SAM $\vdash$ SAP),表达了世界的自然秩序以及事物的真实关系,所以它们是关于世界的事实真理。如果遵循它们去思考和行动,我们就有可能获得成功。相反,有些公式,例如 $\forall x \, (x \neq x)$、$\exists x \, (F(x) \wedge \neg F(x))$ 以及所谓的"莱布尼茨怪律",即 $\forall x \forall y \, ((x \neq y) \to (F(x) \to \neg F(y)))$,既不是语义有效的,也不是事实真的。例如,莱布尼茨怪律说:如果两个事物不同一,那么,如果其中一个具有某性质,则另一个必定不具有该性质。这等于预设了下面一

---

① Quine W V. Ontological Relativity and Other Essays. Columbia University Press,1969:126.

② Quine W V. The Nature of Natural Knowledge//Guttenplan S. Mind and Language. Oxford:Clarendon Press,1975:70,71.

点：世界中任何两个不同的事物都具有完全不同的性质；换言之，相同的性质不能被世界中不同的对象所分享。这个主张是事实假的：这是关于世界的一个荒谬假定。另外，有些推理形式，例如肯定后件式（p →q, q ⊢ p）和三段论（如 PAM，SAM ⊢SAP）错误地表达了世界的自然秩序和事物之间的关系，所以它们不是事实真的。如果我们遵循它们去思考和行动，我们最终会失败，自然界会惩罚我们的错误思考。

谢尔（Gila Sher）正确地断言："在某种程度上，使用其他错误理论会导致飞机失事、工人失薪、核电站关闭（或爆炸）、汽车熄火（或相撞）等等，所以，使用错误的逻辑理论也会导致这些情况。的确，科学实在论者对科学理论（或这些理论的抽象部分）所说的也适用于逻辑理论：如果逻辑理论不与世界一致，那么，它在世界中的作用将会变得神秘莫测。因此，在设计一个逻辑系统时，必须将世界考虑在内。"①

（5）逻辑通过真谓词指向世界。

蒯因认为，虽然逻辑必须诉诸语义上溯，但它与实在有关：在把真谓词归属于语句的同时，也把这个谓词以间接的方式归属于实在。"在这里，真谓词如实地能用来通过语句指向实在；它能用作提醒者，提示我们，虽然提到语句，但实在仍然是全部的关键"，"逻辑理论虽然严重依赖于语言的谈论，但已经是朝向世界而非朝向语言了，真谓词使之如此"②。

谢尔把这个想法发展为对逻辑的一个很系统的基础性解释，其中包含了对逻辑的实在论说明。她将其称为"基础整体论"（foundational holism）。我认为，她的理论在总体上是正确的，与我先前的想法不谋而合。③ 下面我用自己的话概述谢尔的论证。

众所周知，逻辑是研究推理和论证的，特别是它们的形式有效性。逻辑后

---

① Sher G. The Foundational Problem of Logic. The Bulletin of Symbolic Logic，19（2），2013：160. 着重号为引者所加。

② Quine W V. Philosophy of Logic. 2nd ed. Cambridge，MA：Harvard University Press，1986：11，97.

③ 陈波. 逻辑哲学导论. 北京：中国人民大学出版社，2000；陈波. "逻辑的可修正性"再思考. 哲学研究，2008（8）；Chen Bo. The Epistemic Justification of Deduction. Social Sciences in China. Autumn 2003. 谢尔的论文在 2013 年才发表，本章初稿撰写于 2012 年夏天。仅仅在修改本章的过程中，我才偶尔发现了谢尔的这篇论文，并进而搜寻和阅读了她的其他一些论文。坦率地说，我喜欢它们。

承（logical consequence）是逻辑的核心概念。可以用两种不同的方式来刻画它：语法（或证明论）和语义（或模型论）。我偏向于语义刻画。对逻辑后承的塔斯基式标准定义是：

语句α是语句集Γ的后承，当且仅当，不存在一个模型使得Γ的所有语句是真的而α是假的。用符号表示：

$$\Gamma \vDash_L \alpha$$

这里，"L"指任一逻辑系统，我们也可以称其为一个逻辑。

为简单起见，我们只考虑两个语句 S_1 和 S_2 之间的推理关系：

$$S_1 \vDash_L S_2$$

根据塔斯基式定义，逻辑后承的最重要特征是：无论推理的链条多长，从推理的前提到结论保持真或传递真。因为涉及语句或语句集的真，世界必须参与，用谢尔的话说，"世界必须合作"[1]。一个语句是真的，仅当世界的相关事物如同这个语句所说；一个语句集是真的，仅当该集合的任何一个语句都是真的，即仅当世界的相关事物如同这些语句逐个所说。另外，由于后承关系是语句的真的传递或保持关系，故在处理后承关系时，我们必须考虑事物所是的诸方式（相对于相关语句）之间的联系（或缺少联系），也就是说，语句集Γ是语句α的后承，当且仅当，存在语句集Γ所说的事物与语句α所说的事物之间的联系。我们由此得到谢尔的如下图示：

（逻辑层次） $S_1 \vDash_L S_2$

假定 S_1 是真的。为了让（3）是真的，S_1 的真必须保证 S_2 的真，即如下情况必须成立：

（语言层次） $T(S_1) \to T(S_2)$

令 C_1 和 C_2 是让这两个语句为真而在世界中所要求成立的条件（情形）：

（语言层次） $T(S_1)$ $T(S_2)$
                            ⇕   ⇕
（世界层次） C_1 C_2

---

[1] Sher G. The Foundational Problem of Logic. The Bulletin of Symbolic Logic, 2013, 19 (2): 164.

谢尔继续论证，实在对逻辑有两种方式的影响。一种方式是"逻辑被世界所限制，即世界至少对逻辑具有负面影响"①。如果我们同时发现世界的两个情形 C_1 和非 C_2，这就确定了 T(S_1) 而非 T(S_2)，这个发现将直接让逻辑后承 "$S_1 \vDash_L S_2$" 无效。另外，如果我们发现：世界的情形 C_1 出现无论如何不能保证情形 C_2 出现，这个发现就意味着，T(S_1) 不能保证 T(S_2)，所以这也使逻辑后承 "$S_1 \vDash_L S_2$" 无效。

另一种方式是世界使逻辑成为可能（logic is also enabled by the world），这意味着"世界或许使得从一些语句逻辑地得到其他语句（假如给定某些东西，如语言和意义）"②。例如，假定世界被如下很可能是必然且普遍的规律所支配：

$$A \cup (B \cap C) \text{ 非空} \Rightarrow A \cup B \text{ 非空}$$

这个规律足以支持如下断言：

$$\exists x(Ax \vee (Bx \& Cx)) \vDash_L \exists x(Ax \vee Bx)$$

我同意谢尔的如下总结："理论上，逻辑通过如下方式根植于实在：(i) 它与真的内在联系，(ii) 真与实在的内在联系，以及 (iii) 从 (ii) 到 (i) 的内在相关性。而且逻辑根植于支配世界的特定规律，这些规律具有极强的模态力量……"③

2. 逻辑及其可修正性的认识论证成

蒯因主张，"我们在学习语言的过程中学习逻辑"④。他认为："因此，从 'p 并且 q' 到 'p' 推理的逻辑规律正是通过对'并且'的学习成为我们的习惯。对于合取的其他规律以及析取和其他真值函项的规律也是类似的。相应地，对于量化的规律也类似……因此，对我们的基本逻辑习惯的习得可以用我们对语法构造的习得来解释。"⑤ "归纳本身与动物的期望和习惯的形成在本质上是相同的，只不过有程度的差别。语词的实指学习是归纳的一个隐含例子。"⑥

---

① Sher G. The Foundational Problem of Logic. The Bulletin of Symbolic Logic, 2013, 19(2): 165.

② 同①166.

③ 同①167.

④ Quine W V. Philosophy of Logic. 2nd ed. Cambridge, MA: Harvard University Press, 1986: 11, 100.

⑤ Quine W V. The Nature of Natural Knowledge//Guttenplan S. Mind and Language. Oxford: Clarendon Press, 1975: 78. 着重号为引者所加。

⑥ 同⑤125.

我同意蒯因的观点：我们在学习语言的过程中学习逻辑，但是语言的学习过程实际上是一个归纳过程，至少是与归纳有关的。从这些前提出发，我们可以推出逻辑的学习过程也与归纳有关这个结论吗？我认为是如此的。客观逻辑根植于我们的语言和认知实践中，也根植于我们的思维方式中。理论逻辑是对客观逻辑进行表述、抽象和理想化的结果。

通常，逻辑学家把用自然语言表述的我们日常思维中的推理重新表述为用形式语言表述的逻辑系统中的推理。日常语言中的推理可被称为"非形式论证"，逻辑系统中的推理被称为"形式论证"。前者依赖于系统外的有效性这个概念，亦称"直观有效性"；后者依赖于逻辑系统中的有效性这个概念，亦称"形式有效性"。哈克指出："形式逻辑系统试图对非形式论证进行形式化，试图用精确、严格和一般化的词项来表达它们；而一个可接受的形式逻辑系统应该是这样的，如果一个给定的非形式论证通过某种形式论证在其中得到表达，那么，只有非形式论证在系统外的意义上是有效的，形式论证才应该在系统中是有效的。"①

当然，在这一过程中，我们会遇到许多模糊和含混，不同的逻辑学家对非形式论证及其直观有效性将做出不同的理解和解释，对此构造出不同的甚至相互排斥的逻辑系统。因此，一个普遍的现象是：不同的逻辑或逻辑系统同时并存。这种观点被称为"逻辑多元论"，图示如下：

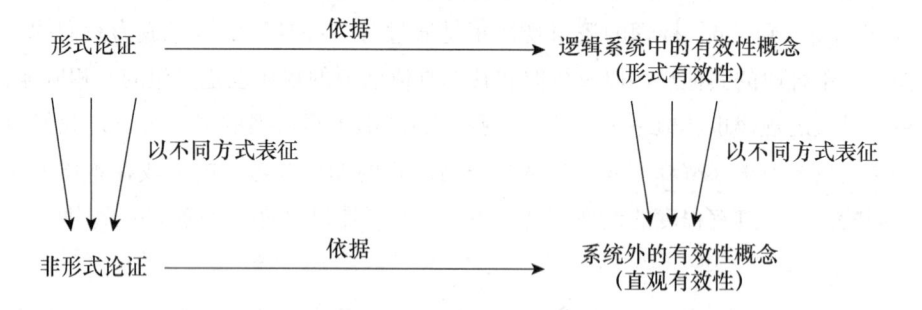

```
形式论证  ──────依据──────→  逻辑系统中的有效性概念
   │                              （形式有效性）
   │                                    │
以不同方式表征                      以不同方式表征
   │                                    │
   ↓                                    ↓
非形式论证 ──────依据──────→  系统外的有效性概念
                                   （直观有效性）
```

在这一过程中，逻辑学家必须对我们的认知和语言实践进行某种经验研究，包括我们形成概念、做出判断、进行推理、论证和反驳的方式和方法。不过，逻辑学家既不关心推理的具体心理过程，也不关心推理前提和结论的实际真值，而是专注于如下问题：通过何种规则、程序和方式，从真前提可以推出真结论。

---

① Haack S. Philosophy of Logics. Cambridge: Cambridge University Press, 1978: 15.

因此，逻辑学家的工作不同于心理学家的工作，至少是研究侧重点有所不同。

总之，像在其他科学中一样，在逻辑系统中也存在对我们认知和语言实践的描述、刻画、提炼、精释、抽象、概括和理想化。逻辑理论需要得到关于自然语言和日常思维的直观的支持，并且与关于世界、认知和语言用法的经验材料有关联。

我的上述逻辑观近似于麦迪（P. Maddy）的自然主义逻辑观，后者包括三个论题：

（1）人类是如此构造的，以至于他们使用康德/弗雷格的形式和范畴对这个世界做概念化，也由于这个原因，他们的思考要受到逻辑规律的约束，但现代逻辑的全部规律要等到某些重要的理想化处理和补充假设出现之后才会产生出来。（2）在很大程度上，这个世界具有与这些形式和范畴相对应的一般性的结构特征，但也有例外的情况，在那里即使是那种基础的逻辑也会失去其基础。（3）人们之所以相信逻辑的基础部分，是因为它们由其基本概念装置所决定，但他们得知那些规律，也只是因为那些基本的概念化处理可以被证明是真实的。①

不难理解，蒯因的逻辑可修正论题可以得到这种逻辑观的强有力的支持。

3. 我们如何修正逻辑？如何构建和评价一个新逻辑？

因为修正经典逻辑总是导致建构一种"新"逻辑，所以我把上面两个问题合而为一：构建一个逻辑系统的程序以及评价该系统的标准是什么？

在我看来，逻辑学家与其他领域的科学家没有本质性区别。他们都必须使用假说演绎法：先发现问题，确立研究目标；搜集经验材料，为以后的理论化做准备；构造尝试性假说；根据各种标准，对这个假说进行评价；从该假说推出许多结论或预测，通过实践或推测进行检验；不断改进这个理论，直到得到广泛认可和应用。许多逻辑学家不这样认为，只是因为他们各自只做了构建逻辑系统这个整体任务中的部分工作，逻辑学家共同体不得不完成所有其他的工作，包括对所构建的逻辑系统做评价、选择和使用。②

---

① Maddy P. A Naturalist Look at Logic. Proceedings of the American Philosophical Association. 2002: 75-76.

② Rescher N. Discourse on a Method//Rescher N. Topics in Philosophical Logic. Dordrecht: D. Reidel, 1968: 332-341.

（1）发现问题，确立研究目标。

例如，对于莱布尼茨来说，他想发明一套普遍语言和理性演算，把所有的推理都化归为计算，由此达到思维的程序性、严格性和精确性。他一生不断尝试实现这一目标。又如，对于弗雷格来说，他想把数学化归为逻辑，由此证明数学的一致性和可靠性。但当时已有的逻辑不能用来实现这个目标，所以他竭尽全力创造一种新逻辑。当代计算机科学和人工智能提出了许多经典逻辑不能满足的新要求，故逻辑学家们正在构造各种新的逻辑系统，例如认知逻辑，关于行动、博弈和决策的逻辑，关于自然语言表征和理解的逻辑。

（2）进行预备性的经验考察。

在建构新逻辑系统之前，逻辑学家必须对相关领域有足够的理解。例如，他们应该澄清相关领域中重要的概念和命题，消除它们的歧义和不精确性，清楚地理解那些概念和命题之间的实际逻辑关系，从而确定哪些概念和命题是基本的，哪些概念是可定义的，哪些命题是派生的。例如，在构造时态逻辑、道义逻辑、认知逻辑时，逻辑学家必须先进行有关时间、义务和规范以及知识的哲学研究，从而为以后的形式化工作奠定实证基础。

（3）构造新的形式系统。

这是逻辑学家的本职工作，也是构造逻辑系统的关键步骤。具体工作包括：先设计一个形式语言，然后选择演绎装置的集合，其中包括目标系统的公理和推理规则，最后从这个系统的演绎装置集合中推出许多定理，由此构成一个形式化系统。

（4）对形式系统的元逻辑证成。

并非任何构造出来的形式系统都有资格被看作逻辑。合格的系统必须具有一些元逻辑特征，例如可靠性、一致性、完全性、独立性、可判定性、范畴性等等。其中最重要的是形式系统的可靠性，它关系到一个形式系统是否成立的问题，即该系统的所有定理是否都是逻辑真的。不可靠的形式系统可以推出矛盾，而推出的矛盾足以摧毁那个系统。系统的完全性也是非常重要的，因为它与系统的推演能力有关，即是否所有逻辑真理都可以作为该系统的定理推演出来。既可靠又完全的形式系统一直是逻辑学家们所追求的目标。

然而，形式系统的可靠性和完全性却不能充分证成一个逻辑系统，可以给出两个理由：(i) 相互冲突的逻辑系统可以分别是可靠的和完全的；(ii) 在各种可靠和完全的系统中，有的得到广泛认可和应用，有的则被忽视甚至被完全遗忘。发生此种现象必定另有原因。

（5）对形式系统的认识论证成。

既然逻辑系统是对于我们的语言和认知实践的抽象化和理想化，并且与外部世界有关，因此，还必须给出系统的认识论证成。我们应该考虑，系统是否对应于我们的认知、思维和语言使用，是否与我们在相关领域的直观和常识相冲突，等等。

夏皮罗（S. Shapiro）指出，模型论和证明论都给出了逻辑后承的概念：前者通过解释或模型来说明后承，后者通过推理规则来说明后承。可靠性和完全性是关于形式系统的数学概念，它们仅是证成系统的必要条件。除此之外，演绎后承概念和模型论后承概念都预设了直观的和前理论化的后承概念，即自然语言中正确推理的概念。在某种意义上说，演绎后承概念和模型论后承概念是对自然语言中正确推理概念的刻画和描述，因此有如下问题：这些刻画或描述是否正确和充分？一个模型论语义学是正确的，如果它有足够的解释去拒绝任何混合意义上非有效的论证；一个模型论语义学是充分的，如果任何自然语言中混合意义上有效的论证都对应于一个模型论后承。类似地，一个演绎系统是正确的，如果它的任何初始推理规则都对应于一个合法的且没有间隙的推理步骤；一个演绎系统是充分的，如果任何自然语言中合法且没有间隙的推理链条都被重新纳入这个系统中。[①]

（6）对形式系统的实用性证成。

在已经构建成功的逻辑系统中，我们的学术共同体进行选择的一个重要标准是：这些系统是否具有重要的理论和实践价值，是否有助于解决困难问题，是否得到普遍且有效的运用，以及是否简单和方便，等等。在开始阶段，一个逻辑理论不可避免地是幼稚和肤浅的，其理论和实践的价值常常不太高，例如，道义逻辑、认知逻辑、偏好逻辑等曾经处于这种情形中。不过，这种现象是很自然的，也会不断得到改进。世界中绝大多数人都是功利主义者，他们对没有价值或价值很小的东西没有耐心。然而，我想强调的是，请更耐心地对待逻辑的发现和创造，以长焦距、广镜头从不同侧面去评价一个逻辑系统。

---

① Shapiro S. Logical Consequence, Proof Theory and Model Theory//Shapiro S. Oxford Handbook of Philosophy of Mathematics and Logic. Oxford: Oxford University Press, 2005: 664.

4. 为什么逻辑可修正性论题如此难以被认同？

下面讨论一个心理学问题，但其实也是一个认识论问题：对于大多数人来说，甚至对于某些资深哲学家来说，接受蒯因的逻辑可修正性论题为什么显得如此困难？我至少可以给出如下三个理由：

（1）逻辑与外部世界以及我们的认知的联系是如此之遥远和间接，以至于人们错误地认为没有这种联系。我想问一些很重要的问题：如果逻辑只是对世界无所言说的重言式，为什么它们可被运用于世界甚至在世界中管用？如果实际上不存在逻辑真理与人类思维实践之间的联系，为什么逻辑规律和规则对我们的思维具有支配性力量？在我看来，逻辑学家不应该构造这样的逻辑系统，即它们与我们的常识和语言直观有根本性冲突，且在我们的思维中毫无应用；即使他们这样做了，他们所构造的"逻辑"系统也不值得认真对待。如果不承认逻辑与人类经验之间有直接或间接的联系，逻辑真理的有效性对于人类认知来说将是难以理喻的谜团。实际上，并不是我们把自己的认知模式强加于世界，而是世界教导我们学习和遵循这些模式。人类在与世界打交道的过程中代代相传的积累的模式对于个别人来说是先天的，但是对于整个人类来说却并非如此，因为通过最终的分析，这些模式都具有实在论或经验论的起源。

（2）逻辑处于人类知识体系的中心地位。面对顽强不屈的经验，如果选择修改逻辑，我们将付出沉重代价。有些人由此再走一步，得出了逻辑不可修正的结论。但是，这个结论是错误的，因为逻辑真理在人类知识体系中的中心性并不等同于它的分析性、必然性和先天性，难以修正逻辑并不等同于逻辑可免于修正。的确，修正逻辑将导致巨大的改变，甚至导致世代积累的知识体系崩溃。这仅仅说明我们不能轻易修改逻辑，而并未证明我们不能修改逻辑。人类知识体系的巨大变化，即所谓的"科学革命"，在过去已经发生过多次，在未来很有可能还会发生。

（3）对逻辑可修正论的一种反对意见是：在修改逻辑时，我们也不得不使用逻辑，所以逻辑可修正性论似乎是自我否定的。我已在上面第二节回答了这个反驳。如我所论证的，经典逻辑的修正并不是全面的和整体的，而是部分的和局部的。因为经典逻辑按照某种方式反映和刻画了外部世界和我们关于世界的认知，它将被长期有效和普遍地使用，不是完全错误的，故不能被完全否弃。因此，在修正经典逻辑时，我们可以使用经典逻辑中我们仍然接受的那些部分。另外，有些逻辑学家用 T2 修正 T1，其他逻辑学家用 T3 修正 T2，更一般地说，另外一些逻辑学家用 Tn 修正 Tn-1，等等。我们必须一个接着一个地完成对经典逻辑的单个修正，就其本身而言，这些单个的修正是一致的和融贯的。因此，逻辑可修正性论并不是一个自毁的论题。

正如在日常生活层面，像休谟这样的怀疑论者与普通人没有什么区别一样，像我这样的逻辑修正论者与其他那些坚持逻辑不可修正的同行之间也没有实质性区别。虽然不承认逻辑真理具有绝对分析性、必然性和先天性，但我仍然认为，逻辑真理处于我们知识系统的中心，具有相对而言的分析性、必然性和先天性，所以，倘若修正逻辑，我们将付出巨大代价。我们行动的指导原则是蒯因的"最小损害原则"，所以我相信，虽然逻辑是可修正的，但我们不能任意地修正逻辑，我们必须具有非常强劲且充分的理由来这样做。对我们来说，不修正逻辑或许总是一个合理的策略和更好的选择。①

---

① 本章 3.3 和 3.4 小节利用了笔者先前发表的文章《"逻辑可修正性"再思考》（《哲学研究》2008 年第 8 期）一文中的部分文字。

第 8 章 对蒯因真理观的批判性考察

在本章中,我将对蒯因的真理观做批判性审视。本章由三节构成。第一节讨论蒯因关于"真"或"真理"究竟说了些什么,将其真理观概括为 8 个论题。第二节揭示蒯因真理观的某些内在紧张,例如,在塔斯基的递归式真定义与蒯因关于意义和真理的整体主义之间的紧张,在蒯因关于真理的实在论说明和认知说明之间的紧张,以及在观察句的主体间性和科学的客观性之间的紧张。第三节论证如下断言:关于真的去引号说明是不充分的,因为一个合格的真理论不得不考虑如下问题:真理是否需要一个实在论基础?语言如何与世界相关联?人类心智如何把握真理?融贯为什么在真信念之网中是重要的?等等。

一、蒯因关于"真"和"真理"究竟说了些什么?

1990 年,蒯因出版了《真之追求》一书。可以说,"真之追求"是他的全部哲学研究的出发点。从早年到晚年,他从未停止过对"真"和"真理"的思考:真谓词的作用是什么?在我们说一个语句为真的时候,我们的意思是什么?真是内在于语言或理论还是超越于它们之上?是否存在关于世界的既真又不相容的理论?如果有,如何从中选择出最好的?什么是逻辑真理和数学真理?等等。通过仔细研读他的论文和著作,我把蒯因的真理观概括为如下 8 个论题。

Q1. 恒久句是真值承担者。

什么是真值承担者?对这个问题有不同的回答。不同的学者分别把"真"归属于观念、信念、思想、语句、陈述、命题、判断,甚至归属于一个特定说话者在特定情境下的话语。不同的归属导致不同的本体论和认识论的后果。

蒯因考虑了真值承担者的四个选项:话语(utterance)、命题、陈述和语句。

他曾先把"真"看作适用于由特定的说话者在特定情景下的话语:"最好不把语句而把话语事件看作最初为真或为假的东西。"① 但一个话语的真对于语境因素过于敏感,这些因素——如谁、何时、何地以及如何——是不稳定的,所以最好不把话语看作真值承担者。他曾经把陈述看作真值承担者,但后来放弃了,因为像奥斯汀这样的牛津哲学家用"陈述"指谓某种言语行为。他强烈抵制"命题"概念,因为他把命题看作某种内涵实体,缺少个体化标准。蒯因进而断言:"最好不把命题而把语句标记或者恒久句看作为真为假的东西。"② 对他来说,恒久句是语句类型——"可重复的语言形式"或"声音模式",例如"1969 年 7 月 15 日马萨诸塞州的波士顿下雨",其中所有的索引因素(代词、时态等)以及含混性和模糊性都被消除掉了。

Q2. 塔斯基的真定义是普遍适用的。

塔斯基使用作为对象语言的类演算加上形式化了的元语言来表述他的实质上充分且形式上正确的真定义。③ 通过这种定义,他想把握住亚里士多德关于"真"和"真理"的直觉:"说是者为非,或说非者为是,这是假的;说是者为是,或说非者为非,这是真的。"④

蒯因是塔斯基的朋友和倾慕者。他毫无保留地接受了塔斯基的真定义,并按照自己的方式对其做了重新表述。⑤

首先,他定义了带有初始符号的一阶语言 L,包括变元 x、y、z,谓词符号 F、G、R,联结词 ¬ 和 ∧,量词 ∃。其他逻辑算子 ∨、→、↔ 和 ∀ 如常定义。

其次,他利用对象的无穷序列去定义对象语言的任意开公式的"满足"。

令 "X" 和 "Y" 是对象的任意无穷序列。令 "F" 是一个一元谓词,"G" 是一个二元谓词,"A" 和 "B" 是 L 的任意两个不同的开公式。令

---

① Quine W V. Philosophy of Logic. Englewood: Prentice Hall, 1970: 13.
② 同①14.
③ Tarski A. Logic, Semantics, Metamathematics. 2nd ed. Indianapolis: Hackett Publishing Company, 1983: 152-278.
④ Aristotle. Metaphysics. Ross W D, trans. 北京:中央编译出版社, 2012: 85.
⑤ Quine W V. Philosophy of Logic. Englewood: Prentice Hall, 1970: 40-43; Quine W V. Pursuit of Truth. Cambridge, MA: Harvard University Press, 1990: 84-86.

"var（i）"是 L 的第 i 个变元，"X_i"是任意序列 X 中的第 i 个对象。于是，任意开公式的满足可递归定义如下：

（1）任给 i、X 和一元谓词 F，X 满足跟随 var（i）的"F"，当且仅当，FX_i。

（2）任给 i、j、X 和二元谓词 G，X 满足跟随 var（i）和 var（j）的"G"，当且仅当，GX_iX_j。

（3）任给 i、j、X 和 n 元谓词（n≥3），相关语句的满足可通过类似方式去定义。

（4）任给 X 和 A，X 满足¬A，当且仅当，X 不满足 A。

（5）任给 X、A 和 B，X 满足 A∧B，当且仅当，X 满足 A 并且 X 满足 B。

（6）任给 X、A 和 i，X 满足 A 相对于 var（i）的存在量化，当且仅当，A 被某个序列 X′满足，使得任给 j ≠ i，$X_j = X'_j$。

最后，蒯因把任意闭语句的真看作带有零个自由变元的开语句的特例，按如下方式定义：

L 的任意闭语句是真的，当且仅当，它被所有的对象序列所满足。

他表明，这个真定义满足塔斯基提出的实质上充分和形式上正确的条件。它是实质上充分的，因为它可以推出特定 T 模式的所有逻辑后承：

T 模式　x 相对于 L 是真的当且仅当 p。

这里，p 是 L 任意语句在其元语言中的翻译，x 是这个语句在元语言中的命名或结构描述。例如，我们可以从那个真定义推出如下等价式：

"约翰是一位教授"是真的当且仅当约翰是一位教授。

"草是绿色的"是真的当且仅当草是绿色的。

该定义是形式上正确的，因为真被定义在对象语言、元语言、元元语言等等的分层体系中，所以从那个真定义推不出像说谎者悖论和格雷林悖论这样的语义悖论。"像所有的指称一样，真必须退回（语言的）分层体系。在每一个层级上，真仅仅是零元谓词或语句的指称。"[1]

---

[1] Quine W V. From Stimulus to Science. Cambridge, MA：Harvard University Press, 1995：66.

实际上，蒯因在一阶语言即他的"标准记法"中重新表述了他的真定义。他如何保证这个定义是普遍适用的？答案或许可以在他的如下论述中找到："科学语言的基本结构已经在熟悉的形式中被独立出来并且被模式化。这就是谓词演算：量化和真值函项的逻辑"①，"于是，我们所面对的世界系统的模式，就是被当今逻辑学家很好理解的那种结构，即量化逻辑或谓词演算"②。

蒯因还表明了如何在肖芬克尔的组合子逻辑中以及他自己的谓词函子逻辑中定义真，并且把这两种新定义与塔斯基定义做了比较对照。③

Q3. 真是去引号。

蒯因从塔斯基的 T 模式和真定义中引出一个重要教训："把真归属于语句（例如雪是白的）就是把白归属于雪。把真归属于'雪是白的'仅仅取消了引号并且说雪是白的。真是去引号"④，"把真归属于一个陈述等同于这个陈述本身"⑤。他的这一观点被叫作"去引号主义"（disquotationalism）。他几乎在其一生中都坚持这个观点。在《从逻辑的观点看》（1953）中，蒯因说："对我们来说，把真……归属于'雪是白的'……就像把白归属于雪一样清楚。"⑥ 在《语词和对象》（1960）中，他宣称，说"布鲁特斯杀死恺撒"这个陈述是真的，或说"钠的原子重量是23"是真的，实际上等于说布鲁特斯杀死恺撒，或者说钠的原子重量是23。⑦ 在《逻辑哲学》（1970）中，他按照如下方式讨论塔斯基的范式——"雪是白的"是真的当且仅当雪是白的："引号做出了在谈论语词与谈论雪之间的所有区分。该引文是一个语句的名称，该语句包含了雪的名称即'雪'。通过把这个语句称为真的，我们把雪称为白的。真谓词是去引号的工具。我们可以只通过说出单个语句来肯定该语句，无须引号或真谓词

---

① Quine W V. Confessions of a Confirmed Extensionalist and Other Essays. Cambridge, MA: Harvard University Press, 2008: 277.

② Quine W V. Word and Object. Cambridge, MA: The MIT Press, 1960: 228.

③ Quine W V. Selected Logic Papers. 2nd ed. Cambridge, MA: Harvard University Press, 1995: 141-145, 174; The Ways of Paradox and Other Essays. 2nd ed. Cambridge, MA: Harvard University Press, 1995: 308-321.

④ Quine W V. Quiddities: An Intermittently Philosophical Dictionary. Cambridge, MA: Harvard University Press, 1987: 213.

⑤ Quine W V. Quintessence-Basic Readings from the Philosophy of W. V. Quine. Harvard University Press, 2004: 214.

⑥ Quine W V. From a Logical Point of View. 2nd ed. New York: Harper & Row: 138.

⑦ 同②24.

的帮助。"①

然而，在某些情形中，引号是不易消除的，真谓词甚至是不可或缺的。举例来说，"真"有时被用于一个尚未被某人说出而以某种别的方式提到的语句，如"约翰将要说出的下一句话是真的"，或者"约翰将要说出的每句话都是真的"。这些可以被看作对尚未说出的语句之真的"盲目的"或"空虚的"断定。它们或许表明，说话者信任相关人士将要说出的这些语句。蒯因很少讨论关于真的"盲目的"或"空虚的"用法，更喜欢讨论一般情形。当我们说"汤姆是有死的"和"约翰是有死的"，我们可以将其概括为"所有人都是有死的"。但是，当我们说"天在下雨或不在下雨"，我们不能做出像"所有人都是有死的"那样的概括，因为"天在下雨"不像"汤姆"或"约翰"那样是可对其做概括的论域（人）中的对象的名称。我们只能通过上升一个层次，在该层次上确实有可对其做概括的对象即语句，才能说"所有形如'p 或非 p'的语句是真的"。类似的情形还有："罗伯特说的所有语句都是真的"，"真命题的所有逻辑后承都是真的"。这就是蒯因所谓的"语义上溯"。如果罗伯特所说的语句在数量上是有穷的，我们就可以逐一列出他所说的每个语句。于是，"罗伯特说的所有语句都是真的"可以被划归为像"S_{r1}是真的∧S_{r2}是真的∧…∧S_{rn}是真的"这样的有穷长合取式。因此，真谓词仍然被看作去引号。然而，形如"p 或非 p"的语句以及真命题的所有逻辑后承在数量上是无穷的，相关语句的真谓词是不可消除的。

蒯因补充说："真的去引号说明没有定义真谓词——在'定义'的严格意义上，因为严格意义上的定义告诉我们如何从所要求的语境中消除被定义表达式而使用先前建立的记号。但是，在更宽泛的意义上，去引号说明确实定义了真。它告诉我们任一语句为真是怎么回事，在这样做时所用的术语对我们来说就像所谈论的那个语句本身一样清晰。我们清楚地理解雪成为白的是怎么回事，我们也同样清楚地理解'雪是白的'这个语句为真是怎么回事……'真'是透明的。"②

Q4. 去引号主义是符合论的残余。

蒯因不同意符合论，后者主张：一个语句通过与实在相符合（特别是与一

---

① Quine W V. Philosophy of Logic. Englewood: Prentice Hall, 1970: 12.

② Quine W V. Pursuit of Truth. Cambridge, MA: Harvard University Press, 1990: 81–82.

个事实相符合）而有资格为真。他至少给出了如下三个理由。

（1）如果我们在语句中一个语词接着一个语词地寻找符合，就会发现：为了符合的目的，我们不得不让实在充满了各种臆造的抽象对象。例如，复合语句含有像"并非""并且""或者""如果，那么""所有"这些逻辑词。它们与世界中的什么东西相符合或相对应呢？罗素和维特根斯坦都曾认真地思考和讨论过这些问题，只不过维特根斯坦得出了否定的结论：逻辑常项不代表什么，没有逻辑对象。①

（2）或许我们可以让整个语句符合于事实：一个语句是真的，如果它报告了一个事实。但问题在于，事实是为了符合的目的而由真语句投射出去的。也就是说，首先我们得到一个语句；为了说明这个语句的真，我们设定与这个语句相对应的事实。在这样做时，我们实际上把语句及其结构移植到世界中。但是，这一策略会带来严重的问题。例如，根据符合论，"詹姆斯说话"这个语句符合"詹姆斯说话"这一事实。然而，当詹姆斯说话时，他的舌头在动，他穿着衣服，他是他国家的公民，他位于地球的某个地方，并且他处于宇宙空间中……所有这些情形都包括在"詹姆斯说话"这个事实中吗？一个"事实"的边界在哪里？我们如何把"事实"个体化？个体化问题牵涉到我们能否在事实之间建立区分：这个事实，那个事实；我们能否对事实进行重新确认：同一个事实，不同的事实；我们能否对事实进行计数：一个事实，两个事实，三个事实……

（3）设定事实对于真语句没有任何解释力。有人告诉我们，"鸟会飞"为真是由于鸟会飞这一事实，"鸟会飞"这个真语句符合于鸟会飞这个事实，"鸟会飞"这个语句是真的当且仅当鸟会飞是一个事实。稍微思考一下就会发现："这是一个事实"这个说法是空洞的和循环的，因为事实是通过真来定义的，反之亦然，所以它应被放弃。于是，"鸟会飞是一个事实"被简缩为"鸟会飞"。我们根据鸟会飞这一事实说明"鸟会飞"为真，现在变成："鸟会飞"是真的当且仅当鸟会飞。在这个意义上说，真就是去引号。

不过，蒯因仍然承认，符合论含有合理因素，因为它强调语句的真假取决于非语言的实在以及在世界中发生的事情。"真谓词在某种程度上用来通过语句指向实在；它用作提醒物：虽然提及语句，但实在仍然是要点所在。"② "正如

---

① 维特根斯坦. 逻辑哲学论. 贺绍甲，译. 北京：商务印书馆，2015：45, 58, 70.
② Quine W V. Philosophy of Logic. Englewood: Prentice Hall, 1970: 97.

符合论已经暗示的,真谓词是词语和世界之间的中介。真的东西是语句,但该语句的真就在于世界恰如它所说的那样。"① 他进而说明,这一点在塔斯基的 T 模式中是显然的:"雪是白的"是真的当且仅当雪是白的。把真归属于语句就是把白归属于雪,这就是符合。如果断定"所有形如'如果 p 则 p'的语句都是真的"或者"任何语句及其否定的析取都是真的"这样的全称式,那么,我们直接谈论的是语句而非世界。于是,我们需要真谓词恢复对象化指称的作用。这个谓词表明,我们通过谈论语句间接地谈论实在。这没有把它所谓述的语句与该语句所谈论的外在对象分隔起来。它在提醒,虽然在技术上上升到谈论语句,但我们的眼睛却仍然关注着世界。

据我的理解,蒯因虽然支持去引号主义,在表面上也批判符合论,但他对符合论抱持同情的理解。他明确断定,去引号主义"是真理符合论的重要残余。把真归属于语句就是把白归属于雪。把真归属于'雪是白的'仅是去引号并且说雪是白的","我们看到符合论退化为去引号"②。可以这样说,蒯因的去引号主义实际上是符合论的某种变体。

Q5. 真是内在的。

自然主义是蒯因哲学的最重要特征。对他来说,没有"第一哲学",没有超越科学之上的视角可以俯瞰科学,没有在自然科学运作标准之上或之外的知识标准。相反,"实在只有在科学自身中而非在某种先在的哲学中才能被识别和描述"③。像事实、指称、真这些东西是内在于我们关于世界的整个理论的。

在蒯因看来,我们没有知道实际存在之物的超验视角或上帝之眼,我们只有根据我们关于世界的最好理论才能知道存在之物。在他那里,"科学"是一个概括性语词,几乎囊括了所有东西,从常识经过化学、物理学、心理学、社会学和历史直到逻辑和数学。一方面,如果从我们的科学的角度看,所有东西都存在,无论是宏观的太阳、山川、植物和动物,还是微观的原子、分子和夸克。另一方面,所有这些对象都是我们的科学的设定物,在认识论上它们与荷马诸神类似。他认为:"把设定称为设定并非是屈尊俯就。设定是不可避免的,除非以其他更人为的权宜之计为代价。我们承认其存在的任何东西从理论建构过程

---

① Quine W V. Pursuit of Truth. Cambridge, MA:Harvard University Press, 1990:81.

② Quine W V. Quiddities:An Intermittently Philosophical Dictionary. Cambridge, MA:Harvard University Press, 1987:213-214. 着重号为引者所加。

③ Quine W V. Theories and Things. Cambridge, MA:Harvard University Press, 1981:21.

的角度来看都是一种设定，同时从已被建构的理论的角度来看都是实在的。"①

蒯因继续论证说：既然语句描述的对象是内在的，所以语句的真也是内在的："正是在我们回到至少当前实际上假设承认的理论中时，我们可以并且确实合理地说这个和那个语句为真。有意义地应用'真'的地方即根据一个特定理论表述的或从这个理论内部看待的语句，这个理论也包括其设定的实在。"② "无论我们肯定什么，我们毕竟如我们现在看待它那样将其肯定为在我们关于自然的整个理论内的一个陈述；称一个陈述为真只不过是重新肯定它……在任何事件中都没有理论之外的真，没有比我们宣称或渴望的真更真高程度的真，因为我们持续地从内部修补我们关于世界的系统。"③

Q6. 融贯必须是真理的固有要素。

在蒯因看来，我们关于世界的全部理论是由其经验证据不充分决定的，它实际上是由两部分构成的：一是来自世界的线索，即我们全部理论的经验内容；二是研究者的贡献，这"表示人的概念主权范围——在这个范围中他可以为了挽救数据而修正理论"④。因此，在评价假说或理论时，我们应该不仅考虑它们与世界的关联，还要考虑其他因素，融贯就是这些因素之一。

蒯因提到了两种相互对立的真理论，即融贯论和符合论。前者认为，真理有资格成为真理，只是因为把它们全体放在一起能够成为一个逻辑上一致的系统。一旦如此坦率地表述，融贯论看起来是荒谬的，因为它仅仅通过诉诸单个语句与我们知识系统中其他语句的一致而把真值（真或假）归属于这个语句，它没有关于观察和实验的明显要求。不过，蒯因承认这两种真理论都含有合理的因素：符合强调真语句与其所说之物（如白雪）之间的关系，而融贯强调真语句与其他语句之间的关系。

首先，我们基于观察，也就是基于我们直接接触的世界，而把有些语句直接接受为真。然后，基于与观察句的系统关联而把其他语句看作真的。我们尽可能地找出与观察记录保持一致的最雅致的世界系统，我们通过增加观察而收

---

① Quine W V. Word and Object. Cambridge, MA：The MIT Press，1960：22. 着重号为引者所加。

② 同①24.

③ Quine W V. Confessions of a Confirmed Extensionalist and Other Essays. Cambridge, MA：Harvard University Press，2008：242. 着重号为引者所加。

④ 同①5.

缩这个系统。这是诉诸融贯的合理之处：真理必须相互融贯，与真语句相矛盾的语句必定是假的。根据蒯因的整体论，仅当一些语句与网络中的其他成员相融贯时，才能把它们接纳到我们的信念之网中。他的结论是："真正说来，融贯和符合不是对立的真理论，而是两个互补的侧面。融贯这个侧面通过我们的严格审视与如何达到真理有关。符合这个侧面则与真理和它们所说之物之间的关联有关。"①

Q7. 假说的评价同时受求真的考虑和实用的考虑所指导。

因为我们的理论是被经验证据不充分地决定的，可能存在关于相同主题的不同假说。为了做出选择而对它们进行评价，除了是否为真这个标准外，我们还必须考虑其他因素。蒯因列出了一个假说的六个优点：保守性、温和性、简单性、普遍性、可反驳性以及精确性。② 我偏向于把这六个优点分成两组：一组是关于求真的考虑，包括普遍性、可反驳性和精确性；另一组是关于实用的考虑，包括保守性和温和性。简单性处于这两组中间。

求真的考虑关注一个假说的经验内容、该假说与世界的关联以及它的真。如蒯因所论证的，我们说明当前观察的假说越普遍，当前的观察碰巧符合这个假说的概率就越小。如果有一些可想象和可观察的事件证伪一个假说，这个假说就是可反驳的。否则，一个不可反驳的假说不会有关于世界的任何预测，也不会为世界中的东西所确认或否证。如果一个基于假说的预测由于不相干的原因恰好为真，这只是一个巧合。一个假说越精确，给这种巧合留下的余地就越少。

实用的考虑关注选择假说的好处和代价。保守性意味着：在接受一个假说时，越少地拒绝所需要的在先信念，这个假说越合理——在其他条件相同的情况下。温和性意味着：如果一个假说在逻辑上被另一个假说蕴涵而不蕴涵另一个假说，或者，如果一个假说所假定发生的事件与另一个假说所假定发生的事件相比属于更为平常和熟悉的种类，因此也更值得期待，那么，前一个假说就比后一个假说更温和。这两者告诉我们在发现与一个假说相反的证据时如何修正该假说：我们尽可能遵循最小损伤原则，尽量保持与先前接受的信念相一致，对我们的信念之网做出最少或最必要的修改。

---

① Quine W V. Quiddities: An Intermittently Philosophical Dictionary. Cambridge, MA: Harvard University Press, 1987: 214.

② Quine W V. The Web of Belief (with J. S. Ullian). New York: Random House, 1970: 66-80, 98-101.

简单性处于上面两组考虑之间。蒯因指出:"……就理论与观察语句保持联系而言,在与观察语句相符的理论中,简单性是我们可以要求的关于真理的最好证据。"① 为什么?首先是因为世界及其结构在本体论上是简单的,其次是因为简单性对于人类来说具有认知的甚至是生存的价值,它能够帮助人类从过去和当下的经验做出关于未来的正确预测。这些属于简单性的求真方面。与此同时,简单性意味着经济和美,有时甚至还意味着宽度、深度和效率。这些属于简单性的实用方面。

Q8. 存在经验上等价但逻辑上不相容的关于世界的理论。

蒯因论证了经验证据对理论的不充分决定性,后者是说"任给一个理论表述,都有另一个与之经验上等价但逻辑上不相容的理论表述,不能通过谓词的重新解释使前者与后者逻辑上等价"②。在他看来,两个理论在经验上等价,当且仅当它们具有相同的经验内容,也就是说,它们蕴涵相同的观察断言语句集,以相同的方式被经验证据所证实或证伪。如果两个理论在逻辑上不相容,那么,我们至少可以找到一对语句 p 和 ¬p,一个理论包含 p,另一个理论包含 ¬p。举例来说,如果一个理论包含语句"分子的质量大于电子",另一个理论包含语句"分子的质量不大于电子",显然,这两个理论就是逻辑上不相容的。

我们要问:经验上等价但逻辑上不相容的理论如何可能呢?蒯因论证说,两个理论可以蕴涵相同的观察断言语句集,所以它们在经验上是等价的。但是,它们也可以包含一些逻辑上不相容但完全理论性的、与经验内容无关的词项,所以我们不能说出它们在我们经验上的区别。他给出了一些例子。平凡的例子是,两个理论唯一的区别是调换"电子"和"分子"。③ 更为实质性的例子是,应用于球体表面的黎曼几何与欧几里得几何。前者说直线总是相交的,后者说有些相交有些不相交,特别是在球体上根本就没有任何直线。④

蒯因指出,对于那些逻辑上不相容但经验上仍然等价的理论,我们可以有两种态度:局部的和全局的。根据局部的观点,一个人在特定时间持有一个理

---

① Quine W V. Word and Object. Cambridge, MA: The MIT Press, 1960: 250. 着重号为引者所加。

② Quine W V. Confessions of a Confirmed Extensionalist and Other Essays. Cambridge, MA: Harvard University Press, 2008: 237.

③ 同②.

④ Quine W V. Pursuit of Truth. Cambridge, MA: Harvard University Press, 1990: 96.

论，对此时的他来说，他正在使用的理论就是真的，其他理论则是假的。如果他转到另一个理论中，那么后一个理论成为真的，而先前接受的理论成为假的。这种观点通过蒯因的论断"真是内在的"而得到证成。根据全局的观点，因为两个理论在经验上等价，"我们作为坚定的经验主义者应该把这两个理论都看作真的"①，即使它们在逻辑上是不相容的。更精确地说，两个经验上等价但逻辑上不相容的理论都可以是真的或假的。蒯因自己说，"近些年来，我在这两种选择之间摇摆不定"②。

许多学者对逻辑上不相容但经验上等价的理论的可能性提出严重质疑。例如，通过分析几个例子，希尔顿断言："由于有趣的原因逻辑上不相容的观念原来是个障眼法。"③ 博格斯特姆宣称："我认为蒯因应该拒绝不相容但经验上等价理论的可能性。"④ 甚至蒯因本人也认为这种可能性不应被认真看待，因为我们为了避免不相容总是可以重新解释词项，例如他说，在黎曼几何和欧几里得几何中，"冲突通过把黎曼术语中的'直线'重新解释为'大圆圈'而得到消解"⑤。

我也认为，至少就蒯因哲学而言，经验上等价理论的不相容性仅是表面的而非实在的。首先，蒯因强调，在自然化认识论中，"经验论的两个主要原则仍然是攻不破的，而且迄今仍然如此。一个原则是，任何科学的证据都是感官证据。另一个原则是……关于语词意义的所有传授最终都必须依赖于感官证据"。第二个原则的基础来自皮尔士："一个陈述的*真正意义在于它为真对于可能经验所造成的差异*。"⑥ 根据这一观点，如果两个理论所包含的那些理论词项以及相关语句对于可能经验不造成差异，我们就可以说，它们没有经验意义，甚至是无意义的。即使它们有不同的意义，我们也无法识别出这种差别。我们可以完全忽略这些逻辑上不相容的词项和语句，或者我们可以通过重新解释来避免表面上的不相容。其次，蒯因在讨论本体论还原时说，凭借代理函数，我们可以把一个理论的本体论还原为另一个理论的本体论，只要本体论的改变没有在理论的经验蕴涵上造成差别，我们就可以自由地进行这种还原。在这种意义上，

---

① Quine W V. Pursuit of Truth. Cambridge, MA: Harvard University Press, 1990: 98.
② 同①100.
③ Hylton P. Quine. New York and London: Routledge, 2007: 191.
④ Bergstrom L. Quine's Truth. Inquiry, 1994, 37 (4): 433.
⑤ 同①97.
⑥ Quine W V. Ontological Relativity and Other Essays. New York: Columbia University Press, 1969: 75, 78. 着重号为引者所加。

本体论是无关紧要的。为什么我们不能用这种观点看待那些逻辑上不相容但经验上等价的理论呢？

二、蒯因真理观的内在紧张

在如上概述的蒯因真理观中，似乎存在着内在的紧张、冲突甚至矛盾。我将表明，有些紧张是表面上的，可以解释掉；而有些紧张是真实的，应该予以严肃对待。为了消解这些紧张，我们不得不改进、修正和扩展蒯因的真理观。

1. 塔斯基的真定义与蒯因的整体论相容吗？

我们知道，塔斯基通过递归方法定义了相对于语言的真概念。他首先定义含自由变元的原子开语句的满足；其次定义含"并非""并且""或者""如果，则""当且仅当"这些联结词的复合开语句的满足；再次定义含"所有"和"有些"的量化开语句的满足；最后定义闭语句的真，这是含零个自由变元的开语句的满足的特殊情形。既然蒯因主张意义和知识的整体论，他可以采用塔斯基的真定义吗？这是一个非常严肃的问题。

蒯因早期以非常极端的方式表述了他的整体论："具有经验意义的单位是整个科学。""……整个科学是一个力场，其边界条件是经验……没有任何特定经验与这个场内的特定陈述有联系，除非间接地通过影响这整个场的均衡考虑。"① 根据这种相当极端的整体论，似乎不可能在整个科学中递归定义语句的真，至少这样做是非常困难的，因为这些语句没有它们自身的经验内容。

不过，蒯因后来澄清了他的整体论真正意谓什么，实际上是把它温和化了："科学既不是非连续的也不是铁板一块。它是不同因素的结合体，在不同程度上松散结合……'这个单位根本上就是整个科学'这一说法所获甚少，无论它以死抠条款的方式可以得到多少辩护。"② "温和的整体论……说，一般不能指望一个科学语句本身蕴涵经验后承。通常需要更大一簇语句。"③

---

① Quine W V. From a Logical Point of View. 2nd ed. New York: Harper & Row, 1980: 42. 着重号为引者所加。

② Quine W V. Confessions of a Confirmed Extensionalist and Other Essays. Cambridge, MA: Harvard University Press, 2008: 230.

③ Quine W V. Quintessence-Basic Readings from the Philosophy of W. V. Quine. Cambridge, MA: Harvard University Press, 2004: 62.

根据温和整体论，蒯因有可能定义语句在关于世界的整体理论中为真。① 该整体理论由观察语句和理论语句构成。首先，他定义"这是红色的"和"1974年2月23日16：00希斯罗有雨"这些观察句的真。在他看来，观察句是语言的说话者通过见证场合就会直接同意的场合句。它们是语言与语言所谈论的世界之间的联结，自身具有经验内容。它们既是科学证据的媒介又是语言学习的入口。理论语句通过分享观察句的内容而分享其经验内容。然后，他定义形如"只要这样，就那样"的观察断言句，例如"当柳树生长在水边时，它向水面倾斜"。一个观察断言句由观察句构成，所以它可以被经验证据所证伪：它是假的当且仅当其前件为真而后件为假。我们的理论蕴涵其观察断言句，而不是相反。一个理论所蕴涵的观察断言句集为这个理论提供了经验内容。观察断言句把一个理论与观察关联起来，做出解释和预测，成为这个理论的检验点。只有一个理论所蕴涵的观察断言句中至少有一个被证据所证伪，这个理论才被驳倒。我们整个科学更为抽象和一般的部分（如逻辑和数学）也与科学的其他部分通过共同蕴涵观察断言句而分享经验内容。蒯因指出："虽然严重依赖于语言的谈论，但是逻辑理论早已指向世界而非指向语言，真谓词使其如此。"② 因此，我们不仅可以谈论观察句和观察断言语句的真，也可以谈论逻辑或数学语句的真，甚至谈论我们关于世界的整个理论的真。

蒯因清楚地意识到如下事实，即真概念必须相对于语言的分层体系来定义：对象语言、元语言、元元语言等等。但我这里想提出一个很严肃的问题：有可能为我们的科学所使用的语言提供这种分层体系吗？我倾向于说"不"，因为对于蒯因来说，"科学"包括非常广的范围，它使用的语言几乎就是我们日常生活中使用的自然语言（外加人工符号）。如果没有关于这种语言的清晰层级，蒯因将不得不面临一个更具挑战性的问题——塔斯基证明，对于特定形式算术而言，这种算术中的真概念不能通过使用这种算术提供的表达方式得到定义。我们可以把塔斯基的结论自然地扩展到我们整个理论所使用的语言中。但我在蒯因的著述中没有找到他对这些问题的回答。

2. "真"到底是实在论概念还是认知概念？

戴维森评论了两种类型的现代真理观：实在论的和认知的。实在论的观点

---

① 对蒯因的整体论及其普遍可修正性原则的澄清，参看陈波. 论蒯因的逻辑哲学. 中国高校社会科学，2014（6）：60—84.

② Quine W V. Philosophy of Logic. Englewood：Prentice Hall，1970：97.

推动了某种形式的符合论,即把真看作由独立于心灵的客观实在所决定的,而认知的观点以某种方式让真依赖于我们的信念或我们的认知实践或能力。他断言,认知观点是"站不住脚的",而实在论观点是"不可理解的"。①

在戴维森看来,蒯因是认知真理论的支持者之一,因为"蒯因至少在某个时期内坚持认为,真理是内在于关于世界的理论的,所以在某种程度上依赖于我们的认识论状态"②。我认为,戴维森对蒯因的断言是有根据的。在最后一节,我将更详细地讨论蒯因关于真的内在性的观点。对于蒯因来说,如果从理论的角度看,我们当然知道在这个理论中有些语句是真的有些语句是假的;如果站在超越的视角上,这意味着:我们放弃了我们的理论,无法判断该理论内部语句的真值。他强调:"真理是内在的,没有更高的真理。我们必须从一个理论内部来谈论真理,即使真理是多种多样的。"③

但是,在许多地方,蒯因似乎接受关于世界的实在论,以至让"真"成为一个实在论或超越性的概念。我可以为此说法展示三类证据。

第一,我找到蒯因关于实在论和真的许多论述。例如:"是什么使得一个完整的物理理论为真而另一个为假?我只能用无助益的实在论回答说,正是世界的本性。"④"真应该依赖于实在,他(哲学家)这样说是正确的,确实如此。没有一个语句是真的,除非实在使之为真……在谈论一给定语句之真时只有间接性;我们最好只说出这个语句,因而不是谈论语言而是谈论世界。"⑤"真之追求仍然潜藏于我们对'真'的使用中。我们确实应该在当下把牢固的科学结论接受为真理;但是,当其中一个结论被进一步的研究所驱逐时,我们不说它以前是真的但变成假的。我们说,令我们惊奇的是它根本不是真的。科学被看作追求和发现真理而非裁定真理。这是实在论的说法,它对于'真'谓词的语义是必不可少的。"⑥

---

① Davidson D. The Structure and Content of Truth. Journal of Philosophy, 1990, LXXXVII (6): 298.

② 同①。

③ Quine W V. Pursuit of Truth. Cambridge, MA: Harvard University Press, 1990: 21-22.

④ Quine W V. Theories and Things. Cambridge, MA: Harvard Univerity Press, 1981: 179-180. 着重号为引者所加。

⑤ Quine W V. Philosophy of Logic. Englewood: Prentine Hall, 1970: 10-11. 着重号为引者所加。

⑥ Quine W V. From Stimulus to Science. Cambridge, MA: Harvard University Press, 1995: 67.

第二，蒯因毫不犹豫地坚持二值原则和排中律，他几乎就把二值原则看作排中律。"二值是我们关于自然的经典理论的基本特征。它使我们对于能够用我们的理论词汇表达的所有陈述都设定一个真假二分，无论我们是否知道如何确定它们的真假。"① 他也指出，排中律可以用如下不同的方式来表述：

（1）任何闭语句是真的或假的；
（2）任何闭语句或其否定是真的；
（3）任何闭语句是真的或不真的。②

在达米特看来，二值原则和排中律预设了关于世界的实在论：如果无论人们是否以某种方式知道一个语句的真或假，这个语句还必然为真或为假，那么，这个语句的真值只能是由实在决定的，也就是说，是由世界中发生的独立于我们的事情决定的。③

蒯因清楚地知道，二值原则和排中律从不同方面受到了攻击，例如，受到来自集合论和语义悖论的攻击，（在物理学中）受到量子力学海森伯格不确定性悖论原则的攻击，受到直觉主义和达米特的证成主义的攻击，受到未来偶然性、空名和模糊性的攻击，受到多值逻辑、自由逻辑等等这些变异逻辑的攻击。但是，他针对这些攻击而顽强地为二值原则和排中律辩护，虽然他清楚地知道他的辩护将付出什么样的代价：

> 我们宣称，1903 年开学日的黎明，哈佛校园的草地上有奇数片叶子，这是真的或假的。这件事是不可确定的，但是我们坚持认为这是一个事实。对于其他不可计数的平凡事实也是类似的。对于更为极端的不可确定的情形也是类似的，例如，我们是否可以通过时空坐标在某个偏僻地点的一米以内识别出一个氢原子。在数学方面，连续统假设或不可及基数的存在问题也是类似的。如达米特所说，二值原则是实在论的标志特征。④

也就是说，蒯因意识到，接受二值原则几乎等于接受某种形式的实在论。但他有时候做出让步："让我们仅仅承认，排中律并不是生活的事实，

---

① Quine W V. Theories and Things. Cambridge, MA: Harvard University Press, 1981: 36. 着重号为引者所加。
② Quine W V. Philosophy of Logic. Englewood: Prentine Hall, 1970: 83.
③ Dummett M. Truth and Other Enigmas. Cambridge, MA: Harvard University Press: 145-165.
④ 同①32. 着重号为引者所加。

而是支配有效逻辑整编的规则。"①

第三，蒯因把"真"与"有保证的可断定性"严格区分开来。"真是一回事，而有保证的信念是另一回事。我们可以通过这个区分获得二值逻辑的清晰性并且享受其简单性的甜蜜。"② 但是，这个区分似乎预设了关于世界的实在论：一个语句的真依赖于世界中发生的事情，而不依赖于我们关于这些事情的知识："没有一个语句是真的，除非实在使之为真。"③ "把真和保证分离开来，我们可自由地承认有些真理是可发现的有些真理不是；我们可自由地承认其他陈述是假的。"④ 为什么不可发现的真理是真的？这里只有一个解释：独立于我们的实在使得它们为真。

于是，我们似乎看到了两个蒯因：一个明显断定"真"是内在的，所以是一个认知概念；另一个不隐晦地认为"真"依赖于实在或外部世界，所以是一个实在论概念："……这个世界——一个与语言不同的、我们从未创造过的世界。"⑤ 哪一个是真实的蒯因？

3. 如何保持弗雷格所提出的"是真的"和"认之为真"之间的区分？我们如何从科学的主体间性达到其客观性？

弗雷格做出了一个根本性区分，其目的是要说明思想的客观性："是真的与认之为真是很不相同的，无论通过一个人、许多人还是所有人，是真的都不能还原为认之为真。某种东西是真的，但所有人都认之为假，这里没有任何矛盾。我不把逻辑规律理解为认之为真的心理学规律，而是将其理解为是真的规律。"⑥

在强调真的内在性时，蒯因的大概意思是：关于真的谈论只有相对于我们的整个科学才有意义，一个语句的真是由我们关于它在其中出现的世界的最好

---

① Quine W V. Quiddities：An Intermittently Philosophical Dictionary. Cambridge，MA：Harvard University Press，1987：57.

② Quine W V. Pursuit of Truth. 2nd ed. Cambridge，MA：Harvard University Press，1992：94.

③ Quine W V. Philosophy of Logic. 2nd ed. Cambridge，MA：Harvard University Press，1986：10.

④ 同①56.

⑤ Quine W V. Ontological Relativity and Other Essays. New York：Columbia University Press，1969：125.

⑥ Frege G. The Frege Reader. Beaney M，ed. Oxford：Blackwell，1997：202-203.

理论来保证的。因此，他的"真"几乎相当于我们的最好理论"认之为真"。虽然我们的最好理论长久以来在经验上是成功的，但它有可能是错误的，蒯因难道不知道"认之为真"与"是真的"之间的区别吗？如果他知道，那么他如何从前者跳到后者？根据我的判断，这个秘密或许隐藏在他的观察句概念中：蒯因试图用观察句的主体间性来确保我们的科学理论的客观性。

对蒯因来说，一个观察句必须满足两个定义条件：一个条件是在面对适当范围内的刺激时，这个语句要求一个认知主体当下的同意或不同意，而且独立于他当时所从事的事情。另一个条件是主体间性：这个语句必须要求这个场合中所有语言上有能力的见证人都做出相同的决定。"促使我们检验观察句的是我们寻求观察和理论之间的关联……它要求一个直接的决定，正是这一要求使那种关联成为一个检验点。主体间性的要求使得科学成为客观的。"① "对观察句的社会要求有两个重要作用。首先，它使儿童从社会中学会使用观察句。其次，它使科学成为客观的或至少具有主体间性。"②

为什么观察句的主体间性如此重要？在蒯因看来，这与知觉相似性有关，后者是所有学习、所有习惯养成和所有从过去经验通过归纳进行预期的基础，因为我们内在地倾向于期望相似的事件具有彼此之间相似的结果。虽然我们不能分享我们的感受器或感官，我们却分享知觉相似性的标准，在我们之间有关于这个标准的先定和谐。分享或和谐是如何发生的？蒯因诉诸达尔文的自然选择："我们的相似性标准部分地是自然选择的结果，部分地是在共同的环境中伴随经验的结果。"③ "这种近似的和谐是在基因库中先定的。"④ 这相当于说，我们分享的知觉相似性标准具有某种自然的、客观的或实在论的起源，它使观察句具有主体间性，也使我们的科学成为客观的和经验上成功的。但是，蒯因仍然没有弥合主体间性与客观性或"认之为真"与"是真的"之间的巨大间隙，因为我们接受为真的关于世界的最好理论仍有可能是假的，这一点已经被我们的科学史反复证实过了。

---

① Quine W V. Pursuit of Truth. 2nd ed. Cambridge, MA: Harvard University Press, 1992: 4-5. 着重号为引者所加。

② Quine W V. From Stimulus to Science. Cambridge, MA: Harvard University Press, 1995: 44-45.

③ Quine W V. Quintessence-Basic Readings from the Philosophy of W. V. Quine. Cambridge, MA: Harvard University Press, 2004: 293.

④ 同③278.

4. 如何调和关于理论的求真考虑和实用考虑？

上一节论证过，在关于理论的方法论考虑中，求真的考虑包括普遍性、可反驳性和精确性；实用的考虑包括保守性和温和性。简单性是二者重叠之处。我认为，求真的考虑应该优先于实用的考虑。在最终的分析中，求真的考虑隐藏在实用的策略中。在评价、选择和修正假说时，我们为什么应该考虑保守性、温和性与简单性？回答可能是这样的：既然我们先前接受的信念是有用的并且很长时间以来一直是成功的，那么，它们必定是被牢固地确立于并根植于实在世界中的，也就是说，它们至少必须在某种程度上是真实的。因此，我们必须小心谨慎地对待它们：如果我们不得不修正它们，我们也应该尽可能地遵循最小损伤原则。另外，在设想、评价和修正假说时，我们之所以要坚持温和性和简单性，是因为大自然不喜欢奇迹：它是由自然规律或规则控制的，还因为大自然就其结构而言是简单的，以至于自然规律也是普遍的和简单的，而我们的认知能力是有限的。事实上，求真的考虑和实用的考虑都服务于同一个目标：追求真理。

5. 真理只是理想还是已经成为某种现实？

美国实用主义哲学家皮尔士的真理观可以概括为如下口号：真是探究的终点。这里的"终点"是含混的，介于"目的"和"最终结果"之间。这个口号告诉我们，真是由实在所限制的科学探究试图完成的目标，或者是研究者长期探究所接近的极限，或者是探究者最终达成的稳定共识。[1]

蒯因指出："真作为目标仍然是这个词已经确立的用法，我将其默认为关于我们持续地使我们的世界图景适应于我们的神经输入所进行的调整的生动隐喻。"[2] 作为一位众所周知的整体论者，他认为，我们关于世界的科学作为一个整体接受经验证据的检验；就其经验内容而言，整体内各部分只有量的差别而没有种类的不同。另外，既没有外在的优势地位，也没有最高的上诉法庭，真内在于我们关于世界的最好理论。因为我们的整个理论总是处于演变过程中，所以没有最终的和绝对的真理。在这个意义上，追求真理是崇高的和无止境的事业。不过，他也认为，因为我们的科学是有用的，我们在与自然打交道的过程中

---

[1] Haack S. The Pragmatist Theory of Truth. British Journal of Philosophy of Science, 1976, 27: 231-249.

[2] Quine W V. Quintessence-Basic Readings from the Philosophy of W. V. Quine. Cambridge, MA: Harvard University Press, 2004: 286. 着重号为引者所加。

获得了巨大成功,所以,"我们应该而且当下确实把牢固的科学结论接受为真"①。

于是,对蒯因来说,真理既是探究的理想目标,又已经具有某种现实性。

三、真的去引号说明是不充分的

蒯因断言:"……确实没有对去引号说明的质疑;无可争议的是,'雪是白的'是真的当且仅当雪是白的。另外,这是一个充分的说明;它清晰地阐明了每一个清晰语句的真或假。"② 我不同意他的说法,下面将论证他的断言为何不成立。

通常认为,一个语句为真至少取决于如下两点:这个语句关于世界中的事物或事情究竟说了些什么,那个或那些事物或事情是否恰如这个语句所说的那样。虽然没有仔细考察谢尔的四篇论文③的技术性细节,但我同意她的基本观点:完全有可能发展出一种关于真理的实质性的、不设定事实的符合论。按照我的理解,蒯因仅仅拒绝了设定事实的符合论版本,而非实际上否定了整个符合论。实际上,他在关于真的去引号说明的伪装下发展出符合论的一个新版本:在本体论中,我们需要对象(个体和类)、对象的性质和对象之间的关系;在语义学中,我们需要"指称"、"满足"和"真"等概念;当然,我们还需要逻辑以及像集合论这样的数学理论,等等。正如蒯因所说,把真归属于"雪是白的"这个语句恰好就是把白归属于雪。下面我将论证对真的全面说明至少必须考虑四个要素:实在作为使真者(truthmaker)、语言、认知、融贯。

1. 作为使真者的实在:真理有实在论基础吗?

蒯因明确断言,实在是使真者:"没有一个语句是真的,除非实在使之为真。"为了定义真理和逻辑真理,我们不得不利用涉及语词与世界之间关系的"指称"和"满足"概念。他说:"逻辑学家谈论语句,只是把它作为一种手

---

① Quine W V. From Stimulus to Science. Cambridge, MA: Harvard University Press, 1995: 67.

② Quine W V. Pursuit of Truth. 2nd ed. Cambridge, MA: Harvard University Press, 1986: 93. 着重号为引者所加。

③ Sher G. On the Possibility of a Substantive Theory of Truth. Synthese, 1999, 117: 133–172; In Search of a Substantive Theory of Truth. The Journal of Philosophy, 2004, 101: 5–36; Epistemic Friction: Reflections on Knowledge, Truth, and Logic. Erkenntnis, 2010, 72: 151–176; Truth as Composite Correspondence//Achourioti T, et al. Unifying the Philosophy of Truth. Dordrecht: Springer, 2015.

段，借以沿着他不能通过施量化于对象加以清除的一个维度来达到一般性。真谓词于是保持了他与世界的联系，世界才是他的关切所在。"①

我们不得不讨论一个困难且重要的问题：为了说明我们关于世界的整个理论的功效和真，是否有必要去设定我们的理论所描述的独立自存的世界？如上所说，蒯因的明确回答是"否"，但有时隐含的回答是"是"。我的回答非常确定：是！在一种意义上，接受这种设定就是采取超越的观点，或者采取上帝的视角，俯视和远观我们所居住的世界，超越于我们目前关于世界的整个理论的范围之外。在另一种意义上，设定独立自存的实在并非如此超越；即使是超越，这种超越也并非如此不合理。我列出如下五点理由。

（1）对实在的设定来自基于我们的认知和科学发展的归纳和外推。起初，我们的祖先仅仅知道他们周围的环境，他们在日常生活中所熟悉的土地和天空。随着我们科学的发展，我们关于世界比我们的先辈知道得更多：宏观世界包括太阳系、银河系以及河外星系等等，微观世界包括分子、原子、电子、中微子和夸克等等。我们的世界图景的确超出了我们祖先根据他们的知识所获得的世界图景。通过诉诸归纳和外推，我们猜测，这个世界比当前科学所说的更复杂、更广大和更丰富，需要我们继续去探索这里使用的归纳和外推与我们在自然科学中使用的归纳和外推恰好属于同一类型。

（2）对实在的设定为我们的知识和科学的未来发展留下了足够大的空间。正如我们现在知道的世界远远超出过去的科学所告诉我们的世界，未来科学将告诉我们后代的世界也在规模、复杂性和丰富性上远远超出我们当前科学所告诉我们的世界。

（3）这种超越的视角不仅是可能的，而且非常合理。如我们所知，我们可以自我反思。在这样做时，我们在某种意义上超越了我们自己：我们在想象中把自己置于他人的位置来从上到下打量我们自己。在语言的分层体系中，包括对象语言、元语言、元元语言等等，几乎处于任何层级的语言都可能被超越。另外，我们可以采取不同的视角：在我们的整个科学中，我们用一个子理论 x 超越另一个子理论 y，用 y 超越 z，用 z 超越 w，又用 y、z、w 其中之一超越原来的 x。于是，我们整个科学的任何子理论都可能被超越，我们当前的整个科学也

---

① Quine W V. Philosophy of Logic. Englewood: Prentice Hall, 1970: 35. 着重号为引者所加。

将被我们未来的整个科学所超越。①

（4）对实在的设定可以解释我们固有的直观：真理是客观的；真理不仅取决于我们设想、知道和思考什么以及我们如何设想、知道和思考，而且取决于某种独立于我们的东西。正如亚里士多德所说："不是因为我们真的认为你是白的，你就是白的，而是因为你是白的，所以说出这一点的我们获得了真理。"②

蒯因经常问一个大问题：科学为什么会如此成功？③ 根据我的判断，如果我们不设定我们的科学所描述的外部世界，我们就不能对这个问题给出合理的回答。正如普特南所言："对实在论的肯定论证是，它是唯一不使科学的成功沦为奇迹的哲学。"④

（5）的确，我们没有充足的理由设定一个外部世界的存在。但是，在我们的科学中通过归纳和外推所得到的所有概括命题与对实在的设定具有相同的特征。我们也不能保证在我们科学中所得到的概括命题都具有确定性和真理性，它们可能是假的。我们的科学是由这种概括命题构成的，但它们是有用的。经验主义者不能仅在经验的基础上证明一切，即使蒯因本人也承认这一点："有可能最先提出来当作自然化认识论的一个规范的是：对观察的预测是对一个假说的检验。我认为这不只是一个规范；它就是该游戏的名称。不能检验所有科学，科学越是软性，检验就越是稀少；但是，在被检验时，检验就是对观察的预测。而且，<u>自然主义对该规范没有特殊主张，它毋宁就是经验主义的关键所在</u>。"⑤

2. 语言：语言如何与世界相关联？

对塔斯基来说，"真"是一个语义概念，而"语义概念表达了在所讨论的语言中所指对象（和事态）与指称这些对象的语言表达式之间的某种关系"⑥。

---

① 这里我从谢尔那里获得启迪："我用'超越'意味着，从外在的角度反思性地看待一个思想或者一个思想的领域，但在（人类）思想的范围内。"（Sher G. In Search of a Substantive Theory of Truth. The Journal of Philosophy, 2004, 101：25.）

② Aristotle. Metaphysics. Ross W D, trans. 北京：中央编译出版社, 2012：202. 着重号为引者所加。

③ Quine W V. Quintessence-Basic Readings from the Philosophy of W. V. Quine. Cambridge, MA：Harvard University Press, 2004：289.

④ Putnam H. Mathematics, Matter and Method. Cambridge：Cambridge University Press, 1975：73.

⑤ 同②282. 横线为引者所加。

⑥ Tarski A. Logic, Semantics, Metamathematics. 2nd ed. Zndianapolis：Hackett Publishing Company, 1983：403-404.

为了澄清真理的本性以及定义真,我们不得不小心对待我们的语言。戴维森说,根据亚里士多德对真的刻画,"一个语句的真依赖于语句的内在结构,也就是说,依赖于其组成要素的语义特征"①。他强调指出:"很清楚,塔斯基没有定义真这个概念,即使是适用于语句的真。塔斯基表明对于每种规范的语言如何定义真谓词,但他的定义当然没有告诉我们这些谓词的共同特征。换言之,他定义了形如's 是真$_L$'的不同谓词,每个谓词都适用于一种语言,但他没有定义形如对变元 L 's 在 L 中是真的'的谓词。"② 谢尔也断言:"对真的探求是在语言中进行的:在语言中表述假说,在语言中提出和回答问题,用语言中的直陈句表达假定的知识(信念)。既然语言是发现真理的主要工具,所以真理论的一个主要分支——所谓的语义学分支——把真作为语言实体的性质来研究。"③

我先前提出并论证了一种关于语言和意义的新理论,即语言和意义的社会建构论(简记为 SCLM),主要回答两个问题:语言如何与世界相关联?语言的意义来自何处?SCLM 包括六个论题:(1)语言的首要功能是交流而不是表征,语言在本质上是一种社会现象。(2)语言的意义来源于人与外部世界的因果性互动,以及人与人的社会性互动。(3)语言的意义在于语言和世界的关联,由语言共同体的集体意向所确立。(4)语言的意义基于语言共同体在长期交往过程中形成的约定之上。(5)语义知识就是经过提炼和浓缩的经验知识,或者是被语言共同体所接受的语言用法。(6)语言和意义随着语言共同体的交往实践或快或慢地变化。SCLM 的关键在于用"语言、人(语言共同体)和世界"的三元关系去取代"语言和世界"的二元关系。④

我还提出并论证了一种新的名称理论,即社会历史因果描述论(简记为 SHCD),回答名称到底如何指称其对象的问题。SHCD 也包括六个断言:(1)名称与对象的关系始于广义的初始命名仪式。(2)在关于名称的因果历史链条上,所传递的首先是并且主要是关于名称所指对象的描述性信息。(3)被一个语言

---

① Davidson D. The Folly to Try to Define Truth. Journal of Philosophy, 1996, XCIII (6): 267.

② Davidson D. The Structure and Content of Truth. Journal of Philosophy, 1990, LXXXVII (6): 285.

③ Sher G. On the Possibility of a Substantive Theory of Truth. Synthese, 1999, 117: 134.

④ 陈波. 语言和意义的社会建构论. 中国社会科学. 2014 (10): 121-142.

共同体所认可的那些描述性信息的集合构成了名称的意义。(4) 相对于认知者的实践需要,在作为名称意义的描述集合中可以排出某种优先序:某些描述比其他描述更占有中心地位。(5) 除极少数名称外,绝大多数名称都有所指,但其所指不一定是物理个体,也包括抽象对象、虚构对象和内涵对象。(6) 若考虑到说话者的意向、特定话语的背景条件和相关的知识网络等因素,由名称的意义甚至部分意义也可以确定名称的所指。①

关于"真"和"真理",我们还可以探询更多的问题,例如:我们如何把握真理?一个真语句如何进入真信念之网?前者与认知相关,后者与融贯相关。我们把这些问题留给以后去探讨。

---

① 陈波. 名称究竟如何指称对象?一个新的名称理论. 南国学术,2015 (3):79-91.

第9章 "根据指称决定者为真"的分析性新解及其问题

从20世纪30年代开始，蒯因在他的一系列文章中，对分析与综合的区分的存在，以及分析性概念在哲学上的解释能力表示了强烈的怀疑。[1] 特别是，他对分析性真理的形而上学解释，即分析语句是根据意义为真的这个观念，提出了实质性的批评。最近一些年，博格西安（P. A. Boghossian）进一步给出形而上学分析性与认识论分析性的区分，并对所谓"形而上学分析性"提出否定性的论证，他认为由于形而上学分析性存在着解释上的严重困难，甚至直觉上的荒谬性，因此，此类的分析性是不可辩护的。[2]

在蒯因对于分析性的各种不同的描述中，一个描述是最具有代表性的，且广泛地被引用，作为对分析性的一种标准的理解。在常识的观念中，语句的真由两个要素所决定：第一是语句中各个语言表达式的意义，及由组合性而决定的语句的意义；第二是语言所表达或描述的外在世界。可以这样来理解，如果一个语句不具有它本身实际具有的那个意义，比如"单身汉"的意思是大学生，那么，"单身汉是未婚的男人"就未必是真的。而如果世界不是它实际所是的样子，则一些在我们的世界中为真的物理定律或物理描述就不是真的，当然，表

---

[1] 具有代表性的主要有分别发表于1935年、1951年和1954年的三篇文章：Truth by Convention//The Ways of Paradox and Other Essays. New York: Random House, 1965: 70-99; Two Dogmas of Empiricism//From a Logical Point of View. 2nd ed. Cambridge, MA: Harvard University Press, 1961: 20-46; Carnap and Logical Truth//The Ways of Paradox and Other Essays. New York: Random House, 1965: 100-125。当然，最著名的应为1951年的那一篇。除此之外，《词与物》（Word and Object, Cambridge, MA: The MIT Press, 1960）第二章关于翻译不确定性的论证，也是蒯因对自己在这个问题上整个立场的一个重要支持。

[2] 但他认为一种认识论的分析性可以独立于形而上学分析性，并且，蒯因对分析性的批评不能有效地适用于认识论的分析性，因此，他所定义的认识论分析性是完全可以辩护的。具体内容可参见他的 Analyticity Reconsidered, Noûs, 1996, 30; Analyticity//Hale B, Wright C. A Companion to the Philosophy of Language. Oxford: Blackwell, 1997。

达这些物理定律或物理描述的语句也就不是真的。蒯因的这个描述给出了一幅基本的图画,其关键点是:即使是分析语句,决定其真的结构也是不变的,或者说,分析语句只是适用于所有语句之真的两因素中的一个处于一种极端情况(它的值是零)时所产生的结果。蒯因是这样说的:"非常清楚的是,真一般地依赖于语言和语言外的事实两者……因此,人们倾向于一般地设想,一个陈述的真差不多可分解为语言成分和事实成分。给定了这个设想,下一步看来就是合理的,在一些陈述中,事实的成分恰好是零,而这就是分析陈述。"①

形而上学分析性建立在"以意义为真"这个分析性的传统定义之上,因此分析性语句根据定义就是仅仅"根据"意义为真(only in virtue of meaning)的语句。② 2008 年,牛津大学出版社出版了美国哲学家吉利恩·罗素的新书《根据意义为真:为分析与综合的区分辩护》(Gillian Russell. *Truth in Virtue of Meaning: A Defence of the Analytic/Synthetic Distinction*)。在这本书中,作者给出了一个相当系统的论证,希望表明在一种新的理解下形而上学的分析性是有意义的,可以避免传统理解下所引起的那些问题,因此,我们可以在怀疑论者对形而上学分析性的进攻下拯救此种类型的分析性,并在这个范围内有理由地坚持分析与综合的区分。

吉利恩·罗素在书中主要做了两件事情:第一,对分析性定义中"根据意义为真"的"根据"(in virtue of)一语给予了新的解读;第二,对分析性定义中的"意义"一词给予了新的解读。具体地说,"根据"一语意味着意义"完全地"(fully)决定了分析语句的真,但语言外世界的事实或其他形而上学因素"冗余地"(redundantly)决定了分析语句的真。同时,"意义"在分析性的传统定义中本来是语句的命题内容,现在被指称决定者(reference determiners)所代替。指称决定者既可以是弗雷格意义,也可以是直接指称论者所依赖的不作为命题组分的其他要素,原则上可以是卡普兰(David Kaplan)的"dthat [α]"中任意的 α,甚至是一个显示指称对象的行为。在本章中,我们只在必要时简单地涉及吉利恩·罗素所做的第二项工作,而把注意力集中在她所做的第一项工作。我们将批判地考察她对"根据"这个用语所给的新解释,并最终质疑这

---

① Quine W V. Two Dogmas of Empiricism//From a Logical Point of View. 2nd ed. Cambridge, MA: Harvard University Press, 1961: 36-37.

② 对比之下,认识论分析语句是这样的语句,对这个语句的理解本身,就是相信这个语句所表达内容的充分理由。显然,这是紧密关联于先天性的一种对分析性的理解。

种新解释是否能够有效地服务于她所要达到的目标,既避免这个用语的传统理解所引起的直觉上的困难,又保存形而上学分析性所具有的核心的哲学涵义。

一、"根据意义为真"中"根据"一语的新解释

吉利恩·罗素给出的对于"根据"一语的新解释基于如下的考虑:首先,这个解释要考虑到分析句原有的"以意义为真"的基本涵义,即意义在决定分析语句真值中所具有的决定性的作用;其次,又要考虑到即使是分析语句也表达了某种语言之外的事实,哪怕这个事实只是基于语言外世界的一种普遍且必然的性质。① 吉利恩·罗素主要借助于一个例子,或者在我看来一个隐喻来说明她的基本主张。让我们简单地描述在她的书中实际使用的那个例子。通常的乘法可以表达为这样的模式:$x \times y = z$。当 $x = 0$ 时,无论 y 取任何值,总有 $z = 0$。吉利恩·罗素把这种情况下的各要素的作用描述为:函数的第一个自变元完全地决定了函数的值,而第二个自变量冗余地决定了函数的值。"冗余地决定"的定义如下:

> 一个有序 n + 1 元组 $(x_1, \cdots x_i, \cdots x_n, y)$ 的目 x_i 冗余地决定了一个函数 F 的值 y,仅当(1)第 i 个目位置部分地②决定了函数 F 的值,(2)不存在一个属于 F 的 n + 1 元组 $(x'_1, \cdots x'_i, \cdots x'_n, y')$,其中 $x_1 = x'_1$, $x_2 = x'_2$, $x_i \neq x'_i$, $x_n = x'_n$,并且 $y \neq y'$。③

完全决定在这里顾名思义就是这种情况,有一组自变元的特定的值,只要它被给定,函数值也就是一个给定的值,此时,其他自变元有任何改变,都不改变函数的值。吉利恩·罗素使用这组概念,对上述公式在 x 取 0 时的情形进

---

① 注意:这个必然性可能根据关于世界的某种本质主义理解,因此,完全有可能一些分析的语句并不在此种意义上是必然的。在这个方面追随克里普克和卡普兰的吉利恩·罗素,清楚地肯定这一可能性。这对于我们理解她的一些主张具有重要的意义。

② 对于"部分地决定"(partially determine),书中也有一个类似的定义,我们只给出其大意:一个函数的目位置部分地决定了函数的值,仅当至少存在一对属于 F 的 n + 1 元组 $(x_1, \cdots x_i, \cdots x_n, y)$ 和 $(x'_1, \cdots x'_i, \cdots x'_n, y')$,其中 $x_1 = x'_1$, $x_2 = x'_2$, $x_i \neq x'_i$, $x_n = x'_n$,并且 $y \neq y'$。(Russell G. Truth in Virtue of Meaning: A Defence of the Analytic/Synthetic Distinction. Oxford: Oxford University Press, 2008:35.)

③ Russell G. Truth in Virtue of Meaning: A Defence of the Analytic/Synthetic Distinction. Oxford: Oxford University Press, 2008:36.

行了描述,此时第一个自变元的特定的值0完全地决定了函数的值,但第二个自变元冗余地决定了函数的值。

吉利恩·罗素对分析语句如何被语言与世界两个要素所决定给出了一个相当直观的描述。尽管实质上这还只能算是一个隐喻水平上的描述,但它所表达的思想仍是比较清楚的。在我看来,它所规定的决定作用应该有两个核心的要求:第一,在分析语句的真值确定中,世界的因素比较起来是最小的,或者说,世界的影响处于一种最小极限的状态;第二,世界因素的作用尽管在此时是最小的,但不能完全取消,换句话说,虽然作用处于最小值,但决定关系的结构没有改变。吉利恩·罗素的目的是很明确的,就是既要解释通常理解的分析性的基本性质,即意义对真值的决定作用,又要考虑到分析语句似乎在某种意义上描述了事实,尽管这些所谓"事实"是一些最基本的真理。

吉利恩·罗素认为,传统的"以意义为真"中的意义,被多数哲学家看作语句的命题内容,直接决定了或组成了命题为真的条件。但是,这种"意义"或"意义"的这种类型,是以我们普通人日常对意义的理解为基础的。传统的分析哲学家把这种对意义的日常理解,变成一种对于语言表达的语义成分的标准理解。此种标准理解认为意义有三种主要的性质或功能:第一,意义是一个有能力的正常说话者在理解一个语言表达时应该把握或知道的东西;第二,意义是语言表达的命题内容,用专业的术语说,就是该语言表达对它出现于其中的语句的真值条件所做的贡献,相应地,对于语句来说,意义就是语句所说的(what is said by it),或语句所表达的命题;第三,意义是决定语言表达指称什么或它的外延是什么的决定要素。传统理解中,以上的三个功能有唯一的承担者。在弗雷格那里,所谓"意义"就是语言表达的涵义(sense),涵义确实被弗雷格赋予了上述的三个功能。

与日常理解及弗雷格的理论不同,吉利恩·罗素认为,一个语言表达应该同时具有三种意义,并可能有不同的承担者(尽管在一些情况下,三种意义有同一个承担者)。三种意义对应于传统理解中意义的三种功能:第一种就是日常理解的意义,接近于弗雷格的涵义(她从卡普兰那里借用一个词"character"表示这种意义);第二种就是作为命题成分的语义内容(在弗雷格那里,这个内容与第一类意义完全等同,但对克里普克等直接指称论者而言,名字等语言表达式的内容并不是弗雷格意义,而是被直接指称的对象);第三种就是所谓"指称决定者"(reference determiner),用于决定一个语言表达式指称什么对象或适用于什么对象的类。① 吉利恩·罗素认为，分析语句的以意义为真，其实是以指称决定者为真。指称决定者的一个重要性质是，它可以不是命题的语义内容，甚至完全不出现在命题的语义表达中。为便于理解，我们可以说，对于直接指称论者，名字的指称决定者就是那些用来在实际世界确定（fix）指称的要素，可以是那些实指的行为，或者是用来一次性确定名字指称的一组描述性质，但名字的语义内容却是指称对象本身，只有后者才在命题中出现，并对命题的真值条件做出贡献。

二、对分析性的一种传统理解

在近代哲学中，较早且较有影响的分析性的界定来自休谟。休谟给出的分析与综合区分的基本结构差不多也是今天所认可的结构。无论是反对这个区分的人，还是赞成这个区分的人，都大体认可这个区分的框架。但是，在结构的细节上给出分析性刻画的早期人物应该是康德。在他那里，分析性的基本条件可简化地表达为断定的主词包含谓词的内容。弗雷格在两个方向上扩展了分析性语句的范围：一方面，他的分析性语句包含非主谓结构的语句，在可允许的结构上拓展了分析性的疆域；另一方面，他的分析性语句包含算术，这是在分析性语句命题内容上的一种拓展。至于一些由隐含的定义或推导关系所决定的概念真理，比如"如果一个东西是红的，那么，它就不是白的"，也许不在弗雷格的分析性语句的类中，博格西安称此类分析语句为"卡尔纳普分析的"（Carnap-analytic）。在我们下面的分析中，分析语句本身的结构也许不是最重要的，因此，我们要考察分析性原初是要解决什么问题，特别是，为解释当代分析哲学对分析性的关注，我们要着重考察最初受到蒯因批评的，并最终被置于困难境地的分析性是什么样的。这样，才能使我们看到争论双方真正的问题和分歧所在。

众所周知，蒯因所批评的分析性及分析与综合的区分，是逻辑经验论所支持的那种现代版本的分析性。这种分析性在基本框架上与近代哲学史上所讨论的分析性是相似的，但它的哲学目标和功能有所不同。作为一种现代的经验论，逻辑经验论是在现代科学的背景下来考虑哲学问题的，它的首要问题是为科学

---

① Russell G. Truth in Virtue of Meaning: A Defence of the Analytic/Synthetic Distinction. Oxford: Oxford University Press, 2008: 43-44.

作为经验的并且是理性的事业进行哲学的说明。数学与逻辑在科学中具有重要的作用，但数学与逻辑本身如何能有一种与经验论相容的解释，且解释中又不引入被认为是非科学的，因此哲学上不可接受的形而上学，这是现代经验论需要解决的一个问题。在一般的理解中，数学与逻辑命题，还有其他一些概念的真理（例如"对于任何满足 $x \neq y$ 的两个对象，如果 x 在 y 左边，那么，y 在 x 右边"），它们与经验世界的关系与通常的经验命题不同，至少，它们并不在经验命题描述实际世界的意义上描述实际世界中的事实。但如何对数学与逻辑等等的经验有用性给出一种不借助形而上学的说明，现代经验论者找到的一个办法就是使用分析性概念，说明这些命题不以世界中的事实为真，而只以语言的意义为真。也可以说，这些命题只以语言表达式本身的结构、内容以及各表达式之间的关系为真。对分析性语句的这个说明，既确定了它们本身不具有直接描述经验世界的性质，也揭示了它们为真的根据，且这个根据并不需要任何形而上学的介入。

接下来的问题当然是，具有如此性质的这些命题，既然本身没有直接的经验意义，为什么在科学中普遍地被使用，且具有似乎是不可或缺的作用。实证主义者赋予数学与逻辑特殊的功能，即它们在科学体系中用作概念的框架，来搭建不同经验命题和不同理论断定之间的推理关系。此外，科学概念的定义，或用于概念说明的那些解释，许多实际上可以组成一些概念真理，它们也不直接用于描述世界的经验性质。在此，用于测量的一些规定是典型的例子，比如说，1 米等于 100 厘米。说经验证明了 1 米等于 100 厘米显然是不得要领的，同样的经验事实可以用不同的度量系统来表达，度量系统本身并不描述世界，但它是使测量和表达成为可能的条件之一。

因为数学、逻辑及其他概念真理在实证主义者那里被以这种方式来理解，所以，说一个数学或逻辑命题被经验所确证或证明是没有意义的，同时，说它被经验所否证或证伪也是没有意义的。没有意义在这里是说，你无法在坚持实证主义的解释的条件下，说明在什么情况下一个世界中的事实是对应于一个数学或逻辑命题的事实。如果证实或证伪有意义，前提是你首先必须说明对应于被证实或证伪的命题的是哪些事实。整体论其实并不改变这个条件，因为整体论的核心是强调，在经验与理论的证据关系中，理论本身应该作为一个关系项的最小单位。整体论在原则上并不必否认理论作为整体可以有结构。理论有结构的观点与某种温和的整体论之结合，完全可以同实证主义关于分析与综合区分存在的立场相容。这就是为什么我们发现，包括卡尔纳普在内的实证主义的代表人物，也接受某种版本的整体论。只有断定理论是无结构的，或者说理论中任何一个（或一组）语句都具有同类的功能，并同其他语句都有相同的关系，这种关于理论结构的观点与整体论相结合，才必定同实证主义关于分析性的立场相冲突。不过，这种理论无结构的论点明显是个缺乏有效支持的论点，因为无论在概念上或事实上它都会有很多麻烦。因此，蒯因心中的理论结构的观点也许并不是这样极端的版本。只要我们注意到他对于观察句之作用和地位的描写，注意到他时常使用一些形象的说法，比如理论的"边界部分"与理论的"核心部分"（即相对远离直接经验的部分），来说明科学理论建构的实际情形，我们就知道他设想中的理论结构，与他有时在字面上所表达的理论结构，并不是完全相同的。

尽管如此，蒯因确实反对形而上学分析性这个观念，即反对有一些语句只是根据意义为真，而完全独立于任何经验的调查和确证这样一个观念。蒯因可以接受理论有结构的论点，但此似乎并不影响他否定形而上学分析性语句的存在，并进而否定在此基础上的分析与综合的区分。这就提出一个重要的问题，什么是使他仍然坚持要从经验主义的哲学中取消分析性存在的理由。这个理由部分地来自他对一般所谓分析语句可以由经验的原因而被修改这个现象的观察。关键在于，他把这种可修改性理解为分析语句实际上可被经验否证。不但如此，蒯因对于可修改性的关注，在于他认为分析性语句并无认识论上的特殊地位，因为在经验面前，所有语句的真值决定从属于同一种模式，这就是我们要进一步讨论的两因素图像。

三、传统理解与两因素图像之分歧

蒯因看到，一个物理的或其他科学的系统会采用一种数学理论，但当理论或实验有新的进展或发现时，科学家经常会由于这些进展和发现而采用一种新的数学理论。在两种不同的数学理论中，可能会存在看起来相互冲突的命题。特别是，在实验中发现的一些现象，有可能会同关于物理世界的某些数学描述不一致。这种情况经常会迫使科学家调整和改变理论的结构和内容，其中包括对理论中所使用的数学进行重新选择。蒯因相信，这个现象同科学家修改一般的经验陈述或者综合陈述并无实质区别。只是由于过去的哲学家没有采取足够强的整体论立场,才阻碍了他们发现理论与经验之间作用的实际机制。蒯因的结论是,如果我们把理论的目标看作对经验世界中的现象做出有效预言,并且让理论整体面对经验的法庭,则理论的任何部分都可以由经验的理由而被修改。所以说,没有任何理论的陈述(包括通常所谓的"分析陈述")是纯粹以意义为真的。

由上述的分析我们可以看出,蒯因与实证主义者对分析性有根本不同的理解。蒯因把分析性语句理解为对经验世界进行描述的科学或常识系统的一部分,在认识论意义上,它与一般的所谓"综合语句"并没有区别,因为都要接受经验的检验。也许,只是在一种实用的意义上,首先考虑放弃或改变那些"综合语句",对科学家来说通常是更方便的。在此点上,罗素与蒯因等分析性的批评者一样,都是把分析性语句的真值决定同时交给语言与世界,这就等于把分析性语句的作用与其他语句的作用在性质上等同。而对卡尔纳普等实证主义者而言,分析语句根本不是直接用来描述世界的,因此也没有真正意义上的经验证明或证伪。分析语句是我们为挑选一个语言或概念框架来描述经验现象的约定的一部分,而选择或约定本身并没有真值可言,只有在选定的框架下所构造的理论,其中的语句才有在这个理论所限制意义下的真假。因此,在实证主义的概念下,对于新物理学中非欧几何代替欧氏几何这个事实的解释是,这是根据处理新的物理现象的需要,而对一种方便工具的选择。当然,原来的几何也并没有被经验所证伪,而是由更有效、更方便的工具所代替。卡尔纳普认为,分析性是在一个语言系统内部才有意义的概念,不是跨语言的概念,而蒯因的所谓"可修改性"是跨语言系统的概念。然而,此点并不妨碍卡尔纳普同时断言,同一个语句可以在一个系统中是分析的,而在另一个系统中是综合的。[①] 因此,上边所提到的"修改",并不是经验否证的结果,而只是根据新的科学进展而采取了一种更方便实用的理论框架。

在讨论分析性概念时,蒯因根据他在分析性问题上与实证主义不同的理解(像我们在上面已经描述过的),提出了一种在此后被普遍接受的关于语句真值决定的图像,这个图像也是罗素新解释的概念基础。依据此图像,任何语句的真值都由语言的意义本身和世界中的事实两个要素来决定,如果意义被给定,则这种传统图像似乎就简化地表达为传统的 T 语句形式。正如我们所知,蒯因

---

① Carnap. Quine on Analyticity//Creath R. Dear Carnap, Dear Van: The Quine-Carnap Correspondence and Related Work. Berkeley: University of California Press, 1990: 431-432.

形象地描述分析性产生于两因素决定图像的极限情况。即当其中的一个因素，也就是事实因素之影响等于零时，分析语句由此产生。这个图像的背景假设是：（1）所有语句的真值评价必须有一个统一的语义学，且这个语义学的哲学的解释也是统一的；（2）所有语句必须在某种意义上是关于世界的。在这两个基本假设支持下的两因素图像，将使形而上学分析性陷入严重的解释上的困难。

像那些形而上学分析性的反对者一样，吉利恩·罗素同样也承认确实有这样的困难，这是一个明显的解释上的困境。一方面，如果语言与世界的两因素决定的图像是正确的，则"以意义为真"可以被解释为一种对所有语句都真的平凡性质。因为对于任何语句，如果改变它的意义，它的真值就可能会改变，在这个意义上，任何语句都在某种程度上是以意义为真的。另一方面，如果两因素图像是正确的，则任何语句都在某种意义上描述了世界中存在物的一些性质，如此一来，任何语句都不可能是完全根据意义为真的，因为世界必然会以某种方式对它的真值做出贡献。[①] 尽管存在着以上难题，吉利恩·罗素仍认为形而上学分析性是可辩护的。重要的是，她不但认为它是可辩护的，而且还认为它就在两因素图像下可辩护。为此，她给出了本章开始处我们提到的那种解释。根据我们前面对传统分析性的考察，再看她为形而上学分析性所做的新解释，我们发现围绕这个新解释有两个非常实质性的问题，使得我们有理由怀疑她的新辩护的有效性。第一个问题是，即使按照两因素图像，她的描述也不正确，因为她想要的是满足两因素图像的描述，但实际所给的是与两因素图像冲突的描述。第二个问题是，她关于分析性的新定义也不支持她想辩护的以两因素图像解释为基础的形而上学分析性，况且，她对世界要素与分析语句之间关系的新解释，也不能有效地回应那些以两因素图像为基础的形而上学分析性的批评者。重要的是，她在分析性上的理解实际已偏离了传统分析性所追求的哲学意义。在下一节，我们将逐个分析这两个问题。

四、吉利恩·罗素的分析性新定义的两个问题

吉利恩·罗素使用的那个算术的例子虽然只具有隐喻的意义，不是正式的定义，但她对这个例子相当看重，认为确实反映了分析语句与意义和世界二者

[①] Russell G. Truth in Virtue of Meaning: A Defence of the Analytic/Synthetic Distinction. Oxford: Oxford University Press, 2008: 31.

的关系。但是，让我们来看 $0 \times y = 0$ 这个等式。我们可以把这个等式的左边看作两个因素的一种结合形式，在第一个位置上是语言因素，在第二个位置上是世界因素。当语言因素处于一种特殊的状态时，或者说当语言因素取一个特殊的值（取 0 为值）时，世界的因素是什么完全不影响等式右边的值。这个等式在取一个特殊的值时所具有的这种性质，与两因素图像并不是一致的。

这个等式在第一位置取 0 为值时，表达的意思是说，只要前一个特殊的值给定，那么在第二个位置上给定任何的值都可以。这表达的是世界的因素在决定最后的真值时，可以并且应该是完全无关的。然而，这并不相容于两因素理论的主张。两因素理论只有两类情形，第一种情形是常规的状态，即两个因素在决定语句真值时都起或大或小的但肯定是实质的作用。另一种情形是两因素理论支持者都相信存在的，但很难描述怎样存在的一种情形，即所谓世界的因素影响为零的情形。从概念上说，只有一个语句在概念上描述了这个世界时，世界才会对决定这个语句的真值起作用。可是，只要一个语句描述了这个世界，这个语句的真怎么会完全不受世界状况的影响呢？

有一种情况可以用来解释为什么两因素理论的支持者，比如蒯因，相信在两因素图像下，世界因素之影响为零的情况至少在概念上是有意义的。这种情况是这样的，即语句在任何世界的状态下，总是很"空洞地"为真。当语句被认为表述了没有人会反对的理所当然的断定时，这时语句的真总是可以期待的，因此，任何对这样语句的断定其真总是有保证的。一些关于这个世界的普遍真理具有这种性质，比如"所有的物体具有重量"。但是，这样的真理仍不是仅以意义为真的（如果它使用于关于世界的描述，而不是隐含的对意义的描写），因为，如果世界是另外的样子，它完全可以是假的。此类真理只在我们给定了**我们所考虑**的所有可能世界的一些形而上学限制时，或者当我们规定我们所考虑的可能世界只是这些语句为真的可能世界时，它才似乎是与世界"无关的"。人们感觉到在这些语句的真值决定中，世界因素之作用等于零只是一种错觉。因为，这不是世界因素在决定真值中不起作用，而是这种普遍真理在我们考察这个世界时总是被满足。类似地，在我们只考虑同时发生的事件时，我们觉得时间性似乎是无关的。但这并不意味着事件真的不是在时间中发生的。相应地，此种错觉也在认知方面发生。由于这种普遍真理在认知过程中可以有保证地被期待，使我们觉得获知相应语句的内容并没有得到关于世界的新信息。这也是一种类似的错觉。此外，也许更重要的是，无论我们在获知这些语句的内容时的认知性质如何,并不能由此推出它们在形而上学意义上有无世界内容的结论。所以,用这种语句的使用,来作为世界因素零影响的例子,其中隐含着错觉或概念上的混淆。

我们已在前面加以引述的吉利恩·罗素关于语句真值决定关系的新描述也有同样的问题。从字面上说,所谓冗余决定说的是,在正常情况下,两个因素都起作用,而在极端情况下只有一个因素实际地起作用,而另外的因素是多余的。与我们日常理解的多余不同,这个"多余"只是在量上,而不是在结构上。也就是说,在量上,没有那个事实的因素起作用,也可以有同样的结果,但是在结构上,不能没有事实的因素。因此,对于分析性的新解释仍是两因素理论。问题在于,正常理解下,一个东西对于一件事情是多余的,那个多余的东西应是可以取消的,但在这里,多余的东西却不能取消。举一个例子来说,语句"男性的单身汉是未婚的"中的"男性"一词是多余的,那么,这个词应该且可以在语句中取消。在吉利恩·罗素的理论中,两因素框架需要保留,因为没有这个框架就不能对付形而上学分析性的反对者们的批评。

可是,当一个语句的意义要素具有一种特殊性质和结构时,也就是当它是一般所谓分析语句时,本质上应该只有一个要素(即意义)在决定语句真值中起作用,同时在结构上也应如此。然而,无论是罗素给的算术中的那个例子,还是她在定义中的正式说明,都为世界中的事实保留了一个位置。同时,她在例子和定义中实际上说的是,当分析语句的意义给定时,世界中的事实无论怎样都是可以的,即在那个算术乘法的例子中,"y"可以取任意的值。如果取任意值被理解为世界可以是能设想的任意的情形,那么,显然是不符合两因素图像的。因为,在两因素图像中,世界必定要处于语句所描述的某种状态中才能使语句为真。于是,似乎在表面上看起来,吉利恩·罗素没有正确地给出一个两因素理论所需要的决定关系。然而,正如我们已经指出的,如果要在两因素图像中从字面上正确地给出那个关系,那就无法很好地说明分析语句为什么是仅仅以意义为真的。而且,变量为零时,结构为什么要保持,仅仅一个隐喻水平的例子,并不足以说明这一点。

吉利恩·罗素当然也看到了这个困难,她的解决是这样的:第一,她把世界中的"事实"解释为与传统不同的东西;第二,她对"决定"关系有了一种新的理解;第三,她描述了两个要素在决定过程中与传统不同的作用方式。

在吉利恩·罗素的新解释中,"世界的事实"不再是原来的直接给出语句的真值条件的被语句所描述的世界状况,而是用于决定语句有怎样的语义内容的所谓"语境"。语境是我们在使用语言中所遭遇的实际场景。语境本身当然可以是,甚至主要是世界中的事实(人的意向有时也被认为是语境的一部分,尽管意向不在通常的意义上是世界中的事实,或至少不是物理事实。不管怎么说,意向仍是被事实所限定的,因为成为语境一部分的意向,是指当下语言使用中被场景本身所限制的意向)。无论如何,语境作为事实与语句的语义内容所描述的世界中的事实通常是不同的。换句话说,除了含有索引性表达(indexicals)的语句,语句的真值条件或语义内容并不涉及任何语境的内容。用一个例子可以更清楚地说明这一点。设想在一个咖啡馆,两个朋友在讨论他们共同的朋友张三是否可以成为一个职业篮球队员。其中一个人说:"张三有足够的身高。"在这个语境下,这句话的内容当然是张三有足够当一个职业篮球队员的身高。这个内容很明显并不涉及任何语境要素,比如谈话的时间、地点或谈话的参加者。我们当然可以说语境决定了这句话在这个语境中的内容,甚至也可以说语境间接地决定了这句话在这个语境中的真值。但所有这些"决定"都是前语义的或元语义的决定,它所决定的是这句话在所有可能的命题中,选择了哪一个作为它在这种情况下所表达的命题。而语义学是在这个前语义或元语义过程结束后才介入的,它处理已经给定的那个意义或命题。这个命题或意义可以描述世界中的事实,但并不是语境所指的那个事实。语句并不因为它正确地描述了语境而具有它所具有的那个真值,而是因为它正确地描述了由语义内容所表达的世界中的事实,而具有了它所具有的那个真值。如果有人说,毕竟时间等因素还是与这句话的内容有直接的关系,所以,语句本身还是表达了语境中的某种东西。为回答这个指责,我们只要换一个例子就可以了。比如一个说话者指着一个教室黑板上的一行字说:"这个数学家绝对有天才。"(假定黑板上写的是一堆复杂的符号。)这句话显然并未对语境有任何描述,尽管"这个数学家"一语的指称,实质性地依赖于语境。

由于事实是语境事实,因此事实"决定"语句的真值就有了新的解释。它不是直接决定了真值,而只是决定了一个语句在这个语境下表达什么语义内容。于是,世界要素在真值决定中就有了实质不同的作用方式。在传统两因素理论中,两个因素在语句的语义表达中都直接出现,并且是语义内容的组成部分,准确地说,就是每一个可以表达一个独立意义的语法成分都通过意义而联系到世界。因此，世界的状况实质地影响语句的真值，或者应该说，世界状况是语句真值的直接决定者。而在新理论中，世界只起一个前语义的或元语义的作用。由于吉利恩·罗素对于两因素决定观念中的"世界"和"决定"都给出了实质不同的解释，因此产生了我们需要给予简要分析的另一个问题。

吉利恩·罗素的新解释尽管有许多新颖的思想，但对于回应在两因素理论基础上对形而上学分析性的批评来说，基本上可以说是无效的。这是因为，两因素理论的批评是建立在标准的语义学之上的，它所说的是，在所有语句的语义内容实质上描述世界时，如何解释分析语句是只以意义为真的，即两个明显冲突的主张之间的相容如何可能的问题。吉利恩·罗素的新解释看起来似乎仍然是两因素在起作用，但两因素理论中的世界起的完全是不同的作用，它并不能解释一个毕竟在某种程度上描述了世界的语句，其真值怎么能完全由意义决定这个问题。一个传统的形而上学分析性的批评者完全可以同意，语境决定了一个所谓的"分析语句"如何有了它在一个语境中实际具有的意义，却同时宣称本来的问题仍然存在。

同时，吉利恩·罗素的理论的严重问题在于，它使分析性概念的哲学意义变得模糊不清。分析性概念本来具有强烈的知识论和形而上学的背景和诉求，主要是为了解决认识论理论中的问题。但吉利恩·罗素这种意义上的所谓"分析性"到底有什么哲学上的用处，或追求什么样的哲学解释目标，却并不是十分清楚的。或者，我们可以说，吉利恩·罗素的分析性理论，在很大程度上改变了分析性问题讨论的主题。当然，我们并不否认，蒯因在批评实证主义的分析性观念时，也在一定程度上改变了主题，但蒯因在这个批评中引出了一系列更极端的经验主义的主张，并对科学知识和常识给出了新的解释，因此，这个主题的改变带来了某种哲学上的收获。但吉利恩·罗素的辩护虽然也改变了原初的分析性的意义和主题，但她的这种改变有什么相应的哲学收获或洞察，并不是十分清楚的。也许，她的新定义的一个收获，是提供了把卡普兰式偶然的分析语句"我现在在这里"放进分析语句集的可能性中，以此表明分析性能够同语义学的外在主义相容。① 但是，为处理少量特殊语句而做的改变，却在原本关键的方向上失去得太多。

---

① Russell G. Truth in Virtue of Meaning: A Defence of the Analytic/Synthetic Distinction. Oxford: Oxford University Press, 2008: 14-15, 53-54, 106.

第10章　在分析传统和解释学传统之间
——冯·赖特的学术贡献[1]

一、学术圈内的绅士

在20世纪80年代初，我作为逻辑领域内的新手，开始接触哲学逻辑，在相关文献中时常遇到一个陌生的名字：乔治·亨利·冯·赖特（Georg Henrik von Wright），并着手研读他的著作。大约在1993年，我应美籍华裔哲学家傅伟勋先生邀请，为台湾三民书局出版的"世界哲学家丛书"撰写《冯·赖特》一书。在此期间，开始与冯·赖特教授通信联系。在他的促成之下，1997—1998年我应邀赴赫尔辛基大学哲学系做访问研究一年，与他更是频繁接触，耳濡目染了他的学识、人格和风采。经过如此多的接触之后，我自信对冯·赖特教授其人其说有了较深入的理解，他也使我明白了什么叫贵族，什么叫绅士，什么叫大家气象。

冯·赖特，1916年6月14日出生于芬兰赫尔辛基一个说瑞典语的贵族家庭。1934年入赫尔辛基大学，1937年大学毕业后攻读博士学位。1941年获哲学博士学位。1946年任赫尔辛基大学教授。1939年和1947年两度赴英国剑桥大学，前一次是作为研究生访学，后一次是应邀做学术讲演，在此期间，他与在剑桥任教的维特根斯坦发生密切交往，并深获他的信任。1947年，当维特根斯坦辞去剑桥大学教授职位时，他推荐冯·赖特继任，并获得批准。当时冯·赖特年仅31岁。在任职三年多之后，冯·赖特辞职返回芬兰，任赫尔辛基大学哲学系教授。1951年，维特根斯坦去世，指定冯·赖特为他的三位遗嘱执行人之一。此后，冯·赖特先后担任过美国康奈尔大学无任所教授，芬兰科学院研究

---

[1] 冯·赖特于2003年6月16日在芬兰赫尔辛基去世，享年87岁。谨以此文悼念冯·赖特教授。

教授、院长等职。其研究领域涉及归纳逻辑、哲学逻辑、伦理学以及一般价值和规范的理论、行动理论、人文科学方法论、文化哲学、心智哲学、维特根斯坦研究等。先后用英语、德语、芬兰语、瑞典语等语种出版专著、论文集近 30 种,其中有些著作又被译为法语、俄语、意大利语、西班牙语、日语等语种出版,其学术研究的特点是融通分析哲学和欧洲大陆哲学。他是哲学逻辑和维特根斯坦研究方面公认的国际权威,但其思想却具有浓厚的人文主义意味,特别是在中晚期更明显偏向人文主义研究。正如哈贝马斯所评价的,他是一位"处于分析传统和诠释学传统之间的人物"。他的研究成果产生了广泛的国际性影响,并给他带来了很高的国际性声誉:先后被授予 14 个博士或名誉博士学位,是 15 个国家、地区或跨国科学院的院士,并曾任国际哲学学院主席,国际科学史和科学哲学联合会逻辑、方法论和科学哲学分会会长。1989 年,美国《在世哲学家文库》出版了"冯·赖特哲学卷",此书编者指出:"本丛书的冯·赖特哲学卷不需要任何辩护。在过去几十年中,冯·赖特已经成为世界范围内哲学家关注的中心。"

通过这些年对冯·赖特的关注,我逐渐厘清了他的学术理路和思想进程:早年受其博士学位导师、当时的芬兰哲学领袖埃洛·凯依拉(Eino Kaila)的影响,信奉逻辑经验主义,研究归纳概率逻辑。在 50 年代前后研究逻辑真理时,偶然发现量词、狭义模态词、道义词、时态词、认知态度词之间的类似,由此提出广义模态逻辑的系统构想,并创立了道义逻辑、优先逻辑这样一些新的逻辑分支。在研究道义逻辑的过程中,认识到义务、允许、禁止等一方面与道德规范和法律规范相关,另一方面与人的行动和行为相关,由此导致他对伦理学、一般价值和规范理论的研究。对后面这些理论研究的结果,又进一步导致他研究人文社会科学方法论与自然科学方法论的联系与区别,提出了因果论解释模式和意向论解释模式之间的二元对立,并重点研究了意向论解释模式。晚年,他又研究心智哲学和文化哲学,对工业技术文明总体上持批评态度,倡导一种人文主义的生活方式。此外,作为维特根斯坦的遗嘱执行人,他在维氏遗著的搜寻、整理、编辑、出版等方面做了大量工作,并对其思想做了一些研究,这为他在国际哲学界赢得了广泛声誉和重要地位。

从阅读他的著作和与他的个人接触中,我对冯·赖特教授的印象是:整体说来,冯·赖特不像尼采和叔本华那样是在学术领域内锋芒毕露、横冲直撞的斗士,不是那种给人以情感的冲击和心灵的震撼的思想家,而是一位稳健、儒雅、勤勉的学者，一位分析型、技术型的哲学家，一位学术圈里的绅士，其睿智、深邃、平和犹如晚年的歌德。在评述他人观点时，他相当周详和平实，很少做惊人之论；对自己的思想则给予全面、细致、常常是技术化的论证。感觉起来，他的写作风格就像一道山涧小溪，流淌得非常自然、平静、舒缓，沁人心脾，启人深思。读他的书也许不会激活你的血液，却会给你"润物细无声"的春雨般的滋润。——这就是我所获得的关于冯·赖特的真实感受。

下面对冯·赖特的全部学术工作做简要的概述和评论。

二、归纳逻辑研究

冯·赖特最早投身于归纳逻辑的研究之中。初试身手便表现不凡，受到了当时的归纳逻辑权威、英国剑桥大学道德科学系主任布劳德（C. D. Broad）教授的赏识。冯·赖特在这方面主要研究了下述四个问题：归纳问题及其各种辩护方案，排除归纳法的条件化重建，归纳概率演算及其解释，确证理论和确证悖论等。

归纳问题及其辩护。冯·赖特区分了有关归纳的三个问题：（1）逻辑问题，即归纳过程的推理机制；（2）心理学问题，即归纳推理的起源以及在现象的流变中发现一般性规律的心理条件；（3）哲学问题，即为归纳推理的有效性和合理性提供辩护。他本人主要研究了第三个问题，考察了关于这个问题的各种已有的解决方案，如康德的先验综合判断，以彭加勒为代表的约定论，对于归纳的发明论辩护和演绎主义辩护，培根、密尔传统中的归纳逻辑，对于归纳逻辑的概率论研究，对于归纳的实用主义辩护等。总体来看，冯·赖特对于归纳辩护问题提供了否定性答案，认为对归纳既不能提供先验辩护，也不能提供后验辩护。其论证如下：令 A 表示归纳过程中采用的各种先验假设，B 表示经验证据，C 表示归纳结论。并假设能够为 C 提供有效辩护，即可逻辑地推出 C。而从 $A \land B \to C$ 可逻辑地推出 $A \to (\neg B \lor C)$。由于 A 是先验命题，因而是必然的，根据模态逻辑，从必然命题逻辑地推出必然命题，因而$\neg B \lor C$ 是必然的，这等值于 $B \land \neg C$ 是不可能的，这又推出"或者 B 是不可能的，或者 C 是必然的，或者 B 逻辑地推出 C"。这三种选择都是荒谬的，因为经验证据 B 不会是不可能的，归纳结论 C 不会是必然的，从经验证据 B 也不可能逻辑地推出 C。因此，A 不是先验必然命题，于是它也是经验概括。而用经验概括去证实也是经验概括的归纳结论，不是导致恶性循环就是导致无穷倒退。因此，既不能先验地也不能后验地证明归纳过程的有效性。

排除归纳法的条件化重建。这是冯·赖特在归纳逻辑方面的建设性成果之一。他认识到，条件关系是与时间无关的，而因果关系则与时间有关，一般来说原因在先结果在后，并且，因果关系和自然规律都具有普遍性和必然性。如果我们不考虑自然规律及其因果关系的必然性，不考虑原因和结果在时间上的先后顺序和使然性，只保留它们的普遍性，我们就可以用条件语句来刻画自然规律和因果关系，从而对因果关系提供部分的分析。冯·赖特在演绎的条件逻辑的基础上，重新表述了排除归纳法的四种形式，它们分别是直接契合法、反向契合法、差异法、并用法。直接契合法确定给定属性的必要条件，反向契合法确定给定属性的全充分条件，差异法确定给定属性在其正面实例中的充分条件，并用法确定给定属性的充分必要条件。这四种形式中的每一种又可再分为简单和复杂两种形式。

可以这样说，传统的排除归纳法在探寻因果联系时，具有相当程度的模糊性、粗糙性、非形式性以及猜测性。冯·赖特根据因果关系与条件关系之间的类似，对排除归纳法的条件化重建，实际上是用更精确的术语、更精细的形式，把排除归纳法中所暗含的演绎因素明确揭示出来，给排除归纳法以一种演绎的处理：如果经验证据集是确定的，前提的真实性是得到保证的，则关于因果关系的归纳结论是必然的。正如希尔匹伦（R. Hilpinen）指出的："冯·赖特强调条件逻辑对于分析归纳推理的重要性，显然是正确的；并且，他根据条件逻辑对排除归纳法的古典模式的重构，是对归纳哲学的重要贡献。"[1] 冯·赖特的这种处理已进入现行的各种逻辑教科书。

归纳概率演算及其解释。冯·赖特在《论归纳和概率》一书中表述了一个概率演算系统。该演算的构造分三阶段进行：在第一阶段，概率表达式只涉及原子属性或含有限多个（比如说两个）构件的复合属性，并陈述了所有概率公理，证明了某些基本定理，如乘法定理、加法定理和逆定理等。在第二阶段，概率表达式还涉及含数量不定的 n 个构件的复合属性，第一阶段的定理被推广到对于 n 的任意取值都成立，并且能够证明某些新的定理，如所谓的大数定理。由这两个阶段得到的演绎系统叫作初等概率演算，它讨论所谓的算术概率或离

---

[1]　Schilpp P A, Hahn L E. The Philosophy of Georg Henrik von Wright. La Salle, Illinois：Open Court, 1889：128.

散概率。在第三阶段，概率表达式还涉及含不可数多个构件的复合属性，初等概率演算的定理被推广到对含不可数多个构件的复合属性也成立。第三阶段得到的演绎系统叫作高等概率演算，讨论了对概率的三大解释：频率解释、可能性解释（量程解释）、心理学解释（信念解释），冯·赖特本人明显倾向于赞成频率解释。

冯·赖特的归纳概率演算是漂亮、精致的，在技术上近乎完善。但他本人并没有对概率提出完全新颖的解释，只是在几种已有解释之间进行分析和比较，然后倾向于赞成其中他认为比较合理的一种。并且，他的概率演算中的记法 P(A, H, p)（A 相对于证据 H 的概率是 p）也有一定缺陷，这使得他不能把加法定理、乘法定理、逆定理等表述为一目了然的等式形式，而要用好几个公式不甚明显地刻画其涵义，这给理解带来了不必要的困难。

确证理论和确证悖论。冯·赖特把确证理论理解为关于一给定命题的概率如何受到作为证据的那些命题影响的理论。对于这一理论来说，特别重要的情形是：给定命题是一概括命题，而它的证据则是它的某些例证。起证实作用的事例确证（confirm）该概括命题。确证理论的首要任务，就是根据概率去评估那些事例对于该概括命题的确证效果。冯·赖特的确证理论是概率的排除归纳法理论。确证悖论有很多形式，其中之一是问：任何不是 A 的东西或任何是 B 的东西，是否构成了概括命题"所有 A 是 B"的确证事例？冯·赖特早期（1945—1951）的回答是：即使承认它们构成概括命题"所有 A 是 B"的确证事例，它们也不能增加该概括命题的概率；这一事实又使得不能以它们为依据，去排除各种可能为真的概括命题。冯·赖特的这一建议是不成功的，他后来还讨论了其他的确证悖论，并提出了其他的解决方案，但均不太成功。

三、哲学逻辑研究

冯·赖特把"哲学逻辑"理解为：利用现代逻辑的技巧和方法，去分析传统上哲学家们感兴趣的概念、范畴及其结构，从而构建出新的形式系统。他在哲学逻辑领域做了许多开创性和奠基性的工作，是这个领域内举足轻重的大师和权威。他最早明确意识到量词、狭义模态词、道义词、认知动词等等之间的类似与差别，提出了广义模态逻辑的系统构想。这是一个完整的研究纲领，提示了一个全新的研究方向，由此引出了一大批研究成果。他本人成了这个领域内道义逻辑、优先逻辑、行动逻辑的创立者和奠基人。

模态逻辑。冯·赖特区分了模态词的不同种类并讨论了它们之间的相互关系，提出有必要建立四种类型的逻辑，即模态逻辑、道义逻辑、认知逻辑和真理逻辑。他在《模态逻辑》一书中，用分配范式和真值表方法讨论、刻画了模态逻辑系统，并在该书附录中提供了这三个系统的公理化表述，这就是众所周知的 M、M′、M″三个系统，后来证明它们分别与正规模态系统 T、S4、S5 等价。此外，他还把所谓的"模态真值表"作为这三个系统的判定程序，以判定这些系统内的任意公式是否为模态重言式。冯·赖特还认识到模态系统与概率演算之间的类似，构造了二元模态逻辑系统，用以处理相对必然性、相对可能性等，并把绝对必然性、绝对可能性作为相对模态的特例纳入其中。为了解释高阶模态（叠置模态），冯·赖特给一元或二元模态系统以三种解释：几何解释、物理解释和概率解释。

道义逻辑。冯·赖特把道义逻辑看作"模态逻辑的副产品"，于 1951 年提出了第一个可行的道义逻辑系统，因而成为道义逻辑之父。但他后来经常改变自己的观点，以至被戏称为"道义逻辑变色龙"。总起来看，冯·赖特提出和建立了四种类型的道义逻辑：在《道义逻辑》（1951）一文中，建立了关于行动类型的一元道义逻辑；在《道义逻辑的一个新系统》（1964）、《道义逻辑》（1967）和《道义逻辑和一般行动理论》（1968）等论著中，建立了二元道义逻辑；在《道义逻辑再探》（1973）、《论规范和行动的逻辑》（1981）等论著中，试图把道义逻辑奠基于行动逻辑之上；在《道义逻辑和条件理论》（1968）一文中，则试图用关于充分条件、必要条件和充分必要条件关系的理论来表述道义逻辑，把道义逻辑化归于真势模态逻辑。冯·赖特在道义逻辑方面的工作得到了广泛的认可，道义逻辑已作为被确认的逻辑分支耸立于现代逻辑之林。

优先逻辑。冯·赖特把优先逻辑理解为研究存在于价值判断之间的优先关系的形式理论。优先逻辑亦称偏好逻辑，冯·赖特是其创始人和奠基人。1963年，他出版《优先逻辑》一书，以"优先"概念作为未经定义的初始概念，并用 pPq 表示"p 优先于 q"，规定了有关优先关系的五个基本原则以及合取、分配、扩张三种基本运算，建立了第一个优先逻辑的形式演算系统。1972 年，冯·赖特在《优先逻辑再探》一文中，改进和发展了自己早年的工作。他采纳了与《优先逻辑》基本相同的假设，但也有若干重要变化，引入了像境况、状态空间、优先视野和全视野优先等新概念，并把讨论的重点放在哲学方面而不是形式演算方面。与道义逻辑不同，优先逻辑迄今并未得到普遍的认可，关于它的许多基本原则还存在着许多争论。

行动逻辑。由于规范是与人的行动联系在一起的，冯·赖特因此认为，关于规范的逻辑（道义逻辑）应该奠基于关于行动的逻辑之上。他在《规范和行动》（1968）、《行动逻辑概述》（1967）、《道义逻辑和一般行动理论》（1968）、《行动逻辑再探》（1973）、《论规范和行动的逻辑》（1981）等论著中对行动逻辑做了探讨。在他看来，行动逻辑是与行动语句相关的，而行动语句的内容可从两个不同的角度来考察：一是行动过程，二是行动结果。前者是"做"的动作，后者是"是"的状态。与命题的真假值相似，行动语句也有两个值：已实施和未实施。冯·赖特建立了两个行动逻辑系统，前者建立在命题逻辑之上，再根据需要进行量化扩充；后者直接建立在谓词逻辑的基础上，冯·赖特将其称为"述谓逻辑"。述谓逻辑的特点在于区分了外在否定¬[A]x与内在否定[¬A]x，前者适用于完全不可能具有属性A的对象，而后者适用于尽管实际上不具有属性A却可能具有属性A的对象。行动逻辑目前仍未得到普遍的认可和广泛的流行。

时间逻辑。冯·赖特是从研究变化入手来研究时间的。变化总是发生在一定的时间间隔如年、月、日、时、分、秒之内的，并且总是由人的行动所引发的。冯·赖特把变化前的状态叫作"初始状态"，变化发生后的状态叫作"终止状态"，两者之间有一个"转换过程"。由此出发，他引入了两个时间联结词and next（然后）和and then（以后），并构造了相应的演算。"然后"演算预设了时间是离散的线性序。"以后"演算并不预设时间是离散的，也不预设时间是稠密的或连续的。冯·赖特后来还探讨了时间、变化和矛盾的关系，认为时间和变化是相互依赖的：一方面，假如这个世界上没有变化，时间概念就没有任何用处，我们甚至不能设想世界在时间中的存在；另一方面，变化又要预设时间，因为变化是在时间流程中发生的，并且时间能消解变化所带来的形式上的矛盾。通常的时态逻辑是"模态逻辑的副产品"，而冯·赖特的时间逻辑偏离了时态逻辑发展的这一主流，没有受到广泛的重视和产生重大的影响。

除此之外，冯·赖特还讨论了有关逻辑真理、衍推和语义悖论等逻辑哲学方面的问题，提出了不少创见。

综观冯·赖特在哲学逻辑领域的全部工作，其最大特点就是纲领性、开创性和奠基性：他提出了广义模态逻辑的系统构想，创立了道义逻辑、优先逻辑、行动逻辑和变化逻辑等新的逻辑分支。此外，他的工作还有以下特点：(1)他热衷于把古典命题逻辑的范式和真值表方法，经限制、修正和变形后，推广应用于哲学逻辑领域，这就是在模态逻辑、道义逻辑、优先逻辑和行动逻辑中广泛使用的"分配范式和真值表方法"。这套方法的特点是操作性强，其缺点是笨拙、累赘，陈述和使用起来很不方便，要占用很大篇幅，在目前已几乎被弃置不用。(2)由于冯·赖特的哲学逻辑研究带有草创性质，他常常需要把相关概念和命题从其哲学背景中抽象、剥离出来，因此对这些概念、命题的逻辑分析常常伴以大量的哲学讨论；在构造形式系统时，冯·赖特首先关注的甚至不是技术的完善与完美，而是直观哲学背景上的合理与有效。因此，他的哲学逻辑"哲学味"很浓，其哲学性成分压倒了其技术性成分。这与哲学逻辑的目前状况恰成对照：当今人们首先关注的是技术上的完善与完美，其次才是直观哲学背景的合理与有效，技术性成分压倒其哲学性成分。(3)冯·赖特也讨论相应形式系统的语义，这种语义不是古典命题逻辑语义的移植，就是基本停留在直观的经验语义的阶段，而没有达到抽象的形式语义程度。他在哲学逻辑内广泛使用的分配范式和真值表方法，在模态逻辑中给出的几何解释、物理解释、概率解释，在优先逻辑中给出的点箭示意图等，都是如此。冯·赖特甚至可能还不知道现代模型论的那一套概念、方法和技巧，当然也就不可能发展出像可能世界语义学这样的抽象的形式语义理论。总而言之，冯·赖特在哲学逻辑领域内的工作具有草创性质，其一切优点和缺点都源于此。

四、伦理学和行动理论研究

道义逻辑的发明引发了冯·赖特对一般价值和规范理论的兴趣；由于规范是与行动和行为相关的，这又进一步引发他对行动理论的兴趣，试图建立一般的行动哲学；最后这又导致他去探究关于人的科学的方法论，建立一种不同于自然科学的因果论说明模式的意向论说明模式。这种做法已经有些偏离分析哲学的科学主义传统，而与欧洲大陆哲学的人文主义传统有相当的接近。越到中后期，冯·赖特越重视社会制度性因素对人的行动的影响，其观点与马克思主义的唯物史观有相通之处，并且显现出某种辩证法色彩。

规范与好。冯·赖特认为，自然规律是描述性的，因而是或者真或者假的；规范则是规定性的，它们规定了有关人们的行动和交往的规则，本身没有真值，其目的在于影响人们的行为。于是，描述和规定的二分就可以给规范和非规范划界：凡规范都是规定性的，否则就不是规范。规范的制定者和发布者叫作"规范权威"，受规范制约和管制的对象叫作"规范受体"。规范体现了规范权威使规范受体按某种方式行动的意志。制定、颁布规范的行为叫作"规范行为"，管制规范行为的规范叫作"权限规范"。如果规范权威在其授权范围内制定和颁布规范，则相应规范是有效的，否则是无效的。规范有三种主要类型：(1) 规则，(2) 律令，(3) 指示或技术规范；此外还有三种次要类型：(4) 习俗，(5) 道德原则，(6) 理想类型。

冯·赖特在《好的多样性》(1963) 一书中，通过研究好 (goodness) 的多样性来对伦理学进行探讨。他区分了好的六种主要用法：(1) 工具的好，(2) 技术的好，(3) 医学的好，(4) 功利的好，(5) 享乐的好，(6) 人的好，并讨论它们各自的性质及其相互关系，进而讨论了德行、义务、正义等概念以及它们与好的关系。在此书中，冯·赖特表达了下述观点："好""应当""义务"等词并没有特殊的道德涵义和道德用法，这些词在道德语境中的用法和意义与其在非道德语境中的用法和意义完全相同，或者是由后者那里派生出来的。因此，道德规范并不自成一类，它们并不是在概念上或逻辑上自足的。对表达道德规范的概念和命题的意义之理解，必须以对它们在非道德语境中的多样性用法的理解为基础，道德规范可以从非道德前提逻辑地推演出来。并且，关于道德的法律解释和义务论解释都是不能令人满意的，应当用目的论或意向论解释取而代之。冯·赖特自己指出，《好的多样性》一书严格说来不是一部伦理学著作，但"包含着伦理学的种子，一种道德哲学可以从中抽取出来"。

关于行动的意向论模式。冯·赖特认为，行动就是"有意识地造成或阻止世界中的变化"，行动的特征就在于它的意向性。如果我们赋予同一个行为不同的意向，它就成为不同的行为。由于行动在逻辑上包含事件和变化，描述行动时就要考虑到如下三个因素：(1) 初始状态，即行动实施之前世界所处的状态；(2) 终止状态，即行动完成之时世界所处的状态，包括行动的结果 (result) 和后果 (consequence)；(3) 假如该行动没有发生，世界仍然会处的状态。基于此种观点他建立了行动的逻辑。

说明一个行动，就是要弄清楚行动者为什么会采取该行动？是由于什么原因或出于什么理由、动机或目的？冯·赖特主要讨论了两种说明模式：因果论模式和意向论模式。因果论模式是：

(1) X 打算实现 p；

(2) X 相信，只当做成 q，他才能引起 p；

(3) 无论何时，如果某个人打算实现 p，并且相信 q 对于实现 p 是因果必然的，他就去实现 q；

(4) 因此 X 打算实现 q。

意向论模式则是：

(1) X 打算实现 p；

(2) X 相信，只当做成 q，他才能引起 p；

(3) 因此 X 打算实现 q。

很容易看出，两种模式之间的唯一差别在于说明人的行动时，是否需要像(3)这样的法则性陈述，亦称杜卡什定理。冯·赖特拒绝因果论模式，而主张意向论模式，并把后者称为"实践推理"或"实践三段论"。他讨论了实践推理的各种形式，如第一人称和第三人称形式，考察了它的回溯性用法和前瞻性用法，并讨论了实践推理是否具有必然性的问题。在后一问题上，冯·赖特的观点前后有一些变化。他开始认为，实践推理中前提和结论的关系是衍推关系，结论以合乎逻辑的方式从前提得出，具有实践的必然性。他后来考虑到种种复杂情况，给实践推理模式增加了许多辅助假定，其前提加上这些辅助假定可以推出其结论。若这些辅助假定中某一个不具备，其结论仍不具有实践的必然性；即使它们全都具备，如果结论表示的行为未被实施，整个推理仍不具有实践的必然性。因此，冯·赖特后来说，实践推理的结论具有事后必然性。

人的行动的决定因素。冯·赖特后期越来越重视社会制度性因素对人的行动的影响。他认为，人的行动既有内在决定因素，如他的意向、意图和认知态度，也有外在决定因素，他把后者概括为"参加到制度化的行为形式和行为实践中去"。一种简单而又经常发生的参加方式，就是对某种符号刺激做出反应，例如服从一个命令，履行一种请求，回答一个问题，甚至行人见到红色信号灯而止步等。另一种参加方式，就是遵从国家的法律、道德规范、礼仪形式、传统习俗等，冯·赖特提出了"规范压力"和"外在因素的内在化"等重要概念和说法。所谓规范压力，就是因遵循或违反某种法律、道德、传统习俗而招致的奖赏、处罚和制裁。规范压力可以把人的行动的外在因素内在化，即将其转化、归结、还原为人的意向和认知态度。冯·赖特指出，外在因素给人的行动带来两种形式的不自由：一是因感受到社会规范是一种强制性力量而产生的一种主观意义上的不自由；二是尽管通过对社会规范的内在把握主观上感到自由，但实际上是受"人们的统治"，客观上仍然不自由。这就为批评产生这些不自由的社会制度提供了可能。

冯·赖特还考察了如下问题：人们为什么会改变他的意向？为什么会有他实际上所有的那些意向？他指出了这样四种决定因素：（1）要求，（2）义务，（3）能力，（4）机会。在这四者中，机会是不断变化的，而要求则是相对稳定的。意向既不会随机会的改变而自动改变，也不像要求、义务和能力那样稳定，意向处于机会和其他三者之间。

冯·赖特把情景变化、意向性、能力、动力机制和规范背景之间的相互作用，称作"事件的逻辑"，它构成维持历史"机器"运转的诸齿轮，从而使历史事件显现出某种必然性。他主张用决定论的观点来研究历史，研究历史变化和人的行动的决定因素之间的相互作用，人的行动是由历史状况决定的，而历史状况本身又是人的行动的结果。

五、心智哲学、文化哲学和维特根斯坦研究

从青少年时期开始，冯·赖特就被心身二元论及其相关的形而上学问题，如唯物主义、唯心主义、一元论等所深深吸引，后来的行动理论研究又把他带回这个领域。因为行动通常有两方面：一方面在于身体动作及这些动作在外部世界引起的变化；另一方面是心智（或心理）活动，体现于产生身体动作及其进一步后果的意向或意愿。但这些精神的东西怎么能引起身体去动作呢？作用于我们感官的物理事件怎么能产生、"引起"感觉和知觉呢？这是有些神秘的事情。它占据了笛卡尔的大脑，并且自笛卡尔以来，一直是西方形而上学的首要课题。从80年代中期开始，冯·赖特着手研究这些问题，并于1998年出版了一本新著《在笛卡尔的余荫下：心智哲学论文集》。

冯·赖特还对文化哲学、历史、文学等范围广泛的问题进行了探讨。他从青年时代就被历史和历史哲学所深深吸引，通过阅读斯宾格勒、汤因比等人的著作，他逐渐获得下述见解：历史的大单元是文化或文明，西方文明只是几大文明之一，并且正在衰落，在其科学技术成就"全球化"的过程中正走向它自己的终点。从60年代起他开始对当代文化的批判，一开始就关注人与自然的关

系。他认为,对自然的科学理解肇始于17世纪的"科学革命",并造成了19世纪"工业革命"的科学技术发展。这引出了许多生态学问题。技术改变了生活方式,这种改变首先发生在西方,但逐渐地扩展到整个地球,由此对物理环境和物质资源造成毁灭性后果,并逐渐对人种的生存造成威胁。紧随这些发展而来的是政治的和社会的恶,例如由工作的自动化和机器化造成物质生产过程需要越来越少的人工劳动,并由此造成大量失业。社会正经历着分裂的危险:一面是富有的、受过良好教育的少数,另一面则是贫困化和被边缘化的多数。这最终会对民主和公正的社会秩序构成威胁。这些现象是冯·赖特的文化批判一直关注着的我们时代的某些恶。他在四本书——《人文主义作为一种生活态度》(1981)、《科学和理性》(1986)、《进步的神话》(1993)和《理解一个人的时代》(1995)——中表达了上述观点。

冯·赖特还是国际著名的维特根斯坦研究专家。他作为维特根斯坦的教授职位继任者和三位遗嘱执行人之一,在维特根斯坦研究方面做了大量工作,主要有:著有《维特根斯坦传略》;搜寻和保管维氏遗著,并做了分类和编目;单独或参与编辑出版维氏遗著13种,主持编辑的《维特根斯坦全集》(文字版和手稿光盘版)正在出版过程中,并对两部重要的维氏遗著《逻辑哲学论》和《哲学研究》做了文本考证和研究;还著有研究维特根斯坦思想的多篇论文,并结集为《维特根斯坦》(1982)出版;如此等等。但冯·赖特是一位思想极具独立性的哲学家,他搞哲学的方式与维特根斯坦搞哲学的方式很不相同,因此在其著作中很少能见到维特根斯坦的影子。

第 11 章　在逻辑和哲学之间
——亨迪卡的学术贡献

一、在逻辑和哲学之间：亨迪卡教授访谈录

雅各·亨迪卡（Jaakko Hintikka），芬兰人，1929 年生，受教于著名逻辑学家和哲学家冯·赖特，于 1953 年在芬兰赫尔辛基大学获得哲学博士学位。随后作为初级研究员在哈佛大学工作 3 年，然后在赫尔辛基大学、芬兰科学院、美国佛罗里达州立大学、波士顿大学任教，并长期在斯坦福大学兼职。亨迪卡的研究领域异常广泛，在数理逻辑、数学基础和数学哲学（分配范式、模型集、树方法、无穷深度语言、IF 逻辑）、哲学逻辑和语言哲学（可能世界语义学、认知逻辑、命题态度、博弈论语义学）、认识论和方法论（归纳逻辑、语义信息）、哲学史（亚里士多德、笛卡尔、康德、弗雷格、胡塞尔、皮尔士、维特根斯坦）等众多领域或论题上做出了重要贡献。作为作者或合著者，他出版了 40 多本著作，编辑了 20 本文集，在国际期刊或论文集中发表了 300 多篇学术论文。其六卷本文选于 1996—2004 年间出版。美国著名的《在世哲学家文库》于 2006 年出版《雅各·亨迪卡的哲学》一书，共 971 页。

亨迪卡是 20 世纪后半期国际逻辑学和哲学舞台上极为活跃且有很大影响力的人物。他曾任符号逻辑学会副会长，美国哲学会太平洋分会会长，国际科学史和科学哲学联合会逻辑、方法论和科学哲学分会会长，国际哲学学院副主席以及世界哲学联合会副会长。他还长期担任国际性哲学杂志《综合》的主编，大型哲学丛书《综合文库》（已出版 270 多卷）的主编。2005 年，因其在模态概念，特别是知识和信念概念的逻辑分析方面的开创性贡献，获得由瑞典皇家科学院颁发的"罗尔夫·肖克奖"（Rolf Schock Prize），该奖被视为逻辑和哲学领域的诺贝尔奖。2011 年，获得美国哲学联合会颁发的"巴威斯奖"，以及"芬兰狮子级大十字勋章"。

笔者在亨迪卡生前曾对他做过一次访谈，下面是经过整理的访谈录。

问：您在国外哲学界特别是逻辑学界很有名，但中国一般读者对您和您的工作仍所知甚少。您能够谈一谈您的学术经历以及您的学术工作的特点吗？

答：当然可以。我毕业于赫尔辛基大学，主修数学。由于受埃洛·凯依拉的影响，决定以哲学作为辅修专业。在此期间，我听了冯·赖特教授的许多课，当时听课者只有几个人，所以有很多机会受他指导并与他讨论。甚至在他任英国剑桥大学教授期间，我还去那里拜访过他，并在那里见到了维特根斯坦。如果说凯依拉给我提供了进入哲学领域的最初动力，那么冯·赖特则给了我在这个领域的绝大多数训练，并激发了我的独立思想。在他的指导下，我以有关一阶逻辑中分配范式的论文于1953年获得哲学博士学位。1956年，我幸运地被选入哈佛大学著名的研究员学会（Society of Fellows），任初级研究员，获得3年自由研究的机会。在此期间，我结识了许多后来成为国际哲学界领袖人物的同行，并实际上成为美国哲学界的一员。1959年，我被任命为赫尔辛基大学实践哲学教授，1965年，任美国斯坦福大学兼职教授，直至1982年。1970年，任芬兰科学院研究教授，这期间发生了某些严重的事情，这就是我的研究计划没有得到芬兰科学院足够强的支持，于是我于1978年移居美国，先任佛罗里达州立大学教授，现任波士顿大学教授。总的说来，我很喜欢并适应我在美国的工作和生活环境。

长期以来，我总是奔走于芬兰和美国这两个国家之间，我的学术活动和时间也相应地在这两个国家之间分配。即使我定居美国之后，我仍保留着芬兰国籍，与我的芬兰同事们保持着密切的接触，常在一起合作从事研究工作。这也是我的学术工作的特点之一。此外，我的学术活动受到两种不同力的牵引。一方面，从思想气质上说，我是一匹荒原狼，不得不独自寻找思想发展的道路。除早年受冯·赖特影响之外，塑造我思想的绝大多数哲学影响来自阅读，而不是个人接触。在我逐渐熟识蒯因之前，我已受到他的很大影响。我从未见过贝思（E. W. Beth），但他是另一个早年对我的思想有很大影响的人。在卡尔纳普邀请我去讨论我的工作之前，我正忙于发展我自己的归纳逻辑思想。在我见到维特根斯坦时，我对他的工作并没有认真的兴趣。弗勒斯达尔（D. Föllesdal）使我对当代哲学中的现象学传统感兴趣。如果要找什么线索的话，我的大多数思想源自我试图发展我自己更早的思想。另一方面，外在的刺激，如对他人工作的报道与批评，偶尔也会成为我的思想的催化剂，但仅仅当时机成熟时它们才会对我起作用。

大约从50年代初开始，我逐渐意识到，我的才能在哲学中比在数学中更有用武之地，于是逐渐地把研究重心先是移向逻辑，后则转向哲学。大约在10年或15年以前，我对当时所做的许多哲学工作感到失望。我仍然认为分析传统是正确的，是有发展前途的；仍然认为西方学术传统是正确的，甚至它使用的传统工具逻辑也是正确的。但我对很多东西越来越不满意，例如：由克里普克和马库斯等人所发展的新的指称理论；在维特根斯坦哲学方面所做的许多工作并未把握住维氏哲学的真正精髓，或者说并未使维特根斯坦哲学成为可理解的。我们需要重新研究某些基本的想法、意图、方案，甚至是逻辑语言体系。

问：据我所知，您是一位世界知名的逻辑学家，在数理逻辑、哲学逻辑、归纳逻辑等领域做出了重要贡献。您能够谈一谈您的逻辑研究吗？比如说，您自己认为您取得了哪些重要的结果？

答：我在逻辑方面所做的许多工作是理论性和哲学性的，很难像在数学中那样谈所谓的"结果"。具体说来，主要有以下这些：

一是一阶逻辑中的分配范式。我从冯·赖特的有关思想出发，通过量词的层层深入，得到了有穷一阶语言中的分配范式，建立了这种范式的基本性质。我使分配范式成为处理数理逻辑、哲学逻辑和哲学领域中许多不同问题的工具，其应用之一是导致我提出了可以用来刻画足道的（非重言的）逻辑推理的演绎信息概念。后来我在《逻辑、语言博弈和信息》（1973）一书的几章中进一步阐发了这一概念及其哲学意义，它的模型论基础为我和兰塔拉（V. Rantala）所提出的瓮模型（urn model）所确保。

二是我在推广分配范式的语义基础上发展了模型集（现被称为"亨迪卡集"）技术。模型集是满足某些条件的一阶语言公式集，是对于世界的局部描述，可以用它证明一阶逻辑的完全性。我还把模型集用于研究模态逻辑，特别是道义逻辑和认知逻辑的语义学，以及它对于一系列内涵性概念如命题态度词和感知动词的应用。严格说来，一度流行的"克里普克语义学"说法从历史角度看是不公正的。它实际上是由几位逻辑学家发现的，首先是康格尔、蒙塔古和我本人，然后是格劳姆（Guillaume）和贝思，再然后才是克里普克。

三是我进一步把分配范式用于研究归纳逻辑的概率测度问题，提出了归纳方法的二维连续统、K维连续统、归纳接受理论和归纳语义信息理论。我的一些学生继续和发展了我在归纳逻辑及其延伸——科学哲学方面的工作，形成了所谓的"归纳逻辑的芬兰学派"。

四是在 70 年代中期,我开始进入逻辑学、语言学和语言哲学之间的无人地带,对逻辑学和语言学的语义学进行新探索,发展了"博弈论语义学"。在思考逻辑和语言作为描述世界的工具时,我遇到下述问题:处于这些描述关系之间的关系是什么?我受康德和维特根斯坦有关思想的启发,强调受规则支配的人类活动,亦即寻求和发现语言博弈的重要性。但我比维特根斯坦走的远得多,因为后者的思想是轮廓性的且不系统。现在,博弈论语义学已在逻辑学、哲学特别是语言学领域得到广泛的应用,成为许多方法论考虑的基础。

五是关于问题、回答以及问答对话的理论,它是认知逻辑和博弈论语义学相结合的产物,也是创立于 70 年代,近年来我已把它发展成"探究的询问模型"(interrogative model of inquiry)。简单说来,这一模型可以看作数学博弈论意义上的二人零和博弈,其中一方为"提问者",他是主动的;另一方为"自然"或"信使",只作为答案之源。自然所给出的答复又成为后来的探索可资利用的前提。最好的寻求信息的策略取决于所允许的问题的复杂度。询问博弈可以用贝思语义表列的变体来加以形式化。我认为,这一模型揭示了科学推理的真正逻辑,在许多领域得到重要应用。我已把它用于逻辑教学,1991 年出版了与伯奇曼(J. Bachman)合著的逻辑教科书《假如……会怎么样?走向卓越的推理能力》,现在此书很受欢迎。

六是我近些年来发展和创立了"友好独立的一阶逻辑"(independence-friendly first-order logic),简称"IF 逻辑"。我个人认为这是一件非常重要的工作,将导致逻辑学和数学基础研究中的一场革命。

问:您是一位非常活跃和兴趣广泛的哲学家。您能够谈一谈您的哲学研究吗?

答:一般说来,我的哲学探索所关注的是人的行为和人的思想的结构以及逻辑、语言与世界的关系。

芬兰哲学研究的特点之一是生动的历史感和对哲学史以及一般思想史的极其尊重。我也不例外,我花了很大精力研究哲学史。我在这方面最著名的论文也许是关于论证笛卡尔的"我思故我在"。我提出,"我思故我在"并不是从"我思"到"我在"的推理,它的特点归结于企图思考"我不存在"的自我否定性,与断定"我不存在"的自我否定性相似。所以"我思"并不表示一个前提,而是指称某种行为,通过这种行为,某些思维-行为的自我否定或自我证实的特征显示出来了。

我发现,我的历史研究与我在某个专门课题上的建设性工作是相互促进的。新的理论或技术常常有助于揭示、显露某些历史理论隐含的预设,发现人们从未意识到的新方面或新特征,从而提高历史研究的精确性或质量。例如,假若没有数理逻辑方面最深奥的理论之一——关于无穷深度语言的理论,莱布尼茨的形而上学体系就不可能得到充分的理解。另外,从历史研究中所获得的洞见又反过来启发或促进我在某个专门问题上的建设性工作,正如前面谈到的,正是从对康德和维特根斯坦的研究中,发展出了我自己的博弈语义学。我想再次强调指出,我的博弈语义学与维特根斯坦的语言博弈说是很不相同的,且非常重要,可以视为我在哲学方面的主要工作之一。

问:在您已出版的众多论著中,哪些是最重要的?

答:我的下面这些书和文章是最重要的,我将简要解释一下它们为什么如此重要:

(1)《数学原理的重新考察》(1996)

这本书主要探讨我新近创立的 IF 逻辑及其可能产生的影响。在此书中,我批判了数学基础研究领域长期流行的一些错误观念,如:认为逻辑的基本部分就是普通的一阶逻辑;真定义不能在同一层次的语言内给出,只能在更高层次的语言内给出;包括初等数论在内的足道的一阶数学理论必定是不完全的;数学思维必定涉及像集合、类、关系、函项、谓词这样的高阶实体;批判了弗雷格的组合性原则;等等。我用 IF 逻辑证明:可以在一阶水平上表达等基性(基数相同)、无穷、同一语言中的真概念;在过去 60 年中处于支配地位的由哥德尔、塔斯基所给出的那些不可能性结果,如不完全性定理、真的不可定义性定理等,并不像原来所认为的那样重要;所有普通的数学理论都可以建立在一阶层次上,并且免除了有关集合和高阶实体存在性的所有那些麻烦问题。我认为,我的 IF 逻辑及其造成的冲击将导致逻辑和数学基础研究中的一场革命,当然这是一场杰弗逊意义上的革命。我唯一感到遗憾的是,我发展出上述思想太晚了,失去了与希尔伯特、哥德尔、塔斯基、卡尔纳普等人切磋讨论的机会。

(2)《普遍语言和理性演算——20 世纪哲学的终极预设》(1997)

这是我的两卷本哲学论文选集中的一本,另一本是关于维特根斯坦的。此卷收集的论文探讨了关于语言的两种根本不同的观点:语言作为普遍的中介和语言作为演算。从比较的角度加以考察的哲学家包括皮尔士、弗雷格、维特根斯坦、卡尔纳普、蒯因、胡塞尔和海德格尔,并对塔斯基关于真定义的结果做了评论,认为它是非结论性的。

(3)《真定义、斯柯伦函项和公理集合论》(论文,待发表)

(4)《对于辖域来说,没有辖域?》(论文,1997)

(5)《逻辑学中的一场革命?》(与 Gabriel Sandu 合著,1996)

(6)《论知觉的逻辑》(论文,1969)

(3)~(5) 这三篇论文,或证明了 IF 逻辑的各种重要结果,如可在 IF 一阶语言内给出它的真定义;或探讨了它在逻辑学、语言学、数学基础等领域可能产生的影响。第四篇论文从"第三人称"的角度讨论知觉,把知觉现象归属于关于知识和信念的一般模态逻辑的一个特殊分支的对象。这篇论文对关于知觉的哲学讨论产生了重要影响。

问: 您教育和培养了正活跃着的这一代芬兰逻辑学家和哲学家,您还是国际知名的编辑,主编著名的《综合》杂志和"综合系列丛书"。我想知道,您的教学和编辑生涯对您的学术研究有什么影响。

答: 我并不认为我是一个多么好的教师和编辑,因为我接触并熟识一些非常好的教师如塔斯基和冯·赖特。但我喜欢教学和编辑,把它们视为使我的思想保持活跃和新鲜的手段。我清楚地记得,正是 1991 年我在波士顿大学主持的一个研讨班上,我忽然领悟到完全可以在同一个语言内定义它的真谓词。从去年开始,我对教学的方法和原理很感兴趣,并且在思考如何教授逻辑以及更一般的哲学之类的问题,也许由此会产生你前面问到的我的最好的论文之一。

问: 您近些年主要在研究什么课题?

答: 现在?我的兴趣很广泛,喜欢同时在几个不同的领域或课题上工作,我常常发现这些工作是相互启发和相互促进的。近年来我的工作主要集中在以下几个方面:一是博弈论语义学,我试图把它向各个方面推广。实际上,我的 IF 逻辑就是我的博弈论语义学的扩展和延伸之一。二是数学基础问题,我越来越理解了由 20 世纪数学基础研究的经典大师如希尔伯特、塔斯基、卡尔纳普和哥德尔所提出的那些问题的重要性,尽管我常常与他们每一个人都不一致,但他们所思考的问题比近些年一直在争论的那些问题重要得多,值得经常回到他们那里去寻求灵感。三是我对语言理论感兴趣,特别是自然语言的逻辑、语义学和方法论。1991 年,我与我的学生桑杜(Gabriel Sandu)出版了一本书:《论语言学的方法论》,主要是把我的博弈论语义学与乔姆斯基的管制约束理论加以比较。我也继续对维特根斯坦、亚里士多德、皮尔士等人的思想感兴趣,并在这些方面做一些研究工作。我喜欢这种研究方式,让自己的思想在不同的领域、不同的课题上转来转去。

问:在您的学术研究中,逻辑与哲学是紧密联系在一起的。也许您的哲学研究使您觉得有必要创立某些新的逻辑工具,然后您又把这些工具应用于您自己的研究活动中。请您谈一谈逻辑和哲学的关系是再合适不过了。

答:我所用的逻辑工具在技术上是新的,在观念上却是旧的。例如,我的基于博弈论语义学的 IF 逻辑就是试图清楚地揭示数学家们一直在进行着的思考方式;我近年所发展的"探究的询问模型"也是试图发展哲学中相当古老的观念。正如有人开玩笑说的,我的询问模型只不过是苏格拉底的设问法加上现代逻辑的包装。在某种意义上,确实如此。有些中学老师相当好地运用了这一方法,他们的教学非常成功。

关于逻辑和哲学的关系,我只想简单地指出,几乎没有什么逻辑分支没有直接或间接的哲学意蕴,而关于我们概念的逻辑或逻辑分析几乎都与许多哲学研究有某种关联。正是在这个意义上,我不相信有可能把纯粹的逻辑洞见与哲学省思完全区分开来,在我自己的工作中是如此,在哲学史上也是如此。例如,有什么东西比传统的范畴理论在哲学上更重要?而对它的评价反过来又与自然语言的逻辑和语义学密切关联着。在每一个主要方向上,我在逻辑方面的工作都开辟了逻辑分析的新的可能性,而这种分析反过来又导致对确定无疑的哲学问题的新见解,甚至导致对哲学史的新看法。

关于逻辑,我想再说几句话:康德曾经认为,亚里士多德逻辑已趋于完善,在两千多年的时间内没有任何发展,并且不可能再有什么发展。但此后不久数理逻辑的兴起与繁盛完全证伪了康德的断言。但是当代有些哲学家、语言学家、数学家和逻辑学家对于弗雷格、罗素所创立的逻辑,亦称一阶逻辑、量化理论、低阶谓词演算,又持有与康德类似的观点。但我想强调指出,这种观点肯定是错误的,逻辑应该得到进一步发展,必须得到进一步发展,并且已经得到进一步发展。我的 IF 逻辑就为逻辑的发展开辟了新的可能性和新的前景,它甚至将导致逻辑和数学基础领域内的一场革命。

亨迪卡教授在谈话中提到的他的最好的书和论文的英文名称及出处:

(1) *The Principles of Mathematics Revisited*. Cambridge:Cambridge University Press, 1996.

（2）*Lingua Universalis is Calculus Rationator*. Dordrecht：Kluwer Academic Publishers，1996.

（3）"Truth Definition, Skolem Function, and Axiomatic Set Theory"，*Bulletin of Symbolic Logic* 4（3），1998.

（4）"No Scope for Scope?"，*Linguistics and Philosophy* 20，1997.

（5）(with Gabriel Sandu)."A Revolution in Logic?"，*Nordic Journal of Philosophical Logic*，Vol. 1，No. 2，1996.

（6）"On the Logic of Perception"，in *Perception and Personal Identity*，eds. by Norman S. Care and Robert H. Grimm, Cleveland：Press of Case Western Reserve University Press，1969：140-175.

二、亨迪卡的学术贡献[①]

芬兰逻辑学家和哲学家雅各·亨迪卡于2015年8月12日在芬兰波尔沃去世，享年86岁。从波士顿大学退休后，他与妻子在波尔沃度过了最后的岁月。

亨迪卡于1929年1月12日出生在芬兰的赫尔辛基市（万塔）。他从1947年开始在赫尔辛基大学学习数学、物理学和哲学，并且在1953年完成了关于分配范式的博士论文答辩。他在30岁时被任命为赫尔辛基大学的实践哲学教授。在他的职业生涯中，雅各·亨迪卡在许多地方担任过重要职位，包括芬兰科学院（1970—1981）、斯坦福大学（1965—1982）、佛罗里达州立大学（1978—1900）和波士顿大学（1990—2014）。

亨迪卡是我们时代最有影响力的逻辑学家和哲学家之一。他出版了40本著作，编辑了20本文集，在国际期刊或论文集中发表了300多篇学术论文。他是现代逻辑的奠基人之一。他在1955年所做的关于量化理论和模型集的工作是现在的标准参考文献。

模型集是相关逻辑语言语句的集合，这种语言构成了对可能事态的描述。在命题逻辑中，一个模型集μ是任何满足特定封闭条件的语句的集合：

C1. 如果p属于μ，那么p的否定¬p不属于μ

[①] 本小节由亨迪卡先前的博士生、芬兰赫尔辛基大学理论哲学教授加布里埃尔·桑杜（Gabriel Sandu）撰写。

C2. 如果合取式（p∧q）属于μ，那么p和q都属于μ

C3. 如果析取式（p∨q）属于μ，那么p和q至少有一个属于μ

C4. p的双重否定¬¬p属于μ，那么p属于μ

C5. 如果¬(p∧q) 属于μ，那么¬p和¬q至少有一个属于μ

C6. 如果¬(p∨q) 属于μ，那么¬p和¬q都属于μ

在谓词逻辑中，增加了另外4个条件来适应"存在一个x使得p"即（∃x）p和"对于所有的x来说p"即（∀x）p这两个类型：

C7. 如果（∃x）p属于μ，那么至少有一个个体常项a，p（a/x）属于μ

C8. 如果（∀x）p属于μ，并且个体常项a出现在μ的公式中，那么p（a/x）属于μ

C9. 如果¬(∃x) p属于μ，那么（∀x）¬p属于μ

C10. 如果¬(∀x) p属于μ，那么（∃x）¬p属于μ

在C7中，p（a/x）是用a替换p中的自由变元而得到的结果。

等式a = b使情况变得更复杂：

C11. 如果p属于μ，a = b属于μ，并且q除了在一个或多个地方a与b互换外与p相同，那么q属于μ

C12. 对于任何个体常项a，¬a = a不属于μ

在1955年的工作中，亨迪卡用模型集给出了一阶逻辑的完全性证明。这项工作在多个方向得到发展。

一个方向是模态逻辑和可能世界语义学。现在的挑战是，为了适应真性概念（必然、可能）、道义概念（必须、不允许）和认知概念（知道、相信），如何推广模型集的思想。亨迪卡的想法是，模型集必须与一个模态系统结合起来，以至于一个模态系统的模型集（事态、可能世界）可以有其他与之不同的系统的模型集（事态、可能世界）。模型集出现于1957年的两篇论文《道义逻辑中的量词》[①]和《作为指称多样性的模态》[②]中。在1958—1959年期间，他在哈佛讨论班上（不幸的是，笔记被遗失了）通过使用先前谓词演算

[①] Hintikka J. Quantifiers in Deontic Logic. Societas Scientiarum Fennica Commentationes Humanarum Litterarum, 1957：23.

[②] Hintikka J. Modality as Referential Multiplicity. Ajatus, 1957：20.

的完全性证明来获取量化模态系统 M、S4、S5 的完全性证明。在《模态与量化》①一文中，他强调了模型集与卡尔纳普状态描述之间的关联，并且模态系统的使用在《知识和信念》②一书中达到高潮。其主要想法是，给"主体 a 知道 p"即 $K_a p$ 这样的概念增加如下新的封闭条件：

  C. K 如果 $K_a p$ 属于一个模态系统Φ的模型集μ，并且μ*（相对于主体 a 来说）与Φ的μ不同，那么 p 属于μ*

也就是说，知识概念的逻辑分析促使我们考虑与当前事态不同的事态。

  亨迪卡在认知逻辑方面的工作与蒯因对模态逻辑的批判相背而行。蒯因清醒地意识到，存在概括这样的量词规则以及同一替换规则在真性逻辑中具有误导性。就同一替换规则而言，亨迪卡意识到，在认知逻辑中人们不能总是从

  （1）a 知道海德先生是谋杀犯，即 $K_a(M(h))$

和

  （2）杰克尔医生与海德先生是同一个人，即 j = h

推出

  （3）a 知道杰克尔医生是谋杀犯，即 $K_a(M(j))$

就存在概括规则而言，人们不能总是从（1）推出

  （4）$(\exists x) K_a(M(x))$

  蒯因对这种情况的分析（或者说亨迪卡对它的解释）是，在第一个例子中同一替换的失效表明，"海德先生"这个词项所占据位置是指称不透明的。这种不透明性是在第二个例子中不能进行存在概括的原因。蒯因的解决方案是把这些规则限制到指称透明的语境中。

  亨迪卡挑战了蒯因的论证③。对他来说，同一替换失效，既不是由于指称的失败，也不像蒯因有时似乎建议的那样是由于单称词项指称对象的方式，而是多样指称，也就是说，是由于 a 不得不考虑与当前认知事态不同的其他认知事态。在有些"可能世界"中，专名"杰克尔医生"和"海德先生"指称两个不同的人④。亨迪

---

  ① Hintikka J. Modality and Quantification. Theoria, 1961：27.

  ② Hintikka J. Knowledge and Belief：An Introduction to the Logic of the Two Notions. NY：Cornell University Press，1962.

  ③ 同②.

  ④ 同②102.

卡认为，如果 a 知道海德先生与杰克尔医生是同一个人，那么同一替换在认知语境中是完全有意义的，由此得出如下原则：在 a 的所有认知事态中这两个名称指称相同的个体。亨迪卡认为，如果以这种方式看待问题，那么"量化"的必要条件不再是同一替换（＝指称透明性），而是要求单称词项"海德先生"在所有认知事态中都命名相同的个体①。这个要求（在简单的情况中）等价于如下原则：a 知道谁是海德先生，亨迪卡将其表示为（∃x）K_a（x＝h）。

在《知识和信念》的书评中，齐硕姆指出，亨迪卡关于存在概括和同一替换的要求预设了跨界识别方法，在此基础上人们必须能够说出什么时候一个世界中的个体与另一个世界中的个体是相同的②。齐硕姆评述了某些跨界识别的方法，包括本质性质，但他认为，这些方法中的任何一个都不是完全可接受的。然而，他的批评促使亨迪卡在接下来的几年里发展出跨界识别的方法。他的一些主要观点以及他与达格芬·弗勒斯达尔（Dagfinn Föllesdal）关于这个问题的交锋发表在期刊《理论》上。③ 他在《个体、可能世界和认知逻辑》④ 和《论知觉的逻辑》⑤ 中也发展了这些方法，他还引入了公共识别和视角识别的区分。我或许听说过奥巴马，知道他是谁（美国总统），但从来没见过他。当我最终见到他时，我视角地识别出他，也就是说，我把他放置在我的视觉地图上。或许我见过他，但没有把他与奥巴马联系起来，也就是说，我没有公共地识别出他。当这种情况发生时，我知道奥巴马是谁。

值得注意的是，在真性模态中，亨迪卡通过要求专名在所有相关的可能世界中都指称相同个体来说明"量化"的合理性，这相当于要求单称词项是"严格指示词"。这是克里普克后来在《命名与必然性》中辩护的观点。⑥ 虽然亨迪卡既考虑所谓的专名描述论又考虑直接指称论，但他最终为一种中间立场辩护，他的跨界识别方法并不构成专名的缩写（涵义），而是与识别指称的语境结合在

---

① Hintikka J. Knowledge and Belief：An Introduction to the Logic of the Two Notions. NY：Cornell University Press，1962：112.

② Chisholm R. The Logic of Knowing. Journal of Philosophy，1963：60.

③ Hintikka J. Knowing Oneself and Other Problems in Epistemic Logic. Theoria，1966：32.

④ Hintikka J. Individuals，Possible Worlds，and Epistemic Logic. Noûs，1967：1.

⑤ Hintikka J. On the Logic of Perception//Hintikka J. Models for Modalities：Selected Essays. Dordrecht：Reidel，1969.

⑥ Kripke S. Naming and Necessity. MA：Harvard University Press，1980.

一起，既包括真性语境也包括认知语境。另外，克里普克认为，由齐硕姆提出的跨界识别问题并不出现在真性逻辑的语境中：可能世界是假设的，所以居住在可能世界上的个体也是假设的。

后来的情况表明，亨迪卡在认知逻辑方面的工作在逻辑、哲学和人工智能领域具有高度促进作用。"第二代"认知逻辑增加了"社会"层面（多主体认知逻辑），这导向了分配知识和公共知识这样的想法；"第三代"在前两者之上又增加了"动态"层面，这促进了博弈论的认知基础和动态认知逻辑的发展以及阿姆斯特丹学派的工作。这里指出其两类结果。起点可以是一群主体，对于给定的主题来说，每个主体都具有部分知识。一个不知道 p 的主体（他既不知道 p 也不知道¬p）知道，另一个主体知道 p 或知道¬p。因此，第一个主体自然会询问第二个主体是否为 p。这里的想法是，主体通过问答获得了关于特定话题的公共知识。第二类结果出现在博弈论中。它表明，关于博弈的局中人的特定假设，例如理性的公共知识，暗示了解决博弈的特定算法（逆向归纳、占优策略的迭代消除）。

从 20 世纪 80 年代早期开始，亨迪卡与其合作者开始发展出他们自己的"动态逻辑"。但是这种"动态逻辑"所针对的现象不同于我在上一段提到的现象。亨迪卡的系统被称为探究的询问模型（IMI），它在一个无所不包的推理和论证的系统中，他把早期在认知逻辑方面的工作与问题和预设整合在一起。[①] 亨迪卡喜欢以面对自然界（主题）的理想科学家（探究者）所进行的博弈的形式来呈现 IMI。这个博弈在一个固定的模型（论域）上展开，这个模型编码了我们的现实世界或其中一部分。探究者具有一些背景知识，被编码在理论 T 中，他的目标是解决特定问题 C。在每个阶段，探究者都在逻辑步骤和询问步骤之间进行选择，前者是从他迄今为止所知道的东西中进行的演绎，后者是他向自然界提出的问题。这里的"问题"是一个技术术语，表示探究者可能做出的任何新的观察或测量。他把"答案"加入他的背景理论 T 中。最终，探究者从理论 T 以及迄今为止所收集的前提集中得出 C 或 C 的否定。因为要求必须知道（或带有特定概率地相信）答案，所以认知逻辑在这里发挥了重要作用。通过给模型的构成要素做出特定假设，亨迪卡能够分析科学哲学中的某些重要概念（解释、归纳等等）。

---

① Hintikka J. Inquiry as Inquiry：A Logic of Scientific Discovery. Boston：Kluwer Academic，1999.

亨迪卡工作的重要意义被瑞典皇家科学院所承认，2005 年，"由于他在对模态概念特别是对知识和信念概念的逻辑分析方面所做出的开创性贡献"，瑞典皇家科学院授予亨迪卡逻辑和哲学方面的"罗尔夫·肖克奖"（Rolf Schock Prize）。

亨迪卡早期在量词方面的工作所引导的另一个方向是博弈论语义（GST）。其主要思想在《关于量词的语言博弈》①一文和《逻辑、语言博弈和信息》②一书中得到概述，并在《量词与量化理论》③一文中得到充分展开。同样与主流相反，亨迪卡在此建立了自然语言量词处理的系统方案，既与蒯因把量化理论看作所有科学论域的"标准记法"的观点不同④，也与蒙塔古在《日常英语量化的恰当处理》一文中提出的方案有别。⑤ 亨迪卡基于博弈论的思想是众所周知的。

一个一阶语句 A 的语义博弈是由解释 A 的非逻辑符号的模型中的两个局中人参与的，即我自己和自然界。步骤的顺序是由 A 的逻辑形式指示的。一个析取公式（存在量化）提示了我自己的步骤，我选择一个析取支（把 M 论域中的一个个体看作量化变元的值）。一个合取公式（全称量化）提示了自然界的步骤，它选择一个合取支（把论域 M 中的一个个体看作量化变元的值）。否定公式转换局中人的选择以及胜负的规则：如果博弈最终的原子公式被选择的变元值所验证，那么我自己获胜；否则，自然界获胜。M 中的真（假）被定义为存在我自己（自然界）的获胜策略。亨迪卡注意到，这种真的定义等价于标准模型论的真概念，但也看到，其启发性在语言学和哲学上的优点，其中包括自然语言量词和代词的博弈论分析、对维特根斯坦语言博弈的说明等等。在同一篇论文中，与蒯因的"一阶论题"相反，并且基于亨金（Henkin）在分支量词方面的工作，亨迪卡给出了自然语言语句的例子，在他看来，这需要比通常一阶逻辑更强的表达力。分支量词背后的想法是，它们可以表达通常一阶逻辑不能

---

① Hintikka J. Language-Games for Quantifiers//American Philosophical Quarterly, Monograph Series 2. Oxford：Basil Blackwell，1968.

② Hintikka J. Logic, Language-Games, and Information. Oxford：Clarendon Press，1973.

③ Hintikka J. Quantifiers vs. Quantification Theory. Dialectica，1973：27.

④ Quine W V. Word and Object. MA：MIT Press，1960.

⑤ Montague R. The Proper Treatment of Quantification in Ordinary English// Hintikka J. Approaches to Natural Language. Dordrecht：Reidel，1973.

表达的特定类型量词的独立性或非独立性。其中一个类型是：

> 对于任何 x 和任何 y，存在一个仅仅依赖于 x 的 z，并且存在一个仅仅依赖于 y 的 w

亨金用分支量词翻译为

$$\begin{Bmatrix} \forall x \ \exists z \\ \forall y \ \exists w \end{Bmatrix}$$

分支形式是为了说明，$\exists z$ 仅仅依赖于 $\forall x$，$\exists w$ 仅仅依赖于 $\forall y$。预期的解释是由博弈论解释保证的，而现在这又通过不完全信息的博弈来解释。在这个博弈中，在给 z 选择语义值时，我自己仅仅知道 x 的值，在给 w 选择语义值时，我自己仅仅知道 y 的值。亨迪卡给出如下自然语言语句的例子来说明这个类型：

> 任何作者都喜欢一本他自己的书，正像任何批评者都不喜欢某本他所评论过的书。长久以来一直在争论这类例子是不是自然的。

在 70 年代后期和 80 年代，他继续发展了这些思想，与他的合作者在代词、条件句、限定摹状词和意向现象的分析方面进行了广泛研究。亨迪卡在分支量词方面的工作导向了 IF 逻辑（Independence-Friendly Logic），这是与桑杜一起给出的一个逻辑系统。[①] 它在过去 30 年里是亨迪卡工作的中心。IF 逻辑是他早期在博弈论语义方面工作的推广，现在他的注意力集中在数学基础上。亨迪卡在《数学原理的重新思考》[②] 一书中探索了他的主要思想，其中基于桑杜关于真的可定义性的结论（在该书的附录中），亨迪卡认为，IF 逻辑是数学基础和自然语言逻辑表示的恰当逻辑。在他生命的最后岁月里，他的大部分工作致力于表明带有概率的 IF 逻辑的扩张（IF 概率）构成了量子力学的真正实验逻辑。亨迪卡在这个领域的工作导向了几个独立和非独立的逻辑，被应用于量子力学和社会选择理论。在发展这个方案时，他经常担心时间不够用。2015 年 8 月 7 日在赫尔辛基举办了"逻辑、方法论和科学哲学"大会，在他主持的"物理科学的

[①] Hintikka J, Sandu G. Informational Independence as a Semantical Phenomenon//Logic, Methodology and Philosophy of Science: VIII. Fenstad J E, et al. ed. Amsterdam: Elsevier, 1989: 571-589.

[②] Hintikka J. The Principles of Mathematics Revisiteds. Cambridge: Cambridge University Press, 1996.

哲学"分会场上，他介绍了他自己关于这个话题的最后思想。

亨迪卡多次提到，他唯一真正的老师是冯·赖特。我听说，冯·赖特曾经说过，雅各·亨迪卡是他唯一真正的学生。但是亨迪卡本人有许多学生，其中很多人已经成为教授，如希尔匹伦（Risto Hilpinen）、托梅拉（Raimo Tuomela）、皮塔瑞伦（Juhani Pietarinen）、尼尼罗托（Ilkka Niiniluoto）、克努提拉（Simo Knuuttila）、兰塔拉（Veikko Rantala）、马尼伦（Juha Manninen）、卡尔松（Lauri Carlson）、萨瑞伦（Esa Saarinen）、辛拓伦（Matti Sintonen）、桑杜（Gabriel Sandu），我认为，其部分原因是他的慷慨。与他的许多学术同辈不同，他从不把他的思想仅仅保留给自己，而是与他的学生共同分享这些思想，以便共同发展这些思想。他以同样的方式对待他的同事，为我们持续不断地提供"精神食粮"。

二、克里普克哲学

第 12 章　必然性概念在反描述论论证中的使用

一、问题与结论的一般性描述

在反对描述主义的模态论证（modal argument）中，必然性是最重要的概念，因为模态论证本质上就是使用必然性这个模态概念来进行的。就此看来，模态论证是否正确和有效，在于其中使用的必然性概念是否正确和有效，也在于对这个概念的使用方法是否恰当。本章就来讨论这个问题，并将得出一个否定性的结论。具体说就是，由于在标准的模态论证中存在着两种必然性概念的混用，并且构造模态论证的那些理论家并未对其在范畴上加以明确的区分，因此，模态论证表面上的力量和强度，甚至多数哲学家所相信的有效性，实质上依赖于某种严重的概念混淆。

模态论证尽管有许多不同的版本，但仔细考察将会发现，几乎所有的版本都是两个基本版本的某个变种。这两个基本版本中的一个可以这样来描述：如果一个名字 n 的意义是一组弗雷格式描述（descriptions）D，那么，"n 是 D" 是必然的。但直觉上，"n 是 D" 并不是必然的，因此，描述论是错的。[1] 第二个版本是这样的：日常专名是严格指示词这个假定有直觉和事实的基础，而同样有直觉和事实基础的是，描述论者所设想的那些作为名字意义的描述是非严格的。因此，描述论是错的。[2]

第一个版本的论证所使用的资源和假设更容易为描述论者和直接指称论双方所接受，并且，第二个版本的一个前提（即日常名字是严格指示词）的建立，

---

[1] 这个版本最典型的论证在克里普克的《命名与必然》中。同时，在讨论相关问题的文献中，我们可以发现这个版本的许多变种。

[2] 这个版本最典型的例子见索姆斯（Scott Soames）2002 年的《超越严格性》。

依赖于第一个版本论证的结论。由此看来，第一个版本肯定是更有希望且更基本的，这也是本章要考察的直接目标（限于篇幅，本章不专门去讨论第二个版本的模态论证）。根据本章对这个版本模态论证的考察，我们发现，即使是这个看起来更有希望的版本，也仍然是有问题的，因为，这个版本的论证对名字本身有两种语义学解释，而对必然性概念有两种不同的理解，但是，构造模态论证的哲学家并未加以必要的区分。于是，模态论证相当于从对名字的一种解释出发，借助两种必然性概念之间的悄然转换，而得出了对另一种解释下的名字的结论。描述论并不导致反直觉的结果，当把"n 是 D"解释成罗素的所谓单称命题时（此时名字是直接指称的），描述论者完全可以承认它不是必然真的，即它可以在某一可能世界是假的。问题在于，描述论者在语义学的范围内，根本不准备把"n 是 D"解释为单称命题，而是解释为弗雷格式的命题。

自从直接指称论者提出了包括模态论证在内的反描述论的主要论证之后，模态论证一直是受到最多关注的论证。不但如此，多数描述论者自己也认为模态论证是有力量的，因此必须修改自己的理论，以便在模态论证下保全自己的理论。可是，如果我们在这里的分析和结论是正确的，则描述论者针对模态论证而对自己的理论所进行的修改就是不必要的。所以，本章的结论可视为对描述论提供了某种支持。

二、描述论的基本假定与反描述论的第一个版本的模态论证

通常认为，关于专名，弗雷格风格的描述论者至少承认如下基本的断定：

第一，专名的语义内容包括涵义与指称两个方面。两个方面可以完全地刻画一个专名的语义学性质。

第二，专名的涵义由一个描述集 D 构成（D = $\{d_1, d_2, \cdots d_n\}$）。

第三，一个专名的涵义以如下方式决定了它自己的指称：一个个体是那个名字的指称，当且仅当，有那个个体且只有那个个体满足 D，或至少 D 的一个特定子集。

第四，逻辑形式为 F(n) 的简单主谓句（在这里，名字 n 被使用，而不是被指涉）的真值条件是：满足名字 n 的描述集 D 或 D 的一个特定子集的唯一个体具有 F 所表达的性质。

在说明模态论证本身之前，需要一个准备性的工作，就是要给出争论双方

都接受的一些有关的共同假设。在本章所讨论的问题上，直接指称论者与指称描述论者共享如下的基本断定：

(P1) 如果一个语句（或陈述、命题）① 是分析的，那么，它就是以意义为真的。

(P2) 如果一个语句是分析的，那么，它是必然真的，同时，它的真是先天可知的。

(P3) 两个同义的语句，如果一个是先天的或必然的，则另一个也是先天的或必然的。

(P4) 如果一个专名同义于一个描述集 D，且 d_i 属于 D，那么，"n 是 d_i" 是分析的（在这里 $0 < i \leq n$，n 是一个自然数）。②

(P5) 如果一个专名同义于一个描述集 D，且 d_i 属于 D，那么，"n 是 d_i" 即是必然的，又是先天的。③

(P6) 至少对于多数日常物理对象，在它们实际拥有的性质中，有一些是必然的，而另一些并非是必然的。④

前五条主要是关于语句的，第六条是关于对象的，所以它是一个关于形而上学的断定或假定，可以把这个叫作"素朴的本质主义"。

使用上面的结果，可以回来简明扼要地刻画模态论证的第一个版本，这个版本在克里普克的《命名与必然性》一书中表达得最为典型：

(MA1) 如果描述论是真的，那么，一个专名将同义于一个描述集 D。（可由描述论的第二个基本论点得出。）

---

① 为简化论证，我们在全文中都忽略三者之间的区别。尽管三者的区别对其他问题的讨论是重要的，但对此处的主题来说并没有实质的影响。

② 因为，此时"n 是 d_i"同义于"是 D（或具有性质 D）的那个对象是 d_i"，后者根据最传统的康德的分析性定义是分析的。克里普克确实清楚地断定了这一点："如果'亚里士多德'的意思是教过亚历山大大帝的那个人，那么，说'亚里士多德是亚历山大大帝的老师'就只是一个重言式。"

③ 由 (P4) 和 (P2) 可得出。

④ 必然性质在这里取较弱的理解，即一个性质对一个对象是必然的，则意味着，在任意的该对象存在的可能世界，该对象都拥有这个性质。这本身既不要求对象本身在任意可能世界都存在，即所谓"必然存在"，也不要求必然性质是除这个对象之外，任何其他对象都不能拥有的性质，即普兰丁格 (A. Plantinga) 所谓的"个体本质"（比如，"是克里普克"这个性质对于克里普克这个对象而言）。

（MA2）如果描述论是真的，那么，"n 是 d_i"是分析的（在这里，d_i 属于 D）。［从（MA1）和（P4）推出。］

（MA3）如果描述论是真的，"n is d_i"是必然的。［从（MA2）和（P2）或（MA1）和（P5）推出。］

（MA4）但是，通常"n 是 di"并非直觉上必然的。

（MA5）因此，导致反直觉结果的描述论是错的。

模态论证的关键思路就是从描述论中推出一个反直觉的结果。于是，反驳这个论证的一个彻底的方式就是指出，从描述论中根本推不出模态论证所需要的那个反直觉的结果。让我们分几个步骤来表明这一点。

三、可以从描述论的"'n 是 di'是分析的"这个断定得出的结果

对于一个指称描述论者，"n 是 d_i"与"那个 D 是 d_i"表达了语义内容完全一样的命题。（"那个"即英文的定冠词"the"）。当 n 是"亚里士多德"时，为简化论证并考虑一般的理解，可以规定 D = $\{d_1, d_2\}$ = {柏拉图最著名的（那个）学生，亚历山大大帝的（那个）老师}。于是，有了"n 是 d_1"和"n 是 d_2"：

（A1）亚里士多德是柏拉图最著名的学生。

（A2）亚里士多德是亚历山大大帝的老师。

根据描述论对专名的语义学理解，名字"亚里士多德"同义于"那个 D"。从（A1）和（A2），我们可以根据名字之间（至少根据描述论的弗雷格式版本，摹状词也是名字）的这个同义性，进一步得出与它们同义的另外两个语句：

（B1）是柏拉图最著名的学生和亚历山大大帝的老师的那个人是柏拉图最著名的学生。

（B2）是柏拉图最著名的学生和亚历山大大帝老师的那个人是亚历山大大帝的老师。

（B1）和（B2）明显是分析的。根据（B1）-（B2）和（A1）-（A2）之间的同义关系，且根据（P3），当然（A1）和（A2）也是分析的。根据（P2），可知以上四个语句都是必然真的，即以下四个语句是真的：

（C1）必然地，是柏拉图最著名的学生和亚历山大大帝的老师的那个

人是柏拉图最著名的学生。

（C2）必然地，是柏拉图最著名的学生和亚历山大大帝老师的那个人是亚历山大大帝的老师。

（C1'）必然地，亚里士多德是柏拉图最著名的学生。

（C2'）必然地，亚里士多德是亚历山大大帝的老师。

乍听起来，（C1'）和（C2'）是很奇怪的，甚至是错误的。尽管如此，如果人们知道描述论者对于专名的语义解释，因此知道，这些听起来似乎有点奇怪的语句不过是那些仅仅根据规定为真的语句的简写，则容易理解"奇怪"或"错误"只是表面的。因为仅当我们把这些语句理解为对世界进行了某种描述时，我们才"感觉"到奇怪或错误，可问题在于，从描述论中产生的这些语句并没有对世界进行任何描写，它们只是以意义为真的。①

四、不可以从描述论的"'n 是 di' 是分析的"这个断定得出的结果

如前所述，假如人们以描述论者的方式理解名字，他们从"n 是 d_i"只能推出形如"这个 D 是 d_i"的以意义为真的语句。重要的是，恰恰因为此类语句以意义为真，它们也只是在同样的基础上是必然的。其理由正像从蒯因的第二类分析性语句（他的第一类分析语句是逻辑真理），比如"单身汉是未婚的"，人们不可能推出描述任何实质性的形而上学事实的语句一样（当然，也许蒯因本人并不这么认为）。

许多人可能以为，对于描述论者，下列语句似乎会引起更实质的困难：

（E1）是柏拉图最著名的学生和亚历山大大帝的老师的那个人必然是柏拉图最著名的学生。

（E2）是柏拉图最著名的学生和亚历山大大帝的老师的那个人必然是亚历山大大帝的老师。

如果（E1）和（E2）中的摹状词"这个 D"（the D）在模态语境中取宽范围（wide scope）解读，也即它多少起类似于卡普兰的 d that（the D）的那种作用，

---

① 在这里，我们完全可以忽略从物（de re）和从言（de dicto）模态的区别。因为对于描述论者来说，仅在语义学的范围内，必然性都是从言理解的，必然性是语句的属性。换句话说，断定必然性并不隐含任何本质主义的形而上学断定。

第 12 章 必然性概念在反描述论论证中的使用

描述论者不可能允许从"(B1)和(B2)是分析的",或相应的(C1)和(C2),导出(E1)或(E2)这样的结果。类似地,给定 n 与相应的那个摹状词(the D)的同义性,因此(A)与(B)两组语句的同义性,描述论者也不可能允许从"(A1)和(A2)是分析的",或相应的(C1′)和(C2′),导出如下结果:

(E1′) 亚里士多德必然是柏拉图最著名的学生。
(E2′) 亚里士多德必然是亚历山大大帝的老师。

当然,根据假定,在(E1′)和(E2′)中的名字"亚里士多德"也以宽范围的方式来解读。正是在此种解读下,(E1)、(E2)、(E1′)、(E2′)才是反直觉的。因为它们所说的其实是,在实际世界恰好具有如此这般的一组偶然性质的那个特定的人,在其他所有可能世界都具有这组性质中的一个。可是对名字的此种解读,或对名字的如此的使用方式,并不属于描述论者,因为名字实际地被解读为非描述的严格指示词。更大的麻烦在于,在上述推理的**前提**中,名字却是依描述论者的方式来解读的。依据这种解读,"亚里士多德"或"具有 D 组性质的那个对象"在任意可能世界都只是指在那个世界恰好具有 D 组性质的那个对象。D 作为名字的意义决定了那个对象,并且,在不同的可能世界,所确定的对象也许不是同一个个体。因此,前提和结论中的名字具有实质不同的语义内容。为清楚表达从描述论可以导出的,以及从那里不可以导出的,我们用下标来区分表面语法和标记法相同的两类本质上不同的名字。下标"1"表示描述论解释下的名字,下标"2"表示直接指称论解释下的名字。用新标记来重新表达上边的结论,我们就可以说,给定 n 与相应的那个摹状词(the D)的同义性,因此(A)与(B)两组语句的同义性,描述论者不可能允许从"(A1)和(A2)是分析的",或相应的(C1′)和(C2′),导出如下结果:

(ER1′) 亚里士多德$_2$必然是柏拉图最著名的学生。
(ER2′) 亚里士多德$_2$必然是亚历山大大帝的老师。

当注意到名字在模态论证中被以不同方式来使用,则可知这个论证有严重的问题,因为在这个论证中,当前提真时,有可能结论为假。从(A)和(B)的分析性,可导出(C)和(C′),因为分析性蕴涵必然性。但当(C1)、(C2)、(C1′)、(C2′)为真时,(E1)、(E2)及其他类似的语句也许并不是真的。把(C1′)和(C2′)准确地表达为

(C1′) 必然地,亚里士多德$_1$是柏拉图最著名的学生。

(C2′) 必然地，亚里士多德$_1$是亚历山大大帝的老师。

我们将不难看到，它们肯定是真的。因为在任何可能世界，"亚里士多德$_1$ = 是柏拉图最著名的学生和亚历山大大帝的老师的那个人"都是真的。尽管如此，(ER1′)和(ER2′)却是假的。因为完全可能在一些可能世界，在实际世界恰好是柏拉图最著名的学生和亚历山大大帝的老师的那个人，他从来也没有当过学生和老师。至少在通常用来进行模态论证的那个系统中，当名字不是严格指示词，而是非严格的描述时，□（the D 是 d_i）并不蕴涵（the x：Dx）□（x 是 d_i）。当然，□（the D 是 d_i），或者□（n_1是 d_i）就更不可能蕴涵∃x（x = n_2）∧□（n_2是 d_i），或者□（n_2是 d_i）。

论证前提的真值不同于其结论的真值，这足以表达相应论证是有问题的。尽管如此，论证仍然看来是有力量的，结论的奇怪感仍未消失。不过，论证表现出来的力量只是一种错觉。在模态论证的刻画中，你总是可以发现，n_1在论证过程的某一步悄然地被 n_2 所代替。实际上，许多语言哲学中的直觉困惑，可以通过明确两种名字间的区分而得以消除。也由于这种概念的不合法的替换，使得以"2"做下标的直接指称论解释下的名字，当出现在相应的语句中时，实际上让这些语句表达了某种素朴的本质主义观念。此种素朴的本质主义观念有着直觉上的基础，是普遍所接受的观念。多数人也许默然地接受它，使得与它相冲突的哲学结论听起来会是奇怪的。可问题在于，从前面我们对于含有两类不同名字的语句的真值条件的刻画可以知道，直觉上不自然的或奇怪的结论，并不可以从描述论的真前提导出。除此之外，有一个在哲学上更实质的混淆或混用，造成了论证的进一步的缺陷。当一类名字在论证中被另一类名字悄然替换的同时，也借助于这种名字的替换，一类必然性概念在论证中被另一类必然性概念悄然替换，这是模态论证之无效的另一个原因，或者应该说是更重要的原因。

五、模态论证第一个版本中两种必然性：语言的必然性与形而上学的必然性

在模态论证第一个版本从前提到结论的不同步骤中，真的存在两种必然性概念吗？论证的前提（MA1）直接引用了描述论关于名字意义的基本假定，也即一个专名同义于一个描述集。根据直接指称论和指称描述论双方都同意的（P4），在假设描述论为真的条件下，"n 是 d_i"是分析的。于是，又根据双方都同意的（P2），"n 是 d_i" 也是必然的。问题在于，这里的必然性是属于什么范畴的概念，或者换句话说，在什么样的基础上语句被断定为必然真的。

来看一下我们已经熟悉的那个句子，"是柏拉图最著名的学生和亚历山大大帝的老师的那个人是柏拉图最著名的学生"。这个句子告诉我们的只是，具有是柏拉图最著名的学生及亚历山大大帝的老师两个性质的那个人，也具有两个性质中的一个。这个语句明显是真的，但说它是必然真的，则不能简单地加以判定。因为这里存在着此模态命题的两种解读。根据一种解读，这个模态命题说的是，在每一可能世界 w，语句"那个在 w 中具有是柏拉图最著名的学生和亚历山大大帝的老师两个性质的那个人，也在 w 中具有柏拉图最著名的学生的那个性质"是真的。根据另一种解读，这个模态命题说的是，存在着一个人，他在我们的实际世界中具有是柏拉图的最著名的学生和是亚历山大大帝的老师两个性质，并且在每一可能世界 w，关于这个人的语句"他具有是柏拉图最著名的学生的性质"是真的。或者它说的是，在实际世界具有是柏拉图最著名的学生和亚历山大大帝的老师两个性质的那个人，也在除实际世界外的所有其他可能世界具有是柏拉图的最著名的学生的性质。

非常明显，两个解读下相应的语句有不同的真值条件。根据第一种解读，模态算子范围内的那个语句不可能是假的，也就是说，它是必然真的。因为这个句子只是告诉了人们一个几乎不会有人怀疑的真理：被描述或规定为满足 A 和 B 的对象满足 A 或 B。这个语句在概念上是真的。反之，根据第二种解读，这个语句一般是假的，因为在我们的世界恰好具有一个非本质性质的人，可能在其他的世界不具有这个性质。尽管有两种不同的解读，但当所说的必然性来自分析性时，则不能允许第二种解读。分析性的真理及其必然性，既不依赖于对象存在，也不要求谈论任何具体的对象，一句话，这是在罗素和埃文斯（Evans）意义上对象独立的（object-independent）命题。而第二种解读实际上是把（C1）解读成（ER1'），后者是对象依赖（object-dependent）的。同时，这个模态命题在性质上是从物模态。考虑到从物和对象依赖双重因素，则该命题的真假依赖于世界中的形而上学的事实。

与此相对照，分析真理的真及其必然性，最终地依赖于语言表达的意义和结构，这样的命题，其必然性应该被理解为从言模态的，它的真完全由描述被给定（或者说被规定）的方式和描述的内容来决定。换句话说，它的真不仅与实际世界的事态无关，也与可能的事态无关。简单地说，分析语句的必然性是语言的必然性，而不是形而上学的必然性。当非严格的描述被规定为一个名字的意义组分时，这些描述当然不能在每一可能世界都确定同一个对象为名字的指称，但在每一可能世界被描述所确定的对象总是具有那些描述性质。原因在于，在一个可能世界 w 中满足这些描述是一个对象在那个世界是名字的指称的充分必要条件。对象本质上被描述所定义，没有人能够想象对象不具有定义所要求的那些性质。克里普克反复地强调康德的典型语句"金是黄色的金属"不是分析的，以便于说明他的必然性和先天性概念。但这并不表明克里普克与康德有不同的关于分析性的理解，而是说他们对于名字的语义学性质有不同的解读，对于必然性的性质也有不同的理解。

在典型的模态论证中，也在模态论证的直接指称论者的解释中，实际上使用了两种必然性概念。① 一直以来，直接指称论者相信必定与指称描述论的推论相冲突的那种必然性是形而上学的必然性，但是，描述论本身却并不蕴涵任何关于形而上学必然性的观念。因为两类必然性完全属于不同的范畴，且用于讨论完全不同的主题。所以，同一个人既可以同时承认关于两种必然性的断定，也可以同时承认一个而反对另一个，而不会引起任何麻烦。当某人提出这样的问题：如果把"是柏拉图最好的学生"规定为名字"亚里士多德"的意义，那么，在这个规定下，"亚里士多德是柏拉图最好的学生"这句话会是错的吗？我们几乎肯定要回答，这句话总是对的，如果在一个场景下，大家在说一个叫作"亚里士多德"并且大家都熟悉的学者。这时谈话者中的一人问："亚里士多德从来也没教过书，这个可能吗？"尽管对此的回答要依赖于许多不同的因素，但有一点可以肯定，没有人会认为当我们相信这个可能性存在时，会引起任何矛盾。

与普通人在这一点上一致，直接指称论者与指称描述论者共享对两种必然性的基本直觉。比如，萨蒙（N. Salmon）也认为在自己的语义学系统中，那些以意义为真的语句是分析的（比如，当名字的意义就是它的指称时，"a = b"或"如果晨星存在，晨星是暮星"等等，如果是真的，则是以意义为真的），甚至是逻辑真理。因此，既是必然的，又是先天的。② 既然这些命题是先天的，那

---

① 在索姆斯的一本书中我们可以看到一个典型的例子，他在同一本书只是相邻几行的地方未加区分地使用了两种必然性概念。参见 Soames S. Philosophical Analysis in the Twentieth Century: Vol. 2. The Age of Meaning. Princeton, NJ: Princeton University Press, 2003: 338－339。

② Salmon N. Frege's Puzzle. Cambridge, MA: The MIT Press, 1986: 137.

么它们就没有对世界有任何实质性的断定（除非像一些笛卡尔主义者那样，你相信有一些先天可知的天赋观念），故此这里的必然性就不会是形而上学的必然性。然而，即使是萨蒙，也没有清楚地区分两种必然性。① 直接指称论与指称描述论的分歧，不在于它们对不同的必然性概念的理解上，而在于它们对这些概念的使用上，同时，在于它们对名字的语义学理解上。

由于在语言的必然性与形而上学的必然性之间并没有概念的联系，任何从一种类型的必然性到另一种类型的必然性的推导都必须谨慎小心。没有极强的一些前提假设，这些推导都是不合法的。而当加上一些很强的前提时，那些前提本身往往带来极大的理论风险。我们的结论可以再加以推广，使其更具有一般性。原则上，从一个语言学的结论直接推导形而上学的结果是不合法的。直接指称论者萨蒙已经就一个具体的理论给了一个很有说服力的论证来表明这一点。他指出，直接指称论的语义学理论并不蕴涵本质主义，而仅当本质主义已经被假设时，从直接指称论的语义学理论加上本质主义，才能导出本质主义。② 把萨蒙的结论向前再推一步，则我们可以说，任何语义理论本身都不蕴涵形而上学结论，而仅当形而上学的理论内容已经被假设时，形而上学的结论才可以从这个语义学理论加上那些已被假设的形而上学内容导出。注意到无论是直接指称理论，还是指称描述理论都只是语义学理论，因此，它们并不应该直接提出任何形而上学的主张。一个指称的描述论者可以相信强的本质主义而不会有任何矛盾，同时，一个直接指称论者可以拒绝相信任何本质主义也不会有任何矛盾。一句话，根本就不存在描述论的语义学结果与关于实际对象的形而上学或日常直觉的冲突，也不存在恰当的从描述论的语义学或任何语义学直接到达形而上学的推导。③

参考文献

1. Caplan B. On Sense and Direct Reference. Philosophy Compass, 2006.

---

① Salmon N. Frege's Puzzle. Cambridge, MA: The MIT Press, 1986: 137-138.
② 这个论证是萨蒙《指称与本质》整本书讨论的主题。
③ 应该指出，本章限于篇幅，并未讨论一个有关的重要问题。这个问题是，即使"亚里士多德是柏拉图最著名的学生"在描述论者那里是以意义为真的，但在直觉上，说它是"以意义为真的"或"分析的"，毕竟不如说"正方形有四条边"或"单身汉是未婚的"那么明显，或者似乎很有疑问。我的基本看法是（并不在此给出论证）：产生这种直觉差异的原因在语义学之外，而不在于两类语句的语义学性质有什么不同。

2. Caplan B. Millian Descriptivism. Philosophical Studies, 2007.

3. Kallestrup J. Actually-Rigidified Descriptivism Revisited. Dialectica, 2012, 66 (1).

4. Kripke S. Naming and Necessity. Oxford: Basil Blackwell, 1980: 30.

5. Salmon N. Frege's Puzzle. Cambridge, MA: The MIT Press, 1986.

6. Salmon N. Reference and Essence. 2nd ed. New York: Prometheus Books, 2005.

7. Sider T, Braun D. Kripke's Revenge. Philosophical Studies, 2006, 128.

8. Soames S. Beyond Rigidity: The Unfinished Semantic Agenda of Naming and Necessity. Oxford: Oxford University Press, 2002: 22.

9. Soames S. Philosophical Analysis in the Twentieth Century: Vol. 2. The Age of Meaning. Princeton: Princeton University Press, 2003.

10. Wehmeier K F. In the Mood. Journal of Philosophical Logic, 2004, 33.

第13章　反驳克里普克反描述论的语义论证

一、引言

在克里普克之前，最有影响的名称理论是弗雷格和罗素所主张的描述论，以及维特根斯坦、塞尔等人所主张的更精致的版本——簇描述论。克里普克把后者重新表述成6个论题，其中论题（1）、（3）、（4）是他的语义论证批评的靶子："（1）对每一个名称或指称表达式'X'来说，都有一簇与之相应的特性，即特性族φ使得 A 相信'φX'。""（3）如果φ的大多数或加权的大多数为唯一的对象 y 所满足，则 y 就是'X'的所指。""（4）如果表决不产生任何唯一的对象，那么'X'就无所指。"①

在我看来，可以把克里普克的语义论证概述如下：

假如关于名称的描述论是正确的，即一个名称与相应的（簇）摹状词严格同义，那么，名称的意义②就应该是确定其所指的充分必要条件。即：任何满足与该名称相应的（簇）摹状词的对象，就是该名称的语义所指

---

① Kripke S. Naming and Necessity. Paperback Edition. Oxford：Blackwell Publishing，1981：71.（克里普克. 命名与必然性. 梅文，译. 上海：上海译文出版社，2001：50.）

② 在语言哲学文献中，"意义"（meaning）一词有广义和狭义两种用法。广义的"意义"包括语言表达式的"涵义"（sense）和"所指"（reference）；本文仅在狭义上使用"意义"一词，即语言表达式所表达或内蕴的涵义，它们被人的心智所理解和把握。关于名称，我们可以区分许多不同的问题：名称的语义值是什么？它们是否既有意义又有所指？名称如何指称它们的对象？名称如何对于它们出现于其中的语句做出语义贡献？名称使用者如何确定名称的所指？等等。所有这些问题又可以区分出个人的维度和社会（语言共同体）的维度，例如，语言表达式的意义和指称是相对个人而言的，还是相对于一个语言共同体而言的？本文只讨论其中一部分问题，不讨论"名称如何对于它们出现于其中的语句做出语义贡献"这类问题。

（意义对于确定所指的充分性）；或者，任何不满足相应的（簇）摹状词的对象，就不是相应名称的语义所指（意义对于确定所指的必要性）。但实际情形并非如此。因此，描述论在语义事实上出错。①

该论证可以简单表述如下，其中"P1"表示前提 1，"C"表示结论：

  P1 如果描述论是正确的，则名称的意义必须是确定其所指的充分必要条件。

  P2 事实上，名称的意义不是确定其所指的充分必要条件。

  C 描述论是错误的。②

对于此论证，我只接受前提 P2，但不接受前提 P1，因此不接受结论 C。我认为，在这个论证中隐含着两个很成问题的假设：

假设 1（记为 A1）：名称 α（或一个摹状词 the F）与一个对象的关系是严格"客观的"或"形而上学的"，它对有关我们的语言共同体的事实不敏感。换句话说，它与我们的语言共同体对 α 的理解没有任何关系。特别是，我们不需要 α 的意义作为 α 与 α 所指对象之间的中介。

我将论证 A1 是错误的，因为名称、摹状词与对象之间的指称关系是一种社会的意向性关系，它至少涉及三个要素：名称（或摹状词）、对象、作为该名称（或摹状词）的使用者的语言共同体。一个名称（或摹状词）究竟指称什么取决于两件事情：我们的语言共同体打算用该名称（或摹状词）去指称什么，我们的共同体如何理解和使用该名称（或摹状词）。

假设 2（记为 A2）：描述论者必须主张，如果名称有意义并且其意义由一个（或一簇）摹状词给出的话，这个（或这簇）摹状词就应该是确定名称所指的充分必要条件，并且，我们有可能找到这样的充分必要条件。

我将论证 A2 是错误的，理由如下：（1）A2 是对传统描述论者的误解或曲解；（2）我们不能要求给出名称意义的那个或那些摹状词与名称严格同义，不能要求给出确定名称所指的充分必要条件，因为我们根本不可能找到这样的充

---

① Kripke S. Naming and Necessity. Paperback Edition. Oxford：Blackwell Publishing, 1981：80-87.（克里普克. 命名与必然性. 梅文，译. 上海：上海译文出版社，2001：59-65.）

② 萨蒙把语义论证看作支持直接指称论首要论题的三类论证中"最强有力和最有说服力的一个"（Salmon N. Reference and Essence. 2nd ed. New York：Prometheus Books, 2005：29）。我不同意萨蒙的看法，本文就是要反驳克里普克的反对描述论的语义论证。

分必要条件。(3) 当根据名称的意义去确定名称的所指时,我们不仅要考虑作为一名称的意义或部分意义的那些描述① 与对象之间的客观的符合关系,还应该考虑说话者的意向、相关的知识网络和背景、世界本身的状况等,所有这些东西共同决定了该名称的所指。

最后,我将得出一个总结论:克里普克的语义论证不成立。

二、反驳语义论证的第一假设

1. 语义论证的假设 1

克里普克给出了一些簇描述论的"反例",试图表明存在这样的情形:与一个名称 α 相对应的一簇描述 φ 被某个唯一的对象 y 所满足,但 y 仍不是 α 的所指,由此去反驳簇描述论的论题(3)。

虚构的例证。克里普克说,我们可以设想这样的反事实情形:哥德尔有一位名叫"施密特"的好友,后者证明了形式算术的不完全性,但不幸早死,其手稿落到了哥德尔手里,他就用自己的名义将这些手稿发表了,于是获得了"形式算术不完全性的证明者"的名声,但后一摹状词的真实所指是施密特。如果"哥德尔"与摹状词"形式算术不完全性的证明者"同义,难道"哥德尔"的语义所指也变成了施密特这个人吗?克里普克指出,并非如此,"哥德尔"仍然指称哥德尔这个人,但"形式算术不完全性的证明者"却指称施密特这个人,因为满足该摹状词的人**事实上**是施密特,它就指称施密特,尽管我们用它去指称哥德尔,但我们的用法是错误的。

非虚构的例证。人们通常把皮亚诺说成"发现了几条说明自然数序列性质公理的人",但实际上,更早做出这种发现的人却是戴德金,故该摹状词就指称戴德金这个人;有许多人误以为爱因斯坦既是"相对论的发明者"又是"原子弹的发明者",但后一摹状词是错误的,发明原子弹的并不是一个人,而是一群

---

① 在本书中,"摹状词"和"描述"根据上下文需要交替使用。当与名称并列使用时,按习惯使用"description"的旧译"摹状词",这一译法很雅致。但"description"的本义就是关于对象的描述,故有些地方用"描述"。"descriptivist theory of names"就是把名称理解为关于名称所指对象的一个或一组描述的理论,译成"名称的描述理论",以与罗素关于摹状词的理论——"摹状词理论"相区别。旧译"名称的摹状词理论"并无错误,只是人们对术语有不同的偏好和选择。

人;许多人把哥伦布说成"第一个认识到地球是圆的人""第一个发现美洲新大陆的人"等,但其中有些摹状词是错误的,另外的人满足这些摹状词,这些人就是这些摹状词的语义所指,但他们并不是"哥伦布"的语义所指,"哥伦布"仍然指称哥伦布这个人。

由这些例证,克里普克论证说:一个描述甚至是一簇描述都不是识别一个名称的所指的充分条件;满足那个或那簇描述的个体有可能不是该名称的所指,而是另一个名称的所指。

在克里普克的上述论证中,我发现了一个隐藏的他所理解的一个描述论假设:一个摹状词究竟指称什么对象,只涉及该摹状词与其满足者的关系,只涉及语言和世界之间的关系,它只是一个事实问题,而与我们使用该摹状词和该语言时的意向、约定、传统和习惯无关。换句话说,一个摹状词的语义所指是恰好**事实上**满足该摹状词的那个对象,而不是我们的语言共同体认为该摹状词所适用的那个对象。例如,如果施密特这个人事实上满足摹状词"算术的不完全性的发现者",则该摹状词就指称施密特;如果戴德金**事实上**比皮亚诺更早地发现了刻画自然数序列的某些公理,那么,摹状词"发现了刻画自然数序列的某些公理的那个人"就指称戴德金而不是皮亚诺;如果某个另外的人,而不是哥伦布,**事实上**是最早认识到地球是圆的并且最早发现美洲大陆的人,那么,那个人就是这些摹状词的语义所指。虽然我们用上面提到的那些摹状词去分别指称哥德尔、皮亚诺和哥伦布,但我们的用法是错误的。

克里普克在其语义论证中坚持 A1,我还可以给出某些另外的证据。

(1)克里普克明确表示,他不赞成普特南关于语言分工的说法。①

普特南指出,自然种类词的使用者常常并不很清楚,例如,如何去确定某物品是不是"黄金",如何区别"榆树"(elm)和"山毛榉"(beech)等,他们不得不求助于语言共同体内的相关专家,后者在这些事项上更有权威性和发言权。并且,这种现象不是个例,而是很普遍的。他据此提出了语言分工假说:"每个语言共同体都表现出上面所说的那种语言分工,也就是说,至少拥有一些词汇,与之相关的'标准'只有少数掌握它的人知道,而其他人对它的使

---

① Kripke S. A Problem in the Theory of Reference: the Linguistic Division of Labor and the Social Character of Naming//Philosophy and Culture: Proceedings of the XVIIth World Congress of Philosophy. Montreal: Editions du Beffroi, 1986: 241-247.

用则依赖于他们与上述少数人的有条理的分工合作。"① 但克里普克不同意，其理由是：一个名称指称什么对象，这是一个语义学问题，并且有确定的答案，所谓"专家"在这个问题上没有任何帮助，他们并不具备一种特殊的语义能力。

克里普克谈到了"黄金"、"20世纪法国内阁成员、国务部长"、"榆树"和"山毛榉"等。首先，这些词都有确定的外延，什么东西处在其外延中或者不在其外延中，这一点是确定的，与说出这些词的时间无关，例如，"黄金"一词的外延在阿基米德时代和在化学非常发达的当代是一样的，也与说这些词的人无关，例如，无论是从我嘴里还是从专家嘴里说出这些词，它们都意指它们所意指的对象，都有其确定的外延。具体就第二个谓词而言，他指出："这个词仅仅意指它所意指的东西。要判定什么东西处在它的外延中，或许是棘手的或困难的，这是一个关于我们将要知道什么的特殊问题。有时候，或许在很长时间内，我们有可能不知道……什么对象是否处在其外延内。但是，就实际地确定该词项的外延而言，专家不能提供任何帮助。他们只能在此之后帮助我们弄清楚，哪些对象实际地处在该词项的外延之中。"② 其次，"专家"有可能不够格，例如他可能是伪专家，例如炼金术士或星相学家；即使是够格的专家也有可能出错，例如他对名称所指对象的信念大多数是错误的；甚至在有些名称那里，根本就不存在能判定其外延的"专家"。克里普克由此断言："在自然种类词的情形下，专家没有特殊的语言学权威。如普特南在另一段落中说过的，'仅仅有这样的人，他们关于黄金知道得很多'，他们并不具有任何类型的类似于法兰西学院那样的权威性，不具有在这个词的外延上的一种特殊的权威性。"③

不过，克里普克还是承认专家在两种情况下的作用。有一类词源自专家，它们是由专家发明和创造的，并且是从他们那里传播到语言共同体中的。专家在这类词上显然有特殊的权威和发言权。但克里普克指出，这种特殊的权威性不是来自专家的特殊的语义能力，而是来自他们是这些对象的初始命名者，可

---

① 普特南."意义"的意义//陈波，韩林合. 逻辑与语言——分析哲学经典文选. 北京：东方出版社，2005：466.

② Kripke S. A Problem in the Theory of Reference: the Linguistic Division of Labor and the Social Character of Naming//Philosophy and Culture: Proceedings of the XVIIth World Congress of Philosophy. Montreal: Editions du Beffroi, 1986: 244.

③ 同②245.

以用一般性的初始命名礼的重要性来解释。专家的另一个作用与指称转移有关。他们可以抵制在命名礼上使用的样本被其他赝品所污染或替换，假如我们不当心的话，发生这样的事情将导致词项的指称转移，即一自然种类词本来指称事项 A，在样本被污染或被替换的情况下，变成了指称事项 B。周围的专家越多，发生这种指称转移的概率就越小。

克里普克还把类似的论证和结论推广到像"皮亚诺"这样的专名上。他因此断言，与通常的看法相反，他自己的学说与普特南的语言分工学说并不一致，语言分工学说甚至也与普特南自己的某些相当正确的说法不一致。他强调说："实际上，我现在认为，'语言分工'这个词包含着很强的为假的暗示。我不知道它是假的，因为按普特南的意思，它或许是正确的。我能够由此得到的所有那些联系，由像达米特这样的人物所采纳的那些联系，在我看来，首先是并且最重要的是（我推测）假的，其次，或许因此与普特南已经在别处所说的，甚至与在强调这个概念的这同一篇论文中所说的相当正确的东西，不相容。"①

（2）克里普克把下面两个问题截然区分开来：一是"名称（或摹状词）如何指称对象"，这似乎只是名称（或摹状词）与其所指对象之间的一种客观关系，即存在于语言和世界之间的一种形而上学关系，与名称的使用者——"我们"无关；二是"我们如何确定名称（或摹状词）的所指"，这才是名称（或摹状词）及其使用者与名称（或摹状词）的所指三者之间的关系，因而是一种社会历史性关系。他对前者的回应是"严格指示词理论"，对后者的回应是"因果历史链条"②。

克里普克指出，一个专名直接指称它的对象，不需要以名称的意义做中介。例如，"亚里士多德"这个名称总是指称亚里士多德这个人，甚至在设想他有完全不同的生平和经历，没有做过他在现实世界中所做过的任何一件事情的反事

---

① Kripke S. A Problem in the Theory of Reference: the Linguistic Division of Labor and the Social Character of Naming//Philosophy and Culture: Proceedings of the XVIIth World Congress of Philosophy. Montreal: Editions du Beffroi, 1986: 243.

② 我认为，这两个问题不能清楚地分开。我同意塞尔所谓的"识别公理"："如果一个说话者指称一个对象，则他能够为听者把该对象从所有其他对象中识别出来，或者是要求能够做到这一点。"（Searle J. Speech Acts: An Essay in the Philosophy of Language. Cambridge: Cambridge University Press, 1969: 79.）这个公理背后的基本直觉是：为了能够有意义地说在指称一个对象，一个人必须能够识别出那个对象；否则，即使从字面意义上说，那个人也根本不知道他自己在谈论什么东西。

实情况下，我们也仍然是在谈论亚里士多德这个人，而不是在谈论任何其他的人。因此，专名是严格指示词，它们在一个对象存在的所有可能世界中都指称该对象，甚至在该对象不存在的那些可能世界中也指称该对象。而自然种类词在指称机制上与专名类似，也是严格指示词。我认为，理解"严格指示词"的关键是：名称与对象的指称关系几乎是一种先天的形而上学关系，不需要我们对相应对象或对象类有任何了解和知识。一个对象在初始命名礼上被给定某个名称之后，后来说到、听到、写到这个名称的人，都在用这个名称去指称原来被命名的那个对象，即使他们对这个对象的状况一无所知。考虑克里普克的一个极端例子："一位数学家的妻子偷听到她的丈夫在咕哝'南希'这个名称。她不知道南希是一个女人还是一个李群（物理学中的特殊连续群）。为什么她对'南希'的用法不是命名的一个事例呢？如果不是的话，那么其原因并不在于她的指称是不明确的。"① 这就是说，即使那位妻子对南希是什么类型的东西，对南希是哪个个体一无所知，她仍然能够把"南希"用作一个名称去指称某个东西。

或许有人会提醒我注意克里普克的下述说法："在一般情况下，我们的指称不光依赖于我们自己所想的东西，而且依赖于社会中的其他成员，依赖于该名称如何传到一个人的耳朵里的历史以及诸如此类的事情。正是遵循这样一个历史，人们才了解指称的。"② 难道克里普克这里不是在强调语言的社会性因素，诸如我们的共同体中其他人对名称的使用吗？在一种意义上，我将回答"是"；在另外的意义上，我将回答"否"。如上所述，克里普克区分了两个问题：一是"名称（或摹状词）指称什么"，另一个是"我们如何确定名称（或摹状词）的指称"。前一个问题是关于名称（或摹状词）的语义学问题，它有确定的和客观的答案。上面的引文只与回答第二个问题有关。如果我们要识别一个名称（或摹状词）的所指，我们不得不追溯该共同体中其他人对它的最初使用。这就是克里普克关于他的历史理论所解释的："在正常情况下，我们想到相关的语义特征被保留了。这就是历史理论的精髓。一个说话者在时间流程的任何给定点上，即使他已经完全忘记了他与存在物的名称相关联的大多数摹状词，甚至他或许成为一个失忆症患者，他仍然把［该名称］正常地视为保留了与他先前所有的同

---

① Kripke S. Naming and Necessity. Paperback Edition. Oxford: Blackwell Publishing, 1981.（克里普克. 命名与必然性. 梅文，译. 上海：上海译文出版社，2001：116n.）

② 同①95.

样的指称。"①

总之，克里普克隐含地认为，名称 α（或一个摹状词）与一个对象的关系是严格"客观的"或"形而上学的"，它对有关我们的语言共同体的事实不敏感。换句话说，它与我们的语言共同体对 α 的理解没有任何关系。特别是，我们不需要 α 的意义作为 α 与 α 所指对象之间的中介。这就是隐藏在克里普克的名称理论中的假设 A1。②

2. 对语义论证的假设 1 的反驳

根据 A1，当我们使用一个名称、一个摹状词和一个谓词时，该名称指称它所指称的东西，该摹状词指称满足该摹状词的对象，该谓词有确定的外延，其外延包括该谓词实际对之为真的所有那些个体。可以这样说，语言似乎是一个自动与外部世界关联的自主的系统，它的名称自动地指称外部对象，它的句子自动地描述外部事态，并因而有客观的真假。所有这些事情都与作为该语言使用者的我们以及我们所属的语言共同体无关。我将论证，这是一种刻画语言如何工作的完全错误的方式。

《牛津英语词典》把"语言"定义为"由一个民族、人群或种族所使用的词语及其组合方式的整体"③。这里，我想强调语言的如下四个特征：

(1) 语言是社会性的。

也就是说，语言明显是人类的和社会的，为人类社会所形塑：它们随着人

---

① Kripke S. A Problem in the Theory of Reference: the Linguistic Division of Labor and the Social Character of Naming//Philosophy and Culture: Proceedings of the XVIIth World Congress of Philosophy. Montreal: Editions du Beffroi, 1986: 247.

② 这里，我想插入一些相关评论。实际上，在像弗雷格、埃文斯和塞尔这样的描述论者和像克里普克和唐奈兰这样的因果论者之间，有很多类似之处：他们都认为存在因果历史的传播链条，其中名称从一个人传到另一个人，从一代人传到下一代人，他们都要求意向性构成要素，即指称的意向。把两派区分开来的是对下述关键问题的回答，例如，在因果历史链条上所传递的究竟是什么？很显然，所传播的不只是名称，而是名称加上与该名称约定关联的某些另外的东西。对于描述论者来说，与名称约定关联的东西是"**涵义**"（或某个摹状词，或某簇摹状词，或挑选出某个东西的某种方式）；对克里普克来说，与名称约定关联的东西是"**对象**"。另一个问题是：名称如何与其所指相关联？弗雷格宣称，存在着某种中间环节，即"**涵义**"；塞尔断言，"对象并不先于我们的表征体系而给予我们"，我们的表征必须居于名称和所指之间（Searle J. Intentionality: An Essay in the Philosophy of Mind. Cambridge: Cambridge University Press, 1983: 231）。但克里普克坚持认为，那种联系是无中间环节的，即名称是直接指称的。正是这些分歧把描述论者和因果论者区隔开来。

③ Oxford English Dictionary. 2nd ed. on CD-Room. Oxford: Oxford University Press, 2009.

类社会的形成而产生，并且随着社会生活的变化而发展。儿童习得其母语的过程，就是他／她成人化和社会化的过程。"获得某一种语言就意味着接受某一套概念和价值。在成长中的儿童缓慢而痛苦地适应社会成规的同时，他的祖先积累了数千年而逐渐形成的所有思想、理想和成见也都铭刻在他的脑子里了。"①

达米特也强调了语言和意义的社会特征："……语言是社会现象，绝不是为个人所私有的，它的使用是公共可观察的。"② "语言分工是这样一个事实，必须把对它的注意纳入把语言视为一种社会现象的任何考虑之中。'gold'（黄金）这个词作为一个英语词的意义，既没有被关于专家所使用标准的描述所充分传达，也没有被对普通人所使用标准的描述所充分传达；它包含两者，是对它们之间关系的一种把握。"③ 他认为，语言是由约定的实践和公认的使用标准构成的；在使用词语时，个别的语言使用者必须信守这些词语所属的那个语言的标准。"……一般而言，对于语言哲学更具重要性的是，导致承认个别语言使用者对一个表达式的理解与该表达式在公共语言中的涵义之间区别的那些考虑。"④

在我看来，语言不是作为一个抽象的形式系统自动地与外部世界发生关系，例如，它的名称并不自动地指称外部对象，它的命题并不自动地表述外部事态或事实；躲在语言背后的是"人"，正是使用语言的"人"（语言共同体）让语言与世界发生关系，通常是指称和表述的关系。指称关系既取决于我们如何理解名称，也取决于事物在世界中是怎样的。同样，表述的真假也取决于两个因素：我们的说话方式，以及事物本身在世界中的存在状况。语义学并非不考虑语言使用者，它只是不考虑个别的语言使用者，而必须考虑语言共同体。在语义学层次上谈论语言表达式的意义和指称，都是相对于语言共同体而言的意义和指称。⑤ 由此观之，语言作为自主自足的体系是一种虚构，脱离人去理解语言

---

① 帕默尔. 语言学概论. 李荣，等译. 北京：商务印书馆，1983：148.
② Dummett M. Origins of Analytical Philosophy. London：Duckworth，1993：131.
③ Dummett M. The Social Character of Meaning//Dummett M. Truth and Other Enigmas. London：Duckworth，1978：427.
④ Dummett M. The Interpretation of Frege's Philosophy. London：Duckworth．1981：195.
⑤ 我认为，关于名称的语义学和语用学之间的差异与名称的社会使用和个人使用有关。语义学只关注我们的共同体对名称的普遍的公共的使用，而语用学则关注个别说话者在某个语境中带着特定的意图对名称的特殊的、个人的使用。借用克里普克的术语，名称的社会使用涉及名称的语义指称，名称的个人使用涉及名称的说话者指称［参见 Kripke S. Speaker's Reference and Semantic Reference. Midwest Studies in Philosophy，1977（2）：255－276］。

与世界的关系是一条歧途。

(2) 意义是公共的。

我认为,语言表达式的意义在于语言和世界之间的意向性关联,这种关联是由语言共同体的集体意向建立的。那么,究竟什么是"语言共同体"?我认为,语言共同体的最主要特征就是"共享",其成员对属于某个语言的表达式有大致相同的理解,在相互之间能够顺利地交流和沟通。这样的共同体可大可小,例如在当今的网络上,一些网民用一些特殊的符号(如台湾媒体所谓的"火星文")去相互交流和沟通,他们就形成了一个小的语言共同体。当然,使用同一个自然语言(如汉语、英语、日语、藏语)的各个民族更是一个语言共同体,他们能用他们的母语去相互交流和沟通,就表明他们对其中绝大多数语言单位有大致相同的理解。世界上说不同语言的民族之间也能够相互交流和沟通,这说明他们各自的语言之间也有某些共同的成分,使得能够在这些不同语言之间进行翻译和对接,由此也可以把他们看作一个广义的语言共同体——"双语共同体"或"多语共同体"。因此,"语言共同体"是一个边界模糊的概念,其主要特征就是"共享"。

而且,名称和对象之间的指称关系必须回溯到相应对象的初始命名仪式。在交际的因果历史链条上,所传递的是关于名称所指对象的描述性信息,只有那些被我们的语言共同体所认可的信息才构成相应名称的意义。于是,一个名称的意义反映了我们对该名称所指称的对象的共识。可引入一些符号去刻画名称 α 的涵义:令小写字母 a、b、c、d、e、f、g、h、i、j、k 等代表关于 α 所指对象的一些描述,有些描述没有得到语言共同体的认可,不能进入作为 α 的意义的描述集,只有那些得到语言共同体认可的描述才能进入与 α 相关的描述集:{a, b, c, d, e, f, …},其中省略号表示该集合还有其他成员,并且还可以去掉旧成员,接纳新成员,因而该集合是一个开放集合。由于这个集合体现了语言共同体关于 α 所指对象的共识,是得到公认的,我们引入一个公认算子♣,把它加在某个描述集合上,表示该集合体现了我们关于名称 α 的所指对象的共识:♣{a, b, c, d, e, f, …}。这个得到公认的描述集决定名称 α 的所指。尽管通过各种反事实设想,还可以设想或构造出关于 α 的所指对象的其他描述集,例如,{-a, -b, -c, -d, -e, f, g, h, j, k, …},{-a, b, -c, -d, e, -f, u, v, w, x, …},{-a, -b, -c, d, -e, f, r, s, t, …}(其中"-a"表示去掉 a 这个描述,以此类推),由于这些描述集没有得到语言共同体的公认,

没有成为关于名称 α 的共识，故不构成 α 的意义，也不能用来确定 α 的指称，至少不能用它们去识别出我们通常用 α 指称的那个对象。

（3）语言和意义是约定俗成的。

也就是说，一个语言成为它现在所是的样子，没有什么先天必然的逻辑，而是该语言共同体无意识选择的结果，是一种约定俗成的产物。当然，这里"约定俗成"不是以立契约、签协议的形式完成的，而是一个潜移默化的渐进过程：某些名称出现了，某些特殊的表达方式出现了，其中有些名称和说法没有得到语言共同体内多数成员的接受和认可，没有流行开来，于是逐渐消亡；但另外一些名称和说法却得到接受和认可，被该共同体的成员跟进使用，大家的用法逐渐趋同，成为某种形式的公共选择，这种公共选择就是不成文的"约定"。后来，这些名称和说法得到辞典编纂家的提炼或订正，进入辞典或百科全书，其意义被相关释文明确规定下来，成为明文形式的"约定"。不过，即使明文形式的约定也是有弹性和有例外的，可以被违反，也可以做变更。①

（4）语言和意义总是处于变化和生长的过程中。

由于人所面对的世界是不断变化的，人对这个世界的认知也是不断变化的。为了适应人的生活、实践、认知的需要，语言共同体不断地对语言及其意义做出适应性调整。这会导致语言像一个有机的活物，处在不断地变化和生长的过程中，具体表现在：某些旧的语言表达式及其意义被废弃不用，直至死掉，甚至某个语言都可以成为"死语言"；某些新的表达式会涌现出来，某些旧的表达式的意义范围会发生变化，例如被缩小或扩大，等等。语言的这种演变在一个短的时段内也许不易察觉，但如果我们把目光放远，它就是一个明显的事实：只要看一下古英语和现代英语、古汉语和现代汉语的区别就够了。②

我把我自己关于语言和意义的系统观点叫作"语言和意义的社会建构论"（缩写为 SCLM）③，并基于它发展出一种新的名称理论——"社会历史的因果描

---

① 埃文斯在我之前表达了类似的思想："……对一个名称获得一个所指或改变其所指的现象的考察表明，存在着一个说话者共同体，他们使用该名称去指称他们意欲指称的如此这般的对象，这很可能是这些过程的一个关键性构成要素。正如语言中的其他表达式一样，名称所表示的东西取决于我们使用它们去表示的东西。"参见 Evans G. The Causal Theory of Names//Evans G. Collected Papers. Oxford: Clarendon Press, 1985: 12-13。

② Haack S. The Growth of Meaning and the Limits of Formalism: Pragmatist Perspectives on Science and Law. Análisis Filosófico, 2009, 29 (1): 5-29.

③ 陈波. 语言和意义的社会建构论. 中国社会科学, 2014 (10): 121-208.

述论"（缩写为 SHCD）。① 下面，我将根据 SCLM 和 SHCD 去回应克里普克与 A1 有关的论证。

如前所述，克里普克假定，"名称或摹状词如何指称对象"这一问题只涉及名称或摹状词和一个对象之间的客观关系，也就是语言和世界之间的形而上学关系，而与作为该名称使用者的"我们"无关。在他看来，名称都是严格指示词，它们作为常函数，固定了名称与相应对象之间在所有可能世界中的指称关系，而与我们使用该名称或摹状词的意向、约定、传统和习惯无关。但我认为，这一假设是错误的。我们有两条途径去解释名称和对象之间的指称关系，即实指（ostension）和描述（description）。实指命名，即指着一个眼前的对象给它命名。但大部分对象不在我们的视野之内，能够被我们实指的对象是很少的。因此，大部分对象不能通过实指方式被命名或被指称，而必须借助有关该对象的某些描述性信息。在建立名称和对象的关联时，最小程度的描述性信息，通常由"系词 + 分类词（sortal）"组成，例如，"α是一颗新发现的行星"，"β是一个人"，"γ是一条狗"，"δ是我最近新买的一幅画"，甚至是不可缺少的。只有在此时，α、β、γ、δ对我们来说才是名称，至于它们究竟是哪个对象的名称，这样的描述性信息当然是不够的，但这是另外一个问题。克里普克谈到，名称后来的使用者必须与先前使用者的意图保持一致，以便确保所使用名称的所指相一致。但我想进一步追问：在不能对相应对象做实指辨认的情况下，仅仅凭借听到一个声音，究竟如何保持这种指称意图的一致？在因果历史链条上，关于名称我们究竟在传递什么？这是一个相当严肃的问题，有待克里普克及其追随者去回答。②

按上述观点去看，克里普克的语义论证中所提到的那些"反例"都不是描

---

① 陈波. 社会历史的因果描述论——一种语言观和由它派生的一种新名称理论. 哲学分析，2011（1）：3–36.

② 一位学者在审读本文早前的版本时评论说，这一段文字混淆了下面三个问题：一个对象如何得到它的名字？这是一个元语义学问题。一个名称的意义是什么？这是一个语义学问题。人们如何知道一个名称的所指？这是一个认识论问题。我不同意这种说法，因为我不认为我们能够区分开这三个问题。如果甚至连我们的语言共同体都不知道一个名称指称什么，我会说该"名称"无所指，它不是一个真正的名称，而是一个假名称。如果语义学只告诉我们一个名称指称它所指称的东西，而不继续告诉我们它究竟指称哪一个个体，或者至少告诉我们指称什么类型的个体，那么，语义学所说的就是套话和废话，毫无内容可言。如此看待语义学是错误的。

述论的真正反例。

哥德尔／施密特反例。我将这样回答克里普克：你的这个例子完全是臆造出来的，没有被我们的语言共同体所接受，没有进入关于哥德尔的因果历史链条。因此，我们仍然认为，"形式算术不完全性的证明者"指称哥德尔这个人，而不指称施密特这个人。你在这件事情上弄错了！不过，假如你所设想的情形被我们的语言共同体所确认，那么，我们会切断名称"哥德尔"与摹状词"形式算术不完全性的证明者"之间的关联，该摹状词将与名称"施密特"建立新的关联，因而其语义所指就变成施密特这个人；而名称"哥德尔"也许会与另外一个摹状词——"那位在形式算术不完全性的证明上偷窃别人成果的臭名昭著者"——建立关联。

皮亚诺／戴德金等反例。其回答与上面类似：关于皮亚诺、爱因斯坦、哥伦布这些人，重要的不是他们本身做了什么，而是我们的语言共同体**认为**他们做了什么。只有那些得到语言共同体确认的事情或描述才会进入这些人物的"正史"，构成相应名称的意义或部分意义，而那些没有得到语言共同体确认的描述则会被人们逐渐遗忘，它们最多成为"野狐禅们"酒后茶余的谈资，难登大雅之堂。我们从来不会认真考虑它们。

三、反驳语义论证的第二假设

1. 语义论证的假设2

对簇描述论的论题（4），即"如果表决不产生任何唯一的对象，那么'X'就无所指"，克里普克提出了如下三个反驳：

基于不充分性的反驳。表决有可能产生不出唯一的对象，因为描述是不充分的，可能有不止一个对象满足那个或那些描述。于是，满足那个或那些描述的有可能不是相应名称的所指，而是另一个名称的所指。例如，很多人关于西塞罗所知道的也许仅仅是"著名的古罗马演说家"，关于费因曼所知道的仅仅是"一位物理学家"，显然这些描述不能唯一地决定相应名称的所指。

基于错误的反驳。这里有两种可能性：一种是表决产生出错误的对象，因为那个或那些描述被错当成对一名称 α 的承担者的描述。其结果是：满足那个或那些描述的对象不是 α 的所指，而不满足那个或那些描述的对象却是 α 的所指，例如前面谈到过的"哥德尔"和"施密特"的例子。另一种是表决有可能产生不出任何对象，即没有任何对象满足所给出的那些描述中的全部或大多数。克里普克谈到，有《圣经》学者断言，《圣经》所谈到的约拿是一个真实的历史人物，但关于他的谈论或描述几乎全都是错误的①，那些描述是关于一个真实人物的虚假描述，但"约拿"这个名称仍然指称约拿这个人，尽管他不满足《圣经》上关于他的那些描述。还可以设想，摩西可以不做《圣经》上归于他的所有事情或大多数事情，但不能由此推出摩西不存在，或"摩西"这个名称没有所指。也可以设想，亚里士多德没有做过我们通常归于他的任何事情，但他仍然还是亚里士多德，并不会因此就成为别的什么人。

基于无知的反驳。克里普克谈到，即使我们关于名称 α 所指的对象一无所知，我们仍然可以用 α 去指称它所指称的对象，例如前面引用过的"南希"的例子。②

克里普克用这些例证去论证，作为名称的意义或部分意义的一个或一簇描述对于确定名称的所指来说是不必要的，有可能不满足那个或那簇摹状词的东西仍然是该名称的所指。

从上面三个反驳中，我发现了另一个隐含的假设，即 A2：如果名称有意义并且其意义由相应的摹状词提供的话，这些摹状词应该是确定名称所指的充分必要条件③，我们有可能找到这样的充分必要条件。我可以解释断定克里普克持有 A2 的理由。当他指责描述论者并把下面一点——某个或某簇描述作为一个名称的意义，不能提供一组确定该名称所指的充分必要条件——作为理由时，他必须假定：确实有这样一组充分必要条件，并且描述论者有义务找出这样一组充分必要条件。否则，他指责描述论者没有做一件不该做或者不可能做到的事情有什么意义?!

---

① Kripke S. Naming and Necessity. Paperback Edition. Oxford：Blackwell Publishing，1981.（克里普克. 命名与必然性. 梅文，译. 上海：上海译文出版社，2001：67.）

② 同①116n.

③ 作为一位直接指称论者，萨蒙也持有与克里普克类似的看法："我们考虑一个特定的专名或索引单称词项 α，它被用在一个特定的可能语境中，或许与词项 α 相关联的属性 P_1，P_2，P_3，……被认为给出了它的涵义。如果 α 根据这些属性确实是描述性的，那么，唯一地具有那些属性就应该构成是该词项的所指的逻辑上充分必要的条件。"（Salmon N. Reference and Essence. Princeton，NJ：Princeton University Press，1981：28. 着重号为引者所加。)

2. 对语义论证的假设 2 的反驳

我认为，克里普克所持有的 A2 是错误的，理由如下：

（1）克里普克把描述论的重要原则——"意义决定指称"——解释为要求名称的意义提供确定其所指的充分必要条件，是对该原则的误解或曲解。

普特南指出："关于意义理论，令人惊讶的是这个话题陷于哲学**误读**的时间是如此之长，而且**这种误读**又是如此之强烈。一个又一个哲学家把意义等同于一个充分必要条件。在经验主义传统中，又是一个又一个哲学家把意义等同于证实的方法。而且这些误读还不具有排斥性的优点：有不少的哲学家都主张，意义＝证实的方法＝充分必要条件。"① 达米特明确谈道："……当根据一个限定摹状词引进一个专名时，不能试图把该名称看作与该摹状词严格同义；该专名受制于支配专名的一般约定，就像该摹状词受制于支配限定摹状词的一般约定一样。"② 塞尔也断言，对传统描述论有广泛的误解或曲解，似乎描述论者都主张专名可以被相应的摹状词穷尽地分析。"我不知道描述论者当中有谁曾经坚持过这种看法，尽管弗雷格有时谈起，好像他可能会对此表示同情。但无论如何，这从来就不是我的观点，我相信，它也从来不是斯特劳森或罗素的观点。"③ 在塞尔看来，描述理论所真正断言的是：为了说明专名如何指称一个对象，我们需要表明：该对象如何满足或适合在说话者头脑中与该名称相关联的"描述性"的意向内容，后者包括说话者用某个名称指称某个对象的意向、对该对象特征的某些描述、相关的知识网络以及相应的背景条件等。

我认为，甚至弗雷格也不认为，专名的涵义（Sinn）是决定其所指（Bedeutung）的充分必要条件。他关于专名涵义的相关论述可概括如下：（a）专名的涵义是其所指对象的呈现方式。一个专名只有表达了某种涵义，才能指称某个对象；一个专名究竟指称哪个对象，取决于相应的对象是否具有该专名的涵义所描述的那些特征或性质。这表明，专名的涵义是识别其所指对象的依据、标准、途径。反过来，专名的所指并不决定其涵义，由所指的同一不能推出涵

---

① 普特南."意义"的意义//陈波，韩林合. 逻辑与语言——分析哲学经典文选. 北京：东方出版社，2005：522.

② Dummett M. Frege: Philosophy of Language. 2nd ed. New York, NY: Harper & Row, 1981: 183.

③ 塞尔. 意向性：论心灵哲学. 刘叶涛，译. 上海：上海世纪出版集团，2007：239-240.

义的同一，因为同一所指可以由不同的涵义所决定。例如，同一个三角形既可以被称为"等边三角形"，也可以被称为"等角三角形"。(b) 专名的涵义由描述其所指对象的特征的摹状词给出，同一个专名的涵义可以用不同的摹状词来表示，这等于说，对同一个专名的涵义可以有不同的理解。"只要所指保持同一，涵义的这种变化是可以容忍的……"① (c) 由于自然语言的不完善性，其中一个专名可能对应于不止一种涵义（歧义性），还存在有涵义无所指的专名，例如"奥德赛""离地球最远的天体""最小的快速收敛级数""发散的无穷序列"等。弗雷格提议，在自然语言中，只要一个名称在同一个语境中有同样的涵义，人们就应该感到满意；当遇到一个没有所指的名称时，我们就人为地指定它的所指，例如 0 或空类。

从弗雷格的论述中，我们可以得知：（i）名称的涵义是确定其所指的充分条件。这就是说，只要给定一个涵义，我们就能找到与该涵义相应的所指；若在现实世界中找不到，就人为地给它指定一个所指，即 0 或空类。由此保证，所有名称都有由其涵义确定的所指。（ii）名称的单个涵义却不是确定其所指的必要条件。因为，弗雷格允许对名称的涵义有不同理解，只要这些涵义都能确定其所指就行。这意味着，这些涵义中的任何一个对于确定所指来说都不是必要的，即使缺失其中某一个涵义，其他的涵义也能够确定其所指，故我们仍然可以说：涵义决定所指。所以，当克里普克把涵义解释为确定所指的充分必要条件时，他至少违背或误解了弗雷格的原意。

（2）A2 这个预设是假的，因为寻求确定名称的所指的充分必要条件，就等于寻求对名称的所指对象做完全充分的描述，这种描述因而能够长期保持不变。但我们在原则上不可能做这样的事情，也不可能得到这样的描述！我可以列出很多理由，例如，外部事物总是在变化，我们对这些事物的认识也总是在变化，于是，我们的语言及其意义也总是处于生长和变化的过程中：语言表达式的意义随我们关于被描述对象的知识积累而生长。如前所述，语言（包括名称）及其意义都是社会性的，由一个语言共同体的成员约定俗成，只有那些得到共同体认可的关于对象的描述才进入相应名称的意义中。意义还随着知识的生长而生长，它是由被共同体认可的关于其所指对象的那些描述组成的一个松散而开放的集合。随着知识的扩展和新证据的出现，共同体可以变更它们的认可，一

---

① Frege G. On Sinn and Bedeutung//Beaney M. The Frege Reader. Oxford: Blackwell Publishers, 1997: 153n.

些旧的或新的摹状词就会在这个开放集合中不断"进进出出"。并且，在具体使用中，名称的意义还受特定话语的语境的影响。于是，单个的描述，甚至很多的描述，都只是对名称意义的不完全刻画，都没有提供确定名称的所指的充分必要条件。普特南正确地断言："无可争议的是，科学家们在使用那些词项的时候，并不觉得相关的标准就是这些词项的充分必要条件，而是把这些标准看作对一些独立于理论的实体的某些属性的近似正确的描述；而且他们认为，一般而言，成熟的科学中一些更晚的理论，对较早的理论所描述的同样的实体做出了更好的描述。"① 甚至克里普克自己就谈到，关于名称如何指称对象，他本人只是提出了一种比描述论"更好的描述"，却不想把它发展成一个理论，不想给出一组适用于像指称这类词的充分必要条件，因为"人们可能永远也达不到一组充分必要条件"②。既然如此，克里普克有什么权力去要求描述论者做一件连他本人也不可能做到的事情?!

(3) 克里普克的充分必要条件预设也违背了我们的语言常识和直觉。

对基于无知的反驳的回应。我认为，一个语词对于一位使用者来说要成为一个名称，该使用者就必须知道它是那个对象的名称，否则他就不能把该语词分辨为一个名称，而只是一个纯粹的噪音。③ 举例来说，假如我发出一个声音"索伊拉"，对于听到的人来说，它是一个名称吗？如果是，是什么东西的名称？甚至我自己也可能不知道，因为也许我只是出于自娱自乐的缘故弄出一些声响来，而碰巧确实有人叫作"索伊拉"。当有人听到我发出"巴特"的声音或看到我写下的文字后，该声音或文字对他是一个名称吗？不一定，它也许是英语单词"but"的发音，也可能是我的某位朋友的名字，也可能是我的某条宠物狗

---

① 普特南."意义"的意义//陈波，韩林合. 逻辑与语言——分析哲学经典文选. 北京：东方出版社，2005：477.

② Kripke S. Naming and Necessity. Paperback Edition. Oxford：Blackwell Publishing, 1981：94.

③ 在审读本文的一个早期版本时，一位国外同行问道：为什么不能只告诉他这是一个名字，他随后不就能够把它与噪音区分开来了吗？我的回答是：一个名称应该是某个对象的名称，如果他对该"名称"指称哪一个对象一无所知，甚至对它指称哪一类对象（例如，一个人，一只动物，一个地方，甚至是一本书，）也一无所知，该"名称"就不是一个真名称，只是一个假名称，等同于噪音。例如，尽管一个人可能不能识别谁是俾斯麦，但只要他知道俾斯麦是一个人，"俾斯麦"对他来说就成为一个名称：一个人名。否则，这三个中文字对他的耳朵来说就是纯粹的噪音，就像"乌卡谢维奇"对我的作为农民的老父亲是纯粹的噪音一样。

的名字。听者肯定要问我:"你说的'巴特'是什么?你是什么意思?"我可能进而解释说:"我在说英语词'but'","巴特是我的一位朋友","巴特是我的宠物狗的名字",或者指着某个对象说"这就是巴特"。在这个时候,你才能判定"巴特"究竟是不是一个名称。再看前面谈到的"南希"例子:克里普克认为,即使该数学家的妻子对南希是什么东西一无所知,这也不妨碍她把"南希"当作一个名称。我这里却要质疑:那位妻子怎么知道"南希"是一个名字,而不是她丈夫无意识发出的噪音,或某个自娱自乐的音调,或某些其他的语法辅助成分?因为她丈夫除了发出"南希"这个声音外,还发出了很多其他的声音,例如"嗯哼"、"哈哈"和"啰里啰唆"。为什么"南希"是名称而"哈哈"等不是名称?在"南希"和后面这些声音之间究竟有什么差别?我认为,在不能实指辨认对象的情况下,一个人若对一个对象彻底无知,他根本不能把任何语词作为该对象的名称。

塞尔先前表达了类似的思想:"……为了使一个名称用来指称一个对象,必须要有对该对象的某种独立的表征。这可以通过感知、记忆、限定摹状词等,但是必须要有足够的意向内容,以便识别出该名称被赋予了哪一个对象。"① 根据塞尔,所谓"意向内容",包括使用一个名称去指称某个对象的意图(Intention)、关于该对象的知识网络(Network)和背景(Background)等。在他看来,网络是人们所运用的概念知识和框架,它包括个人信念、科学知识、所存在的社会实践及其设置。正是因为网络的存在,人们才能成功地获得有意义的经验,说出有意义的话语。背景是人们所有的才能、能力、倾向和禀赋等的集合,它们本身是非表征的和非意向的。举例来说,当有人邀请我出席他或她的婚礼时,我知道我必须穿着正装,给他或她带有意义的礼物;当有人邀请我去参加一个乡村音乐会时,我则可以穿着很随便,并且表现得比较狂野,而不是相反。即使正式的邀请中不包含这些要求,但我根据背景、网络和惯例等,知道了我该怎么做。

对基于错误的反驳的回应。关于像"约拿""亚里士多德""西塞罗""孔子"这样的历史人物的名称,我认为,我们真正关心的是历史典籍、历史文献关于它们的所指对象的种种描述,我们不可能直接接触这些历史人物,我们关于他们的种种信息都是由这些描述得来的。对于我们来说,真正重要的不是

---

① 塞尔. 意向性:论心灵哲学. 刘叶涛,译. 上海:上海世纪出版集团,2007:265.

"亚里士多德""孔子"这些名称在历史上本来指谁,而是满足与这些名称相关的那些描述的人是谁,我们真正关心的是由这些描述"建构"出来的对象。①至于克里普克本人所设想的,那个没有做过《圣经》上归于摩西的那些事情的人,他爱把他叫作什么就叫作什么,也可以仍然叫作"**摩西**",但肯定不是《圣经》上所说的那个摩西,我们只关心后一个摩西,对前一个**摩西**,我们不关心也不在乎。克里普克所设想的那个没有做过历史记载中关于亚里士多德所做过的任何事情的人,他爱把他叫作什么就叫作什么,我们也不在乎。我们真正在乎的是"活"在我们的历史典籍中、"活"在我们的文化传统中的苏格拉底、亚里士多德、孔子这些人。假如后来发现的历史文献证据,证明我们先前接受的关于某个历史人物的某些描述弄错了,或者先前的描述很不充分,可以大大增补,这种"更正"和"增补"也需要得到我们的语言共同体的认可,进入我们关于这些名称的"因果历史链条"之中。否则,它们就不构成相应名称的意义,也不能用来确定相应名称的指称。改用克里普克的话,关于一个名称的意义和指称,在很大程度上不取决于我们单个人怎么想,而取决于该名称如何传到我们这里的整个历史,取决于我们的整个语言共同体。确定名称的意义和所指的活动是一种社会的、历史的活动!

达米特先前表达过类似的观点:"只关注该名称本身到达我们的那根历史链条,就像只关注我们相信什么东西对该名称的承担者为真一样,几乎是同样错误的……在许多情况下,该名称是否被正确地传递下来,或者某些错误是否在传递过程中发生,对我们来说是不重要的,只要该传统的实质性内容是正确的……通常重要的是该传统的传递,而不是该名称本身的传递……或者该传统的实质性部分是正确的,或者根本就没有这样一个人。并且,即使在传递他的(所给予的)名称时发生一些错误,这一点不具有关键的重要性。"②

关于历史人物的名字,我还想再说一些话。我们能够设想,即使亚里士多德不是《形而上学》一书的作者,他也仍然是被我们叫作"亚里士多德"的那个人。我们的设想的合理性依赖于某些限制条件,其中之一就是:关于亚里士多德的所有其他事情保持不变。如果不满足这个条件,其结果将是荒谬的,下面将证明这一点。所以,我明确拒绝克里普克的下述断言:"耶拿"仍然指称我

---

① 有一个说法十分贴切而中肯:耶稣的名字是靠他的"圣迹"流传下来的。
② Dummett M. Frege: Philosophy of Language. 2nd ed. New York: Harper & Row, 1981: 194-195.

们叫作"耶拿"的那个人，即使他没有做过《圣经》归于他的任何事情；"摩西"仍然指称被我们叫作"摩西"的那个人，即使他没有做过《圣经》归于他的任何事情。

我认为，塞尔的下述断言是正确的："……我在提议，亚里士多德具有通常归属于他的那些属性的逻辑和即相容析取，这一事实是必然的；任何个体，若不具有这些属性中的至少某些属性，就不可能是亚里士多德。"① 用符号表示，我们有：

(i) $\Box(a = 亚里士多德 \rightarrow (P_1 a \vee P_2 a \vee ... \vee P_n a))$

我们还可以有(ii)：

(ii) $\Diamond((a = 亚里士多德) \wedge \neg P_1 a) \vee \Diamond((a = 亚里士多德) \vee \neg P_2 a) \vee ... \vee \Diamond((a = 亚里士多德) \wedge \neg P_n a)$

这就是说，即使一个人缺少我们通常归属于亚里士多德的那些属性中的某个属性，那个人仍有可能是亚里士多德。从直觉来看，(ii)是合理的，并且也不与(i)相矛盾。

为了拒斥(i)，克里普克必须证明(iii)而不是(ii)：

(iii) $\Diamond((a = 亚里士多德) \wedge (\neg P_1 a \wedge \neg P_2 a \wedge ... \wedge \neg P_n a))$

这确实是克里普克要做的事情，因为他断言："亚里士多德"仍然指称亚里士多德这个人，即使他没有做过我们通常归属于亚里士多德的任何事情。不过，这是非常不合理的！格林解释说："……我们通常归属于亚里士多德的所有那些事情对于他都不是真的，这件事情是有可能发生的。不过，他［克里普克］从来没有令人满意地表明这一点。的确，下面一点似乎是概率非常小的：某个人会是亚里士多德，且通常归属于他的那些事情没有一件适合他。例如，什么东西能够使我们这样去想：某个人是亚里士多德，但不是一个男人？很好，我们或许会发现，某个女人是所有那些书的作者，是亚历山大的老师，但如果我们这样做，就会与在为了识别亚里士多德通常归属于他的属性簇中所已经使用的其他属性这个背景相冲突。"②

我同意格林的论证。如果某个人说，"亚里士多德是一条凶猛的狗"，或者"亚里士多德是一位女人"，我们通常会发出惊呼："你在说什么？你是什么意

---

① Searle J. Proper Names. Mind, 1958, 67 (266): 171.
② Green K. Was Searle's Descriptivism Refuted? Theorema, 1998, XVII (1): 100.

思?"当我们弄清楚这个人不是开玩笑,不是在使用隐喻时,那就只剩下两种可能性了:一是他所谈论的"亚里士多德"不是我们所谈论的"亚里士多德",他或许只是在谈论碰巧同名的另外某个东西;二是他不是我们的语言共同体的正常成员,缺乏像我们共同体中的大多数成员一样使用"亚里士多德"这个名称的语义知识或语义能力。①

对基于不充分性的反驳的回应。当我论证说,名称α的意义几乎不可能提供确定α的所指的一组充分必要条件时,我从不否认,α的意义可以充当识别α的所指的向导、依据、标准或途径。实际上,如塞尔所言,凭借与α相关的某些描述,加上α使用者的意向,加上关于α所指对象的知识网络,加上某些语境因素或背景条件,我们最后总能够识别和确定α的所指。就是说,与α相关的描述是与许多其他因素一起共同决定了α的指称。

我认为,关键是从话语语境中提炼出"话语论域"(domain of discourse)这一概念,它由某次会话所涉及的所有那些对象组成,比由现实世界中的个体所组成的"全域"(Universe)小得多,更比由所有可能世界中的那些可能个体所组成的"超域"(super-domain)小得多。当我们说名称的意义决定其所指的时候,常常不是从全域中,更不是从超域中去识别、挑选该名称的所指,而是从当下的话语论域中去识别、挑选其所指。由于话语论域所涉及的个体数目有限,在这种情况下,常常很少甚至很一般的描述就能达到识别指称的目的。

例如,"那个穿红衣服的女孩"当然不足以一般性地确定任何名称的所指,因为这个世界上有太多的穿红衣服的女孩;更不能在所有可能世界中去识别出一个名称的所指,因为其中穿红衣服的(可能的)女孩可能多得无法计数。但是,在一个具体的话语语境中,肯定只有数目有限的人在那里。当一个人问"谁是吴霞"时,有人回答说"吴霞就是那个穿红衣服的女孩",而当时恰好只有一位穿红衣服的女孩,于是,仅凭这个描述外表特征的摹状词,我们就能够挑选和识别出"吴霞"的所指。如果那里碰巧有多个穿红衣服的女孩,我们就继续

---

① 对关于描述论的基于错误和无知的反驳,杰克逊给出了与我所给出的不同回应,可概述如下:对于名称α,在错误的情形下,我们对α的承担者有错误的描述;在无知的情形下,我们对α的承担者没有任何描述。不过,我们有一种特殊的才能或能力,从使用α的某个语境中,提炼出关于α所指称的对象的某些合适的描述,凭借这些描述,我们就能够识别出α的所指。(Jackson F. Reference and Description Revisited//Tomberlin J E. Philosophical Perspectives 12: Language, Mind and Ontology. Oxford: Blackwell, 1998.)

谈话，给出关于吴霞的更多的描述性信息，由此总能够确定"吴霞"的所指。

下面利用塞尔对一些所谓的描述论反例的回答，说明说话者的意向（intention）、知识网络（network）、话语背景（background）在确定名称所指时的作用。

先看卡普兰的一个例子。① 在《简明传记辞典》中，有"拉美西斯八世"这个词条，对它的说明是："对其一无所知的众多埃及法老中的一位。"卡普兰说，尽管我们对这位法老一无所知，因而无法满足描述理论关于使用名称的要求，但我们仍然能成功地指称他。塞尔指出，即使史书上对这位法老没有任何记载，但根据我们关于古埃及历史的知识，以及史书上关于拉美西斯七世和拉美西斯九世的记载，我们还是可以获得关于这位法老的大量间接知识，由此获得关于他的很好的识别性描述，例如，"继拉美西斯七世之后在拉美西斯九世之前统治埃及的那位名叫'拉美西斯'的法老"。这是根据知识网络中关于过去的知识确定了一个名称的所指。因此，"拉美西斯八世"不是描述理论的反例，相反却是因果理论的反例，因为这里没有命名仪式，也没有得以追溯的传播链条，但仍然有成功的指称。塞尔还举了另外一例：尽管我对华盛顿市 M 街一无所知，既不知道命名仪式，也不知道传播链条，但根据已有的知识系统，例如我已经知道华盛顿的街道是根据字母顺序命名的，已知有 A、B、C……L、N 街，由此我可以推知必定有 M 街，即介于 L 街和 N 街之间的那条街道。这也是根据描述加上已有的知识网络确定名称的所指。②

再看唐奈兰构造的泰勒斯/挖井人/隐士/青蛙的例子。③ 假设我们关于泰勒斯（Thales）唯一知道的是：他是一位主张"万物都是水"的希腊哲学家。再假设实际的情形是：根本没有一位希腊哲学家主张这种观点，历史文献所提到的实际上是一位挖井人，他在挖井时说："我真希望万物都是水，这样我就不必挖这该死的井了！"再假设有一位与世隔绝的隐士，他确实认为"万物都是水"。最后设想这样一种情形：某史实记载者听到一只井底的青蛙发出了一串声音，它听起来类似于希腊语的"万物都是水"，而这只青蛙刚好是他家的一只名叫

---

① Kaplan D. Bob and Carol and Ted and Alice//Hintikka, et al. Approach to Natural Language. Dordrecht and Boston: Reidel, 1973: 490−518.

② 塞尔. 意向性：论心灵哲学. 刘叶涛, 译. 上海：上海世纪出版集团, 2007: 244−246.

③ Donnellan K. Proper Names and Identifying Descriptions. Syntheses, 1970, 21 (3−4): 335−358.

"泰勒斯"的小宠物。于是，问题出现了：当使用"泰勒斯"一词时，我们究竟用它指称什么对象？假如仅依据对象在客观上的符合关系去确定一个名称或摹状词的所指的话，选择似乎应该是后三种，即"泰勒斯"指那位挖井人，或者指那位隐士，或者指那只青蛙，但这是明显荒谬的。塞尔论证说，回答这个问题要依据相关的意向性网络。当我们说"泰勒斯是那位主张万物都是水的希腊哲学家"时，我们并不是指主张万物都是水的任何一个人，而是指这样一个人：其他希腊哲学家都知道他论述过"万物都是水"，某些希腊人在当时或后来用"泰勒斯"来称呼他，他的著作和思想在他死后通过其他著作家的著述传授给我们，被我们所知晓，等等。塞尔断言："在所有这些情形当中，都会存在一种关于我们如何获得信息的外部的因果性说明，但获得指称的并不是外部的因果链条，而是意向内容的传递序列。我们之所以不倾向于允许那位隐士有资格作为泰勒斯，是因为他根本就不适合知识网络和背景。"[①]

综上所述，在一个具体的话语语境中，有时候我们用单个摹状词就足以确定名称的所指，有时候则需要一簇摹状词才能做这件事情。我们能够一般性地说明，在确定一个名称的所指时究竟需要给出多少摹状词才足够吗？不能。这是因为在确定名称的所指时，通常还需要考虑说话者的意向、知识网络、知识背景等。因此，与"名称指称什么对象"一样，"我们如何确定名称的所指"也需要许多社会性因素的参与和配合。

四、结语

可以把克里普克的指称观点和我的指称观点之间的差别列示如下：

克里普克关于指称的观点

$$\text{名称} \xrightarrow{\text{（指称）}} \text{对象}$$
$$\text{（常函数）}$$

$$\text{一个或一簇摹状词} \xrightarrow{\text{（指称）}} \text{对象}$$
$$\text{（事实上的满足关系）}$$

---

① 塞尔. 意向性：论心灵哲学. 刘叶涛，译. 上海：上海世纪出版集团，2007：260.

（1）名称和一个或一簇摹状词与其对象之间的指称关系仅仅是语言和世界之间的一种形而上学关系，与我们作为名称和摹状词的使用者无关，与我们的语言共同体对它们的理解无关。

（2）如果名称有意义且其意义由一个或一簇摹状词给出，则该（簇）摹状词提供了确定名称的所指的充分必要条件，并且我们有可能找到这样的充分必要条件。

我关于指称的观点

(指称)
名称或摹状词 ⟶ 对象
(不是常函数，不是事实上的满足关系)
(与我们的语言共同体有关联)

（1）名称或摹状词指称什么对象，取决于我们的语言共同体使用它们去指称什么对象。我们的语言共同体对它们的理解在确定其所指的过程中将发挥作用。

（2）克里普克把传统描述论的"涵义决定所指"的原则解释为名称的涵义给出了确定其所指的充分必要条件，这是错误的，至少是出于误解。他对该原则的解释过强，以至使传统描述论与我们的语言直观和常识相冲突。在某一语境中，我们通常借助于某些摹状词、说话者的意向、知识网络和背景条件等因素来确定名称的所指。

第 14 章 存在"先验偶然命题"和"后验必然命题"吗？
——对克里普克知识论的批评

在传统哲学中，"必然"和"偶然"、"先验"和"后验"、"分析"和"综合"是三对很重要的范畴，它们常常被用来说明和刻画命题、知识的性质或状态。有一些哲学家（如维也纳学派的逻辑经验论者）认为，分析命题是必然的、先验的，综合命题则是偶然的、后验的。更多的哲学家认为，必然性导致先验性，偶然性则源自经验（或后验性）。不过，克里普克以其严格指示词理论为依托，对有关这些哲学范畴的传统理解提出了严重的挑战。他认为，这三对范畴分别属于哲学的不同领域，"必然"和"偶然"涉及事物的存在方式和存在状态，属于形而上学领域；"先验"和"后验"涉及我们获得知识的方式，属于认识论领域；而"分析"和"综合"与语词的意义有关，属于语言哲学领域。既然如此，这三对范畴就可以发生重叠和交叉，因而有"先验偶然命题"和"后验必然命题"。本文将批判性地考察克里普克的上述观点及其论证，所得到的结论将是否定性的：不存在所谓的"先验偶然命题"和"后验必然命题"，至少克里普克所举证的那些命题不是这两类命题的适当例证。

一、对"必然性"和"先验性"的重新考察

虽然克里普克承认，"必然性"有时候也用于认识论意义，但他只关注或重点关注其形而上学意义，后者在他那里似乎有两层涵义：一是涉及命题（或陈述）的真假，二是涉及事物本身的存在方式："当我们把一个陈述叫作必然的，究竟是什么意思呢？我们只不过是说，第一，该陈述是真的；第二，它不可能不是真的。当我们说某种事情是偶然真的，我们是说：虽然它事实上是如此，但有可能事情不是如此。假如我们要把这个区别归属于某个哲学分支，我们应该把它归之于形而上学。"[1]

---

[1] Kripke S. Identity and Necessity//Moore A W. Meaning and Reference. New York, NY: Oxford University Press, 1993: 171.

"这个概念（指必然性——引者）有时用于认识论的意义，并且可能恰恰意味着先验的意思。当然，它有时也用于物理的意义，在人们区别物理必然性和逻辑必然性时就是如此。然而，我这里所关注的不是一个认识论概念，而是一个形而上学的概念……我们问某种东西是否可能是真的，或者是否可能是假的。如果它是假的，它就明显不是必然真的；如果它是真的，那么它还可能是假的吗？就这一点而言，这个世界是否可能不同于它现在所是的样子呢？如果答案是'否'，那么，关于这个世界的这个事实就是一个必然的事实。而如果答案是'是'，那么，关于这个世界的这个事实就是一个偶然的事实。这本身与任何人关于任何事情的知识无关。"①

"必然""可能""偶然"这类语词在逻辑学和哲学中被叫作"模态词"。我认为，也许可以区分模态词的下面三种用法：

（1）从物模态（*de re* 模态），涉及事物的存在方式和存在状态，这是"客观的模态"，亦称"形而上学模态"：

一事物必然地具有某属性，是指在该事物所存在的所有可能世界中都具有该属性。

一事物偶然地具有某属性，是指该事物在现实世界中具有该属性，但在有些可能世界中不具有该属性。

（2）从言模态（*de dicto* 模态），涉及命题和知识的真假及其真假程度：

一命题是必然真的，是指该命题在所有可能世界中都是真的；

一命题是偶然真的，是指该命题在现实世界中是真的，但在有些可能世界中是假的。

也许可以把从言模态叫作"知识论模态"，但问题在于：由于命题和知识的真假根据在于外部世界，为真的命题正确地描述了外部世界，为假的命题错误地描述了外部世界。因此，它也属于"形而上学模态"吗？

（3）一个理性的认知者是否有可能凭借经验的手段知道某命题为假？如果不可能，该命题属于必然知识，否则属于偶然知识。这应该可以归于"认识论模态"，即克里普克所谈到的"先验性"。达米特曾指出，克里普克的"先验

---

① Kripke S. Naming and Necessity. Paperback Edition. Oxford: Blackwell Publishing, 1981: 35–36.

性"其实就是"认识论的必然性"。① 克里普克本人也隐含地承认这一点，因为他说过，必然性"这个概念有时用于认识论的意义，并且可能恰恰意味着先验的意思"②。

根据上面的引文，克里普克似乎把 de dicto 模态和 de re 模态都归于"形而上学模态"，因为在他那里，"必然"和"偶然"的区分既涉及命题（或陈述）③ 的真假，也涉及事物的存在方式和存在状态。不过，他从来没有说清楚究竟什么是"形而上学的必然性"。他认为，像"长庚星是启明星""水是 H_2O""热是分子运动""猫是动物"这类陈述，如果我们通过经验研究发现它们是真实的，它们就是必然真实的，不可能找到反例，因为这些陈述都是刻画事物的本质属性的陈述：如果一事物在现实世界中具有某种本质属性，它在其他可能世界中就不能不具有这种属性；假如它不具有这种属性，它就不是我们在现实世界中所说的那种事物，而是某种别的东西。按我的理解，克里普克也许会接受如下定义：

形而上学的必然性：

"一现实事物具有某种属性"是形而上学必然的，如果该事物在现实世界中具有该属性，并且它所具有的那种属性是其本质属性，它在所有可能世界中都会具有该属性；若一事物不具有该属性，它就是不同于该事物的某种别的东西。

刻画事物的本质属性的陈述是形而上学必然的。

我把如此定义的"形而上学的必然性"叫作"相对于现实世界的必然性"，若把现实世界记为@，则它可记为"必然性$_@$"。请注意"必然性$_@$"与传统所理解的"必然性"（在所有的可能世界中真）之间的微妙差别。按传统的理解，"长庚星是启明星""水是 H_2O""猫是动物"等命题绝不可能是形而上学必然的。

---

① Dummett M. Frege：Philosophy of Language：2nd ed. New York，NY：Harper & Row，1981：116.

② Kripke S. Naming and Necessity. Paperback Edition. Oxford：Blackwell Publishing，1981：35.

③ 在本文中，不严格区分"命题"（proposition）和"陈述"（statement）这两个概念。并且，为了避免不必要的复杂，也不涉及所谓的"空专名"问题，即不讨论名称所提到的事物是否"存在"的问题。在本文中，所谈到的名称都有所指，所谈到的事物都是现实存在的。于是，本文不用"如果 n 存在，则 n 是 F"这样的句式，而直接说"n 是 F"。

克里普克认为："先验性概念是一个认识论概念。"① 自康德以来的传统是：先验真理是指那些独立于任何经验而被认识的真理。克里普克强调，这其中包含一个模态概念：能够独立于经验而认识这种真理。不过，"有些东西可能属于这种能够被先验地认识的陈述范围，但也可能被某些特殊人物在经验的基础上认识"②。他给出了一个常识性的例子：对于某个数是不是素数这个问题，谁也没有计算或证明过它是否确实是素数，但计算机给出了答案：它是素数。如果我们相信这个答案，那么，我们是根据后验的证据——根据我们对物理规律和计算机构造的知识的信念——来相信这个答案的，而不是根据纯先验的证据来相信它的。尽管如此，也许有某个人能够通过必要的演算来先验地相信它。"因此，'能够被先验地认识'并不意味着'必然被先验地认识'。"③ 他进而解释说："先验真理被假定为这样的真理，它能够独立于一切经验而被认知是真的。请注意，这句话本身没有提到所有可能世界，除非把可能世界也放到该定义中去。这句话所说的只是，它能够独立于一切经验而被认知到对于现实世界是真实的。也许，凭借某种哲学论证，从我们独立于一切经验知道某种东西对于现实世界是真实的，能够推出：它一定被认知到对于所有可能世界也是真实的。但如果要确证这一点，便需要确证这一点的哲学论证。现在，如果我们要把这个概念归属于某一个哲学分支，则它不属于形而上学，而属于认识论。它与我们能够如何认识到某种东西事实上是真的方式有关。"④

可以看出，克里普克对于"先验性"这一概念的理解，与传统哲学的理解基本是一致的：先验性涉及我们获得知识的方式，即是否依赖于经验。下面是通常接受的解释："**先验的**（*a priori*），先于或独立于经验，与后验的（*a posteriori*）（经验的）相对。这两个词首先用于标示（1）两种认知证成方式之间的区别，再加上（2）命题的类型、（3）知识的类型和（4）论证的类型之间的派生性区别。它们也用来标示（5）可以获得概念或观念的两种途径之间的区别。"⑤

---

① Kripke S. Naming and Necessity. Paperback Edition. Oxford：Blackwell Publishing，1981：34.

② 同①35.

③ 同①35.

④ Kripke S. Identity and Necessity//Moore A W. Meaning and Reference. New York，NY：Oxford University Press，1993：177.

⑤ Audi R. The Cambridge Dictionary of Philosophy. Cambridge：Cambridge University Press，1995：29.

不过，克里普克进一步指出，先验性只涉及现实世界，与其他可能世界无关。他没有对这一点给出说明，我猜想，也许是因为经验是关于这个现实世界的经验，不涉及其他的可能世界。因此，他继续说，如果认为对于现实世界是真实的东西对于其他可能世界也是真实的，即让"先验性"与"可能世界"这一概念发生关联，那就需要给出关于这一点的实质性哲学论证。

并且，克里普克还认为，如果我们通过一个"定义"或者"规定"知道某个命题是真实的，那么，我们就是先验地知道它是真实的。例如，如果我们规定"一米就是棍子 S 在时间 t_0 时的长度"，或者通过定义引入"海王星是造成其他几颗行星运行轨道的如此这般误差的那个行星"，那么，我们就先验地知道"棍子 S 在时间 t_0 时是一米长"为真，并且先验地知道"海王星是造成……如此这般误差的那个行星"为真。

也许，可以把克里普克对"先验性"的上述理解定义如下：

一命题是先验地可知为真的，如果：

（i）可以独立于有关现实世界的任何经验知道它为真；或者

（ii）可以仅凭借"定义"（definition）或者"规定"（stipulation）知道它为真。

我把如此定义的"先验性"记为"先验性$_K$"，即"克里普克的先验性"。我对其中的第二款（ii）有强烈质疑。举例来说，假如我规定"陈博"指"中国现任总统"，那么，根据这个规定，"陈博是中国现任总统"自动就是真的，因而按克里普克的理解，它就是一个先验真理。但是，这个句子确实是一个真理吗？判断它的真假确实不需要参照任何经验吗？答案明显是否定的。这就表明，"定义"或"规定"并不是任意而为的，它们也需要某种根据，很多时候是经验的根据，也需要得到某种证成和认可。许多定义只不过是先前认识成果的浓缩和总结。因此，根据"定义"或"规定"为真并不就是"先验地为真"，先验性$_K$的第二款（ii）是很成问题的。

克里普克反复强调，不能把"先验性"与"必然性"简单地关联或等同起来，这两个范畴出自不同的视角：说一命题是必然的或偶然的，是说该命题的形而上学状态，它可能怎么样或不可能怎么样；说一命题是先验的或后验的，是说该命题的认识论状态，它可能以何种方式被人们所认识，例如是否需要依赖经验的手段。他断言："这两个概念绝不是不足道地相等同的……它们分属于哲学的不同领域。其中之一与知识有关，同关于这个现实世界的哪些东西能以某些方式被认知有关。另一个领域与形而上学有关，与世界可能会是怎样的有关。假定世界就是现在这样子，它可能会在某些方面不是如此吗？"①

克里普克举了一个例子——哥德巴赫猜想（任何一个比 2 大的偶数必定是两个素数之和）：它是一个数学陈述，如果它是真的，它就是必然真的；如果它是假的，它也是必然假的。至于它究竟是真还是假，我们目前没有关于这个问题的任何先验知识，并且我们在原则上也无法获得关于它的先验知识。这需要做出数学证明，但这种证明不是普通的心灵所能完成的，也许一个无限的心灵是例外，而关于无限心灵的存在性问题却充满了争议。所以，他说："正因为该陈述是必然的，所以它能够被先验地认知，这种说法并不是不足道的。在我们能够判定它能够被如此认知之前，还需要做大量的澄清工作。因此，即使一切必然的东西在某种意义上都是先验的，也不应该把这一点看作无足轻重的定义问题。它是一个需要研究的实质性哲学论题。"②

克里普克还简单地谈到了"分析性"这个概念，他的谈论与传统哲学没有什么区别："无论如何，让我们使下面一点成为规定的事情：一个分析的陈述在某种意义上是根据其意义为真的，并且在所有可能世界中根据其意义也是真的。于是，某种分析真的东西将既是必然的又是先验的（这是一种规定）。"③ "我预先假定，分析真理是在严格的意义上依赖于意义的真理，因而它既是先验的又是必然的。"④

我对克里普克有关"必然性"和"先验性"的有些说法持有异议，仅谈如下两点：

（1）克里普克谈到，一个数学陈述通过计算机程序而被证明，某人根据关于物理定律和计算机构造的知识而相信这个陈述，这就表明那个人是根据后验的证据（因而不是先验地）相信该陈述的真实性。对于这一说法，我感到迷惑不解：按其本义，"先验性"是指我们是否在原则上能够独立于任何经验知道某个命题为真，因此它与"相信"无关。某个人凭借对某套计算机程序的信任，或者凭借对某位权威数学家的信任，而相信某个数学命题或定理是真的，这样的事情有可能

---

① Kripke S. Identity and Necessity//Moore A W. Meaning and Reference. New York, NY：Oxford University Press, 1993：177.

② 同①178.

③ Kripke S. Naming and Necessity. Paperback Edition. Oxford：Blackwell Publishing, 1981：39.

④ 同③122n.

发生，就像某些信徒可以凭借所谓的"神迹"或"天启"而相信上帝存在一样，但这些都不构成"知识"，因为按照柏拉图以来的西方哲学传统，"知识"意味着"真理"。某位权威数学家的证明是否成立，某个数学命题是否确实为真，还需要受到整个数学家共同体的严格检验，只有经历这个过程而得到认可的东西才算"真理"，甚至数学家共同体也可能犯错。而数学家的这种证明、检验和核查过程与关于这个现实世界的任何经验无关，在这个意义上，数学真理是先验可知的。

克里普克还谈到，哥德巴赫猜想的先验性是一个需要证实的哲学问题。对此说法，我同样感到疑惑。按照二值原则，哥德巴赫猜想或者是真的或者是假的，但它究竟为真还是为假，却需要理智的证明，需要付出极其艰苦的理性努力，甚至不是普通的心灵有可能完成的。但这并不意味着：哥德巴赫猜想不是先验地为真。我认为，证明哥德巴赫猜想，只需要通过逻辑推导或数学演算，这项工作完全可以坐在书桌前的扶手椅里完成，因而与关于这个世界的任何经验无关。在这个意义上，不论哥德巴赫猜想为真还是为假，证明或认知这一点的过程都是独立于关于现实世界的任何经验的，因而是先验的。克里普克怀疑哥德巴赫猜想的先验性的论述，似乎给人这样的印象：若对一个命题的理解和求证，需要付出极大的理智努力，它似乎就不是先验的。这等于把一个真理的"先验性"理解为独立于经验并且不需付出理智的努力而自动地认知到它为真，这有点文不对题。若哥德巴赫猜想不是先验地为真，难道是根据经验知道它为真的吗？这样的经验会是什么样的经验呢？还有必要澄清一点："先验性"与一个命题是否在原则上可知无关，它所说的只是：假如一个命题是可知为真的话，那么，是否有可能独立于任何经验而知道它为真？我认为，麦克里奥的下述澄清是非常重要的："p 是先验的还是后验的？p 在这方面的状态并不依赖于有关知识从一个主体到另一个主体之间传递的事实，而是相反，依赖于 p 最初赖以逐渐被人知道的那个过程的性质。这种认知状态是一个发生学问题：它与如何逐渐知道 p 这件事情有关，而与一旦知道 p 之后后人如何知道 p 无关。"①

（2）克里普克一再强调：先验性和必然性"是在处理两个不同的领域，两个不同的范围，即认识论的范围和形而上学的范围"②。他所强调的是这两个概

---

① McLeod S K. Knowledge of Necessity: Logical Positivism and Kripkean Essentialism. Philosophy, 2008, 83 (2): 179.

② Kripke S. Naming and Necessity. Paperback Edition. Oxford: Blackwell Publishing, 1981: 36.

念之间的区别，几乎没有提到它们之间的联系。但这两个概念之间真的没有联系吗？"必然性"除了其形而上学意义外，难道没有认识论或知识论的意义吗？必然性不能用来说明、刻画命题和知识的性质、状态以及证成方式的区别吗？例如，当莱布尼茨谈论理性真理的必然性，休谟讨论归纳推理的必然性，康德讨论普遍必然的自然科学知识如何可能时，难道他们不是把"必然性"用在认知的意义上吗？并且，如下所述的传统哲学关于"必然性将导致先验性"的论证，如果它是错误的，它究竟错在哪里呢？克里普克及其追随者难道没有义务指证这一点吗？

若一个命题必然地为真，则它在一切可设想的情形下都为真，用莱布尼茨的话来说，也就是在一切可能世界中都为真。既然如此，它为真就与任何特定的情形或特定的可能世界无关，这等于说，它没有传达关于这些特定的情形或特定的可能世界的任何经验信息，当然更没有传达关于现实世界的任何经验信息，因为现实世界也是一个可能世界。于是，我们就没有任何机会依据经验的证据去知道它为假。这等于说，我们可以独立于任何经验，特别是关于这个现实世界的经验去知道它为真。因此，该命题先验地为真。

二、对克里普克关于"先验偶然命题"论证的批评

克里普克给出的"先验偶然命题"的例子有[①]：

(1) "巴黎标准尺是一米长。"

(2) "棍子 S 是一米长。"（The stick S is one meter long.）

(3) "棍子 S 在时间 t_0 时是一米长。"（The stick S is one meter long at time t_0.）

他认为，在这三个句子中，第三个是最精确的。因此，我在下面的讨论中将只考虑(3)，并将其称为"一米命题"。不过，这种讨论的前提和依据是对"一米"的定义："我们可以通过规定，一米就是在一个确定的时间 t_0 时 S 的长度，来使该定义更加精确。"[②] 于是，我们有：

[①] Kripke S. Naming and Necessity. Paperback Edition. Oxford: Blackwell Publishing, 1981: 54—57, 75—76.

[②] 同[①]54.

D1　一米 =$_{df}$ 棍子 S 在时间 t_0 时的长度

1. 克里普克论"一米命题"的偶然性

他给出了两个理由：

（1）关于"一米"，我们有两种不同的定义方式，一是给出意义，二是确定指称。D1 并没有给出"一米"的意义，其中的定义项"S 在时间 t_0 的长度"并不是"一米"的缩写或同义语，而只是被用来确定它的指称，即：它用偶然取来的一根棍子的某个偶然特征标示了一段长度。给出该定义的人仍然能够说："如果在 t_0 时给这根棍子加热，那么，在 t_0 时 S 就不会是一米长。"

（2）"一米"是严格指示词，"S 在时间 t_0 时的长度"是非严格指示词。克里普克解释说："在短语'一米'和短语'S 在 t_0 时的长度'之间有直观上的差别。第一个短语意图在所有可能世界中严格地指称某个长度，这个长度在现实世界中凑巧是棍子 S 在 t_0 时的长度。另一方面，'S 在 t_0 时的长度'并不严格地指示任何东西。在一些非真实的情形下，如果对该根棍子施加各种压力和张力，它就可能变长或变短……事实上，在某些情形下，S 将不会是一米长。因为一个指示词（'一米'）是严格的，而另一个指示词（'S 在 t_0 时的长度'）却不是严格的。"[1]

我认为，克里普克所说的这两个理由根本不成立！论证如下：

对定义 D1 有两种理解方式：既然"一米"被定义为"棍子 S 在时间 t_0 时的长度"（即使仅在指称方面），那么，它们的指称（即长度）就应该永远相同：该棍子在时间 t_0 时有多长，一米就有多长；一米有多长，该棍子在时间 t_0 时就有多长；不可能发生两者的长度不一致的情况。也就是说，无论 S 在 t_0 时的长度是多少，我们都用"一米"来指称这个长度。D1 因此被严格化：

D2　一米 =$_{df}$ 棍子 S 在时间 t_0 时的长度，无论该长度是多少

不过，据报道，克里普克在谈话中解释说，他所理解的"一米"的定义是这样的：某个人看着他面前的一根棍子 S，然后说"一米"就指称该根棍子 S 在那个时间的长度。[2] 这等于给"一米"下了如下定义：

D3　一米 =$_{df}$ 面前这根棍子 S 在当前时间 t_0、当前环境条件下的长度

---

[1] Kripke S. Naming and Necessity. Paperback Edition. Oxford：Blackwell Publishing, 1981：55-56.

[2] Salmon N. How to Measure the Standard Metre. Proceedings of the Aristotelian Society, 1987—1988, 88：200.

这是对 D1 的第二种理解方式。在 D3 中,"面前这根棍子 S 在当前时间和当前环境条件下的长度"是确定的,不是一个变量,因而"一米"也指称一个确定的长度。但克里普克却说:"如果在时间 t_0 时给这根棍子加热,则在时间 t_0 时 S 就不会是一米长",其原因在于他对 D1 的理解是如此不精确,完全忽略了那根棍子 S 当时所处的环境条件,例如除时间外,还有特定的地点、温度、湿度、压力等条件。实际上,我们并不是用"一米"去指称 S 在当下时间 t_0 时在任意的环境条件下的长度,而是指它在当前的环境条件下的长度。前者是一个变量,是不确定的;只有后者才是一个常量,指称一个确定的长度。若严格陈述,D3 还应该被进一步严格化:

D4　一米 =$_{df}$ 棍子 S 在时间 t_0、地点 p_0、温度 w_0、湿度 s_0、压力 y_0 等环境条件下的长度

我认为,关于"一米"的指称定义本来就是如此,也应该如此![1] 若依据严格定义 D2 和 D4,克里普克所设想的那些使棍子 S 在时间 t_0 的长度多于或少于一米的情况根本不可能发生!

确实,"S 在时间 t_0 时的长度"是非严格指示词,因为在不同的温度、湿度、压力等条件之下,即使在 t_0 时 S 的长度也会发生变化,它不是一个常数,时而指称这个长度,时而指称那个长度。如此一来,既然"一米"由"S 在 t_0 时的长度"来定义,这有可能意味着:无论 S 在 t_0 时的长度是多少,我们都用"一米"来指称这个长度,也就是我们采纳关于"一米"的定义 D2。既然"S 在时间 t_0 时的长度"并不指示一个确定的长度,由它引入的"一米"也就不指称一个确定的长度,也是一个非严格的指示词。不过,也可以采纳定义 D4,通过增加有关那根棍子的环境条件(如温度、湿度、压力等)的要求,使作为定义项的那个摹状词严格化,即"棍子 S 在时间 t_0、地点 p_0、温度 w_0、湿度 s_0、压力 y_0 等环境条件下的长度",从而使它固定地指称该根棍子在那个特定的时间和环境条件下的一个固定长度,由此成为一个严格的指示词。于是,由它定义的"一米"也固定地

---

[1] 用唐奈兰的术语来说,在 D2 中,相当于对摹状词"棍子 S 在时间 t_0 的长度"做归属性(attributive)使用,用"一米"指称"棍子 S 在时间 t_0 的长度,无论该长度是多少";在 D4 中,相当于对"棍子 S 在时间 t_0 的长度"做指称性(referential)使用,用"一米"指称"棍子 S 在当前时间和当前环境条件下的长度"。参见 Donnellan K. Proper Names and Identifying Descriptions//Davidson D, Harman G. Semantics of Natural Language. Dordrecht, Holland: Reidel, 1972: 356-379.

指称那个特定的长度,成为严格的指示词。在这两种情况下,"定义的一端是严格指示词,另一端是非严格指示词"的情况都不可能发生!情况只能是:它们要么都是严格指示词,要么都不是严格指示词。因此,"一米命题"不可能是偶然的!

克里普克的智力游戏的关键之处在于,他所陈述的"一米"定义 D1 是如此不严格和不精确,其中定义项"S 在 t_0 时的长度"并不指称任何确定的长度,却说由它可以定义出一个指称固定长度的短语"一米"。由一个变量怎么能够定义出一个常量?!令我迷惑不解的是:对于如此简单的道理,人们(包括克里普克理论的赞成者和反对者)为什么都视而不见?为什么在我所看到的文献中没有人提及这一点?

2. 克里普克论"一米命题"的先验性

克里普克指出:"那么,对于通过提到棍子 S 来确定米制的人来说,'S 在 t_0 时棍子是一米长'这个陈述的认识论状态是什么呢?情况似乎是:他先验地知道它。因为,如果他用棍子 S 去固定'一米'这个术语的指称,那么,作为这种定义的结果(该定义不是一个缩写的或者同义的定义),他无须进一步研究,就自动地知道 S 是一米长。"① 他的意思是:"先验性"的根据是"定义"。他明确断言:"在我的讲演中,将始终如此使用'先验的'一词,以便使其真值从确定指称的'定义'中得出的陈述成为先验的。"②

对如上论述,我的评价仍然是否定的。如果凭借定义 D1 引入"一米"这个词,由于"棍子 S 在 t_0 时的长度"并不指称一个确定的长度,因为在不同的温度、湿度、压力等环境条件之下,该根棍子即使在时间 t_0 时也可以热胀冷缩,因而其长度也可以发生变化,不是一个固定的量,由此定义出来的"一米"也不指称一个确定的长度。打个比方说,如果你把"一米"定义为"张三的高度",你必须先固定"张三的高度",你才能确定"一米"有多长。如果"张三的高度"既可以指婴儿张三的高度,也可以指中年张三的高度,还可以指老年张三的高度,那么"张三的高度"就是一个变化着的量,它不可能是指称一个固定长度的严格指示词。于是,由该定义引入的"一米"也是一个变化的量,也是一个非严格指示词,不能用作测量单位。于是,我们就不能根据定义 D1 自动地知道"棍子 S 在 t_0 时是一米长",该句子因此不是先验的。不过,若依据定

---

① Kripke S. Naming and Necessity. Paperback Edition. Oxford:Blackwell Publishing,1981:56.

② 同① 63-64.

义 D2，"棍子 S 在时间 t_0 时是一米长"就自动为真，因而是先验的。但在克里普克那里，先验性的根据并不是 D2，而是 D1。

如果凭借定义 D4 来引入"一米"这个词，其右边的摹状词"S 在时间 t_0、地点 p_0、温度 w_0、湿度 s_0、压力 y_0 等环境条件下的长度"就被严格化了，指称该根棍子在特定情形下的一个特定长度，于是"一米"也固定地指称那个长度，是一个严格指示词。由此可知，根据定义 D4，命题"在时间 t_0、地点 p_0、温度 w_0、湿度 s_0、压力 y_0 等环境条件下，棍子 S 是一米长"是先验的。不过，即使在这种情况下，"先验性"也仅仅具有相对的意义：相对于定义 D4 而言。但克里普克所说的先验命题并不是这个命题，而是另外一个命题——"棍子 S 在时间 t_0 时是一米长"，其中的主词并不是 D4 的定义项，而是另一个非严格的短语，在不同的情景下指称一个变化着的长度，并非指称由严格化的摹状词"S 在时间 t_0、地点 p_0、温度 w_0、湿度 s_0、压力 y_0 等环境条件下的长度"所确定的"一米"。由此推知，"棍子 S 在时间 t_0 时是一米长"这个句子也不是先验的。

我的结论是：无论在何种意义上，句子"棍子 S 在时间 t_0 时是一米长"都不可能既是偶然的又是先验的，它绝不可能是一个先验偶然命题！

克里普克还谈到了一个"先验偶然真理"的例子，与海王星（Neptune）有关。"与实指相反，用描述确定一个名称的指称的一个甚至更好的例证是海王星的发现。海王星被假设为是造成其他几颗行星运行轨道发生如此这般误差的那个行星。如果勒维耶（U. Le. Verrier）确实在这颗行星尚未被观察到时就将其命名为'海王星'，那么，他是根据刚才提到的描述方式来确定'海王星'的指称。在那个时候，他即使通过望远镜也无法看到这个行星。在那个阶段，在'海王星存在'和'某个影响其他几个行星运行轨道的行星存在于某个位置上'这两个陈述之间，存在着先验的实质性等价，并且像'如果有一些摄动是由某个行星引起的，那么，它们就是由海王星引起的'这类陈述也就具有先验真理的性质。然而，既然'海王星'是作为一个严格地指示某颗行星的名称被引入的，这些陈述都不是必然真理。勒维耶完全可以相信，如果海王星在一百万年之前就被撞离了它的轨道，它就不会造成任何这类摄动，甚至可能由另一个对象来取代它而造成这种摄动。"①

根据以上的说明，"海王星是造成……如此这般误差的那个行星"就成了

---

① Kripke S. Naming and Necessity. Paperback Edition. Oxford：Blackwell Publishing, 1981：79n.

"先验偶然真理"的又一个例证。真的如此吗？我的回答是直截了当的：否！在我看来，海王星的发现典型地体现了一般的经验科学研究的标准程序：在已有理论的指导下进行观察；发现所观察到的数据与已有理论之间的冲突与矛盾；设想如何解释和消除这个矛盾，即在所接受理论的指导下进行猜测，提出解释性假说；然后由进一步的观察去检证这个假说；观察结果最终证实或者证伪这个假说，一个具体的科学研究程序或因此终止，或以另外的方式继续进行。在这个过程中，通过定义方式引入"海王星"这个名称去解释所观察到的异常，这个事件并不会使"海王星是造成……如此这般误差的那个行星"这个命题成为一个不依赖于经验发现的先验真理；恰恰相反，它完全是一个由经验发现所确证的后验偶然真理。下面这个例证就非常好地证明了这一点：1859 年，是这个勒维耶为了解释水星轨道近日点的反常摄动，在成功发现海王星的启发下，大胆地提出这种现象是由另一颗未知的水内行星对水星的干扰引起的。也是在同年便有人宣称发现了水内行星，并将其命名为"火神星"（Vulcanus）。然而，虽然天文学家们努力经年，却始终未找到这个假设中的行星，最后不得不承认，它并不存在。关于火神星的那个命题经验地为假！直到爱因斯坦的广义相对论创立之后，人们才发现原来水星轨道近日点的摄动是一种广义相对论效应。

三、对克里普克关于"后验必然命题"论证的批评：有关专名的例子

克里普克用了很大篇幅去论证所谓的同一性陈述的必然性和后验性，由此证明有所谓的"后验必然命题"。他举了专名的例子，如"长庚星是启明星"，"西塞罗是图利"，"珠穆朗玛峰是高丽森克山"；也举了更多的关于理论同一性陈述的例子。在本小节，我先考察他关于专名的例子，下一节再专门考察他关于理论同一性的例子。

1. 克里普克论专名同一性陈述的必然性

克里普克给出了关于同一性的必然性的如下论证①：

(1) $\forall x \forall y ((x=y) \rightarrow (F(x) \rightarrow F(y)))$

---

① Kripke S. Identity and Necessity//Moore A W. Meaning and Reference. New York, NY: Oxford University Press, 1993: 162−163; Kripke S. Naming and Necessity. Paperback Edition. Oxford: Blackwell Publishing, 1981: 3.

(2) ∀x □ (x = x)

(3) ∀x ∀y ((x = y) →(□ (x = x) →□ (x = y)))

(4) ∀x ∀y ((x = y) →□ (x = y))

在这个论证中，(1) 和 (2) 都是莱布尼茨原则，前者是同一不可分辨原则，后者是"任何对象都必定与自身同一"原则。其中关键步骤是由 (1) 到 (3)，它通过把 F (…) 代换为 □ (x = …) 而得到。能否进行这样的代换是有争议的，但克里普克这样做了，因为他断言："如果 X = Y，那么，X 和 Y 分享所有的属性，包括模态属性在内。"① 他具体论述说："在我看来，任何相信公式 (2) 的人都会接受公式 (4)。如果 x 和 y 是同样的事物，并且我们在根本上能够谈论一个对象的模态属性，用通常的说法说，我们能够谈论 de re 模态和一个对象必然地具有某些属性等，那么我认为，公式 (1) 必定成立。其中 [F] 根本上是任意属性，包括涉及模态算子的属性。并且，如果 x 和 y 是同一个对象，并且 x 具有某种属性 F，那么，y 必定具有同样的属性 F。并且，即使属性 F 本身的形式是必然地具有某种另外的属性 G，特别是具有必然地同一于某个对象这种属性，情况也是如此。"②

但是，有人（例如卡特赖特③）对此提出质疑，认为不能把公式 (1) 中的 F 理解为任意性质。仅当其中的 F 表示一个对象的真正性质时，(1) 才成立。例如，若把 (1) 理解为下述公式，它就不再成立：

(1′) ∀x ∀y ((x = y) →(astro (x = Phosphorus) →(astro (y = Phosphorus))))

这里，"astro (x = Phosphorus)"表示"'x 是启明星'是一个天文学真理"，尽管我们有"长庚星 = 启明星"，并且"长庚星是启明星"是一个天文学真理，但"启明星是启明星"却不是一个天文学真理。因此，(1′) 的前件真而后件假，它本身不成立。这表明，"astro (x = Phosphorus)"并不表示 x 的一个真正性质，下面的性质概括原则不成立：

---

① Kripke S. Identity and Necessity//Moore A W. Meaning and Reference. New York, NY: Oxford University Press, 1993: 189n.

② 同①164.

③ Cartwright R L. Indiscernibility Principles. Midwest Studies in Philosophy, 1979, 4: 293-306.

(5) $\exists z \forall y$（z 是 x 的一个性质 $\leftrightarrow$ astro（x = Phosphorus））

类似地，克里普克把 F（…）代换为 □（x = …）的做法也不成立，因为下述性质概括规则也不成立：

(6) $\forall x \exists z \forall y$（z 是 y 的一个性质 $\leftrightarrow$ □（x = y））

这是因为，模态词"□"造成晦暗语境，具有同样外延的东西在其中不能随便相互替换。

不过，我想指出，克里普克提出"严格指示词"概念的目的，就是规定它们满足"必然同一性"[即（x = y）→□（x = y）]要求，因而在模态语境中可以相互替代，而不会造成晦暗性。可以提出一个疑问：这里是否有"窃题"（begging question，循环论证之一种）之嫌？若在证明"（x = y）→□（x = y）"时必须假定模态语境没有晦暗性，那么该公式本身以及由该公式所派生的严格指示词概念就不能证明模态语境没有晦暗性。我们所面对的情形是：或者在不假定模态语境没有晦暗性的条件下独立证明"（x = y）→□（x = y）"，或者要独立证明严格指示词不会造成模态语境的晦暗性，不能因为严格指示词满足"（x = y）→□（x = y）"这样的要求，就说它们不会造成模态晦暗性，因而可在模态语境中相互替代。

克里普克指出，"（x = y）→□（x = y）"所断言的是对象自身的必然同一性，而不是含有名称的陈述的必然性。他解释说，上面的公式（4）"本身并没有断言，任何特定的真的同一性陈述是必然的。它根本没有说有关陈述的任何东西。它所说的是，对于每一个对象 x 和对象 y，如果 x 和 y 是同一个对象，那么，必然地 x 和 y 是同一个对象"①。"严格说来，理所当然，开语句'x = y'中的'x'和'y'根本不是名称，它们是变元，并且，它们能够与等词一道出现在闭语句中。如果你说，对于每一个 x 和 y，若 x = y 则 y = x，或诸如此类——那么，根本没有任何名称出现在那个陈述中，关于名称什么也没有说。即使人类从未存在过，或者即使存在过，却从未产生过名称这种现象，这个陈述总会是真的。"②

之所以如此，是因为克里普克把同一性关系看作一个对象与其自身的关系："……同一性应当仅被看作某个事物与其自身的关系"，"有些关系是自返的，例

---

① Kripke S. Identity and Necessity//Moore A W. Meaning and Reference. New York, NY: Oxford University Press, 1993：164.

② Kripkes S. Naming and Necessity. Paperback Edition. Oxford: Blackwell Publishing, 1981：107-108.

如'不比……更富有'这种关系。同一性……无非是最低程度的自返关系"①，"即使自然语言不包含任何严格指示词，同一性也会是一种内在关系"②。既然一个对象不可能不与自身同一，上面的（4）就没有反例。他反问："什么样的配对（x, y）可以成为反例呢？这不是不同对象之间的配对，因为那样一来，前件就是假的；也不是任何对象与其自身的配对，因为那样一来，后件就是真的。"③ 无论是其前件假还是后件真，该条件命题的全称闭式总是真的，所以（4）不仅没有反例，而且不可能有反例。

克里普克也意识到，要由对象的自我同一的必然性过渡到含有名称的同一性陈述的必然性，需要某种中介或桥梁，这就是他所谓的"严格指示词"④。他论述说："我们能够把同样的论证再做一遍，以得到'如果 a = b，则 a = b 是必然的'这个结论，这里'a'和'b'代换任何名称。所以，我们能够大胆地肯定这个结论：只要'a'和'b'是专名，如果 a 是 b，则 a 是 b 是必然的；如果两个专名之间的同一性陈述从根本上将会是真的，那么，它们一定是必然的。"⑤ 不过，克里普克后来增加了一个条件："如果'a'和'b'是严格指示词，由此推出：若'a = b'是真的，则它是必然真理。如果'a'和'b'不是严格指示词，则关于'a = b'这个陈述就推不出这样的结论（尽管'a'和'b'所指称的那些对象将是必然同一的）。"⑥

克里普克还谈到，在哲学界广泛流传着"偶然同一性"的见解。许多人认为，下面这些同一性陈述几乎都是偶然的，例如："双焦点透镜的发明者是美国第一任邮政部长"，"西塞罗是图利"，"长庚星是启明星"，"光是光子流"，"热是分子运动"，等等。他们认为，完全可以做相反的设想，而不会导致逻辑矛盾。而克里普克认为，以上见解是出于严重的误解。下面只考察他对两个有关

---

① Kripke S. Naming and Necessity. Paperback Edition. Oxford：Blackwell Publishing, 1981：108.

② 同①4.

③ 同①3.

④ 根据 Hintikka 等人的研究，从（4）推出含有专名的同一性陈述的必然性，除假定专名是所谓的"严格指示词"之外，还需要假定关于量词的替换解释，而关于量词的替换解释是可以被质疑的。参见 Hintikka J, Sandu G. The Fallacies of the New Theory of Reference. Synthese：Vol. 104. 1995：245-283.

⑤ Kripke S. Identity and Necessity//Moore A W. Meaning and Reference. New York, NY：Oxford University Press, 1993：167.

⑥ 同①3.

专名或摹状词的例子的分析。

克里普克指出，在"必然地双焦点透镜的发明者是美国第一任邮政部长"这个模态句子中，其子句"双焦点透镜的发明者是美国第一任邮政部长"的主词和谓词都是摹状词，若采用罗素对摹状词的宽辖域分析，该模态句子的意思是："有一个人，他碰巧发明了双焦点透镜，并且碰巧成了美国第一任邮政部长，他必定自我同一。"① 可以用符号表示如下：

(7) $(\exists!x)(\exists!y)(Ix \wedge Fy \wedge (x=y) \wedge \Box (x=y))$

读作：恰好有一个 x，并且恰好有一个 y，x 碰巧是双焦点透镜的发明者，y 碰巧担任了美国第一任邮政部长，x 与 y 是同一个人（即富兰克林），并且必然地 x 与 y 是同一个人。如此解释显然是行得通的。其中的同一性仍然是对象的自我同一，仍然是必然的。克里普克解释说，偶然性"幻觉"来源于：x 碰巧是双焦点透镜的发明者，y 碰巧担任了美国第一任邮政部长。他用如此办法巧妙地把"双焦点透镜的发明者是美国第一任邮政部长"这个必然同一性的"反例"转化成了它的正例。

在 1962 年波士顿科学哲学讨论会上，马库斯（Ruth Marcus）与蒯因之间发生了争论。前者认为，名称是纯粹给相关对象贴标签，像"长庚星是启明星"这样的句子仅仅表示对象的自我同一，因而是必然真的。② 后者认为，我们在晚上看见一颗星，把它叫作"长庚星"；我们在早晨看见一颗星，把它叫作"启明星"。通过经验的研究，我们最终发现，长庚星与启明星原来是同一颗星，即金星（Venus）。而源自经验发现的命题是偶然的，因此"长庚星是启明星"是表示偶然同一性的命题。③ 克里普克也出席了这次讨论会，他的回应是出人意料的："我同意蒯因的看法，'长庚星是启明星'是（或者能够是）一个经验的发现；我也同意马库斯的意见，这个陈述是必然的。根据目前的观点，蒯因和马库斯都错误地把认识论问题等同于形而上学问题。"④ 因为他认为，像"长庚星

---

① Kripke S. Identity and Necessity//Moore A W. Meaning and Reference. New York, NY: Oxford University Press, 1993: 166.

② Marcus R B. Modality and Intensional Languages//Marcus R B. Modalities: Philosophical Essays. New York: Oxford University Press, 1993: 3-35. 页码包括了该文附录1。

③ Quine W V. Reply to Professor Marcus//Quine W V. The Ways of Paradox and Other Essays. Cambridge, MA: Harvard University Press, 1966: 177-184.

④ 同①181n.

是启明星"这类陈述中的专名都是严格指示词:"如果名称是严格指示词,那么,关于同一性的必然性就不可能有任何问题,因为'a''b'将是某个人或某个事物 x 的严格指示词。于是,甚至在所有可能世界中,a 和 b 都将指示这同一个对象 x,而不指示任何其他对象,于是就不会有任何这样的情形,在其中我们现在叫作'x'的那个对象将不会同一于它自身。"①

克里普克还给出了一个一般性说明,若 R_1 和 R_2 是严格指示词,"'R_1'和'R_2'的指称很可能分别由非严格指示词'D_1'和'D_2'所确定。在长庚星和启明星的例子中,这些非严格指示词具有'那个在夜晚(清晨)的天空中如此这般的位置上出现的天体'这样一种形式。于是,虽然'$R_1 = R_2$'是必然的,但'$D_1 = D_2$'却很可能是偶然的,人们之所以常常错误地认为'$R_1 = R_2$'可能被证明为伪,其根源即在于此"②。也就是说,"$R_1 = R_2$"是必然的,因为它们仅仅表达对象的自我同一;但"R_1"的指称由 D_1 确定,R_2 的指称由 D_2 确定,并且恰好 $D_1 = D_2$,这一点却是偶然的。克里普克认为,人们通常把后面的偶然性误植到同一性陈述上去,他们是弄错了。他于是断言:"某些唯一的识别性特征可以彼此偶然地吻合,但是对象却不能彼此'偶然地同一'。"③

对克里普克的上述论证,我只做以下四点评论:

(1) 他所考虑的同一性仅限于对象自身的同一性,所传达的是有关对象的本体论信息,或者用他本人的术语,是"形而上学的"信息:一个对象必定与其自身同一。当弗雷格在考虑"a = a"和"a = b"为什么不同时,他着重考虑的是它们传达的认知信息。"a = a"是一个自明的真理,是逻辑上的重言式,没有传达关于这个世界的任何实质性信息,至少对于我们的具体认知来说,是不足道的;而"a = a"与"a = b"为什么会在认知上造成差别,这一点对于我们的认知才是真正重要的。克里普克也承认,他的严格指示词理论在信念语境中会遇到难以克服的困难。④ 我认为,当克里普克讨论同一性的必然性时,他并不

---

① Kripke S. Identity and Necessity//Moore A W. Meaning and Reference. New York, NY: Oxford University Press, 1993: 181.

② Kripke S. Naming and Necessity. Paperback Edition. Oxford: Blackwell Publishing, 1981: 143-144.

③ 同②4-5.

④ Kripke S. A Puzzle about Belief//Margalit A. Meaning and Use. Boston, MA: Reidel, 1979: 382-409. 当然,他还认为,这个困难也适用于关于名称的描述论,并非为直接指称论所独有。

是在谈名称理论和语言哲学，而是在谈形而上学，因为他自己也承认，"(x = y)→□(x = y)"所谈的"同一"是对象的自我同一，与名称和陈述没有关系；作为他的严格指示词概念之来源的模态逻辑（特别是模态谓词逻辑）本身，也可以被看作关于这个世界的一个形而上学理论，只不过是用逻辑技术手段建构出来的而已。模态逻辑并不依赖于"严格指示词"概念，相反，后者则是对前者所做的哲学引申。① 相反，弗雷格、罗素等人却是真正在谈名称理论和语言哲学，例如，"a = a"与"a = b"的差别不是由名称"a"和"b"所指称的对象造成的，而是由它们本身的差别造成的，更具体地说，"a"和"b"有不同的涵义，它们用不同的方式指称同一个对象。

（2）若假定同一性仅限于表示对象与其自身的关系，并且"x"和"y"、"a"和"b"都是所谓的严格指示词，那么，若陈述"x = y"或"a = b"都是真的，即"x"和"y"、"a"和"b"分别指称同一个对象，这两个陈述分别等同于"x = x"或"a = a"，后者是逻辑规律，是逻辑上的重言式，根本不必诉求任何经验手段就可以知道它们是真的。因此，它们应该是先验陈述，怎么会是后验陈述呢？菲奇（G. W. Fitch）把这一意思概括为下面的论证：

（i）"长庚星"和"启明星"这两个词都是严格指示词。

（ii）知识的对象是命题。

（iii）如果 a 和 b 是共外延的严格名称，那么"a = b"与"a = a"表达同一个命题。

（iv）我们先验地知道长庚星就是长庚星。

（v）所以，我们先验地知道长庚星就是启明星。②

（3）克里普克明确断言，要从对象的自我同一性（即 (x = y)→□(x = y)）过渡到同一陈述的必然性（即 (a = b)→□(a = b)），必须以"专名是严格指示词"作为桥梁。不过，他对"为什么专名是严格指示词？"这一点却没有给出严格的论证或说明。在他那里，我们至多可以找到这样两点：一是他的语言直觉，

---

① 关于这一点，我至少给出以下三点理由：(1) 在克里普克给出其严格指示词概念之前，模态逻辑及其语义学已经创立很久了。(2) 我本人将另文论证：关于严格指示词的谈论，可以归结为关于现实对象的谈论，与这些对象叫什么名字无关。(3) 亨迪卡证明，借助量词和模态词等手段，"b 是严格指示词"可以表达为"(∃x)□(b = x)"。这表明，"严格指示词"概念可以销掉。

② Fitch G W. Saul Kripke. Durham：Acumen Publishing Limited，2004：110.

即当我们在从事反事实谈论时,例如说"亚里士多德完全可能不是如此这般,而是如此那般……"时,我们仍然是在谈论在现实世界中被我们称作"亚里士多德"的那个个体,仍然是在谈论有关他的种种事情。不过,关于直觉在哲学中的作用,我同意这样的说法,直觉是哲学的一个向导,但却是一个不太可靠的向导;哲学还需要直觉之外的仔细而严格的论证。① 二是与他关于个体本质的看法有关,这一点下文会有涉及。所以,亨迪卡等人的下述说法是有道理的:"在一种重要的意义上,对于什么东西构成一个严格指示词,也就是个体在不同的情景之间实际上是如何被识别的,新理论(指马库斯和克里普克的指称理论——引者)没有提供也无法提供任何真正的说明。我们所得到的只是依据规定的解释。先规定个体的一个固定储备,再规定专名的另一个储备,以便使我们能够去指称那些个体。但是,对于什么东西被视为可能世界之间的同一这个构成性问题,确实没有提供任何说明。"②

(4) 如果像克里普克那样理解同一性,将其仅仅局限为一个对象与其自身的关系,那么,一个对象跨时间、跨空间的同一性问题就不会进入他的视野:以一个人为例,他作为儿童的特性,与他作为青年人的特性,以及他作为老年人的特性,显然是很不相同的,这时候怎么解释同一不可分辨原则:若 x = y,则 x 具有什么性质,y 就具有什么性质? 并且,下面这样的例子也很难进入他的视野:修理两艘木船,每次调换其中一块木板,最后把它们的船板全部调换了,这两艘船的同一性如何? 谁将与谁同一? 这样的同一性问题也是有意义的,里面隐藏着深刻的哲学问题,值得花力气研究。而像"x = x"或"a = a"这样的自明之理却没有什么研究价值,不值得为它们花费力气。

2. 克里普克论专名同一性陈述的后验性

在已经论证"(x = y)→□(x = y)"和"(a = b)→□(a = b)"之后,克里普克继续论证说,要确定这两个条件命题的前件为真,必须凭借经验手段,必须通过科学研究,因此它们又是依据经验发现的后验陈述。于是,关于同一性的陈述既是必然的又是后验的,简称"后验必然陈述"。他给出了如下一般性说

---

① Hintikka J. The Emperor's New Intuitions. Journal of Philosophy, 1999, 96 (3): 127-147; Williamson T. The Philosophy of Philosophy. Oxford: Blackwell Publishing, 2007: 215-220.

② Hintikka J, Sandu G. The Fallacies of the Theory of Reference. Syntheses, 1995, 104: 265-266.

明:"如果 P 是'这张桌子不是由冰做成的'这个陈述,人们凭借先验的哲学分析就会知道某个条件句,其形式是'如果 P,则必然 P'。那么,另一方面,我们是通过经验研究去知道 P,也就是该条件句的前件,即'这张桌子不是由冰做成的'。我们通过肯定前件式做出结论:

$$P \to \Box P$$
$$P$$
$$\overline{\quad\quad\quad\quad}$$
$$\Box P$$

结论'□P'是'必然地这张桌子不是由冰做成的',这个结论是后验的知道的,因为它所依据的一个前提是后验的。"①

现在具体考察克里普克对一个例子的分析,即"长庚星是启明星"。他设想了这样的情形:人们在夜晚天空的某个位置上看见一颗星,将其称之为"长庚星";又在早晨天空的某个位置上看见一颗星,将其称之为"启明星"。就命名当时的全部知识而言,人们以为,他们两次命名了两个不同的天体,以为专名"长庚星"和"启明星"分别指称两个不同的对象。这种情形至少在认识论上是可能的,简称"认知的可能性"。但后来的经验研究发现,他们在不同时间和天空的不同位置上所分别看到的两个天体实际上是同一个,他们对这个天体命名了两次,故得到了指称同一个对象的两个不同名称。在没有掌握后来的经验证据之前,人们当然不能仅凭先验推理就知道这一点,所以,"长庚星是启明星"不是先验的,而是后验的,即依赖经验证据的。他断言:"所以,下面两件事情是真的:第一,我们并不先验地知道启明星就是长庚星,除了经验的方式之外,别无其他方式有可能找到这个答案;第二,之所以如此,是因为我们可能有一种其性质与我们已有的证据无法区别的证据,并且根据这两颗行星在天空中的位置来确定这两个名称的指称,假如这些行星不是同一个天体的话。"②

3. 对克里普克的上述论证的评论

我认为,克里普克以上论证,依赖于对同一性陈述的两种完全不同的理

---

① Kripke S. Identity and Necessity//Moore A W. Meaning and Reference. New York, NY: Oxford University Press, 1993: 180.

② Kripke S. Naming and Necessity. Paperback Edition. Oxford: Blackwell Publishing, 1981: 104.

解。当他论证"$(x=y) \rightarrow \Box(x=y)$"（即真的同一性陈述的必然性）的时候，他所强调的是等式两边的"同"，其中的"x"和"y"都表示对象，该等式表达对象的自我同一。如他自己所言，这时只提到了对象，与名称无关，对于含名称的同一性陈述无所述说。当他论证"$(a=b) \rightarrow \Box(a=b)$"时，其中的"a"和"b"都是严格指示词（名称），它们在所有可能世界中指称同样的对象。但这个时候，他所强调的也是严格指示词的指称功能，即它们所指称的对象。他断言，真的同一性陈述所表示的只不过是一个对象的自我同一，这种同一性当然是必然的。他把这种必然性叫作"形而上学的必然性"。不过，当他论证这类陈述是后验的时候，他所强调的却是等式两边的"异"：等式两边有两个不同的名称，我们以为它们指称不同的对象，但经过经验研究发现，它们原来指称同一个对象！克里普克经常在"对象"和"名称"之间这样游转，由此得出一些惊世骇俗的结论。如果始终在对象的层次上谈问题，或者始终在名称的层次上谈问题，那些结论都得不出来。而他之所以能够这样玩，就在于"严格指示词"这个概念的系统模糊性：很多时候，他把它用在形而上学的意义上，本身就是"对象"，至少固定地指称一个对象；但有些时候，他又把它作为"名称"，对其做认识论或语义学的考察，思考其指称对象的方式之不同。

我发现，我的上述看法与弗拉波里（M. Frapolli）所阐述的观点很接近。在谈到克里普克关于"长庚星是启明星"的必然性和后验性的证明时，她指出："在克里普克的图景中，把一个同一性陈述刻画为必然真理分两步：第一步是发现它的真值，第二步是把每一个真的陈述标记为'必然的'。我们需要某种机制，依据同一性陈述的真值去把它们划分成两个子类，然后我们自动地给其中一个子类的成员贴上'必然的'标签。正是第一步的性质使得某些真陈述在认识论上是后验的，反之，正是在第二步中，我们给出了关于它们的形而上学必然性的说明。"① 她进一步论证说，克里普克利用了对于"同一"的两种不同解释：一是弗雷格等人所给出的元语言解释，认为"同一"表示两个不同名称有同样的所指，记为"identity$_1$"；另一个是她本人所主张的"对象"解释或"形而上学"解释，认为"同一"表示一个对象与其自身的关系，记为"identity$_2$"。她根据"identity$_2$"说明同一性陈述的必然性，根据"identity$_1$"说明同一性陈述的后验性。弗拉波里把这种论证手法叫作"歧义性谬误"，认为这种谬误在克

---

① Frapolli M. Identity, Necessity and A Priority: The Fallacy of Equivocation. History and Philosophy of Logic, 1993, 13 (1): 98.

里普克关于先验偶然命题和后验必然命题的论证中一再重复出现。①

我已经在另文②中证明，关于严格指示词的谈论，都可以归结为关于现实对象的谈论，也就是 *de re* 模态（从物模态），与这些对象有什么名称没有关系。按照克里普克及其追随者的看法，既然严格指示词是直接指称其对象的，根本不需要"意义"这个中介，并不传达关于对象的任何实质性信息，所传达的只是一个对象与其自身同一，我们为什么还需要凭借经验的手段去确定由严格指示词组成的同一性陈述为真呢？不是仅仅凭借逻辑的手段就能够先验地知道它们为真吗？并且，按照克里普克分析"双焦点透镜的发明者是美国第一任邮政部长"这个句子的方式，我也可以证明：任一碰巧为真的同一性陈述都是必然真的陈述，无论其中是含有名称还是含有摹状词。例如，"华盛顿是第一任美国总统"，"爱因斯坦是相对论的创立者"，"陈水扁是第一位卸任后受审判的台湾地区领导人"，"《1984》的作者是《动物农庄》的作者"等，都是必然陈述。因为，既然"陈水扁"是严格指示词，它在所有可能世界中都指称陈水扁这个人，按摹状词的宽辖域分析，"第一位卸任后受审判的台湾地区领导人"也是指称陈水扁这个人，陈水扁这个人当然与他自己必然同一，所以，"陈水扁是第一位卸任后受审判的台湾地区领导人"这个陈述表示对象的自我同一，是一个必然陈述。问题是：把所有这些描述经验事实的陈述都叫作"必然陈述"有什么意义呢？此外，在传统哲学中，"必然性"和"可能性"至少涉及两种意义：一是形而上学的意义，有关外部对象的存在状态或发展趋势，例如人不可能拨着自己的头发上天；二是认知的意义；有关命题、知识的真假可能性及其程度。当传统哲学讨论命题、知识等的"必然性"、"可能性"和"偶然性"时，它是在认知意义上使用这些范畴的，所凸显的是其认知意义；当克里普克谈到命题、知识的"必然性"和"偶然性"等时，所凸显的却是其形而上学意义。他所谈论的是完全不同的另一回事情，即使他是正确的，他的说法也不构成对传统哲学"必然性导致先验性，因而必然陈述都是先验陈述"的反叛，除非对"必然性""偶然性"只能做形而上学的理解。在我看来，克里普克所举证的那些所谓的"后验必然陈述"，类似于中国先秦诡辩家所弄出的一些诡辩命题，例如"鸡三足""孤驹未尝有母""今日适越而昔来""白马非马""坚白相离"等论断，常常是把从

---

① Frapolli M. Identity, Necessity and A Priority: The Fallacy of Equivocation. History and Philosophy of Logic, 1993, 13 (1): 91, 100.

② 陈波. 反驳克里普克的模态论证. 晋阳学刊, 2012 (3).

不同角度、方面、层次等得来的一些论断叠加、浓缩在一起，偏离常识，不合情理，其中虽不乏智慧，也有某些机巧，但总体上是不正确的，不值得特别重视。

四、对克里普克有关"后验必然命题"论证的批评：理论同一性陈述

在克里普克那里，所谓"理论同一性"（theoretical identity 或 theoretical identification）就是不可直接观察的同一性，理论同一性陈述把一个自然种类与一个科学种类关联起来，它们表征了关于一个自然种类或自然现象是什么的科学发现。例如："光是光子流"，"闪电是一种放电现象"，"热是分子运动"，"疼痛是对中枢神经的刺激"，"水是 H_2O"，"黄金是原子序数为 79 的元素"，"猫是动物"，等等。

克里普克认为，理论同一性陈述与自然种类词有关。他没有给出自然种类词的明确而严格的定义，但他谈到了"普遍词项"（general term），其中包括：各种各样的种名（可数），如"猫""虎""金块"；物质名词（不可数），如"黄金""水""黄铁矿"；描述某些自然现象的语词，如"热""光""声""闪电"；以及某些形容词，如"热的""大声的""红色的"。① 克里普克说，"我的论证含蓄地断定，某些普遍词项，也就是那些表示自然种类的词项，与专名之间具有比通常所承认的更多的亲缘关系"②。既然专名都是严格指示词，这是否意味着自然种类词也都是严格指示词？他没有明确地给出这样的一般性断言，倒是给出了一些特殊性断言："'热'像'黄金'一样，是一个严格指示词，它的指称是由它的'定义'所确定的"③，"一个盲人在使用'光'这个词时，即使他与我们一样把它用作同一种现象的严格指示词……"④，"既然'疼痛'和'中枢神经的刺激'是严格的……"⑤。他也给出了一个接近一般性的断言："根据我所提倡的观点，理论同一性通常涉及两个严格指示词的同一性，因而是后验必然命题的例证。"⑥

---

① Kripke S. Naming and Necessity. Paperback Edition. Oxford: Blackwell Publishing, 1981: 134.
② 同①.
③ 同①136.
④ 同①139.
⑤ 同①154.
⑥ 同①140.

1. 对理论同一性陈述是后验必然陈述的论证的重构

按我的理解和诠释,克里普克的此类论证可以重构为以下五个步骤:

(1) 理论同一性陈述并不是分析陈述,否定它们并不会导致矛盾;相反,它们为真为假的根据在于外部世界和我们的经验。

在克里普克看来,我们只有通过科学研究,凭借经验证据,才能够知道:水是 H_2O,黄金是原子序数为 79 的元素,猫是动物,光是一种光子流,闪电是一种放电现象,热是分子运动,疼痛是对中枢神经的刺激等,才能够确证和认知到这些命题的真实性。在这个意义上,这些命题都具有经验性。"一个给定类别是不是动物的一个种,这是一个要求经验研究的问题。"① "最初与该种类相联系的那些特征是否普遍地适用于该种类的成员,甚至它们是否曾经普遍地适用于该种类的成员,或者它们事实上结合起来之后是否就是成为该种类成员的充分条件,都是一些经验的问题。"②

(2) 理论同一性陈述涉及两个严格指示词的同一性。

在谈到"光是光子流""热是分子运动"这两个陈述时,克里普克强调,要把"光"与"人们关于光的视觉"、"热"与"人体对热的感觉"区别开来。光是一种自然现象,即使这个世界上所有人都是盲人,甚至这个世界上根本就没有能够感受到光现象的物体,但光还是光。或者,出于某种奇迹,这个世界上的某种生物对光波没有任何感觉,但声波却能使他们产生视觉能力,产生关于各种颜色的感觉。即使如此,我们也不会把这种奇异情景下的声波叫作"光",光仍然是另一种不同的自然现象。

按同样的道理,克里普克指出:"当我提到热时,我所指的并不是某个人可能具有的某种内在的感觉,而是一种我们通过感官所感知到的外部现象;它产生出我们称之为热感觉的那种特殊感觉。热是分子的运动。我们还发现,热量的增加与分子运动的加剧是相应的,或者严格地说,与分子的平均动能的增加相对应。"③ 他进而一般性地断言:"理论同一性通常涉及两个严格指示词的同一性,因而是后验必然命题的例证。"④ 具体就"热是分子运动"这个陈述而

---

① Kripke S. Naming and Necessity. Paperback Edition. Oxford: Blackwell Publishing, 1981: 122-123.
② 同①137.
③ 同①129.
④ 同①140.

言,"既然'热'和'分子运动'都是严格指示词,那么,它们所命名的现象之间的同一性就是必然的"①。

于是,我们有关于"热是分子运动"这个陈述的必然性的下述证明:

(ⅰ)"热"和"分子运动"是严格指示词。

(ⅱ)"热=分子运动"是真的。

(ⅲ)"热"在所有可能世界中都指称同一个现象。

(ⅳ)"分子运动"在所有可能世界中都指称同一个现象。

(ⅴ)"热"和"分子运动"在所有可能世界中共同指称同一个现象。

(ⅵ)所以,"热=分子运动"是必然真的。②

这里,(ⅰ)是克里普克所认定的前提,(ⅱ)是经过科学研究得到的经验发现,(ⅲ)是由(ⅰ)和严格指示词的定义推出的,(ⅳ)也是由(ⅰ)和严格指示词的定义推出的,(ⅴ)由(ⅱ)、(ⅲ)和(ⅳ)推出,(ⅵ)由(ⅴ)推出。尽管"热是分子运动"是必然的,但它是在经验证据即(ⅱ)的基础上被证明的,因此又是后验的。

可以看出,这个证明除了有前提(ⅰ)和(ⅱ)之外,还有一个隐含的前提,即克里普克关于严格指示词的定义。假如我们权且接受他的那个定义,而又不同意该证明的结论,那么,既然前提(ⅱ)是毋庸置疑的,我们的怀疑只能指向前提(ⅰ):凭什么说"热"和"分子运动"是严格指示词?或者更一般地,凭什么说专名和自然种类词都是严格指示词?我认为,在克里普克那里,还是可以找到某种答案的。

(3)同一性陈述是刻画个体的自我同一或个体和自然种类的本质的陈述。

克里普克这样谈到了事物的本质属性及其作用:"这里是一张桌子。在哲学中经常提出来的一个问题是:什么是它的本质属性?除像自我同一这样不足道的属性之外,什么样的属性是这样的:假如这个对象根本上存在的话,它就不得不具有它们?或者,假如一个对象不具有它们,它就不会是这个对象?例如,是由木头而不是冰做成的,可能就是这张桌子的本质属性。"③ 按这样的理解,

---

① Kripke S. Naming and Necessity. Paperback Edition. Oxford: Blackwell Publishing, 1981: 148.

② Ahmed A. Saul Kripke. London: Continium, 2007: 70.

③ Kripke S. Identity and Necessity//Moore A W. Meaning and Reference. New York, NY: Oxford University Press, 1993: 178-179.

若一个或一类事物存在，则它们必定具有其本质属性；如果一个或一类事物在所有的可能世界中都存在，则它们在可能世界中也必定具有其本质属性。于是，一事物的本质特性是该事物在所有可能世界中都必须具有的特性，也就是它的必然特性。指称该事物或该类事物及其本质属性的名称就是严格指示词。

在谈论"热是分子运动"时，克里普克指出："我们最终发现，[热]事实上是分子运动。当我们发现这一点时，我们就发现了一种识别方法，它让我们得到这种现象的一个本质特性。我们发现了一种现象，它在所有可能世界中都是分子运动——它不能不是分子运动，因为这正是该现象之所是。"① 也许正因为如此，"热"和"分子运动"都是严格指示词，并且"热是分子运动"是一个必然真理。

（4）一个或一类事物的本质属性设定了对该事物或该类事物做反事实设想或谈论的最低限度。

克里普克谈到了做反事实谈论的一般策略："通常，当我们基于直觉去询问某件事情是否有可能在一给定对象身上发生时，我们是在询问：这个宇宙是否能够像它实际上的进程那样，一直发展到某个时刻为止，然后就从那个点开始，它的历史脱离了原来的轨道，以致此后那个对象的盛衰变化将会有所不同。或许这个特征应当被确定为关于本质的一个普遍原理。"② 当从事这样的反事实谈论的时候，克里普克认为，仅仅不违反矛盾律、不出现自相矛盾是不够的；我们从事反事实设想所应该保持的最低限度是：我们仍然是在谈论原来那个个体或那类事物——一个个体仍然是原来那个个体，一个自然种类仍然是原来那个自然种类。如何做到这一点？克里普克的办法是：诉诸本质。他实际上认为，本质是一个事物在反事实谈论中保持自身同一性的最低条件：若一个或一类事物存在，则它或它们必定具有其本质属性；反之，若一个或一类事物不具有其本质属性，则它或它们就不是原来那个或那类事物，而是某个或某类别的东西。

因此，克里普克论述说，我们可以对英国女王做各种反事实设想，但不能设想她不是由她的父母所生的，不是由她的父母的受精卵发育而成的，而是由杜鲁门夫妇所生的。"也许在某个可能世界中，杜鲁门夫妇甚至可能有一个孩子，她实际上成了英国女王，并且她甚至曾冒充过别的父母的孩子。但这仍然

---

① Kripke S. Naming and Necessity. Paperback Edition. Oxford：Blackwell Publishing, 1981：133.

② 同①115n.

不是下述情形：这个被我们称为'伊丽莎白二世'的女人是杜鲁门夫妇的孩子，或者在我看来，不是那种情形。它只是表明，有另外一个女人，她具有许多事实上对于伊丽莎白来说都是真的特性……""一个由别的父母生育的，由另一对精子和卵子合成的人，怎么能够成为这个女人呢？……在我看来，任何来自另一个起源的事物都不会成为这个对象。"①

克里普克还论述说，设想一张桌子是由另一块木头做成的，或者是由泰晤士河中取来的水冻成的冰块做成的，它的外表与眼前的这张桌子一模一样，而且我们也可以把它放到这间房子的这个位置上，但是"在我看来，这不是在设想这张桌子是由另一块木头或冰块做成，而是在设想另一张桌子，它所有的外表细节都与这张桌子相似，却是用另一块木头或者甚至是用冰块做成的"②。"这张桌子本身不可能有与它事实上的来源不同的来源……"③

克里普克实际上把这种论证方式推广到一切含专名或自然种类词的同一性陈述，由此证明它们的必然性。一个个体或自然种类不可能不具有其本质属性；换句话说，若它不具有原来的本质属性，则它就不是原来那个个体或自然种类，而是某个或某类别的东西。因此，刻画个体或自然种类的本质的同一性陈述不可能有反例，是必然陈述。

例如，考虑"水是 H_2O"这个陈述。尽管我们最初是根据水的外显特征（例如颜色、味道、触觉、用途等）来识别水的，但科学已经发现，水是 H_2O。那么，我们就不能设想任何不是 H_2O 的水。克里普克指出："如果实际上甚至存在着某种物质，它具有与水完全不同的原子结构，但在这些方面却都像水，我们会说有些水不是 H_2O 吗？我认为不会。我们倒是会说，正如存在假金一样，也有可能存在假水；存在着这么一种物质，它尽管具有我们最初用来识别水的各种特性，但它实际上不是水。我认为，这一点不仅适用于现实世界，而且也适用于我们所谈论的非真实的情形。"④ 这就是说，如果我们遇到了不是 H_2O 的看起来像水的液体，它就不是我们所谈到的、科学上所刻画的水，最多是一种假水，因而"水是 H_2O"这个陈述在任何可能世界中都找不到反例，它因此就

---

① Kripke S. Naming and Necessity. Paperback Edition. Oxford: Blackwell Publishing, 1981: 112-113.
② 同①114.
③ 同①142.
④ 同①128.

是一个必然陈述，H_2O 就是水的必然特性，也就是水的本质特性。关于本质性质的陈述都是必然陈述。

克里普克用了很大篇幅去谈论黄金。他说到，甚至像康德这样的哲学家也把黄金理解为"黄色的金属"。他们当然是不对的，是在根据黄金的外显特征来定义和识别黄金的，这很容易出错。在某种特殊的环境条件下，黄金可能并不显现为黄色，我们甚至能够设想出这样的情形：黄金不是金属，因而没有可锻性、延展性以及诸如此类的特性。"更进一步地说，可能有一种物质，它具备我们通常赋予和最初用以识别黄金的所有识别性标志，然而它不是这种东西，也不是这种物质。对于这样一种东西，我们会说，虽然它具有我们最初用来识别黄金的所有外观，但它不是黄金。举例来说，就我们清楚所知的而言，这样一种东西是黄铁矿或者假金。它并不是另一类黄金。它完全是另一种东西，对那些不知黄金为何物的人来说，它看起来很像我们所发现和称之为黄金的那种东西。"① 那么，究竟什么是黄金呢？假设科学家研究了黄金的性质并且已经发现，黄金具有原子序数 79 是这种物质的本性的一个组成部分。那么，"黄金是一种原子序数为 79 的元素"就是一个必然陈述，因为我们不能设想有"原子序数不为 79"的"黄金"，如果有这种物质，即使它可能在外表上与黄金完全相同，它也不是黄金，最多是一种假金，就像常见的黄铁矿那样。

他还谈到了普特南的例子——"猫是动物"。设想在一种非真实的情形中，在有猫这种动物的地方，我们事实上碰到一种小精灵，当它们接近我们时，确实给我们带来了坏运气。难道我们应当把这种情形描述为猫是精灵的情形吗？他认为这些精灵不是猫，而是一种外形像猫的精灵。我们可能会发现，我们所有的实际的猫都是精灵。然而，我们一旦发现它们不是精灵，那么猫的性质的一部分就在于：当我们描述一种到处都有这种精灵存在的非真实世界时，就必须说，这些精灵不会是猫，在那个世界中，将会有一种装扮成猫的精灵。虽然我们可以说，猫可能被证明是精灵，是某个种类的精灵。假设这些猫事实上就是动物，那么，任何猫形的但不是动物的存在物，无论在现实世界中还是在非真实的世界中就都不是猫。同样的道理甚至也适用于那些具有猫的外貌特征但又具有爬行动物的内部结构的动物。如果这种动物存在，它就不会是猫，而是"假猫"。因此，"猫是动物"在现实世界和其他可能世界中都没有反例，是必

---

① Kripke S. Naming and Necessity. Paperback Edition. Oxford：Blackwell Publishing，1981：119.

然真理。

于是，许多依据经验发现和科学研究而获得的经验陈述，都被克里普克用如此方法说成了"必然真理"，并且他还强调指出："像'热是分子运动'这样典型的理论同一性陈述不是偶然真理，而是必然真理，在这里，我当然不是仅仅指物理上的必然性，而是指最高程度的必然性——无论它意味着什么（物理必然性可能被证明是最高程度的必然性。但对于这个问题我不打算过早下判断。至少对这类例子来说，情况可能是：当某物具有物理必然性时，它就总是完全必然的）。"①

（5）在认识论上，我们仍然可能设想某个体或某自然种类不具有其本质属性，由此导致同一性陈述的"偶然性幻觉"。

既然热的本质是分子运动，那么，不是分子运动必然地不是热。这里的"必然"是形而上学的必然性：相同的事物必然相同，不同的事物必然不同。但在认识论的意义上，人们仍然可以设想：热有可能被证明不是分子运动，这种设想的根据是：某人能够用一种感觉热的相同的方式感觉到某种现象，通过它所产生的我们称之为"热感觉"（记为 S）的感觉来感觉到它，即使这种现象不是分子运动；此外，这颗行星上可能居住着某些生物，当他们遇到分子运动时，并不能感觉到 S，而在其他东西出现时却可能感觉到 S。这种生物在某种定性的意义上与我们处于相同的认识论情景中，他们可以用一个严格指示词来指称在他们身上引起 S 的现象，既然这种现象不是在我们身上产生 S 的分子运动，它们也就不是热。这种设想的"可能性"是一种"认知的可能性"，它使人觉得像"热是分子运动"这样的陈述是偶然的。

克里普克一般性地指出："什么是我们上面用来处理某些必然且后验的事例的明显的偶然性的策略呢？该策略是要论证，虽然该陈述本身是必然的，但定性地说，某人能够处在与原来的情景相同的认识论情景中，在这样一种情景中，一个性质上类似的陈述能够是假的。就两个严格指示词之间的同一性而言，这种策略可能接近于一个更简单的做法：考虑一下这两个指示词的指称是如何被确定的：如果它们仅仅偶然地吻合，正是这一事实赋予该陈述以偶然性的幻觉。"②

---

① Kripke S. Naming and Necessity. Paperback Edition. Oxford: Blackwell Publishing, 1981: 99.

② 同①150.

2. 对理论同一性陈述是后验必然陈述的论证的评论

我在下面将证明,克里普克的上述论证不具有结论性。

(1) 为什么专名和自然种类词是严格指示词? 自然种类词究竟在严格指称什么?

在克里普克关于同一性陈述的必然性的论证中,"专名和自然种类词是严格指示词"这一点发挥了关键性作用,但他本人似乎并没有对此做严格的证明,特别是对于自然种类词是如此。我唯一能够在他那里找到的称得上论证的东西,就是自然种类词与该类事物的本质属性相关联,例如,像"水是H_2O""黄金是原子序数为 79 的元素""热是分子运动"这类陈述都是刻画一类事物或自然现象的本质的陈述。本质属性是一个或一类事物不得不具有的属性。于是,在一个自然种类存在的所有可能世界中,一个自然种类词与指称该种类本质的那个名称或摹状词总是指称同一个对象,它们都是严格指示词。

从上面的论证中,能够得出"一个自然种类词与指示其本质属性的名称或摹状词都是严格指示词"的结论吗? 我认为不能。这是因为,尽管我们能够说,一个自然种类必然具有其本质属性,换句话说,若一个自然种类存在,则该类事物必定具有其本质属性。这就是说,成为某个自然种类是具有某种本质属性的充分条件;但我们却不能反过来说,具有某种本质属性是成为某类事物的一个成员的充分条件。如果这样,具有某种本质属性就是成为某个种类成员的充分必要条件了。克里普克本人就明确否认这一点,例如,在谈论"$(a = b) \rightarrow \square (a = b)$"时,他说:"所以,让我强调指出,尽管本质属性(明显地)是这样的属性:若没有该性质,某对象就不可能是 a,由此绝不能推出 a 的本质的纯定性的性质①合起来构成是 a 的充分条件,也不能推出任何纯定性的条件构成某对象是 a 的充分条件。此外,即使某对象是尼克松的充分必要条件或许存在,也仍然没有什么理由要求给出关于所有反事实情形的纯定性的描述。"② 在批判关于名称的描述论时,他所给出的一个重要理由就是:任何描述或描述的组合

---

① "纯定性的性质"或"纯粹的描述"是指这样的性质或描述,其中不包含任何名称,如"亚历山大""北京""9·11 事件"等;不包含任何指示表达式,如"这个""那个""他"等;也不包含任何索引表达式,如代词"我",副词"这里""那里",形容词"当下的""现实的"等。

② Kripke S. Identity and Necessity//Moore A W. Meaning and Reference. New York, NY: Oxford University Press, 1993: 179n.

都不能提供确定一个名称所指的充分必要条件，或者说唯一性条件。他还谈到，他本人只是提出了一种比描述论"更好的描述"，却不想把它发展成一个理论，不想给出一组适用于像指称这样的词的充分必要条件，因为"人们可能永远也达不到一组充分必要条件"①。

于是，当克里普克诉诸一类事物的本质属性时，他最多证明了一个条件句：如果专名和自然种类词是严格指示词，则指称该个体或该种类的本质属性的那个名称或摹状词也是严格指示词。而这个条件句的前件，即"专名和自然种类词是严格指示词"仍然需要独立的证明，就我所知，除了他所谓的"语言直觉"之外，他本人从未给出这样的证明！于是，在关于同一性陈述的必然性的论证中，他所使用的一个关键性前提就没有得到证明，该论证至少犯有"预期理由"的谬误！

即使退一步承认，自然种类词是所谓的"严格指示词"，我们仍然可以问：自然种类词究竟在严格地指称什么样的对象？它们如何指称这些对象？据我所知，克里普克对前者没有回答，对后者有少许不太明确的回答，即关于自然种类词的轮廓性的因果历史理论。

很容易想到，一个自然种类词当然严格地指称一个自然种类，即在所有可能世界中都指称该自然种类。但问题是：什么是自然种类？如何从外延上或指称上界定它？它是一个集合吗？若如此，这个集合有可能在不同的可能世界中有不同的成员，于是在不同的可能世界中就会有不同的集合，因为两个集合相同当且仅当它们有同样的元素。如此一来，自然种类词如何严格地指称该集合，也就是在所有可能世界中都指称该集合？这条路显然是行不通的。自然种类词严格地指称那个类（kind）或那个种（species）吗？问题是，在自然科学中，类（kind）或种（species）通常是由一些属性（properties）来界定的，自然种类词于是在所有可能世界中都严格地指称这些属性吗？例如，在"热是分子运动"中，"热"和"分子运动"指称同样的属性，或者所指称的属性相同或相等。但问题又产生了：什么是属性的相同或相等？我们也许可以用"共外延"（co-extensive）来解释：属性 F 和属性 G 是共外延的，当且仅当，对于任一对象 x，x 是 F 当且仅当 x 是 G。但蒯因早已指出，这存在反例。例如，从外延上讲，有心脏的动物就是有肾脏的动物，反之亦然；但作为性质来讲，"有心脏的动

---

① Kripke S. Naming and Necessity. Paperback Edition. Oxford: Blackwell Publishing, 1981: 94.

物"这个性质不同于"有肾脏的动物"这个性质。我们很难为性质相同提供精确的标准,这就是为什么蒯因在其本体世界中不愿意接纳属性(property)的原因。① 于是,有人提议②,也许我们可以把像"是热"和"是分子运动"这样的谓词视作严格指示词:"是热"或"是分子运动"是严格的,当且仅当,它适用于它实际适用的一切对象,也就是说,对于它所实际适用的任一对象 x,它在所有可能世界中都适用于这样的 x。既然"热"和"分子"运动在所有可能世界中都不能不是它们自身,那么,"热"和"分子运动"在这个意义上就是严格的。不过,由此只能推出:

  (i) 没有任何现实存在并且是热的东西,能够既是热而又不是分子运动。

而不能按克里普克的严格指示词理论所要求的那样推出(ii):

  (ii) 不可能有热的事例而不同时是分子运动的事例。

(ii) 排除了这样的可能性:有现实非存在的热的事例而不同时是分子运动的事例,而(i)并没有排除它。③

  (2) 在何种意义上,像"水是 H_2O"、"热是分子运动"和"猫是动物"这样的陈述是本质性陈述?这种意义上的"本质"是否过于依赖于某个时期的科学成果?

  按我的理解,克里普克似乎是在客观意义上理解一个或一类事物的本质的:事物本身就是如此,它们不能不如此;否则,他就无法得出同一性陈述具有形而上学必然性的论断。但是,我对他关于本质的谈论的看法是:与某个时期的具体科学成果靠得太近,把一个哲学性论断建立在某个时期的具体科学成果上,而科学理论是发展变化的,这是否意味着一个或一类事物的本质也会发生变化?若如此,则"本质"不是变成了某种主观的理解和规定,那如何保证本质的客观性,并保证相应的同一性陈述的必然性呢?

  以人类对"生命"的本质的认识为例。在古代,有人把呼吸与嗅觉视为生

---

  ① 蒯因. 经验论的两个教条//涂纪亮,陈波. 蒯因著作集:第 4 卷. 北京:中国人民大学出版社,2007:38.

  ② Soames S. Beyond Rigidity: the Unfinished Semantic Agenda of Naming and Necessity. New York, NY: Oxford University Press, 2002: 257.

  ③ Ahmed A. Saul Kripke. London: Continium, 2007: 70-72.

命的本质，也有人认为，生命是有灵魂的事物，是能够保持自己的隐德莱希（Entelechie，指活力）的实体。根据19世纪的有机化学，恩格斯断言"生命是蛋白体的存在方式"①。当细胞学说盛行时，人们认为，细胞是生命活动的基本单位，一切有机体（除病毒外）都由细胞构成，细胞是构成有机体的基本单位。现代分子生物学则告诉我们，生命是由核酸和蛋白质等物质组成的分子体系，它具有不断繁殖后代以及对外界产生反应的能力。而在核酸中，最重要的又是脱氧核糖核酸（DNA）。基因（gene）作为控制生物性状的基本遗传单位，就是有遗传效应的 DNA 片断。很显然，人类对生命本质的认识是不断变化的，至少从18、19世纪以来，很难说先前的认识绝对不正确，但也很难说它们就完全正确，后来的认识总是对先前的认识有所改进、有所深化。同样，我们今天对生命的认识也会被我们的后人所改进和深化。那么，我们把人类在哪一个时期对生命的认识当作生命在客观意义上的本质呢？

并且，我对克里普克的下述观点一直保持强烈的怀疑：一个或一类事物的本质设定了我们对该个或该类事物做反事实设想或谈论的限度。按照他的看法，相同的事物必然相同，不同的事物必然不同。并且，一个体的起源（例如某个人由之发育而成的来自他父母的那个受精卵）是该个体的本质，一个人造物的物质原料或物质构成是它的本质，一个自然种类的内部结构是它的本质。按照克里普克的逻辑，既然我和你是不同的个体，有不同的本质，我就再也不能从事这样的反事实设想或谈论：

假如我是你，我会怎么样……

因为在这个时候，所谈论的将不会是原来那个"我"，而是某个另外的人。但在日常语言中，我们却经常这样谈论：

（i）要是我的母亲是英国女王，我会……

（ii）假设我是毛泽东，我会……

（iii）如果我是伊拉克人，我会……

在这些反事实设想中，我不是在设想我之外的另一个人在那种情况下会怎么样，而是在设想：目前的我处在前件所设定的情景中，会如何去想和如何去做。

---

① 恩格斯.自然辩证法.北京：人民出版社，1971：277.

并且，克里普克论证，若科学已经证实猫是动物，我们就不能设想不是动物（例如，作为精灵）的猫，因为后一种"猫"实际上不是我们所说的猫，而是另一种不同的东西，因此，"猫是动物"这个陈述就没有反例，是必然真理。按如此逻辑，我可以证明，关于任一对象的任一琐碎、平凡的陈述，都不会遇到反例，因而都是必然真理。一般地说，假设有一个男人a，他有一些平凡或不平凡的特性或癖好E、F、H、I、G等，所有这些特性或癖好合起来构成了他这个人的此性（thisness）或个体性（haecceity），使他成为一个独特的人——他自己。在这种情况下，我们就不能设想a不具有E、F、H、I、G等特性或癖好中的任何一个，因为若这样设想，我们就不是在设想这个男人a，而是在设想他之外的另一个人。于是，"a有一脸络腮胡子""a爱抠脚巴丫""a爱吃红烧肉""a爱抽烟"等陈述都没有反例，都是必然陈述，不仅如此，它们还具有最高程度的必然性！还有比这更荒唐的结论吗？！

（3）既然"形而上学的必然性"是建立在科学所提供的经验陈述的真实性的基础之上的，那么这会导致它坍塌成"认识论的偶然性"。

克里普克一再论证，同一性陈述具有形而上学的必然性，但如他自己所言，他的一般论证方式是：

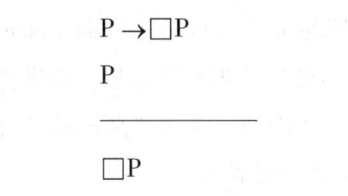

$$P \rightarrow \Box P$$
$$P$$
$$\overline{}$$
$$\Box P$$

显然，P的所谓"形而上学的必然性"是建立在经验陈述P的真实性的基础之上的。即使我们暂不质疑第一个前提"P→□P"，但由于我们有可能在P的认识上出错，例如把本来假的P误认为是真的，或者把本来真的P误认为是假的，由此会影响到是否能够最后推出□P，因此在□P上我们也有可能出错。这种可能性是一种认知的可能性，因此，有可能P不是在形而上学上必然的，而是在认识论上偶然的，却被我们错误地认定为□P。在这种情况下，所谓的"形而上学的必然性"就坍塌成了"认识论的偶然性"。

以克里普克所热衷的"热是分子运动"这个陈述为例。要证明这个陈述的必然性，先要有一个由科学提供的经验陈述："'热是分子运动'是真的。"科学家们是怎样得到这个陈述的？理所当然，通过科学研究，凭借经验证据。在这个过程中，科学家们是否有可能集体犯错？科学史一再告诉我们：这种可能性至少是存在的。例如，对于"什么是热的本质"这样的问题，自16世纪以后，主要有两种观点：热是一种运动，热是一种物质。英国哲学家培根从摩擦生热等现象中得到启发：热是一种膨胀的、被约束的而在其斗争中作用于物体的较小粒子之上的运动。这种看法影响了很多科学家。而法国哲学家伽桑狄却认为，运动着的原子是构成万物的最原始的、不可再分的世界要素，热和冷同样也都是由特殊的"热原子"和"冷原子"引起的。它们非常细致，有球的形状，非常活泼，因而能渗透到一切物体之中。这个观念把人们引向"热质说"，在"热质说"指导下的科学研究还获得了不少进展和成功。但现代科学还是接受了"热是分子的不规则运动所产生的动能"这样的说法。我们怎么能够保证我们的后人不再修正或改进我们现有的对热现象的认识呢？所以，"热是分子运动"这个陈述的"形而上学必然性"，是建立在科学所提供的"'热是分子运动'是真的"这个经验陈述的可错性之上的，该陈述是一个后验偶然陈述。

再举一个新近的例子。按照克里普克的逻辑，如果"冥王星是行星"是真的，则"冥王星是行星"就具有形而上学的必然性。的确，先前人们一直公认，太阳系有九大行星，即水星、金星、地球、火星、木星、土星、天王星、海王星和冥王星，冥王星归属于"行星"之列。但2006年国际天文学联合会大会投票决定，把冥王星开除出"行星"之列，而把它降级为"矮行星"（dwarf planet）。这样一来，"冥王星是行星"还具有形而上学必然性吗？我猜想，克里普克应该给出否定的回答。这里，做出否定的根据是经验的，因此"冥王星是行星"只具有认识论的偶然性，而不具有"形而上学的必然性"。

五、一些结论

在对"必然性"与"先验性"做了简短考察之后，我着重分析了克里普克关于"先验偶然命题"和"后验必然命题"的论证，所得出的结论是否定性的：这两类命题均不存在，至少克里普克所举证的那些命题不是这两类命题的例证！

克里普克论述说，"必然性"是一个形而上学概念，涉及事物本身的存在状态或存在方式，并且是相对于现实世界而言的存在方式；"先验性"是一个认识论概念，涉及我们获得知识的方式，即是否依赖于经验，或者是否只依据定义或规定为真。他并没有对"形而上学的必然性"给予明确而严格的说明和定义。

他着重强调的是这两个概念的区别,几乎没有说明它们之间的联系,也没有说明传统哲学关于"必然性导致先验性"的论证在哪里出错。但我认为,这两个概念是有联系的,因为"必然性"也可以用来刻画知识的性质和状态,具有认知的意义。并且,依据定义或规定为真的东西,不一定是先验地为真,因为定义或规定不是任意而为的事情,必须得到证成或认可。很多定义只不过是先前认知成果的浓缩和总结。

克里普克至少给出了两个先验偶然命题的例证:一是"棍子 S 在时间 t_0 是一米长",另一是"海王星是造成其他几颗行星的运行轨道如此这般摄动的那个行星"。我认为,他关于前者的证明是不成立的,其根源在于他所援引的"一米"的定义是如此不严格和不精确,以致不可能在它的基础上同时证明该命题的偶然性和先验性。如果"一米"被(归属性地)定义为"棍子 S 在时间 t_0 时的长度,无论该长度是多少",那么,这两个名称必定总是指称同一个长度:该棍子在时间 t_0 时有多长,一米就有多长;一米有多长,该棍子在时间 t_0 时就有多长。如果"一米"被(指称性地)定义为"面前的这根棍子在当前时间 t_0 时的长度",由于面前的这根棍子 S 在时间 t_0 时处于特定的环境条件值下,有一个确定的长度,那么"一米"也指称那个特定的长度。无论如何不可能发生这样的情况:"棍子 S 在时间 t_0 时的长度"是非严格指示词,指称一个变化着的长度;而由它定义出来的"一米"则是严格指示词,指称一个固定的长度。至于有关海王星的那个命题,完全是一个由经验发现和确证的后验偶然真理,它的证实或证伪都体现了经验科学研究的标准程序。因此,不存在所谓的"先验偶然命题"!

当克里普克论证"长庚星是启明星"这类陈述是必然的时候,他所强调的是等式两边的"同",等式两边都表示对象,该等式仅仅表达对象的自我同一。理所当然,这种同一性是必然的,并且是一种形而上学的必然性。当他论证这类陈述是后验的时候,他所强调的却是等式两边的"异":等式两边有两个不同的名称,我们以为它们指称不同的对象,但经过经验研究,发现它们原来指称同一个对象!克里普克经常在"对象"和"名称"之间这样游转,由此得出一些惊世骇俗的结论,其原因在于他的"严格指示词"概念的系统模糊性:很多时候,它被用在形而上学的意义上,本身就是对象,或者至少固定地指称一个对象;但有些时候,它又被当作名称,对其做认识论或语义学的考察,思考它们指称对象的方式之不同。对于克里普克的上述论证,我的总体评价是:"后验必然命题"是把完全不同的东西叠加在一起的结果，类似于中国先秦时期所提出的一些诡辩命题，如"鸡三足""孤驹未尝有母""今日适越而昔来""白马非马"等，其中不乏智慧，也有某些机巧，但总体上是不正确的，更不构成对传统哲学观点的挑战。

我把克里普克关于"理论同一性陈述是后验必然陈述"的论证重构如下：（1）理论同一性陈述不是分析陈述，否定它们不会导致逻辑矛盾；它们的真实性要通过科学研究，依凭经验证据来确认，因而它们是后验的。（2）自然种类词都是严格指示词，因而该类陈述在所有可能世界中都真，是必然陈述。（3）该类陈述是揭示和刻画自然种类的本质的陈述。（4）一类事物的本质设定了对该类事物做反事实设想和谈论的限度。（5）在认识论上，我们仍然可能设想某个自然种类不具有其本质属性，由此导致理论同一性陈述的"偶然性幻觉"。对关于理论同一性陈述的论证的上述重构，完全适用于克里普克有关专名的同一性陈述的论证。

我证明，克里普克的此类论证是非结论性的，理由如下：他没有对论证中的一个关键性前提"为什么专名和自然种类词是严格指示词"加以说明和论证，该类论证至少犯有"预期理由"的谬误。他对"本质属性"的说明过于依赖某个时期的科学成果，并且若按他所说，本质设定了对个体和种类做反事实设想和谈论的限度，那么，容易证明，任一给定的琐细、平凡的经验陈述，例如"a这个人爱抠脚巴丫"，"a这个人爱吃红烧肉"，或者，关于自然种类的任一陈述，例如"水是清澈透明的"，"水是能够被人饮用的"，都是必然陈述。而这样的结论是荒谬的。此外，他所谓的"形而上学的必然性"是建立在科学所提供的经验陈述的真实性之上的，但由于科学家有可能在经验陈述的真实性上集体出错，因而我们关于理论同一性陈述的必然性的证明也有可能出错，因而这类陈述的所谓"形而上学的必然性"就坍塌成"认识论上的偶然性"。也就是说，后验必然命题不存在，所存在的只是后验偶然命题！

于是，我们所有人，包括克里普克在内，都回到了过去的原点：我们不得不仍然面对休谟所提出的那个老问题：我们如何在感觉经验的基础上确证科学陈述的普遍必然性？蒯因说得好："休谟的困境就是人类的困境。"[①]

[①] 蒯因. 自然化的认识论//涂纪亮, 陈波. 蒯因著作集：第4卷. 北京：中国人民大学出版社，2007：402.

第 15 章 个体本质：一条亚里士多德主义的路径

克里普克以其在模态形而上学中的卓越工作，复兴了亚里士多德本质主义。他提出起源必然性论题，试图将生物个体的本质归结为它们各自的起源。[①] 起源本质主义为探求个体同一性问题开辟了一条崭新的路径，引起当代西方哲学界的极大反响与响应，同时也招致不少异议。[②] 在我看来，这一论题面临的困难至少部分地可归咎于克里普克未能全面考虑亚里士多德主义，没有较深入、细致地分析"本质"这一核心概念。据此，本文旨在从亚里士多德主义的视角，澄清、刻画一个较清晰的本质观念，进而修正并论证一个经限定的起源本质主义。我将在第一节预备性地讨论亚里士多德的实体学说，本质无非就是确定实体的标准；第二节则提出生物的第一实体标准，论证起源之于个体本质的不充分性，辨明存在与本质的密切联系及实质差异；最后，在第三节依据第一实体标准，综合内部结构与起源两个要素，构建、论证一个修正的起源本质说，并回应可能会面临的质疑。

一、论亚里士多德的实体学说

在《范畴篇》与《形而上学》中，亚里士多德详尽讨论了实体（substance）这个概念。在《范畴篇》里，亚里士多德从逻辑学视角确定实体的标准为只能作为句子的主词出现，不能作为谓语谓述其他词项；从本体论视角，他确定实体是本体基本的，不附属于其他任何事物，相反，别的东西倒依附于它；

[①] Kripke S. Naming and Necessity. Oxford: Basil Blackwell Ltd, 1990: 114–115.
[②] Forbes G. The Metaphysics of Modality. Oxford: Clarendon Press, 1985; Mackie P. Essence, Origin and Bare Identity. Mind, 1987, 96: 173–201; Salmon N. Reference and Essence. Princeton: Princeton University Press, 1981; Hawthorne J, Gendler T. Origin Essentialism: The Arguments Reconsidered. Mind, 2000, 109: 285–298.

在前二者基础上,实体还衍生出此性(thisness)和离存性(即,变异中的不变者)。按照这些标准,只有个别对象才是第一实体(primary substance),比如"菲多"("菲多"是一只狗的名字)。个别对象总是呈现出一定的性状,如菲多是黄色的或其他颜色,处于奔跑或别的状态之中等等,作为这一大簇现象性性状背后的承载者才是第一实体,因此笼统地说个别对象是第一实体是不精确的。

那么,第一实体的构成是怎样的呢?换言之,个体化的原则是什么呢?在《形而上学》中,亚里士多德指出第一实体的三个候选者是质料(matter)、形式(form)及质料与形式的复合物。① 质料是对象由以构成的东西,形式则指它所是的那一事物种类。比如,对于菲多来说,它的质料就是形成它的血与肉,而形式则是其所是的东西:作为亚里士多德所谓埃多斯(eidos)或种的狗,或者作为亚里士多德意义上的格诺斯(genos)或属的哺乳动物。② 按照《范畴篇》中确立的逻辑学和本体论标准,质料可视为第一实体,因为质料似乎才是最后的主词或基体。但它完全不满足此性和离存性,我们不能称形成具体对象的材料为"这一个";未经形式限定或约束的质料是无所谓特征的,也因此不可妄论它能历经相互矛盾的性质仍维持其自身。需要指出的是,在《形而上学》中亚里士多德更偏爱此性和离存性这两个实体标准。③ 因此,既然排除了质料作为第一实体,就只剩下形式与质料的复合物及形式自身。

个别对象的此性和离存性来自哪里呢?按照陈康先生的考证,亚里士多德是以形式的此性和离存性过渡到个别对象,来论证第一实体的主要构成是内在于个别对象中的形式。陈先生以一个标准的三段论推理为例,来说明个别对象离存性源于形式的道理:"人是苍白色的,赵大是人,因此赵大是苍白色的。"他认为,苍白色不出现在"人"的定义中,它不是人的本质属性,人既不必然是苍白色的,也不必然不是苍白色的。尽管人可以或者得到或者失去苍白色这一属性,人还是终究不失其为自身,这就是形式与偶有性质的离存性。作为形

---

① Aristotle. The Complete Works of Aristotle: The Revised Oxford Translation//Barnes J. Metaphysics. Princeton, NJ: Princeton University Press, 1991: 1029a7—1029a33.

② 埃多斯是亚里士多德哲学术语 eidos 的音译,格诺斯是其哲学术语 genos 的音译,逻辑上分别表达普遍程度较低的种与普遍性程度较高的属,但希腊哲学史研究中已习惯于颠倒过来分别译作"属"和"种"。为避免这种不必要的混淆以及尊重既有的译法,我在本文不得已采用了两个术语的音译。

③ 同①1017b24—1017b25, 1029a28—1029a29.

式的人的这种离存性，反映在个别对象赵大身上就呈现出另一种形态：由于形成个别人的质料血肉的运动变化特征，赵大可以具有相互矛盾的性状，但并不妨碍他仍是赵大本人。陈先生还指出，亚里士多德认为埃多斯这样的形式是性质固定了的一个，具有此性，当质料接受一定形式的塑造形成个别对象时，形式的此性便过渡为个别对象的此性。① 由此可见，形式乃第一实体的最主要组成。

由于形式在第一实体中的举足轻重之地位，亚里士多德抛弃了将形式与质料的复合物视为第一实体的选择，转而将形式看作第一实体。在我看来，实体性形式（substantial form）并不等同于单纯的形式或相，其中尚有质料的要素，这是因为作为经验主义者，亚里士多德坚决反对柏拉图意义上共相（universal）的独立存在。所以，对实体性形式最恰当的理解是个体化于质料中的形式，其中质料仍然是一个实质性组分，但其地位并不是与形式相对等的，它仅是形式转化为个别性实体的一个催化剂。既然确立了个别对象的个体化原则，个体本质的轮廓也就逐渐清楚起来，因为个体本质无非就是性状更易中保持自身同一性的"这一个"。对于一个第一实体而言，如果可以确定它的实体性形式标准，也就意味着掌握了它的本质。

由于具体事物的埃多斯在其第一实体构成中的主导地位，把握个体本质的首要工作是确定其形式。比如，要想知道菲多的个体本质，首先得知道它是一只狗，"狗"的形式在其物质本质构成中占据最显要位置。但正如前文论证过的，单纯的形式并非实体性形式之全部；按照当代形而上学的说法，纯粹形式确定的是"质的同一性"（qualitative identity），个体本质对应于"数的同一性"（numerical identity），要想进一步获得"数的同一性"，尚需其他元素的介入。换言之，要想知道菲多到底是什么，它是如何成为区别于其他任何事物的"这一个"的，仅知道它所属的种类是不够的。因此，还得知道将形式现实化为具体的"这一个"或"那一个"的质料因素，虽然质料的运动变化具有不确定特质。

之所以将质料列为实体性形式标准的一个指标，我认为有以下几个理由：

第一，质料是单纯形式得以个体化的素材，难以想象经同一个相塑形后的不同质料会是同一个实体。比如，即使同一个雕塑家依照完全相同的塑像结构，分别对石膏和青铜进行加工，最终所形成的两个雕塑也不是同一的。进一步说，就

---

① 陈康. 从发生观点研究亚里士多德本质论中的基本观点//汪子嵩，王太庆. 陈康：论希腊哲学. 北京：商务印书馆，1995：274-276.

算使用同一个模板，对两份质地完全相同而仅在数目上有差异的石膏实施相同的处理工艺，最后加工得到的物品也不是那同一个雕像。在形式 X 既定的条件下，决定诸如是"这一个"X 还是"那一个"X 等的"数的同一性"的因素，就是质料。

第二，质料是潜在的可能性，形式是质料某一潜在可能的现实化，个体的出现即可视为质料的若干潜在性之实现。不同质料往往蕴涵着不一样的潜在性，即便同样的潜在性也深深地烙下质料的特征。由于运动变化的天性，特定的质料总会演变为一定的形式 X，从而形成这一个 X。比如，在"质的同一性"——"人"的规定之下，特定的血、肉和骨等将组合为"这个人"，但这个特定实体的性格气质会受到其质料的极大影响。按照古希腊名医希波克拉底的说法，人体组织中不同体液的比例决定了四种类型的气质：多血质、胆汁质、黏液质及抑制质。因此，特定血肉、体液等构成的这个人只具有四种性格中的某一个，而且必然具有那个气质，其他性格的潜在性将受到抑制并消失，不再可能成为现实。即便就仅有数目差异的若干第一实体 X 而言，它们抽象的形而上学本质毕竟也是有区别的，尤其是生物个体，以不同数目质料为催化剂形成的 X 将具备相对独立的主体性，面对相同的事件会做出不同的选择或决策，这些现象就是那些 X 个体本质的显示。

第三，若仅考虑物质实体，搁置独立于物质实体的灵魂存在之争议，则不同质料（哪怕仅有数目差异性的质料）一定是以相互独立的进程形成实体，因为这些进程在作为起点的质料上就是不同的。我们可以做以下的设想：在同一时间，选取不同的质料 M_1 与 M_2，在经过各自的变化发展之后，二者都获得了某种"质的同一性"——共同的相 X，这意味着实体 M_1-X 和 M_2-X 开始存在。但两个实体是具有不同起源的、完全独立的两个进程的结果，一般而言，这样的进程只能生成不同的实体，因此，实体 M_1-X 不可能同一于 M_2-X，除非 M_1 与 M_2 就是同一块质料，或者二者之间具有起源关系。但这两种例外的情形都与我们的前提不一致：前者直接违背了 M_1 与 M_2 是不同质料的假设，后者无法满足同时性的条件。[①] 由此可见，质料确是实体性形式标准的本质要素之一。

---

① 本论证并不适用于"提休斯之船"这样的情形，我们无法假设共有部分质料的两份质料可以同时独立存在，更遑论可以同时独立演变为实体。但在实体尚未生成之前，谈论替换部分质料是否影响实体的同一性，似乎是没有意义的，或许这个问题只有造物主才能回答。关于"提休斯之船"，可参见张力锋. 论个体本质的起源说. 自然辩证法通讯，2010，32（1）：22-27。

二、起源、本质与存在

生物个体的实体性标准是什么呢？按照亚里士多德主义，应该是现实化于特定质料的物种形式。以菲多为例，作为一只狗，它的形式就是物种狗；按照克里普克的提议，物种狗的本质即物种形式就表现为其隐藏的内部结构，可理解为特定的遗传因子或基因。形成"这一个"狗的直接质料是它的血与肉，但由于血或肉的生物学变动特性，某些当代形而上学者如克里普克遂将其归结为生命得以延续的最初起源，即那个特定的受精卵。① 因此，菲多的实体性标准是实现于由其生命起源所决定的质料之中的形而上学结构，后者则是由遗传因子决定的。

但是，生物个体的本质并不就是起源，因为配子或配子结合体仅仅是未成形的质料，尚未塑造成特定的物种形式。② 如果起源本质主义是正确的，那么任何具有相同源头的事物便都是同一的。按照这一逻辑，最初的配子或配子结合体由于不足地道（trivially）也起源于这一源头，它应当同一于后来发育成熟的生物个体，换句话说，最初的配子或配子结合体就是那一生物个体的一个成长阶段。以克里普克为例，如同他的儿童时代、青年时代及老年时代一样，形成他的那个最初受精卵也应该是他的一个时代形态，它同一于儿童或老年时代的克里普克。但几乎没有人会同意这一说法，没有人会说那个受精卵就是克里普克，除非他是万物有灵论者。人们会承认胎儿是一个人，但不会将这一观念推广到受精卵：后者是一种生命形式，但绝不是人的一种存在形态。

另一方面，即令我们承认配子或配子结合体是生物个体的一个成长阶段，将生物个体的本质归于起源，实际获得的也不是一个定性的（qualitative）本质，而只是一个基质（haecceity）。假若发育成克里普克的那个受精卵 Z 是他的一个生存状态的话，则"源于 Z"就是克里普克的个体本质。由于 Z 就是克里普克，

---

① 克里普克用以论证的例子是伊丽莎白女王和他本人，说他们不可能不源于实际由以起源的精子、卵子或受精卵。（Kripke S. Naming and Necessity. Oxford: Basil Blackwell Ltd, 1990: 112—115.）

② 配子结合体或受精卵何时开始有特定的物种形式？判定标准是什么？这的确是一道模糊性（vagueness）哲学难题，但本文并不旨在寻求这样的认知标准，而仅限于在形而上学层面接受受精卵与生物个体的区分。

根据同一置换原则，这一个体本质即"源于克里普克"，后者是非定性的，它不能为克里普克的个体性存在提供任何实质性的形而上学标准。另外，当我们将其视作克里普克的个体本质时，无非是说自身同一性就是他的本质，但本质概念的提出恰是用以说明事物何以保持其同一性，何以成为其所是，可见这里存在非常明显的、严重的窃题论证谬误。所以，起源本质或者是空洞的，或者是不足道的。这样的本质实际就是中世纪哲学家所谓的基质，于探究个体本质无所裨益，它只能是蒯因眼中"黑暗的创造物"①。

一些哲学家认为起源就是生物个体存在的发端，起源本质主义这一进路实际是将本质归结为存在，其理论依据之一是本质与存在的拉丁语表达是同源的两个词：essentia 和 esse。② 诚然，二者密不可分，没有存在，也就无所谓本质。阿奎那（Thomas Aquinas）是著名的亚里士多德诠释者，他认为本质是事物据以称为存在的完全原则，包括形式与质料两个方面，不同于仅表征形式的 quidditās。③ 实际上，在阿奎那看来，根据本质是一个行动的原因，而存在是一个行动，可知本质就是这一行动的原因，因此本质必须从与存在相关的视角去审视，它是这个行动形式上的确定和规定。在这个意义上，我们才说没有存在的话，本质自身什么也不是，不过就是心灵构思的产物而已。人们之所以能够理解本质，并不是因为以先验的形式或 quidditās 为最终原则，相反这种理解在逻辑上源于存在即 esse，后者才是理解本质的根源。正是因为有了存在这种现实化行动，潜在的本质才得以实现，才能够成其所是，也才能够在实践中为人们所认知和理解。我认为，作为存在行动的完全原则，本质既是这一行动所追求的目标，也是在人的心智中可以概念化而获知的东西。本质要想自我实现，首先得具备一定的质料，这是因为质料的本性是运动和变化，借助于它的变动特征存在行动才能展开。虽然质料是未定形的，但形式却潜存于其中，当特定内部环境、外部条件得到满足的时候，它就会以质料变动目的的方式表现出来，经过存在这一行动潜在的本质最终得到现实化。不过，由此也可以

---

① Quine W V. Quantifiers and Propositional Attitudes. The Journal of Philosophy, 1956, 53: 180.

② 例如，陈波和张建军两位教授就曾多次向我表达过类似的见解，但他们尚未有相关主题的正式论著行于世。

③ Aquinas T. De Ente et Essentia//Maurer A. Being and Knowing: Studies in Thomas Aquinas and Late Medieval Philosophers. Toronto: Pontifical Institute of Mediaeval Studies, 1990: 15-16.

看出，作为一种现实化的行动，存在一般不等同于本质，也不是本质的一部分，它是本质得以实现的行动，或者按照中世纪的说法是实体的最后现实化。通常的物质实体都包含着潜在性组分，它们不是纯粹的现实性，其本质不包含存在。

本质潜在地作为目的存在于特定的质料中，但它也是人们心智活动的对象，以一种抽象的概念形态存在于人的心灵中。根据这一特征，本质又是与存在相分离的，否则人们对事物、世界的认识只能局限于亲知知识（knowledge by acquaintance），而无法达致抽象阶段。① 在阿奎那看来，每一本质都无须借助任何关涉存在的因素就可以得到构想或理解。比如，人们"……可以理解人是什么，或者凤凰是什么，却根本无须知道存在是否在其本性中"②。就一般物质个体而言，存在不可能是其本性之一，否则它们就是本质地存在着，即一定被现实化；但我们知道，一般的物质个体都是偶然存在物，比如每个人都是由于父母的偶然结识而诞生的，山川河流也可能会因为各种自然地质活动而湮灭，因此存在不属于一般物质个体的本性，更谈不上等同于其个体本质。退一步说，即使我们将本质属性理解为"只要某个体存在，它就具有的性质"，在这个意义上虽然可以消除必然存在的后果，但存在最多也就是一个不足道的本质，因为按照这个修正后的本质定义，任何个体都将以"存在"为其本质，无论是现实个体，还是可能个体。对于每一现实个体而言，上述条件句定义是个重言式；对任一可能个体来说，根据大卫·刘易斯反事实条件句语义学，在它不存在的世界（如 W）中以上条件句定义也总是得到满足的：在有这一个体并且与 W 相似的任一可能世界中，它都具有存在属性。③ 因此，阿奎那的论证虽然过于简单，也在一定程度上容易产生误导（比如，凤凰一例似乎在思维实践中将本质与存在割裂开来，没有现实化的本质怎能为人所认识？这个例证看似也与他本人的其他论述不一致），但的确是不无道理的。在刻画事物本质的时候，如果将存在作为以上条件句意义上的本质属性添加至个体的本质中，实际上我们没有给它增加任何规定，如我刚才论证过的，这是因为任一个体都预设了那种意义上本质

---

① 区分亲知知识与描述知识（knowledge by description）是罗素提议的。（Russell B. On Denoting. Mind. New Series, 1905, 14: 479-493).

② Aquinas T. De Ente et Essentia//Kenny A. Aquinas on Being. New York: Oxford University Press, 2002: 34.

③ Lewis D. Counterfactuals. Oxford: Blackwell, 1973: 84-91.

性的存在。正由于存在在逻辑上的这种特殊性，激进如康德者甚至断言"'存在'显然不是一个真正的谓词；就是说，它不是这样的一个事物概念，即可将其加诸某一事物的概念之中"①。

三、一个修正版的亚里士多德主义起源本质说

将生物体本质归于起源，实际是追溯到一个具体生命的起点，这个起点决定了其后一个完整的生命过程。设 M_1 是一个生命起源，X 是一个物种形式，M_1 在常态下成长发育为一个 X，这个 X 在其生存环境下后天地创造或获取了大量的性状，由此形成一个丰富多彩的生命历程。尽管由于自然环境的不确定性（若 X 是指人，则更多地还有社会、文化等因素的参与），这个 X 的生命过程可能会打上不同的烙印，但它毕竟是属于这个 X 的生命过程，M_1 即这一生命的标志。一般而言，作为物质实体，任一 X 只能有一次生命。那么，上述的那个 X（为方便计，不妨称之为 M_1-X）是否可能拥有另一个起源呢？令 M_2 是另一个生命起源，在现实世界中它最终常态地成长为另一个 X，即 M_2-X。假如 M_1-X 可以起源于 M_2，那么一定存在着一个可能世界 W，在那里 M_1-X 有着生命起源 M_2，成长发育为一个 X。我们可以进一步假定，那个 X 的外部生存环境与现实中 M_1-X 的完全一样；由于已经设定那一 X 就是 M_1-X，这样，在同样的外部环境下它应呈现出与现实中的 M_1-X 非常接近的外部性状。但是，根据第一节确定的实体性形式标准，可能世界 W 中的那个 X 也是实现于由 M_2 决定的质料序列之物种形式 X，它应同一于 M_2-X，与现实世界中的 M_2-X 是同一个生命的不同表现形式。因此，可能世界 W 中的那个 X 既等同于现实世界的 M_1-X，又同一于其中的 M_2-X。根据同一的传递性，现实世界里的 M_1-X 就是 M_2-X，但这显然是荒谬的，它们是两个完全独立的生命过程，一个生命不可能出现两次。因此，我们的假设不成立，即 M_1-X 不可以起源于另一个源头 M_2。

如果说这个论证具有说服力，它表明的是人们可以接受其直观的亚里士多德主义根据：实体"质的同一性"标准是物种形式，而决定其"数的同一性"标准则是质料；对于一类生物体 X 而言，无论这些 X 在外部性状上存在何等程度的差异，真正确定是这一个 X，还是那一个 X 的要素是质料。我们不难理解，

---

① Kant I. Critique of Pure Reason. Norman K S, trans. London：Palgrave Macmillan, 1929：504.

即使两个 X 在外部性状上几乎难以分辨，恰如马克·吐温小说《王子与贫儿》中的王子爱德华与贫儿汤姆，他们也是两个不同的个体，因为他们并不具有同一个起源，是两个独立的生命过程。不过，我们知道，生物体时刻与外部环境之间进行物质、能量交换，每隔一定时间构成它的质料都会完全更新。比如，较之二十年前的我们，当下的我们是由完全不一样的细胞或血肉等质料构成的。因此，生物体的质料是不确定的，即使可以确定实际的全部生命过程中一个生物体 X 由以形成的所有质料，也不能就此将这个 X "数的同一性"归于那堆质料：谁也不能武断地认定这个 X 不可能以有所差异的另一堆质料构成。可见，原则上不能将一堆质料视为生物体"数的同一性"标准。

虽如此，作为一个生命开始的标志，最初的质料似乎具有这一神奇功效。我们都知道，本质是与生俱来的，但与生俱来的未必都是本质。例如，有些人是先天色盲，但这并不意味着色盲是其本质，或者说他的色盲是不可治愈的；我们完全可以期待，随着基因治疗技术的进步，这个人的视觉能够恢复到和正常人一样。不过，如果我们将"先天性"理解为生命之初就具有的特征，几乎就没有人会怀疑先天色盲是他的必然属性：在任何一种可能的情形下，只要这个人存在，他就会是先天性的色盲。讨论生物体的必然、本质属性，必须在生命存在前提之下，本质是一个生命的本质，某一生命出现之前根本无所谓其本质问题。这样，对于一个生物体而言，它由以形成的最初要素便是本质性，是不容更改的。据此，如果有人提出这样的问题："为什么一个人生命的最初时刻不能具有另一套遗传密码呢？"我就会这样答复他：这根本是一个无意义的问题，在他的生命出现之前谈论其本质、必然属性只能是无中生有，生命存在是讨论生物体本质的形而上学起点，由于生命是被给予的，事实上以什么样的方式被给予，就必定以那样的方式被给予。假如这个问题是有意义的，也许只有"上帝"才能够回答。同样的道理，作为生物体来源的整个源头，包含着生命之初遗传因子的最初质料也隶属于本质范畴，以之确定它们"数的同一性"应不致引起较大争议。

不过，仍然有一条值得考虑的迂回反驳路线。设某甲有先天视觉基因缺陷，经过先进的基因技术治疗后，他的这一缺陷得到纠正。就康复后的甲而言，似乎可以合理地想象视觉正常的他是常态地、无须治疗地由另一源头生长发育而来的，即有一个可能世界 W，视觉正常的甲在那里常态地起源于另一个源头。这另一个源头与甲的实际起源仅在控制视觉的基因段上有一些差异，其余部分则完全相同。所以,这一反驳意见声称,甲完全可以有另一套遗传密码、另一个起源。这条反驳意见颇具有代表性,它规避了直面生命之初的起源模态问题,转而诉诸生物体偶有属性的可更易性,进而通过一般皆可接受的有机体生长发育机制,将这种变换追溯到最初源头,从而实现批驳起源必然性论题之主旨。这一转换貌似有力,但它所描述的可能世界 W 中的那个人就是甲却是未经证成的,即便他与现实中视觉正常的甲一模一样,因此在这里该反驳不能按照自身的意图推进下去。W 中的那个人极有可能仅是大卫·刘易斯意义上甲的一个仿本(counterpart),因为构成生物体的质料不断地处于变换更易之中,每经过一个周期,旧的质料将通过新陈代谢被全部更换,理论上说两个人完全可能具有相同的质料。有的哲学家甚至推测,经过生态圈的循环,现在的某个人完全有可能与两千年前某一位古代希腊政治家由完全相同的质料构成,但他不必为那个古希腊政治家所犯过错受到惩罚并感到懊悔:他们根本就是两个不同的人。①要想弥补这一论证缺憾,看来只能求助于约定论,即规定 W 中的那个人就是甲。但问题是按照这条约定论进路,人们所做的不仅有这项规定,还规定了 W 中的甲有另一个不同于现实的源头。于是,整个论证就存在明显的窃题谬误。因此,无论如何,这条迂回反驳路线也难以获得预期效果。

与其说最初质料确定的是生物体 X"数的同一性",还不如说确定了一个唯一的生命。在生命之初,虽然质料中包含着一套遗传密码,但这套密码仅代表的是一种潜在性,特定的物种形式 X 尚未在这个生命中得到实现,所以还不能说最初起源决定了某个 X。做个不太恰当的模拟,在被艺术家制作成一座塑像之前,不能说一堆石膏确定的是这一座或那一座雕塑,因为它完全有可能被用来加工成豆腐。另一方面,一般情况下生命起源总是某一埃多斯 X 生命的起源,比如人类受精卵、橡树种子,而生命的塑形方向较普通质料更为稳定,所以在不太严格的引申意义上,也认可最初质料确定这一个或那一个 X 的说法。不过,无论最初质料将新陈代谢为什么样的物种形式 X,它标志着一个独一无二的生命则是毋庸置疑的。大千世界,千奇百态,生命则更加绚丽多姿,其中隐藏的奥秘远未被人类揭示,生命的机制及本质尚未弄清楚,但每一生命都来自特定质料或物质,生命是物质性的,这应该是没有异议的。正是在这个意义上,我们说最初质料确定了一个生命。

---

① Conee E, Sider T. Riddles of Existence: A Guided Tour of Metaphysics. New York: Oxford University Press, 2007: 10.

生命有不同的形式，这些形式就是生命的内在结构，由遗传因子所决定。但生物个体通常具有各自独特的最初遗传因子，后者只能够决定某一特殊形态的物种形式，它的改变通常不会引起生命形式的变化。以克里普克为例，他起源于某个人类受精卵 Z，其中包含的遗传因子不仅决定了他具有人的结构特征，也决定了他的肤色、性别等其他属性，但我们知道，通常这些特征并不出现在"人"这一观念中，人们最多有人是有性别、肤色方面差异的模糊认识，但具体的肤色、性别特征不会出现在观念"人"中。也许有人会提出另一种意见，认为性别虽然不是隶属物种形式"人"的结构性本质要素，但它却是决定次级物种形式"男人"的主要因素之一，因此相应基因片段也决定了一个物种形式。对于这个意见，我的看法是物种本身就是本质性的，一个生物体如果隶属某一物种，就必然属于那一物种，除非该个体消亡。通过现代外科手术，医生已经不难改变人们的性别。假如男人可以形成一个次级物种，某男甲经过变性手术后就不再存在，手术将创造一个完全不同的女人乙。但事实是，较之于甲，乙的记忆、智力和能力等基本特征没有发生任何变化，她也不会否认手术前后的两个人都是自己。另外，社会对乙的认同及相应评价并未因此发生根本改变，当代女性主义者甚至提出性别是一种心理特征，非实质性的。可见，很难将性别理解为确定了人的亚种形式，不能轻易地将决定这些特征的基因片段纳入决定物种形式的因素之列。因此，即便顾及生命最初质料中包含的遗传因子，生命起源也不能确定一个第一实体。

真正决定一个物种形式 X 的是无数 X 个体所共有的普遍基因，这个工作应交给生物学家去完成。这样，根据亚里士多德实体学说，生物个体"数的同一性"由其最初质料决定，"质的同一性"则取决于相关遗传因子确定的物种内部结构，将二者结合起来就得到它的同一性标准。亚里士多德主义版的生物个体本质学说是否仅是起源说的一个变体？一个可能的回答是：生命起源总是某一物种形式 X 生命的起源，它将来长成的个体也一定是一个 X，于是亚里士多德版生物个体本质学说无非补充了起源说默认的信息，二者实际上是一回事。的确，最初质料包含着相关基因片段，后者是一个物种形式 X 的潜在性，正常情况下将支配该生命体发育为某个 X。但是，潜在性未必就一定能成功地得以实现，这是由于多种因素会造成相关基因片段改变或被抑制。证据之一就是自然环境处于不断变化中，自然选择造成控制物种形式的基因片段也在悄悄地发生改变，否则怎么会不断有新物种的产生和旧物种的消失呢？就算进化论是错误的，自然界可见的新物种的出现也提供了另一项佐证。比如，狮子与老虎杂交孕育出狮虎兽，后者相对于亲体是全新物种，控制其物种形式的基因片段与亲体有较大的差异。因此，理论上说，当转基因技术发展到一定程度时，科学家就可以通过改变最初质料中相关基因片段，从而创造出全新的物种，甚至让某些已经灭绝的物种重生。这绝非无稽之谈，已成为一种现实的可能性，它引发的伦理争议甚至成为当代社会生活的热门话题，比如人类是否有资格扮演上帝的角色去创造新物种。所以，谁也不能保证在一些反常情况下潜在地具有物种形式 X 的某个生命会成长为另一物种形式 Y 的个体。这样，只有以现实生物体所隶属的物种形式去限定那一生命，才能得到其个体化原则，亚里士多德主义版生物个体本质学说并不简单地等同于起源说。

另一个反驳意见认为，亚里士多德主义版个体本质学说有着非常荒谬的推论，即同一个生物体可以有多次生命历程。① 为方便讨论，我将这一论证展开如下：

> 既然按照亚里士多德主义，有机体的同一性标准是最初质料和物种形式，那么若两个有机体 X_1 和 X_2 有相同的最初质料 M，并且它们具有同样的物种形式 X，则二者就是同一的；于是，毕竟存在着这样一种可能性，X_1 的最初质料 M 经过漫长的分解、化合、吸收等无数重生态循环程序后，又重新被组合为一个完全相同的最初质料，后者成长为 X_2；这样，根据亚里士多德版个体本质学说及可能世界语义学，就存在一个可能世界 W，其中 X_1 同一于 X_2，尽管它们有着相互独立的生命过程。因此，同一个有机体可以有多次生命历程。

需要指出的是，这里的可能性并非仅仅是逻辑可能，它是一种现实可能，这种可能性完全可以在现实世界得到实现，恰如前文曾述及的当代一个人与古希腊一位政治家具有完全相同质料的那个可能性。仅就这个论证本身来说，破绽并不是那么明显，它的问题是没有考虑到起源必然性的逻辑后承。确实，每一生物体都有最初起源，但对于那个最初起源而言，它也有自己的源头。以 X_1 和 X_2 的最初起源 M 为例，它也有自己的源头，即配子乃至其亲体。实际上，由克里普克提出，经麦克金（Colin McGinn）严格论证，若将起源必然性论题加以

---

① Conee E, Sider T. Riddles of Existence: A Guided Tour of Metaphysics. New York: Oxford University Press, 2007: 8–10.

推广，则任一有机体都必然起源于其实际源头。① 据此，这一最初起源 M 必然来自 X_1 和 X_2 的实际亲体。因而，假设 X_1 的最初质料 M 可以出现在另一时间，尚需设定 X_1 的实际亲体也在相应的另一时间段出现。更具体地说，如果 X 进行有性繁殖的话，X_1 的父亲也将在另一时间段出现。这就是说，假设 M 可以多次出现，必须要满足或者其亲体例如父亲有多次生命历程，或者其父亲的生命一直贯穿于 M 的多次出现。前一种情形的循环论证意味十分明显，因为它要论证的是一个生物体可以有多次生命历程，但按照亚里士多德版个体本质学说，却不得不先假定存在着有多次生命历程的生物体，例如亲体。至于后一种情形，则需进一步考虑同一性这个概念。

一般情况下，一对父母如果生育两个孩子，无论他们是否源于相同的最初质料（这种情况几乎不可能出现），我们都会视他们为两个独立的个体，二者之间是兄弟姐妹关系。考察范·因瓦根（Peter Van Inwagen）的相关论述，有助于我们理解这种直觉后面的哲学依据。范·因瓦根提出一个非常类似的情形：家长不小心把女儿搭的积木房子 H_1 碰翻了，为了不惹她伤心，这个家长又在原来的地方用同样的积木搭建了一座一模一样的房子 H_2，但家长不想让女儿知道这个事实，因为他认为二者并非同一座房子。② 仅从质料与形式的视角来看，这两座积木房子确实不可分辨，因而是同一的。但通常人们还会考虑别的一些因素，例如这个积木房子的制造者或来源，因为它们是这所房子的成因。若将这些因素列为同一性指标，则不同人搭建的积木房子自然就不会是同一的。范·因瓦根情形甚至适用于同一制造者：家长不小心把女儿上午搭的积木房子 H_1 碰翻，虽然很难过，女儿下午还是不得不在同一地点以同样的积木又搭建一个一模一样的房子 H_3。新积木房子搭建完成后，这个家长指着 H_3 问女儿："你还为这个积木房子上午被爸爸碰翻而伤心吗？"女儿的回答是："不，我不为这个房子伤心，我是为上午搭的那座房子被碰翻而伤心。"两座积木房子之所以不是同一的，是因为它们形成于不同的过程。就生物体而言，类似的因素也存在，每一生物体都可被视为其亲体的创造物，亲体及其生成最初质料的过程都会影响最初源头是否相同。在这个意义上，范·因瓦根否认基督教的末日审判，全能的

---

① Kripke S. Naming and Necessity, Oxford：Basil Blackwell Ltd, 1990：112－113；McGinn C. On the Necessity of Origin. The Journal of Philosophy, 1976, 73：134.

② Inwagen P V. The Possibility of Resurrection//Philosophy of Religion：An Anthology of Contemporary Views. MA：Jones and Bartlett Publishers, 1996：693.

上帝可以通过按照完全相同的形式重新组合人们生前的质料将他们复活，因为以这种方式复活的人是上帝以非常方式创造的，而那些已故的人们则是其父母亲生育的，他甚至怀疑这些复活物是否与我们人类是同一物种。[①] 回到我们的问题，一对父母先后生育两个孩子，就算发生概率最低的事情出现，即这两个孩子的最初质料本身完全一样，他们也是兄弟或姐妹关系，而不是同一个人，因为他们的最初质料形成于不同时间的两个过程。因此，当 M 是同样的亲体在其同一生命历程的不同时间生产出来时，最终成长起来的 X_1 和 X_2 并不是同一个 X，同一有机体可有多次生命历程的推论还是不成立。因此，亚里士多德主义版个体本质说或者是循环论证，或者混淆了不同的同一性观念。

四、结语

在上述三节中，通过研读亚里士多德实体学说，勾勒出亚里士多德主义个体化原则，并辨明了在这一理论视域下的本质与存在观念。进而以相关遗传因子决定的物种形式结构和最初质料决定的生命为主要因素，构建亚里士多德主义版个体本质说，并针对有关责难，较深入地论证、捍卫了这一理论。本章的工作仅是一次尝试，其中不足之处甚多，尚需做进一步的丰富与完善，只有在不断汲取哲学其他分支养分的基础上，亚里士多德主义者的路径才能充满生机地延伸下去。

参考文献

1. 陈康. 陈康：论希腊哲学. 北京：商务印书馆，1995.
2. 张力锋. 论个体本质的起源说. 自然辩证法通讯，2010，(32) 1：22-27.
3. Aquinas. De Ente et Essentia//Leonine Edition of Aquinas' Works. Sancti Thomae De Aquino Opera Omnia. Rome, 1976.
4. Conee E, Sider T. Riddles of Existence: A Guided Tour of Metaphysics. New York: Oxford University Press, 2007.
5. Kant I. Critique of Pure Reason. Smith N K, trans. London: Palgrave Macmillan, 1929.

---

① Inwagen P V. The Possibility of Resurrection//Philosophy of Religion: An Anthology of Contemporary Views. MA: Jones and Bartlett Publishers, 1996: 693.

6. Kripke S. Naming and Necessity. Oxford: Basil Blackwell, 1990.

7. McGinn C. On the Necessity of Origin. The Journal of Philosophy, 1976 (73): 127-135.

8. Inwagen P V. The Possibility of Resurrection//Stewart M. Philosophy of Religion: An Anthology of Contemporary Views. Sudbury, MA: Jones and Bartlett Publishers, 1996.

第 16 章　自然种类词的逻辑

克里普克、普特南论证本质主义的前提之一是后天必然真理的存在，而后者则要求专名、通名等指示词的严格性。比起专名指称的严格性而言，表达自然种类的通名引发了更广泛的争议。

一、质疑自然种类词的严格性：一种典型的反对意见

有人就以自然种类词（natural kind term）为突破口，发挥蒯因著名的不确定性论题，试图否认表述自然种类本质的后天必然命题存在的可能性，从而在根本上驳斥任何一种针对自然种类的本质主义方案的合理性。

旅美学者李晨阳是这一观点的代表人物，他认为自然种类词在指称上具有不确定性，"在为自然种类命名的过程中……对于被命名者总有一种不可避免的不确定性"，而"自然种类命名的这一特性决定了表达自然种类同一性的真命题绝不能表述必然真理"①。他指出，与对个体的命名不同，给自然种类命名时人们所面对的并不是一个个具体的物种，这样就只能通过该自然种类的一些样本来完成命名。这里就出现了问题：这些样本究竟代表的是哪一个自然种类呢？众所周知，在物种分类上，同一个个体既可以属于某个表示属的自然种类，也可以隶属表示该属下的某个种的自然种类。比如，一个具体的蛇果既可以是自然种类"蛇果"的个体，也可以是自然种类"苹果"的个体，这时，当人们指着一个蛇果，对其所代表的自然种类做实指命名时，究竟是在给什么东西起名呢？为进一步增强其论证的力量，李晨阳仿效蒯因把为自然种类的命名推向"彻底翻译"（radical translation）的情形。他构想了一个可能世界 W，其中没有

---

① Chenyang Li. Natural Kinds: Direct Reference, Realism, and the Impossibility of Necessary a Posteriori Truth//The Review of Metaphysics, 1993, 47 (2): 262.

水果这样的东西，因而也就没有相应的自然种类名称。如果把一些蛇果放到可能世界 W 中，那么 W 里的人就会指着这些东西，将它们命名为"ABC"。但自然种类词"ABC"究竟是指蛇果或苹果，还是指更为宽泛的水果呢？这个问题是可能世界 W 中的人所无法回答的：当递给可能世界 W 中的居民一个麦金塔苹果或梨子，并问他们这是不是 ABC 时，仅根据命名时关于 ABC 的那些想法，他们是确定不了答案的。因为一个麦金塔苹果就造成了这样的困难："一方面，麦金塔苹果与蛇果共享足够多的相似处，以致成为同一类事物；另一方面，它们又与蛇果有足够多的不相似之处，以致成为不同类的事物。"①既然缺乏一个确定 ABC 的标准，W 里的人们唯一能做的就是决定或规定麦金塔苹果是不是 ABC。李晨阳特别提道："这种决定也是决定 ABC 类个体都有什么本性或相互之间具有什么样的同一关系，以及它们是何类事物。"② 他认为，自然种类词在彻底翻译情形下所出现的这种指称不确定性，实际上也是人们在现实生活中面临着的。李晨阳所举的一个例证是，在汉语里"象"最初仅指称亚洲象，后来才将非洲象包括进来。他指出，对是否将新出现的个体纳入旧有的自然种类词的指称之列，人们的决定不是必然的；否则，同样的物种在不同的语言中应该有完全对应的物种名词。以汉语里的"雁"和"鹅"与英语里的"goose"为例，在中国人看来，雁和鹅是两种不同的动物，但英国人却"决定"它们是同一种动物——goose。对于这一普遍存在的自然种类命名、自然种类词指称上的不确定性，李晨阳将其总结为"一般说来，每当我们遇到一个新的对象 O，后者使我们不得不认真地考虑它是否属于一个种类（这个种类我们在过去已经命名过，但并未深入加以注意以决定像 O 这样的对象是或不是该种类的实例），我们就需要**决定**它是否属于这个种类"，而且"只要命名的整个过程尚未完结，自然种类词的最终指称（或范围）就是未定的，因而是不确定的。这个过程绝不可能完结"③。也就是说，在李晨阳看来，人们认识中的自然种类永远是不确定的，甚至究竟什么算作自然种类在很大程度上是语言共同体率性而为的一件事情。

根据自然种类词的指称不确定性，李晨阳进而论证相应的后天必然真理的不可能性。关于自然种类的同一性命题的一般形式是：自然种类 K 是具有 i 特

---

① Chenyang Li. Natural Kinds: Direct Reference, Realism, and the Impossibility of Necessary a Posteriori Truth//The Review of Metaphysics, 1993, 47 (2): 267.
② 同①268.
③ 同①270.

征的自然种类 I。按照李晨阳的论题，自然种类词"K"和"I"都是指称不确定的，两者都没有严格地指称同一物种，因而自然种类 K 和 I 的同一性就不具有必然性。以揭示水本质的同一命题"水是 H_2O"为例，李晨阳认为它并不是一个必然命题，这可以通过普特南著名的孪生地球上的 XYZ 是不是水得以说明。他指出，要判定 XYZ 是不是水，必须要有一个确定水在物质分类体系中的位置的定义标准，而要得到这样一个定义标准，只有先解决 XYZ 是不是水的问题。因此，自然种类词"水"在指称上具有不确定性，XYZ 是不是水的问题应由语言共同体来决定。但根据李晨阳先前的建议，这种决定仅是一种习惯的约定，并不具有必然性，这样一来，XYZ 完全可能成为水。于是克里普克、普特南心目中的后天必然命题"水是 H_2O"就不再是必然的。将这一结论推广开去，关于自然种类同一性的后天必然命题是不存在的，任何表达自然种类本质的命题都不是必然的。

另外，针对一些为克里普克后天必然真理论题做辩护的意见，李晨阳指出，即使按照克里普克思想的内在逻辑，关于自然种类的后天必然真理也是不可能的。比如，有这样的一种辩护意见，它认为假如 XYZ 真的是水，那也只是证明了命题"水是 H_2O"是假的。而克里普克的原意是，如果这个同一命题是真的，那么尽管是后天经验发现的，它还是必然的，因此，这种反例并未构成对后天必然真理论题的反驳。李晨阳指出，在这种情形下对命题"水是 H_2O"的后天必然真理性的讨论就取决于相关命题的真值条件。但是，由于自然种类词的指称不确定性，人们永远无法知道相关的两个自然种类词的最终指称是否相同，这样就不可能得到一个真的相关同一命题。因此按照上述的理解，克里普克的论题就没有任何意义，我们根本无法得到所谓的后天必然命题。类似地，如果从经验的角度承认某些关于自然种类的命题的真理性，根据自然种类词指称的不确定性，这些命题总存在着为假的可能性，因而它们也是不必然的。将这两个方面综合起来，李晨阳就认为，克里普克关于后天必然真理的思想无论如何都内在地推论出后天必然真理的不可能性。

既然关于自然种类的后天必然同一真理是不可能的，因而表述自然种类本质的真理也就是不存在的，任何一种企图提供自然种类本质的方案都将是失败的。

二、不确定性论题探究

蒯因的不确定性论题是 20 世纪下半叶最为知名、影响也最为巨大的哲学学说之一，它是由三个相互关联、互为依托的部分组成的有机整体，即翻译的不确定性（the indeterminacy of translation）、指称的不可测知性（the inscrutability of reference）和科学理论的不充分决定性（the underdetermination of scientific theory）。① 蒯因以丛林语-英语的彻底翻译来阐发翻译不确定性。他设想一个田野语言学家来到一个完全陌生的土著部落，研究这个部落不为世人所知的丛林语。按照蒯因的语言习得理论，人们理解一个语言是从观察句入手的。这个田野语言学家发现，在出现兔子疾驰而过的场景下土著人都会说"Gavagai！"这样一个句子。于是，他尝试着当有兔子飞奔过来时模仿土著人说出"Gavagai！"，于是就会得到土著人的赞同；而在没有兔子出现的场合下说出"Gavagai！"，便会遭到土著人的反对。由此可见，"Gavagai！"是一个主体间可观察的场合句，并且土著人易于就不同语境下说出的"Gavagai！"达成一致意见，而"观察句就是共同体的成员可以通过令大家都满意的直接观察来处理的场合句"②，于是可判定"Gavagai！"是一个典型的观察句。正由于其主体间可观察性，才使得"Gavagai！"成为可理解、可翻译的，从而进一步产生其语言"意义"来。在英语中，但凡有兔子疾驰而过的情形，人们通常会说出"Rabbit！"（"兔子！"）这一单个词的句子（one-word sentence）。既然在相同的场景刺激之下丛林语者和操英语者分别被激发出"Gavagai！"与"Rabbit！"这两个句子，田野语言学家便试图将丛林语句子"Gavagai！"翻译作英语句子"Rabbit！"。田野语言学家的翻译实践体现了蒯因抱有的经验论语言观。在蒯因看来，语言学是一门经验科学，句子具有的意义就是它们的经验内容，所谓语言的"意义"就是刺激意义。感觉经验内容才是句子具有的意义，说出一个句子要表达、传递的并能为他人所理解的东西正是这种刺激意义。

但是"Gavagai！"这样的观察句包含的经验内容，即有兔子飞奔过去的场合，在逻辑上完全可以激发出田野语言学家或任何丛林语初学者的不同翻译或理解。比如，田野语言学家完全有可能受到这类场景的刺激，将这样的经验内容表述为"Rabbit-hair！"（"兔毛！"）、"Running-rabbit image！"（"奔跑的兔子形态！"）等，按照戴维森的意见甚至还可以表述为"Rabbit-fly！"（"兔蝇！"），

---

① 翻译的不确定性、指称的不可测知性是与本文相关的，科学理论的不充分决定性则与本文联系不大，故不予考察。

② Quine W V. Three Indeterminacies//Barrett R B, Gibson R F. Perspectives on Quine, Oxford: Blackwell, 1993: 2.

进而这些句子都可以成为观察句"Gavagai!"的候选译文,翻译的不确定性得以显现。作为"Gavagai!"的翻译,"兔毛!"、"奔跑的兔子形态!"乃至"兔蝇!"与"兔子!"具有同等认识论地位,之所以如此,是因为翻译过程中翻译主体的概念结构、思维习惯、所属语言共同体的社会文化背景和心理特质等都不可避免地要占据先入之见的有利地位,它们被强行赋予对土著人语言的理解之中,导致同一个丛林语语句随着翻译者的不同生成若干互不相同的翻译或解释,并且这些不同版本的译文无所谓正确与错误的分别——蒯因认为在翻译中没有事实问题。由于人们翻译或者学习一个语言是由观察句开始的,或者说观察句是理解的基础,既然观察句的彻底翻译中存在着原则意义上的不确定性,一个语言的翻译或理解在整体上也就因而是不确定的。需要说明的是,这里的语言并不仅指外来语,也包括母语在内。我们可以想见,儿童学习母语的过程实际上类似于彻底翻译,同一个语句可以被几个儿童做各不相同的理解,这些理解甚至可以是逻辑不相容的,但仍可以确保刺激意义的同一。

与翻译不确定性相关,蒯因认为作为句子组分的词项也是指称不可测知的。词项"gavagai"是单个词的观察句"Gavagai!"的唯一组成部分,由"Gavagai!"的翻译不确定,自然可以逻辑地推断词项"gavagai"指称的对象也不确定:在某些翻译模式下,它指称的是兔子这类事物;在另一些模式下,它完全可以指的是兔毛、奔跑的兔子形态或兔蝇这些类对象。蒯因在晚年甚至说指称的不可测知性才是他当初设计彻底翻译思想实验的初衷:"具有讽刺意味的是,在强意义下翻译不确定性并非我创造'Gavagai'这个词要说明的东西。作为一个词项来看,这个语词说明了指称的不可测知性……将'Gavagai!'翻译成'(瞧,一只)兔子!'不足以将作为一个词项的'gavagai'的指称固定下来,那就是这个例子的要点。"[①] 与翻译不确定性一样,指称的不可测知性不仅反映在丛林语等外语词项上,也表现在母语语词上。在学习母语的过程中,婴儿完全可以由同样的场景刺激赋予一个语词以不同的指称对象。

但需要指出的是,蒯因本人也意识到上述不确定性与不可测知性是需要加以限定的,仅仅限于极端的语言学习情形,不可将之推广至具有特定文化背景的语言共同体内部。蒯因用归谬法论证指称不可测知性是相对的,即他后来阐

---

① Quine W V. Three Indeterminacies//Barrett R B, Gibson R F. Perspectives on Quine, Oxford: Blackwell, 1993: 6.

发的"本体论相对性"。假如丛林语词"gavagai"是否与英语单词"rabbit"指意谓相同的东西是不确定的,则丛林语词"gavagai"是否指称兔子也是不确定的;假如丛林语词"gavagai"是否指称兔子是不确定的,则说英语的邻居是否用单词"rabbit"指称兔子也是不确定的。按照这个思路,蒯因推断出他自己是否使用"rabbit"有所指称也不确定的荒谬结论。"我都在主张捍卫行为主义的语言哲学,即杜威哲学——指称的不可测知性不是事实的不可测知性,这件事情根本就没有事实。但是,如果这件事情果真没有事实可言,那么不但邻家可以纳入指称不可测知性的情形,而且本家进而也是如此。我们可以将其运用于自身。假使甚至就其本人而言某人正在指称兔子、公式,而不是兔子时段、哥德尔数——这样的说法讲得通,则就别的人而言这样说也应该同样有道理。正像杜威强调的那样,毕竟没有私人语言。"这样的推论是荒唐的,"我们似乎正使用计谋将自己置于荒谬之境,即任何词项在指称兔子与指称兔子部分或时段之间都没有差异,无论是语言间的还是语言内的,也无论是客观的还是主观的,或者在指称公式与指称它们的哥德尔数之间也没有差别。当然这是荒谬的,因为它意味着兔子与其各部分或时段之间没有差别,也意味着公式与其哥德尔数之间没有差异。指称似乎现在就变成无谓的了,不仅在彻底翻译中如此,在自家也是这样"①。

通过以上归谬论证,蒯因实际上针对的是一种"绝对的"、脱离背景理论的指称观念,指称无谓论断也是就绝对指称意义而言的,他对绝对指称持有虚无论(eliminativism)立场。正是按照日常意义理解的绝对指称观念,才会有兔子、不可分割的兔子部分及兔子时段等在本体论上没有差异的荒唐结论,因而在此意义下便没有指称这回事:任何语词都不指称对象。从这一较宏观的理论视角看来,指称不可测知性就不再是一个孤立的论题,它是绝对指称虚无论的重要一环。作为外延主义者,蒯因当然不能容忍指称的虚无,日常的绝对指称观必然会被他摒弃。为此,他提出指称和本体论的相对性学说,以相对指称观取代绝对指称观。按照相对指称观,如果人们说"gavagai"指称"rabbit",那么这一定是相对于某一翻译手册。具体说来,首先根据一本翻译手册将"gavagai"译为英语普通名词"rabbit",其次再去引号得到"rabbit"指称rabbit,最后"gavagai"的指称得以确定为rabbit。对于母语语词而言,第一个步骤就可

---

① Quine W V. Ontological Relativity and Other Essays. New York: Columbia University Press, 1969: 47-48.

以跳过,可以直接运用去引号确定它们的指称。在这个过程中,指称不再是脱离语言或理论框架的,它总是相对于一个为感觉经验不充分决定的背景世界理论(去引号指称机制)和背景双语翻译手册。相对于特定的背景解释或翻译手册,指称便不再是不确定的。索姆斯(Scott Soames)正确地评论了这个学说,它的"主要特色被认为是:如果做'绝对'的考量,指称就是无谓的,但若理解为相对于某类背景理论或语言,它就不是无谓的"①。蒯因本人也就指称及本体论的相对性论题做出过以下精辟概括:"较过去在那一标题下所做的讲座、所写的论文和书,我现在可以更简明地说本体论的相对性是相对于什么的。它是相对于翻译手册的。说'gavagai'指示 rabbit 就是选择了一本翻译手册,其中'gavagai'被译作'rabbit',而不是选择其他任何一本手册……不确定性或相对性也可以某种方式推广至自家语言(home language)吗?在《本体论的相对性》一文中我说可以,这是因为通过实质上不遵循单纯同一变形(identity transformation)的排列,可以将自家语言翻译成它自身……但是如果我们选择同一变形作为我们的翻译手册,这样就相信了自家语言的表面价值,那么相对性就得以解决。于是指称就在类似于塔斯基真理范式的去引号范式下得到详尽的阐述。这样'rabbit'意味着 rabbit,无论它们是什么,而'Boston'指示 Boston。"② 按照我的理解,无论翻译手册还是去引号指称都反映了指称这个语义学概念是相对于语言共同体的,它是由语言使用者所属共同体的语言习惯等社会文化、心理特征不充分决定的。对于一个稳定的语言共同体来说,它的翻译专家总会依照自身的概念图式编制出公认的外来语翻译手册,概念图式是在长期的社会历史进程中形成的,带有鲜明的文化、心理特征。当然,逻辑地看即令基于同样的概念图式翻译专家也有可能编制出若干本差异不小的翻译手册来,这就是彻底翻译说明的指称不可测知性。但是,一旦选定其中一本作为公认的翻译手册,外来语词在该共同体内部就具有确定的指称。对于母语语词的去引号指称而言,情况更是如此。"rabbit"指称 rabbit,"水"指示水,这里不存在任何不确定性——长期形成的特定历史、文化、心理背景以及这些特定社会背景造成的语言共同体成员的先验概念图式,都使得"rabbit"是指出现在说话人面前善于奔

---

① Soames S. The Indeterminacy of Translation and the Inscrutability of Reference//Canadian Journal of Philosophy, 1999, 29 (3): 347.

② Quine W V. Pursuit of Truth. Cambridge, MA: Harvard University Press, 1992: 51 - 52.

跑、机警且食草的那一类哺乳动物，而不是它的不可分割的部分或时段，它指称它事实上指称的物种。在婴儿的母语学习中，逻辑地看尽管存在着语词指称的不可测知问题，但在父母的教导及语言共同体内环境的影响下，他会纠正这种不确定性，选择共同体采用的通用指称机制（也可视为一本特殊的翻译手册，只不过被翻译项是母语语词，翻译项是实体）将其做具有主体间性的理解，指称也就因而是确定的。

至此，指称的不可测知性得到较全面的辨析。我认为，李晨阳提出的自然种类词不确定性可视为指称不可测知原理的一种具体表现。因此，原则上看，既然不可测知性是日常绝对指称观念的产物，超越于语言共同体，它出现在不同语言共同体之间，不可推广至母语或任一语言共同体内部，自然种类词在任一语言共同体中的使用就不再是不可测知的，它是指称确定的。当然，自然种类词在语言共同体内的使用有其特殊性，是一个相当复杂的问题，尚需做进一步的具体讨论。

三、自然种类词的指称与意义

对于一个相对稳定的语言共同体（当然，使用同一语言的这个共同体也就形成一个文化共同体），他们有统一的翻译手册，其中像"水""大雁"这样的自然种类词都有语境确定的指称。作为群体的交流工具，语言不可避免地具有社会性，通过群体内部个体间的分工合作，语词和语句的意义才得以确定。不同语言共同体会对同样的刺激意义做不同的实体化（reification），这是社会、历史、文化、个人兴趣及心理等多重因素相互作用的结果。比如，在最初命名的时候，中国人是以自然种类词"苹果"表达苹果这个物种，还是更一般的物种——水果，带有一定的随意性，是特定语境之下语言使用者特定意向等心理因素选择的结果。李晨阳正确地看到直接指称理论在这个问题上的窘境，阐述了自然种类命名上的相对任意性。个体的命名形成名称与该个体之间一一对应的直接指称关系，不存在区分逻辑上可能的多种指称关系，于是即使没有关于专名的任何知识，语言共同体内成员都可以通过追溯至最初命名从而确定指称。因此，在克里普克看来无须通过意义的中介，就可以确定专名的指称；描述个体性状的意义既非确定专名所指的充分条件，也非必要条件，它们没有意义。自然种类词则与此不同，它与所指之间不可能存在类似专名-个体间的直观对应关系，样本再多也无法涵盖一个自然种类的全部外延，范例（paradigm）并不等同于自然种类自身，抽象的自然种类不会像个体那样直观地摆在命名者面前。即使这种直观对应可以实现，自然种类词仍然面临着李晨阳教授指出的更为艰难的困境：逻辑地看，一个自然种类词完全可能用以命名若干种类。这样，仅通过诉诸为样本所做的最初命名仪式，尚不足以确定自然种类词的所指。虽然存在这样的盲点，但并不意味直接指称理论是无法挽救的，这一盲点还是可以修补。关键正是在于如何解决样本或范例的代表性（representation）。人们认识自然种类的过程大体是这样的：先得认识数量足够多的相关个体，之后才能做性质、状态的对比、概括与抽象，"分门别类"再形成自然种类的观念。因此，自然种类的命名是以特定性状为基础的，它也是消除自然种类词指称不确定质疑的重要依据。正如蒂莫西·麦卡锡（Timothy McCarthy）曾指出的："……不仅它的范例，而且与自然种类词相联系的某些性质也在确定其指称中起到作用。与其范例一起，这样一个性质集合确定了一个种类，如果存在范例示范的一个性质，后者对于解释范例为何示例集合中的这些性质（或者适当权衡后，示例其中大多数性质）起着恰当作用。"[1] 作为确定指称的中间环节，这样的性状描述当然也就构成自然种类词意义的一部分。那么，究竟什么是自然种类词的意义呢？

如前文所述，按照蒯因的不确定性论题，语句或语词的意义是相对于翻译手册的：只有相对于特定的语言共同体，它们的意义才是确定的，语言的约定性或社会性才得以彰显。那么，语言意义的这种相对确定性是基于什么样的机制形成的呢？蒯因并未给出答案。意义是确定指称的手段，弗雷格早就区分出语言符号的三个方面："如今自然会想到与一个符号（名字、词组和字母）相联系的，除了这个符号所指的东西，后者可称作该符号的**指称**，还有我想要称为该符号**意义**的东西，其中包含着呈现的方式。"[2] 按照标准语义学的界定，语词的指称是个体或个体类（或 n 元个体组的集合），语句的指称是真值（真、假），因此语词意义就是借以确定相应个体或个体类的东西，语句意义就是决定句子或真或假的条件。作为一类特殊的语词，自然种类词的指称是相应的自然

---

[1] McCarthy T. Radical Interpretation and Indeterminacy. New York：Oxford University Press, 2002：128.

[2] Frege G. On Sense and Reference//Geach P, Black M. Translations from the Philosophical Writings of Gottlob Frege. Oxford：Basil Blackwell, 1960：57.

种类，意义当然也就是确定这些自然种类的方式。按照传统的描述理论，确定语词指称的手段就是一个或一组性状的描述，满足这一个或一组性状的个体或个体类就是该语词的所指。将意义做如是狭义的理解，实际上就等于视自然种类词为谓词或不确定摹状词。若采用这样的意义理论，理解语词的唯一途径就是使语词意义具有主体间的客观性，只有这样语词才能合法地拥有交流工具的功能。为此，弗雷格甚至将意义实体化，以割断它与具有鲜明主体色彩的人的心理活动之联系。但是，这样的分割是简单化或理想化的。要想理解语词或把握其意义，语言使用者不可能不通过心理活动来完成；当把握一个描述性意义时，语言使用者一定处于某一心灵状态（mental state）或心理状态（psychological state）。当代语言哲学认为，即令带有主观特征，像心灵状态这样的东西也可以具有主体间性。将意义当作心灵状态不会有弗雷格担心的后果，即意义不再是公共的。"……在不同的人（即使处于不同时代）能够处于**相同心理状态**这个意义上，心理状态的确是'公共的'。"[①] 那么，有关一个或一组性状的心灵状态是否能唯一地决定一个自然种类呢？比如，人们通常有关于水的如下范型（stereotype）：无色、无味、透明、供人畜饮用并充满江河湖泊中的一种液体。但一个人处于描述以上性状的心灵状态时，他用"水"这个词是否指称那唯一确定的自然物质水呢？普特南提出著名的"孪生地球"模态论证，反驳自然种类词的描述理论。孪生地球上有一种外部性状与水十分相近的液体，孪生地球人用"水"去称谓它，因此使用"水"这一自然种类词的时候，孪生地球人和我们处于相同的心灵状态。但事实上孪生地球人所谓的"水"与地球水具有不同的内部结构，它的分子化学式为 XYZ，并非 H_2O。它是有别于地球水的另一自然物质。可见，描述性状的心灵状态并不能唯一地确定一个自然种类。

意义的确是确定指称的方式，但不能由此简单地将它等同于一个或一组狭义的摹状词。能够参与确定语词指称的因素很多，比如有关所指的知识、语言使用者相互间的依赖关系、范例的选取等等，因此作为语言共同体的成员都能理解的东西，应该将意义看作一种社会性的建制。就自然种类词而言，命名是形成指称关系的第一个环节，它肯定是与自然种类词的意义相关的。当一个语言共同体的某些成员为一个自然种类命名的时候，他们总是带有一定的意向，

[①] Putnam H. The Meaning of "Meaning" //Putnam H. Mind, Language and Reality: Philosophical Papers: Vol. 2. Cambridge: Cambridge University Press, 1975: 222.

即这个自然种类具有一些显著的标志，以区别于其他事物。被命名的样本正是具有这些显著标志才被挑选出来，所谓"物以类聚，人以群分"也正因为它（他）们具有相同的属性或性情，没有相同的性状便无以形成种类。这些显著标志或范型一般是粗糙的、前科学的，也许不能为分辨自然种类成员提供终极、唯一的评判，但它们确实是自然种类词意义的重要部分。如果不掌握一个自然种类最起码的范型，顺畅的交流就无法展开。比如，作为一个语言共同体的合格成员，他最起码要知道水是一种流体或液体，否则，若没有任何相关范型知识，他就无法与他人就关涉水的话题进行交流。甲就是这样一位甚至不知道水是液体的说话者，当他对乙说"鸟不是水，尽管它们也有腿"时，乙一定会指出甲所犯的范畴错误："水"不是生物体，而是一种液体。此外，日常语言中充斥着大量包含自然种类词的词组，如"咖啡色""留兰香""薄荷味"等，这也充分说明自然种类有一些语言共同体所公认的范型，自然种类词因而具有一些得到共同体认同的范型意义。但我们知道，若干样本可以具有无数共同的性状，为什么偏偏是其中某些被选定为典型特征呢？我认为，这是一个由具体语境决定的问题。当汉语言共同体的一些成员挑选一些苹果样本作为范例，将之命名为"苹果"的时候，"苹果"的范型意义究竟是什么，是由他们的兴趣或意向决定的。如果他们是出于食用目的，且已经先有"水果"的观念，那么这些样本的色泽、水分、口感等特征将顺理成为范型。假如同样出于食用目的，但他们觉得尚无必要区分不同水果，此时这些样本便不具有更广泛的代表性，或者说它们作为范例带有片面性。虽如此，人们仍然可以将"植物果实""含水分较丰富""可解除饥饿"等作为范型从诸共性中剥离出来，这时"苹果"实际上指的是水果这一自然种类。命名当下的具体语境决定着自然种类词的范型意义，后者在自然种类词的传播中不断得到丰富与修正，但核心部分不会有大的改变。

由于特殊语境下命名者的具体意向业已存在，那些粗糙的、不精确的范型就在命名活动中发挥着重要辅助功能，它们将样本代表的自然种类大致确定下来。在李晨阳的反例情形下，一个语言共同体的成员是用"ABC"命名蛇果，还是苹果或水果，可以得到较妥当的处理。若在当下命名语境下，那些成员挑选蛇果样本作为范例是因为它们具有现在通常赋予苹果的那些范型，那么尽管由于条件限制（例如，命名地区除了蛇果并不出产其他类型的苹果）这样的样本不具有普遍的代表性，语词"ABC"仍然指的是自然种类的苹果。随着这一命名关系（当然，连同其中的范型意义）被该语言共同体逐渐认同和接受，当看见一只梨子或麦金塔苹果时，人们就不会去"决定"或"规定"它是否是 ABC，而是根据由附加范型信息确定的这种直接指称关系，判定前者不是，后者是，尽管二者与蛇果样本具有同等程度的相似性及差异性。另外一种情形是，命名地区盛产各种类型的苹果，为突出或彰显蛇果之为蛇果的独特口味或其他显著特性，命名者有意选取那些具有上述典型性状的蛇果样本作为范例。或者说，当地只有蛇果这一类型的苹果，人们感兴趣的是那些样本之为蛇果这一特殊自然种类，而不是它们作为苹果这一属。这种情形下，"ABC"指的就是自然种类的蛇果，而不是其所隶属的苹果，梨子和麦金塔苹果因而就顺理成章地都不是 ABC。

需要注意的是，范型是由语言共同体的意向、兴趣等生成的，它们因语言共同体而异，这就造成一个语言共同体所称的自然种类往往在另一个语言共同体中没有对应者，即尚未被命名。李晨阳提供了这方面的几个绝佳案例，如汉语自然种类词"雁"和"鹅"在英语中没有专门的自然种类词可以翻译，英语自然种类词"mouse"和"rat"之间的区别也无法通过汉语自然种类词显示出来。但这些案例说明的并非自然种类词指称的不确定性或人为任意性，相反，它们从反面体现了正是命名当下某些范型的缺失或在场才造成自然种类认识上的差异。正因为英语言共同体成员选取范例之时未考虑家养还是野生方面的差异，才造成该共同体只有作为属的自然种类——goose，而无雁、鹅之分；由于他们考虑到这方面范型上的类似差异，同时又未考虑这两类范例之间的共同特性，才造成英语有两个并列的自然种类词——"mouse"和"rat"，但没有相应于"老鼠"的自然种类词。

虽然范型意义是自然种类词语义的重要组成部分，但它并不是全部。仅凭借范型，尚不足以精确地辨别出自然种类成员。比如，我们通常认为柠檬是黄色的、酸味的、有着椭圆形状的一种水果。一般情况下依据这样的范型可以将柠檬与其他水果分辨开来，但面对一些特殊的柠檬个体，这个"标准"也往往会出现错判：一只未成熟的青柠檬就会被错误地判定为不是柠檬。因此，"说某物是柠檬就是说它属于一个其正常成员有着某些性质的自然种类，而不是说它自身必然具有那些性质"[1]。另一方面，如前文提及过的，由于范型一般是事物外部的现象性特征，在一些特殊情况下其他物品可具有柠檬的范型，因此会在

---

[1] 普特南. 语义学是可能的吗？//马蒂尼奇. 语言哲学. 牟博，等译. 北京：商务印书馆，1998：593.

相反的方向被误判：具有柠檬大部分范型的一种人造食品被认同为柠檬。出现基于范型的"错误"判定，就要有人来纠正；通过诉诸"纠错者"的判断，语言共同体内一般成员便可社会性地最终确定自然种类词的所指。这些纠错者的职能属于自然种类词指称机制的另一个重要组成部分，按照普特南的假设，"每个语言共同体都表现出上面所说的那种语言劳动分工，也就是说，至少拥有一些词汇，与之相关的'标准'只有少数掌握它的人知道，而其他人对它的使用则依赖于他们与上述少数人的有条理的分工合作"[1]。眼下的问题是，语言共同体内掌握这些"标准"的专家是否为独断论者？换言之，被分配给专家的自然种类词的这部分社会意义是不是随意决定的？我认为，相关领域的专家为自然种类提供的科学标准是解释性的，这些标准可以在理论上较充分地解释事物何以具有那些范型，它们是事物不可或缺的本质特征，因而不是专家个人喜好的产物。以柠檬为例，植物学家或园艺家能够从植物生态、体内组成等方面，令人信服地解释那些柠檬样本为什么具有以上范型，从而为柠檬提供一个既合乎理性又精确、易于操作的识别标准。同时，具有解释性的这一标准又是柠檬必须要具备的，缺乏这些特征的柠檬实例是无法想象的。根据专家提供的柠檬识别标准，未成熟的青柠檬及其他非常态的柠檬个体之所以也被当作自然种类柠檬的一员，是因为它们实际上符合那一标准，当正常的生长条件得到满足的时候，比如一定的成长阶段、适当的气温要求等，它们都可以具备柠檬的范型或大部分范型；而人造柠檬之所以被排除在该自然种类之外，是因为它不具有该标准规定的一些本质特征，例如它根本不是由细胞组成的，不具备最基本的生命特征等。

语言共同体内的专家为自然种类词确定的外延标准是本质性的，它与范型不同。范型代表的是事物表面特征，完全可以为不同类个体共有。专家使用的标准则是自然种类形而上学本质的表征，它是语言共同体所持自然种类信念的认识论基础。因此，即便一事物具有某自然种类的绝大部分甚至全部范型特征，假如它不隶属于该自然种类的话，它一定会在专家式标准那一层面的属性上有所差异。我们日常生活里经常说某人**本质上**是个好人，作为本质的品性，好、坏一定会在一些大是大非的根本事件上有所反映，否则谈论本质就是空洞的。专家为自然种类确定的辨别标准就属于类似的根本性特征。以孪生地球上的液

---

[1] Putnam H. The Meaning of "Meaning"//Putnam H. Mind, Language and Reality: Philosophical Papers: Vol. 2. Cambridge: Cambridge University Press, 1975: 228.

体 XYZ 为例，尽管它在外部特征上与水的范型几乎完全一样，但在作为解释范型的化学反应基础上不可能一样。比如，在电解作用下水会发生分解反应，生成两个体积的氢气与一个体积的氧气，这就是某些语境下相关专家给自然种类词"水"提供的外延标准；根据现代化学理论，XYZ 不可能产生这样的化学变化，因此它和地球上的水不是同一种液体。如果仅因为 XYZ 与地球水具有差不多相同的范型，而不顾及专家提供的具有解释性的外延标准，语言共同体仍然坚持称孪生地球上的这一液体为"水"，那么在这种情形下"水"就仅仅是一个名义上的自然种类词，它所指称的是一个松散的物质类型，而不是一个统一的自然种类，其范例之间也并不共享一个具有解释范型作用的形而上学的隐藏结构，它们只有名义本质（nominal essence），没有真实本质（real essence）。即使在这样的情况下，人们也通常会有意识地区分开这两种液体，称它们为**两种**不同的水。于是，后天命题"水是 H_2O"是否必然的问题就需要分两种情况来讨论。第一种情况下"水"特指地球水，该命题实际上就是"地球水是 H_2O"，它的必然性显而易见；第二种情况下"水"泛指那个名义上的自然种类，既然缺乏统摄范型、起解释作用的真实本质，诸如"水是 H_2O"那样表达其本质的语句就既不可能，也无任何意义和必要。

总之，自然种类词是有意义的，它的意义就是广义上理解的确定自然种类词严格性指称的方式，被分配至语言共同体内的不同人群，其中包括命名（涉及命名语境、命名者意向等若干要素）、一般成员理解的范型意义、只有相关专家掌握的能够解释范型的识别标准意义等诸多方面。通过这套复杂的指称机制，就能够较稳妥地应对李晨阳向直接指称理论提出的挑战。

第 17 章　分析性与信念之谜

本章专门讨论克里普克的信念之谜（Puzzle about Belief）是否可以在分析语句中产生的问题。假如结果是否定的，那么，这个结果就可能表明分析性概念，或分析与综合的区分是一个在哲学上有意义的区分。我们最终的结论是：通常我们认为是分析的那些语句，确实不能产生信念之谜，或至少看不到以克里普克所举例子中的那种方式产生信念之谜的希望。相反，对于我们通常认为是综合的那些语句，则完全可能产生克里普克的哲学之谜。因此，在进行必要的论证之后，我们可以断定，在是否存在产生信念之谜可能性这方面的区别，是对分析与综合区分存在的一个支持。为描述简便，我们把哲学家们已经非常熟悉的存在分析与综合之区分这个断定叫作"断定 A"，把以下大家还不熟悉的断定叫作"断定 B"，这个断定是：以是否可以产生信念之谜为标准，恰好划分出两个独立的语句类，一类是我们通常所认为的分析的语句，另一类是我们通常所认为的综合的语句。同时，为避免论证中不合法的循环，在使用"分析语句"这个词组时，我们一般是指人们通常认为的分析语句，而并不事先假定分析语句的存在，也不假定"分析语句"这个词指称被某些哲学家赋予了特殊哲学涵义的语句。

在本章的论证中，两个概念具有基础的意义。在对信念之谜产生条件的分析中，我发现实际上有两个对翻译起约束作用的原则。一个原则是在实际的翻译中，被实施翻译的那些人所坚持的原则；另一个原则是在翻译的实际过程之外，从客观角度评价翻译的人所支持的原则。不同于在克里普克典型例子中所使用的综合语句，对分析语句，一个掌握了相关语言材料意义的人（在此，"掌握"的标准并不需要比克里普克在描述其典型例子中所实际使用的标准更高），如果他诚实地且有理性地使用语言，将会在两个原则的意义上都做正确的翻译。其结果是，在分析语句的使用中，并不会有信念之谜的产生（B 真）。从这个结果，我们可以有如下进一步的推理：如果 B 是真的，且"¬A 蕴涵¬B"也是真的（这一点正文中有相应的论证），则根据规则（modus tollens）A 也是真。这个最终结果的哲学意义依赖于信念之谜是否真的是一个哲学之谜，如果是，那么，在关于信念之谜的一个结果上所得出的 A，也非常可能有哲学意义。于是，在上述假定之下，这个结果可以理解为在蒯因的进攻下，辩护分析与综合区分的一种尝试。

一、关于翻译的两个原则及对信念之谜的解释

在《信念之谜》这篇文章中，克里普克给出了他的翻译原则：如果一个语言的一个语句在那个语言中表达了一个真理，那么，它到任何语言的任何翻译也在翻译语言中表达一个真理。① 使用这个翻译原则和去引号原则②，在把信念赋予一个有能力的诚实的说话者（先后说两种不同语言）的过程中，克里普克表明了信念之谜产生的可能性。实际上，克里普克的翻译原则有两种用法，或者，有两种不同的理解。两种不同的理解有实质的不同，因此，完全可以将其看作两个不同的翻译原则。第一个原则可以叫作"主观翻译原则"：如果一个有能力的说话者认为一个语言 L 的一个语句 S 表达 L 中的一个真理，那么，接受为 S 在任何其他语言 L′中的翻译的任何语句 S′，也必须是他认为在 L′中为真的的语句。第二个原则可以相应地叫作"客观翻译原则"：如果一个语言 L′中的一个语句 S′是另一个语言 L 中的一个语句 S 在 L′中的翻译，那么，如果 S 在 L 表达了一个真理，S′在 L′中也表达一个真理。从克里普克的文本中可以看出，他在第二种涵义上（即客观涵义上）使用翻译原则。通常，翻译者在日常的翻译中实际上只使用了主观的翻译原则（尽管在多数时候，他们也许认为自己使用了客观原则，或同时使用了两个原则）。作为实践的参加者，他们通常只把被翻译语言中他们认为真的语句翻译成翻译语言中被他们认为真的语句。他们所接受的主观原则阻止他们把被翻译语言中的真语句翻译成目标语言中的假语句。

当然，正常情况下，日常说话者也接受那个客观的原则，并在评价翻译的结果，或反思翻译本身时使用这个原则。存在着一种可能，当客观的观察者知道正确的翻译是什么的时候，实践的翻译者并不具有同样的知识。信念之谜的

---

① Kripke S. A Puzzle about Belief//Margalit A. Meaning and Use. Dordrecht：Reidel Publishing Company，1979：250.

② 同①248-249.

可能性很大程度上依赖于这个认识上的不对称的可能性。因此，两个原则应用的条件和方式是不同的。根据客观原则，如果两个语言的两个语句真值不同，那么，一个语句就不可能是另一个语句的翻译。此时，如果即使翻译者认为两者均为真，并借此进行翻译，那么，就会产生一个事实上错误的翻译。在某种意义上，第二个原则是元翻译的原则，它不用来指导或限制翻译，而用于评价翻译的结果。

为后面讨论的方便，除克里普克原来的"皮埃尔与伦敦"的例子外，再引入一个关于自然类语词的例子。① 设想张三是一个理性的信念持有者，并且是正常的汉语的说话者，但他此时只会说汉语。他原来一直听说一种生长在欧洲的花叫作"郁金香"。我们知道（但张三不知道）郁金香在英语中叫作"tulip"。在他听来的信息的基础上，他诚实地认同汉语的句子"郁金香是美丽的"字面上所断定的。根据去引号原则和克里普克所定义的翻译原则，张三相信郁金香是美丽的。后来，张三有与克里普克的皮埃尔相似的经历，在伦敦的一个贫民窟他以直接的方式学会了英语。张三在这个地方所见到的被叫作"郁金香"的花都是色彩单调、无精打采的（也许是因为无人照管，也许因为品种不佳），于是他诚实地认同英语句子"Tulip is not beautiful"字面地所断定的。根据去引号原则，他相信郁金香不是美丽的。由此得出，理性的说话者相信两个相互矛盾的命题。于是产生了信念之谜的另一个实例。

在克里普克"皮埃尔与伦敦"的例子中，如果皮埃尔本人只使用主观的原则，他不可能接受从法语词"*Londres*"到英语词"London"的翻译（即使在他成为双语的说话者之后）。与此类似，在我关于张三的例子中，张三也不可能接受从"郁金香"到"tulip"的翻译（即使在他成为两语的说话者之后）。这是因为，尽管他们分别认为法语的句子"*Londres est jolie*"（意为伦敦是美丽的）和汉语的句子"郁金香是美丽的"在他们的母语中是真的，但皮埃尔并不认为英语句子"London is pretty"是真的，同样地，张三并不认为英语句子"Tulip is beautiful"是真的。由于主观翻译原则会禁止这样的翻译，所以不会有导致矛盾的翻译实际发生。与此相反，如果一个人使用客观的翻译原则，再加上去引号

---

① 克里普克本人认为含有自然类语词的语句也可以类似地产生信念之谜（Kripke S. A Puzzle about Belief//Margalit A. Meaning and Use. Dordrecht：Reidel Publishing Company, 1979：264-265），并且普特南给出了一个例子（Putnam H. Comments//Margalit A. Meaning and Use. Dordrecht：Reidel Publishing Company, 1979：285-286）。

原则，他将不得不说皮埃尔和张三两个人事实上同时相信相互矛盾的命题。客观原则的判定与这里是否有实际的翻译过程无关，只要在另一个语言中有一个语句与被翻译语言的相应语句同义，就存在一个翻译。

信念之谜本质上是两个判断之间的不一致的结果。以直觉上正确的标准，我们可以判定皮埃尔和张三两人都是理性的。当他们中的任何一个说一种语言时，在反思后应该不会诚实地断定两个相互矛盾的命题。但是，使用某些直觉上正确的原则，我们确实可以从他们实际说出的语句推出一个矛盾，并因此似乎不得不说他们是非理性的。从两个翻译原则的角度来说，分别使用两个原则将得出不一致的判断。主观原则并不允许从"*Londres est jolie*"到"London is pretty"或从"郁金香是美丽的"到"tulip is beautiful"的翻译。这本身并不能阻止两对语句的"客观的"翻译，但客观翻译却导致理性说话者相信语句 S 和它的否定¬S 这样一个结果。因为，后一种翻译的可能性和正确性并不依赖于说话者的意向或他们对语义知识的掌握（以及他们是理性的这种关于个人的认知性质），而只依赖于客观的真值或语句的语义内容。在"客观的"视角下，结论只取决于**事实上**如何。由此能想到一个问题，有没有一种语句，对它们来说，此种令人困惑的结果并不会发生。这是下面将要回答的问题。

二、分析语句与信念之谜

假如存在分析语句，蒯因的例子"单身汉是未婚的"应该是这样语句的典型。反对分析性的人会说，即使这样的语句也不是分析的。现在我们不准备立即回答分析语句是否存在的问题，而要转换视角去讨论另一个看起来非常不同的问题，即由分析语句是否可以产生信念之谜的问题。直觉上说，我们比较倾向给出否定的回答。观察产生信念之谜的那些作为例子的语句，有一个典型的现象值得注意，那就是在这个哲学之谜的产生中，说话者完全是正常的、理性的，特别是他们并没有犯语言的错误。当皮埃尔生活在法国，他是个正常的法语说话者。他去英国并学会了英语之后，他同样是一个正常的英语说话者。他像他的邻居一样，以正常的方式使用"London"这个词。

克里普克风格的信念之谜满足三个条件。第一，在考虑单个语言，也就是没有实质的翻译的情况下，说话者并没有犯任何语言或逻辑的错误。第二，说话者事实上说了某个语言中的一个语句，并且事实上也说了那个语句在另一语言中的客观翻译的否定。第三，一个使用克里普克的翻译原则（我们意义上的客观的翻译原则）和去引号原则的人，将判定说话者相信一对相互矛盾的命题。可是，对于类似于"单身汉是未婚的"这样的语句，第一个和第二个条件是不可能同时被满足的。因此，当要求前二项条件同时被满足时，则第三个条件不可能被满足。如果皮埃尔正确地使用英语，在反思后他不可能说"单身汉是结了婚的"。除了在引语等特殊情况下，如果他真的说了"单身汉是结了婚的"，他就不可能是在正确地使用英语。与此不同，当皮埃尔说"伦敦并不美丽"时，他在说正确的英语，尽管他此时仍相信法语句子"*Londres est jolie*"所表达的命题。在仔细地考察自己对语言的使用之后，皮埃尔不认为自己有任何语言上的错误，他的邻居也会有同样的结论。相反，如果他像克里普克假设的那样是一个合格的英语说话者，当他说了"单身汉是结了婚的"，并仔细检查自己的语言使用，他将发现自己在使用语言上犯的某种错误，他的邻居也将得出同样结论。

一些描述论者也许说，皮埃尔的例子里并没有什么真正的哲学之谜产生，真正的问题只是皮埃尔没有掌握足够的语言知识，比如没有充分掌握语句中那些专名的弗雷格意义或描述。克里普克反驳说，掌握这些描述需要知道类似"（伦敦）是英国首都"这样的描述意义，这会产生类似的问题，比如"英国"这个词的描述也成为必要的知识。似乎不掌握它们仍可能产生信念之谜。[①] 克里普克看到，这将走到那个老问题，有没有不包含专名或自然类词的纯描述或性质。[②]

能否达到纯描述的最终层次是一个未解决的问题，无论如何他不是我们要在这里讨论的主题。但这个问题有可能使人们产生一种希望，是否存在一类在描述上足够简单明确的语词，由它们所组成的语句有一种特殊的性质，决定了此类语句不可能产生信念之谜。如果这个想法确实有道理，那么产生与不产生信念之谜的划界处可能不在分析与非分析的语句之间，而在某些特殊词汇所组成的语句与没有这些词汇的语句之间。

如下三类词各有其明显的特点，基本上涵盖了所有在语言哲学中所关心的名字。第一类就是日常的专名，比如"伦敦"。第二类即所谓"自然类语词"，比如"郁金香"。第三类是人工物的名字，或者社会与文化存在者的类名字，比如"铅笔"，或"单身汉"。最后一类似乎更有可能满足我们的希望。一个分别

---

① Kripke S. A Puzzle about Belief//Margalit A. Meaning and Use. Dordrecht: Reidel Publishing Company, 1979: 260-261.

② 同①262.

在英语中掌握了"bachelor"和在汉语中掌握了"单身汉"之意义的人（当然，也假设他相当程度上掌握了英语和汉语），不大可能在英语中诚实地认可语句"Bachelor is unmarried"所断定的内容的同时又在汉语中诚实地认可语句"单身汉是结了婚的"所断定的内容。换句话说，如果他真的这样做了，他必定犯了语言或逻辑的错误。当这个过程中有实际的翻译发生，则他必定违反了主观的翻译原则。这个事实使得人们有可能倾向于给出一般的结论。其实，克里普克在这里也显示出某种乐观的情绪。在《信念之谜》中，他说过，像"幸福""医生"等等这些词，说话者在反思之后就能判定它们是否与另一个语言中的相应的词同义，因此，对这些语词，产生信念之谜的路将被封死。① 初看起来，这个结论有可能是对的，但仔细观察，也许情况并不如此。

我们注意到，在前面关于单身汉的例子中，我们实际上使用了由这个词组成的分析句，因此，一个掌握了相应语言的人，会拒绝"单身汉是结了婚的"这样的语句为真。相反，在皮埃尔和伦敦那类例子中，我们使用的语句都不是分析的，于是使用客观的翻译原则和去引号原则，就会构造出信念之谜。可是，一旦对于"伦敦"这样的词，我们把注意力也转向一般被认为是分析的语句，则情况就完全不同了。比如，让我们来看"伦敦是一个城市"，或"郁金香是一种植物"。显然，如果你确实有资格声称掌握了汉语中"伦敦"一词的意义，你起码会知道伦敦是一个城市，而不是一块门板。你不可能语义上正确地说"伦敦不是一个城市"。事实上，在反思后，你也不可能认为你字面上正确地说了"伦敦不是一个城市"这句话。布莱克本（Simon Blackburn）以类似的口吻表达了同样的意思，如果你没有意识到布莱克本是一个人，而不是一个委员会，那么，你就不可能是在谈布莱克本。② 皮埃尔去了伦敦以后，如果真能被称为学会了"伦敦"这个词，他就不可能诚实地认可"London is not a city"所断定的内容。但是，同样是学会了这个词的他，仍能诚实地认可"London is not pretty"，且未犯任何语言上的错误。主观的翻译原则使得皮埃尔拒绝从"*Londres est jolie*"到"London is pretty"，但没有什么阻止他诚实地认可他认为"London is not pretty"所表达的内容。对于语句"London is not a city"，情况就完全不同了。只以

---

① Kripke S. A Puzzle about Belief//Margalit A. Meaning and Use. Dordrecht: Dordrecht Reidel Publishing Company, 1979: 264.

② Blackburn S. Spreading the Word: Groundings in the Philosophy of Language. Oxford: Clarendon Press, 1984: 338.

掌握"伦敦"一词的意义和用法，皮埃尔就有足够的理由阻止他自己诚实地说"London is not a city"，因为在事实上他并不同意这个语句所表达的内容，去引号原则在此就没有了用武之地。此时，即使是客观的翻译原则也不能迫使关于说话者的解释陷入信念之谜的困境。

阻止信念之谜的关键在于"伦敦不是一个城市"本身是矛盾的（分析句的康德定义之一，就是否定它会导致矛盾），因为是一个城市是"伦敦"一词的意义的核心部分。如果皮埃尔是真正掌握了相应语言的说话者且是理性的，反思之后他应该意识到这个矛盾（这里，我未加论证地假定了正常说话者关于意义的一种认知能力，即说话者对同义性和语言表达基本意义的把握。假定这个原则的一个理由是它在直觉上的合理性，另一个理由是我们的这个假定实质上并不比克里普克在构造他的例子中所做的类似假定更强）。这意味着，可能是这么回事，仅仅因为以上的语句是分析的，并因为分析的都是先天的，此点阻止了皮埃尔诚实地断定"London is not a city"这个语句的否定，从而阻止了信念之谜的产生。

设想有些人仍被克里普克关于"单身汉"之类的词组成的语句不产生信念之谜的结论所吸引，他们也许说，对于所有的分析语句，信念之谜不会产生，且对于所有包含上述第三类词语（"单身汉""医生""幸福"，等等）的句子，无论它们是否是分析的，信念之谜也不会产生。因此，产生信念之谜的可能性独立于分析与综合的区分。对此类说法，这样的句子是明显的反例，如"单身汉喜欢郁金香"，"单身汉喜欢吃苹果"。如果按照克里普克和普特南已经指出的，由含有自然类语词的语句可以构造出信念之谜（限制条件是这些语句并不是分析语句），那么进一步设想，这个人可能这样来应对，他说，如果你考虑"单身汉是幸福的"或"单身汉是自私的"，则情况就会有所不同。但是，这些语句仍然不属于可免除信念之谜的语句的集，它在构造一个信念之谜的实例时，所增加的只是困难的程度。同样，我们在使用这样的语句构造信念之谜时，不必假设说话者犯了任何语言的或逻辑的错误。

此时，这个人可以再走一步，他也许说，"幸福"或"自私"这些词的意义并不像"单身汉"或"医生"那样，是简单和明确的。后一类词是普特南所说的"单标准词"（one-criterion terms）。单标准词的特点是，它能以明确的和精准的方式来规定其应用的充分必要条件。[①] 于是，他可能建议说，尽管不存在普

---

① Putnam H. The Analytic and the Synthetic. Mind, Language and Reality. Philosophical Papers: Vol. 2. Cambridge: Cambridge University Press, 1975: 67.

特南意义上的精准描述来判断"幸福"何时能应用于哪一个单身汉,如果考虑那些只含有单标准词及一些语法上的辅助词或量词的简单的语句,则有希望发现支持克里普克想法的结果。现在,考虑语句"每一个单身汉都是一个医生",这是一个有意义的但非分析的语句。此人力图表明,即使是这样的非分析的语句,由于其中所出现的语词的特殊性,也不会产生信念之谜。我对这个提议之正确性持怀疑态度。主要原因在于,我对所谓"单标准词"的存在性有疑问。普特南强调这类语词在应用条件上的简单和明确,我怀疑就应用的广泛可能性来说,会有一种词只能有明确而简单的应用。尽管在语义上可能有一些词只能简单的且准确的定义或约定,但简单而准确的意义,并不等于有简单而准确的应用,更不用说只有一种可能的应用。对于"单身汉",有很多时候我们并不能确定它是否可应用于某类人,比如它是否能在一些语境下适用于老年丧偶的男人(当然它在另一些语境下也许可以),这显然并不是"单身汉"这个词有语义上的歧义。不但如此,英语中的"bachelor"是否能无区别地翻译成汉语中的"单身汉"或"光棍汉"也是一个问题。能否对这些复杂的情况形成比较确定的规则,本身是一个问题。对于上面的这个论点,即一些由单标准词组成的非分析语句也不能产生信念之谜的论点,我不能宣称我已经有了决定性的理由给予拒绝,而只是持强烈的怀疑态度。因为,要有进一步的论证,要有关于语义学与使用之间关系的详细讨论。①

我们试图得到的初步结论是:存在着两个语句类,一个是可以产生信念之谜的语句类,另一个是不能产生这个哲学之谜的语句类。设想语言 L 中的语句 S 属于第一个类,而 T 是从 L 到另一个语言 L′ 的客观翻译。通过 T,S 被翻译为 L′ 中的语句 T(S)。对第一个语句类,我们已经发现了与信念之谜的讨论有关的下列事实:

(1)无论在 S 中,还是在¬T(S)中,不存在任何语言学方面的错误。

(2)此点是可能的,在掌握了所涉及的语言表达的意义后,一个说话者经反思诚实地认可 L 中的 S 和 L′ 中的¬T(S),而没有对他以前的信念有任何改变。

(3)一个根据正常的标准是理性的说话者,在反思后并不认为在他所认可的 S 和¬T(S)之间,或两个语句所表达的信念之间,有任何矛盾或语言学的

---

① 我在《语言、意义、指称——自主的意义与实在》中比较详细地讨论了这个问题(北京大学出版社,2010)。

错误。分别在 L 和 L′中的理性地掌握了语言的单语的说话者，在反思后将认为他本人是理性的，且在他的话语中，并没有矛盾或语言的错误。① 事实上，他诚实地说了¬T（S），并在同时拒绝了从 S 到 T（S）的翻译。但使用去引号原则和客观翻译原则的双语观察者将从他在 L 和 L′中所认可的论断，推出他相信一对矛盾的命题。（注意，在这里主观的翻译原则并不允许客观翻译原则所允许的翻译）。

（4）分别正确地掌握在 L 和 L′中相应语言表达的意义并不是一个充分条件，使他拒绝说那将导致矛盾的语句。

与第一个语句类相对照，设想语言 L 中的一个语句 S′属于第二个类，而 T 是从 L 到另一个语言 L′的一个客观翻译。通过 T，S′被翻译为 L′中的一个语句 T（S′）。对第二个语句类，我们发现了下列不同的事实：

（1′）必然地，至少在 S′或¬T（S′）的某一个中，存在着语言错误。

（2′）这是不可能的，掌握了相应语言表达的意义，说话者却在反思后诚实地认可 L 中的 S′和 L′中的¬T（S′），而没有改变他以前的任何信念。

（3′）如果一个说话者按照正常标准是理性的，且他分别认可 L 中的 S′和 L′中的¬T（S′），那么，他将在反思后认为他自己有一个矛盾的信念，或犯了一个语言的错误。分别在 L 和 L′中掌握了语言的单语的理性说话者，在反思后将承认他本人说了一个在语言上错误的句子，或有一个矛盾的信念。事实上，他并没有说¬T（S′）。他没有说这个语句要么是因为他对主观翻译原则的使用允许他从 S′到 T（S′）的翻译，并因此而拒绝说¬T（S′）这个语句（前提当然是他同意 S′所表达的），要么是因为他的语义知识使他直接看出¬T（S′）是矛盾的。在这里，主观与客观的翻译原则事实上允许同样的翻译。

（4′）分别正确掌握所涉及的在 L 和 L′中的语言表达的意义，是说话者拒绝说出那些导致矛盾的语句的充分条件。

假定不同的语词的类不是决定两类不同语句的条件，或者，那些看起来最不可能产生信念之谜的语词所构成的非分析语句都不能避免信念之谜的困扰，那么，一个看起来相当自然的分类应该实质性地相关于分析语句与综合语句的区分。因为在使用两类翻译原则时，分析与综合两类语句表现出完全不同的结

---

① 索萨（David Sosa）认为，对克里普克论证具有实质意义的是这个假设，在皮埃尔及其他类似例子中的行为人是理性的 ［见他的 The Import of the Puzzle about Belief. The Philosophical Review，1996，105（3）：373］。

果和特征,恰好分别符合于上述两组事实。当然,这个自然的结果仍需要进一步的论证。

三、信念之谜的可能性和分析与综合区分的存在

如果信念之谜真的在哲学上是重要的,那么,在产生这种哲学困惑的可能性上的区分当然也应该是重要的。进一步,如果这个可能性上的区分又最终依赖于,或至少密切地相关于另一个长期以来在哲学上充满争议的区分,那么,这就可能为后一个区分的存在及其有意义性提供一种可能的支持。这一步恰是本章希望达到的目标。

根据上一节所得出的那个相当自然的结果,我们知道,不可能产生信念之谜的语句类与所谓"分析语句"的类恰好是外延等同的(这正是在本章开头所给出的断定 B 在外延意义上的描述),我们应该记得,断定 A 就是分析与综合之区分合理存在。现在要解决的问题是,要想使 B 比较强地支持 A,必须在两者之间有比较实质的关系。根据分析语句与综合语句的不同性质,在直觉上似乎有理由相信 A →B。然而,即使 A →B 是真的,当假设 B 为真时,也不能决定性地支持 A。因此,有理由考虑更强的论证。

蒯因明确地否定 A,也就是他相信¬A。于是,他自然地倾向接受¬B(根据我们对他整个思想的理解),因为,后者相当于把一种哲学上有意义的区分建立在一种哲学上无解释意义的区分之上。由此看出,蒯因应该接受¬A →¬B。我们与蒯因同样,也接受¬A →¬B,尽管我们走到这一步的起点不同。蒯因从否定 A 开始,我们从支持 B 开始。到此为止,我们有了两个前提,¬A →¬B 和 B [或者¬(¬B)]。最终,我们需要的是结论 A,或¬(¬A)。它的论证形式为:
$((\neg A \rightarrow \neg B) \wedge \neg(\neg B)) \rightarrow \neg(\neg A)$(即 $p \rightarrow q, \neg q \vdash \neg p$)。

这个论证形式是有效的,关键要看两个前提是否是足够有理由的。第二个前提是在上节论证过的,在此我们假定论证是有效的,接下来需要的是考察第一个前提是否有好的根据。在我看来,支持这个蕴涵关系的最主要的理由是拒绝它会产生解释上的困难。一般地说,如果一个人支持¬A,但不接受¬A →¬B,那么,他应该相信可以存在¬A ∧B 这种情况。如果蒯因曾经考虑信念之谜问题,这便是他一开始可能面对的。从另一方面说,如果一个人相信 B,但同样不接受¬A →¬B,他也应该相信可以存在¬A ∧B 这种情况,这是我们一开始可

能面对的。问题是我们是否可接受¬A ∧B 这种情况，认为它在直觉上是合理的。如果我们不能直觉上合理地想象这种情况，那么，接受¬A →¬B 就更为可取，这就是此处论证的思路。

无论如何，想象任何人可以合理地支持¬A 和 B 同时发生这个信念是比较困难的。如果一个人认为 A 是真的，即这里没有分析与综合在哲学上有意义的区分，他就没有恰当的理由去解释，为什么以是否产生信念之谜为划分标准的两个类恰好就是分析与综合两个语句类。外延的同一是偶然同一，可以想象有这种情况，但对信念之谜，说两对概念只是偶然地外延同一，显然并不符合实际的情况。因为，正像我们在上节的分析中所描述的，信念之谜的产生的可能性确实实质地依赖于分析与综合两类语句在语义上的不同性质。况且，更一般地说，为什么一个在哲学上无意义的区分，却可以说明另一个在哲学上有意义的区分（比如信念之谜或不同翻译原则的使用），这本身就有解释上的困难。

对任何支持¬A 或 B，但拒绝 ¬A →¬B 的人，他不得不承担这个解释上的重担：为什么分析与综合作为一种哲学上有意义的区分并不存在，但另一个哲学上有意义的区分却实质地依赖于上一个区分的核心内容，或者他必须说明分析与综合语句的性质对信念之谜产生可能性的影响只是表面的。为完成这个困难的任务，他不得不努力找寻导致 B 的某种隐藏的理由或原因，可是，到目前为止，没有人对这种隐藏的理由或原因是什么有任何最基本的观念。在这方面，接受 B 并接受¬A →¬B 的人就轻松得多，因为，对为什么 B 的自然的解释，甚至最好的解释就是：A 是真的。尽管 A 为真究竟以什么具体的方式影响或决定了 B，细节还是有待补充的，但两者之间有密切关系给了 B 一个直觉上自然合理的解释。

四、两个可能的反驳及我的回应

对前面的论证，有两个目前可想到的可能的反驳。或许有人会说，这里的论证依赖于翻译原则的使用，但正如克里普克所说，即使只使用去引号原则，信念之谜也照样可以构造出来，也就是说，使用翻译原则并不是产生信念之谜的绝对必要的条件。我的回答是，翻译原则对于语言使用及意义的表达来说是根本的，它贯穿于语言的解释与理解等的过程中。尽管，在许多时候，翻译原则在表面上不起作用，也没有通常的翻译发生，但并不等于在此时翻译原则完全是无关的。在克里普克关于皮特和帕多夫斯基的例子中,只有一个语言被涉及,而且对同一个人只有他的名字本身出现,并没有在其他语言中的任何翻译被涉及。在此时,为构造信念之谜,"只有去引号原则明显地被使用"①。但即便如此,我们仍可以把这种情形理解为发生了在同一个语言中的翻译(homophonic translation)。像克里普克本人也同意的那样,只有一个语言相关的这种情况,完全与原来伦敦和皮埃尔例子中的情况并行,同样,两者中的问题也是并行的。② 如果皮特和帕多夫斯基的例子只是原来有翻译原则介入的那类情况的特例,并无本质不同,就没有理由相信会有本质上不同的分析和结论从这个特例中得出。

接下来我们来看第二个可能的反驳。索萨声称:"信念之谜是一个**本质上的弗雷格歧义**。"③ 如果替代克里普克的去引号原则,我们使用具有去除歧义功能的新原则,或者,替代有歧义的名字,我们使用不同的名字代表不同的弗雷格涵义,则信念之谜就不会产生。索萨于是坚信,信念之谜只是密尔主义(Millianism)的结果。④ 类似地,塔什克(William W. Taschek)也倾向于把信念之谜归结为某种特定的、不正确的哲学立场的结果。如果坚持弗雷格的涵义概念,则不会有信念之谜来打扰我们。⑤ 如果此二人的说法是对的,信念之谜就只是表面的困难,不是一个真正的哲学难题,或者需要哲学来处理的重要现象。当然,如果此二人的说法是对的,本章所做的工作就是无意义的,因为我们就是想通过一个有意义的哲学难题和分析与综合区分的内在关联,来说明分析与综合区分可能的合理存在,如果所说的哲学难题本身只是一种错误理论下的幻觉,那么,它与另外的哲学问题的关联的存在性和有意义性将失去基础。这肯定是一个更实质性的反驳。我的回答归结为如下三点。

第一点,提出质疑的人所依据的弗雷格主义,本身是与密尔主义相对立的。尽管我在基本精神上也许赞成弗雷格的语义学,但毕竟两个对立理论的对错仍

---

① Kripke S. A Puzzle about Belief//Margalit A. Meaning and Use. Dordrecht: Reidel Publishing Company, 1979: 266.

② 同①. 而且,克里普克也在同一篇文章中明确说道:"即使我把去引号技术只使用于英语,在某种意义上,我也可以被认为隐含地援引了翻译原则。"

③ Sosa D. The Import of the Puzzle about Belief. The Philosophical Review: Vol. 105. No. 3, 1996: 396.

④ 同③ 401.

⑤ Frege G. Would a Fregean be Puzzled by Pierre? Mind, 1988, 97 (385): 99-104.

是没有定论的。即使他们的论证是对的，其结论也是有条件的，即如果弗雷格理论是对的，信念之谜就不会产生。由此可见，这个反驳由于其所依赖之条件是否成立尚存在争议，至少在目前并不具有决定性的力量。

第二点，克里普克的信念之谜本身，尽管描述了一种看起来令人困惑的情形，但在这个描述中，克里普克并没有使用一些直觉上奇怪的准则。他关于理性的人，关于掌握语言（语言能力），关于诚实性等等概念都没有特别新奇的理解。尽管不能说这些理解是完全正确的，但确实具有直觉上的基础。因此，我们没有什么特别强的理由断言他所描述的情形是肯定不会发生的。相比之下，日常说话者完全掌握弗雷格意义，是即使弗雷格本人也不要求的。因为弗雷格明确知道，对日常语言，这种要求通常并不能实现，比如对"亚里士多德"这个名字，日常说话者会有五花八门的理解。部分的原因可能在于日常语言并不是一种完美的语言①，也许还要加上日常说话者大体也确实不是"完美的"说话者。至少，索萨等等哲学家对日常说话者的要求，并不会比克里普克的假设更接近真实的语言现象。这就是在全文的论证中，我们并没有要求比克里普克的条件（关于理性、关于理解、关于掌握语言，等等）更高的条件的部分原因。

第三点，我们有理由相信，如果一个日常说话者真像反对者们所要求的那样，掌握了有关语言表达的独一无二的弗雷格涵义，且假定他们是理性的，并愿意遵守格赖斯（Paul Grice）的那些会话准则，当然就不会有信念之谜产生。这就如同日常认知者如果都满足笛卡尔对确定知识的准则，就不会产生怀疑论者的诉求一样。也许，我们不需要否认，索萨的去引号原则（the principle D″②）有足够的力量阻止信念之谜的产生。尽管如此，信念之谜的关注之点，或者说他引起的哲学问题并不是什么资源对于防止信念之谜是足够的，而是如果它所描述的情形真的可以发生，或者这个谜是真正的哲学困惑，怎样去解释它。显然，日常说话者并不满足索萨等人所设定的条件，比如知道弗雷格涵义，并因此知道翻译与被翻译者之间的同义性。但即使如此，只是分析语句，两个翻译原则将导向相容的判定，同样的说话者就不会去说那些有可能导致信念之谜的相关的否定语句。因此，我们的分析和结论并不建立在假设理想说话者的基础上，

---

① Frege G. On Sense and Reference//Geach P, Black M. Translations from the Philosophical Writings of Gottlob Frege, 2nd ed. Oxford: Basil Blackwell, 1960: 58 以及该页的注。

② Sosa D. The Import of the Puzzle about Belief. The Philosophical Review, 1996, 105 (3): 395.

而是建立在日常说话者的基础上,也许大多数分析语句存在的拥护者将更看重这样的论证。正像我们不能通过说如果人们接受笛卡尔的知识标准,怀疑论就不是一个真正的哲学难题,来否定怀疑论的哲学意义,我们同样也不能通过说如果人们接受索萨等哲学家的标准信念之谜就不会产生,来否定信念之谜的哲学意义。

虽然索萨对于说话者关于弗雷格涵义的认知要求不是普通说话者,甚至不是那些使用分析语句的普通说话者所满足的,但他的质疑使我们注意到一个重要的问题,有可能分析语句具有的先天性质是阻止信念之谜产生的关键要素。于是,博格西安关于认识论分析性的理论有可能帮助我们进一步发掘 B 为真的理由。但由于本章有限的目标,我们不在这里深入探讨这个问题。①

五、结论

本章的第一个结论是,存在着一些语句,信念之谜不可能由它们产生。并且,如果以产生信念之谜之可能性为划界标准,那么可准确地区分两个不同的语句类,一类是分析语句的类,另一类是综合语句的类。由第一个结论和一个直觉上合理的前提(即如果没有分析与综合在哲学上有意义的区分,则也不会有以同样区分为基础的产生与不产生信念之谜的语句集的区分),可得出的第二个结论是,在信念之谜真的是一个有意义的哲学之谜的假定下,分析与综合的区分也是一个有意义的哲学区分。自然,我们可以看出,最终的结论导向了一个关键的哲学争论,它给了想要拒斥蒯因之否定结论的人一个可能的支持。

---

① 博格西安关于认识论分析性的论述,可见他的 Analyticity Reconsidered. Noûs, 1996, 30; Analyticity//Hale B, Wright C. A Companion to the Philosophy of Language. Blackwell, 1997。

第 18 章　认知疑难及其解决
——二维认知语义学方案

一、导言

自从克里普克在《命名与必然性》[①] 中提出对描述论的批评以来，名称的描述论和直接指称论之争一直持续至今[②]。克里普克虽然指出了描述论的致命弱点，但其直接指称论本身也面临着难以解决的问题，即关于同一性陈述的弗雷格之谜和克里普克本人提出的关于信念归属句的"信念之谜"。[③]

一般认为，弗雷格之谜和信念之谜是两种不同类型的问题[④]。但是，本章通过分析指出，弗雷格之谜与信念之谜具有相同的结构特征，其背后隐藏着一个共同的"认知疑难"。既然弗雷格之谜和信念之谜背后隐藏着相同的问题，那就有理由要求一个能对其做出统一解释的名称理论。

看似描述论对弗雷格之谜提供了很好的解释，但是正如克里普克在"信念之谜"中指出的，描述论的涵义指称转换会导致间接语境中语义的无穷倒退。更重要的是，认知只与涵义相关的处理方式会导致 de re 认知不可表达。因为弗雷格之谜背后隐藏着同样的认知疑难，所以，其描述论的解决方案也存在同样的问题。此外，描述论本身所坚持的描述性涵义还会带来更多的问题。如果能抛弃描述性涵义，增加对 de re 认知的表达，并设法阻止间接语境的语义无穷倒

[①] Kripke S. Naming and Necessity//Davidson D, Harman G. Semantics of Natural Language. Dordrecht, Boston: Reidel, 1972.

[②] 这被 Lowe 形象地称为"三十年战争"。

[③] 我这里不加区别地使用"语句"、"句子"和"陈述"。但需要注意：本章提到的"语句"都是直陈句。

[④] Salmon N. Frege's Puzzle. Cambridge, Mass: MIT Press, 1986；贾益民. 从弗雷格之谜及信念之谜看心灵内容与语义内容的关系. 世界哲学，2006 (6).

退，那么，还是可能对认知疑难给出合适的解决方案的，只是这样的方案不再属于描述论的范围。

再考虑直接指称论方案，就克里普克本人而言，他认为信念之谜是不可解的，同样他也不能解决弗雷格之谜。克里普克之后直接指称论的主要代表是萨蒙（Salmon）和索姆斯。索姆斯将弗雷格之谜和信念之谜当作两类不同的问题，他对前者提供了一种语用解释，对后者提供了一种借助于三元认知关系的素朴理论。而索姆斯对认知疑难给出了统一的语用解释。在索姆斯那里，信念归属句所表达的仍然是二元认知关系。而索姆斯认为名称的涵义就是其指称，因此，真值承担者和信念对象是同一的，从而不仅阻止了语义的无穷倒退，而且也解决了 de re 认知的表达问题，因为在直接指称论中，同一陈述在简单句中与做认知从句时表达同样的语义内容。问题在于，直接指称论的语用方案将大量的认知内容抛给了语用学，而我们在缺乏足够的语义或者使用了错误的语义时还能表达大量的认知内容，那不同的信念归属句之间还有什么实质的区别？

直接指称论的语用方案给我们的启示是：将被抛给语用学的认知内容重新纳入语义学，从而在语义学范围内对认知疑难做出统一的解释。近年来语言哲学中讨论颇多的二维语义学正是这方面的尝试，其中又数查默斯（Chalmers）的认知的二维语义学最为成功。① 简单说来，查默斯的方案是：将涵义分为两个维度，在第一维度上坚持描述论，在第二维度上坚持直接指称论。认知算子与第一维涵义相关，形而上学算子和简单陈述与第二维涵义相关。虽然查默斯的方案能够对认知疑难提供统一的解释，但是由于其在认知维度上坚持描述论，所以仍不能避免描述性涵义的问题。② 而且，因为其认知算子只与第一维涵义相关，所以对第二维涵义的认知将不可表达。③

------

① Chalmers D. The Foundations of Two-Dimensional Semantics//Two-Dimensiond Semantics. New York: Oxford University Press, 2006.

② 索姆斯用了一整本书来反驳二维语义学中的描述论，见 Soames S. Reference and Description: The Case against Two-Dimensionalism. Princeton: Princeton University Press, 2005。

③ 索姆斯从他的直接指称论出发，认为认知算子后只能取第二维涵义。然而，从二维语义学本身来说，应该是两个维度都可以取，而查默斯的错误则在于认为认知算子后只能取第一维涵义。更多关于二维语义学的讨论可参见：Chalmers D. The Foundations of Two-Dimensional Semantics. //Garcia-Carpintero M and Macia J. Two-Dimensional Semantics, New York: Oxford University Press, 2006; Soames S. Reference and Description: The Case against Two-Dimensionalism. Princeton: Princeton University Press, 2005; 黄益民. 二维语义学及其认知内涵概念. 哲学动态, 2007 (3); 徐召清. 论嵌套论证和两种必然性. 学园, 2008 (2)。

要避免认知的二维语义学的困难，需要在认知维度上抛弃描述论，并增加对第二维涵义的认知表达，从而建立一种非描述的二维语义学。但这样的方案仍然会存在一个问题，即任何认知归属句都将是有歧义的，因为不能确定其表达的是对第一维涵义的认知还是对第二维涵义的认知。解决问题的关键不在于将陈述的涵义分为两个维度，而在于对形而上学算子和认知算子做不同维度的定义，从而建立二维认知语义学。① 二维认知语义学不仅符合我们使用名称时的语言直观，而且可以对认知疑难做出统一的解释，同时还可以避免描述论、直接指称论和认知的二维语义学所面临的困难。

本章第二节介绍认知疑难，即通过分析弗雷格之谜和信念之谜的共同特征，揭示出其背后隐含的共同问题。第三、四节分别讨论描述论和直接指称论在解决认知疑难时的困境。第五节给出二维认知语义学，并在其框架下对认知疑难做出统一的解释。第六节是结论和需要进一步研究的问题。

二、认知疑难

一般认为，弗雷格之谜和信念之谜是两种不同类型的疑难：弗雷格之谜与同一性陈述有关，而信念之谜则是由信念归属句构成的。但我将通过分析表明，弗雷格之谜和信念之谜具有同样的结构特征，其背后隐藏着同样的认知疑难。

1. 同一性陈述与弗雷格之谜

一般认为，同一性陈述表达事物的同一关系。那么，我们可以按照维特根斯坦的方式追问：是表达两个事物的同一呢，还是表达一个事物的自我同一？如果是前者，则同一性陈述必定为假；如果是后者，同一性陈述必定为真，但却是平凡的重言式。

但是，弗雷格在其名著《涵义和指称》② 中却提到，用两个不同的专名，可以构成不平凡的同一性陈述。比如，由专名"启明星"和"长庚星"构成的句子

---

① 根据现实主义的观点，可能世界只是现实世界的反事实情形。根据我的看法，反事实情形只是认知概念，因而基于其上的所谓"形而上学必然性"，实质上也只是加限制的认知必然性。所以，不同的算子只是认知的不同维度。也许更合适的名称是认知的二维语义学，但是为了与查默斯的理论相区别，权且称之为"二维认知语义学"。

② Frege G. On Sense and Reference//Geach P and Black M. Philosophical Writings of Gottlob Frege. Blackwell, 1952.

(1a) 和 (1b)。如果 (1b) 为真，则其与 (1a) 一样表达某个事物的自我同一。

  1a：启明星是启明星。

  1b：启明星是长庚星。

因为 (1a) 和 (1b) 都表达事物的自我同一，则两者应该具有同样的认知价值。既然 (1a) 平凡为真，(1b) 也该平凡为真。但我们直觉上认为 (1b) 包含偶然为真的经验内容，如"启明星"和"长庚星"指称相同。因此，(1b) 确实又具有与 (1a) 不同的认知价值。这个疑难被萨蒙称为"弗雷格之谜"①。

  弗雷格对此的解决方案是，区分语言表达式的涵义和指称。他认为，专名的指称是其所指的对象，专名的涵义是其指称对象的方式。句子的指称是其真值，句子的涵义是其表达的思想。就 (1) 中的"启明星"和"长庚星"而言，弗雷格认为，它们虽然具有相同的指称，但却具有不同的涵义。因此，根据语义的组合原则②，(1a) 和 (1b) 虽然真值相同，但是却具有不同的涵义，表达不同的思想。于是，仍然可以合理地说，(1a) 是先天必然的，而 (1b) 是后天偶然的。

  但是，这样的解决方案却不能说明为什么 (1b) 是同一性陈述。既然 (1a) 表达事物的自我同一，而 (1b) 表达的思想又与之不同，则要么 (1b) 不表达事物的自我同一，要么 (1b) 在表达事物的自我同一之外，还表达了更多的思想。如果是前者，则 (1b) 将不再是同一性陈述。如果是后者，则 (1b) 将有双重的涵义，其中之一是表达事物的自我同一。而一般认为这里所表达的事物的同一，是指称的同一。因为，如果是表达涵义的同一，则 (1b) 为假，而 (1a) 仍然为真，因为同一名称的涵义显然是同一的。而要表达指称的同一，则名称的指称也要对其表达的思想做贡献。只使用名称的涵义的"同一性陈述"，名不符实。

---

  ① Salmon N. Frege's Puzzle. Cambridge, Mass：MIT Press, 1986.

  ② 弗雷格并没有明确陈述，但是，后来的学者都将语义的组合原则归于弗雷格名下。一种版本的表述是"the meaning of a complex expression is fully determined by its structure and the meanings of its constituents"，"Compositionality"，Stanford Encyclopedia of Philosophy, https：//plato. stanford. edu/entries/compositionality。与涵义和指称相对应版本则是："the sense (referent) of a complex expression is fully determined by its structure and the senses (referents) of its constituents."即，复杂语言表达式的涵义（指称）完全由其结构和组成部分的涵义（指称）所决定。

克里普克的解决方案是，认为（1b）是后天必然命题，就其表达事物的自我同一而言，与（1a）一样，都是必然的。而与（1a）不同，（1b）又包含经验内容，因而是后天的。（1b）必然为真，可以通过形式逻辑加以证明。令 a 表示"启明星"，b 表示"长庚星"，= 表示"……是……"，则（1a）和（1b）分别表示为 a = a 和 a = b。① 进一步地，"a = b 是必然的"表示为□（a = b）。则要证明（1b）是必然的，只需证明□（a = b）。证明如下：

证明1：

i . a = b；

ii . a = b →（F（a）→F（b））；

iii . a = a；

iv . □（a = a）；

v . a = b →（□（a = a）→□（a = b））；

vi . a = b →□（a = b）；

vii . □（a = b）.

其中：（i）是前提；（ii）是莱布尼茨律的代入特例；（iii）是一阶重言式；（iv）由（iii）和必然化规则而得；（v）由（ii）和谓词代入规则而得；（vi）由（iv）和（v）而得，其间省略的步骤为简单的经典命题逻辑的推理；（vii）由（i）和（vi）经分离规则而得。

对上述证明可以提出几种不同的质疑：

其一，结论的成立依赖于 a = b 成立的假定，而要证明□（a = a）成立时，不需要任何的假定。可能的回应是，□（a = a）的成立同样依赖于一定的假定，即 a 不是空名。然而这是有争议的，因为即使 a 是空名，重言式 a = a 仍然是真的。②

---

① Kripke S. Identity and Necessity//Munitz M K. Identity and Individuation. New York：New York University Press，1971. 此书中有类似的证明以及相关的讨论。克里普克原来的证明与这里很不一样。他直接将名称形式化为变项，而我这里是将名称形式化为常项，因为在一般的形式理论中，变项都是直接指称的，而我这里不假定名称的直接指称论。

顺带提一句，在抽象谓词（Predicate Abstraction）中，也将名称形式化为常项，其是否为直接指称，与模态算子有关：如果是在真性模态的辖域内，则是直接指称的；如果在认知模态的辖域内，则不是直接指称的。Fitting M，Mendelsohn R. First-Order Modal Logic. London：Kluwer Academic Publishers.

② 这的确是有争议的，据说威廉姆森就认为，如果 a 是空名，则 a = a 将不再为真。只是我怀疑，按照他的观点，还能否存在真正的空名。

其二，从（ii）到（v）的代入隐含地用到定义：G(x) $=_{df}$ □(a=x)。但如此定义的 G 是否是一个性质是有争议的。因为，只需将□替换成表示先天性○，我们就可以利用定义 H(x) $=_{df}$ ○(a=x)，而以同样的方式证明○(a=b)，即（1b）是先天的。为什么 G 是一个性质，而 H 不是，这需要更多的解释。因为根据我们的语言直观，有○(a=a)，却没有○(a=b)。于是，需要解释的问题是：为什么对"必然性"可以成立的证明，不能同样应用于"先天性"？

2. 信念之谜

"信念之谜"是克里普克在《信念之谜》[1] 中提出的一个思想实验，其与共指名称（co-designated names）和信念归属句有关[2]：

> 设想有一个法国人皮埃尔，在学习英语之前，他通过道听途说而形成了一个信念"*Londres est jolie*"（意思是"伦敦很漂亮"）。后来他来到伦敦，通过"直接方法"学会了英语。由于他生活在伦敦一个很邋遢的角落，于是他又形成了一个信念"London is not pretty"（意思是"伦敦不漂亮"）。但他却没有放弃自己原来用法语表述的信念。此时的疑问是，皮埃尔是相信伦敦漂亮呢，还是相信伦敦不漂亮？（或者稍做修改：假设皮埃尔学习英语之后，不相信"London is pretty"。那么，皮埃尔是相信伦敦漂亮呢，还是不相信伦敦漂亮？）

这里至少涉及以下两个原则[3]：

> 去引号原则（disquotational principle）[4]："如果正常的汉语说话者，经过反思之后，真诚地赞同'p'，则他相信 p。"其中，引号内外的"p"都可以换成任意的标准汉语句子，且不包含指示词、代名词和歧义性表达。

> 翻译原则（principle of translation）：如果一种语言的句子在该语言中表

---

[1] Kripke S. A Puzzle about Belief//Margalit A. Meaning and Use. Dordrecht, Boston: Reidel, 1979.

[2] 这里的版本是我的转述，克里普克的原文更为精细，也更为烦琐，其原文见 Kripke（1979）第 3 节。

[3] 同[1]。

[4] 原文是英文的，因而讨论的是"英语说话者"和"标准英语句子"；但我们的工作语言是汉语，所以相应地将其改为"汉语说话者"和"标准汉语句子"。将其中的"如果……则……"换成"当且仅当"，可以得到强的去引号原则，更多的讨论见 Kripke S. A Puzzle about Belief//Margalit A. Meaning and Use. Dordrecht, Boston: Reidel, 1979 中的第 2 节。

达一个真理，则其到另一语言的任一翻译也（在那另一语言中）表达同一个真理。

在学习英语之前，皮埃尔相信"*Londres est jolie*"。根据去引号原则可得，皮埃尔相信 *Londres est jolie*。再由翻译原则可得，皮埃尔相信伦敦很漂亮。而在学习英语之后，一方面他保有原来的信念，即相信伦敦很漂亮；另一方面，他又形成了新的信念"London is not pretty"。同样的应用去引号原则和翻译原则可得，皮埃尔相信伦敦不漂亮。从而，皮埃尔有一对相互矛盾的信念。（对修改后的例子而言，则是：在学习英语之后，皮埃尔不相信"London is pretty"。从而根据去引号原则和翻译原则可得，皮埃尔不相信伦敦漂亮。）如何解释这个矛盾？

克里普克构造"信念之谜"的本意是想说明：共指名称的替换原则①（简称替换原则）不是造成信念之谜的关键所在，所以，不能通过攻击替换原则来攻击直接指称论。甚至，克里普克还给出另外的例子来说明，只应用去引号原则就能造成同样的信念之谜。

帕德雷夫斯基（Paderewski）是波兰有名的政治家兼音乐家。彼得在一个场合下得知其具有音乐才能，从而相信"帕德雷夫斯基具有音乐才能"；而在另一个场合下，他得知帕德雷夫斯基是政治家，由于彼得一向认为政治家不会具有音乐才能，于是他把是政治家帕德雷夫斯基当成另一个人，从而不相信"帕德雷夫斯基具有音乐才能"。对彼得的两个信念应用去引号原则，问题出现了：一方面，彼得相信帕德雷夫斯基具有音乐才能；另一方面，彼得不相信帕德雷夫斯基具有音乐才能。

克里普克的例子，至多只能说明替换原则不是造成信念之谜的必要条件，但我们不能否认的是替换原则是造成信念之谜的充分条件。② 进一步地，如塔什克所指出的，去引号原则、翻译原则和替换原则背后隐藏着同样的机制。或者更直接地，去引号原则和翻译原则都隐含着替换原则。因为，如果翻译（或去引号）前后的名称不共指，则翻译（或去引号）将会出错。比如，在彼得的例子里，引号内不共指的两个"Paderewski"，在去引号之后则变成了

---

① 其具体内容是：对包含专名的任意陈述 S，将其中的专名换成共指的另一专名后真值不变。见 Kripke S. A Puzzle about Belief//Margalit A. Meaning and Use. Dordrecht, Boston: Reidel, 1979.

② 叶闯. 信念之谜弗雷格式解决的有效性分析. 西南民族大学学报，2007（11）.

共指名称。克里普克的例子恰恰是说明了,在自然语言中,同一名称(或语音和字形相同的名称)的共指也不是平凡的。在语用层面,个体的再认也是包含经验信息的。正如弗雷格所说,每天的太阳都是同一个太阳,这是重大的天文学发现。①

虽然克里普克的本意是想避开替换原则。但是,克里普克的翻译原则和去引号原则实际上都隐含了替换原则。所以,任何的"信念之谜"都不能避开替换原则。相反,我们只依据替换原则,就足以构造类似的"信念之谜",例如信念归属句:

2a. 约翰相信启明星是启明星。

2b. 约翰不相信启明星是长庚星。

令 B_j 表示"约翰相信",其否定相应地表示为 $\neg B_j$,则(2a)和(2b)分别表示为 $B_j(a=a)$ 和 $\neg B_j(a=b)$。但是,既然 $a=b$,则我们似乎也可以将上节的形式证明中的 □ 换成 B_j,从而利用定义 $H'(x) =_{df} B_j(a=x)$ 来证明 $B_j(a=b)$。因此,与先天性类似,我们需要解释,为什么对"必然性"可以成立的证明,不能同样应用于"相信"?

3. 认知疑难

事实上,弗雷格之谜与信念之谜的关系,比一般认为的更为紧密。通过上面的分析我们已经发现,弗雷格之谜和信念之谜具有同样的结构特征,即:对认知算子 $E(E=\bigcirc$,或 $B)$,为何有 $E(a=a)$,却没有 $E(a=b)$?其不同之处仅在于,弗雷格之谜中的认知算子是"先天性"②,信念之谜中的认知算子是"相信"。因此,弗雷格之谜和信念之谜背后隐藏着同样的认知疑难。甚至,对于"知道"算子,我们也可以构造类似的认知疑难:

3a. 玛丽知道超人会飞。

3b. 玛丽不知道克拉克·肯特会飞。

于是,我们可以总结出认知疑难的一般结构:任给包含专名 a 的陈述 S(a),

---

① 我想,其意义不亚于发现长庚星是启明星。从而 a=a 也是含有某种经验内容的。但这明显不是我们要讨论的问题,说 a=b 包含经验内容,不同于个体的再认。所以在后面的讨论中,将不再考虑类似 Peter 的例子。

② 根据传统的理解:说一个陈述是先天的,等于说该陈述的内容可以不依赖于经验而被认知。因此,先天性也是认知算子。

将 a 替换为同指称的专名 b，从而得到陈述 S(b)。一方面，根据替换原则可得，S(a) 和 S(b) 真值相同，即 S(a)↔S(b)。进一步地，根据组合原则，ES(a) 的真值（指称）是其部分 S(a) 的指称和其结构 E( ) 的函数，因此 ES(b)↔ES(a)。另一方面，我们直观上又认为，对于任意的认知算子 E(E = ○, B, K, C)①，都可以构造大量的例子，使其满足：ES(a)∧¬ES(b)。

这里应用到两个原则：一个是替换原则，一个是组合原则。按照组合原则，由于 a 和 b 共指，所以用 b 替换 a 而得到具有同样的真值（指称）。所以，通过归谬所得的结论是：要么否定组合原则，要么否定替换原则。弗雷格倾向于否定认知语境中的替换原则，但是他又提供了一种方案以保持替换原则在认知语境下仍然有效，即：认知语境中名称的指称是其通常语境中的涵义。② 但是，这样会导致 *de re* 认知不可表达，认知语境中的陈述 S 与通常语境中的陈述 S 不再是同一的。而克里普克的解释则是：因为主体不知道两个名称共指，所以其对主体而言就不是共指的，因而在相应的认知语境中也就不能相互替换，但这不违反替换原则。③ 但是，这样带来的问题是，名称的指称成了私人性的东西，从而与语言的公共性相矛盾，进一步地，也与"名称是严格指示词"的观点不一致。

由于一般的形式语义学都假定组合原则，所以，替换原则成为导致认知疑难的主要原因。不能将证明 1 中的 □ 算子换成认知算子 E（E = ○, B, K, C），也是由于同样的原因。

为了讨论方便，将证明 1 重述如下：

证明 1：

    i. $a = b$；

    ii. $a = b \rightarrow (F(a) \rightarrow F(b))$；

    iii. $a = a$；

    iv. $\Box(a = a)$；

    v. $a = b \rightarrow (\Box(a = a) \rightarrow \Box(a = b))$；

---

① K 表示"知道"，C 表示"觉知"。

② Frege G. On Sense and Reference//Geach P, Black M. Philosophical Writings of Gottlob Frege. Blackwell, 1952.

③ Kripke S. A Puzzle about Belief//Margalit A. Meaning and Use. Dordrecht, Boston: Reidel, 1979.

vi. $a = b \to \Box(a = b)$；

vii. $\Box(a = b)$.

其中：(i) 是前提；(ii) 是莱布尼茨律的代入特例；(iii) 是一阶重言式；(iv) 由 (iii) 和必然化规则而得；(v) 由 (ii) 和谓词代入规则而得；(vi) 由 (iv) 和 (v) 而得，其间省略的步骤为简单的经典命题逻辑的推理；(vii) 由 (i) 和 (vi) 经分离规则而得。

其中，第 (ii) 步是莱布尼茨律的代入特例，因而是不容置疑的；而从 (ii) 到 (vi) 的代入，需要借助这样的定义：$G(x) =_{df} \Box(a = x)$。因为替换原则在真性语境中有效，所以，$G(x)$ 定义了个体的性质。如果替换原则在认知语境中失效，则相应的 $G'(x)$ ($=_{df} E(a = x)$，$E = \bigcirc$, B, K, C) 不能定义个体的性质。如果坚持替换原则的普遍有效，我们就可以利用性质 $G'(x)$ 而证明 $E(a = b)$。而这与我们直觉相冲突，根据我们的直觉，虽然 $a = b$，但对于认知算子 E，仍然可以有 $E(a = a) \wedge \neg E(a = b)$。就一般情形的而言，认知疑难则在于：我们一方面可以通过形式方法证明 $ES(b) \leftrightarrow ES(a)$，另一方面又能构造大量直观上满足 $ES(a) \wedge \neg ES(b)$ 的例子。

三、描述论的困境

通过前面的分析我们已经得出，弗雷格之谜和信念之谜实际上具有相同的结构特征，二者背后隐藏着同样的认知疑难。那么，要求一个能够对认知疑难做出统一解释的名称理论是合理的。

一般的看法是，认知疑难只是直接指称论的困难，不是描述论的困难。那么，利用描述论是否能够为认知疑难提供统一的解释呢？

就弗雷格方案而言，利用涵义和所指的区分的确可以解释为什么 $a = b$ 具有与 $a = a$ 不同的认知内容。但是，正如本章第二节所指出的，同一性陈述将名不符实。此外，由于弗雷格认为名称在认知语境下的所指是在通常语境下的涵义，则 $a = b$ 在认知语境下表达的就是与在通常语境下完全不同的内容，在通常语境下正确的 $a = b$，在认知语境下将不再正确，因为 a 和 b 具有不同的涵义。这样带来的后果比直接指称论更严重，因为采取直接指称论，至多只是不能解释为什么人会有矛盾的认识，而如果采取涵义指称转换的弗雷格方案，则将导致 *de re* 认知不可表达。以信念之谜为例，可以将问题看得更加清楚。比如，任给陈述 S，在弗雷格观点下，则只能相信 S 的涵义，而不能相信 S 的指称。但是，在处理信念归属句时，我们一般不对"相信 S"与"相信 S 为真"做任何实质性的区分。

此外，描述论本身还有更多的问题，因为其同时坚持：涵义是描述，涵义决定指称和涵义提供认知内容。克里普克在《命名与必然性》中提出了三个著名的论证，以说明描述不能决定指称（模态论证）①，描述与名称提供了不同的认知内容（认知论证），以及描述不与名称同义（语义论证）。②

这里不再详谈，因为我们关注的不是描述论本身，而是利用描述论的框架能否对认知疑难提供统一的解释。因为目前的描述论者都还没有认识到认知疑难对描述论提出的挑战，所以，也没有明确陈述从描述论出发解决认知疑难的方案。

而克里普克在《信念之谜》中反倒提出了一种可能的描述论的解决方案③：虽然 a 和 b 有相同的指称，但是 a 和 b 的涵义不同。而在认知语境中提供语义内容的是通常语境中的涵义。令 a 的涵义为描述 c，b 的涵义为描述 d，因为 $c \neq d$，所以 $E(c=c) \neq E(c=d)$，$E(a=a) \neq E(a=b)$。④ 但这里的问题是，要确定 $E(c=c)$ 和 $E(c=d)$ 的真值，又需要考察 c 和 d 的涵义，如此往复，则会带来无穷倒退，而且这个无穷倒退是不依赖于描述性涵义的。根据弗雷格的原话，要说 a 的涵义，只需使用"'a'的涵义"，这已足够带来无穷倒退的问题⑤。再假定一个描述性的涵义，不仅无益于问题的解决，反而会带来更多的麻烦。⑥

---

① 其中，模态论证是受攻击最多的一个论证，因为其依赖于一个备受争议的前提，即名称是严格指示词。描述论者对此有两种回应：一是通过宽辖域分析，否定名称是严格指示词；另一个是利用 actually 算子，将描述严格化。但这两种方案都不成功，详见 Soames S. Beyond Rigidity: The Unfinished Semantic Agenda of Naming and Necessity. New York: Oxford University Press, 2002。

② 应该引起注意的是，克里普克的认知论证和信念之谜具有同样的结构，如果索姆斯的方案能够解决信念之谜，则描述论者也可以同样利用其来回应认知论证。

③ Kripke S. A Puzzle about Belief//Margalit A. Meaning and Use. Dordrecht, Boston: Reidel, 1979.

④ 克里普克对此的反驳是，由于 c 中也包含名称，所以，如果要完全取消名称，则会带来无穷倒退。但是，没有人会要求描述中不包含名称。

⑤ 克里普克在（Frege's Theory of Sense and Reference: Some Exegetical Notes. Theoria, 2008, 74: 181-218）中实际上提到一种解决间接涵义的方案，但其并不成功。

⑥ 例如，会面对语义论证的批评。

通过上面的分析可以看出，在描述论框架下，我们有三个不能解决的问题：

其一，涵义和所指的区分，的确可以解释为何具有相同指称的陈述会有不同的认知内容，但是仅将认知内容限定为涵义，则会导致不能表达 de re 的认知。

其二，将涵义等同于描述，在间接语境中就需要确定间接涵义，而间接涵义本身会带来无穷倒退问题，使认知归属句变得不可理解。

其三，假定一个描述性涵义无益于问题的解决，反而是将要解决的问题增加了一倍。

然而也应该看到，一种不包含描述性涵义，且能表达 de re 认知，还可以阻止间接涵义的无穷倒退问题的方案是可能的。只是，这样的解决方案将不再属于描述论的范畴。①

四、直接指称论的困境

既然在描述论框架下有无法避免的困难，那我们还得重新考虑在直接指称论框架下，能否对认知疑难做出统一的解释。

就克里普克本人而言，信念之谜的确是一个无法解决的难题。虽然他竭力回避替换原则的失效问题，却并不成功，替换原则始终在认知疑难中扮演不可替代的角色。正如克里普克不能解决信念之谜一样，他也不能解决弗雷格之谜。

那么，在直接指称论的框架下，能否通过某些必要的修正而解决认知疑难呢？接下来我将主要考察萨蒙和索姆斯的方案。

1. 萨蒙的语义语用区分和素朴理论

由于萨蒙将弗雷格之谜和信念之谜当作两个不同的问题，所以他分别给出了两个不同的解决方案。

先看萨蒙对弗雷格之谜的解决方案利用了语义信息和语用信息的区分。语义信息是语句本身的编码信息，而语用信息是使用语言时所传达的信息，两者是不同的。一方面，不使用语言而只使用行为就可以传达语用信息；另一方面，即使使用语言，其传达的语用信息可以与语义信息不一致：使用相同的语言，可以传达多少不同的语用信息甚至完全相反的语用信息。就弗雷格之谜而言，

---

① 而如果在解决 de re 认知的表达和阻止间接涵义的无穷倒退的同时，还能解决语义论证所提出的问题，则给出合理的描述论方案仍然是可能的。只是我目前还不知道任何可行的方案。

萨蒙认为 a=b 和 a=a 的差别仅在于语用层面，其语义信息是相同的，因而都是先天必然的①。

但是，其问题在于：为什么语用内容与认知无关？虽然 a=b 包含语用内容，但其与 a=a 包含语用内容是不可同日而语的。虽然我们能轻易地将 a=a 的语用内容抛开，而将其当作先天的，但是却不能同样地将 a=b 的所谓语用内容完全抛在认知之外。另外，如果用同样的方式来说明信念之谜，问题就会更明显，很难说 B (a=a) 和 B (a=b) 的差别仅在于语用层面。②

接下来看萨蒙解释信念之谜的素朴理论。萨蒙建议将信念句所表达的关系由二元关系改成三元关系，因为它实际涉及三个元素：信念持有者、语句的语义命题及语义命题呈现给信念持有者的方式。萨蒙把这个三元信念关系记为 BEL。有了 BEL 这个新概念，萨蒙接下来解释说："A 相信 P"这个语句可以被分析为（存在 X）[A 通过 X 的方式获知 P 并且信念关系 BEL (A, P, X) 成立]；另外"A 不相信 P"可以被分析为（存在 X'）[A 通过 X' 的方式获知 P 并且信念关系 BEL (A, P, X') 不成立]。

设 a=a 和 a=b 都表达命题 P，则 A 完全可能在以 X 的方式获知 P 时相信 P，而在以另一种 X' 的方式获知 P 时却不相信同一个语义命题 P。我们直觉上认为 B (a=a) 和 B (a=b) 有不同的真值。但萨蒙辩解说，这只是因为我们的直觉受信念持有者获知同一个语义命题的不同方式的影响，而这种获得语义命题的方式是与语义无关的。③

可以看出，其素朴理论也依赖于语义语用的区分。而如果将认知内容都抛给语用能解决问题，则完全没有必要将原来的二元关系改成三元关系。④ 萨蒙方案的共同问题在于，他将认知内容都抛到了语用学中，则我们在语义理论中，

---

① Salmon N. Frege's Puzzle. Cambridge, Mass: MIT Press, 1986: 59-79.

② 根据我的理解，黄益民也表达了类似的思想。只是他没有意识到弗雷格之谜和信念之谜其实是一个问题。他讲述了小孩汤姆学习"暮星"这个词的故事，并给出了三个论证（指称识别的论证、语言学推理的论证和信念之网的论证）来说明大量的语用信息是与认知相关的。[黄益民. 从弗雷格之谜及信念之谜看心灵内容与语义内容的关系. 世界哲学, 2006 (6).] 但是, 如果不将弗雷格之谜看成认知问题, 则所有的反驳都将变成无的放矢。

③ 同①115-116.

④ 另外，索姆斯也提到一种方案，即将信念内容设定为命题加语句本身。这与萨蒙的三元关系方案很类似，但却更有迷惑性。为此，索姆斯用了很长的章节来反驳。详情可参见 Soames S. Beyond Rigidity: The Unfinished Semantic Agenda of Naming and Necessity. New York: Oxford University Press, 2002。

根本无法谈论信念句的真值。这样的方案与其说是解决问题，还不如说是逃避问题。

2. 索姆斯的密尔式意义和伪弗雷格态度

索姆斯的解决方案完全不依赖于三元关系，但是就其对语义和语用的区分而言，的确与萨蒙方案类似，只不过索姆斯的理论更精致，其思想也更为明晰。

索姆斯首先将专名区分为两类，非描述的简单名称（non-descriptive simple names）和部分描述名称（partially description names）。就我们这里讨论到的认知疑难而言，只涉及索姆斯所说的简单名称。索姆斯认为，简单名称的语义内容就是其指称（Millian 意义）。索姆斯认为，句子的语义内容是其表达的（Russellian）命题。例如，由简单专名的 n 构成的句子"n 是 F"，设 n 指称个体 o，则该句子表达的命题就是"o 具有性质 F"。进一步地，如果"n 是 F"表达命题 p，则认知归属句"约翰相信 n 是 F"表达"约翰相信 p"[①]。索姆斯的方案很好地解决了 de re 认知不可表达的问题，因为真值承担者和认知对象是同一的。

然而，认知疑难却仍然存在。就同一性陈述而言，既然 a = b 与 a = a 表达相同的命题，为何 a = a 是先天必然的，而 a = b 是后天必然的？就信念归属句而言，为何 B (a = a) 和 B (a = b) 会有不同的真值？

索姆斯的解释是：要区分句子、句子表达的命题和利用句子传达的信息。虽然 B (a = b) 经常用来传达与 B (a = a) 不同的信息，但是，它们所表达的命题却是相同的。在说"相信 a = b"时，人们的主要意图（primary intention）与说"相信 a = a"不同。但是，其次要的断言（subsidiary assertion）却与"相信 a = a"相同。而且，这个次要断言不是从说话者所传达的其他信息而来，而是来自主导其语言的一般规则。类似地，a = b 由于与 a = a 表达相同的命题，所以是先天必然的。其与 a = a 的差别仅在于，人们可以利用 a = b 来传达与 a = a 不同的信息。这就是弗雷格观察到的 a = b 所包含的不同于 a = a 的信息。[②]

索姆斯认为，弗雷格观察到了人们使用信念句时的主要意图，但是却错误地将其当作语义内容。所以，索姆斯对命题态度的解决，又被称为伪弗雷格（Pseudo-Fregean）态度。但是，我们仍然可以提出疑问：为什么主要表达的东西不能进入语义，反而是次要的进入了语义？虽然信念归属句与众多其他种类

[①] Soames S. Beyond Rigidity: The Unfinished Semantic Agenda of Naming and Necessity. New York: Oxford University Press, 2002: 207－210.

[②] 同[①]233－240.

的语句相比是少数，但是信念归属句却是我们经常使用的语句类型。如果能够寻找到更合适的语义理论，我们就没有必要忍受如此多的特例，而去相信一种奇怪的神话：人们在不理解语义时也能表达信念，或者人们表达信念时通常忽视了正确的语义。

但是，从索姆斯的方案中，我们至少可以得到以下三个教训，其构成了我最终所赞成的二维语义学的基本成分：第一，要想表达 de re 认知，应该使真值承担者与信念对象保持一致，而且这也顺带避免了涵义指称转换的无穷倒退问题。第二，拒绝用描述来表达认知。在索姆斯的方案中，自始至终没有出现丝毫描述性成分。第三，应该把信念句主要传达的信息纳入语义中来。

五、二维认知语义学

通过前面的讨论可以看出，描述论和直接指称论在面临认知疑难时都有难以解决的困难。描述论的一个困难在于描述性涵义带来的问题，另一个困难在于涵义和指称的转换所带来的 de re 认知不可表达，以及间接涵义的无穷倒退问题。直接指称论的困难则在于，其将对认知表达起主要贡献的信息抛到了语用领域。

弗雷格的涵义与指称的区分给了我们一种二维语义学的启示。在弗雷格那里，涵义决定认知内容，而指称决定真值。因此在确定信念句的真值时，就不可避免地涉及涵义和指称的转换。一种新的思路是，只是对不同的认知算子给出不同的真值定义，而让真值承担者与认知内容保持相同。

在具体阐述二维认知语义学之前，我想讨论一个基本概念：可能世界。我对可能世界的看法与克里普克和查默斯等现实主义者相同，认为可能世界只是现实世界的反事实情形。所不同的在于，我认为反事实情形是一个认知概念，哪些是反事实情形取决于我们在做反事实设想时保留哪些事实。一般情况下，要设想现实世界是何情形时，只需要不犯逻辑矛盾，而在反事实设想时，我们还有更多的限制，即要保留某些事实。按克里普克的观点，这些需要保留的事实为，个体与现实世界相同，名称的指称与现实世界一致。如此，反事实情形只是一类特殊的可设想情形。因为可设想是一个认知概念，所以建立在其上的反事实情形，即可能世界也是认知概念。因而，所谓的"形而上学必然性"，其实质也是认知概念。

为了更清楚地展示二维认知语义学的结构，我首先给出自然语言的二维认知语义学，然后形式地给出与之相应的二维认知语言和语义，最后利用二维认知语义给出对认知疑难的解答。

1. 自然语言的二维认知语义学

首先需要说明，我这里只是处理自然语言的一些简单情形。因此，更确切的称呼应该是自然语言片段的二维认知语义学。这个片段由以下成分构成：专名、谓词、必然性、先天性、"约翰相信"、等词、否定、合取、析取、蕴涵、等值。而且，为了将问题进一步简化，我暂不考虑空名问题。

二维认知语义学的基本思想是：在做反事实设想时，将现实世界也纳入考虑范围，作为可能世界的一个参照。一方面是因为可能世界都是相对于现实世界的；而另一方面的好处是，可以在同一个系统中考虑很多虚拟的情形，比如小说、故事、游戏等等。

首先是一些基本术语。

认知空间①：认知空间的概念是借用查默斯的术语。② 持不同哲学观点的人可以将其看作语境、场景或情境。而最直接的方式则是，将认知空间看作假想的现实世界，其与现实世界一样，有各种各样的事物，不同的事物有各不相同的性质，各种事物之间又有这样那样的关系。显然，现实世界也是一个认知空间。

可能世界：可能世界是现实世界的反事实情形，因而在谈论可能世界时，总是相对于一个特定的认知空间，默认的认知空间是现实世界。可能世界与其相应的认知空间，满足个体域相同，名称的指称保持一致。显然，认知空间也是可能世界。

另外，只有谈论相对于某个特定认知空间的可能世界才是合法的。因为如果在一个认知空间中谈论相对于另一个认知空间的可能世界，会带来很多的麻烦。而且，由于目前语言片段的表达力有限，我们不能直接谈论认知空间，所以，也不可能在一个认知空间中谈论另一个认知空间的事情。称认知空间与其相应的可能世界的有序对为恰当对。

然后，我们可以确定语言表达式的指称和涵义。由于语言表达式的真值总是相对于特定的认知空间和可能世界，而名称在可能世界中的指称又与相应的

---

① 按查默斯的观点，认知空间是不能先天排除的情形。但他的这种解释是循环定义，因为他的目的是要用认知空间定义先天性，而认知空间又是通过先天性定义的。

② Chalmers D. The Foundations of Two-Dimensional Semantics//Garcia-Carpintero M, Macia J. Two-Dimensional Semantics. New York：Oxford University Press，2006.

认知空间相同。所以，确定名称的指称，只需考察相应的认知空间。名称在认知空间中的指称是其所指的对象，当认知空间是现实世界时，其所指的对象就是现实对象；而认知空间是虚拟世界时，其所指的对象就是虚拟对象。名称的涵义则是其指称对象的方式，或者更确切地说，名称的涵义是从认知空间到相应个体集的函数。句子的指称是其相对于特定认知空间和可能世界的真值。句子的涵义是从认知空间和可能世界到真值的函数。句子在特定认知空间中表达的思想是该认知空间和可能世界中的对象具有的性质或者关系。例如，考虑下面的句子（1）和现实世界@（其同时是认知空间和可能世界）：

1a：启明星是启明星。
1b：启明星是长庚星。

在@中，由于"启明星"和"长庚星"指称同一个体，所以（1a）和（1b）都表达个体的自我同一。

最后，我们可以给出"必然性"、"先天性"和"约翰相信"的定义，任给陈述 S：

S 是必然的，当且仅当对任意的可能世界 w，S 相对于恰当对（@，w）为真；

S 是先天的，当且仅当对任意的认知空间 s 和任意的可能世界 w，S 相对于恰当对（s，w）为真。

约翰相信 S，当且仅当对约翰的信念空间 s_j①，S 相对于恰当对（s_j，s_j）为真。

显然，先天的陈述都是必然的②。

2. 二维认知语言及其语义

定义 1.（二维认知语言 L_{2D}）二维认知语言 L_{2D} 的字母表为③：

---

① 其实质也是认知空间，只是这里谈论约翰的信念，所以称信念空间。

② 即，不存在先天偶然命题。即使允许对不同认知空间的谈论，则该结论也仍然成立。因为这里定义的先天性概念涵盖甚广。在此定义下，这样的例子也不会是先天的：@中的 P 是 P。比如在考虑虚拟情形时，其中的 P 可以与@中的 P 完全无关。而能够成为先天的例子只能是：@中的 P 在@中是 P。但这是必然的。

③ 为了与自然语言直接对应，L_{2D} 中没有变项，这极大地限制了语言的表达力。由于形式语言不能像自然语言那样直接对谓词做量化，所以在缺少变项的情况下，也没法考虑量词。因而这里给出的语言只是一阶语言的不含量词和变项的片段，加上模态算子和认知算子而得到的扩张。

另外，我这里也没有再考虑"相信"算子，而是希望将"知道"和"相信"等涉及多主体的算子放在另一篇文章集中讨论。

(1) 常项：可数多个常项符号 a, b, c, …；

(2) 谓词：可数多个 n 元谓词符号 P, Q, R, …；

(3) 等词符号：=；

(4) 逻辑连接词：¬, ∧, ∨, →, ↔；

(5) 模态算子：□；

(6) 认知算子：E；

(7) 括号：), (。

其公式形成规则为：

(1) 若 P 是任意的 n 元谓词，t_1, t_2, …, t_n 是 n 个常项，则 $Pt_1 \cdots t_n$ 是公式；

(2) 若 t_1 和 t_2 是常项，则 $t_1=t_2$ 是公式；

(3) 若 φ 和 ψ 公式，则 ¬φ、(φ∧ψ)、(φ∨ψ)、(φ→ψ)、(φ↔ψ)、□φ、Eφ 也是公式；

(4) 只有以上定义的是公式，其中由 (1)、(2) 定义的公式又叫原子公式，原子公式集记为 Δ。

约定：公式最外层的括号可省略，不致引起歧义时，公式内部的括号也可省略，相应逻辑连接词的结合力由强到弱依次为 ¬, ∧, ∨, →, ↔。

然后给出二维认知语言的语义。

定义 2.（结构）结构 $\eta = (D_\eta, \sigma_\eta)$，其中，$D_\eta$ 是非空的个体集，σ_η 是指称函数：

(1) 对任意的常项 t，$\sigma_\eta(t) \in D_\eta$[①]；

(2) 对任意的 n 元谓词 P，$\sigma_\eta(P) \in P(D_\eta^n)$。

定义 3.（二维认知框架）二维认知框架 $\wedge = (S, W)$，其中 S 是任意非空的结构集（认知空间集），W 是 $S \to P(S)$ 的函数，对任意的 $s \in S$，$W(s) = \{w \in S \mid D_w = D_s \wedge \forall t \, (\sigma_w(t) = \sigma_s(t))\}$[②]。显然，任给有 $s \in S$，有 $s \in W(s)$。

---

① 我这里暂不考虑空名问题，所以假定名称都有所指。如果要考虑空名，则其指称函数应该改为部分函数。

② 直观的理解是：可能世界都是相对于现实世界的，可能世界对现实世界的个体集相同，名称的指称与现实世界一致。前者刻画现实主义的观点，后者刻画"名称是严格指示词"。

为了表述简便，将 W（s）简记为 W^s。任给 s，w ∈ S，如 w ∈ W^s，则有序对（s, w）称为恰当对①，所有恰当对的集合记为 Ω。

定义 4.（二维认知模型）二维认知模型 V =（∧, V），其中 ∧=(S, W) 是二维认知框架，赋值函数 V 是 Δ × Ω → {0, 1} 的映射，对任意原子公式 φ 和任意恰当对（s, w），V(φ, (s, w)) 定义如下②：

(1) V($t_1 = t_2$, (s, w))=1，如 $\sigma_w(t_1)=\sigma_w(t_2)$；否则，V($t_1 = t_2$, (s, w))=0；

(2) V($Pt_1 \cdots t_n$, (s, w))=1，如 $\sigma_w(t_1), \cdots, \sigma_w(t_n) \in \sigma_w(P)$；否则，V($Pt_1 \cdots t_n$, (s, w)) =0。

定义 5.（满足关系）任给模型 V =（∧, V）和公式 φ，递归定义满足关系 V,（s, w）⊨ φ 如下③：

(1) V, (s, w) ⊨ φ 当且仅当 V (φ, (s, w)) =1, φ ∈ Δ；

(2) V, (s, w) ⊨ ¬φ 当且仅当并非 V, (s, w) ⊨ φ；

(3) V, (s, w) ⊨ φ∧ψ 当且仅当 V, (s, w) ⊨ φ 且 V, (s, w) ⊨ ψ；

(4) V, (s, w) ⊨ φ∨ψ 当且仅当 V, (s, w) ⊨ φ 或 V, (s, w) ⊨ ψ；

(5) V, (s, w) ⊨ φ→ψ 当且仅当 V, (s, w) ⊨ φ ⇒ V, (s, w) ⊨ ψ；

(6) V, (s, w) ⊨ φ↔ψ 当且仅当 V, (s, w) ⊨ φ ⇔ V, (s, w) ⊨ ψ；

(7) V, (s, w) ⊨ □φ 当且仅当对任意 w' ∈ W^s，V, (s, w') ⊨ φ；

(8) V, (s, w) ⊨ Eφ 当且仅当对任意 s' ∈ S 和任意 w' ∈ W$^{s'}$，V, (s', w') ⊨ φ。

相应地，还可以定义模型（类）有效、框架（类）有效、有效等概念。

---

① 其直观涵义是：可能世界与设定的现实世界相关，只有这样的谈论才是恰当的。

② 要判断简单陈述的真假，只需要考察特定认知空间下相关的可能世界。只有在有认知算子的时候，才考虑不同的认知空间。

③ (7)、(8) 分别定义了必然性和先天性。也应该看到，这里给出的语义其实可以归约为一维的可能世界语义，归约后的先天性相当于模态逻辑中的全局必然，必然性相当于 S5 的局部必然。就此处的简单情形而言，的确可以给出更简洁的语义，从而使其与谓词模态逻辑的传统语义一致。但是，此处的处理更容易推广到复杂的情形：例如，将认知空间中名称的指称函数改成部分函数，则可以处理空名问题；而将对谓词的指称函数改为部分函数则可以考虑带描述的认知空间，从而能与反事实条件句联系起来。

定义 6.（有效性）任给公式 φ 和模型 V，φ 是 V 模型有效的（记作 V⊨φ）当且仅当对 V 上任意的恰当对（s, w），都有 V，(s, w)⊨φ；任给框架 Λ，φ 是 Λ 框架有效的（记作 Λ⊨φ）当且仅当对基于框架 Λ 的任意模型 V，都有 V⊨φ；任给模型类 Σ，φ 是 Σ 模型类有效的（记作 Σ⊨φ）当且仅当对任意模型 V∈Σ，都有 V⊨φ；任给框架类 Π，φ 是 Π 框架类有效的（记作 Π⊨φ）当且仅当对任意框架 Λ∈Π，都有 Λ⊨φ；φ 是有效的（记作 ⊨φ）当且仅当对任意框架类 Π，都有 Π⊨φ。①

显然，我们有下面的定理：

定理：对任意公式 φ，Eφ→□φ 是有效的。

3. 认知疑难的解决

现在回到认知疑难问题。考虑简单陈述（1）和相应的信念归属句（2）：

1a：启明星是启明星。

1b：启明星是长庚星。

2a：约翰相信启明星是启明星。

2b：约翰不相信启明星是长庚星。

由于在现实世界@中，"启明星"和"长庚星"指称同一个体。所以，(1b) 在相对于现实世界的所有可能世界中都为真，因而是必然的。但是，存在认知空间，使得"启明星"和"长庚星"指称不同个体，所以，(1b) 不是先天的。

再考虑约翰的信念。由于其错误地以为"启明星"和"长庚星"不指称同一个体，因此，在约翰的信念空间中，"启明星"和"长庚星"不指称同一个体。在这样的认知空间中，(1b) 的否定是可满足的，因而不会产生任何矛盾。所以，在持有错误信念的前提下，约翰仍然可以无矛盾的持有（2）所表达的信念。

最后，做一点评论：在二维认知语义学中，仍然可以合理地谈论指称和涵义，而且也能说明为何共指名称在认知语境中不能相互替换，因而也就没有了因为复杂句子的真值遵守组合原则，而一般情形下，认知陈述的指称与名称的指称之间并不遵守相应的组合原则②。另外，由于对信念内容和简单陈述保持一

---

① 不难看出，这里定义的模型有效和框架有效是等价的，因为对任意给定的框架，基于其上的模型是唯一的，所以，或许可以省掉框架的定义，而只给出模型的定义。

② 可能世界和认知空间相同的时候，如考虑约翰信念时，指称的组合原则还是成立的。

致，从而也就阻止了无穷倒退的问题。至于 de re 信念的表达，只需要增加条件：主体的信念空间的个体集与现实世界的个体集相交不空，且相应信念归属句中，专名的指称与现实世界一致。由于在讨论信念归属时，我们所关注的问题不是主题是否真的持有什么信念①，而是其所持信念的正确性。所以，这样的限制是必要的。单是考虑 de re 认知，如果某人告知克里普克的皮埃尔："法语中的 Londres 就是英语中的 London"，则皮埃尔自然会修正他原有的信念，在"伦敦漂亮"和"伦敦不漂亮"之间做出取舍。

六、结语

通过前面的分析，我们可以得到下面的结论：

弗雷格之谜和信念之谜具有共同的特征，其背后隐藏着共同的认知疑难。描述论者关于涵义和指称的区分为解决问题提供了良好的思路，但其描述性涵义和涵义指称转换带来了众多难以解决的问题。直接指称论者的方案虽然避免了描述性涵义和涵义指称转换的问题，但却将认知疑难抛到语用领域。通过综合两者的优势而建立起来的二维认知语义学，既可以很好地解决认知疑难，同时又避免了描述论和直接指称论的缺点。

本章只是给出了二维认知语义学的概要，还有很多问题有待进一步研究，如：不同认知算子的相互作用、空名问题、对知道算子的刻画、说话者之间的交流尤其是对信念的转述②等。

参考文献

1. Chalmers D. The Foundations of Two-Dimensional Semantics//Garcia-Carpintero M, Macia J. Two-Dimensional Semantics. New York: Oxford University Press, 2006.

2. Fitting M, Mendelsohn R. First-Order Modal Logic. London: Kluwer Aca-

---

① 因为一般情况下，只有通过将其信念内容转化为有现实参照的 de re 信念，才可以通过经验加以检验。当然，也不排除科技可以发展到能直接检验一个人的信念空间（比如，大脑储存的信息），但这不是我们通常关注的问题。

② 这需要增加语言的表达力，将原来的二维认知语言扩张为二维混合语言。因为需要在一个认知空间下谈论另一个认知空间。

demic Publishers, 1998.

3. Frege G. On Sense and Reference//Geach P, Black M. Philosophical Writings of Gottlob Frege. Oxford: Blackwell, 1952.

4. Kripke S. Identity and Necessity//Munitz M K. Identity and Individuation. New York: New York University Press, 1971.

5. Kripke S. Naming and Necessity//Davidson D, Harman G. Semantics of Natural Language. Dordrecht, Boston: Reidel, 1972.

6. Kripke S. A Puzzle about Belief//Margalit A. Meaning and Use. Dordrecht, Boston: Reidel, 1979.

7. Kripke S. Frege's Theory of Sense and Reference: Some Exegetical Notes. Theoria, 2008, 74.

8. Lowe E. Does the Descriptivist/Anti–Descriptivist Debate Have Any Philosophical Significance? Philosophical Books: Vol. 48. No. 1, 2007.

9. Salmon N. Frege's Puzzle. Cambridge, Mass: MIT Press, 1986.

10. Soames S. Beyond Rigidity: The Unfinished Semantic Agenda of Naming and Necessity. New York: Oxford University Press, 2002.

11. Soames S. Reference and Description: The Case against Two-Dimensionalism. Princeton: Princeton University Press, 2005.

12. Taschek W. Would a Fregean be Puzzled by Pierre? Mind: Vol. 97. No. 385, 1988: 99−104.

13. 黄益民. 从弗雷格之谜及信念之谜看心灵内容与语义内容的关系. 世界哲学, 2006（6）.

14. 黄益民. 二维语义学及其认知内涵概念. 哲学动态, 2007（3）.

15. 徐召清. 论嵌套论证和两种必然性. 学园, 2008（2）.

16. 叶闯. 信念之谜弗雷格式解决的有效性分析. 西南民族大学学报, 2007（11）.

第19章　虚构对象的名字与反描述论论证

　　直接指称论者在论证其理论的过程中，典型地集中讨论实际物理对象的名字。在建立关于这类名字的理论，并反驳描述论的过程中，直接指称论者所使用的模态论证、认识论论证和语义学论证等三个主要论证似乎是有力量的。此一事实也许是直接指称论者在其与指称描述论者的争论中，占有暂时优势的原因之一。可是，在人类语言中，存在着数量极其庞大的虚构对象的名字。直接指称论者在处理这类名字时，会遭遇严重的直觉困境。在直接指称论者解决困难的方案中，有一种是诉诸抽象对象，使得虚构对象名字获得指称。明显地，如果此方案在某些范围内可行，则在此范围内，由于名字无指称而引起的所谓"空名"问题就解决了。本章的目标是质疑这个问题的解决策略，办法是通过质疑前述三个主要论证对于反驳虚构对象名字的描述论之有效性。

　　本章的结论由下述步骤来达到。我们设想一个描述论者效法直接指称论者，也通过引入抽象对象而使空名非空，从而在此基础上建立一种描述论的虚构对象名字的语义学理论。然后我们来考察，直接指称论者是否可以用他们过去用以反对描述论的三个主要论证来反对这种虚构对象名字的描述论。如果像多数直接指称论者实际所假设的那样，即在名字的语义学上，只有描述论与直接指称论两种可能的理论，两者之中有且只有一个是正确的，那么，在这个假设之下，如果指称描述论被证明是对的，或至少是更合理的，则直接指称论就是错的，或比较起来是不那么合理的。换句话说，如果三个论证对于反驳描述论的虚构名字理论无效，则三个论证对于论证直接指称论的虚构对象名字理论也无效。如果这些论证是拒斥描述论的主要理由，则至少对于虚构对象的名字，我们并没有理由放弃描述论。不但不放弃描述论，我们还将进一步论证，至少对于虚构对象的名字，指称的描述理论比起直接指称理论来说，占有明显的理论上的优势，比如，涵义决定指称这个描述理论的核心断定，在这里明显是正确的。

一、可能的虚构对象名字的描述主义理论的基本论点

空名问题简单地说就是指称对象不存在引起的问题。各类名字的指称对象存在与否的问题，以及如果对象不存在语句的真值条件问题，是一直被热烈讨论的问题。传统上，有两种风格的方案受到较多的关注，一种叫作"罗素类型"方案，另一种叫作"弗雷格类型"方案（后面将分别简记为"罗素方案"和"弗雷格方案"。但请注意，罗素和弗雷格本人也许根本不赞成"罗素方案"或"弗雷格方案"的某些内容）。罗素方案的核心在于要求真正的名字有指称（且有指称即蕴涵指称对象以某种方式存在），并且，含有真正名字的简单句表达所谓"单称命题"（singular propositions）。弗雷格方案的核心在于它承认名字可以没有指称而有涵义，相应的语句也可以没有指称（真值）而有涵义。除了核心原则之外，两者通常被认为分别坚持彼此不同的一个论点或背景假设。对于罗素方案，这个假设是，说话者应对指称对象有直接感知，或因果联系；而对于弗雷格方案，说话者应具有联结到指称对象或被设想的指称对象的描述性知识。

对于一般物理对象的专名，直接指称论者在坚守密尔框架（Millian framework）的基础上，持一种形式上接近罗素方案的立场，即断定含有物理对象名字的简单句表达了罗素的单称命题，因此真值为真的单称命题蕴涵名字所指对象存在。假定直接指称论者坚持所有名字的唯一语义内容就是它的指称[1]，由此可推知，含有空名的语句无意义和真值（排除命题态度语句、元语言语句等等）。显然，空名的存在构成了对直接指称论的实质威胁。直接指称论的问题解决方案分为两大类：第一类是将空名解释为非空名，从而相应语句变得既可以有真值，也可以有意义；第二类是认可空名为空的事实，在这个前提下来解决困难。这又分为两种子类型：一种是在语义学上（不是严格的语义学的）承认有所谓的"空缺命题"（gappy propositions。"空缺"是说名字指称的空缺，或进一步的语句真值的空缺）[2]，与此类似但不同的还有在语义上把相应命题解释成所谓"退化的"（degenerate）[3]；

---

[1] 这个观点有时又被称为"指称主义"（referentialism）。

[2] 例见 Braun D. Empty Names, Fictional Names, Mythical Names. Noûs, 2005, 39: 596-631; Salmon N. Nonexistence. Noûs, 1998, 32: 277-319 等。

[3] Everett A. Referentialism and Empty Names//Everett A, Hofweber T. Empty Names, Fiction and the Puzzles of Non-Existence. Stanford, CA: CSLI Publications, 2000: 37-60.

另一种干脆就用语用学等其他资源来解决问题。多数情况下，直接指称论者采取综合使用两种子类型的混合方案。

本章作者一直反对第二类方案，在此只简述其理由。对于语用学解释子类型，笔者认为它有两个根本性的缺陷：第一，语用学解释就其现状来看，只是一些个例分析，没有任何理论的概括（而且也看不出可行的理论概括可能出现的前景）。语用学解释常常在实际上沦为一个缺乏语义学解释力的理论用于自我辩护的方便托词。第二，如果我们承认语言表达上有字面意义与使用中的其他"意义"的区分，则含有空名的否定存在语句显然在字面上是真的，它的字面意义根本就不需要语用学的解释。对于空缺命题子类型，我们先给出含有空名的四个语句，然后再来分析。

　　语句 S1　福尔摩斯是个厨师。
　　语句 S2　福尔摩斯是个侦探。
　　语句 S3　尼克松喜欢福尔摩斯。
　　语句 S4　福尔摩斯不存在。

语句 S1 几乎在任何意义上都是假的，相比之下，S2 在某种意义上可以是真的。S3 有可能在我们的实际世界中是真的。S4 我们大家几乎都承认它是真的。回头看空缺命题，在密尔框架下，它不可能是真的。① 因为，是真蕴涵所指对象存在（假设直接指称论者倾向于罗素方案），由此推出名字不是空名，与命题是空缺命题的假设矛盾。故剩下三种可能，要么它恒假，要么它总是没有真值，要么它在有些情况下假，在有些情况下没有真值。第三种可能看起来解释力最强，但问题也最多。因为：其一，很难找到区分不同情况的一致的概括性标准；其二，最终所谓"不同情况"的描述实际上很可能就只是语用学的，于是回到对语用学解释子类型的结论。如果说这还不是根本的困难，那么根本的困难在于，三种可能作为语义学解释，都不能解释 S4 为什么是真的，也不能解释在实际世界中恰巧为真的 S3 类型的语句的真。于是，似乎只有第一类方案，即那种使空名非空的方案，留下了直接指称论者克服困难的某种希望。这个方案的早

---

　　①　布朗曾提出一种方案，即改变通常的简单语句的真值条件，当对象具有谓词所描述性质时为真，其他情况均为假。那么，简单的空缺命题都是假的，而它的否定是真的。这个方案是否还能算是密尔框架下的方案需要考察，但这不是我们在此处要讨论的。（Braun D. Empty Names. Noûs, 1993, 27: 449–469; Braun D. Empty Names, Fictional Names, Mythical Names. Noûs, 2005, 39: 596–631.）

期版本以克里普克1973年的洛克讲座为代表，就是断定空名指称虚构作品所确定的抽象对象。

可以设想，描述论者应该采取弗雷格方案，因为比较符合于他们的语义学的基本原则。但是，由于大家都直觉地接受含有空名（包括虚构对象的名字）的否定存在语句（比如S4等）为真，所以，一般地认为含有空名的语句无真值肯定是有问题的。为论证目的，不妨设想描述论者也可采取类似的使空名非空的策略，让虚构对象的名字指称抽象对象。现在考虑在这个策略下描述论者需要坚持的基本论点。为此，先考虑传统上关于一般名字的语义学描述主义的基本论点。人们通常认为，一般的描述理论应该有如下几个基本论点：

（1）名字的语义内容分为涵义和指称两个方面。

（2）名字的涵义以下述方式决定名字指称的对象：一个语言外对象恰好具有一个名字的涵义所表达的性质，则那个对象即这个名字的指称。

（3）有可能两个名字指称相同而涵义不同，但不可能两个名字指称相同而涵义不同。

（4）除非名字出现在引号中，或其他特殊的结构中，有能力说出或理解一个语句，要求理解作为语句成分的名字的涵义。

把这些基本的论点用于建立那种所设想的关于虚构对象名字的语义理论，似乎应该相应地有如下基本论点：

（1）虚构对象名字的语义内容分为涵义和指称两个方面。

（2）虚构对象名字的涵义以下述方式决定名字指称的对象：一个虚构对象名字的涵义唯一地确定了一个虚构对象，即一个抽象对象。

（3）因此，当虚构对象名字的涵义相同时，指称相同；而涵义不同时，指称也不同。

（4）除非虚构对象名字出现在引号中，或其他特殊的结构中，有能力说出或理解一个含有虚构对象名字的语句，要求理解作为语句成分的相关虚构对象名字的涵义。①

下面的任务就是要分析，直接指称论者反对描述论所使用的那三个主要论证，是否足以反驳这种同样采取了让虚构对象名字指称抽象对象策略的关于虚构对象名字的描述理论。

---

① 笔者并不认为（4）是指称描述论的共同论点，在此将其列在这里，只是为论证目的简单地接受流行的对描述理论的概括。

二、对模态论证、认识论论证、语义学论证的概要描述

模态论证有两个既不同构也不等价的版本。第一个版本既依赖于我们关于本质及形而上学必然性的直觉，也依赖于分析性隐含必然性和先天性的被默认为真的断定。这个论证反对强版本的描述主义[1]，此类描述主义认为，名字同义于名字所指对象之典型描述。该论证的基本结构如下：如果名字 N 同义于所指对象之典型描述 F（F 可以是复杂的，即可以是 F_1、$F_2 \cdots F_n$ 的合取或析取，等等），则"N 是 F"即为分析的，此点隐含"N 是 F"是必然的，也是先天的（此处的 F 替换成 F_1、$F_2 \cdots F_n$ 等等时，结论也成立，下同）。但典型的描述多数情况下并不是直觉上对象的必然属性，因此，描述主义的断定或推论与直觉冲突。

第二个版本直接以"名字是严格指示词"为前提，由索姆斯等人概括为如下结构：

（1）专名是严格指示词。

（2）因此，专名并不与非严格描述同义。

（3）因为通常由说话者联结到名字的描述是非严格的，在典型情况下名字的意义并不由这些描述所给定。[2]

这个版本是否实质地区别于第一个版本，依赖于对克里普克著作的解释。我们在后面加以讨论。

直接指称论用于反对描述论的另一个主要论证是认识论论证。这个论证的通常形式与模态论证的第一个版本几乎是同构的。认识论论证的另一表达方式，依赖于一个直觉上似乎合理的原则，即如果同义的两个语句（或表达同一个命题的两个语句）一个是先天可知的，则另一个也是先天可知的。使用这个原则，认识论论证还可以表达成如下形式：如果 N 同义于 the F，则"N 是 the F"同义

---

[1] 克里普克认为有描述论的两类断定，一类断定名字与描述同义，另一类断定描述确定名字的指称，但不要求名字与描述同义。（Kripke S. Naming and Necessity. Oxford：Basil Blackwell, 1980：5, 31-33。）也有文献把克里普克两类断定分别称为强或弱的描述主义。[例见 Jeshion R. The Epistemological Argument against Descriptivism. Philosophy and Phenomenological Research, 2002, LXIV（2）：325。]

[2] Soames S. Beyond Rigidity：The Unfinished Semantic Agenda of Naming and Necessity. Oxford：Oxford University Press, 2002：22.

于"the F 是 the F"。后者是先天的，因此，前者也是先天的。然而，直觉上前者并不是先天可知的，故描述论的一个推论与直觉相冲突。自然，结论也是日常专名不同义于一组典型的描述。因为认识论论证在形式上与模态论证一样，且我们在虚构对象名字问题上反驳模态论证所使用的主要资源，及使用的方式也一样，故在下文中我们只讨论模态论证，并认为讨论的结果适用于认识论论证。

如果说模态论证与认识论论证针对描述主义的强版本，则语义学论证针对强弱两个版本，因此是一个比较起来更强的论证。语义学论证也有两个版本，且两个版本在概念上是相互独立的。第一个版本依赖于广义的语用学事实，或者说依赖于如下事实，在说话者通常联结到名字的描述 the F 并不能确定唯一的对象，或者实际上没有对象满足描述 F，或者满足描述 F 的对象并不是名字 N 因果的（或意向的）所指向的对象等等情况下，交流中说话者仍（实际上）使用名字指称本来因果地、意向地指向的对象，并进行了卓有成效的交流。结果是，含有专名 N 的语句与专名被相应的描述 the F 所替换的语句可能有不同的真值。因此，名字既不同义于描述，名字的指称也不必被描述所确定。另一个版本依赖于所谓的"语义学直觉"，而不是依赖于关于纯粹外在事实（比如可观察的言语行为）的断定，它涉及如下一个问题，即当发生某种假设的情况时（比如克里普克的哥德尔-斯密特例子），在直觉上将接受可供选择的哪一个指称方案的问题。

三、模态论证反驳虚构对象名字的指称描述论的有效性

按克里普克的解释，像福尔摩斯这样的对象是这样产生出来的。首先，我们需要承认由一个文学作品的作者创造出了作品（比如小说、剧本等等）这样的抽象对象，然后，在类似的意义上可以承认创作的过程本身也创造出了虚构人物之类的抽象对象。虽然，我们对于抽象对象本身的存在性质还不能有非常确定的理解，但至少在直觉上我们对于文学作品和其中的人物作为人的创造物而存在，确实有了一个大致的观念。但是，作为抽象对象的虚构对象在什么意义上有本质呢？甚至可以从另一个角度来说，什么可以是它的非本质的属性呢？要回答这个问题，我们来看一下克里普克对日常对象的本质的说明，可能会有帮助。

对于人的专名，克里普克曾说过所考察的个体的起源，可以作为相应个体的本质。尼克松是他的实际父母的儿子，这是他的本质，换句话说，他不能不是他的实际父母的儿子。自然类语词的指称物的本质，可以是它们的化学结构。但是，什么是福尔摩斯的本质？"是他的实际父母的儿子"没有确定的意义。因为，没有实际世界的人是他的实际父母，而且，没有实际世界中创造出来的抽象对象是他的父母，原因在于，柯南·道尔也许根本没有描写他的父母。当然，在柯南·道尔的描写中，福尔摩斯是一个正常的人，不是一个神话人物，根据常识的推理，他肯定应该有自己的父母。如果承认由故事中的描述所做的推导可以创造抽象对象，福尔摩斯就有一个抽象对象作为自己的父母，否则，如下结论成立，福尔摩斯有自己的父母，尽管没有任何实际世界中的对象（即使是抽象对象）是他的父母。我们对两种选择的优劣不去判定，因为，我们所关心的问题其实是，这种多少适合于实际物理对象的本质，推广到虚构对象显然是不自然的，也缺乏一般性。因为，虚构对象中有孙悟空，但确实没有父母（即使在推导的意义上）。起源是本质，关键在于这其中含有我们对物理世界的理解，并含有我们对物理定律的接受，含有对于一个对象何以是一个特定对象的形而上学的观点。但虚构就其内容来说，很大程度上并不受物理上的限制，被创造的抽象个体，其被描述具有的物理或生理性质，通常也不是虚构所关注的焦点，因此很难被理解为个体的本质。

如果对于虚构的对象也能谈起源，它"被虚构"是它的真正起源。如果在这个思路下来个体化虚构对象，那么，在给定的作品中被如此这般地描述就是虚构对象的起源。可是，这也是它的本质吗？先从反方向来看这个问题，在虚构作品中，所有在实际世界中被克里普克认为是一个人或一个物的本质的性质，都可以由虚构而取消。因为，克里普克所认定的本质，通常是以物理世界中的法则和条件（比如物理的、生理的，等等）为基础的，而虚构可以完全突破这个限制（尽管虚构本身也不禁止虚构者按照实际世界的样态来虚构对象）。从正面来看，在给定的作品中被如此这般地描述，这个性质作为虚构对象的本质有相当的合理性。因为，福尔摩斯之所以为福尔摩斯恰在于他在一个给定的作品中被如此这般地描述。显然，这个性质符合于一般所谓一个事物的本质属性的规定。一个性质是一个事物的本质性质，当且仅当，在该事物存在的任何可能世界，它都具有这个性质。

假如上述的论点像我们所认为的那样是正确的，那么，就可推出，所有的描述都产生了虚构对象的本质。过去，克里普克反对描述论的主要依据之一，便是与日常名字相联系的典型描述，通常都不是该名字所指对象的本质属性，这样，假定对此类属性的描述是意义，则可推出反直觉的结果。现在，在虚构对象名字的范围内，实际成为名字所指对象之描写的，都是关于对象本质的描写，于是，原来因为把非本质属性的描述作为意义的反直觉结果就不再产生。

有人可能会说，从某种意义上讲，虚构对象还是有本质的，并不能说每一个描述都构成虚构对象的本质。比如福尔摩斯住在贝克大街10号，就并非一定得理解为本质，他也可以住在贝克大街9号，而不影响他是福尔摩斯。但福尔摩斯是侦探却应该是本质，一个不是侦探的福尔摩斯很难说是一个真正的福尔摩斯。就算为论证的目的我们承认情况确实如此，这个说法也有一个问题。因为，我们通常归给虚构对象的性质，或者说，我们认为表达了虚构对象名字意义的那些性质，恰恰是刚才那些假设的或可能的反对者认为是本质的性质。在我们一般人心中，福尔摩斯之为福尔摩斯的根据，恰在于他是一个了不起的侦探，而不是他某天早晨起来穿黑色西装。所以我们才会诚实地相信，如果警察都变成福尔摩斯，犯罪率会大幅降低。相比之下，对日常的名字，其描述经常并不是关于对象之本质属性的，如尼克松之于美国总统，克里普克之于哲学教授，这是克里普克模态论证看起来有力量的理由之一。所以说，即使我们退一步，承认并非每一个关于虚构对象的实际描述都给定了虚构对象的本质，此点也不构成反对虚构对象名字的描述理论的理由。

如果描述论者在虚构对象名字的问题上仍坚持描述论的基本主张，那么，他们也会认为虚构对象名字之意义是创造虚构对象过程中所给出的那些描述。由这些描述构成的意义，因而构成的分析语句，当然也只能是必然的。可是，这些断定了必然性的语句，并不会引起直觉上的问题。比如，说福尔摩斯在任何可能世界都是侦探，即他必然是侦探，并不会让人觉得有任何直觉上的不自然。虽然，我们能合理地想象尼克松在某一个可能世界不是美国总统，但我们并不能合理地想象福尔摩斯在某一个可能世界不是侦探。甚至，我们都不能想象福尔摩斯是个低能的侦探。事实上，设想虚构对象的反事实状况，设想其在另外可能世界的状况，并不像设想现实物理事物的类似状况那么富有意义。虚构对象就是像它们被创造出来的那个样子。也许，没有一种自然的方式，能像克里普克谈论尼克松在其他可能世界的模态形象那样，来谈论福尔摩斯在其他可能世界的模态形象。

模态论证的另一个版本是直接把"日常名字具有严格性"的论点作为前提。

如果克里普克关于名字是严格指示词的结论有独立的论证，则第二个版本就是独立的论证。实际上，我们注意到，克里普克把严格性分为两种，一种即根据规定（de jure）的严格性，另一种即根据事实（de facto）的严格性。① 前者的"规定"指语义学上的约定或规定，后者的"事实"是指确定名字所指对象的描述性谓词，恰巧在事实上于每一可能世界都对同一个独一无二的对象为真。应该说，克里普克的正式学说只认可根据规定的严格性是说明日常专名语义性质的恰当概念。关于这种严格性概念与模态论证的关系，可以参考克里普克下面这段话："在这些讲座中我将坚持的直觉论点之一，就是名字是严格指示词。确实，它们看起来满足以上所提到的直觉测试：尽管与那个1970年的美国总统不同的人也许是1970年的美国总统……但不会有与尼克松不同的人是尼克松。"② 从克里普克这段话可以看出，他实际上用同样的资源，一方面给出了第一版本的模态论证，另一方面又通过首先论证日常专名是严格指示词，而以稍曲折的方式给出了第二版本的模态论证。

实际上，典型的直接指称论者相信，根据规定的严格性对于直接指称论有两个有用的性质，第一个性质是它与名字在指称上的直接性相协调（与根据事实的严格性相比，它具有严格性的根据与描述无关），第二个性质是它能用于定义从物的必然性。第一个性质是明显的，不需要多说。对第二个性质，索姆斯通过陈述严格指示词概念与本质主义的关系也给予了明确的表达："存在着严格指示词概念与关于一个对象本质地具有一个属性的主张之间的密切联系。这个联系被表达为（i）。（i）如果 n 是一个对象 o 的严格指示词，并且 F 是表达性质 P 的一个谓词，那么，P 是 o 的本质属性的主张就等价于这个主张，**必然地，如果 n 存在，那么 n 是 F**。"③ 索姆斯又进一步说："如果像他（克里普克）所坚持的，存在着严格与非严格指示词的区别，那么，严格指示词提供了关于对象的本质属性的主张，与关于哪些语句表达和哪些语句不表达必然真理的主张之间的原则性的联系。只有像（i）所涉及的那种包含关于对象 o 的**严格**指示词的语句，才相关于一个对象 o 是否本质地具有一个属性 P 的问题。"④

---

① Kripke S. Naming and Necessity. Oxford：Basil Blackwell，1980：21.

② 同①48.

③ Soames S. The Philosophical Analysis of the Twentieth Century. Princeton：Princeton University Press，2003：347.

④ 同③349－350.

如果模态论证的两个版本背后有基本上相同的假设，又使用了基本上相同的论证资源，那么，前面对第一版本所进行的分析，就基本上适合于第二个版本。但是，这个暂时的结论要受到一个重要事实的限制，这就是严格性与本质主义应是属于两个不同领域的概念，其中一个是语义学的，另一个是关于世界之形而上学的。① 如果关于后者的直觉能论证关于前者的那个结论（即日常名字是严格指示词），就需要满足三个前提：(1) 本质主义是正确的；(2) 本质主义是可以明确表达的；(3) 关于本质主义的表达要求名字是严格指示词（并且是根据规定的严格指示词）。事实上，直接指称论者对 (1) (3) 两个前提，并没有提出决定性的论证。② 自然，需要进一步指出，名字是严格指示词还有在语义学上的更直接的论证。索姆斯认为名字的直接性或非描述性是比严格性更根本的，"甚至在专名的情况下，也可以论证其严格性只是其所具有的其他更基本的语义学性质的结果。更具体地说，名字是严格指示词的学说只是更核心论点的一个推论，在加上专名于实际世界中指称如何被确定的说明时，那个核心论点就是名字是非描述的"③。如果索姆斯是正确的，核心论点之论证显然主要依赖于语义学论证及其他相关论证。

有人可能会说，一个描述是否是所言及事物的本质的描述，并不能改变克里普克的语义学结论，因为，克里普克理论的要点在于名字指称的直接性及语义上的非描述性，这是索姆斯反复论证的观点。克里普克本人也明确说过，本质属性的描述并不给出专名的意义。④ 从克里普克的理论出发，可以设想他不承认关于本质的描述可构成意义的理由至少应该有三个（尽管他本人从来没有明确地提出）。第一，从实际语言使用的事实来看，人们可以有效地使用一个名字进行交流，而并不知道该名字所指对象（或所指对象类）的本质。第二，作反

---

① "从物模态"（*de re* modality）概念分析起来要更困难一些，依我们从什么角度来理解，此处不予讨论。

② 不但如此，在模态论证和认识论论证中，直接指称论者都在不同程度上陷入关于语言的必然性与关于形而上学的必然性两个概念之间的混淆。这个混淆使得模态论证与认识论论证之有效性受到威胁。此点的详细说明将出现在笔者即将发表的专题文章中。

③ Soames S. Beyond Rigidity: The Unfinished Semantic Agenda of Naming and Necessity. Oxford University Press, 2002: 264. 因此，索姆斯认为，与克里普克的实际论证顺序相反，名字是严格指示词不是用作前提，而是在名字的性质、它的指称如何被确定等更基本的说明之后，这个结论才被导出。非描述性使得名字没有在不同可能世界改变指称的机制（见上面所引书的第 264－265 页），于是只能是严格的。

④ Kripke S. Naming and Necessity. Oxford: Basil Blackwell, 1980: 50－53, 125, 138.

事实断定通常采取的方式是，对同一个对象（或使用名字于同一个对象）来谈它在不同的反事实状况下可能具有的不同性质。做反事实断定通常并不采取的方式是，先给定一些性质描述，然后来谈在不同的反事实状况下，究竟是哪个或哪些对象满足这些性质描述。第三，名字指称的直接性表现在，名字的指称并不是用通常的所谓"弗雷格意义"来确定的，而是通过直接实指对象来确定的。即使在一些非典型的情况下，描述可以确定指称，但此时描述不必给出意义，因为，确定指称与规定同义是完全不同的两回事情。看起来，克里普克语义学上的核心结论在于名字指称的直接性。因此，直接性的主要论证，即语义学论证具有更基础的地位。

四、语义学论证反驳虚构对象名字的指称描述论的有效性

语义学论证的两个版本之区别，在于其论证的资源具有不同性质：一个其实是事实论证，依赖于对语言使用和理解的事实的观察；另一个其实是直觉论证，依赖于我们大家对语言的直觉。因此，需要我们分开来讨论。

上一节末尾提到的克里普克不承认关于本质的描述构成意义的理由有三点，三点就其性质来说都是关于语言使用的事实的（或是语言事实的某种解释）。重要的是，那三点其实也是所有描述性质既不构成意义又不确定指称的理由（即使不是全部的理由）。

第一点理由是语义学论证第一个版本中使用的主要论证，或主要依据。也就是说，这个论证引用了实际语言交流的事实（假设真有这样的事实，或者对语言事实真能做这种解释），并使用了所谓"成功交流"的某种含糊的标准，于是得出，说话者或理解者不需要掌握描述论者认定名字所具有的意义，就能够做到成功交流。当然，从这个结论要引出对描述论的否定结论，还需要两个前提，或两个前提之一：（A1）意义或涵义对通常的有能力的说话者或理解者是透明的，即他们掌握意义和同义性；（A2）这种掌握是成功交流的前提。两个前提对许多语言哲学家都是默认的。可是，直接指称论者多数是语言理论上的外在主义者，不知道为什么他（她）们会相信这种明显具有内在主义意味的前提。

第二点理由的根据在于我们思想或谈论反事实状态时所发生的实际情况。应该承认，我们曾经进行的，或将来会进行的反事实思考，关于这些思考的描述等等，可能甚至经常会采取克里普克等直接指称论者所倾向的那种方式。特别是对谈话双方都能够确认的对象，尤其是双方可通过实指确认的对象，谈论此类对象的反事实状况非常自然地可采取严格地使用名字的方式，甚至是根据规定严格使用名字的方式。像本质主义者一样，当我们也相信本质主义的断言时，我们有可能倾向于使用类似的方式去谈论已确认对象的本质或偶然属性。但是，如果这些事实能证明直接指称论者认为其能证明的结论，需要如下前提：（B1）名字只有一种（或几种）使用于谈论反事实问题的方式，（B2）且每一种方式都满足直接指称论的要求。这组前提显然并不被满足。即使是谈论反事实问题，也有其他的方式。比如，一个指称的描述论者可以认为"奥巴马"有"是2012年的美国总统"的涵义，然后说，"奥巴马也许可以是个亚裔美国人"。当然，对他来说，这意味着"2012年的美国总统也许可以是个亚裔美国人"。有许多并无奇怪之处的解释可以使得类似的谈论有直觉上合理的意义。整体来看，我们可以发现许多语言使用的事实并不有利于直接指称论，比如，至少在有些情况下，相信"爱因斯坦"指一个物理学家，比相信"爱因斯坦"指一个铁匠，更有助于成功地交流。明显地，相信"爱因斯坦"指一个科学家的人，远比相信"爱因斯坦"指一个铁匠的人要多得多，这也是一个事实。直接指称论者往往有意无意地对这些明显的事实视而不见。

可能有人会觉得，在坚持克里普克的可能世界概念的前提下，至少是克里普克版本的从物的必然性，以及克里普克版本的本质主义，需要设定名字是直接指称的。可是，即便他们说得正确，如果他们的正确只是在于描述了**某类**状况下语言使用的事实，此点也不表明名字不能有弗雷格涵义。要想进一步证明名字没有弗雷格涵义，即描述主义是错的，仍然不但需要满足 B 组的前提，还需要满足 A 组的前提。而那两组前提的正确性即使不是十分可疑的，至少也是还没有足够论证的。总之，即使我们假设直接指称论者所引述的理由确实有事实根据，也假设他们正确地解释了假设有的事实，由于他们的结论缺乏必要的前提，因此并不能有效地得出。

第三点理由其实就是关于指称因果论的描述，那看起来既像是一个事实陈述，又像是一种指称确定理论的概述，所以克里普克称其为一种"图画"。指称因果论无论是作为一种理论，还是作为对语言事实的描写，都有很多反例，也受到多方面的批评，这些人所熟知的反例或批评不需要在这里讨论。我们转过来考虑那些对虚构对象名字来讲重要的事实，这才是本章的关注之点。在此，为论证的目的，我们也先假设语义学论证对于一般物理对象的名字，无论是作为对描述论的反驳，还是作为对直接指称论的正面论证，都是正确的。然后，考察它对虚构对象的名字是否仍然正确。

虚构对象的名字如果有指称，则指称由虚构作品产生出来的抽象对象。抽象对象按照定义则是非因果的对象。因果世界中的任何存在物都不可能同一个抽象对象发生因果的联系。是的，人们可以同虚构作品的作者发生因果联系，于是，似乎由于作者同其他人有社会的因果联系而将名字的指称传递和保持下去。但是，困难在于，仅仅依靠说出一个虚构对象的名字，就能将虚构对象名字的指称因果地传递下去吗？答案显然是否定的。困难还在于，就物理对象来说，无论是命名者，还是后来的名字的其他使用者，都有因果地接触名字所指对象的可能性，这是直接指称论的指称确定理论诉诸因果性概念的最后根据。可是，这个根据对于虚构对象的名字完全不起作用。直接指称论者在这里没有什么路可走，要么就是引入某种奇怪的或特设的（ad hoc）因果概念，而坚持一种表面的因果性理论，要么就是被迫承认因果论不适用于说明虚构对象名字的指称确定问题。

语义学论证的另一个版本是所谓"直觉论证"，它诉诸我们语言使用者的语言直觉。直觉论证本身近些年受到一些所谓"实验哲学家"的质疑。实验哲学家拒绝相信所谓"语言直觉"具有跨文化的性质，并由此而拒绝相信通过"语言直觉"能得出客观的语义学判定。还是为论证的目的，我们假定直接指称论者在语义学论证中所诉诸的直觉确实具有某种跨文化共同体的性质，甚至正确地反映了物理对象名字的重要的语义学性质。但是，我们极其怀疑这些直觉也是我们语言使用者对虚构对象名字的直觉，更怀疑他们所诉诸的直觉正确地反映了虚构对象名字的重要的语义学性质。

在克里普克的哥德尔-斯密特的例子中，当人们发现真正的不完全性定理的证明者是斯密特时，按照克里普克告诉我们的大家都有的语言直觉，我们仍会坚持使用"哥德尔"指称原来那个被认为是证明了不完全性定理的人，而不是指称实际上证明了那个定理的斯密特。克里普克因此相信指称描述论作为指称确定的理论是错的，因为描述并没有能够确定指称。如果说我们确实有跨文化的关于名字的语义学直觉，那么，我们在虚构对象名字上的直觉显然与在物理对象名字上的直觉不同。其实，在面对虚构对象的名字时，我们不是在原来的意义上说直觉不同，而是说我们根本不能有意义地构造类似哥德尔-斯密特那样的例子。在什么意义上我们能说，人们发现，福尔摩斯不是一个侦探？"是侦探"是福尔摩斯能成为那个特定的抽象对象的描述集的一部分，说福尔摩斯不是一个侦探，几乎就像说福尔摩斯不是福尔摩斯一样。如果说我们在虚构对象名字问题上有什么语言直觉，那么重要的直觉就是虚构对象的名字是由描述来确定指称的。

有人会说，尽管在起源上虚构对象名字的指称由虚构中所使用的描述确定，那只是像"海王星"的指称在实际世界由描述来确定一样，但它仍可以是满足直接指称论基本要点的名字，因为在所有其他可能世界，该名字就按规定直接指称它在实际世界中所确定下来的对象。类似地，"福尔摩斯"在实际世界的指称由描述来确定，而在所有其他可能世界，该名字就按规定直接指称它在实际世界中所确定下来的对象。直接指称论的"直接性"，其本来的涵义有三条：（1）在实际世界，名字的指称典型地由因果等非描述的方式确定，但在非典型情况下也可由描述确定；（2）名字在其他可能世界，按规定严格地指称它在实际世界所指称的对象；（3）名字没有弗雷格涵义，指称是它的唯一语义内容。三条中的哪一条都不能恰当地适合于虚构对象的名字。对于（1），虚构对象名字在实际世界的典型的，或者甚至可以说是唯一的指称确定方式就是描述；对于（2），很难找到什么有说服力的理由，断定虚构对象的名字不是按事实严格的，而非得是按规定严格的；对于（3），无论在直觉上，还是在概念上，都看不出肯定（3）比否定（3）有更多的根据或更好的理由。

因此可以说，直接指称论曾经使用的用以反驳描述论，并建立自己理论的三个主要论证并不适用于反驳关于虚构对象名字的描述理论，也不支持虚构对象名字的直接指称理论。在假定直接指称论在物理对象名字的范围内正确的前提下，可以得出结论，直接指称论只是一个在极其有限的范围内正确的语言理论。

参考文献

1. Braun D. Empty Names. Noûs, 1993, 27.

2. Braun D. Empty Names, Fictional Names, Mythical Names. Noûs, 2005, 39.

3. Everett A. Referentialism and Empty Names//Everett A, Hofweber T. Empty Names, Fiction and the Puzzles of Non-Existence. Stanford, CA: CSLI Publica-

tions, 2000.

4. Jeshion R. The Epistemological Argument against Descriptivism. Philosophy and Phenomenological Research, 2002, LXIV (2).

5. Kripke S. Naming and Necessity. Oxford: Basil Blackwell, 1980.

6. Kripke S. Reference and Existence, The John Locke Lectures for 1973. Unpublished.

7. Salmon N. Nonexistence. Noûs, 1998, 32.

8. Soames S. Beyond Rigidity: The Unfinished Semantic Agenda of Naming and Necessity. Oxford: Oxford University Press, 2002.

9. Soames S. The Philosophical Analysis of the Twentieth Century. Princeton: Princeton University Press, 2003.

第20章 空专名、虚构对象与指称行动

自克里普克发表关于名称意义和必然性的讲演，在描述论和因果论之间就发生了一场长达多年的"战争"[①]，迄今仍以不同形式火热进行。尽管因果论取得了某种压倒性优势，但也始终有一些问题是它无法有效解决的，空专名的意义就是其中之一，因果论也因此而被严重质疑。

一

空专名意义问题包含两个相互关联的方面：一是指称对象（referent）的"存在"问题，涉及哲学和逻辑两个层面。（1）"存在"问题被称为将奥康剃刀弄钝了的"柏拉图的胡须"。空专名没有指称对象，但没有和有如何划界？有的对象如何有？没有的对象如何没有？这必然涉及存在对象的类型划分、层次区分等问题。（2）逻辑问题涉及存在是不是谓词的争论，最重要的是以空专名为语法成分的单称否定存在句（如"福尔摩斯不存在"）的意义问题。二是与指称过程或行为有关的"指称"（reference）问题。空专名之所以为空，是因为它们没有指称对象，但空专名的使用者可以毫不费力地用它们进行指称，这说明在指称过程中必定发生了某件事情，正是这件事情让空专名获得了意义，而探讨这件事的发生机制，也就是探讨作为一种"行动"的指称的发生机制。只有彻底澄清"指称"的双重语义，才能彻底搞清楚空专名的意义机制。[②]

塞尔将空专名与普通专名一视同仁。他在《意向性》一书中明确断言："专名问题应该是容易解决的，从某个层面上讲，我认为专名问题就是指：我们需

[①] Lowe E J. Does the Descriptivist/ Anti-Descriptivist Debate Have Any Philosophical Significance. Philosophical Books, 2007, 48 (1): 27.

[②] 刘叶涛. 意义、真理与可能世界. 北京：社会科学文献出版社，2014：285-286.

要反复谈到相同的对象，即便当该对象不存在时也是如此，于是，我们就给了该对象一个名称。后来，这个名称就被用来指称该对象。"① 为了说清楚专名指称的工作原理，塞尔引入了意向性因素，从而在客观上明确了指称概念的"行动"本质，从行动的视角看待指称，有助于我们深刻把握空专名的意义机制。

空名常被称为虚构名称，其指称对象也被称为虚构对象。关于意向性在使用空专名进行指称过程中如何发挥作用，可以从分析虚构中广泛使用的"假装"② 概念入手。斯基弗认为，虚构对象的存在是与语词的假装用法同时发生的，而假装的存在也是实在的，与"声称的"（alleged）存在质的区别③，言下之意是：正是假装导致了虚构对象的存在。托马森也强调了假装对于虚构性谈论的重要性，认为解决虚构话语问题有希望的方式，就是要认为至少在某些虚构话语中包含着假装，尽管并非所有虚构话语都包含着假装。④ 事实上，克里普克早在1970年洛克讲座中就提出一个"假装原理"，他认为，各种虚构活动都是通过假装进行的，使用虚构名称进行指称这种"假装活动"的发生机制的实在性，决定了虚构对象的实在性。但假装活动如何发生呢？克里普克对此缺乏系统论述，而塞尔关于"假装"的意向性解释却是完备的。

二

塞尔认为，"假装"是一个意向性动词；语词的虚构性使用并非欺骗，而是去除欺骗性意向的假装，这样做是为了施行一种虚构的断定式言语行动；虚构不包括普通的以言行事行动，虚构主体只是在假装进行断言，不必对真实性做出承诺。为了帮助人们理解虚构对象的本体论，塞尔设想了这样一种谈论："从来就没有过一个福尔摩斯太太，因为福尔摩斯根本没有结婚，但存在着一个华生太太，因为华生结婚了，虽然这位太太在婚后不久就死了。"如果将这看作严肃话语，那肯定是不真实的，因为其中说到的人并不真的存在，但作为虚构话

---

① 约翰·塞尔. 意向性. 刘叶涛，译. 上海：上海人民出版社，2007：238.
② 假装的普遍性决定了虚构的普遍性。在儿童认识能力发展中假装就已经是普遍存在的了，比如儿童常常会置自身于某种情境（比如过家家游戏），并用"假装……"来描述。
③ Schiffer S. The Things We Mean. Oxford: Clarendon Press, 2003: 52.
④ Thomasson A L. Speaking of Fictional Characters. Dialectica, 2003, 57 (2): 205–223.

语，该陈述的确为真，因为它准确"报道"了福尔摩斯和华生这两个虚构人物的婚姻史，通过对照柯南·道尔的作品可证实其真实性。这段话本身并非虚构，因为谈论者本人已不是虚构作品的作者。因此，福尔摩斯和华生虽不曾存在，但这并不能否认他们在虚构中的存在并能被如此这般地讨论。关于道尔本人能否证实上述一切是不相干的。道尔是在假装谈论真实发生的事，我们则是在真实地报道道尔假装谈论的事。

这种假装活动是怎样发生的呢？在塞尔看来，专名的基本功能就只是用于进行指称，而指称得以成功的一个前提条件是：说话者正在指称的对象必须是存在的。因而对于空专名来说，通过假装的指称也就假装存在着可供指称的对象，正是这种假装的指称创造了虚构人物，并且能使我们以上面关于福尔摩斯文段的方式来谈论虚构人物。就道尔的创作来说，他通过假装指称福尔摩斯创造这么一个虚构人物，当这个人物被创造出来之后，虚构故事之外的人就能真切地指称这个虚构人物。我们并不是在假装指称一个真实的福尔摩斯，而是在真切地指称虚构的福尔摩斯。[①]

关于塞尔如上所述，我们有以下评论：

1. 早在《言语行动》中，塞尔就提出了成功实现指称的前提条件——存在原则：凡被指称的对象必定是存在的。[②] 按照该原则，塞尔区分了现实世界的谈论和虚构性谈论，相应区分了真实人物的存在和虚构人物的存在。存在原则可以"跨边界"成立：现实世界的谈论只能指称已存在之物，而在虚构性谈论中则要指称虚构中存在的东西。对于现实世界的非虚构性谈论，这容易理解，但假装指称的对象如何"必定存在"？按照对假装的解释，塞尔的回答会是："被假装指称的对象必定具有假装的存在。"但假装的存在又是何种存在呢？这种存在与真实的存在如何区分？通过假装的指称而创造的虚构角色，在被创造出来后又居于何处？塞尔说它们"的确在虚构中存在"，可这个使其居于其中的虚构又居于何处？我们作为虚构之外的人，确实是在真切地指称虚构出来的福尔摩斯，但如果虚构的福尔摩斯不在什么地方存在，我们又如何真切地指称到它呢？

---

① Searle J R. The Logical Status of Fictional Discourse. New Literary History, 1975, 6(2): 319-320.

② Searle J R. Speech Acts: An Essay in the Philosophy of Language. 北京：外语教学与研究出版社，2001: 77-79.

如果"假装"是一个意向性动词,假装的指称就是有意向性的指称。意向性的根本特征在于目标性和指向性,即必须要有某种对象或事态被意向性这种性质把握到。这就意味着,如此把握到的对象或事态须是某种"实在"之物。显然,假装的指称所指称的对象与普通指称所指称的对象的实在性不在同一层次,前一种实在性在逻辑上必须与假装的指称同时发生。但塞尔并不承认这种实在性。他说,虚构性谈论是幻想和想象的产物,承认这种谈论不意味着一定要创立一类与普通对象不同但却被虚构谈论所指称或所描述的对象。① 比如,"当今法国国王是秃头"之所以不可能为真,是因为当今根本不存在这一陈述的任何被指称对象,但"我们的陈述由于指称的失败而无法为真,不再促使我们必须创立一种让此类陈述关涉到的梅农式的实体"②。尽管我们不接受"本体论的贫民窟"③,但若接受塞尔这种"狭义"的实在论,势必也要面对上面提出的问题。

要解答这些问题,只有承认虚构对象一经创造便会成为某种实在之物,只有承认虚构对象"的确在虚构中存在",虚构之外的人才可以指到它们并有所谈论。但无论是作为过程还是作为结果,虚构(假装的指称)都是在现实世界中发生的,其结果,也就是虚构对象在其中存在的"虚构",将作为现实世界的真实成分出现。关于意向性的本体论,塞尔是一个实在论者:它"和其他生物现象一样真实,和哺乳、光合作用、大便或者消化一样实在"④,既然虚构活动和作为结果的虚构产品都本质地包含意向性,它们也就应该具有实在性。但在虚构对象本体论问题上,塞尔的"狭义"实在论无法为虚构对象提供适当居所。既然假装的指称就发生在现实世界这个唯一的实在世界,它也就是一种实在的行动,可以作为我们认识的对象,由此虚构出来的实体也必定在这个世界之中,而绝不可能在其之外。真实世界的指称对象与虚构世界的指称对象的实在性不同,推不出后一种实在性应予抛弃。事实上,后者正是人类各种心智创造活动之丰富性的生动体现。

2. 塞尔之所以在假装的指称对象的实在性上出现问题,是因为他没能将其

---

① 约翰·塞尔. 意向性. 刘叶涛, 译. 上海:上海人民出版社, 2007:17.
② Searle J R. Intentionality. Cambridge:Cambridge University Press, 1983:17.
③ 蒯因把梅农的"本体论宇宙"斥为"本体论的贫民窟"。参见 Quine W V. From a Logical Point of View. Cambridge, MA:Harvard University Press, 1980:4-5。
④ 同①271.

指称的意向性理论贯彻到底，因而未能彻底发挥指称作为一种"行动"① 的功能。

塞尔早在《言语行动》一书中就明确说道："存在原则和识别原则适用于所有指称表达式……而且能够明确，指称是一种意向行动（intentional act）。"② 可指称如何作为一种"意向行动"呢？塞尔认为，指向性是意向性的必要条件，一种心智状态或事件只要有指向性也就有意向性。所谓"行动"，塞尔认为是"一个人所做的事情"，由于对"现在你在做什么"这个问题不存在"我现在正相信天要下雨"或"正希望税金调低"或"正期待去看电影"这样的答案，因此像"相信""希望""期待"这些伴随心智行为的东西都不是行动，而"投票"等却是有指向性的行动。张建军认为，这两类东西的差别在于前者是一种"心智行动"（mental act），而后者是一种"客观行动"（objective act），而塞尔没有注意澄清这种差别，于是要求每一个"act"都要有一个实在的作用对象，并能够引起该对象的某种变化。③ 不难见得，塞尔的"存在原则"就鲜明地体现了这一要求。而与塞尔不同，我们认为"指称行动"的根本特征在于，它既要求有实在的作用对象，又必定伴随心智行为。既然指称是一种意向行动，被指称的各类对象就都是"意向对象"，即被意向化了的对象。不论现实对象还是虚构对象，都必须首先成为意向对象才可以被指称到，被指称对象的存在因而就是一种被意向化了的存在。由于意向性是心智状态或事件的性质，因此指称行动绝不会只是一种言语行动，必定也是一种心智行动，意向对象显然要由言语行动和心智行动共同来把握。由于塞尔对"实在"的理解仅限于现实世界的对象，因而无法获得对虚构对象的存在与指称性质的准确把握。

问题是：各类对象（现实非空对象和空对象）如何成为意向对象？使用专名去指称究竟如何成为一种意向行动？通常说，语言是思想的载体，是表达思想的工具。可是，语言如何作为载体？如何表达思想呢？就专名这种语言实体来说，其所承载的是什么？所表达的"思想"又是什么？回答这些问题，对于

---

① 笔者之所以在《意向性》中将"speech act"的约定俗成的译法改译为"言语行动"，正是考虑到了这两个概念的区别："行动"是"行为"（behavior）的种概念，其种差就是意向性。相关研究可参见张建军. 逻辑行动主义方法论构图. 学术月刊，2008 (8)，以及童世骏. 大问题和小细节之间的"反思平衡". 华东师范大学学报，2005 (4)。

② Searle J R. Speech Acts: An Essay in the Philosophy of Language. 北京：外语教学与研究出版社，2001：96.

③ 张建军. 逻辑行动主义方法论构图. 学术月刊，2008 (8)：58.

准确把握专名的指称机制是关键性的。

三

塞尔就限定摹状词和专名做了独特区分：若使用摹状词进行指称，必定存在足够多的意向内容，说话者通过它们明确指称对象；专名不能表达明确的意向内容，但要用于指称又须以某种意向内容为中介："语言指称总是依赖心智指称，或者它就是心智指称的一种形式，并且心智指称总是依靠包括背景和网络在内的意向内容，所以专名必定以某种方式依赖于意向内容。"① 推而广之，要把握指称的实质，离开意向内容将无法做到："所有指称都依赖于（广义）的意向内容，无论这一指称是通过名称、摹状词、索引词、标签、标识、图画还是其他方式完成的。"② 塞尔的思想很清楚：第一，摹状词可以表达意向内容，专名则无此功能；第二，专名指称功能的发挥离不开意向内容的作用；第三，这里的指称所指的显然是指称行动而非指称对象。

众所周知，塞尔因主张"专名有涵义"而被归入描述论。在《专名》中他就论证，专名必须"有"涵义，否则就连最基本的指称功能也会失去。③ 但引入意向性之后，塞尔并没有注意其"涵义"与弗雷格的"涵义"的实质差别，从而没有真正搞清楚专名、涵义、摹状词和意向内容的相互关系。④ 塞尔这样理解描述论基本观点：为了说明一个专名如何指称一个对象，需要说明该对象如何满足说话者心灵中与该专名相关联的描述性意向内容。既然意向内容是"说话者心灵中"的东西，专名指称功能的实现如何必定依赖意向内容呢？这涉及涵义和意向内容的关系。关于这种关系，我们赞同如下见解："语词的'涵义'居于'语言世界'，而并不居于'思想世界'；而塞尔所谓'意向内容'居于'思想世界'，而并不居于'语言世界'，两者之间是表达与被表达的关系……这种'表达'，正是某些言语行动的宗旨之所在。"⑤ 一方面，专名和摹状词不一样，其本身没有描述功能，因而无法表达意向内容；另一方面，专名又必须

---

① Searle J R. Intentionality. Cambridge: Cambridge University Press. 1983: 232.
② 同①259.
③ Searle J R. Proper Names. Mind, 1958, 67: 167-168.
④ 刘叶涛. 专名的意向性理论探析. 世界哲学, 2012 (4): 140-148.
⑤ 张建军. 逻辑行动主义方法论构图. 学术月刊, 2008 (8): 55.

通过"表达"意向内容才能实现指称，于是专名就要有涵义，并由这种涵义来表达意向内容，而这种涵义就是与专名相关联的摹状词的语义内容。但是，意向内容从何而来？涵义如何表达意向内容？为了回答这些问题，考虑在一个具体指称过程中发生了什么，是什么让空专名获得了意义。

当使用一个专名去指称一个个体对象时，表面上我们是把一个语言单位和一个对象联系了起来，形成了语言和对象的对应。人们平时所说的"一个名字指称一个对象"，指的就是这种对应。之所以说空专名是一个问题，正是因为我们无法把专名和对象对应起来，因为没有相对应的对象。然而，指称过程背后所发生的事情真的这样简单吗？

无疑，语言和对象无法自行建立关联，这种联系必须通过心智来建立，而意向内容就是这种桥梁和纽带，这就是塞尔心智指称的意思。塞尔从开始探讨专名问题就是立足专名的日常实践，从语言使用角度切入的，因而可以顺理成章地得出语言指称依赖心智指称的结论。但语言指称究竟如何依赖心智指称呢？如果说语言指称就是"一个名称指称一个对象"，心智指称的指称者与所指称者又是什么？如果这两种指称分属两个层次（由依赖关系所决定，这的确是两个层次发生的事情），如何在它们之间建立联系，使这种依赖关系发生？

在用专名指称一个对象的过程中，我们固然要用语言指向对象本身，并进行特定的表达或断定，但根据当代认知科学、心理学、语言学的研究，这种指向和表达不可能是直接完成的，语言和对象之间不可能有直接的通道。无论是自然语言还是人工语言，注定是"我们的"语言，是因为我们的使用才使它们获得了意义。因此，语言能够直接指到的，其实是对象本身呈现在"我们"心灵中的某种形象，语言所能够直接表达的，是我们对被呈现的这种"形象"的所思所想，也就是对呈现在我们心灵中的对象属性的把握。这样，我们会在建立语言和对象的联系上不可避免地引入人的心灵（思想）要素。于是当指称发生时，我们的心智伴随语言指称的行动指向某一对象，在心智上获得关于对象的信息，从而使该对象成为一种携带各种信息的"意向对象"，而非对象本身。所有进入指称行动的对象都会是意向对象，我们使用语言所直接指称的正是这种意向对象，而这种对象实际是对象本身在我们心智中的一种再现（representation)，之后再由我们的语言对这种意向对象的各种信息进行表达。

我们如何通过语言指称这种意向对象呢？这涉及对再现方式的理解。这个概念由弗雷格首次使用。他为了解释 a = a 和 a = b 在认知价值上的差异而引入了涵义概念："the evening star"和"the morning star"虽指同一对象，但对金星的再现方式不同，这种再现方式即它们各自的涵义。再现方式也被称作表征方式，指认知主体使对象在心智中得以呈现的方式。由此例可见，虽是同一客观对象，但在不同的认知主体那里却成了不同的意向对象，表征方式的不同源自认知主体所处的认知背景及网络的差异。我们认为，这种类型的意向对象就是对象本身呈现在我们心灵中的"概念"。通常说：概念有内涵与外延，"the evening star"这一概念的内涵就是"昏"这一再现方式，其外延就是金星。从上述分析看，这显然混淆了层次：内涵居于心灵，外延则居于客观世界。准确的说法应该是：其外延就是这一"意向对象"本身。

通过概念的外延可以实现对于对象本身的指称，使对象成为一种意向对象，实际就是对该对象在我们思想中的一种呈现。我们关于这一实在对象的意向内容是关于该对象另一维度的表征，相当于这个概念的内涵。它是心智对于对象的一种"报道"，在语言上表达为名称、摹状词、索引词、标签、标识等形式，而语言则要通过这种表征间接实现对于对象的表达，也就是对于对象的指称。所谓"语言表达思想"的意思是："语言表达思想对于对象的表征"，即语言要表达我们的心智活动所获得的关于对象的概念。概念有内涵与外延，名称也有两个维度，即涵义和指称（对象），其中概念的内涵表达为名称的涵义，概念的外延表达为名称的指称（对象）。内涵/外延是思想层面的范畴，涵义/指称是语言层面的范畴。

克里普克之所以认为专名和自然种类词没有涵义只有指称对象，是因为其涵义指的是专名的"客观"意义，但因为涵义是对内涵的表达，又因为内涵作为表征方式往往因认知主体的不同而有异，因而不可能有这种客观意义。普特南用索引性理论支持这一点，也是出于相同理解。普特南将内涵/外延与涵义/指称这两对本属不同层次的范畴进行了跨层次的等同，并设计"孪生地球"来反驳传统意义理论的如下基本观点："知道一个词项的意义（等于内涵），就是处于某种心理状态"，从而断定："不管怎么说，'意义'就是不在头脑当中"[1]，假如"水"的意义就在头脑当中，那就应该决定相同的外延，也就不会出现H_2O和XYZ两种水了。普特南显然是把"意义"看成了某种心理实体，而他希

---

[1] Putnam H. The Meaning of "Meaning"//Pessin A, Goldberg S. The Twin Earth Chronicles: Twenty Years of Reflection on Hilary Putnam's "The Meaning of 'Meaning'". London: Routledge, 1996: 13.

望得到的是一种"不在头脑中"的纯粹客观的意义。但塞尔所说的意义与这两人所指不同,这种意义"就在头脑当中"。他之所以认为专名不得不具有涵义,是因为一旦我们想要用专名表达概念,就必定伴以某种心智状态,涵义所表达的东西必定会被归结为某种心智状态。

专名意义(既包括涵义又包括指称)的获得,离开对概念的表达是无法做到的。这是塞尔的一个重要突破。弗雷格在逻辑上是坚定的反心理主义者,他认为语言符号有三个层面:"与一个符号(名称、词组和字母)相联系的,除了这个符号所指的东西,后者可称作该符号的指称,还有就是我想称之为涵义的东西,其中包含着呈现的方式。"① 为了有效抵制心理主义,他试图将涵义"实体化",并特地给涵义圈定"第三域"作为居所,但这种"既与物理世界有异,也不同于经验主体内心世界"的神秘地带的存在,会导致"一切都将神秘莫测"②。

将涵义归结为某种意向状态,绝不意味着涵义是纯主观的。正相反,像心智状态这样的主观之物,完全可以具有主体间性,从而不会出现弗雷格所担心的后果——涵义不具有公共性。正如普特南所说:"在不同的人(即使处于不同时代)能够处于相同心智状态这个意义上,心智状态的确是'公共的'。"③ 当然,这种公共程度肯定达不到弗雷格所期待的客观程度。与涵义对于内涵的表达相比,指称对外延的表达的客观性更容易理解,这种客观性根源于指称对象的客观性,尽管金星被表征为"不同"的意向对象,但这种不同很容易通过主体间性更强的天文观察予以消除,经物理方式确定为同一。

四

在指称行动中存在两类名称的"意义":在语言层面的意义和在思想层面的意义。语词的意义包括涵义与指称两个方面,概念的意义包括内涵和外延两个

---

① Frege G. On Sense and Reference//Geach P, Black M. Translations from the Philosophical Writings of Gottlob Frege. Oxford: Basil Blackwell, 1960: 57.
② Dummett M. Frege and Other Philosophers. Oxford: Clarendon Press, 1991: 251.
③ Putnam H. The Meaning of "Meaning"//Pessin A, Goldberg S. The Twin Earth Chronicles: Twenty Years of Reflection on Hilary Putnam's "The Meaning of 'Meaning'". London: Routledge, 1996: 9.

维度。只有概念才是本源的指称工具，语词只是派生的指称工具。

就非空专名来说，指称行动有明确标的，因为指称对象存在于先，所以心智可直接对其进行表征，然后再用语言对这种表征结果进行表达（指称），这样便可间接实现语言和对象的关联。当然，我们的心智绝不是被动的、任由对象作用于其上的"白板"，而是具有能动性，能够根据特定原型进行创造的，这就是各种虚构得以进行的根源。就空专名来说，既然指称是一种行动，使用空专名进行指称也就是一种行动，本质地包含使用者的意向性，于是这种行动就难以避免地具有目标性和指向性，只不过，这种指向的对象并非实存对象，而是心智的创造物，它们无须经过心智对实存对象的表征便已存在于我们的思想世界中，我们用空专名进行指称，无非就是利用空专名实现对于这一概念的表达。若按照克里普克因果链条式的解释，空专名与非空专名的差别就在于：在名称和对象之间有没有一根因果历史链条可以将它们连接在一起，能否从专名的具体使用沿着链条追溯到相应的现实对象。对空专名来说，只能将其追溯至虚构对象，这种对象对于现实世界具有假装的存在。不过，既然空专名所指对象与该对象所属的故事之间存在真实关联，而故事是实在的，该对象也就是实在的。

总之，空专名只是说相对于现实世界为空，空专名和非空专名实际都有对应的对象。一旦明确指称行动的两个层面及其相互关联便会发现，空对象的实在性是由"指称"的双重语义所决定的，只要搞清楚指称作为一种"行动"的机制，便可去除笼罩在空专名身上的神秘光环。

第 21 章　克里普克的极小固定点真理论

一、克里普克的目的及所遇到的问题

首先我们要清楚克里普克的目的是什么。克里普克当然是要解决悖论，但是解决悖论只是他的真理论的一个"顺便"解决的问题。最终他是要给出一个真理论。那么克里普克的真理论所要实现的目的是什么呢？或者说他要把握什么样的"真"呢？克里普克自己说："我们希望能够捕获下面这样的直观。假设我们正在向不理解'真'这个词的人解释'真'，我们可能会说在我们能断定（或否定）一个句子的情境下我们恰好也有权断定（或否定）这个句子是真的。我们的对话者可以理解把真赋予（6）（'雪是白的'）是什么意思，但是他可能依旧为把真赋予包含'真的'这个词自身的句子而大伤脑筋。既然他最初并不理解这些句子，那么同样，在最开始向他解释说称一个句子是'真的'（或'假的'）等同于断定（或否定）这个句子自身也是没有解释清楚的。"[①]

可见克里普克的真理论的目的是要使人们清楚明白：在可以断定（或否定）一个句子的情境下也同样可以断定（或否定）这个句子是真的，换句话说就是"φ是真的"和"φ"可以等值置换。当然这里的等值置换默认的是外延语境下的等值置换。这个目的在一般句子上很容易理解和实现，但是在遇到一些特殊的句子，比如一个自身包含"真"谓词的句子的时候，就会出现一些麻烦。所以克里普克的目的就是在所有句子上都能实现"φ是真的"和"φ"（在外延语境中）等值置换。

要想实现这个目的首先要了解会遇到哪些麻烦。这些麻烦可以用统一的一

---

① Kripke S. Outline of a Theory of Truth. The Journal of Philosophy, 1975, 72 (19).

个名字来概括：说谎者悖论。

说谎者悖论的最初记载源自圣保罗的《提多书》，该书记载了这样一个故事：公元前 6 世纪，克里特岛上的先知埃庇米尼得斯（Epimenides）说："……他们中有人，甚至是他们自己的先知，曾说过：这个岛上的所有人都是说谎者……这个见证是真的。"对于上述这句话，如果恰好岛上别的人说的话都是假的，并且这个先知只说了这一句话，那么这句话是真的还是假的呢？按照自然的推理，它是真的当且仅当它是假的，矛盾。这个悖论其实是依赖于其假设的事实，如果其假设的事实有误，即不是所有人说的所有其他话都是假的，那么这个悖论就不成立。公元前 4 世纪米利都的欧布里斯提出了这样一个版本的说谎者悖论："我正在说的这句话是谎话。"这句话是悖论并不依赖于其假设的事实，而仅凭其自身就是悖论①。但是，似乎还有一些问题，因为可能会认为这句话是既不真也不假的。于是有了强化的说谎者"本句话是不真的"。如果这句话是假的或者是不真不假的，那么它是不真的，那么它是真的，如果它是真的，那么它是不真的，所以它是真的当且仅当它是不真的，悖论。

上述例子可以用更形式的语言表示如下：

例（1）：例（1）不是真的。

这个句子的值是什么？如果它是真的，根据（1）自身它是假的；如果它不是真的，根据（1）它是真的。用严格的现代逻辑可以把这个推理描述如下：

1.	（1）= （1）不是真的	已知
2.	（1）不是真的	假设
3.	"（1）不是真的"不是真的	1，2，等值置换
4.	并非（1）不是真的	3，(T)，等值置换
5.	（1）不是真的并且并非（1）不是真的	2，4，∧$^+$
6.	（1）是真的	2–5，归谬法
7.	"（1）不是真的"是真的	1，6，等值置换

---

① 上面只是按照出现的时间来介绍的，事实上，说谎者悖论的发现很大程度上应该归功于欧布里斯，尽管他比埃庇米尼得斯要晚两个世纪，因为把埃庇米尼得斯的那句话理解为悖论是很晚之后的事情了。圣保罗自己并没有意识到这句话的悖论性。按照 Spade, Paul Vincent 在 1973 年发表的"The Origins of the Mediaeval Insolubilia Literature"中记载，甚至在中世纪的关于说谎者悖论的文献中也没有人提到埃庇米尼得斯这句话的悖论性。

8. （1）不是真的　　　　　　　　　　　　7，(T)
9. （1）是真的并且（1）不是真的　　　　6，8，∧⁺

上面这个直接带有自指的说谎者悖论被称为"简单的说谎者"（Simple Liar），这个例子还有一些变体，它们没有直接的自指，但是有间接的自指，比如下面这个"转圈悖论"①：

例（2）：A：B 不是真的。
B：A 是真的。

使用相似的推理可以得出：如果 A 是真的，那么 B 不是真的，因而 A 不是真的；如果 A 不是真的，那么"B 不是真的"不是真的，所以 B 是真的，因此 A 是真的。所以 A 是真的当且仅当 A 不是真的。同样的推理也可以得到 B 是真的当且仅当 B 不是真的。这同样适用于下面提到的例（6），如果假设（6）是悖论的话。

再看下面这个例子：

例（3）：(a) 黑格尔是只小狗
(b) 2 + 2 = 4
(c) 这里的假话比真话多

如果黑格尔是那个哲学家的话，那么（c）是真的当且仅当（c）是假的。

上面的几个例子的一个典型特点是都包含自指和否定，这似乎说明说谎者悖论都与这二者有关，但是下面的这个说谎者悖论就没有否定，至少表面上没有否定。

例（4）：库里（H. Curry）悖论。

令 K 是下面的这个句子的缩写：

True（⌈K⌉）→地球是平的

这里的⌈K⌉是句子 K 的名字。令 A↔B 是（A→B）∧（B→A）的缩写，⊥是"地球是平的"的缩写。接下来可以更形式地证明这个悖论：

1. K↔(True（⌈K⌉）→⊥)　　　　　　K 的构造

────────
① 陈波. 逻辑哲学研究. 北京：中国人民大学出版社，2013：260.

2. True (⌈K⌉) ↔(True (⌈K⌉) →⊥)	1, (T), 等值置换
3. True (⌈K⌉) →(True (⌈K⌉) →⊥)	2, ↔⁻
4. (True (⌈K⌉) ∧True (⌈K⌉)) →⊥	3, 一阶逻辑定理
5. True (⌈K⌉) →⊥	4, 等值置换 (P∧P↔P)
6. (True (⌈K⌉) →⊥) →True (⌈K⌉)	2, ↔⁻
7. True (⌈K⌉)	5, 6, MP
8. ⊥	5, 7, MP

从上面的例子看，虽然不是所有的说谎者悖论都包含否定，但是它们都包含自指。这让人感觉似乎说谎者悖论必须有自指。但是，并非如此，下面这个悖论的例子表明可以不使用自指也能构造出说谎者悖论。

例（5）：雅布罗（S. Yablo）悖论。

设想一个无穷的句子序列（S_1），（S_2），（S_3），…每一个句子说的都是接下来的句子都是不真的：

(S_1) 任给 $k>1$，S_k 是不真的

(S_2) 任给 $k>2$，S_k 是不真的

⋮

假设有 S_n 是真的，如果 S_n 说的是真的，那么任给 $k>n$，S_k 是不真的。因此（a）S_{n+1} 是不真的，并且（b）任给 $m>k+1$，S_m 是不真的。根据（b），S_{n+1} 所说的恰是这种情况，而这与（a）相矛盾。所以，任给 n，序列中的句子 S_n 是不真的。但是这又恰说明任给 n，S_n 是真的。因此，对于任何 n，S_n 是真的当且仅当 S_n 不是真的。很明显，这个例子里并没有自指，但是，依然产生了与"真"有关的悖论。这个悖论被称作"似说谎者悖论"（liar-like paradox）。雅布罗称这个悖论是ω-liar，但是通常都称其为雅布罗悖论，这个悖论表明可以不需要自指而仅需要非良基性就能构造出悖论。

例（6）：偶然的说谎者（contingent liar）。

考虑琼斯说的下面这句话：

（1）尼克松关于水门事件的大多数声明是假的。

但是，假设尼克松关于水门事件的声明除了下面的这句话之外其他的声明恰好一半是真的一半是假的。

(2) 琼斯关于水门事件说的所有话都是真的。

假设（1）是琼斯关于水门事件说的唯一一句话，那么（1）和（2）都是悖论句：（1）[或（2）] 是真的当且仅当（1）[或（2）] 是假的。但是，如果琼斯关于水门事件还说了其他的话，并且其中有些话是假的，那么（1）是真的而（2）是假的，这样的情况下就没有悖论。所以偶然的说谎者悖论意味着一个句子是否是悖论句依赖于假设的事实。其实上面提到的最初的说谎者悖论就是一个偶然的说谎者悖论，因为它依赖于克里特岛上所有人说的所有其他话都是假的。

以上是说谎者悖论的一些例子，其中库里悖论和雅布罗悖论并不是克里普克文章中所讨论的悖论，但是克里普克的方法依旧可以处理这些悖论。

二、克里普克极小固定点理论

为了实现他的这个目的，克里普克构造了一个极小固定点真理论。他的这个固定点真理论是基于强克林的三值语义学的，所以首先介绍强克林三值语义学。强克林语义学是关于命题逻辑的，其赋值模式如下表：

P	¬p
T	F
F	T
U	U

∧	T	U	F
T	T	U	F
U	U	U	F
F	F	F	F

∨	T	U	F
T	T	T	T
U	T	U	U
F	T	U	F

→	T	U	F
T	T	U	F
U	T	U	U
F	T	T	T

其中：析取式为T，如果至少一个析取支为T；析取式为F，如果两个析取支都为F；否则，析取式为U。合取式为T，如果两个合取支都为T；合取式为F，如果至少一个合取支为F；否则，合取式为U。"A→B"被定义为"¬A∨B"，所以其赋值可以由之推出。①

克里普克在强克林语义学上加了量词的解释：给定非空定义域D，一元谓词P(x)被解释为D的不交子集对(S_1, S_2)，S_1是P(x)的外延(extension)，S_2是反外延(anti-extension)。当x被指派为S_1中元素时得到P(x)为T，当x被指派为S_2中元素时得到P(x)为F，否则P(x)为U。

∃xP(x)是T，如果存在某些x的指派使得P(x)是T；

∃xP(x)是F，如果任给x的指派都有P(x)是F；否则，∃xP(x)是U。

∀xP(x)是T，如果任给x指派都有P(x)是T；

∀xP(x)是F，如果存在x指派使得P(x)是F；否则，∀xP(x)是U。

克里普克证明：存在一个极小的固定点模型使得在其中T(⌜φ⌝)和φ可以等值替换，并且说谎者悖论不是假的。其基本思路是这样的：

首先有一个不包含谓词T()的初始语言L，它足够丰富使得它的句法可以通过算术化而在L中得到表达。通过加上一个一元谓词T()，L扩充成L^+。T()的解释由有序对(S_1, S_2)给出，这里S_1是T()的外延(extension)，S_2是T()的反外延(anti-extension)，对于$S_1 \cup S_2$以外的元素T(x)没有定义(undefined)。$L(S_1, S_2)$是L^+的解释，它把T()解释为(S_1, S_2)，其他L中谓词的解释不变。

---

① 如果把T、U和F分别用数字表示为1、0.5和0的话，那么强克林的三值逻辑的赋值的特点是：合取式的值等于合取支中的最小值，析取式的值等于取析取支中的最大值，蕴涵式按通常的方式被否定和析取定义；波兹瓦逻辑（弱克林逻辑）关于否定的赋值与强克林的赋值一样，其他情况下的特点是：如果一个公式（合取式或析取式）中有一个支的取值是U (0.5)，那么这个公式的值为U，否则，合取式的取值为合取支中的最小值，析取式的取值为析取支中的最大值，蕴涵式按通常的方式被否定和析取定义；乌卡谢维奇的三值逻辑与强克林逻辑在否定、合取、析取上的赋值一样，区别在于有关蕴涵的赋值，而且关于蕴涵的其他赋值也都一样，只是在前件为U且后件也为U的时候在乌卡谢维奇逻辑中的赋值是T，所以"A→A"在乌卡谢维奇逻辑中是有效式，而这个公式在强克林那里并不是有效的，这也是克里普克方案的一个问题之所在。

现在考虑一个模型分层：

令 L_0 就是一个上述的 L^+，L_0 的解释是 L_0（Λ，Λ），这里 Λ 是空集，即 L_0 是 T（ ）完全未被定义的语言；对任意 α，假设已经定义了 $L_\alpha = L$（S_1，S_2），那么 $L_{\alpha+1} = L$（S_1^+，S_2^+），这里 S_1^+ 是 L_α 中真句子的集合，S_2^+ 是 L_α 中假的句子和 L_α 中不是句子的东西的编码的集合。设（$S_{1,\alpha}$，$S_{2,\alpha}$）① 是 T（ ）在 L_α 中的解释，$S_{1,\alpha}$ 和 $S_{2,\alpha}$ 都随 α 的增加而增加，这样就可以定义第一个超穷层，称其为 L_ω，L_ω =（$S_{1,\omega}$，$S_{2,\omega}$），这里 $S_{1,\omega}$ 是所有 $S_{1,\alpha}$（α < ω）的并，$S_{2,\omega}$ 是所有 $S_{2,\alpha}$（α < ω）的并。给定 L_ω，可以定义 $L_{\omega+1}$，$L_{\omega+2}$，…，$L_{\omega+n}$。即使在超穷层次上 T（x）的外延（extension）和反外延（anti-extension）依旧随 α 的增加而增加，当然，这里的增加并非严格增加，它允许相等。我们说（S_1^+，S_2^+）扩充（S_1，S_2）（用符号表示为（S_1^+，S_2^+）≥（S_1，S_2）或（S_1，S_2）≤（S_1^+，S_2^+））当且仅当 $S_1 \subseteq S_1^+ \wedge S_2 \subseteq S_2^+$。直观上这意味着如果 T（ ）被解释成（$S_1^+$，$S_2^+$），在所有（$S_1$，$S_2$）被定义的地方前一个解释和后一个解释几乎一样，唯一的区别是一些在（S_1，S_2）的解释下属于没有被定义的情况在（S_1^+，S_2^+）的解释中被定义（为真或假）了。这里的赋值规则的一个基本属性"≤"是保序运算，即如果（S_1，S_2）≤（S_1^+，S_2^+），则在 L（S_1，S_2）中真的句子在（S_1^+，S_2^+）中保真，同样在前者中为假的句子在后者中也为假。通常会定义一个"跳跃函数" J，使得 $J(\sigma) = \tau$，其中 σ 是 L（S_1，S_2）的模型，τ 是 L（S_1^+，S_2^+）的模型。

为了找到不动点模型，通常会定义一个跳跃算子"J"，使得 $J(\sigma) = \tau$，其中 J 是 L（S_1，S_2）的模型，τ 是 L（S_1^+，S_2^+）的模型。那么，是否有一个序数层 γ 使得 $J(\sigma) = \sigma$，其中 σ 是 L（$S_{1,\gamma}$，$S_{2,\gamma}$）的模型，$J(\sigma)$ 是（$S_{1,\gamma}$，$S_{2,\gamma}$）的模型，并且 $S_{1,\gamma} = S_{1,\gamma}^+$，$S_{2,\gamma} = S_{2,\gamma}^+$，从而没有新的陈述在下一层被断定为真或假呢？克里普克认为答案是肯定的，因为语言 L_0 的初始符号数量是固定的，所以其所包含的句子的数量也是固定的（如果语言 L_0 的初始符号是有穷多个，则其中句子的数量不会超过 ω；如果 L_0 的初始符号是无穷多个，比如 α，则其中句子的数量不会超过 2^α），所以为真的句子不会无限增加，所以一定会在某个序数 γ 上 $S_{1,\gamma} = S_{1,\gamma+1}$，$S_{2,\gamma} = S_{2,\gamma+1}$。这个序数 γ 上的模型就是跳跃函数 J 的固定点。

固定点本来是一个数学概念，它是指：对于一个函数 $f($ $)$，如果存在 $f($ $)$

---

① 其中下标"1"表示"外延"，"2"表示"反外延"，"α"表示"语言的层次"。

的定义域中的个体 e，使得 $f(e) = e$，则称 e 是函数 $f()$ 的固定点。这里，克里普克的固定点模型实际上是借用了这个数学上的概念，他先设定一个函数 $g()$，使得任给 $L(S_1, S_2)$ 的模型 ρ，$g(ρ) = μ$，μ 是 $L(S_1^+, S_2^+)$ 的模型。上述的固定点模型就是说在 σ 层次上，可以得到 $g(γ) = δ$，其中 γ 是 $L(S_1, S_2)$ 的模型，δ 是 $L(S_{1,σ}^+, S_{2,σ}^+)$ 的模型，并且 γ = δ，从而 γ 就是 $g()$ 的固定点，同时也是 L 的一个固定点模型。

被固定点模型解释的语言称作固定点语言。在固定点语言下，任给 L 中句子 ϕ 和 L 的固定点模型 σ 都有 $σ(ϕ) = σ(T(⌜ϕ⌝))$，即 ϕ 在 σ 下是真的当且仅当 $T(⌜ϕ⌝)$ 在 σ 下是真的。这个等价式的证明很简单：假设 τ 是 $g()$ 的固定点，任给 L 中句子 χ，$τ(χ) = T$ 当且仅当 $g(τ)(⌜χ⌝) ∈ S_1$，这里的 S_1 是 $T()$ 在 $g(τ)$ 下的外延，$g(τ)(⌜χ⌝) ∈ S_1$ 当且仅当 $g(τ)(T(⌜χ⌝)) = T$，因为 τ 是 $g()$ 的固定点，所以，$g(τ)(T(⌜χ⌝)) = T$ 当且仅当 $τ(T(⌜χ⌝)) = T$。

既然在一个固定点模型中 $T(⌜ϕ⌝)$ 和 ϕ 是等值的，因而它们是可以等值置换的，其中 ϕ 是该固定点语言中的句子，⌜ϕ⌝ 是 ϕ 的名字。但是，一个固定点语言并不能使 $T(⌜ϕ⌝) ↔ ϕ$ 成为该模型下有效的。因为在强克林三值语义学中 A↔A 不是逻辑规律，因为当 A 取第三值 U 的时候 A↔A（即 $(A∧A)∨(¬A∧¬A)$）的取值也是 U 而不是 T，所以，如果 $T(⌜ϕ⌝) ↔ ϕ$ 是有效的，那么根据等值置换可以得到 A↔A 也是有效的，矛盾。不仅如此，$T(⌜ϕ⌝) → ϕ$ 和 $ϕ → T(⌜ϕ⌝)$ 也都不是固定点模型下有效的，理由也是因为当 A 取值为 U 的时候 A→A 不是真的。但是，可以证明在 L 的固定点模型中没有 $T(⌜ϕ⌝) ↔ ϕ$ 的代入例是假的，因为假设存在句子 χ，使得 $T(⌜χ⌝) ↔ χ$ 是假的，那么或者 χ 是真的而 $T(⌜χ⌝)$ 是假的，或者 $T(⌜χ⌝)$ 是真的而 χ 是假的，这显然与上面关于任给 ϕ 都有 $T(⌜ϕ⌝)$ 与 ϕ 在固定点模型中的取值相同的证明相矛盾。

此外，克里普克还引入了"内在的固定点"。称一个固定点是内在的（intrinsic）当且仅当它不会赋予任何句子这样一个真值，使得这个真值与它在其他固定点上的真值相冲突。① 一个句子有内在的真值当且仅当一些内在的固定点给它一个真值。有一些无根的非悖论句子，在其有真值的固定点上有相同

---

① 这里需要澄清一下，克里普克在文章中认为他的方案是二值的，即 T 和 F，而不是三值的，所以 U 是没有真值而不是第三值，只不过这种没有真值的情况和把它当作第三值并按强克林逻辑处理的时候是一样的，所以可以把它当作三值的方案来看，但其实克里普克只承认 T 和 F 二值，所以这里的真值是指 T 或 F。

的真值，但是缺少内在的真值，比如"本句话是真的或者并非本句话是真的"（$P \vee \neg P$）这句话，它在某些 P 有真值的固定点上都是真的，而且不在任何固定点上是假的。但是，假设有一些固定点使 P 为真，有一些固定点使 P 为假，那么 $P \vee \neg P$ 在任何内在的固定点上都不能有真值，因为这里的赋值规则是遵循组合原则的，即先有构成元素的真值，再根据规则复合出复合公式的真值。而在内在的固定点上每一个构成元素的真值也必须符合内在的固定点的要求，即其真值不能与其他固定点上的赋值相冲突，所以 P 必须在所有固定点上有相同的赋值，而这是无法做到的，所以它没有真值，所以由之复合而成的公式 $P \vee \neg P$ 也没有真值。

克里普克证明的只是极小固定点模型的存在，因为他把 T（ ）最初解释为空集的有序对。还有其他的固定点模型，只要把 T（ ）的最初解释变为其他的非空有序对即可。利用佐恩（Zorn）引理，每一个固定点都可以扩充为一个极大固定点，但是没有最大固定点（largest fixed point），因为任何两个对相同公式有不同真值的固定点都没有相同的外延。但是有最大的内在固定点（largest intrinsic fixed point），最大的内在固定点是对 T（ ）的唯一的最大解释（largest interpretation），它与日常直观的真观念相一致并且对"真"的赋值都一致。

有了固定点模型之后就可以严格定义一些概念。首先是"有根性"：给定 L 的一个句子 A，A 是有根的如果它在极小的固定点中有真值，否则无根。如果 A 是有根的，A 的层次就是那个最小的序数 α 使得 A 在 L_α 中有真值。

"有根性"的直观表述是：如果一个句子断定了一类（这一类可以只包含一个句子）句子的真值，它的真值可以根据这个类中的句子的真值来断定；如果其中一些句子自身包含"真"的观念，则它们的真值必须通过考察其他句子来断定；如果这个过程终止于不涉及"真"概念的句子就能断定最初那个陈述的真值，就称这个最初的句子是"有根的（grounded）"，否则就是"无根的（ungrounded）"。有时候，一个句子是否是有根的并不是句子本身的句法或语义的性质，而是依赖于经验事实，比如，"尼克松关于水门事件的大多数主张都是假的"这句话就依赖于经验事实来断定。另外，如果一个句子 x 断定一个类 C 中所有句子真，并且如果 C 中有一个句子假，那么就允许 x 是假的且是有根的，而不论 C 中其他句子是否有根。

借助固定点模型定义有根性之后，克里普克还借助它来定义悖论：一个句子是悖论的，如果它在任何固定点上都没有真值。有了悖论的定义之后，又可以得出下面一些关于有根句或无根句的性质：如果一个句子是有根的，那么它在所有固定点上有相同的真值。如果一个句子是无根的，那么：（1）无根且悖论的句子在任何固定点上都没有真值；（2）无根且不是悖论的句子有两种可能：（a）在全部极大固定点上有真值，但是却不一定真值都一样，比如"本句话是真的"这样的句子。①（b）在某些而非全部极大固定点上有真值，并且在所有它们有值的固定点上有相同的真值，比如"本句话是真的或者并非本句话是真的"，这句话在由"内在的固定点"扩充成的极大固定点上就没有真值，原因前面已经提到。而且，有固定点使其为真，但没有固定点使其为假。但是它是无根的，因为它在极小固定点上无真值。所以在其有真值的固定点上它都是真的。

克里普克方案对于说谎者悖论问题的解决方法是承认有悖论性语句，比如承认说谎者语句 $\phi \leftrightarrow T(\ulcorner \phi \urcorner)$ 的存在，但是因为它在极小固定点上没有真值，所以这个悖论句只能落在真值间隙里，所以没有矛盾。其他说谎者悖论也可以类似处理。

三、对克里普克方案的评价

克里普克方案相对于分层方案来说最大的优点就是真正实现了只有一个真谓词，并且在这里是语义封闭的，即可以自己说自己真或不真，这与日常语言更相符合。这也是克里普克方案较之塔斯基方案的最大优势之所在。

但是克里普克方案也是有问题的。首先，像 $A \to A$ 以及 $A \leftrightarrow A$ 以及需要借助这些定理推出的其他定理等都不是普遍有效的。更重要的是，这些公式之所以不再是有效的是因为排中律在这里不再有效，也就是强克林三值语义学中存

---

① 这个句子在极小固定点上没有真值，因为初始模型把 T（ ）解释为空集的二元组 (Λ, Λ)，在这层解释下这个句子既不是真的也不是假的，所以没有真值，又因为这个句子是说它自己的，所以在后面扩充对 T（ ）的解释的时候它依旧是没有真值的，直到极小固定点上它依然没有真值。但是在其他非极小固定点上，因为其初始模型不是空集的二元组，所以可以把任意的句子放在 T（ ）的外延或反外延中，所以这个时候也可以把"本句话是真的"这个句子放在其外延或反外延中，由此扩充而成的极大固定点中自然有这个句子的真值，但是因为它既可以被放到外延中也可以被放到反外延中，所以在不同的极大固定点中其真值不一定相同。

在真值间隙，它既不是真的也不是假的。这就与日常语言以及常识相去太远。

其次，前面提到，在固定点模型下可以实现 T（⌈φ⌉）和 φ 的等值置换，但是无法使得 T（⌈φ⌉）↔φ 或者其弱化的单边形式 T（⌈φ⌉）→φ 或 φ→T（⌈φ⌉）成为该模型下有效的。

不只是上面提到的这些定理不成立，对角线定理的通常表述在这种情况下也是不成立的。通常的对角线定理表述为：任给带一个自由变项的开公式 P（），存在一个句子 φ，使得⊢φ↔P（⌈φ⌉）。但是这个定理在克里普克的方案里可能是不能成立的，因为当 φ 没有真值的时候①，φ↔P（⌈φ⌉）也没有真值。

上面提到了真值间隙，其实真值间隙导致的问题不只是使某些通常接受的定理不再是有效式，而且还有一个很重要的问题就是其否定是选择性否定，而不是排除性否定。这与日常直觉相差很大，日常思维中固然有选择性否定，但日常思维中同样也有排除性否定，克里普克的方法只对这种选择性否定有意义，一旦引入排除性否定同样可以构造出新的悖论。所以，在克里普克的方案中，L 不包含这样一个谓词 N 使得 N（⌈φ⌉）在 L 中是真的当且仅当 φ 是假的或者是既不真也不假的②，否则，可以构造出一个句子 χ，使得 χ↔N（⌈χ⌉），所以从 χ 是真的可以推出 χ 是假的或者是既不真也不假的，从 χ 是假的或者是既不真也不假的可以推出 χ 是真的，这即使在三值情况下依旧是矛盾。在这种情况下，或者克里普克方案的表达力太弱以至不能表达排除性否定或者它将面临新的说谎者的复仇。"因此像'本语句是假的或无根的'这样的强化的说谎者悖论就无法用他的理论来解决。"③

另外，很容易看出，其实克里普克的方案也是有"分层"的，只不过他的方案中的分层只是模型的分层，而不是语言的分层。在语言上克里普克方案中只有一个真谓词，而不是很多的真谓词，但是这个真谓词的外延随着模型分层的变化而变化，直到达到极小固定点模型才停止扩充。除了这种模型的内在分

---

① 因为对角线定理的构造用到了量化语句 ∃x（Sub（x, v）∧P（x）），如果 P（）是 T（），当 T（）最初被解释为空集的二元组（Λ，Λ）的时候，根据这里的语义，整个存在语句就没有真值，而且因为这个句子的代入例是其自身，所以在后面对 T（）的解释的扩充中也没有真值，当扩充到固定点上的时候也是没有真值的，所以这个量化句是没有真值的，所以由这个句子通过量词消去之后得到的等价式 T（⌈φ⌉）↔φ 也是没有真值的。

② 因为在克林三值逻辑中谓词"假的"可以被定义为"不是真的"，所以所谓不包含排除性否定其实还可以更精确地表述为不包含谓词"既不真也不假"。

③ 陈波. 悖论研究. 北京：北京大学出版社，2014：181.

层之外，克里普克还承认有语言的分层，但这个分层是在他的方案之外的元语言层次，并且正是在元语言中我们才可以（在排除性的否定的意义上）说"说谎者语句不是真的"，而这句话不能在他的理论中表达。所以克里普克说"上升到元语言的必然性可能是目前理论的弱点之一。塔斯基分层的幽灵依旧伴随着我们"①。

参考文献

1. Kripke S. Outline of a Theory of Truth. The Journal of Philosophy, 1975, 72 (19).

2. 陈波. 逻辑哲学研究. 北京：中国人民大学出版社，2013.

3. 陈波. 悖论研究. 北京：北京大学出版社，2014.

---

① Kripke S. Outline of a Theory of Truth. The Journal of Philosophy, 1975, 72 (19): 714.

第 22 章　克里普克论意外考试悖论

一、引言

很长时间以来，克里普克的知识论论文都是以未发表的讲稿形式流传的。虽然其观点在国外哲学界已有诸多讨论，但真正得到国内学界的关注与重视在很大程度上是 2011 年其论文集《哲学困扰》正式出版之后的事情。克里普克在其中的《两个知识悖论》一文中进行了独特的探讨，试图通过拒斥知识持续性原则来消解意外考试悖论，并在其基础上提出了一个新的知识悖论——独断论悖论①。本章为克里普克对意外考试悖论的消解方案提供局部辩护，试图论证对其方案的三种反驳都不成功。

二、意外考试悖论

意外考试悖论最早来源于"突然演习问题"②，在后续的讨论中，又发展出"意想不到的老虎""不可执行的绞刑""选定的学生""因迪悖论""毒药悖论"等多种变体，并逐步催生出"知道者悖论"和"独断论悖论"等新的悖论，为悖论家族增添了一类新的成员：认知悖论。③

我们可以将意外考试悖论简单陈述如下：某教师向学生宣布，下个月的某天中午将进行一场考试，并且这是一场意外考试，即没有学生会在考试前一天

---

① 笔者曾对独断论悖论有过专门的探讨，并且在动态认知逻辑的思想基础上提出了自己的消解方案。参见 Xu Zhaoqing. On Kripke's Dogmatism Paradox：A Logical Dynamical Analysis. Frontiers of Philosophy in China, 2015, 10（2）：298－310。
② 张建军. 逻辑悖论研究引论. 北京：人民出版社，2014.
③ 陈波. 悖论研究. 北京：北京大学出版社，2014.

知道第二天会考试。有学生做了如下的推理：

如果老师打算遵守承诺，那么就不能在最后一天考试。因为如果考试定在最后一天，那么在前一天中午之后，学生就会知道考试时间只剩一天，所以考试必定在最后一天进行。这与"意外考试"相矛盾。所以，可以排除最后一天。考试也不能在倒数第二天，因为在前一天中午之后，考试还没有进行，学生意识到只剩两天可能考试，而最后一天已被排除，所以，考试只能在倒数第二天进行。这仍然与"意外考试"相矛盾。学生可以继续同样的推理，直到排除剩下的每一天。最后得出结论：或者不会考试或者考试不是意外的。

但是，出乎学生意料的是，老师遵守了他的承诺，在下个月的某一天真的举行了考试，而学生的确在考试前一天也不知道第二天会考试。

在原本的意外考试悖论中，"意外"是指学生不会在考试前一天知道第二天会考试。但有学者通过区分"意外"的其他涵义，对"意外考试悖论"给出了饶有趣味的分析。比如，陈波将"意外"区分为"逻辑上的意外"和"心理上的意外"，各自又有强弱两种不同的版本[①]："弱的逻辑意外"是指，根据当前信息没有推出 p，但事实上 p；"强的逻辑意外"是指，根据当前信息推出非 p，但事实上 p；"弱的心理意外"是指，没有预期到 p，但事实上 p；"强的心理意外"是指，预期到非 p，但事实上 p。就意外考试悖论中的例子而言，学生通过推理得出不会考试，从而心理上也预期不会考试，但事实上考试了，这不仅是逻辑上的意外，也是心理上的意外，而且都是强的意外！甚至，即使老师事先宣布，而且哪怕只有一天，仍然可以在某种意义上会发生"意外"。你假定老师的话为真，那么，考试只能在当天进行，从而不再意外。由此，你推出老师不可能按他说的条件进行考试，因此也预期不会进行考试。但老师马上宣布考试，这仍然是双重的"意外"！在我看来，如果心理预期可以表示为相应的信念，而知识又蕴涵信念，那么强弱两种心理意外，就都能转换为原来"无知"意义上的意外，无论你是不相信 p 还是相信非 p，都可以得到你不知道 p。如果知识也要求有逻辑上的推导，那么，无论你是推导不出 p 还是推导出非 p，都可以得到你不知道 p。

三、克里普克的分析

许多人认为排除最后一天的推理和排除倒数第二天的推理之间包含重要的

[①] 陈波. 悖论研究. 北京：北京大学出版社，2014.

过渡。但克里普克认为，这两者之间的差别不是关键的。他用扑克牌做过类似的"科学实验"①。实验者告诉被试者："这叠扑克牌里有一张方片 A，我将一张一张地翻开扑克牌，但你不会提前知道何时会翻到方片 A。"假设牌的总数只有一张，实验者相当于说"这是方片 A，但在它被翻开之前你不知道哪张是方片 A"。被试者会认为实验者在胡说八道。假设牌的总数有两张，方片 A 和另外一张，实验者仍然说："你不会提前知道方片 A 何时被翻开"。被试者（之前听说过意外考试悖论）的反应如下："该宣告仍然很奇怪。如果你将 A 放在最底下，那么在你翻开第一张牌之后，我就不再意外。所以，如果你真的想做到你所说的，你不能将 A 放到最底下。但是，既然我已经证明它只能是上面的一张，这也不再是意外。所以，我确实提前知道哪一张是方片 A。"在这两种情况之下，似乎并没有出现重大的差别，被试者都会直觉地认为实验者的宣告有问题。然而，如果牌的总数有 52 张，或其他较大的数目，实验者不告诉被试者方片 A 的具体位置，只是告诉他其中有方片 A，并且他不会提前知道何时会翻到方片 A。实验者只需要将方片 A 放到中间的某处就行了。被试者仍然可以做与只有两张牌时同样的推理，但却不再具有同样的说服力。因此，我们得到这样的印象：随着牌数的增多，推理越来越弱。这本身就很奇怪，因为这只是在不断重复同样的推理过程。但与连锁悖论不同的是，这里并没有包含任何模糊性谓词的问题。

根据克里普克的分析，意外考试悖论的推导需要如下前提和知识论原则[其中，"n"为可能进行考试的天数，"E_i"表示考试在第 i 天进行，"$K_i(p)$"表示学生在第 i 天时知道 p]②：

(1) E_i，对某个 i，$1 \leqslant i \leqslant n$（或等价地，$E_1 \vee \cdots\cdots \vee E_n$）；

(2) $\neg(E_i \wedge E_j)$，对每个 $i \neq j$，$i \leqslant n$，$j \leqslant n$；

(3) $\neg K_{i-1}(E_i)$，对每个 i，$1 \leqslant i \leqslant n$；

(4) $(\neg E_1 \wedge \cdots\cdots \wedge \neg E_{i-1}) \to K_{i-1}(\neg E_1 \wedge \cdots\cdots \wedge \neg E_{i-1})$，对每个 i，$1 \leqslant i \leqslant n$；

(5) $E_i \to K_{i-1}(\neg E_1 \wedge \cdots\cdots \wedge \neg E_{i-1})$，对每个 i，$1 \leqslant i \leqslant n$；

(6) $K_i(p) \to p$，对每个 i，$1 \leqslant i \leqslant n$；

---

① Kripke S. Philosophical Troubles. New York: Oxford University Press, 2011.

② 同①.

(7) $(K_i(p) \wedge K_i(p \to q)) \to K_i(q)$，对每个 i, $1 \leq i \leq n$;

(8) $Taut \to K_i(Taut)$，对每个 i, $1 \leq i \leq n$;

(9) $K_i(p) \to K_j(p)$，对每个 i, j, $0 \leq i \leq j \leq n$;

(10) $K_i(p) \to K_i(K_i(p))$，对每个 i, $0 \leq i \leq n$。

前提（1）和（2）表示在未来的 n 天之内有且仅有一场考试。（3）表示在考试前一天学生不知道第二天会考试（这是意外考试）。（4）表示如果连续 i-1 天都没有考试，那么学生在第 i-1 天（中午之后）会知道这些天都没有考试。（5）表示如果考试在第 i 天，那么学生在第 i-1 天知道前 i-1 天都没有考试。这并不是一个独立的前提，而只是（2）和（4）的简单推论：如果考试在第 i 天，那么由（2）得，之前的 i-1 天都没有考试，再由（4）得，学生在第 i-1 天时知道前 i-1 天都没有考试。（6）表示知识的事实性，知识总是真的，或只有真的才会是知识。（7）表示知识的演绎封闭原则，如果知道 p 是 q 的充分条件，也知道 p，那么知道 q；换言之，从知识演绎出来的结论也是知识。（8）表示学生知道所有命题逻辑重言式。（9）表示知识的持续性原则，如果学生某个时候知道 p，那么之后每一天都仍然知道 p。（10）表示知识的正内省原则，如果学生在某个时候知道 p，他也知道自己知道 p。

我们可以尝试将学生的推导重构如下：将 N 代入（5）得，如果考试在第 n 天，那么学生在第 n-1 天知道前 n-1 天都没有考试。而他根据（1）知道考试必定在这 n 天中进行，所以在第 n-1 天得出结论考试必定在第 n 天进行，即 $K_{n-1}(E_n)$。而这与前提（3）的代入实例 $\neg K_{n-1}(E_n)$ 矛盾。所以，考试在第 n 天的假设不成立。

但这样的推导中存在一个谬误：前提（1）只是说在 n 天中会有一场考试，但并没有说学生知道这一点。所以，要得出如上的矛盾，必须有的前提是，学生在第 n-1 天时知道考试会在这 N 天中进行。但从上述前提却不能得到这一点。这正是蒯因对该悖论的解决方案：学生并不知道将会有这样一场考试，老师有可能在说谎。假设只有一天可能进行考试，那么学生在前一天下午做推理时，应该考虑四种不同的情形①：（i）明天有考试而且我现在也知道这一点；

---

① 蒯因. 论一个假定的二律背反//涂纪亮, 陈波. 蒯因著作集：第 5 卷. 北京：中国人民大学出版社, 2007: 25-26. 蒯因讨论的版本为绞刑疑难，我这里将其内容平移到意外考试悖论。

(ii) 明天不会有考试而且我现在知道这一点；(iii) 明天不会有考试而且我现在不知道这一点；(iv) 明天有考试而且我现在不知道这一点。既然学生事实上不知道明天会不会有考试，那么后两种情形都是可能的，而如果是最后一种情形，老师正好遵守了诺言。

克里普克对蒯因的解决方案并不满意。蒯因说谬误在于学生不知道老师说的是真话，学生不知道是否真的会有考试。但在克里普克看来，通常的情况是，人们的确可以从老师的话语中知道一些事情。如果老师告诉你下个月会有一场意外的考试，考砸了的学生不能以自己不知道会有这样一场考试来为自己开脱。如果只有一天，的确会遇到奇怪的情形（老师的宣告相当于说"明天会考试但你不知道明天会考试"，前半句似乎在传达知识，后半句似乎又在说自己不可信）。但是，如果有许多天，认为学生在老师告诉他们后具有相关知识是很自然的。克里普克据此认为，上述的前提（1）至（3）都可以加强为①：

(1′) $K_0(E_i)$，对某个 i, $1 \leq i \leq n$（或等价地，$K_0(E_1 \vee \cdots \vee E_n)$）；

(2′) $K_0 \neg (E_i \wedge E_j)$，对每个 $i \neq j$, $i \leq n$, $j \leq n$；

(3′) $K_0 \neg K_{i-1}(E_i)$，对每个 i, $1 \leq i \leq n$。

(1′) 至 (3′) 表示学生在老师宣告之后，就知道在未来 n 天之内有且仅有一场意外考试。显然，利用前提（6），就可以重新得到（1）至（3）。而前提（9）保证学生在第 n－1 天时仍然具有一开始的知识，足以进行如下的归谬推理：假设考试在第 n 天进行，那么前 n－1 天都没有考试，根据前提（4），学生在第 n－1 天时知道前 n－1 天都没有考试。而他一开始就知道考试会在前 n 天之内，根据（9），他在第 n－1 天时也知道这一点，从而在第 n－1 天时知道第 n 天会考试，与前提（3）相矛盾。从而，考试在第 n 天进行的假设不成立。

在克里普克看来，问题就出在前提（9）。如果不用前提（9），那就得不到上述矛盾。表面看来，前提（9）只是说学生不会遗忘，这显然不是真的。但克里普克认为这不是问题所在，我们可以假定学生的记忆能力足够好，不会遗忘任何重要的细节，但她仍然可能因为误导性证据的出现而丢失知识。比如：许多人都知道克里普克写过模态逻辑的论文，但如果现在他骗你说这些论文实际上是叫"斯密特"的人写的，只是署克里普克的名，甚至他还进一步展示了斯密特的手稿。在多次这样的劝说之后，你很可能就会被说服，承认他没有写任

---

① Kripke S. Philosophical Troubles. New York: Oxford University Press, 2011.

何模态逻辑的论文。所以，在后来的日子里，你甚至都不相信他写过模态逻辑的论文，更不用说知道了。就意外考试悖论中的情形而言，如果前 n－1 天都没有考试，那么在第 n－1 天时，学生会想"一定出问题了，如果老师还想考试，那将不再意外，也许他已经不想考试了"。在克里普克看来，这样的怀疑导致学生丢失了先前的知识。学生一开始知道会有考试，但在倒数第二天时却不再知道这一点。所以，学生排除最后一天的论证就是错的，整个论证因此也不成立。

如果没有前提（9），"学生在第 n－1 天时也知道前 n 天之内会考试"就是额外的前提。比如，如果学校的规则就是必须通过考试给出每门课程的分数，那么，直到第 n－1 天，仍然没有进行考试，学生会想"一定出问题了，但问题绝不是老师不想考试了，而只能是他决定不再让它成为意外"。这样就真的可以排除最后一天，因为如果考试在最后一天，它将不再意外。如果要将同样的推理排除倒数第二天，就还需要增加额外的前提：因为上述推理的结论只是说考试事实上不会在最后一天，而没有说任何人在某个时候知道这一点。要使排除倒数第二天的推理成立，学生需要在第 n－2 天时知道考试不在最后一天。因此不仅需要他在第 n－2 天时知道他在第 n－1 天时知道仍然会有考试，而且需要他在第 n－2 天时知道他在第 n－1 天时不知道考试会在第 n 天。如果没有前提（9），而 n－2 也不等于 0，那么，这两者都是额外的前提。如果还是假定学校的规则，相应的规则就会更为复杂，不仅涉及知识的知识、知识的缺乏，还涉及知识的保存。更一般地，如果没有前提（9），每当我们排除了第 j 天后，要接着排除第 j－1 天，都不仅需要之前的前提为真，而且需要学生在第 j－2 天时知道这些前提为真。只要 j－2 不等于 0，这都是额外的前提，每次都需要独立的论证。克里普克说，我们以为只是在重复同样的推理，但实际上我们在每一步都增加了额外的前提。连锁悖论的感觉即来源于此——涉及的天数越多，推理越弱，因为额外增加的前提实际上需要特别论证。

四、对三种质疑的反驳

许多人并不满意克里普克的方案，虽然我自己对此也有疑虑，但这里要做的却是通过对已有的三种质疑进行辨析，为克里普克方案做出局部的辩护。第一种质疑是克里普克对知识持续性原则的否定与他对知识的事实性的坚持是否有冲突。所谓知识的事实性,是指知识蕴涵真,而非知识预设真。① 比如,陈波认为②:"克里普克持这样的观点很不好理解,因为他接受(6):知识蕴涵真理,这种客观意义上的真理一旦为真就永远为真,不会随时间流逝、证据增减而改变。于是,一旦承认某命题是知识,它就应该永远为知识,也不会因时间流逝、证据增减而改变。克里普克接受(6)而否定(9),这难道是前后一致的吗?为什么他没有意识到这种不一致性?"在我看来,这里并没有任何的不一致。(6)所说的不过是"真"是知识的必要条件;即便命题的客观真假不会随时间流逝、证据增减而改变,但人对命题的主观态度、相信与否却可能会随时间流逝、证据增减而改变,甚至会因为克里普克所说的误导性证据的影响而做出错误的改变(这是日常生活中时有发生的事情)。知识改变的关键不在于命题的真假可变,而在于主体的信念可变。所以,结合这两点,可以认为克里普克坚持传统知识定义中的两条标准:知识蕴涵真,知识是一种信念。

那么,是否可以就此认为克里普克的方案依赖于传统知识论的 JTB 理论呢?这正是对克里普克方案的第二种质疑。比如,刘东这样写道:"根据 JTB 理论,如果经过合理辩护后你不相信克里普克写过有关模态逻辑的文章,那么你就不知道克里普克写过有关模态逻辑的文章……遗憾的是,面对盖提尔和格里菲斯等人对 JTB 理论的挑战,克里普克没有对经典的知识论进行合理辩护。在这种情况下,很难说克里普克对意外考试悖论的解决是成功的。"③ 的确,根据 JTB 理论,如果要知道 p,那么不仅需要 p 是真的,而且需要对 p 的信念是得到合理辩护的;但是如果不知道 p,却不需要是经过合理辩护之后才不相信 p,哪怕没有任何合理辩护而只是单纯地不相信 p,就足够了。所以,克里普克对前提(9)的反驳,其最低要求只需要知识是一种真信念,而不需要知识是得到合理辩护的。④ 退一步说,即便由于单纯的怀疑而导致信念改变,那么,也至多可以说克里普克的方案依赖于将"真"、"信念"和"合理辩护"看成知识的必要条

---

① 笔者曾对这两种不同的"知识事实性"进行过辨析,并为"知识蕴涵真"意义上的知识事实性做过辩护。参见 Xu Zhaoqing. Knowledge, Presupposition, and Pragmatic Implicature. Frontiers of Philosophy in China, 2013, 8 (4): 670−682.
② 陈波. 悖论研究. 北京: 北京大学出版社, 2014.
③ 刘东. 克里普克论知识悖论. 自然辩证法研究. 2012 (9): 11−15.
④ 但从克里普克认为学生知道老师的宣告为真,以及对知识的正内省原则的辩护来看,他采用的应该是较弱的知识标准,人们在日常情形中就可满足,但很难说这就是 JTB 标准。

件，但这不等同于知识的 JTB 三元分析，因为后者是将 JTB 看成知识的充分必要条件。即便盖提尔提出对知识三元分析的质疑①，他质疑的要点也在于 JTB 不构成知识的充分条件，但这对克里普克的方案而言，本来就不是必要的。而格里菲斯的挑战，是指可能存在无信念的知识。但就我所知，"有知识而无信念"的所谓反例都得到了很好的反驳。而举证责任仍然在坚持"知识不需要信念"的一方。因此，从"无信念的知识"的可能性出发来质疑克里普克对（9）的拒斥是不合理的，至少还需要更多的论证。②

第三种质疑是认为意外考试悖论的根源在于前提（10）知识的正内省原则不成立。也许学生知道老师的宣告为真，他只是不知道他知道这一点。但在克里普克看来，这夸大了反思性知识的难度："假设我知道某件事情——比如，我知道尼克松是美国总统……你肯定知道我知道这一点……但我在判断这件事情上通常不会比你更差。"③ 所以，克里普克的结论是，虽然前提（10）不成立，但却近似为真，尤其对意外考试悖论的具体情形而言，我们可以假设学生具有足够的反思能力。出人意料的是，虽然克里普克为前提（10）近似为真做了诸多辩护，但在他对学生推理的重构中，前提（10）并没有出现。实际上，通过更仔细的分析可以发现，对学生推理的重构可以完全不依赖于前提（10），而是依赖于另外的原则。因此，通过拒斥知识的正内省原则来反驳克里普克的消解方案是行不通的。只不过，克里普克本人很可能也没有意识到这一点。

先看学生排除最后一天的推理，我们将其重构如下：

(a) E_n，假设；

(b) K_{n-1}（$\neg E_1 \wedge \cdots \wedge \neg E_{n-1}$），根据（5）、(a) 和分离规则；

(c) K_{n-1}（$E_1 \vee \cdots \vee E_n$），根据（1'）和（9）；

(d) K_{n-1}（（$E_1 \vee \cdots \vee E_n$）$\wedge$（$\neg E_1 \wedge \cdots \wedge \neg E_{n-1}$）），根据 (b)、(c) 和（11）；

---

① Gettier E. Is Justified True Belief Knowledge. Analysis. 1963, 23: 121-123.

② 郑伟平为"无信念的知识"提供了一些基于哲学实验的理由，见郑伟平. 知识与信念关系的哲学论证和实验研究. 世界哲学，2014（1）：55-63. 但他将接受当成信念的条件是有问题的。接受可以分为情感上的和理智上的。一个母亲不愿意相信自己的孩子已经去世，仅仅是情感上不接受，而非理智上不接受。如果她在理智上就根本不相信自己的孩子已经去世，那么她还会伤心落泪就显得很奇怪了。

③ Kripke S. Philosophical Troubles. New York: Oxford University Press, 2011: 34.

(e) K_{n-1}（($E_1\vee\cdots\vee E_n$)$\wedge$($\neg E_1\wedge\cdots\wedge\neg E_{n-1}$)$\to E_n$），根据（8）；
(f) K_{n-1}（E_n），根据（d）、（e）和（7）；
(g) $\neg K_{n-1}$（E_n），根据（3'）和（6）；
(h) $\neg E_n$，根据（a）、（f）和（g）。

可以看出，这里并没有用到前提（10），反倒是（d）这一步需要用到克里普克没有列出的知识合取原则：（11）（K_i（p）$\wedge K_i$（q））$\to K_i$（p$\wedge$q），对每个 i，$0\leq i\leq n$。

然后，我们将学生排除倒数第二天的推理重构如下：

(a') E_{n-1}，假设；
(b') K_{n-2}（$\neg E_1\wedge\cdots\wedge\neg E_{n-2}$），根据（5）、（a'）和分离规则；
(c') K_{n-2}（$E_1\vee\cdots\vee E_n$），根据（1'）和（9）；
(d') K_{n-2}（($E_1\vee\cdots\vee E_n$)$\wedge$($\neg E_1\wedge\cdots\wedge\neg E_{n-2}$)），根据（b'）、（c'）和（11）；
(e') K_{n-2}（($E_1\vee\cdots\vee E_n$)$\wedge$($\neg E_1\wedge\cdots\wedge\neg E_{n-2}$)$\to E_{n-1}\vee E_n$），根据（8）；
(f') K_{n-2}（$E_{n-1}\vee E_n$），根据（d'）、（e'）和（7）；
(g') K_{n-2}（E_{n-1}），根据（f'）和 K_{n-2}（$\neg E_n$）；
(h') $\neg K_{n-2}$（E_{n-1}），根据（3'）和（6）；
(i') $\neg E_{n-1}$，根据（a'）、（g'）和（h'）。

这里（d'）仍然需要用到知识合取原则，但更为关键的是，要从（f'）得到（g'），仅仅有"考试不在最后一天"这样的结论是不够的，还需要学生在第 n－2 天时知道考试不在最后一天，即 K_{n-2}（$\neg E_n$）。要获得这种知识，一种方式是他在老师宣告之后，立刻进行排除最后一天的推理，然后通过知识的持续性而在第 n－2 天仍然保有这种知识。另一种方式是他在第 n－2 天时，才完成排除最后一天的论证。如此，他需要在第 n－2 天时知道他在第 n－1 天时知道仍然会进行考试，即 K_{n-2}（K_{n-1}（$E_1\vee\cdots\vee E_n$）），这可以利用前提（10）和前提（9）以及他关于前提（9）的知识而得到：

(a'') K_0（K_0（$E_1\vee\cdots\vee E_n$）），根据（1'）、（10）和分离规则；
(b'') K_0（K_0（$E_1\vee\cdots\vee E_n$）$\to K_{n-1}$（$E_1\vee\cdots\vee E_n$）），前提（12）；
(c'') K_0（K_{n-1}（$E_1\vee\cdots\vee E_n$）），（a''）、（b''）和前提（7）；

(d'') K_{n-2} $(K_{n-1}(E_1 \vee \cdots \vee E_n))$, (c'') 和前提 (9)。

这里的问题在于，(c'') 本身并不能通过前提 (9) 得到，只能看成新的前提 (12)；而如果我们利用历时的正内省原则 (13) $K_i(p) \to K_i K_j(p)$，对每个 i, j, $0 \leq i < j \leq n$（其涵义为：如果学生今天知道某件事情，那么他今天知道他未来仍然知道该件事情），那就既不需要新的前提 (12)，也不需要前提 (10)：

(a''') $K_{n-2}(E_1 \vee \cdots \vee E_n)$，根据 $(1')$、(9) 和分离规则；

(b''') $K_{n-2}(K_{n-1}(E_1 \vee \cdots \vee E_n))$，根据 (a''')、(13) 和分离规则。

事实上，索伦森和威廉姆森早就指出，知识的正内省原则并不是意外考试悖论的关键。而威廉姆森消解意外考试悖论的方案，正是拒斥历时的正内省原则。他论证说，即使人们今天知道某件事情，也推不出他今天知道他明天仍然知道该件事情。只不过在我看来，他最后得出存在不可知的真理的结论，却是太过离奇；也许更好的理解还是索伦森的说法，存在"认知盲点"，虽然某学生不可能知道"明天有考试，但该学生不知道明天有考试"，但其他人要知道这一点，却没有任何障碍。

值得注意的是，蒯因和克里普克对意外考试悖论最后一天的排除方式都是一样的，即在倒数第二天时学生不知道老师的宣告为真，只不过蒯因接受知识的持续性原则，所以将这种无知回推到老师宣告之时，而克里普克不接受知识的持续性原则，所以不做这样的回推。可以说，在意外考试悖论中，宣告未能成功产生知识是知识不持续的一种特例，而克里普克对知识持续性原则的反驳表明，除了宣告内容本身的结构因素外，还有其他因素可能导致知识不持续。另外，如果知识的持续性原则不成立，那么历时的正内省原则也不成立。比如，如果有人今天知道某件事情，但明天却不知道该件事情，那么由"知识蕴涵真"显然可得，他今天也不知道他明天知道该件事情。换言之，因为克里普克拒斥知识的持续性，他也不能接受威廉姆森所拒斥的历时的正内省原则。

五、结语

如果以上的分析正确，那么我们至少可以得到如下的结论：克里普克拒斥知识的持续性原则，与坚持"知道蕴涵真"并不冲突。克里普克对意外考试悖论的消解方案，至多只是将 JTB 当成知识的必要条件，而非充分条件，因此独立于盖提尔对传统知识论的三元定义的反驳。克里普克虽然明确提到了知识的正内省原则，但是在他的消解方案中，并没有真正用到这一原则。因此，通过拒斥知识的正内省原则来反驳克里普克对意外考试悖论的消解方案也是行不通的。

本章之所以只是对克里普克方案的局部辩护，很大程度上在于克里普克方案本身的局限性。其方案只能直接用于解决原本的意外考试悖论，其方案对解决意外考试悖论的某些变体是否有效，还有待于进一步的考察。比如，索伦森曾提出过一个"被指定的学生悖论"[1]，其基本思路是将时间换成空间，将原本分散于五天中的同一个学生换成在同一空间中的五个不同学生：老师指定其中一个学生去参加考试，并且在被指定的学生背后贴了一个标识。五个学生排成一排，每一个都能看到自己前面所有人的后背是否有标识。而这时的"意外"是指在打乱队形之前，被指定的学生不知道自己就是被指定的学生。那个被选定的学生显然也可以做类似的推理，从而得出这个意外是不可能的：如果最后一个学生是被指定的，那么他会看到四个人后背都没有标识，从而推断出自己就是那个被指定的学生。这与老师的宣告相矛盾。以此类推，可以将其余四人都排除掉。因此，满足老师的宣告的意外不可能发生。然而，当老师宣布打乱顺序，被指定的那个学生意外地发现自己背后竟然有标识。索伦森的悖论变体显然并不涉及原本的意外考试中的时间差，因此拒斥知识持续性的方案也无从谈起。这是否就足以表明克里普克的方案不能适用呢？有的人认为答案是肯定的。[2] 但这里的疑问却在于，如果悖论变体本身就通过将时间代换为空间而取消掉了相关的时间因素，那么知识的持续性原则是否也应该代换成相应的空间版本呢？

参考文献

1. Kripke S. Philosophical Troubles. New York：Oxford University Press，2011.

---

[1] Sorensen R. Conditional Blindspots and the Knowledge Squeeze：A Solution to the Prediction Paradox. Australasian Journal of Philosophy，1984，62（2）：126-135.

[2] 雒自新和杜国平将此看成克里普克方案不成立的一个理由["意外考试悖论"研究进展. 哲学动态，2015（5）：96-101]，因为他们赞同索伦森的看法：只有当一种解悖方案能够同时解决意外考试悖论的所有变体的时候，这种方案才能算作一种完全的解悖方案.

2. 张建军. 逻辑悖论研究引论. 北京：人民出版社，2014.

3. 陈波. 悖论研究. 北京：北京大学出版社，2014.

4. 刘东. 克里普克论知识悖论. 自然辩证法研究，2012（9）.

5. Gettier E. Is Justified True Belief Knowledge? Analysis，1963，23.

6. Sorensen R. Blindspots. New York. Oxford University Press，1988.

7. Williamson T. Knowledge and Its Limits. Oxford：Oxford University Press，2000.

8. Sorensen R. Conditional Blindspots and the Knowledge Squeeze：A Solution to the Prediction Paradox. Australasian Journal of Philosophy，1984，62（2）.

本书由教育部人文社会科学重点基地北京大学外国哲学研究所支持和资助

分析哲学

——批评与建构 下卷

陈波 等著

中国人民大学出版社
·北京·

目 录

上编 批评性评论

一、早中期分析哲学 …… 3

- 第 1 章 分析哲学内部的八次大论战 …… 4
- 第 2 章 20 世纪西方语言哲学回眸 …… 24
- 第 3 章 弗雷格的思想理论述要 …… 45
- 第 4 章 超越弗雷格的"第三域"神话 …… 61
- 第 5 章 弗雷格的涵义无穷分层问题 …… 84
- 第 6 章 罗素与金岳霖论归纳问题
  ——中西哲学交流的一个案例 …… 103
- 第 7 章 蒯因的逻辑哲学
  ——重构与反省 …… 132
- 第 8 章 对蒯因真理观的批判性考察 …… 166
- 第 9 章 "根据指称决定者为真"的分析性新解及其问题 …… 189
- 第 10 章 在分析传统和解释学传统之间
  ——冯·赖特的学术贡献 …… 202
- 第 11 章 在逻辑和哲学之间
  ——亨迪卡的学术贡献 …… 214

二、克里普克哲学 …… 229

- 第 12 章 必然性概念在反描述论论证中的使用 …… 230
- 第 13 章 反驳克里普克反描述论的语义论证 …… 241
- 第 14 章 存在"先验偶然命题"和"后验必然命题"吗?
  ——对克里普克知识论的批评 …… 265
- 第 15 章 个体本质:一条亚里士多德主义的路径 …… 303

第 16 章　自然种类词的逻辑 ·· 318
第 17 章　分析性与信念之谜 ·· 332
第 18 章　认知疑难及其解决
　　　　——二维认知语义学方案 ·· 346
第 19 章　虚构对象的名字与反描述论论证 ······························ 368
第 20 章　空专名、虚构对象与指称行动 ································· 383
第 21 章　克里普克的极小固定点真理论 ································· 393
第 22 章　克里普克论意外考试悖论 ······································ 405

三、新近分析哲学 ·· 417

第 23 章　麦克道尔的两种逻辑空间学说 ································· 418
第 24 章　麦克道尔论心灵事项的客观意蕴 ····························· 433
第 25 章　对模糊性和连锁悖论的新近研究 ····························· 442
第 26 章　论威廉姆森的认知主义 ··· 460
第 27 章　反驳威廉姆森关于二值原则的论证 ·························· 476
第 28 章　"知识优先"的认识论
　　　　——读《知识及其限度》 ··· 494
第 29 章　对威廉姆森反透明性系列论证的质疑 ······················· 506
第 30 章　威廉姆森对先验-后验之分的两个挑战 ····················· 527
第 31 章　论威廉姆森的必然主义 ··· 543
第 32 章　苏珊·哈克的基础融贯论 ······································ 552

下编　理论性建构

第 33 章　自然语言中词项的指示性使用和谓述性使用 ··············· 569
第 34 章　语言和意义的社会建构论
　　　　——语言如何工作？意义如何生成？ ························· 589
第 35 章　社会历史的因果描述论
　　　　——名称究竟如何指称对象？ ·································· 616
第 36 章　演绎的证成
　　　　——与归纳问题类似的演绎问题 ······························· 635

第 37 章 事实和证据
　　——从哲学和法学的视角看 ············ 652

第 38 章 现代逻辑视野下的实质真理论研究 ············ 679

第 39 章 哲学中的可设想性论证及其限度
　　——对形而上学可能性的主体间性解释 ············ 704

第 40 章 哲学语言及其术语伦理 ············ 725

第 41 章 哲学研究的两条不同路径
　　——对中国哲学界现状的批评性反省 ············ 746

主要参考文献 ············ 763

CONTENTS

Part One Critical Examination

I Early and Middle-Term Analytic Philosophy 3
   Chapter 1 Eight Debates inside Analytic Philosophy 4
   Chapter 2 Retrospection and Reflection on Western Philosophy of Language in the 20th Century 24
   Chapter 3 Outline of Frege's Theory of Thought 45
   Chapter 4 Beyond Frege's Mysterious "Third Realm" 61
   Chapter 5 Frege on "Infinite Hierarchy of Sinn" 84
   Chapter 6 Russell and Jin Yuelin on Induction: From the Perspective of Comparative Philosophy 103
   Chapter 7 Quine's Philosophy of Logic: Reconstruction and Reflection 132
   Chapter 8 A Critical Look at Quine's Conception of Truth 166
   Chapter 9 New Interpretation of Analyticity and Its Problems 189
   Chapter 10 Between Analytic and Hermeneutic Traditions: von Wright's Academic Contribution 202
   Chapter 11 Between Logic and Philosophy: Jaakko Hintikka's Academic Contribution 214

II Philosophy of Saul Kripke 229
   Chapter 12 The Use of the Concept "Necessity" in Anti-Descriptivist Arguments 230
   Chapter 13 Kripke's Semantic Argument against Descriptivism Reconsidered 241
   Chapter 14 Are There Contingent A Priori Propositions and Necessary A

		Posteriori Propositions?: Critical Review of Kripke's Theory of Knowledge 265
Chapter 15	Individual Essense: An Aristotlian Approach 303
Chapter 16	The Logic of Natural Kind Terms 318
Chapter 17	Analyticity and the Puzzle about Belief 332
Chapter 18	Epistemic Dilemmas and Their Resolutions: An Approach from Two-Dimensional Semantics 346
Chapter 19	The Names of Fictional Objects and Anti-Descriptivist Arguments 368
Chapter 20	Empty Names, Intentionality, and Referential Action 383
Chapter 21	Kripke's Theory of Truth Based on Minimal Fixed Point 393
Chapter 22	Kripke on the Paradox of Unexpected Examination 405

Ⅲ Recent Analytic Philosophy 417

Chapter 23	McDowell's Theory of Two Kinds of Logical Spaces 418
Chapter 24	McDowell on the Objective Implication of Mind-Terms 433
Chapter 25	Recent Studies on Vagueness and Sorites Paradoxes 442
Chapter 26	On Williamson's Epistemicism 460
Chapter 27	Against Williamson's Arguments about Bivalence 476
Chapter 28	The "Knowledge First" Epistemology: Review of *Knowledge and Its Limit* 494
Chapter 29	Willianmson's Arguments for Anti-Luminosity Recondered 506
Chapter 30	Williamson's Challenges of the Distinction of A Priori and A Posteriori 527
Chapter 31	On Williamosn's Necessitism 543
Chapter 32	On Susan Haack's Theory of Epistemic Justification: Foundherentism 552

Part Two Theoretical Construction

Chapter 33 Designative and Predicative Uses of Terms in Natural

	Language 569
Chapter 34	Social Constructivism of Language and Meaning: How do Languages Work? How do Meanings Grow? 589
Chapter 35	Social-Historic Causal Descriptivism: How do Names Refer to Their Objects? 616
Chapter 36	Justification of Deduction: Problem of Deduction Similar to Problem of Induction 635
Chapter 37	Fact and Evidence: From the Perspectives of Philosophy and Jurisdiction 652
Chapter 38	Studies on Substantive Theory of Truth: From the Perspective of Modern Logic 679
Chapter 39	Conceivability Argument and Its Limits in Philosophy: The Intersubjective Interpretation of Metaphisical Possibility 704
Chapter 40	Language of Philosophy and Its Ethics of Terminology 725
Chapter 41	Two Different Approaches to Philosophy: A Critical Reflection to Contemporary Chinese Philosophy 746

Bibliography 763

三、新近分析哲学

第 23 章　麦克道尔的两种逻辑空间学说

约翰·麦克道尔（John McDowell）是美国当代著名哲学家，其代表作是 1994 年出版的《心灵与世界》①。在这本书中，麦克道尔以塞拉斯（Wilfrid Sellars）的相关论述为基础，提出了著名的两种逻辑空间的区分的学说。在此后的著述中，麦克道尔又对这个区分进行了多次澄清。这个区分可以说构成了其整个哲学"理论"的基石。本章旨在深入地剖析这个区分，指出其内在的问题和矛盾。

一

在其经典论文《经验主义与心灵哲学》（Empiricism and the Philosophy of Mind）中，塞拉斯主张，知识概念属于一种规范性语境。在该文 §36 他写道：

> 在将一个片段或一个状态刻画成（characterizing ... as）**认识**的片段或状态时，我们不是在给出一个有关那个片段或状态的经验描述；我们是在将其置于理由的逻辑空间（the logical space of reasons），辩护和能够辩护（justifying and being able to justify）人们所说出的东西的逻辑空间之中。②

在这段话中，塞拉斯明确地区分了两种不同的刻画事物的方式：一为对相关的事物给以经验描述，另一为将其置于理由的逻辑空间。我们先来看一下应该如

---

① McDowell J. Mind and World. Cambridge, MA: Harvard University Press. 1994 年初版，1996 年重印（附加上了全新的导言）.
② Sellars W. Empiricism and the Philosophy of Mind//Feigl H, Scriven M. Minnesota Studies in the Philosophy of Science: Vol. 1. Minneapolis: University of Minnesota Press, 1956: 298-299.

念装置。比如，相信、欲求、意图、希望等命题态度概念便属于前一种概念装置，它们不可还原为自然科学的概念。①

麦克道尔认为，戴维森在如下段落中所谈到的"合理性的构成性理想"（the constitutive ideal of rationality）在其思想中所扮演的角色相应于塞拉斯所谓的理由的逻辑空间在其思想中所扮演的角色：

> 当我们使用相信、欲求以及其他的概念时，我们必须准备着随着证据的累积而根据总体的说服力的考虑来调整我们的理论：合理性的构成性理想部分说来控制着必定是一个演变着的理论的演变过程中的每一个阶段。②

按照麦克道尔的理解，戴维森此处所要坚持的是如下观点：我们的有关心灵事项（the mental）的思想和话语受到某种合理性的构成性理想的支配（或者说，对于有关心灵事项的观念本身来说，一种合理性理想是构成性的），因此有关心灵事项的概念（特别是相信、欲求、意图、希望这样的命题态度概念）不能还原为出现在不受这种构成性理想支配的思维和谈话方式之中的概念。③

罗蒂（Richard Rorty）曾经将塞拉斯的两种逻辑空间的区分理解成一种存在于理由的逻辑空间和"与对象的因果关系"的逻辑空间之间的区分。④ 这也就是说，他试图以理由和原因的严格区分来划分两种空间。这也是人们通常会想到的做法。按照一种颇为流行的理解，因果观念扮演着这样的角色：它为自然科学视野中的世界提供了一条基本的组织原则。罗素曾经对这种理解提出异议，他建议我们用某种类似于受规律支配的过程的观念的东西取代这样的因果观念。⑤ 据此，麦克道尔断言：理由的逻辑空间的适当的对比物并不是原因的空间

---

① McDowell J. Having the World in View. Cambridge, MA: Harvard University Press, 2009: 4-5.

② Davidson D. Mental Events//Essays on Actions and Events, Oxford: Clarendon Press, 1980: 223.

③ McDowell J. Mind and World. Cambridge, MA: Harvard University Press, 1994: xviii, xix-xx; McDowell J. Having the World in View. Cambridge, MA: Harvard University Press, 2009: 207-208.

④ Rorty R. Philosophy and the Mirror of Nature. Princeton: Princeton University Press, 1979: 157.

⑤ Russell B. On the Notion of Cause//Mysticism and Logic. London: George Allen & Unwin. 1963: 132-151.

(the space of causes),而是规律的领域(更准确地说,是归属于自然规律之下的逻辑空间,进而是自然科学的理解的逻辑空间)。与罗蒂对于两种空间的区分的解释不同,麦克道尔的解释没有预先阻止如下可能性:理由可以是原因。麦克道尔认为这恰恰是我们应当接受的结论:一个关系之为合理的关系与它之为因果的关系可以是并行不悖的,并非所有的因果关联性都是粗野地因果性的(brutely causal)。因此,我们不应当将因果联系的观念仅仅局限在不是由理由的逻辑空间所构筑的思维之上,即不应当将其视作自然科学思维的专有属性。①

二

正常的、成熟的人类成员可以说均"居住在理由的逻辑空间之中"(inhabit the logical space of reasons)②,他们均拥有对理由的逻辑空间的结构——进而理由——做出回应(或给以回响)的能力。麦克道尔认为在此我们有必要区分开对理由的回应(responsiveness to reasons)和对理由本身的回应(responsiveness to reasons as such)。对理由本身的回应意即对作为其实际上所是的理由的理由的回应(responsiveness to reasons as the reasons they are)。一个单纯动物的行为也可以被描述为"对理由的回应":比如一只猫见到一条烈性犬后逃跑了。这时,我们可以说,这只猫因为觉察到一种危险而逃跑了。这条烈性犬的出现可以说构成了这只猫的逃跑行为的"理由"。但是,在做出这样的逃跑行为时,这只猫显然只是在按照其本能而活动。它不可能具有这样的能力:从逃跑倾向那里退回来,思考一下它是否真的应当逃跑——此时此刻的貌似的危险是否构成了逃跑的充分的理由,或者说这个假定的理由是否证明了逃跑行为是正当的,是否构成了真正的理由。显然,这样的能力必定涉及这样一种概念能力(conceptual capacity),它以危险概念为内容。毫无疑问,只有正常的人类成员才可能拥有这样的能力。只有拥有这样的能力的主体对理由所做出的回应才是对理由本身

---

① McDowell J. Mind and World. Cambridge, MA: Harvard University Press, 1994: 71, 75; McDowell J. The Engaged Intellect. Cambridge, MA: Harvard University Press, 2009: 139, 258.

② McDowell J. The Engaged Intellect. Cambridge, MA: Harvard University Press, 2009: 247.

将其看成一个文本、一部教训之书呢？对此查尔斯·泰勒（Charles Taylor）给出了这样一种解释：按照古代和中世纪的人们的理解，正如不同的语言的表达式能够表达同样的观念秩序（或者说同样的思想）进而具有相同的意义一样，世界中不同领域中的诸要素的特定的秩序也能够表达或体现（embody）相同的观念秩序（或者说相同的思想），进而也能够呈现出相同的有意义的秩序（a meaningful order）。此外，有关这样的有意义的秩序的观念必定是与有关终极因或目的因（final causes）的观念绑定在一起的，因为它做出了这样的预设：自然（或宇宙）之内的诸事项的实际的状态及其进一步发展最终均为了体现构成这个有意义的秩序的诸观念，因而这个秩序构成了其终极的解释。显然，古代和中世纪人们的这种观点是典型的"拟人化"（anthropomorphizing）的做法的结果：将人们最想找到的这样一些形式——在其中人们会感到无限的满足和自在——投射进外部事物之中。按照近现代的世界观，自然不过是有待我们去发现的诸种偶然的、事实上的关联的场所，而绝非无尽的意义的场所。①

四

从前面的介绍我们看到，麦克道尔一再地强调了理由的逻辑空间的结构（规范性结构）的自律性或者说理性的自律性、意义的自律性。看起来这种立场必定导致这样一种疯长的柏拉图主义（rampant platonism）：理由的逻辑空间的结构——我们借以给事物赋予意义的结构——干脆就是处于自然之外的，即是超自然的（supernatural），它"是以独立于任何从类别上说属于人的东西的方式（independently of anything specifically human）而被构成的，因为从类别上说属于人的东西（what is specifically human）肯定是自然的［关于人类事项的观念（the idea of the human）就是关于与某类动物相关的东西的观念］，而我们正在拒绝对理性的要求给以自然化的处理"②。这样，我们之能够进入并生活于理由的逻辑空间的结构之中这个事实就不能不是神秘莫测的，或者说我们对这种结构给以回响的能力就不得不是一种玄妙的能力（an occult power），一种外加于我们之为我们实际上所是的那种动物这点之上的东西，好像我们在动物王国之

---

① Taylor C. Hegel. Cambridge：Cambridge University Press, 1975：4-10.
② McDowell J. Mind and World. Cambridge, MA：Harvard University Press, 1994：77.

外——"在一个极其非人类性的理念性的领域"(in a splendidly nonhuman realm of ideality)——还有一个立足处。显然,这样的柏拉图主义根本无法回答如下问题:我们所拥有的对理由本身或意义做出回应的能力——或者说作为我们的本质特点的一个部分的有理性或理性进而规范、自由、意义等——如何能够融入自然世界?对于这样的指责,麦克道尔的回应是这样的:相关的柏拉图主义绝非只能是"疯长的",即只能采取一种超自然主义(supernaturalism)的形式,因为我们所生活于其中的理由的逻辑空间的结构必定是在与某种单纯人类性的进而单纯自然的事项的关联中而被构成的。首先,作为拥有理性或概念能力的动物的人类的出现肯定是自然中起作用的诸种力量所导致的结果。因而,我们所生活于其中的理由的逻辑空间最初必定是诸种自然力量的产品。这点确定无疑地防止了一种形式的疯长的柏拉图主义:"即这样的观念,我们这个物类在一个来自于自然之外的礼品中获得了使它成为特别的东西,即对意义给以回响的能力。"① 其次,个别的人类成员生下来时是单纯的动物,是其随后所接受的教化(Bildung)或教养(upbringing)将其逐步引领进了(initiates into)理由的逻辑空间,使得其最终拥有了对理由或意义做出回应的能力或者说概念能力,进而使其最终成为真正意义上的人——一个有理性的动物,一个有文化的动物。显然,这样的引领过程构成了一个人类成员之走向成熟这件事情的一个本质性的部分。最后,人类婴儿之所以能够接受这样的教化,之所以能够最终被教养成为真正意义上的人,这是因为他们具有一种相应的独特的潜能,而其他的动物的幼仔则不具备这种潜能。人类婴儿所具有的这种被教化的潜能当然是一种单纯自然的能力(merely natural capacity)②。

我们的**教化**现实化了我们生下来就拥有的诸潜能中的一些,我们不必假定它将一个非动物的成分引入了我们的构成(our constitution)之中。而且,尽管理由的空间的结构不能从有关我们之涉入规律的领域中的事实中重新构造出来,但是它之所以能够是这样的框架,在其内意义进入视野之中,这仅仅是因为我们的眼睛能够经由**教化**而向其张开。而教化是我们所是的那种动物正常地走向成熟过程中的一个要素。意义并非是一件从自然

---

① McDowell J. Mind and World. Cambridge, MA: Harvard University Press, 1994: 123.
② 单纯自然的能力是指相关的动物生下来就具有的或者经过单纯动物的成熟过程便可习得的能力,参见 McDowell J. Having the World in View. Cambridge, MA: Harvard University Press, 2009: 5。

之外而来的神秘莫测的礼物。①

麦克道尔将人类成员通过适当的教化或教养而习得的那些概念能力（它们之间的互相关联属于理由的逻辑空间，甚至可以说构成了理由的逻辑空间的布局本身）——进而对理由或意义做出回应的能力，最后作为结果而出现的思想和行为习惯（the resulting habits of thought and action）——称为他们的"第二自然"（second nature）。② 因此，作为有理性的动物的人的自然包括人的第一自然（first nature）和人的第二自然（进而一般意义上的自然包括一般意义上的第二自然），而且人的自然大部分说来是人的第二自然。③

按照麦克道尔的上述理解，我们的第二自然之所以处于它所处的那种状态，这不仅仅是因为我们生下来就拥有的那些潜能，而且是因为我们的教养和我们的教化。给定了这种意义上的第二自然的观念，我们便能够说我们的生活被理性塑造的方式是自然的，即使与此同时我们否认理由的逻辑空间的结构能够被整合进自然科学的理解的逻辑空间的布局之中：

> 自然的运作（operations of nature）可以包含这样的情形，其描述将它

---

① McDowell J. Mind and World. Cambridge, MA: Harvard University Press, 1994: 88.
② 同①xx, 84. 在英语中"nature"既指自然界或自然现象等等，又指本性。在汉语中，"自然"这个词的字面意义本来是指事物的本来的样子，即其本性。只是后来才具有了指称自然界的意义。（老子的著名断言"道法自然"中的"自然"当指本性。这样，这个断言的意义便是：道或体道者在活动时总是能够尊重事物的本性，而不肆意干扰之。参见韩林合. 虚己以游世——《庄子》哲学研究. 北京：北京大学出版社，2006: 160。）在麦克道尔那里和我的相关论述中，"nature"和"自然"均分别是在这两种意义上使用的。
③ 一般意义上的第一自然包括：自然律的领域和单纯的生物学现象。动物的第一自然是指动物的这样的存在方式：相关的动物生下来就已经具备了，或者经过单纯生物的成熟过程就可以获得了。一般意义上的第二自然是指动物的这样的存在方式：它不是相关的动物生下来就已经具备的，或者经过单纯生物的成熟过程就可以获得的，而是要通过训练才能形成的。在这种意义上，受过训练的狗也无疑具有第二自然。理性动物的第一自然包括作为其第二自然的构成基础的那些天生的潜能；相关的概念能力以及与之相联的思想和行为习惯构成了人的第二自然的核心内容，但是并非构成了其全部内容。自然科学所能处理的自然不仅包括第一自然，而且包括非理性动物的第二自然和有理性的动物的单纯动物性的第二自然。参见 McDowell J. Responses//Willaschek M. John McDowell, Reason and Nature: Lecture and Colloquium in Münster, 1999. Münster: LIT-Verlag, 2000: 98; Responses//Lindgaard J. John McDowell: Experience, Norm, and Nature. Oxford: Blackwell, 2008: 220。

们置于理由的逻辑空间,尽管这个空间是自成一类的。①

为了让我们自己消除疑虑,相信我们对理由的回应并不是超自然的,我们应当总是想着如下思想:是我们的生活受到了自发性的塑造(shaped),被以这样一些方式给予图案(patterned in ways),只有在一种由戴维森称为"合理性的构成性理想"的东西所构筑的研究中它们才会进入视野之中。自发性的行使属于我们的过生活的模式(our mode of living),而我们的过生活的模式就是我们现实化作为动物的我们自身的方式(our way of actualizing ourselves as animals)。因此,我们可以通过如下说法改述这个思想:自发性的行使属于我们现实化作为动物的我们自身的方式。这去除了任何这样的需求:要努力将我们自身看成以独特的方式分叉的(bifurcated):我们的一个立足点位于动物王国之内,而此外我们还神秘地涉入一个自然之外的、由合理的联系构成的世界之中。

这并没有要求我们让理由的空间和规律的领域之间的对比变得模糊不清。为了将自发性的行使看成自然的,我们不需要将与自发性关联在一起的诸概念整合进规律的领域的结构之中,我们需要做的是强调它们在这样的活动——捕捉包含在一种过生活的方式中的图案(capturing patterns in a way of living)——之中所扮演的角色。当然,如果有关生活及其形态(shapes)的观念仅仅属于或者原本就属于规律的领域的逻辑空间之内,那么在此就将不存在任何对比了。但是,没有任何理由假定事情是这样的。②

因此,一般意义上的自然并非全部都是缺乏意义的,其中的一些部分即构成了我们的第二自然的部分还是充满着意义的。麦克道尔将其对于自然的如是理解称为"对于自然的部分的重新施魅"(the partial re-enchantment of nature),

---

① McDowell J, Mind and World. Cambridge, MA: Harvard University Press, 1994: xx. 因此,理由的逻辑空间和自然科学的理解的逻辑空间的区分并非等同于第一自然和第二自然的区分。第二自然横跨着两种空间:一些第二自然现象可以通过被置于理由的逻辑空间的方式得到理解,而另一些第二自然现象则不能如此地得到理解(比如一条受过训练的狗的表演),而只能通过被置于自然科学的理解的逻辑空间的方式得到理解。参见 McDowell J. Responses//Willaschek M. John McDowell, Reason and Nature: Lecture and Colloquium in Münster, 1999. Münster: LIT-Verlag, 2000: 99; Response to Macdonald//Macdonald G, Macdonald G. McDowell and His Critics. Oxford: Blackwell, 2006: 236。

② McDowell J. Mind and World. Cambridge, MA: Harvard University Press, 1994: 78.

进而将以这样的自然构想为基础的自然主义称为"第二自然的自然主义"(naturalism of second nature)、"宽松的自然主义"(relaxed naturalism)、"开明的自然主义"(liberal naturalism)、"希腊自然主义"(Greek naturalism)、"亚里士多德式的自然主义"(Aristotelian naturalism)。这种自然主义与在当代哲学中大行其道的自然主义——麦克道尔称其为"露骨的自然主义"(bald naturalism)、"规律的领域的自然主义"(naturalism of the realm of law)、"自然科学的自然主义"(naturalism of natural science)、"唯科学主义的自然主义"(scientistic naturalism)、"祛魅的自然的自然主义"(naturalism of disenchanted nature)、"限制性的自然主义"(restrictive naturalism)——形成了鲜明的对照。露骨的自然主义拒绝逻辑空间的二分,即拒绝承认理由的逻辑空间的自成一类的特征,而是声称我们完全可以通过使用属于自然科学理解的逻辑空间的术语将理由的逻辑空间的结构重构出来——那些构成理由的逻辑空间的规范性关系可以从这样的概念材料重构出来,其家园是自然科学的理解的逻辑空间。麦克道尔断言,欲以这样的方式弥补甚或消除规范和自然之间的鸿沟的企图是不可能成功的。实际上,只要我们拥有了第二自然的观念,进而考虑到了教化在人类成员正常的成熟过程中的重要性,那么我们根本就不需要从事露骨的自然主义的坚持者所努力从事的那种构建性工作。根本说来,正常的人类生活,"我们的自然的存在方式"(our natural way of being),已然受到了理由的逻辑空间的结构——或者说理性、规范、意义等等——的塑造。

> 仅仅**教化**这个观念(the bare idea of *Bildung*)就确保了意义的自律并不是非人类性的,而这应当消除这样的趋向,即被有关理性的规范或者需求的观念本身吓唬住。这没有留下任何有关规范的真正的问题——除了那些我们在对特别的规范进行反思性思考时所处理的问题以外(这样的反思性思考活动并非特别是哲学性的)。不存在任何对于这样的构建性哲学的需求,它所指向的是理性的规范这个观念本身,或者那个意义在其中进入视野之中的结构,而其出发点则是那种威胁着给自然祛魅的自然主义的立场。我们不必尝试从那种立场出发将意义放进视野之中。①

有了第二自然的观念,我们便可以赋予柏拉图主义以一种适当自然化了的形式,此即所谓"自然化的柏拉图主义"(naturalized platonism)和"宽松的柏拉

---

① McDowell J. Mind and World. Cambridge, MA: Harvard University Press, 1994: 95.

图主义"（relaxed platonism）。显然，这种柏拉图主义完全不同于疯长的柏拉图主义：

> 在疯长的柏拉图主义之中，意义在其内进入视野之中的那种合理的结构独立于任何单纯人类性的东西，结果我们的心灵对其给以回响的能力看起来是玄妙的或者魔术般的。自然化的柏拉图主义之所以是柏拉图主义的，是因为理由的空间的结构拥有一种自律性，它并非是从有关人类成员的这样的真理——即使那个结构没有进入视野之中它们也是可以被捕捉到的——之中派生出来的，或者是其反映。但是，这种柏拉图主义不是疯长的：理由的空间的结构并不是在与任何单纯人类性的东西极其隔绝的状态下（in splendid isolation from anything merely human）而被构成的。理性的需求本质上说来是这样的，以至于一种人类的教养能够让一个人类成员的眼睛向它们张开。①

> 有关个别的人类成员的教化的反思应当足以区别开我所推荐的那种自然化的柏拉图主义与疯长的柏拉图主义。而且，在这种反思之中我们可以将一个人类成员被引领进其中的那种文化看成一间开张营业的公司（a going concern）……人类婴儿是单纯的动物，只是在其潜能上有所不同而已，而且在通常的教养过程中没有任何玄妙的事情发生在一个人类成员身上。如果我们将某一个类型的柏拉图主义放在一个坚守这些事实的有关**教化**的说明的背景之中，那么我们由此便确保了如下事实：它不是一种疯长的柏拉图主义。②

五

麦克道尔有关两种逻辑空间的区分的学说对于他的整个哲学来说具有基础性的地位。上面我们介绍了其主要内容。下面我们对其做一些必要的质疑和批评。

鉴于这个区分对于其哲学观的基础性的地位，麦克道尔在其众多的著述中对它给出了多种多样的表述。在这些众多表述之中我们不难发现一些不甚清楚

---

① McDowell J. Mind and World. Cambridge, MA: Harvard University Press, 1994: 92.
② 同①123.

甚或矛盾之处。

首先，一方面，麦克道尔认为，概念的范围（the conceptual sphere）或者说概念事项的范围（the sphere of the conceptual）、概念的空间（the space of concepts）同于思想的领域（the realm of thought）或者说能够思维的内容（the thinkable contents）的范围，而能够思维的内容的范围包括现实世界（实在），进而包括经验世界［此即他所谓的"概念事项的无界性"（the unboundedness of the conceptual）］①；另一方面，他又认为概念的范围的"地貌"（topography）是由合理的关系构成的，概念的范围同于理由的逻辑空间。② 因此，经验世界的所有部分——包括作为规律的领域的自然（单纯自然的世界）——应当都可以置于理由的逻辑空间之中，进而都应当是有意义的。这样，两种逻辑空间的区分便不复存在了。因为，对于这个区分来说，下面这点具有本质性的意义：可以通过被置于理由的逻辑空间之中的方式得到的理解的东西绝对不能通过被置于自然科学的理解的逻辑空间之中的方式来理解，反之亦然。导致这个内在矛盾的根本原因在于麦克道尔对概念的范围和理由的逻辑空间的等同处理。在我看来，就麦克道尔的整个体系来说，他完全可以放弃这样的等同处理。这也就是说，我们可以坚持概念的范围或者说能够思维的内容的范围大于理由的逻辑空间：经验世界的许多部分尽管处于概念的范围之内，是能够思维的，但是却并非因此就具有规范性结构，就处于辩护关系之中。

其次，麦克道尔的两种逻辑空间的区分学说中一个让人十分困惑的地方是：这个区分究竟是存在论上的（ontological），还是意识形态上的（ideological）？从其给予这个区分的语言表述上看，它似乎只能是意识形态上的：既然说的是"逻辑"空间的区分或者理解事物的方式上的区分，那么相关区分就只能是意识形态上的。他在一些地方的论述也给人以这样的印象：

> 戴维森式的一元论在此提供不了什么帮助。如果我们仍然纠缠于有关我们所谈到的事项中一部分的看起来是超自然的真，那么即使经由深思而认识到它们均出现在自然之中也不会给我们提供安慰。在一种将自然构想

---

① McDowell J. Mind and World. Cambridge, MA: Harvard University Press, 1994: Lecture Ⅱ.
② 同①Lecture Ⅰ: 5, 125.

成规律的领域的自然主义的语境中，理由的空间和规律的领域之间的对比所设置的那个问题并不是存在论上的，而是意识形态上的。①

在另一些地方，他又明确地将这个区分看成具有存在论上的意蕴：经验世界（或泛而言之的自然世界）之中的一些事项只能通过被置于理由的逻辑空间之中的方式得到理解，而其中的另一些事项则又只能通过被置于自然科学的理解的逻辑空间之中的方式得到理解。

> 我非常乐于做出这样的假定：在自然之中存在着两种发生的事情（happenings），即那些能够归属于自然规律之下的发生的事情和那些不能归属于自然规律之下的发生的事情，因为自由在它们之中起着作用。②

在许多地方，他直接将理由的逻辑空间与规律的领域对立起来，而规律的领域当然是指受自然规律支配的那部分经验世界。我认为，为了成为一个真正有意义的区分，两种空间的区分应当既是意识形态上的，又是存在论上的。

最后，麦克道尔反对人们通过理由和原因的区分来刻画他的两种逻辑空间的区分，因为在他看来不仅理由可以是原因，而且原因也可以是理由。③ 同时，他又声称："这点并没有触动如下事实：一种**单纯**因果的关系（a *merely* causal relation）不能充作一种辩护关系。"④ 这也就是说，他认为这样的情形是可能的，甚至是实际存在着的：一个事件作为原因导致了另一个事件，同时又作为理由证明了这另一个事件是正当的，即为其提供了辩护。这种观点十分让人费解，难以成立。尽管一种复杂的关系（比如一条规则与其遵守之间的关系）可能包含着这样两个方面，其一为因果关系，其二为辩护关系，但是一种简单的关系不可能同时既是因果关系又是辩护关系。在我看来，理由和原因的区分是一种严格的区分，而且只有通过借助于这个区分我们才能令人满意地刻画两种逻辑空间的区分。

---

① McDowell J. Mind and World. Cambridge, MA: Harvard University Press, 1994: 78n.
② McDowell J. Response to Macdonald//Macdonald C, Macdonald G. McDowell and His Critics. Oxford: Oxford Blackwell: 238.
③ 在此，麦克道尔自认为是在追随戴维森的理由观。参见 Davidson D. Actions, Reasons, and Causes//Davidson D. Essays on Actions and Events. Oxford: Oxford University Press, 1980: 3-19。
④ 同①71.

第 24 章　麦克道尔论心灵事项的客观意蕴

一

约翰·麦克道尔为自己所设置的哲学任务是消解近现代哲学所陷入其中的诸多深刻的忧虑（anxieties）或困惑（puzzlements）。在他看来，这些忧虑都集中于心灵与世界的关系之上：心灵事项（the mental）——比如经验（直观、感觉意识）、经验思维（特别是相信和判断）或其结果即思想——如何可能接触到或关联到进而指向客观事项（the objective），即它们是关于世界中的这个或那个客体（对象）的，还是表现了世界中的这个或那个事态是成立的？麦克道尔将心灵事项对客观事项进而对世界的这种指向性称为心灵事项的客观意蕴（objective purport）或者意向性（intentionality）。因此，相关的忧虑就是关于心灵事项如何可能拥有这样的客观意蕴的忧虑。那么，这样的忧虑究竟是如何产生的？

麦克道尔认为，近现代哲学家之所以会产生这样的忧虑，首要的原因是他们坚持着这样的心灵观：心灵是一种器官。一些哲学家认为这种器官是物质的，另一些哲学家认为它是非物质的。无论坚持哪一种理解，相关的哲学家均认为发生于这样的心灵器官之内的状态或事件本质上说来均与外部世界中的事项无涉。但是，他们又不得不承认，心灵状态或事件事实上的确具有客观意蕴，指涉了世界中的客体或其所处的情况。因此，他们不得不认为我们的心灵具有"一些神秘莫测的能力"（mysterious powers），正是借助于这样的能力，发生于心灵之内的状态或事件才得以具有了客观意蕴，魔术般地指涉了世界中的客体或其所处的情况。但是，这样的有关心灵事项的客观意蕴的理解显然是无法让人满意的。[1]

---

[1] McDowell J. Putnam on Mind and Meaning//Mind, Knowledge, and Reality. Cambridge, MA: Harvard University Press, 1998: 280-281, 285-289.

不过，即使我们放弃了心灵是一种器官的观念，心灵事项何以能够具有客观意蕴这点仍然让人倍感困惑。麦克道尔是这样分析这种困惑的产生原因的。首先，他断言，就心灵事项中的一个特别重要的类别即经验思维来说，其客观意蕴或者其对世界的指向性就意味着在其是否得到了正确的实施这点上它需要对世界即对事物所处的情况负责。而且，我们只能将在此所涉及的对世界负责这样的事情理解成这样：它是经由对经验负责的方式居间促成的。在此，"对……负责"英文原文为"answerable to"，意即"需要向……解释或者辩护自己的行动"（required to explain or justify one's actions to）。因此，一个相关的心灵事项拥有客观意蕴就意味着它要从经验那里得到辩护。这样，对经验负责构成了理由的逻辑空间（the logical space of reasons）的结构的那种规范性关系或辩护关系。但是，按照通常的理解，经验是由印象构成的，而印象不过是世界对我们或者说我们的感性或感官的冲击。这样的印象进而经验似乎只能是单纯自然的事件，只能通过被置于自然科学的理解的逻辑空间（the logical space of natural-scientific understanding）之中的方式得到理解，而绝对不能通过被置于理由的逻辑空间之中的方式得到理解。因而，它们绝对无法为相关的心灵事项提供辩护。由此，我们便陷入了一个典型的近现代哲学的忧虑之中：经验思维——进而一般而言的心灵事项——如何可能具有客观意蕴？或者说，有关世界的思想如何可能具有经验内容？

麦克道尔将他所关心的哲学忧虑称为"先验忧虑"（transcendental anxiety），它不同于所谓"认识论忧虑"（epistemological anxiety）。[①] 认识论忧虑所涉及的是正确的经验思维或者说经验知识的可能性问题："用蒯因的司法象喻（juridical image）来说，这就等于这样的某种东西：'出现在对比如一个信念的审判之中的经验如何能够宣布一个对于这个信念来说足够有利的裁定，以便它可以被算作知识的一种情形？'"[②] 而先验忧虑所涉及的则是——特别说来——经验思维的可能性问题，也即经验内容的可能性问题："我们发现我们陷于其中的一种思维方式让心灵与实在的其余的部分干脆无法发生接触，而并非仅仅让它认识它们的能力发生问题。"[③] 显然，与认识论忧虑相比，先验忧虑更其根本：只有

[①] McDowell J. The Engaged Intellect. Cambridge, MA: Harvard University Press, 2009: 243-246.

[②] McDowell J. Mind and World. Cambridge, MA: Harvard University Press, 1996: xiii.

[③] 同[②].

在消除了先验忧虑的情况下，人们才会产生认识论忧虑。换言之，只有在我们的思维终究能够具有经验内容这个条件得到了满足的情况下，人们才会提出我们的思维是否能够让我们拥有知识这样的"问题"。在麦克道尔看来，许多哲学家——比如罗蒂①——常常将这两种全然不同的忧虑混为一谈了。②

二

麦克道尔坚决否认心灵是一种器官的观念，进而也否认心灵具有神秘莫测的指涉能力的观念。在他看来，心灵不过是各种各样的心灵能力的聚集（collection），而这些心灵能力的拥有者则是一个具心的（minded）存在物（即有理性的动物）。③ 具心的存在物的生活是在与世界的认知的和实践的关系中度过的，因而其心灵能力的行使即相关的心灵事项（心灵状态和事件）本质上就关联着世界中的客体及其所处的情况。

有关心灵的话语就是有关心灵生活的主体的话语——在它们是心灵生活的主体的范围内；而且，按照我所意指的解释，如下想法只不过是一种我们应当予以抛弃的偏见：心灵生活必须被构想成是发生在一种器官之内的，以至于其状态和事件内在地（intrinsically）就独立于与相关有机体之外的东西的关系。④

心灵生活是**我们的**生活的一个侧面，它就发生于心灵之内这样的观念能够而且应该被与如下观念分离开来：存在着我们的这样一个部分，在其内它发生着（无论这个部分是物质的还是非物质的——假定这样的说法是有意义的）。根本不必通过比如下方式更为精确的方式来准确地确定心灵生活发生的地方：说它就发生在我们的生活所进行的地方。于是，心灵生活的状态和事件不可能比我们的生活更少内在地关联着我们的环境。⑤

---

① Rorty R. Philosophy and the Mirror of Nature. Princeton：Princeton University Press，1979：Chap. 6.

② McDowell J. The Engaged Intellect. Cambridge, MA：Harvard University Press, 2009：244。

③ 同②274.

④ McDowell J. Putnam on Mind and Meaning//Mind, Knowledge, and Reality. Cambridge, MA：Harvard University Press, 1998：281.

⑤ 同④.

我的目的不是设定神秘莫测的心灵能力；相反，我旨在让我们重新拥有有关思维的这样的构想：它是这样一些能力的行使，它们并不是为一个思维的存在物的某个部分——这样一个部分，在刻画其内部的安排时，我们可以不考虑该思维的存在物是如何置身于其环境之中的——以一种神秘莫测的方式所拥有的，而是为一个思维的存在物本身——一个在与世界的认知的和实践的关系中度过其生活的动物——以一种非神秘莫测的方式所拥有的。①

在此，麦克道尔声明：他决不否认我们的正常的心灵生活依赖于一种器官即大脑的正常运转。但是，这并非就意味着这种器官的正常运转就是心灵生活本身实际上所是的东西（what mental life, in itself, is）。因此，"我们必须区别开对如下两种事项的探究：一是有关比如让自己的心灵放在一个客体之上这样的事情（having one's mind on an object）的机制的；一是有关让自己的心灵放在一个客体之上这样的事情实际上所是的东西的"②。

三

那么，我们应该如何解释心灵事项与世界中的客体及其所处的情况之间的这种本质关联进而消解围绕着这种关联所产生的那些忧虑？为了回答这个问题，麦克道尔首先重新定义了世界观念。他断言，世界中的客体及其所处的情况均处于概念的空间（the space of concepts）之内，均是能够思维的。此即他所谓的"概念事项的无界性"（the unboundedness of the conceptual）："尽管实在独立于我们的思维，我们却不能将它描画成这样：处于一个围绕着概念的范围的外部边界之外。"③ 显然，这种观点有唯心主义之嫌。在《心灵与世界》中，麦克道尔不承认这样的指责。他断言，做出这种批评的人实际上没有分清"思想"一词的两种不同的意义：一是指思维的行为，一是指思维的内容（即某个人所思维的东西）。

---

① McDowell J. Putnam on Mind and Meaning//Mind, Knowledge, and Reality. Cambridge, MA: Harvard University Press, 1998: 289.

② McDowell J. The Engaged Intellect. Cambridge, MA: Harvard University Press, 2009: 275.

③ McDowell J. Mind and World. Cambridge, MA: Harvard University Press, 1996: 26.

现在，如果我们要给予实在的独立性以适当的承认，那么我们所需要的东西就是一种来自**思维和判断**——我们对于自发性的行使——之外的限制。这样的限制不必是来自**能够思维的内容**（thinkable contents）之外。如果我们将一般而言的事实等同于概念能力的行使——思维行为——或者将事实表现成这样的事项的反映……那么这的确轻视了实在的独立性，的确是唯心主义的做法。但是，如下说法并非唯心主义的：……在自发性的行使过程……之中一般而言的事实本质上说来能够被容纳进思想之内。①

因此，麦克道尔认为，如果称一种立场是"唯心主义的"就是抗议说它没有真正地承认实在是依某种方式独立于我们的思维的，那么他的相关立场并非唯心主义的。不过，在后来的著述中，麦克道尔认识到，他的相关立场在一种意义上的确是唯心主义的，因为他断言思想的形式就其本身来说就已经是世界的形式。②

麦克道尔不仅认为概念事项的范围是无界的，而且还认为概念的范围的"地貌"（topography）是由合理的关系构成的，概念的范围同于理由的逻辑空间。因此，整个世界均处于理由的逻辑空间之中。③

四

为了解释心灵事项与世界中的客体及其所处的情况之间的本质关联进而消解围绕着这种关联所产生的那些忧虑，麦克道尔不仅重新定义了世界观念，而且还重新定义了经验进而定义了自然观念。在他看来，作为感性的一种运作，经验并非与我们的概念能力进而与知性的自发性全然无关，只能是单纯自然的事件。相反，在经验过程即接受一个印象过程之中相关的概念能力进而知性的自发性就已经被启用了（brought into play）或者说被现实化了（actualized）。这样的感性的运作仍然可以被看作自然的事件，不过，这时它是第二自然（second

---

① McDowell J. Mind and World. Cambridge, MA: Harvard University Press, 1996: 28.
② McDowell J. The Engaged Intellect. Cambridge, MA: Harvard University Press, 2009: 138; McDowell J. Having the World in View. Cambridge, MA: Harvard University Press, 2009: 142-143.
③ 同①5, 125.

nature）的事件，而非第一自然（first nature）的事件（即单纯自然的事件）。这样，我们便既可以承认经验或印象的观念就是某种自然的事项的观念，而又没有因此就将其从理由的逻辑空间中移除，使得其无法为经验信念或判断提供辩护。

一旦我们回想起了第二自然，我们便看到，自然的运作可以包含这样的情形，其描述将它们置于理由的逻辑空间，尽管这个空间是自成一类的。这点使得如下事情成为可能：容纳自然中的印象而又没有对经验主义造成危险。现在，从接受一个印象就是自然中的一个交易这个论题我们不能恰当地推导出如下结论（而塞拉斯和戴维森则得出了这个结论）：接受一个印象的观念对诸如负责这样的概念在其中起作用的逻辑空间来说必定是陌生的。这样的概念能力，其互相关联属于自成一类的理由的逻辑空间，不仅可以在判断中起作用，而且在自然内的交易中就已经起作用了。①

因此，在经验中，康德所理解的那种感性的接受性和知性的自发性一起发挥着作用。正是这种联合的涉入允许我们说在经验中人们能够接纳（take in）世界中的事实——事物所处的情况。通过在经验中被接纳的方式，事物无论如何所处的情况进而世界本身便可以向自发性的行使施加一种源于人们的思维之外的合理的控制。

在人们没有受到误导时人们所处的特定的经验之中，人们所接纳的东西是**事物是如此这般的**。**事物是如此这般的**就是这个经验的内容，而且它也能够是一个判断的内容：如果这个主体决定按照其表面价值接受这个经验，那么它便成为一个判断的内容。因此，它就是概念内容。但是，如果人们没有受到误导，那么**事物是如此这般的**也是世界的布局的一个方面：它就是事物所处的情况。因此，概念上被给予了结构的接受性的运作让我们能够将经验说成向实在的布局的开放（openness to the layout of reality）。经验使得实在的布局本身能够向一个主体所思维的东西施加一种合理的影响。②

显然，麦克道尔在此之所以能够随意地使用这个向世界（或实在）开放的象

---

① McDowell J. Mind and World. Cambridge, MA：Harvard University Press, 1996：xx.
② 同①26.

喻，原因在于他安置世界的那种独特方式：尽管世界独立于我们的思维，但是它却并非处于概念的空间之外："**事物是如此这般的**是一个经验的概念内容，但是，如果这个经验的这个主体没有受到误导，那么**事物是如此这般的**这同一个事项也是一个可以知觉到的事实，可以知觉到的世界的一个方面。"①

因此，经验思维最终便可以通过对经验负责的方式而满足对世界负责的要求了，进而经验思维对世界的指向性便得到了保证，最后心灵事项之具有客观意蕴便成为自然而然的事情了。由此，相关的忧虑便得到了消解。

五

麦克道尔认为他所坚持的这种有关心灵事项（特别说来，思想）的客观意蕴的观点与维特根斯坦在《哲学研究》第 95 节所要坚持的有关思想的可能性的观点如出一辙。在《心灵与世界》中，他写道：

> 我发现在此反思一下维特根斯坦的如下评论不无益处："当我们说出并且**意指**某某是实际情况时，我们——以及我们的意指——并非在事实前面的某个地方便止步不前了；相反，我们意指：**这-是-如此这般的**。"维特根斯坦将这点称为一个悖论。这是因为，它可能激起人们做出这样一种反应（尤其是与"**思想**可能是有关非实际的情形的"这个事实结合在一起来看时），在其中我们的心灵对于最为一般意义上的思维——在这种情形中为意指我们所说出的话——所具有的"将实在捕捉在其网之中"这样一种看似神奇的能力感到吃惊。不过，维特根斯坦也——正确地——说道，这个评论"具一个自明之理的形式"。
>
> 我们可以以一种会令维特根斯坦感到不太舒服的方式来表述这个要点：在人们能够意指的那种东西——或者一般地说来，人们能够思维的那种东西——与能够是实际情况的那种东西之间不存在任何存在论上的空隙（ontological gap）。当人们以真的方式思维时，人们所思维的东西**就是**实际情况。因此，既然世界就是所有实际情况（像他曾经写道的那样），那么在思想本身与世界之间便不存在任何空隙。当然，思想可能因

---

① McDowell J. Mind and World. Cambridge, MA: Harvard University Press, 1996: 26.

为是假的而与世界拉开距离,但是,在思想这个观念本身之中绝没有隐含着与世界的距离。①

在我看来,麦克道尔在此犯了严重的断章取义的错误:他故意省略了《哲学研究》第 95 节第一句话,以便将接下来的话解释为在表达维特根斯坦自己的想法。实际上,在这节中,维特根斯坦是在表述他要予以批驳的哲学家的想法。②

在对维特根斯坦的相关说法做出了如是曲解之后,麦克道尔接着声称:维特根斯坦的相关说法有助于理解他有关思想的客观意蕴的观点。实际上,麦克道尔不仅认为维特根斯坦的说法有助于理解他的相关观点,而且认为维特根斯坦所要表达的观点就同于他的相关观点,进而维特根斯坦所关心的问题(或困惑)就同于他所关心的问题(或困惑)。我认为,麦克道尔的这种看法完全是不可接受的。

首先,从前面的介绍我们看到,维特根斯坦所关心的问题是思想如何能够思及或处理世界中的事项的问题(进而其他的心灵事项如何能够指涉或处理世界中的事项的问题);而麦克道尔所关心的问题则是思想在其正确性与否这点上如何能够对世界负责的问题。显然,这两个问题根本就不是同一个层次的问题:后一个问题及其解答逻辑上预设了前一个问题及其解答。而且,后一个问题所涉及的范围远远窄于前一个问题所涉及的范围:我们的许多思想(更不要说其他的心灵事项了)并不是有关世界的,而且即使是有关世界的思想也并非都旨在以正确的方式描画世界中的情况。令人遗憾的是(更准确地说,令人吃惊的是),麦克道尔总是有意或无意地将这两个截然不同的问题混为一谈。

其次,(后期)维特根斯坦也不可能接受麦克道尔对他声称维特根斯坦和他所共同关心的问题的"解答":"在人们能够意指的那种东西——或者一般地说来,人们能够思维的那种东西——与能够是实际情况的那种东西之间不存在任何存在论上的空隙。当人们以真的方式思维时,人们所思维的东西**就是**实际情况。因此,既然世界就是所有实际情况,那么在思想本身与世界之间便不存在任何空隙。当然,思想可能因为是假的而与世界拉开距离,但是,在思想这个观念本身之中绝没有隐含着与世界的距离。"麦克道尔此处的表述进而想法可谓

---

① McDowell J. Mind and World. Cambridge, MA: Harvard University Press, 1996: 27.
② 相关分析参见韩林合. 维特根斯坦《哲学研究》第 95 节释疑. 世界哲学, 2012 (3).

混乱之极：他完全混淆了前期维特根斯坦的思想和后期维特根斯坦的相关思想。事实上，在20世纪20年代末回到哲学以后，维特根斯坦便开始对他以前关于世界的事实结构的观点提出了激烈的批评，因而在《哲学研究》中他不可能还持有这样的观点。此外，麦克道尔此处所坚持的有关能够思维的事项与能够是实际情况的事项之间的全同关系进而坚持思想内容与世界之间的局部同一关系的观点假定了一种很成问题的有关可能性与实在之间的关系的理解。而这种理解恰恰也是维特根斯坦20年代末一回到哲学便猛烈地予以批评的理解。①

后期维特根斯坦当然承认思想能够处理世界中的事项本身，而且他的相关评论恰恰就是为了消解围绕着这个事实而产生的诸多哲学困惑。但是，他绝对不会接受麦克道尔在此所给出的那些令人费解的表述："在思想本身与世界之间……不存在任何空隙"，"在思想这个观念本身之中绝没有隐含着与世界的距离"等等。实际上，这些表述恰恰无异于维特根斯坦所要批评的哲学家会给出的那些说法："当我们说出、**意指**事情是如此这般的时候，我们与我们所意指的东西一起并非在事实前面的某个地方便止步不前了；相反，我们意指**某某-是-如此这般的**"，"我们借助于思维或在思维之中捕捉住了实在"。

我们看到，在给出如上表述之前，麦克道尔提醒读者注意：这样的表述可能会令维特根斯坦"感到不太舒服"。我想，维特根斯坦一定会有这样的感受！而且，他定会感到极度愤怒！——竟然会有人如此曲解、颠倒他的思想！

---

① 韩林合. 维特根斯坦《哲学研究》解读. 北京：商务印书馆，2010：62-72，130-153.

第 25 章　对模糊性和连锁悖论的新近研究

一、什么是模糊性？

像"高""矮""大""小""胖""瘦""美""丑""聪明""愚笨""富有""贫穷""秃头""谷堆""孩子",以及一些颜色谓词如"红""黄""蓝",都是典型的模糊谓词。一般认为,它们至少具有如下三个特征:

(1) 模糊谓词存在难以辨别它们是否适用的界限事例。

可以把模糊谓词的外延分解成:正外延,由该谓词对之肯定适用的事例组成的集合;负外延,由该谓词对之肯定不适用的事例组成的集合;界限情形 (borderline cases),由难以确定该谓词对之是否适用的事例组成。例如,相对于中国人而言,1.5 米以下大概属于"高个子"这个谓词的负外延,1.8 米以上大概属于该谓词的正外延,而 1.5 米—1.8 米大概可以算作该谓词的界限事例,因为我们很难说这样的人是"高个子",也很难说这样的人不是"高个子"。再如,小青蛙是从小蝌蚪演变而来的,在其演变过程中,肯定会有这样的阶段或时刻,我们很难辨别正在演变的那个小生命究竟是蝌蚪还是青蛙,它们是"青蛙"和"蝌蚪"之间的界限情形。所有其他的模糊谓词,如"秃头""谷堆""孩子"等,都存在这样的界限情形。

(2) 模糊谓词"容忍"小幅度的变化,它们没有预先定义好的确定外延。

模糊谓词是程度谓词,其意义容许有一个摆动幅度,甚至可以分出"比较级"和"最高级":例如,不高的、比较高的、高的、很高的、非常高的、最高的。每一次只做很小一点改变,例如增减一毫米,不会影响"高的"这个模糊谓词的适用性:原来"不高的"不会因此变成"高的",原来"高的"不会因此变成"不高的"。克里斯平·赖特用了一个专门的词——"tolerance"来描述模糊谓词的这一特性:它是一个表示改变幅度的概念,该改变是如此之小,以至很难对该谓词的适用性造成影响①,故常把模糊谓词称作"容忍谓词"(tolerant predicates)。由此派生出一个结果:模糊谓词没有预先定义好的确定的外延。既然很多东西属于界限情形,我们难以确定它们究竟是属于该谓词的正外延还是负外延,该谓词也就没有确定的外延了。而清晰概念并非如此,如"偶数"和"奇数","共产党员"和"非共产党员",都有非常确定的外延。

(3) 模糊谓词将导致连锁悖论。

所谓连锁悖论,就是从明显真实的前提出发,通过一些非常微小因而难以觉察的改变,或者通过一些直观上明显有效的小的推理步骤,得出了直观上不可接受或明显为假的结论。古希腊爱利亚的芝诺(Zeno of Elen)最早提出了如下悖论:

(a) **谷粒和响声**:如果 1 粒谷子落地没有响声,2 粒谷子、3 粒谷子落地也没有响声,如此类推下去,1 整袋谷子落地也不会有响声。

可能受芝诺的影响,麦加拉派欧布里德斯(Eubulides)提出了如下两个连锁悖论:

(b) **谷堆**:一粒谷算不算谷堆?不算!再加一粒呢?也不算!再加一粒呢?还不算。再加一粒呢?……因此,无论加多少谷粒,即使加 1 万粒,也不会造成谷堆。

从该悖论可以提炼出如下的一般形式:

$\neg F a_1$

如果 $\neg F a_1$,则 $\neg F a_2$

如果 $\neg F a_2$,则 $\neg F a_3$

如果 $\neg F a_3$,则 $\neg F a_4$

$\vdots$

如果 $\neg F a_{n-1}$,则 $\neg F a_n$

$\neg F a_n$(n 是足够大的自然数)

(c) **秃头**:头上掉一根头发算不算秃头?不算!再掉一根呢?也不算!再掉一根呢?还不算。再掉一根呢?……因此,无论掉多少根头发,即使所有的头发都掉光了,也不会造成秃头。

---

① Keefe R, Smith P. Vagueness:A Reader. Cambridge, MA:MIT Press, 1997:156.

从该悖论可以提炼出如下的一般形式：

Fa_n（n 是足够大的自然数）
如果 Fa_n，则 Fa_{n-1}
如果 Fa_{n-1}，则 Fa_{n-2}
如果 Fa_{n-2}，则 Fa_{n-3}
$\vdots$
如果 Fa_{n-i}，则 Fa_1
──────────────────
Fa_1

这类疑难叫作"连锁悖论"（sorites paradox），源出于"谷堆"悖论。英文词"sorites"源于希腊词"soros"，后者的意思就是"堆"，"sorites"的字面意思就是"成堆的东西"。在公元 4 世纪，有人把"sorites"用于表示一系列推理，叫作"连锁推理"，其中前一推理的结论变成了后一推理的前提，还可以省略掉所有的中间结论，从一系列前提直接推出最后一个结论。连锁推理特别指"连锁三段论"，其中前一命题的谓词是后一命题的主词，最后的结论则由第一个命题的主词和倒数第一个前提的谓词构成。

斯多亚派克里西普斯（Chrysippus）提出了如下悖论：

（d）**很少**：并非 2 是很少的而 3 不是，并非 2 和 3 是很少的而 4 不是，如此类推，直至 1 万。但是，2 是很少的，所以，1 万也是很少的。①

其一般形式是：

Fa_1
$\neg(Fa_1 \wedge \neg Fa_2)$
$\neg(Fa_2 \wedge \neg Fa_3)$
$\neg(Fa_3 \wedge \neg Fa_4)$
$\vdots$
$\neg(Fa_{n-1} \wedge \neg Fa_n)$
──────────────────
Fa_n（n 是足够大的自然数）

───────────────

① 以上连锁悖论的原始资料，参见 Laertius D, Galen G. On the Sorites//Keefe R, Smith P. Vagueness: A Reader. Cambridge, MA: MIT Press, 1997: 58-60; Williamson T. Vagueness. London: Routledge, 1994: 8-35。

（e）**王浩悖论**：达米特以美籍华裔逻辑学家王浩的名字命名的一个悖论①，与数的大小有关：

1 是一个小数。

对于任意 n，如果 n 是一个小数，则 n+1 也是一个小数。

所以，每一个数都是一个小数。

这个悖论可以写成一般的数学归纳法形式：

Fa_1

$\forall n\ (Fa_n \rightarrow Fa_{n+1})$

―――――――――――

所以，$\forall a_n Fa_n$

应该注意，上述推理模式构成一个连锁悖论，必须满足一些条件。首先，$<a_1, a_2, \ldots, a_i>$ 必须是一个有序 i 元组，例如，根据头发根数的多少对"秃头"排序，根据谷粒的多少对"谷堆"排序。其次，谓词 F 必须满足三个限制条件：1) 它必须对该序列中的第一项 a_1 为真；2) 它必须对该序列中最末一项 a_i 为假；3) 在该序列中，紧邻的两个项 a_n 和 a_{n+1} 必须足够相似以至相对于谓词 F 难以鉴别：它们或者同时满足谓词 F 或者同时不满足 F。由这样的谓词 F 和序列 $<a_1, a_2, \ldots, a_i>$ 所构成的论证就是一个"连锁悖论"②。在此类悖论中，一个前提的轻微不精确，在一连串演绎推理步骤中被一再复制或放大，最后得到了荒谬的结果。

下面几个悖论与连锁悖论很相似：

（f）**忒修斯之船**：据普罗塔克（Plutarch）记载，忒修斯（Theseus）是传说中的雅典国王，在成为国王之前，他驾船率人前往克里特岛，用利剑杀死了怪物米诺陶，解救了作为贡品的一批童男童女。后来，人们为了纪念他的英雄壮举而一直维修保养那艘船。随着时光流逝，那艘船逐渐破旧，人们依次更换了船上的甲板，以至最后更换了它的每一个构件。这时人们禁不住发出疑问：更换了全部构件的忒修斯之船还是原来那艘船吗？后来，常把其所有部分被替换后原主体是否仍然存留的哲学问题称为"忒修斯之船"，它的挑战性在于：我们

―――――――――

① Keefe R, Smith P. Vagueness: A Reader. Cambridge, MA: MIT Press, 1997: 99–118.

② Hyde D. Sorites Paradox//Stanford Encyclopedia of Philosophy, 2011. https://plato.stanford.edu/entries/sorites-paradox/.

如何理解和刻画跨越时间或空间的个体的同一性？

（g）**颜色悖论**：假设把 100 个色块顺序排列，从左端的红色到右端的橘色。如果只留下相邻的两个色块，拿掉所有其他的色块，它们之间的差别仅凭我们的视觉难以觉察和分辨，因此我们应该把它们视为同一。既然第一块是红色，由于第二块在颜色上与第一块无法分辨，故第二块也是红色；而第三块在颜色上与第二块也无法分辨，故第三块也是红色；第四块在颜色上与第三块也无法分辨，故第四块也是红色；如此类推，最后得出第一百块也是红色。但事实上，第一百块是橘色的！问题出在哪里呢？我们在哪一步或哪些步的推理上出错了呢？

悖论（f）和（g）涉及"不可分辨性"，根据莱布尼茨的"不可分辨者的同一"原则，即 $\forall x \forall y ((Fx \leftrightarrow Fy) \rightarrow (x=y))$，它们都涉及等词"="，有如下的共同形式：

Fa_1

$Fa_1 \leftrightarrow Fa_2$

如果 $(Fa_1 \leftrightarrow Fa_2)$，则 $(a_1=a_2)$

$Fa_2 \leftrightarrow Fa_3$

如果 $(Fa_2 \leftrightarrow Fa_3)$，则 $(a_2=a_3)$

$Fa_3 \leftrightarrow Fa_4$

如果 $(Fa_4 \leftrightarrow Fa_4)$，则 $(a_3=a_4)$

$\vdots$

$Fa_{n-1} \leftrightarrow Fa_n$

如果 $(Fa_{n-1} \leftrightarrow Fa_n)$，则 $(a_{n-1}=a_n)$

―――――――――――――――――

Fa_n（n 是足够大的自然数）

连锁悖论对经典逻辑和经典语义学构成了非常严重的挑战。二值原则是经典的语义学和逻辑的核心：任一语句或命题或者是真的或者是假的，非真即假，非假即真，不存在其他的可能性。我们的传统真理论、认识论等都建立在二值原则之上，并且二值原则背后还隐藏着实在论假设：正是独立于心灵和语言的外部实在使得我们说出的任一描述外部实在的语句或命题为真或为假，即使这种真假不被我们知道，甚至不能被我们知道。但二值原则似乎对含模糊谓词的句子或命题失效，因为很难说清楚含模糊谓词的句子或命题是真还是假：例如，对于处于界限情形的事例来说，你很难说它有某种性质，也很难说它没有某种性质，因此，有时候很难确定像"张三是秃头"这样的句子的真假。但问题的严重性在于：模糊性在自然语言中几乎无处不在，若经典逻辑和经典语义学不适用于模糊语句，则几乎等于说：除了数学等少数精确科学之外，它们无处可用。因此，模糊性对经典逻辑、经典语义学、传统的知识论和形而上学构成了严重的挑战。

二、模糊性理论概观

自20世纪70年代以来，为了回应模糊性所提出的挑战，许多西方主流的哲学家和逻辑学家都卷入了对模糊性的研究之中，使模糊性逐渐成为哲学、逻辑学和语言学等交叉研究的一个热点问题，并形成了不同的研究进路或理论，主要有：

（1）精确语言进路，其代表人物是弗雷格、罗素和蒯因。他们认为，模糊性是自然语言的缺陷，应该用精确的人工语言来代替，现代逻辑应该用精确语言来建构，且只适用于精确科学。但由于模糊性在自然语言中无处不在，在绝大多数时候我们是用自然语言来思维，这等于说：现代逻辑不适用于自然语言和我们的日常思维，或者，当把现代逻辑应用于自然语言时，要用现代逻辑语言对后者做改写，有些无法改写的东西就必须舍弃。这两个后果都难以接受，故这种观点在模糊性研究中处于边缘地位。

（2）多值逻辑和真值度理论：模糊语句的真值超越真假二分，可以在 [0, 1] 这个区间内取多种真值。

（3）超赋值主义：可以用多种方式把模糊语句精确化，尽管它们不在经典语义学的意义上或真或假，但可以有别的真值，如相对于某种精确化方式为真，或超真。

（4）认知主义：事物本身存在确切分明的分界点；模糊性源自我们的认知能力的局限性，源自我们对事物存在状况的无知。

（5）语境主义：模糊性是语境敏感的，可以通过话语语境去消解。

（6）虚无主义：模糊谓词没有精确的外延，包含它们的句子也没有确定的真值。

（7）形而上学的模糊性：世界本身是模糊的，存在着模糊对象，例如"云"和"山"。有这样一个论证：山脉是实在的一部分，但它们是模糊的，因为它们没有截然分明的边界：哪里是山脉的终点和平原的起点？这一点是暧昧不清的。因此，模糊性是实在的特征，并不是我们的思想或者话语的特征。①

通过考虑以下四个问题，我们可以对各种模糊性理论做分组或定性：

第一，它们认为，模糊性的根源是语言、外部世界，还是我们的认知本身？

语义说明：模糊性源自我们的语言和概念，包括多值逻辑和真值度理论、超赋值主义、语境主义，或许还包括虚无主义。

认知主义：模糊性源自我们的认知能力的局限性。

形而上学说明：模糊性源自独立于心灵的外部世界本身。

第二，对经典逻辑特别是二值原则的态度：是保留，还是拒斥和修改？

坚持保留经典逻辑特别是二值原则的，有认知主义、虚无主义、某些形式的语境主义。而坚持拒斥和修改经典逻辑特别是二值原则的，有多值逻辑和真值度理论、超赋值主义、某些形式的语境主义，或许还包括对模糊性的形而上学探究。

第三，它们以何种方式对导致连锁悖论的论证做出回应？

（a）坚持精确语言进路的研究者，通常否认该类论证的有效性，即不承认其结论确实可以从其前提中推出。

（b）认知主义者，某些超赋值主义者，以及多值逻辑和真值度理论家往往质疑其中的条件命题或归纳前提的真实性。

（c）关于模糊性的某些形而上学探究者接受该类论证的有效性，也承认其所有条件前提或归纳前提的真实性，但质疑第一个前提的真实性，或质疑其结论的真实性。

（d）达米特和赖特等人承认，有很强的理由要求我们承认该论证形式的有效性，并接受其前提但拒绝其结论，这正好表明模糊谓词是内在不一致的，无法为其建立融贯的理论。

第四，它们如何回应如下的认识论问题或心理学问题：假如容忍原则（即连锁悖论中的条件前提或归纳前提）不是真的，为何我们会如此倾向于接受它为真？为何我们很难找出使容忍原则为假的事例，很难确定使该原则为假的截然分明的切割点究竟在哪里？

由于精确语言进路、多值逻辑和真值度理论、虚无主义和形而上学的模糊

---

① Sainsbury R M. Paradoxes. Cambridge：Cambridge University Press，2009：43.

性进路等不承认模糊谓词有分割点，因此这个问题对于它们来说无意义。但超赋值主义、认知主义等承认模糊谓词有分割点，故它们必须对这个问题给出解释或回答，特别是认知主义者面临一个很大的难题：说明其观点的高度反直观性。

三、主要的模糊性理论述评

在关于模糊性的各种理论中，(1)、(6)和(7)的拥趸比较少，没有多大影响力，而其他几种探究较有影响，其中最有影响的或许是认知主义。这里评析三种理论：多值逻辑和真值度理论、超赋值主义、认知主义。

1. 多值逻辑和真值度理论

所谓"多值逻辑"，是其命题取多于两个真值（即真和假）的逻辑，由波兰逻辑学家乌卡谢维奇在20世纪30年代创立。所谓"模糊逻辑"，实际上是在实数区间[0，1]中取值的无穷多值逻辑。要使多值逻辑成为模糊性理论，必须把它用于处理自然语言句子的逻辑语义特性，特别是模糊性，并对由模糊语句所导致的连锁悖论给出解决方案。最早把多值逻辑引入模糊性研究的是霍尔登和科勒，后来的重要人物有苟谷恩、查德、马奇娜、迈克尔·泰、埃静顿、海德、史密斯等人，苏珊·哈克最早对此类研究提出了系统的批评。①

为了给像"张三是秃头""李莉很美"这样的模糊语句赋值，很多研究者引入了"真""假"之外的其他真值。如果是三值逻辑，这个另外的值是"中间的"（intermediate）。如果是在实数区间[0，1]中取值，"0"表示确定为假，"1"表示确定为真，而像"0.1""0.4""0.8""0.9"这样的真值表示一个模糊语句为真的程度。常用[p]表示原子模糊句p的真值度，"min{[p]，[q]}"

---

① Halldén S. The Logic of Nonsense. Uppsala: Uppsala Universitets Arsskrift, 1949; Körner S. Conceptual Thinking. Cambridge: Cambridge University Press, 1955; Goguen J A. The Logic of Inexact Concepts. Synthese, 1969, 19: 325-373; Zadeh L A. Fuzzy Logic and Approximate Reasoning. Synthese, 1965, 30: 407-428; Machina K. Truth, Belief and Vagueness. Journal of Philosophical Logic, 1976, 5: 47-78; Tye M. Sorites Paradoxes and the Semantics of Vagueness//Tomberlin J. Philosophical Perspectives: Logic and Language. California: Ridgeview, 1994; Edgington D. Vagueness by Degrees//Keefe & Smith, 1997: 294-316; Hyde D. Vagueness, Logic and Ontology. Aldershot: Ashgate, 2008; Smith N J J. Vagueness and Degrees of Truth. Oxford: Oxford University Press, 2008.

表示取两个值中较小的那个，"max{[p], [q]}"表示取两个值中较大的那个。复合模糊句（其中至少包含一个原子模糊句）的真值度计算遵循下述联结词规则：

（∧）　[p∧q] = min { [p], [q]}
（∨）　[p∨q] = max { [p], [q]}
（¬）　[¬p] = 1 - [p]
（↔）　[p↔q] = 1 - (max { [p], [q]} - min {p], [q]})
（→）　[p→q] = [p↔(p∧q)]
　　　　　　 = 1 - ([p] - min { [p], [q]})

真值度理论给出了两条解决连锁悖论的途径：一是通过对联结词的语义解释使连锁悖论中的条件前提或归纳前提不成立，二是通过使肯定前件式失效来使整个论证失效，由此消解连锁悖论。但真值度理论却遭遇到严重的挑战，主要是以下三个：

（1）高阶模糊性。这里以三值逻辑为例。为了给"张三是秃头"这样的模糊句赋值，通常引入"真""假"之外的第三值"中间的"，这等于把任一谓词的外延分成了三部分：正外延，相对于它"a 是 F"取值为 1，有最高的真值度；负外延，相对于它"a 是 F"取值为 0，有最低的真值度；界限情形，相对于它"a 是 F"取值为 0.5。由此带来的问题是：对于任一模糊谓词 F 而言，如果我们不能截然划分它的正外延和负外延，难道我们能够进一步把它的外延截然分明地分成正外延、负外延和界限情形三部分吗？若其回答是肯定的，其根据或标准是什么？假如有 1 万根头发的人肯定不是秃头，连一根头发也没有的肯定是秃头，那么，有 9 999 根、9 997 根、……、1 根头发的究竟是不是秃头呢？在哪里划出"秃头"和"秃头的界限情形"以及"秃头的界限情形"和"非秃头"之间的界限呢？真实的情况是：如果我们不能划出"秃头"和"非秃头"之间的界限，故要设置"秃头的界限情形"，那么，我们更不能划出"秃头"、"秃头的界限情形"和"非秃头"这三者之间的界限。就是说，如果"秃头"的界限情形是模糊的，则"秃头的界限情形的界限情形"更是模糊的。这叫作"高阶模糊性"（higher-order vagueness）。

威廉姆森指出："对二值逻辑的异议来自如下的假定：不可能把模糊命题分类成真的和假的。而二阶模糊性现象使得同样难以把模糊命题分类成真的、假的和既不真也不假的。随着谷粒堆垒在一起，我们无法找出一个精确点，恰好在这个点上，'这是一个谷堆'从假的变成了真的。我们同样也不能找出两个精确点，在其中一个点上，该命题从假的变成中性的；在另一个点上，它从中性的变成真的。如果两个值不够用，则三个值也不够用。"① 很显然，这样的说法可以推广：如果你不能找出一个谓词的正外延和负外延的分界点，那么，你更难以找出它的两个、三个、四个或者任意多个分界点。其原因很可能是模糊谓词本身就是没有精确分界线的谓词！②

（2）原子模糊句的真值度。如果张三有 97 根头发，而赵四有 99 根头发，则张三比赵四更接近于秃头，因此，我们应该给"张三是秃头"指派比"赵四是秃头"稍高一点的真值度。但麻烦在于：我们应该分别给这两个句子指派什么样的真值度？比如说，给前一句子指派 0.48 的真值度，给后一句子指派 0.46 的真值度。在做这样的指派时，是否意味着我们脑袋里已经有非常清晰的"秃头"和"非秃头"的概念，例如有一万根头发的不是秃头，连一根头发也没有的是秃头，然后我们据此对含有这些概念的句子赋值？这是否意味着：关于"秃头"和"非秃头"，我们实际上有清晰的概念，因而是不模糊的？这样一来，不是把我们用真值度理论去研究模糊概念和模糊语句的基础掘掉了吗？！

还有一个派生问题：什么叫"真值度"？"张三所说的话的真值度是 0.25"，这一说法有两种可能解释：一是在张三所说的全部话中有 25% 是真的：假设张三说了 100 句话，我们可以从中找出 25 句真话。这种解释有意义，说得通。二是张三说的某句话，如"赵四很傻"，有 0.25 的为真程度。这种说法不好理解，说不通。因为按照亚里士多德的说法，"说是者为非，或说非者为是，是假的；而说是者为是，或说非者为非，是真的"③。一个句子是真的，如果实际的情形正像它所说的那样；一个句子是假的，若实际情形不像它所说的那样。若如此，一个句子，若是真的就是全真的，若是假的就是全假的。弗雷格反复强调，真和假没有程度之分："……如果两个思想是真的，其中一个不会比另一个更真。"④

还有另一个派生问题：当我们按照真值度理论把一个谓词的外延分成正外延、负外延、界限情形时，假设李娜恰好处于"美丽"的界限情形，于是我们

---

① Williamson T. Vagueness. London：Routledge，1994：111.

② Sainsbury M. Concepts without Boundaries//Keefe R，Smith P. Vagueness：A Reader. Cambridge. MA：MIT Press，1997：251-264.

③ Aristotle. The Metaphysics. Lawson-Tancred H，trans. Penguin Books，2004：107.

④ Beaney M. The Frege Reader. Oxford：Blackwell，1997：231-232.

会说"'李娜是美丽的'这个句子既不真也不假"。若我们再后退一步，退到元元语言层次，我们会说"'李娜是美丽的'这个句子既不真也不假"这个说法是真的，因为实际情况正像它所说的那样。这意味着：在真值度理论的元理论层次上，我们又退回到二值原则：任意句子或者为真或者为假，若它所说属实，是真的；若它所说不属实，是假的。真值度理论以在对象理论层次上拒斥二值原则开始，难道要以在元语言层次上恢复二值原则结束吗？这里肯定有某种潜在的冲突和不一致。为了回应这类指责，某些真值度理论家，如迈克尔·泰，试图使用模糊的元语言去避免相关的困难。①

（3）复合模糊句的真值度。假设 p 是一个描述界限情形的句子，既不全真也不全假，而是取中间值，按照前面给出的联结词赋值规则，经典重言式"p∨¬p"将不全真，经典矛盾式"p∧¬p"将不全假，两者有同一真值度：0.5。更离奇的是，经典重言式"¬(p↔¬p)"却是全假的！再设想这样的情形：张三有 76 根头发，赵四有 108 根头发，并假设赵四恰好处于"秃头"和"非秃头"的界限情形，于是"赵四是秃头"和"赵四不是秃头"都既不真也不假，有同样的真值度 0.5，"张三是秃头"的真值度稍高一点，如 0.58。我们再由此组成两个合取命题："赵四是秃头并且张三不是秃头"，"赵四是秃头并且张三是秃头"，根据∧-赋值规则，前一句子的真值度是 0.42，后一句子的真值度是 0.5，但在直观上，我们会认为前一句子是假的，因为如果头发多的赵四是秃头的话，则头发少的张三更是秃头！再看条件句："如果 9 991 颗谷粒不构成谷堆，则 9 992 颗谷粒也不构成谷堆。"若把谷粒堆放在一起，9 992 颗谷粒还是比 9 991 颗谷粒更接近于"谷堆"，哪怕是一点点，故其前件的真值度比其后件的真值度高一点，则该条件句不全真，于是谷堆悖论中作为前提的各个条件命题都不全真，故肯定前件式推理（即如果 p 则 q，p，所以 q）就不能用于这样的条件命题。但这一点与我们的常识和直观相冲突：根据赖特所表述的容忍原则，一般认为，连锁悖论中的那些条件命题是真的，肯定前件式推理可以应用于这样的条件命题。

2. 超赋值主义

模糊性的超赋值主义的重要代表人物是基特·法因，他最早提出了对该理论的较成熟的形式表述。麦尔伯格、达米特、大卫·刘易斯等人也从正面或反

---

① Keefe R, Smith P. Vagueness: A Reader. Cambridge, MA: MIT Press, 1997: 281 - 293.

面对超赋值主义的发展做出过贡献。超赋值主义的当代捍卫者包括姬菲、夏皮罗、瓦茨等人。① 其基本思想是：模糊性产生于模糊谓词在语义上的不完整或不确定。通过以不同的方式使模糊谓词精确化（precisification），使它们获得确定的外延，并使得含模糊谓词的句子获得相对于该精确化方式的确定真值，然后把"超真"（supertruth）定义为相对于所有精确化方式为真，把经典逻辑的"真"等同于"超真"。据称，超赋值主义由此做到了：消解连锁悖论，接受经典逻辑的绝大多数规律，不承认模糊谓词有截然分明的界限。

设 L 为一个含模糊谓词的语言，令"T"和"F"分别表示句子的真或假，并把"T"进一步细分为"T_p"（相对于某个精确化方式为真）、"T_s"（超真，相对于所有精确化方式为真）和"T_c"（经典逻辑中的真），相应地，我们有"F_p"、"F_s"和"F_c"。我们先按经典逻辑的方式，把 L 中所有不含模糊谓词的句子赋值为 T_c 和 F_c。至于 L 中含模糊谓词如"谷堆"的句子，我们可以按各自喜欢的方式把它们"精确化"，例如，我们可以把"谷堆"和"非谷堆"的界限定在 5 000 粒：5 000 粒以下的不是谷堆，5 000 粒以上的是谷堆，按此标准对含"谷堆"谓词的句子赋值，例如"4 999 粒谷是谷堆"赋值为 F_p，"5 001 粒谷是谷堆"赋值为 T_p，"10 000 粒谷是谷堆"赋值为 T_p。但是，不同的人可能把"谷堆"的精确化标准定在不同数字上，因此，使"谷堆"谓词精确化的方式有很多种，相对于这些不同的精确化方式，含"谷堆"谓词的句子可能取不同的真值。但是，不管怎样去把"谷堆"谓词精确化，有些句子如"10 000 粒谷是谷堆"总为真，有些句子如"1 粒谷是谷堆"总为假。这种相对于所有精确化方式所具有的真值分别叫作"超真"（T_s）和"超假"（F_s）。超赋值主义有一个著名的口号："真就是超真"，即 $T_c=T_s$。相应地，我们还可以说："假就是超假"，即 $F_c=F_s$。由于含模糊谓词的句子既不超真也不超假，因而既不（经典地）真也不（经典地）假，因而有"真值间隙"，故二值原则在超赋值主义

---

① Fine K. Vagueness, Truth and Logic// Keefe R, Smith P. Vagueness: A Reader. Cambridge, MA: MIT Press, 1997: 119-150; Mehlberg H. Truth and Vagueness// Keefe R, Smith P. Vagueness: A Reader. Cambridge, MA: MIT Press, 1997: 83-88; Dummett M. Wang's Paradox// Keefe R, Smith P. Vagueness: A Reader. Cambridge, MA: MIT Press, 1997: 199-218; Lewis D. General Semantics. Synthese, 1970, 22: 18-67; Keefe R. Theories of Vagueness. Cambridge: Cambridge University Press, 2000; Shapiro S. Vagueness in Context. Oxford: Oxford University Press, 2006; Varzi A C. Supervaluationism and Its Logics. Mind, 2007, 116: 633-676.

中失效。

模糊谓词的精确化要满足一些限制条件：根据常识毫无疑问为真的句子应该在任何一种精确化方式中为真，根据常识毫无疑问为假的句子应该在任一精确化方式中为假。另以"高个子"为例，使这个模糊谓词精确化的任何方式都必须满足这样的条件：比高个子还高的人一定是高个子，任何是高个子的人都不能再是矮个子。不满足这些条件的任何精确化方式都是不允许的。

超赋值主义有一些很有意思的结果：

（1）经典逻辑的排中律和矛盾律是超真的，故是经典真的。假设在 T_p 和 F_p 的层次上逻辑联结词满足其标准定义，那么，即使 p 中含有模糊谓词 F，相对于有关 F 的任一精确化方式而言，"$p \vee \neg p$" 和 "$\neg(p \wedge \neg p)$" 都是 T_p，因而是 T_s（超真），因而是 T_c（经典真），仍是有效的逻辑规律。一般而言，在超真（即经典真）的层次上，绝大多数经典逻辑规律仍然成立。在解决模糊性问题时，超赋值主义不以拒斥经典逻辑和经典语义学为代价，这是它的一大优势。

（2）在超真的层次上，L 的联结词不再是真值函项性的：L 中复合句子的真值并不由其子语句的真值决定。例如，一个析取式可以是 T_s，却没有一个析取支为 T_s。一个合取式可以是 F_s，却没有一个合取支为 F_s。考虑含"谷堆"谓词的句子 S_1 和 S_2：

S_1　99 粒谷构成谷堆 ∨ 99 粒谷不构成谷堆

S_2　99 粒谷构成谷堆 ∧ 99 粒谷不构成谷堆

相对于使这两个谓词精确化的任一方式而言，不管我们把"谷堆"和"非谷堆"的界限定在多少粒谷上，S_1 的两个析取支总有一个为真，因此 S_1 是超真的，因而是经典真的。但是，我们可以找到许多不同的精确化方式，使得"99 粒谷构成谷堆"赋值为 F_p；我们也可以找到另外的精确化方式，使得"99 粒谷不构成谷堆"赋值为 F_p，故这两个子语句不是超真的，因而也不是经典真的。显然，对于任一精确化方式，S_2 均取值为假，即超假（F_s），因而是经典假的。但是，我们肯定可以找到很多的精确化方式，使得"99 粒谷构成谷堆"取值 T_p；我们也可以找到另外的精确化方式，使得"99 粒谷不构成谷堆"取值 T_p。故这两个合取支都不是超假的，因而也不是经典假的。

（3）超赋值主义的量词也有不同于经典量词的逻辑特性：一个存在量化式可以为 T_s，但它的例证却没有一个为 T_s；一个全称量化式可以为 F_s，但它的例证却没有一个为 F_s。

先考虑一个问题：超赋值主义如何消解连锁悖论？其途径是以某种精确化方式使得连锁悖论中某个条件前提为假，或者使得作为其归纳前提的某个例证为假，从而使得该条件前提或该归纳前提不是超真的，因而不是经典真的，故连锁悖论不可靠，由此使该论证失效。只考虑条件前提的例子：

S_0　1粒谷不构成谷堆。

S_1　如果1粒谷不构成谷堆，则2粒谷也不构成谷堆。

S_2　如果2粒谷不构成谷堆，则3粒谷也不构成谷堆。

　　　⋮

C　10万粒谷也不构成谷堆。

根据超赋值主义，S_0是超真的，因而是经典真的；C是超假的，因而是经典假的。但是，总有某个精确化方式，使得n粒谷不构成谷堆，但n+1粒谷却构成谷堆，因而使得在S_0—C之间的某个条件句为F_p，因而该条件句不是超真的，因而不是经典真的。因此，即使谷堆论证是有效的，它也不可靠，因为其中有前提不是超真的，因而不是经典真的，由此消解了谷堆悖论。

应该注意，超赋值主义并不承认模糊谓词有截然分明的界限。对于模糊谓词F而言，超赋值主义接受断言A：

A　$T_s \exists n (F_n \wedge \neg F_{n+1})$

但不接受断言B：

B　$\exists n T_s (F_n \wedge \neg F_{n+1})$

因为根据超赋值主义，把F精确化的任何一种方式，都断定有一个确切的分界点n把F和¬F区分开来，故断言A相对于该精确化方式是真的（T_p），因而该说法是超真（T_s）的，因而也是经典真的。但是，却找不到这样一个分界点n，使得对于任意使F精确化的方式而言，"$F_n \wedge \neg F_{n+1}$"是真的（T_p），因为不同的精确化方式设定的分界点不同，因而有的精确化方式会使"$F_n \wedge \neg F_{n+1}$"为假（F_p），因而"$F_n \wedge \neg F_{n+1}$"不是超真的，因而断言B不是超真的，故也不是经典真的。用如此方式，超赋值主义避免了反直观的结论：模糊谓词有截然分明的界限。

补充一点：尽管对于模糊谓词F而言，"$\exists n (F_n \wedge \neg F_{n+1})$"是超真的，但是该公式的任一例证公式却不是超真的，因为对于某个特定的n来说，有很多精确化方式使得"$F_n \wedge \neg F_{n+1}$"为假，因而该例证公式不是超真的，故不是经典真的。这是超赋值主义对量词处理的怪异之处：一个存在量化式可以超真，但它的例证却没有一个超真；一个全称量化式可以超假，但它的例证却没有一个超假。

（1）高阶模糊性。精确谓词有正外延和负外延。模糊谓词除正外延和负外延之外，还有界限情形。超赋值主义实际上是通过给模糊谓词任意指定一个分界点，再把界限情形区分成该谓词的正外延和负外延。由此会出现至少两个问题：一是指定某个分界点的依据是什么？既然可以任意指定分界点，那就说明任何一个分界点的指定都没有充足理由，都可以受到诘难。二是模糊谓词分界点的多重化：本来意义的正外延 E_1，界限情形中通过任意指定分界点而得出的正外延 E_2 和负外延 E_3，本来意义的负外延 E_4，由此又遇到下面的问题：E_1 和 E_2 之间、E_2 和 E_3 之间、E_3 和 E_4 之间的分界点又在哪里？这就是所谓的"界限情形的界限情形"，亦称"高阶模糊性"。多值逻辑和真值度理论必须回答这个问题，超赋值主义也必须回答这个问题。

（2）超赋值主义通过使连锁悖论中的某个条件前提或归纳前提的某个例证不再超真，从而使导致该悖论的论证不再可靠，由此来消解连锁悖论。但问题是：常识和直观告诉我们，同时也依据赖特所述的"容忍原则"，这些条件前提或归纳前提实际上是真的。如何解释超赋值的解决方案与常识和直观之间的冲突或不一致？

（3）如何解释超赋值主义中联结词和量词的怪异之处？即使接受这些怪异之处，超赋值主义还是会在联结词和量词的解释方面遇到一些其他的技术性困难，从略。

（4）如何解释相对于某个精确化方式的真（T_p）、超真（T_s）和经典真（T_c）之间的关系？从直观上说，我们似乎必须先理解 T_c（如符合论意义上的真概念），然后才能理解 T_p 和 T_s，但在超赋值主义中，解释次序却是相反的。

3. 认知主义

认知主义认为，客观事物本身存在截然分明的界限：对任一谓词（包括模糊谓词）F，任一对象 x 是 F 或者不是 F；作为经典逻辑和经典语义学基础的二值原则有效；模糊性源自我们对事物的存在状况的无知：由于我们的认知能力的局限性，我们不知道甚至不可能知道该界限究竟在哪里。就连锁悖论而言，认知主义认为，其中作为宽容原则的条件前提"如果 Fa_n，则 Fa_{n+1}"或归纳前提"$\forall n (Fa_n \rightarrow Fa_{n+1})$"不成立,这等于说,存在一个精确的分界点 n,使得 a_n 是 F 但 a_{n+1} 不是 F。凭此方式,认知主义消解了连锁悖论,因为其中一个前提不真,该论证不可靠,无法保证其结论为真。按威廉姆森的论述,古希腊斯多亚学派的克里西普是认知主义的最早提倡者。在 20 世纪 70—90 年代,卡吉尔(1969)、坎普贝尔(1874)和索瑞伦(1988)等人阐述了认知主义,而威廉姆森对认知主义做了最有影响力的阐述和辩护,他的《模糊性》(1994)一书已经成为模糊性研究的经典著作。①

威廉姆森对认知主义的论述分为两个方面:正面阐述,为什么认知主义是正确的?反面阐述,对模糊性的所有其他解决方案都面临很多难以克服的困难,且所付出的代价太大。

他认为,当我们的认知局限性不允许我们的知识是精确的时候,就会出现不精确的知识(inexact knowledge)。例如,设想有一个足球场馆,它可以容纳 32 000 名观众,某次比赛时实际容纳了 15 689 人。你也是场中观众之一,你看了一下,知道该场馆内的观众人数多于 1 万人但少于 2 万人。由于你的认知能力的局限性,以及有些人可能在你的视野之外,你不能仅仅通过扫视一下该场馆内的人数,就知道该场馆内恰好有 15 689 人。即使你确实相信该场馆内有 15 689 人,这个信念也不足够可靠以至构成你的知识。威廉姆森指出,"在我们的知识是不精确的地方,仅当我们留有误差余地时,我们的信念才是可靠的"②。

威廉姆森由此提出了"误差余地原则"(a margin for error principle),其大概意思是:如果你的真信念 p 要被当作知识,它不应该仅凭运气才为真的。"误差余地原则是如下形式的原则:在所有与'知道 A 是真的'的情形相类似的情形中,'A'是真的。"③ 如果在一些情形中你知道 A,按柏拉图以来的西方哲学传统:知识蕴涵真理,这意味着 A 是真的;由于你的认知能力的局限性,在另外一些你无法将其与上述情形区别开来的情形中,A 也应该是真的。反之,

---

① Cargile J. The Sorites Paradox. British Journal of the Philosophy of Science, 1969, 20: 193-202; Campbell R. The Sorites Paradox. Philosophical Studie, 1974, 26: 175-191; Sorensen R. Blindspots. Oxford: Clarendon Press, 2001; Sorensen R. Vagueness and Contradiction. Oxford: Clarendon Press, 2001; Williamson T. Vagueness. London: Routledge, 1994.

② Williamson T. Vagueness. London: Routledge, 1994: 226.

③ 同②227.

如果在后面这些类似情形中 A 是假的，这就表明：你并不真的知道 p，你的信念 p 是仅凭运气才碰巧成为真的。误差余地原则要求知识具有可靠性。

把误差余地原则应用于任一模糊谓词 F，会得到如下的特殊原则：相对于由模糊谓词 F 排定的序列 <a_1, …, a_n> 而言，如果你知道 a_i 是 F，则 a_{i+1} 也是 F。反之，如果 a_i 是 F 而 a_{i+1} 不是 F，那么，你并不知道 a_i 是 F，因为 a_i 与 a_{i+1} 之间相对于 F 是如此类似，你的认知能力无法鉴别它们之间的微小差别。因此，如果模糊谓词 F 有截然分明的界限的话，即存在某个分界点 i 使得 a_i 是 F 而 a_{i+1} 不是 F，由于你的认知能力的局限，你也不可能知道这个分界点在哪里。威廉姆森由此做出结论：模糊性不存在于客观事物本身，也不存在于我们的语言之中；它不是一个语义现象，而是一个认知现象。客观事物本身存在截然分明的界限，我们语言中的模糊谓词也存在截然分明的界限，只是由于人的认知能力的局限性，我们不知道甚至不可能知道那些界限在哪里。他提出了一句著名的观点：模糊性是某种类型的无知。

威廉姆森对认知主义的反面辩护是这样的：认知主义有一个好处，即承认二值原则继续有效，因而可以保留经典逻辑和经典语义学。相比之下，关于模糊性的其他理论，如多值逻辑和真值度理论、超赋值主义，都不接受二值原则的有效性，因而要对经典逻辑和经典语义学做出某些修改，由此造成了很严重的理论困难。得失相衡，认知主义还是比关于模糊性的其他理论好得多。"如果因为模糊话语去抛弃二值原则，人们将为此付出高昂的代价。他们不再能够将真值条件语义学应用于模糊话语，很可能甚至也不能应用经典逻辑。但是，就其简单性、力量、过去的成功以及与其他领域内理论的整合而言，与其替代理论相比，经典的语义学和逻辑有巨大的优越性。仅仅依据这些理由而坚持认为二值原则必定以某种方式适用于模糊话语，并把任何相反的表面现象归诸我们的缺乏洞见，这样做并不是完全不合理的。并不是每一种反常都要证伪一个理论。假如对模糊性的某种非经典处理是真正具有洞察力的，这样一种态度或许最终不再能够立得住。迄今为止，却没有发现任何一种这样的处理方案。"①

正如姬菲指出的："……认知观点经常遇到怀疑的瞪视。许多人认为，或者已经认为，我们的模糊谓词有截然分明的界限这个论题不值得严肃考虑，并认

---

① Williamson T. Vagueness. London：Routledge，1994：186.

定下述想法是荒谬的：在光谱中存在一个精确的点，在那里红色变成了橘色，或者失掉一根头发能够使弗里德变成秃头，或者我能够在某个高度上不是高个子，当长高不到百分之一毫米时却忽然变成高个子。"① 为了证成或辩护认知主义，威廉姆森等人所要做的第一件事，就是去解释他们观点的高度反直观性：根据我们的常识和直观，没有任何东西决定我们的模糊谓词之间截然分明的分界线，也没有任何东西决定界限情形中间的分界线。威廉姆森运用误差余地原则所证明的只是：假如模糊谓词确实存在截然分明的分界点的话，那么，由于我们的认知能力的局限，我们不可能知道该分界点在哪里。为了证明他的模糊性源于无知的观点确实是正确的，他还必须做另外两件事：第一，证明他所谓的误差余地原则是正确的，这或许不太难；第二，直接证明模糊谓词的分界点是存在的，这是一件很难的事情。

如上所述的关于模糊性的研究以及当代中国的哲学研究现状，引发了我关于下述问题的反思：在中国应该如何从事哲学研究？我达成这样的认知：至少在我本人以后的哲学研究中，应该像一部分西方分析哲学家那样，抓住一些具体的关键性论题，将它们置于一个宽广的学术背景之中，在充分理解他人工作的基础上，运用现代逻辑等技术性工具，做原创性的哲学思考和论证，与学界同人展开深入的有效率的对话，由此参与到哲学的当代建构中去。

参考文献

1. Hyde D. Sorites Paradox//Stanford Encyclopedia of Philosophy, 2011. http://plato.stanford.edu/entries/sorites-paradox/.
2. Keefe R. Theories of Vagueness. Cambridge: Cambridge University Press, 2000.
3. Keefe R, Smith P. Vagueness: A Reader. Cambridge, MA: MIT Press, 1997.
4. Sainsbury R M. Paradoxes. Cambridge: Cambridge University Press, 2009.
5. Williamson T. Vagueness. London: Routledge, 1994.

---

① Keefe R. Theories of Vagueness. Cambridge: Cambridge University Press, 2000: 64.

第 26 章　论威廉姆森的认知主义

一、导言

认知主义是对模糊问题的一种解决方案。谷堆悖论是模糊问题的典型表现形式。谷堆悖论是说：一粒谷不能形成谷堆，再加一粒也不能形成谷堆，再加一粒也不能形成谷堆，如此下去，即使一万粒谷也不能形成谷堆。它所揭示的问题是，我们可以确定一粒谷不能形成谷堆，我们也可以确定一万粒谷能形成谷堆，但是，我们不能确定十粒谷、一百粒谷、一千粒谷……能否形成谷堆，这种情况被称为谷堆的边界情形（borderline case）。一般来说，模糊性的特征之一就是有边界情形存在。在先前对模糊问题的研究中，人们主要从语义角度进行分析，认为模糊性是一种语义现象。然而，从语义角度给出的多值方案和超赋值方案都无法完全解决模糊问题。近年来，越来越多的人开始从认知角度对模糊问题进行研究，他们认为模糊性是一种认知现象，它的产生源自我们自身知识的局限。也就是说，模糊谓词的应用有一条精确的划分界限，但是我们无法知道这条界限在哪里。这种观点被称为认知主义，主要代表人物有索伦森（Roy Sorensen）、霍维奇（Paul Horwich）和威廉姆森（Timothy Williamson），其中威廉姆森对认知主义在当代的复兴做出了主要贡献。本章将阐述威廉姆森的认知主义并对其做简短的评论。[①]

二、模糊性与无知

假设威廉姆森是瘦子的边界情形。即使人们知道威廉姆森的体重、外形以

[①] 关于威廉姆森的认知主义，本章主要参考 Williamson T. Vagueness. London: Routledge. 1994

及其他相关的数据,他们也不知道威廉姆森是不是瘦子。所以,一般人都会直觉地认定,威廉姆森既不是瘦子也不是非瘦子。也就是说,在这种情况下,二值原则不成立。多值方案就是在真和假之外设定了一个或多个中间值。超赋值方案则是通过对语义解释的扩充,规定一系列可允许的语义解释从而得出了超真、真、假以及超假的概念。所谓边界情形,就是既不超真也不超假,而是在某些可允许的语义解释中为真,在某些可允许的语义解释中为假。虽然这两种方案都在一定程度上解决了模糊问题带来的困惑,但是它们在对象语言层面上抛弃了经典语义,而在元语言层面上依然坚持经典语义,这两种做法在高阶模糊性问题上产生了难以调和的冲突。此外,对经典语义的抛弃还使得这些理论产生了很多违反直观的性质,也丢失了经典语义的许多优点。

在主要考察了通过拒斥二值原则来解决模糊问题的方案后,威廉姆森认为,对二值原则的抛弃无助于解决模糊问题。而一旦预设二值原则成立,就说明在边界情形中一定存在一条明确的界限,即使我们不知道这条界线在哪里。换言之,在"威廉姆森是瘦子"这个例子中,虽然"威廉姆森是瘦子"与"威廉姆森不是瘦子"必有一个为真一个为假,但是我们却不知道到底孰真孰假。于是,模糊性似乎成为一种认知现象,这显然与我们的直观相去甚远。但威廉姆森却给出了一个论证,以此说明我们不能否认二值原则。

首先给出三个定义:

(B) 若 u 说 P,则 u 为真或 u 为假。

(T) 若 u 说 P,则 u 为真当且仅当 P。

(F) 若 u 说 P,则 u 为假当且仅当非 P。

(B) 是二值原则,(T) 和 (F) 分别是对真和假的定义。u 是一个言说(utterance)的名称,P 是一个表达 u 所说命题的陈述句。论证如下。假设二值原则对某个 u 不成立,由此可得:

(0) u 说 P	假设
(1) 并非:u 为真或 u 为假	假设
(2a) u 为真当且仅当 P	(0) 和 (T),分离规则
(2b) u 为假当且仅当非 P	(0) 和 (F),分离规则
(3) 并非:P 或非 P	(2a)、(2b) 和 (1),代入规则
(4) 并非 P 且并非并非 P	(3),德·摩根律

结论（4）矛盾，所以假设不成立，因此，不能否认二值原则。

为了深入理解这个论证，我们先对相关概念进行澄清。从（B）可以看出，这里的二值原则只适用于说某事物如此的情形，而且二值原则的对象被限制在言说本身而非言说所表达的命题上。这种做法的原因在于，只有在说某事物如此时才有真假，而一滴水没有真假，一个问题或命令也没有真假，一个指称失败的句子也没有真假。另外，如果把命题作为二值原则的对象，则可以同时支持二值原则并且否认模糊言说能表达一个独一无二的命题，这样就避开了关于言说的二值划分以及无知的存在。基于以上两点，威廉姆森认为，模糊问题应该是一个对说某事物如此的言说进行真值划分的问题。

现在，我们再来看看威廉姆森的论证本身。这个论证所使用的逻辑规则包括：分离规则、代入规则、德·摩根律以及一个隐含的归谬法。这几个逻辑规则是许多非经典逻辑都承认的，对此并无争议。威廉姆森认为，需要对真和假的定义进行辩护，即（T）和（F）[①]。

威廉姆森从一开始就放弃了如下做法：在完全形式化的语义中对真和假进行刻画，然后再从这种形式语义出发来考察或辩护（T）和（F）。他认为，形式语义所使用的精确元语言消解了模糊性，因为精确语言无法表达模糊言说所表达的模糊命题，也就是说，在任何形式语义中（T）和（F）本身都无法被表达。因此，威廉姆森坚持从真和假本身的性质出发来考察（T）和（F），而不是从其形式角度来考察。他具体讨论了以下两个问题：

（Ⅰ）是否存在满足（T）和（F）的性质，也就是说，这两个关于真和假的概念的定义是否为空？

（Ⅱ）是否存在既满足（T）和（F）又满足其他对真或假的概念来说至少与（T）和（F）同等重要的限制条件，也就是说，（T）和（F）是否与其他关于真和假的限制条件一致？

就（Ⅰ）而言，即使先前的语义方案也都承认，存在满足（T）和（F）的性质。因此，问题的关键在于（Ⅱ）。威廉姆森认为，在拒斥二值原则的解决方案中很难找到符合要求的限制条件，它们唯一质疑（T）和（F）的可能之处

[①]（T）和（F）遵循了亚里士多德对真和假的阐释："说非者为是，或是者为非，这是假的；而说是者为是，或非者为非，这是真的。"而这也是塔斯基的形式语义所刻画的。

是，对真和假的定义中所包含的模糊性。考虑（T）的一个例子：

若"威廉姆森是瘦子"说威廉姆森是瘦子，

则"威廉姆森是瘦子"是真的，当且仅当，威廉姆森是瘦子。

由于威廉姆森是不是瘦子是模糊的，所以"威廉姆森是瘦子"是不是真的也是模糊的。因此，认为对真和假的归属必须是精确的观点会反对（T）和（F），也就是说，如果有人认为必须对真和假给出精确归属，那么他会拒斥上述例子中从言说经由命题而最终侵入真的归属的模糊性。可是，这种模糊性是不合理的吗？或者，这种模糊性能够被消除的吗？如上文所说，威廉姆森认为，精确的元语言无法真正刻画模糊性，同样，精确的元语言也无法真正刻画模糊语言中的真和假，它们与我们的言说一样包含模糊性的成分。因此，我们必须抛弃"完全精确的元语言的美梦"。

现在，既然二值原则成立，也就是说，任何一个说某物如此的命题要么为真要么为假，在谷堆悖论中，这意味着存在一条清晰的边界，也就是说，存在一个数，小于这个数的谷粒不能构成谷堆，而大于等于这个数的谷粒能够构成谷堆，然而我们无法知道这条清晰的边界在哪里。因此，无知的存在看起来已经被证明了，那么无知源于何处？我们的知识为什么会包含这种无知？它是否可以被消解？威廉姆森认为，在回答这些问题前，知识本身至少与无知一样亟须得到解释，也许，解释了知识的同时也相应地解释了无知。为什么我们在非边界情形下知道如何使用模糊词，而在边界情形下却不知道？威廉姆森认为，只有认知主义才能为我们提供答案。

三、模糊性与不精确知识

在威廉姆森那里，无知被解释为一种普遍存在于不精确知识中的现象，而在边界情形下的无知只不过是其中的一个特例而已。威廉姆森首先通过一个简单的例子引入不精确知识的概念，由此论证在这种情形下 KK 原则失效。然后他为不精确知识构造了一个模型，这个模型不仅能解释 KK 原则的失效，而且还能区分不精确知识的两种来源（知觉来源和概念来源），从而对边界情形下的无知也给出了解释。

1. KK 原则的失效

请先看如下例子：

我在体育场里看到一大群人，我想知道一共有多少人。自然，我不能够仅仅依靠观察而确切知道。我的视力和判断数字的能力没有那么好，而且有一些人甚至可能在我的视线范围之外。既然我现在没有其他相关的信息来源，所以我不知道恰好有多少人。也不存在一个数字 m，使得我知道恰好有 m 个人。但是，通过观察，我又确实获得了一些知识。我知道并非恰好有 200 个人或 200 000 个人，但我不知道是否恰好有 20 000 个人。对很多数字 m，我不知道并非恰好有 m 个人。①

由上述例子我们可以构造这样一个集合 $\{m: 我不知道并非恰好有 m 个人\}$。显然，这个集合一定是非空的。而根据最小自然数原理，任一非空自然数集合都有一个最小的数，所以该集合有最小数，令其为 n，那么任何比 n 小的数都不属于该集合，所以 $n-1$ 不属于该集合，由此可得：

（i）我知道并非恰好有 $n-1$ 个人。

（ii）我不知道并非恰好有 n 个人。

而就一个对自身视力、判断数字的能力有自知之明且对实际情况有清醒判断的人而言，以下条件成立：

（iii）我知道：如果恰好有 n 个人，那么我不知道并非恰好有 $n-1$ 个人。

然而，根据假言易位和分离规则，从（i）和（iii）可以推出，我知道并非恰好有 n 个人，这与（ii）是矛盾的。

也许有人认为，这个集合随着我反思自己视力和判断数字的能力以及进行逻辑推理的程度的变化而变化。鉴于这些考虑，威廉姆森引入了一个时间常数 t，并假定我在时刻 t 达到反思均衡（reflective equilibrium），而且在达到反思均衡的这段时间内体育场人群的总数没有发生变化，而 n 是此时 $\{m: 我不知道并非恰好有 m 个人\}$ 这个集合的最小数。因此，在时刻 t，以下条件成立：

（iv）如果我知道某些命题，并且从这些命题能逻辑地推出并非恰好有

---

① 在威廉姆森看来，在"并非恰好有 m 个人"这个句子中，"m" 必须被精确的数字而不是被确定的陈述所代替。考虑如下陈述："体育场中的人数减去 1"，我可能不知道究竟哪个数字符合这个陈述，因此，对我而言，把"m"替换为这个陈述后所得到的句子是一个指称失败的句子。参见 Williamson T. Vagueness. London: Routledge, 1994: 217.

n 个人，那么，我知道并非恰好有 n 个人。

即便这样，{m：我不知道并非恰好有 m 个人} 这个集合依然是有争议的，因为它本身似乎包含了模糊性，而带有模糊性的例子无法解决模糊问题本身。威廉姆森承认该集合确实包含模糊性，因为"知道"是一个模糊词，我们对自己的知识的认知是模糊的。但是，威廉姆森认为，"知道"给该集合带来的模糊性并不是矛盾产生的原因。为了证明这一点，我们可以先消除该集合的模糊性，再论证矛盾依然存在。当然，彻底消除我们知识的模糊性显然是不可能的，我们实际上只需消除关于特定知识的模糊性，而这是可能的。首先，我们可以对"我知道并非恰好有 n 个人"中"知道"的边界情形采取保守态度，亦即将它们都排除到知识之外；其次，再对这个边界情形的边界情形采取保守态度。最后，以此类推，由于体育场内的总人数是有限的，所以我可以在有限时间内将所有的边界情形消除。一旦这个集合的精确性得以确立，那么（i）（ii）显然成立。而由于"知道"的条件变得更为严格，（iii）也成立，（iv）亦然。因此，矛盾依然存在。

那么，矛盾产生的原因到底是什么呢？让我们再一次仔细考察这四个条件。我们可以先将这四个条件形式化，

(i∗) $K\neg p$

(ii∗) $\neg K\neg q$

(iii∗) $K(q\rightarrow\neg K\neg p)$

(iv∗) $K\phi\wedge(\phi\rightarrow\neg q)\rightarrow K\neg q$

事实上，先前的论证是说，从（i∗）和（iii∗）可以推出 $K\neg q$，从而和（ii∗）矛盾。然而，根据（iv∗），要想推出 $K\neg q$，必须从 ϕ 推出 $\neg q$，并且我知道 ϕ，其中 ϕ 是 $(q\rightarrow\neg K\neg p)\wedge K\neg p$；根据（iii∗），我知道 $(q\rightarrow\neg K\neg p)$；而根据（i∗），不能得到我知道 $K\neg p$。所以先前的论证实际上使用了如下前提：

(v∗) $KK\neg p$

也就是说：

(v) 我知道我知道并非恰好有 $n-1$ 个人。

因此，我们的逻辑推理预设了 KK 原则成立。KK 原则是说，如果某个认知主体知道一个命题，那么该主体知道他知道这个命题；也就是说，先前的论证隐含

了前提 $K\neg p \to KK\neg p$。

为了更直观地说明 KK 原则不成立，威廉姆森构造了 KK 原则的反模型，在该模型中：(i)~(iv) 为真，(v) 为假。以下是威廉姆森给出的非形式化表述：

> 对每个自然数 m，令 S_m 表示一个情形，在该情形下体育场内恰好有 m 个人。因此，对每个自然数 k，"恰好有 k 个人"在 S_m 中为真当且仅当 $k=m$。相应地，"并非 A"在 S_m 中为真当且仅当"A"在 S_m 中为假；"如果 A，则 B"在 S_m 中为真当且仅当"A"在 S_m 中不为真或"B"在 S_m 中为真；"知道 A"在 S_m 中为真当且仅当"A"在 S_{m-1}（如果存在的话）、S_m、S_{m+1} 中均为真。①

在这个模型下，我们不难看出 (iii)、(iv) 在任何一种情形中均为真；(i) 在除 S_{n-2}、S_{n-1}、S_n 之外的情形中为真；(v) 在除 S_{n-3}、S_{n-2}、S_{n-1}、S_n 和 S_{n+1} 之外的情形中为真；而 (ii) 只在 S_{n-1}、S_n、S_{n+1} 中为真，因此在 S_{n+1} 中，(i)~(iv) 均为真，(v) 为假。

现在让我们考虑另一个产生矛盾的证明，在达到反思均衡的时刻 t，我们有：

(iii+) 对任意自然数 m，我知道如果恰好有 m 个人，那么我不知道并非恰好有 $m-1$ 个人。

(iv+) 对任意自然数 m，如果我知道一些命题，并且从这些命题可以逻辑推出并非恰好有 m 个人，那么我知道并非恰好有 m 个人。

显然，仅仅从以上两个条件和 KK 原则就能推出矛盾。首先，我知道并非恰好有 0 个人，由 KK 原则可得，我知道我知道并非恰好有 0 个人，所以，由 (iii+) 所包含的已知命题可以逻辑推出并非恰好有 1 个人，又由于这些都是从已知命题逻辑推出的，所以我知道并非恰好有 1 个人。然后，从我知道并非恰好有 1 个人开始，又可以重复先前的推理，由此可得：对任意有限的自然数 m，我都知道并非恰好有 m 个人。这显然是假的。

这个新的论证说明，最小自然数原理对于推出矛盾并不是必需的，而 KK 原则却无法消去，所以 KK 原则才是矛盾的根源。值得注意的是，在威廉姆森的论

---

① Williamson T. Vagueness. London: Routledge, 1994: 223-224.

证中，KK 原则是在假设达到反思均衡的情形下使用的，因此，一般把 KK 原则的失效归结为反思程度不充分的观点在这里并不适用。也就是说，以上两个论证说明，反思并不能拯救 KK 原则。现在我们已经知道 KK 原则会导致矛盾，但原因究竟在哪？威廉姆森对此给出了一个不精确知识的模型，在这个模型中 KK 原则失效看起来是如此理所当然。

2. 容错边际原则

什么样的信念才足够可靠到成为知识？威廉姆森认为，在知识不精确的情况下，只有给我们的信念留有容错边际（margins for error），它才能足够可靠。关于在特殊情形中一般条件成立的信念，这个信念具有容错边际是说，在所有与该特殊情形相似的情形中该一般条件都成立。

威廉姆森仍然让我们考虑体育场中人群数目的例子。假设实际的人群总数为 i 人，而我拥有真信念：并非刚好有 j 人。如果 i 与 j 很接近，那么我的这个信念不具有容错边际，因此不能构成知识。这是因为，我们关于人群总数的知识是不精确的，由于视力、对数字的判断能力的限制以及其他不可控因素，我实际上无法区分 i 个人与 j 个人。所以，极有可能在实际上有 j 个人时，我也会拥有信念：并非刚好有 j 个人。因此，虽然它是一个真信念，却只是侥幸为真，不是足够可靠到成为知识。威廉姆森把他的容错边际原则（margin for error principle）表述为所有具有以下形式的原则：

在所有那些与"知道 A"在其中为真的情形相似的情形中"A"为真。

威廉姆森认为，此处不存在一个关于"相似性"的程度和种类的先天规定，所以在不同的情形中有不同的"相似性"，但是威廉姆森给出了元容错边际原则（margin for error meta-principle）：

在知识不精确时，某个容错边际原则成立。

一旦我们接受了容错边际原则，KK 原则就自然地失效了。令命题 A 形如"知道 B"，由于我们关于信念可靠性的知识也是不精确的，所以我们可以使用容错边际原则，即"'知道 B'在所有与'知道知道 B'为真的情形相似的情形中为真"。而再次根据容错边际原则，"'B'在所有与'知道 B'为真的情形相似的情形中为真"。这里，"知道知道 B"需要连续使用两次容错边际原则。

威廉姆森让我们更为直观地考虑如下情况。想象我面前有一面墙，我在墙上为一个机器射出的子弹的落点画一个区域，这个区域是我的信念。假设真被看作一次射击，当子弹射在区域内的点上时，我的信念为真，否则，我的信念为假。而知识被看作一次安全的射击，也就是说，当以该次射击的落点为圆心，画一个适当半径的圆，且该圆在我的信念区域之内时，这次射击就被看作知识，而该圆除圆心以外的区域被看作容错边际。所以"知道 B"就是一次落点在信念 B 区域内的射击，并且该落点离信念 B 区域的边界有安全的距离；而"知道知道 B"则是一次落点在信念 B 区域内的射击，且对以落点为圆心的容错边际圆内的任一点，再画一次以它为圆心的容错边际圆，这个新得到的区域还在信念 B 的区域内。显然当落点变化时，很可能出现"知道 B"为真而"知道知道 B"为假。

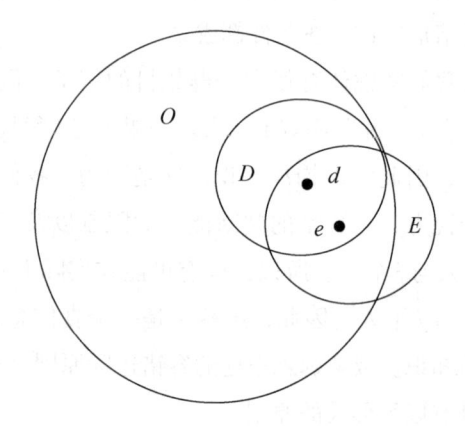

图中，大圆 O 代表信念 B 的区域，圆 D 和圆 E 都是容错边际圆，点 d 是圆 D 的圆心，点 e 是圆 E 的圆心，并且点 e 在圆 D 之内。假设某次射击落在点 d 上，此时：知道 B 为真，当且仅当，圆 D 在圆 O 内；知道知道 B 为真，当且仅当，以圆 D 中任一点为圆心的容错边际圆都必须在圆 O 内。因为圆 D 在圆 O 内，而圆 E 不完全在圆 O 内，所以，在这次射击中，知道 B 为真，但知道知道 B 不为真。

在此基础上，威廉姆森认为，KK 原则的失效并不是由于反思不充分而导致的失效，而是一种系统性失效，它产生的原因是我们认知能力本身的不完全精确性。接下来，威廉姆森将这种系统性失效的思想应用于另一种不精确的知识，即不精确源于知识内容本身的模糊。重新回到先前的例子：威廉姆森是瘦子。假设威廉姆森的物理度量为 m，那么"物理度量为 m 的人是瘦子"所表达的命题就是必然真的，所谓必然真是指在任何一个可能情形中均为真，而任何必然真的命题一定是知识，那么为什么我们会对这个必然真的命题无知呢？

把这个例子与人群的例子对比:"并非刚好有 j 个人"这个命题所应用的容错边际原则的"相似性"是指人群数量的微小变动。而在"物理度量为 m 的人是瘦子"这个例子中,"一个人的物理度量"是一个固定的精确的测量值,不存在对应的"相似性",所以容错边际原则似乎无法应用于这个例子。威廉姆森认为,对容错边际原则有两种不同应用,而这两种不同的应用正好区分了不精确知识的两种来源:不仅有关于知识对象的微小差异的容错边际原则,也有关于概念内容的微小差异的容错边际原则。对于有自然界限的精确词,用法的改变一般不会改变其内涵和外延。但对于没有自然界限的模糊词来说,一个细微的用法上的改变都可能会改变其内涵和外延。从认知主义的观点看,"瘦子"的界限是精确但却不稳定的,所以威廉姆森可能之前是瘦子而现在不是,"物理度量为 m 的人是瘦子"并不表达一个必然真的命题。因此,在这个例子中我们仍然可以使用容错边际原则,这里容错边际原则中的"相似性"是指"瘦子"所表达的意义的微小变动。

所以,不精确的知识要么是来源于我们区分知觉对象的能力的限制,比如说体育场里一大群人的实际数目与其他相近的数目,要么是来源于我们区分概念的能力的限制,比如说"瘦子"这个词的意义的所有微小变化。而模糊性正是由后面这种受限制的区分能力所导致的。

四、模糊性与不可区分的差异

按照威廉姆森的观点,模糊性来源于我们区分概念的能力的限制,而这种限制经常与一种在逻辑中所表达的限制有关,即不可区分关系的非传递性。我们可以想象存在这样的 x、y、z,其中 x 和 y 不可区分,y 和 z 不可区分,但 x 和 z 却可区分。不可区分关系的非传递性有时仅仅用来刻画直接区分力,这就暗示:如果承认间接区分力,就存在一种传递的不可区分关系。x 和 y 间接区分是指,存在 z,x(或 y)与 z 可直接区分,并且 y(或 x)与 z 不可直接区分。所以 x 和 y 不可间接区分是指,对论域内的所有 z,x 与 z 不可直接区分当且仅当 y 与 z 不可直接区分。不难看出,不可间接区分关系是一个等价关系,满足自反性、传递性和对称性。我们日常生活中对语言的使用很少考虑不可间接区分关系,因为这需要对直接区分力进行全面的考察,威廉姆森认为这正是导致语言陷入模糊性的直接原因。而如果我们的认知能够达到间接区分力,那么我们再也不能够基于随意的观察贸然给出判断，我们对语言的使用会因此失去便利的模糊性质。可是，从其定义来看，似乎只要我们更加小心谨慎，间接区分关系在原则上似乎能够成为标准。但是，威廉姆森否定了这种可能性。他是从两个方面给出说明的。

首先，他从定义上把区分还原为对差异的知道，也就是说，x 和 y 被区分是指我们知道 x 和 y 不同。而由于在知识领域中 KK 原则失效，因此，间接区分不是一种真正的认知上的区分形式。其次，由于间接区分甚至不必然包含差异，所以间接区分不是合理的使用标准。虽然威廉姆森想要论证的是模糊性和不可区分的非传递性之间的关系，但是如前所述，由区分知觉对象的能力的限制所导致的不精确知识和由区分概念的能力的限制所导致的模糊性一样，都遵循容错边际原则。为了便于理解，威廉姆森采用了来源于知觉限制的不精确知识的例子：

> 我在 5 000 天内每天都经过一棵树，每次经过这棵树的时候我会匆匆瞥上一眼。由于我的视力、记忆力以及目测高度的能力都是不精确的，所以我关于每一天经过这棵树时树高的知识也是不精确的。但是我知道它现在比第 1 天要高。

由这个例子可得：

(a) 我知道第 1 天的树高和第 5 000 天的树高不一样。

另外，我对自己的知觉和记忆的局限有自知之明，所以我知道我无法直接区分 1 毫米的高度差异，因此有：

(b) 我知道：如果第 i 天的树高和第 j 天的树高相差小于 1 毫米，那么我不知道第 i 天的树高和第 j 天的树高不一样。

除此之外，我还拥有正确的植物学常识，即一棵树每天生长的高度一定小于 1 毫米。因此，

(c) 我知道第 i 天的树高和第 $i+1$ 天的树高相差不到 1 毫米。

把间接区分作为标准是指，当 x 和 y 可被间接区分时，我们应该基于这个事实而区别对待 x 和 y。这预设了间接区分确实是一种真正的区分形式。而我们可以把间接区分是不是区分形式的问题转化为关于知识性质的讨论。

先假设间接区分是一种区分形式，那么，由于第 1 天和第 5 000 天的树高是

可直接区分的，所以至少有一天使得这一天的树高和第 1 天的树高是可间接区分的，也就是说，这一天的树高与第 5 000 天的树高是不可直接区分的。让第 m 天为满足这个条件的天数中的第一天，则第 $m-1$ 天的树高和第 1 天的树高是不可间接区分的。假设第 m 天的树高和第 $m-1$ 天的树高是不可间接区分的，则由于不可间接区分关系是等价关系，所以第 m 天的树高和第 1 天的树高也是不可间接区分的，矛盾。所以第 m 天的树高和第 $m-1$ 天的树高是不可间接区分的，因此（b）失效，我们能够区分相邻两天的树高。这就意味着，采用间接区分会导致模糊性消失。

然而，威廉姆森认为，由于无法知道 m 所指代的具体数值，上述推导是没有意义的。而导致这个结果的根本原因是 KK 原则失效，先来看下面这个论证：如果 KK 原则成立，那么由（a）可得：我知道我知道第 1 天的树高和第 5 000 天的树高不一样。再由（b）可得：我知道第 1 天的树高和第 5 000 天的树高相差不小于 1 毫米。又由（c）可得：我知道第 1 天的树高和第 4 999 天的树高不一样。以此类推，最后可得到：第 1 天的树高和第 4 999 天的树高不一样，矛盾。

KK 原则在这里发挥的作用是预设我们知道自己的直接区分。对任意两个不可直接区分的第 i 天的树高和第 j 天的树高，如果它们是可间接区分的，那么有第 k 天使得第 i 天的树高和第 k 天的树高是可直接区分的，而第 j 天的树高和第 k 天的树高是不可直接区分的。因为我知道自己的直接区分，所以我能够找出这个第 k 天，因此，我也能够区分第 i 天的树高和第 j 天的树高。由于 i 和 j 的任意性，所以我能区分任意两个可间接区分的天数的树高，因此我就可以拥有间接区分。而 KK 原则失效，也就是说，我们不知道自己知道具有直接区分关系的树高之间的差异。在威廉姆森看来，这就使得，对任意天数，树在这一天没有生长而在其他天数中每天生长相同的高度，这和我已有的全部知识是一致的，所以我实际上无法区分任意相邻两天的树高。

实际上，在认知逻辑的框架下，我们可以更清楚地看出 KK 原则失效和不可区分关系的非传递性之间的联系。认知逻辑一般用来处理与认识论相关的逻辑推理，KK 原则是认知逻辑中的一条公理，也称为正内省公理，顾名思义，它的意思是知道就其本身而言也是知道的。认知逻辑是一种特殊的模态逻辑，一般采用标准的克里普克语义，其中每一个可能世界被称作一个认知可选择世界，简称认知选择。在这种语义下，KK 原则表示关于认知选择的不可区分关系具有传递性。因此，KK 原则失效在认知逻辑中即意味着关于认知选择的不可区分关系是非传递的，这和具有传递性的不可间接区分关系自然是不相容的。

即使 KK 原则成立，威廉姆森认为，间接区分仍然不应该是一种真正的区分形式。

基于先前的例子，假设实际情形为 w_x：树在第 1 天和第 2 天之间没有生长，而在之后的每一天都长高半毫米。考虑另一种情形 w_y：树在第 1 天和第 2 天之间长高了半毫米，而在第 2 天到第 4 天之间没有生长，之后则每天长高半毫米。由于这两种情形中，每一天的树高相差最多半毫米，所以我无法区分这两种情形。也就是说，我所知道的命题应该在两种情形中均为真。那么，由于在 w_x 中，第 1 天的树高和第 4 天的树高差异大于 1 毫米，所以我能够直接区分这两天的树高；又由于在 w_y 中，第 2 天的树高和第 4 天的树高是一样的，所以我不知道第 2 天的树高和第 4 天的树高不一样。因此，第 1 天的树高和第 2 天的树高是可间接区分的，而实际上这两天的树高是一样的！

此外，考虑区分依赖于获取知识的方式的情况。假设我早上数了一下鸟笼里鸟的个数，一共有 6 只鸟；中午则看了一眼鸟笼但没有数数；到了晚上，我又数了一下，发现只有 5 只鸟。那么，我可以直接区分早上鸟笼里鸟的个数与晚上鸟笼里鸟的个数，但是我却不能区分中午鸟笼里鸟的个数与早上鸟笼里鸟的个数，以及中午鸟笼里鸟的个数与晚上鸟笼里鸟的个数。因此早上鸟笼里鸟的个数和中午鸟笼里鸟的个数，以及中午鸟笼里鸟的个数和晚上鸟笼里鸟的个数都是可间接区分的，而中午鸟笼里鸟的个数要么是 6 只，要么是 5 只，所以必然有一个间接区分关系不包含差异。

威廉姆森认为，以上关于模糊性和不可区分性质之间关系的分析，最终结果可以体现在关于模糊性的认识论研究中。其中，KK 原则的失效在认识论中表现为高阶模糊性问题，而间接区分不是一种真正的区分形式为精确化自然语言的努力设置了一道障碍。

五、简短的评论

下面对威廉姆森的认知主义给出三点评论：

第一，威廉姆森的认知主义在模糊问题上避免了用精确的形式化方法修正经典逻辑所带来的问题。先前我们提到过对模糊问题的两个语义解决方案：多值方案和超赋值方案。多值方案的中心思想是真值函数的一般化。多值方案又分为三值方案和连续值方案。三值方案的核心思想是，真值除了真和假之外，还存在第三值（中间值），而第三值对应于边界情形。但是，三值方案无法解决高阶模糊性问题。连续值方案把真值看作真值度，即把真值看作从0到1的区间，而除0和1之外的真值度对应于边界情形。多值方案的拥护者在试图解决高阶模糊性问题时将三值逻辑改进为连续值逻辑，然而它难以给出真值度的合理定义。超赋值方案的核心思想是，存在多个可允许的精确解释，每个可允许的解释满足经典语义，而边界情形是指，在有的可允许的解释中为真，在有的可允许的解释中为假。由此，它化解了真值度的定义难题，同时又绕开了多值方案彻底背离二值原则所导致的诸多不合理之处。但是，超赋值方案仍然不能很好地处理高阶模糊性。另外，它将不确定性上溯到元语言层面的做法也导致了很多争议。通过在对象语言中引入一个确定性算子D，这个新的语义可以在尽可能保留经典语义的前提下达到与超赋值方案相同的目的。因此，正如威廉姆森所说，这两个方案抛弃了经典逻辑在表达力、简洁性以及整合性方面的优点，并且它们试图把模糊问题的解决诉诸精确的形式语言，这不仅绕开了模糊性的本质，而且还会引发关于高阶模糊性的形式处理问题，对此至今没有令人满意的解决方式。① 威廉姆森的认知主义认为，模糊性实际上是一种认知现象，即在边界情形下存在无知。因此，认知主义对模糊问题的处理保留了经典逻辑，避免了修正经典逻辑所带来的其他问题。威廉姆森在《模糊性》中拒绝从形式化角度解决模糊问题，从而绕开了关于高阶模糊性的形式处理难题。然而，对于高阶模糊性这个被倚重的反驳工具，威廉姆森却并没有在认知主义的框架下进行详细讨论。威廉姆森一直认为，无法解决高阶模糊性是语义方案的重要缺陷，但他后来关于高阶模糊性的论文也没有很好地解决这个问题②。

第二，威廉姆森的认知主义在不精确知识的框架下讨论模糊问题，把模糊问题的根源归结于KK原则的失效。如前所说，KK原则是认知逻辑中的一条公理，威廉姆森对KK原则发起挑战，这不仅会对认知逻辑中公理系统和模型的选择造成影响，在认识论角度也会引发很多哲学问题。对于前者，由于一般认为符合直观的知识模型对应于认知逻辑中的S4系统或介于S4和S5之间的系统，

---

① 陈波. 模糊性：连锁悖论. 哲学研究, 2014 (1).

② Williamson T. On the Structure of Higher-Order Vagueness. Mind, 1999, 108: 127 - 143.

其中 S4 系统包含 K 公理、T 公理、必然化规则以及正内省公理。K 公理表示知识对逻辑后承封闭，T 公理表示知识是真的，必然化规则表示有效的命题都是知道的。而 S5 系统在 S4 系统的基础上还加入了负内省公理，它表示无知就其本身而言是知道的。在先前的论证中，威廉姆森承认除 KK 原则之外 S4 系统中所有公理的有效性。然而，K 公理和必然化规则一起构成了认知逻辑中最著名的逻辑全知问题，在解决这个问题的过程中，K 公理受到很多逻辑学家的质疑。威廉姆森在承认 K 公理有效的基础上用归谬法论证 KK 原则失效，这在某种程度上为解决逻辑全知性开辟了另一种可能的路径。后来，威廉姆森出版了《知识及其限度》[1] 一书，书中从知识论角度详细论述了 KK 原则的失效。此书打破了传统观点，提出了"知识优先"的著名口号。传统的知识论认为信念先于知识，也就是说，真和信念是知识的必要条件，我们的任务是找出第三个条件从而给知识下定义。威廉姆森拒斥这种观点，他认为知识本身是基本概念，不是用信念来解释知识，而是用知识来解释信念。[2] 但是回顾本章第二部分，在引入容错边际原则时，威廉姆森借用人群的例子给知识限定了三个条件：真、信念、可靠。[3] 这恰恰是他在《知识及其限度》中所反对的。也就是说，我们可以用"知识优先"的观点重新审视威廉姆森在《模糊性》中对认知主义的论述。

第三，模糊现象在日常语言中无处不在，如果说我们永远无法知道模糊词的精确的划分是怎样的，那么应该如何解释我们普遍有效的日常交流呢？回顾上文，威廉姆森认为每一个模糊词对应一个容错边际原则，也就是说，任何一个模糊词都有其相应的"相似情形"，我们在使用中会不自觉地将这些"相似情形"混淆，这种混淆会导致不精确知识的产生，但不会影响精确知识。所以容错边际原则似乎可以对日常交流给出一定的解释，但是威廉姆森认为，容错边际原则中的"相似情形"是完全取决于模糊词本身的，然而在日常生活中，关于某个模糊词的"相似情形"似乎会随着使用者、时间以及语境等的改变而发生变化。所以，可变的容错边际原则似乎更符合我们的直观。另外，回顾人群的例子，我们无法知道一个体育场内人群的具体数目，这是由于我们的知觉的

---

[1] Williamson T. Knowledge and Its Limits. Oxford: Oxford University Press, 2000. 威廉姆森. 知识及其限度. 刘占峰, 陈丽, 译. 陈波, 校. 北京：东方出版社, 2013.

[2] 陈波. "知识优先"的认识论——读《知识及其限度》. 哲学分析, 2010 (4): 183–192.

[3] Williamson T. Vagueness. London: Routledge, 1994: 226.

限制。这时有一个容错边际原则成立：只有在所有相似的情形下体育场内人数都是 m 时，我才知道体育场内有 m 人。这个容错边际原则也可以导出我无法知道一个体育场内的人数：因为我无法察觉人数的微小改变，所以对任何一个数 m，我无法区别体育场内人数是 m 和 $m+1$ 的情况，因此我不知道体育场内有 m 个人。但是，这种不可区分力和容错边际原则并不是不精确知识产生的真正原因，此时的不可区分力、容错边际原则以及不精确知识都是由我知觉能力的限制所直接导致的：并不是真的有很多个相同的体育场，并且这些体育场内的人数有细小的差异，而且我同时看到了所有这些体育场内的情况，最后因为不能区分这些体育场内的人数的不同所以我无法判断体育场内的人数。我不知道体育场内的精确人数，这实际上是由于我的视觉以及判断数字的能力的限制，而不是不能区分人数的微小改变。威廉姆森认为模糊性是不精确知识的一种特例，来源于我们对模糊词的意义的微小改变不敏感，此时这种不敏感被解释为产生模糊的原因。但是，和人群的例子类似，我们无法判断威廉姆森是不是瘦子，这是由于某种与知觉限制类似的原因，而不是由于我们不能察觉"瘦子"这个词的意义的微小改变。我们对瘦子的意义的微小改变的不敏感和相应的容错边际原则应该与模糊现象一起由某个更为直接的原因导致。而且，他认为模糊词的意义是由它的使用决定的，也就是说，对模糊词的意义的微小改变的不敏感是由于我们无法知道所有的使用情况以及使用决定意义的方式。可是，威廉姆森认为模糊词的使用通过意义决定其外延，而模糊词的外延反过来又影响它的使用，这之间是否存在循环呢？如果模糊词的意义是由所有的使用情况以及使用决定意义的方式所确定的，而我们不知道后两者，那么我们是通过何种方式知道模糊词的意义的？是否在认知主义下，意义和使用之间必然存在着断裂呢？这些显然都是值得进一步思考的问题。

第 27 章　反驳威廉姆森关于二值原则的论证

在其论著《模糊性和无知》(1992)和《模糊性》(1994)中，以及在《真假和边界情形》(2000)中，威廉姆森先后构造了三个论证去表明：否定二值原则将导致荒谬，即逻辑矛盾。在这篇文章中，我遵循 Pelletier 和 Stainton 在《否定二值导致荒谬》(2003)①一文的记法，把"否定二值原则将导致荒谬"这个断言缩写为 DBA，把支持这个断言的三个论证分别记为 DBA_1—DBA_3。我对这些论证持有严重异议，将论证以下断言：(1) 在一个良好设计且能得到很好证成的三值逻辑中，否定二值原则并不会导致逻辑矛盾；(2) 在威廉姆森的论证中，某些推理步骤只在二值的经典逻辑中有效，而在某些非二值逻辑中无效；并且，那些论证使用了塔斯基的"真"去引号模式，后者本身就预设了二值原则。因此，威廉姆森的三个论证几乎是直接的循环论证：在假定二值原则之后，再证明否定二值原则将导致逻辑矛盾。最后，我列出了据以反驳威廉姆森论证的一些底层思想，并为它们做了简要的证成和辩护。

一、对二值原则等的澄清

本小节将逐一澄清二值原则 (B)、排中律 (LEM)、矛盾律 (LNC) 以及三者之间的关系。

1. 二值原则

为简单起见，本章把"命题"看作一个直陈句所说的东西，并且承认命题是真值载体。于是，二值原则可以表述如下：

(B) 每个命题恰好有两个真值"真的"和"假的"中的一个。

---

① 我从这篇论文中获益良多。

若仔细分析,(B)包含如下三个断言:

(B1) 每个命题能够是真的或者是假的;即,存在两个真值。

(B2) 每个命题不能既不是真的也不是假的;即,它至少有一个真值。

(B3) 每个命题不能既是真的又是假的;即,它至多有一个真值。

此后,令'P'是命题P的名称,T'P'表示"P是真的",F'P'表示"P是假的",T'$\sim P$'表示"$\sim P$是真的",其他情形下使用经典逻辑中的标准逻辑记法。于是,(B)可以符号化为:

(B′) T'P' $\vee F$'P'

为了部分地否定(B),我们至少有三个选择,即:分别否定(B1)、否定(B2)和否定(B3)。从理论上说,否定(B1)也有两个选择:第一个选择是允许所有命题有恰好同一个真值:或者每个命题都取值"真",或者每个命题都取值"假"。这一选择是荒谬的,没有人会这样做。第二个选择允许每个命题有"真""假"之外的其他值,假如可以把那些值也看作"真值"的话。许多非二值的逻辑采取这种策略。否定(B2)就是允许某些命题有像"既不真也不假"(真值间隙)这样的真值。否定(B3)就是允许某些命题有像"既真又假"这样的真值(真值过剩)。目前已经发展出有真值间隙或有真值过剩的非二值逻辑。为了完全否定(B),我们必须同时否定(B1)、(B2)和(B3)。否则,我们将只会得到不完全意义上的非二值逻辑。

2. 排中律

通常,(LEM)表述为如下的标准形式:

(LEM) 或者一个命题P是真的,或者其否定$\sim P$是真的;换句话说,P和$\sim P$不能同时是假的。

可用两种方式将其符号化:

(LEM′) T'P' $\vee T$'$\sim P$'

(LEM″) T'$P \vee \sim P$'

(LEM′)和(LEM″)都包含语义谓词"T",故它们是元逻辑规则。

值得注意的是,亚里士多德用不同方式表述了(LEM),可以把他的不同表述看作(LEM)的不同版本:形而上学的、元逻辑的、逻辑的、认知的,等等。亚里士多德在表述(LEM)时,在本体论上针对个体与属性的结合或分离,在语法上针对主谓式语句。他区分了三种形式的否定:系词否定,如"a不是P";

谓词否定,如"a 是非 P";以及句子否定,如"并非 a 是 P"。前两种可以看作"内在否定",后一种可以看作"外在否定"。

(1) 形而上学版本:(LEM)是关于世界上事物的规律。亚里士多德断言:"对于每一个事物来说,它必然或者是怎么样的或者不是怎么样的。"①"令 A 代表'是好的',B 代表'不是好的'……那么,或者 A 或者 B 将属于每一个事物,但它们绝不会属于同一个事物。"②

(2) 元逻辑版本:(LEM)是许多逻辑系统的支柱性或基础性规则,也是我们日常思维的基本的指导原则。亚里士多德指出:"肯定命题或者否定命题必然是真的"③,"对于每一个事物,或者肯定命题或者否定命题是真的"④,"在矛盾命题之间没有居间者,而是对于一个主词,我们必须或者肯定或者否定任一谓词。这一点一开始就是清楚的,假如我们要定义何为真何为假的话"⑤。

(3) 逻辑版本:这是当代逻辑学的新添加,亚里士多德没有对其有太多考虑。在某些基于(B)和(LEM)的逻辑系统中,有(LEM)的派生形式是那些系统的定理,它们常常也被叫作"排中律"。例如,经典命题逻辑中的 $(P \vee \sim P)$,词项逻辑中的 $[(a 是 P) \vee (a 不是 P)]$,$[(所有 S 是 P) \vee (有些 S 不是 P)]$,以及 $[(所有 S 不是 P) \vee (有些 S 是 P)]$;经典谓词逻辑中的 $\forall x (Fx \vee \sim Fx)$,模态命题逻辑中的 $\Box (P \vee \sim P)$,以及模态谓词逻辑中的 $\forall x \Box (Fx \vee \sim Fx)$。

在谈论排中律的时候,我们通常是指作为元逻辑规则的(LEM'),而不是不同逻辑系统中的那些定理。(LEM')经常被等同于定理 $(P \vee \sim P)$,这是错误的。(LEM')是构成许多逻辑系统之基础的元逻辑规则,而 $(P \vee \sim P)$ 只是基于(B)和(LEM')的经典命题逻辑的一个定理。我们必须小心地将它们区别开来。

(4) 认知版本:有时候,亚里士多德将(LEM)表述为有关我们认知行为如知道、相信和断定的指导原则。他指出:"对于一个主词,我们必须或者肯定或者否定任一谓词"⑥,"相对于每一事物,必须或者肯定它或者否定它"⑦。

---

① Aristotle. Complete Works of Aristotle: Vol. 1, 2. N. J.: Princeton University Press, 1991: 18a34.
② 同①51b37-40.
③ 同①18b6-7.
④ 同①143b15.
⑤ 同①1011b24-26.
⑥ 同①1011b25.
⑦ 同①1012b11-12.

3. 矛盾律

通常，(LNC) 表述为如下的标准形式：

(LNC) 一个命题 P 及其否定 $\sim P$ 不能同时为真。

类似地，可用两种方式将其符号化：

(LNC′) $\sim(T\,'P\,' \wedge T\,'\sim P\,')$

(LNC″) $T\,'\sim(P \wedge \sim P)\,'$

亚里士多德也表述了（LNC）的不同版本：形而上学的、元逻辑的、逻辑的、认知的，等等。

（1）形而上学版本：(LNC) 是有关世界中事物的规律。亚里士多德断言："同一事物不可能在同一时间、同一方面既属于又不属于同一事物"①，"事物中有一个原理，关于它我们不会被骗，而是相反必须总是承认其为真。这个原理所说的是：同一事物不可能在同一时间既是又不是，或者允许任何其他类似的对立属性。"②

（2）元逻辑版本：(LNC) 是许多逻辑系统的支柱性或基础性规则，也是我们日常思维的基本的指导原则。亚里士多德指出，"所有信念中最无可争议的信念就是：矛盾的陈述不能同时为真"，"下面一点是不可能的：矛盾的命题将会对同一事物同时为真"③。

（3）逻辑版本：这也是当代逻辑学的新添加，亚里士多德没有对其有太多考虑。在某些基于（B）和（LNC′）的逻辑系统中，有（LNC′）的一些派生形式是那些逻辑系统的定理，它们也经常被称为"矛盾律"。例如，经典命题逻辑中的 $\sim(P \wedge \sim P)$，词项逻辑中的 $\sim((a\text{ 是 }P) \wedge (a\text{ 不是 }P))$，$\sim((\text{所有 }S\text{ 是 }P) \wedge (\text{有些 }S\text{ 不是 }P))$，以及 $\sim((\text{所有 }S\text{ 不是 }P) \wedge (\text{有些 }S\text{ 是 }P))$；经典谓词逻辑中的 $\sim \exists x\,(Fx \wedge \sim Fx)$，模态命题逻辑中 $\sim \Diamond\,(P \wedge \sim P)$，以及模态谓词逻辑中的 $\forall x\,\Box \sim(Fx \wedge \sim Fx)$。

与（LEM′）的情形类似，(LNC′) 是作为许多逻辑系统基础的元逻辑规则，而 $\sim(P \wedge \sim P)$ 只是基于（B）和（LNC′）的经典命题逻辑中的一个定理。我们不能把（LNC′）混同于 $\sim(P \wedge \sim P)$。当谈论矛盾律时，我们通常是指作为元逻辑规则的（LNC′）。

---

① Aristotle. Complete Works of Aristotle：Vol. 1, 2. N. J.：Princeton University Press, 1991：1005b19-20.

② 同①1061b35-1062a1.

③ 同①1011b13-17.

（4）认知版本：有时候，亚里士多德把（LNC）表述为有关我们的认知活动如知道、相信和断定等的一个指导原则。他指出："[对于同一事物]不可能在同一时间真实地肯定和否定"①，"很明显，同一个人不可能在同一时间去相信同一事物既是又不是"②。

4. 二值原则、排中律和矛盾律的关系

很明显，（B）只包含作为真值载体的"命题"概念，以及两个语义谓词"真的"和"假的"，并不包含否定词。（B）的形式是 $T('P') \vee F('P')$。相比之下，（LEM）和（LNC）都包含"否定"这个联结词。这是（B）与（LEM）和（LNC）之间的一个重要区别。如果我们对（LEM）和（LNC）中的命题变项和否定词给予二值解释：如果 P 是真的，则 $\sim P$ 是假的；如果 P 是假的，则 $\sim P$ 是真的，由此得到：

(1) $F\,'P' \leftrightarrow \sim T\,'P'$

(2) $F\,'P' \leftrightarrow T\,'\sim P'$

这样一来，（LEM）将会等同于（B2），且（LNC）会等同于（B3）。由此，我们将会得到这样的结果：（B）=（LEM）+（LNC）③。不过，如果我们对（LEM）和（LNC）中的命题变项和否定词给予非二值的解释，其结果将会很不相同。下一节将会清楚地证明这一点。

二、对 DBA₁ 和 DBA₂ 的反驳

1. 威廉姆森的论证 DBA₁ 和 DBA₂

再说一遍，DBA 是下述断言的缩写：否定二值原则将导致荒谬。而 DBA₁ 和

---

① Aristotle. Complete Works of Aristotle：Vol. 1, 2. N. J.：Princeton University Press，1991：1011b20.

② 同①1005b30.

③ 关于（B）、（LEM）和（LNC）及其关系的讨论，可参看以下诸文：DeVidi D, Solomon G. On Confusions about Bivalence and Excluded Middle. Dialogue, 1999（38）：785−799；B. J.-Y. Béziau. Bivalence, Excluded Middle and Non-contradiction//Behounek L. The Logica Yearbook. Prague：Academy of Sciences, 2003：73−84；Pérez-Ilzarbe P, Cerezo M. Truth and Bivalence in Aristotle. An Investigation into the Structure of Saying// Öffenberger N, Vigo A. Iberoamerikanische Beiträge zur modernen Deutung der Aristotelischen Logik. Hildesheim：Olms, 2014：75 − 103；Woleński J. An Abstract Approach to Bivalence. Logic and Logical Philosophy, 2014（23）：3−15.

DBA₂ 分别指威廉姆森支持 DBA 的第一个论证和第二个论证。

假设 TW 是"瘦子"的边界情形,"TW 是瘦子"是威廉姆森喜欢用的模糊语句的一个例证。令"P"代表这个语句且该语句既不真也不假,于是它成为二值原则的一个反例。

威廉姆森构造了关于"否定二值原则导致荒谬"的第一个论证 DBA₁[①]:

(1) $\sim(T\text{'}P\text{'} \vee T\text{'}\sim P\text{'})$ (B) 的反例
(2a) $T\text{'}P\text{'} \leftrightarrow P$ 塔斯基模式(T)
(2b) $T\text{'}\sim P\text{'} \leftrightarrow \sim P$ 塔斯基模式(F)
(3) $\sim(P \vee \sim P)$ (1)(2a)(2b),置换
(4) $\sim P \wedge \sim\sim P$ (3),德·摩根律

威廉姆森断言:"这是一个矛盾,无论是否消除其中的双重否定。于是,(1) 导致荒谬。实际上,人们使用塔斯基模式把二值原则($T\text{'}P\text{'} \vee T\text{'}\sim P\text{'}$)等同于排中律($P \vee \sim P$),然后由否定后者的非融贯性去论证否定前者的非融贯性。"[②] 在我看来,这段引文中有两个错误:($T\text{'}P\text{'} \vee T\text{'}\sim P\text{'}$) 不是 (B),而是 (LEM);($P \vee \sim P$) 本身不是 (LEM),而是 (LEM) 的一个派生形式。这些混淆在威廉姆森支持 DBA 的论证中发挥了重要作用。下面会清楚地揭示这一点。

威廉姆森坚持认为,在 DBA₁ 中,如果把 (2a) 和 (2b) 中的"当且仅当"读作其两边的语义值相等,那么,从 (1)、(2a) 和 (2b) 到 (3) 的推理应该是无争议的。于是,该论证的负担就转向 (2a) 和 (2b),并透过它们转向 (T) 和 (F)。[③]

在其《模糊性》[④] 一书中,威廉姆森构造了他的第二个论证 DBA₂。为了避免可能把模糊语句"TW 是瘦子"看作歧义句的麻烦,他现在偏爱说出模糊语句"TW 是瘦子"的话语行为,而不是由"TW 是瘦子"所表达的那个模糊命题。在表述二值原则和塔斯基模式时,真值载体是话语行为本身。令"u"代表"utterance(话语行为)","P"代表由该话语所说出的那个命题。于是,我们有如

[①] Williamson T. Vagueness and Ignorance. Aristotelian Society Supplementary, 1992, 66: 145-146.
[②] 同①146.
[③] Williamson T. Vagueness. London: Routledge, 1994: 189-190.
[④] 同③187-189.

下形式的二值原则和塔斯基模式，其中的撇点"'"是我本人添加的，以区别于 DBA₁ 中的相应各项：

(B′) 如果 u 说 P，那么，u 是真的或者 u 是假的。

(T′) 如果 u 说 P，那么，u 是真的当且仅当 P。

(F′) 如果 u 说 P，那么，u 是假的当且仅当非 P。

然后，DBA₂ 如此进行：

(0) u 说 P

(1) 并非：u 是真的或者 u 是假的

(2a) 如果 u 说 P，则 u 是真的当且仅当 P　　　塔斯基模式 (T′)

(2b) 如果 u 说 P，则 u 是假的当且仅当非 P　　塔斯基模式 (F′)

(3) u 是真的当且仅当 P　　　　　　　　　　　(0)(2a)，肯定前件

(4) u 是假的当且仅当非 P　　　　　　　　　　(0)(2b)，肯定前件

(5) 并非：P 或者 u 是假的　　　　　　　　　　(1)(3)，置换

(6) 并非：P 或者非 P　　　　　　　　　　　　(5)(4)，置换

(7) 非 P 且非非 P　(6)，德·摩根律

在威廉姆森看来，DBA₁ 和 DBA₂ 表明：假设（B′）的一个反例，通过使用对真和假的阐明以及一些显然成立的逻辑（trivial logic），直接导致了一个矛盾。① 他在一个脚注中写道："该论证的一个版本如下。给每个公式'P'指派一个语义值 $[P]$。该语义值在一个偏序 ≤ 下成为一个格，即是说，每一对值都有一个最大下界（glb）和最小上界（lub）。$[P \wedge Q]$ = glb $\{[P],[Q]\}$；$[P \vee Q]$ = lub $\{[P],[Q]\}$；如果 $[P] \leq [Q]$，则 $[\sim Q] \leq [\sim P]$。这些假定被标准的经典逻辑、超赋值逻辑、直觉主义逻辑、多值逻辑等所满足。然后很容易表明：$[T(u)] = [P]$ 和 $[F(u)] = [\sim P]$ 蕴涵 $[\sim | T(u) \vee F(u) |] \leq [\sim P \wedge \sim \sim P]$。"②

在《真、假和边界情形》(2000) 中，他们两人构造了支持 DBA 的第三个论

---

① Williamson T. Vagueness. London: Routledge, 1994: 188.
② 同①300-301.

证 DBA₃。该论证使用了施予变项 S、P 和 c（分别代表语句、该语句所说的东西和说出该语句的语境）的全称量化。据我判断，这些新添加没有使 DBA₃ 与 DBA₁ 和 DBA₂ 有任何实质性差别。由于篇幅所限，我将把 DBA₃ 撇在一边，不予考虑。

2. LV3 及其后果

为了反驳 DBA₁ 和 DBA₂，我将设计一个关于模糊性的非二值逻辑，记为 LV₃，展示 LV₃ 的某些与 DBAs 相关的结果，然后借助 LV₃ 去论证：DBAs 不是可靠的，因为其中的某些前提是假的，并且某些推理步骤是无效的。还将论证：在 LV₃ 中否定二值原则并不会导致荒谬。也就是说，我们能够在一个非二值逻辑中前后融贯地否定二值原则。

如往常一样，LV₃ 包含命题变项 P、Q、R、S…联结词 $\neg$、$\wedge$、$\vee$、$\rightarrow$ 和 $\leftrightarrow$。其联结词有如下的真值表：

真值表 1：

P	$\neg P$
t	f
i	t
f	t

真值表 2：

$\wedge$	t	i	f	$\vee$	t	i	f	$\rightarrow$	t	i	f	$\leftrightarrow$	t	i	f
t	t	i	f	t	t	t	t	t	t	i	f	t	t	i	f
i	i	i	f	i	t	i	i	i	t	i	i	i	i	i	i
f	f	f	f	f	t	i	f	f	t	t	t	f	f	i	t

真值表 3：

P	T ' P '	F ' P '
t	t	f
i	f	f
f	f	t

通过在 LV₃ 的对象语言中加入两个语义谓词 'T'（真的）和 'F'（假的），我们得到了 LV₃ 的元语言。对这三个真值表的证成和辩护留至本章最后一节。

如此定义的 LV₃ 及其元逻辑满足威廉姆森所提到的"某些明显正确的逻辑"的所有那些条件。但我将证明，威廉姆森的论证 DBA₁ 和 DBA₂ 在 LV₃ 中不是可靠的。

令"t"（真的）是 LV_3 中唯一的特指值。于是，一个命题是 LV_3 中的逻辑真理，当且仅当，它相对于 LV_3 的每一个赋值所得到的值都是特指值。LV_3 将会有如下一些重要结果：

(LV_{3a}) 如果 P 取值 i，那么，F'P' 和 T'P' 都取值 f，$\neg T$'P' 取值 t。由此一来，(F'P' $\leftrightarrow \neg T$'P') 取值 f 而不再成立；还有，$\neg P$ 将取值 t，T'$\neg P$' 取值 t，于是 (F'P' $\leftrightarrow T$'$\neg P$') 取值 f 而不再成立，但 ($\neg T$'P' $\leftrightarrow T$'$\neg P$') 取值 t，仍然成立。

(LV_{3b}) 如果 P 取值 i，那么，$\neg P$ 取值 t，$\neg\neg P$ 取值 f，于是 ($P \to \neg\neg P$) 取值 i 而不再成立，但 ($\neg\neg P \to P$) 将取值 t 而仍然成立，故 ($P \leftrightarrow \neg\neg P$) 不成立。所以，从 ($F$'$P$' $\leftrightarrow T$'$\neg P$') 不成立，通过双重否定律推出 (F'$\neg P$' $\leftrightarrow T$'P') 不再成立。实际上，当 P 取值 i 时，$\neg P$ 将取值 t，F'$\neg P$' 和 T'P' 都取值 f，所以 (F'$\neg P$' $\leftrightarrow T$'P') 取值 t 而仍然成立。

(LV_{3c}) 如果 P 取值 i，那么，F'P' 和 T'P' 都取值 f，故 (T'P' $\lor F$'P') 不成立，但 $\neg P$ 取值 t，T'$\neg P$' 取值 t，(T'P' $\lor T$'$\neg P$') 仍然成立，故 (T'P' $\lor F$'P')（即二值原则）不等同于 (T'P' $\lor T$'$\neg P$')（即排中律）。

(LV_{3d}) 如果 P 取值 i，那么，F'P' 和 T'P' 取值 f，故 (T'P' $\lor F$'P') 取值 f 而不再成立，但 $\neg P$ 取值 t，T'$\neg P$' 取值 t，(T'P' $\land T$'$\neg P$') 取值 f，$\neg(T$'P' $\land T$'$\neg P$') 取值 t。这就是说，在 LV_3 中（B）不成立，但（LNC）仍然成立。

(LV_{3e}) 如果 P 取值 i，那么，T'P' 取值 f，($P \to T$'P') 取值 i，而 (T'P' $\to P$) 取值 t，于是，(T'P' $\leftrightarrow P$) 取值 i。也就是说，塔斯基模式（T）不成立。

(LV_{3f}) 如果 P 取值 i，那么，$\neg P$ 取值 t，T'$\neg P$' 取值 t，故 (T'$\neg P$' $\leftrightarrow \neg P$) 取值 t。也就是说，塔斯基模式（F）仍然成立。

(LV_{3g}) 如果 A 取值 i 且 B 取值 f，那么，$A \to B$ 取值 i。也就是说，($A \to B$) $\land A \to B$ 将取值 i 且不再成立。

(LV_{3h}) 如果 A 取值 i 且 B 取值 f，那么，$A \to B$ 取值 i，$\neg(A \to B)$ 取值 t，且 $A \land \neg B$ 取值 i，所以，从 $\neg(A \to B)$ 推不出 $A \land \neg B$。

(LV_{3i}) 如果 A 和 B 取值 i，那么，($A \to B$) 取值 t，$\neg B$ 和 $\neg A$ 取值 t，($A \to B$) $\land \neg B$ 取值 t，所以，($A \to B$) $\land \neg B \to \neg A$ 取值 t 且仍然成立。

(LV_{3j}) 根据上面的真值表，两个德·摩根律 $\neg(A \land B) \leftrightarrow (\neg A \lor \neg B)$ 和 $\neg$

$(A \vee B) \leftrightarrow (\neg A \wedge \neg B)$ 仍然成立。

（LV_{3k}）根据上面的真值表，置换规则"$A \leftrightarrow B$ 和…A… 衍推…B…"仍然成立。

3. 对 DBA_1 的反驳

在 DBA_1 中，威廉姆森利用了以下推理手段：

（i）假设（1）：$\neg(T\text{'}P\text{'} \vee T\text{'}\neg P\text{'})$

（ii）塔斯基模式（T）

（iii）塔斯基模式（F）

（iv）置换规则：$(A \leftrightarrow B)$ 和… A… 衍推… B…

（v）德·摩根律：$\neg(A \vee B) \leftrightarrow (\neg A \wedge \neg B)$

（vi）否定后件式：如果 A 衍推 B，则 $\neg B$ 衍推 $\neg A$

考虑（i）。如上所示，二值原则（B）的公式是 $(T\text{'}P\text{'} \vee F\text{'}P\text{'})$，而不是 $(T\text{'}P\text{'} \vee T\text{'}\neg P\text{'})$，后者是（LEM）。如此一来，$DBA_1$ 的假设（1）并没有否定（B），而是否定了（LEM）。并且，在 LV_3 中，$(T\text{'}P\text{'} \vee T\text{'}\neg P\text{'})$ 仍然成立，所以一位 LV_3 逻辑学家将不会接受假设（1），因为它在 LV_3 中是假的。

甚至在 DBA_1 的开头，威廉姆森已经出了错。这是因为他断言：

> L 的一个语句的假等同于它的否定的真。于是，那个有争议的假定，即否定二值原则对 L 的某个语句成立，将等同于否定下面一点，即该语句或它的否定将会是真的：
>
> （1）$\sim[T\text{'}P\text{'} \vee T\text{'}\sim P\text{'}]$。①

我认为，这段引文中有两个错误。第一，如（LV_{3a}）所示，如果 P 取值 i，那么，$(F\text{'}P\text{'} \leftrightarrow T\text{'}\neg P\text{'})$ 取值 f 而不再成立。确实，在像经典逻辑这样的二值逻辑 L，以及在某些特殊的非二值逻辑中，L 的一个语句的假等同于该语句的否定的真。② 不过，至少在 LV_3 中，一个语句的假并不等同于其否定的真。所

---

① Williamson T. Vagueness and Ignorance. Aristotelian Society Supplementary, 1992, 66: 145.

② 感谢王文方教授提醒我注意如下一点：在普里斯特的真值过剩理论和菲尔德的真值间隙理论中，"F＜A＞"和"T＜¬A＞"被认为是逻辑等值的。参看 Priest G. In Contradiction: A Study of Transconsistent. 2nd ed. Oxford: Oxford University Press, 2006: 64; Field H. Saving Truth from Paradox. Oxford: Oxford University Press, 2008: 23n。

以,那个一般性断言"L 的一个语句的假等同于该语句的否定的真"不再成立。第二,如(LV_{3c})所示,如果 P 取值 i,则 (T 'P' $\vee F$ 'P') 取值 f 而不再成立,但 (T 'P' $\vee T$ '$\neg P$') 取值 t 而仍然成立,所以威廉姆森的断言"否定二值原则对于 L 的某个语句成立,将等同于否定下面一点:该语句或它的否定将会是真的"在 LV_3 中是假的。

考虑(ii)。如(LV_{3e})所示,塔斯基模式(T),即 DBA_1 中的 (2a),不再成立。于是,在 DBA_1 中,从 (1)、(2a) 和 (2b) 我们不能凭借置换规则推出 (3),因为 (2a) 在 LV_3 的元逻辑中不再成立。

要言之,DBA_1 在 LV_3 中不是可靠的,因为它利用了 LV_3 中两个假前提 (1) 和 (2a)。

4. 对 DBA_2 的反驳

在 DBA_2 中,威廉姆森利用了以下推理手段:

(a) 推理规则:当从否定(B')推演出 DBA_2 的前提 (0) 和 (1) 时,他使用了 $\neg(A \rightarrow B)$ 衍推 ($A \wedge \neg B$)

(b) 塔斯基模式(T')

(c) 塔斯基模式(F')

(d) 肯定前件式

(f) 置换规则:($A \leftrightarrow B$) 和…A… 衍推…B…

(g) 德·摩根律:$\neg(A \vee B) \leftrightarrow (\neg A \wedge \neg B)$

考虑(a)。如(LV_{3h})所示,当 A 取值 i 且 B 取值 f,我们不能从 $\neg(A \rightarrow B)$ 推出 $A \wedge \neg B$,因为"$\neg(A \rightarrow B)$ 衍推 $A \wedge \neg B$"在 LV_3 中不成立。所以,在 LV_3 中我们不能从否定(B')推出 DBA_2 的两个前提 (0) 和 (1)。威廉姆森在这里弄错了。

考虑(b)。如(LV_{3e})所示,塔斯基模式(T)不成立。不过,麻烦在于 DBA_2 中所用的(T')与(T)本身有些许不同。威廉姆森对(T'),也就是 DBA_2 中的 (2a),解释如下:

人们能够用引号去形成指谓引号内特定书写的指示词,并且把那些书写看作广义上的话语。于是,(2a) 或许是说:"TW 是瘦子"为真当且仅当 TW 是瘦子,而且 (2b) 或许是说:"TW 是瘦子"为假当且仅当 TW 不是瘦子。于是人们能够像先前一样论说。不过,即使在这里,(T) 和 (F) 似乎也解释了 (2a) 和 (2b)。正因为它说 TW 是瘦子,"TW 是瘦子"为真当且仅当 TW 是瘦子，并且"TW 是瘦子"为假当且仅当 TW 不是瘦子。作为话语的谓词，真和假是去引号的，如果言说（saying）是去引号的话。①

若我们暂时接受下面的假定：说出"TW 是瘦子"就是说 TW 是瘦子，则 (T′) 与 (T) 几乎完全相同。既然 (T) 在 LV_3 中不成立，(T′)［即 (2a)］也是一样。于是，在 DBA_2 中，凭借置换规则从 (0) 和 (2a) 推出 (3)，以及从 (1) 和 (3) 推出 (5)，在 LV_3 中都不是有效的。

要言之，在 LV_3 中，DBA_2 坍塌了，因为其中有一个假前提 (2a) 和一些无效的推理步骤。

三、证成和辩护

1. 关于模糊性的明显事实

在自然语言和我们的日常生活中，存在一些关于模糊性的明显事实。这里，我择要列举如下：

（1）模糊的词语和句子构成了自然语言的大半部分。换句话说，它们在自然语言中几乎无处不在，例如"秃头""谷堆""孩子""成人""年轻""中年""老年""高""矮""聪明""愚笨""美""丑"，等等。或许，数学语言在某种程度上是个例外。甚至许多科学词汇，例如"颜色"（诸如"红色的"、"橘红色的"和"紫色的"）、"光"（诸如"明"与"暗"）以及"力"等等，也仍然是模糊的。

（2）在我们日常的理性活动（如思考、推理、交流、理解等）中，模糊性并没有给我们造成太大的麻烦和伤害。通过使用充满模糊性的自然语言，我们能够有效地思考，顺利地与他人交流，幸福地生活在这个世界上。可以这样说，我们与自然语言的模糊性相处得很好。

（3）在日常生活中，像"大和小"、"胖和瘦"、"贫和富"、"美和丑"以及"聪明和愚笨"等谓词似乎都是相对性和比较性的，我们是根据我们的生活经验以及由此得到的参照范围，得出关于这些模糊谓词边界的大致区分。例如，关于"高个子"的标准，在云贵川等少数民族地区，与在北京和上海这样的现代化大都市，以及在欧美国家，似乎很不一样。我们的生活世界为我们提供了区分模糊谓词适用范围的总体参数和大致标准。

---

① Williamson T. Vagueness. London：Routledge，1994：189.

(4) 我们让某些词项在我们的日常语言中保持模糊，是因为其模糊性在我们的日常生活中无关紧要，不会给我们造成太大的麻烦。如果确实需要，我们会尽力让它们达到我们所需要的任何精确性程度。事实上，自然语言中词语的精确或模糊，或许反映了相应词语所指称的事物在我们生活中的稀缺性或重要性程度。例如，白菜、萝卜、土豆论堆买，黄金论克买，钻石的量度单位是克拉；谈人的高度时，一般说 1.85 米，很少说多少毫米、微米；但对于电子元器件，对于宇宙飞船建造来说，对于微观物理学，有些构件或对象的量度单位却超乎寻常的精确。可以说，精确性和模糊性是相对于人的认知和实践需要而言的。

(5) 模糊词语的精确应用的标准是由人们规定的。只有相对于人们的实践需要，我们才能证成和辩护这些规定。

我的结论是：模糊性是一种语义的不确定性，而不是一种本体论现象，也不是一种认知现象。

2. 对 LV3 的否定词"¬"的辩护

当谈论模糊性时，学者们通常承认，对一个模糊语句的否定同样是模糊的，因为它与原语句分享了同样的模糊边界。如果一个模糊语句，比如说"张三是富人"取"真""假"之外的 i 值，不管这个 i 究竟意味什么，该语句的否定，即"张三不是富人"也取值 i。在关于模糊性的真值度理论中，对有关模糊性的否定，学者们持类似立场：

(~)　　[~P] = 1 - [P]

这就是说，如果 P 是一个模糊语句，那么，~P 的值将是 1（真）减去 P 的值。例如，如果 P 取值 i（既不真也不假），则 ~P 也取值 i。甚至经典逻辑的否定也满足这个条件 (~)：每个命题只取两个值 1 或 0 中的一个，于是，如果 P 取值 1，则 ~P 取值 0（= 1 - 1），反之亦然。

在我看来，如此处理有关模糊性的否定词"~"很不合理。假设 P 是一个模糊语句且取值 i，那么，~P 取值 i，($P \land \sim P$) 取值 i，~($P \land \sim P$) 取值 i，($P \lor \sim P$) 也取值 i。这就是说，矛盾律（LNC）和排中律（LEM）对于模糊语句都不成立。当谈论模糊性时，只要在有关模糊性的相应逻辑中（除"¬"、"∧"和"∨"外）不再引入联结词"→"和"↔"①，我们就没有争论，没有不一致，没有矛

---

① 否则，例如在我的 LV₃ 中，¬($P \rightarrow P$) 将会与 ($P \rightarrow P$) 相矛盾。感谢王文方教授提醒我注意到这一点。

盾，也没有对立。关于模糊性，每个人想怎么说都行，每一种说法都可以。这样的后果难道不荒谬吗？

所以，在 LV₃ 中，我偏好由真值表 1 所定义的否定词 "¬"，它与 "~" 很不相同：如果 P 取值 1，¬P 将取值 0；否则，¬P 将取值 1，不管 P 取值 i 还是 0。对于这样的否定，双重否定律（$P \leftrightarrow \neg\neg P$）不再成立，因为若 P 取值 i，¬P 将取值 t，¬¬P 将取值 f。这一后果有点不寻常。但在我看来，它确实相当合理。假设有三个人 A、B 和 C，一起谈论另一个人 X。A 说："X 是富人。"B 不同意并且说："X 不是富人。"A 问 B 为什么。通常，在回答 A 时，B 会提出他自己关于富人的标准，根据他的标准，B 算不上富人。如果 C 不同意 B 并说"并非 X 不是富人"，他会陈述他的富人标准，根据他的新标准，B 的说法是假的。但这并不意味着 C 会赞同 A 的说法，因为他们两个人也可能持有不同的有关富人的标准。如果发生这样的情况，这三个人应该停止谈论 X 究竟是不是富人，应转而讨论究竟什么样的人才能算作"富人"。

威廉姆森曾经考虑过弱否定，后者相当于 LV₃ 中的否定 "¬"："其想法是，对 'P' 的弱否定 'Ne P' 是正确的，仅当断言 'P' 是不正确的。断言 'P' 是不正确的，如果普通的强否定 'Not P' 或一种中立的态度是不正确的。"① 但他很快把弱否定撇在一边，因为他认为它必定面对棘手的高阶模糊性问题。

3. LV3 的塔斯基模式

我认为，威廉姆森所表述的所有塔斯基模式（T）、（F）、（T′）和（F′）都预设了二值原则，因为在其底层都隐含了如下的赋值函数 v：

[v1]　$v(\sim A) = 1$ 当且仅当 $v(A) = 0$，$v(\sim A) = 0$ 当且仅当 $v(A) = 1$

[v2]　$v(T\,'A') = 1$ 当且仅当 $v(A) = 1$，$v(F\,'A') = 1$ 当且仅当 $v(A) = 0$

基于 [v1] 和 [v2]，下面的公式全都是真的。借助于 (1) 和 (2)，(3) ~ (6) 很容易从其他公式中推演出来：

(1)　$T\,'A' \leftrightarrow A$　　　　塔斯基模式（T）

(2)　$F\,'A' \leftrightarrow \sim A$　　　　塔斯基模式（F）

---

① Williamson T. Vagueness and Ignorance. Aristotelian Society Supplementary, 1992, 66: 193.

(3) $T\,'A'\,\vee F\,'A'$ （B）
(4) $T\,'A'\,\vee T\,'\sim A'$ （LEM 作为元逻辑规则）
(5) $T\,'A'\,\vee\sim T\,'A'$ （LEM 的另一种形式）
(6) $A\vee\sim A$ （LEM 作为逻辑定理）

但是，在 LV_3 中，它们并不都是真的：(1) 和 (3) 不成立，而 (2)、(4)、(5) 和 (6) 仍然成立。在他的论证 DBA_1 和 DBA_2 中，威廉姆森接受塔斯基模式（T）和（F），但假设了（B）的一个反例，由此演绎出一个逻辑矛盾。坦率地说，这件事是很容易做到的，因为他所做的只不过是：在二值逻辑框架内，从否定二值原则推演出逻辑矛盾。基于这一事实，我断言，威廉姆森的论证 DBA_1 和 DBA_2 都犯了"丐题"的逻辑谬误：它们是直接循环的。

威廉姆森本人也意识到，他的论证 DBA_2 严重依赖于塔斯基模式："该论证的负担就转向（2a）和（2b），并透过它们转向（T）和（F）。"[①] 因此，他花了很大的精力去捍卫塔斯基模式（T）和（F），并论证说即使把它们用于模糊语句，也仍然成立："(T) 和 (F) 的理据很简单。假定一个话语说 TW 是瘦子，使得它所说的为真的只不过是 TW 是瘦子，且使得它所说的为假的只不过是 TW 不是瘦子。这里不需要更多，也不需要更少。对真和假提出更高或更低的条件，都会扭曲真和假的本性。"[②]

我不同意这样的说法。如果我们完全不清楚"TW 是瘦子"这个语句的精确意思，我们也就没有办法回答该语句究竟为真还是为假的问题，然后我们会悬置我们关于该语句真假的判断，或者暂时假设它既不真也不假。在这种情况下，我们没有必要非得接受塔斯基模式（T）和（F）。在这里，我并没有假定模糊语句是歧义的，我本人不接受这个假定，认为它是错误的。依据我的判断，模糊语句没有精确的意义，故它们没有精确的真值条件，也就没有确定的真值。用威廉姆森自己的话来说，真值条件随附于精确的意义，而意义随附于用法。[③]

4. $LV3$ 的元逻辑是二值的

很明显，在 LV_3 中，由真值表 3 所定义的 $T\,'P'$ 和 $F\,'P'$，即使应用于模糊

---

① Williamson T. Vagueness. London: Routledge, 1994: 190.
② 同①.
③ 同①206.

语句，也是二值的。假设 P 是一个模糊语句。若 P 取值 t，T 'P' 将取值 t；如果 P 取值 f，F 'P' 将取值 t；如果 P 取值 i 或者 f，T 'P' 将取值 f；如果 P 取值 t 或 i，F 'P' 将取值 f。我认为，这样的 T 'P' 和 F 'P' 准确地把握了亚里士多德关于真假的直觉："说是者为非，或说非者为是，是假的；而说是者为是，非者为非，是真的。"① 带语义谓词 T 'P' 和 F 'P' 的 LV_3 的元逻辑是二值的：对任一语句 P 而言，甚至对任一模糊语句 P 而言，或者 T 'P' 或者 F 'P'，没有第三种可能性。

但威廉姆森认为，一个模糊的对象语言的元逻辑应该仍然是模糊的："人们不能在一个精确的元语言中说一个话语在模糊的对象语言中所说的东西，因为要做后面这件事，人们必须模糊地言说，[在清晰的元逻辑中] 人们对那些模糊的话语只能做出精确的评论。既然这样一种元语言的表达力限制使得它不能给出对象语言话语的意义，也就几乎不能把它看作适合于该对象语言的真正的语义处理。"②

我不同意这样的说法。我们为什么要花费很多很大的精力和资源去研究模糊性问题？其理由是我们想把该问题弄清楚，使得该问题可以理解，并尽最大努力去解决它。所以，我们要用清晰的元语言去讨论该问题，而不是仍然用模糊的语言去讨论它。由此得到的元语言是用清晰的句法或语义词汇去扩充该模糊语言，故它能够清晰地刻画原模糊语言的本来意义。

顺便说一下，有些逻辑学家已经令人信服地证明：每一个非二值的逻辑，例如直觉主义逻辑、许多的多值逻辑、关于模糊性的真值度理论、超赋值的逻辑、自由逻辑、次协调逻辑等等，都能够在元逻辑层面变成二值的。办法很简单：把命题的 n 个值分成两组——特指值和非特指值，然后规定，一个命题在一个逻辑系统中是逻辑真的，当且仅当，它的值相对于该系统的每一个赋值都是特指值。这个结果被叫作"Suszko 论题"。③

不过，在 LV_3 中，由真值表 3 所定义的 T 'A' 和 F 'A' 有一些相当"奇异的"结果：

---

① Aristotle. Complete Works of Aristotle: Vol. 1, 2. N. J.: Princeton University Press, 1991: 1011b25.

② Williamson T. Vagueness. London: Routledge, 1994: 191.

③ Suszko R. The Fregean Axiom and Polish Mathematical Logic in the 1920s. Studia Logica, 1977, 36: 377-380; B. J. -Y. Béziau. Bivalence, Excluded Middle and Non-Contradiction//The Logica Yearbook, 2003: 73-84; Woleński J. An Abstract Approach to Bivalence. Logic and Logical Philosophy, 2014, 23: 3-15.

$(T\ 'A'\ \vee\neg T\ 'A')$ 仍然成立

$(F\ 'A'\ \leftrightarrow\neg A)$ 仍然成立

$(T\ 'A'\ \vee T\ '\neg A')$ 仍然成立

$(\neg T\ 'A'\ \leftrightarrow T\ '\neg A')$ 仍然成立

$(T\ 'A'\ \leftrightarrow A)$ 不再成立

$(T\ 'A'\ \vee F\ 'A')$ 不再成立

$(F\ 'A'\ \leftrightarrow\neg T\ 'A')$ 不再成立

$(F\ 'A'\ \leftrightarrow T\ '\neg A')$ 不再成立

5. LV$_3$没有高阶模糊性

既然 LV$_3$ 的元逻辑是二值的，在 LV$_3$ 中就没有所谓的高阶模糊性。在 LV$_3$ 中，我们用清晰的元语言研究模糊性，主要通过两条途径：第一条是使用由真值表1所定义的否定词。当否定一个模糊语句时，我们使得该语句中的模糊词语精确化或清晰化，人为地把所有事物分为两部分：满足那些模糊词语的部分和不满足的部分。第二条是使用由真值表3所定义的 $T\ 'P'$ 和 $F\ 'P'$：对任一语句 P，即使 P 是一模糊语句，在 LV$_3$ 的元逻辑中，关于 P 的谈论仍然是二值的，或者 $T\ 'P'$ 或者 $F\ 'P'$，没有第三种可能性。

在我所组织的一个有关模糊性的研讨班上，有的同行试图在 LV$_3$ 的元逻辑中"复制"威廉姆森的论证 DBA$_1$，以便挫败 LV$_3$ 的元逻辑：

(1) $\neg(T\ 'T\ 'P''\ \vee F\ 'T\ 'P'')$ (B) 的一个反例

(2a) $T\ 'T\ 'P''\ \leftrightarrow T\ 'P'$ 元塔斯基模式 (T)

(2b) $F\ 'T\ 'P''\ \leftrightarrow\neg T\ 'P'$ 元塔斯基模式 (F)

(3) $\neg(T\ 'P'\ \vee\neg T\ 'P')$ (1) (2a) (2b)，置换

(4) $\neg T\ 'P'\ \wedge\neg\neg T\ 'P'$ (3)，德·摩根律

但是，这个论证在 LV$_3$ 的元逻辑中是不可靠的，正像 DBA$_1$ 在 LV$_3$ 中不可靠一样。因为 LV$_3$ 的元逻辑是二值的，LV$_3$ 的元元逻辑也是如此，故 $(T\ 'T\ 'P''\ \vee F\ 'T\ 'P'')$ 在该元元逻辑中不是有效的，故 (1) 是假的。从包含至少一个假前提的一组前提中，我们不能证明任何东西为真。

参考文献

1. Williamson T. Vagueness and Ignorance. Aristotelian Society Supplementary,

1992, 66.

2. Williamson T. Vagueness. London: Routledge, 1994.

3. Andjelkovic M, Williamson T. Truth, Falsity, and Borderline Cases. Philosophical Topics, 2000 (28).

4. Pelletier F, Stainton R. The Denial of Bivalence is Absurd. Australasian Journal of Philosophy, 2003 (81).

5. Aristotle. Complete Works of Aristotle: Vol. 1, 2. N. J.: Princeton University Press, 1991.

第 28 章 "知识优先"的认识论
——读《知识及其限度》

2007 年至 2008 年，我在英国牛津大学哲学系做了一年访问学者，此事使《知识及其限度》[①] 一书在中国翻译出版。

我的访问邀请人和联系教授就是本书作者蒂莫西·威廉姆森，他的本科生和研究生阶段都在牛津大学度过，1981 年获得哲学博士学位，先后任都柏林三一学院哲学讲师，爱丁堡大学逻辑和形而上学教授，现任牛津大学威克汉姆逻辑学教授，英国科学院院士，挪威文理科学院外籍院士，美国文理科学院外籍荣誉院士，是一位有重要国际影响的原创性哲学家。其主要研究领域为哲学逻辑、认识论、形而上学和语言哲学。其专著有《同一和分辨》（1990）、《模糊性》（1994）、《知识及其限度》（2000）以及《哲学的哲学》（2007），已发表论文一百多篇，在世界各地的多所大学和学术机构兼职和讲学。2009 年，威廉姆森应我的邀请访问中国，先后在北京、太原、重庆、上海和广州等地的高校讲学，做了为期 20 多天的学术之旅。2009—2012 年，他获得莱弗尔梅研究基金（Leverhulme Major Research Fellowship），有四年空余时间专门从事"二阶模态逻辑的哲学应用"的研究工作。

2000 年，牛津大学出版社出版了威廉姆森的第三本书——《知识及其限度》。此书把批判的矛头对准下述三者：首先是认识论中的一个漫长传统，即把信念看作比知识更为基本的概念，并试图根据信念、真理和其他因素来分析知识；其次是心灵哲学中的内在论学说，它赋予主体的纯粹内在的状态作为认识论起点的优先地位；最后是怀疑论，也就是这样一些支持怀疑论的论证，它们也许看起来没有但实质上却预设了某种形式的内在论。该书开篇即说："知识和行动是心灵与世界之间的核心关系。在行动中，世界要适应心灵。在知识中，心灵要适应世界。当世界不适应心灵时，就徒留愿望。当心灵不适应世界时，就徒

[①] Williamson T. Knowledge and Its Limits. Oxford: Oxford University Press, 2000.

留信念。愿望渴求行动，信念渴求知识。愿望的目的是行动，信念的目的是知识。"该书要在与行动的关联中去探讨知识，要在与知识的关联中去诠释信念等其他认知现象，它正面阐述了一种"知识优先"或"以知识概念为中心"的认识论，提出了许多新颖独特的论题。该书出版后，受到英语哲学圈的欢迎和高度评价。我读到过这样的评论：此书是"自 1975 年以来所出版的最好的认识论著作"[1]，"它为后十年或更多时间内的认识论提供了议事日程"[2]，"即使按保守的估计……〔该书〕是过去 25 年内所出版的最重要的哲学著作之一"[3]。2009年，牛津大学出版社出版了一卷讨论此书的专题文集——《威廉姆森论知识》。[4]

那么，《知识及其限度》一书究竟阐述了哪些重要的新思想，为什么会显得如此重要呢？我这里只撮述其要，供读者们参考。

需要先从"盖梯尔问题"谈起。从柏拉图以降，西方哲学有一个根深蒂固的传统："知识"是"真理"，至少蕴涵着"真理"。说某人"知道"某事，但该事却是假的，这是相当反直观的，甚至是悖谬性的。一个命题 p 对某个认知主体 x 来说构成"知识"，通常意味着：（1）x 相信 p；（2）p 是真的；（3）x 相信 p 是有充分根据的，用哲学行话来说，是得到证成（justified）的。简言之，"知识"就是"得到证成的真信念"。美国哲学家盖梯尔于1963年发表了一篇仅 3 页纸的短文《有证成的真信念是知识吗?》（这也是他一生中所发表的唯一一篇文章），通过几个反例有说服力地证明：以上所列举的只是"知识"的必要条件，而不是充分条件。自此以后，大多数认识论学者承认，要对"x 知道 P"做出令人满意的分析，必须加入另外的第四个条件。寻找这第四个条件就成为众所周知的"盖梯尔问题"。"绝大多数认识论学者在最初遇到它时，都确信它有一个简单的解答。一些解决原来盖梯尔反例的条件被发现，但该条件的新反例几乎立刻出现。越来越复杂的反例伴随着越来越复杂的第四个条件。目前，盖梯尔问题变得异常错综复杂，已经没有多少哲学家指望它有一

---

[1] DeRose K. Review of Timothy Williamson, Knowledge and Its Limits. British Journal for the Philosophy of Science, 2002 (53): 573.

[2] Harman G. Reflection on Knowledge and Its Limits. The Philosophical Review, 2002 (111): 417.

[3] Greenough P, Pritchard D. Williamson on Knowledge. Oxford: Oxford University Press, 2009: 1.

[4] 同[3].

个简单的解答了。"① 威廉姆森在《知识及其限度》一书中指出，回答盖梯尔问题的各种尝试之不成功说明：我们一开始就弄错了，不是要根据"信念"去说明"知识"，而是相反，要根据"知识"去说明信念、证据、证成（justification）、断定等认知现象。他提出了一个著名的口号："知识优先。"（knowledge first）他一反先前的研究传统，发展了一种"知识优先"或者说"以知识概念为基础或中心"的认识论。

具体来说，该书阐述和发展了以下主要的新思想或新论题：

（1）知道是一种事实性的心灵状态。

威廉姆森断言，我们凭借命题态度构造来描述知道（knowing）状态的方式，与我们描述其他心智状态如感知（perceiving）、记忆（remembering）、相信（believing）、愿望（desiring）、意欲（intending）的方式相同。知道类似于感知和记忆，但在一个明显的方面区别于相信、愿望和意欲：知道是事实性的，或者用一个更为传统的说法来说，知识蕴涵真理。一个人知道某事发生，仅当该事确实发生；否则，那个人仅仅相信该事发生，或者相信他知道该事发生。如果某人断言他知道北京在日本，他的断言仅仅是假的。他也许以为他知道北京在日本，但他弄错了，他并不真的知道北京在日本。他对他自己的无知无知，正像他对地理学无知一样。因此，知道不是一种纯粹内在的状态。一个人是否知道关于外在环境的某事并不仅仅由那个人内在的心智状态决定，它也取决于事物在外在环境中是怎样的。

心灵哲学中的内在论认为，纯粹的心智状态随附于内在于自主体的心智生活的东西（如内在的大脑状态或感受性），以至两个内在状态完全一致的自主体有完全相同的认知状态。既然知道是事实性的，知道关于外在环境的某事并不随附于内在状态，因此根据内在论的标准，知道就不是纯粹的心智状态。在内在论者看来，知识是纯粹的心智状态和外在环境条件两部分的合成物，例如，相信天在下雨至少由下面两个因素构成：相信天在下雨的心智状态，以及关于环境的外在条件，即天在下雨。这表明，知识应该分析为真信念加上一些其他因素，如证成。不过，这种内在论遭遇到一些严重的困难和质疑。有强有力的独立论证支持语义外在论观点，即命题态度的内容在内在状态一致的几个摹本之间可以有很大不同，因为自主体所思考的东西构成性地依赖于他们与什么样

---

① 约翰·波洛克，乔·克拉兹. 当代知识论. 陈真，译. 上海：复旦大学出版社，2008：17.

的东西发生因果作用。于是，根据内在论的标准，对于给定内容的大多数命题态度就不是纯粹的心智状态，甚至像相信、愿望或意欲这样的心智状态范例也不算数。虽然内在论者可以设定核心的纯粹心智状态，它们随附于内在状态，未被自然语言充分地表征，不过，相信有这样一簇核心状态的理由却是很薄弱的。这簇核心的纯粹心智状态被认为在对于行动的因果解释中发挥了特殊作用，因为它们是局部的。但大多数行动本身不是局部的，而且，对于因果解释的内在论限制倾向于迫使人们使用这样的解释条件，它们或者是不适当的普遍的，或者是不适当的一贯的。外在论是下述看法的自然结果：有一个心灵的作用就是使一个人的行动受关于这个世界的知识的指导，典型地是受关于外在环境的知识的指导，一般而言，心智生活应该相对于它成功发挥作用的情形来加以理解。就其内容而言是外在的心智状态要辅之以就其对该内容的态度而言是外在的心智状态。事实性的心智状态，如知道、感知、记忆，就是后一种心智状态的例证。它们能够在行动的解释中发挥充分的作用。

（2）应该根据知识去解释信念、断定等认知现象，而不是相反。

根据当代的心灵解释，信念的适应指向是从心灵到世界。信念若适应世界就为真，否则就为假。尽管真信念和假信念在不同的世界中是相同的心理状态，但信念在心智生活系统中的位置依赖于它与真理的潜在关系。知识只是一种特殊的真信念，"真"和"信念"都只是"知识"的必要条件，还必须找到另外的条件，把所有这些条件合在一起才可能是"知识"的充分必要条件。如果情况确实如此的话，信念就被假定为是比知识更为基本的东西，因为要根据信念来解释知识。但是，威廉姆森指出，这种方案遭遇到很多难以克服的困难，例如，自盖梯尔证明了甚至证成的真信念对于知识来说也是不充分的以来，认识论学家付出了巨大努力，试图说出知识究竟是哪一种真信念，迄今为止进行了成百上千种这样的尝试，但它们全都失败了；而且，通过找出知识的多个必要条件，例如信念、真、证成以及 x，就能找出知识的非循环的充分必要条件，这一假定是错误的。举例来说，"是有颜色的"是"是红色的"的必要条件，但是，如果有人问，给"是有颜色的"加入什么样的条件才能成为"是红色的"？只能回答说：除了加入"是红色的"之外别无他法。同样的道理，我们也没有理由认为，把知识的多个必要条件合取起来，就能找到知识的非循环的充分必要条件。等式"红色 = 有颜色 + X"和等式"知识 = 真信念 + X"都不必然有一种非循环的解答。简而言之，根据信念等等去诠释、说明、分析、定义知识的方案是行不通的。

威廉姆森所提出的替代方案是："知识优先"，即把"知识"概念作为不加诠释的基本概念，用它去诠释、说明、分析、定义"信念"等其他认知现象。认知系统的功能就是生产知识，当它发生故障的时候，它生产纯粹的信念，这样的信念是有缺陷的，并不构成知识，典型的是假信念，也包括碰巧为真的信念。如果某人知道事情是如何，他就相信事情是如何；但是，如果他仅仅相信事情是如何，他并不知道事情是如何。单纯的相信要相对于知道加以理解，误感知要相对于感知加以理解，误记忆要相对于记忆加以理解，就像发生故障要相对于正常起作用来加以理解一样。特别地，相信要被理解为这样的心智状态，它对于作为其特殊状态的知道具有类似的直接效果。于是，根据其直接的先行状态对行动做因果解释，经常要合适地诉诸信念而不是知识，即使当自主体事实上知道的时候。但是，许多行动，像搜寻、捕猎、喂食等等，经常包括在相当长时间内与环境直接的复杂反馈。在这样的情形下，知识和信念在给定时间内起了很不相同的因果解释作用，因为它们以不同的方式与长期效果相关联。单纯的信念常常不像知识那样稳定，因为它基于错误的理解之上，这种错误很容易暴露出来。而且，在成功的理智行动中，自主体做某件事情，是因为做那件事是一件好事，这里的"因为"是在给出理由，而不只是因果的。"因为"陈述并不是下述因果断言的省略说法，即该自主体实施该行动，因为他相信做那件事是一件好事。如果他做过那件事是因为做那件事是一件好事，就可以推出做那件事情是一件好事；确实，按照"因为"是在给出理由的解读，下面一点是合理的：仅当该自主体知道做那件事是一件好事的时候，他才因为做那件事是一件好事而做了那件事。如果他仅仅相信做那件事是一件好事，那么，也许在"因为"的因果意义上，他做了那件事因为他相信做那件事是一件好事，也许在"因为"的非因果意义上，他相信他在做那件事因为做那件事是一件好事，但后一信念是假的。

综上所述，知识是核心的而非从属于信念的。知识为信念设定规范：一个直率的信念得到充分的证成，当且仅当它构成知识。既然对信念的语言表达是断定，知识也为断定设定规范：一个人应该断定某事如何，仅当他知道某事如何；或者说，一个人应该断定 p，仅当他知道 p。

（3）证据即知识，用公式表示，$E = K$。

威廉姆森还用"知识"概念去诠释和说明"证据"概念，得出了一个有点惊世骇俗的结论：证据即知识，并用符号表示为"E = K"。他断言，一个人的全部证据（evidence）就是他的全部知识（knowledge）。因此，一个假说与证据不一致，当且仅当，它与已知的真理不一致；它是一种恰当的证据解释，当且仅当，它是对已知真理的一种恰当的解释。一个人的证据证成了对这个假说的信念，当且仅当，他的知识证成了这个信念。知识在解释中的作用主要是作为证成者（what justifies），而不是作为被证成者（what gets justified）。知识也能够证成本身不是知识的信念，例如，由 x 知道某个人拿着一把血淋淋的刀从房间里出来——随后在那里发现了尸体——就可能证成 x 相信他是凶手，即使他实际上是无辜的，因此 x 并不知道他是凶手。

在我于牛津大学对他所做的访谈中，威廉姆森解释说："E = K 是相当自然的、合乎常识的证据观。它不会使你的证据不依赖你的个人状态，因为你所知道的东西依赖于你的个人状态——例如，昨天你把你的头朝向什么样的事件并注意到它们。但同样地，它也不会使证据成为完全主观的东西，因为既然知识依赖于真理，E = K 就确保了所有证据都由真理组成（尽管不是所有的真理都是证据）。于是，证据就能够帮助我们达到真理。我们不知道的真理的概率可以根据我们所知道的真理来评定。当然，我们并不总是能够知道某物是否构成了我们的部分证据，既然我们并不总是能够知道我们是否知道这一点，但反透明论证表明：这并不构成对 E = K 的异议，既然无论证据是什么样的，具有某个特定的命题作为一个人的部分证据这一状态将不是透明的。所以，一个人能够有该命题作为他的部分证据，但不能知道它是他的部分证据。我们必须学会与这一事实自然相处。"①

威廉姆森进一步解释说，一个人的证据和他的知识相等，这并不蕴涵任何关于某些命题证据如何证成某个信念的特殊理论。相反，它将绝对的证成与相对的证成关联起来。一个信念是相对于其他一些信念——这个信念是以某种适当的方式从那些信念派生出来的（可能是通过演绎）——而被证成的，但它不是被绝对证成的，除非其他的那些信念是被绝对证成的。这种倒退止于何处？根据它终止于证据的假设，证据和知识的相等蕴涵着：一个人的信念被绝对证成，当且仅当，它是相对于这个人的知识而被证成的。证成的倒退止于知识。这种解释可能被认为以一种极其不足道的方式而使所有知识都能自我证成：一

---

① 陈波. 深入地思考，做出原创性贡献——威廉姆森教授访谈录. 晋阳学刊，2009(1)：9.

个人的知识被绝对证成,当且仅当它是相对于自身被证成的。如果证成的目的是尽其所能充当知识的一个条件,这种非议就是公平的。但根据目前的解释,这并不是证成的目的。相反,证成主要是知识能够赋予信念的一种地位,这些信念根据这种地位看起来就很好,而无须它们自身等同于知识。仅作为一种有限的情形,知识本身才享有证成的地位。

也许可以如此概括威廉姆森关于知识、信念、断定、证据的观念:知识是一种事实性的心智状态;信念是更一般的心智状态,要求以知识为条件。成功的信念构成知识,不构成知识的信念是有缺陷的。知识概念不能用更基本的术语来分析。相反,可以用知识去解释信念、证据、证成和断定的性质。这样的观点是一种极端形式的外在论,因为它意味着:我们最基本的认知状态是由与我们的外在环境的关联来构成的。例如,你知道那只猫坐在那张席子上,仅当那只猫坐在那张席子上……

威廉姆森进而论述说,以上观念可以在一种形式框架内展开,该框架把概率论与用于认知逻辑的可能世界语义学相结合。可能世界刻画了下述区别的结构,即什么东西与一个人的知识相一致,什么东西与其不一致。概率论测度了一个人的知识在多大程度上支持了其他命题。这种做法允许人们使用贝叶斯主义的形式手段,而避免它在认识论上的素朴的主观主义。认知逻辑也能够使人们去探讨菲奇所谓的可知性悖论。威廉姆森认为,可知性悖论实际上不是一个悖论,而是关于能够知道什么的形式限制的重要结果。

(4)反透明性论证及其意蕴。

对如上所述的观点,如知道是一种心理状态,证据等于知识,必须遵守的断定规则是"你应该断定 p,仅当你知道 p",已经提出了三个相互关联的非议。威廉姆森指出,在这三个非议的底层,都假定了心智状态的某种透明性,而他透过构造反透明论证对它们做出了反驳。

质疑"知道是一种心智状态"的论证是这样进行的:1)我们似乎有特殊的通道进入我们的心智状态,也就是说,我们有能力未经观察就知道我们是否处于一给定的心智状态中。或者说,心智状态在下述意义上是透明的:只要一个人处于这样的状态中,他就能够知道他处于这种状态中。例如,心灵哲学中的内在论者倾向于认为,处于疼痛的状态中是透明的,因为只要一个人处于疼痛中,他就能够知道他处于疼痛中。2)知道状态却不是完全透明的。因为一个人不总能够(in a position to)知道他是否知道某事。如果一个人知道 p,由此不能推出他能够知道他知道 p；如果一个人不知道 p，由此不能推出他能够知道他不知道 p。这就是说，下面两个认知逻辑的公理不成立：

   正内省 K（x, p）→K（x, K（x, p）） [若 x 知道 p，则 x 知道他知道 p]

   负内省 ¬K（x, p）→K（x, ¬K（x, p））[若 x 不知道 p，则 x 知道他不知道 p]

它们断言，一个认知主体对自己的知识状况（所知和无知）有清楚的认知。威廉姆森本人证明了正内省公理不成立，亨迪卡则给出了拒绝负内省公理的决定性理由。[①] 由前提1）和2）可以得出结论3）：知道不是一种心智状态。不过，威廉姆森不接受结论3），但他却接受前提2），故他把批判的矛头对准1），并为此构造了反透明论证。

  威廉姆森论证说，唯有不足道的状态在下述意义上是透明的：一个人总是处于这种状态中，或者从不处于这种状态中。而绝大多数心智状态 S 都是足道的，因而一个人处在 S 状态中这个条件不是透明的。一个人不在 S 中这个条件同样也是不透明的。例如，一个人能爱某个人却不能够知道他爱她，一个人能不爱某人却不能够知道她不爱他。一个人能想要某物却不能够知道他想要它，一个人能不想要某物却不能够知道他不想要它。假如知道是一种心智状态，一个人就不应当对此感到惊讶，即他能不知道某事却不能够知道他不知道它。实际上，一个人可以独立地反驳很多心智状态的透明性。它们包括因果关系模式，有时一个人做出了一个关于他现在的状态的判断，但他随后被迫予以否认，因为他介入其间的行为与这种自我归属模式有矛盾。他的判断可能受到了系统的曲解。一个人对心智状态的自我归属有时太不可靠，以致难以构成知识。与一个人的自我形象不相容的心智状态可能被他隐瞒了。回忆儿童时期的一件事与想象它的差异是心智状态上的差异，但这也是一种很容易被弄错的差异。

  在反透明论证中，人的辨别力的有限性和误差余地（margin for error）起了重要作用。前者是说，在两个非常接近但有差别的情形中，我们无法准确地辨识它们之间的差别；后者是指在知道 p 和 p 为假之间存在一个缓冲带——由 p 为真但不为人所知的情形构成。这个缓冲带有这样的特性：一个人不可能知道

---

 ① Hintikka J. Knowledge and Belief. Ithaca, N.Y.：Connell University Press, 1962：106 and Section 8.2.

他处于其中。威廉姆森考虑了这样一个过程，凭借该过程，小的改变引导你进入所谈论的那个心智状态。例如，一种折磨人的疼痛缓慢消失了，直到你处于完全舒适的状态。在该过程的某些中间阶段，在靠近处于疼痛中和不处于疼痛中的临界点的地方，必定会达到这样一个点：在那里，你处于疼痛中，但你不能知道你处于疼痛中。

不过，由心智状态的非透明性却不能否认，人在有利的情形下无须观察就能知道他是否处于某种心智状态中，比如说，是否处于知道状态中。你可能无须观察就知道你是否知道两天前下过雨，就像你无须观察就知道你是否相信两天前下过雨一样。如果你知道两天前下过雨，这种知识（或信念）可能来自过去的观察，但是要知道你知道（和相信）却不需要进一步的观察。当然，随后的观察——它表明两天前没下雨——破坏了关于过去的知识即两天前下过雨的自我归属，却没有破坏关于过去的信念即两天前下过雨的自我归属。但是，如果一个判断能由于某类理由而被破坏，也不能推出它是基于同一类的其他理由而被破坏的。我无须进一步观察就能知道我知道 p，尽管观察能证明关于知道 p 的主张为假。因此，知道仍然是我们有弱的进入通道的一种心智状态。

无论证据是什么，反透明性的结果也适用于证据状态：既然一个人的证据就是他的知识，而知识并不是完全透明的，即一个人并不总是能够知道他的所知和无知，故一个人也并不总是能够知道他的证据是什么。于是，一个人也并不总是能够测度他的信念相对于他的证据的概率，由此得出的结论是：合理性不能完全被操作化。如果把"操作化的"认识论理解为把认识论转变为去评价有关获取、保存和拒绝信念的规则，这些规则在下述意义上是操作性的：只要一个人在遵循那个规则，他就能够知道他在遵循该规则。显然，这会使得遵循规则成为一种透明状态，并且它不是一种不足道的状态。但是，根据反透明论证，只有不足道的状态才是透明的。于是，不存在操作化认识论所要求的那种状态，认识论也不能被操作化。

（5）存在不可知的真理。

威廉姆森指出，反透明论证以及对正内省和负内省的拒绝，全都涉及不能被知道的真理，至少是在相关的情景中。他对意外考试悖论的处理也是类似的。该悖论的一个例子是一位教师告诉他的学生，仅在该年的某一天，他们将面临一场考试，并且在该考试的早晨，他们将不知道考试将发生在那一天。论证是这样进行的：考试日不可能是最后一天，既然那天早晨他们将知道这是留给考试的唯一一天。因此,他们能够提前排除考试发生在最后一天。所以,最后一天的前一天是最后的可能性。但是,这样一来,根据类似的论证,他们也能够排除考试发生在那一天。通过提前对该年的每一天继续该论证,学生们能够"证明"不可能有这样的考试。但是很清楚,如果该教师是值得信赖的,学生们就能够提前知道将会有这样一个意外考试。解决办法是弄明白下面一点:即使人们今天知道某件事情,也推不出他今天知道他明天仍然知道该件事情。这是直接拒绝正内省原则的历时版本。

威廉姆森还捍卫了关于存在不可知真理的另一类型的论证。该论证是这样进行的:他举例说,在2008年元月一日,我办公室里书的数目或者是奇数或者是偶数。既然我当时没有数它们,自那时以来已经发生了太多的改变,没有人将会知道该数目是什么。于是,或者"该批书的数目是奇数"总是一个未知的真理,或者"该批书的数目是偶数"总是一个未知的真理。我们能够允许,虽然那些真理总是未知的,却不是不可知的,既然在2008年元月一日,某个人能够通过计数我房间里的书,从而知道这两个真理中的某一个。不过,如果"该批书的数目是奇数"总是一个未知的真理,那么,"'该批书的数目是奇数'总是一个未知的真理"就是一个不可知的真理,因为如果任何人知道"'该批书的数目是奇数'总是一个未知的真理",他们因此就知道"该批书的数目是奇数",在这种情形下,"该批书的数目是奇数"就不会总是一个未知的真理。所以,在这种情形下,他们根本上就不知道"'该批书的数目是奇数'总是一个未知的真理"(既然知识依赖于真理,整个论证使用了归谬法)。类似地,如果"'该批书的数目是偶数'总是一个未知的真理",那么"'该批书的数目是偶数'总是一个未知的真理"就是一个不可知的真理。于是,无论按哪一种方式,都存在不可知的真理。反实在论者常常把此论证叫作"不可知悖论",因为他们不喜欢该结论;而在威廉姆森看来,它不是悖论,而是一个出乎意料的从真前提得出真结论的简洁论证。

在我于牛津对他的访谈中,威廉姆森在回答"此类结论是否含有不可知论的意谓""如何划出可知的与不可知的界限"等问题时,他解释说:"我的观点确实蕴涵一种有限度的不可知论,在它看来,我们必须承认,存在着某些我们不能知道的真理。不过,也存在着许多我们能够知道的真理——甚至是关于是否存在一个上帝的真理。同一个认识论原则既解释了在某些情形下的无知,也解释了在另外情形下知识的可能性,我看不出对这样的不可知论有什么可反对之处，只要它不会变成怀疑论。在某些非常清楚的情形下，我们知道我们知道一些东西。正内省的失败只是意味着，当我们知道时，我们不能总是知道我们知道；它并不意味着，当我们知道时，我们不能在某时知道我们知道。类似地，负内省的失败只是意味着当我们不知道时，我们并不总是知道我们不知道；它并不意味着：当我们不知道时，我们不能在某时知道我们不知道。我正在解释的论证类型给予我们很多关于可知性与不可知性之间界限何在的知识，但是它们也表明，我们不可能具有关于这种界限何在的完全知识。生活本身就是这样。"①

(6) 对怀疑论的反驳。

尽管威廉姆森承认人的理智辨别力的有限性，承认知识需要误差余地，并断言存在不可知的真理，但这些并不会使他陷入彻底的不可知论和怀疑论，相反，如前所述，怀疑论始终是《知识及其限度》一书批判的靶子之一。他论述说，怀疑论者及其同道通常认为，一个人的信念之真值的变化可以独立于那些信念以及他的所有别的心智状态：一个人的总体心智状态在极其可疑的情景中和在常识的情景中是完全相同的，然而他关于外部世界的大多数信念在常识的情景中为真，而在可疑的情景中为假。但是，如果知道本身是一种心智状态，那么这种假定就相当于这个可疑的结论：一个人的信念在常识的情景中不构成知识，尽管它们为真。因为假信念根本不构成知识，所以一个人在可疑的情景中当然不能知道，因此，假如知道对于一个人的总体心智状态至关重要，那么这个假定，即一个人在这两种情景中处于完全相同的心智状态，就蕴涵着他在常识的情景中也不能知道。威廉姆森明确指出，反怀疑论者不应当接受这个假定。可疑情景中的任何心智生活都是一种极其贫乏的心智生活，当然它不是"从内部"感觉贫乏的，而是说自我知识的失败是这种贫乏的一部分。

应该指出，即使在某些西方哲学同行看来，威廉姆森的《知识及其限度》一书以及他的其他论著也很难读。我猜测，这可能是由于下述四个原因：1) 威廉姆森的思想与论证相当有原创性，这种原创性也体现在其表达方式上，有许多新概念和新术语，以及一些陌生的表达方式。2) 他常常把一些必要的交代、预备知识等等置于背景之中，假定它们是已经为读者们所知道和熟悉的，但情形并非总是如此，并且很多时候不是如此。3) 威廉姆森是有逻辑学背景的哲学

---

① 陈波. 深入地思考，做出原创性贡献——威廉姆森教授访谈录. 晋阳学刊, 2009 (1): 10.

家，他喜欢使用逻辑学的形式工具去建构和表述他的哲学理论。他常常用到的逻辑知识包括一阶逻辑、二阶逻辑、模态逻辑（甚至是高阶模态逻辑）、可能世界语义学、认知逻辑、反事实条件句逻辑、概率论等等，以及一些语义分析方法，大多数读者并不总是具备这些知识，因而就不那么容易读懂他的论著。4）当然，也由于威廉姆森的个人风格。即使同样的思想，假如放到罗素和蒯因的手里，就能够表述得既严格和精确，也能够为读者们所理解，至少易于被那些认真的且有相当知识基础的读者们所理解。

从威廉姆森那里，我获得了一个重要的教训：我们应该去面对重要的哲学问题，去做原创性的哲学研究，建构自己的哲学理论，做一名真正的哲学家，而不只是去研究他人的哲学，去做一名哲学学者，哪怕是一名出色的哲学学者。在中国哲学界，"别人研究哲学，我们仅仅研究别人的哲学"的局面必须改变，我相信，在年轻一代学者那里，这种局面也能够改变。[1]

---

[1] 陈波. 面向问题，参与哲学的当代建构. 晋阳学刊，2010（4）.

第 29 章 对威廉姆森反透明性系列论证的质疑

透明性问题无论是在逻辑学领域还是在心理学领域，都有其重要的理论意义。特别是当代哲学家蒂莫西·威廉姆森在其著作《知识及其限度》中提出了一系列反透明性论证，更具有启发作用。本文将对他的系列论证做细致的剖析，分析出背后的潜在条件，讨论其论证的成立性问题及其哲学意蕴。

威廉姆森的"反透明性"论证中的重要部分是"反 KK 原则"论证，故先简要说明 KK 原则和透明性原则之间的关系。一般来说，透明性是指"一个条件得到了，那么认知主体就知道这个条件得到了"，威廉姆森在书中谈及的主要是一些心智状态，例如疼痛、感觉冷等，而 KK 原则是把条件限制到"有知"这个状态之下。可以说，KK 原则是透明性的一个特殊的代入例，二者之间有着密不可分的联系，威廉姆森的反透明性论证与反 KK 原则论证也是直接相关的，因此笔者在这里对二者做统一的分析和处理。

一、对威廉姆森系列论证的简要概述

1. 反透明性论证

在讨论反透明性论证之前，我们先简要介绍威廉姆森的透明性（luminous）概念。一个条件 C 被定义为透明的，当且仅当 L 成立：

(L) 对于任意一个情景，如果 C 在其中得到，那么一个人在其中就能够知道 C 得到。①

现在假想一个人在早上感觉冷，中午感觉热。用 $a_1 - a_n$ 表示从早上到中午

---

① 威廉姆森将"能够知道"与"知道"的关系进行了刻画，认为"能够知道"和"知道"一样也是事实性的。因此 (L) 的逆命题也是成立的。详细解释参见 Williamson T. Knowledge and Its Limits. Oxford: Oxford University Press, 2000: 93.

的一系列毫秒间隔变化所属的连续情景。那么，会有如下推理：

(1_i.) 如果一个人在 a_i 中知道他感觉冷，那么他在 a_{i+1} 中感觉冷。（知识的可靠性）①

(2_i.) 如果一个人在 a_i 中感觉冷，那么，他在 a_i 中就知道他感觉冷。（透明性）

再假设：

(3_i.) 一个人在 a_i 中感觉冷。

根据（2_i）和（3_i）就能得出：

(4_i.) 一个人在 a_i 中知道他感觉冷。

根据（1_i）和（4_i）就能得出：

(3_{i+1}.) 一个人在 a_{i+1} 中感觉冷。

令 a_0 为拂晓时分，以下条件成立：

(3_0.) 一个人在 a_0 中感觉冷。

将以上的推论重复 n 次，便可得出：

(3_n.) 一个人在 a_n 中感觉冷。

这一点显然不正确，因而可以通过归谬法得出透明性对于"感觉冷"这个心智状态是不成立的。威廉姆森又将结论扩展到那些"以某种方式呈现给一个人，可以逐渐过渡到不以那种方式呈现给这个人"的条件之上，而人们可以逐渐地拥有和丧失知识，所以知识也是非透明的，从而在间接的意义上构成了反 KK 原则的论证。

2. 反 KK 原则论证

为了对知识的属性进行更专门的讨论，威廉姆森特意构造了如下论证来否定 KK 原则。

想象有一个叫马古的先生向窗外望去，判断一棵树的高度。由于他的目力有限，对任意自然数 i 来讲，马古先生判断树有 i 英寸高，实际上树有 i+1 英寸高，但是马古先生却不知道这么精确。马古先生也知道他的目力有限，于是便

---

① 这里标注的"可靠性"是威廉姆森认为知识应具备的性质，他认为"如果一个人在 a 中真信 p，那么为了算作在 a 可靠地知道 p，他必须在与 a 充分相似的情形下避免假信念"。对知识可靠性的更具体说明，参见 Williamson T. Knowledge and Its Limits. Oxford: Oxford University Press, 2000: 98。本文后半段会用另一种方式对这一前提进行说明。

有以下命题：马古先生知道，如果这棵树是 $i+1$ 英寸高，那么他将不知道这棵树不是 i 英寸高。有了这个前提，我们可以构造如下的推理：

(1_i) 马古先生知道，如果这棵树是 $i+1$ 英寸高，那么他将不知道这棵树不是 i 英寸高。

(KK) 就任何相关命题 p 来说，如果马古先生知道 p，他就知道他知道 p。

(C) 如果 p 和集合 X 的所有元素都是相关命题，p 是 X 的一个逻辑后承，并且马古先生知道 X 的每个元素，那么，他知道 p。

(2_i) 马古先生知道这棵树不是 i 英寸高。

(3_i) 马古先生知道他知道这棵树不是 i 英寸高。

(2_{i+1}) 马古先生知道这棵树不是 $i+1$ 英寸高。

于是，我们以 $i=0$ 为起始点，前提分别为（1_0）（2_0）（KK）（C），就可以进行推理，从而得出错误的结果。

威廉姆森将这个错误的结果归罪于 KK 原则，因为在他看来，其他前提都是明显正确的①。他通过归谬法对 KK 原则进行了否定。

3. 一般化方法和"容错边界"理论

举出两个具体例证以后，威廉姆森给出了一个反透明性论证的一般化方法，并从中得出了他重要的原创理论"容错边界"(margin for error) 原则，具体过程如下：

现假定，一个条件在一个情景中是否能得到，仅仅取决于这个条件在该情形下的赋值。因此有：

(7)② 就所有情形 a 和 b 来说，如果 v (a) = v (b)，那么，C 在 a 中得到，当且仅当 C 在 b 中得到。

但是，对于一个非常小的正实数 c 来说，以下条件成立：

(8) 就所有情景 a 和非负实数 u 来说，如果 u – v (a) ≤c，并且一个人相信 C 在 a 中得到，那么，就某个与 a 情形相近的情形 b 来讲，如果 v (b) = u，那么这个人相信 C 在 b 中得到了。③

---

① 关于他对其他条件的辩护和对这个论证的详细分析，在下一节也会详细谈到。
② 这里的序号与威廉姆森书中论证的序号保持一致，以便读者对照原文。
③ 就是说，"如果一个人有这个信念，那么，如果这个参数取稍微不同的值，那么这个人仍然有这个信念，这个人的信念不足以辨别该微小差别"。

现在假定知识与"不出错"之间有一层关系：

（9）就所有情形 a 和 b 来说，如果 b 接近于 a 并且一个人在 a 中<u>知道</u> C 得到，那么他在 b 中就不会错误地相信 C 得到。①

再限定能够知道与知道之间的关系，一个人能够知道（in a position to know）某种由一个参数决定的东西，仅当不改变这个参数的值的情况下他能知道（can know），即：

（10）就所有情形 a 来说，如果一个人在 a 中<u>能够知道</u> C 得到，那么，就某个情形 b 来说，v（a）= v（b）并且他在 b 中知道 C 得到。②

最后，我们假定知识蕴涵信念：

（11）就所有情形 a 来说，如果一个人在 a 中知道 C 得到，那么，他在 a 中就相信 C 得到。

（L）对于任意一个情景，如果 C 在其中得到，那么一个人在其中就能够知道 C 得到。

现在假设 C 是一个透明的条件，那么从（7）~（11）以及（L）就能推演出：

（12）就所有情形 a、b 来说，如果 v（a）- v（b）≤c，那么 C 在 a 中得到，当且仅当 C 在 b 中得到。

如果参数 v 可以在以下意义下连续变化的话，结论（12）就是一个错误的结论。

（13）就所有非负实数 u 来讲，对于某种情景 a，v（a）= u。

由于任何一个数都可以是由另外一个数通过有限次叠加而得到的，就会逐渐偏离安全范围而得到如下结论：

（14）就所有情形 a、b 来讲，C 在 a 中得到，当且仅当 C 在 b 中得到。③

这明显是一个错误的结论！因此，通过归谬法可以得出，透明性是错误的。

即使放弃（L）假设，也能从（7）~（11）推出：

（15）就所有情形 a 和 b 来说，如果 v（a）- v（b）≤c 并且一个人在 a 中

---

① 这里也可以解释为知识可靠性要求。

② 这点可以解释为，如果某一个条件在两种情形下赋值相等，并且一个人在一个情形下"知道"这个条件，那么他在另一个情形下就"能够知道"该条件。

③ 具体过程参见 Williamson T. Knowledge and Its Limits. Oxford：Oxford University Press，2000：123。

能够知道 C 得到，那么 C 在 b 中得到。

我们得出的条件（15）就是"容错边界"理论。可以解释为：一个人知道一个条件得到，当且仅当它在所有相关参数稍有变化的情形中都得到。

二、对威廉姆森论证的分析

本节将对以上简介的论证进行细致的分析，因为其中反 KK 原则论证最有代表性，因而以其作为本节分析的切入点，然后站在整体的角度，对"容错边界"理论与反透明性论证以及反 KK 原则论证的关系给予合理的解释。

1. 反 KK 论证诠析

威廉姆森反 KK 原则的原论证省略了一些步骤[1]，笔者也曾对该论证做过分析[2]，但是存在很多不足之处，因此在这里进行修正。

现在，令 q_{i+1} 表示命题"这棵树是 $i+1$ 英寸高"，K 表示"知道"。那么，前提（1_i）"马古先生知道，如果这棵树是 $i+1$ 英寸高，那么他将不知道这棵树不是 i 英寸高"可以符号化为：

(1_i) K ($q_{i+1} \to \neg K \neg q_i$)

（KK）"就任何相关命题 p 来说，如果马古先生知道 p，他就知道他知道 p"，可以符号化为：

（KK） $Kp \to KKp$

对于演绎封闭原则，可令 C 中的 X 是一个单元集：X = {p}，（C）便可简化为：

（C）$(p \to q) \to (Kp \to Kq)$

要呈现完整的论证过程，还需要用到"知识蕴涵真"这个原则[3]，符号化为：

---

[1] 威廉姆森的解释如下。假定 q 是这个命题：这棵树是 i+1 英寸高。根据（1_i），马古先生知道 $q \to N$ (2_i)；根据（3_i），他知道（2_i）。那么，Nq 就是 $q \to N$ (2_i) 和 (2_i) 的逻辑结果。因此，根据（C），（1_i）和（3_i）蕴涵了马古先生知道 Nq，即（2_{i+1}）。详细可参见 Williamson T. Knowledge and Its Limits. Oxford：Oxford University Press，2000：116。

[2] 胡兰双. 威廉姆森：人的知识及其限度. 中国社会科学报，2016（2）：1.

[3] 威廉姆森在《知识及其限度》一书第一章就谈及对此原则的支持，详细可参见 Williamson T. Knowledge and Its Limits. Oxford：Oxford University Press，2000：35。

(T) $Kp \rightarrow p$

于是，从各个前提到（2_{i+1}）的整个论证过程可表示如下：

(1_i) $K(q_{i+1} \rightarrow \neg K \neg q_i)$ （认知限度）
(T) $K(p \rightarrow q) \rightarrow (p \rightarrow q)$ （知识蕴涵真）
(C) $(p \rightarrow q) \rightarrow (Kp \rightarrow Kq)$ （演绎封闭）
(T+C) $K(p \rightarrow q) \rightarrow (Kp \rightarrow Kq)$ ［(T)(C) 三段论］
(D_1) $(q_{i+1} \rightarrow \neg K \neg q_i) \leftrightarrow (\neg \neg K \neg q_i \rightarrow \neg q_{i+1})$ （假言易位等价式）
(D_2) $(q_{i+1} \rightarrow \neg K \neg q_i) \leftrightarrow (K \neg q_i \rightarrow \neg q_{i+1})$ ［(D1) $\neg\neg$ 消去］
($1_{i=}$) $K(K \neg q_i \rightarrow \neg q_{i+1})$ ［(1_i)(D_2) 等值替换］
(1_{i+}) $K(K \neg q_i \rightarrow \neg q_{i+1}) \rightarrow (KK \neg q_i \rightarrow K \neg q_{i+1})$ ［($1_{i=}$)(T+C)］
(1_{i-}) $KK \neg q_i \rightarrow K \neg q_{i+1}$ ［($1_{i=}$)(1_{i+}) 分离规则］
(2_i) $K \neg q_i$ ［事实条件］
(KK) $K \neg q_i \rightarrow KK \neg q_i$ ［KK 原则］
(3_i) $KK \neg q_i$ ［(KK)(2_i) 分离规则］
(2_{i+1}) $K \neg q_{i+1}$ ［(1_{i-})(3_i) 分离规则］

然后从 i=0 开始代入，通过不断迭代，得出错误的结论。

通过这样的分析，威廉姆森反 KK 论证基于以下各项：对认知限度的刻画成立，马古先生知道自己的认知限度，强的演绎封闭原则成立，知识蕴涵真的原则成立，马古先生知道三段论、假言易位、等值替换、分离规则等推理规则。但是，笔者认为，在考虑 KK 原则是否成立时，恐怕还要同时考虑后面这些前提是否都成立。

2. "容错边界"理论及应用

我们看威廉姆森的反透明性和反 KK 论证，不难发现有的前提是必须考量的，分别是两个论证前提（$1_{i'}$）、（1_i），它们在论证的"可持续性"上起到了关键性作用。威廉姆森在论证时，分别给出了解释。以下做简要的分析。

考虑 t_0 与 t_n 之间的一个时刻 t_i，并且假定一个人在 t_i 时知道他感觉冷。因此他至少能合理地确信他感觉冷，否则他就不会知道①。因此这种确信必定有可靠的基础，否则他仍不可能知道……如果他在 t_{i+1} 时不感觉冷，那么

---

① 威廉姆森承认"知识"蕴涵"信念"这个原则。

他在 t_i 时的信念不足以构成知识。他在 t_i 时的确信具有知识所要求的那种可靠基础，仅当他在 t_{i+1} 时感觉冷。①

以上是威廉姆森关于"感觉冷"论证的前提（$1_{i'}$）的解释，支撑他这段论证的核心观点就是"知识的可靠性"（reliability）。威廉姆森认为可靠性是知识的一个必要属性，他用了一个章节论证这种观点的合理性，可归结为如下几点：（1）知识的可靠性应该被理解为"完全相信"（outright belief）的程度，并不是某种高概率事件②。（2）"如果一个人在 a 中真信（believe truly）p，那么，为了算作在 a 中可靠地知道 p，他必须在与 a 充分相似的情形下避免假信念。③（3）知识的可靠性条件推动了知识在行动的因果解释中实际发挥作用。④

威廉姆森的以上观点在论证中体现最多的是第二点，但是该观点存在很大争议，有学者撰文称："当一个人以认识论上合适的方法来形成一个真信念时，他有可能已经出错，这并不能成为撤销知识头衔的理由。"所以，"知识通常并不是由一种安全性要求所支配的，这种要求是威廉姆森为其论证需要而引入的"⑤。

威廉姆森对知识可靠性的运用确实面临困境：他是反内在主义者，认为知识是一种<u>事实性</u>的心智状态⑥，至少随着事实的变化而有所不同，但两个"相似"的情景毕竟不是"完全相同"，根据他的外在主义倾向，两个非相同情境下的知识也不应该"保持不变"。如何解释这种不自洽呢？威廉姆森在"充分相似"这样的模糊概念上做文章，引入认知限度问题，提出他的"容错边界"理

---

① Williamson T. Knowledge and Its Limits. Oxford: Oxford University Press, 2000: 96.
② 这里可以理解成，如果我们认为某件事情有很高的概率，我们仍相信它的反例在某些特殊情况下出现，而"完全相信"某事则意味着，如果遇到反例，则会首先怀疑反例是否正确。参见 Williamson T. Knowledge and Its Limits. Oxford: Oxford University Press, 2000: 99。
③ 这一点是为了说明，只是"完全相信"这种程度仍然是不够的，如果一个人在某种程度上"完全相信"条件 C 得到了——这时它实际上得到了，并且不久之后在非常相似的基础上在稍低程度上完全相信 C 得到了——这时实际上并未得到，那么他之前的信念的可靠性就不足以构成知识。
④ 这一点可以解释成：如果一个人在 t 时根据 b 知道 p，并且他在与 t 非常相近的 t^* 时，根据与 b 非常接近的 b^*，相信一个与 p 非常相近的命题 p^*，那么 p^* 就应当为真。
⑤ Neta R, Rohrbaugh G. Luminosity and the Safety of Knowledge. Pacific Philosophical Quarterly, 2004 (85): 396-406.
⑥ 同①49-60.

论，从认知的角度解释为何"相似"能变为"相同"。我们可以从他对于反 KK 论证的前提（1ᵢ）的解释入手进行分析。

> 马古先生想知道树的高度……他没有其他的信息源，只通过看是不能精确到英寸的……马古先生猜测这棵树是 i 英寸高，这棵树实际上是 i−1 或 i+1 英寸高。在这个故事中马古先生反思了他的视力和高度判断力的限度。马古先生知道刚才陈述的事实。①

这段文字主要为了说明人的知觉能力是有限度的，当两个情境下的某一条件的状态"充分相似"（处于人的分辨力以外）时，人们就会因为分辨不出这种"相似"而认为它们是"相同"的，因此知识就稳定地在这样的状态下不断传递和迭代。

我们通过前提（1ᵢ）和（1ᵢ）的分析发现，它们的成立分别依赖于威廉姆森意义上的"知识的可靠性"原则正确，以及"人的认知限度"刻画有效。但其实"知识的可靠性"和"人的认知限度"刻画又存在某种内在联系②，其最显著地表现在它们可以"统一"于威廉姆森的原创理论——"容错边界"理论。

我们可以从两个方面来解释这种"统一性"：

第一，来源方面。威廉姆森的"容错边界"理论是由本文开头提到的条件(7) ~ (11) 推理而来的，具体步骤如下：

假设情形 a 和 b 满足 | v (a) − v (b) | ≤c，并且一个人在 a 中能够知道一个条件 C 得到，那么，就某个与情形 a 相似的情形 a* 来，令 v (a*) = v (a)，根据 (10)，这个人就在 a* 中知道 C 得到。根据 (11) 可知这个人在 a* 中相信 C 得到。因此，对于某个与 a* 接近的情形 b* 来说，令 v (b*) = v (b)，根据 (8)，则有这个人在 b* 中相信 C 得到。由于 b* 与 a* 接近并且这个人在 a* 中知道 C 得到，根据 (9)，这个人在 b* 中就不会错误地相信 C 得到。因此 C 在 b* 中得到。由于 v (b*) = v (b)，根据 (7)，便有 C 在 b 中得到。因此便有了"容错边界"理论：

---

① Williamson T. Knowledge and Its Limits. Oxford: Oxford University Press, 2000: 114.
② 威廉姆森用一个章节来解释这种内在关系，很大程度上可以说是用人的"认知误差"来解释"知识的可靠性"，参见 Williamson T. Knowledge and Its Limits. Oxford: Oxford University Press, 2000: 120−123。

就所有情形 a 和 b 来说，| v (a) – v (b) | ≤c，并且一个人在 a 中能够知道一个条件 C 得到，那么，这个条件就在 b 中得到。①

从推理的前提和过程来看，"容错边界"理论的得出依赖于（8）和（9）的成立，而（8）正是对"人的认知限度"的刻画，只不过这种"认知限度"没有直接应用于知识概念，而是运用于信念当中，再通过"知道"与"相信"的关系转移到知识上去。转移的途径有两条，一条是（11），即知识蕴涵信念；另一条便是（9），即"知识的可靠性"。也就是说，一方面，"容错边界"理论在一定程度上来源于对"人的认知限度"的有效刻画以及"知识的可靠性"原则；另一方面，"人的认知限度"以及"知识的可靠性"在一定程度上体现在"容错边界"理论之上。

第二，应用方面。"容错边界"理论可以反过来解释（$1_{i'}$）和（1_i）。我们通过举例来扩展威廉姆森的"容错边界"理论，将其转换为适当的形式与两个前提进行比较。以"谷堆悖论"的描述为例，首先设定容错边界为 1 粒谷子②。根据"容错边界"的理论，某人知道"有 m 粒谷子被称为谷堆"蕴涵着"有 m – 1、m、m + 1 粒谷子的都是谷堆"③。设 G (x) 表示"有 x 粒谷子的是谷堆"，K 表示"知道"。根据"容错边界"理论，下式成立：

$$[G(m)] \to [G(m-1) \wedge G(m) \wedge G(m+1)]$$

其一般形式为：

$$如果 \parallel n-m \parallel \leq 1，那么，K[G(m)] \to G(n)$$

当然，这个一般形式与（$1_{i'}$）相符合，但与前提（1_i）有直观上的差距，因为其运用了该公式的否定代入形式：

$$如果 \parallel n-m \parallel \leq 1，那么，K[\neg G(m)] \to \neg G(n)$$

我们继续运用谷堆的例子来解释。前提（1_i）转换为谷堆悖论的描述就是："如果有 m + 1 粒谷子被称作谷堆，那么，某个人就不知道有 m 粒谷子的不被叫

---

① 威廉姆森虽未详尽给出"容错边界"理论的推理过程，但是他给出了完整的归谬推理过程，而"容错边界"理论的推理过程可以看作归谬推理的一部分，因而这里给出的推理步骤可以看作威廉姆森意义上的推理。

② 这里代表的是威廉姆森所说的非负实数 c。

③ 为了简便，这里忽略了"知道"与"能够知道"的差别，并默认了情景的相似，只考虑参数的赋值。这种做法是合理的，威廉姆森在论证中也是这样简化应用的。

作谷堆"。形式刻画如下：

(1) $G(m+1) \to \neg K[\neg G(m)]$ （前提）

(2) $K[\neg G(m)] \to \neg G(m+1)$ （假言易位）①

如此转换便可看出"容错边界"理论的影子，由于公式（2）是关于（m-1）对称的，所以可扩充为：

$K[\neg G(m)] \to [\neg G(m-1) \wedge \neg G(m) \wedge \neg G(m+1)]$ ②

从以上两个方面可以看出，威廉姆森的两个论证的前提（1_i）和（1_i），虽然其解释的方法各有不同，但实际上都应用了"容错边界"理论，并且它在整个论证过程中起着相当重要的作用，威廉姆森也承认"'容错边界理论'通常会阻碍透明性"③。

三、对威廉姆森系列论证的质疑

通过上面的分析，我们找出了反 KK 论证所需要的潜在条件，并且统一分析了两个论证与"容错边界"理论间的内在联系。威廉姆森对于这些关系的默认和辩护在一定程度上体现了他的哲学立场，他似乎给出了一个"自洽"的解释可以将他的诸多观点统一起来，但实际上这些解释能否成立可能并不像他本人所说的那样理所当然。

1. 除"KK"论证

现在，我们仍以反 KK 论证作为切入点，仿照威廉姆森的推理重新构造一个论证，使 KK 原则不再成为推理的前提，其他条件不变或根据需要进行一些有效的处理，看看这些前提是否融贯。我们假设马古先生也可以做出如下论证：

（1_i）如果这棵树是 i+1 英寸高，那么，我将不知道这棵树不是 i 英寸高。

---

① 这里默认"双重否定消去"成立。

② 雒自新，刘叶涛. KK 论题与不确定知识——对威廉姆森反 KK 论证的质疑. 自然辩证法研究，2015（3）：11-15.

③ Williamson T. Knowledge and Its Limits. Oxford：Oxford University Press，2000：129.

($2_i.$) 我知道这棵树不是 i 英寸高。

($3_i.$) 这棵树不是 i+1 英寸高。

($2_{i+1}.$) 我知道这棵树不是 i+1 英寸高。

然后从 i=0 开始代入，仍然可以得出马古先生知道这棵树不是 666 英寸高这个错误的结论。如果这个证明成立的话，虽然不能说明 KK 原则完全没问题，但是可以说明问题不仅仅在 KK 原则身上。下面就对这个论证的前提及推理规则进行解释。

首先，前提（$1_i.$）与原推理的前提（1_i）有所不同，本论证的前提是"容错边界"理论在此情境下的刻画，但是原推理则是默认马古先生知道自己的认知限度，因此前面加上了"马古先生知道……"。其实，原推理并没有解释为什么马古先生会知道自己的"容错边界"是多少，只是简单解释为"马古先生反思了他的视力和高度判断力的限度。马古先生知道刚才陈述的事实"。① 本论证之所以用前提（$1_i.$）进行推理，是因为：第一，可以避免解释一个人的"容错边界"是否对这个人是透明的；第二，这也是威廉姆森"容错边界"理论的体现；第三，可以避免考虑认知的迭代，使得 KK 原则不成为推理前提。总之，从威廉姆森的角度来讲，这个前提是成立的。

其次，前提（$2_i.$）是原推理的前提（2_i），是从常识出发的推理前提。（$3_i.$）是前两个前提运用否定后件式的推理规则得到的。

最后要解释的是，如何从（$3_i.$）到（$2_{i+1}.$），恐怕要像威廉姆森解释（1_i）那样费一番口舌。最简单的解释是：从（$1_i.$）到（$3_i.$）是马古先生自己所做的推理，他当然知道自己所做的推理的结论。

有人可能会反对说，人们常常知道某一个推理的前提，但是不知道这两个前提可以推出某个特定的结论。这个问题可以从两个方面来回答：第一，这是一个已经完成的推理，我们已经假设马古先生得出了结论，那么，就不存在马古先生因为不知道能否得出（$3_i.$）而不知道（$3_i.$）这种情况。第二，可以用演绎封闭性原则（C）来解释，威廉姆森在原文曾说道："我们可以合理地认为，在这个例子中，马古先生一直在如此认真地反思树的高度和他关于树的知识，以至于他得出的所有关于树的高度的结论，都是从他所知道的东西演绎出来的，

---

① Williamson T. Knowledge and Its Limits. Oxford: Oxford University Press, 2000: 115.

他因此知道那些结论。"① 在这里的应用可以表示为：$\{(1_{i\cdot}),(2_{i\cdot})\}\vdash(3_{i\cdot})$；$K\{(1_{i\cdot}),(2_{i\cdot})\}$；$\therefore K(3_{i\cdot})$，也就是得出了（$2_{i+1\cdot}$）。

有人仍可能反对笔者的这个解释，因为演绎封闭原则（C）也许非普遍有效，因此不能作为解释的条件。当然，这里威廉姆森用的是较强的演绎封闭原则，简单表示为：$(p\to q)\to(Kp\to Kq)$，笔者也倾向于认为这个原则太强，非普遍适用。之所以用在这里解释（2_{i+1*}）的得出，是因为它是威廉姆森所承认的，我们是仿照威廉姆森的论证思路，看该论证即使没有KK原则作为前提，其他原则是否自洽。所以，这里用（C）进行解释是合理的。

由此就涉及另一个问题，是否可以直接用反对（C）来反对威廉姆森的原论证呢？这也许是一个可行的切入点。② 但是从推理过程来看，强（C）加上"知识蕴涵真"原则就是为了得到"K的蕴涵分配律"，也就是 $K(p\to q)\to(Kp\to Kq)$，在这里，我们称之为弱（C），其实真正在威廉姆森原论证中起作用的是弱（C），因此，只反对强（C）是不能彻底击垮威廉姆森的原论证的，我们还须证明弱（C）非普遍有效。

有人仍可能会质疑，即使用强（C）解释是合理的，但解释中用到了 $K\{(1_{i\cdot}),(2_{i\cdot})\}$，这个条件没有根据。不能否认，用（C）来解释从（$3_{i\cdot}$）到（$2_{i+1\cdot}$）的确默认了马古先生知道他所做推理的前提，但笔者认为这是很自然的事情。因为从（$1_{i\cdot}$）到（$3_{i\cdot}$）是一个已经完成了的推理，马古先生并不是在无意识下做出这个论断的③，也许之前认为马古先生可能不知道推理的结论是情有可原的，那么，如果连前提都不能默认他知道，从（$1_{i\cdot}$）到（$3_{i\cdot}$）本身就不存在了，但我们的解释是在假设（$1_{i\cdot}$）到（$3_{i\cdot}$）的推理已经完成的基础之上进行讨论的，因此，马古先生知道前提（$1_{i\cdot}$）和（$2_{i\cdot}$）。

另外要说明的是，$K\{(1_{i\cdot}),(2_{i\cdot})\}$ 也就意味着 $K(1_{i\cdot})$ 和 $K(2_{i\cdot})$，有人可能会说，这和原推理的前提没有什么区别，特别是 $K(2_{i\cdot})$ 也隐含使用了KK原则。在这里，首先可以排除对于 $K(1_{i\cdot})$ 的质疑，因为威廉姆森承认这个前提的合理性，至于 $K(2_{i\cdot})$，笔者并不认为它隐含了KK原则。按照之前的形

---

① Williamson T. Knowledge and Its Limits. Oxford: Oxford University Press, 2000: 116.
② 威廉姆森对这个原则进行过辩护，详细可参见 Williamson T. Knowledge and Its Limits. Oxford: Oxford University Press, 2000: 117-121。
③ 威廉姆森在书中解释马古先生是"故意"而非"无意识"做出这类推理的，这里继续默认这种"故意性"。

式化处理方法，($2_{i.}$)可以符号化为 K ¬q_i，而 K（$2_{i.}$）可以符号化为KK ¬q_i，但要注意的是，这里并不是从 K ¬q_i 得到 KK ¬q_i，也就是二者没有任何蕴涵关系，我们得到 KK ¬q_i 的根据是马古先生做了从（$1_{i.}$）到（$3_{i.}$）这个推理行为本身。它与 KK 原则最大的不同之处在于：K ¬q_i→KK ¬q_i 是有前件就一定有后件，但是我们这里得出 K（$2_{i.}$）并不假设这一点，因为它允许前件假后件真的情况存在，即如果马古先生没有做（$1_{i.}$）到（$3_{i.}$）的推理，即使有 K ¬q_i，也无法得出 KK ¬q_i。因此，这方面的质疑是不成立的。

综上所述，仿照威廉姆森的推理重新构造的论证，即使 KK 原则不出现在前提当中，仍然会出现矛盾的结果，这说明威廉姆森所默认和辩护的原则之间，本身就存在一定的问题。这种"除 KK"的方法在一定程度上削弱了威廉姆森反 KK 论证的力道。

2. 廓清认知途径

如果对以上论证不满意，我们可以从另一角度去质疑威廉姆森的论证，那就是廓清"知道"的方式。并非任何知识都会因认知能力上的缺陷而存在容错边界，通过推理所得来的知识就不存在认知限度的影响，因此，推理而来的知识就不应该符合"容错边界"理论。为了调和认知内外在主义的矛盾，索萨（Ernst Sosa）曾提出将知识分为"动物性知识"和"反思性知识"。他认为动物、儿童或成人的那些通过可靠的途径有意识或无意识所获得的知识都称为"动物性知识"；而"反思性知识"要求有确证的理由，通过推理的方法得来，并且与某人的知识系统相一致。① 威廉姆森也承认，他的"容错边界"理论适用于所有"直觉知识"，但是"直觉知识"不等于"所有知识"，威廉姆森的论证中并没有对知识类型加以区别，而是统一处理成"Kp"这样的形式，这样做是一种"混用"，也是导致错误结论产生的原因之一。

因此，我们在这里对威廉姆森的反 KK 论证的前提不做删减，只是通过将 K 加角标的方式来区分"知识"的类型，看威廉姆森的论证是否还能成立。

用"K_s"表示视觉知识，"K_t"表示反思或推理得来的知识，"K_i"则可以代入由任何方式所获得的知识。那么，该推理可形式化为如下形式：

($1_{i..}$) $K_t(q_{i+1}→¬K_s¬q_i)$　　　　（认知限度）

---

① Louis P. What Can We Know? Belmont, California: Wadsworth Publishing Company, 2000: 156-157.

$(T_{**})\ K_i(p\to q)\to(p\to q)$　　　　（知识蕴涵真）

$(C_{**})\ (p\to q)\to(K_ip\to K_iq)$　　　（演绎封闭）

$(KK_{**})\ K_i\neg q_i\to K_tK_i\neg q_i$　　　（KK 原则）

$(T+C_{**})\ K_i(p\to q)\to(K_ip\to K_iq)$

　　　　　　　　　　　　　　　　　（三段论）

$(D_{1..})\ (q_{i+1}\to\neg K_i\neg q_i)\leftrightarrow(\neg\neg K_i\neg q_i\to\neg q_{i+1})$

　　　　　　　　　　　　　　　　　（假言易位等价式）

$(D_{2..})\ (q_{i+1}\to\neg K_i\neg q_i)\leftrightarrow(K_i\neg q_i\to\neg q_{i+1})$

　　　　　　　　　　　　　　　　　（¬¬消去）

$(1_{i..=})\ K_t(K_s\neg q_i\to\neg q_{i+1})$　　　（等值替换）

$(1_{i..+})\ K_t(K_s\neg q_i\to\neg q_{i+1})\to(K_tK_s\neg q_i\to K_t\neg q_{i+1})$

　　　　　　　　　　　　　　　　　$[(1_{i..=})(T+C_{**})]$

$(1_{i..-})\ K_tK_s\neg q_i\to K_t\neg q_{i+1}$　　$[(1_{i..=})(1_{i..+})$分离规则$]$

$(2_{i..})\ K_s\neg q_i$　　　　　　　　　　（事实条件）

$(KK_{2i..})\ K_s\neg q_i\to K_tK_s\neg q_i$　　　（KK 原则）

$(3_{i..})\ K_tK_s\neg q_i$　　　　　　　　$[(KK_{2i..})(2_{i..})$分离规则$]$

$(2_{it..})\ K_t\neg q_{i+1}$　　　　　　　　$[(1_{i..-})(3_{i..})$分离规则$]$

推理的过程似乎与原推理无异，但得出的结论却有很大差别：原推理可以通过一系列论证得出的结论是（2_{i+1}），与前提（2_i）中的认知算子相同，且两公式中的命题变元有连续的关系，因而得出的新公式可以代入原前提继续推理，形成迭代式证明。但是廓清认知途径以后，我们推理所得的新公式是（$2_{it..}$），与前提（$2_{i..}$）认知算子不同，迭代运算无法运行。也就是说，当我们从 i=0 开始进行论证时，我们得到"马古先生通过推理知道这棵树不是 1 英寸高"以后就结束了。

有人可能质疑笔者对于前提（$2_{i..}$）的处理，因为最开始以 i=0 代入时，原推理（2_i）可以表示为"马古先生知道这棵树不是 0 英寸高"，这里的"知道"笔者按常识处理成视觉知识，但似乎也可以处理成反思知识。这是否意味着（$2_{i..}$）应该表示为：$K_t\neg q_i$，这样就可以和得出的（$2_{it..}$）保持认知算子的一致。但是，如果将（$2_{i..}$）处理成 $K_t\neg q_i$，那么（$3_{i..}$）就变成了 $K_tK_t\neg q_i$，无法和（$1_{i..-}$）$K_tK_s\neg q_i\to K_t\neg q_{i+1}$进行分离运算，因而连（$2_{it..}$）都无法得到，更不用提迭代运算了。

综上所述，威廉姆森的原论证中，存在着认知途径混用的问题，廓清认知途径以后，威廉姆森的论证无法进行迭代，威廉姆森对于 KK 原则的反驳不成立。

3. 对"容错边界"理论的质疑

还可以通过质疑"容错边界"理论的一般形式来质疑威廉姆森的反透明性论证。

先不论"容错边界"理论的来源是否可靠，单就其直观表述来说，似乎很容易找到一些反例。容错边界理论是说：就所有情形 a 和 b 来说，$|v(a) - v(b)| \leq c$，并且一个人在 a 中能够知道一个条件 C 得到了，那么，这个条件就在 b 中得到了。我们可想象的反例至少可简单表述为以下两个：

例 1. 直到林肯被刺杀的前一秒某人一直知道"林肯是美国总统"，并不意味着林肯被刺杀的那一秒"林肯是美国总统"这个条件仍然得到，尽管林肯被刺杀的前后一秒间所处的两个情景十分相似。

例 2. 马古先生能够知道"这棵树不是 667 英寸高"，并不意味着"这棵树不是 666 英寸高"，尽管只有 1 英寸的差别，人的视力难以准确分辨。

例 1 是威廉姆森书中的例子，例 2 是借用了马古先生的例子。仔细想想，其实例 1 这样的提法并不构成反例，而例 2 在一定程度上可以看作反例。

首先看例 1，尽管林肯被刺杀的前后所处的一秒间的两个情景十分相似，但是容错边界理论并不要求情景相似，只要求两个情境中对同一条件的赋值处于"容错边界"之内。例 1 中的条件是"林肯是美国总统"，这个条件的赋值对于人来讲不会因认知能力有限而存在容错边界，也就是人们不会因认知能力的缺陷而分不清"林肯是否是美国总统"，因为这个条件的赋值只有两个，而没有所谓的渐进性，因此就不满足 $|v(a) - v(b)| \leq c$，不是容错边界理论的有效反例。

但在例 2 中，马古先生是对一棵树的高度进行判断，也就是对树的高度赋值，并且他的视力确实不足以分辨 1 英寸的误差，也就是"1 英寸"是适用于树高判断的"容错边界"。这样一来，若容错边界理论成立的话，"这棵树不是 666 英寸高"就应该是一个真命题，这显然是错误的。有人可能质疑马古先生在那种情景中不能够知道"这棵树不是 667 英寸高"，但是容错边界理论并不要求在某一特定的情景下，只要马古先生在某一情境下有知道"这棵树不是 667 英寸高"的可能，那么这个反例就是成立的。顺便提一句，其实例 3 是反 KK 论证的前提 $q_{i+1} \to \neg K \neg q_i$ 经过假言易位后的等价式。为什么没经过假言易位前，直观上没感觉很难接受，而经过转换后就存在明显的问题，其实原因在于威廉姆森巧妙运用了"知道"与"不知道"之间的属性差别，在这里不做详细的讨论。这里主要说明的是，威廉姆森的容错边界理论存在直观上的反例。

其实，容错边界理论得出的推导过程也存在一定的问题，我们再看一下 (7) 和 (9) 这两个前提：

(7) 现假定一个条件在一个情景中是否能得到，仅仅取决于这个条件在该情形下的赋值。那么，就所有情形 a 和 b 来说，如果 v(a) = v(b)，那么，C 在 a 中得到，当且仅当 C 在 b 中得到。

(9) 就所有情形 a 和 b 来说，如果 b 接近于 a 并且一个人在 a 中知道 C 得到，那么他在 b 中就不会错误地相信 C 得到。

前提 (7) 表明，一个条件在一个情境中是否得到，只与在这个情境中该条件的赋值有关系，与其他无关。只要两个情境下赋值相同，无论这两个情景是否相似，该条件在两个情境下的状态都是相同的。

前提 (9) 则表明，只要一个条件在一个情境下可能被知晓，那么在与这个情景极为相似的另一个情境中，无论该条件在其中的赋值如何，相信它得到都不会出错。

那么问题来了，如果"相信一个条件得到不会出错"与"它实际上得到了"不做相同的解释，那么前提 (7) 和 (9) 就不存在矛盾，但威廉姆森恰恰做了相同的解释，从他给出的如下推理过程中就可以看出来："一个人在 b^* 中相信 C 得到……由于 b^* 与 a^* 接近并且这个人在 a^* 中知道 C 得到，根据 (9)，这个人在 b^* 中就不会错误地相信 C 得到。因此 C 在 b^* 中得到。"[1]

因此，这里存在判断一个条件是否得到的双重标准，前提 (7) 说仅仅取决于该条件在特定情境中的赋值，条件 (9) 说取决于相似情境下的被知晓。这种双重标准的运用才产生了"容错边界理论"。

这里，笔者更倾向于承认前提 (7) 的合理性而怀疑前提 (9)，不应该将"相信一个条件得到不会出错"与"它实际上得到了"看作等同。因为"相信"毕竟是"信念"层面的，而威廉姆森只承认"知识蕴涵真"，而否认"不出错"

---

[1] Williamson T. Knowledge and Its Limits. Oxford: Oxford University Press, 2000: 127.

的信念就是"知识"。① 因此，从"一个人在 b^* 中相信 C 得到……这个人在 b^* 中就不会错误地相信 C 得到"不能推出"C 在 b^* 中得到"，也就无法得出容错边界理论。

综合前面给出的两个例子以及我们对导出容错边界理论的推理的分析，可以得出一些结论。很多时候我们获取的知识并不适用于容错边界理论，例如由推理所得的或是可以借助精确仪器获得的知识。威廉姆森也承认容错边界理论对于那些没有"渐进过程"的知识并不适用，因为这样的知识不存在人们对一个特定条件在"基础参数方面的不可分辨"②。这同样意味着，我们不能仅仅用符合容错边界理论的那些知识去定义知识整体的属性，更何况容错边界理论的得出本身就存在缺陷。因此，那些以容错边界理论的一般形式做前提的推理，实际上自带着"定时炸弹"。

四、进一步的质疑

透明性和 KK 原则本身与诸多哲学观点和立场有密切的关系，它不仅涉及知识蕴涵真原则、演绎封闭性原则和容错边界理论等，还涉及知识的概念、知识的确定性、公共知识何以可能、认知家园的存在性等问题，更是怀疑论和反怀疑论、认知的内在主义和外在主义的重要博弈点。

威廉姆森的反透明性系列论证的最初目的是为了反驳人们对他提出的知识概念的质疑，这里从威廉姆森的论证目的入手，对其涉及的思想理论做扩展性讨论。笔者认为，无论是威廉姆森的知识概念，还是他的论证过程所默认的观点和立场都潜藏着某种双重标准。

1. 知识概念中的双重标准

威廉姆森认为"知识是一种事实性的心智状态"（factive mental state），并且知识的概念是不可分析的，只能采取非还原的方法去理解。我们所承认的知识的诸多属性，并不能作为知识概念的充分必要条件的一个合取支。但是，我们至少要明确何为事实性、何为心智状态、何为事实性的心智状态。

对于事实性这个概念，这里不做概念上的廓清，只说明它能为我们所用的一些属性。我们首先能想到的关键词是客观的、外在的、不以人的意志为转移

---

① 威廉姆森反对用信念去分析知识。
② Williamson T. Knowledge and Its Limits. Oxford: Oxford University Press, 2000: 129.

的。暂且不论这样的事实属性是否完全合理①，这里我们先默认这种常识性的认识，威廉姆森也默认事实的这种属性。逻辑刻画上，常常将"事实"与"真"联系在一起，说一个算子是事实性算子，往往就表示这个算子后面所接的语句赋值为真。按照威廉姆森的观点，"知道"（know）就是最一般的事实性算子。

何为心智状态也很难给出一个标准定义，但是我们常常把"相信""想象""渴望""痛恨"等这样的状态称为心智状态，可以说"这种类型的状态有一定的'意向性'（intentionality）——它们指称（refer to）事物，并且可以对这些状态的一致性、真理性、适当性、准确性等属性进行评估。（例如，认为猫王死了是真的，吃月亮的愿望是不恰当的……）"②。这里提到的"意向性"当然是指心智状态的所有者对于该心智状态的掌控能力。

由以上可知，既然威廉姆森认为"知识是事实性的心智状态"，则以下两点对于知识来讲就是同时成立的：

（1） Kp →p

（2） "S 知道 p"是 S 对于 p 的一种具有"意向性"的状态，并且我们可以对这种状态的真理性、适当性、准确性等属性进行评估。例如，"知道'地球是方的'"是不对的，"知道'人是会死的'"是正确的。

从上面两点来看，如果（1）绝对成立的话，就不应该存在"知道'地球是方的'"这样的句子，因为"地球是方的"这样的命题是假的，不能跟在事实性算子后面，那么（1）的成立要求我们对于知识不能做出"是不正确的""是错的"这样的评判，因为知道一个真命题总是恰当的，但事实并非如此，考虑以下三个句子：

（3） 托勒密知道地球是宇宙的中心。

（4） 马丽知道林肯是美国总统。

（5） 张三知道天气很热。

---

① 其实，事实是否是纯客观的概念还需要进一步讨论，参见陈波. "以事实为依据"还是"以证据为依据"——科学研究和司法审判中的哲学考量. 南国学术，2017（1）：22-38。

② Pitt D. Mental Representation. Stanford Encyclopaedia of Philosophy. https://plato.stanford.edu/entries/mental-representation/.

这三个句子不能说是错误的表达，它们的区别在于"地球是宇宙的中心"从古至今甚至未来一直都是假命题；"林肯是美国总统"这个命题在林肯上任美国总统之后直到被刺杀之前都是真的，没上任之前以及被刺杀以后为假；"天气很热"则为偶然真命题。用（2）来解释句子（3）、（4）、（5）可以解释得通，问题在于如何既能保证（1）成立，又能解释这三种句子可以加在事实性算子"知道"之后呢？

笔者认为，有如下两种可能的途径：

第一，弱化"真"。有两种方式可以将其弱化：将"真"看成一种认知概念，或者将"真"看成一种预设。如果"真"是一种认知概念，那么在句子（3）、（4）、（5）中，知道后面所接的命题，只要相对于各自的认知主体来讲为真，（1）就是成立的。如果将其看成一种预设，那么代表命题表达者或是认知主体对自己所表述命题的某种"担保"，但是预设也有不成立的时候。但这并不妨碍它们被预设为真这种语用行为。①

第二，区分"知识"与"知道"。知识论分析中普遍默认以下等式，"知道p"＝"p是知识"。但是笔者认为二者有相当程度上的不同，"知道p"更强调认知主体的认知行为，更侧重于认知主体的作用，而"知识p"则是默认了主体间性，更强调命题本身的客观性和真理性。因此，不能将某个特定的认知主体的有局限的认知行为所获得的命题当作知识的特例来处理。要进一步说明的是，这里并不否认"知道"的作用，不同的认知主体可以"知道"不同的"p"，但只有那些"经得住考验"的p才能被叫作"知识p"，因此它们可能符合以下几种关系："知识p"蕴涵"p为真"；可以"知道p"但是p并非是知识。这样一来，就可以解释为什么"知道"后面可以连接像（3）、（4）、（5）那样的命题了。② 但是这样一来，对（1）的解释需要做一定的修改，不能将"知识蕴涵真"与"知道是事实性的"等同起来。

无论是削弱"真"还是区分"知识"与"知道"，都可以使得（1）、（2）同时成立，可以解释很多反例和日常应用。这样一来，威廉姆森的反透明性系

---

① 关于"真"是一种预设的观点，可参见 Allan Hazlett 对"T 条件"质疑的两篇文章："The Myth of Factive Verbs"（2010）和"Factive Presupposition and the Truth Condition on Knowledge"（2012）。

② Hazlett A. The Myth of Factive Verbs. Philosophy and Phenomenological Research, 2010, 80（3）: 500.

列论证就不成立了,有两个理由:一是"知道"不能被看作"知识",不能用"知识的稳定性"条件;二是不能用"知识蕴涵真"的规则来判定所得出的结论是错误的,也就不能用归谬法了。

威廉姆森自然不同意以上两种做法。一方面,他明确反对"真"是某种认知概念:"我完全拒绝这样的断言:真是任何类型的认知概念。"① 他所强调的知识所蕴涵的"真"是绝对的"真",他也没有提到它是某种语用预设。另一方面,他坚持用"知道"去分析"知识",用松散的语言学现象去证成或证伪知识的某些属性。他这样做,只能要求人具有"完美"的认知能力,只有这样,才能使通过认知主体的有某种"意向性"的认知状态所得到的命题蕴涵"绝对真"。但是他恰恰又认为,人是有认知局限的,人的认知能力无法完全精准地把握事物,因而"知识是不确定的,并且以一种不确定的方式被人所知"②。这两种观点显然不能融贯,难免出现一些矛盾的结果,而他却将这种矛盾的结果完全归结于"透明性""KK 原则"身上,在笔者看来它们实在有些无辜。

回过头来看"知识是事实性的心智状态"这样的概念,似乎是一种将蕴涵"绝对真"的"强"知识概念和因认知限度而具有"不确定性"的"弱"知识概念相杂糅得到的结果。那么,在这种双重标准之下,就应该对在什么情境下哪种属性为主导做清晰的解释,但是至少在威廉姆森的反透明性系列论证中缺少这样的解释,对规则的运用带着很大程度的随意性。

2. 论证过程中的双重标准

威廉姆森在反透明性的系列论证中出现很多值得怀疑的地方。比如在"感觉冷"的论证当中,在情景 a_0 中,"感觉冷"这种状态是由外界温度以及人的感官系统等条件来决定的,而 a_0 以后,一个人是否感觉冷与这些条件没有关系了,而是由上一个时间点此人的知识来决定的。还有,在反 KK 论证中,对于知觉知识和推理知识做相同的处理等。最明显的一点当属在质疑容错边界理论时对规则(7)和(9)的同时运用。

这里存在判断一个条件是否得到的双重标准,前提(7)说仅仅取决于该条件的赋值,条件(9)说取决于相似情境下的被知晓。在威廉姆森的论证中二者

---

① 陈波. 深入地思考,作出原创性贡献——威廉姆森教授访谈录. 晋阳学刊,2009(1):7.

② Williamson T. Inexact Knowledge. Mind, 1992, 101:217.

都发挥作用，但却不是以一种合理的方式。以"感觉冷"的论证为例，我们为什么以"一个人在拂晓的时候感觉冷"作为推理的起点呢？如果我们以前一天中午某一时间点为起点推算至这一天的中午，根本不会出现所谓矛盾的结果。但威廉姆森"需要"一个可以推出矛盾的前提，因而在选择推理前提时运用了规则（9），通过气温及人的感官而得出"一个人在拂晓时分感觉冷"这个命题为推理的前提，因为这种做法很符合直观，没有招致怀疑。那么问题来了，如果威廉姆森一直坚持运用规则（9）来判定一个人是否感觉冷，就不存在之后的迭代论证了，只需继续考察外部条件以及人对于该条件下人的感官对于"感觉冷"的赋值即可。但是威廉姆森"需要"一种迭代关系，这时他又选择了人的认知能力的缺陷来发挥作用，也就是条件（7）。但是，他却没有解释在 a_0 以后的时间点，条件（9）丧失了它的功能。可以断言，威廉姆森对于"可以导出相同结果"的两种不同规则的随意使用，是导致错误结果出现的原因。

　　威廉姆森的这种做法让我们联想到知识的内在主义和外在主义之争。内在主义强调信念的确证在于认知主体对确证者的内在把握[1]，而外在主义则强调信念的确证在于信念与外部世界的紧密联系。虽然威廉姆森反对对知识做分析，并且一再强调他的外在主义立场，还用专门的章节来反驳内在主义，但是他的"容错边界"理论以及"知识不确定"观点，却让人看到了认知主体对于外在事物的内在把握程度对于知识本身的影响。虽然这不能说是纯粹的内在主义立场，但是我们似乎看到了一些暧昧的态度。虽然，内在主义者和外在主义者都发现了自己的不足，相互借鉴，大有走向融合之势，但是由于出发点的根本不同，很难达到彼此之间的完全融洽，纠结在事实、真理、逻辑与经验等概念的讨论中无休无止。威廉姆森的知识概念或许是一个外在论主义者向内在主义做出的些许妥协，但是，为什么妥协？怎样妥协？还需要更加详尽的说明，而不能仅仅是需要什么时就用什么。

---

[1] Greco J. Putting Skeptics in Their Place：The Nature of Skeptical Anguements and Their Role in Philosophical Inquiry. Cambridge：Cambridge University Press，2000：181.

第 30 章　威廉姆森对先验-后验之分的两个挑战[①]

一、引言

自康德以来[②]，先验-后验之分就在哲学中扮演着重要的角色，或者至少被认为如此。一方面，这种区分被认为是对一组具有认识论重要性的概念的分类，包括知识、证成、概念、真理、命题，等等。[③] 另一方面，哲学本身被广泛地分类为一种先验的学科，比如康德、逻辑经验主义者以及当代的理性主义者都持这种看法。然而，先验-后验之分在最近的哲学认识论讨论中却面临一系列挑战，其中最为严厉的一种是威廉姆森等人提出的，对先验-后验之分的认识论价值提出的挑战[④]。

威廉姆森的观点在最近的文献中得到了广泛的讨论，因此我们也可以见到各

[①] 术语说明："a priori"和"a posteriori"以往被翻译为"先天"和"后天"，但笔者在此采取陈波、陈晓平等人的新译法，将其译为"先验"和"后验"，后文不再赘言。"布局作用"一词英文为"enabling role"，此译法的灵感来自台湾地区的学者萧铭源。在此致谢！

[②] 康德. 纯粹理性批判. 邓晓芒, 译. 杨祖陶, 校. 北京：人民出版社, 2004.

[③] 在本章中，我遵循威廉姆森的思路，主要谈论"知识"的先验-后验之分。那些更喜欢谈论证成的人，应该将"知识"替换为"证成"，以及将"认知方式"替换为"证成方式"。

[④] Williamson T. The Philosophy of Philosophy. Oxford：Blackwell, 2007；以及参见他的论文 How Deep is the Distinction between A Priori and A Posteriori Knowledge? //Casullo A, Thurow J. The A Priori in Philosophy. Oxford：Oxford University Press, 2013：291-312。霍桑反对先验-后验之分的价值，参见他的论文 A Priority and Externalism//Goldberg S. Internalism and Externalism in Semantics and Epistemology. Oxford：Oxford University Press, 201-218。但除了在第三节末尾，我在本章中不会讨论霍桑的观点。

种不同的理解①。在本章中，我提议将威廉姆森的论证看成两个不同的挑战。第一个挑战针对的是一种自上而下的区分标准（根据定义），其试图表明有些知识既不能适当地归类为先验，也不能适当地归类为后验。因此，在这些情形中，"先验还是后验？"的问题太粗糙了，以至于没有太大的认识论作用。第二个挑战针对的是一种自下而上的区分标准（根据例子），并试图将上述情形扩展到先验知识和后验知识的范例，前者包括数学和逻辑知识，后者包括科学知识。如果第二个挑战能取得成功，那么，先验-后验之分在认识论上就不够深刻。

在第二节，我将对威廉姆森的第一个挑战做出辩护；而在第三节中，我将对其第二个挑战提出质疑。最终的结论是：威廉姆森成功地给出了既不能适当地归类为先验，也不能适当地归类为后验的例子，所以，他的第一个挑战可以得到辩护。但他将其反例推广到先验-后验之范例的尝试未能成功，因此，那些试图坚持认为先验-后验之分具有重要价值的人仍然可以通过接受第三类知识来避免威廉姆森的一般性批评。在第四节中，我将解释知识三分何以可能，以及为何更优。

二、为第一个挑战辩护

根据威廉姆森的理解，先验-后验之分首先是对具体认知方式的分类，其他的次级区分都以此为基础②。他的第一个目标是一种自上而下的区分标准，其依赖于经验的两种不同作用：证据作用和布局作用。根据威廉姆森的用法，"证据作用"是指"提供证据"，而"布局作用"是指"提供对词的理解，或者对概

---

① 例如，Grundmann 将威廉姆森的观点理解为所有知识都是后验的，参见他的论文 How Reliabilism Saves the Apriori/Aposteriori Distinction. Synthese, 192 (9): 2747-2768；而 Boghossian 将威廉姆森的主张解释为用扶手椅-非扶手椅之分替换先验-后验之分，参见他的论文 Williamson on the A Priori and the Analytic. Philosophy and Phenomenological Research, 82 (2): 488-497。

② Williamson T. How Deep is the Distinction between A Priori and A Posteriori Know Ledge? //Casullo A, Thurow J. The A Priori in Philosophy. Oxford: Oxford University Press, 2013: 292. 当然，认知方式的首要区分可以用来定义所知命题的次要区分，但如果首要区分都是不重要的，那就很难说清楚为何次要的区分反倒是重要的。

念的把握，从而使我们能够提出相应的问题"①。例如，经验为"今天是晴天"提供证据，但却没有为"如果今天是晴天，那么今天是晴天提供证据"，经验只是使我们能够提出这个问题。

威廉姆森的第一个挑战包含如下的例证②：

> 我相互独立地学习到"英寸"和"厘米"。通过感官经验，我学会了裸眼判断某个距离有多少英寸或多少厘米，且我的判断具有一定程度的可靠性。如果事情进展顺利，这些判断就会构成知识：当然，是后验知识。例如，我后验地知道面前的两个标记之间的距离最多两英寸。现在我离线地使用同样的官能进行如下的反事实判断：
>
> （25）假如两个标记之间的距离有9英寸，那么它们之间的距离至少有19厘米。
>
> 在判断（25）时，我没有使用英寸和厘米的转换率来做计算。在这个例子当中，我根本就不知道有这样的转换率。相反，我视觉性地想象两个9英寸远的标记，然后离线地使用我判断厘米距离的能力，得出在这种反事实情形下两个标记的距离至少有19厘米。在这种大的误差范围内，我的判断是可靠的。因此我知道（25）。

需要注意的是，这里的例子不是（25）本身，或者一般情况下关于（25）的知识，而是其通过想象而获得的关于（25）的特殊知识。根据威廉姆森的诊断，经验在获得这种特殊知识时所起的作用，既不是严格的证据作用，也不是单纯

---

① Williamson T. How Deep is the Distinction between A Priori and A Posteriori Know Ledge？//Casullo A，Thurow J. The A Priori in Philosophy. Oxford：Oxford University Press，2013：293. 我根据威廉姆森的如下陈述增加了"对词的理解"："Nevertheless, their role may be more than purely enabling…… They are not usually or plausibly accused of failing to understand the words 'know' and 'believe'."（Williamson T. The Philosophy of Philosophy. Oxford：Blackwell，2007：168.）

② 这里引用自 Williamson T. The Philosophy of Philosophy. Oxford：Blackwell，2007：165-166。在后来的论文中，威廉姆森描述了名叫诺曼的人如何在想象中离线地应用其官能从而得知（1）"所有绛色的事物都是红色的"以及（2）"所有最新版的《谁是谁》都是红色的"（Williamson T. How Deep is the Distinction between A Priori and A Posteriori Knowledge？//Casullo A，Thurow J. A Priori in Philosophy. Oxford：Oxford University Press，2013：295）。如果不去讨论它们是否是先验知识和后验知识的范例，那他的要点与这里本质上是相同的。详见本章第三节的讨论。

的布局作用①。因为他的证据既非来自感官经验、知觉记忆，也非来自经验的一般性前提，然而，"过去的经验在这里的作用也远远超过使他能够掌握（25）中的相关概念"，因为"有人可以很容易地获得足够的经验以理解（25），却没有足够可靠的距离判断能力以知道（25）"②。根据我的理解，威廉姆森的要点在于想象不是一种经验（至少不是通常意义上的经验），而仅仅掌握相关概念并不足以获得可靠的离线判断。因此，在他根据想象所获得的关于（25）的特殊知识中，经验所起的既不是证据作用，也不是单纯的布局作用。

威廉姆森并没有将"先验的认知方式"等同为"在单纯布局作用上依赖于经验"，也没有将"后验的认知方式"等同为"在严格证据作用上依赖于经验"。他所说的只是"先验地知道与经验的证据作用不相容，或至少与感官经验的证据作用不相容，而先验地知道与经验的布局作用相容"③。那么，他如何由此得出，上述例证既不能适当地归类为先验，也不能适当地归类为后验呢？他的第一个论证包含了进一步的例证④：

（26）假如两个标记之间的距离有 9 英寸，那么它们的距离比蚂蚁的前后脚之间的距离更远。

（27）必然地，知道某件事情的人也相信它。

（28）假如玛丽知道在下雨，那么她会相信在下雨。

（29）任何知道某件事情的人都相信它。

同样，这里的例子不只是这些陈述本身或关于它们的一般知识，而是按威廉姆森所描述的方式获得的特殊知识。那么，根据威廉姆森的描述即可得出，获得这些知识的方式和上文的（25）一样。从而，威廉姆森关于（25）的特殊知识既不能被适当地归类为先验，也不能被适当地归类为后验的论证可以重构如下：

---

① 有人或许会说"纯粹布局"和"严格证据"这样的措辞与上文的"布局"和"证据"之间存在关键的转换，例如，Reining S. Apriority and Colour Inclusion. PhD Dissertation. University of Barcelona, 2014：19-20 就给出了一种对"严格"的解释，使得"证据"和"严格证据"并不等价。但在本章中，我遵循威廉姆森的用法，"纯粹布局"和"布局"，"严格证据"和"证据"可以相互替换。
② Williamson T. The Philosophy of Philosophy. Oxford：Blackwell, 2007：166.
③ 同②165.
④ 同②167-168.

（a）经验在关于（25）的特殊知识中起的作用与其在关于（26）~（29）的特殊知识中所起的作用一样。

（b）将（25）的知识归类为先验使得（26）的知识也归类为先验，但（26）通常不被归类为先验知识或先验可知的。

（c）将（25）的知识归类为后验使得（27）~（29）的知识也归类为后验，但关于（27）~（29）的知识通常被当成先验的。

（d）因此，关于（25）的特殊知识既不能适当地归类为先验，也不能适当地归类为后验。

这个论证看起来可行，但实际上却是有缺陷的，因为（a）只是对（25）的特殊知识和（26）~（29）的特殊知识成立。坚持认为先验-后验之分具有重要价值的人可以接受（26）的特殊知识是先验的，或者（27）~（29）的特殊知识是后验的，而毫无压力。例如，他可以坚持，（26）之所以通常不被认为是先验知识或先验可知的，而（27）~（29）的知识也通常不被当成是先验的，这是因为它们通常都不是通过想象而获得的知识。正如我们下文将会见到的，这也是威廉姆森的第二个挑战之所以失败的根本原因。

所幸的是，这不是威廉姆森建立其第一个挑战的唯一方式。如果威廉姆森对其特殊案例的诊断正确，那么经验就有三种不同的作用①：（i）纯粹布局作用，（ii）布局作用+证据作用；（iii）多于布局作用却少于证据作用。因为先验知道与经验的证据作用不相容，或至少与感官经验的证据作用不相容，且先验知道与经验的布局作用相容，所以坚持先验-后验之分的人可以将先验界定为（i）（iii），后验界定为（ii），或者将先验界定为（i），后验界定为（ii）（iii）。如此看来，任何一种选择都可以消化掉威廉姆森的反例。从根本上说，这正是卡苏洛和詹金斯对威廉姆森的第一个论证所做的回应。

根据卡苏洛的看法，威廉姆森的挑战性案例可以适当地归类为后验②：

如果我们将威廉姆森对先验知识概念的说明替换为传统的概念，那直接就能够推出，如果 S 知道（或有证成地相信）p，仅当 S 能够熟练地应用 p 中的概念，并且 S 之所以能熟练应用这些概念构成性地依赖于 S 过去的经

---

① 可以论证的是，并不存在这样的知识案例，其中经验既不起布局作用，也不起证据作用。

② Casullo A. Articulating the A Priori-A Posteriori Distinction//Casullo A, Joshua C. The A Priori in Philosophy. Oxford：Oxford University Press，2013：270.

验，那么 S 后验地知道（或有证成地相信）p。

然而，詹金斯却认为威廉姆森的挑战性案例可以被适当地归类为先验①：

> 在我看来，要做的事情不是因其太粗糙而拒斥先验-后验之分，而是固定一个先验的定义，它能够明确说明这一类困难的例子究竟属于区分的哪一边……我提议以独立于经验证据为标准。这使我们能够将在扶手椅中通过对建基于经验的概念的检验所获得的知识当成先验的。

卡苏洛和詹金斯的立场可以总结为：如果我们采用不同的区分先验-后验的标准，那么威廉姆森的反例就可以避免。这可能是对的，而威廉姆森也不必对此持有异议，但他的要点不在于"我们不能画一条线，将传统的先验范例归到一边，传统的后验范例归到另一边；我们当然可以，但问题在于这么做不会导致多少洞见"②。为什么呢？因为这样的做法模糊了重要的认知模式：前一种选择模糊了纯粹布局作用与多于布局作用的区别，后一种选择模糊了证据作用与少于证据作用之间的区别③。

卡苏洛和詹金斯似乎认为威廉姆森的第一个挑战依赖于某种区分先验-后验的特别标注，因此提议以另外的区分标准来避免这些挑战性的案例。但这是一个错误。这里的关键不在于如何澄清先验-后验的区分，而在于是否真的存在这样的知识案例，其中经验所起的作用比布局更多，却比证据更少。人们可能怀疑从想象中所获得的离线判断的可靠性，进而认为它们永远不会达到知识所要求的可靠程度。威廉姆森的例子是否具有现实性，这的确是可以怀疑的，但如果允许有大范围的误差，那么他的案例就不会毫无道理。而且，即便人们否认这些案例中的知识，其中也涉及其他正面的认知状态（比如，信念或有证成的信念），先验-后验之分仍可以应用到这些概念上。如果人们最终承认，我们的确可以在想象的情形中做出判断，那么否定威廉姆森的案例就

---

① Jenkins C. A Priori Knowledge: Debates and Developments. Philosophy Compass, 2008, 3 (3): 448; Jenkins C, Kasaki M. The Traditional Conception of the A Priori. Synthese, 2015, 192 (9): 2730: "On Jenkins's conception of the a priori, then, it suffices for a prioricity that the role of experience be non-evidential. On her view, knowledge obtained through conceptual examination is a priori (because independent of empirical evidence), although experience plays a crucial (non-evidential) epistemic role in grounding the concepts in play."

② Williamson T. The Philosophy of Philosophy. Oxford: Blackwell, 2007: 169.

③ 顺便提一下，如果遵循 Boghossian（2011）对威廉姆森观点的解释，用扶手椅-非扶手椅之分去替换先验-后验之分，那也是混淆了重要的认知模式。

是不得要领的。① 因此，我们可以得出结论，在威廉姆森的第一个挑战中，他成功地给出了某些知识的例子（或者至少是某些判断的例子），它们既不能被适当地归类为先验，也不能被适当地归类为后验，从而他可以正确地声称"在这些情形中，'先验还是后验？'的问题太粗糙了以至于没有多少认识论的作用"②。

三、对第二个挑战的质疑

在第一个挑战中，威廉姆森成功地给出了某些知识例子，它们既不能适当地归类为先验，也不能适当地归类为后验。而他的第二个挑战试图将这些例子推广到先验知识和后验知识的范例情形，包括数学和逻辑知识，以及通过观察和实验所获得的科学知识。如果他的第二个挑战也获得成功，那这对先验-后验之分将是致命的打击。因为这不仅说明这一区分是不完整的从而不能应用于某些特例，而且说明这一区分在范例情形下也是错的。然而，我将论证的是，他的第二个挑战实际上并不成功。

威廉姆森这样描述其论证策略："我将通过比较那些显然被当成先验知识和显然被当成后验知识的情形，直接地讨论这个区分。我将论证这两种情形的认识论差别比初看起来更为表面。"③ 他的例子包含如下两个陈述④：

(1) 所有绛色的事物都是红色的。
(2) 所有最新卷的《谁是谁》都是红色的。

威廉姆森说，根据标准的观点，通常情况下关于（1）的知识显然是先验的，而通常情况下关于（2）的知识显然是后验的。但是，他非常详细地描述了一个叫作诺曼的人如何通过在想象中使用其熟练的离线判断，而获得（1）和（2）的知识，并论证说，诺曼获知显然为先验的知识（1）和显然为后验的知识（2）

---

① 当然，某人是否真的可以通过想象获得知识，这是一个值得通过严肃实验来探讨的经验问题；但只要有这种可能性，威廉姆森的案例就是有道理的。

② Williamson T. The Philosophy of Philosophy. Oxford：Blackwell，2007：169.

③ Williamson T. How Deep is the Distinction between A Priori and A Posteriori Knowledge？//Casullo A，Thurow J. The A Priori in Philosophy. Oxford：Oxford University Press，2013：294.

④ 同③295.

的过程几乎是完全相似的。他的结论是,既然这两者之间并没有深刻的认识论差别,那么先验-后验之分在认识论上就是肤浅的。①

在拒斥了几种可能的回应之后,威廉姆森进而论证诺曼关于(1)和(2)的知识并不是特例。② 在他看来,许多通常以为的先验知识包括逻辑和数学知识都与诺曼关于(1)的知识相似;而许多通常以为的后验知识都与诺曼关于(2)的知识相似。与后验知识相比,认识论学者更习惯将先验知识的范畴看成有问题的,但威廉姆森试图证明后验知识的通常范例与先验知识的通常范例一样无用。然而,针对情形(2),他只是说"(2)没有什么特别。相当清楚的是,在线获得的认知技能可以离线使用以获得后验知识(2),而无须经验起到严格的证据作用。那么在许多其他情形下也可以做类似的事情。这样的例子包括某些物理或实践可能性的知识,以及反事实条件句的知识"③。对情形(1),人们可能会认为颜色的包含关系是特殊的例子④,但威廉姆森花了大量的篇幅来讨论数学和逻辑的例子如何与诺曼的知识(1)相似。他的数学知识的例子是一个典型的集合论公理,即,幂集公理(PSA):$\forall x \exists y \forall z(z \in y \leftrightarrow z \subseteq x)$;而他的逻辑知识的例子是相等的自反性(RI):$\forall x(x = x)$。威廉姆森详细地描述了人们如何通过在想象中做离线判断来获知 PSA 和 RI。

我们可以将威廉姆森的第二个挑战概括如下:

(a') 诺曼的知识(1)和(2)是先验知识和后验知识的范例情形;

(b') 诺曼知道(1)和(2)的方式恰好相似,在两种情形下经验所起的作用都既非纯粹布局,也非严格证据;

(c') 许多先验知识的情形(包括数学和逻辑知识)都与诺曼的知识(1)相似,因此也与诺曼的知识(2)相似;

(d') 许多后验知识的情形都与诺曼的知识(2)相似,因此也与诺曼

---

① Williamson T. How Deep is the Distinction between A Priori and A Posteriori Knowledge? //Casullo A, Thurow J. The A Priori in Philosophy. Oxford: Oxford University Press, 2013: 296-297. 我省略了他的详细描述和论证,其描述见第 295-296 页,其论证见第 297-298 页。这里的论证与上节中对案例(25)的论证没有本质的不同。

② 同①300-306.

③ 同①300-301.

④ 事实上,人们可以论证更多的东西。例如,Reining(2014)论证说颜色包含的知识实际上是后验的。

的知识（1）相似①；

（e'）因此，先验-后验之分在这些范例情形中也不具有认识论的作用。

相应地，我们可以有四种不同的方式来拒斥威廉姆森的结论。

首先，人们可以反驳说，后验知识的范例情形与诺曼的知识（2）并不相似。但是，因为威廉姆森没有提供后验知识的范例情形如何与诺曼的知识（2）相似的具体细节，所以这种反驳思路也无从开始。更重要的是，如果不同时论证诺曼的知识（2）并非后验知识的范例，那也不清楚这种思路该如何着手。

其次，人们可以论证说，先验知识范例情形与诺曼的知识（1）并不相似。例如，詹金斯和贺崎提供了这种思路下的四条反驳意见。② 前两条针对的是威廉姆森的具体例子 PSA，而后两条针对威廉姆森的一般论证。第一，他们指出，有可能存在某些获知数学真理的先验方式，而威廉姆森在讨论 PSA 时并未提到。第二，他们论证说，数学教科书中所提供的动机更应该理解为是提供了一种说服论证，而不是对我们如何知道（或者阅读教科书的学生如何知道）PSA 提供了认识论的说明。第三，他们论证说，威廉姆森在其整个论证中依赖于这样的假设，所有包含想象的认知方式在认识论领域中都属于同一类认知过程。他们最后的反对意见是，威廉姆森的论证依赖于威廉姆森识别出的两类知识案例之间的相似性，但（哪怕有无穷多）相似性的存在，也与两者具有显著区别是相容的。对前两条反驳而言，威廉姆森的同情者可能会说，我们的确从说服论证中也能获得知识，因为毕竟詹金斯和贺崎也没有给出任何通过先验方式获知 PSA 的具体例子。对最后一条反驳，他们可以论争说那不是真的。威廉姆森的

---

① 很可惜威廉姆森并没有给出具体细节来讨论哪些范围内的后验知识与诺曼的知识（2）相似。在我看来，如果没有这些细节的对比，人们就很容易对其保持怀疑，认为如下的说法仅仅是祈求论题："once we appreciate how problematic the distinction itself is, we may rid ourselves of the illusion that we can understand what is going on in a case of knowledge by classifying it as a posteriori."（Williamson T. How Deep is the Distinction between A Priori and A Posteriori Knowledge? //Casullo A, Thurow J. The A Priori in Philosophy. Oxford：Oxford University Press, 2013：300.）有人可能会认为他对蒯因式整体论的反驳可以提供某些具体细节，尤其是他在那里谈到了观察知识和经验科学（Williamson T. How Deep is the Distinction between A Priori and A Posteriori Knowledge? //Casullo A, Thurow J. The A Priori in Philosophy. Oxford：Oxford University Press, 2013：307-308）。但在反驳整体论时，威廉姆森只是强调他的案例与观察知识和经验科学的差别，因此，我看不出那些案例如何可以用来补充这里的细节。

② Jenkins C, Kasaki M. The Traditional Conception of the A Priori. Synthese, 2015, 192（9）：2732-2734.

确注意到了其案例中的某些显著区别,例如,(1)是必然的,而(2)是偶然的。威廉姆森当然会承认必然和偶然之间的区别是重要的,只不过他所论证的是形而上学的区别,而非认识论的区别。对第三条反驳,我不知道威廉姆森或其同情者会如何反应。我倾向于认为这是致命的反驳之一,但因为这不是我的反驳,所以我不会在此讨论任何细节。

再次,人们可以论证诺曼的知识(1)和(2)并不类似。例如,赖宁就论证说,即便在诺曼通过想象所获知(2)的情形中,经验仍然起到一种严格的证据作用,因此,诺曼的知识(1)和知识(2)并不相似。① 然而,赖宁的论证依赖于对威廉姆森的情形(2)的不同理解。在赖宁看来,诺曼的知识(2)不仅需要将某个可能事物想象成最新版的《谁是谁》的能力,而且需要将其识别为事实上就是最新版的《谁是谁》的(颜色相关的)原型的能力。② 赖宁论证说后一种能力需要诺曼拥有最新的视觉信息。他需要看一眼最新版的《谁是谁》,以确保其想象中的对象仍然是最新版的原型,因为相对于一个时间的原型,可能不是相对于另一时间的原型。就这个具体例子而言,赖宁的论证是有说服力的。但是"最新版"一词并不是问题的关键。威廉姆森可以将"最新版的《谁是谁》"替换为"《谁是谁》"。进一步,威廉姆森明确地否认这种扩展性推理需要首先"检查"我们的案例是典型的,它只需要实际上是典型即可。这实质上是否认诺曼的知识(2)需要赖宁所说的第二种能力。因此,如果与威廉姆森对知识的基本要求保持同步,那么就没有理由否认他对其特殊案例的诊断。在我看来,威廉姆森对诺曼情形的描述与前章中的(25)并无二致。事实上,人们可以很容易地将全称概括翻译为(反事实)条件句,因此不难看出它们可以通过类似的方式而被认识。更进一步,如果一个人接受威廉姆森对案例(25)的诊断,那么他自然就会接受对(1)和(2)的类似诊断。因此,真正的问题不在于诺曼是否以类似的方式知道(1)和(2),而在于这些特殊的案例是否是先验知识和后验知识的范例。

最后,人们可以否认诺曼的知识(1)和(2)是先验知识和后验知识的范例。在我看来,这是最有可能成功的反驳方式。当然,通常情形下关于(1)的知识是先验的,而通常情形下关于(2)的知识是后验的。但诺曼的情形并不是

---

① Reining S. A Priority and Colour Inclusion. Barcelona: University of Barcelona, 2014: 14-17.

② 同①14-15.

通常的情形。人们通常通过掌握"绛色"和"红色"的意义而知道（1），但诺曼却不是通过这种方式知道（1）的，他独立地学会了两个词，然后在其想象中成功地发现了两者之间的正确关联。人们可以接受这种情形的现实性，但在我看来类似诺曼的知识（1）的情形极为稀少。例如，在历史上，许多人都独立地学会了"长庚星和启明星"，但似乎还没有人仅仅通过离线的想象而知道"长庚星是启明星"。要发现这一点，我们需要做一些真正的观察。你不可能只是"观察"一个想象的对象就知道真实的对象如何，你必须观察真实的对象。威廉姆森的支持者可能会说，将观察纳入讨论也不会真的有帮助，因为（1）和（2）都是全称概括句，不可能观察所有相关的真实对象。对这种反驳我有两种回答：首先，想象所有相关对象也同样不可能，即便想象某人已经成功地想象出所有对象也并不会更容易；其次，正是因为在（1）和（2）中有超出单纯观察的因素在，它们才不是后验知识的范例。在我看来更好的是范例恰好是威廉姆森最初提到的例子，如"今天是晴天"、"这件衬衣是绿色的"和"如果今天是晴天，那么今天是晴天"等①。但是，很难看出威廉姆森如何能够利用这些例子构造出与诺曼的知识（1）和（2）相类似的反例。更为重要的是，他最初的例子也更为典型，这不是因为我引入了其他的自下而上标准，而是源于威廉姆森对自上而下标准的理解。回想一下，先验-后验之分是对特殊认知方式的分类，而威廉姆森的反例也是诺曼通过在想象中做离线判断这种特殊方式所获的知识（1）和（2）。毕竟，没有任何东西阻止他在线地使用同样的能力。回忆威廉姆森关于（25）的例子，他也承认，他用裸眼得出的英寸距离的判断足够可靠就等同于后验知识。②

在我看来，要将威廉姆森的情形（1）推广到后验知识的范例情形，那么他就需要证明离线判断所获得知识的情形与在线判断所获的知识的情形类似。但我们显然没有看到这样的证明。同样，要将其情形（2）推广到先验知识的范例情形，他就需要证明离线判断所获得知识的情形与只是掌握相关概念就获得知识的情形相似。再一次地，他关于 PSA 和 RI 的例子也没有建立这一结论。他也

---

① 在北京大学 2015 年 10 月 16—17 日举行的国际学术会议 "Williamson, Logic and Philosophy"上，威廉姆森在听我的论文报告后说他自己并没有试图证明所有先验知识的范例和所有后验知识的范例都是类似的。这解释了为何在其文本中看不到上述企图。但也正因为如此，更为恰当的结论应该是先验-后验之分不完全，而非其不重要。

② Williamson T. The Philosophy of Philosophy. Oxford：Blackwell, 2007：165-166.

没有证明在线判断获得知识的情形与通过掌握概念所获得知识的情形类似。更为重要的是，如果一个人接受他对先验-后验之分的基本看法以及他对其反例的诊断，那么他的第一个挑战就证明，任何这样的企图都注定失败：如果他更进一步的例子是先验或后验的典型案例，那么他最初的通过想象获得知识的案例也将是能够被适当地归类为先验或后验的典型案例。然而，如果他的案例不是先验和后验知识的典型案例，那么以他自己的标准而言，他的论证也不成立。因此，我们可以得出结论，他的第二个挑战并不成功。更恰当的结论是先验-后验之分不完全，而非先验-后验之分具有误导性。换言之，先验-后验之分并没有混淆重要的认识模式，而仅仅是忽略了重要的认识模式。

在结束本节之前，我对威廉姆森的一般论证策略有几点评论。在我看来，要论证某个区分没有认识论的重要性，至少有如下四种不同方式。最优的方式是论证，根本就没有任何重要的认识论特征可供区分，因此无论如何进行区分都注定是肤浅的。这是蒯因的策略①，他所论证的是，所有的知识都是经验的（后验的）。次优的方式是论证任何区分都不会解决真正重要的认识论问题，因此，任何区分在实践上都是不重要的。更次的方式是论证这一区分没有切中认识论的关节。这似乎就是威廉姆森的策略，尤其是他明确地说道"适当的结论是先验-后验之分没有切中认识论的关节"②。最次的方式是论证说这个区分与某些认识论理论不相容③，所以如果一个人接受这些认识论理论，那么他就必须拒斥这个区分。这就是霍桑所采取的策略。④

前两种方式之所以更优，是因为它们并不依赖于特定的区分标准。相反，采取后两种策略的人，总是需要一个具体的区分标准作为其攻击对象。因此，无论其论证有多么成功，人们都可以坚持说他最多只是证明了这样的区分标准不正确，而非这样的区分不重要。正如我们在上文中所见到的，这就是卡苏洛

---

① Quine W V. Two Dogmas of Empiricism. Philosophical Review, 1951, 60 (1): 20-43.

② Williamson T. How Deep is the Distinction between A Priori and A Posteriori Know. Ledge? //Casullo A, Thurow J. The A Priori in Philosophy. Oxford: Oxford University Press, 2013: 294.

③ 我必须澄清的是，这些理论并不是关于重要性标准的理论，因为要完全确定某件事是否在认识论上是重要的，我们当然需要关于重要性的一般标准。谢谢胡星铭博士指出这一点。

④ Hawthorne J. A Priority and Externalism. //Goldbcarg S. Internalism and Externalism in Semantics and Epistemology. Oxford: Oxford University Press, 201-218.

和詹金斯回应威廉姆森的第一个挑战,以及我回应威廉姆森的第二个挑战的方式。不同之处在于,威廉姆森的第一个挑战实际上并不依赖于某个具体的区分标准,但第二个挑战却需要。

对威廉姆森的情形而言,最好的策略是行不通的。因为他想要与蒯因保持距离①,而且在威廉姆森所举的各种例子中,实际上也存在重要的认识论差别。那么次优的策略就自动升级为最优。我不知道威廉姆森为何没有采取这样的策略,但是,他的策略仍然比霍桑的要好。因为威廉姆森并没有将其批评建立在他对知识优先的认识论框架②的坚持之上,而霍桑却明确地说自己的论证以语义外在论为基础。在这个意义上,霍桑的论证会面临詹金斯和贺崎的指责:"人们可能更倾向于利用否定后件式来拒斥这个框架,而非用肯定前件式来得出先验概念的浅薄。"③ 但威廉姆森的论证却不会。

四、接受扶手椅知识

如果上述结论正确,那么威廉姆森成功地给出了既不能适当地归类为先验,也不能适当地归类为后验的例子,但他要将其反例推广到先验知识和后验知识的范例情形的企图却是可疑的。因此,那些坚持先验-后验之分具有重要价值的人仍然有办法应对威廉姆森的批评,也就是,将先验和后验都做肯定性理解,而将威廉姆森的反例归类为新的范畴(例如,借用威廉姆森的术语——"扶手椅知识")。很容易看出,如果对先验和后验都做肯定性理解,那自然就存在既非先验也非后验的可能性,而威廉姆森的反例本身也自然地暗示出一种知识三分:先验等同于经验起纯粹的布局作用,后验等同于经验起布局作用+严格的证据作用,而扶手椅知识则等同于经验的作用多于布局而少于证据。因此,唯一剩下的问题是,为何这种知识三分更优?在我看来,至少有如下两条理由,表明与传统的知识二分相比,知识三分更有优势。

---

① Williamson T. How Deep is the Distinction between A Priori and A Posteriori Know. Ledge? //Casullo A, Thurow J. The A Priori in Philosophy. Oxford: Oxford University Press, 2013: 293, 306-308.

② Williamson T. Knowledge and Its Limits. Oxford: Oxford University Press, 2000.

③ Jenkins C, Kasaki M. The Traditional Conception of the A Priori. Synthese, 2015, 192 (9): 2745.

第一，肯定性的理解比否定性的理解提供了更多的信息。很容易看出威廉姆森的反例可以通过否定性地理解先验，或否定性地理解后验而被消化掉。但是正如我们已经见到的，那就正好面临威廉姆森的指责，其模糊了某些重要的认识模式。卡苏洛也说自己的先验概念是肯定性概念："S 的信念 p 是先验证成的，当且仅当 S 的信念 p 是非经验地证成的。"① 但是如果不能进一步说明所有可能证成的范围，以及区分经验与非经验的标准，那么"非经验地"在我看来就不是那么具有肯定性。更进一步地，认知方式的首要区分比所知命题的次要区分更有信息内容。因为人们可能以多种不同的方式而知道同一命题，其中一些是先验的，另外一些是后验的，还有一些则既非先验也非后验。

第二，第三范畴更好地照顾到了威廉姆森的挑战性案例的重要性。就我看来，威廉姆森最初的例子的确提供了具有初步合理性的先验知识和后验知识的例子：人们可以只掌握相关概念就知道"如果今天是晴天，那么今天是晴天"，也可以通过在线的判断知道"今天是晴天"。但是正如已经说过的，我不知道这样的命题如何可以通过现象中的离线判断而得知。更进一步地，威廉姆森的观点已经很清楚了。即便他的具体例子不对，我们也的确是通过想象来获得某些哲学知识和数学知识的，甚至也包括某些物理学知识（假若我们的确有这些知识的话）。比如，我们如何知道"可能有棕比人"？或者我们如何知道"任何事物的速度都没有光速快"？在我看来，如果我们真的知道这些，那么我们通常是通过别人的证词而知道的。但大卫·查尔莫斯和阿尔伯特·爱因斯坦最初是怎么知道这些的呢？很可能正是通过威廉姆森所说的在想象情形中做离线判断这种方式。因此，最好将威廉姆森的反例划归到新的范畴，而不是将其重新吸收到原来的分类中，以体现出这种认知方式所具有的独特意义。一个类比可能有助于说明这一点。假设我们最初有植物和动物之分，后来有人发现了某些与两者都具有显著差别的生物，那么更好的做法是将它们归为新的分类（例如，真菌、原核生物、原生生物等），而不是通过重新定义来保持原来的分类。詹金斯和贺崎似乎认为，并非所有包含想象的例子都属于同一类。如果他们的看法正确，那么更好的做法就是进一步增加新的分类。

这种三元区分可能会面临两种反驳。首先，有人可能会说，如果对先验和

---

① Casullo A. Four Challenges to the A Priori-A Posteriori Distinction. Synthese, 2015, 192（9）: 2701-2724.

后验都做肯定性理解，那么就会产生非常无趣的既非先验也非后验的例子。如果没有更进一步的限定，对先验和后验都做肯定性理解，那么对某个给定的知识而言，就有如下四种可能性：人们先验地知道它，人们后验地知道它，人们既先验地知道它也后验地知道它，人们既非先验地知道它也非后验地知道它。先验地知道与经验的证据作用不相容，只是排除了既先验又后验的可能情形，但没有排除既非先验也非后验的可能性。例如，设某人以先验的方式知道 p，其中经验所起的是纯粹布局作用，同时，他又以后验的方式知道 q，其中经验所起的是严格的证据作用。再进一步假设他通过 p 和 q 的知识而推知"p 并且 q"。那么，很容易得出，在他的合取知识中，经验所起的并不是严格的证据作用，也比单纯的布局作用更多。因为只是掌握相关概念不足以让他知道"p 并且 q"，而他的经验也没有为此提供足够的证据。如果威廉姆森的反例也是类似的合取式，那么它们就很可能被当成无趣的而加以忽略。然而，他的案例与此完全不同。即便全称概括在效果上等价于某种（无穷）合取，威廉姆森的案例也不像这里说到的"p 并且 q"。因为在"p 并且 q"中，知道两个合取支的方式不同；而在威廉姆森的案例中，即便能将其看成合取，知道每个合取支的方式也是相同的。

其次，有人可能担心接受扶手椅知识的范畴会与威廉姆森关于哲学的哲学立场相冲突。威廉姆森在《哲学的哲学》一书中反对哲学例外论。但如果多数有趣的哲学知识事实上都是扶手椅知识，而多数自然科学或数学的知识不是扶手椅知识，那么哲学例外论毕竟还是成立的。但是，这不是真的。接受扶手椅知识并不会迫使人们接受哲学例外论。一旦我们意识到对认知方式的首要区分更有信息内容，那么就没有必要再回到对所知命题的次要区分，或者借用威廉姆森的话，"这么做产生不了多少洞见"。相反，我更愿意说，接受扶手椅知识表明了一种研究方法的多元论。如此，某些知识是先验还是后验取决于其由先验的方式还是由后验的方式所知。但正如人们可以用后验的方式获得他人用先验的方式所获得的知识一样，他也可以用想象的方式来获得他人用先验或后验的方式所获得的知识。这不仅对哲学知识而言是真的，而且对数学或者甚至是物理知识而言也真的。因此，数学或物理是更为先验、更为后验还是更为扶手椅，取决于实际上哪类方法用得更多。或许迄今为止的哲学都更像数学，而更不像自然科学，但随着实验哲学的发展，它也完全有可能变得更像自然科学（需要注意的是，甚至有些数学家现在也开始使用计算机模拟来解决数学问题）①。因此，在我看来，接受扶手椅知识与威廉姆森关于哲学的哲学立场完全相容，因为它并不会迫使接受一种哲学例外论。

五、结论

我区分了威廉姆森对先验-后验之分的两种不同的挑战。在为其第一个挑战做辩护的同时，对第二个挑战提出了新的质疑。如果上述论证正确，那么威廉姆森成功地给出了既不能适当地归类为先验，也不能适当地归类为后验的知识案例，却没有成功地将这些案例推广到先验知识和后验知识的范例情形。为了更好地包容威廉姆森的挑战性案例，我提出用三分法的方式来改造先验-后验之分，并考察了其在哲学方法论上的理论后果。

在我看来，威廉姆森的第二个挑战之所以会失败，其根本原因也恰好在于第一个挑战的成功。威廉姆森的同情者或许会说，在他那里只有第二个挑战，而没有第一个。如果这是事实，而他又的确取得了成功，那么多数（如果不是全部）的知识都将落入扶手椅知识的范畴，这意味着即便威廉姆森的立场与蒯因不同，那也相去未远②。因此，在我看来，对威廉姆森而言，更好的策略是只坚持第一个挑战。③

---

① 在这种意义上，威廉姆森对实验哲学的批评（Williamson, Forthcoming. Philosophical Criticisms of Experimental Philosophy//Sytsma J, Buckwalter W. A Companion to Experimental Philosophy. Oxford: Wiley Blackwell）并没有初看起来那么有攻击性。

② 而另一方面，如果人们将扶手椅知识看成康德的先验综合，而将威廉姆森的先验知识看成康德的先验分析，那么正如 Jenkins C, Kasaki M 在 The Traditional Conception of the A Priori ［Synthese, 2015: 192 (9)］中所论证的，威廉姆森的先验-后验之分在用想象加以补充扩展之后，就真的与康德相去不远了。

③ 我于 2014 年 6 月 27—29 日在厦门大学参加"知识论与认知科学"国际学术研讨会暨中国知识论学会成立大会，会后得知威廉姆森在厦门大学所做的讲座中提出对先验-后验之分的挑战。我从那时起就开始了对相关文献的阅读和对相关问题的思考。本章先前的英文初稿曾在 2015 年北京大学的国际学术会议"Williamson, Logic and Philosophy"，以及同年中山大学的"中国知识论学会第二届学术会议"上报告过。感谢威廉姆森、陈波、江怡和陈嘉明四位教授，以及 Masashi Kasaki、胡星明和唐笑三位博士与我进行的有益讨论。

第 31 章　论威廉姆森的必然主义

一、引言

当代有关模态形而上学的争论与莱布尼茨的可能世界理论有关。为了解释必然真和可能真之间的区别，莱布尼茨通过反事实设想构造出许许多多的可能世界，命题的真假是相对于可能世界的：如果一个命题在所有可能世界上都是真的，那么这个命题是必然真的；如果一个命题在某个可能世界上是真的，那么这个命题是可能真的。基于可能世界理论，逻辑学家为模态逻辑建立了可能世界语义学：一个命题 p 在一个可能世界 w 上是必然真的，当且仅当，p 在所有与 w 具有可通达关系的世界 w′上都是真的；p 在 w 上是可能真的，当且仅当，p 在某个与 w 具有可通达关系的世界 w′上是真的。但是，什么是可能世界？其本体论地位是什么？如何识别在不同可能世界上存在的同一个体？这是哲学家需要解决的问题。

在以往有关模态形而上学的争论中，让我们陷入混乱的东西总是远远多于我们已经澄清的东西。英国牛津大学逻辑学讲席教授威廉姆森出版的新著《作为形而上学的模态逻辑》（缩写为 *MaM*）试图为我们当下混乱的模态形而上学局面整理出一条清晰的线索。他在该书中论证了必然主义（necessitism），即必然地任何东西都必然地是某个东西，即"□∀x□∃y（x = y）"，简言之，本体论是必然的。与必然主义对立的是偶然主义（contingentism）。① 该书一共由八章构成。第一章"偶然主义与必然主义"主要表明必然主义的核心观点及其与相关理论的区别。第二章"巴肯公式及其逆公式"给出了支持必然主义的第一个

---

① 如果把模态概念与时态概念进行类比，那么必然主义可以引申为持久主义（permanentism），即始终任何东西都始终是某些东西。与永恒主义对立的是瞬时主义（temporaryism）。

论证，即诉诸巴肯公式的论证。第三章"可能世界模型论"主要说明一阶模态逻辑及其语义，提出了与逻辑真理对应的形而上学普遍性（metaphysical universality）这一概念。第四章"谓述与模态"给出了支持必然主义的第二个论证，即诉诸存在限制的论证。第五章"从一阶模态逻辑到高阶模态逻辑"主要说明二阶模态逻辑及其语义，讨论了有关二阶量化的各种解释，包括复数解释、替换解释、自然语言解释以及一阶类比解释。第六章"内涵概括原则与形而上学"给出了支持必然主义的第三个论证，即诉诸模态概括公理的论证。第七章"偶然主义论域与必然主义论域之间的映射"主要说明在高阶逻辑中必然主义可以模拟偶然主义所做出的区分，但是偶然主义不能模拟必然主义所做出的区分。第八章"必然主义的推论"主要讨论必然主义所面临的批评，包括用非模态解释模态的问题、有关真值制造者理论的问题以及用可能世界的量化解释模态算子的问题。

二、威廉姆森的三个主要论证

下面重构出威廉姆森关于必然主义的三个主要论证，即诉诸巴肯公式的论证、诉诸存在限制的论证以及诉诸模态概括公理的论证。这三个论证的共同特点是：从模态逻辑的原则或定理出发，经过某种修改和补充，最后得出了必然主义的模态形而上学结论。

第一个论证是诉诸巴肯公式的论证。必然主义与偶然主义之间的争论与模态逻辑中的两个著名公式有关，即巴肯公式及其逆公式。一阶巴肯公式"$\Diamond \exists x \phi(x) \rightarrow \exists x \Diamond \phi(x)$"是说，如果可能地存在一个对象使得它满足某个条件，那么存在一个对象使得它可能地满足这个条件；一阶巴肯逆公式"$\exists x \Diamond \phi(x) \rightarrow \Diamond \exists x \phi(x)$"是说，如果存在一个对象使得它可能地满足某个条件，那么可能地存在一个对象使得它满足这个条件。根据可能世界语义学，有两种不同的一阶量化解释，即常域解释和变域解释：前者把所有可能世界上的可能个体都收集到一起，一阶量化的范围是这个统一的个体域；后者则把统一的个体域分散到各个可能世界上，相对于不同的可能世界，一阶量化的范围也是不同的。一阶巴肯公式及其逆公式相对于常域解释来说是有效的，但是相对于变域解释来说不是有效的。具体来说，给定变域解释，一阶巴肯公式要求，如果一个可能世界 w 与另一个可能世界 w′ 具有可通达关系，那么任何存在于 w′ 上的可能个体都存在于 w 上，即个体域是收缩的；一阶巴肯逆公式要求，如果 w 和 w′ 具有可通达关系,那么任何存在于 w 上的可能个体也都存在于 w′上,即个体域是扩张的。因此,一阶巴肯公式及其逆公式的共同要求是,个体域既是收缩的又是扩张的,即个体域是等同的,也就是说,在一个可能世界中存在的东西在其他可能世界中也都存在,或者说,任何个体都存在于任何可能世界上。从通常的角度看,这相当于说,不可能存在比现实的东西更多的东西,也不可能存在比现实的东西更少的东西,在任何可能世界中存在的个体都恰好一样多。显然,根据一阶量化的变域解释,如果一阶巴肯公式及其逆公式是有效的,那么支持了必然主义的观点;相反,如果它们不是有效的,那么支持了偶然主义的观点。

为了论证一阶巴肯公式及其逆公式的有效性,威廉姆森诉诸与之对应的二阶巴肯公式及其逆公式。二阶巴肯公式"$\Diamond \exists X \phi(X) \to \exists X \Diamond \phi(X)$"是说,如果可能地存在一个性质使得它满足某个条件,那么存在一个性质使得它可能地满足这个条件;二阶巴肯逆公式"$\exists X \Diamond \phi(X) \to \Diamond \exists X \phi(X)$"是说,如果存在一个性质使得它可能地满足某个条件,那么可能地存在一个性质使得它满足这个条件。与一阶巴肯公式及其逆公式不同,二阶巴肯公式及其逆公式无论相对于常域解释还是相对于变域解释都是有效的。因此,在威廉姆森看来,既然二阶巴肯公式及其逆公式是有效的,那么有理由认为与之对应的一阶巴肯公式及其逆公式也是有效的,所以这就要求相对于变域解释来说个体域是等同的,因此,必然主义的观点得到支持。

第二个论证是诉诸存在限制的论证。在模态逻辑中,可能世界语义学的变域解释允许一个谓词在某个可能世界上的外延包括不存在于这个可能世界中的个体,也就是说,如下条件不是有效的:

(1) $\Box \forall x \Box (Fx \to \exists z\ (x = z))$

其意思是:必然地对于任何个体,必然地如果它例示某个性质,那么它是存在的。这个条件是说,如果在一个可能世界上某个个体满足某个性质,那么它必须存在于这个世界上,换言之,在一个可能世界上的谓述必须是对存在于这个世界上的个体的谓述。在威廉姆森看来,这个条件是合理的,他称其为存在限制(the Being Constraint)。试想,如果一个个体并不存在,那么对这个个体的谓述还有什么意义?如果用"自身同一"这个性质例示(1)中的性质,那么得到:

(2) $\Box \forall x \Box (x = x \to \exists z\ (x = z))$

其意思是:必然地对于任何个体,必然地如果它是自身同一的,那么它是存在的。

另外，如下条件是逻辑有效的：

(3) $\Box \forall x \Box (x = x)$

其意思是：必然地对于任何对象，它必然地是自身同一的。

于是，从（2）和（3）可以推出必然主义的结论，即必然地任何东西都必然地是某个东西。

在偶然主义者看来，如果存在限制是合理的，那么与之类似的另一个条件也是合理的，这个条件把（1）中的正面性质修改为负面性质：

(1′) $\Box(\neg Ft \to \exists z (t = z))$

其意思是：必然地如果一个个体不例示某个性质，那么它是存在的。也就是说，如果在一个可能世界上某个个体不满足某个性质，那么为了让这个陈述有意义，即这个性质谓述的是这个个体而非其他个体，它必须存在于这个世界上。如果用"不存在"这个性质例示（1′）中的性质，那么得到：

(2′) $\Box(\neg \exists z (t = z) \to \exists z (t = z))$

其意思是：必然地如果一个个体是不存在的，那么它是存在的。

另外，在偶然主义者看来，如下条件是可接受的：

(4) $\Diamond \neg \exists z (t = z)$

其意思是：可能地某个个体是不存在的。

于是，从（2′）和（4）得不出必然主义的结论，只能得出如下结论：

(5) $\Diamond (\neg \exists z (t = z) \wedge \exists z (t = z))$

其意思是：可能地某个个体既是存在的又是不存在的。这是偶然主义者为了反对必然主义者所构造的论证。

在威廉姆森看来，如果偶然主义者讨论负面性质，那么最好在拉姆达抽象算子的框架下重新表述上述论证，他采用了斯托奈克（Robert Stalnaker）的系统。但是在这个系统中偶然主义者的论证不成立。因此，"如果他们引入拉姆达算子，那么他们仍然倒向必然主义，除非他们以一种笨拙的方式使逻辑复杂化。虽然这不意味着对偶然主义的反驳，但显然这种观点与逻辑原则格格不入"[①]。

[①] Williamson T. Modal Logic as Metaphysics. Oxford: Oxford University Press, 2013: 188.

第三个论证是诉诸模态概括公理的论证。为了加强必然主义的论证，威廉姆森从一阶模态逻辑转向二阶模态逻辑。与一阶逻辑相比，二阶逻辑除了增加有关二阶量词的公理外，还增加了概括公理"$\exists X \forall x(Xx \leftrightarrow \phi(x))$"，即对于任意公式都存在一个与之等价的性质。事实上，概括公理是关于二阶变元的存在断定，它类似于一阶逻辑中关于一阶变元的存在断定，即对于任意项都存在一个与之相等的个体，即"$\exists x(x=t)$"。与一阶模态逻辑相比，二阶模态逻辑除了增加有关二阶量词的公理外，还增加了模态概括公理，有强和弱两个版本的表述。强模态概括公理"$\exists X \Box \forall x(Xx \leftrightarrow \phi(x))$"是说，对于任意公式都存在一个与之必然等价的性质；弱模态概括公理"$\Box \exists X \forall x(Xx \leftrightarrow \phi(x))$"是说，必然地对于任意公式都存在一个与之等价的性质。在威廉姆森看来，弱概括公理不能提供合适的基础，因为它不能充分地服务于我们所需要的逻辑和数学目的。例如，从弱概括公理不能推出存在一个与两个性质的合取必然等价的性质，即"$\exists X \Box \forall x(Xx \leftrightarrow Yx \wedge Zx)$"。更为重要的是，许多数学定理的证明依赖于归纳公理，但是在高阶逻辑中有多强的概括公理就有多强的归纳公理，从弱模态概括公理只能推出弱归纳公理，而弱归纳公理不足以完成大多数数学定理的证明。因此，威廉姆森采用了强模态公理。

从强模态公理可以得出此性的存在。所谓此性（haecceity）是指有且仅有一个对象对其例示的性质。如果用集合来解释性质，那么此性是有且只有一个元素的单元集。用威廉姆森的术语说，一个此性追踪一个对象，其形式定义是"$\Box \forall x(Yx \leftrightarrow x=y)$"。显然，此性的必然存在是强模态公理的一个例示：

(6) $\exists Y \Box \forall x(Yx \leftrightarrow x=y)$

其意思是：存在一个性质使得，必然地对于任何对象，它具有这个性质当且仅当它是某个特定对象。

因为此性是必然的存在，所以它必须能够追踪一个特定对象。试想，如果这个特定对象不存在，那么这个此性如何追踪这个对象呢？因此，威廉姆森认为如下条件是成立的：

(7) $\Box(\exists Y \Box \forall x(Yx \leftrightarrow x=y) \rightarrow \exists z(y=z))$

其意思是：必然地如果存在一个追踪某个特定对象的此性，那么这个特定对象存在。

从（6）和（7）可以得出必然主义的结论。总之，利用强模态概括公理，从此性的必然存在得出了对象的必然存在。

与上述论证类似,威廉姆森还给出了另一个略有不同的论证。他把命题看作0元性质,相应地把语句看作0元谓词。于是,强模态概括公理从断定性质的必然存在变成断定命题的必然存在。上面的(6)变成:

(8) $\exists p \Box \forall x(p \leftrightarrow \exists y\ (x=y))$

其意思是:存在一个命题使得,必然地这个命题成立当且仅当存在某个特定对象。显然,这也是强模态概括公理的一个例示。

相应地,上面的(7)变成:

(9) $\Box(\exists p \Box \forall x(p \leftrightarrow \exists y\ (x=y)) \rightarrow \exists z(x=z))$

其意思是:必然地如果述说"某个特定对象存在"的命题成立,那么这个特定对象存在。

从(8)和(9)也可以得出必然主义的结论。总之,利用强模态概括公理,从命题的必然存在也得出了对象的必然存在。

三、威廉姆森的方法论启示

威廉姆森《作为形而上学的模态逻辑》一书出版后引起了当代模态形而上学的广泛争论。虽然他在该书中得出的结论令人感到奇怪甚至荒唐,但是他的论证过程不仅新颖而且巧妙,特别是他通过逻辑原则论证形而上学结论的方法论,值得我们深思和借鉴。

第一,在直观与形式之间,威廉姆森更偏向于形式,或者说,如果从逻辑原则得出的形而上学结论违背常识,那么他会毫不迟疑地站在批判常识的立场上。显然,必然主义的结论不符合我们的直观:对于通常的对象,例如桌子和椅子,如果实际情况发生变化,那么它们可能不存在;对于纯粹可能的对象,例如威廉姆森的第22个儿子,它们并不是必然的存在。但是,威廉姆森区分了存在(being)和具体存在(concrete being),必然存在的东西不一定具体存在于可能世界中,具体存在不是存在的唯一样式;换言之,我们所处的现实世界是众多可能世界中的一个,在现实世界中具体存在的东西不一定具体存在于其他可能世界中,在其他可能世界中具体存在的东西也不一定具体存在于现实世界中;也就是说,无论对于现实世界还是可能世界,并非所有对象都具体存在于这些世界中，但是这些世界具备了它们存在的条件、背景和成因，所以它们在某种意义上也存在于这些世界中。因此，所有存在的东西都是必然的，而偶然存在的仅仅是这些东西的性质和关系的分布状态。

在威廉姆森看来，形而上学本身就是一门科学，正如在科学和常识之间一直保持着张力，形而上学与常识之间的分歧并不像我们认为的那样是不可接受的。正如常识不能判定一个科学理论是否合理，它也不是形而上学理论的最终判定标准。"所有对象都是常识对象，这个观点本身并不是常识。无论必然主义……的结论多么奇怪，常识对于这些论断没有绝对的权威性。只有通过理论探究才能恰当地评价这些论断。"①

第二，威廉姆森对以往模态形而上学的争论进行重新定位。模态形而上学中一直持续着关于现实主义（actualism）和可能主义（possiblism）之间的争论。可能主义认为，现实存在的东西仅构成最广意义上存在的东西的子集，可能的东西虽然不是现实存在的，但是它们在某种意义上也是存在的；现实主义则认为，所有存在的东西都是现实的，根本不存在非现实的东西。简言之，现实主义认为所有东西都是现实的，而可能主义认为所有东西都是可能的。在威廉姆森看来，解决这场争论的关键在于如何定义现实性，他考虑了几种不同的定义：根据现实世界做出的定义、在模态实在论框架下做出的定义、通过模态逻辑的现实算子做出的定义以及利用坚实存在（hard being）做出的定义。但是他认为，这些有关现实性的定义都不能真正解决现实主义和可能主义之间的争论，"虽然为了建构一个更为合理的争论，我们可以使现实主义和可能主义的定义更为复杂化，但更好的做法是，通过新的术语和更为清楚的区分而另起炉灶"②。因此，威廉姆森认为，现实主义与可能主义之间的争论是陷入泥潭的死结，不能带来有意义的结果，应该用必然主义和偶然主义之间的争论取代现实主义和可能主义之间的争论。③

这里的做法与威廉姆森在《知识及其限度》一书的方法论策略极为相似。

---

① Williamson T. Modal Logic as Metaphysics. Oxford: Oxford University Press, 2013: 9.
② 同①23.
③ 如果把模态逻辑与时态逻辑进行类比，那么模态形而上学中关于现实主义和可能主义之间的争论对应于时态形而上学中关于现时主义（presentism）与永恒主义（eternalism）之间的争论。相应地，威廉姆森也主张，应该用持久主义和瞬时主义之间的争论取代现在主义和永恒主义之间的争论。

在西方的知识论传统中，知识被定义为有证成的真信念，但后来盖梯尔给出的反例表明，这个定义并不充分，需要在"证成"、"真"和"信念"之外增加第四个条件。然而，每当尝试性地给出第四个条件，这个条件的反例也几乎同时出现，这使知识的定义问题变得错综复杂。威廉姆森反其道行之，他认为，不应该用信念定义知识，而是用知识定义信念，由此提出了"知识第一位"的口号。

　　第三，溯因推理是威廉姆森贯彻始终的方法论策略。溯因推理是皮尔士的术语，与演绎推理和归纳推理并列，它是指从证据推出能够提供最好解释的理论和假说，由此可以帮助我们在相互对立的理论中进行选择。对威廉姆森而言，"在某种更为宽泛的意义上，本书的方法论接近于自然科学的方法论，它们都是溯因的"①。在他看来，一方面，模态逻辑经过半个多世纪的发展，已经成为一门成熟的科学，所以模态逻辑可以应用于而且也应该应用于模态形而上学研究，这种在技术方面取得的成就有助于让哲学问题以更为清楚的形式呈现出来；另一方面，在寻求逻辑真理与形而上学普遍性之间的对应关系时，还依赖于简单性和优雅性这些溯因标准，例如，必然主义的一个有争议的副产品是实体的虚增，但是在威廉姆森看来，正如在数学理论中我们假定无穷多个数的存在，这种做法为数学理论的建构带来方便，在模态形而上学中假定许许多多的非具体对象的存在也是为了保持简单性、优雅性和经济性。

　　然而，从模态逻辑本身并不能直接得出威廉姆森的必然主义结论。在模态逻辑中存在着截然不同的形式化处理方式，例如，关于量化范围有变域解释和常域解释之间的区别，关于存在限制有正面性质和负面性质之间的区别，关于二阶模态逻辑有强模态概括公理和弱模态概括公理之间的区别。从这些不同的形式化处理方式出发可以得到不同的逻辑原则，从不同的逻辑原则又可以推出不同的甚至对立的形而上学结论。但是，在威廉姆森看来，"理论的裁定，一部分是基于强度、简单性和优雅性，一部分是基于它们的结论与独立所知的东西之间的匹配"②。也就是说，他对必然主义的辩护策略是，在形式方法与前理论知识之间进行双向论证。具体来说，首先，他从形式方法出发，正如数学被广泛应用于物理学的研究，模态逻辑也被应用于模态形而上学的研究，他通过这

---

① Williamson T. Modal Logic as Metaphysics. Oxford: Oxford University Press, 2013: 423.
② 同①23.

一无可争议的技术工具把逻辑的原则和非逻辑的原则区分开来。其次，如果在模态逻辑框架下得出的逻辑原则有利于必然主义，那么他理所当然地把这些原则接受为他的形而上学理论的前提，否则，他根据简单性和优雅性这些溯因标准对不利于必然主义的逻辑原则予以拒斥。接下来，如果不能从这些普遍接受的逻辑原则推出他的必然主义结论，也就是说，从逻辑原则到形而上学结论的推导过程出现断裂，那么他会诉诸前理论的模态知识，补充和增加在他看来几乎所有理性人都承认的非逻辑原则。总而言之，他一方面通过逻辑原则推导和论证他的模态形而上学理论，另一方面又通过前理论的模态知识修正和完善这些逻辑原则。在我看来，这种双向论证很难摆脱循环论证的嫌疑。

纵观威廉姆森的整本书，他反对把逻辑看作"各种科学理论包括形而上学理论的中立裁判"①，强调"逻辑不仅仅是背景框架而且是问题本身"②，"形而上学比曾经所认为的更接近于科学"③，形式方法把形而上学与"伪科学、伪权威和伪知识"区分开来④。这里，我们仿佛听到黑格尔哲学的回声——逻辑与形而上学的合流，让哲学（爱智慧）成为科学（智慧本身）。当然，他们是在不同的意义上理解"逻辑"、"形而上学"、"哲学"和"科学"的。⑤

---

① Williamson T. Modal Logic as Metaphysics. Oxford：Oxford University Press，2013：x.
② 同①424.
③ 同①.
④ 同①427.
⑤ 2009年9月，威廉姆森第一次访问中国，我在北京大学哲学系聆听了他的讲座"对象、性质和偶然存在"，开始了解他的必然主义观点，并对他通过逻辑论证形而上学原则的做法非常感兴趣。随后，我通过邮件与他联系，讨论有关模态形而上学的问题，当时他获得莱弗尔梅研究基金的资助，正在写作《作为形而上学的模态逻辑》一书，他还把部分初稿发送给我。我在2013年底得到该书的正式版，但是由于该书篇幅有464页，而且他的写作风格极其晦涩，最初我没有理解其中的巧妙论证。2015年10月，威廉姆森第二次访问中国，我参加了在北京大学举办的"威廉姆森，逻辑和哲学"国际会议，期间通过与威廉姆森本人以及其他学者的交流，逐渐理解了他对必然主义的论证。

第 32 章　苏珊·哈克的基础融贯论

2002 年 2 月至 2003 年 2 月，作为由美国学术团体理事会、国家科学院、社会科学研究理事会共同资助的 CSCC Fellow，我在美国迈阿密大学与苏珊·哈克（Susan Haack）教授一起待了一年，每周与她至少会面两次，读了她当时已经出版或即将出版的每一本书。此后分别于 2004 年和 2009 年两次邀请她访问北京大学和中国其他高校做系列学术讲演，一直与她保持着密切的联系，先后对她做了两次长篇访谈，自信对她这个人和她的学术思想有较为充分的了解。在本文中，我将着重概述和诠释她在《证据与探究》（第一版，1993；修订扩充版，2009）一书中所发展的基础融贯论及其学术影响。

一、对基础论和融贯论的批评

"认知证成"（epistemic justification）是一个评价性概念，涉及正确或合适的信念必须满足什么样的条件。一个合理的认知证成理论必须解释如下问题：信念如何得到证成，证成在知识中的作用，以及证成的价值。有各种各样的认知证成理论，本节讨论苏珊·哈克在《证据与探究》一书中对基础论和融贯论的批评。

1. 基础论及其困境

按哈克的解释，基础论（foundationalism）是指这样一种证成的理论，它要求在被证成的信念中区分出基本信念和派生信念，并且把证成看作单方向的，即只要求用基本信念去支持派生信念，而绝不能相反。也就是说，基本信念构成了被证成信念的整个结构所依赖的基础。一个理论有资格成为基础论的，只要它承认下面两个论题：

（FD1）某些被证成信念是基本的；一个基本信念之被证成，独立于任何其他信念的支持。

（FD2）所有其他被证成信念都是派生的；一个派生信念之被证成，要借助一个或多个基本信念的直接或间接的支持。

其中，(FD1)旨在提出有关成为基本信念的资格条件的最小要求。它允许多个不同的变体，例如有一些理论认为基本信念是经验的，有一些理论则认为它们是非经验的：

（FD1^E）某些信念是基本的；基本信念之被证成，独立于任何其他信念的支持；基本信念就其特性而言是经验性的。

（FD1^{NE}）某些信念是基本的；基本信念之被证成，独立于任何其他信念的支持；基本信念就其特性而言是非经验的。

在（FD1^E）中，"经验的"应该理解为大致等同于"事实的"，而不必局限于关于外部世界的信念。(FD1^{NE})的倡导者们心里通常想到的只是逻辑或数学的真理，他们经常把"自明的信念"当作基本的非经验信念。

哈克拒斥非经验的基础论，而只考虑经验的基础论，进一步将后者区分为如下三个版本：感觉-内省论版本，把关于主体自己的、当下的意识状态的信念作为基本的；外在论版本，把关于外部世界的简单信念视为基本的；内在论版本，则允许这两者都是基本的。表述如下：

（FD1^{E1}）某些被证成信念是基本的；一个基本信念之被证成，不凭借任何其他信念的支持，而是凭借该主体的（感觉的或内省的）经验。

（FD1^{E2}）某些被证成信念是基本的；一个基本信念之被证成，不凭借任何其他信念的支持，而是因为在该主体的信念与使得该信念为真的事态之间存在因果的或似规律的联系。

（FD1^{E3}）某些被证成信念是基本的；一个基本信念之被证成，不凭借任何其他信念的支持，而是依据它的内容，即它内在具有的自我证成的特性。

基础论者通常诉诸如下的"无穷后退论证"来支持自己的立场。假设如下情形：一个信念被证成，是由于受到另一个信念的支持；这另一个信念被证成，又是由于受到另外一个信念的支持……如此往复。这种情况是不可能的，因为对于一个信念来说，除非这种理由的后退到达一个终点，否则第一个信念将不会得到证成；所以，必定有基本信念，它们是通过其他信念的支持之外的方式被证成的，因而可以被看作证成所有其他被证成信念的终极理由。但哈克批评说，这个论证是非结论性的，因为它需要这样的假定：一个信念的理由构成一个链条，该链条或者终止于一个基本信念，或者根本就不会终止。但这个假定并没有列出其他可能的选择：也许该链条终止于一个未被证成的信念；也许它终止于它由之开始的信念，即终止于这样的初始信念，后者得到其他信念的支持，而自己反过来又支持这些信念……

基础论者还可以构造无穷后退论证的一个更强版本，即没有可忍受的选择论证：

假设 A 相信 p。假设他相信 p 是因为他相信 q。于是，他的信念 p 未被证成，除非他的信念 q 被证成。假设他相信 q 是因为他相信 r。于是，他的信念 q 未被证成，所以信念 p 也未被证成，除非他的信念 r 被证成。假设他相信 r 是因为他相信 s。于是，他的信念 r 未被证成，故信念 q 也未被证成，故信念 p 也未被证成，除非……

只有如下四种可能：(1) 这个序列继续进行下去，没有终点；(2) 它终止于某个未被证成的信念；(3) 它构成一个圆圈；(4) 它终止于某个被证成的信念，但后者的证成不依赖于其他任何信念的支持。

如果是 (1)，该链条永远不会终结，A 的信念 p 不会被证成。

如果是 (2)，该链条终止于一个未被证成的信念，A 的信念 p 不会被证成。

如果是 (3)，该链条构成一个圆圈，信念 p 依赖于信念 q，q 依赖于 r……z 依赖于 p，A 的信念 p 不会被证成。

如果是 (4)，那么，若该链条终止于某个被证成的信念，但没有借助于任何其他信念的支持，则 A 的信念 p 被证成。

所以，既然 (4) 恰好就是基础论所断言的东西，其结论是：仅当基础论为真时，任何人拥有任何信念才会被证成。也就是说，基础论是唯一可以忍受的选择。

哈克批评说，上述论证仍然是非结论性的，因为其中嵌入了一个错误的隐含假设：一个信念的理由必定构成一个链条，也就是这样一个序列，信念 p 受到信念 q 的支持，q 受到 r 的支持……如此往复。假如一个信念的理由必须是一个链条、一个序列，那么相互支持确实必定是一个圆圈，也确实不能承认由理由构成的这种圆圈会起到证成作用。但是，我们完全有可能摆脱这种链条和圆圈式的证成，证成实际上像一座金字塔或者像一棵倒置的树，这正是哈克的基础融贯论和纵横字谜游戏类比所要说明的。

融贯论者对基础论提出了如下的"因果不相干反驳"：在一个人的经验与他接受或拒绝一个信念之间可以有因果关系，但没有任何逻辑关系。例如，A 看见一只黑天鹅，可能致使他不相信"所有天鹅都是白色的"，但它并不逻辑蕴涵"至少有一只黑天鹅"或者与"所有天鹅都是白色的"逻辑不相容，因为逻辑关系只能存在于信念或命题之间。但证成不是一个因果的或心理学的概念，而是一个逻辑概念，故一个人的信念不可能被他的基本的经验信念所证成。哈克论述说，这一反驳是非结论性的，因为通过改进基础论，可以使因果性因素和逻辑性因素都进入对信念的证成中，这正是她的基础融贯论所要做的事情。

融贯论者对基础论的第二个反驳论证是：基础论要求基本信念既是可靠的（可以合理地宣称独立于任何其他信念的支持而被证成），又是丰富的（可以合理地宣称能够支持一组足够大的其他信念），但没有任何信念能够同时满足这两个要求。该论证继续说，因为这两个要求是相互竞争的：只有去掉基本信念的内容，第一个要求才会得到满足；而只有充实基本信念的内容，第二个要求才会得到满足。于是，基础论者不得不在下述两种情况之间来回穿梭往返：在坚持可靠性时却牺牲了内容，在坚持内容时却牺牲了可靠性。哈克因此把这个反驳论证叫作"来回穿梭往返论证"。她指出，这一论证只对强基础论有效，对于基础论的其他变体并不那么有效，对她本人提出的基础融贯论则是完全无效的。因为基础融贯论并不需要（也不可能有）绝对的可靠性，而只需要独立的可靠性，即在证成信念 p 的理由是安全可靠时，不要直接诉诸 p 本身，而要诉诸 p 之外的其他理由。实际上，在证成的整个路途上，我们都需要不断地来回往返穿梭。这并不是基础论者所指责的"恶性循环"，而是我们在证成信念时必须依赖的信念之间普遍存在的相互支持，后者至多是合法的间接"循环"，因为并不存在证成的绝对可靠的初始出发点。

2. 融贯论及其困境

按哈克的表述，融贯论（coherentism）主张：证成只涉及信念之间的关系，一个信念集合的融贯证成了作为其元素的那些信念。表述如下：

（CH）一个信念之被证成，当且仅当，它属于一个融贯的信念集合。

融贯论还有如下的不妥协的平均主义版本：

（CHU）一个信念之被证成，当且仅当，它属于一个融贯的信念集合；在一个融贯的集合内，没有任何信念具有特殊的认识论身份，也没有任何信念具有特殊地位。

哈克指出，如果把相容性视为融贯的必要条件，融贯论至少会遇到"要求过多的反驳"：融贯论似乎蕴涵着，如果一个主体具有不相容的信念，他就具有不相容的信念集合，他的任何信念也就不会被证成。哈克指出，这是一个过分的要求，因为几乎没有人具有完全相容的信念集。例如，她本人关于俄罗斯地理的一组信念隐含矛盾，这一单纯的事实无论如何不能成为如下说法的理由：她的这些信念，如"雪是白的""在我面前有一张白纸""我的名字叫苏珊·哈克"，也未得到证成。但融贯论者还是有可能逃脱这一反驳论证，即承认其融贯构成证成的信念集合将不是该主体的整个信念集，而是该集合的某个子集合，因为下述想法是合理的：即使一个被证成的信念总是会被编织到其他信念的整个复合体之中，对于一个人的每一个信念的证成来说，并非他的所有信念都是相关的。

哈克指出，即使融贯论者做出某种修正以对付要求过多的反驳，它还是必须面对"相容的童话故事的反驳"：融贯论不可能是正确的，因为一个信念集合的相容性显然不足以成为它为真的保证或标志，就像编织得很好的童话或神话故事并不就是真的一样。但有人或许会辩解说，对于一个融贯的信念集合来说，融贯论者所要求的远不止简单的相容性。不过，稍加反思就会明白，增加一个全面性的要求并不会使情况变得更好：无论如何，一个信念集合是相容的和极大的，并不比它只具有相容性，更能够成为它为真的保证或标志。或许融贯论者仍有可能对融贯概念进行精确阐释去回应该反驳。但哈克指出，像融贯这样的东西，无论对它提供的辨明有多么精致，都不能保证在证成与可能为真之间具有所要求的那种联系。融贯论的基本问题恰恰在于：它试图使证成只依赖于信念之间的相互支持。

哈克指出，融贯论者还必须面对 C. I. 刘易斯所提出的"喝醉酒的水手论证"。融贯论的断言即经验信念能够仅凭信念之间的相互支持而被证成，就像下述提议一样荒谬：两个喝醉酒的水手在海上能够通过背靠背来相互支撑而站立起来，即使他们两人都没有站在任何坚实的物体上。她将这个论证更精细地表述为：因为融贯论不允许任何非信念的输入，不允许经验或世界发挥作用，它就不能令人满意地说明：一个信念能够被证成是它为真的标志，是它正确地表征了这个世界是什么样子的标志。哈克相信，这个论证对融贯论来说是致命的。

3. 基础论和融贯论的变体

哈克总结说："基础论的优点是：它承认一个人的经验，即他所看到的、听到的等等是与他如何证成他关于这个世界的信念相关的；它的缺点是：它要求一类具有特权地位的基本信念，后者仅由经验证成但能够支持我们其余的被证成信念，但它忽视了一个人的信念之间无处不在的相互依赖。融贯论的优点是：它承认那种无处不在的相互依赖，且不要求区分基本信念和派生信念；它的缺点是：不允许该主体的经验发挥任何作用。"[①]

为了克服各自的困难，基础论和融贯论都出现了一些变体。例如，弱的基础论只要求基本信念在某种程度上被经验证成；不纯粹的基础论虽然要求所有派生信念都从基本信念那里获得某些支持，却也允许派生信念之间的相互支持以便提高其证成度。表述如下：

（FD1^W）某些被证成信念是基本的；基本信念之被证成，初看起来是但有可能弄错，或者在某种程度上是但并非完全是，独立于任何其他信念的支持。

（FD2^I）所有其他的被证成信念都是派生的；派生信念之被证成，至少部分地是凭借基本信念的直接或间接的支持。

温和的不平等的融贯论赋予一个人关于其当下经验的信念以突出的初始地位，或者赋予那些从起源上是原发的而不是推论的信念以特别地位，或者赋予那些更深地嵌入一个融贯信念集合的信念以特殊地位。表述如下：

（CH^{MW}）一个信念之被证成，当且仅当，它属于一个融贯的信念集合；某些信念具有特殊的认识论身份，并且其证成依赖于被加权的相互支持。

（CH^{MD}）一个信念之被证成，当且仅当，它属于一个融贯的信念集合；某些信念是特殊的，因为它们比其他元素更深地嵌入到一个融贯的集合中。

哈克评论说，基础论和融贯论的这些变体都在朝着正确的方向行进，但在这样做时，它们却使自身变得不稳定起来。弱基础论承认基本信念完全不必仅由经验证成，那么，它还有什么理由去否认基本信念也能够或多或少地根据它们与其他信念的关系得到证成？不纯粹的基础论承认派生信念之间的相互支持，那

[①] Haack S. A Foundherentism of Epistemic Justification//Sosa E, et al. Epistemology: An Anthology. 2nd ed. Blackwell, 2008: 135.

么，它还有什么理由去拒斥信念之间更普遍的相互支持？更别说弱的且不纯粹的基础论了。既然温和的不平等的融贯论承认某些信念因其感觉内容或"原发的"起源而具有特殊地位，那么为什么就不能进一步承认：证成根本不只是信念之间的关系，来自经验的输入也发挥着实质性作用？哈克由此做出结论："我们需要一种新的探索，它允许感觉-内省经验与经验证成相关，但不假定任何类别的具有特权地位的基本信念，或者不要求支持关系在本质上是单向的；换句话说，我们需要基础融贯论。"①

二、基础融贯论的要点及其理由

1. 基础融贯论的核心观点

哈克断言，基础论和融贯论并没有穷尽所有的选择，在两者之间还有逻辑空间。因为基础论要求单方向性，而融贯论无此要求；融贯论要求证成只与信念之间的关系有关，基础论则不这样要求。所以，一个理论若允许非信念的输入，它就不可能是融贯论的；而一个理论若不要求单方向性，它就不可能是基础论的。于是，她本人提出了一个中间型理论——基础融贯论，它允许经验与证成相关联，但不要求任何类型的特殊信念只被经验所证成而不需要来自其他信念的任何支持。基础融贯论可近似地刻画如下：

（FH1）一个主体的经验是与其经验信念的证成相关联的，但是不需要任何类型的具有特殊地位的经验信念，后者只能通过经验的支持来得到证成，而与其他信念的支持无关。

（FH2）证成不只是单方向的，而是包含着信念之间无处不在的相互支持。

哈克指出，她的基础融贯论把如下表述作为被辨明项（要说明的东西）："A的信念 p 在 t 时或多或少被证成，这取决于 A 关于 p 的证据有多好。"由此出发，派生出基础融贯论的如下一些特点：

（1）这个理论是证据论的：核心观念是，有多好地证成一个主体对某物的信念取决于他关于这个信念的证据有多好。

---

① Haack S. A Foundherentism of Epistemic Justification//Sosa E, et al. Epistemology: An Anthology. 2nd ed. Blackwell, 2008：136.

（2）它是渐进的：从始至终的假设是，证据可以更好或更坏，一个人对某物信念的证成也可以更好或更坏。

（3）它是个人的：证成的程度依赖于主体证据的质量（这当然不是说它是主观的，即依赖于主体认为他的证据如何好）。

（4）它是经验论的："他的证据"被解释为不仅包含一个主体的背景信念（他的"理性"），也包括他的感觉或内省的经验（他的"经验证据"）。

（5）它在某种程度上是因果的：一个主体关于 p 的证据是因果地被识别为使他实际地相信 p 的证据；什么使这个证据更好或更坏，这是一个拟逻辑问题。

（6）它是多维度的：一个人关于一个信念的证据的质量取决于：(i) 信念对证据的支持度，(ii) 他独立于所讨论信念的理由的可靠性，(iii) 证据的全面性。①

下面，我将详细地阐释和讨论哈克的基础融贯论的理论细节。

2. 认知证成的两个方面：因果的和逻辑的

哈克主张，一个人的感觉-内省经验在其信念证成中发挥着重要作用。在她的基础融贯论中，既允许一个人的经验与对他的信念的证成（因果）相关，也允许证成概念包括非因果的评价性要素（逻辑关联）。她通过诉诸一个双面的"状态-内容"的二分来做到这一点，其大致路径是："第一个步骤，如果按照 A 的 S-信念和 A 的其他状态（包括知觉状态）之间的因果关系来表达，将试图刻画'A 关于 p 的 S-证据'。第二个步骤，也即中间步骤，将是一个策略，通过该策略，在对'A 关于 p 的 S-证据'（由 A 的特定状态组成）进行刻画的基础上，得出'A 关于 p 的 C-证据'的刻画（由特定的语句和命题组成）。第三个步骤是评价步骤，将通过刻画'A 关于 p 的 C-证据有多好'完成对'A 相信 p 或多或少被证成'的辨明。"②

这里只能述其大略。哈克把"A 的信念"区分为 S-信念和 C-信念。S-信念是状态信念，即基于 A 的知觉或内省状态如看到、听到、读到、记忆而产生的

---

① 苏珊·哈克，陈波，刘靖贤. 走向哲学的重构——陈波与苏珊·哈克的对话. 河南社会科学，2016（1）：17.

② Haack S. Evidence and Inquiry: A Pragmatist Reconstruction of Epistemology. Amherst, NY: Prometheus Books, 2009：119-120.

信念。C-信念是内容信念，是 A 对其所相信的东西即命题——其内容是：A 处于某种特定的知觉或内省状态中——的信念。假设 A 有信念 p，哈克引入 A 关于 p 的各种"证据"和"理由"概念，它们既可以是正面和支持性的，也可以是反面和抑制性的，前者支持或强化 A 相信 p，后者反对或削弱 A 相信 p。"A 的证据"分为 S-证据和 C-证据。A 关于 p 的 S-证据是指因果地致使 A 相信 p 或不相信 p 的那些状态的集合；A 关于 p 的 C-证据是指能够与 A 的信念 p 处于某种逻辑关系中的那些命题的集合。只有 C-证据才能使 A 关于 p 的证据更好或更坏。但 A 的 C-证据由哪些命题组成，却取决于 A 的哪些 S-证据（感觉-内省状态）因果地致使 A 相信 p。由于背景信念（可能为真，也可能为假）在信念证成中也发挥重要作用，哈克进而区分了 A 相信 p 的"S-理由"和"C-理由"，前者是指支持 A 的 S-信念 p 的那些 S-信念，后者是指 A 所相信的 C-信念，它们构成 A 相信 p 的 S-理由。A 关于 p 的经验 S-证据由 A 的非信念状态组成，后者不是那种 A 关于它有证据或需要证据的事物；A 相信 p 的 S–证据是指 A 的 S-理由和经验的 S-证据。"A 相信 p 的经验 C-证据"指一些语句或命题，其大意是：A 处于某些特定的知觉或内省或记忆的状态中——这样的状态构成了 A 相信 p 的经验 S-证据；A 的经验 C-证据将由全都为真的语句或命题所组成，这些命题的大意是：A 处于如此这般的状态中。除非 A 确实处于那种状态中，那种状态不可能成为 A 的信念 p 的因果连接，故 A 的经验的 S-证据和 C-证据都是确实为真的。"A 相信 p 的 C-证据"指 A 相信 p 的 C-理由和经验的 C-证据。从 S-证据过渡到 C-证据，就是从辨明的因果方面过渡到评价方面，从主体的信念状态过渡到内容即命题或语句。在辨明的评价阶段，"证据"将不得不意指"C-证据"，因为正是语句或命题，而不是人的知觉或内省或记忆状态，能够相互支持或削弱、相互保持一致或不一致，以及作为解释性说辞保持融贯或未能保持融贯，等等。

3. 好证据的三个维度：支持性、独立安全性和全面性

哈克指出，证成有程度之分。A 关于信念 p 的 C-证据有多好，将取决于：

(1) 支持性：A 关于 p 的 C-证据在多大程度上是有利的；

(2) 独立安全性：不考虑 C-信念 p，A 关于 p 的 C-理由有多可靠；

(3) 全面性：A 关于 p 的 C-证据有多全面。

先说"支持性"。假设关于 A 的信念 p 有 C-证据 E。仅当给 E 增加 p 比给它增加 p 的竞争者更多地提高了 E 的解释整体性时，E 对于 p 在某种程度上就是

支持性的。E 可以在或大或小的程度上是支持性的，但有可能未决定性地证成 p 为真；也可以在或大或小的程度上是破坏性的，但有可能并非致命的，即未结论性地证明 p 为假。仅仅在 E 的 p-外推（给 E 增加 p 的结果）一致并且它的非 p-外推不一致的情况下，E 对于 p 才是决定性的；仅仅在 E 的非 p-外推一致并且它的 p-外推不一致的情况下，E 对于 p 才是致命的。如果 E 本身是不一致的，E 的 p-外推和 E 的非 p-外推也都是不一致的，那么，E 对于 p 的证成来说就是不相干的。关于 A 的信念 p 的证成，诉诸 E 对于 p 的演绎蕴涵和归纳支持是不一样的。如果 E 对于 p 是结论性的，E 就演绎地蕴涵 p（由不一致的前提所产生的演绎蕴涵必须排除在外），这时 E 对 p 提供了最强的支持，但这种支持在经验研究中几乎见不到，我们只能更多地求助最佳解释推理和解释的融贯去刻画支持关系。

在说明证据与信念的支持关系时，哈克断言：根本不需要诉诸（可在句法上刻画的）归纳逻辑，"后者往好里说容易导致悖论，往坏里说可能就是虚构"①，因为证成涉及各证成项的内容关系，而不只是形式关系；也无法求助于数学概率论，"因为认知证成的程度有一个与数学概率不同的逻辑侧面：（1）由于证据质量的多种决定因素，证成的程度没有概率中的线性序；（2）p 和非 p 的概率必须合计为 1，但在两者没有证据或者仅有弱证据时，p 的信念和非 p 的信念在任何程度上都没有被证成；（3）（对于相互独立的 p 和 q 来说）p∧q 的概率是 p 的概率和 q 的概率的积，所以总是比两者中任何一个都小，但是结合起来的证据却可以提高证成的程度"②。

再说"独立安全性"。哈克认为，证成关系不是单链条式的，仅仅沿一个方向往前延伸，信念 p 被信念 q 证成，q 被 r 证成，r 被 s 证成……相反，就像英语填字游戏所表明的，证成关系更可能是一种树状或网状结构，信念 p 被 q、r 和 s 所证成，其中 q 可能被 t、u 和 v 所证成，其中 u 可能又被 w、x 和 y 所证成，其中 y 可能被 m、o 和 p 所证成……在这个过程中，只要对 q、r 和 s 的证成不直接依赖于 p，而有另外的理由，那么，就可以说对 p 的证成是独立安全的。她断言，经验 C-证据没有证成问题，它们是待证成信念 p 的"经验支撑点"。这并不会退回到基础论的如下主张：其他信念只能由基本的经验信念来证成，而

---

① Haack S. Evidence and Inquiry: A Pragmatist Reconstruction of Epistemology. Amherst, NY: Prometheus Books, 2009: 129.

② 苏珊·哈克，陈波，刘靖贤. 走向哲学的重构——陈波与苏珊·哈克的对话. 河南社会科学, 2016 (1): 18.

只是重述和强调了基础融贯论的如下主张：经验信念的最终证据是经验性的。正是在这里，体现了基础融贯论与基础论的相同和不同之处。

"全面性"很难严格地定义，大约是指一个认知主体的证据中是否包括了足够多的相关证据，这又涉及如何解释"证据的相关性"。根据我的理解，证据相关与否是由我们的认知意图和目标所决定的，仅就司法证据而言，"在一个司法案件中，某个证据是相关的，是指对该证据的采纳将有助于证明案件中某个待证事项的存在或不存在，从而有助于对案件中争议事项的裁决，引起相应法律关系的产生、改变或消灭"①。我的理解也与哈克的如下理解大致吻合："对全面性的判断是视角性的，也就是说，取决于做出这种判断的那个人的背景信念。"② 哈克还指出，就否定方面而言，当我们判断某个人的一个信念因为未能考虑到一些相关证据而未被证成或几乎未被证成时，全面性条件的作用就是最明显的。全面性维度不可能产生一种线性序，因为证据的相关性本身是一个程度问题，所以存在一种更复杂的情形：相对于未能考虑到非常少的、处于更中心位置的相关证据来说，在如何去权衡未能考虑到大量处于边缘的相关证据这一点上，存在着某种不确定性。

哈克强调指出，她的基础融贯论与英语填字游戏有非常强的类似。一个纵横字谜的提示可以看作经验性证据的类似物，而已经填完的格可以看作理由的类似物。一个纵横字谜的格填得有多合理，取决于它多好地符合了给出的提示，以及其他任何已经填完的、交叉在一起的格，取决于其他那些格有多合理，而与所讨论的这一个格无关，此外还取决于这个纵横字谜已经填完了多少。与此类似，一个人对 p 的相信得到了多大程度的证成，取决于他的证据提供了多大的支持，取决于他提供的理由有多可靠，而与该信念本身无关，取决于他的证据包括了多少相关的证据。在判断一个人对某个格的信心有多合理的时候，他将最终达至一点，在那里，问题不在于某个格得到其他格多么好的支持，而在于它得到它的提示多么好的支持。类似地，在评价不依赖 C-信念 p 如何证成 A 相信他关于这个信念的 C-理由的时候，他将最终达至一点，在那里，问题不在于某个信念得到其他 C-信念多么好的支持，而在于它得到经验的 C-证据多么好

---

① 陈波. "以事实为依据"还是"以证据为依据"——科学研究和司法审判中的哲学考量. 南国学术：2017（1）：33.

② Haack S. A Foundherentist Theory of Empirical Justification//Epistemology: An Anthology. 2nd ed. New York: Routledge, 2002：140.

的支持。可以用下面的图标列示基础融贯论与英语填字游戏之间的类似：

基础融贯论	英语填字游戏
对一个信念的证成程度取决于：	填写某一格的合理性程度取决于：
一个证据在多大程度上是支持性的	该格的填写在多大程度上与所给的提示或已经填写的那些格相匹配
独立于所要证成的那个信念，所给出的理由在多大程度上是安全的	独立于正要填写的这一格，其他相互关联的格的填写在多大程度上是合理的
所给的证据有多么全面	有多少相互关联的格已经被填写

哈克指出，A 的信念 p 被完全证成，要求 A 的 C-证据具有决定性和最大限度的全面性，而且还要求他的 C-理由具有最大限度的独立安全性，这在理论上和实践中几乎都是不可能达到的。她还谈到，我们可以根据单个人的证成程度推断出一个群体的证成程度，方法是从这样一个程度开始，一个假想的其证据包括了这个群体的每个成员的证据的主体，其信念将会在这个程度上得到证成，然后再根据某种措施对其进行折扣而得到该群体成员的证成度的平均值。其中困难的问题是如何"折扣"，哈克对此并没有给出最终答案。

4．认可问题：基础融贯论的元证成

对一种证成方案的辨明和认可，就是问该方案是否以真理为导向，是否重点关注可靠性、真性、显示真理的性质，而显示真理正是证成标准成为好标准所需要的东西。哈克在《证据与探究》的最后一章中粗略地给出了对她的基础融贯论的元证成。根据基础融贯论的标准，A 的信念 p 越是被证成，这个信念就越是更好地依托于经验，在被整合到一个解释性理论中时，它更好地得到其他信念的支持，而该解释性理论的成分也依托于经验并得到其他信念的支持，如此等等。哈克断言，一个信念按照这些标准被证成的程度，就是它为真的标志。不过，认知证成有不同于填纵横字谜游戏的特点。你可以对照第二天报纸上刊出的一个纵横字谜的答案，检查你先前对该纵横字谜的填写是否正确；但任何人都不能开列出所有存在着的真理，我们可以对照它们去检查我们的信念是否为真。因此，哈克只能提供对基础融贯论的一种有条件的认可：如果对我们来说任何对真理的显示是可能的，那么，满足基础融贯论的标准就是我们所能得到的最好的对真理的显示。她为这种认可论证给出了两个理由。第一，基础融贯论的如下假定是相当合理的：一是对我们来说，感觉和内省经验是经验性信息的来源；二是除此之外，经验性信息就没有其他终极来源了。更具体地说，按照基础融贯论的标准，关于经验信念的最终证据就是经验证据，也就是感觉和内省。所以,基础融贯论标准显示真理的性质要求这样的情形:我们的感觉给我们提供了关于周遭事物和事件的信息,而内省给我们提供了关于我们自己的心智状态的信息。它并不要求感觉和内省是不可错的信息来源,但确实要求它们是信息的来源。第二,基础融贯论把关于人类本性的认知融进了其证成标准之中。尽管不同时代、不同文化或社会共同体关于"什么算作证据"和"什么是好证据的标准"的看法很不相同,但基础融贯论却充分地揭示了:对经验支撑的关注并不是一个局部的或狭隘的怪癖,而是不同时代和文化所共有的东西,初看起来,依靠由人的感官所传达的信息是人的本性。

哈克用这样的断言结束了她的《证据与探究》一书:"当笛卡尔的认识论故事结尾时说,'从此以后,一切太平',我们知道这一说法太好了以致不会是真的。也许这样结束我的故事是适当的——'从此以后,充满希望',可以说,这一说法把普遍的可错论与关于我们的认知条件的适度的乐观主义结合在一起了。"①

三、新近的回响:谢尔的基础整体论

哈克的基础融贯论被视作当代认识论中几种主要的认知证成理论之一。她概述其基础融贯论的论文"A Foundherentist Theory of Empirical Justification"被收入至少4本重要的认识论文选之中:*The Theory of Knowledge*: *Classic and Contemporary Readings*, ed. Louis Pojman (Wadsworth, 2nd edition, 1998; 3rd edition, 2002); *Epistemology*: *An Anthology*, eds. Ernest Sosa et al (Blackwell, 2000; 2nd edition, 2008); *Epistemology*: *Contemporary Readings*, ed. Michael Huemer (Routledge, 2002); *Essential Knowledge*, ed. Stephen Luper (Longman's, 2004)。她的基础融贯论也激起了很多不同的反响:有人认为它基本上是正确的,新近还有人试图发展完善它,还有人试图用它去说明科学保证(scientific warrant)概念;也有些人对它提出批评,说它仍然是一种基础论,或者说它仍然是一种融贯论,或者说它是可靠论的一种变种;也有人似乎有意忽略它,这在年轻的西方学者中似乎较为常见,例如《斯坦福哲学百科全书》中关于"认知证成"的基础论和融贯论词条中,甚至都不把哈克的《证据与探究》一书列入文献目录。不过

---

① 苏珊·哈克. 证据与探究——走向认识论的重构. 陈波,等译. 北京:中国人民大学出版社,2004:200.

也有例外，在西方哲学界有点大器晚成、近些年异军突起、影响日盛的美国哲学家吉拉·谢尔在其新著《认知摩擦：论知识、真理和逻辑》中，发展了基础整体论、实质真理论和一种新的逻辑哲学，她明确把苏珊·哈克列为自己的理论先驱，承认受到她的影响："我们可以像哈克（1993）所做的那样，从基础论和融贯论开始，然后在它们之间建立一座桥梁。"① 谢尔于2016年应我之邀在北京大学做系列讲演，如此概述了她的第一次讲演"基础整体论"：认识论的中心任务是为所有知识（包括经验的和抽象的）在世界和心灵中做实质性奠基，或寻找其基础。然而，这种基础论计划在当代被认为名声不佳，一个主要原因是它与一种失败的方法论即基础论紧密关联。她本人将发展一种替代的方法论——基础整体论，它既关联于又区别于其他的后基础论的方法论，其突出特征有：可应用于所有的知识分支；要求实质新奠基于实在（reality）；聚焦于有结构的整体论；不仅接受理论之间丰富的联系网络，而且也接受理论与世界之间丰富的联系网络；对循环性的精细探究，包括引入"建设性"的循环性。由此导致的基础方法论，与其他先已存在的方法论（包括基础论、融贯论和基础融贯论）相比，既要求更多，也更为灵活。

对于像哈克的基础融贯论这样的哲学理论建构，我们只能交给哲学界同行去判断，交给未来的哲学史去裁定。这篇文章已经很长了，它主要聚焦于清晰、准确地诠释和介绍哈克的基础融贯论，对后者的批判性评价只能留待他文去完成。

参考文献

1. Haack S. Evidence and Inquiry：Towards Reconstruction in Epistemology. Oxford：Blackwell，1993.

2. Haack S. Defending Science-Within Reason：Between Scientism and Cynicism. Amherst，NY：Prometheus Books，2003.

3. Haack S. Evidence and Inquiry：A Pragmatist Reconstruction of Epistemology. Amherst，NY：Prometheus Books，2009.

4. Haack S. Evidence Matters：Science，Proof，and Truth in the Law. Cambridge：Cambridge University Press，2014.

---

① Sher G. Epistemic Friction：An Essay on Knowledge, Truth, and Logic. Oxford：Oxford University Press, 2016：23.

5. Haack S. Theories of Knowledge: An Analytic Framework. Proceedings of the Aristotelian Society 83, 1982—1983: 143-158.

6. Haack S. Double-Aspect Foundherentism: A New Theory of Empirical Justification. Philosophy and Phenomenological Research, 1993, LIII (1): 113-128.

7. Haack S. A Foundherentist Theory of Empirical Justification// Pojman L. The Theory of Knowledge: Classic and Contemporary Readings. 2nd ed. CA: Wadsworth, 1998: 283-293; Sosa E, et al. Epistemology: An Anthology. 2nd ed. Oxford: Blackwell, 2008: 134-144; Huemer V. Epistemology: Contemporary Readings. New York: Routledge, 2002: 417-134; Luper S. Essential Knowledge. New York: Longman's, 2004: 157-167.

8. Waal C. Susan Haack, A Lady of Distinctions: A Philosopher Replies to Her Critics. Amherst, NY: Prometheus Books, 2007.

9. Göhner J, Jung E-M. Susan Haack, Reintegrating Philosophy. Springer Verlag, 2016.

10. Sher S. Epistemic Friction: An Essay on Knowledge, Truth, and Logic. Oxford: Oxford University Press, 2016.

11. 苏珊·哈克. 证据与探究——走向认识论的重构. 陈波, 等译. 北京: 中国人民大学出版社, 2004.

12. 陈波. 苏珊·哈克访问记——一位逻辑学家和哲学家的理智历程. 世界哲学, 2003 (5): 101-113.

13. 苏珊·哈克, 陈波, 刘靖贤. 走向哲学的重构——陈波与苏珊·哈克的对话. 河南社会科学, 2016 (1): 12-23.

下编
理论性建构

第 33 章　自然语言中词项的指示性使用和谓述性使用

自从克里普克的《命名与必然性》于 1972 年正式发表以来，围绕名称和自然种类词究竟如何指称其对象，描述论和指称论之间据称发生了一场长达 30 多年的"战争"①。本章试图澄清自然语言中词项的指示性使用和谓述性使用，并据此反驳克里普克关于严格指示词和非严格指示词的区分。本章第一节论证如下四个断言：(1) 在不同的语境中，大多数词项都有指示性使用和谓述性使用，不论它们是做句子的主词还是谓词。一个词项在某个语境中被指示性使用，当且仅当它被用来指称那个语境中的一个对象或一类对象。一个词项在某个语境中被谓述性使用，当且仅当它被用来描述那个语境中一个对象或一类对象所具有的属性、状态或作用。(2) 对于专名和自然种类词来说，其指示性使用是第一位的，其谓述性使用寄生于前者。(3) 对于限定摹状词来说，其谓述性使用是第一位的，其指示性使用寄生于前者。(4) 指示性使用和谓述性使用的区分是语义的而非语用的。第二节旨在表明：关于指称性使用和谓述性使用的区分是对当代语言哲学的新添加，因为它不同于先前已有的其他区分，如指称性用法和归属性用法、语义指称和说话者指称、从言模态和从物模态、宽辖域和窄辖域、模糊指称以及关于专名的谓述主义。第三节通过指示性使用与谓述性使用的区分去论证：对"亚里士多德有可能不是亚里士多德"和"亚里士多德有可能不是亚历山大的老师"这两个句子，分别有一种为真的解读和一种为假的解读。根据这一事实以及其他理由，可以断言：克里普克关于严格指示词和非严格指示词的区分是失败的。

一、主要论断

C1. 在不同的语境中，大多数词项都有指示性使用和谓述性使用，不论它

---

① Lowe E J. Does the Descriptivist/Anti-Descriptivist Debate Have Any Philosophical Significance? Philosophical Books, 2007, 48 (1): 27-33.

们是做句子的主词还是谓词。

在本章中，对"词项"做广义的理解，包括专名、限定摹状词（简称摹状词）、自然种类词、表示社会化事物或人造物品的词项，甚至包括形容词和动词。可以区分所有这些词项的两种用法并定义如下：

> 一个词项在某个语境中被指示性使用，当且仅当它被用来指称那个语境中的一个或一类对象。

> 一个词项在某个语境中被谓述性使用，当且仅当它被用来描述那个语境中一个或一类对象所具有的属性、状态或作用。

我们认为，在不同语境中，几乎任何词项都可以有指示性使用和谓述性使用，尤其是专名、摹状词和自然种类词。

首先，我们考虑一些包括专名的句子：

(1) 假如我是巴拉克·奥巴马，我会推行这样的国内政策和国际政策……

(2) 假如我是约翰·史密斯，我想要五个孩子。

(3) 假如没有受教于柏拉图，亚里士多德可能不是亚里士多德。

在（1）、（2）和（3）中，"巴拉克·奥巴马"、"约翰·史密斯"以及第二次出现的"亚里士多德"这些名字都不能做指示性解释：我们不能分别用它们指称我们世界中的一个特殊个体，因为我不能成为*巴拉克·奥巴马*①，我不是*约翰·史密斯*，而亚里士多德也不能成为一个不同于他自己的人。如果我们把句子（1）~（3）前件中的名字做指示性解释，这些前件就是没有意义的，而带有无意义前件的条件句也是无意义的。但在自然语言中，句子（1）~（3）确实都说得通。它们到底是什么意思呢？按照我的理解，在（1）中"奥巴马"被用来描述"奥巴马所占据的美国总统职位"这个属性，所以（1）的真值条件与下面这个反事实条件句的真值条件相同：

> (1′) 假如我拥有奥巴马所占据的美国总统职位，我会……

为了理解（2），让我们想象一下，*我* 是一个中国人，受限于中国政府（过去）的政策"一对夫妇只生一个孩子"。当他说（2）的时候，他很可能用"约翰·史密斯"来表示他的国籍或身份，所以（2）的真值条件与下面这个反事实条件

---

① 在本章中，当用斜体书写一个指标表达式时，代表它所指称的对象，而不是该表达式自身。比如，*亚里士多德*是亚里士多德这个人而非这个人的名字。

句的真值条件相同：

(2′) 假如我拥有约翰·史密斯的国籍或身份，我会……

在（3）中，"亚里士多德"的第一次出现是指示性使用，指称*亚里士多德*这个人，而第二次出现却被用来描述*亚里士多德*在古希腊所拥有的属性、状态或作用，比如，成为一个哲学家，成为一位知识巨人，等等。所以，（3）的真值条件与下面这个反事实条件句的真值条件相同：

(3′) 倘若没有受教于柏拉图，*亚里士多德*可能不同于他实际上之所是：他可能不是哲学家，他可能不是知识的巨人，等等。

按照我的观点，在句子（1）～（3）中，"巴拉克·奥巴马"、"约翰·史密斯"以及"亚里士多德"的第二次出现都有谓述性使用，被用来描述其指称物在现实世界中所具有的属性、状态或作用。

其次，考虑一组包含摹状词的句子：

(4) 东京是日本首都。
(5) 乔治·华盛顿是美国第一任总统。
(6) 司各脱是《威弗利》的作者。

对于（4）～（5）中主词和谓词的用法，我们既可以有指示性理解，也可以有谓述性理解。按照指示性理解，上面三个句子中的摹状词分别被用来指称现实世界中一个个具体的对象。以（5）为例："乔治·华盛顿"这个名字指称*乔治·华盛顿*这个人，而摹状词"第一任美国总统"也指称我们世界中的同一个人，故可以把（5）改写成"a = b"。（4）和（6）可以按同样的方式理解。于是，（4）～（6）都是真陈述。

按照谓述性理解，（4）～（6）可能有不同的意义，但它们依旧都是真的。以（6）为例。根据罗素，摹状词"《威弗利》的作者"不是一个指称性短语，而是一个复合谓词，适用或不适用于一个对象。事实上，（6）是三个句子的合取：至少一个人写《威弗利》，至多一个人写《威弗利》，谁写《威弗利》谁就是司各脱[①]。用符号表示：

(6′) $\exists x\ (Fx \wedge \forall y\ (Fy \rightarrow (y = x)) \wedge (a = x))$

[①] Russell B. Introduction to Mathematical Philosophy. New York：Clarion Books/Simon & Schuster，1919/1971：177.

但是，在某些语境中，摹状词只能做谓述性理解。考虑一个例子：

(7) 1970 年的美国总统可能不是 1970 年的美国总统。

假设把两次出现的"1970 年美国总统"都做指示性理解，用它们指示一个具体的人，即现实世界中*1970 年的美国总统*，也就是*理查德·尼克松*，那么，(7) 的真值条件就与下面这个必然为假的反事实条件句相同："*尼克松*有可能不是他自己。"而在自然语言中，(7) 确实说得通且有可能为真。所以，我们需要对"1970 年美国总统"的两次出现做不同的解释。我们依旧把这个短语的第一次出现，即 (7) 中的主词，解释为指示性的，用它去指示一个具体的人，即现实世界中*1970 年的美国总统*。但我们把它的另一次出现，即 (7) 中的谓词，解释为谓述性的，用它去描述一个属性或一个角色：1970 年的美国总统职位或身份。因此，(7) 的真值条件就与下面这个反事实条件句的相同："*现实世界中 1970 年的美国总统*，即*理查德·尼克松*，有可能没有赢取 1970 年的选举，故有可能没有 1970 年美国总统的身份。"如此解释，(7) 就是真的了。

考虑下面的例子：

(8) 阿尔伯特·爱因斯坦可能不是相对论的发明人。

我们可以用相同的方式去理解 (8)：(8) 的主词是指示性的，而其谓词是谓述性的。因此，(8) 的真值条件与下面这个反事实条件句的一样："*爱因斯坦*可能没有发明相对论"，这两个陈述都是真的。①

再次，考虑一些包含自然种类词的句子：

(9) 火是危险的，而愤怒是火。

---

① Rothschild 区分了角色型摹状词和特指摹状词。一个角色型摹状词，比如"家庭律师""总统""最高的飞行员"，它们在每一个可能情况中只指称适合这个摹状词的一个显著对象，但是在不同的情形中却可能指示适合这个摹状词的不同对象。相反，一个特指摹状词，比如，"那边的高个子男孩"、"我昨晚遇到的人"以及"这个地下室里的那只猫"等，将指称当前语境中满足这个摹状词的具体对象。一般而言，角色型摹状词相对于模态词取窄辖域，而特指摹状词相对于模态词取宽辖域。参阅 Rothschild D. Presuppositions and Scope. Journal of Philosophy, 2007, 104 (2)：71-106.

可以说，我们关于摹状词的指示性使用和谓述性使用的区分很接近 Rothschild 的区分。我认为，当一个摹状词做指示性使用时，它指称现实世界中的一个特定对象，对模态词取宽辖域；当一个摹状词做谓述性使用时，它描述一个对象实际所具有的属性、状态或作用，对模态词取窄辖域。

(10) 鸟会飞，我想成为一只鸟。

(11) 中国是一只睡狮，但她现在已经醒了。

这里，我们主要讨论句子（10）。在（10）中，"鸟"的第一次出现是指示性使用，指称一个自然种类；其第二次出现却不是指示性使用。从字面上理解，"我想成为一只鸟"表达了一个不可能实现的愿望，因为一个人不可能成为一只鸟。实际上，"鸟"的第二次出现是一种隐喻用法。根据莱可夫和约翰逊的观点，隐喻是从源论域到对象论域的一个偏映射，它创造了不同种类事物之间的相似性。① 在（10）中，源论域是"鸟"这个词项的外延，目标论域是我这个人。"我想成为一只鸟"意味着：说话人想具有鸟的一些特征：能够飞翔、自由自在、精力充沛、达到很高的位置、越过很长的距离、博览周围的事物等等。显然，"鸟"的隐喻用法就是我所说的"鸟"的谓述性使用，而"我想成为一只鸟"的真值条件与"我想具有鸟的一些特征……"这个句子的相同。

最后，考虑如下一些包含表示社会化事物或人工物品的词项的句子：

(12) 时间就是金钱。

(13) 论辩就是战争。

(14) 心灵就是机器。

这里主要讨论句子（13）。从字面上说，"论辩"和"战争"是不同的事物：论辩用文字进行，而战争用武器进行。但它们之间有一个结构上的平行对应："实际上，我们可以在论辩中获胜或失败。我们把我们与之论辩的人看作对手。我们攻击他的立场，捍卫自己的立场。我们赢得地盘并且失去地盘。我们计划并使用策略。如果我们发现一个立场是站不住的，我们就抛弃它，然后开辟一条新战线。我们在论辩中所做的很多事情都被战争这个概念部分地框定了。尽管没有身体上的战斗，却有语言上的战斗，而论辩的结构——攻击、防守、反攻等——都反映了这种语言上的战斗。正是在这个意义上，**论辩就是战争**的隐喻是我们文化中所遵循的隐喻，它框定了我们在论辩中所采取的行动。"②

此外，我们同意莱可夫的断定：在日常语言中，更复杂、更抽象的语言通

---

① Lakoff G, Johnson M G. Metaphors We Live By. Chicago：The University of Chicago Press, 2003：252.

② 同①4.

常由基本语言通过映射机制演变而来。"抽象概念大都是隐喻性的。"①

我们认为，在**论辩就是战争**的隐喻中，"战争"被谓述性使用，它描述一场军事战争所具有的性质、构成以及结构。故（13）的真值条件与下面这个句子的相同："论辩与战争在很多方面是相似的，比如……"

即使形容词和动词也可以有指示性使用或谓述性使用。考虑一个例子：

（15）比尔很聪明。

对（15）的谓词可以有不同的解释。按照指示性理解，"很聪明"用来指称一个类{x|x 是聪明人}，故（15）的真值条件与下面句子的真值条件一样："比尔是{x|x 是聪明人}这个类中的元素。"更直接地说："比尔是个很聪明的人。"按照谓述性理解，"很聪明"用来描述"很聪明"这种属性，（15）把这个属性归诸比尔。因此，（15）的真值条件与下面这个句子的相同："比尔有很聪明这种属性。"

动词有两个子类：不及物动词和及物动词。不及物动词可以被处理为一元谓词，比如"是聪明的"，及物动词被处理为 n（n>1）元谓词。在指示性使用中，它们指称满足一元谓词的个体集合，或者满足 n 元谓词的 n 元有序对的集合。在谓述性使用中，它们描述一个对象的显著特征，或存在于相关对象之间的关系。

C2. 对于专名和自然种类词来说，其指示性使用是第一位的，其谓述性使用寄生于前者。

大多数情况下，使用一个专名通常是用它去指称一个具体对象，尤其是它做一个句子的主词时。比如：

（16）苏格拉底是哲学家的哲学家。

这里，"苏格拉底"作为（16）的主词指称一位著名的古希腊哲学家。有时候，即使出现在一个句子的谓词位置上，专名依旧指称一个具体对象。看下面的例子：

（17）当代最杰出的物理学家兼宇宙学家是剑桥大学教授史蒂芬·霍金。

---

① Lakoff G, Johnson M G. Philosophy in the Flesh: The Embodied Mind and Its Challenge to Western Thought. New York: Basic Books, 1999: 5.

(18) 亚历山大大帝的老师可能不是亚里士多德。

作为句子（18）的谓词，"亚里士多德"依旧被指示性使用，指称一位古希腊的大学问家和大思想家。设想这样一种情形：当亚历山大的父亲为他儿子亚历山大寻找老师时，有些重要人物向他推荐了亚里士多德。经过查询和考核，他决定聘任亚里士多德为亚历山大的老师。不幸的是，亚里士多德当时恰好感染了严重的传染病，故亚历山大的父亲收回了他的决定，而聘任了阿斯派尔作为亚历山大的老师。在这种情况下，反事实条件句（18）就是真的了。

如前面的句子（1）～（3）所表明的，名称也可以被谓述性使用，用来描述现实世界中具体事物所具有的属性、状态或作用。考虑另一个例子：

(19) 要不是出生且在美国长大，几乎可以确定：奥巴马不会是奥巴马。

显然，在（19）中，"奥巴马"的第一次出现被用来指称美国第 44 任总统奥巴马这个人，但是"奥巴马"的第二次出现是谓述性的，用来描述奥巴马实际具有的一些显著特征：毕业于美国两所著名高校，是一名民权律师，是芝加哥大学高级讲师，是美国参议员，两次当选美国总统，获得诺尔和平奖，等等。所以，（19）的真值条件与下面这个反事实条件句的一样："要不是他出生且生活在美国，几乎可以确定：奥巴马不会拥有他实际上拥有的整个职业生涯。"

在讨论自然种类词或专名的谓述性使用之前，我们需要先确定名称或词项在指称哪个对象或对象类，在此之后，我们才能确定那个对象或对象类实际上有哪些属性、状态或作用。正是在这个意义上，我断言，专名和自然种类词的指示性使用是第一位的，它们的谓述性使用寄生于其指示性使用。另外，在做一个句子的主词时，专名通常被指示性使用。不过，即使做一个句子的主词，专名也有可能被谓述性使用。考虑下面的例子：

(20) 夏洛克·福尔摩斯是一个侦探。

按照罗素的摹状词理论，所有的名字都是伪装的摹状词。所以，"夏洛克·福尔摩斯"这个名字就等于一个复合描述"那个 H"。令 D 是"是一个侦探"这个谓词的符号化。于是，可以把（20）表述为（21），其中名字"夏洛克·福尔摩斯"被谓述性使用。

(21) $\exists x(Hx \wedge \forall y(Hy \rightarrow (y=x)) \wedge Dx)$

在做一个句子的谓词时，专名通常被谓述性使用。不过，即使做一个句子的谓词，专名也有可能被指示性使用，如同前面句子（4）~（6）中所示的那样。①

C3. 对于摹状词来说，其谓述性使用是第一位的，其指示性使用寄生于前者。

摹状词的情况与专名和自然种类词的情况不同。从字面上说，一个摹状词，比如"世界最高峰"，描述了只有一个特定对象才具有的特征。然后，我们尽最大努力去寻找哪个对象唯一地具有这个特征。如果成功了，我们就确定了这个摹状词的所指。正是在这个意义上，对于摹状词来说，其谓述性使用是第一位的，其指示性使用寄生于其谓述性使用。若按照罗素的方式来处理摹状词，摹状词只不过是一个复合谓词，相对于现实事物为真或为假，无论它是句子的主词还是谓词，它都被谓述性使用。如前面句子（4）~（6）所示，一个摹状词也可以指称现实世界中适合这个摹状词的对象，不管它是一个句子的主词还是谓词。在这种情况下，该摹状词有指示性使用。

C4. 指示性使用和谓述性使用的区分是语义的而非语用的。

当我们表述指示性使用和谓述性使用的区分时，我们提到了"词项在不同语境中的用法"。鉴于此事实，有些同行问我们，这个区分究竟是语义的还是语用的？他们认为似乎是语用的。如果真是这样，我们可以让名称的语义学保持简单，然后通过诉诸语用方面的考虑，比如格莱斯提出的"交际意图"和"会话涵义"②，来解释这些特殊的句子。我们不这样认为。

首先，我们应该弄清楚语义学和语用学的区分。正如莱肯所言："……语义

---

① 当我完成本章初稿之后，有人提醒我，我的指示性使用和谓述性使用的区分与 Tiedke 的观点有些接近："……在话语语境中，名字是与一个特定的引入或命名行为相关联的表达式，这个行为随后被用来决定该名字的语义值。有些引入行为涉及用一个名字指称一个个体。这类命名活动将是指称性的。但是，还有其他种类的命名。例如，虚拟的命名并不包含对个体的指称。相反，它们涉及把一组属性与一个名字关联起来"[Tiedke H. Proper Names and Their Fictional Uses. Australasian Journal of Philosophy, 89（4）: 707]。经仔细检视，我们的观点比 Tiedke 的观点更全面也更激进。因为我们认为，几乎所有的词项，包含专名、限定摹状词、空名和自然种类词等，都有两种不同的用法。做谓述性使用时，它们描述话语语境中某些对象所具有的属性、状态或作用。而 Tiedke 只把指称性用法归于专名，但把我们所谓的"谓述性使用"用法归于空名。

② Grice H P. Logic and Conversation//Cole P, Morgan J L. Syntax and Semantics. New York: Academic Press, 1975: 41-58.

学和语用学的区别被认为是：前者处理句子类型的与语境无关的意义，而后者处理语言表达式在语境中的社会使用。但是，有两个理由认为这种刻画过于简单：第一个理由是在一个重要的意义上，大多数句子类型并没有与语境无关的意义；第二个理由是……社会使用的因素以某种特殊的方式与我们否则会认为是命题意义的东西相互贯通。"①

我们同意上面的说法。正如作者在两篇文章② 中所论证的，自然语言的语义学并非只考虑语言与世界之间的二元关系，而是要考虑语言、语言共同体和现实世界之间的三元关系。当谈论语言表达式的意义和指称时，我们必须密切注视语言共同体所建立的约定、习惯、一般意图以及语言规则，它们都以某种方式与话语语境相关联。语义学仅仅撇开带有特殊意图的特殊使用者在某个特殊语境中对语言表达式的特殊使用。比如，说"这是一个教室"这句话意在阻止某人在教室里吸烟。相比之下，语用学除了考虑语言共同体之外，还要关注语言表达式在该语言的某个具体使用者那里的特殊用法，该使用者在特殊的语境中带着特殊的意图说话，故他的陈述具有特殊的意义，格赖斯称之为"会话涵义"。根据我目前的理解，语义学和语用学都需要研究语言、语言共同体和世界之间的三元关系，它们都需要考虑到话语语境。其唯一差别在于：语义学关注语言共同体的层次，而语用学关注语言的特殊使用者的层次。可能正是因为意识到这个事实，布兰顿认为，"语义学对语用学构成呼应"③。

在这个意义上，卡普兰对索引词的分析是语义的而非语用的。通过诉诸语境和情景，卡普兰区别了索引词的"特征"和"内容"：特征是从语境到内容的函数，内容是从赋值情景到适当外延的函数。④ 他试图由此澄清索引词相对于

---

① Lycan W G. Philosophy of Language, A Contemporary Introduction. 2nd ed. New York: Routledge, 2008: 138.

② 陈波. 语言和意义的社会建构论. 中国社会科学, 2014 (10): 121-142; 名称究竟如何指称对象？一个新的名称理论. 南国学术, 2015 (3): 79-91.

③ Brandom R. Making it Explicit, Reasoning, Representing, and Discursive Commitment. Cambridge, MA: Harvard University Press, 1994: 83. 也可以参看下一节中克里普克关于语义指称和说话者指称的区别。必须承认，我目前很难说清楚语义学和语用学之间的区别。对此我需要做进一步研究。

④ Kaplan D. On the Logic of Demonstratives. Journal of Philosophical Logic, 1978, 8 (1): 81-98; Dthat// Cole P. Syntax and Semantics. New York: Academic Press, 1978: 213-233; Demonstratives// Almog J, Perry J, Wettstein H. Themes From Kaplan. Oxford and New York: Oxford University Press, 1998: 481-563.

语言共同体的普遍语义学特征，而不是它们相对于特殊语境中特殊说话者的特殊的语用学特征。

重新考虑前面谈到过的句子（带有其原有编号）：

(3) 假如没有受教于柏拉图，亚里士多德可能不是亚里士多德。

(7) 1970年的美国总统可能不是1970年的美国总统。

(10) 鸟会飞，我想成为一只鸟。

(13) 论辩就是战争。

为了正确理解这些句子以及其中词项的指示性使用和谓述性使用，我们无须考虑这样的语用要素，比如谁（who）、对谁（whom）、何时、何地、什么意图，等等。仅仅因为这一点，就可以断言：我的指示性使用和谓述性使用的区分是语义的而非语用的。

对于我们所提出的指示性使用和谓述性使用的区分，有人表达了这样的担忧：上面给出的例句在语言中都是一些很边缘的例子，并不具有典型性。有同行问我：我们真的需要引入系统的区分来安置这些例子吗？他们自问自答说：假如让名称总是起语义作用，而通过一些辅助的（比如语用的）机制去处理上面给出的例句，这样的做法或许会更为简便。我们的回答是：不，这些例子在语言中不是边缘性的，我们不能把它们扔进一个无所不包的语用学篮子里。可以说，我们的区分是植根于哲学、语言学和逻辑学中的一个深广的传统。众所周知，亚里士多德提出了十范畴系统。通常，实体，尤其是第一实体，会处于直言句子的主词位置，用来指称一个具体对象；其他九个范畴（数量、性质、关系、空间、时间、姿势、样态、主动、被动）以及第二实体，都处于直言句子的谓词的位置，用来描述个体（即第一实体）的不同特征。所以，他的系统首先是对直言句子的主词和谓词的分类，同时也是对世界中存在物及其存在方式的分类。斯特劳森探讨了直言句子中主词与谓词的逻辑区别，他强调在一个主谓式句子中，主词描述了某一时空中的一个（或者一对或者三个）殊相，而谓词例示了某一共相。① 我们的新发现（隐藏在指示性使用和谓述性使用这一区分中）在于：几乎所有词项，包括专名、摹状词、自然种类词等，都可以被指示性使用和谓述性使用，不管它们是做句子的主词还是谓词。更具体说，当一个词项做一个句子的主词时，有时候它被指

---

① Strawson P F. Subject and Predicate in Logic and Grammar. London：Methuen，1974.

示性使用，用来指称一个具体对象；有时候它被谓述性使用，用来描述某个对象的显著特征。当一个词项做一个句子的谓词时，情况与前者相似。即使一个词项在一个句子中出现两次，第一次做句子的主词时，它可能被指示性使用，第二次做该句子的谓词时，它可能被谓述性使用，反之亦然。我们如何去识别这种区别？我们的回答是：我们需要诉诸说话者在话语语境中的意图。在一个语境中说话者可能意图用它来指示一个具体对象，而在另一个语境中可能意图用它来描述一个对象的显著特征。在第一种情况下，他在对这个词做指示性使用；在第二种情况下，他在对这个词做谓述性使用。我们的字典无须因此变得过分复杂。

二、进一步澄清

本节旨在证明，我们所提出的指示性使用和谓述性使用的区分，不同于语言哲学中先前已有的各种区分或观点，如指称性用法和归属性用法、语义指称和说话者指称、从言模态和从物模态、宽辖域和窄辖域、模糊指称以及关于专名的谓述主义，因而是对于语言哲学的新添加。

1. 指称性用法与归属性用法

作为对罗素（1905）和斯特劳森（1950）[1] 的回应，唐奈兰区分了摹状词的指称性用法（referential use）和归属性用法（attributive use）："在一个断定中，一个说话者指称性地使用限定摹状词……来使其听众能够理解他在谈论谁或什么，并且对那个人或事物说了些什么。"[2] 比如，如果我说"史密斯的谋杀者是一个疯子"，并且指称性地使用"史密斯的谋杀者"这个摹状词，那么，我在头脑中已经有了某个人（比如琼斯），我意图说琼斯是一个疯子。即使他是无辜的，即使你知道他是无辜的，只要你知道我意图用那个摹状词来指示他，那个摹状词依旧指称琼斯。在这里，该摹状词的出现不是实质性的，相反，"它只是用来做某项工作——让大家关注某个人或某件事——的工具，一般来说，任何其他工具，例如其他的摹状词或名字也能做这同样的事情"。"在一个断定

---

[1] Russell B. On Denoting. Mind, 1905, 14 (56): 479-493; Strawson P F. On Referring. Mind, 1950, 59 (235): 320-344.

[2] Donnellan K S. Reference and Definite Descriptions. Philosophical Review, 1966, 75 (3): 285.

中，一个说话者归属性地使用限定一个摹状词，他陈述了如此这般的无论何人或无论何物的某些东西。"① 比如，如果归属性使用"史密斯的谋杀者"，我就是在说任何杀死史密斯的人（不论是男是女）都是疯子。即使我根本不知道他或她是谁，我依旧可以这样做。在这种情况下，该摹状词的出现是实质性的。

根据我们的理解，对于唐奈兰来说，不论一个摹状词是指称性使用还是归属性使用，它总是指称一个对象，两种用法的区别在于：做指称性使用时，摹状词指称说话者假设适用于该摹状词的具体对象；做归属性使用时，摹状词指称任何满足该摹状词的人或事物。在第一种情况下，说话人头脑中有一个具体对象；在后一种情况下，他的头脑中没有这个对象，但是他谈论了实际上满足这个摹状词的任意对象，尽管他并不知道他或她是谁。所以，唐奈兰提出的指称性用法和归属性用法都在我们的"指示性使用"的范围之中，他的区分没有触及我的"谓述性使用"。当谈论摹状词的归属性用法时，他的目的不是谈论那个属性自身，而是谈论他把这个属性归之于它的任意对象，而这个属性是那个摹状词所描述的。因此，我们的"指示性使用"不同于唐奈兰的"指称性用法"，我们的"谓述性使用"不同于他的"归属性用法"。这就是为什么我们要选用不同的词来标示我们两人的区分的原因。

我们认为，唐奈兰关于摹状词的"归属性用法"并没有抓住罗素摹状词理论的精髓。对于罗素来说，任何限定摹状词都不是指称短语：它并不指称任何对象（不论是现实的还是虚构的对象），它只是（为真或为假地）描述了我们世界中的实际对象，并且它（为真或为假地）把某些属性归诸实际对象。只有实际对象才真正存在，虚构的对象，比如"当今的法国国王"，并不存在。我们不能使用任何词项，不论是专名还是摹状词，来指称虚构的对象。这是罗素摹状词理论的本质要点。对于唐奈兰来说，即使在他的归属性用法中，摹状词依旧指称适用于该摹状词的对象，而不管这个对象是什么。它依旧是指称性短语。这不同于罗素的观点。但是，我们的"谓述性使用"与罗素的摹状词观点非常相近。在做谓述性使用时，词项并不直接指称（实际的或虚构的）对象，它只是描述一个对象所具有的属性、状态或作用。事实上，该词项是一个映射函数：它把一个对象映射到这个

---

① Donnellan K S. Reference and Definite Descriptions. Philosophical Review, 1966, 75 (3): 285.

对象的显著特征上。①

2. 语义指称与说话者指称

克里普克区分了指示词的两种指称。在一个已知的个人话语（通常涉及一个很大的语言共同体）中，指示词的语义指称（semantic reference）是被个人话语的约定或规则以及指示词所在的世界的事实（比如满足所谈到的描述属性的事实）所决定的事物。既然一个语言的约定或规则是大的语言共同体的事情，那么也可以说，指示词的语义指称是语言共同体使用该指示词来指称的那个事物。但是，那个指示词的说话者指称（speaker's reference）却是"……在某个场合，那个对象是说话者想要谈论并且相信其存在的，它满足成为指示词的语义指称的条件。他使用指示词时的意图是断定所谈论的对象（它可能并不真是那个语义指称，如果说话者对它满足这个恰当的语义条件的信念是错误的）"②。

可以说，语义指称是由语言共同体所建立起来的语言约定或规则所决定的，所以它是语义现象；另一方面，说话者指称是由说话者的意图、信念和语境要素决定的，所以它是语用现象。对于克里普克来说，唐奈兰关于摹状词的指称性用法和归属性用法的区别仅仅是他的语义指称和说话者指称区别的一个例子，但是他的区别同样适用于摹状词和专名。在一般情况下，语义指称和说话者指称是一致的，但是在某些情况下它们是分开的。考虑下面两种情况：

情况 I：有两个人 A 和 B 看到一位女士与一位男士。A 认为那个男士是那位女士的丈夫，并且观察了他对她的态度。但事实上这位男士并不是她的丈夫，而是她的情人，她因为受其丈夫的虐待因而找了这个情人。B 知道这个事实。

---

① 词项的谓述性使用看起来与 Nunberg 等人研究的"延迟指称"（deferred reference）有某种关系。Nunberg 说："我用'延迟解释'（或'延迟'）去意指这个现象：表达式可以用来指称（或适用于）并未明确包含在该表达式的约定指称中的事物。"（Nunberg G. The Pragmatics of Deferred Interpretation//Horn L, Ward G. The Handbook of Pragmatics. Oxford: Blackwell, 2004: 344.) 考虑 Nunberg [Transfers of Meaning. Journal of Semantics, 1995, 12 (2): 109-132] 关于延迟指称的两个例子：(1) 汉堡三明治在7号桌；(2) 叶芝依旧被广泛阅读。句子 (1) 是饭店中一个服务员对她的同事所说的话。在 (1) 中，服务员的指称在下面的意义上是延迟的：她用"汉堡三明治"间接指称点汉堡三明治的那位客人。在 (2) 中，说话者用诗人的名字来指称他的诗作。延迟指称究竟是语义现象还是语用现象？这是一个待研究的问题。有必要认真讨论我们的"谓述性使用"与"延迟指称"的关系，但这件事情显然无法在本章中完成，因为它已经过长了。

② Kripke S. Speaker's Reference and Semantic Reference. Midwest Studies in Philosophy, 1977, 2 (1): 264.

在 A 和 B 之间有两个对话：

对话 I　A：她的丈夫对她很好。

B：不，他不是。你指称的那个人并不是她的丈夫。

对话 II　A：她的丈夫对她很好。

B：他确实对她很好，但他不是她的丈夫。

在这两个对话中，A 使用摹状词"她的丈夫"来指称那位女士的情人，后者是那个摹状词的说话者指称。B 知道 A 用"她的丈夫"指称的是谁。但是，在对话 I 中，B 使用指示词"他"来指称 A 的"她的丈夫"的语义指称；在对话 II 中，B 使用"他"来指称它的说话者指称。在这些对话中，"她的丈夫"和"他"的语义指称与说话者指称分开了。①

情况 II：两个人 A 和 B 看到远处的史密斯，并且误认为他是琼斯。他们有一个简短的对话：

A：琼斯在干什么？

B：在耙树叶。

在日常语言中，"琼斯"是*琼斯*这个人的名字，它并不指称*史密斯*。但是，在这个对话中，显然 A 和 B 用这个名字来指称*史密斯*，并且 B 说了某些适用于他所指称的那个人的东西当且仅当*史密斯*确实在耙树叶（不论*琼斯*是否在耙树叶）。在这种情况下，*琼斯*是"琼斯"的语义指称，而*史密斯*却是它的说话者指称。②

与唐奈兰所区分的摹状词的指称性用法和归属性用法相似，克里普克对指示词的语义指称和说话者指称的区分也只局限在我们的"指示性使用"范围内，也就是说，指示词被用来指称的对象是语言共同体认为这个指示词所指称的对象，或者是说话者相信这个指示词所指称的对象。我们的"谓述性使用"既没有被唐奈兰处理，也没有被克里普克处理。这就是为什么克里普克认为句子"亚里士多德可能不是亚里士多德"是必然为假的，因为它只意味着一个人可能是不同于他自己的一个人。但是，根据我们的区分，这个句子有一种为真的解读："亚里士多德可能不是他实际所是的那样。"我们将在下一节进一步澄清这

---

① Kripke S. Speaker's Reference and Semantic Reference. Midwest Studies in Philosophy, 1977, 2 (1): 256, 270.

② 同①263, 274.

个观点。

3. 从言模态与从物模态

关于模态词在模态语句中的辖域问题，早在中世纪，欧洲经院逻辑学家就区分了从言模态（*de dicto* modality）与从物模态（*de re* modality）。从言模态牵涉这样一个模态语句，在其中模态词修饰一个完整的句子，有可能涉及真实的或纯粹虚构的对象。考虑几个例子，"超人会死，这是可能的"，"巴拉克·奥巴马获得诺贝尔和平奖，这是偶然的"，"每个人都会死，这是必然的"。用符号表示，这些句子分别可以形塑为：$\Diamond p$，$\Diamond (Fa)$（有可能 a 是 F），或者 $\Box \forall x (Px \rightarrow Mx)$。从物模态把模态词插在一个模态语句的中间，它修饰该句子的主词与谓词的关系，比如，"美国将来有可能不是世界第一的国家"，"每一个丈夫都必然是结过婚的"，"没有人有可能抓着自己的头发上天"。部分用符号表示，这些句子分别可以形塑为：a 可能不是 F，$\forall x (Hx \rightarrow \Box Mx)$，或者 $\neg \exists x (Rx \wedge \Diamond (P(x, x 的头发) \rightarrow P(x, 上天)))$。从物模态断言一个对象可能有某些属性，必然有某些属性或偶然有某些属性。这种主张预设了被讨论对象的存在。① 另外，我们可以把从言模态与从物模态的区分扩展到命题态度，在其中"断定""知道""相信"扮演了重要的角色。

从言模态与从物模态的区分与我们的指示性使用与谓述性使用的区分之间有什么关系吗？对此很难做出回答。首先，它们是不同的区分：前者与模态语句中模态词的辖域有关，后者与在句子中如何使用词项有关。其次，它们之间依然有某种联系。一方面，在包含专名或摹状词的从物模态语境中，有些具体对象被标记出来或被指定，然后我们谈论这个对象可能或必然具有某些性质。在这种情况下，指称对象的名称或摹状词必须做指示性使用。另一方面，即使在从言模态语境中，词项仍可以被指示性使用或谓述性使用。比如，在句子"罗伯特知道亚里士多德是最伟大的古代哲学家"中，"亚里士多德"确实是指示性使用，它指称一个个体，即*亚里士多德*，但"最伟大的古代哲学家"既可以是指示性使用，也可以是谓述性使用。在句子"必然地，假如没有受教于柏拉图，亚里士多德可能不是亚里士多德"中，"柏拉图"和"亚里士多德"的

---

① 如果我们把一个对象或一个自然种类词的"必然属性"等同于它的"本质属性"，那么，从物模态就将导致本质主义，它断定每一个对象或对象的类都有本质属性。但是，把必然属性等同于本质属性已经被 Kit Fine 充分反驳了。参见 Fine K. Essence and Modality. Philosophical Perspectives. Logic and Language，1994，8：1—16。

第一次出现是指示性使用，而"亚里士多德"的第二次出现是谓述性使用，它指向*亚里士多德*实际具有的属性、状态或角色。所以，在从言模态和从物模态的区分与我的指示性使用和谓述性使用的区分之间，没有严格的对应：从言模态或从物模态语境中都有可能出现词项的指示性使用和谓述性使用。

4. 宽辖域与窄辖域

这个区分可以追溯到罗素的一系列工作[①]。为了解释包含限定摹状词的句子，罗素区分了摹状词在句子中的初现和次现。一个限定摹状词的出现是初现（primary occurrence），如果该摹状词的辖域是它出现于其中的整个句子；一个摹状词的出现是次现（secondary occurrence），如果该摹状词的辖域只是它出现于其中的句子的一部分。比如：

(1) 当今法国国王不是秃子。

对于句子（1）有两种可能的解释：

(2) 恰好有一个个体，他是当今法国国王且不是秃子。

(3) 并非恰好有一个个体，他是当今法国国王且是秃子。

用符号表示，(2) 可改写为 (4)，(3) 可改写为 (5)：

(4) $\exists x(\varphi x \wedge \forall y(\varphi y \rightarrow (y = x)) \wedge \neg \psi x)$

(5) $\neg \exists x(\varphi x \wedge \forall y(\varphi y \rightarrow (y = x)) \wedge \psi x)$

显然，(4) 是假的，而 (5) 是真的。令"$x\varphi(x)$"是摹状词"唯一满足φ的个体"的符号化。为了强调摹状词的初现与次现的区别，罗素把（4）缩写为 (6)，把 (5) 缩写为 (7)：

(6) $[\iota x\varphi(x)](\neg \psi(\iota x\varphi(x)))$

(7) $\neg[\iota x\varphi(x)](\psi(\iota x\varphi(x)))$

在 (6) 中摹状词"$\iota x\varphi(x)$"有宽辖域（wide range），它的辖域是它出现于其中的整个句子；在 (7) 中，摹状词"$\iota x\varphi(x)$"有窄辖域（narrow range），它的辖域是它出现于其中的句子的一部分。

[①] Russell B. On Denoting. Mind, 1905, 14 (56): 479−493; Co-Authored with Whitehead A N. Principia Mathematica: Vol. 1. Cambridge: Cambridge University Press: 1910; Introduction to Mathematical Philosophy. New York: Clarion Books/Simon & Schuster, 1919/1971: 167−180.

指示词，包括专名、摹状词、自然种类词等，相对于它出现于其中的句子的模态词，也可以有宽辖域或窄辖域。如果一个指示词相对于模态词取宽辖域，那么某个具体对象就被锁定或被描述，而且指示词的用法必须是指示性的。如果一个指示词相对于模态词取窄辖域，那么根据我们如何理解它出现于其中的那个句子，它可以是指示性使用，也可以是谓述性使用。所以，我们的指示性使用和谓述性使用的区分不同于宽辖域和窄辖域的区分。这两种区分之间没有严格的对应关系。这一点将在下一节中进一步澄清。

5. 模糊指称

模糊指称（ambiguous reference）与确定专名和自然种类词的机制有关。最近有些作者论证说，专名或自然种类词（比如说 T）的指称可以被模糊地决定。有时候，T 的指称是以摹状词的方式决定的：它是任何满足某些摹状词的东西，有能力的使用者会把这些摹状词与 T 联系起来，并且相信 T 所指称的对象存在。有时候，T 的指称是以一种因果历史的方式决定的：只有当 T 的使用通过一连串的交流追溯到最初的命名活动，或通过 T 的某些恰当奠基追溯到某个对象时，T 才指示那个特定对象。当然，T 的不同指称确定机制将确定 T 的不同指称，所以 T 也可以指示不同的事物。这就是"模糊指称"说法的由来。关于自然种类词的模糊性的最早论证来自基切尔[1]。最近几年，作为实验哲学的实践者，尼古拉斯、皮尼罗斯和马伦等人对专名和自然种类词如何指称对象做了一些实验。他们用模糊指称对其所收集的实验资料进行解释。[2]

显然，我们的指示性使用和谓述性使用的区分与上面解释的模糊指称没有任何关系。对我来说，一个词项（比如说 T）是指示性使用的，如果它被用来指称某个世界中的对象；T 是谓述性使用的，如果它被用来描述一个对象的显著特征。T 的指示性使用关注 T 的指称，而 T 的谓述性使用关注 T 的属性、状态或作用。这是我们的区分的关键所在。正如我们所理解的那样，T 的"模糊

---

[1] Kitcher P. Theories, Theorists and Theoretical Change. Philosophical Review, 1978, 87 (4): 519−547; The Advancement of Science: Science without Legend, Objectivity without Illusions. Oxford: Oxford University Press: 1993.

[2] Alexander J. Experimental Philosophy: An Introduction. Cambridge and Malden, MA: Polity Press, 2012: 70−88; Pinillos A. Ambiguity and Referential Machinery//Suikkanen J. Advances in Experimental Philosophy of Language. London: Bloomsbury Publishing, 2015: 139−156; Haack S. Justice, Truth, and Proof: Not So Simple, After All, in Jordi Ferrer Beltran. Debatiendo Con Taruffo, Sao Panlo: Marcial Pons, 2016: 311−346.

指称"在两种意义上是模糊的：第一，它意指 T 的不同的指称确定机制；第二，它意味着 T 可能指称的不同对象。所以，模糊指称并不考虑我对 T 的"谓述性使用"，也就是说，T 并不被用作指称 T 之载体，而是被用作描述 T 的载体的显著特征。所以，我们的指示性使用和谓述性使用的区分与所谓的"模糊指称"完全不同。

6. 专名的谓述主义

最近一些年，谓述主义（predicativism）作为一种新的名称理论开始崭露头角。追溯其源头，最早由斯洛特提出了很多组句子来表明专名和普通可数名词在语法层次上有惊人的相似。伯奇提出了一些新的例子，在其中专名作为谓词出现且按照字面意思被使用。他断定，专名是适用于某个个体的谓词当且仅当该专名已经以恰当的方式被归诸那个个体。法拉发现了很多例子，它们表明专名和普通可数名词有一种语法上的平行关系。她还主张，一个专名 N 是适用于一个事物的谓词当且仅当它被称作 N。比如，"Alfred"是适用于一个事物的谓词当且仅当它被称作 Alfred。①

谓述主义者认为，专名只不过是一类特殊的普通可数名词，它们的语义功能是指示个体的属性。在话语语境中，一个句子里出现的专名，比如说"Alfred"，只表达一个属性，即承载"Alfred"这个名字的属性，而这个属性是它对这个句子所表达的命题所做出的语义贡献。因为在主词位置上包含名字的句子直观上并不是关于这些属性的，故谓述主义者进一步解释说：名字（在主词位置上）的单纯出现伴随着一个没有说出来的"that"（在伯奇那里）或"the"（在法拉那里），以便形成一个复合的"that Alfred"或者"the Alfred"。因此，对于谓述主义者来说，主词位置上的一个名字的语义值就等于一个复合指示词或者不完全的限定摹状词的语义值。

下表从斯洛特、伯奇和法拉那里选出了一些例子，用来表明专名和普通可数名词一样也能有定冠词和不定冠词、数值限定词和量词，所以它们与其他普通名词一样也是谓词。

　　　　［1a］一个人走过去了。　　　　［1b］一个史密斯走过去了。

---

① Sloat C. Proper Nouns in English. Language, 1969, 45（1）：26-30；Burge T. Reference and Proper Names. Journal of Philosophy, 1973, 70（14）：425-439；Fara D G. Names are Predicates. Philosophical Review, 2015, 124（1）：59-117；"Literal" Uses of Proper Names//Bianchi A. On Reference. Oxford：Oxford University Press, 2015：249-277.

[2a] 有些人走过去了。　　[2b] 有些史密斯走过去了。
　　[3a] 人都必须呼吸。　　　[3b] 史密斯都必须呼吸。
　　[4a] 那个聪明人走过去了。　[4b] 聪明的史密斯走过去了。
　　[5a] 来自北方的熊是可怕的。　[5b] 来自北方的撒拉是可怕的。
　　[6a] 我们系有两个俄罗斯人。　[6b] 我们系有两个戴维斯。
　　[7] 有些阿尔弗雷德是疯狂的，有些是理智的。
　　[8] 博物馆里有两个斯特拉。

基于这类语言资料，伯奇和法拉认为，名字在它们出现的所有场合都是谓词。这叫作"统一论证"，其目的是表明关于名称的谓述主义比其他理论（比如指称主义）有优势，因为前者为名称出现其中的所有句子提供了单一的意义分析。

　　我对名称的看法与谓述主义很不相同。我们认为，自然语言中的名称有两种用法：指示性使用和谓述性使用。按照指示性使用，名称被用来指称一个个体。比如，在句子"克里普克是《命名与必然性》的作者"中，"克里普克"这个名字被用来指称克里普克这个人；在句子"威尼斯是一个美丽的意大利城市"中，"威尼斯"这个名字被用来指称*威尼斯*这座意大利城市。所以，我们不认为所有的名称都被用作谓词，被用于描述某个对象的属性。即使我对名称的谓述性使用也不同于谓述主义者的主张。重新考虑上一节的句子（19）：

　　（19）要不是出生且在美国长大，几乎可以确定：奥巴马不会是奥巴马。

　　通常，谓述主义者认为（19）中"奥巴马"的两次出现都是指示"奥巴马"这个名字所承载的属性。我们不知道他们按照他们的方式如何合理地解释（19）。在我们看来，"奥巴马"的第一次出现是指示性使用，它指称*奥巴马*这个人，但它的第二次出现却是谓述性使用，所描述的不是"奥巴马"这个名字所承载的属性，而是*奥巴马*这个人的显著特征，比如说，毕业于美国两所著名高校，两次当选为美国总统，获得过诺贝尔和平奖，等等。

　　至此为止，我们认为可以得出结论：我们关于词项的指示性使用与谓述性使用的区分是对当代语言哲学的新添加。并且，还可以用这一区分去反驳克里普克关于严格指示词与非严格指示词的区分，并由此证明：克里普克关于严格指示词和非严格指示词的区分是不成立的。简述理由如下：

　　第一，克里普克对严格指示词的"官方"定义似乎与得出这个概念的语言直观不相容。当我们对一个现实对象进行各种反事实谈论的时候，我们依旧在谈论那个现实对象，并且构想出那个对象可能牵涉其中的各种可能情况。如果是这样，似乎只有现实对象的名字可以是严格指示词，空专名不能是严格指示词。但是，从克里普克的"官方"定义可以推知：空专名也是严格指示词。连克里普克本人也不接受这一推论。

第二，在他关于严格性的直观测试以及他反驳描述论和支持严格性的模态论证中，克里普克似乎预设了：名称总是被指示性使用，摹状词很多时候被谓述性使用。但我们已经表明，这个预设是不成立的，因为在话语语境中，名称和摹状词既可以被指示性使用，也可以被谓述性使用。

第三，克里普克断定名字是严格指示词，而摹状词不是。但我们已经表明，这个断言是不成立的，因为有很多方式可以使摹状词成为严格指示词。在做指示性使用时，摹状词"那个 F"指称现实世界中的一个特定对象。如果我们把这个摹状词增补为"@中的那个 F"，那么，在任何可能世界中，那个增补后的摹状词将指示它在现实世界中所指示的对象，所以是一个严格指示词。

第四，克里普克隐含预设了：相对于模态词，名字总是取宽辖域，摹状词经常取窄辖域。但我们已经表明，这个预设是错误的，因为相对于模态词，有时候名称和摹状词都取宽辖域，有时候又都取窄辖域，有时候其中一个取宽辖域而另一个取窄辖域。

第五，在关于现实对象的反事实讨论中，名字甚至不是绝对必要的，因为在这些讨论中，我们可以用代词和实指动作来实现对象化指称，而不必用名字。模态谓词逻辑是有关对象存在的形而上学理论，它与语言哲学没有直接关系，尤其与名称理论没有直接关系，尽管它可以被应用到这些领域中去，就像一阶逻辑的情形一样。

第 34 章 语言和意义的社会建构论
——语言如何工作？意义如何生成？

本章将提出和论证"语言和意义的社会建构论"（SCLM）①，包含 6 个命题，即 P1—P6，其主旨在于：把语言的意义由"语言和世界"的二元关系变成"语言、人和世界"的三元关系，其中语言共同体对语言和世界的关系施加了决定性影响。

有必要先澄清一下"语言"和"意义"这两个关键性概念。根据《牛津英语词典》，"语言"的第一个义项是"由一个民族、人群或种族所使用的词语及其组合方式的整体"；在广义上，指"词语以及把它们组合起来以表达思想的方法"。在语言哲学文献中，"意义"（meaning）一词有多种用法。根据弗雷格，语言表达式的意义包括涵义和所指。按照普特南，"意义"仅指语言表达式所内蕴的涵义，被人的心智所理解和把握，他常常并列使用"意义"和"指称"两个词。根据格赖斯，语言表达式的"意义"不仅包括"字面意义"或"词典意义"，而且还包括在特定语境中被特定说话者使用所衍生的特殊意义，即"会话涵义"。在讨论语言和意义时，本章仅限于语义学层面，将按照弗雷格的方式，偶尔也按照普特南的方式使用"意义"一词；不进入语用学层面，不考虑格赖

---

① "建构论"（constructivism）这个词被用在各种不同的领域，有各种牌号和学说立场。在形而上学领域，建构论常带有反实在论色彩，至少是避免做出明显的实在论承诺。在认识论领域，建构论者断言：科学理论是由科学家建构出来的，而不是来自外部世界的发现；科学概念是为了解释感觉经验而提出的心智构造；在科学中，不存在单一有效的方法论，相反有各式各样有用的方法。就外部世界的实在性而言，笔者是一位坚定的实在论者，承认有一个独立于人类心灵而独立存在的外部世界，尽管严格证明这一点是十分困难的。不过，就语言和意义而言，笔者却是一名坚定的建构论者：语言及其意义都是人类共同体的"建构"。与外部对象不同，语言和意义可以脱离单个使用者，但不能脱离语言共同体：没有语言共同体，就没有相应的语言和意义。语言共同体的需求、兴趣、意向、约定、认知甚至其全部生活实践，都会在其所使用的语言及其意义上打下深刻的烙印。在使用、理解、解释、说明语言及其意义时，我们切不可抽离掉这些社会因素的影响。

斯的"会话涵义"或克里普克的"说话者意义",后两者属于语用层面的"意义"。相应地,本章所考虑的意义单位是"名称"和"语句",而不是"言语行为"(speech act)和"话语"(utterance)。

P1. 语言的首要功能是交流而不是表征,语言在本质上是一种社会现象。

语言至少具有两大功能:公共交流和思维表达,几乎没有人否认这一点。但是,对于"哪一个是语言的首要功能?"这个问题,人们的看法却有很大的分歧。比如说,乔姆斯基认为语言的首要功能是作为思维的工具[①],笔者坚持认为交流才是语言的首要功能。这两种不同看法将导致很不相同的理论后果,因为思维可以是并且主要是个人的事情,乔姆斯基因而强调语言是个人的一种天赋能力,有遗传学基础,具有普遍性、自主性等特征。交流却必须在社会中进行,其目的是为了合作,合作是社会共同体的行为,受集体意向性支配,我将由此强调语言的社会性和意义的公共性等特征。因此,对语言首要功能的不同看法将会产生两种不同甚至对立的语言和意义观。

如果语言首先是并且主要是人类相互之间进行交流的手段,那么,人类使用语言在交流一些什么呢?

首先,人们相互交流他们生活于其中的外部世界的信息。要这样做,他们就必须把语言与世界关联起来。他们用词语去命名世界中一再出现的对象,于是他们有指称对象的名称。尽管有些名称并不指称现实世界中的任何对象,但笔者认为,它们仍然指称某些东西,例如一个语言共同体根据其信念体系相信其存在的那些神或英雄,或许可称之为"文化对象"或"心理实体"。指称是名称最重要的语义功能。人们还把名称与其他词语结合起来,生成描述事态或事实的句子。诚如亚里士多德所言:"说是者为非,非者为是,是假的;而说是者为是,非者为非,是真的。"[②] 故陈述句有真值:真或假。接下来,人们使用一连串句子去表述他们关于这个世界的信念体系。

其次,人们相互表达他们的情感,交流他们的思想和意向,以便协调他们各自的行动。人们希望在这个世界上很好地生存,为此他们必须相互合作。合作意味着把他们各自的行动集中到同样或近似的目标上,他们必须使自己的想

[①] Chomsky N. What is Language? The Journal of Philosophy, Vol. Cx. No. 12, 2003: 645–662.

[②] Aristotel. The Metaphysics. Translated with an Induction by Alwason-Tancred H. New York: Penguin Books, 1998: 107.

法和意图能够被同伴所理解,故他们必须一起谈话,一起讨论,然后以合适的方式一起行动。可以说,合作和交流几乎是同时发生的。

笔者把交流视为语言的首要功能,主要有以下三点理由:

(1) 语言因人的交流和合作的需要而产生。

人类祖先是一种高度发达的类人猿,在身体机能的许多方面都比不上其他动物。为了防御野兽的袭击,也为了获取食物及其他生存资料,它们需要成群而居,相互协作,共同"劳动",由此产生交谈的需要,以便沟通思想、交流情感、协调行动,并且向下一代传递积累起来的生存经验。马克思和恩格斯都明确肯定了语言、意识与交流在发生学意义上的相互关联:交流和协作的需要促使语言和意识的产生,而语言和劳动一起又促成从猿到人的转变最终实现。① 人类学家马林诺夫斯基指出:"在其原始用法中,语言的功能是作为协调人类活动的纽带,是人类行为的一部分。它是一种行为方式,而不是思维的工具。"②

(2) 没有公共交流的需要,就没有人类语言的存在。

那位广为人知的漂流到孤岛的鲁滨孙,原来是人类社会中的一员,带着他先前的人类生活经验和语言能力。现在设想有另一个人叫"罗宾孙",他从来就没有与人群一起生活过,也没有任何先前的语言记忆,他因为某种未知的原因从小被抛到一座孤岛上独自生活。他会想到去发明一种只供他自己使用(例如,用于思考和记忆)的语言吗?回答是:大概不会,因为他没有这样的需求、智识和经验。从个体发生学的角度看,虽然每个人都有得自遗传的生理基础,如健全的大脑、灵活的发音器官和敏锐的声音器官,由此可以发展出实际的语言能力,但这种语言能力的真正实现却离不开后天的社会环境的触发。从小离开人群生活的婴儿,例如在印度发现的几位"狼孩",他们都不会说话,甚至也不能教会他们说话,早期脱离人类社会的生存环境已经使他们失去了掌握人类语言的能力。甚至长期离开人群而独自生活的成年人,其原有的语言能力也会逐渐丧失。例如,被抓到日本矿山做苦力的山东高密人刘连仁,多次逃跑,后躲进日本北海道深山,独自生活 13 年,当后来被人发现时,许多中国话他都已经

---

① 马克思恩格斯选集:第三卷. 北京:人民出版社,2012:991-992. 马克思恩格斯选集:第一卷. 北京:人民出版社,2012:161.

② Malinowski B. The Problem of Meaning in Primitive Languages//Ogden C K, Richards I A. The Meaning of Meaning. New York:Harcourt, Brace & World, Inc. , 1989:312.

不再会说了。

（3）语言随着交流需求的扩大而繁盛，随着交流需求的萎缩而衰亡。

（a）一门语言，当其使用人口越来越多时，它必须满足的交流需求也就越来越复杂，其使用者的生活世界和生活经验逐渐沉淀到该语言中，使得它在音位、词汇、句法和语义诸方面都得到扩展和丰富，其表达手段也更趋于灵活多样，更加具有生命力。汉语、英语、俄语、法语等就是这样的语言。有的学者指出："一种语言的词语与其说反映了这个世界的现实，还不如说更多地反映了操这种语言的人们的兴趣。"① 一类事物在一门语言被分割和刻画的细密程度，常常与该类事物在该语言使用者生活中的重要性程度成正比。例如，由于中国长期处于受儒家文化支配的宗法等级社会中，为了做到亲疏有别、长幼有序、尊卑有别等，必须明确每个人在家族中的角色和等级，以区分其不同的权利、义务和礼仪标准，故在汉语中表述亲属关系的词汇特别丰富，而在印欧语系的其他语言中情况却并非如此。

（b）假如一门语言失去它所依附的社会，不再充当这个社会的交流工具，它的生命力将随之丧失，最终会变成一门死语言。这方面最典型的，在西方语言中要数拉丁语，在中国语言中要数满语。在历史上，拉丁语原本是意大利东南方拉提姆（Latium）地方的方言，在公元前5世纪初成为罗马共和国的官方语言。随着罗马帝国的军事和政治势力扩张，拉丁语作为行政语言传播到世界上广大的地区。在中世纪，拉丁语是当时欧洲不同国家交流的媒介语，也是研究科学、哲学和神学所必须使用的语言。直到近代，通晓拉丁语仍然是研习任何人文学科的前提条件。但时移势迁，因为拉丁语不再担负社会交流功能，最终变成了一门"死"语言。满语的情形与拉丁语近似，尽管它曾经作为中国清朝的官方语言之一，随着清朝的覆亡，使用满语的人口不断汉化，满语几乎不再承担日常交流功能，面临着消失的危机。

以上论述表明，交流是语言的最基本和最重要的功能，语言的其他功能，如作为思维的工具，作为表情达意的工具，都是交流功能的派生物。若一门语言失去交流功能，就不能再充当思维和表情达意的工具。由"交流是语言的首要功能"可以推知：语言在本质上是社会的。这个推论不仅意味着：语言主要是在社会环境中使用的，我们使用语言与其他人交流，在学习语言时必须依赖

---

① Palmer F. Semantics. Cambridge：Cambridge University Press，1981：21.

其他人，也经常彼此借用表达式及其用法，语言还帮助我们去完成各种社会功能，它们甚至已经成为社会制度性实在（如货币和婚姻）的构成要素。更重要的是，这个推论还意味着：语言表达式的意义是由语言使用者及其共同体所赋予的，离开使用者共同体的生活、意向、习惯和传统，语言与其意义的关联就得不到正确的解释和说明，将会变成某种无法理喻的神秘物。

在其多种论著中，乔姆斯基几乎一贯地反对语言交流观——"语言的功能是交流"，将其称作"虚拟的教条"（virtual dogma），而坚决主张"语言是思维的工具"。在其发表的《什么是语言？》（2013）一文中，他再次明确表达了这些观点，并对此给出了相对系统的论证。他断言：

> 对语言设计的研究给出了好的理由，要求严肃对待把语言视作本质上是思维工具的观点……由此推知，[语言] 处理（processing）是语言的一个边缘性方面，对语言的特定使用——依赖于外在化，其中包括交流——甚至是更边缘性的，这与那个未得到任何严肃支持的虚拟教条相反。还可以推知：近些年有关语言进化的大量思辨，由于重点关注交流，也处在错误的轨道上。①

据我理解，乔姆斯基对他的看法给出了三大理由，第一个是批评性的，后两个带有实质性，其有效性却有极大的争议。

第一，下面所引用的对那个虚拟教条的典型表述明显是错误的。

> 重要的是，在语言使用者的共同体中，词语在同样的意义上被使用。假如这个条件得到满足，它将有助于实现语言的首要目标（end）即交流。如果人们对词语的使用与大多数人附加给它们的意义不同，他们就不能与他人有效交流。如此一来，人们就不能实现语言的主要目的（purpose）。②

乔姆斯基批评说，"语言有一个目标或目的"是很奇怪的说法，因为"语言并不是人类设计的工具，而是生物学对象，就像视觉系统、免疫系统和消化系统一样。这些器官有时候被说成具有某些功能，以便实现某些目的。但此类说法也远不是清晰的"③。我承认，这个批评有道理，但不是实质性的，因为我们完全

---

① Chomsky N. What is Language? The Journal of Philosophy, 2003, Cx (12)：654－655.
② 同①655.
③ 同①655.

可以把提到的说法改成"语言的首要功能",以避开批评。

第二,来自生物学的证据:"有令人信服且意义深远的证据表明,如果语言是优化设计的,它所提供的结构将适合于语义解释,却会对感知和语言处理(因此对交流)造成困难。"① 这就是说,从交流的角度看,语言并非上佳设计;倘若从思维的角度看,它确实是最佳设计。乔姆斯基先前多次阐述过这一观点,例如在 2002 年与人联名发表的一篇论文②,但该文遭到了很多的批评。平克和杰肯多夫撰文争辩说,如果语言是为思维而不是为交流设计的,将难以解释语言为什么要把义映射到音上,也难以解释语言为什么要在社会环境中才能学会。他们认为,天赋的语言官能是为了让人在社会环境中学会语言,语言在运用短语结构、线性序列和格等去实现语义时常会出现冗繁或冗余。说"语言不是适应,对思维而言是最佳设计,没有冗余、在其片断形式中不可用"等说法没有得到实证的支持。他们二人提出并论证了相反的假设:语言是对交流的复杂适应过程,是逐渐演变的。③ 其他认知语言学家也认为,语言系统是约定俗成单位的高度冗繁的总汇,在对语言结构的认知表达中,冗余或冗繁是大量存在的。

第三,基于"语言是思维工具"所建构出的语言学理论有很强的解释力:"很多有意思的案例都表明,在计算的便利和交流的便利之间存在直接冲突。在每一个已知的案例中,前者都获胜;交流的方便被牺牲掉了。"④ 不过,乔姆斯基也承认,他的理论面临一些反例或例外,但他自我安慰说,自从伽利略以来,"愿意受到困扰,这是从孩童时代到高级研究中都值得开发的一个有价值的特性"⑤。

以上讨论表明,乔姆斯基对"语言首先是思维工具"并没有给出足够强的支持,他对"语言的首要功能是交流"也没有提出摧毁性的批评,所提出的许

---

① Chomsky N. What is Language? The Journal of Philosophy: Vol. Cx. No. 12, 2003: 660.

② Hauser M D, Chomsky N, Fitch W T. The Faculty of Language: What is It, Who Has It, and How did It Evolve? Science, 2002, 298: 1569-1579.

③ Pinker P, Jackendoff R. The Faculty of Language: What's Special about It? Cognition 95, 2005: 201-236. 平克等人与乔姆斯基等人进行了 4 轮攻防,关于论战的概述,参见 http://itre.cis.upenn.edu/~myl/languagelog/archives/002422.html。

④ 同①659.

⑤ 同①651.

多证据都受到怀疑，至少还在争辩中①，并且与我们关于语言及其功能的常识看法有严重冲突。

P2. 语言的意义来源于人体与外部世界的因果性互动，以及人与人的社会性互动。

能够与外部世界发生因果性互动的，不是我们的心灵（mind）或灵魂（soul），而是我们的身体（body）。这里的"身体"不是单纯的大脑和孤立的肉体，而是处在与外部物理环境和社会环境互动中的身体。按照莱可夫等人的涉身哲学，我们的心灵、认知、语言和意义都是涉身的（embodied）；我们是以自己的身体为基点和依托去认识我们周围的世界，去建立语言和世界之间的意义关联，去建立我们关于这个世界的知识体系。"涉身是我们与世界交互并使其具有意义的特性"，"涉身交互是通过与人造物的交互来创造意义、操控意义和分享意义"②。

仅就语言而言，其意义来源于我们的身体和环境之间的互动。意义基于人的感知，感知基于人的身体构造，认知结构和感知机制密切相连。人类因其身体构造运用特殊的方法去感知世间万物，理解它们间的复杂关系，因此概念和意义是一种基于身体体验的心理现象，不可避免地带有"人"和"人体"的印记。我们必须以"人"为本，以"人体"为本，"根据从事思考的生物体的本性和体验来刻画意义。不只是根据个体的本性和体验，而是根据种属和共同体的本性和体验"③。

语言中基本词汇大多与身体经验和空间直接相关，是身体感知世界、对其概念化的直接产物。例如，空间方位词"前""后""左""右"是以说话人或拟人化的物的方位为参照点的，它们反映了说话人对自身和周围的相对空间关系的体验和认识。"买"和"卖"描述的是同一个行为，只是说话人的着眼点不同：他站在交易双方中哪个人的角度说话。语言中更抽象复杂的词汇大多由

---

① 关于乔姆斯基语言学理论的新近争议，参见相关报道和评论：Bartlett T. Angry Words, Will One Researcher's Discovery Deep in the Amazon Destroy the Foundation of Modern Linguistics? //The Chronicle of Higher Education, The Chronicle Review, 2012-03-20; https://chronicle.com/article/Researchers-Findings-in-the/131260/.

② Dourish P. Where the Action is: The Foundations of Embodied Interaction. Cambridge: MIT Press, 2001: 126.

③ Lakoff G. Women, Fire, and Dangerous Things: What Categories Reveal about the Mind. Chicago: The University of Chicago Press, 1987: 266.

基本词汇通过隐喻映射机制演变而来。莱可夫有一个著名的断言:"抽象概念大多是隐喻性的。"①

有一种说法,语言结构映照了我们的身体经验。看下面的两组例子:

(1a) The roof slopes gently downwards. [房顶向下缓缓倾斜]

(1b) The roof slopes gently upwards. [房顶向上缓缓翘起]

若把句子的意义等同于其真值条件,则(1a)和(1b)的真值条件相同,因而其意义应该相同。但明显可以感觉到这两个句子间的意义差别,主要在于"视角"不同:(1a)表明说话者是从上往下看,而(1b)表明说话者是从下往上看。

(2a) Someone stole the diamonds from the princess. [有人从女王那里偷走钻石]

(2b) Someone robbed the princess of the diamonds. [有人抢走了女王的钻石]

(2c) The diamonds were stolen from the princess. [钻石被从女王那里偷走了]

(2d) The princess was robbed of her diamonds. [女王被抢走了她的钻石]

可以说,以上这组句子在描述同一个现象,其真值条件几乎完全相同,其差别在于话语"焦点"不同:说话者对"某个人"、"女王"和"钻石"给出了不同的排序,他急于想给听话者传达某些"特别的"信息。

关于语言意义的社会性来源,我想引用伯奇的观点和论证作为依据。伯奇论证说,超出当下社会互动的社会性因素,在确定个人习语中词语的意义时发挥了实质性作用。他把语言看作部分地是社会现象,这不仅因为语言在社会语境中学习和使用,更重要的是因为一个人所用词语的意义依赖于语言共同体中其他人对这些词语的使用,有关个人习语的语义事实严重依赖于它们与其他语言使用者的关系。② 为了确证个人习语在某种程度上是社会性的,其意义必须

---

① Lakoff G, Johnson M. Philosophy in the Flesh: The Embodied Mind and Its Challenge to Western Thought. New York: Basic Books, 1999: 5.

② Burge T. Wherein is Language Social//Burge T. Foundations of Mind, Philosophical Essays: Vol. 2. Oxford: Clarendon Press, 2007: 275-290.

以非个体主义的方式被确定,伯奇构想了一个很有名的思想实验。有一个人使用"关节炎"一词,以表达与他的关节肿疼有关的许多思想。有一天,他说"我的大腿部位患了关节炎"。如果那个人所属的语言共同体只把"关节炎"用于关节肿疼,那个人所说的话就是假的。伯奇然后设想另一种反事实的情况:那个人所属的语言共同体既把"关节炎"用于关节肿疼,也用到其他风湿性疾病上。在这种反事实情况下,那个人的身体状况和身体经验都未发生变化,他所做出的那个陈述也非真即假。但那个人所说的那句话的真值在两种情况下却是不同的,因为它在不同情况下表达了不同的意思。伯奇由此做出结论:从那个人嘴里说出的"关节炎"一词的意义,在这两种情况下是不同的,因为那位说话人将属于不同的语言共同体。伯奇希望由此表明:某个人所用词语的意义,不仅取决于有关那个人的事实,还取决于那些词语在更大的语言共同体中的用法,实质性地依赖于那个人周围的其他人的语言实践。在澄清所用词语的意义、确定其指称时,那个人基于认知的理由而不是实用的理由去依从他所属的语言共同体的其他成员,接受他们的订正或认可。①

我认为,伯奇的说法基本上是正确的,我们所用词语的意义不仅随附在有关我们对那些词语的使用上,而且随附在语言共同体中其他人对那些词语的使用上。由于社会因素属于语言和意义的构成要素,因此,语言和意义都是社会现象。我本人甚至接受如下更强的断言:"一门语言的表达式的社会意义确实是由两大因素决定的:一是它们的个体意义,即那些表达式对于单个语言使用者的意义,二是在该语言共同体中所存在的语言权力结构。"② 社会中的权力分配也会对语言表达式的流行程度和意义界定产生影响,例如政治领袖和其他公共权威的话语模式更容易得到广泛传播。

P3. 语言的意义在于语言和世界的关联,由语言共同体的集体意向所确立。

"意向性"(intentionality)即"关涉性"(aboutness):某些东西是关于、指向或表征其他东西的。许多心智状态、心智现象、心智行为、心智事件都有

---

① Burge T. Individualism and the Mental//Burge T. Foundations of Mind, Philosophical Essays: Vol. 2. Oxford: Clarendon Press, 2007: 100-150.

② Gardonfors P. Some Tenets of Cognitive Semantics//Allwood J, Gardonfors P. Cognitive Semantics: Meaning and Cognition. Amsterdam: John Benjamins Publishing Co., 1999: 27-28.

"关涉性":"狗是动物"这个信念是关涉狗的,想要有一条宠物狗,看见许多狗在打架,也是关涉狗的,因此也说它们都有"意向性"。"集体意向性"(collective intentionality)则是指一个群体、组织或社会所具有的意向状态,如意欲、打算、相信、接受等。至于是该集体中的多数成员、绝大多数成员还是全部成员都具有该种意向状态,集体意向性是否可以归约为该集体中(许多或每位)个别成员的意向性,这是有争议的。"集体意向性"被用来解释社会群体中的协调和合作行为,也被用来解释社会规则、社会事实等。

塞尔在《意向性:论心灵哲学》一书中断言,每个意向状态都有一个意向内容,后者决定了该状态的满足条件。一个意向状态正是通过其意向内容才与其对象发生关联,该状态可以说"表征"了满足这些条件的事态,尽管那里并不一定有任何影像或描画。每个状态也有决定其适应方向的心理模式。当心灵适应世界时,我们得到真理;在成功满足的欲求中,世界最终适应心灵。

塞尔主张以自然主义方式对待语言,"把语言的意义,即句子和言语行为的意义,看作在生物学上更为基本的意向性形式(如信念、欲望、记忆和意图)的拓展,并且反过来把那些意向性看作甚至更为基本的意向性形式(尤其是知觉和意向行为)的发展"①。他认为,语言依赖于人的心灵,通过说话者在其言语行为中与实在相关联。说话者使用名称去指称他们意图指称的个体,使用句子去描述他们想要描述的状态。也就是说,意向性影响、控制、引导人的言语行为。对语言意义的理解取决于我们对心智意向状态的分析,语言与实在的关系被归结为心灵与世界的关系的特殊情形。在这种意义上,语言哲学将成为心灵哲学的一个分支。塞尔从意向性角度探讨了语言与实在的关系:借助于"背景"(Background)、"网络"(Network)和"意向内容"(Intentional contents)等概念,他发展了关于专名的意向性指称理论:"对象不是先于我们的表征体系而给予我们的。"② 我们的表征必须居于名称和所指之间。

---

① Searle J. What is Language: Some Preliminary Remarks//Tsohatzidis S L. John Searle's Philosophy of Langnage: Force, Meaning and Mind. Cambridge: Cambridge University Press, 2007: 16.

② 塞尔. 意向性:论心灵哲学. 刘叶涛, 译. 上海:上海世纪出版集团, 2007: 238.

基于上述观点，塞尔强烈批评"语义外在论"：意义仅仅与说出的词语与世界中对象之间的因果关系有关。① 例如，对我来说，"水"这个词意指它所意指的东西，并不是因为我具有某种与那个词相关联的心智内容，而是因为存在着把我与世界中水的各种实例相关联的因果链条。外在论已经导致了一个宏大的研究计划：试图描述产生意义的那些因果关系的本性。塞尔预言："没有人能够对于意义是外在于头脑的某物这一点给出令人满意的说明，因为此类外在现象不能像意义将语词和实在相关联那样，发挥将语言与世界相关联的作用。为了解决内在论者与外在论者之间的争执，我们所需要的是有关下一问题的更为精致的观念，即说话者头脑中的心智内容如何被用来把（特殊地说）语言、（一般地说）人类主体与由对象和事态所组成的实在世界相关联。"②

笔者赞同塞尔的分析和评论。我认为，语言并不是作为一个抽象的形式系统自动地与外部世界发生关系。例如，名称并不自动地指称外部对象，句子并不自动地描述外部的事态或事实；躲在语言背后的是人，正是使用语言的人（语言共同体）让语言与世界发生关系，通常是指称或表述关系。名字与对象的指称关系既取决于我们如何理解名称，也取决于对象在世界中处于怎样的状态。同样，句子的真假也取决于两个因素：我们的说话方式和事物在世界中的存在样式。直白地说，名称本身并不指称对象，而是人使用名称去指称对象；句子本身并不描述事态或事实，而是人使用句子去描述事态或事实。由此观之，语言作为自主自足的体系是一种虚构，脱离人去理解语言与世界的关系是一条歧途。

顺便指出，莫里斯曾把符号学（semoitics）分成三个分支：语形学（syntax）、语义学（semantics）和语用学（pragmatics）。其中，语形学只研究符号与符号之间的结构关系，语义学研究符号与符号所指对象之间的关系，语用学研

---

① 必须指出，语义外在论至少有两种版本，取决于从认知的角度还是从语言学角度去看待语言表达式的意义。按认知解读，思想者利用的概念或内容是由思想者所处的环境决定的，或者是由他们与其环境的关系决定的；按语言学解读，一个词语的意义不是由说话者的内在心理状态决定的，而是由他所处的环境决定的。在有些论者那里，"环境"仅指说话者所处的物理环境；在另外的论者那里，环境还包括说话者所处的社会环境，但对于社会环境中所包含的要素，仍有不同解读。下面引述的塞尔对语义外在论的批评，主要是针对普特南的"孪生地球论证"，也针对克里普克关于严格性和因果历史链的理论。

② Searle J. Philosophy in a New Century: Selected Essays. Cambridge: Cambridge University Press, 2008: 18.

究符号、符号所指对象和符号使用者三者之间的关系。既然语言也是一种特殊的符号系统，语言研究相应地也有三个不同维度：语形、语义和语用。这种说法似乎被广泛接受，但笔者认为值得商榷，关键在于如何看待语义学与语用学的关系。在我看来，语义学并非不考虑语言使用者，它只是不考虑个别的语言使用者，而必须考虑语言共同体。在语义学层次上谈论语言表达式的涵义和指称，都是相对于某个语言共同体而言的涵义和指称，可以称之为"语义意义"或"字面意义"。语用学不仅要考虑语言共同体，更要考虑个别的说话者，后者在特定语境中带着特定意图说话，会使其中的词语和整个话语产生出偏离字面意义的特殊意义，可以径直称其为"语用意义"。按我的理解，不管是语义学还是语用学，都要研究语言、人和世界三者间的关系，其区别只在于所涉及的是语言共同体还是个别的语言使用者。

应该指出，在很多时候，语言活动中的集体意向性并不以契约、协议或一致同意的形式出现，而是表现为一种潜移默化的趋同。以下四种情形很好地体现了集体意向性影响语言和意义的不同等级：

（a）法律语言，源自民众对立法机构的授权。在现代民主社会，立法机构成员大都由选举产生，尽管选举方式有所差异，甚至有很大差异，但不可否认，他们都有一定的民意基础。在立法过程中，相关人员经过认真调研，广泛征求意见，反复进行讨论，最后通过法定的审查和审批程序。获得通过的法律条文，尽管很难说它们体现了全民意向，但至少可以说，它们体现了一部分甚至是很大一部分民众的意向，有集体意向性存乎其间。法律语言的意义和所指是由立法机构规定的：一个法律词汇或法律条文的精确意思是什么，它们适用于什么样的法律案例，都有赖于权威法律机构的规定和解释，也有赖于司法和执法人员的理解。很明显，法律语言不会与其对象世界直接发生关系，是制定和实施法律的人让它们与其对象世界发生关系。

（b）政府文书，其权威性来自法律制度的授权。政府机构是依据宪法和其他法律成立的，各种法律条文规定了它们的组织形式、职责、行事方式和守则。它们本身的权威性有两个来源：一是国家法律体系的授权；二是它们承担着社会的日常管理功能，这些功能在任何时代、国家、社会都是需要实施的，例如发行钞票、婚姻登记、惩治犯罪、管理交通、发展经济、保卫国家，等等。可以说，政府机构实施管理功能，直接得到法律的授权，间接得到民众的授权，它们所颁发的各种政府文书，也有某种集体意向性存乎其间，是集体意向性让它们能够发挥特殊的作用。

（c）科学词汇，其背后是享有特殊地位的科学家共同体。普通民众忙于生计，忙于创造物质财富，研究精深学问的任务只能交给少数知识精英，后者质疑常识，探究未知，构想各种新的可能性，生产出许多陌生新奇、令人高深莫测的术语和表达方式。文科学者和自然科学家自成圈子，其内部有自己的行事方式和职业伦理，有得到认可或否定的程序、方法与规则。很多术语和表达方式在其内部圈子内得到某种程度的集体认同之后，开始向民间社会扩散。在这些问题上，民间社会让渡他们的权利，赋予学者和科学家以特殊地位，接受后者的研究成果及其解释。正如普特南所提出的语言分工假说所言："每个语言共同体都表现出上面所说的那种语言分工，也就是说，至少拥有一些词汇，与之相关的'标准'只有少数掌握它的人知道，而其他人对它的使用则依赖于他们与上述少数人的有条理的分工合作。"① 通过此种方式，科学词汇和相应的表述方式也获得了集体意向性的加持。

（d）日常词汇，来自语言使用者之间潜移默化的趋同。在日常词汇上，由普通语言使用者说了算，但不是由个别使用者而是由大多数使用者说了算。在当今的网络社会，许多普通人都在网络上获得了自由表达的空间，有些人发明了许多新的词汇和说法，或者赋予某些旧词汇和旧说法以新内涵，但其中有些词汇和说法没有得到语言共同体内多数成员的认可，没有流行开来，逐渐消亡；另外一些词汇和说法却得到认可，被共同体的很多成员跟进使用，大家的用法逐渐趋同，成为某种形式的公共选择，这种公共选择甚至可能被语言学家所接受，编进各种词典、百科全书和其他工具书，成为正式语言的一部分。据报道，《现代汉语词典》（第六版，2012）增收单字 600 多个，以地名、姓氏及科技用字为主；增收新词语和其他词语 3 000 多条，其中既不乏"雷人""给力"等网络热词，也有 ECFA（海峡两岸经济合作框架协议）、PM2.5（在空中飘浮的直径小于 2.5 微米的可吸入颗粒物）等缩略语或外来词，还包括一些反映新的社会群体及其特点的新词，如"北漂""草根""达人""愤青""名嘴""蚁族"等；增补新义 400 多项，例如"宅"的新义"待在家里不出门（多指沉迷于上网或玩电子游戏等室内活动）"；还删除了少量旧词旧义。促成这一点的，显然是体现在当代汉语实践中的集体意向性。

---

① 普特南."意义"的意义//陈波，韩林合．逻辑与语言——分析哲学经典文选．北京：东方出版社，2005：466.

P4. 语言的意义基于语言共同体在长期交往过程中形成的约定之上。

古德曼指出:"'约定'(convention)和'约定的'(conventional)这两个词是明显歧义的,其意思错综复杂。一方面,'约定的'意指普通的、常见的、传统的、正统的,与下面的意思相对立:新奇的、不正常的、出乎意料的、异端的;另一方面,'约定的'意指人为的、创设的、选择性的,与下面的意思相对立:自然的、基础的、强制性的。"① 一般而言,哲学家选择"约定的"一词的第二种意思:约定既不由我们的本性所决定,也不由外部事物的内在性质所决定,而是取决于我们的集体选择。我们以或明显或隐含的方式选择了我们的约定,约定因此带有主观性和任意性。

笔者认为,在使用某门语言时,语言共同体的集体意向以"约定"的形式出现,这些约定控制着该语言的实际使用。在这种意义上,语言和意义的本质特征就是约定性。一个语词本来可以成为这个对象的名称,也可以成为那个对象的名称;一个句子本来可以表述这个事态,也可以表述另外的事态。一个语言成为它现在所是的样子,它具有它现在所有的那些词语,那些词语具有它们目前所具有的意思,那些词语通过该语言现有的句法和语义规则加以连接组合,并没有什么先天必然的逻辑,而是该语言共同体无意识选择的结果,是一种约定俗成的产物。

在其多篇论著②中,刘易斯先提出了关于"约定"的一般性说明,然后给出了关于语言约定性的特殊论证。笔者先转述他的这些说明和论证,然后给出自己关于语言约定性的论证。

(A)刘易斯关于约定的一般性说明

在行动中或者在行动和信念中的一种合规则性是共同体 P 中的一个约定,当且仅当,下列条件在 P 中成立(其中"每个人"允许有个别例外):

(1)每个人都遵循 R。

(2)每个人都相信其他人都遵循 R。

(3)其他人都遵循 R 这一信念使得每个人有好的和决定性的理由:他本人应该遵循 R。

---

① Goodman N. Just the Facts, Ma'am! //Krausz M. Relativism: Interpretation and Confrontation. Notre Dame: University of Notre Dame Press, 1989: 80.

② Lewis D. Convention: A Philosophical Study. Oxford: Blackwell Publishers, 2002; David Lewis Languages and Language. Philosophical Papers: Vol. I: 163-188.

(4) 人们普遍偏好人们普遍地遵循 R，而不偏好不那么普遍地遵循 R。

(5) R 不是满足条件（3）和（4）的唯一可能的合规则性。

(6) 条件（1）～（5）所列各项事实属于公共知识：每个人都知道它们，每个人都知道每个人都知道它们，如此递推。

根据条件（1）～（4），我们能知晓"约定"的某些特征：一个约定是在行动中或在行动和信念中的一种合规则性；约定依靠一类特殊的信念和欲求体系来支撑，而不由任何权威来颁布，也不诉诸任何惩罚来强制实施，除开下述意义的"惩罚"，因为每个人都有某种理由去遵循约定，若一个人不遵循它们，就会发生某些坏事情；它支配社会行为，靠的是每个成员的默认和内心预期——其他人都会遵循它；它持续有效，是因为每个人都有理由去遵循它，假如其他人都遵循它的话。条件（5）说明约定特有的任意性，条件（6）确保约定的稳定性。

（B）刘易斯关于语言约定性的说明

在《多种语言和语言》（1975）一文中，刘易斯先把多种语言（languages）定义为一个个抽象实体，即由表达式和意义组成的序偶集：一个语言是从句子（有穷长的声音串或书写记号串的集合）到句子意义的函数。而且，句子 S 的意义就是它在其中为真的可能世界的集合，即一个从可能世界到真值的函数。在刘易斯看来，正是约定使得一个抽象语言成为被某个共同体实际使用的语言，定义如下：语言 L 是由共同体 P 所使用的一个语言，当且仅当，在 P 中盛行关于 L 中诚实性（truthfulness）和信任（trust）的约定，靠共有的交往兴趣来支撑。(a) 说话者 x 在语言 L 中是诚实的，当且仅当，只有 x 相信 L 的一个句子为真时他才会说出这个句子；(b) 说话者 x 信任语言 L，当且仅当，x 把 L 中的诚实性归属于其他人，倾向于相信他们的 L 话语都是真实的，并据此在行为上做出反应；(c) 约定持续有效的依据是我们对交往的兴趣：通过使别人认识到我们的意图，我们企望由此引起某些反应；等等。

基于关于约定的一般性说明，刘易斯分两步论证了他对语言 L 的约定性解释。

首先，他论证说，如果由 P 使用 L，在 P 中就盛行有关 L 中诚实性和信任的约定，靠对交往的共同兴趣来支撑。假设 P 使用 L，那么，（1）～（4）得到满足。关于（1），P 的成员正常使用 L 的语句去交往。在这样做时，他通常说出真句子（诚实性），听众通常也会相信他说出的那些句子是真的（信任）。关于

(2)，根据有关别人诚实性和信任的经验，P 的成员相信，关于诚实性和信任的这种合规则性盛行于 P 的成员之间。关于 (3)，对于遵循约定的预期，通常会使每个人都有好的理由去相信，他本人也应遵循这些约定。如果说话者是诚实的，他就有实践的理由去遵循约定，因为他能对他的话语施加信任；听众就有认知的理由去遵循约定，因为他们相信说话者是诚实的。关于 (4)，说话者和听话者都要求知晓他们无法观察的东西，而交往有助于达成这一点。故 P 的成员普遍偏好每个人都遵循 L 中诚实性和信任的合规则性。关于 (5)，存在许多其他语言 L'，它们像 L 一样起作用。关于 (6)，刚才陈述的事实是公共知识：每个人都知道它们，每个人都知道每个人都知道它们，如此递推。

其次，刘易斯论证说，如果在 P 中盛行关于 L 中诚实性和信任的约定，靠对交往的共同兴趣来支撑，则 P 使用 L。刘易斯说，他还没有发现任何反例。①

下面，由笔者来直接论证语言和意义的约定性，列出三点理由：

(1) 如果不依据诚实性和信任的约定，语言交流就难以发生，即使发生，也难以持续有效地进行。

语言交流获得成功的标志是：说话者在说话时，预期在听话者那里会引起何种反应；听话者根据他对说话者话语的理解，做出他认为适当的回应，并预期在对方那里会引起何种反应。如果对话双方都获得预期的回应，这表明他们之间有某种程度的相互理解，循此模式，对话可以继续进行下去。此类对话能够进行下去的最基本条件是，对话双方的行为必须表现出某些合规则性。一种合规则性是：说话者说他认为真实的话，听话者把说话者的话当作真话来听，

---

① 塞尔表达了类似的观点："关键是要看到……如果说话者把社会设定的约定工具用于向听者传达关于世界的某个真理这一目的，他也就承诺了那个真理。就是说，如果我们不明白语言必然包含社会承诺，而这些社会承诺的必然性源自交往境遇的社会特征、所使用工具的约定特征以及说话者意义的意向性，那么，我们就不会理解语言的本质特征。正是这一特征使得语言能够形成人类社会的普遍基础。如果一个说话者有意使用被社会所接受的约定去向一个听者传达信息，旨在使该听者形成关于世界中一个事态的信念，该说话者就承诺了他的话语的真。""言语行为包括了一个承诺，此承诺远远超出了被表达的意向状态的那些承诺。这在陈述和许诺等情形中最为明显，但对于其他种类的言语行为（如命令和道歉）也是真的。当我做出一个陈述时，我不只表达了一个信念，我还承诺了此信念的真。当我做出一个许诺时，我不只表达了一个意向，我还承诺去履行这个诺言。"塞尔把承诺称为使用语言的"道义力量"。（Searle J. What is Language: Some Preliminary Remarks//Tsohatzidis S L. John Searle's Philosophy of Langnage: Force, Meaning and Mind. Cambridge: Cambridge University Press, 2007: 37.）

对话双方可以按话语的字面意思来说话和听话，不用费力去猜测对方的话语究竟是什么意思。另一种合规则性是：说话者很不诚实，总说假话，或者，听话者疑心重重，完全不相信说话者的话。即使这样，对话仍可进行下去，假如说话者知道听话者习惯于从反面理解他的话，则他可以系统地说假话，由此达到把真话传递给对方的目的；假如听话者知道说话者系统地说假话，他也可以总是从反面来理解说话者的话语，从而达到把握真相的结果。在这两种情形下，关于诚实性和信任的约定仍然在交流中发挥作用，只不过是以"特别的"方式。真正使得对话无法进行下去的情形是：对话双方的话语模式没有表现出任何合规则性，说话者在说真话和说假话之间无规则转换，使得听话者无从判定他的某句话究竟是真还是假；听话者在理解听话者的话语时，也全凭他一时兴起，时而把对方话语信以为真，时而又怀疑对方话语为假，这将使得说话者和听话者都不知道下一步该怎么说。如此一来，对话双方即使倾尽全力，也很难达成相互理解，交易成本太高，最后导致放弃对话。

在刘易斯关于诚实性和信任的约定中，实际上所内蕴的要求就是交流双方要相互合作，格赖斯将此类要求系统地表述为合作原则：在你参与会话时，你要依据你所参与的谈话交流的公认目的或方向，使你的会话贡献符合这种需要。该原则底下还有四组准则：数量准则、质量准则、关联准则、方式准则。①

有不少学者对刘易斯的诚实性约定和信任约定提出质疑：在现实的言语交流中，违反诚实性和信任约定的情形比比皆是，例如说话者有意说假话骗人，或者使用反讽、夸张、幽默、调侃等话语形式，或者讲故事、玩游戏，或者荒唐误用，甚至胡言乱语，在这些情形下，即使听话者不信任说话者，但还是可以理解他的话语的意思。我认为，这些都不构成诚实性和信任约定的反例。只有当一个人所说的话大部分是真话时，我们才有可能分辨出他所说的某句话是假话，并找出他说该句假话的深层原因和意蕴；只有当听话者的理解行为表现出某种规律性（信任说话者或者不信任）时，我们才会把他当作对话伙伴，并且在他偶尔说出某些怪异话语、做出难以理喻的回应时，我们也会根据格赖斯的合作原则及其派生准则，认定他仍然在合作，尽管使用了反常的方式，由此推测出他别有苦衷，另有深意。"反常"只是对规则和约定的表面违反，我们仍

---

① 格赖斯. 逻辑与会话//马蒂尼. 语言哲学. 牟博，等译. 北京：商务印书馆，1998：301-302.

然必须根据规则和约定去解释它们。

(2) 语言表达式的字面意义或词典意义来自人们在语言使用过程中潜移默化的趋同。

如前所述，语义学并非只探讨语言与外部世界之间的关系，更要探讨语言、人（语言共同体）和外部世界之间的关系。在语义学层面上谈论语言表达式的意义和指称，都是谈论该表达式被我们的语言共同体所接受和认可的意义和指称，后者是其字面意义或词典意义。很显然，这种意义来自语言使用者之间潜移默化的趋同，来自他们无意识做出的公共选择。当笔者强调语言和意义的约定性时，就是在强调语言表达式的词典意义是约定俗成的。除了这种约定俗成的词典意义外，语言表达式没有别的"语义意义"。特定的语言表达式在特定语境中被特定说话者带着特定意图说出时所产生的特殊意义，属于"语用涵义"或"会话涵义"的范畴，常常表现为对字面意义的某种偏离。如果这种偏离在语言使用者中广泛流行开来，也有可能被接纳为该词语的词典意义。以近些年在汉语网络文化中流行的"囧"字为例，它是"冏"的衍生字。"冏"，古汉语象形字：窗口通明，本义为"光"和"明亮"；生僻汉字，古代常用，近现代几乎不用。近些年被网友发掘出来，赋予新涵义，象征悲伤、无奈、窘迫或极为尴尬的心情，因为若把"囧"字看成一张人脸，则"八"就是两道因悲伤和沮丧而下垂的眉毛，"口"则是张口结舌的那个口。当一个人说"我很囧"时，可以想象他的那副表情完全与"囧"一样。并且，"囧"字发音与"窘"字（窘迫、窘态）同，于是受到广大网友追捧，成为网络热词，并被其他大众传媒广泛使用，如电影《人在囧途》和《泰囧》。"囧"字似乎有成为汉语常用词之势。

笔者认为，词典、百科全书和各种手册（handbook）等反映了我们关于名称、语词或短语的句法和语义的"共识"，它们最好地体现了语言表达式的涵义、指称和用法的约定性特征。词典、百科全书、手册的编撰流程大致如下：数据采集，即建立语料库或数据库；由专家筛选并最后确定条目；由专家撰写相关释文，多次征求他人意见而修改；再由编辑加工处理，直至最后出版。蒯因指出："词典编纂人是一位经验科学家，他的任务是把以前的事实记录下来；如果他把'单身汉'解释为'未婚的男子'，那是因为他相信，在他自己着手编写之前，在流行的或为人喜爱的用法中已不明显地含有这两个语词形式之间的同义性关系。这里所预先假定的同义性概念大概仍须根据同语言行为有关的一些词来阐明。'定义'是词典编纂人对观察到的同义性的报道。"①

（3）公共语言具有相对于个人习语的优先性。

由前可知，语言的赋义主体不是个别语言使用者，而是整个语言共同体。个别人的赋义活动必须得到语言共同体的认可，才能转化为公共的赋义活动；否则，该赋义活动将因得不到认可和传播而失败。有人提出质疑：究竟是个体的赋义活动在先，还是共同体的"意义"在先？

按笔者理解，当戴维森在彻底解释（radical interpretation）的语境中，质疑社会性和约定性对于语言交流和语言理解的必要性时，他把个人习语（dialect）置于优先于公共语言（public language）的地位，还依据有些说话者反常的说话方式去断言："……约定并不是语言的一个条件……真相在于，语言是拥有约定的一个条件。"② 例如，他举了这样一个例子：在一幕戏剧中，有一位文化水准不高却又附庸风雅的玛拉普罗太太（Mrs. Malaprop），说出了如下的英语句子："There is a nice derangement of epitaphs"（这是墓志铭的一种美妙错乱），显然是一个不知所云的句子，但我们根据对该太太的了解和相关的英语知识，猜测她大概是想说："There is a nice arrangement of epithets"（这是性质形容词的一种美妙搭配）。由此或许可以达成正确的理解，但这里并不要求我们与那位太太分享她对这些词语的使用和约定。笔者认为，这个例证并不足以挑战公共约定和共享意义对于交流和理解的必要性，也不足以挑战公共语言相对于个人习语的优先性。这是因为，假如个别说话者不以公共约定为出发点，而是对他或她所用的每个词都赋予全新涵义，对这些词语做出全新的句法排列，他就是在讲一种其他人从未接触过的"外语"，听话者将无法"理解"他的话语。仍以玛拉普罗太太为例，假如她这么说话："Epitaphs a nike there derangement of is"，恐怕就没有任何一个母语为英语的人能够理解了。同样，也没有汉语使用者能够理解如下的汉语"句子"："位那吗唱达巴故"。实际情况是：个别说话者在大致遵守公共的句法规则和语义约定的基础上，只是偶尔做出一些小的偏离和变通。例如，倘若上面那位汉语说话者这么说话："那位女士唱达巴故"，尽管不知道"达巴故"确切指什么（大概是某种吟唱吧？），我们大致上还是懂得他的意思。

---

① 涂纪亮，陈波. 蒯因著作集：第4卷. 北京：中国人民大学出版社，2007：32-33. 着重号为引者所加。

② 唐纳德·戴维森. 对真理与解释的探究：第二版. 牟博，江怡，译. 北京：中国人民大学出版社，2007：333.

在这个意义上，共同体意义是在先的，个别说话者的赋义活动居于从属地位。但与此同时，也得承认双向互动：一是个别的语言使用者的赋义活动，一是语言共同体的"筛选"、"提炼"和"认定"。没有前者，公共"意义"将成为无源之水，蜕变成少数人的任意规定，语言会失去"约定性"这一本质特征；没有后者，语言交流将丧失公共平台，难以实现相互理解和沟通。

还有必要对如下两个重要的反对意见做出简短的回应。

一是乔姆斯基等人所提出的一个质疑："即使承认语言是用于交流的，也不要求意义（声音或结构）是共享的。交流不是或有或无的事情，而是或多或少的事情。如果没有足够的类似性，交流会在某种程度上失败。"① 这就是说，成功交流只是碰巧发生的事情，从来得不到保证，现实生活中有很多不成功交流的例子，例如茫然不解或完全误解。但交流不成功不等于没有使用语言。笔者的回应是：第一，尽管不成功交流时有发生，但大部分语言交流还是成功的，这就是为什么我们的群体生活能够正常进行，社会事务能够正常运作的原因。第二，导致交流不成功的，恰恰是缺乏公共的约定和共享的意义，从而就没有彼此沟通和理解的桥梁。第三，当遇到交流不成功的情形时，如果确有必要，我们会做出各种努力去促使交流成功，其可能途径是：重新解释我们话语中的关键性概念，改用更合适的句子形式，澄清相关的背景知识，使话语中的条理更为清晰，等等。所有这些努力都是想搭建一个公共平台，使对话双方在话语模式上逐渐接近，由此达到意义"共享"。

二是经常遇到对语言约定论的如此质疑：它似乎不能说明语言的生成性或创造性，即人们如何在掌握有限的语言资源的情况下获得对潜在无限多的长而陌生的句子的理解能力。笔者认为，这个指责是不公正的。说明和刻画语言的无限生成潜能并不是二元进路特别是形式语义学的专利，甚至像蒯因这样的行为主义者也在努力说明它。蒯因区分了语言学习的两个阶段，一是实指学习，一是类比综合或类比跳跃，有时候也称作"外推"（extroplation）。儿童通过实指——在所指对象在场的情况下，用手指指着对象——学会了很多名词，如"妈妈""眼睛""手""脚"等，还学会了一些短句子，例如"我的手疼"。他通过类比或外推，自然就会说"我的脚疼"，这并不是什么特别困难的事情。②

---

① Chomsky N. What is Language? The Journal of Philosophy, 2003, Cx (12): 655.
② 涂纪亮，陈波．蒯因著作集：第4卷．北京：中国人民大学出版社，2007：540-581.

像笔者这样秉持三元进路的研究者还会补充说，我们在公共的语言实践中学会了很多词语，也同时学会了很多语言结构，特别是句法结构，这些结构本身就告诉我们，如何从已有的语言材料去生成我们先前没有听说过的更复杂的新组合，特别是长而陌生的句子。如果初始习得的语言材料和语言结构是基于公共约定之上的，由它们生成的那些更新、更复杂的结构也就获得了一种派生的约定性。

P5. 语义知识是经过浓缩的经验知识，或者是被语言共同体所接受的语言用法。

至此可自然引申出如下结论：语义知识与经验知识之间没有截然分明的界限；语义知识就是经过提炼和浓缩的经验知识，或者是被我们的语言共同体所接受的语言用法。这个结论在精神气质上与某些认知语言学家的观点暗合或接近。

例如，兰盖克谈到，认知语法的一个基本原则是："词汇意义无法与关于词语所指事物的一般知识截然分开。我们对某一给定类别事物的知识经常是丰富且多层面的，涉及许多经验和观念领域，其显著程度、详细程度和复杂程度各不相同……不应该把一个词语看作体现了一个固定的、有限制的和独特的语言学上的语义表征，相反，应将其视为提供了进入不确定多个观念和概念系统的通道，该词语以一种灵活的、开放的和依赖语境的方式引发了这些观念和概念系统。"[①] 他以"树"字为例：我们关于树的知识包括其物理性质，如形状、高度、颜色，也包括其生物属性，如生长速度、根系、再生、光合作用、落叶，还包括其用途，如木材、树荫、食物来源，以及大量其他刻画，如森林、动物家园、如何砍伐，等等。在原则上，所有这些刻画都在某种程度上进入"树"字的意义中。

笔者认为，兰盖克的上述说法有大量证据支持。举汉语中"牛"字的释义为例：

牛[1] niú ①［名］哺乳动物，反刍类，身体大，肢端有蹄，头上长有一对角，尾巴尖端有长毛。力气大，供役使、乳用或乳肉两用，皮、毛、骨等都有用处。我国常见的有黄牛、水牛和牦牛等。②［形］固执或骄傲：~脾气｜~气。③〈口〉［形］本领大、实力强：~人。④二十八宿之一。

---

① Langacker R. Grammar and Conceptualization. Berlin：Mouton de Gruyter, 1999：4.

⑤（Niú）［名］姓。①

这个词条列示了"牛"字在现代汉语中的五种用法，来自对当代汉语实践的概括与提炼。释义①解释作为动物的牛："哺乳动物，反刍类"描述牛的类属；"身体大，肢端有蹄，头上长有一对角，尾巴尖端有长毛"描述牛的形状；"力气大"描述牛的一个特征；"供役使、乳用或乳肉两用，皮、毛、骨等都有用处"描述牛的用途；"我国常见的有黄牛、水牛和牦牛等"描述牛在中国的分类。所有这些都是关于"牛"的经验知识，列在权威词典内就变身为关于"牛"的语义知识。这种情况具有一般性，因此可以说：语义知识来自经验知识，是对人们的语言实践的归纳与总结。

苏珊·哈克详细考察了生物学中从"蛋白质"（protein）到"DNA"和"RNA"（核糖核酸）这些概念的演变史，意图说明经验知识逐渐进入词典成为语义知识，以至经验知识和语义知识之间没有明确的界限。

她谈到，"Protein"来源于希腊语"protos"，意思是"第一"，大约在1844年进入科学词汇之列。如这个术语表明的，protein长期被认为具有第一位的生物学重要性。1869年，有人发现了不同于protein的物质，当时叫作"nuclein"；1889年，有人提纯nuclein，得到"nucleic acid"（核酸）；后来进一步发现，nucleic acid含有ribose sugars（核糖，缩写为"ribo"）和一个hydrogen（氢）分子（缩写为"deoxy"），于是有了后来流行的名称"deoxyribonucleic acid"（缩写为DNA，出现于1944年）。此后，科学家又分辨出A-DNA、B-DNA、Z-DNA等。在发现DNA的结构之后，先前被叫作"pentose nucleic acid"的东西在1948年变成了"ribonucleic acid"（核糖核酸，缩写为RNA），指包含ribose uracil作为结构成分的各种核糖核酸，其用途在于控制细胞活动。后来，科学家又区分出"messenger RNA"（信使RNA）、"transfer RNA"（转录RNA）和"mtDNA"等等。

她接着谈到，上面这段历史表明了与科学家的下述过程有关的一些东西：调整和重新调整他们的术语，并且转换和改编现存词语的意义，以便造出一个更好地表征新材质的真正类型的术语。"protein"一词已经失去了第一位重要性的暗示；"核糖核酸只能在细胞核中发现"也不再是分析句；旧词"nuclein"已

---

① 中国社会科学院语言研究所词典编辑室. 现代汉语词典：第6版. 北京：商务印书馆，2012：953.

经分步骤地被"DNA"最终代替了;"DNA"本身已经获得新的复杂内涵,并且生出了新的更精细的术语后嗣;如此等等。在《韦伯斯特词典》中,"DNA"的定义证实了这样一点:这个词确如皮尔士所说,已经"在使用和经验中""获得了信息",知识经过某种类型的沉淀,成为它的意义:

> DNA …[deoxyribonucleic acid(脱氧核糖核酸)]:各种核酸中的任何一种,特别地位于细胞核中,在许多生物那里是遗传的分子基础,由双螺旋构成,双螺旋由嘌呤和吡多胺之间的氢键聚合在一起,由包含脱氧核糖和磷酸盐的不同链接的两根链条向内旋转。

可能有人反驳说,《韦伯斯特词典》的定义把"DNA"的意义与人们关于"DNA"的知识相混淆;把该定义按其表面价值看作在简单给出该术语的意义,就是误把重要的生物学发现——DNA 是遗传物质,它有双螺旋结构,等等——表征为分析真理。哈克对此回应说:"理所当然,我不否认这些是主要的生物学发现;我也不否认,在做出这些发现之时,DNA 是遗传物质,它是一种双螺旋等等,并不是'DNA'意义的一部分……我的论题部分地是意义随知识的生长而生长;这既意味着'[X] 的意义'和'我们拥有的关于 X 的知识'之间的区分是一种人为的区分,也意味着'分析的'最好理解为'分析的,若假定那些词语在时间 t 的意义'的省略说法[这最后一个想法应该不会令人吃惊:'a simple truth is silly sooth'在现代英语中毫无意义;但在莎士比亚时代却是分析句,当时'silly'意味着'simple(简单)',而'sooth'——如在'soothsayer'中——意指'truth'。]"①

由于外部对象处在复杂的关系网络中,具有多个面向和多重属性,因此,对指称、描述这些对象的词语的意思也要从多个角度加以刻画。莱可夫提出"理想化的认知模型"(记为 ICM),它是建立在许多认知模型(记为 CM)之上的一种复杂整合的完形结构,具有格式塔性质。例如,关于母亲的 ICM 包括:

(1) 生殖模型:要生孩子;

(2) 遗传模型:提供一半基因;

(3) 养育模型:担当养育任务;

(4) 婚姻模型:是孩子父亲的妻子;

---

① Haack S. The Growth of Meaning and the Limits of Formalism:Pragmatist Perspectives on Science and Law. Análisis Filosófico, 2009, 29(1):16. 着重号为引者所加。

(5) 谱系模型：是孩子最直接的女性长辈。

泰勒后来用认知域（记为 CD）代替 CM，认为：若想充分理解母亲，必须对父亲做出相应的 CD 分析。基于传统社会的典型常规，他将父亲分为五个 CD：

(1) 遗传域：提供遗传基因的男性；
(2) 责任域：养活孩子和孩子的母亲；
(3) 权威域：具有权威性，负责教育孩子；
(4) 谱系域：是孩子最直接的男性长辈；
(5) 婚姻域：是孩子母亲的丈夫。

上述关于母亲或父亲的五个 CM 或 CD，就构成了"母亲"和"父亲"的一个复杂的集束模型，即 ICM，它比任一单独的 CM 或 CD 都更为基础。倘若删除或修改 ICM 中的某个模型，就会得到这个范畴的非原型成员，例如"生母""养母""继母""代孕母亲"等；有些说法凸显了 ICM 中的某个或某些 CM，例如"有人养，没人管啊？"（凸显责任模型），"失败是成功之母"（生殖模型或谱系模型的隐喻用法，删除其他模型）。这样的 ICM 具有很强的语义解释能力。[①] 显然，它们来自对词语所指对象的经验研究。语义知识来自经验知识，两者之间没有明确界限。

P6. 语言和意义随着语言共同体的交往实践或快或慢地变化。

如果不把死语言考虑在内，任何一门语言都在不断变化——它的语音、词汇、句法和语义都在变化。这是因为，由于人所面对的世界是不断变化的，人对这个世界的认知也是不断变化的。为了适应人的认知、实践和生活的需要，语言共同体不断对语言及其意义做出适应性调整。这会导致语言像一个有机的活物，处在不断地变化和生长过程中，具体表现在：某些旧的语言表达式及其意义被废弃不用，直至死掉，甚至某个语言都可以成为"死语言"；某些新的表达式涌现出来，某些旧表达式的意义范围也发生变化，例如缩小或扩大，如此等等。语言的这种演变在一个短的时段内也许不易察觉，但如果我们把目光放远，它就是一个显而易见的事实：只要看一看古英语和现代英语、古汉语和现代汉语的区别就够了。

笔者把导致语言和意义变化的原因归结为以下三点：

---

① 王寅. 认知语言学. 上海：上海外语教育出版社，2007：206，222-226.

(1) 语言所反映的对象世界在变化。

前面谈到《现代汉语词典》第六版，为了反映社会生活的变迁，该版增收了许多新字、新词、新义，删除了一些旧词、旧义。下面再以"牛津"为例，它从早先的一个专名，逐渐演变为一个名称家族，其中折射的就是对象世界本身的变化和发展。

据称，牛津（Oxford）最早是人们赶牛群（ox）过河的一个渡口（ford），它恰好位于英国中部的中心位置，处于南北方向和东西方向的贸易通道的交汇处。泰晤士河和查维尔河的卵石滩为人们提供了干燥的定居地，于是在这里形成了最初的市镇——牛津镇。《盎格鲁-撒克逊编年史》（公元912年）首次称它为Oxnaforda。1086年的《英国土地志》记载，当时的牛津有1 018所房子，为英国当时的第六大城市，排在伦敦、约克、诺里奇、林肯和温切斯特之后。1167年前后，英国学生被禁止进入巴黎大学，遂选址牛津开办学校。1224年左右，牛津大学有了首任校长——林肯主教罗伯特·格罗斯泰特（Robert Grosseteste）。随着牛津大学在欧洲迅速成名，这里聚集的人口也越来越多，牛津镇变成了牛津市。后来，英国政府设立牛津郡（Oxfordshire），目前的辖区面积2 605平方公里。1355年，牛津大学学生与牛津市民发生激烈冲突，导致63名学生倒在血泊中。其中一部分师生逃至剑桥，在那里开办了剑桥大学。随着牛津大学在世界范围内声誉日隆，各种以"牛津"为招牌的东西也流行开来，如牛津果酱、牛津鞋、牛津包、牛津蓝、牛津灰、牛津画框、牛津口音、牛津单位、牛津植物、牛津运动、牛津条例，当然还有各种牛津人物，以及牛津大学出版社、《牛津英语词典》，等等。① 现在，"牛津"已经成为一个"名称家族"，"牛津市"和"牛津大学"或许构成该家族的核心。这个名称家族有共同的起源，有连续的演变历史，并且有共同的核心意义。

(2) 语言所反映的人们对世界的认知在变化。

这里，以"原子"（atom）一词的演变为例。在古希腊，留基伯和德谟克利特等人为了解释物体构成而提出"原子"概念，意为"不可分割"，是最小的物质构成单位。但这时的原子概念是纯粹抽象思辨的产物，是一个前科学概念。在17世纪至19世纪初，经过波义耳、拉瓦锡、道尔顿等人的工作，原子被视为物质构成的基本元素、化学变化的最小单位，仍然保留了"不可分割"的古

---

① 彼得·扎格尔. 牛津：历史和文化. 朱刘华，译. 北京：中信出版社，2005；Oxford English Dictionary, Second Edition on CD-Room 关于"牛津"的众多词条。

义，但开始成为一个科学概念。后来，科学家们发现，原子内部并非不可分割，而是有着复杂的结构：原子由电子、质子、中子组成，其中质子和中子又都由夸克组成，质子和中子合起来组成了原子核，电子则围绕着原子核旋转。为了解释原子内部各要素的相互作用及其运行机制，科学家们先后提出了各种各样的解释模型，如道尔顿的原子模型、汤姆生的葡萄干布丁模型、卢瑟福的行星模型、玻尔的原子模型、现代量子力学模型，等等。显然，从古希腊的"原子"概念到当代科学的"原子"概念之间有连续的历史，不是每次都在重新命名，都在谈论全新的对象。"原子"作为语词、名称或概念的意义，随着人类的认知进展而变化，它目前的意义只是人类先前认知成果的浓缩和总结。因此，要了解"原子"的完整意义，需简单回溯它的完整使用历史。

（3）语言的某些要素的变化会在语言内部引起连锁反应。

一门语言是一个相互关联的整体，不仅它的音位、词汇、句法和语义等模块之间相互关联，而且各个模块内部也相互关联。某一个小的变化会引起连锁反应，产生牵一发而动全身的效果。例如，在印欧语系中，很多词有共同词根，倘若词根的形式或语义发生变化，有可能引起一大堆词的字形或语义相应变化。英语词中一个词常有很多衍生词，举"justify"为例：它是动词，有许多变形，如过去分词"justified"，动名词"justifying"，形容词"justified"、"justifiable"和"justificative"，名词"justification"和"justifier"等。每一个词的词义变化，都可能引起其他关联词的词义变化，以及与这些词搭配的其他词的词义变化。在论证"翻译的不确定性论题"时，美国哲学家蒯因做了一个思想实验：多位语言学家进入一个与世隔绝的土著部落，当各自独立学习和翻译该部落的语言时，面对同样的言语行为证据，他们可以选择不同的甚至彼此冲突的翻译方法，例如把土语"gavagai"译为"兔子"，或"兔子的未分离部分"，或"兔子的时间段"，甚至是"兔性"，只要他们在翻译土语的其他部分时做出足够必要的弥补性调整。蒯因举例说，在翻译法语构造"ne...rein"时，我们可把其中的"rein"译为"任何东西"（anything）或"无一东西"（nothing），只要在翻译"ne"时做弥补性调整：在前一译法中，将"ne"译为不起作用的多余构造；在后一译法中，将"ne"译为"并非"（否定）。

在语义学中，很多理论力图说明词汇意义的相互关联和词义变化的连带影响，其中有德国语言学家特里尔最先提出的语义场理论，其主要观点是：（1）语言中的词汇在语义上是相互关联的，它们共同构成一个完整的词汇系统——语义场，即由一组有意义关联的词语所组成的集合。语义场有层级之分：一个总语义场下可有若干子语义场，以及子子语义场……例如，"食物"语义场包括"水果""肉食品""蔬菜""粮食"等子语义场，而"粮食"子语义场则包括"大米""小麦""玉米"等子子语义场。（2）语义场很不稳定，处于不断变化中：旧词消失，新词出现，由此导致词汇之间语义关系的重新调整。很多时候，一个词的词义扩大了，其邻近词的词义就会缩小。因此，（3）只有考虑到同一语义场内一个词语与其他词语的语义关系，才能确定那个词的精确涵义。例如，英语词"week"构成一个语义场，其元素有 Monday、Tuesday、Wednesday、Thursday、Friday、Saturday 和 Sunday。若撇开该语义场中元素之间的关系，就无法真正厘清其中单个词语的意义。（4）不应该孤立研究单个词的语义变化，而应把一语言的词汇看作一个完整系统，从语义结构角度去综合探寻词语在词典中静态的纵向关联和在语言实践中动态的横向关联。传统的历时语义学在研究方法上的主要缺陷之一，就是孤立地追溯单个词语在语义上的历史演变。

至于在语言学和语言哲学中，应用如上概述的 SCLM 能够做些什么以及如何做，能够获得哪些理论成果、新的研究方式，如何对待在二元进路中所已经取得的语言学成果，这些问题有待笔者和其他学界同人进一步思考。

第35章 社会历史的因果描述论
——名称究竟如何指称对象？

1970年，克里普克在美国普林斯顿大学做了三次题为"命名和必然性的"系列讲演。1972年，该系列讲演的记录整理稿以论文形式发表。1980年，在加写了"前言"和"后记"后，出版了单行本①。克里普克在讲演中系统而严厉地批评了一直占据主导地位的关于名称的描述论，提出了一整套新的说法，例如严格指示词、直接指称、因果历史链条、先验偶然命题、后验必然命题、本质主义，等等。他的工作产生了广泛而持久的影响。从20世纪70年代开始，围绕"名称究竟如何指称对象"等一系列问题，先在语言哲学领域，后在形而上学、知识论和心灵哲学等领域，在名称的描述论和指称论之间发生了一场长达30多年的"战争"②。

传统描述论的代表人物是弗雷格和罗素。弗雷格认为，名称既有涵义又有所指；名称的涵义由限定摹状词来表达，是确定名称所指的途径、依据和标准。一个人要理解一个含两个名称的命题，就要同时理解那两个名称的涵义和所指。③罗素认为，只有真正的逻辑专名，如"这"和"那"，才是直接指称对象

---

① Kripke S. Naming and Necessity. Cambridge, MA：Harvard University Press, 1980；Earlier Version Appeared in Davidson D and Harman G. Semantics of Natural Language. Dordrecht：D. Reidel Publishing Co. , 1972：253-355.

② Lowe E J. Does the Descriptivist/ Anti-Descriptivist Debate Have Any Philosophical Significance? Philosophical Books, 48 (1)：27-33. 关于这场论争的来龙去脉、总体状况的概述和评论，亦可参见 Salmon N. Reference and Information Content：Names and Descriptions// Gabbay D, Guenthner F. Handbook of Philosophical Logic. D. Reidel Publishing Company：Vol. 4. 1989：409-461；Soames S. Reference and Existence// Jackson F, Smith M. The Oxford Handbook of Contemporary Philosophy. Oxford：Oxford University Press, 2005：397-426；Nelson M. Descriptivism Defended. Noûs, 2002 (36)：408-436；Everett A. Recent Defenses of Descriptivism. Mind & Language, 2005 (20)：103-139.

③ Frege G. On Sinn and Bedeutung (1892) //Beaney M. The Frege Reader. Oxford：Blackwell Publishers, 1997：151-171.

的；普通专名是伪装的摹状词，其意义等价于相应的限定摹状词，后者是谓词、量词和联结词的逻辑构造，并不是真正的指称表达式，但由于含摹状词的命题蕴涵存在性和唯一性断言，若该命题为真，则该摹状词适用于那个唯一满足该描述的个体①。维特根斯坦、斯特劳森和塞尔将传统描述论发展成簇描述论：确定专名所指的不是单个摹状词，而是数目不定的许多摹状词的析取，后者也给出了该名称的意义。②

指称论可以用不同的方式来表述。用否定的方式说，它认为：一个专名或通名没有任何描述性内容作为其指称的中介。用肯定的方式说，它主张：一个专名或通名直接指称其对象，以至该名称的意义就在于它的所指。它截然区分了两个"不同的"问题：一个是一阶问题，一个名称的意义和所指是什么？另一个是二阶问题，该名称如何具有它实际所有的意义和所指？为了回答一阶问题，指称论者说：名称的意义就是它的所指。为了回答二阶问题，指称论者通常诉诸关于名称的因果历史链条，该链条解释了该名称是如何逐渐获得它实际所有的意义和所指的。除了直接指称之外，指称论还有一个关键性概念，即克里普克所提出的"严格指示词"。说一个专名或通名是严格指示词，是说它在所有可能世界中都指称同样的对象，假如该对象在那个可能世界中确实存在的话。但并非所有的严格指示词都是直接指称的，例如，"3 的平方数"是一个严格指示词，但它是通过描述来指称 9 这个数的。指称论的代表性人物包括唐奈兰、卡普兰、克里普克、马库斯、普特南，他们是直接指称论的发明者和倡导者，以及后来的萨蒙和索姆斯，他们是克里普克理论的追随者、诠释者、修补者，也是回击新批评的捍卫者。

针对指称论的凌厉攻势，出来捍卫和发展传统描述论的代表性人物包括达米特、埃文斯、塞尔、普兰廷加、刘易斯、索沙、斯坦利等人，其中有些人针对指称论的批评提出了宽辖域名称的回击，有些人提出了严格化的摹状

---

① Russell B. On Denoting. Mind, 1905, 14：479-493；Reprinted in Russell B. Logic and Knowledge. London：George Allen and Unwin, 1956：41-56.

② Wittgenstein L. Philosophical Investigations. Anscombe G E M, trans. Oxford：Basil Blackwell, 1953：Section 79；Strawson P F. Individuals：An Essay in Descriptive Metaphysics. London：Methuen, 1959：180ff；Searle J. Proper Names. Mind, 1958, 67：166-173；Searle J. Proper Names and Intentionality// Intentionality：An Essay in the Philosophy of Mind. Cambridge：Cambridge University Press, 1983：231-261.

词的回击①，有些人还发展了某种替代性理论，例如"元语言的描述论"和"因果描述论"。其中，元语言的描述论主张，一个专名 N 的意义可以用如下的限定摹状词来刻画："那个叫作'N'的个体"，"是'N'的承担者的那个对象"，等等。凯茨断言，一个像"是'N'的承担者的那个对象"的摹状词刻画了名称 N 的元语言涵义，尽管它不是确定 N 的所指的充分条件，却是其必要条件。② 因果描述论认为，专名 N 的指称是由某些与初始命名仪式因果关联的严格化的摹状词——例如"那个在初始命名仪式上被命名为 N 并且其名称 N 在因果链条上传递的个体"——来确定的。有的因果描述论者认为，这样的摹状词给出了名称的意义，但有的论者认为，它们仅仅确定了名称的所指。③

在前多半个时段，指称论挟带新理论的优势，几乎以雷霆万钧之势席卷而来，获得了支配性地位，以至有这样的说法："描述论已经死掉了。"④ 但近期却出现了如有人所称的"描述论的复兴"，这种复兴借助了二维语义学，主要与斯

---

① 据我所知，最早提出宽辖域分析的是 Dummett M. Frege：Philosophy of Language. New York：Harper & Row, 1973：110-151; 2nd ed. 1981：182-195, 557-603。后来，坚持用宽辖域分析去回应模态论证的，还有 Stanley J. Names and Rigid Designation//Hale B, Wright C. A Companion to the Philosophy of Language. Oxford：Blackwell Publishers, 1997：555-585; Sosa D. Rigidity in the Scope of Rusell's Theory. Noûs, 2001 (35)：1-38。最早提出严格化摹状词回应的是：Plantinga A. The Nature of Necessity. Oxford：Oxford University Press, 1974：62-65. Plantinga A. The Boethian Compromise. American Philosophical Quarterly, 1978 (15)：129-138。

② Russell B. The Philosophy of Logical Atomism// Russell B. Logic and Knowledge. New York：Capricorn, 1956：177-281; Kneale W. Modality de dicto and de re//Nagel E, Suppes P, Tarski A. Logic, Methodology and Philosophy of Science, Proceedings of the 1960 International Congress. Stanford：Stanford University Press, 1962; 622-633; Burge T. Reference and Proper Names. Journal of Philosophy, 1973 (70)：425-439; Bach K. What's in a Name? Australasian Journal of Philosophy, 1981 (59)：371-386; Katz J. Has the Description Theory of Names been Refuted? //Boolos G. Meaning and Method：Essays in Honour of Hilary Putnam. Cambridge：Cambridge University Press, 1990：31-61.

③ Evans G. The Causal Theory of Names. Aristotelian Society Supplementary：Vol. xlvii, 1973：187-208; Loar B. The Semantics of Singular Terms. Philosophical Studies, 1976 (30)：353-377; Lewis D. Putnam's Paradox. Australasian Journal of Philosophy, 1984 (62)：221-236; Kroon F. Causal Descriptivism. Australasian Journal of Philosophy, 1987 (65)：1-17; Jackson F. Reference and Description Revisited//Tomberlin J E. Philosophical Perspectives 12：Language, Mind and Ontology. Oxford：Blackwell, 1998：201-218; Nelson M. Descriptivism Defended. Noûs, 2002 (36)：408-436.

④ 2007—2008 年，在我于牛津大学做访问学者期间，Timothy Williamson 教授在与我的谈话和电子邮件中多次表达了这一点。

托内克、杰克森和查尔默斯等人的工作有关。他们发展了一种可以称之为"二维描述论"的观点：每一个名称都有两个意义，第一内涵，即一个唯一的识别属性；第二内涵，即例示该属性的对象。表达该属性的描述可以是因果描述，也可以是其他形式的描述，它们被用来确定该名称的所指，并且是名称意义的一部分。① 至于描述论和指称论中哪一方将最终胜出，现在做这样的预测为时尚早。

在我看来，传统描述论及其改进版本——簇描述论由于没有引进"初始命名"环节，因而无法避免循环困境；它不能说明名称意义的来源，不能说明名称意义的可能变化，还会招致像克里普克所提出的模态论证、认知论证和语义论证那样的批评。尽管在"我们如何确定名称的所指"的问题上，指称论阐释了一些重要的洞见，但它所提出的由严格指示词和因果历史链条所构成的总体画面是不正确的，因为其基于许多有问题的预设或假定：似乎名称自动地指称对象，语言自动地与外部世界相关联，在语言和世界之间存在一种无中介的关系，正是从这样一种关系中，语言表达式获得了它们的意义。所有这一切都与我们的语言共同体没有什么关联。为了反对这样一种语言和意义观，我在另文中提出和论证了"语言和意义的社会建构论"（缩写为 SCLM），"由以下 6 个命题构成：（1）语言的首要功能是交流而不是表征，语言在本质上是一种社会现象。（2）语言的意义来源于人体与外部世界的因果性互动以及人与人的社会性互动。（3）语言的意义在于语言和世界的关联，由语言共同体的集体意向所确立。（4）语言的意义基于语言共同体在长期交往过程中形成的约定之上。（5）语义知识就是经过提炼和浓缩的经验知识，或者是被语言共同体所接受的语言用法。（6）语言和意义随语言共同体的交往实践而或快或慢地变化。SCLM 的关键在于：把'语言和世界'的二元关系变成'语言、人（语言共同体）和世界'的三元关系，其中语言共同体将对语言和世界的关系施加决定性影响"②。

---

① Stalnaker R. Assertion//Cole P. Syntax and Semantics: Vol. 9. Pragmatics. New York: Academic Press, 1978: 315-332; Stalnaker R. Inquiry. Cambridge, Mass.: MIT Press, 1984; Jackson F. From Metaphysics to Ethics: A Defence of Conceptual Analysis. New York: Oxford University Press, 1998; Chalmers D. On Sense and Intention//Philosophical Perspectives. Language and Mind, 2002: 135-182; Two-Dimensional Semantics//Lepore E, Smith B. The Oxford Handbook of the Philosophy of Language. Oxford: Oxford University Press, 2006: 574-606; The Foundations of Two-Dimensional Semantics// Garcia-Carpintero M, Macia J. Two-Dimensional Semantics. Oxford: Oxford University Press, 2006: 55-140.

② 陈波. 语言和意义的社会建构论. 中国社会科学, 2014（10）: 121.

基于如上概述的SCLM，在本章中我将发展一种新的名称理论——"社会历史的因果描述论"（缩写为SHCD），由下面6个论题组成：(1) 名称与对象的关系始于广义的初始命名仪式；(2) 在关于名称的因果历史链条上，所传递的首先是并且主要是关于名称所指对象的描述性信息；(3) 被一个语言共同体所认可的那些描述性信息的集合构成了名称的意义；(4) 相对于认知者的实践需要，在作为名称意义的描述集合中可以排出某种优先序：某些描述比其他描述更占有中心地位；(5) 若考虑到说话者的意向、特定话语的背景条件以及相关的知识网络等因素，由名称的意义甚至是一部分意义也可以确定名称的所指；(6) 除极少数名称外，绝大多数名称都有所指，但其所指不一定是物理个体，也包括抽象对象、虚构对象和内涵对象。

下面，我将逐一阐述和论证SHCD的六个论题。

论题1. 名称（包括专名和通名）起源于一个或一类对象的广义的"命名仪式"，命名常常通过实指的方式来进行，特别是对物理个体的命名；有时候也通过描述的方式来进行，特别是对自然科学中理论实体（如"光子"）的命名。

在转述簇描述论时，克里普克提出了论题(C)："对于任何一个成功的[名称]理论来说，说明都不能是循环的。在表决中使用的各种特性本身都不准以最终无法消除的方式包含指称的观念。"① 他解释说，(C)不是名称理论中的一个论题，而是其他论题必须满足的条件。也就是说，在表述一个名称理论的其他论题时，不能以一种导致循环的方式去确定一个名称的所指。对此我深表赞同。

确实，某些描述论者为了逃避传统描述论的困难，为了给出某个能够唯一确定一名称所指对象的摹状词或者说描述②，给出了明显的直接循环的说明。如前所述，有些元语言描述论者主张，一专名N的意义可以用如下摹状词来刻画："那个叫作'N'的个体"，"是'N'的承担者的那个对象"。蒯因主张，如果找不到合适的摹状词，就把一个名称人为地摹状词化，例如把"帕伽索斯"表述为"那个是帕伽索斯的对象"，"那个帕伽索斯化的对象"，然后用罗素消除摹状词的办法把该名称消除掉。③ 某些因果描述论者主张，专名N的指称是由

---

① Kripke S. Naming and Necessity. Cambridge, MA：Harvard University Press，1980：71.

② "摹状词"和"描述"出自同一个英文词"description"，本章几乎不加区别地使用"摹状词"和"描述"这两个词。

③ Quine W V. From a Logical Point of View. Cambridge, MA：Harvard University Press，1953：8.

像"那个在初始命名仪式上被命名为 N 并且其名称 N 在因果链条上传递的个体",或者"在我所在的社会共同体中或被我的对话者称为 N 的对象"这样的摹状词确定的。并且,描述论者为了确定"亚里士多德"的指称,必须求助于一个或一些描述,例如"亚历山大的老师"。问题是,该描述中又包括了新名称"亚历山大",它的指称如何确定呢?如果反过来求助于这样的描述:"亚里士多德最有权势的学生",这是明显的循环说明。如果求助于其他描述,这些描述中很有可能涉及其他名称,"这些名称的指称如何确定"这一问题依然存在。这种做法或者将导致无穷倒退,或者将导致间接循环。斯特劳森明确意识到这一点,他谈到了"指称借用"概念:"一个指称可以从另一个指称那里借用它的凭证,成为一个真正的识别性指称;后一个指称又仰仗于另一个指称。然而这种回溯不是无限的。"① 塞尔指出,在元语言描述论或因果描述论者所使用的摹状词中,包含着对名称的寄生性(parasitic)使用:一名称后来的使用者对该名称的使用寄生在其他说话者对它的先前使用之上,但这种寄生的情形必须在某个时候终止,以便我们能够独立地判定该名称究竟指称哪一个对象。②

还有的描述论者给出了这样的摹状词:"这个信息体所关涉的那个实体"(the entity that this body of information is about)③,"这个心智档案的主体"(the subject of this mental dossier)④。如此一来,要确定名称 N 的所指对象,我们必须先用实指的方式确定一个信息体或一个心智档案(如何实指?),再把该信息体或该档案与某个对象关联起来,然后再把该名称与该信息体或该档案所关涉的那个对象关联起来。这里费了太多的周折,绕了太多的圈子,我们最终还是会碰到一个问题:究竟我们是先命名一个对象,然后获得关于该对象的信息,其他人根据这些信息去确定该名称的所指,还是先获得关于一个对象的信息,然后去给该对象命名,并根据那些信息去确定该名称的所指?

我认为,为了避免循环困境,描述论者必须补充一个环节:从一开始,任

---

① Strawson P F. Individuals: An Essay in Descriptive Metaphysics. London: Methuen, 1959: 182f.

② Searle J. Intentionality: An Essay in the Philosophy of Mind. Cambridge: Cambridge University Press, 1983: 243-244.

③ Forbes G. The Indispensability of Sinn. Philosophical Review, 1990 (99): 538-539.

④ Nelson M. Descriptivism Defended. Noûs, 2002, 36 (3): 415.

何对象都需要一个如克里普克所说的"初始命名礼"（initial baptism），在一物理对象在场的情况下对该对象实指地命名，或者通过某些描述而引入一个名称。后者的例子有：勒维耶把当时尚未发现的某个如此这般的星体命名为"海王星"，以及科学家对各种基本粒子的命名。没有这个初始环节，描述论者就无法摆脱"自我循环"或"无穷倒退"的困境。正是克里普克的论题（C）及其相关评论，使我这个坚定的（顽固的？）描述论者意识到了这一点。我还要强调指出，一个或一类对象从被命名开始，才真正进入我们的语言，进入我们的认知，成为我们谈论的对象，特别是成为"名""实"关系的主体。

我还要指出，给对象命名是一个社会化事件。这意味着：命名者必须具有适当的社会身份或社会地位，不是随便什么人都能给一个对象命名的。例如，只有父母或父母邀请的长辈或尊者才能给他们的孩子命名；命名必须在公开场合进行，是一场被命名者、命名者和其他人员以及隐身其后的一整套社会制度共同参与的游戏；由此开始的名称传播过程也必定是社会性的，命名的合适性要接受社会的评价和裁决。如果一个群体认为某个对象的名字不够好，他们或许会给他／她／它另起名字，例如某种形式的"诨名"或"笔名"。确有这样的情形发生：一个体最初的名字被该群体所遗忘，"诨名"或"笔名"倒是流行开来，反而成为其通用的名字。因此，名称和对象之间的命名关系是社会约定的，它不只是名称和对象之间的语义关系，而且是名称、对象和某个语言共同体之间的一整套社会关系。我认为，为了确保给对象成功命名，大致有三种途径：（1）由具有适当社会身份的人通过实指的方式给对象命名；（2）由具有适当社会身份的人通过描述的方式给对象命名；（3）对于大众很不熟悉的科学对象，则由相应领域的专家给它们命名。这意味着，至少在命名这件事情上，存在如普特南所说的"语言劳动的分工"现象。

荀子在《正名篇》中也谈到了"制名"过程中的社会分工：（a）先王和古圣已经用一些名称表示一些事物，并且相沿成习，成为我们的传统的一部分；（b）民间社会出于其生活和实践的需要，已经使用一些名称去表示一定的事物，并且获得一定程度的流行；（c）新王依照制名的目的、根据、原则、方法去制作名称，"有循于旧名，有作于新名"，并且凭借王权的力量强制予以推行；（d）如果这些名称制作合适，社会效果良好，被社会普遍接受，成为人们的习惯和传统，名实关系就得以最终确立；如果制作不合适，社会效果不好，则圣人和君子可以进谏，民间社会也可以消极抵抗，由此开启王者、圣人、君子和民间社会之间的新一轮博弈。①

论题 2. 在由人们的社会交际活动所构成的因果历史链条上，所传递的是关于名称所指对象的描述性信息，该链条实际上是一根连续的信息传播链条。只有那些被语言共同体认可了的信息才进入该名称的"意义"。

克里普克指出，在命名仪式之后，"通过各种各样的谈话，这个名字就似乎通过一根链条一环一环地传播开来了"②。尽管在这根链条上也传播有关对象的信息，因而是一根"信息传播链条"，但首要的并且主要的是传播指称。处于这个链条远端的说话者，即使不知道有关对象的任何信息，或者仅知道很少的因而是不充分的信息，有时甚至是错误的信息，他仍然能够用他听到的名称去指称该名称本来指称的对象。他还谈到了在因果历史链上成功传递名称的条件："当这个名称'一环一环地传播开来'时，我认为，听说这个名称的人往往会带着与传播这个名称的人相同的指称来使用这个名称。"③ "在一般情况下，我们的指称不光依赖于我们自己所想的东西，而且依赖于社会中的其他成员，依赖于该名称如何传到一个人的耳朵里的历史以及诸如此类的事情。正是遵循这样一个历史，人们才了解指称的。"④ 他也承认，在因果历史链条上，存在指称被错误传递的可能性："显然，名称是一环一环传递的。但是当然并不是从我到某个人的每一根因果链条都将为我做出一个指称。从我们对'圣诞老人'这个词的用法到历史上的某个圣者之间可能有一根因果链条，但孩子们使用这个词的时候，或许并不指称那个圣者。"⑤ 再如，有人用法国皇帝拿破仑的名字去命名他的宠物猪。

关于克里普克的此套论述，我一直以来都有很多疑问：在关于名称的因果历史链条上，究竟是直接传递名称的所指，还是主要传递关于名称所指对象的信息，名称后来的使用者根据这些信息去确定名称的所指？我认为，唯有后一选择才是正确的。在所指对象不在场的情况下，必须给听话者提供关

---

① 陈波. 荀子的政治化和伦理化的语言哲学——一个系统性的诠释、建构、比较和评论. 台大文史哲学报，2008（69）：106.

② Kripke S. Naming and Necessity. Cambridge, MA: Harvard University Press, 1980: 91.

③ 同②96.

④ 同②95.

⑤ 同②93.

于对象的最低程度的描述性信息，如"a 是一个 x"，其中"x"是一个分类词，他们才能知道语词 a 是一个对象的名称，否则 a 根本就不是一个名称，而仅仅是无意义的"噪音"。这里看克里普克自己谈到的一个例子："一位数学家的妻子偷听到她的丈夫在咕哝'南希'这个名称。她不知道南希究竟是一位女人还是一个李群（物理学中的特殊连续群——引者）。为什么她对'南希'的用法不是命名的一个事例呢？如果不是的话，那么其原因并不在于她的指称是不明确的。"① 我要质疑：该数学家的妻子怎么知道"南希"是一个名字，而不是她丈夫无意识发出的噪音如"bala"，或某个自娱自乐的音调如"haya"，或某些其他的语法辅助成分？在不能实指辨认某个对象的情况下，一个人若对该对象彻底无知，他／她根本不能把任何语词作为该对象的名称。②

还有，关于字面上"相同"的名字的所指，如果对话者之间所谈论的对象信息差别很大，他们就会怀疑他们是否在谈论同一个对象。假如两个人都在谈论一个名叫"赵涛"的人，但一个人所谈论的赵涛出身名门世家，是一位大学教授，著述甚丰，很有学术声望，经常出国开会或讲学……而另一个人谈论的赵涛出身贫寒，在体育运动上颇有天赋，是一名足球运动员，目前在经济上很富裕，不时弄出很多八卦新闻……这时候，他们本人及其听众都会意识到，他们所谈论的是两个不同的人，只是名字碰巧相同而已。

究竟如何确保指称传递的成功？克里普克只谈到一个条件：名称的后来使用者与名称的先前使用者在指称意图上保持一致。我要进一步追问：如何去确保一名称的后来使用者与它的先前使用者在指称意图上保持一致？这是一个真正重要的问题。我认为，在所指对象不在场的情况下，必须给出关于对象的足够多的描述性信息，才能保证名称的后来使用者把该名称用到先前使用者所用到的那些对象上。否则，就会发生如克里普克本人所谈到的"指称失败"的情形："圣诞老人"或许本来指历史上某位真实的圣者，但在当代的孩子们嘴里，

---

① Kripke S. Naming and Necessity. Cambridge, MA：Harvard University Press，1980：116n.

② 塞尔表达了类似的思想："……为了使一个名称用来指称一个对象，必须要有对该对象的某种独立的表征。这可以通过感知、记忆、限定摹状词等等，但是必须要有足够的意向内容，以便识别出该名称被赋予了哪一个对象。"（塞尔．意向性：论心灵哲学．刘叶涛，译．上海：上海世纪出版集团，2007：265.）塞尔所说的"意向内容"包括使用一个名称去指称某个对象的意图、关于该对象的知识网络和背景等。

它指称一位带有宗教色彩的虚构人物。或者，也会发生我称之为"指称新生"的情形：某个名字本来指称远古的一个神话人物，但后来的考古证据表明，这是一个真实存在过的历史人物，于是该名字的所指就从"无"（在现实世界中）到"有"（在现实世界中），获得新生；或者，某个名字本来指称一个虚构人物，后人用此名字去称呼某个真实人物，这个人物在历史上太有名，以至人们一提到这个名字就想起他，忘记了在他之前还有一个虚构人物叫这个名字。或者，也会发生如埃文斯所谈到的"指称转移"现象：在非洲土著那里，"马达加斯加"本来指非洲大陆的一部分，意大利旅行家马可·波罗从马来水手或阿拉伯水手那里听到这个名字，但不知什么原因，他弄错了，转而用它去指称远离非洲大陆的一个大岛屿。[1] 该名字的后一用法一直沿用至今，马达加斯加现在是一个非洲岛国。也可以把所有这些现象笼统地称为"指称转移"（reference-shift）。我认为，造成指称转移的根本原因在于：在因果历史链条上传播有关名称的所指对象的信息时，人们有意或无意地发生了偏差，把有些信息弄错了，或者用一些新信息置换了原有的信息。

论题 3. 被语言共同体所认可的那些描述性信息的集合构成了名称的意义，这些描述摹写了名称所指对象的一些区别性特征，并且该描述集合是永远开放的。

在因果历史链条上所传递的关于对象的信息并不会都被保留下来，有些描述性信息未得到语言共同体的认可，会逐渐被过滤或淘汰掉，只有那些得到语言共同体认可的信息才会保留下来，口耳相传，成为人们的共识，并最终进入辞典或百科全书。后者的编撰流程大致如下：数据采集，即建立语料库或数据库；由专家筛选并最后确定条目；由专家撰写相关释文，多次修改而定稿；再由编辑加工出版。蒯因指出："词典编纂人是一位经验科学家，他的任务是把以前的事实记录下来；如果他把'单身汉'解释为'未婚的男子'，那是因为他相信，在他自己着手编写之前，在流行的或为人喜爱的用法中已不明显地含有这两个语词形式之间的同义性关系。这里所预先假定的同义性概念大概仍须根据同语言行为有关的一些词来阐明。'定义'是词典编纂人对观察到的同义性的报道……"[2] 因此，辞典、百科全书和教科书实际上是人类先前的认知成果的

---

[1] Evans G. The Varieties of Reference. Oxford：Oxford University Press，1982：11.
[2] 涂纪亮，陈波. 蒯因著作集：第 4 卷. 北京：中国人民大学出版社，2007：32－33.

浓缩和总结，具有经验的起源和经验的意义，本质上可以被人类后来的认知成果所修正甚至取代，同时，它们也最好地体现了我们关于名称的共识。对于名称的后来使用者来说，最重要的是被语言共同体所认可的那些描述性信息，只有它们才构成了关于该名称用法的一个文化和历史传统，决定着相应名称的所指。

埃文斯也表达了类似的思想。他断言，在名称使用方面确实存在因果链条，但克里普克把这种因果性错误地放置在初始命名礼和对名称的后来使用之间：一名称的后来使用者从该名称的先前使用者那里借用指称，后者又从别人那里借用指称，这种指称借用链条最后终止于一个对象的初始命名礼。相反，埃文斯认为，因果链条所连接的是在命名礼上被命名的那个对象与关于该对象的信息体[①]。从他的话里，我们可以引申出：在因果链条上所传播的实际上是关于该对象的信息，被语言共同体所认可的那些信息进入关于该对象的信息体；相反，那些未在因果链条上传播的信息，或者那些虽被传播但未得到语言共同体认可的信息，即使对于某个对象是真实的，也不进入关于该对象的信息体，我们不能根据它们去识别相应名称的所指。

从这样的观点看，克里普克的语义论证中所提到的那些反例都不是经过改进的描述论的真正反例。我在那里所阐述的核心观点是：关于皮亚诺、爱因斯坦、哥伦布这些人，重要的不是他们本身做了什么，而是我们的语言共同体**确认**他们做了什么。关于这种"确认"，科学界有一整套制度性设计，如论文的匿名评审、杂志的公开发表、他人的实验确证、论文的影响因子、学界同人的评价，等等。只有那些得到语言共同体确认的事情或描述才会进入这些人物的"正史"，构成相应名称的意义或部分意义，而那些没有得到语言共同体确认的描述则会被人们逐渐遗忘，它们最多成为"野狐禅们"酒后茶余的谈资，但难登大雅之堂。改用克里普克的话，关于一个名称的意义和指称，在很大程度上不取决于我们单个人怎么想，而取决于该名称如何传到我们这里的整个历史，取决于我们的整个语言共同体。确定名称的意义和所指的活动是一种社会的、历史的活动。或者用我本人的话来说，名称的意义取决于我们的语言共同体的共识，而不取决于某个人狂野的想象和虚构。一个名称或摹状词指称我们的语言共同体一致同意用来指称的对象。

[①] Evans E. Collected Papers. Oxford：Clarendon Press，1985：13.

论题 4． 相对于认知者的实践需要，可以在作为名称意义的描述集合中排出某种优先序，某些描述比其他的描述更重要一些，更占有中心地位。

克里普克如此转述簇描述论的论题（3）："如果 的大多数或加权的大多数为唯一的对象 y 所满足，则 y 就是'X'的所指。"① 就是说，传统描述论者并不给一个被公认的描述集合（作为某名称的意义）中的所有描述以同等地位，在确定该名称的所指时，有些描述比其他描述更重要一些，占有更大的权重。埃文斯指出，在关于名称所指对象的"信息体"中，有些信息占据优势或支配地位（dominance），它们在确定名称的所指时起关键作用。② 普特南指出，"老虎"的范型（stereotype）包括这样一些特征，例如：是一种动物，大而像猫，黄色背景上有黑色条纹，等等。其中，"是一种动物"这个特征就比其他的特征更具中心性，因为我们不能设想老虎不是一种动物的情形。③ 于是，在作为名称 N 的意义的描述集合中，其元素在优先序和权重方面有差别。

我推测，克里普克本人也潜在地持有类似的看法。在他看来，摹状词一般都是非严格指示词，因为它们摹写对象的一些可有可无的表面特征或偶然特性；但有些摹状词是严格指示词，例如："小于 2 的正奇数""原子序数为 79 的元素""是 H_2O 的液体"，因为它们刻画相应对象的本质，而本质是一个或一类对象在所有可能世界中都具有的，故刻画本质属性的摹状词在所有可能世界中都指示该对象或该类对象，是严格指示词。确定无疑，克里普克是一位本质主义者，可以将其本质主义归纳如下：

（1）一个事物的本质是该事物在反事实谈论中保持自身同一性的最低条件，其本质特性就是它在所有可能世界中都具有的特性。

（2）对于个体或人造物品来说，其起源（origin）或构成材料（substantial makeup）是其本质。

（3）对于自然种类来说，其内在结构（internal structure）是其本质。

（4）一个事物除了其本质特性不可改变之外，其他一些特征甚至其所有外显特征都可以改变。这是否隐含着：一个事物的本质与其外显特征之间没有什

---

① Kripke S. Naming and Necessity. Cambridge, MA：Harvard University Press, 1980：71.
② Evans G. The Varieties of Reference. New York：Oxford University Press, 1982：15.
③ 普特南．"意义"的意义//陈波，韩林合．逻辑与语言——分析哲学经典文选．北京：东方出版社，2005：516-519.

么关联？

（5）关于事物的本质的陈述是必然陈述，但人们可以通过经验的途径去发现事物的本质，故存在所谓的"必然后验命题"①。

（6）在确定一个特性是否为一个对象的本质特性时，容许有某种程度的模糊性。"正如一个对象实际上是否具有某种特性（例如秃顶）的问题可能是含糊的一样，这个对象在本质上是否具有某种特性的问题也可能是含糊的……"②

我认为，在作为名称 N 的意义的描述集合中，并非所有的描述都处于同等地位；在确定 N 的指称时，有些描述比其他描述更重要一些。到底哪些描述更为重要？我的回答是：那些刻画事物的本质特性的描述。蒯因在 BBC 系列访谈中也说，所谓"本质"就是"最重要的"。但他认为，我们没有办法说清楚什么东西对于一个对象是最重要的，也就没有办法说清楚什么是本质。他坚决反对本质主义，认为它是困扰人的柏拉图主义泥潭之一。而我认为，重要性是相对于人的实践和认知的需要而言的，正如列宁所说："必须把人的全部实践——作为真理的标准，也作为事物同人所需要它的那一点的联系的实际确定者——包括到事物的完整的'定义'中去。"③ 也就是说，在确定事物的本质时，要把人的实践需要考虑在内。普特南也指出，在确定事物的哪些性质是重要性质时，取决于我们的兴趣："重要性是与兴趣相关的。"④ 通过引入"相对于人的实践需要"这个参数，我把对象的本质相对化了，于是也把对象的本质多元化了。在直观上这看起来很合理。例如，在动物学家眼里与在社会学家眼里，人所具有的"本质"是不同的。假如我们能够区分出人类实践的一般的和公共的需要，我们也就能够区分出对象的一般本质，以人为例："会语言、能思维、能够制造和使用劳动工具的动物"就是人的一般本质。我把由此导致的本质主义称为"本质的实践相关性学说"。

科斯塔批评了有关专名的传统的簇描述论，因为它没有给一簇描述引入内在的层次和秩序，是完全混乱的：属于该簇的所有描述似乎有同等的价值，

---

① 陈波. 存在"先验偶然命题"和"后验必然命题"吗？——对克里普克知识论的批评. 学术月刊，2010（8-9）.

② Kripke S. Naming and Necessity. Cambridge, MA：Harvard University Press, 1980：115n.

③ 列宁选集：第4卷. 北京：人民出版社，1995：419.

④ 普特南."意义"的意义//陈波，韩林合. 逻辑与语言——分析哲学经典文选. 北京：东方出版社，2005：480.

在识别名称的所指时发挥同样的作用。他本人要在该簇描述中引入秩序，把关于一个对象的所有描述分成两组。一组由基本陈述组成，包括"（i）一个定位描述，它给出该对象的时空定位和生平；（ii）特征描述，它给出被认为是该对象的最相关的特性，这些特性使得我们有理由使用该名称去指称该对象"①。另一组由辅助描述组成，它们似乎是以或多或少偶然的方式把一个名称与其所指对象关联起来。第二组包括比喻性描述、不太为人知晓的偶性描述，以及一些随机性描述，等等。随后，科斯塔表述了一个元描述规则：

"一个专名 N 被用来指称属于某个对象类 C 的对象 x，当且仅当，可以假定 x 以适当的方式引发了我们的如下意识：

（i-a）x 满足 N 的定位描述，并且/或者

（i-b）x 满足 N 的特征描述，并且

（ii）x 足够充分地满足 N 的描述，并且

（iii）x 比属于 C 类的任何其他对象都更好地满足那个或那些描述。"②

很明显，科斯塔和我都认为在关于一个对象的一簇描述中存在某种层次、结构和秩序。但我的看法与他的看法有很大的不同，主要是因为我比他更为重视语言共同体在确定名称的意义和所指时所起的作用。在我看来，（a）基础性描述和辅助型描述的区分只有相对于人的实践需要才有意义。举"亚里士多德"为例。我们可以把亚里士多德刻画为一位著名的学者、一位哲学家、一位语言学家、一位生物学家、一位教育家……相应地，关于亚里士多德的特征描述和辅助描述将是很不相同的。一部百科全书中的特征描述将会成为另一部百科全书中的辅助描述，甚至还有可能在后者中完全消失。（b）只有被我们的语言共同体接受为真的那些关于某对象的描述才能成为指称该对象的那个名称的意义或部分意义。（c）我们无法精确地确定，为了成为某个名称的所指，一个对象必须满足多少个描述，因为这个问题不仅取决于有关该对象的描述的数量，而且取决于那些描述在关于该对象的簇描述中所处的位置，甚至还要考虑当事人的实践需要等因素。

论题 5．若考虑到说话者的意向、特定话语的背景条件和相关的知识网络等因素，由名称的意义甚至是部分意义也可以确定名称的所指。

我认为，克里普克对描述论的批评基于如下假设：如果描述论是正确的，

---

① Costa C F. A Metadescriptivist Theory of Proper Names. Ratio, 2011 (24): 260.

② 同①270.

(簇）摹状词就构成了名称 N 的意义或部分意义，那么，这些摹状词就必须提供确定 N 的指称（即对象 x）的充分必要条件。但他论证说，关于 x 的那些摹状词不能起这样的作用，因为一个对象即使不满足其中的任何一个摹状词，还是 N 的所指；一个对象 x 即使满足其中大部分甚至是所有摹状词，也不是 N 的所指。因此，描述论是错误的。

我要指出，克里普克上述论证有很多或明显或隐含的错误，这里只谈大前提含有两个预设：如果名称有意义并且其意义确由相应的摹状词提供的话，这些摹状词应该是确定名称的所指的充分必要条件，我们有可能找到这样的充分必要条件。否则，指责描述论者没有做一件不可能做到的事情有什么意义？但这些预设是错误的，理由有三：

（1）如塞尔所言，第一个预设是对描述论的误解或曲解，似乎描述论者都主张专名可以被相应的摹状词穷尽地分析。"我不知道描述论者当中有谁曾经坚持过这种看法，尽管弗雷格有时谈起，好像他可能会对此表示同情。但无论如何，这从来就不是我的观点，我相信，它也从来不是斯特劳森或罗素的观点。"① 在塞尔看来，描述理论所真正断言的是：为了说明专名如何指称一个对象，我们需要表明：该对象如何满足或适合在说话者头脑中与该名称相关联的"描述性"的意向内容，后者包括说话者用某个名称指称某个对象的意向、对该对象特征的某些描述、相关的知识网络以及相应的背景条件等。普特南也指出："关于意义理论，令人惊讶的是这个话题陷于哲学**误读**的时间是如此之长，而且**这种误读**又是如此之强烈。一个又一个哲学家把意义等同于一个充分必要条件。在经验主义传统中，又是一个又一个哲学家把意义等同于证实的方法。而且这些误读还不具有排斥性的优点：有不少的哲学家都主张，意义=证实的方法=充分必要条件。"②

（2）寻求确定名称 N 的所指的充分必要条件，就等于寻求对 N 所指的对象 x 做完全充分的描述，克里普克还要求，这种描述必须跨越不同的可能世界而保持不变，识别出 N 在那些可能世界中的所指。但是，我们在原则上不可能做这样的事情，也不可能得到这样的描述。克里普克自己就谈到，关于名称如何

---

① 塞尔. 意向性：论心灵哲学. 刘叶涛，译. 上海：上海世纪出版集团，2007：239-240.

② 普特南."意义"的意义//陈波，韩林合. 逻辑与语言——分析哲学经典文选. 北京：东方出版社，2005：522.

指称对象，他只是提出了一种比描述论"更好的描述"，却不想把它发展成一个理论，不想给出一组适用于像指称这类词的充分必要条件，因为"人们可能永远也达不到一组充分必要条件"①。为什么苛求描述论者去做克里普克本人也不可能做到的事情？假如名称的意义必须是确定名称所指的充分必要条件，而又不可能找到这样的充分必要条件，这就等于预先设定了名称没有意义。

（3）克里普克的充分必要条件预设也违背了我们的语言常识和直觉。如前章所述，名称及其意义都是社会性的，由一个语言共同体的成员约定俗成，只有那些得到共同体认可的关于对象的描述才进入相应名称的意义中；意义还随着知识的生长而生长，它是由被共同体认可的关于其所指对象的那些描述组成的一个松散而开放的集合，随着知识的扩展和新证据的出现，共同体可以变更它们的认可，一些旧的或新的摹状词就会在这个开放集合中不断地"进进出出"。在具体使用中，名称的意义还受特定的话语语境的影响。于是，单个的描述，甚至很多的描述，都只是对名称意义的不完全刻画，都没有提供确定名称的所指的充分必要条件。普特南正确地断言："无可争议的是，科学家们在使用那些词项的时候，并不觉得相关的标准就是这些词项的充分必要条件，而是把这些标准看作是对一些独立于理论的实体的某些属性的近似正确的描述；而且他们认为，一般而言，成熟的科学中一些更晚的理论，对较早的理论所描述的同样的实体做出了更好的描述。"②

但是，这绝不是说，名称的意义就不能充当识别其所指的向导、依据、标准或途径。如塞尔所言，凭借与名称 N 相关的某些描述，加上 N 使用者的意向，加上关于 N 所指对象的知识网络，加上某些语境或背景条件，我们最后总能够识别和确定 N 的所指。就是说，与 N 相关的描述与许多其他因素一起共同决定了 N 的指称。③

论题 6. 除极少数名称外，绝大多数名称都有所指，但其所指不一定是物理个体，也包括抽象对象、虚构对象和内涵对象。

按照我的理解，指称关系不仅是名称与外部对象之间的一种客观关系，而

---

① Kripke S. Naming and Necessity. Cambridge, MA：Harvard University Press，1980：94.

② 同①477.

③ 参见本书第 13 章《反驳克里普克反描述论的语义论证》第三节。

且还与名称的使用者有关：人们打算用一个名称去指称什么。所以，对指称关系的完整理解应该包括三个要素：人使用名称时的意向，人赋予名称的内涵，以及所意指对象的状况。只有自相矛盾的名称绝对无所指，例如"圆的方"。其他的名称通常都有所指，我把其所指大致分为四类：物理对象、抽象对象、虚构对象、内涵对象。

显然，在我们的语言中，很多名称指称"物理对象"（physical objects），即那些存在于现实的时空中、能够被我们的感官所感知、能够对我们发生因果作用的对象。例如，人名，如"亚里士多德"和"爱因斯坦"；自然物体名，如"太阳"和"地球"；地名或城市名，如"东京"和"赫尔辛基"；国家名，如"中国"和"美国"；组织机构或政党名，如"联合国教科文组织"和"日本自民党"；书名，如"《红楼梦》"和"《物种起源》"；事件名，如"美国独立战争"和"西安事变"。这些对象属于亚里士多德所说的"第一性实体"："实体，在最严格、最原始、最根本的意义上说，是既不述说一个主体，也不存在于一个主体之中。"[①] 也就是说，实体不依赖于其他东西特别是人而独立存在。此外，物理对象中还包括自然科学中的"理论实体"，如原子、电子、光子和其他基本粒子，这些对象虽然不能被人的感官所直接感知，但可以凭借仪器——人的感官的延伸——而被感知。

还有许多名称指称"抽象对象"（abstract objects），也就是奠基于或依赖于物理个体的各种存在物。先有个体，但个体并不是一个光秃秃的、没有任何规定性的存在物。个体自身有一定的性质，又与其他个体发生一定的关系。不同的个体形成分层次的类别——自然种类（简称"类"），如动物类、人类、花草类等，科学上有"种、属、科、目、纲、门、界"的分类系统。自然种类词如"猫""老虎""狮子"就指称这样的类。但类并不是与个体并列的另一种存在物，它是基于个体之上的一种思维抽象，但它仍有客观性，仍可以视为一种客观的存在。个体具有一定的性质，并与其他个体发生一定的关系，这构成通常所谓的"事态"或"事实"，事实也具有客观性。事实与个体不同，它没有明确的边界，因而不能个体化，但不能因此就否认事实的存在。物质名词如"金""木""水""火""土"所表示的存在物也不能个体化，但它们确实存在着。个体总是存在于一定的时空之中，个体是客观的，时空是物质客体的存在方式，

---

① 苗力田. 亚里士多德全集：第1卷. 北京：中国人民大学出版社，1990：6.

因此时空也是客观的，表示时间、空间的名称也有所指。此外，任何事物由于内部矛盾和外部环境的作用，都处于变动不居的状态中，它们的变化是有规律的，因此规律也是客观的……由此引出了一系列依附性存在：性质、关系、类、事实、时空、规律，等等。虽然这些东西不能作为本体（substance）存在，但不能排除它们作为本体的依附物而存在。正是有这些依附物的本体才是真正的现实的本体，否则就是空洞的抽象和纯粹的虚无。此外，还有一大类抽象对象，即各种各样的数，如自然数、实数、复数等。

还有一些名称指称所谓的"虚构对象"（fictional objects），即不在现实时空中存在，而是由人类理智创造的各种对象，例如希腊神话中的各种人物：地神该亚、天神宙斯、海神波塞冬、太阳神阿波罗、智慧女神雅典娜、神使赫耳墨斯、酒神狄俄尼索斯等；中国神话中的各种人物，如开天辟地的盘古、补天的女娲，以及伏羲、炎帝、黄帝、颛顼、帝喾等；各种科幻人物，如超人、蜘蛛侠、哈利·波特、蝙蝠侠等；各种文学人物，如哈姆雷特、福尔摩斯、林黛玉、阿Q等。所有这些名称由于不指称现实存在的对象，传统上被称为"空名"，这可能是出自罗素所坚持的那种"健全的实在感"："既然动物学不能承认独角兽，逻辑学也就同样不能加以承认。因为逻辑学虽然具有较为抽象和一般的特点，但它与动物学同样真诚地关心实在世界。"[①] 但我对于"空名"的说法颇有保留，因为自然语言中有大量的指称虚构个体的名称，我们通常并不把这些名称看作空名，而是看作确有所指的。我们可以用合乎理性的方式去谈论这些虚构人物，交换各自的心得和看法。这些名字所指称的对象也并非无关紧要，有些神话人物和文学人物在塑造民族认同和文化认同方面起了非常重要的作用。逻辑学为什么要把这样的名称排除在外？难道对它们的谈论都是非理性的吗？这没有道理。

还有一些名称指称所谓的"内涵对象"（intensional objects），它们依附于物质性的语言（包括声音和文字），被相应的语言表达式所表达，被人类理智所创造和理解，可以为不同的人所共同把握，具有主体间性（intersubjectivity），包括概念、命题、信念、思想、主义、学说等，如"素数"这个概念、"单身汉是未婚男子"这个命题、阿基米德原理、万有引力定律、上帝创世说、社会契约论、实用主义等。不过，关于这类对象的存在性有极大争议，弗雷格、卡尔·

[①] 罗素. 数理哲学导论. 晏成书，译. 北京：商务印书馆，1982：159-160.

波普尔与蒯因可能分别代表两个极端。弗雷格为了反对逻辑学中的心理主义，在外在世界和内心世界（主观观念的世界）之外，弄出一个"第三域"，即由客观的思想所组成的世界。在他看来，思想是某种能够借以考虑真的东西；思想不同于观念，是可分享的或主体间的，可被许多人共同把握；思想不依赖于心灵，它不是被思维创造的，而是被思维把握的；思想也与外在的事物不同，是不可感知的；思想是非现实的、无时间性的东西；思想受逻辑规律或真的规律所支配，等等①。后来，波普尔提出了有些类似的三个世界之分：物理世界（世界1）、精神世界（世界2）和客观知识的世界（世界3）②。蒯因基于他的外延主义立场，坚决不承认几乎一切内涵性实体——如概念、意义、命题等——的存在，因为在他看来，我们无法为这些东西提供同一性标准，而同一性标准既是区分不同对象的标准，也是对同一个对象进行再认的标准。他有一个著名的口号："没有同一性就没有实体。"③ 因此，他在其代表作《语词和对象》（1960）中用第六章去专门论述"躲避内涵"。

  我赞成罗素的断言：一个逻辑理论或语义理论的效力可以通过"其处理疑难的能力"④ 来检验。为了检验我如上阐述的 SHCD 的效力，可以考察它如何回应克里普克反对描述论的模态论证、语义论证和认知论证，以及有关名称的种种疑难，再比较我的 SHCD 与克里普克的名称理论在处理这些问题上的差别和效果。有兴趣的读者可以查看和阅读我在国际期刊所发表的几篇相关英文论文，其中已经做了不少此种类型的工作。⑤

---

  ① Frege G. Thought//Beaney M. The Frege Reader. Oxford, UK: Blackwell Publishers, 1997: 325-345; 陈波. 弗雷格的思想理论. 哲学分析, 2012 (5): 61-72.

  ② 卡尔·波普尔. 无穷的探索——思想自传. 邱仁宗, 段娟, 译. 福州: 福建人民出版社, 1983: 191.

  ③ Quine W V. Theories and Things. Cambridge, Massachusetts: The MIT Press, 1981: 102.

  ④ Russell B. On Denoting. Mind, 1905 (14): 484.

  ⑤ Chen Bo. Xunzi's Politicized and Moralized Philosophy of Language. Journal of Chinese Philosophy, 2009 (36): 107-140; Proper Names, Contingency A Priori and Necessity A Posteriori. History and Philosophy of Logic, 2011 (32): 119-138; Descriptivist Refutation of Kripke's Modal Argument and of Soames's Defense. Theoria: A Swedish Journal of Philosophy, 2012 (79): 225-260; Kripke's Semantic Argument against Descriptivism Reconsidered. Croatian Journal of Philosophy, 2013 (XIII): 421-445; Kripke's Epistemic Argument against Descriptivism Revisited. Journal of Chinese Philosophy, 2013 (40): 486-504.

第 36 章 演绎的证成
——与归纳问题类似的演绎问题

一、绝对主义逻辑观及其所面临的挑战

众所周知,休谟是一位怀疑论者,他以经验论原则为利器,把怀疑的锋芒指向因果关系、归纳推理、外部世界、自我、心灵、上帝等等,但他的怀疑却在关于观念联系的知识、直观、演绎推理面前止步了,他承认有关观念联系的知识的普遍必然性,并且承认直觉和演绎是确保达到此类知识的手段。这一点意味深长,并在哲学史上造成极其重要的影响。

作为经验论者,休谟认为,一切知识都起源于感性知觉(perception),知觉分为"印象"(impression)和"观念"(idea),两者的区别在于强烈和生动的程度不同。所谓印象,是指一切比较生动和强烈的知觉,包括"听见、看见、触到、爱好、厌恶或欲求时的知觉",它们是一切思想的来源和材料。而观念则是印象在心中的摹本,是印象在记忆和想象中的再现。观念虽然由印象而产生,在人的心中却可以产生联结或推移,从而发生不同的关系,这些关系大致可以归为七类:类似关系、同一关系、空间和时间的关系、数量的比例关系、性质的程度关系、相反关系、因果关系。其中类似关系、相反关系、性质的程度关系、数量的比例关系,通过直觉(intuition)和演证(demonstration)就可以确定,观念不变,关系也不变,因而具有确实性(必然性)。关于这些观念间关系的知识因此也具有确实性,其典范是数学知识,特别是算术和代数。而同一关系、空间和时间关系、因果关系三种关系却可以随观念的变化而变化,它们取决于千百种心灵所不能预见的偶然事件,关于这些关系的知识是建基于因果性之上的经验知识,只具有或然性,其代表是自然科学和历史科学。由此形成了休谟关于"观念的关系"(relations of ideas)和"实际的事情"(matter of facts)这两类不同知识的截然二分:

人类理性或人类研究的一切对象可以自然而然地分类两类，即观念的关系和实际的事情。第一类中有几何、代数、算术等科学，简言之，在直觉上或演证上具有确定性的一切断言，都属于此类。直角三角形弦的平方等于两个边的平方这个命题，是表示这些图形之间关系的命题。三乘以五等于三十的一半这个命题，表示了这些数目之间的关系。这类命题仅仅依靠思想的活动就能发现出来，并不依靠在宇宙中任何地方存在的东西。即使在自然中真的没有一个圆或三角形，欧几里得所证明的真理仍永远保持其确定性和明白性。

实际的事情是人类理性的第二类对象，它们不能以上述同样的方式来确定，我们关于它们的真理性证据不论如何重大，也不具有与前述证据同样的性质。每个实际的事情的反面都是可能的，因为它不可能蕴涵矛盾，它可以同样方便、清晰地被心灵构想出来，就好像它从来就是与实在相符合的。太阳明天将不升起这个命题仍然是可以理解的，它不蕴涵矛盾，就像太阳明天将升起不蕴涵矛盾一样。因此，我们试图证明它的虚假，乃是徒劳的。假如我们真的能够证明它是虚假的，那么它就会蕴涵一个矛盾，它就不能清楚地被心灵所构想。

有关实际事情的一切推理似乎都是建立在因果关系上的⋯⋯

⋯⋯这种关系的知识，在任何情况下，都不是由先天的推理获得的，而是当我们发现任何一些特定对象互相恒常地会合在一起时，完全从我们的经验中来的⋯⋯我们的理性若不借助于经验，就不能引出有关实际的存在和事实的任何推断。[①]

这几乎就是休谟关于两类知识区分的最主要的论述，在《人性论》（1739）第一卷和其改写本《人类理智研究》（1748）中所占篇幅极小。这里之所以不惜篇幅大段引证，是为了提请读者注意下面一些事实：在有关因果关系和因果推理的问题上，休谟的怀疑主义精神可谓发挥得淋漓尽致，他构造了一连串复杂的论证，步步进逼，穷追猛打，以证明它们不具有客观必然性。但在有关观念的关系的问题上，他的怀疑主义精神却毫无作为，在非常短的篇幅内就做出了十分重要的结论：关于观念的关系的知识具有普遍必然性，这种必然性是由直觉和演证来保证的。至于其中的所有细节，休谟一概不予追究。但实际上，

---

① 休谟. 人类理智研究. 周晓亮，译. 沈阳：沈阳出版社，2001：23-26.

如果按探讨因果关系的同样的怀疑主义精神来办事，这里的问题并不会更少，如果不是更多、更严重的话。① 例如，如何在经验论原则的基础上建立或确保关于观念关系的知识的普遍必然性？什么是类似关系？如何判定两物是否具有类似关系？当判定两物是否类似时，至少包含着目光在时间和空间中的移动，在这种移动中两物是否发生变化，这种变化是否会对我们的类似判断产生影响？这里似乎需要求助于记忆，但记忆可靠吗？如此等等。通过长时间的反复思考，下述思想逐渐在我的脑海里浮现：休谟关于归纳推理所说出的只不过是一个明显的事实：它的结论的内容超出了前提的内容，因此其前提的真不能保证其结论的真，整个推理不具有必然性。于是，试图证明这种扩展知识的推理具有必然性，无异于想拔着自己的头发上天。正是在这个意义上，我们可以说：休谟的困境就是人类的困境，休谟提出的归纳问题在原则上是不可解的。而造成这种不可解的根本原因，就在于休谟提出该问题时所隐含的那些自相矛盾的诉求与预设：作为经验论者，他却把具有普遍必然性的观念性知识作为人类知识的典范，要在经验论原则的基础上，通过理性主义的方法（比如直观和演证），建立起一个普遍必然的知识大厦；而关于实际事情的知识本质上是经验知识，如何在不超出感觉经验范围的条件下达到这种普遍必然性？基于因果关系的归纳推理明显做不到这一点，那么这种知识的合理性根据何在呢？由此，休谟使自己和后人一起陷于由他的经验论坚持与理性主义诉求所造成的绝境。因此，我觉悟到：如果不掘掉休谟提出因果问题或归纳问题时的下述自相矛盾的预设——（1）存在着普遍必然的知识；（2）直觉和演证是达到此类知识的手段，其他手段如归纳最好也具有这些手段所具有的必然性：从真前提确保得出真结论；（3）应该在感觉经验的范围内证明关于实际的事情的知识的普遍必然性——那么，归纳问题在原则上是无法解决的。我在一篇论文中阐述了这些观点。②

不管怎样，著名的怀疑论者休谟用明显的非怀疑主义精神，提出了关于"观念的关系"和"实际的事情"这两类知识的区分，它后来逐渐演变为关于分析命题和综合命题、必然命题和偶然命题、先验命题和后验命题的区分，这些区分在整个近现代哲学史上产生了非常重要的影响。正是在这些区分的基础

---

① 参见蒯因在《经验论的两个教条》一文中的有关论证，见蒯因. 从逻辑的观点看. 江天骥，等译. 上海：上海译文出版社，1987：19-43．

② 陈波. 休谟问题和金岳霖的回答——兼论归纳的实践必然性和归纳逻辑的合理重建. 中国社会科学，2001（3）.

上，寄生了一种绝对主义的逻辑观：用演绎推理建构起来的逻辑真理是绝对正确、普遍适用、不容修改的；它们是其他一切科学的基础，是其他一切真理的标准，但其本身的真理性却是清楚明白、毋庸置疑的。这种观点的代表人物在近代是康德，在现代是弗雷格、罗素和维也纳学派的逻辑实证主义者。例如康德认为："逻辑学是关于理性的科学（不是在质料方面，而只是在形式方面），是关于思维的必然规律的先天科学，它不仅适用于特殊的对象，而且一般地适用于一切对象，因此，它是关于正确运用知性和理性的科学。"① 弗雷格、罗素等人认为，逻辑是确实可靠、绝对必然的，一旦用逻辑概念定义出其他数学概念，从逻辑公理和定理推导出其他数学命题，就把数学建立在绝对可靠的基础之上，数学真理的绝对必然性也就得到了保证。这就是他们的逻辑主义纲领。但具有讽刺意味的是，在将这种逻辑主义主张付诸实施的过程中，从认为是明显确实的命题出发却导出了逻辑矛盾甚至是悖论，并且关于哪些命题是明显确实的，不同的哲学家、逻辑学家和数学家之间充满了争论，这就说明那些命题并不如他们所说的那么明显确实！

于是，逐渐有人觉得，正像归纳需要证成一样，演绎同样也需要证成②。刘易斯·卡罗尔（Lewis Caroll）在《乌龟对阿基里斯所说的话》（1895）一文中，蒯因在《约定真理》（1936）等著述中，卡尔纳普在《归纳逻辑和归纳直觉》（1968）等文中，都进行了这样的努力。卡尔纳普指出："……归纳逻辑中的认识论状况……并不比演绎逻辑中的认识论状况更坏，而是几乎与之类似的。"③

---

① 康德. 逻辑学讲义. 许景行，译. 北京：商务印书馆，1991：6.
② "证成"是英文词 Justification 的中译，该词的动词化形式是 Justify，按《英汉大词典》，其意思是：证明……为合理、正当，证明……成立，是……正当的理由，为……辩护。作为一个哲学术语，国内哲学界一般将其译为"证实""辩护""辨明"。但这些译法用于本章都有问题，"证实"很容易使人联想到逻辑经验论者的"可证实性原则"，即等同于经验证实，但在很多时候，特别是在本章中，Justification 并不是在这种狭隘的意义上使用的，而是在"证明……为合理、正当"的意义上使用的。译为"辩护"，意思太轻了，因为在法庭上一位律师也可以为一名真正的重罪犯辩护。这里所采纳的译法"证成"，尽管不是一个严格意义的汉语词，但它的意思与 Justification 的本义最为接近，同样可以兼作动词和名词，用在句子中比较方便，踌躇再三，列为首选。2001年我应邀在台湾进行学术访问时，出席林正弘教授的知识论课程，他就把 Justify 和 Justification 译成"证成"。据他告诉我，这一译法始创于已故的殷海光教授。在此谨向林正弘、殷海光两教授表示谢忱。
③ Carnap R. Inductive Logic and Inductive Intuition//Lakatos I. The Problem of Inductive Logic. Amsterdam：North-Holland，1968：258-267.

1973年，达米特在英国科学院发表讲演《演绎的证成》，基本在维护关于演绎推理的传统观点。1976年，苏珊·哈克发表《演绎的证成》一文，她提出了一个关于演绎证成的二律背反："我们不能归纳地证成演绎，因为这样做最多是去证明：当一个演绎论证的前提为真时，它的结论通常是真的——而这太弱了；我们同样也不能演绎地证成演绎，因为这样的证成将是循环的。"① 明显可以看出，这个二律背反与休谟提出的关于归纳证成的二律背反是类似的。1982年，哈克发表《达米特的演绎证成》一文，对达米特的有关思想进行评述，并进一步论证自己的有关思想。本章将从哈克的上述思想出发，对之做出更为根本、系统、全面的阐发和论证，以深入挖掘其认识论意蕴。

二、可靠性、完全性是证成一个逻辑系统的必要条件，而不是充分条件

现代逻辑都是用形式化方法构造出来的形式系统，系统的设置由两部分构成：一是形式语言，包括初始符号和形成规则，前者类似于拼音文字中的字母，后者类似于文法中的造词和造句规则。二是演绎装置，包括公理、变形规则以及由公理和变形规则所导出的各种定理。在现代逻辑中，证成一个逻辑系统 L 的标准程序是，证明它的可靠性和完全性。所谓 L 的可靠性，就是指 L 的所有定理都是 L-逻辑真的，或者说是 L-有效式。由于逻辑矛盾不可能是 L-有效式，因此，一个逻辑系统可靠意味着其中不能推出逻辑矛盾，该系统是成立的。所谓 L 的完全性，是指 L-有效式都是 L-定理，这涉及 L 的推演能力有多强。最理想的系统当然是既可靠又完全的，其定理集和有效公式集相重合。不过，相比之下，可靠性更重要一些，因为一个不可靠的逻辑系统能够推出逻辑矛盾，是根本不能成立的；而一个系统即使不完全，即推演能力较弱，但仍然可以成立。所以，我们以下只考虑可靠性。

证明一个逻辑系统 L 可靠性的通常程序是：证明它的所有公理都是 L-有效式，并且其变形规则从 L-有效式只能得到 L-有效式，既然 L-定理都是从 L-公理经使用 L-变形规则得到的，由此也就证明了 L 的所有定理都是 L-有效式。请看下面的一个被广泛使用的命题逻辑系统，将其记为 PL_1：

---

① Haack S. Justification of Deduction. Mind, 1976 (85): 112 – 119; Reprinted in Haack S. Deviant Logic, Fuzzy Logic: Beyond the Formalism. Chicago: The University of Chicago Press, 1996: 183.

PL₁的初始联结词是¬和→，其解释由下面的真值表1给出，其中"t"代表"真"，"f"代表"假"：

A	B	¬A	A→B
t	t	f	t
t	f	f	f
f	t	t	t
f	f	t	t

并通过下述定义引进其他的联结词。

定义：

1. $(A \wedge B) = df \neg(A \to \neg B)$
2. $(A \vee B) = df(\neg A \to B)$
3. $(A \leftrightarrow B) = df \neg((A \to B) \to \neg(B \to A))$

PL₁的其他构成如下：

公理：

1. $A \to (B \to A)$
2. $(A \to (B \to C)) \to ((A \to B) \to (A \to C))$
3. $(\neg A \to \neg B) \to (B \to A)$

变形规则：

MP（肯定前件规则） 从 A→B 和 A 推出 B。

要证明 PL₁ 的可靠性，我们首先根据联结词¬和→的真值表，去验证公理 1~3 都是有效式，然后证明 MP 规则具有保真性，即从真公式只能得到真公式，权且把这个证明叫作证明1：

证明1：设 A 真并且 A→B 真。根据→的真值表，如果 A 真并且 A→B 真，则 B 真。所以，B 真。

这样我们就证明了 PL₁ 的可靠性。

但是，我必须强调指出，这种可靠性证明只具有相对的意义，具体来说：

（1）它相对于事先给定的关于联结词¬和→的解释，即上面的真值表1。如果改变这两个联结词的真值表，PL₁ 的公理是否还是 L-有效的，变形规则 MP 是否还具有保真性，都是不一定的。

（2）如果稍微仔细观察一下，就会发现：证明1在证明变形规则MP具有保真性的过程中，也使用了MP规则，因为它的结构是这样的：

证明1′：设C（即A真并且A→B真）。根据→的真值表，如果C则D（即如果A真并且A→B真，则B真）。所以，D（即B真）。

这或者是循环论证，或者是在元语言层次上的无穷倒退！既然在归纳证成中循环论证和无穷倒退不被允许，在演绎证成中它们也应该同样不被允许，至少不能把这些证明视为最终性质。

（3）存在着许多彼此不一致甚至是相互抵触、冲突的逻辑系统，它们都可以被证明是可靠的。例如，在命题逻辑的范围内，我们有经典逻辑的各种系统，还有宣称与之竞争的相干逻辑、直觉主义逻辑的各种系统，等等。这些不同的系统都有各自的可靠性。

为了与前面的PL_1系统直接对照，我这里构造一个"怪演算"（queer calculus），权且称它为PL_2。与PL_1一样，PL_2含有形状相同的初始联结词¬和→，其中¬的真值表保持不变，但→的真值表有变化。看下面的真值表2：

A	B	¬A	A→B
t	t	f	t
t	f	f	t
f	t	t	f
f	f	t	t

然后通过下述定义引进其他联结词。

定义：

1. (A∧B) = df ¬(¬A→B)
2. (A∨B) = df(A→¬B)
3. (A↔B) = df ¬(¬(A→B)→(B→A))

PL_2的其他构成如下：

公理：

1. (A→B)→A
2. ((A→B)→(A→C))→((A→B)→B)
3. ((¬A→B)→A)→(¬B→A)

变形规则：

MM（肯定后件规则）　　从 A→B 和 B 推出 A。

可以证明，PL$_2$ 有下述特征定理：

$$A \to ((A \to B) \wedge B)$$
$$\neg B \to ((A \to B) \wedge \neg A)$$
$$(A \to C) \to ((A \to B) \wedge (B \to C))$$

按照在 PL$_2$ 中给予¬和→的（新）解释，用证明 PL$_1$ 的可靠性的同样程序，可以证明 PL$_2$ 也是可靠的，就是说，PL$_2$ 的公理都是 L-有效式，证明从略，并且 MM 规则具有保真性，证明如下：

证明 2：设 A→B 真并且 B 真。根据→的真值表，如果 A 真，那么 A→B 真并且 B 真。所以，A 真。

不过，像证明 1′所揭示的证明 1 有循环论证的嫌疑一样，在证明 2 中也同样使用了 MM，即那个它打算证成的规则：

证明 2′：假设 D（即 A→B 真并且 B 真）。如果 C，则 D（即如果 A 真，那么，A→B 真并且 B 真）。所以，C（即 A 真）。

由此可以看出，证明 2 根据真值表 2 对 MM 的证成，在结构上完全类似于证明 1 根据真值表 1 对 MP 的证成，并且证明 2′所揭示的证明 2 的结构完全类似于证明 1′所揭示的证明 1 的结构。所以，如果证明 1 根据真值表 1 对 MP 的证成有效的话，那么，证明 2 根据真值表 2 对 MM 的证成也同样有效。

(4) 可靠性和完全性的证明不得不在元逻辑层次进行，元逻辑结果的意义有可能依赖于用来证明它们的那些手段或工具的力量。例如，在一个逻辑系统 L 内，排中律可能不成立，但在证明关于 L 的元逻辑结果时，却可能诉诸 L 所不承认的排中律，这种情形就在证明直觉主义逻辑的可靠性和完全性时发生了。因此，这样的元逻辑结果并不是那么令人放心的，也没有那么强的说服力。一个相关的思想，构成了对哥德尔定理的一个推论的下述标准解释的基础：除非借助于与算术本身一样强的元逻辑手段，否则算术的一致性不能被证明；也可以认为，这意味着：算术的一致性不能以非循环的方式被证明。

三、逻辑系统通过其逻辑常项的解释而与经验发生间接的联系

上一节已经表明，逻辑系统 L 的可靠性和完全性证明只具有相对的意义，

它们所证明的实际上是一个条件句：如果赋予 L 中逻辑常项如此这般的解释，并且这些解释成立的话，那么，L 就是可靠的和完全的。因此，对 L 的证成最终就归结为对其逻辑常项的解释的证成。在某种意义上，逻辑常项的解释对逻辑系统来说是关键性的。

逻辑常项的意义是由它们在其中出现的逻辑系统 L 的语义学给出的，正是通过 L 的语义学，逻辑学家才使 L 与 L 之外的某种东西关联起来。逻辑学家在构造一个形式系统时，预先是有一定目的和考虑的，例如，把日常思维中用自然语言表述的某种类型或某个范围内的推理形式化。我们可以把待形式化的对象叫作"非形式论证"，而把一逻辑系统内部的推理叫作"形式论证"。非形式论证是由用自然语言表达的一连串语句组成的，其中某些语句是前提，另一个语句是结论。关于非形式论证，人们通常有某种粗略的鉴别其是否有效的直观标准，例如，一个非形式论证是有效的，当且仅当，它的结论由其前提推出，或者说，不可能它的前提真而结论假。这种有效性，可以叫作"系统外的有效性"，亦称"直观有效性"。与这种有效性观念相对应的是 L 内部的有效性，可以分为语法有效性和语义有效性。L 中的一个形式论证是一个合式公式 A_1，A_2，…，A_{n-1}，A_n 的有穷序列，其中 A_1，A_2，…，A_{n-1} 是前提，A_n 是结论。如果 A_n 利用 L 的推理规则可以从 A_1，A_2，…，A_{n-1} 和公理演绎得到，则称 A_1，A_2，…，A_{n-1}，A_n 是 L-语法有效的，记为 A_1，A_2，…，$A_{n-1} \vdash_L A_n$；如果 A_n 在使得 A_1，A_2，…，A_{n-1} 为真的所有解释下都真，则称 A_1，A_2，…，A_{n-1}，A_n 是 L-语义有效的，记为 A_1，A_2，…，$A_{n-1} \vDash_L A_n$。特殊地，如果 A 可以从 L 的公理和推理规则演绎得到，则称 A 是 L-语法有效的，即 A 是 L 的定理，记为 $\vdash_L A$；如果 A 在 L 的所有解释下都真，则称 A 是 L-语义有效的，即 A 是 L 的逻辑真理，记为 $\vDash_L A$。在一个理想的（既可靠又完全的）形式系统中，$\vdash_L A$ 当且仅当 $\vDash_L A$，即 L 的定理集与它的逻辑真理集完全重合。①

在如上所述的形式论证、非形式论证、系统内的有效性与系统外的有效性这四者之间，应该存在着某种平行、对应。哈克指出，形式逻辑系统力图把非形式论证形式化，力图用精确、严格、可一般化术语来表述它们；一个可接受

---

① 关于非形式论证、形式论证、系统外的有效性、系统内的有效性的区分及其关系的论述，是由 Susan Haack 给出的，本章的有关阐述参考了她的下列著述：Philosophy of Logics. Cambridge：Cambridge University Press，1978：13－17，188－190，226－232；Deviant Logic，Fuzzy Logic. Chicago：The University of Chicago Press，1996：198－200。

的形式逻辑系统应该是这样的：如果一个给定的非形式论证通过某种形式论证在这个形式系统中得到表述，那么，只有非形式论证在系统外的意义上是有效的，形式论证在系统内才应该是有效的。于是，我们有下图所示的关系：

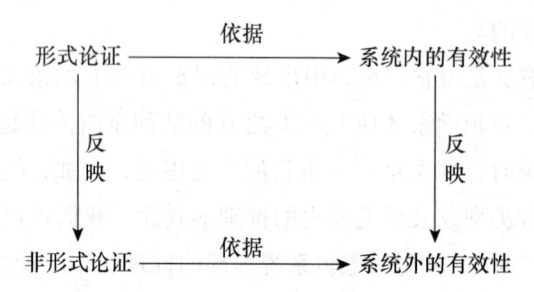

```
形式论证 ──依据──→ 系统内的有效性
   │                      │
   反                     反
   映                     映
   ↓                      ↓
非形式论证 ──依据──→ 系统外的有效性
```

相应地，我们可以区分出一个逻辑系统 L 的四个侧面：

(i) 形式演绎装置；
(ii) 形式语义学；
(iii) 形式演绎装置的自然语言读法；
(iv) 形式语义学的非形式解释。

然后，我们可以区分出 L 的下述两个方面：一是 L 的形式特性，也就是涉及层次 (i) 和 (ii) 之间关系的特性；另一是 L 的实质的或者超越系统之外的特性，也就是涉及 (i) 和 (ii) 为一方、(iii) 和 (iv) 为另一方之间关系的特性。[①]

应该强调指出，可靠性和完全性证明仅仅是形式的，对于证成一个逻辑系统而言，它们只是必要条件，但不是充分条件。除开可靠性和完全性之外，还有一个正确性问题，就是说，一个形式系统是否正确地表示了它打算加以形式化的那些非形式论证。举例来说，尽管一个认知逻辑系统是可靠并且完全的，如果它包含下面的逻辑万能原则（以后缩写为 LO）：

$$K(x, p) \land (p \to q) \to K(x, q)$$

它就不是一个正确的逻辑，至少不是一个好的逻辑，因为 LO 意味着：如果 x 知道 p，并且从 p 可逻辑地推出 q，则 x 知道 q；换句话说，x 知道他所知道的命题的一切逻辑后承。这不是人的逻辑，而是上帝的逻辑，假如存在万能的上帝的话。反对 LO 的理由不是逻辑的，而是世俗的，也就是直觉的和经验的。所以，

---

① Haack S. Deviant Logic, Fuzzy Logic. Chicago：The University of Chicago Press, 1996：198.

对于逻辑系统的证成来说,可靠性和完全性是不足够的,还有一个关于该系统是否适当或正确的问题等待我们去研究。

一般的逻辑学家之所以没有注意到这一明显的事实,是因为他们受根深蒂固的绝对主义逻辑观的影响,认为逻辑是纯形式的,逻辑学家只应关注一个逻辑系统的形式方面,或者说技术方面:如果能证明一逻辑系统是可靠的,则它是可以成立的;如果还能证明它是完全的,它就近乎完美了。至于所谓的正确性问题,涉及形式论证和非形式论证、系统外的有效性和系统内的有效性之间的关系,这不是一个技术问题,而是一个哲学问题,所以不在他们关注的范围之内。只有具备哲学关怀的逻辑学家才会注意到这一点,这样的工作通常由逻辑哲学家做出。

回到逻辑常项。我不赞成下述论题:逻辑常项的意义完全由它们在其中出现的公理和推理规则给出;我甚至不太同意这样的观点:"可以认为,常项的意义部分地源自它们在其中出现的公理或规则,部分地源自该系统的形式语义学,并且还部分地源自给予这些联结词的非形式读法和对形式语义学的非形式解释。"[①] 相反,我认为,逻辑常项的意义是由它们在其中出现的逻辑系统 L 的语义学(解释)给出的,在联结词的情形下则是由真值表给出的。至于 L 的公理和推理规则,它们只是相应逻辑常项的隐定义或部分定义,仅仅隐含地和部分地揭示了逻辑常项的意义。而关于逻辑常项的解释显然不是逻辑学家的主观的任意规定,而是具有经验的起源,它来自人们在长期社会实践过程中所形成的基于经验的直觉,它是人们对日常的语言经验和思维经验进行逻辑抽象的结果。这里仅以真值联结词"∧""∨""→"为例。"∧"通常被解释为日常语言中的联结词"并且","∨"解释为"或者","→"解释为"如果,则"。在日常语言中,后者不仅表达支命题之间在内容上甚至时间上的联系,还可能表达心理上的联系,甚至还具有严重的歧义。尽管如此,有一点是可以承认的:只有当 p 和 q 都真的时候,"p 并且 q"才是真的;而 p 和 q 若有一个为真,则"p 或者 q"就会真;若 p 真而 q 假,"如果 p 则 q"就会是假的。逻辑学家在进行逻辑研究时,把日常语言联结词所表达的其他诸种联系作为不相干因素撇开,单单抽象出它们之间的真假关系,并使其一般化,制作出相应的真值表,严格规定其意义。通常所谓的公理实际上只是这些逻辑联结词的隐定义,只是把联结词

---

① Haack S. Philosophy of Logics. Cambridge University Press, 1978: 230.

本身所具有的逻辑特性明确揭示出来，例如，有的命题逻辑系统的公理：

$$p \vee q \to q \vee p$$

所展示的只不过是相应的真值表所明确规定的"∨"的意义。由于联结词的真值表具有某种经验的起源或者说经验的基础，作为联结词隐定义的逻辑公理和推理规则也就具有了经验性，后两者又将其经验性遗传给逻辑定理，这样就使全部逻辑真理都间接地带上了经验的成分或经验的色彩。

我认为，通常对于这种或那种逻辑理论的批评，最明显地展示了逻辑真理的经验性。逻辑上关于蕴涵的种种争论，实际上是基于日常语言和思维经验的争论；对于实质蕴涵、严格蕴涵的种种批评，实际上只是经验的批评；将某些逻辑定理称为"怪论""悖论"的理由不是逻辑的，而是经验的。假如从纯粹逻辑的角度着眼，通常所谓的"实质蕴涵怪论"：

$$p \to (q \to p)$$
$$p \to (\neg p \to q)$$

根本不是怪论，而是严格证明的定理，相对于其常项和变项的解释来说是必然真的。之所以将其称为"怪论"，是因为它们与人们的日常语言直觉和思维经验不符合甚至相抵触。被称之为"哲学逻辑"的学科群体相对来说正处于创立时期，于是它就更明显地展示了逻辑真理的经验起源。这似乎已是一个规律性的现象：试图创立时态逻辑的人，必定先去进行时间哲学的研究；研究道义逻辑的人，必定会注意或进行伦理学或法学的研究；而研究认识论逻辑的人，必定会注意甚至进行认识论的研究。之所以如此，是为了考察有关的概念和范畴在实际使用中显现出来的逻辑特性和逻辑关系，然后用一些逻辑技术手段把这些结果整理出来，构成逻辑理论。既然后者是对有关的思维经验进行逻辑抽象的结果，当然有一个符不符合语言实际和思维实际的问题，人们当然也可以基于相关的经验去批评它、反驳它，并重新构造自己认为更符合有关经验的逻辑理论。这样就造成了各种逻辑分支内部不同的研究方式、不同的研究结果并存，其中有些研究结果之间甚至是相互矛盾和相互否定的。如果这些不同的研究结果各自都能找到自己的经验根据，那么它们各自都有存在的理由和权利。并且，其最终的或存或亡，也要由人们的相关语言实践和思维实践来裁决。

应该特别强调指出的是，逻辑真理与经验的联系不是直接的，而是极其间接和遥远的，并且其经验成分也是最少的；此外，这里所谈到的经验也只是关于语言用法和思维方面的经验，而不是关于其他具体事物的经验。逻辑学家一旦选定了逻辑常项，选定了对这些常项的特定解释，并给出了与这些解释相应的公理与推理规则，剩下的从公理根据推理规则推出定理的工作则是完全形式的，与任何经验无涉。

四、逻辑真理只具有相对必然性

前两节表明，逻辑系统的可靠性和完全性证明仅仅具有相对的意义，例如相对于已给定的关于逻辑常项的解释。实际上，这种说法可以推广，就下述更一般的意义而言，逻辑真理仅具有相对的必然性：

1. 一个逻辑常常是建立在许多基本假定或原则之上的，其中的命题（逻辑真理）只是相对于这些假定或原则才是必然的；一旦否定或修改这些假定或原则，它们有可能不再是必然的。

据我理解，经典逻辑至少是建立在下述基本原则或假定之上的：(i) 外延原则。经典逻辑在处理语词、语句等时，只考虑它们的外延，并认为语词的外延是它所指称的对象，语句的外延是它所具有的真值；并且，一复合表达式的外延是其成分表达式的外延的函项，如果它的两个成分表达式的外延相同，那么在它里面这两个成分表达式可以相互替代，而不会改变它的外延。(ii) 二值原则。在经典逻辑中，任一命题或者真或者假，没有任何命题不具有真假值，也没有任何命题具有真假值之外的其他值。与此相联系，经典逻辑把排中律、矛盾律作为自己的基础，不允许任何逻辑矛盾，认为逻辑矛盾能够推出一切。(iii) 个体域非空，即量词毫无例外地具有存在涵义，并且单称词项总是指称个体域中的个体，不允许出现不指称任何实存个体的空词项。(iv) 采用实无穷抽象法，因而可以在其中研究本质上是非构造性对象。由于变异逻辑（deviant logic）否定或修改了经典逻辑的上述某些基本假定，因此它的定理集与经典逻辑的定理集存在着冲突或竞争，有些经典逻辑的定理在变异逻辑的系统中不再是定理。例如，在三值逻辑系统 L_3 中，经典逻辑的矛盾律和排中律就不再成立。

2. 逻辑命题的必然性与推出该命题的逻辑系统的解释有关，其真理性只能在相应的解释或模型中才能得到刻画与说明。

一般而言，一个具有可靠性的系统内的逻辑真理，通常包括公理和定理，定理则是经由公理和推理规则得到的，因此定理的必然性是相对于公理和推理规则而言的。而公理和推理规则的必然性并非如通常所说的那样，源自它们的自明性，因为"自明性"概念本身并不自明，因人而异。如前所述，公理和推理规则是相对于其中的逻辑常项和变项的解释而言才是必然的。例如，谓词逻辑的公理：

$$(\forall x)F(x) \to F(y)$$

的必然性，除了依赖于常项"→"的解释之外，甚至还依赖于这样一个假定，即变项 x、y 必须在同一个体域内取值，全称量词作用于该个体域，否则它可能为假。所以，归根结底，逻辑真理只是相对于逻辑公理和推理规则中常项和变项的某种解释而言才是必然的，如果改变其解释，它们不仅不是必然的，甚至是不可能的。

逻辑真理的这种相对性在当今所谓的"哲学逻辑"中表现得特别明显，这里仅以模态逻辑为例。假如我们接受对经典逻辑的常项和变项的通常解释，并且接受莱布尼茨的定义：必然真即在所有可能世界中真，那么，经典逻辑的定理全都在莱氏意义上是必然的，正因如此，模态逻辑中才有这样一条规则：如果 A 是重言式，则 □A（必然 A）。除了极小正规模态逻辑系统 K 具有这种必然性之外，其他模态逻辑系统的定理都不在这种意义上是必然的。例如，下述公式：

$$\Box p \to \Diamond p$$
$$\Box p \to p$$
$$\Box p \to \Box \Box p$$
$$\Diamond p \to \Box \Diamond p$$

分别是模态命题系统 D、T、S4、S5 的特征公理，但它们都可以找到反模型，即在某些可能世界中为假。但是，假如给模型内的可能世界之间的可通达关系 R 附加一些条件，它们就在满足此类条件的任一模型内的所有可能世界上为真，在这种意义上它们也是必然的。很显然，它们只具有相对必然性，而不具有绝对必然性（甚至是经典逻辑意义上的绝对）。不仅模态逻辑的定理，而且时态逻辑、道义逻辑、直觉主义逻辑、相干逻辑等等的定理都是如此。由此可以看出，逻辑真理甚至还存在真理性和必然性程度方面的差别，有些逻辑真理比另外一些逻辑真理更"真"一些，更"必然"一些，如果它们具有一部分共同假定的话。

3. 逻辑命题相对于不同的系统和解释，可能有不同的真值，其中有的在一种系统及其解释中逻辑真，而在另一种系统及其解释中不再逻辑真。

例如，许多广义模态公式要求对应框架上的 R 满足一定的关系条件，才能成为逻辑真，即有效的，否则就不有效。这里考察下述三个时态公式，其中 G 表示"将要永远"，F 表示"将要"，P 表示"过去"：

$Gp \rightarrow GGp$

$(Fp \wedge Fq) \rightarrow F(p \wedge q) FF(p \wedge Fq) FF(q \wedge Fp)$

$(Pp \wedge Pq) \rightarrow P(p \wedge q) PP(p \wedge Pq) PP(q \wedge Pp)$

它们分别要求相应框架 $\langle X, R \rangle$ 中的 R 满足：

传递性 $\forall x \forall y \forall z (xRy \wedge yRz \rightarrow xRz)$

右线性 $\forall x \forall y \forall z (xRy \wedge xRz \rightarrow (yRz \vee zRy \vee (z=y)))$

左线性 $\forall x \forall y \forall z (yRx \wedge zRx \rightarrow (yRz \vee zRy \vee (z=y)))$

这就是说，要求时间关系是一个线性序，这样才能保证：如果 Fp（将要 p）和 Fq（将要 q）在将来某一时刻为真，则下述三个命题至少有一个为真：p 和 q 在将来同一时刻真，即 F($p \wedge q$)；p 和 q 在将来都真且 p 先于 q 为真，即 F($p \wedge Fq$)；p 和 q 在将来都真且 q 先于 p 为真，即 F($q \wedge Fp$)。同理，若某个时态逻辑系统包含上述三个公式作为公理或者定理，则其相应框架上的 R 也必须满足传递性、右线性、左线性这三个条件，否则它就不能保证所推出的全部定理在相应框架上都是逻辑真的。

4. 使一系统的所有定理逻辑真的解释不是唯一的。对于同一逻辑系统，我们可以设计不同的语义学加以解释；这些不同解释可以是彼此独立、相互平权的。

例如，模态逻辑目前有五种语义理论：克里普克关系语义、正规邻域语义、一般关系语义、模态代数语义、可证性语义。其中前四种在有穷情形下相互等价，它们之间的精确包含关系在 20 世纪 70 年代经托马森、法恩和加森等人的努力已全部弄清。[1] 直觉主义逻辑也有好几种解释或语义理论。1938 年，塔斯基提出拓扑解释；第二次世界大战后，克林建立了可实现性解释；1956 年，贝思引进了比早

---

[1] 张清宇. 模态逻辑近况. 世界哲学年鉴 1988—1990. 上海：上海人民出版社，1991：101.

期拓扑解释更为直观的解释；1958 年，哥德尔提出了一种算法类型的解释——辩证解释（dialectical interpretation）；1963 年，克里普克提出可能世界解释。20 世纪 70~80 年代，由于发现拓扑层（sheaves）和拓扑斯（topoi），一些逻辑学家提出了更为普遍的拓扑解释。

逻辑真理相对必然性的明确揭示，是哲学逻辑在 20 世纪中期前后迅速兴起的结果，它对如前所述的绝对主义逻辑真理观带来了极大的冲击。

五、逻辑在原则上是可修正的，但不能轻易地被修正

由上面的分析可以看出，由于一逻辑系统实际上是建立在某些假定或预设之上的，该系统的定理只是相对于它们所含的逻辑常项的某种解释才是逻辑真理，因此，如果我们改变一逻辑系统所依据的某些假定或预设，改变它们所含的某些逻辑常项的解释，也就必然要相应地改变其公理和推理规则，也就会相应地改变其定理集。比如说，原来是定理的一些公式可能不再是定理了，原来不是定理的一些公式却可能变成了定理。在这个意义上，我们说，原来的那个逻辑被改变、被修正了。所以，逻辑和逻辑真理可以被修正，就是必然的结论。蒯因和苏珊·哈克都明确肯定了逻辑的可修正性，但他们二人关于这一结论却没有详细的论证，例如蒯因的唯一根据就是他的整体主义知识观：逻辑与我们的知识总体中的其他部分一道分享经验内容，因而在性质上与其他知识没有原则性区别，仅仅在抽象性和普遍性程度上有差别。至于逻辑与什么样的经验发生关联，如何与经验发生关联，他却没有细说。我这里试图填充他们二人所留下的某些空白，给出他们二人都没有给出的某些论证细节：逻辑系统通过其逻辑常项的解释而与我们的语言实践和思维实践发生关联，因为这种解释来自人们在长期社会实践过程中所形成的基于经验的直觉，它是人们对日常的语言经验和思维经验进行逻辑抽象的结果；一旦确定了一个逻辑系统的常项及其解释，以及它的公理和推理规则，推演出定理、研究该系统的元逻辑特性，诸如一致性、可判定性、独立性、可靠性、完全性等等，就是纯粹属于逻辑学家的事情，与任何经验都不发生关系。

不过，应该补充强调一点：尽管逻辑在原则上是可以修正的，但对逻辑的修正必须慎之又慎，必须具有充足的理由。这是基于两个原因：（1）尽管从归根结底的角度讲，逻辑真理确实起源于经验，但它不是起源于一般的经验，而是起源于关于日常语言用法以及基于这种用法的思维的经验。这种经验在人类社会中几乎具有种族遗传性，不会轻易改变，具有极大的稳定性——这是一个经验主义的论证。（2）逻辑在整个科学体系中处于核心地位，它的改变将会引起整个科学体系的极其强烈的振荡，对其他学科造成难以估量的影响。按蒯因所提出的以最小代价获最大收益原则，让逻辑不受伤害始终是一个合理的策略——这是一个实用主义的论证。因此，一种新的逻辑理论必须经过长时间的检验，才能承认其合法地位，并将其广泛应用于各个学科之中。这也许就是逻辑论战不能在短时期内解决，逻辑多元并存的局面不会在短期内结束的原因。

从本章关于演绎的考察中可以引申出一些结论：逻辑学家并不是理性领域的立法者，他们不能随便地构造逻辑或逻辑系统，然后像颁布律令一样把这些系统颁布给大众，并强迫大众遵守。实际上，逻辑学家在构造逻辑系统时，也要受到许多限制，除形式方面的限制——如可靠性、完全性、可判定性等等——之外，还要受到实质内容方面的限制，即从大众日常使用的逻辑中进行提炼、抽象与概括，其构造出的逻辑系统也要接受大众的日常语言实践和思维实践的检验。在认识论上，与其他自然科学家相比，逻辑学家并不具有任何特权。把本章关于演绎的结论与休谟关于归纳的结论合在一起，还可以得出这样一个总结论：由于一切知识（包括逻辑知识在内）归根结底都与这个世界、与关于这个世界的感觉经验有某种直接、间接的关联，因此，不存在绝对普遍必然的知识，一切知识都可以因为某种经验的理由而被修正，因而在原则上都是可错的——这是一种彻底的经验论立场，也是一种彻底的可错论立场。我本人赞同这一立场，认为它有益无害，并力求为它提供一些独立的论证。

第37章 事实和证据
——从哲学和法学的视角看

在日常语言中,"事实"(fact)是一个使用频率很高的词,指外部世界中直接或间接可观察的"事态"(事物情况)、"现象"、"情形"或"情景"。按通常理解,事实似乎是外部世界的一部分,是使得语句或命题为真或为假的东西,用一个西方哲学新近铸造的术语,是"使真者"(truthmaker)。"事实"概念在语义学、本体论、认识论、科学哲学、法哲学和司法实践等领域中都起关键性作用。但是,在严格的哲学审视之下,"事实"概念却面临一系列严重的理论困难:我们如何去刻画和说明"事实"?事实能否个体化?如果能,如何个体化?事实有特殊和普遍、正和负、真和假之分吗?这里,个体化问题牵涉到我们是否能够在事实之间建立区分:这个事实、那个事实;是否能够对事实进行重新确认:同一个事实、不同的事实;是否能够对事实进行计数:一个事实、两个事实、三个事实……命题究竟如何"符合"事实?既然命题有"原子命题"和"复合命题"之分,事实也可以分成"原子事实"和"复合事实"吗?更特殊地说,是否有"否定事实"、"负事实"、"条件事实"、"普遍事实"、"模态事实"甚至"虚拟事实"?究竟是"事实"概念先于"命题"概念,还是"命题"概念先于"事实"概念?谁依赖谁?谁说明谁?"事实"究竟是纯客观的因而是一个本体论概念,还是带有某种主观性因而是一个认识论概念?如果"事实"概念也具有主观性,关于外部世界的客观可靠的知识是否可能?如何可能?不出错的司法审判是否可能?如何可能?

本章将探讨上述问题并给出尝试性回答,由五小节组成:(1)我们为什么需要"事实"概念?本节通过阐述"事实"概念将要发挥的作用,从而为评判何种"事实"概念是合适的提供依据;(2)关于"事实"的本体论概念及其困难[1];

---

[1] 陈波. 对蒯因真理观的批判性审视. 外国哲学:第三十一辑. 北京:商务印书馆,2016:104-130.

(3)关于"事实"的认识论概念及其证据作用;(4)奠基于"事实"的认识论概念之上的法律证据;(5)一些结论。

一、我们为什么需要"事实"概念?

我们认为,之所以需要"事实"概念,至少是因为如下给出的四个理由。

(1)"事实"被用来说明、刻画或定义语句、命题、判断、思想、信念或理论的真或假。

语句、陈述、命题、判断、思想、信念或理论都有真、假(合称"真值")之分。为简单起见,本章径直把语句或命题看作"真值载体"。什么是一个命题的真或假?或者说,一个命题何时为真何时为假?在常人看来这些都是简单明了的问题,但在哲学家看来却非常复杂,需要深入细致地研究。哲学家们已经为此提出了多种不同的理论,下面只简单论及真之符合论(the correspondence theory of truth),简称"符合论"。

符合论的基本思想是:语句的真在于语句所表述的内容与对象在世界中的存在状况相符合或一致。亚里士多德对它做了最初表述:"说是者为非,或非者为是,是假的;说是者为是,或非者为非,是真的。"[1] 通俗地讲,若一个事物是怎样的,你偏说它不是怎样的,或一个事物不是怎样的,你偏说它是怎样的,则你的说法是假。若一个事物是怎样的,你就说它是怎样的,或一个事物不是怎样的,你就说它不是怎样的,则你的说法是真的。符合论后来演变出不同版本,其中最有影响力的是设定事实的版本。

按照基于事实的符合论,存在一类特殊的实体——事实,与事实相符合的命题为真,不符合的命题为假。于是,我们有如下断言:

A1:命题 p 是真的,当且仅当 p 符合某个事实。

A2:命题 p 是假的,当且仅当 p 不符合某个事实。

符合论所力图把握的直觉是:不是我们语言中的东西,也不是我们思想中的东西,而是外部世界中的东西,使得我们说出的那些描述和刻画这个世界中的状况的语句或命题为真或为假。在这个核心思想的基础上,近几十年来,有些西方哲学家提出和发展了"使真者理论"(truthmaker theory),本章后面会略加

---

[1] Aristotle. The Metaphysics. Ross W D, trans. 北京:中央编译出版社,2012:85.

讨论。

（2）在科学研究中，"事实"被作为出发点、过程中的校正器和最终的检验点。

科学研究常把"事实"表述为某种经验性命题，它们陈述了先已发现或新近发现的某些现象，后者是现有科学理论所不能解释的，甚至与其抵触或矛盾，揭示了现有科学理论的问题和困境，从而构成新研究的出发点。科学家们采用假说演绎法，先提出说明和解释这些现象的猜测性假说，从中逻辑推演出一些具体结论，交付观察或实验去检验。这些结论若被证实，则该假说得到一定程度的支持；若被证伪，则说明该假说有问题，需要加以修改甚至被抛弃。循此方法不断重复，科学家有可能达到可靠性程度越来越高的假说，甚至得到堪称真实可靠的科学理论。

在科学认识论中，事实性陈述常被作为"证据"（evidence），为某个信念、命题、甚至理论提供证成（justification）。按其字面意思，e"证成"p，意味着e为p提供某种程度的正面支持，使得p能够成立，或者使得接受或相信p是有充分理据的。这样的证据主要来自感觉经验，也来自记忆、反省、他人证言以及理性思考。这种"证据"概念在我们关于知识和合理性的思考中起关键性作用。根据广泛接受的观点，只有当我们拥有基于非常强的证据的真信念时，我们才拥有知识；合理的信念就是基于充分且适当证据的信念，哪怕这些证据不足以把我们的信念证成为知识。许多传统的哲学论战，例如有关我们关于外部世界的知识的性质，有关宗教信仰的合理性，有关道德判断的理性基础，在很大程度上都是围绕如下问题展开的论战：我们在这些领域所拥有的证据是否足以产生相应的知识，即得到证成的真信念。

（3）在证明和反驳过程中，"事实"常被作为重要论据支持所要论证的结论。

为了寻求真理和反驳谬误，也为了传播某种思想观念，说服他人甚至包括说服自己去接受它们，我们需要进行论证，其中包括"证明"和"反驳"。证明是从真实的前提出发，通过有效的逻辑推导，得出自己所主张的论断为真。反驳是从真实的或者至少是对话双方认为是真实的前提出发，通过有效的逻辑推导，得出对方所主张的论断为假。在这个过程中，我们都必须"摆事实，讲道理"，并且通常认为"事实胜于雄辩"。这是因为，由观察和实验所得出的某些事实性陈述，可以确证一个存在性断言，例如这样的三段论："有些日本大学不比中国大学优秀,所有日本大学都是国外大学,所以,有些国外大学不比中国大学优秀";由此可进一步反驳一个过度概括的全称命题"所有国外大学都比中国大学优秀"。由于统计数据也是某种形式的事实证据,根据中国从 20 世纪 80 年代至目前的 GDP 数据,我们可以知道中国改革开放 40 年来取得了辉煌成就,这至少部分地证明邓小平所开创的中国道路是成功的。而美国近些年在中东地区和阿拉伯世界的作为造成了很糟糕的局面,这一事实足以说明:美国所奉行的中东政策是错误的,至少是有极大争议的。

(4)在法律诉讼中,经过法庭辩论而认定的事实被用作裁判相关案件的"证据"。

为了保证当事人的权利,有时候更由于"人命关天",法律诉讼实际上是在严格规则指导下的公开论辩活动。控方力图证明犯罪嫌疑人有罪,辩方则力图证明自己或其委托人无罪,至少是要减轻对他或她的处罚。控方和辩方都要诉诸证据。什么是法律意义上的"证据"?根据我国《刑事诉讼法》第五章第四十八条之规定:"可以用于证明案件事实的材料,都是证据。证据包括:(一)物证;(二)书证;(三)证人证言;(四)被害人陈述;(五)犯罪嫌疑人、被告人供述和辩解;(六)鉴定意见;(七)勘验、检查、辨认、侦查实验等笔录;(八)视听资料、电子数据。证据必须经过查证属实,才能作为定案的根据。"也就是说,在司法审判中,证据是据以认定案件情况的事实,包括"证物"和"证言",前者是物理对象,后者是命题或陈述。诉讼证据不同于科学研究或日常生活中的证据之处在于,前者属于国家诉讼活动范围,受国家诉讼法规的制约和管控。我们认为,对"诉讼证据"的如下诠释比较全面和合理:"……(1)从内容和实质看,证据必须是与案件事实有关的事实;(2)从形式和来源看,证据必须具备法定的形式和来源;(3)从证明关系看,证据必须具有证明案件事实的作用。因此,诉讼证据可以定义为,在诉讼中具有法定形式的能够证明案件事实的一切材料。"①

对"事实"和"证据"及其相互关系有必要做进一步厘清。"证据"是一个相对概念,仅当用 e 去说明、解释、确证命题或假说 h 时,e 才是 h 的证据。离开这种关系,任何东西都不能单独称作"证据"。而"事实"概念却可以离开上述关系而单独出现:"赵诗白是大学教授,这是明显的事实。"在大多数情

---

① 陈光中. 证据法学:第三版. 北京:法律出版社,2015:143. 着重号为引者所加。

况下,"证据"几乎与"相信……的理由"同义。对于某个认知共同体 X 来说,e 是 h 的证据,当且仅当,e 会促使 X 更有可能去相信 h,或提高 X 相信 h 这件事的合理性;e 是 h 的反证据,当且仅当,e 会促使 X 更不可能去相信 h,或削弱 X 相信 h 的合理性。

在司法审判中,核心"事实"都需要借助"证据"且经过法定程序加以认定,经过认定的"事实"又可以用作确证其他事实的"证据",常常需要由这样的"事实"构成的"证据链"去支持某个审判结论。例如,法庭为了确证"张三杀了李四"是否为事实,首先要弄清楚有关如下问题的"事实":张三在何时、何地、因何原因、用何手段、经历何种过程杀害了李四?除张三之外,是否没有其他任何人有意愿和有条件实施此种犯罪?确证其中每一点都需要证据,如物证、书证和证人证言等。一旦这些小事实被确证,又会被用作支持"张三杀了李四"这个大事实的"证据"。

能够起如上四种作用的"事实"概念至少有如下特点:(1)事实具有某种"硬性",即不依赖于个别认知主体的特殊立场、利益、偏好或偏见,不会随后面这些因素的变化而改变甚至湮灭,会强迫大多数认知主体在它们面前保持一致。(2)事实必须以某种方式被认知主体所知晓。无人知晓的"事实"无法在论证中起"论据"作用,也无法在科学研究和司法审判中起"证据"作用。(3)事实必须用"命题"或"陈述"的形式表征出来:只有命题或陈述才可以作为"论据"(前提)去支持、确证或反驳另一个或另一些命题(结论);即使是司法审判中的所谓"物证",也是带有大量痕迹、与待证事实有逻辑关联的物体,在法律文书中,可以甚至必须用文字形式把这些痕迹及其与所审案件的关联性严格陈述出来。

二、关于"事实"的本体论概念及其困难

关于"事实"的本体论概念旨在强调:事实在外部世界中,因而是客观的,可以作为科学研究和司法实践的出发点或可靠依据。罗素是这种事实观的代表性人物,他断言:"世界包含事实,而事实是不论我们对之持有什么样的看法而该是怎么样就是怎么样的东西;而且还有信念,信念指涉事实,通过对事实的指涉,信念不是真的就是假的。"他把这一点叫作"第一自明之理",由此强调:"注意到事实属于客观的世界这一点很重要,除去一些特殊的情形,事实不是由

我们的思想或者信念创造出来的。"① 下面粗略刻画三种多少有些差异的事实理论，并明确说明它们所共同面临的一系列理论困难。

（1）事实是外部世界中已经发生了的事态。

在西方哲学语汇中，"事态"（states of affairs）是与"事实"高度相关的概念。根据维特根斯坦，"事态是对象（事物）的结合"，"对象的配置构成事态"②。维氏的"对象"概念是高度理想化的，我们尝试将其转换成日常语言。假如我们有两个个体：约翰和玛丽，还有一个关系谓词"爱"，它们可以组成四个可能事态：约翰爱玛丽，玛丽爱约翰，约翰不爱玛丽，玛丽不爱约翰。这些事态可能发生也可能不发生。而实际发生的事态构成"事实"。维特根斯坦说："发生的事情，即事实，就是诸事态的存在。"③ 例如，假如在关于约翰和玛丽的四个事态中，实际发生的事态是：约翰爱玛丽，但玛丽不爱约翰，这两个事态就成为"事实"。在这个意义上，事实必定存在，"不存在的事实"是一种自相矛盾的说法。维特根斯坦还断言："世界为诸事实所规定，为它们即是全部事实所规定"，"世界就是一切发生的事情"④。由此我们可以提出"无孪生世界"论题：世界的同一性完全由其中的事实所决定。由此推知：具有相同事实集合的世界是同一个世界，具有不同事实集合的世界是不同的世界。⑤

罗素指出："当我谈到一个'事实'时，我不是指世界上的一个简单事物，而是指某个事物有某种性质或某些事物有某种关系。因此，例如我不把拿破仑叫作事实，而把他有野心或他娶约瑟芬叫作事实。在这个意义上，事实绝不是简单的，而总是有两个或更多的成分。"⑥ 阿姆斯特朗也认为，事实是复杂的东西，但它们不是由词语或表征方式构成的，而是由"殊相"（即个别对象）和"属性"（包括通常所谓的"关系"）构成的。⑦

---

① 伯特兰·罗素. 逻辑与知识. 苑莉均，译. 北京：商务印书馆，1996：219.
② 路德维希·维特根斯坦. 逻辑哲学论. 贺绍甲，译. 北京：商务印书馆，2015：25，28.
③ 同②25.
④ 同②25..
⑤ Mulligan K, Correia F. Facts. The Stanford Encyclopedia of Philosophy. Spring 2013 Edition. https://plato.stanford.edu/archives/spr2013/entries/facts/.
⑥ 罗素. 我们关于外间世界的知识. 陈启伟，译. 上海：上海译文出版社，2006：39.
⑦ Armstrong D M. In Defence of Structural Universals. Australasian Journal of Philosophy, 1986（64）：85-88.

按以上说法,事实是自成一类的东西:对象"例示"(exemplify 或 instantiate)性质,或者处于某种相互关系中。因此,事实不是单个事物(thing),后者甚至不构成可能的"事态",当然更不构成"事实",但事物却是事实的寄居之所,事实是事物的存在状况或所发生的事情。"事实"大致上可看作"情形"(scenarios)、"情景"(situation)和"情况"(circumstance)的近义词,尽管后三个词更多地意指多个或多种事实的复合。

阿姆斯特朗论证说,引入"事实"概念可以阻止例示关系的无穷倒退。如果殊相 a 和属性"being F"是各自独立存在的,那么,就需要有一种关系把它们"连接"起来,成为"a 是 F"。如果所要求的"连接"也是一种真正的关系,就会像布拉德雷的"内在关系和外在关系说"所宣称的那样,发生无穷倒退:还需要另外一种关系把第一种关系与殊相 a 和属性"being F"连接起来,如此往复,以至无穷。但在阿姆斯特朗看来,连接殊相和属性的关系可以用包含殊相和属性的"事实"来解释:a 例示 F 这个性质,仅仅因为有"a 是 F"这个事实,该事实的存在确保了那种例示关系。按这种理解,事实不过是殊相对共相的例示,发生与不发生的区分也不适用于"事实",因为事实都是已经发生过的,"正在发生的事实"或"将来发生的事实"这些说法听起来都不大对劲。①

应该注意到,如此定义的"事态"和"事实"概念带有浓厚的本体论意涵。"事态"存在于逻辑空间(相当于"可能世界")中,而"事实"发生在现实世界中,它们都属于本体论的研究范围。

(2)事实使得语句或命题为真或为假,因此是"使真者"。

阿姆斯特朗等人提出"使真者理论",其中有一个著名的"使真原则",陈述如下:

> 每一个真理都有一个使真者;换句话说,对于每一个真理而言,在外部世界中都存在某些东西使得它为真。

该原则表达了某种实在论态度,强调外部世界对于语句或命题的"真"所做出的贡献。它谈到的使真(truthmaking)关系不是一对一的,而是一对多的:有些真命题可以被不止一个使真者弄得为真,有些使真者可以使不止一个真

---

① Armstrong D M. A World of States of Affairs. Cambridge: Cambridge University Press, 1997: 115-119.

命题为真。一些使真者理论的倡导者同意达米特的如下说法：符合论"表达了真概念的一个重要特征……一个陈述为真，仅当世界中存在某些东西，该陈述依据这种东西才是真的"①。他们愿意把他们的使真者理论表述成符合论的松散版本，例如阿姆斯特朗主张：一个（偶然）基本命题为真，就在于它与某些（原子）事实相符合。② 某些有逻辑原子论倾向的学者认为，只有原子命题才有使真者，其他复合命题都是基于原子命题的真值通过递归程序而获得其真值的。但使真者理论家回应说，既然其他命题的真值都是基于原子命题的真值递归计算出来的，而原子命题的真值奠基于（ground on）与事实相符合，故所有命题的真值都奠基于与事实相符合。由于事实是所有命题的使真者，故所有命题都有使真者，使真原则对所有命题都成立。

由"使真原则"可推出"随附性原则"，其内容如下：

> 命题的真值随附于事实。也就是说，若两个命题所涉及的事实没有差别，它们的真值也就没有差别。

传统符合论试图定义什么是"真"："命题 p 是真的，当且仅当，p 符合一个事实"，这个双条件句类似于"真定义"。使真者理论以使真原则为中心，尽管由该原则可得到如下双条件句："命题 p 是真的，当且仅当，世界上存在某些东西使得 p 是真的"，但后者不能作为"真定义"，因为条件句两边都有"是真的"这个谓词，若把它作为定义就是直接循环。实际上，使真者理论并不试图定义"真"谓词，而只是对它做某种诠释和说明。

（3）事实与真命题是同一的：成为一个事实就是成为一个真命题。

真之同一论（the identity theory of truth）源自"真命题"和"事实"之间的紧密关联：一个命题为真当且仅当它所说的是一个事实，一个命题为假当且仅当它所说的不是一个事实。据此它主张：真命题与事实是同一的，它们不仅符合事实，甚至就是事实，例如真命题"雪是白的"等于"雪是白的"这个事实。摩尔说过："一旦确定无疑地认识到，命题所指谓的并不是一个信念或话语形式，而是信念的对象，下面这一点就一目了然：真命题与它被假定与之符合

---

① Dummett M. Truth//Dummett M. Truth and Other Enigmas. Cambridge, MA: Harvard University Press, 1959: 14.

② Armstrong D M. Truth and Truthmakers. Cambridge: Cambridge University Press, 2004: 22-23, 48-50.

的实在之间没有任何差别。"① 罗素早年受摩尔的影响，也基于他本人所主张的亲知原则（acquaintance principle），认为单称命题并不由对象和属性概念构成，而是直接由对象和属性本身构成。当说"苏格拉底是聪明的"这句话的时候，我们直接谈论的就是苏格拉底这个人以及他具有什么属性。这样的"命题"几乎与"事实"不可区分。斯特劳森也指出，"事实"就是指"一个陈述为真时所陈述的东西"，事实性（factivity）意味着一个语句所表述的内容为真。② 卡特赖特是真理同一论的当代主张者，他断言："每一个真命题都是一个事实，每一个事实都是一个真命题。"③

（4）命题如何"符合"或"对应"事实？

上面三种事实理论都把"事实"看作存在于外部世界之中，使得命题为真为假的东西。但困难在于如何说清楚如下问题：什么是"事实"？究竟是"命题"概念先于"事实"概念，我们根据"命题"去找"事实"，还是"事实"概念先于"命题"概念，我们用"命题"去刻画、描述先已存在的"事实"？命题如何"对应""符合"事实？什么样的命题"对应""符合"什么样的事实？下面重点考察符合论的一些说法。

符合论认为，一个命题为真当且仅当它符合事实。但关键在于，如何说明命题与事实之间的"符合"关系。至少有两种对符合关系的说明，一是"关联"（correlation），二是"同构"（isomorphism）。

奥斯汀大致可算作符合论者，他认为"是真的"这个谓词有描述功能，主要用于刻画命题和事实之间实际发生的关系。假如把这种关系叫作"符合"，则必须根据语词和世界之间的纯约定性关系来阐明它。涉及两种约定："描述性约定"把语词与世界中事情的类型关联起来；"指示性约定"把语词与特定的情况关联起来。例如，当你说"这只猫在那张席子上"这句话时，你的话语是否为真取决于两个因素：一是人们通常如何使用和理解"猫""席子"以及这整个句子（描述性约定）；二是在你说这句话的特殊场合，你所提到的那只猫是否在你面前的那张席子上（指示性约定）。如果通过指示性约定所做出的特殊关联属

---

① Moore G E. Truth//Moore G E. Selected Writings. London and New York: Routledge, 1993: 20-22.

② Strawson P. Truth//Strawson P. Logico-Linguistic Papers. London: Methuen & Co, 1971: 196.

③ Cartwright R. Philosophical Essays. Cambridge, Mass: MIT Press, 1987: 74.

于通过描述性约定所做出的一般关联，你说的那句话就是真的，否则为假。在奥斯汀看来，在说明句子的真值时，必须考虑语言共同体的约定、说话人的特殊意向和目的以及所处的特定场合等等。①

把命题和事实之间的符合关系说成是"同构"，最典型的当属罗素的逻辑原子论和早期维特根斯坦的"图像说"，这里只考虑后者。

早期维特根斯坦断言，"命题是实在的图像。命题是我们所想象的实在的模型"②。思想表征实在，思想是带涵义的命题（语句），命题的总体构成语言。语言、思想和实在分享同样的逻辑形式，具有结构上的平行对应：图像中的要素及其组合方式对应于实在中的要素及其组合方式。例如，语言中的名称指称简单对象，基本命题表征事态，事态是对象的排列组合。基本命题因其所表征的事态存在或不存在而有真值：真或假。基本命题彼此独立，相互之间没有逻辑关系，也就没有矛盾或对立关系。复合命题是基本命题的真值函数。命题（包括基本命题和复合命题）的意义在于其为真或为假的可能性。真命题就是那些描述存在事态结构的命题。存在事态的总和构成事实。事实的总和就是世界。逻辑命题是对于世界无所述说的重言式，为所有命题提供图像形式，因而也提供了在描述世界的实际结构时所用的"脚手架"或"逻辑空间"的"坐标格"。凡是与实在没有图像关系因而既不为真也不为假的命题，不是"缺少意义的"就是纯粹的"胡说"。有图像关系因而有真假可言的命题是"可说的"。真命题的总和构成自然科学。"不可说的"则包括：逻辑形式的地位、哲学的本质、伦理学、"唯我论"和"生命的意义问题"、对于"世界存在"的特殊的神秘感觉，等等。维特根斯坦告诫我们：凡是能够说的我们必须将其说清楚，"对于不可说的东西我们必须保持沉默"③。

（5）真之符合论所遭遇到的理论困难。

假如像罗素和早期维特根斯坦所做的那样，用设定"事实"并用与相应事实的"符合"或"对应"去说明一个语句的真或假：如果一个语句报告了一个事实，它为真，否则为假。但问题在于：这种"事实"概念是为了符合目的由

---

① Austin J L. Truth. Proceedings of the Aristotelian Society. Supplementary, 1950, 24: 111-128.

② 路德维希·维特根斯坦. 逻辑哲学论. 贺绍甲, 译. 北京：商务印书馆, 2015: 42.

③ 同②23, 105.

真语句投射出去的,还是为了说明语句的真而特别创制的。我们先有一个语句,为了说明这个语句的真,我们设定这个语句所对应的事实。在这样做的时候,我们实际上是把语句及其结构"移植""投射"到现实世界中去。但这一策略会带来如下一系列严重的问题:

第一,必须接受"奇怪的逻辑对象"。如果我们在语句中一个语词接着一个语词地寻找符合,我们就会发现:为了符合的目的,我们不得不让实在充满了各种编造的奇怪对象。例如,复合语句包括像"并非""并且""或者""如果,则"以及"所有"这些逻辑词。它们与什么东西相符合或对应呢?作为符合论者,罗素和维特根斯坦都曾严肃思考过这样的问题,只不过维氏得出了否定的结论:逻辑常项不代表什么,没有逻辑对象。①

第二,必须接受"原子事实"的存在。无论是罗素还是早期维特根斯坦,都承认有原子事实或基本事态,且认为它们之间相互独立,彼此没有像"矛盾""冲突"或"推出"之类的逻辑关系。但问题在于,对于"原子命题"我们有确定的识别标准:对一个命题进行分析,若不会再分析出别的命题,而只会分析出它的语词部分,该命题就是一个"原子命题",即本身不包含别的命题的命题。但对于"原子事实",我们却没有这样的识别标准。很显然,"孔灿教授正在讲课"是一个原子命题,但它与之符合的"原子事实"是什么呢?有人或许会说,是"孔灿教授正在讲课"这一事实。不过,请考虑以下各项:

(1) 孔灿教授的舌头和喉咙在动。
(2) 存在适当的空气条件传播孔灿教授的声音。
(3) 在座的每个人都有一只能够听见孔灿教授声音的耳朵。

并且,当孔灿教授在讲课时,他还穿着衣服,他在某个教室里,站在某张讲台前,他是某所大学的教授,在中国的某个地方,当然也身在亚洲,身在地球,身在太阳系和银河系……这样的描述是无穷多的。我们必须回答如下令人困窘的问题:它们是同一个事实,还是同一个事实的不同构成要素,还是对同一个事实的不同描述,或者干脆就是完全不同的事实?如果是不同的事实,如何区分?一个事实的边界在哪里?如果"原子事实"相互独立,那么,与之相符的"原子命题"是否也相互独立?但情况看起来并非如此。例如,"李四体重198

---

① 路德维希·维特根斯坦. 逻辑哲学论. 贺绍甲,译. 北京:商务印书馆,2015:45,58,70.

公斤"和"李四体重250公斤"都是原子命题,"张三杀了李四"和"王五杀了李四"也都是原子命题。假设只有一个人杀了李四,这里的每对命题就是相互排斥的:其中一个命题为真,另一个命题必假;其中一个命题为假,另一个命题真假不定。

第三,必须接受其他的"可笑事实"。命题有"原子命题"和"复合命题"之分,原子命题又有肯定的原子命题(如"苏格拉底活着")和否定的原子命题(如"苏格拉底没活着")之分。复合命题可再分为负命题、合取命题、析取命题、条件命题等,此外还有量化命题、模态命题、反事实条件句等等。由此追问:我们是否还要承认这些命题所对应的"否定事实""负事实""合取事实""析取事实""条件事实""普遍事实""模态事实",甚至是"虚拟的事实"?如何区分、刻画和说明这些事实?这里考虑"拿破仑不爱惠灵顿"和"并非奥巴马在华盛顿"这两个命题。关于它们可以问两个问题:它们是否分别符合某个事实?究竟符合哪个事实?罗素倾向于认为,否定命题对应于"否定事实",但又承认很难把"否定事实"说清楚。① 在评论关于"A 不爱 B"只是表明缺乏由 A、爱和 B 所组成的事实这种考虑时,他指出:"缺少一个事实这本身就是一个否定的事实;不存在像 A 爱 B 这样一个事实,正是这样的否定的事实。"② 金岳霖持不同看法:命题有正负(即肯定和否定),而事实却没有正负。若一个真的特殊的负命题表示一个事实,则与它相矛盾的正命题所断定的就不是事实,那个正命题并不因此就断定一个负事实。在他看来,所谓"负事实"是指那种"直接或间接的根据都没有"的事实,也就是那种既不能直接感知到也不能间接感知到的事实,这种完全没有感觉上的根据的东西不能叫作"事实"。他的结论是:没有负事实。但金岳霖同样也没有说清楚像"罗斯福不在昆明"所对应的究竟是什么样的事实。③

第四,必须接受一个奇怪的结论:只有唯一的大事实。有两条途径通向这个结论。

一条途径是弗雷格式的。根据弗雷格的说法,语句表达思想即命题,指称真值。所有真语句都有同样的所指——真,所有假语句也有同样的所指——假。假如我们把语句的所指改成更合乎常识的说法:语句指称"事态"或"事实",

---

① 伯特兰·罗素. 逻辑与知识. 苑莉均,译. 北京:商务印书馆,1996:221.
② 同①349.
③ 金岳霖. 知识论. 北京:商务印书馆,1983:756-762.

根据其所指"事态"或"事实"是否确实存在，语句为真或为假。由此推知：所有真语句都指称同一个事实，即唯一的大事实（the Great Fact）；所有假语句则不指称任何事实。

另一条途径是戴维森式的。在《对事实为真》（1969）一文中，戴维森要求我们考虑"陈述 p 符合事实 q"这一断言何时为真。他自己回答说："当然是在'p'和'q'可以用同一句子加以替换的时候，困难由此产生了。那不勒斯比雷德崖更靠北这个事实，看起来也符合雷德崖比那不勒斯更靠南这个事实（或许这些是同样的事实）。它也符合下一事实：雷德崖比爱琴海 30 英里之内最大的意大利城市更靠南。当我们考虑到那不勒斯这座城市满足以下描述：它是爱琴海 30 英里之内最大的城市并且伦敦是在英格兰，那么，我们就会开始怀疑，如果一个陈述符合了一个事实，它就符合所有的事实。"①

戴维森指出，在上述想法中隐含如下原则："如果一个陈述符合由形如'事实 p'的表达式所描述的事实，那么，它就符合由'事实 q'所描述的事实，只要假定（1）由'p'和'q'相互替换的句子是逻辑等值的，或者（2）'p'和'q'的不同仅仅在于，一个单称词项被一个共外延的单称词项所替换。"② 他通过如下的"弹弓论证"去表明：假设有两个真命题 p 和 q，若它们各自都符合某个事实的话，则它们符合同样的事实。③

（1）p
（2）$\iota x[(x = 第欧根尼) 并且 p] = \iota x[x = 第欧根尼]$
（3）$\iota x[(x = 第欧根尼) 并且 q] = \iota x[x = 第欧根尼]$
（4）q

考虑到这里选择"p"和"q"的任意性，由此可推知：所有真命题都符合同一个事实，即唯一的大事实，而所有假命题则不符合任何事实。这些结论与隐藏在符合论之下的直觉是相悖的："雪是白的"符合一个事实，"草是绿的"符合另一个事实，它们分别符合不同的事实。戴维森由此断言："……如果我们试图为指称事实提出某种严肃的语义学，我们就会发现：事实是融成一片的，没有

---

① Davidson D. Inquiries into Truth and Interpretation. Oxford：Clarendon Press，1984：41-42.
② 同①42.
③ 同①42.

办法将它们区别开来。"①

第五，引入"事实"概念对于真语句没有任何解释力。有人告诉我们，"鸟会飞"是真的，这一说法的依据是"鸟会飞"这一事实；"鸟会飞"这个真语句符合"鸟会飞"这个事实；"鸟会飞"这个语句是真的当且仅当"鸟会飞"是一个事实。我们发现，"……是一个事实"这个说法是空洞和循环的，因为"事实"是通过"真"来定义的，反之亦然。放弃"事实"概念又何妨？"'鸟会飞'是一个事实"被归结为"鸟会飞"。我们先前根据"鸟会飞"这一事实去说明"鸟会飞"这个句子的真，现在变成："鸟会飞"是真的当且仅当鸟会飞。这就是蒯因等人所提倡的"真的去引号理论"②。

必须强调指出，尽管基于"事实"概念的真之符合论遭遇严峻的挑战，但隐藏在它背后的核心理念却依然是深刻的洞见：一个语句为真还是为假，不取决于我们中的个别人、一些人甚至所有人怎么想，而取决于该语句所谈到的外部世界中的状况，正是后者才决定该语句的真或假，由此确保真理的客观性和可靠性。蒯因断言："真谓词在某种程度上用来通过语句指向实在；它用作提醒物：虽然提及语句，但实在仍然是要点所在。"③ "正如符合论已经暗示的那样，真这个谓词是语词和世界之间的一种中介。真的是句子，但是语句的真在于世界如同句子所说。"④ 实际上，我们完全可以坚守符合论的核心理念，但不使用"事实"和"符合"概念，而只借助"对象"、"性质"、"关系"和"满足"概念以及塔斯基的递归方法，去定义语句或命题的"真"或"假"。⑤

---

① Davidson D. Truth, Language and History. Oxford: Clarendon Press, 2005: 5. 着重号为引者所加。

② 蒯因. 真之追求//涂纪亮, 陈波. 蒯因著作集: 第6卷. 北京: 中国人民大学出版社, 2007: 524-525.

③ 蒯因. 逻辑哲学//涂纪亮, 陈波. 蒯因著作集: 第3卷. 北京: 中国人民大学出版社, 2007: 390.

④ 同②525.

⑤ 据我们判断，Gila Sher 在不使用"事实"和"符合"概念的前提下，已经对发展实质性的真理符合论做出了实质性贡献。参看她的如下论文：On the Possibility of a Substantive Theory of Truth. Synthese, 1999, 117: 133-172; In Search of a Substantive Theory of Truth. The Journal of Philosophy, 2004, 101: 5-36; Epistemic Friction: Reflections on Knowledge, Truth, and Logic. Erkenntnis, 2010, 72: 151-176; Truth as Composite Correspondence//Achourioti T, et al. Unifying the Philosophy of Truth. Dordrecht: Springer, 2015: 191-210。

三、关于"事实"的认识论概念及其证据作用

关于"事实"的认识论说明旨在强调:"事实"与认知主体的意图或目标有关,是认知主体利用特殊的认知手段,对外部世界中的状况或事情所做的有意识的提取和搜集,因而是主观性和客观性的混合物。如此刻画的"事实"在科学研究和司法实践中起"证据"作用。

中国哲学家金岳霖是这种事实观的代表性人物,他明确断言,"事实是接受了的或安排了的所与";"事实是一种混合物,它是意念与所与底混合物,我们既可以说它是套上意念的所与,也可以说填入所与的意念"①。有必要解释一下金岳霖所使用的术语。"所与"是英文词"the given"的中译,有两种解读:一种偏向于实在论,认为所与是在感觉经验中给予我们的外部对象;一种偏向于感觉经验论,认为所与是关于外部对象的主观感知,如罗素的"感觉材料"。金岳霖的"所与"介于这两者之间,它们被当作认知的出发点和知识的材料。他所谓的"意念",英文词"idea"或"ideal"的中译,大致介于目前所谓的"观念""概念""范畴"之间。金岳霖认为,意念既摹状(描述)又规律(规范)。当意念用于"规律"他者时,实际上是被作为一种标准。例如,当我们用意念"桌子"去接受所与 X 并用意念"椅子"去接受所与 Y 时,就是认为 X 和 Y 分别符合"桌子"和"椅子"的标准。当我们用意念去接受和安排所与时,就得到"事实":"X 是桌子"和"Y 是椅子"。金岳霖提出了一个非常重要的说法:"化所与为事实。"由此得来的"事实"肯定不是纯粹本体论意义上的客观存在:"事实虽是自然所呈现的所与,然而也不只是自然所呈现的所与。事实有知识者的接受和安排。"他由此断言,事实具有"软性",即某种主观性,因为事实中含有意念对所与的接受和安排,还含有判断性因素,但人在判断时容易出错。他同时强调,事实也具有"硬性":"事实是我们拿了没有办法的。事实是没有法子更改的。"②

彭漪涟撰有《事实论》(1996)一书,比较系统地继承了金岳霖的事实观,并试图用马克思主义哲学来加以诠释。他认为,"事实乃是呈现于感官之前的事物(及其情况)为概念所接受,并由主体做出判断而被知觉到的"。他重述了金

---

① 金岳霖. 知识论. 北京:商务印书馆,1983:738,741.
② 同①738-741,782-784.

岳霖的多数结论，其中也有所发挥："事实"所对应的只能是事物情况，而不是事物本身；事实总是特殊的和个别的，处在特殊的时空关系中；没有负事实，也没有未来的事实；事实都是经验事实，是关于感性经验的一种知识形式；事实必须用命题表征出来，故"命题是发现与确认事实的内在因素和必要环节"，"事实是真的特殊命题之所肯定的内容"。但彭漪涟着重强调事实与设想、计划、方案、目标、一般性原理和理论等等的区别，强调不能将事实与关于事实的说明和解释相混同，强调事实的可靠性和客观性。①

我认为，在金岳霖特别是在彭漪涟关于事实的说明中，存在着某种内在的紧张，最主要的就是事实的"主观性"和"客观性"之间的紧张，特别是彭漪涟可能过多地强调了事实的客观性和可靠性。另一个紧张在于事实与命题和理论之间的关系：究竟是用"事实"概念去刻画和说明"命题"与"理论"的真假，还是用"命题"及其真假去说明、刻画甚至定义"事实"概念？究竟谁在先？谁在后？谁依赖谁？谁说明谁？在罗素、金岳霖和彭漪涟对"事实"和"命题"的说明中，我们都发现了明显的甚至是直接的循环：先用"命题"去找"事实"（如"命题是发现与确认事实的内在因素和必要环节"），然后又用"事实"去说明和刻画"命题"的真假（如"与事实相符合的命题为真，否则为假"），然后又再用"命题"的真假去说明和刻画"事实"（如"事实是真的特殊命题之所肯定的内容"）。这是明显的兜圈子。

不过，我们依然认为，金岳霖、彭漪涟关于"事实"说明的大方向是正确的，我们将在他们工作的基础上，对"事实"概念做出更明确、更系统、更融贯的说明，并尽力保持事实的主观性和客观性之间的必要平衡。我们对"事实"概念的定义是：

> 事实是认知主体带着特定的意图和目标，利用特定的认知手段，对外部世界中的状况和事情所做的有意识的剪裁、提取和搜集，因而是主观性和客观性的混合物。

下面，我们对这一"事实"概念做剥茧抽丝般的展开，并为它提供必要的证成。

用隐喻的说法，"事实"是我们从世界母体上一片片"撕扯"下来的。究竟从世界母体上"撕扯"下什么，既取决于我们想撕扯下什么，即我们的认知意图和目标，也取决于我们如何"撕扯"，即使用什么工具、采用什么方式去撕

---

① 彭漪涟. 事实论. 上海：上海社会科学出版社，1996：1-9.

扯。由此我们可以析出这种"事实"概念的如下四个特征：

（1）事实中暗含认知主体的意图或目标。

如金岳霖所言，一件东西（事物）并不就是一件事实，假如我们把那件东西加以解析，"我们也许会发现许许多多的事实。我们也许要说，一件东西是一大堆的事实的简单的所在底枢纽"。"不但一件事实本身是一大堆事实底简单所在底枢纽，而就它和别的东西底关系说，它也牵涉到另一堆的事实。"① 由此可知，任何一个对象身上都有无穷多的事实等待我们去提取。假设我们面对王浩这个人：我们可以把他看作一个物理对象，谈论他的时空位置、身高体重等等；我们也可以把他看作一个生物体，谈论他的身体构成：头、胸、四肢、毛发、血液、遗传基因等等；我们还可以把他看作一个社会个体，谈论他的职业、社会地位等等。作为处于特定情景中的认知主体，我们只具有极其有限的认知能力，也只可动用极其有限的认知资源。我们既无必要也不可能去认识和把握这无穷多的"事实"。相反，我们只是从我们所面对的世界中剪裁、提取和搜集相关的事实，而"相关"则是由我们的认知意图和目标决定的。

设想一下：我们走进某个房间，发现有一张很旧的非同寻常的桌子。假如我们是普通人，我们会注意到这张桌子的形状和颜色，它上面所放置的东西，在房间内的摆放位置，它的大致用途（如是餐桌还是办公桌）等等。假如我们是文物爱好者甚至是古董商，我们会注意到这张桌子的大致年代，它的材质、样式、可能用途，以及它上面留下的历史遗痕等等，据此判断它是否算得上是一件文物，若是文物，其贵重程度如何，目前的市场价值多少……假如该房间里刚刚发生一件凶杀案，我们作为刑事侦探携带专业仪器走进这个房间，我们会仔细搜寻罪犯可能留下的犯罪痕迹：具体落实到那张桌子上，我们会特别留意它上面是否留有嫌犯或被害人的指纹、毛发和血迹，是否带有任何新的损伤，造成这些新损伤的可能原因是什么，试图由此重建作案现场和作案经过。以上情形表明：对"事实"的观察和提取是受我们的认知兴趣、意图、目标所驱使的，我们只关注和提取我们感兴趣的那些事实，而把所有其他"事实"弃之不顾，好像它们不存在似的。

"事实"与我们的认知意图和目标的"相关性"包括"正相关"和"负相关"。回到上面那张桌子：假如我们是文物爱好者甚至是古董商，我们不仅要关

---

① 金岳霖. 知识论. 北京：商务印书馆，1983：742-743.

注和搜集有助于证明那张桌子是一件古董的"事实"或"证据",还要关注和搜集可能会证明那张桌子不是一件古董的"事实"或"证据"。第一类"事实"与我们的认知意图和目标呈现"正相关",后一类"事实"则与它们呈现"负相关"。无论是"正相关"还是"负相关",都是与我们的认知意图和目标相关的,都是我们要特别当心去提取和搜集的"事实"或"证据"。很难给出关于"事实"或"证据"相关性的一般且严格的定义。粗略地说,在一个司法案件中,某个证据是相关的,是指对该证据的采纳将有助于证明案件中某个待证事项的存在或不存在,从而有助于对案件中争议事项的裁决,引起相应法律关系的产生、改变或消灭。

(2) 事实被认知主体的提取方式所影响。

回到上面那个房间和桌子。假如普通人走进那间房间,不带特殊的认知意图和目标,主要用他们的感觉器官对那间房子以及里面的陈设做观察,他们所能提取和搜集到的"事实"是很有限的,大都停留在常识层面。相反,假如专业刑侦人员带着特殊仪器走进那个房间,他们所提取和搜集到的"事实"在类型、数量和质量上都会与那位普通人所提取的迥异。再设想,面对繁星密布的夜空,普通人凭借肉眼去观察,天文爱好者甚至职业天文学家凭借专业仪器去观察,各自获得的"事实"将会有甚至是巨大的差别。

(3) 事实的表征形式必须是语句或命题。

既然"事实"是被我们"认知"和"把握"到的实在的某个侧面,而日常语言是我们最重要的认知手段,故我们必须借助其中的语句或命题把我们认知所获得的"事实"表征出来:外部世界中的对象具有何种性质,或相互之间处于何种关系之中。表征前者要用到直言命题,表征后者要用到关系命题,表征事实之间的组合和关联则要用到复合命题和量化命题等。在这样做的时候,我们会自觉不自觉地把日常语言的结构"转移""投射"到世界中去。这就是造成在本体论的"事实"概念中我们总是或隐或显地觉察到语句或命题影子的原因。

(4) 事实是世界中存在的状况或所发生的事情。

既然"事实"是我们从世界母体上"撕扯"下来的,它们就应该存在于外部世界中,"寄居""隐藏"在外部对象身上。例如,上面那个房间内那张桌子的形状、颜色、制作年代、上面所摆放的东西、上面所留下的痕迹等等,以及天空中的种种星体及其状态,都是存在于那里、摆在那里的,我们不能凭空捏造和伪造，它们"等待"我们去发现。或许我们中某些人发现不了，其他人有可能发现；或许我们这辈人发现不了，我们的后人有可能发现；或许我们把它们弄错了，我们的同辈或后人有可能纠正我们的错误。在这个意义上说，事实具有"硬性"，也就是客观性，至少是主体间性，对于所有认知到那些事实的主体都是一样的。并非如常言所道，"事实"和"历史"是任人打扮的小姑娘。

由上述分析可知，认识论意义上的"事实"既不是完全客观的，也不是完全主观的，而是主观性和客观性的某种混合物。① 下面特别提醒读者注意"事实"的主观性方面：

第一，倘若上面所述的"事实"概念正确的话，那么，一个认知主体看到什么"事实"，在很大程度上取决于他"想"看到什么以及他"怎么"看，涉及如下因素：那个人的认知意图和目标、他所采取的认知视角、他所具有的认知能力、他所能利用的认知资源和手段，等等。一个特定的认知主体，甚至是一个时期的人类作为认知主体，都有太多的机会在"事实"问题上出错。

第二，还有很多本体论意义上的"事实"沉默无声，对我们当前的认知没有什么影响。由于宇宙在时间和空间上无限，世上万物都处于普遍联系之中，即使仅就一个具体事物而言，有关它的"事实"也是成堆的，在数量上无穷多。除非有一双烛照一切的"上帝之眼"，特定的人类认知主体不可能发现和认知所有这些"事实"。那些尚未发现和知晓的"事实"处于人类认知范围之外，相当于康德哲学中的"自在之物"，沉默无声，它们对于个别的认知主体和特定时期的人类共同体来说，几乎毫无意义，其所具有的唯一意义在于：为人类认知的未来发展和进一步完善预留了空间。例如，下面这些问题都该有确切的答案，只是我们目前不知道或无法知道而已，或许我们甚至永远都不想去知道它们：秦始皇 50 岁生日那天，他的身高有多少毫米？他的体重是多少毫克？他的头上有多少根头发？他说了哪些话？还做了其他什么事？他一生中打了多少个喷嚏？吃了多少斤粮食？等等。

---

① 新加坡学者何福来亦指出："在较高层次上，对事实的认定常常需要理论建构、价值判断以及对于法律条文的有目的的解释。""事实和法律，事实和价值，描述因素和评价因素，在法律事实认定中相互纠缠在一起，难分难解。这种情形并非为审判语境所独有。一般而言，在法庭内外，任何描述都不可避免地依赖某些评价性因素。对事实的把握不可避免地要以人们的背景假设和信念为中介。用时髦的话语来说，事实是由社会建构的，是根据某种世界观建构出来的。"（Ho H L. A Philosophy of Evidence Law, Justice in the Search of Truth. Oxford: Oxford University Press, 2008: 8–9.）

第三,"事实"会以多种方式"撒谎",从而扭曲或掩盖本体论意义上的真相。常常听到这样的说法:"我从不说谎,我所说的都是事实,只不过有很多事实我没有说。"其最终结果可能是:凭借此种方式,即凸显什么,遮蔽什么,他撒了个弥天大谎。既然事实是人对外部世界中的状况和事情所做的有意识"剪裁"和"提取",即使由此得到的每一个细节都是"事实",但是,若把它们放置组合在一起,所形成的总体画面却很可能不是事实,因为这种"剪裁"和"提取"有时候近似于"重新塑造"。这里只考虑两种情况:一是无意识的片面提取,二是别有用心的片面提取。关于前者,可以用黑格尔所谈到的说法来佐证:仆人眼里无英雄,那不是因为英雄不是英雄,而是因为仆人就是仆人。[①]仆人受其见闻、学识、品格和境界的限制,"片面"提取了他所服侍的那位英雄的事实性信息。如果有些人做"别有用心"的提取,他们几乎可以把任何人都打扮成"榜样"和"楷模",也可以将其打扮成"坏蛋"和"恶棍",并且在这样做时,他们还有可能在每一个细节问题上都做到诚实可信。

那些未被认知甚至不能被认知到的本体论意义上的"事实"(假如有的话,可称为"客观事实"),还没有进入我们的认知视野,显然不能作为科学研究的出发点和根据,在其中不能起"证据"作用。能够作为"证据"的只能是那些已被我们认知和把握到的"事实",是被我们所认定或接受为真的"事实",尽管仍多少带有主观性成分。科学研究以追求真理为目标,对证据可靠性的要求是最高的;科学理论是由其经验证据不充分决定的,科学家的想象和猜测在建构科学理论的过程中起重要作用;科学理论靠其解释力和预测能力来检验;科学研究有可能出错,但科学家共同体已经发展出一整套事前防错和事后纠错的可操作机制,如此等等。我们应该把科学研究的方法论、价值论和伦理学奠基于认识论的"事实"概念之上。

四、奠基于"事实"的认识论概念之上的法律证据

司法审判具有很多明显不同于科学研究的特点,值得我们严肃地思考和对待:

第一,司法审判至少有两个目标:一是"追求真相",试图以此来确保审判

[①] 黑格尔. 精神现象学:下册. 贺麟,王玖兴,译. 北京:商务印书馆,1979:172.

结果的公平和正义。美国法学家罗纳德·艾伦强调指出,"把法治与真实世界的实际情况相联系的努力,锚定了可知事物中的权利和义务,并使其摆脱了反复无常和任性的支配。这就是相关性和实质性的理念对于法律制度构建具有根本重要性的原因。它们把法律制度系在事实准确性的基石之上"①。二是"解决纷争",试图以此来保持社会的良序运作。但这两个目标并不总是一致的,有时候还会发生冲突。关于这两个目标谁在先谁在后,谁为主谁为次,在法学理论中存在很多激烈的争论,在司法实践中也会遇到许多棘手的难题。

第二,司法审判是来自不同方面的考虑相互平衡的结果,如认识论考虑"追求真相",价值论考虑"保护人权",经济学考虑"成本与效率",社会学考虑"维持社会的良序运作",以及时效性考虑"迟到的正义非正义",等等。每种考虑都会受到其他考虑的牵制和削弱,从而很难取得绝对优先的地位。② 例如,科学研究对真理的追求可以在人类的世代延续中进行,但司法审判却必须在很短时间(少则数天或数月,多则几年)内结束,因为它能够动用的资源和手段(包括时间、人力、设备、金钱等)是十分有限的;不能把嫌疑人拘押十几年后才做出判决,也要尽量避免在受害人死了若干年之后才得到法律补偿,故一个官司不能没完没了地缠讼下去。我们不得不讲求司法诉讼的效率,只能在这个前提下去尽可能地追求真相和正义。在解决像夫妻打架这类民事纠纷时,

---

① 罗纳德·J. 艾伦. 证据法的理论基础和意义. 张保生,张月波,译. 证据科学,2010 (4): 497.
② 美国学者苏珊·哈克曾比较系统地阐述了在美国法律文化塑造下的对抗制诉讼制度和科学探究程序之间的异同,并重点关注这两者之间存在的紧张关系,以及法律裁决的及时性和终局性与科学所追求的持续性纠错之间的紧张关系。她写道:"在审判过程中,陪审团需要确定案件事实的证明是否已经达到了法定的证明标准,从而认定被告是否有罪。这是一种针对特定类型的主张所开展的特定类型的探究,这种探究不仅需要受到证据规则的限制,而且受到原则和政策的影响:宁可放纵罪犯,也不冤枉无辜;必须尊重犯罪嫌疑人的宪法权利;诉讼当事人应当充分享有相关的法律救济手段,以便能够事先预防错误定罪情形发生;等等。进而,审判程序与日常的科学或者历史探究程序存在显著的差异;同时,在对抗式诉讼体制下,存在着内在的、特殊的劳动分工,在法官的诉讼指挥之下,双方当事人以合法的方式向法庭提交证据,陪审团在此基础上作出最终的裁决。"苏珊·哈克. 真相与正义,探究与辩护,科学与法律. 刘静坤,译. 政法论丛,2008 (1): 4—5. 亦可参看她的专著: Evidence Matters, Science, Proof, and Truth in the Law. Cambridge: Cambridge University Press, 2014, 特别是其第一章 "Epistemology and the Law of Evidence: Problems and Projects" 和第二章 "Epistemology Legalized: Or Truth, Justice and American Way" (该书第1—46页)。

追求纯粹的客观真相既费时费力，很多时候还不讨好，没有特别重要的意义。

第三，司法审判对真相和正义的追求是被现有法律框架严格限制住了的。侦查和司法人员只能追求现有法律框架所允许的真相和正义，不允许他们超越现有法律规范之外擅自行事，故有"程序法定"这样的证据法基本规则，该规则"在证据法上的要求主要包括两方面：一是立法方面，国家应该明确规定和设置收集证据、提交证据和审查判断的相应程序；二是司法方面，要求国家专门机关、当事人和其他诉讼参与人进行证明活动，都必须严格遵守法定的程序"①。由程序法定规则又可推出"非法证据排除规则"：有些"证据"即使碰巧是真实可靠的，但由于是通过非法途径（例如侵犯人权）得到的，也不允许在司法审判中充当证据。

第四，对司法证据的客观可靠性以及证明标准的要求还应该分出不同的层次和等级。一般而言，对人身权、财产权甚至生命权将产生重大影响的，必然要求适用较高的证据和证明的标准；其他权利则可以采取相对较低的证据和证明的标准。例如，对刑事诉讼的要求是最高的，而对民事诉讼和行政诉讼的要求则宽松很多。举例来说，根据英美证据法，依诉讼类别（刑事诉讼、民事诉讼和行政诉讼）及其判决结果对当事人可能造成的影响，所要求的证据可靠性及其对判决结果的证明关系可以从高到低划分成以下层次。（1）绝对确实：对于司法审判而言，这一目标无法达到，甚至不宜将其设定为目标；（2）排除合理怀疑：为刑事案件中有罪认定所必需，也是诉讼证明方面的最高标准；（3）清楚且有说服力的证明：适用于某些民事案件以及某些管辖法院对死刑案件中保释请求的驳回；（4）优势证明：适用于多数民事案件以及刑事诉讼中被告人的肯定性抗辩；（5）合理根据：适用于逮捕令状的签发、无证逮捕、搜查及扣留、控诉书和起诉书的发布、缓刑及假释的撤销，以及对公民逮捕的执行；（6）有理由的相信：适用于"阻截和搜身"；（7）有合理的怀疑：无罪释放被告人的充足理由；（8）怀疑：适用于调查的开始；（9）无线索：不足以采取任何法律行为。②

第五，在司法实践中，必须区分有关案件的"自然事实"和"法律事实"。

---

① 陈光中. 证据法学：第三版. 北京：法律出版社，2015：121.
② 美国联邦刑事诉讼规则和证据规则. 卞建林, 译. 北京：中国政法大学出版社，1996：22. 2015年末在华东师范大学举办的一次学术会议上，我从刘平教授的报告《中国行政法视野下的事实与证据》中知悉了这一点，特向刘平教授致谢。

所谓"自然事实"相当于本体论意义上的"事实",是指相关案件的起因、过程和结果的整体事实,即相关案件发生的实际情形或客观真相。我们的司法认知和审判活动力图无限接近有关案件的自然事实,却永远不能真正做到,总有一些案件细节超出于我们的认知需要和认知能力之外,它们在我们的认知范围之外"静默无声"地存在着。所谓"法律事实"相当于认识论意义上的"事实",被实体法和程序法所规范,至少具有如下特点:(1) 必须经过相应法律程序——例如取证、举证和质证——的检验,特别是最后要被法庭认定和采纳(认证);(2) 在最后要被法官作为"证据"用于对案件中争议事项的裁决,从而引起相应法律关系的产生、改变或消灭。这种意义上的法律事实带有明显的主观成分和人为色彩,不能与有关案件的自然事实画等号。美国学者吉尔兹指出:"法律事实并不是自然生成的,而是人为造成的,一如人类学家所言,它们是根据证据法规则、法庭规则、判例汇编传统、辩护技巧、法庭雄辩能力和法律教育等诸如此类的事物而构设出来的,总之是社会的产物。"①

通过对司法审判之特征的上述分析,我们可以得出如下推论:司法审判受到诸多限制,相当于"戴着镣铐跳舞",不宜以"追求客观真相、追求实质公平和正义"为直接目标,因为它无法保证达到该目标;相反,在司法实践中应更多地考虑"程序正义",让控方和辩方出于自身利益,在法庭上按照一定的程序和规则相互纠问,相互抗辩,法官则以这种法庭对抗的组织者、监护者和裁判者的身份出现。在理想的情况下,假如控辩双方有相互匹配的诉讼资源和诉讼能力,通过此途径,就足以排除不相关、虚假和可疑的"证据",让"客观真相"和"实质正义"作为该套程序的结果最终"呈现"出来。② 侦查和司法人员也是普通人,他们没有无限的认知能力和无限的认知资源,反而是在很多约束条件下从事其职责行为,故也有可能犯错,在理论上也应该允许他们犯错,只要这种错误不是出自贪污受贿,不是出自刑讯逼供,不是出自玩忽职守,而仅仅出自认知条件和能力的局限性。更重要的是,他们据以行事的法律条文本身也可能有不完善之处,无法确保达到"追求客观真相、确保实质正义"的程度。正是意识到司法审判有犯错的可能性,现有法律体系设计了一整套事前防

---

① 克列福德·吉尔兹. 地方性知识:事实与法律的比较透视. 邓正来,译//梁治平. 法律的文化阐释. 北京:三联书店,1994:80.

② Haack S. Justice, Truth, and Proof: Not so Simple, After All: 17. https://www.academia.edu/18877239/Justice_Truth_and_Proof_Not_So_Simple_After_All_in_press_.

错和事后纠错的可操作机制。事前防错，例如司法审判中要求所有相关"事实"都要经过当庭举证和质证，还要排除非法证据，只有经过法庭认定的"事实"（所谓"法律事实"）才能作为司法审判的"证据"，那些未经质证和认定的"自然事实"无资格作为"证据"进入司法审判环节。事后纠错，例如由于某种机缘巧合，若发现了过硬的新事实或新证据，足以证明原有的司法判决是错误的，则有必要启动法律纠错程序，并对错判的受害人进行国家赔偿，等等。

我认为，把司法审判所奉行的原则从"以事实为依据，以法律为准绳"改为"以证据为依据，以法律为准绳"很有必要，主要出自两个原因：首先是"事实"概念的歧义性，它可以指本体论意义上客观存在的"事实"，在法学论著中被称作有关案件的"自然事实"或"客观真相"；也可以指认识论意义上的"事实"，在法学论著中被称作"法律事实"或"法律真实"。若以有关案件的"自然事实"为依据，则必须以"事先弄清楚有关案件的自然事实"为前提，但这远远超出法官的认知能力和可用的认知资源。更重要的是，根据现有法律体系的要求，法官只有以现有法律条文为准绳，基于得到法庭认定的"事实"或"证据"来判案。若他们违反现有法律框架擅自行事，"替天行道"，去追求他们所理解的"真相"和"公平"，甚至有可能被追究法律责任。实际上，对"客观真相"和"实质正义"的真诚追求，只能通过现有法律体系不断修改完善相应的法律条文来实现，而后面这件事情只能由立法部门而不是由司法部门去完成。

在基于认识论意义上的"事实"即"证据"的科学研究和司法实践中，允许甚至提倡使用皮尔士提出的"溯因推理"和哈曼所提出的"最佳解释推理"（记为 IBE）。前者可以表述为：令人惊奇的事实 C 观察到了，如果假说 A 是真的，则 C 就是事实，因此，有理由去猜想 A 是真的。关于 IBE 的精确形式及其与溯因推理的关系，还存在很多争论。可以认为，溯因推理偏重于如何提出一个假说，IBE 偏重于如何在多个有解释力的假说中选择最好的。[①] 详细探讨这两者的关系及其在科学研究特别是在司法实践中的应用，已经超出了本章所允许

---

① Peirce C S. Collected Papers, 5.180 – 5.212, esp. 5.189; Hartshorne C, Weiss P. Cambridge, MA: Harvard University Press; Harman G. The Inference to the Best Explanation. Philosophical Review, 1965, 74: 88–95; Lipton P. Inference to Best Explanations, 2nd ed. London: Routledge, 2004.

的篇幅。

顺便指出，拉里·劳丹在《错案的哲学：刑事诉讼认识论》中，把"发现真相"作为司法审判最主要的价值目标，由此他认为，刑事诉讼必须要致力于解决如下三个问题：（1）必须最大限度地减少错案的发生；（2）当错误不可避免时，应当以社会认可的价值偏好分配错误；（3）当发现真实与人权保障等其他价值目标发生冲突时，尽可能以不损害真相发现的方案化解冲突。一个国家的刑事程序规则和刑事证据规则，都应当最大限度地以"发现真相"作为创设及改革的标准。但我们担心，劳丹可能对司法审判的除"发现真相"之外的其他许多价值目标以及制约因素缺乏足够关注，没有在多种目标和多种因素的复杂纠缠中去探究他所谓的"法律认识论"，因此，他的有关理论探讨很可能是致人迷误的，他所给出的具体政策建议很可能是难以实施的。①

五、一些结论

从本章前面的论述中，可得出如下四个结论，亦可列出有待进一步探讨的问题：

（1）在日常语言中，"事实"概念充满歧义，人们对它的理解差异极大。有时候，人们将事实视为外在对象及其情况，如对象具有什么性质，与其他对象处于何种关系之中；有时候，将其视为关于外在对象及其状况的感觉经验；有时候，将其视为关于外在对象的某种陈述、记载和知识；有时候，也把某种毋庸置疑的理论原理，甚至把假想、预期和内心体验当作事实。② "事实"一词的用法如此之歧异，以致罗素在给维特根斯坦的《逻辑哲学论》所写的序言中指出："严格地说，事实是不能定义的，但是我们可以说，事实是那使得命题为真或为假的东西，以此来表明我们所说的意思。"③ 但罗素的这种说法存在很多问题，例如他很难说清楚"事实"和"命题"这两个概念究竟谁在先谁在

---

① 拉里·劳丹. 错案的哲学：刑事诉讼认识论. 李昌盛，译. 北京：北京大学出版社，2015：1-28.
② 苏联哲学家柯普宁曾将"事实"概括为三义：（1）现象、事物和事件本身被称之为事实；（2）我们对事物及其特性的感觉和知觉也被认为是事实；（3）事实也指我们想用它们来论证或反驳某种东西的不容置疑的理论原理。参见柯普宁. 科学的认识论基础和逻辑基础. 王天厚，彭漪涟，等译. 上海：华东师范大学出版社，1989：204.
③ 路德维希·维特根斯坦. 逻辑哲学论. 贺绍甲，译. 北京：商务印书馆，2015：7.

后，谁依赖谁，谁说明谁。

（2）在我们的认知活动和司法实践中，"事实"概念是极其重要的，因为它被用来说明、刻画或定义语句、命题、判断、思想、信念和理论的真或假；在科学研究过程中，事实被作为研究的出发点和过程中的校正器，以及判定相应假说或理论是否为真的最终检验点；在证明和反驳过程中，事实被作为重要论据用来支持所要论证的结论；在法律诉讼中，经过法庭认定的相关事实被用作裁判某个案件的"证据"；等等。既然"事实"和"证据"概念如此重要，我们不能让它们继续停留在模糊和歧义状态，必须对它们特别是其认识论地位做出严格的澄清和说明。

（3）有些时候，"事实"概念具有本体论涵义：事实在外部世界中，因而是客观的，可以作为科学研究和司法实践的可靠依据。但这种"事实"概念遭遇到严重的理论困难，仅述其三：一是事实的个体化问题，涉及如何区分不同事实以及如何认定同一事实，以及如何对事实进行计数等。二是如何说明和刻画命题与事实的"符合"关系，如果秉持罗素的逻辑原子论和早期维特根斯坦的"图像说"，会迫使我们去承认所谓的"原子事实"和"负事实"，以及其他"复合事实"、"普遍事实"和"模态事实"，甚至会推出"只存在唯一的大事实"的结论，从而使得"事实"概念在定义语句或命题的真或假时不再管用。三是本体论意义上的"事实"在数量上无穷多，其中绝大多数尚未被人类主体所知晓，甚至不能被知晓，这样的"事实"在人类认知活动和司法实践中不能起"证据"作用。

（4）很多时候，"事实"概念具有认识论涵义：事实是认知主体带着特定的意图和目标，利用特定的认知手段，对外部世界中的状况和事情所做的有意识的剪裁、提取和搜集。由此得到的"事实"虽然有客观依据，却不是完全客观的，而是渗透着人的主体性因素。"事实"甚至会以多种方式撒谎，从而扭曲本体论意义上的客观真相。科学研究和司法实践正是把这种意义上的"事实"用作"证据"，因此它们都有可能出错，故在两者中都设计了一整套事前防错和事后纠错的程序和机制。司法实践所奉行的原则最好从原来的"以事实为依据，以法律为准绳"改为"以证据为依据，以法律为准绳"。

（5）有待进一步探讨的问题。本章着力阐发了关于"事实"的认识论概念，且着力论证了法律上的"证据"概念只能奠基于认识论的"事实"概念之上，但对如此定义的"事实"和"证据"概念将会遭遇到的问题却着墨不多。

对可能遇到的问题撮要简述如下：如果"事实"和"证据"都受到人的认知意图和认知目标的影响，掺杂着主观因素和人为色彩，它们能否确保人们在认知活动中达到"客观真理"，在司法活动中追求"客观真相"或实现"实质正义"？如果能，如何做到？还需要对现有的程序、规则、方法做哪些改进和修正？假若不能，认知活动不能达到客观真理，司法活动有违客观真相或不能保证实质正义，这些后果似乎是我们承受不起的。为了揭示我们的命题、信念、思想或理论的真或假，至少是为了证成或证伪它们，我们是否需要把它们与认识论意义上的"事实"相匹配？如果需要，如何匹配？它们是否需要"符合""对应"认识论意义上的"事实"？如果需要，如何"符合"和"对应"？"符合"或"不符合"意味什么或说明什么？如此等等。

第38章　现代逻辑视野下的实质真理论研究

真①是不是实质性质②？对这个问题的不同回答导致了真理论中两大派别的对立。紧缩论对上述问题给出了否定回答，说一个陈述是真的仅仅意味着说出这个陈述本身，除此之外没有任何关于真理的其他重要性质。紧缩论包括冗余论、去引号理论和极小理论。而膨胀论对上述问题给出了肯定回答，说一个陈述是真的意味着比说出这个陈述本身更多的东西，人们对真概念的理解不是透明的。

真理膨胀论的历史较为悠久。传统的符合论和融贯论都被看作膨胀论。符合论可以追溯到亚里士多德和阿奎那；在近代哲学中，笛卡尔、斯宾诺莎、洛克、莱布尼茨、休谟和康德都支持某种版本的符合论；在现代哲学中，密尔、罗素和维特根斯坦也都支持某种版本的符合论。融贯论可以追溯到斯宾诺莎、康德、费希特和黑格尔；现代哲学中的新黑格尔主义者是融贯论的坚定支持者，例如布拉德雷和布兰夏德。在当代哲学中，多元真理论是一种新的膨胀论，但与传统的膨胀论不同，它主张真理是多元的而非单一的，代表人物有莱特、林奇、谢尔和霍尔根。

---

① 英文词"truth"有两种不同的用法：一是作为抽象名词，表示语句、命题、陈述、信念和理论的真，如"the truth of a sentence"，其语法形式是单数，这时候只宜译作"真"；二是作为具体名词，表示为真的语句、命题、陈述、信念和理论等等，其语法形式可以是复数，如"logical truths"和"mathematical truths"，这时候宜译作"真理"，如"逻辑真理"和"数学真理"［参见陈波. 语句的真、真的语句、真的理论体系——"truth"的三重含义辨析. 北京大学学报，2007（1）：27-34.］。但本章不对"真"和"真理"做根本性区分。

② 所谓实质性质，是指这个性质包括比人们关于它的概念理解更多的东西。例如，水的实质性质是由氢和氧组成的无机物，人们关于水的概念理解是无色、无味的液体；显然，水的实质性质包括比人们关于它的概念理解更多的东西。类似地，人们关于真的概念理解是，"'雪是白的'是真的当且仅当雪是白的"，但是"真的"实质性质包括比人们关于它的概念理解更多的东西。

而真理紧缩论的诞生似乎与现代逻辑密不可分。紧缩论的起源被追溯到弗雷格，他在"思想"一文中认为，把"真"这个性质归属于一个思想并没有为其增加任何东西。后来，塔斯基在"形式化语言中的真概念"一文中强调了所谓的T模式，即"雪是白的"是真的当且仅当雪是白的。T模式被看作紧缩论的经典表述，紧缩论认为，T模式刻画了人们关于真理所能够说出的任何东西。在当代哲学中，拉姆塞、蒯因和霍维奇等人被看作紧缩论的支持者。①

本章的立场是坚定地捍卫真理膨胀论，反驳真理紧缩论。虽然紧缩论本身面临着一系列的理论难题，但我们不打算从当代各种版本的紧缩论入手，而是把它的产生与现代逻辑联系起来，通过澄清紧缩论对弗雷格和塔斯基的误解来反驳紧缩论。这并非单纯的历史考证，而是在现代逻辑中为实质真理论寻找起源和根据。虽然当代多元真理论号称自己是一种膨胀论，但它们并不是真正意义上的实质真理论，我们以林奇和谢尔的理论为例说明多元论面临着一系列的困境，例如在统一性与多样性之间以及全局性与局部性之间的纠结。本章并非单纯的前沿综述，而是在借鉴多元论经验教训的同时为实质真理论提供标准。最后，我们提出两种新的实质真理论，即建构真理论和分层真理论：前者从语言角度，在语言、意义和世界这个框架下说明实质真理；后者从数学角度，在理论、模型和实在这个框架下说明实质真理。

一、弗雷格的概念文字有没有语义学

毫无疑问，弗雷格开创的现代逻辑对真理论的发展产生了深刻影响，然而，弗雷格本人的概念文字是否有语义学，这是一个有争议的话题。

戈德法布②认为，弗雷格的逻辑观完全不同于论题中立的逻辑观。根据论题中立的逻辑观，量化的范围是相对于论域的，不同论域对应于不同的量化范围，逻辑普遍性在于，相对于所有论域和解释都是真的。但根据弗雷格的逻辑观，量化的范围是整个世界或实在，也就是说，没有任何关于量化范围的限制，所

---

① 事实上，很多哲学家有关真理的论述都是非常复杂的，其中既有符合论因素又有融贯论因素，既有膨胀论因素又有紧缩论因素，不宜做简单的归类。

② Goldfarb W. Frege's Conception of Logic//Floyd J, Shieh S. Future Past: The Analytic Tradition in Twentieth-Century Philosophy, New York: Oxford University Press, 2001: 25-41.

以根本不存在论域和解释的问题，也根本不需要通过真来刻画逻辑普遍性。因此，戈德法布的结论是，弗雷格的概念文字不依赖于真，他没有为概念文字提供语义学解释。然而，与戈德法布不同，赫克①认为，弗雷格并非把概念文字单纯限制在语法范围内。弗雷格通过语义规定说明概念文字的所有公理都是真的，他通过语义证成说明概念文字的所有规则都是保真的，他还通过说明概念文字的所有初始符号都是有指称的，进而说明所有由初始符号正确地形成的名称也都是有指称的。因此，赫克得出的结论是，弗雷格的概念文字本质上使用了真，对于表达思想的语句的充分说明必须诉诸语义概念。

我们把戈德法布的观点称为语法传统，把赫克的观点称为语义传统，这是有关弗雷格哲学解读的两种对立传统。语法传统可以追溯到罗素和维特根斯坦，当代的支持者有范·海耶诺特②和戈德法布等人；而语义传统可以追溯到卡尔纳普和塔斯基，当代的支持者有斯坦利③和赫克等人。

对于上述争论，我们认为："真"在概念文字中发挥了重要作用，但这并不是语义作用，而是结构支撑作用；"真"是作为初始对象引入概念文字的，弗雷格从未尝试去定义"真"，而是通过概念之间的关系来揭示"真"的规律；关于"真"的倒退论证并不说明弗雷格倾向于紧缩论，而是说明涵义和真值具有内在关联。我们通过如下三点澄清弗雷格的真理观。

第一，真值是概念文字的脚手架。从当代逻辑的角度看，弗雷格的概念文字本质上是二阶逻辑，他不仅区分了对象和概念，也区分了概念和关系，还区分了一层概念和二层概念。一层概念是其值总是真值的一元函数：如果对象 a 落在一层概念 P（x）中，则 P（x）这个函数相对于 a 这个主目的值是真；否则，P（x）这个函数的值是假。否定¬(x)是一层概念：如果 x 这个主目是真，则¬(x) 这个函数的值是假；在所有其他情况下，¬(x) 这个函数的值是真。一层关系是其值总是真值的二元函数：如果对象 a 和对象 b 处于一层关系 R（x, y）中，则 R（x, y）这个函数相对于 a 和 b 这两个主目的值是真；否则，

---

① Richard G H. Frege and Semantics. Grazer Philosophische Studien, 2007, 75: 27-63.

② Heijenoort J V. Logic as Calculus and Logic as Language. Synthese, 1967, 17: 324-330.

③ Stanley J. Truth and Metatheory in Frege. Pacific Philosophical Quaterly, 1996, 17: 45-70.

R（x, y）这个函数的值是假。蕴涵→（x, y）是一层关系：如果 x 主目不是真并且 y 主目是真，则→（x, y）这个函数的值是假；在所有其他情况下，→（x, y）这个函数的值是真。二层概念也是其值总是真值的一元函数：如果一层概念 F（x）落在二层概念Φx（X（x））中，则Φx（X（x））这个函数相对于 F（x）这个主目的值是真；否则，Φx（X（x））这个函数的值是假。全称量化∀x（F（x））是二层概念：如果 F（x）这个主目是大全概念，则∀x（F（x））这个函数的值是真；在所有其他情况下，∀x（F（x））这个函数的值是假。

由此可见，真值在概念文字中发挥了支撑作用，它们把谓词、量词和连接词维系在一起：谓词是从对象到真值的函数名称，量词是从一层概念到真值的函数名称，连接词是从真值到真值的函数名称。正由于真值的支撑作用，概念文字呈现出鲜明的层次结构：对象的层次、一层概念的层次、二层概念的层次等等；一层概念把对象映射为真值，二层概念把一层概念映射为真值，等等。

第二，真值作为逻辑对象是不可定义的。真值在概念文字中发挥了重要作用，但是弗雷格为什么把真值看作对象？如果把真值看作概念，那么真值不能在它的逻辑系统中发挥作用吗？一个直接的回答是，弗雷格区分了专名和概念词，前者指称对象，是饱和的，后者指称概念，是不饱和的。语句是专名，语句的指称是真值，所以真值是对象。于是，需要继续追问，语句为什么是专名而非概念词，或者说，语句的指称为什么是对象而非概念。弗雷格关于异层函数（unequal-leveled function）的说明澄清了这个问题。如果一个二层概念把一个一层概念映射为另一个一层概念，那么这个二层概念实际上是一个异层关系，即二元函数，所谓异层是指二元函数的两个主目处于不同的层次，一个主目是一层函数，另一个主目是对象。例如，导函数是一个函数，如果把 x^2 看作主目，那么导函数的值是 $2·x$，即 $(x^2)'=2·x$，如果再把 3 看作主目，那么得到的函数值是 6，即 $2×3=6$。在弗雷格看来，不应该把导函数看作从 x^2 这个一层函数到 $2·x$ 这个一层函数的二层函数，而是看作从 x^2 这个一层函数和 3 这个对象到 6 这个对象的异层函数。① 由此可见，函数的值必须是对象，所以真值必须是对象。②

---

① Frege G. The Basic Laws of Arithmetic. Furth M, ed. Berkeley, trans. University of California Press, 1964: 75.

② 通过考察概念文字从二元关系得出双值域的过程，赫克甚至论证，真值不仅是对象，而且是与其他对象类型相同的对象。参见 Heck R G, ed. Language, Thought and Logic: Essays in Honour of Michael Dummett. Oxford: Clarendon Press, 1997: 273-308。

逻辑的范围是普遍的，它不谈论特定对象，而是谈论任意对象；而任意对象的谈论诉诸全称量化，这是一层概念与二层概念之间的从属关系。因此，概念文字所揭示的不是对象与对象之间关系的规律，而是概念与概念之间关系的规律。然而，虽然概念文字不局限在特定对象的范围内，但它具有自己的逻辑对象，即真值①。在弗雷格看来，真值对于逻辑来说既是必不可少的又是不可定义的，不需要给出关于真值的特定逻辑规律，概念文字的所有规律都是通过概念与概念之间的关系而揭示出来的关于真值的规律。

第三，从弗雷格的倒退论证不能得出紧缩论的观点。弗雷格认为，"'我闻到紫罗兰香味'这个语句与'我闻到紫罗兰香味，这是真的'这个语句具有相同的内容"②，他由此得出的结论是，把真这个性质归属于一个思想并没有为之增加任何东西。他还认为，"如果我们想说'如果表象与实在是一致的，那么它是真的'，那么什么都没有达到，因为为了运用这个定义，我们必须确定某个表象或其他表象是否与实在一致。因此，我们必须假定这个被定义的东西本身……显然，真是如此初始和简单的东西，以至于不可能将其还原为任何更简单的东西。"③ 这段引文在文献中被称为倒退论证，其大意是说，判断是承认思想的真，如果把真看作思想的性质，这将导致无穷倒退：判断 p 这个思想是真的，这相当于，判断 p 是真的，这相当于，判断 p 是真的这个思想，这相当于，判断 p 是真的这个思想是真的，这又相当于，判断 p 是真的是真的。因此，真不是思想的性质。

针对倒退论证，有两种不同的解读方式：一种解读是，判断思想的真不需要"真"这个语词，说一个思想是真的相当于说这个思想本身，所以真是多余的；另一种解读是，"真"这个语词不能用来判断思想的真，说一个思想是真的应该说出比这个思想本身更多的东西，所以真不是多余的。我们把前者称为紧缩论解读，把后者称为膨胀论解读。霍维奇通过紧缩论解读把弗雷格看作紧缩论的先驱。④ 我们认为紧缩论解读是片面的。在弗雷格那里，思想和真值之间的

---

① 事实上，概念文字中有两类逻辑对象：真值和外延（值域），后者导致了臭名昭著的罗素悖论。

② Frege G. Thought//Frege G. Collected Papers on Mathematics, Logic, and Philosophy. Oxford: Basil Blackwell, 1984: 354.

③ Frege G. Logic//Frege G. Posthumous Writings. Chicago: University of Chicago Press, 1984: 128-129.

④ Horwich P. Truth. Oxford: Blackwell, 1998: 5.

关系不是对象和概念之间的关系，而是涵义和指称之间的关系，所以不能把真值看作思想的性质，而是通过涵义确定指称，即通过思想确定语句的真值。因此，弗雷格的倒退论证是说，不能仅仅通过"真"这个语词来判断语句的真，而是通过涵义确定语句的真。

我们后面提出的建构真理论来源于弗雷格的涵义理论，特别是通过涵义确定指称的原则。当然，关于弗雷格的涵义存在不同的解读，我们认为，涵义不是处于语言和世界之间的抽象对象，而是语言共同体的约定。

二、塔斯基的真定义是不是语义学

不可否认，塔斯基的真定义对现代真理论的发展产生了广泛影响。但是，他的真定义到底是单纯为了解决语义悖论还是兼顾为形式语义学奠定基础，这是一个有争议的话题。

埃切门迪①认为，虽然表面上看起来塔斯基既有解决语义悖论的目的又有给出形式语义学的目的，但这种表面印象是误导的，因为这两个目的对于塔斯基来说是对立的，不能同时兼顾。塔斯基的真定义既没有说明对象语言的语义性质，也不能通过增补和完善而发展成一种语义理论，更不能被解释为对真概念的语义分析。埃切门迪的结论是，塔斯基的真定义与形式语义学之间的关联只是一个偶然事件。然而，与埃切门迪不同，赫克②认为，塔斯基对经验语义学的发展和语义悖论的解决都做出了贡献，而且这两者之间并没有内在冲突。语义悖论的消解并不依赖于真定义，而是依赖于对象语言和元语言之间的区分。通过某种增补和完善可以使塔斯基的真定义转变为一种公理化真理论，既能够避免悖论又可以满足语义学的要求。赫克的结论是，塔斯基确实为自然语言提供语义学解释，这既是他本人的真实目的，又不歪曲他数学工作的特征。

上述争论与塔斯基在历史上的两种形象有关：一方面，他是纯粹的数学家，数理逻辑华沙学派的代表人物；另一方面，他关于语义学的哲学讨论为当代真理论和语言哲学奠定了重要基础。我们把前者称为证明论形象，把后者称为模

---

① Etchemendy J. Tarski on Truth and Logical Consequence. Journal of Symbolic Logic, 1988, 53: 51-79.

② Heck R G. Tarski, Truth, and Semantics. The Philosophical Review, 1997, 106: 533-554.

型论形象。埃切门迪和索姆斯①等人的解读呈现了他的证明论形象，而菲尔德②和赫克等人的解读呈现了他的模型论形象。

对于上述争论，我们认为，塔斯基的真定义本身既不能被看作纯粹的技术性工作，也不能直接与自然语言的语义学关联起来。虽然把他的真定义发展为形式语义学与他的数学工作不冲突，但是他的真定义并没有为真理提供实质内容，只有通过大修大补（甚至颠覆性改变）才能将其发展为有实质内容的真理论。塔斯基的真定义是一种递归定义，为了充分说明这个递归定义还需要另外两个方面的补充，即初始符号的语义规定以及T模式，前者是真定义的有机构成部分，后者是检验真定义的标准。我们通过如下三点澄清塔斯基的真定义。

第一，塔斯基的递归定义没有反映人们日常使用的真概念。我们以一阶算术为例说明塔斯基的递归定义③。一阶算术的语言包括逻辑符号和非逻辑符号，逻辑符号包括"="" ¬ "" ∧ "" ∀ "以及可数无穷多个变元"x_1""x_2""x_3"……非逻辑符号包括"0""S""+""×"。

首先，递归定义指称，一个项t相对于一个序列σ指称对象a当且仅当如下条件成立：（1）如果t是"0"，则a是0；（2）如果t是"x_i"，则a是σ(i)；（3）如果t是"Sr"并且r相对于σ指称b，则a是Sb；（4）如果t是"r+s"，r相对于σ指称b并且s相对于σ指称c，则a是b+c；（5）如果t是"r×s"，r相对于σ指称b并且s相对于σ指称c，则a是b×c。

其次，递归定义满足，σ满足一个公式φ当且仅当如下条件成立：（1′）如果φ是"t=s"，t相对于σ指称b并且s相对于σ指称c，则b=c；（2′）如果φ是"¬ψ"，则σ不满足ψ；（3′）如果φ是"χ∧ψ"，则σ满足χ并且σ满足ψ；（4′）如果φ是"∀x_iψ(x_i)"，则任给τ都满足ψ，其中τ和σ仅在x_i处不同。

最后，定义真，一个语句φ是真的当且仅当任何序列都满足φ。塔斯基认为，上述递归定义可以转变为真谓词的显定义④：x是真的当且仅当p，其中x是语句的名称，p是语句变元。也就是说，显定义作为定理可以从一阶算术的元理论

---

① Soams S. What is a Theory of Truth. Journal of Philosophy, 1984, 81: 411-429.
② Field F. Tarski's Theory of Truth. Journal of Philosophy, 1972, 69: 347-375.
③ Tarski A. The Concept of Truth in Formalized Languages//Tarski A. Logic, Semantics, Metamathematics. Indianapolis: Hackett Publishing, 1983: 193.
④ 后来埃切门迪、索姆斯、普特南等人的工作表明，递归定义的条款可以转变为集合所满足的条件，而满足这些条件的集合的交集恰好是真谓词的外延。

推出。在塔斯基看来，上述显定义满足实质充分性（material adequacy）这个条件，即从显定义可以推出T模式的所有特例：x是真的当且仅当p，这是亚里士多德关于真的直观刻画。这里我们区分了两个真概念，前者是从递归定义得出的真概念，后者是人们日常使用的真概念。虽然塔斯基采用数学上可处理的技术方式定义了真谓词的外延，但是这个外延并不符合人们日常使用的真概念。例如，"5+7=12"是真的当且仅当5+7=12，这既不是纯粹的形式规定，也不是算术元理论的定理，而是一个经验事实，与算术语言的意义有关。

这里体现了塔斯基与弗雷格的区别。在弗雷格那里，作为逻辑对象的真不仅是不可定义的而且是客观独立的，所有的逻辑规律都是关于真的规律，他从未宣称他把握了所有这些规律，而是仅仅通过概念文字去描述这些规律，在这个意义上弗雷格是可错的，因为他所把握的规律不一定都是真的规律，例如，由于罗素悖论的出现，第五公理不是真的规律。但是在塔斯基那里，真是语句性质，真谓词是可定义的，他通过递归定义的方式规定了真谓词的外延，而且他的真定义可以避免语义悖论，在这个意义上塔斯基不是可错的，因为他所定义的真概念与人们日常使用的真概念是不可比较的。

第二，塔斯基没有充分说明初始符号的语义规定。塔斯基的真定义成功地把语句的真还原为复合公式的满足，也把复合公式的满足还原为初始符号的指称和适用，但他没有说明如何确定专名的指称关系和谓词的适用关系，而是仅仅规定："苏格拉底"这个专名指称苏格拉底这个对象；"有死的"这个谓词适合一个对象当且仅当这个对象是有死的。如果把这种规定看作抽象关系，即语法符号（专名和谓词）与抽象对象（元素和集合）之间的关系，那么虽然这种关系是确定的，但是不能为真理提供实质内容；如果把这种规定看作具体关系，例如让一个专名指称一只特定的兔子，那么虽然真理获得了实质内容，但是根据蒯因的不确定性论题，这种关系是不确定的。另外，诉诸语法表达式的组合性结构，递归定义可以通过有穷的步骤确定无穷多语句的真值。这似乎使人们感到，塔斯基的递归定义为确定真值条件提供了足够多的信息。但是全面地和毫无遗漏地说明无穷多个语句的真值条件不等同于实质地和丰富地说明真概念的内容。事实上，在有穷多个语句的情况下，塔斯基的递归定义可以转变为例举定义，例如，p是真的，当且仅当，雪是白的并且p是"雪是白的"，或者草是绿的并且p是"草是绿的"……或者玫瑰花是红的并且p是"玫瑰花是红的"。这种例举定义相当于说，语句是真的当且仅当这个语句对应于事实。然而，塔斯基也没有说明如何确定语句的对应关系。由此可见，塔斯基的真定义仅仅立足于语言本身，而不涉及语言和世界之间的关系，他回避了关于对象、概念和事实的形而上学问题，不让自己陷入实在论和反实在论之间争论的泥潭。这种与世界无关的真定义实际上是无源之水和无本之木。

这里也体现出塔斯基与弗雷格的区别。弗雷格概念文字的构造方式是组合性的，即复合表达式的意义依赖于简单表达式的意义，但有时候对于最简单表达式的意义，他诉诸语境原则，即只有在语句的语境中才能确定语词的意义。因此，在弗雷格那里，意义的原子论和整体论是互补的。然而，塔斯基完全抛弃了整体论，仅仅保留了原子论，这一点充分体现在递归定义的条款中。复合表达式的满足依赖于简单表达式的满足，而简单表达式的满足依赖于专名的指称和谓词的适用，但是塔斯基没有说明如何确定专名的指称和谓词的适用。

第三，从塔斯基的T模式不能片面地得出紧缩论的观点。虽然塔斯基并非第一个注意到T模式刻画了人们关于真概念的直观，但他最早把T模式看作检验真理论的标准。当代许多学者利用T模式表述真理紧缩论[1]，我们认为这种做法是片面的。事实上，针对T模式，例如，"雪是白的"是真的当且仅当雪是白的，有两种解读：紧缩论解读和膨胀论解读。根据膨胀论解读，T模式的左端是说，"雪是白的"是真的，右端是说，雪具有白这个性质。根据紧缩论解读，T模式的左端提及"雪是白的"这个语句，右端使用这个语句。为了更好地体现这种区别，我们可以重新表述上面的例子。膨胀论的表述是，"雪是白的"是真的当且仅当雪完全地和分散地反射了光线，这种表述把关于语言的陈述还原为关于世界的陈述，其中涉及世界的经验知识。紧缩论的表述是，"snow is white"是真的当且仅当雪是白的，这种表述把一种语言中的陈述还原为另一种语言中的陈述，其中涉及语言的翻译规则。因此，就T模式本身而言，既不能片面地得出紧缩论的观点，也不能片面地得出膨胀论的观点。

我们后面提出的分层真理论来源于塔斯基关于对象语言和元语言的区分。但是我们认为，仅仅区分对象语言和元语言是远远不够的，还应该区分对象理论和元理论，而且就实质内容而言，元理论应该比对象理论更丰富。

---

[1] 并非所有真理紧缩论的表述都诉诸T模式，例如斯特劳森的表达主义、格罗弗的代语句理论，但大多数紧缩论的表述都诉诸T模式。当然，在紧缩论内部也有关于T模式的争论，例如，语句解读和命题解读、分析等值解读、经典等值解读和严格等值解读，但我们不打算讨论紧缩论内部的这些争论。

三、对当代多元真理论的批判

当代多元真理论反对真理紧缩论，它们认为，真不是单一的性质，真在不同范围内是不同的，相应地，获得真理的方式也是不同的。例如，在物理范围内，符合论是获得真理的最好方式，但是在数学和道德范围内，融贯是获得真理的最好方式。表面上看来，多元论真理似乎站在了膨胀论的阵营，但我们将说明它们根本不是真正意义上的实质真理论。我们以林奇的功能主义多元论和谢尔的符合主义多元论为例。

林奇的功能主义多元论来源于心灵哲学中的功能主义，后者主张，一个心灵状态或事件应该通过其功能作用来解释，所谓心灵状态是指某些神经状态所具有的因果作用或功能作用。在林奇看来，真是实质性质，需要给出实质说明。真是相对于论域的，它在相同的论域内是相同的，但在不同的论域内是不同的。他区分了真的性质（property）和真的本性（nature），真的性质是二层概念，而真的本性是一层概念，因为一层概念实现二层概念，所以真的本性实现真的性质①。真的性质等同于真的功能作用，这是由一系列平凡话语（platitude）所确定的。真在不同论域内发挥了不同的功能作用，这些功能作用构成了相关论域内的真的本性。在这个意义上，真既是统一的又是多样的，单一的真性质具有多重的真本性，或者说不同的真本性实现了同一个真性质。真理论的目的就是说明，在不同论域中真的本性如何实现真的性质。

针对林奇的功能主义多元论，我们给出两点批评。

第一，所谓的平凡话语不能为真理提供实质内容，所以功能主义多元论不是实质真理论。在林奇看来，平凡话语是指，"p 这个命题是真的当且仅当 p"，"p 这个命题是假的当且仅当非 p"，"命题是为真和为假的东西"，"任何命题都有否定"，"一个命题可以被证成但不是真的，也可以是真的但不被证成"，"真的命题表征或符合事实，而假的命题并非如此"，"事实是使命题为真的东西"，"断言 p 是真的蕴涵人们相信 p"，"只有 p 是真的人们才相信 p"，"诚实的人通常说真话"，"故意断定你知道为假的东西，这是谎话"。② 由此看来，平凡话语

---

① 这里真的性质类似于存在，弗雷格把存在看作二层概念。所谓一层概念实现二层概念是指一层概念落在二层概念中。

② Lynch M. A Functionalist Theory of Truth//Lynch M. The Nature of Truth: Classic and Contemporary Perspective. Cambridge: MIT Press, 2001: 730-731.

是人们直接相信和承诺的、未经反思和论证的常识。按照这种理解，功能主义真理论似乎退化为紧缩论，它们之间唯一的区别是：后者认为真是空洞的，一个命题的真并没有为这个命题增加任何内容；前者认为真是平凡的，一个命题的真为这个命题增加了平凡话语。虽然空洞的内容与实质内容是直接对立的，但是平凡话语也没有增加任何实质内容。在有关真理论的探究中，人们可以从平凡话语出发，通过修正和增补逐渐发展出丰富和深刻的内容，但是，不能把平凡话语看作探究的终点和结论。因此，建立在平凡话语基础上的功能主义多元论根本不是实质真理论。

我们认为，林奇的真理论只是在消极意义上拒斥紧缩论，没有在积极意义上构建实质真理论。虽然他宣称真不是多余的，但没有说明多出来的内容是什么。如果多出来的内容仅仅是像"p 这个命题是真的当且仅当 p"这样的平凡话语，那么林奇的真理论并不比紧缩论更令人满意。这种尴尬境地反映了多元真理论在统一性和多样性之间的纠结。一方面，多元论主张，真在不同领域中具有不同本性；另一方面，它又主张真是统一的，这些不同本性是同一个真性质在不同领域中发挥的不同功能作用，因此，为了把在不同领域中的真本性统一起来，真的性质必须是宽泛的和平常的，真的性质越平凡，实现它的真本性越众多。

第二，功能主义多元论不能解决混合问题。功能主义多元论认为在不同领域有不同的真，因为真是命题的性质，所以不同命题应该归属于不同领域。由此导致的问题是：如果同一个命题涉及不同领域，那么，如何确定其真值？这在文献中被称为混合问题。① 混合问题被划分为两类：原子层面和复合层面，前者的例子是"3 这个数是恺撒这个人"，后者的例子是"5 + 7 = 12 或者恺撒是罗马皇帝"。在林奇看来，混合问题是可以解决的。对于复合层面来说，"首先把某个真理论仅仅应用于原子命题……于是，功能主义可以通过标准递归的方式理解复合命题的真"②；对于原子层面来说，"直观上，命题的论域仅仅是思想的范围……命题的论域是由它们所构成的命题类型确定的。而命题类型又是由

---

① 我们认为，混合问题来源于弗雷格的恺撒问题。恺撒问题是说，像休谟原则这样的数的同一标准只能确定任意一个数是不是 3 这个数，但不能确定任意一个对象（例如，恺撒这个人）是不是 3 这个数。

② Lynch M. Truth and Multiple Realizability. Australasian Journal of Philosophy, 2004, 82：396.

构成命题的概念确定的……按照这种方式,我们对数概念的反思影响了我们对数学命题与关于物理世界的命题之间区分的理解。"① 我们认为,林奇的方案不能解决原子层面的混合问题,例如,对数概念的反思可以识别出数与数之间的区别,对人概念的反思可以识别出人与人之间的区别,但是分别单独地对数概念和人概念的反思不能识别出数概念和人概念之间的区别。当然,人们的常识可以识别数和人的区别,但是这种区别不是对人概念或数概念进行反思而得到的结果。林奇自己似乎也意识到这个问题,他甚至认为"任何原子命题都不是一个以上论域的成员"②,显然,这是对原子层面混合问题的逃避。

与林奇类似,谢尔也主张多元真理论。虽然谢尔把自己的理论称为实质真理论,但她的理论实际上是在形式语义学的框架下融合多元论和符合论,"真的多元性在一个单一类型的真的界限内,即符合的真。在这种情况下,所有论域中的真都是建立在符合的基础上,但是物理学中符合的基本原则不同于数学中符合的基本原则。我将论证,真实际上是建立在符合的基础上的,真的原则的潜在多样性实际上是符合原则的多样性"③。因此,我们把谢尔的真理论称为符合主义多元论。

谢尔并没有给出一个全新的理论,而是通过一系列区分把现有的一阶逻辑语义学改造为多元真理论。④

首先,她区分了迭代表达式和非迭代表达式(iterative and non-iterative),前者包括函数符号、命题连接词和量词,后者包括等词、变元符号、常项符号和谓词符号。从这个角度看,形式语义学仅仅把复合表达式的语义条件还原为原子表达式的语义条件,即通过原子语句的真值迭代地说明复合语句的真值,但是它不能实质地说明原子语句的真值,因为原子语句是由非迭代表达式构成的,对原子语句真值条件的说明需要诉诸特定理论的特定论域。因此,从这个角度看,形式语义学不是一种实质真理论。⑤

---

① Lynch M. Truth and Multiple Realizability. Australasian Journal of Philosophy, 2004, 82: 399.

② 同①401.

③ Sher G. In Search of a Substantive Theory of Truth. Journal of Philosophy: Vol. 101. 1998: 20.

④ 这里我们假设读者已经熟悉一阶逻辑的语法和语义了。

⑤ Sher G. On the Possibility of a Substantive Theory of Truth. Synthese, 1998, 117: 153.

其次，她区分了重要表达式和非重要表达式（distinguished and non-distinguished），前者包括等词、命题连接词和量词，后者包括变元符号、常项符号、函数符号和谓词符号。从这个角度看，重要表达式的真值条件相对于不同的语言和解释是固定的，而非重要表达式的真值条件不是固定的，在一种语言和解释与另一种语言和解释之间进行改变。在谢尔看来，重要表达式的真值条件依赖于逻辑因素，这个因素对于所有理论来说都是必不可少的；而非重要表达式的真值条件依赖于其他因素，不同理论诉诸不同因素，例如数学因素、物理因素、生物因素等等。因此，从这个角度看，形式语义学是一种局部的实质真理论，它通过说明逻辑因素进而实质地说明重要表达式的真值条件。①

针对谢尔的符合主义多元论，我们也给出两点批评。

第一，符合主义多元论不能为非逻辑因素提供实质说明，所以不是实质真理论。在谢尔看来，所谓实质真理论的"实质"应该有两个内涵：(1) 所研究的因素是不是实质的，即重要的、中心的和有价值的；(2) 对这些因素的说明是不是实质的，即有信息性的、有解释力的。②她认为，逻辑因素是一个普遍因素，在对真理的探究中是必不可少的，所以逻辑因素是实质的。通过重新表述可以为逻辑因素提供实质说明，以存在量化"有 x 是φ"为例，不将其解释为论域中的某个个体满足φ，而是解释为φ的外延相对于论域是非空的，前一种解释仅仅是简单重复，而后一种解释是有信息性的。我们认为，逻辑因素本身不能确定真假，只有与其他因素结合起来才能确定真假。在塔斯基那里看到，语句的真假依赖于初始符号的语义规定，而初始符号的语义规定恰恰依赖于非逻辑因素，这说明非逻辑因素对于实质真理论来说是实质的。而谢尔的理论却缺少对非逻辑因素的说明，她将其诉诸具体科学。更为严重的是，即使对于逻辑因素的说明也离不开非逻辑因素。例如，存在量化是谢尔所谓的逻辑因素，对它的解释诉诸论域，而逻辑本身不规定论域的具体内容，正是非逻辑因素对论域做出实质说明。

我们认为，谢尔的多元论只是从片面角度发展膨胀论，而没有从整体角度建构膨胀论。虽然她主张真是由多种因素确定的，包括逻辑因素、数学因素、物理因素、生物因素、心理因素、道德因素、宗教因素等等，但她仅仅以偏概

---

① Sher G. On the Possibility of a Substantive Theory of Truth. Synthese, 1998, 117: 154.

② 同①157.

全地说明了逻辑因素。这种情况反映了多元真理论在全局性和局部性之间的纠结。一方面，真理是宽泛的主题，涉及多个方面和多种因素，与具体科学密不可分；另一方面，真理是哲学的内在话题，任何学科都不能像哲学那样严肃地面对真理。因此，为了在哲学上把握如此众多的因素，唯一可能的方式似乎只能是抓住其中一个因素进行充分说明。

第二，符合主义多元论也不能解决混合问题。在谢尔看来，混合问题也是可以解决的。以"引发痛苦是恶的"这个原子层面的混合语句为例，有三个因素确定这个语句的真值：物理因素"引发"的完成、心理因素"痛苦"的指称以及道德因素"是恶的"的满足。因此，这个语句是真的，当且仅当，在物理上完成"引发""痛苦"的心理指称，在道德上满足"是恶的"这个性质。① 然而，我们认为，这个方案并不能解决混合问题。"引发"是物理因素，所以它仅仅适合于物理范围，它如何也适合于心理范围？这里发生了从物理范围到心理范围的转移。类似地，也发生了从心理范围到道德范围的转移。我们认为，单纯地区分出确定混合语句真值条件的不同因素不能从根本上解决混合问题，必须给出不同因素或不同范围之间相互关系的说明，否则将陷入如下困境：如果这些不同因素的范围是界限分明的，那么，可以确定属于单个范围内的语句的真值条件，但不能解释为什么会出现属于多个范围的混合语句；如果这些不同因素的范围是相互交叉的，那么，可以说明处于交叉范围内的混合语句的真值，但这又使得不同因素之间的区分变成微不足道的。

四、建构真理论

在上一节对多元真理论的批判中，我们吸取的教训是，真正意义上的实质真理论应该避免林奇的平凡性和谢尔的局部性，实质应该体现在内容的充实和整体的概观。虽然逻辑是从哲学角度研究真理的特有方式，但是不能由此忽视其他学科研究真理的方式。不能把真理论限制在逻辑的范围内，真理并非是一个单纯的逻辑概念。因此，必须在更为宽广的背景中研究真理，必须用各门具体科学的内容充实真理。然而，这并不意味着从哲学角度发展出一种实质真理论是不可能的。我们将实质真理论和知识论进行类比。知识论作为一门哲学分

---

① Sher G. Functional Pluralism. Philosophical Books, 2005, 46: 328.

支研究知识的本质、起源和范围，但没有人要求它提供具体知识；类似地，虽然实质真理论的主题是实质真理，但不应该要求它完整地列出一份包括所有具体真理在内的清单。这里不仅涉及各门科学之间的分工，也涉及科学与哲学的分工。不能把哲学与其他学科并列起来，似乎哲学解决与真理的逻辑方面有关的问题，而其他科学解决与真理的其他方面有关的问题，哲学应该在各门科学具体实践活动的基础上总结和概括出对真理的实质说明。

这一节我们从语言角度提出一种实质真理论，即建构真理论（Constructive Theory of Truth），它是在语言和意义的社会建构论以及社会历史的因果描述论这两个理论的基础上发展出来的。① 我们的基本观点是：真理不能脱离语言的意义，语言的意义是社会建构的结果，所以真理也是社会建构的结果；形式语义学不能为真理提供实质说明，只有经验语义学才能为真理提供实质说明。

建构真理论建立在如下语言观的基础上。语言既不是一个抽象的形式系统，也不是一个自主自足的体系，而是一种社会现象。语言本身具有形而上学维度，人们通过语言谈论世界，世界也通过语言进入人们的视野。语言并不是自动地与外部世界发生关系，必须通过语言共同体去理解语言与世界的关系。语言浓缩和凝结了人类先前的认知成果，在学会一种语言的同时也有意无意地接受了一套对世界进行划分和排序的认知模式，这个模式本身就包含着有关善恶美丑的价值倾向。语言的意义在于语言和世界的关联，由语言共同体的集体意向确立。语言活动中的集体意向性并不以契约或协议的形式出现，而是表现为一种潜移默化的趋同。语言的意义是建立在语言共同体约定的基础上，是语言共同体无意识选择的结果，是一种约定俗成的产物。在上述语言观的基础上，建构真理论的要点包括如下三个论题。

论题 1：根据社会历史因果描述论确定名称的指称。

克里普克的直接指称论认为，一个专名直接指称它的对象，不需要以名称的涵义做中介，因此，专名是严格指示词，它在所有可能世界中都指称该对象。而自然种类词在指称机制上与专名类似，因而也是严格指示词。根据我们的理解，在克里普克那里，名称与所指的关系似乎是一种先天的形而上学关系，不需要人们对相应的所指有任何了解和知识；一个指称在初始命名仪式上被给予某个名称，后来说到和听到这个名称的人都按照这种方式使用这个名称，即使

---

① 陈波. 语言和意义的社会建构论. 中国社会科学，2014（10）：121-142；陈波. 名称究竟如何指称对象？社会历史的因果描述论. 南国学术，2015（3）：91-102.

他们对这个指称的状况一无所知。我们认为，克里普克对名称的说明是不正确的。① 我们在批判地继承传统描述论的基础上，借鉴直接指称论的合理因素，发展出社会历史因果描述论，它在本质上贯彻了弗雷格涵义确定指称的原则。

根据社会历史因果描述论，名称②起源于命名仪式，命名是通过实指和描述两种方式进行的。实指命名是通过直接指向一个所指③来给它命名，但是大部分所指都不在人们能够直接指向的范围内，所以大部分名称都不是通过实指的方式与所指发生关联，只有通过描述的方式才能充分说明名称与所指的关联。正是由于实指和描述两种命名方式相互补充，人们能够命名的对象的范围非常广泛，包括物理对象、抽象对象、虚构对象以及内涵对象。命名不是个人行为，而是社会化事件，只有具有适当社会身份的人或相关领域的专家进行的命名才能得到语言共同体的普遍认可。在由人们的社会交流活动所构成的因果历史链条上，所传递的是关于名称所指的描述性信息，该链条实际上是一根连续的信息传播链条。只有那些被语言共同体认可的信息才能进入该名称的涵义。必须给出关于所指对象的足够多的描述性信息，才能保证名称的后来使用者把该名称用到先前使用者所用到的那些对象上。

我们认为，被语言共同体所认可的那些描述性信息构成了名称的涵义，这些描述摹写了名称所指的区别性特征。对于识别和确定某个所指而言，与它相关的描述性信息既不能完备地列举出来也不构成一个封闭的集合，而是随着语言共同体的交流实践不断地修改、增删和完善。词典、教科书和百科全书实际上是人们先前认知成果的浓缩和总结，具有经验的起源和意义，反映了人们关于名称的语义共识，体现了语言表达式涵义的约定性特征。此外，相对于认知者的实践需要，可以为某个名称的众多描述性信息排出某种优先序，某些描述

---

① 关于陈波对克里普克直接指称论的系统性批判，参见 Chen Bo. Proper Names, Contingency A Priori and Necessity A Posteriori. History and Philosophy of Logic, 2011, 32 (2): 119-138; A Descriptivist Refutation of Kripke's Modal Argument and of Soames's Defense. Theoria: A Swedish Journal of Philosophy, 2012, 79 (3): 225-260; Kripke's Semantic Argument against Descriptivism Revisited. Croatian Journal of Philosophy, 2013, 13 (no. 39): 421-445; Kripke's Epistemic Argument against Descriptivism Reconsidered. Journal of Chinese Philosophy, 2013, 40 (3-4): 486-504.

② 我们对名称做广义理解，不仅包括专名，也包括通名。

③ 所指是名称指称的东西，既包括对象，也包括弗雷格意义上的概念，这里我们不做区分，笼统地称它们为所指或指称。

比其他描述更重要，所以被赋予更高的认知权重。

论题2：把语境原则与组合性原则结合起来确定语句的意义。

组合性原则是说，复合表达式的意义是由它的结构以及它的构成成分的意义确定的。因此，语言的意义可以由语法结构和词汇语义确定。蒙塔古还给出了组合性原则的形式化表述，其要点是，在语言表达式与这些表达式的意义之间建立一种同态关系。① 诚然，组合性原则既可以系统地说明自然语言的组合生成结构，也可以使人类作为有限存在能够理解无穷多个复合表达式的意义，也正是在这个意义上包含无穷多语句的语言成为可学习的。这是组合性原则的优点，但是它的缺点也是明显的。首先，语言不仅表达思想，而且摹画世界，如果语言本身具有一种组合性结构，那么思想和世界也应该具有类似的组合性结构，这是一个很强的假设，很难为其辩护。维特根斯坦在《逻辑哲学论》中建立了语言和世界之间的同构关系，但他在后期思想中批判了这种做法。其次，组合性原则对语言的理解造成制约。为了满足组合性原则，需要为所有复合表达式的构成成分确定意义。当然，人们可以任意规定一个构成成分的意义，但这既不意味着对复合表达式意义的理解过程是从它的构成成分开始的，也不意味着给出了简单表达式与其意义之间关系的充分说明。

事实上，除了组合性原则，语境原则对于理解语言意义来说也是十分重要的。语境原则是说，如果一个复合表达式作为整体是有意义的，那么它的各个构成成分也是有意义的。表面上看来，语境原则似乎与组合性原则相冲突，但事实上二者并不冲突。一方面，如果把语境原则理解为逆组合性原则，即一个表达式的意义是由一个它作为构成成分出现在其中的复合表达式确定的，那么逆组合性原则与组合性原则是冲突的；另一方面，如果把组合性原则理解为简单表达式优先原则，即如果简单表达式是有意义的，则它们作为构成成分出现于其中的复合表达式是有意义的，那么语境原则与简单表达式优先原则是冲突的。然而，组合性原则是说，意义的确定是自下而上的，而语境原则是说，意义的确定是自上而下的。如果意义的确定是一种双向互动的关系，那么语境原则与组合性原则并不冲突。例如，一方面，p 是假，q 是假，r 是真，据此可以确定 $p \to (q \to r)$ 是真；另一方面，$p \to (q \to r)$ 是假，据此可以确定 p 是真，q 是真，r 是假。我们认为，正如在命名过程中实指和描述不仅不矛盾而且相互补

---

① Montague R. Universal Grammar//Thomason R. Formal Philosophy. New Haven：Yale University Press，1974：222-246.

充，都可以用来确定名称的指称，类似地，组合性原则和语境原则也不仅不矛盾而且相互补充，都可以用来确定语句的意义。

与此同时，我们对语境原则做进一步区分和推广。首先，不仅有关于指称的语境原则，而且有关于涵义的语境原则：前者是说，如果一个复合表达式作为整体是有指称的，那么它的各个构成成分也是有指称的；后者是说，如果一个复合表达式作为整体是有涵义的，那么它的各个构成成分也是有涵义的。其次，简单表达式的意义不仅是由复合表达式的意义确定的，而且是由说话者的意向、话语的背景条件、知识网络等因素确定的。我们把这种推广称为广义语境原则，它是语言的社会性、约定性和历史性的体现。我们认为，虽然组合性原则能够充分说明人工语言的语法结构，但是不能充分说明自然语言的语法结构，所以它需要与涵义语境原则和广义语境原则结合起来。汉语中的很多成语典故并不是仅仅通过组合性原则就可以理解其意义，而是需要了解这些成语的历史背景和历史演变，例如塞翁失马、精卫填海、刻舟求剑等等。

论题 3：实质真理建立在有经验内容的语义知识的基础上。

我们认为，语义知识是经验知识，是被语言共同体所接受的语言意义，是对人们语言实践的归纳和总结，在语义知识和经验知识之间没有鲜明的界限。如果把真理看作语义概念，那么为了让真理获得实质内容，不能在单纯形式语义学的框架下理解语义，而是在人类经验知识的广大背景下理解语义。真理不是简单的和初始的，而是派生于人类的经验知识。因此，从这个角度看，不是通过真理论给出意义论，而是相反通过意义论给出真理论；也就是说，不是通过识别语句的真值条件从而识别出语句的意义，而是通过识别出语句的意义从而识别出语句的真值条件。

根据前面关于语境原则与组合性原则互补关系的说明，我们把意义确定真值的方式区分为三种情况。第一种情况，如果组合性原则有效并且符合语言共同体的直观，那么通过名称的涵义确定名称的指称，然后利用组合性原则从简单表达式的指称得到复合表达式的真值。第二种情况，如果组合性原则仅仅部分有效或者在某种程度上违背语言共同体的直观，那么应该把它与涵义语境原则结合起来使用，首先通过涵义语境原则确定简单表达式的涵义，然后通过简单表达式的涵义确定简单表达式的指称，最后利用组合性原则从简单表达式的指称得到复合表达式的真值。第三种情况，如果组合性原则失效或者完全违背语言共同体的直观，那么通过广义语境原则确定语句的真值，即根据说话者的意向、话语的背景条件、知识网络等因素确定语句的真值。上述三种情况都在某种程度上体现了涵义确定指称的原则。

我们认为，语境原则和组合性原则的相互补充可以解决困扰多元真理论的混合问题。事实上，正是由于对组合性原则毫无限制地运用导致了混合问题。一方面，"3"和"4"都是语法上的专名，根据组合性原则，"3＝4"是一个合适的表达式，通过形式语义学可以确定这个表达式的真值。另一方面，"恺撒"和"安东尼"也都是语法上的专名，根据组合性原则，"恺撒＝安东尼"也是一个合适的表达式，通过形式语义学也可以确定这个表达式的真值。然而，不能通过组合性原则形成"3＝恺撒"这样的表达式，虽然"3"和"恺撒"都是语法上的专名，但是它们从属于不同的范畴，即数的范畴和人的范畴。对语言和范畴的基本直观表明"3＝恺撒"不是一个合适的表达式。值得注意的是，亚里士多德的三段论是对自然语言结构的直观刻画，与现代逻辑不同，他没有把组合性原则强加于自然语言的结构，他的逻辑理论保持了人们对范畴的基本直观，所以在他那里根本不会出现所谓的混合问题。对范畴的基本直观来源于对广义语境原则的把握，但是组合性原则的疯狂使用让人们丧失了这种基本直观。因此，对于建构真理论来说，多元真理论所面临的混合问题根本就不是一个问题。

在结束这一节之前，我们通过两个反面案例来说明建构真理论的合理性。第一个反面案例是菲尔德的物理主义真理论。他早年试图在物理主义框架下将塔斯基的真理论发展为符合论。在他看来，塔斯基仅仅把真理还原为初始符号的指称，还需要对指称进行物理主义还原。正是在这个地方他诉诸克里普克的直接指称论。后来这个还原主义方案失败了，菲尔德本人由此转向支持紧缩论。[①] 我们认为，菲尔德的转变在某种程度上说明，只有从社会历史的因果描述论而非克里普克的直接指称论才能发展出实质真理论。第二个反面案例是戴维森纲领。在戴维森看来，真理是透明的，而意义是晦暗的，只有在真理论特别是塔斯基真定义的基础上才有可能建立合理的意义论。[②] 但是戴维森纲领面临福斯特问题的挑战，即像"'雪是白的'是真的当且仅当草是绿的"这样的异常T

---

① Field H. Truth and the Absence of Fact. New York：Oxford University Press：vii—xi. 特别是该书第一章"塔斯基的真理论"以及第四章"意义和内容的紧缩论观点"。

② Davison D. Truth and Meaning//Davison D. Inquiries into Truth and Interpretation. Oxford：Oxford University Press，1984：17—36.

语句不符合外延性解释的要求。① 为了解决这个问题，戴维森提出过许多方案，但都是不成功的，因为他所主张的真理先于意义的策略违背了涵义确定指称的原则，不可能调和内涵和外延之间的矛盾。我们认为，戴维森纲领的失败在某种程度上说明，机械地运用塔斯基的真定义，把意义论建立在真理论的基础上，这种策略是行不通的。

五、分层真理论

现代逻辑的产生和发展，一方面有数学的动机，这对弗雷格来说是为算术奠定基础的逻辑主义方案，对塔斯基来说是算术真理的不可定义性定理；另一方面也伴随着对语言的影响，语言哲学作为一门成熟的哲学分支与弗雷格和塔斯基这些逻辑学家的工作有着密不可分的联系。这两个方面既交织在一起，又表现出某种内在张力。因此，我们认为，虽然逻辑是对真理的追求，但是这种追求离不开数学和语言这两个维度。上一节我们从语言角度给出了一种实质真理论，这一节我们尝试从数学角度给出另一种实质真理论，即分层真理论（Hierarchical Theory of Truth）。

分层真理论建立在如下模型观的基础上。模型通常被看作结构，它使一个理论的所有语句都是真的，而理论被看作形式语言语句的集合。在这种意义上，人们说理论表征模型。然而，我们认为，这种对模型的理解过于狭隘，不能为真理提供实质说明。正如语言不是一个抽象的形式系统，模型也不是一个抽象的数学结构，而是人类探索实在的工具，所以模型也具有形而上学维度。模型建立在可观察现象的基础上，这些可观察现象是实在的特征，所以模型在某个方面或某种程度上表征了实在。正如语言的使用离不开语言共同体，模型的使用也离不开科学共同体，科学家通过模型为实在提供解释并且在模型的基础上建构理论，所以模型代表着科学共同体关于实在的认知模式。很多时候，理论和实在并不是直接关联起来的，而是通过模型间接地关联起来的。科学家所建立的模型具有假说性，它是对实在的理想化接近，有时候这种理想化甚至是一种省略或歪曲。但无论如何，模型在科学研究中占据了重要地位。在这种意义上，如下例子都是我们所谓的模型：波尔的原子模型、DNA 的双螺旋模型、地

---

① Foster J. Meaning and Truth-Theory//Evens G，McDowell J. Truth and Meaning: Essays in Semantics, Oxford: Oxford University Press, 1976: 1-32.

球板块构造模型、市场均衡模型、人口增长曲线模型等等。在上述模型观的基础上，分层真理论的要点包括如下三个论题。

论题1：理论和模型之间的关系是理论和理论之间的关系。

理论通常被看作公理化系统，而模型被看作数学结构。例如，布尔代数被看作命题逻辑的模型，其中命题逻辑的合取、析取和否定分别被解释为布尔代数的与运算、或运算和非运算。又如，紧致拓扑空间被看作二阶正逻辑的模型，其中合取、析取、全称量化和存在量化分别被解释为紧致拓扑空间中闭集的交集、并集、无穷交和在闭映射下的像。事实上，这些作为解释模型的数学结构也是可公理化的。例如，人们可以给出布尔代数的公理，也可以给出紧致拓扑空间的公理。目前公理化集合论被普遍看作数学的基础，所以包括代数结构、度量结构、拓扑结构、测度结构在内的任何数学结构都可以在集合论中表述为某种公理化理论。从更为一般的角度看，模型是对实在的一种理想化描述，而理论是科学共同体对这种描述的系统化表述。事实上，很难在理论和模型之间划分出鲜明的界限，例如，地球板块构造模型本身就是大陆漂移理论。因此，我们认为，模型本身就是理论，理论和模型之间的关系是理论和理论之间的关系。

以上观点在塔斯基的真定义中也得到说明。为了一致地定义真谓词，塔斯基区分了对象语言和元语言，元语言应该比对象语言更丰富：元语言不仅包括对象语言，还包括对象语言的引号名称（例如哥德尔编码）、逻辑词汇（例如"并非""或者"）以及语义词汇（例如"满足""有效"）。在此基础上还可以区分对象理论和元理论，元理论也应该比对象理论更丰富：元理论不仅包括对象理论的公理，还包括初等算术理论（哥德尔编码工具）、逻辑公理和规则（例如一阶逻辑公理系统）以及有关语义概念的公理（从真的递归定义派生的公理）。由此可见，根据塔斯基的区分，对理论进行解释的语义模型实际上也是一种理论，也就是说，理论与模型之间的区分是对象理论和元理论之间的区分。

然而，我们认为，在塔斯基那里，元理论并不真正地比对象理论更丰富。假如对象理论是初等算术理论，那么对象理论本身已经包含一阶逻辑公理系统和哥德尔编码工具。在这种情况下，对象语言和元语言之间的区别仅仅在于，元语言包含了语义词汇；对象理论和元理论之间的区别仅仅在于，元理论包含了从递归定义派生的语义公理。虽然按照这种方式可以区分出语言的层次，即对象语言、元语言、元元语言等等，相应地也区分出理论的层次，即对象理论、元理论、元元理论等等，但是后一个层次的理论不能为前一个层次的理论的真理提供实质说明，这与前面提到的塔斯基真定义不能为真理提供实质说明的原因是相同的。

论题2：理论与理论之间的关系呈现出等级层次。

为了使元理论为对象理论的真理提供实质说明，需要比塔斯基更为实质地区分对象理论和元理论，也就是说，元理论不仅包括对象理论而且包括除语义公理之外更多的东西，从直观上看，这意味着元理论比对象理论更"强"。我们用可还原性说明元理论比对象理论多出的内容。一个理论 T_1 被还原为另一个理论 T_2 是指 T_1 在保守扩张的 T_2 中是可解释的。① 从这个定义可以得出如下结论：T_1 被还原为 T_2，当且仅当，T_1 相对于 T_2 是一致的，也就是说，如果 T_2 是一致的，那么 T_1 也是一致的。因此，可还原性相当于相对一致性，说两个理论是相互可还原的相当于说这两个理论具有相同的一致性强度。

虽然人们可以人为地构造出两个一致性强度不可比较的理论，但事实上，从事基础研究的数学家所考虑的理论都是可比较的，而且存在一个理论序列，它们的一致性强度越来越强，任何数学基础理论都与这个序列中的某个理论具有相同的一致性强度，因此，这个理论序列为数学基础研究提供了一个衡量标准。这个理论序列是：Robinson 算术（Nelson-Wilkie 算术或多项式函数算术）、Kalmar 算术（幂函数算术）、Gentzen 算术（超幂函数算术）……Grzegorczyk 算术、Parsons 算术、Ackermann 算术……一阶皮亚诺算术、二阶皮亚诺算术……无穷阶皮亚诺算术（类似于怀特海和罗素的类型论）、公理化集合论 ZFC。② 目前普遍认为公理化集合论是整个数学的基础，所有数学理论都可以在它之上建立起来，但是从事基础研究的数学家仍然在尝试寻找更强的理论，例如在公理化集合论中增加大基数公理。

在上述数学分层的理论序列中，前一个层次的理论可以还原为后一个层次

---

① 一个表述在 L_2 语言中的理论 T_2 可以解释一个表述在 L_1 语言中的理论 T_1，当且仅当，存在一个从 L_1 公式到 L_2 公式的映射，并且这个映射满足如下两个条件：第一，所有 T_1 的公理都被映射为 T_2 的公理或定理；第二，这个映射保持逻辑结构，即保持逻辑可推出性。也就是说，如果 T_1 在 T_2 中是可解释的，那么从 T_1 的公理推出的所有定理都被映射为从 T_2 的公理推出的定理。如果 T 是 L_1 的语句集，T_2 相对于 T 是 T_1 的保守扩张，当且仅当，任给 T 中语句，如果它是 T_2 的定理，那么它也是 T_1 的定理。

② Burgess J. Fixing Frege. Princeton：Princeton University Press，2005：49-75.

的理论，但是相反的方向不成立，所以后一个层次的理论"强"于前一个层次的理论，在这个意义上，我们说，后一个层次的理论为前一个层次的理论的真理提供实质说明。从理论分层的角度看，真理的实质性并不直接来源于实在，无论是语句还是理论都不能直接与事实或实在建立联系，实质真理来源于从弱理论到强理论的跳跃，是在弱理论和强理论的比较中产生的。然而，真理的实质性并非与实在无关，理论或模型都是对实在的表征，在面向实在不断建构更强理论的过程中，人们也获得了更有实质内容的真理，所以实质真理间接地来源于实在。

上述数学分层仅仅是从可还原性角度说明"强"和"弱"，除此之外还可以通过其他方式去刻画"强"和"弱"，但是无论如何刻画，必须保证强的理论与弱的理论相比增加了实质内容。此外，上述数学分层是一种理想化情况，在物理学或其他经验科学中，似乎很难给出这样一个标准的理论序列。

论题3：理论与实在通过多种方式关联起来，实质真理表现为实用真理、迂回真理和实验真理。

有时候两个理论之间是不可比较的。例如，哥德尔通过可构成集或内模型证明了连续统假设的相对一致性，而科恩通过力迫法或外模型证明了连续统假设的相对独立性，在这两个证明结果的背后是两种不同的集合论模型。此外，有时候还会出现相互矛盾的理论，甚至在一个理论内部也会出现矛盾，例如，莱布尼茨的微积分理论既要求无穷小为零又要求它不为零，波尔的原子理论既要求束缚电子发射能量又要求它不发射能量。更为严重的是，如果得到最强的理论，例如带有大基数公理的集合论，那么不能为它的真理提供实质说明。一方面，根据哥德尔不完全性定理，一个理论不能证明自身的一致性，所以一个理论不能被还原为它自身，即一个理论不能为它自身的真理提供实质说明；另一方面，如果有一个理论可以解释这个最强的理论，那么这个最强的理论就不再是最强的理论。我们对上述三种情况分别给予说明。

首先，在两个理论不可比较的情况下，既不能把其中一个理论还原为另一个理论，也不能用一个理论去说明另一个理论的真理。这时可以通过外在标准评价不可相互比较的理论，例如，诉诸溯因推理或最佳解释推理，根据简单性和优雅性对理论进行选择。[1] 如果一个根据实用标准选择出来的理论为另一个理

---

[1] Williamson T. Modal Logic as Metaphysics. Oxford: Oxford University Press, 2013: 423-429.

论的真理提供了实质说明，那么我们把这种真理称为实用真理。也许人们仍然会质疑，根据这些实用标准所选择的理论是否能够通向真理，这个问题在终极意义上可能是无法回答的。我们承认，面对多元的理论，人们或许无法做出最终的裁决，在这种情况下人们不得不面对多元的真理，这似乎也意味着人们不得不面对多元的实在。

其次，在两个理论相互矛盾的情况下，有两种应对策略：一种是消解或回避矛盾，一种是承认或容忍矛盾。我们认为，矛盾是局部性的和阶段性的，历史上的三大数学危机说明，虽然矛盾带来巨大挑战，但人们总是可以通过某种手段（无论是好还是坏）在某种程度上避免矛盾。当然，在某个特定时期和特定领域内人们似乎不得不学会与矛盾相处，这时人们可以采取一些弗协调策略。① 例如，把相互矛盾的理论隔离开来，划分为两个自身一致的理论，在保证一致的前提下通过某些限制性条件允许一个理论的定理进入另一个理论中，然后看一看通过这种方式能够得到什么新理论。不论是通过消解矛盾而得到的新理论还是通过弗协调策略而得到的新理论，都可以为一个理论的真理提供实质说明，我们把这样的真理称为迂回真理。

最后，如何给最强理论的真理提供实质说明？实际上，最强理论或模型具有相对独立性，或者说，它们已经被看作实在的替身或代理。在这种情况下，任何其他理论都不能为最强理论的真理提供实质说明，但是人们仍然要对最强理论或模型进行探索和研究。在没有其他参照理论或模型的帮助下，人们的探索和研究只能诉诸实验。这里所谓的实验，除了传统意义上的实验外，还包括思想实验和计算机模拟实验，前者的例子包括麦克斯韦的精灵、爱因斯坦的电梯、塞尔的中文屋、普特南的孪生地球等等，后者的例子包括星系的形成和演变、高能重离子的反应、对战争结果的预测、对经济发展的预期等等。人们通过实验可以进一步研究最强理论或模型的结构和功能，对它们进行修正、扩展和完善，在某种程度上为它们的真理提供实质说明，我们把这种真理称为实验真理。

六、概要性评论

综上所述，我们从两个方面说明了实质真理。一方面，我们不把语言看作

---

① Brown B, Priest G. Chunk and Permeate, A Paraconsistent Inference Strategy. Journal of Philosophical Logic, 2004, 32: 379-388.

自足的符号系统，而是对其进行扩展性理解，提出了建构真理论，在社会历史因果描述论的基础上，贯彻了涵义确定指称的原则，把组合性原则与语境原则结合起来，由此把形式语义学扩展为经验语义学。特别地，我们说明组合性原则与语境原则相互结合的三种情况：组合性原则有效并且符合语言共同体的直观，组合性原则部分有效或在某种程度上违背语言共同体的直观，组合性原则失效或完全违背语言共同体的直观。另一方面，我们不把模型看作抽象的数学结构，而是对其进行扩展性理解，提出了分层真理论，以数学分层的可还原性为例，说明强理论如何为弱理论的实质真理提供解释，由此把对象理论和元理论之间的区分转变为弱理论和强理论之间的区分。特别地，我们说明强理论为弱理论的真理提供实质解释的三种情况：不可比较的理论、相互矛盾的理论、没有任何参照理论的最强理论；相应地，我们也给出三种应对策略：实用真理、迂回真理和实验真理。这两个方面隐含地强调，实质真理不是绝对客观的，而是在语言共同体的社会约定中或者在科学共同体的实践探索中逐步呈现出来的，所谓绝对客观的真理不过是人类认知无限趋近的极限。

很明显，本章对实质真理的说明是纲要性的，很多细节还有待补充。第一，实质真理本身具有形而上学维度，对真理的实质说明离不开关于对象、概念和事实的充分说明，所以实质真理论应该建立在对象论、概念论和事实论这些形而上学理论的基础上。第二，我们对语境原则的说明还过于简略，语境原则体现了语言的社会约定性，只有充分说明语境原则才能充分说明语言约定性的内在机制。特别地，我们诉诸语境原则解决混合问题的方案过于简单，还需要考虑更为具体的情况。第三，我们仅仅通过数学分层的可还原性说明了强理论和弱理论之间的区别，但是在从数学理论到物理学理论乃至其他经验科学理论的过渡中，还需要结合具体例子给出其他刻画强理论与弱理论之间区别的方法。特别地，有关实用真理、迂回真理和实验真理的说明过于简单，还需要考虑更为具体的情况。第四，我们没有说明与实质真理相关的认识论问题，例如，语境原则在认知方面具有什么重要意义，对强理论的认知如何实质地说明对弱理论真理的认知。第五，我们没有说明是否存在与价值有关的实质真理以及如何谈论它们，例如所谓的"道德真理""美学真理""宗教真理"等等。最后也最为重要的是，我们没有说明如何将建构真理论与分层真理论有机地整合为一个统一的实质真理论。

第39章 哲学中的可设想性论证及其限度
——对形而上学可能性的主体间性解释

可设想性论证是通过可设想性通达可能性，或者说，可设想性蕴涵可能性。实际上，这是一个古老的想法，可以追溯到休谟。伴随着模态逻辑和模态哲学在20世纪中叶的兴起，可设想性论证在当代哲学中得到复兴，许多重要的哲学论证都直接或间接地诉诸可设想性论证。

一、什么是可设想性论证

在当代哲学中，可设想性论证主要体现为心灵哲学中的僵尸论证（zombie argument）。僵尸（zombie）是指在物理方面与正常人完全一样但不具有包括感受性（qualia）在内的意识经验或意识现象。僵尸论证是说，假如僵尸是可设想的，那么根据可设想性蕴涵可能性，僵尸就是可能的。这种可能性建立起心灵与身体之间的差异，所以物理主义是错误的。物理主义是说，包括心理现象在内的一切现象都可以通过物理学得到解释。① 根据查尔莫斯的说明，僵尸是通过

---

① 与僵尸论证类似，笨蛋论证（blockhead argument）与演员论证（actor argument）也是可设想性论证在当代哲学中的运用。笨蛋论证是说，假如能够通过图灵测试但被查表式程序所控制的笨蛋是可设想的，那么根据可设想性蕴涵可能性，笨蛋就是可能的。这种可能性建立起图灵测试与机器思考之间的差异，所以图灵测试在逻辑上不是智能归属的充分条件。图灵建议把机器人是否会思考的问题转换为计算机在他所描述的特定模拟游戏中是否做得好的问题，这种模拟游戏被称为图灵测试。参见 Block N. Psychologism and Behaviorism. Philosophical Review: Vol. 90, 1981: 5-43。演员论证是说，假如在行为方面与某人完全一样但在心理活动上不一样的完美演员是可设想的，那么根据可设想性蕴涵可能性，完美演员就是可能的。这种可能性建立起行为举止与心理活动之间的差异，所以行为主义是错误的。行为主义是说，所有的心理活动都可以通过外在的行为得到解释。参见 Stoljar D. Two Conceivability Arguments Compared. Proceedings of the Aristotelian Society, 2007, 108: 27-44。

如下方式得到的：假如一群小人（homunculi）进入某人的身体，使他的大脑完全丧失功能，并完全控制他的身体运转，这些小人通过电话来发送或接收信息，以此来取代神经元的信息传输。在查尔莫斯看来，这种毫无意识的僵尸是可设想的。[1] 从僵尸论证可以总结出可设想性论证的一般形式：假如有 A 无 B 是可设想的，那么根据可设想性蕴涵可能性，有 A 无 B 就是可能的。对于僵尸论证来说，A 是指物理方面与正常人完全一样，B 是指意识经验或意识现象。因此，可设想性论证的实质是从 A 与 B 之间差异的可设想性得出 A 与 B 之间差异的可能性，进而建立起 A 与 B 之间的实际差异，从而达到质疑或者支持某种哲学观点的目的。僵尸论证质疑了物理主义，支持了心物二元论。

我们对物理主义抱有乐观积极的态度[2]，所以我们反对僵尸论证。与此同时，我们也认为，通达可能性的唯一途径只能是可设想性。因此，我们尝试为可设想性论证设定限度，由此说明如何通过可设想性通达到可能性，或者说，在什么条件下可设想性蕴涵可能性。在此之前，首先说明我们的方法论态度。

根据自然主义的方法论，科学和哲学被看作致力于相同的事业，追求相同的目的，使用相同的方法。虽然科学和哲学在某种程度上是有区别的，例如，哲学似乎并不像科学那样依赖于经验材料，但这种区别不是根本性的，哲学研究在实质上是一种后天的、综合的研究，哲学归根结底不可能拒绝或回避科学所带来的影响。我们认为，即使在如下两种意义上，哲学研究仍然可以被看作后天的、综合的研究。首先，虽然哲学是具有高度普遍性的活动，并不能被简单的实验结果或单个的经验材料所直接证实或证伪，但是哲学理论仍然间接地与经验材料有关联，最终依然面临经验法庭的审判。其次，虽然哲学是在探求各种概念框架或思想方式背后所隐含的矛盾和冲突，不严格依赖于经验观察或经验材料，但是这种探究过程本身也是一种经验过程，是一种后天性发现或综合性尝试，例如哲学中各种悖论和谜题的提出与消解。虽然我们不是极端的自然主义者，但从自然主义方法论立场出发，我们认为，以僵尸论证为代表的可

---

[1] Chalmers D J. The Conscious Mind: In Search of a Fundamental Theory. New York and Oxford. Oxford University Press, 1996: 97.

[2] 关于后像（afterimage）的实验研究表明，对于视网膜来说，在感觉或感受性与大脑活动之间存在着类型同一，所以僵尸是不可设想的。后像是指，当眼睛不再进行观察时仍然在视觉中出现的图像。参见 Webster W R. Human Zombies are Metaphysically Impossible. Synthese, 2006, 151: 297−310.

设想性论证是建立在科学与哲学分裂的基础上的。实际上，可设想性论证一般形式中的 A 和 B 可以被分别看作外显因素和内隐因素。可设想性论证把外显因素与内隐因素割裂开来，反对科学通过外显因素来解释和说明内隐因素的渐进过程，由此把内隐因素看作完全独立的。在我们看来，这种做法在本质上反映了把哲学凌驾于科学之上的非自然主义态度。①

二、什么是可能性以及什么是可设想性

为了给可设想性论证设立限制条件，必须首先考察什么是可能性以及什么是可设想性。文献中已经有很多关于可能性和可设想性的论述，我们在此简要地进行回顾。我们的策略是，尽量涵盖可设想性的全部范围，但对可能性做出必要的规约。

就可能性而言，一般将其区分为逻辑可能性（logical possibility）、认知可能性（epistemic possibility）、形而上学可能性（metaphysical possibility）和法则可能性（nomological possibility）。首先，p 是逻辑可能的，当且仅当，在使用逻辑规则和特定定义的情况下，从 p 不推出矛盾。当然，这里的逻辑规则通常是指经典逻辑的规则。其次，认知可能性是与某个认知主体 A 相关的，又被区分为宽松的（permissive）认知可能性和严格的（strict）认知可能性。p 是宽松的认知可能的，当且仅当，A 不知道非 p；p 是严格的认知可能的，当且仅当，p 与 A 所知道的一切都是共可能的。再次，对于形而上学可能性来说，还没有普遍认可的清晰界定，它被看作是初始的，因为它表明了人们关于事物如何可能所是的最基本观念。最后，法则可能性与科学规律相关，不同的学科例示出不同

---

① 如果从广义上把可设想性论证看作思想实验，那么索伦森关于思想实验的自然主义解释也可以被看作对可设想性论证的自然主义解释。在索伦森看来，任何思想实验都可以还原为一个命题集，其中任何单个命题都看似合理但合并起来却导致矛盾，在这个意义上，思想实验是检查命题模态后承的悖论。思想实验是从实验演变而来的，思想实验仅仅是已经设计出来但尚未执行的实验，或者说，思想实验是实验的极限情形，在这个意义上，思想实验是以逻辑虚构的方式所呈现出来的小说。参见 Sorensen R A, Thought Experiments. Oxford: Oxford University Press, 1992: 5-6。我认为，可设想性论证也是一种论证，只不过它的前提被根植于人们的想象力中。正如人们可以挖掘论证背后所隐含的假设，人们也可以追问可设想性论证背后所依据的想象力。正如人们在欣赏文学作品时会考虑其故事情节的合理性，人们在评价可设想性论证时也可以检验想象力所描绘的场景或世界的一致性。

的法则可能性，例如物理可能性和生物可能性。p 是法则可能的，当且仅当，p 与某个学科的规律是共可能的。①

从上述区分可以看出，可设想性论证中的可能性不是逻辑可能性或宽松认知可能性的，因为在界定这两种可能性时所使用的"不知道"和"不推出"是与可设想性无关的，或者说，可设想性对于"不知道"和"不推出"来说是多余的。另外，可设想性论证中的可能性也不是法则可能性或严格认知可能性，因为在界定这两种可能性时都诉诸尚未清晰界定的概念"共可能性（compossibility）"，而"共可能性"只有在形而上学意义上才能得到清晰界定，也就是说，如果形而上学可能性得到清晰界定，那么法则可能性和严格认知可能性在派生的意义上也得到清晰界定。因此，可设想性论证中的可能性只能是形而上学可能性，只有形而上学可能性才使可设想性论证具有应用价值。实际上，当代分析哲学中的许多论证都诉诸形而上学可能性，但也正是形而上学可能性的含混与歧义导致了各种哲学观点之间持续不断的争论。我们认为，可设想性论证所依赖的形而上学可能性必须具有确定性。

就可设想性而言，我们在宽泛的意义上将其看作想象，并且在与知觉、信念、欲望和行为的比较中对其进行说明。首先，人们想象的内容可以像知觉内容那样呈现出来，例如，想象力在头脑中描绘出的画面或者演奏出的旋律等等，这样的想象被称为知觉式想象。知觉式想象主要关注于视觉想象，也被称为心灵图像（mental imagery）。其次，想象的内容也可以像信念的内容那样呈现出来，这样的想象被称为信念式想象。信念是认知（cognitive）概念，带有命题态度，例如我相信 p（I believe that p），所以信念式想象也带有命题态度，例如我想象 p（I imagine that p），在这个意义上，信念式想象也被称为命题想象（propositional imagination）。信念的内容是认之为真，伴随着让心灵适应世界的过程，而想象的内容是认之为虚构的真或假装的真。再次，想象的内容也可以像欲望的内容那样呈现出来，例如，在饥饿时想象美食，这样的想象被称为欲望式想象。欲望是意动（conative）概念，欲望的内容是使之实现，伴随着让世界适应心灵的过程，而想象的内容是虚构地或假装地使之实现。最后，想象的内容也可以具有行为意义，这被称为表演的想象（enactment imagination）或生动的想象（vivid imagination），例如，根据特定脚本想象出一幅活灵活现的画

---

① Gendler T S, Hawthorne J. Conceivability and Possibility. New York：Oxford University Press, 2002：1−12.

面,这需要在特定框架的基础上充实和填补相应内容。当然,完全行为意义上的想象被称为假装(pretense)。①

从上述区分可以看出,想象力本身既不是认知概念也不是意动概念,既不归属于知识哲学也不归属于行动哲学,也就是说,想象既不是单纯地让心灵适应世界的过程,也不是单纯地让世界适应心灵的过程。在这个意义上,想象的世界似乎是与现实世界平行并列的,或者说,想象的世界具有某种相对独立性。与此同时,想象力既与认知有关也与意动有关,既是被动的也是主动的,也就是说,想象既对人们所认识的现实世界有所反映和刻画,也对人们所改造的现实世界有所浸染和影响。在这个意义上,想象的世界是人们认识的世界与改造的世界之间的交集,或者说,想象的世界并非完全超越于现实世界之外。甘德勒贴切地把想象力的这种特征表述为映像(mirroring)与隔离(quarantining)以及由此派生出的悬殊(disparity)与蔓延(contagion)。根据她在儿童游戏方面的研究,映像是说,支配想象内容的限制条件与支配信念内容的限制条件是相同的;隔离是说,关于想象内容的信念和态度被看作是与现实世界中的行动无关的。与此同时,映像又让位于悬殊,即想象的内容不同于信念的内容,隔离又让位于蔓延,即想象的内容对实际的态度和行为发挥了直接作用。② 我们认为,想象力以及可设想性是不确定的,这样的可设想性似乎很难为确定的形而上学可能性奠定基础。

此外,近年来的心理学研究也间接地说明了想象力的不确定性。伯恩在日常经验的基础上研究了与行动、责任、原因以及时间相关的日常反事实推理,由此分别得出的结论是:人们更倾向于想象有所作为的反事实情形,而不想象无所作为的反事实情形;人们更倾向于想象可以掌控的反事实情形,而不想象无法掌控的反事实情形;人们更倾向于想象符合自然规律的反事实情形,而不想象违反自然规律的反事实情形;人们更倾向于想象眼前的反事实情形,而不想象久远的反事实情形。③ 虽然伯恩认为,想象的思想比科学家所认为的更具合理性,但在我们看来,他对想象力的说明尚未达到确定性的程度,至少还不足

---

① Gendler T S. Imagination//Zalta E N. Stanford Encyclopedia of Philosophy. 2011-03-14. https://plato.stanford.edu/entries/imagination/, Mar 20, 2017.

② Gendler T S. On the Relation between Pretence and Belief//Kieran M, Lopes D M. Imagination, Philosophy, and the Arts. London: Routledge, 2003: 124-125.

③ Byrne R. The Rational Imagination. Cambridge MA: MIT Press, 2005: 5-8.

以说明形而上学可能性。

既然形而上学可能性是确定的，而想象力以及可设想性是不确定的，如果可设想性论证是成立的，那么必须保证从确定的可设想性得出确定的形而上学可能性。我们采取的策略是，不限制想象的内容，但限制想象的程序。

三、限制原则及其与抽象原则的类比

在给出我们的限制原则（limitation principle）之前，首先引入两个概念，即情感世界（emotional world）与共鸣（resonance）。我们的目的是通过情感的真实性和共鸣的约定性来克服想象力的不确定性。

首先，有必要在现实世界之外设定一个情感世界。知或认知（cognitive）、情或情感（affective）、意或意动（conative）通常被看作心灵的三个组成部分。实际上，这三个部分往往是交织在一起的。前面已经说明，想象力既不能单纯地还原为认知也不能单纯地还原为意动，所以我们尝试从情感角度来解释想象力，把想象的确定性奠基于情感的真实性。我们认为，当代艺术哲学中的小说悖论（paradox of fiction）与悲剧悖论（paradox of tragedy）恰好说明情感的真实性以及与现实世界独立的情感世界的真实存在。小说悖论是指：一方面，主体对小说有真情实感的回应，并且主体也相信小说是虚构的或纯粹想象中的；另一方面，为了对小说有真情实感的回应，主体必须不相信小说是虚构的或纯粹想象中，所以矛盾。悲剧悖论是指：一方面，悲剧唤起主体的负面情感，如果悲剧唤起主体的负面情感，那么主体应该倾向于回避悲剧；另一方面，主体并不倾向于回避悲剧，所以矛盾。[①] 在我们看来，小说悖论说明，情感不同于信念，虽然人们不相信小说的内容是真实的，但这并不影响人们对小说的真情实感的回应；悲剧悖论说明，情感也不同于欲望，虽然趋利避害是人的本能，但这也不影响人们对悲剧的真情实感的回应。在日常生活中，心灵活动往往是信念、情感与欲望的交融，彼此之间难以区分，但是信念和欲望的渗透并不完全取消情感本身的真实性。有时人们是在无知或冲动的情况下做出了情感回应，虽然无知和冲动是非理性的，但这并不影响情感本身的真实性；有时人们是在偏见和私欲的情况下做出了情感回应，虽然偏见和私欲是不合理的，但这也不

---

① Levinson J. Emotions in Response to Art：A Survey of the Terrain//Hjort M, Laver S. Emotion and the Arts. Oxford：Oxford University Press，1997：20-34.

影响情感本身的真实性。①

其次，有必要在人与人之间相互交流的基础上建立起情感共鸣。虽然情感本身是真实的，但是这种情感必须体现出来，表达出来，具有公共性和分享性，否则，建立在情感基础上的想象力仍然是不可捉摸的和变幻不定的。也就是说，虽然想象力的出发点是与单个主体相关的，是带有特定视角和倾向的，但是能够通达可能性的想象力必须是主体间的；从单个主体的可设想性当然可以推出相对于单个主体的可能性，但是这种可能性对于形而上学研究来说毫无意义。此外，根据"没有同一性就没有实体"的口号，还需要让可设想性为形而上学可能性提供同一性标准，或者保证形而上学可能性可以被再次识别为相同。当然，对于形而上学可能性来说，无论是可能个体，还是可能事态，抑或可能情境乃至可能世界，人们没有必要想象出它们的各种细节乃至方方面面，只需要想象出一个粗略的梗概或局部的片段。所以，在考虑可能性的同一性标准时，人们不关心从一种可设想性所得出的可能性与从另一种可设想性所得出的可能性是否相同，而是关心它们是否具有相同程度的确定性。我们认为，主体间在情感基础上的相互理解可以为形而上学可能性的相同确定程度提供标准，我们把这种相互理解称为共鸣。② 共鸣完全是情感意义上的，虽然不能绝对地把信念和欲望悬置起来从而提炼出纯粹的情感，但是情感与信念和欲望的差别是明显的，这可以从共鸣与共识（consensus）和共谋（collusion）的差别中体现出来。共鸣不同于共识，共识与认知有关，是在信念的基础上建立起来的相互同意；

---

① 这里，我从艺术哲学出发，仅仅在否定的意义上从反面说明了情感世界的相对独立性，实际上，也可以在肯定的意义上从正面说明情感世界的独立性。例如，把情感解释为自然种类，在这个意义上，情感具有了自然实在性，参见 Charland L. The Natural Kind Status of Emotion. British Journal for the Philosophy of Science, 2002, 53: 511-537。又如，把情感解释为社会建构，在这个意义上，情感具有了社会实在性，参见 Boiger M. The Construction of Emotion in Interactions, Relationships, and Cultures. Emotion Review: Vol. 4. 2012: 221-229。

② 共鸣的原初意义是物体由于共振而发声的现象，我在引申的意义上把共鸣看作在相互理解的基础上由于情感上的相互感染而产生的情绪。我关于共鸣的想法来源于内格尔的同情想象（sympathetic imagination），参见 Nagel T. What is It Like to be a Bat. Philosophical Review. Vol. 83, 1974: 435-450。希尔根据内格尔关于知觉想象与同情想象的区分来反驳僵尸论证，因为设想僵尸的物理特征与设想它的意识特征是两种不同的想象，前者与知觉想象有关，后者与同情想象有关，参见 Hill C S. Imaginability, Conceivability, Possibility and the Mind-Body Problem. Philosophical Studies, 1997, 87: 61-85。

共鸣也不同于共谋，共谋与意动有关，是在欲望的基础上建立起来的相互合作。共鸣与情感有关，是在想象力的基础上建立起来的相互理解，在人与人之间尚未建立起相互同意和相互合作的情况下，并不影响他们之间的相互理解。①

根据以上说明，我们的限制原则可以表述为：**主体 A 设想的内容所得出的可能性与主体 B 设想的内容所得出的可能性具有相同程度的确定性，当且仅当，就设想内容而言，A 与 B 达成共鸣**。我们关于限制原则的想法脱胎于弗雷格的抽象原则，我们通过与抽象原则的类比来进一步说明限制原则。

弗雷格面对算术知识的认识论问题，在物理世界与心理世界之外设定了第三域，从而保证逻辑规律的可靠性，然后把算术规律还原为逻辑规律，以此保证算术规律的可靠性。相应地，面对模态知识的认识论问题，我们在信念世界与欲望世界之外设定了情感世界，从而保证想象力的可靠性，然后从想象力派生出可能性，以此保证可能性的可靠性。然而，在从逻辑公理推导出算术定理的过程中，弗雷格面对的困难是：逻辑规律是揭示概念之间相互关系的思想规律，亦即可思的东西的规律，这种规律与对象无关；但是算术规律是揭示算术对象之间相互关系的计数规律，亦即可数的东西的规律，这种规律必须涉及对象。根据弗雷格关于概念（函数）和对象（主目）之间的严格区分，逻辑规律与算术规律之间的鸿沟是显然的。借用弗雷格的隐喻，逻辑中谈论的概念是不饱和的，但算术中谈论的对象是饱和的。相应地，在为可设想性论证设立限制条件时，也面对着类似的困难：形而上学可能性是确定的，它是法则可能性与严格认知可能性所依赖的基础，但可设想性是不确定的，它与心灵的认知维度和意动维度交织在一起，也就是说，我们面对的困难是如何跨越可设想性与可能性之间的鸿沟。弗雷格的解决方案是，通过抽象原则把不饱和的概念转变为饱和的逻辑对象，然后从逻辑对象定义出算术对象。弗雷格的第五公理是典型的抽象原则，它是说，F 这个概念的外延与 G 这个概念的外延相等，当且仅当，任何落在 F 中的对象也落在 G 中，反之亦然，也就是说，第五公理通过概念之间的等价关系确定了作为逻辑对象的概念外延的同一性标准。相应地，我们的

---

① 我假定共鸣的范围大于共识的范围，共识的范围大于共谋的范围，换言之，人们是在相互理解的基础上相互同意，在相互同意的基础上相互合作，这个假定是符合日常直观的。当然，在具体实践活动中，共鸣、共识与共谋之间的关系非常复杂，它们是处于动态过程中的，也就是说，在一定共鸣的基础上达成共识，在一定共识的基础上达成共谋，然后又在一定共识或共谋的基础上达成新的共鸣。

解决方案是，通过限制原则把不确定的可设想性转变为确定的可能性。我们的限制原则是说，设想的内容所派生的可能性具有相同的确定程度，当且仅当，设想的主体之间达成共鸣，也就是说，限制原则通过共鸣关系确定了可能性之间的相同确定程度。弗雷格的做法实质上是通过等价关系来确定等价类①，相同的对象落在两个概念之间是一种等价关系，它满足自返性、对称性和传递性，所以这种关系确定出外延的等价类。相应地，我们的做法实质上也是通过等价关系来确定等价类，主体之间的共鸣关系也是一种等价关系，它也满足自返性、对称性和传递性，所以这种关系确定出相同确定程度的可能性的等价类。

我们认为，限制原则与抽象原则的类比在某种程度上是恰当的，因为限制原则与模态知识有关，抽象原则与数学知识有关，模态知识与数学知识非常相似，它们都不直接来源于物理世界或现实世界。

四、共鸣的实现机制以及限制原则的推广

我们已经给出了可设想性论证的限制原则，下面我们进一步说明达成共鸣的机制。正如情感既与认知有关也与意动有关，在情感基础上所建立的想象力既涉及信念也涉及欲望，也就是说，人们不是凭空地进行想象，而是在特定信念和意图的背景下进行想象。正如人们不能为了情感的真实表达而把认知和意动完全悬置起来，想象力的发挥也不能绝对地与信念和欲望割裂开来。但是，为了实现人与人之间的共鸣从而得到确定的可能性，想象活动不能仅仅封闭于笛卡尔式的个体心灵之中，而是要进入社会性的交流过程中。在这个意义上，共鸣的实现从根本上说是一种实践过程，正是通过主体间的相互交流，人们才能在浸染了信念与欲望的想象活动中摆脱偏见和私欲，避免无知和冲动。下面我们通过想象的交互迭代来说明共鸣的实现过程。

以文学作品中的想象或虚构为例。人们在创作或欣赏小说时经常会进入读者与作者之间交互迭代想象的过程中：作者想象一个内容，读者想象作者所想象的内容，作者想象读者如何想象作者自己所想象的内容，读者想象作者如何

---

① 例如，假设 8 个集合 ϕ、$\{a\}$、$\{b\}$、$\{c\}$、$\{a,b\}$、$\{b,c\}$、$\{a,c\}$ 和 $\{a,b,c\}$，再假设集合之间的等数关系，即两个集合之间存在一一对应，由此可以通过等数关系把上述 8 个集合确定为 4 个类，即空集的类 $\{\phi\}$、单元集的类 $\{\{a\},\{b\},\{c\}\}$、双元集的类 $\{\{a,b\},\{b,c\},\{a,c\}\}$ 以及三元集的类 $\{\{a,b,c\}\}$。

想象读者自己如何想象作者所想象的内容，如此等等。由此推广，人们在日常交流中也会进入主体间交互迭代想象的过程中，其一般形式为：A 想象 p，A 想象 B 想象 p，A 想象 B 想象 A 想象 p，A 想象 B 想象 A 想象 B 想象 p，如此等等。我们把"A 想象 p"称为一阶想象，把"A 想象 B 想象 p"称为二阶想象，其余以此类推。类似地，对于信念和欲望来说，也存在着同样的交互迭代过程，例如，A 相信 p，A 相信 B 相信 p，A 相信 B 相信 A 相信 p，A 相信 B 相信 A 相信 B 相信 p，如此等等；A 欲求 p，A 欲求 B 欲求 p，A 欲求 B 欲求 A 欲求 p，A 欲求 B 欲求 A 欲求 B 欲求 p，如此等等。相应地，我们分别把它们命名为一阶信念、二阶信念、一阶欲望、二阶欲望，其余以此类推。

对于信念和欲望来说，在特定情况下，二阶信念和二阶欲望可以分别坍塌为一阶信念和一阶欲望。例如，A 相信 B 相信 B 自己通过了期末考试，如果 A 被 B 说服了，或者 B 事实上通过了期末考试，那么 A 可以直接相信 B 通过了期末考试，在这种情况下，A 与 B 达成了共识。又如，A 欲求 B 欲求 B 自己竞选学生会主席，如果 B 被引诱了，或者 B 事实上倾向于竞选学生会主席，那么 A 可以直接欲求 B 竞选学生会主席，在这种情况下，A 与 B 达成了共谋。但是在大多数情况下，人与人之间很难直接达成共识或共谋，也就是说，二阶信念和二阶欲望很难分别坍塌为一阶信念和一阶欲望。例如，弗雷格相信柏拉图相信长庚星不同于启明星，但是弗雷格本人并不相信长庚星不同于启明星，因为弗雷格相信长庚星和启明星是同一颗行星，这说明，就长庚星与启明星而言，弗雷格与柏拉图没有达成共识。又如，黑格尔欲求康德欲求《精神现象学》成为最伟大的哲学著作，但这并不能等同于，黑格尔欲求《精神现象学》成为最伟大的哲学著作，因为黑格尔的目的或许是让康德也钦佩《精神现象学》，这说明，就《精神现象学》而言，黑格尔与康德没有达成共谋。然而，对于想象来说，即使在没有相互同意和相互合作的情况下，人与人之间仍然能够相互理解，所以在大多数情况下，二阶想象可以坍塌为一阶想象。所谓的共鸣不过是交互迭代想象的坍塌所导致的极限情况。在 A 与 B 相互交流的过程中，不仅 A 想象 p，而且 A 想象 B 如何想象 A 自己所想象的 p，换言之，不仅 A 想象 p，而且 A 把自己置于 B 的境地，间接地想象 B 如何想象 A 自己所想象的 p，与此同时，B 也经历类似的过程。形象地说，两个主体间的交互迭代想象如同两个相互对照的镜子，其中一个镜子不仅映现出另一个镜子，而且映现出另一个镜子中所映现出的它自己。如果 A 与 B 之间分别能够相互设身处地地、感同身受地把自己置于他人的境地，把自己的视域转换为他人的视域，那么 A 与 B 之间就想象内容而言相互通透（transparency），由此达成共鸣。① 例如，在阅读《一千零一夜》时，读者不会间接地想象国王山奴亚如何想象山鲁佐德所描述的故事，而是直接想象山鲁佐德所描述的故事，因为读者已经设身处地地把自己置于国王山奴亚的境地。二阶想象坍塌为一阶想象的情况足以说明 n+1 阶想象坍塌为 n 阶想象的情况。当然，也存在二阶想象不能坍塌为一阶想象的情况，在这种情况下主体间没有相互通透，不能达成共鸣。例如，如果 A 想象一个世界，其中杀害女婴被普遍看作正当之举②，那么虽然 B 能够想象 A 如何想象这个世界，但是 B 不能直接想象这个世界，这与 B 的基本道德信念冲突，并且 B 的道德信念并非出于偏见或私欲，在这种情况下，A 与 B 不能达成共鸣。

综上所述，共鸣是通过主体间交互迭代想象来达成的。共鸣包含三个核心要素：第一，感同身受和设身处地；第二，摆脱偏见和私欲以及避免无知和冲动；第三，从二阶想象坍塌为一阶想象乃至从高阶想象坍塌为低阶想象。只有满足这三个要素，主体间才能达成共鸣。下面，我们对限制原则进行推广，从主体间的限制原则可以分别得到共同体间的限制原则以及主体内的限制原则。

首先，从主体间的交互迭代想象可以引申出共同体内部的交互迭代想象，例如，A 与 B 交互迭代想象，B 与 C 交互迭代想象，A 与 C 交互迭代想象，等等，由此又可以引申出共同体之间的交互迭代想象。共同体间的限制原则是说：**共同体α设想的内容所得出的可能性与共同体β设想的内容所得出的可能性具有相同程度的确定性，当且仅当，对于α中的大多数成员来说，任给成员 A，并且对于β中的大多数成员来说，任给成员 B，就设想的内容而言，A 与 B 达成共鸣**。这里，我们规定"共同体中的大多数成员"这个限制条件，是为了把理智不健全的人排除在外。所谓理智不健全的人尤其是指缺乏想象力或想象力失调的人。作为极端的情况，自闭症患者和精神分裂症患者应该被排除在外。根据克里

---

① 我关于交互迭代想象的想法来源于尼科尔斯，参见 Nichols S. Imagination and the Puzzles of Iteration. Analysis, 2003, 63: 182–187。尼科尔斯仅仅讨论了迭代的想象，我将其引申到主体间的交互维度。另外，尼科尔斯把迭代坍塌的原因归结为"重新定位（relocate）"，我将其引申为设身处地和感同身受。我认为，利用当代认知科学中计算模型的研究方法，可以为想象从交互迭代到达成共鸣的过程提供一个计算模型，例如，把共鸣关系看作两个函数之间的逼近关系，但我不打算在这里给出这样的模型。

② 这个例子来源于甘德勒，她把这种现象称为想象的抵抗力，参见 Gendler T S. The Puzzle of Imaginative Resistance. Journal of Philosophy, 2000, 97: 55–81。

与拉文克拉夫特的研究,自闭症是一种想象力失调,自闭症患者由于不能从事于想象活动而不能理解他人的心理状态,从而导致社会交往能力的缺乏;精神分裂症也是一种想象力的失调,精神分裂症患者不能把现实的东西与虚构的东西区分开来,进而混淆了信念与想象,把想象的东西错误地识别为相信的东西。①

其次,从主体间的限制原则也可以引申出主体内的限制原则。我们认为,想象活动是建立在人与人之间交流的基础上,根本不存在封闭于个体心灵中的内省式想象。根据卡罗瑟斯的解释,理解心灵的活动可以区分为读心(mindreading)与元认知(metacognition),前者是以第三人称的方式理解他人心灵的活动,后者是以第一人称的方式理解自我心灵的活动。他认为,元认知不过是人们把读心的能力运用于自身的结果,实际上,根本不存在通达自我心灵的内省途径。② 我们认为,主体内的想象活动派生于主体间的想象活动,所谓的内省式想象不过是一个主体与另一个他所虚构出来的主体在对话的基础上所进行的交互迭代想象,通常的沉思或冥想就是这样的活动。这样的对话类似于虚谈(confabulation),即一个主体在其信念和欲望的基础上把他周围所经历过的其他主体设定为代理而进行的对话,事实上,这种对话过程模拟了人与人之间的实际对话过程。主体内的限制原则是说:**主体 A 设想的内容所得出的可能性与主体 A 所虚构的主体 B 设想的内容所得出的可能性具有相同程度的确定性,当且仅当,就设想内容而言,A 与 B 达成共鸣**。我们把主体内的限制原则也称为哲学的限制原则,因为哲学论证中所使用的想象力大多是主体内的想象力,特别地,在我们看来,僵尸论证中所使用的想象力就是主体内的想象力。

五、限制原则对僵尸论证的反驳

基于对主体内限制原则的三种解释,我们给出三种反驳僵尸论证的方案。具体来说,对于主体内限制原则中的虚构主体,可以给出三种不同的解释,即对立主体(opposite subject)、异世主体(distant subject)以及理想主体(ideal

---

① Currie G, Ravenscroft I. Recreative Minds: Imagination in Philosophy and Psychology. Oxford: Oxford University Press, 2002. 该书第7章和第8章详细讨论了自闭症和精神分裂症与想象力的关系。

② Carruthers P. How We Know Our Own Minds: The Relationship between Mindreading and Metacognition. Behavioral and Brain Sciences, 2009, 32: 121-138.

subject），由此得到三种不同的反驳僵尸论证的方案，即对立主体方案、异世主体方案以及理想主体方案。这三种方案分别体现了共鸣的三个核心要素。需要说明的是，就心灵与身体的关系而言，我们的反驳方案并不能从根本上肯定或否定心物二元论，也就是说，我们的反驳方案对于物理主义和反物理主义来说是中立的，我们的目的仅仅是说明僵尸论证不能为心物二元论辩护。

首先，为了让共鸣的达成具有实质性，主体内限制原则中主体 A 及其所虚构出来的主体 B 应该具有对立的视角或倾向。如果 A 与 B 情同手足，具有相同的信念和欲望，那么共鸣的达成将毫无意义，也就是说，他们似乎可以对任何想象的内容都达成共鸣。不妨假设 A 没有亲身体验僵尸，但 B 亲身体验了僵尸，也就是说，A 只能通过外在的方式在言语和行为的基础上想象僵尸，而 B 可以通过内在的方式在心灵体验的基础上想象僵尸，换言之，B 完全离开他自己的身体，或者说，B 把包括情感活动在内的所有意识活动都排除在他的身体之外。在这种情况下，A 与 B 不能相互感同身受和设身处地，所以 A 和 B 不能达成共鸣，或者只能达成虚假的共鸣。从相反的角度看，假设 A 与 B 能够相互感同身受和设身处地，那么正如 A 完全控制着他自己的身体，B 也完全控制着他自己的身体，在这个意义上，B 不能亲身体验僵尸。① 反对意见或许认为，人们所想象的内容并不依赖于亲身体验，换言之，人们可以想象没有任何亲身体验的内容，所以假定对立主体亲身体验僵尸是不合理的，即使两个主体都没有亲身体验僵尸，他们仍然可以达成共鸣。我们的回应是，想象力在终极意义上是有经验起源的。无论人们的想象力具有多么自由的组合性、多么强大的创造力，其最基本的构成成分来源于感官知觉，也就是说，想象的内容即使是捕风捉影，也仍然需要有"风"可"捕"、有"影"可"捉"。对于"僵尸"而言，虽然人们能够把握这个语词的字面涵义，但这并不意味着人们可以毫无分歧地确定这个语词的指称，在亲身体验的意义上为这个语词的涵义充实和填补经验内容

---

① 这里的论证是在限制原则的框架下对马库斯反驳僵尸论证的重构。马库斯区分了第三人称想象或客观想象与第一人称想象或主观想象。参见 Marcus E. Why Zombies are Inconceivable. Australasian Journal of Philosophy，2004，82：477—490。我认为，第一人称想象与第三人称想象不能使主体间在感同身受和设身处地的意义上达成共鸣。作为对马库斯的回应，查尔莫斯仅仅指出"清楚明白地想象无意识的情形并不比想象无天使的世界或者无粒子的世界更有问题"，参见 Chalmers D J. The Character of Consciousness. New York：Oxford University Press，2010：157。我认为，如果把想象力建立在主体间的基础上，那么查尔莫斯的回应是站不住脚的。

是十分必要的。即使是像"孙悟空""圣诞老人"这样的空名也是有经验起源的,但是在没有亲身体验的情况下"僵尸"没有经验起源。

其次,在亲身体验的意义上通过感同身受和设身处地来实现共鸣似乎要求过高,我们假设人与人之间可以通过书信和电话交流的方式来实现共鸣,而不是依赖于面对面的交流,特别地,我们假设主体 A 及其所虚构出来的主体 B 居住于不同的世界,他们通过某种特殊的方式进行交流,我们称其为异世主体。为了让 A 与 B 之间达成有实质性的共鸣,不妨假设 A 所居住的世界与现实世界完全相同,而 B 所居住的世界是僵尸世界,即在物理上与现实世界完全一样但没有意识现象或意识经验的世界。B 所居住的世界在物理上完全是因果封闭的,因为在没有意识现象的情况下一切现象都可以通过物理学得到解释,也就是说,在僵尸世界中物理主义是普遍接受的真理,所有居住于僵尸世界中的主体(至少在外在的言语和行为上)都把物理主义看作基本信念,这样的信念并非出于偏见和私欲。但是在 A 所居住的世界中,物理现象与意识现象至少是平行并列的,既非所有意识现象都可以通过物理学得到解释,亦非所有物理现象都可以通过心理学得到解释,也就是说,在现实世界中物理主义并不是普遍接受的真理,所以坚持物理主义的信条是出于偏见和私欲。在这种情况下,即使摆脱了偏见和私欲,A 与 B 之间也不能达成共鸣,或者只能达成虚假的共鸣。① 反对意见或许认为,把物理主义看作僵尸世界中普遍接受的真理,这个假定是不合理的,因为物理主义可能是僵尸世界尚未发现的真理,甚至可能是永远不能被认识的真理。我们的回应是,这种反对意见是具有浓厚"阴谋论"味道的不可知论。如果僵尸在物理上与正常人完全一样,那么它们也应该从事与正常人一样的外在实践活动,在这样的实践活动中,它们可以发现物理主义的真理。即使僵尸世界的外在实践活动是"蹩脚的",B 仍然可以检验物理主义在僵尸世界是

---

① 这里的论证是在限制原则的框架下对巴罗格反驳僵尸论证的重构。巴罗格在僵尸论证的基础上构造了一个与之平行的在僵尸世界中的僵尸论证,参见 Balog K. Conceivability, Possibility, and the Mind-Body Problem. Philosophical Review, 1999, 108: 497–528。我认为,现实世界的主体与僵尸世界的主体不能在摆脱偏见与私欲的意义上达成共鸣。作为对巴罗格的回应,查尔莫斯仅仅指出"如果[与现实世界有关的]原始论证中的前提是真的,那么[与僵尸世界有关的]僵尸论证中的前提也是真的,这一点是不正确的",参见 Chalmers D J. The Character of Consciousness. New York and Oxford: Oxford University Press, 2010: 159。我认为,如果把想象力建立在主体间的基础上,那么查尔莫斯的回应是站不住脚的。

不是普遍真理，因为现实世界的 A 与僵尸世界的 B 可以相互交流。实际上，只有在"心灵接触"的意义上才能达成共鸣，就像正常人与说谎者不能达成真正的共鸣一样，现实世界的 A 与僵尸世界的 B 也不能达成真正的共鸣，在这个意义上，任何带有谎言性质的阴谋论在真正的共鸣面前都是不攻自破的。

最后，在对立主体与异世主体的情况中，主体 A 所虚构出来的主体 B 或许太不完美，B 作为 A 与僵尸之间的中介似乎把 A 自己置于尴尬境地，我们假设 A 所虚构出来的 B 是一个理想主体，既可以满足 A 与 B 之间的勾连，也可以满足 B 与僵尸之间的衔接。"A 设想 B 所设想的僵尸"意味着"A 设想 A 所虚构出来的 B 所设想的僵尸"。因为 B 作为理想主体是建立在 A 设想的基础上的，所以"A 设想 A 所虚构出来的 B 所设想的僵尸"意味着"A 设想 A 所设想的 B 所设想的僵尸"。根据理想主体的假设，虽然 A 与 B 之间能够达成共鸣，"A 设想 B 所设想的僵尸"可以直接坍塌为"A 设想僵尸"，但是"A 设想 A 所设想的 B 所设想的僵尸"不能直接坍塌为"A 设想僵尸"，只能坍塌为"A 设想 A 所设想的僵尸"。换言之，A 所设想的内容不是僵尸本身，而是僵尸的可设想性，或者说，A 与 B 所达成的共鸣不是就僵尸本身而言的，而是就僵尸的可设想性而言的。根据限制原则，虽然 A 与 B 达成了共鸣，但是从"僵尸的可设想性是可设想的"只能得到"僵尸的可设想性是可能的"，而不能得到"僵尸是可能的"。退一步说，即使允许反复颠倒地使用限制原则，那么对于理想主体来说，从僵尸论证所得出的结论也不是"僵尸是可能的"，而是"僵尸的可能性是可能的"，从形式上说，所得出的结论不是"可能 p"，而是"可能可能 p"。"可能 p"与"可能可能 p"之间的等价只有在模态逻辑系统 S4 中才成立，支持僵尸论证的学者至少还要为 S4 做辩护。① 反对意见或许认为，根据上述反驳，似乎所有的主体内想象都假设了理想主体，所以所有的内省式想象都不蕴涵可能性，

---

① 这里的论证是在限制原则的框架下对斯塔尔内克反驳僵尸论证的重构。斯塔尔内克认为，僵尸论证是否成立依赖于其他独立的根据，即现实世界并不是僵尸世界，参见 Stalnaker R. What is It Like to be a Zombie? //Gendler T S, Hawthorne J. Conceivability and Possibility. New York：Oxford University Press，2002：385-400。我认为，这种独立根据使得主体间不能在从二阶想象坍塌为一阶想象的意义上达成共鸣。作为对斯塔尔内克的回应，查尔莫斯仅仅指出"前提断定的是，我们不能先天地排除'僵尸'在现实世界中成立，而不是，我们不能先天地排除'僵尸'在某个可能世界中成立"，参见 Chalmers D J. The Character of Consciousness. New York：Oxford University Press，2010：158。我认为，如果把想象力建立在主体间的基础上，那么查尔莫斯的回应是站不住脚的。

即只能得到"可能可能 p",不能得到"可能 p"。我们的回应是,上述反驳并不否定所有内省式想象,仅仅要求内省式想象所虚构的主体不是任意的、毫无约束的。如果虚构出来的主体 B 既与主体 A 勾连又与僵尸衔接,那么就其被 A 虚构出来而言,B 是不融贯的主体。在这个意义上,上述反驳不仅没有否定从内省式想象到可能性的蕴涵关系,反而恰恰强调了内省式想象必须建立在主体间性的基础上。

综上所述,我们比较全面地考虑了虚构主体的三种情况,即对立主体、异世主体以及理想主体,这三种情况分别体现了达成共鸣的三个核心要素:对立主体依赖于感同身受和设身处地,异世主体依赖于摆脱偏见和私欲以及避免无知和冲动,理想主体依赖于从二阶想象坍塌为一阶想象乃至从高阶想象坍塌为低阶想象。如果我们的反驳是成立的,那么僵尸论证陷入了两难困境。一方面,如果我们关于想象力的解释是正确的,即想象力是建立在主体间性的基础上,可设想性论证的运用依赖于限制原则,那么僵尸论证是错误的,僵尸论证中的可设想性并不蕴涵可能性。另一方面,如果我们关于想象力的解释是不正确的,即想象力不是建立在主体间性的基础上,可设想性论证与主体间的交流和理解没有任何联系,那么僵尸论证或许是正确的,但在这个意义上,僵尸论证是平凡的或微不足道的,至少它不能强有力地反驳物理主义。

支持僵尸论证的学者或许认为,限制原则是一种循环论证,因为它已经隐含地假设了主体间的感同身受以及交互迭代想象,这些假设似乎是建立在身心同一的基础上的,也就是说,限制原则是利用身心同一的假设来反驳身心二元论。我们的回应是,限制原则对于身心关系来说是相对中立的,既没有假定它们的同一,也没有假定它们的差异,仅仅预设了身体与心灵的互动。实际上,限制原则对僵尸论证的反驳在基本精神上暗合或接近维特根斯坦对私人语言的反驳。在维特根斯坦看来,对心灵概念的第一人称使用预设了这个概念与可公共观察的行为之间的关联,而这些可公共观察的行为是第三人称使用心灵概念的标准。维特根斯坦的私人语言论证并不是循环论证,而语言的使用在很大程度上类似于想象力的使用,意义的公共性和分享性也类似于想象力的公共性和分享性。① 我们认为,在这种类比的意义上,限制原则不是循环论证,它在主体

---

① McGinn C. Mindsight: Image, Dream, Meaning. Cambridge MA: Harvard University Press, 2004. 该书第 12 章详细讨论了意义与想象之间的关系:意义的创造性与想象力的创造性密切合作,正如语言把语词结合起来指称世界上并不存在的东西一样,想象力也把纯粹想象的东西关联起来。

间性的基础上恰好说明僵尸论证是自我摧毁的。①

六、限制原则的哲学意义

我们说明了可设想性蕴涵可能性的限制原则，说明了如何通过主体间交互迭代想象来达成共鸣，还说明了如何利用限制原则来反驳僵尸论证。由此出现的质疑或许是，共鸣是一个心理学概念，具有很强的特设性和主观性，它似乎不能为形而上学可能性奠基。对于这种质疑，我们的回应是，想象力的首要功能是人与人之间的交流，想象力在本质上是主体间的、社会性的。这意味着：想象力主要是在社会环境中使用的，人们通过想象力体会他人的视角，理解他人的倾向，人类共同体是一种想象力的共同体，但是没有人类的共同体就没有人类的想象力；想象的内容并不是封闭于笛卡尔式的个体心灵之中的，其意义是由人类共同体赋予的，如果离开了共同体，那么想象力的运用就得不到正确的解释和说明，将会变成某种无法理喻的神秘物。在这个意义上，共鸣的心理学维度被引申为社会学维度。

在说明共鸣的实现机制时我们总结和提炼出共鸣的三个核心要素。虽然这三个要素仅仅在简单的理想化模型中说明了共鸣的实现过程，但它们反映了社会建构论在想象力中的运用，分别体现了社会建构论在解释语言和意义时所提出的因果具身性（causal embodiment）、集体意向性（collective intentionality）以及社会约定性（social convention）。②

第一，感同身受和设身处地蕴涵着因果具身性的维度。在语言的社会建构论中，"语言的意义来源于人体与外部世界的因果性互动，以及人与人的社会性

---

① 可设想性论证可以在广义上被看作思想实验。如果限制原则对僵尸论证的反驳是成立的，那么限制原则还可以用来考察和检验当代哲学利用思想实验所构造的各种论证，例如，塞尔的中文屋、普特南的缸中之脑、帕菲特的大脑裂变等等。更为一般地，限制原则还可以用来考察和检验当代哲学中盛行的模态论证，例如克里普克为反对描述论而构造的模态论证。我把这种考察留待以后的研究。

② 关于社会建构论对语言和意义的解释，参见陈波. 语言和意义的社会建构论. 中国社会科学，2014（10）：121–142。亦可参见刘靖贤，孙霆. 语言建构论的哲学意义. 安徽师范大学学报（人文社会科学版），2017（2）：160–165。关于如何用社会建构论去解读"事实"和"证据"概念，参见陈波. "以事实为依据"还是"以证据为依据"——科学研究和司法审判中的哲学考量. 南国学术，2017（1）：22–38。

互动。能够与外部世界发生因果性互动的,不是我们的心灵或灵魂,而是我们的身体。这里的'身体'不是单纯的大脑和孤立的肉体,而是处在与外部物理环境和社会环境互动中的身体……我们是以自己的身体为基点和依托去认识我们周围的世界,去建立语言和世界之间的意义关联,去建立我们关于这个世界的知识体系"①。类似地,我们认为,感同身受和设身处地是以隐喻的方式说明了共鸣的因果具身性。虽然想象是个体的心理活动,但想象力并不仅仅封闭于个体心灵之中,而是涉及心灵与身体的互动、自我与他人的互动乃至人与人的社会性互动。实际上,想象力为人与人之间的相互理解提供了桥梁,只有通过想象力,自我才能从封闭的牢笼中超越出来理解他人的内心境域;与此同时,想象力的运用也依赖于主体间的交流与互动,只有把自己置于他人的境地、把自己的视域转换为他人的视域,才能正确地运用想象力。近年来,神经科学家所发现的镜像神经元(mirror neuron)在某种程度上就说明了想象力以及共鸣在人与人相互理解的过程中所具有的因果具身性。镜像神经元是基于如下事实:人们观察他人行为时神经激发的区域与人们通过模拟方式来执行相同行为时神经激发的区域是重合的。

第二,摆脱偏见和私欲以及避免无知和冲动蕴涵着集体意向性的维度。在语言的社会建构论中,"语言的意义在于语言与世界的关联,由语言共同体的集体意向所确立。'意向性'即'关涉性':某些东西是关于、指向或表征其他东西的……'集体意向性'则是指一个群体、组织或社会所具有的意向状态,如意欲、打算、相信、接受等";"语言活动中的集体意向性并不以契约、协议或一致同意的形式出现,而是表现为一种潜移默化的趋同",例如,法律语言、政府文书、科学词汇以及日常词汇。② 类似地,我们认为,摆脱偏见和私欲从而达成共鸣的过程是以简化的方式说明了集体意向性活动。实际上,摆脱偏见和私欲并不意味着个体进入清心寡欲的生活之中,而是集体中的大多数成员都参与其中的。从无知到有知、从冲动到节制是人类在社会环境中所进行的一系列信念修正与欲望监控的过程。教育与新闻传播、道德与法律制度分别在社会层面体现了人类的信念修正与欲望监控的过程。虽然想象力的运用并不局限于人类现有的知识体系、制度设计以及价值取向,但是如果完全抛弃这些从集体意向性所结出的硕果,那么想象力本身将变成虚无缥缈的、捉摸不定的。当然,人

---

① 陈波. 语言和意义的社会建构论. 中国社会科学, 2014 (10): 128.
② 同①130-132.

类的集体意向性并不蕴涵普遍必然性，也正是在这个意义上，想象力为人类提供了各种各样的可能空间，但这并不意味着想象力可以至高无上地藐视和挑战人类的任何信念规范和价值准则。

第三，从二阶想象坍塌为一阶想象乃至从高阶想象坍塌为低阶想象蕴涵着社会约定性的维度。在语言的社会建构论中，"语言的意义基于语言共同体在长期交往过程中形成的约定之上……语言共同体的集体意向以'约定'的形式出现，这些约定控制着该语言的实际使用。在这种意义上，语言和意义的本质特征就是约定性"；"说话者在说话时，预期在听话者那里会引起何种反应；听话者根据他对说话者话语的理解，做出他认为适当的回应，并预期在对方那里会引起何种反应。如果对话双方都获得预期的回应，这表明他们之间有某种程度的相互理解，循此模式，对话可以继续进行下去"①。类似地，我们认为，从二阶想象坍塌为一阶想象从而实现共鸣的过程是以相对抽象的方式说明了人与人之间通过复杂的博弈来形成社会约定的过程。社会约定的形成虽然不能仅仅建立在两个交互主体的基础上，但是不能从根本上脱离主体与主体之间乃至共同体与共同体之间的交互过程。共同体间的限制原则也是以非常抽象的方式说明了社会约定的形成过程，实际上，共同体之间的共鸣既不是一蹴而就的也不是一劳永逸的，而是在人与人之间长期交流的基础上相互理解的结果。文化在某种程度上就体现了这种交流的沉淀和汇集，例如科学文化、历史文化、宗教文化等等。人们或许不会认同这些文化，或许不会践行这些文化，但是在这些文化氛围的熏染下不可避免地受到潜移默化的影响，把文化所承载的内容看作从想象力派生出的可能性。

根据上述说明，我们认为，哲学家在利用想象力构造哲学论证时必须保持谦虚谨慎的态度。哲学家所从事的职业既不是对人类理智的权威指引，也不是对人类知识的独裁统治；相反，哲学家必须聆听大众的声音、关注科学的进展、遵循社会的实践，在此基础上通过想象力挖掘人类思想中所隐藏的潜在可能性，从而构造出各种各样的哲学论证。就整个人类作为想象力的共同体而言，哲学家并不是特立独行的，他们并不是先天地禀赋着模态直观能力；相反，哲学家的特长仅仅在于他们对人类共同体的想象力所蕴涵的可能性细致和敏锐地进行捕捉和把握。在这个意义上，限制原则特别是主体内限制原则即哲学家在利用

---

① 陈波. 语言和意义的社会建构论. 中国社会科学，2014（10）：133-134.

想象力构造哲学论证时所需要遵循的限制原则。当然，主体内限制原则仅仅是哲学家运用想象力的必要条件或下限条件而非充分条件或上限条件。充分条件和上限条件的设立既不可能也不应该，因为想象力是人类创造力的主要体现，正如人类的创造力是无穷无尽的，想象力也是无穷无尽的。

第四，我们以庄惠的濠梁之辩为例说明哲学家在运用想象力时如何保持谦虚谨慎的态度。《庄子·秋水》中记载了一个故事。在濠水边看到鱼儿悠然自得，庄子说道：鱼儿多么快乐。这句话引发了庄子与惠施的辩论："子非鱼，安知鱼之乐？""子非我，安知我不知鱼之乐？""我非子，固不知子矣，子固非鱼也，子不知鱼之乐，全矣。"在我们看来，如果"知"被解释为认知，那么惠施在辩论中获得胜利，因为庄子不同意惠施的观点，惠施也不同意庄子的观点，他们谁也不能说服对方，在这个意义上，庄子所说的"请循其本"似乎带有诡辩的味道。但是，如果"知"被解释为想象，那么庄子似乎是有道理的，原因在于，当庄子设身处地把自己置于鱼儿的境地时，他想象到鱼儿是快乐的，与此同时，庄子还设身处地地把自己置于惠施的境地，他想象惠施也能够想象庄子自己如何想象到鱼儿是快乐的，在这个意义上，庄子所说的"请循其本"是在寻求与惠施达成共鸣。然而，庄子与惠施在看待世界的基本方式上存在巨大分歧：庄子主张万物同源、物我齐一，惠施则坚持在主客二分的基础上认识世界。他们二者都把自己所坚持的信念看作普遍必然的，这种坚持并非出于偏见和私欲。在这个意义上，惠施不接受庄子的"请循其本"，不接受庄子关于"鱼乐"的可设想性论证，也就是说，庄子和惠施仍然不能达成共鸣。我们认为，在这种情况下，关于鱼乐的可设想性论证是无效的，不能为庄子的哲学观点做辩护，庄子应该采取谦虚谨慎的态度，不再诉诸想象力，而是利用其他方法进行论证。

七、简短的结语

综上所述，我们在信念和欲望之外假定相对独立的情感世界的真实存在，根据主体间的共鸣关系给出了从可设想性得出可能性的限制原则。通过主体间交互迭代想象的过程说明了共鸣的达成机制及其核心要素，包括感同身受和设身处地、摆脱偏见和私欲以及避免无知和冲动、从二阶想象坍塌为一阶想象乃至从高阶想象坍塌为低阶想象，并且把主体间的限制原则推广为共同体间的限制原则和主体内的限制原则。从主体内的限制原则出发给出了三种反驳僵尸论证的方案，包括对立主体方案、异世主体方案以及理想主体方案，并且在社会建构论的框架下把共鸣的心理学维度引申为社会学维度，说明了共鸣的因果具身性、集体意向性以及社会约定性。最后，根据限制原则，我们把自然主义的方法论态度转变为哲学家应该保持的谦虚谨慎的态度。

在我们看来，试图去定义绝对的形而上学可能性是荒谬的，所谓的形而上学可能性只能建立在主体间性的基础上，正是社会约定为人类敞开了从情感世界通向虚拟世界的大门。然而，模态哲学在当代的兴起促使许多哲学家把可设想性论证看作哲学研究的主要方法，构造出千奇百怪的模态论证以及思想实验，把所谓的形而上学可能性看作本真的世界或者玄妙的事实，竭尽所能地为他们的想象力寻找终极的客观根据。在我们看来，这种做法是哲学家的一厢情愿，如果想象力的运用脱离了人类共同体，那么即使构造出最为精妙的可设想性论证，也只是哲学家的自娱自乐而已。在这个意义上，哲学中的可设想性论证应该借鉴科学中的思想实验方法，例如，伽利略为说明自由落体而构造的铁球思想实验，牛顿为说明万有引力而设计的加农炮思想实验，爱因斯坦为说明相对论而设计的电梯思想实验，等等。

第 40 章　哲学语言及其术语伦理

本章所谓的哲学语言，特指哲学**学科自身具有的**、不同于"科学语言"和"文学语言"的语言。在此意义上，我们可能首先要问：哲学有没有自己的语言？哲学语言又是什么形态？在哲学家对于语言本身的关照与省察未达到一定程度和深度时，"哲学自身的语言"通常不会成为审视对象。但是，随着"现代逻辑"这种创制语言的诞生并与分析哲学结盟，也随着现代哲学发生所谓的"语言转向"，这些已是无法规避的议题。从"哲学语言"的视角来看，现代分析哲学的历史进程展现出一种新的样态与向度，那就是：逻辑分析派与日常语言派均主张现代哲学学科应有自己的行业语言，但他们在哲学语言的形态式样上存在激烈争辩。面对种种竞争性回答，一个更迫切的问题是：倘若哲学家实际所用语言形态多样，什么才是值得追求的、好的哲学学科语言？当哲学家们开始以好坏（而不是真假）来看待哲学语言并试图遵循一定准则去主动选择更好的哲学语言时，哲学家个人实际上已经承诺或被要求承诺对于哲学共同体的一种伦理责任。①

本章提出"哲学语言的术语伦理"，并尝试论证这种伦理维度是当今哲学发展中一个不可消解的严肃问题，是科学史上的术语伦理问题在现代哲学上的显现，关乎哲学语言的规范与哲学思想的创新。

---

①　现代汉语中，"伦理"一词很多时候会让人联想到"善恶"这种色彩浓烈的词语。不过，不少哲学家都认为，"好坏"（以及与之相连的"责任""义务""选择"等）属于典型的伦理学概念。此种生自"好坏"的"伦理"，既可以是外化于主体间行为准则的客观东西，也可以是内在于主体自身的主观东西，即狭义上所谓的"道德"。下文中，所谓哲学语言或日常语言的"伦理维度"主要是指对于语言的一种主观的看待方式，即，不同形态的语言可以用好坏来评价，因而人们有责任和义务去选择某一种而摒弃另一种。所谓哲学学派内的、哲学语言的或科学术语的"伦理"主要是指特定人群所应遵循的行为准则，也就是人们常说的"伦理准则"。

一、人工语言之作为哲学语言模型

近代科学的迅猛发展及其令人瞩目的成就,激励着一代又一代的现代哲学家思考应该从中学习些什么。一开始有培根等哲学家提出:哲学应该像科学①那样关注归纳法这一"新工具",也有笛卡尔等哲学家提出:哲学应该像科学那样模仿几何学的严密公理化方法,从"清晰且分明"的基本概念出发,逐步演绎。再后来,又有实证主义学派的哲学家提出:哲学应该像科学那样做到只从"实证的"经验事实出发进行推理。② 还有许多哲学家意识到,哲学若要真正取得科学那样的进步,必须关心哲学自身的语言,设法拥有科学术语那样的"行业语言"。③ 因为哲学讨论所惯常性依赖的日常语言,一直被发现有失范的风险。

譬如,培根在《新工具》中论及四类假象时,就曾专门以"市场假象"形容日常语言的弊病:"每当一种具有较大敏锐性或观察较为认真的理解力要来改动那些界线以合于自然的真正的区划时,文字就拦在路中来抗拒这种改变。因此我们常见学者们的崇高而正式的讨论往往以争辩文字和名称而告结束……"④ 洛克在《人类理解论》一书中也指出:"文字底误用乃是最大错误底原因——人如果知道了,由于文字底滥用,世上竟然会发生了种种错误和纷乱,混淆和误解,则他便会怀疑,一向所用的语言,是促进了人类的知识,还是阻滞了人类的知识。"⑤ 除此之外,霍布斯在《利维坦》一书"论语言"一节中也对语言滥

---

① 本文所用的"科学"一词是指以物理学为范式的自然科学或者某些号称已达到自然科学地位的社会科学。就此而言,哲学,至少就现代哲学所达到的高度而言,尚不属于科学。文中"科学家"与"哲学家"的使用,也是基于此种区分。

② 当然,关于哲学向科学学习,还有另一种极端的想法,即,像科学家那样借用科学仪器等实验工具来"做"哲学。不过,尽管有哲学上所谓的"思想实验",哲学家至今仍无法像科学家那样"做"实验。

③ 在广泛意义上来讲,科学术语乃一种行话。但是,科学术语与通常意义上的行话相比,明显有着不寻常之处。任何一种科学家的行话都极其复杂而严密,因而往往要花费数年或数十年方能掌握。其中的"术语"不仅数量众多,而且成系统分布。在很大程度上可以说,一个人在学习科学知识时,就是在试图精确掌握一些相应的"科学术语"。不仅如此,甚至科学家们的创造性工作大都会直接或间接地体现在科学术语的发明与革新上。

④ 培根. 新工具. 许宝骙,译. 北京:商务印书馆,1984:30−31.

⑤ 洛克. 人类理解论. 关文运,译. 北京:商务印书馆,1959:499.

用的四种情况做了明述①；贝克莱在《人类知识原理》中为了避免知识被语词滥用以及被寻常说法所混淆和蒙蔽甚而提出："文字既然易于欺骗理解，因此，在我的研究中我决心尽量少用它们，我不论考察任何观念，都要努力来观察赤裸裸的观念，而且要努力把因经常使用而与它们常相关联的那些名称摆脱于我的思想以外。"②

然而，哲学家没有科学家那样成套编制的"专业术语"或"符号公式"，似乎只好依赖于天然模糊的日常语言。洛克虽然清醒认识到"语言误用"的陷阱，但他提出的"观念""第一性的质""第二性的质"等术语本身也已成为新混淆之源。在此情况下，指望哲学能拥有科学术语那样复杂而严密的"行业语言"成了一种遥远无期的梦想，就像莱布尼茨当初提出的"普遍语言"和"理性演算"设想那样，苦于无法找到实现之法。不过，1879年弗雷格《概念文字》作为一套精致的"理性语言"的发表，让不少人看到了哲学科学化道路上的新希望。

《概念文字》被誉为里程碑式的事件，标志着"现代"哲学出现数百年之后终于迎来了"现代逻辑"的诞生。③ 弗雷格相信，他的"概念文字"能以科学的方式揭示思想结构，它之于日常语言就像科学家的显微镜与普通人的肉眼之间的关系一样。④ 罗素通过大量的哲学工作使得更多人相信：日常语言严重误导了人们的哲学讨论，而"现代逻辑"所提供的人工语言却能有效地防止人们误入歧途。譬如，在日常语言的"伪装"下，"张三来过"、"有谁来过"和"国王来过"具有相同的语法结构，因为"张三"、"有谁"和"国王"都处在主语位置。但是，经过"现代逻辑"的分析处理之后，发现它们之间存在实质差别："张三"是专名、"有谁"是量词、"国王"是摹状词（即函数）。⑤ 同

---

① 霍布斯. 利维坦. 黎思复，黎廷弼，译. 杨昌裕，校. 北京：商务印书馆，1986：19-20.
② 乔治·贝克莱. 人类知识原理. 关文运，译. 北京：商务印书馆，1973：17.
③ 培根的"新工具"，声称是相对于亚里士多德"工具论"而提出的新逻辑，但并未被世人冠以"现代逻辑"之名。这一事实也可以印证逻辑与哲学"现代化"进程的不同步。
④ Frege G. Conceptual Notation and Related Articles. London：Oxford University Press, 1972：104-105.
⑤ 事实上，在罗素那里，这三个"语法主词"都不是真正的"逻辑主词"。因为，他主张所谓的专名，不过是缩略的摹状词。

样，从日常语言的主谓结构语法来看，"当今法国国王是秃子"这句话的主语是"当今法国国王"，但由于当今法国并没有什么国王，整个命题既不是真的也不是假的（因而也违背排中律）。除非我们像梅农那样"很不直观地"预设所谓"非存在的本体论对象"，该命题很难说是有意义的一句话。相比之下，采用精确的逻辑语言取而代之，我们只需将其呈现为这样一种函数式子：$\exists x(F(x) \land \forall y(F(y) \to y = x) \land G(x))$①，便可理解：它实质上是一种假命题而非无意义的一句话。

这种通过引入人工语言来"做哲学"的新路子，因为显著消除了此前惯用日常语言所造成的某些理论难题，而显得别开生面，被奉为"哲学的典范"②，大受追捧。在罗素那里，"现代逻辑"这种新语言被当作"哲学的本质"："每一哲学问题在经过必要的分析与提炼之后，可以发现，它们要么并非真的是什么哲学问题，要么只是……逻辑问题。"③ 卡尔纳普用它进一步为现代哲学划界："根本没有什么能够作为具有类似于各门科学那样的特定主题的语句系统的思辨哲学。从事哲学，只能是指通过逻辑分析去澄清科学中的概念和语句。而这样做的唯一工具就是此种新逻辑。"④ 这些说法代表了当时许多哲学家的坚定信念。现代逻辑作为一种实质上的人工语言，正是走在科学化道路上的现代哲学家们一直以来所谋求的、类似"科学术语"的那种工具语言。有了这样的新语言，哲学家之间的交流有望更加便捷高效。

蒯因追随弗雷格、罗素和卡尔纳普，热情拥抱"现代逻辑"语言，尤其是其中最无争议、最为经典的"一阶逻辑的语言"，并试图以之将整个自然语言改造为便于科学理论分析的、语境透明的人工语言。另外，过去常用以讨论哲学

---

① 在新的符号表达式中，"当今法国国王""秃子"分别以谓词变元 F、G 替代，x、y 属于个体变元，$\exists$、$\forall$ 属于量词，= 属于等词，$\to$ 和 $\land$ 属于真值联结词，而余下的就是数学中的括号了。

② 关于这一点，最早的说法可能来自 Ramsey F. The Foundations of Mathematics and Other Logical Essays. London：Routledge & Kegan，1931：263n。新近有一篇文章更是直接以"罗素的限定摹状词理论之作为哲学典范"为题，参看 Landini G. Russell's Theory of Definite Descriptions as a Paradigm for Philosophy//Jacquette D. A Companion to Philosophical Logic. Blackwell，2006：194－223。

③ Russell B. Our Knowledge of the External World. Chicago and London：The Open Court Publishing Company，1915：33.

④ Carnap R. The Old and the New Logic//Ayer A J. Logical Positivism. New York：The Free Press，1959：145.

问题的诸多核心术语，如"同一性""意义""必然""可能""思想""信念""经验"等等，统统被他拒斥在真正的哲学语言之外。在他看来，这些词都"不适合用作哲学阐释和分析的工具"①。此外，不同于蒯因以一阶逻辑语言整编自然语言的做法，蒙塔古建立了以内涵逻辑达到自然语言之形式化理解的"蒙塔古语法"。二人虽然选用的人工语言不同，但在以下这点上是一致的：对于科学家和哲学家来说，日常语言是有待精确化的研究对象，整体上处在"被解释项"的地位，不能直接拿来解释其他东西。

在后黑格尔的现代哲学中，上述哲学家以及他们的追随者形成了一股不容小觑的潮流。他们以简单而精致的形式语言揭示与阐发各种新旧哲学问题，充分展示了一种可谓"形式哲学"的形象。根据此种哲学新形象，日常语言作为"非科学术语"几近贬义词，似乎不用人工语言，哲学思想便无法表达清楚，无法走向严密。然而，这股潮流自始至终面临着一些严峻挑战。首先，逻辑上建构的"人工语言"至今尚无法全部替代日常语言（或不能充当正确而唯一的日常语言翻译），很多时候，"逻辑语言"反倒需要为自己的"人工语言"约定做辩护。譬如，在普遍被称作经典并且被蒯因视为唯一逻辑的"一阶逻辑语言"中，由于存在所谓的"实质蕴涵怪论"②，如何指望实质蕴涵（即罗素那里的马蹄符号）能构成日常条件句的一种恰当刻画？事实上，正是为了寻求一种更加直观的非实质蕴涵的条件句刻画，许多逻辑学家和哲学家开始倡导相干逻辑、条件句逻辑等新的"逻辑"形态。这些非经典的逻辑迄今未能创造出跟日常语言一样丰富的"理想的人工语言"，反过来倒是印证了人们对于弗雷格"现代逻辑"作为哲学语言之恰当性的怀疑。另一个更大的挑战是：当各种扩充的或变异的逻辑与经典一阶逻辑并存时③，对于同样的日常语言会有"形式上正确"的多种不同符号语言与之对应。人工语言的这种多元竞争状态，在一定程度上损害了人工语言初创时"普遍而通用"的形象。试想一下，就同一民族内的交

---

① Quine W V. Theories and Things. Cambridge: Harvard University Press, 1981: 184-185.

② 通常，当人们的日常推理出现与"逻辑科学"法则相背离的情况时，前者会因为后者的"科学"地位而被定性为"谬误"；但当有些日常条件句推理（如：普通人不会仅仅因为一个假命题或一个真命题而得出一个条件句）与现代逻辑中的"有效的实质蕴涵推理"背离时，前者不但不承认自己犯了谬误，反而指责后者是"怪论"。这一事实包含着值得深思的逻辑哲学问题。

③ 尽管有现代逻辑学家坚持逻辑一元论的哲学观点，这时的"逻辑"显然已是复数形式的 logics。

流而言，我们通常只需掌握一种日常语言，现在却要同时掌握多套人工语言，这无疑新增了更多的交流障碍。

二、日常语言之作为哲学语言范本

可能正是由于人工语言存在着上述"与生俱来的"局限性，即使现代逻辑学家也有人肯定日常语言在哲学中的地位。譬如，普莱尔就强烈反对简单地认为日常语言一团乱因而逻辑学家必须弃之而寻求人工语言，他提出："日常语言不是逻辑学家的老师，但应该是他的向导。"① 不仅如此，还有另一阵营的哲学家不仅不认为日常语言是模糊而不可用的，反而主张"日常语言"本身的规范性和严格性。这个阵营就是分析哲学史上与逻辑分析派分庭对抗的日常语言学派。根据他们的观点，哲学讨论中遇到表达不清的问题，很多时候并非日常语言本身不精确，而是使用者本人对于日常语言的理解不到位而导致的误用。

早在弗雷格"概念文字"诞生之初，英国牛津大学的逻辑学教授威尔逊就曾极力为日常语言正名。他指出："对于日常语言中的诸种区分，我们永远无法置之不理而不至于不出错。"② 我们在日常语言中所发现的区分，并不属于任何抽象系统的产物，也不是任何逻辑学家所发明出来的，而是从人类实实在在的经验事实以及天然的思维方式之中发展而来的。所以，他觉得，"任何完全脱离开日常语言而创设技术用语的做法都是令人生厌的"③。他承认，的确常常有哲学家批评说："某个日常用词所指的意义正好是另一语词所传达的意思，因而需要将其消解掉"，但是他认为，哲学思考不能止步于此，而应接着探个究竟："倘若这个词只是在指另外某个东西，我们的语言当初怎么会出现它而且至今仍在固执地用着它？但凡我们认为已经消解掉一个词或表明它不过是在徒劳无益地掩盖某一别的意义时，我们就应该把我们的结论拿去做一个检验：试着不去使用这个被批评的词，如果把它所出现的每一个地方都替换为我们认为更精确的表达式，看看会发生什么结果。"④

---

① Geach P. Arthur Prior: A Personal Impression. Theoria, 1970, 36: 187.

② Wilson J C. Statement and Inference with Other Philosophical Papers. Oxford: Clarendon Press, 1926: 46.

③ 同②712-713.

④ 同②875.

威尔逊以牛津为据点，团结和影响了一批又一批的日常语言哲学家。他们大都不采用逻辑分析派的做法，极力证明日常语言可以是而且原本就是一种非常精致而严格的话语系统。

一方面，他们认为：考虑什么地方应该选用什么语词时，我们所寻找的不只是"语词"或"意义"问题，更重要的是我们利用语词所要谈论的实在物。我们之所以对于语词之用保持敏感，是因为我们希望对现象世界的知觉更加敏锐。而正是在这种意义上，日常语言的可用性和耐用性是一个显而易见的事实。正如奥斯汀所言："我们日常所用的语词体现了，人类在经过许多世代的生活之后发觉值得做出的所有区分以及他们发觉值得标注的各种关联；毫无疑问，这些东西很可能是更为丰富、更为可靠的，因为它们经受住了长期的适者生存考验，而且至少在所有日常的和合理实践的事务方面，远比你我在某个下午坐在扶手椅之中所想象出来的东西要精致。"①

另一方面，日常语言学派试图表明：所有那些被归咎于"日常语言之缺陷"的哲学难题，都可以经过日常语言本身的谨慎使用而解决。譬如，对于前文中罗素提到的有关"当今法国国王是秃子"之真假的难题，斯特劳森给出了这样的解决方案：日常语言是把表达式本身与表达式在某个语境下的使用区分开的。前者的功能只是给出意义，后者的功能才是指称对象或谈论什么东西。"当今法国国王是秃子"这句话本身，不同于某个场合下有人一本正经地告诉我们的"当今法国国王是秃子"。当我们问这句话是否有意义时，我们针对的是前者；而当我们问这句话是真的或假的时，我们针对的是后者。根据我们的语言约定或习惯，前者当然是有意义的，它并不取决于当今法国是否真的有国王，因为那只跟"句子的使用"有关，无关于"句子本身"是否有意义。我们说前者有意义，只是意味着"当今法国国王是秃子"这句话**可以**在特定情况下使用，并不意味着它的某一次具体使用一定要么是真的要么是假的。因为当某人在具体场合下说出"当今法国国王是秃子"时，我们需要先看它所指称的对象是否实际存在，只有在它所指称的对象确实存在时，我们才会评价这个人这次说"当今法国国王是秃子"是真还是假。所以，只要谨慎区分了表达式本身及其具体使用，"当今法国国王是秃子"这句话就是有意义的，不必断定其真假。如此一来，完全无须引入"现代逻辑"这种人

---

① Austin J L. Philosophical Papers. 3rd ed. Oxford: Clarendon Press, 1979: 182.

工语言，哲学上的"非存在"之谜也能在日常语言的哲学框架下得到妥善解决。

类似斯特劳森这样基于日常语言本身的正当使用而解决哲学史上著名难题的做法，在赖尔当年于剑桥大学三一学院所做的塔纳讲座中更多。他相信每一个概念在日常语言中都有相应的边界和位置（即他所谓的"范畴"），很多哲学谜题都是因为哲学家在由一阶思维上升到二阶思维时不经意使用语言而把某些概念误置了，此即他所谓的"范畴谬误"。而哲学分析的作用就是对于"日常语言在哲学中的误用"进行诊断治疗，从而避免范畴谬误。譬如，著名的芝诺悖论"追龟辩"，可谓是"哲学谜团的范式"。赖尔的分析是：日常语言中，我们会以"测度"用语去谈论比赛距离和用时并决定有关事实，另外以"计算"用语来谈论和解答一个算术问题。这两种用语所针对的原本是不同类型的问题。而追龟辩之所以成为"悖论"，从根本上是因为有哲学家妄图越界以"计算"用语去谈论和解决有关具体比赛的测度问题。甚至是像"未来偶然命题"（将来时态的句子）之真假（以及与之相连的命定论）这样至今困扰现代逻辑学家以及部分哲学家的难题①，在赖尔看来，其症结与芝诺悖论也并无两样，即，把"真假"（true/false）之名用到了本来只有"对错"（correct/incorrect）之分的一种猜测之上或只有"是否实现"（fulfilled/unfulfilled）之分的一种预言之上，把本来只能适用于论证结论的"逻辑必然性"错误植入自然世界上所发生的事件中（好比是用"此题得证"来评论某人咳嗽这件事的发生）。②

毋庸置疑，对于直接诉诸日常语言（什么可以说以及什么不可说）来研究哲学，日常语言派意识到自己正遭受着坚持把哲学争论还原为人工语言的那些形式论哲学家的抵抗。但他们认为对方的做法只是一场梦而已，日常语言富饶的"逻辑"是在原则上无法由现代形式逻辑的计算公式得到充分表征的。③ 然

---

① 其中的困扰之一是：如果二值原则不适用于此类句子，我们是该指派给它们"非真非假"（truth-value gap）还是该指派给它们"既真又假"（truth-value glut）呢？由此而产生的"矛盾律"和"排中律"在多值逻辑中失效的问题，又该如何应对？有关此类逻辑哲学困境的一种比较浅显易懂的揭示，可参看 Fisher J. On the Philosophy of Logic. Belmont: Thomson Wadsworth, 2008: 91-138。

② Ryle G. Dilemmas: The Tarner Lectures 1953. Cambridge: Cambridge University Press, 1964: 15-35.

③ Ryle G. Collected Papers: Vol. 2. London, New York: Routledge, 2009: 330.

而，坚信人工语言之于哲学研究（尤其是科学化工作）必要性的人似乎并不买账。譬如，蒯因在以一阶逻辑语言对日常语言进行整编时，并不承诺他所做的人工语言翻译是与原来的日常语言同义的，因而似乎也不追求"穷尽一切的充分表征"。相反，他甚至抛弃"同义词"这个概念。在他看来，翻译的要旨不在于同义，而只是通过抑制其他一些可能的解释从而消除含糊不清的地方。因此，日常语言向逻辑符号的转换，与我们在日常语言中所做的"换种说法来解释"，并没有根本差别。① 而蒯因之所以这样坚持，根本上是因为他相信日常语言本身是进化的，甚至人工语言本身也可以看作这种进化的产物。日常语言学派的最大错误在于试图把日常语言神圣化。②

三、哲学语言的好坏：一个真实的伦理问题

熟悉现代哲学发展史的读者都知道，从"分析性"哲学的角度来看，逻辑分析派与日常语言派的共同动因，是通过语言上的分析与矫正来解决许多因为语言使用模糊而导致的哲学困境，分歧点只是我们应该主要靠人工语言还是依靠日常语言来实现此种"诊疗"。③ 不过，在本文的叙事语境下，逻辑分析派与日常语言派之间的对立已经呈现出新的面貌：哲学作为一门现代学科，应有自己的行业语言，而哲学家需要弄清楚是人工语言还是日常语言更适于作为理想模型。如前所述，两派哲学家分别主张并论证某一种人工的或日常的语言作为哲学语言之范本，但总有对方"帮助"其指出该语言之作为"哲学行话"的不适当之处。与其说它们一直在彼此对抗，毋宁说他们联手凸显了"哲学语言的自我意识"，让身处局内外的哲学家们对于"什么应该是哲学自有语言"以及"什么语言才算是好的哲学语言"有了更多深度的自觉。他们彼此竞争又合作的研究工作使得我们即便在"分析哲学"作为一种思潮完结之后仍能够站在"哲学语言"的高度上推进其思想遗产。在

---

① Quine W V. Word and Object. Cambridge and London：The MIT Press, 2013：143 – 147.
② 同①3.
③ 有些人可能会认识不到逻辑分析派哲学家的"语言治疗师"角色，但蒯因提醒我们不要忘记："正是通过指出如何可以绕开日常语言中那些成问题的部分，我们表明了那些哲学难题都纯粹是语词问题。"参见 Quine W V. Word and Object. Cambridge and London：The MIT Press, 2013：240。

今天"后分析哲学"① 的时代，可能不会有哲学家简单地把某种人工语言或日常语言宣称为哲学家的"共同体语言"或哲学的"行业语言"，但会有越来越多的哲学家开始主动选择他们认为更好的哲学语言。笔者认为，当哲学家们经常性地以好坏（而非真假）来看待"哲学语言"，并以义务和责任来约束自己和他人的哲学语言选择时，"哲学语言的伦理维度"已成为一个真实的哲学问题。而之所以真实，从根本上还是因为其中的伦理维度是无法消解的。

第一，亲近逻辑分析派的某些哲学家会对现代逻辑之作为哲学语言的多元格局持"宽容原则"，认为哲学家在语言的选择上没有任何道德可言。"宽容原则"是卡尔纳普面对后罗素时代"非经典逻辑"百花齐放场景所提出的著名口号。"我们的态度……可以概述为宽容原则：我们不想设置任何限制，我们要做的只是达成约定……在逻辑学上，没有道德可言。人人都可自由建构自己的逻辑，即他所想要的那种属于自己的语言形式。他所要做的一切只是，如果他希望拿来讨论，他必须清楚列出他的方法，并给出句法规则，但并无须任何哲学论证。"② 让句法规则决定语言选择的约定主义路线，看似激进，但背后滋养其生长的其实是现代逻辑学家的通行做法，即任何逻辑语言的建立，都可以通过交代初始词及其句法规则（包括形成规则和推理规则）来完成。如果说初始词帮助我们划定了语言的词汇表，那么，句法规则的作用就是告诉我们应该如何利用这些词汇来整句地说话。相比之下，句法规则最重要，初始词的约定或界定通过它来实现。所以，每一套语言都可以看作对于初始词的定义系统：同样字形的初始词，在不同的语言中由不同的句法规则来界定，其意义就可能存在

---

① 需要指出，人们今天提到"分析哲学"时有两种不同用法：一是特指从弗雷格开始一直到蒯因的、更多属于"学派"（school）或"思潮"（movement）意义上的历史发展阶段。这种狭义上的所指正是本文的用法，而当我们说到"分析哲学的衰落"或"后分析哲学"时，也是在指此种狭义上的"分析哲学"。与此不同的第二种用法是指一种超越历史阶段的研究"风格"（style）或"惯常做法"（practice），即"分析的哲学"。根据此种广义上的所指，有不少哲学家更愿意认为分析哲学在蒯因之后依然在继续，只是它发展到今天已经与早期分析哲学有着不同的哲学诉求。譬如，它不再关注语言哲学本身，而是开始强调"行动哲学""心灵哲学"等，或者是"分析的形而上学""分析的历史哲学""分析的政治哲学"等等。笔者承认当今广义上的分析哲学已不再专注"语言哲学"问题，但分析哲学的此种转型并不影响本文这里的要旨，即，当我们从一种新视角来清理早期分析哲学即狭义分析哲学的思想遗产时，哲学语言的伦理维度会自然进入我们的视野。

② Carnap R. Logical Syntax of Language. London: Kegan Paul, 1937: 51–52.

很大不同。这种对于语言的处理方法曾深刻地影响了很多人对于哲学的看法。"哲学本质上就是一个定义系统"①，如此一来，根据宽容原则，不同哲学家完全可以持有不同的定义系统，从而拥有完全不一样的哲学词汇。不管是怎样的哲学，只要是严格的定义系统即可。哲学家们可以自由选择自己的词汇表，这其中并没有什么伦理道德可言。

这种结论显然消解了所谓"哲学语言的伦理维度"，但此结论的得出过于草率。句法规则的确可以帮助我们理解语词的意义，但并不意味着"任意指定的句法规则都能合法界定一个初始词"。普莱尔设想的逻辑联结词 tonk 提供了著名反例：tonk 一词虽然拥有一组清晰且可操作的推理规则，却导致了"从真命题可以推出任意命题"的荒谬结果。② 因此，有关 tonk 的思想实验告诉我们：尽管我们有时可以选择不同的句法规则来界定语词，但这些不同的定义并非真的没有好坏之分，没有道德可言。③ 在此，笔者想要进一步澄清的是：现代逻辑学家之所以强调从句法规则来界定语词之意义，主要是因为自弗雷格以来，现代逻辑一直都不是把语词而是把句子（不论什么类型的句子）作为基本的研究对象，因为只有句子才有真假，才可以进入真值函项的演算。所有的形成规则都是为了确保每一个句子是合式公式，所有的推理规则也是为了确保从真句子能推出真句子，而每一个逻辑系统也都对应着唯一的句子集。在现代逻辑的语言中，句子是第一位的，是用来界定其他东西的"不成问题之物"。譬如，所谓命题逻辑，其实就是用一个句子集来界定一个个联结词的意义④；所谓谓词逻辑，

---

① Ramsey F. The Foundations of Mathematics and Other Logical Essays. London：Routledge & Kegan, 1931：263.

② 该思想实验的想法是：假设某人要发明一套语言，他在其中引入了一个初始联结词 tonk，并采用以下两条推理规则来界定这个奇怪的词（事实上在英文词典中查不到这个词）。规则 1："P，因此，P tonk Q。"规则 2："P tonk Q，因此，Q。"其中的 P、Q 代表任意的命题。然而，当我们把两条规则放在一起，再利用人们熟悉的传递性法则，直接便得出了一个令人难以接受的结果："P，因此，Q"，即，从真命题出发，可以有效推出任意的一个命题（不论是真的还是假的）。参见 Prior A N. The Runabout Inference Ticket. Analysis, 1960（21）：38–39。

③ 相关深入讨论可参见 Stevenson J T. Roundabout the Runabout Inference Ticket. Analysis, 1961（21）：124–128；Belnap N D. Tonk, Plonk, and Plink. Analysis, 1962（21）：130–134。

④ 常用的联结词有"并且""或者""并非""如果""只要""除非""当且仅当"等。

其实主要是用一个句子集来界定"量词"（有时还包括"等词"）的意义①；所谓模态逻辑，其实主要是用一个句子集来界定"模态词"的意义②；如此等等。这种拿句子来界定字词的做法让我们意识到，字词作为被定义项可能是比句子更难弄清楚的东西。正如赖尔所说的那样，我们找不到也不需要有关句子的什么"典"，而只需要看到有各种"词（字）"典，因为只有字词才有误用的可能性，句子所涉及的只有是否合乎语法的问题以及真假问题。③ 但是，如果我们承认在所给释义不同的意义上有不同版本的词典，并且词典之间有好坏（而不是真假）之分，那么，我们对现代逻辑学家基于不同句子集对于同样语词所做的界定，也自然会区分好坏。因为在逻辑学所提供的人工语言中，包括初始词在内的所有语词并不是自明的，而是人为"约定"的。如果说这些人工语言提供了严格规范，那也是各个系统中句子使用的规范即所谓"句法规则"。这些规则告诉我们：什么情况下违反了语法，什么样的句子是符合句法要求的。至于各个联结词、量词、模态词等语词，"逻辑语言"并没有告诉我们什么情况下会有"语词的误用"，而只是表明自己实际上如何前后一贯地使用了它们。

总之，系统内的句法严密性无法担保系统对于初始词的界定本身是好的（或至少是没有误用那些词），因为那是系统外的问题。哲学语言不仅涉及句法，更重要的是关系到每一个哲学术语以及它们所对应的基本概念。④ 即使我们承认不同的哲学家可以自由选用不同的句法规则和逻辑语言（在此层面无所谓道德伦理），也应认识到：不同逻辑系统对于那些最为基本的"语词"所做的定义是有好坏之分的，因此整体而言，仍旧存在哲学语言的伦理维度。

第二，主张"回到日常语言"的哲学家可能认为不存在独立于日常语言的所谓哲学语言，即使有所谓的"日常语言的伦理维度"，也没有"哲学语言的伦理维度"。对于此种消解的可能性，无须过多解释。因为如果说日常语言就是哲学家唯一可用的语言，那么，在哲学家使用语言时就不存在选择问题了（更没有选好选坏之说），因而也就没有什么伦理可言了。唯一可能出现的问题是某些哲学

---

① 常见的量词有"有的""存在""所有""全部""任何""无一""一部分"等，等词有"相同""同一"等。

② 狭义的模态词主要是"必然"和"可能"，而广义上的模态词又包括"必须""禁止""允许""知道""相信""过去""现在""未来"等。

③ Ryle G. Collected Papers：Vol. 2. London，New York：Routledge，2009：325.

④ 这里，语言与术语之间的区分是明显的：前者比较笼统地指所有语言单位，而后者则更多限于字词以及短语。

家在使用日常语言时"误用"了其中的某些词。即便将此种情况视为违反日常语言之道德要求，但顶多只能称之为"日常语言的伦理维度"。前文我们已经看到，日常语言学派本身所做的工作正是要引导人们设法避免此种"日常语言误用"。因此，没必要在"日常语言的哲学"之外另外引入"哲学语言的伦理维度"话题。

然而，日常语言是有流动性的，不仅不断有旧词消失、新词引入，而且旧词可能还有新用，即便是日常语言派的哲学家在以非人工语言为凭借来研究日常语言之规范性时，也不得不运用所谓的"哲学术语"。确实，我们可以听到一位老者或诗人用日常词语说出颇具哲理的话，但是，其中的"白话"哲理需要有哲学家将其翻译为"哲学语言"之后方能成为"哲学工作"的一部分。更为重要的一点是，原本日常语言所表达的概念多是一阶概念，而在哲学家那里，由于日常语言变成了对象语言，就需要一些新词去填补日常语言中所缺乏的二阶概念。哲学史上，这种现象司空见惯，譬如，"实体""理念""属种""共相"等等最初都属于由哲学家引入的新词。甚至是日常语言派所用的"日常语言"（ordinary language）一词，赖尔也运用了专门一篇文章来讲它作为哲学术语时具有的特定涵义。[1] 实际上，"我们无法理解，假若不采用许多技术用语，何以可能有哲学著作"[2]。另外，自进入科学时代以来，现代哲学研究的对象已不限于普通人所见所想的生活世界以及日常语言，而是把日新月异的科学成果纳入哲学的研究范围。由于后者大多涉及日常语言不能准确言及的领域，当哲学家考察后者时，很自然会引入很多术语。由此反过来看威尔逊的观点，他当初批评"非欧几何空间"、戴德金的"连续统"以及罗素的"由所有类所组成的类"等为"虚妄的东西"或"伪构思"[3]，正是由于没能看到科学理论发展在哲学上所激发的术语需求。

不管是因为要表达二阶概念还是因为要谈论新出现的科学概念而创设哲学术语，哲学家们实际上一直都在创造和使用他们自己的术语，而且将来会继续引入新的术语。单就这一点而言，不论现在的哲学语言中包含着多少日常用语或者在多大程度上源自日常语言，也无法否认哲学家们创造出了真正意义上的

---

[1] Ryle G. Collected Papers：Vol. 2. London，New York：Routledge，2009：314-331.

[2] O'Connor D J. Philosophy and Ordinary Language. The Journal of Philosophy，1951，48 (26)：800.

[3] Wilson J C. Statement and Inference with Other Philosophical Papers. Oxford：Clarendon Press：348，352，456.

"哲学家语言"。可以说，"哲学语言"的存在和可识别性，从一个重要的方面见证了哲学和哲学家的独特存在。

第三，视野囿于某一学派①的哲学家可能会说，我们已经形成了一个学派，每个成员只要都遵循学派内对于术语使用的基本约定，运用学派语言就可以彼此交流、合作研究。这种观点以"哲学学派内的伦理"替代"哲学语言的伦理"。这是比较容易流行的一种做法，但恰好也是一种被质疑的思路。

试想一个新学派有某种非常态的语词用法（譬如，把"推理"等同于"正确推理"，因而所谓推理谬误就不叫作"推理"）。由于内部严格的伦理准则，学派内成员可能会对这种奇特用法保持高度一致，以至于可以说它成了该哲学学派的固定用法。但是，如何将其向学派外部推广进而证明它是"哲学语言"的一部分呢？身居该学派之外的人对于此种奇特用法并不负有任何"伦理责任"，因而有权将该学派所用的"推理"之名替换为"正确推理"。即便这个新学派名声噪起，结果竟招来很多的跟风者，但那只是意味着跟风者事实上加入了这个学派从而愿意采用"该学派内的语言"，只有"势"之所至，而无"理"之所当然。倘若要真正实现由"学派语言"②到"哲学语言"的角色转变，该学派将不得不超出"学派内的伦理"，诉诸"哲学语言的伦理"来说服学派外的哲学家从理性上接受他们的奇特用法。

哲学史的进程已经表明，哲学家们一直都在寻求跨越派系的交流与合作，他们可能原本有学派特有的用语，但他们能够成功地用其他学派哲学家都能听得懂的语言来把自己学派的观点表达出来。这是一个常被忽视却很重要的基本事实。该事实是对"学派互通语言"之必要性和存在性的明证。无疑，"哲学共通语言"中会有很多归属日常语言的词汇③，但也会有历史传承下来的哲学术

---

① 所谓学派，本文特指围绕某一领域内共同的研究对象所形成的竞争性哲学思潮。分析哲学发展史上的逻辑分析派与日常语言学派属于典型的此种学派之争。但是，英美分析哲学与欧洲大陆哲学（以及东方哲学）之间的差异，就很难算是此种意义上的学派对立了，因为很多时候它们所研究的领域或对象并不一样，尽管看似相同。

② 这里需要注意，某一学派所用的语言不同于该学派所持的观点。学派观点完全可能以与其他学派共有的语言来表达出来，学派语言则是自己学派所造而其他学派不改变原有语言便无法识别的东西。

③ 对于这些作为学派之间交流基础的日常语言词汇，斯特劳森曾提出三个帮助我们识别的标准：高度一般性、不可还原性（但不一定是简单的）、非偶然性。参见 Strawson P F. Analysis and Metaphysics. Oxford: Oxford University Press, 1992: 22-23。

语。凡是能够选用此种语言推进哲学研究与交流之人，不论他是要表达什么激进甚或遭人反感的观点，也不论他如何"无礼地"批判现有的权威或定理，也不论他的思路方法如何不合常规，都已经承诺加入了所谓的"哲学家共同体"①。正是基于这样超越哲学派别之争的"哲学语言"和"哲学家共同体"，我们可以发现："哲学语言"（而不只是学派语言）的伦理维度是一个实实在在的问题。

不妨来看一些简单的例子。"推理"到底是什么？英文至少有 reasoning 和 inference 两个词与之对应，但二者之间又该如何区分呢？当很多受数理逻辑思想影响的人把"2+2=4"以及"a→a"不假思索地当作推理（形式）时，有其他哲学家就开始了质疑。反对者往往不会直接断言"现代数理逻辑的理论"是错误的，而是说将上述两个式子称作"推理"是不好的。譬如，早期有约瑟夫强调：直接重复，甚至是换一种说法来重复原来的陈述，好像翻译一样，都不能算是推理。② 后来有格赖斯也倾向于把数学中的机械运算排除在真正的推理之外。③ 新近还有哈曼认为，现代数理逻辑所关注的其实只是 implication（蕴涵）而非真正的"推理"。④ 这些争论就处在哲学语言的伦理维度上。

事实上，哲学家有时不愿直接说对方某种观点是错误的，而是这样回应："我宁愿说成是……"，或者"我认为表达为……比较好"。这时，哲学家用以纠正对方的东西也正是他相信应该为每位哲学家所遵循的"哲学语言伦理"。笔者认为，当罗蒂无奈通过加下标的方式把哲学家们所用的"合理性"区分为"rationality$_1$"、"rationality$_2$"和"rationality$_3$"，或是把"文化"区分为"culture$_1$"、"culture$_2$"和"culture$_3$"时⑤，当苏珊·哈克设法把哲学家们所谈到的

---

① 正如共同的语言乃民族的标志性特征一样，通用的"哲学语言"关乎哲学家共同体的真伪。如果日常语言派与逻辑分析派之间，或者欧陆哲学与英美分析哲学之间，使用着彼此听不懂的语言，就很难说真正意义上的哲学家共同体已经形成，顶多只能说英美哲学家部落和欧陆哲学家部落，甚至是牛津哲学家部落、剑桥哲学家部落、法兰克福哲学家部落、芝加哥哲学家部落等等。

② Joseph H W B. An Introduction to Logic. Oxford: Clarendon Press, 1916: 232.

③ Grice P. Aspects of Reason. Oxford: Clarendon Press, 2001: 15.

④ Harman G. Internal Critique: A Logic is not a Theory of Reasoning and a Theory of Reasoning is not a Logic//Gabbay D M, Johnson R H, Ohlbach H J, Woods J. Handbook of the Logic of Argument and Inference: The Turn Towards the Practical. Amsterdam: Elsevier Science B. V, 2002: 171.

⑤ Rorty R. A Pragmatist View of Rationality and Cultural Difference. Philosophy East and West, 1992, 42 (4).

"基础主义"通过不同的英文字体区分为"foundationalism"、"*foundationalism*"和"FOUNDATIONALISM"时①，他们所苦恼的应是缺乏"哲学语言伦理"所导致的术语混淆。

四、哲学语言的规范与创新

在我们论证了"哲学语言的伦理维度"何以出现以及何以成为无法消解的真实问题之后，读者自然会追问：所谓"哲学语言的伦理"到底会有什么样的具体准则？关于这一点，科学史上既有的"术语伦理"以及皮尔士对于"哲学术语伦理"的先行探索，可以为当今哲学家追求"哲学语言的伦理准则"提供有益的教训。

"术语伦理"（the Ethics of Terminology）是 1903 年美国科学家、哲学家皮尔士在总结化学、生物学、地质学等成功科学的历史经验时所提出的一种新概念。② 至于科学"术语伦理"所涉及的具体准则，我们可以在国际标准化组织（ISO）那里看到诸多类似的东西，也可以在用首位发现者的名字标识某一科学发现或科学定律的惯例中领略到人们对于术语命名权的自觉与尊重，还可以在学术杂志因为术语问题而拒斥某一论文的案例中感受到人们对于违背术语伦理者的惩戒。皮尔士以严肃的口吻唤醒我们："语词有其义务，同样也有其权利，它们不容践踏。存在一种关于语词的伦理，因为词语是一种社会构制。科学本身也是社会性事务，如果没有对于所用术语意义的公共理解，就不可能实现科学的繁荣。"③ 由于科学家共同体庞大无比，而协作又是科学活动得以正常开展的关键条件，违背科学术语之伦理准则的人，就是在破坏"科学语言"因而阻碍科学活动的顺利开展，其他人也就有理由视之为不道德的行为而加以唾弃、

---

① Haack S. Recent Obituaries of Epistemology. American Philosophical Quarterly, 1990, 27 (3).

② 皮尔士总结认为，所有那些被赞为最成功的科学无一不具有一套严格的术语体系。关于生物学、化学术语从混乱到精确的发展的详细讨论，可参见 Ketner K L. Peirce's Ethics of Terminology. Transactions of the Charles S. Peirce Society, 1981, 17 (4)。有关皮尔士的术语伦理思想，也可参见张留华. 皮尔士论术语伦理学. 自然辩证法研究, 2006 (12)。

③ Ketner K L. Peirce's Ethics of Terminology. Transactions of the Charles S. Peirce Society, 1981, 17 (4): 337.

谴责甚至将其从"科学家共同体"中驱逐出去。

正是基于科学①"术语伦理"思想，皮尔士把亚里士多德、康德以及中世纪司各特等人的哲学语言视作典范，并在现代哲学史上第一次总结出了有关哲学术语的七条伦理准则。② 我们不必指望皮尔士的"准则"清单是完整而无遗漏的，更何况他还只是谈到了英语哲学。不过，基于"科学术语伦理"的有关经验以及皮尔士本人在哲学写作中对于所谓术语伦理的践行，笔者认为，以下三条准则应处在当下"哲学语言伦理"的内核：

（1）不易误读。好的哲学语言，最起码应该是不易产生误解的语言。"令人误解"的语言往往跟"让人费解"的语言一样，意味着说话人思想表达的失败。但对于哲学研究而言，前者所带来的损害可能更致命，因为彼此误解的语言给人以"交流顺畅"或"成功批判"的假象，使得对话双方在已有的熟悉观念内打转，从而无法向思想的纵深推进。相比之下，尽管有些哲学术语很深奥陌生（就像皮尔士所创造的 Pragmaticism③ 一样），但至少可以确保：如果有读者不知道这些词语的意义，他就会主动承认不知道而不至于去误解或挪用它们。④

（2）尊重传统，强调命名权。语言是流传而来的，哲学语言也不例外。当

---

① 本文中没有体现但在皮尔士思想中特别重要的一点是："科学"一词，不应该在"系统化的知识"意义上来理解，而应泛指任何以真理探究为目标的事业。因此，在他那里，哲学尽管与物理学、化学、心理学等具体科学不同，但也属于一种科学，即处在数学科学与具体科学之间的"通视科学"（Cenoscopy）。参见张留华. 皮尔士哲学的逻辑面向. 上海：上海人民出版社，2012：47-77。

② Peirce C S. The Essential Peirce：Vol. 2. Bloomington and Indianapolis：Indiana University Press，1998：263-266. 有哲学家考虑到新出现的交叉科学情况，在皮尔士的"七条规则"之外又增加另外三条规则，参见 Thellefsen T. Charles S. Peirce's Ethics of Terminology Revisited. Semiotica, 2004（151）：72-73。

③ 该词与詹姆士所用的 pragmatism 相比多出"-ci"一个音节，是要表示它是一种限制版本的实用主义。对于此种术语的发明，皮尔士所给出的解释是："正如在化学中那样，赋予某些前缀和后缀确定的意义，这可能是明智的。譬如，或许这样可以得到共识：prope-表示对于其所予以前缀之词的意义的一种广泛而不太确定的拓展；一种学说的名称一般以-ism 结尾，而-icism 可以表示对于那一学说的一种更加限制性的接受，等等。"参见 Peirce C S. Collected Papers of Charles Sanders Peirce：Vol. 5. Cambridge，MA：Harvard University Press，1934：para. 413。

④ 皮尔士本人在很多方面继承了中世纪司各特的哲学术语。而对于近代的著名哲学家休谟，皮尔士则将其归在"文艺类型的人"（a literary man），特别是批评他将中世纪的"自然法则"一词滥用（主要是由实在论到唯名论或经验论的误读）。参见 Peirce C S. Collected Papers of Charles Sanders Peirce，1934，6：para. 541-542。

人们说"现代哲学孕育于古代哲学"时，这句话所指的不只是思想的连续性，更应是哲学语言的继承性。早期哲学家们引入第一批哲学术语来表达那些在当今哲学家看来最为基本的概念，他们是这些概念的命名者。当后人自觉以哲学史上的术语来表达相应概念时，他们不只是对于前辈或传统的尊重，更重要的是在维护一种神圣的命名权。每一个时代的哲学家在实现所谓"哲学创新"时常常都会引入此前其他哲学家没有发现的概念，此时"第一位发现者"的命名权应得到保障。共同体内所有其他的人都有义务在涉及某个哲学概念时遵循术语命名者的用法，任何在其合法命名者所赋意义之外挪用该术语的做法，都可以说是触犯了"语言的伦理"，哲学家共同体有义务蔑视并拒斥这一行为。

（3）术语对应概念。哲学语言所承载的是哲学思想，任何术语都要求对应着明确的概念。因此，以适当的术语表达相应的概念，不仅是一种特权，也是一种义务。享有命名权的"概念发现者"不仅要证明新概念为哲学思考带来真正的义理区分而非康德所谓的那些"虚假细分"（false subtlety），而且有义务不做武断性的命名建议，尤其是要防止自己的术语出现语言误用（譬如，挪用了此前已表达另一不同概念的旧术语，或者引入了歧义或含糊不清的词语）。其他人，如果能以充分的理由表明第一位命名者所选用的术语不适当，则有权对相应的概念重新命名。值得注意的是，当不同语种的哲学（如拉丁语哲学、英语哲学、德语哲学、法语哲学、汉语哲学等等）同时关注某一共同问题时，此种"术语-概念对应原则"会使得哲学术语的译名问题①显得格外重要。

除此"内核"之外，"哲学语言的伦理"当然存在着"外围"上的诸多细节，不必展开过多，重要的是，我们现在不仅认识到哲学语言及其伦理维度的存在，而且已经窥见了类似于"科学术语伦理"的"哲学语言的伦理准则"。这些可以让我们相信，通过开启一种新的关注哲学家群体自身的探究类型，哲学共同体的思想研究有望通过一种好的语言而得以促进。正如皮尔士所指出的那样，对于好的思想而言，好语言不只是重要的，而且根本就是它的"本质所在"②。而

---

① 在这一方面，苏珊·哈克曾提到一个有趣的例子。波普尔的德语作品 Logik der Forschung 书名原意为 logic of research（调查研究的逻辑），在英语中却被误译为"The Logic of Scientific Discovery"（科学发现的逻辑）。而这很可能会导致严重的误解，因为其实波普尔认为并不存在有关科学发现的逻辑。

② Peirce C S. The Essential Peirce: Vol. 2. Bloomington and Indianapolis: Indiana University Press, 1998: 263.

在笔者看来，好的哲学，不只是声称有好的观点、好的论证，还要采用好的语言。或许，更严格的说法应该是：只有采用好的语言，好的观点或论证才能在共同体范围内得到恰当的表达、传播和把握，因而也才真正有资格被判定为好的观点或论证。

在伦理观照下，好的哲学语言势必呈现出越来越多的规范性，同时会充分支持哲学语言的创新。所谓"规范"并不是抑制哲学语言的创制与流变，只是为强化共同体交流而商定"契约"，或者说是为获致某种"主体间理性"或"交往理性"。在此意义上，哲学的与科学的"伦理"并无二样，言语层面的规范性完全无碍于思想层面的观点或方法的创新，反而能让行业语言与思想创新相伴成长。具体而言，我们可以从两个方面廓清上文所列伦理准则蕴涵的"开放性"：

其一，所谓的伦理准则不会抑制反而能促进哲学语言本身的生长。人间百态，世界万物，有同有异；对此，只有当我们用适当的语言表达出了心中所认识到的"区分"时，才算获得了真知。语言生于经验，而包括哲学在内的一切语言随着经验而变。更何况，即便是对于同一种经验现象，哲学家们在概念层面对之所做的描述也会更新。也就是说，哲学研究领域的扩充，哲学思想的进步，本身都要求哲学语言与之相伴而生。当我们思想层次上的概念地图在向外延度和精细度上拓展放大时，哲学家的语言表达必定随之走向丰富。普特南也告诉我们："人类是能让自己感到吃惊的生物；我们一直都在创造新的语言游戏，而且将会继续创造出新的语言游戏。"[1] 因此，哲学家共同体不会有什么"终结版"的哲学术语表或是什么"大而全"的哲学词典。"哲学语言伦理"无意构建封闭的术语体系，倒是要保证概念上的创新都能在语词的选用上得到精确体现，从而维持人类概念空间的整洁有序，最终为了更好地描述或建构外部世界。

其二，所谓的伦理准则并不会切断哲学语言与日常语言、科学语言或文学语言之间的思想互动。哲学语言伦理所关注的是：当你有了即便是很有价值的看法时，如何选择用语而不至于阻碍"哲学家共同体"之内以及"哲学家共同体"与其他共同体之间的交流。因此，根据这样的伦理考虑，提出新术语的一个前提条件是：你能够在理性领域获得新发现。当我们从这个角度来看问题时，

---

[1] Putnam H. Pragmatism：An Open Question. Cambridge，MA：Blackwell，1995：32.

你会发现：哲学语言要获得成长，不仅不必抛离日常语言这一富足的经验母体，反而可以从对于日常语言的观察和研究中寻找那些早已真实存在只是对于哲学家显得陌生的"新"概念、"新"区分。也正是在此种意义上，我们听到有哲学家说："哲学'语言'，不论是否为形式化的，总是一定寄生于自然语言之上。"① 杜威甚至夸张地断言："即使是最严格而全面的数学语言，也很难抵得上原始民族语言所达到的理智成就。"② 也就是说，由于日常语言本身凝聚着长期的历史积淀以及当代的集体智慧，而不同民族的自然语言更是承载着多样的经验与直觉③，当哲学家希望通过寻求概念上的新区分而推进哲学研究时，从作为母语的日常语言中学习，将不失为一条捷径。同样地，哲学家经常也要借鉴科学语言、文学语言中的"经验"或"概念"。哲学家不一定要重复日常语言或科学语言的说辞，却可以通过重拾日常语言、科学语言、文学语言当中的思想沉淀获至哲学义理的新高度，构造出新的哲学术语，进而编织出更加丰实的哲学语言。

五、结语

毋庸讳言，本文的工作并不是对于哲学语言及其伦理维度的全面论证，因为文中借以展开论证的思想资源主要建立在现代英美哲学之上，而向来同样关注语言研究的欧洲大陆哲学④ 或东方哲学或许能给我们提供别样的研究视角。不过，笔者相信，现代英美分析哲学早期的"哲学语言之辩"作为一个"以点

---

① O'Connor D J. Philosophy and Ordinary Language. The Journal of Philosophy, 1951, 48（26）：803.

② Dewey J. Logic：The Theory of Inquiry. New York：Henry Holt and Company, 1938：75.

③ 作为一个例子，我们可以想象一下：中国古代汉语言中关于各种玉石的名称之分（比如：璧、琮、珪、璋、璜、琥等），凝聚着古人多少实践和智慧。

④ 欧洲大陆哲学整体上受现代逻辑这一人工语言的影响不大，至今仍旧主要采用"德语""法语"等自然语种。但是，来自欧洲大陆哲学的语言使用情况并不必使得我们弱化"哲学行业语言"意识，因为所谓"德语"或"法语"等并不能简单地被称为日常语言，其中一直包含有所谓的哲学术语。那些典型的哲学词汇或是从日常用语中借用来的，或是完全为哲学而新造出来的（而新造哲学词汇最多的语言当属中世纪的拉丁语）。它们构成了哲学语言的基本内容，而它们"借用"或"新造"的恰当与否，从"哲学行业语言"本身的形成和发展来看，显示出一种或好或坏的伦理维度。

带面"的引子，可以成为我们一般性地深入探讨哲学语言及其伦理维度的出发点。

　　笔者的思考围绕现代分析哲学的故事及其寓意，旨在表明：对于哲学语言的意识与追求关乎哲学作为一门现代学科的探究连续性。这不仅是来自近代科学成功案例的训诫，更是当今每一位哲学家可以凭借元语言反思达到的结果。哲学思想的自由和哲学研究的创新，不应成为无视哲学语言伦理的理由，因为哲学作为一门现代学科，不只是个人穷尽一生的思考，而是兼具共时性和历时性的哲学家学术共同体的连续性探究。或许，有读者感觉到这在一定程度上让哲学"不幸"跟着科学走了。但此种跟随并不夹裹任何有关哲学科学化的意图，甚至丝毫不弱化哲学与科学之间的原本差异，因为它只是假定了哲学跟科学一样是基于共同体的连续性探究因而有必要追求一种好的行业语言而已。

第41章 哲学研究的两条不同路径
——对中国哲学界现状的批评性反省

尽管俗语说,条条大路通罗马。但是,通向罗马的道路毕竟有理论上最短的路径,也有大家所习惯走的路径。同样地,虽然哲学研究也有众多的路径,但中外哲学界毕竟还有占主导地位的路径,也有各自所熟悉和习惯的路径,由此建构出不同的学术共同体所遵循的不同范式。我把哲学研究的路径主要概括为两条:一条是面向原典和传统,另一条是面向问题和现实;前者着眼于诠释和继承,后者着眼于开拓和创新。从地域上说,欧洲大陆、中国和东亚文化圈的哲学界偏向第一条路径,英美澳加哲学界等偏向第二条路径。[1] 在本章中,我将结合当代中外哲学特别是当代中国哲学研究的现实,对这两条不同路径做一些探索、阐发、比较、反思和评论。本章由四节组成:(1)面向原典和传统,传承文化和文明;(2)由"本"开"新",走向创造性诠释;(3)面向问题和现实,建构当代特色的哲学;(4)百花齐放,共同营造当代中国哲学的繁荣。以此就教于国内哲学界同人,敬请大家批评指正。

顺便说一下,以牛津哲学家威廉姆森的《哲学的哲学》(2007)一书[2]的出版为标志,欧美哲学界近些年开始了对哲学本身的任务、使命、方法、基本预设、学科性质等等的反思,元哲学和哲学方法论研究方兴未艾。下述问题成为目前的关注热点:哲学研究究竟是面向语言、概念或思想,还是像其他自然科学一样,面向外部世界本身?哲学是不是人类认知这个世界的总体努力的一

---

[1] 有三位国外学者合作撰文,其中谈到当代西方哲学的现状:"在欧洲大陆,在很大程度上只有哲学史,但斯堪的纳维亚国家和波兰是例外。在盎格鲁-撒克逊世界,大多数哲学家都不是哲学史家。在欧洲大陆,把哲学几乎等同于哲学史,这反映了对哲学领域内任何理论雄心的极大怀疑。这些断言几乎是没有争议的,看看欧洲大陆哲学家的出版物就容易明白这一点。"[Mulligan K, Simons P, and Smith B. What's Wrong with Contemporary Philosophy? Topoi, 2006 (25): 63-67.]

[2] Williamson T. Philosophy of Philosophy. Oxford: Blackwell Publishing, 2007.

部分？如何评价 19 世纪末和 20 世纪西方哲学研究中所发生的"语言转向"或"思想转向"？它们带来了什么样的积极成果，同时又产生了哪些消极影响甚至根本性缺陷？哲学这种在"扶手椅"（armchair）中所进行的研究能否产出关于这个世界的有价值的认知？哲学研究与其他自然科学在目标和方法上有什么异同？哲学研究也需要"证据"吗？如果需要，是"文本证据"还是来自外部世界的"经验证据"？传统上重要的那些哲学区分，如"必然性和偶然性""分析性和综合性""先验性和后验性"等等，究竟是否成立？其根据是什么？有什么样的理论后果？哲学研究需要诉诸"直觉"、"想象"和"思想实验"等等吗？哲学研究中是否需要引入像问卷调查、统计数据、某种类型的实验等等？由这样的方法得到的结果在哲学论战中究竟起什么作用？有可能建立所谓的"实验哲学"吗？如此等等。

一、面向原典和传统，传承文化和文明

在本节中，我集中关注两个问题：为什么要面向经典文本和思想传统？为什么历代中国学者大都选择面向原典和传统？

1. 为什么要面向经典文本和思想传统？

黑格尔有言："凡是现实的东西都是合理的"[①]，至少有它们之所以如此的原因、理由和根据。用此种观点来分析中国哲学研究的状况，或许能够尽可能做到"同情的理解"。

"我是谁？""我从哪里来？""我到哪里去？"这些近乎永恒的哲学问题几乎人人都要面对，并且每个文化、民族、国家和其他共同体也要面对。在某种程度上，"我从哪里来"定义了"我是谁"，也会影响关于"我到哪里去"的思考和选择。正因如此，对我们这些后人来说，我们祖先所留下的经典文本和思想传统具有极其重要的价值，主要谈三点：

（1）经典文本是我们作为文化生物自我认知的入口处。例如，作为中国人，我们的精神和心理世界、思维方式、安身立命之道、为人处世之道、生活习惯、审美趣味等等，都是由我们祖先所留存的经典文本为载体的思想文化传统所塑造的，后者以无形的方式渗透到我们生活的各个细节中，理解那些经典文本在

---

① 黑格尔. 逻辑学. 梁志学，译. 北京：人民出版社，2002：37.

某种意义上就是理解我们自身以及我们当下的生活方式。

　　顺便谈到，在中国逻辑学界，关于中国古代是否有逻辑学，以及是否应该和如何研究中国逻辑史，学界同人发表了很多不同意见，不时还有很激烈的争论。有一些学者执着于"逻辑研究必然得出关系，逻辑是一门关于推理的形式结构的学科"等观念，不断撰文强调中国古代没有逻辑学。我对这样的看法多有保留，这既涉及对"什么是逻辑学"的理解，也涉及对中国文化传统的理解。这里退一步，权且接受他们的说法为真，中国古代确实没有像亚里士多德三段论那样的"形式"逻辑，但对下述问题的研究仍然是有重要意义的：哪些因素造成了这种"没有"？这种"没有"对中国传统文化造成了哪些"正面"或"负面"的结果？再做一个反向追问：在思维理论方面，中国传统文化中究竟"有什么"？中国古代思想家如何思考问题？有哪些大致共同遵守的程序、模式、方法和规则？他们之间如何进行像"鹅湖之辩""朱张会讲"那样的论辩以及评判其胜负优劣？在中国传统典籍中，有关于"如何思维"、"应该如何思维"和"如何交流和论辩"的论述吗？有关于思维的过程、程序、模式、规律、规则、方法、技术、谬误等等的研究吗？在这些问题上，中国古代思想家的思考与西方思想家的思考之间有什么"同"与"异"？造成这些"同"与"异"的原因是什么？在海外汉学家对这些问题的研究中，哪些说法是正确的或有启发性的？哪些说法则是错误的？如何改善中国人的思维方式，以便更有利于中华民族的重新崛起？我们作为中国传统文化的后裔，当然有必要把这些问题弄清楚，这样的研究由具有逻辑学背景的学者来做也更为合适，甚至是他们不容推卸的责任和使命。至于把这样的研究结果叫作什么为好，如"中国逻辑学史"、"中国名辩学史"或"中国论辩学史"等等，远不是那么重要的事情。

　　（2）经典文本是文化、文明传承的可靠载体。我曾经写道："经典文本是经过时间的无情淘洗所留下来的珍珠或黄金，是经过无数双挑剔的眼睛筛选所留下来的精品。尽管各个时代的出版物浩如烟海，但有真知灼见、能够流传后世的并不多。有不少书籍，其诞生就是其死亡；还有一些书籍，刚出版的时候，也许热闹过一阵子，但时间无情，很快就从人们的视野中消失，并被人们完全遗忘。只有真正有价值的东西，才会被后人反复翻检，不断被重新阅读、审查和思考。之所以如此，是因为这些经典或者提出了真正重要的问题，或者阐述了真正有创见的思想，或者对某个思想做出了特别有智慧的论证，或者其表达方式特别有感染力，更多的时候，是以上各者兼而有之。"①

（3）经典文本是进行新的思想文化创造的重要参考。在思想文化史上，不大可能出现"万丈高楼平地起"的现象，任何后人的创造都必须建立在前人、他人工作的基础上，都必须借助"巨人的肩膀"才能站得更高、看得更远。我曾经写道："哲学家要思考这样的问题：这个世界究竟'有'或'存在'什么？——这些'什么'构成我们生存和认知的前提和出发点；什么样的信念构成'知识'？什么样的语句、命题或信念是'真理'？个人和社会的关系应该是什么样的？什么是'幸福'？什么是'正义'？人与自然的关系应该是怎样的？什么是'美'？对这些问题的关切和思考并不会随着历史的变迁、环境的改变、科技的进步而变得有根本性不同。在这个意义上，先前哲学家的智慧仍然对我们有启迪、引领、指导作用，哲学史研究具有十分重要的意义。"②

鉴于如上谈到的经典文本的重要性，许多学者把精力投放到对它们的整理、解读和诠释上，就是在做一件功德无量的事情。特别考虑到在历史的流传中，很多古代典籍残缺不全，其中有很多脱落、误植、讹误和有意的伪托，不加标点的古汉语书写系统对于现代中国人几近"天书"。即使古典文献的校勘和释读也已经成为一件非常专业的事情，需要长期浸淫其中、训练有素的专家学者来进行。在此之后，他们再按照自己的理解，对其做整理、诠释和评价，将其介绍、传播给普罗大众。有些欧洲大陆哲学家如黑格尔、海德格尔、胡塞尔、伽达默尔、德里达等人的作品，即使是其母语圈的哲学家，也公认为晦涩难懂，有些中国学者依托他们的外语背景和学识功底，付出极大的辛劳，将它们移译为可以理解的中文。所有这些工作都非常有价值，丰富了当代中国人的思想文化资源，功莫大焉！向他们致以崇高的敬意！

2. 为什么历代中国学者大都选择面向原典和传统？

这种局面是由多重社会和个人因素共同造成的，其中一部分是外部环境迫使他们不得不然，另一部分则归结于他们的自觉选择。

（1）政治和学术制度。秦始皇并吞六国，一统天下，创立"书同文、车同轨"的中国，也随即"焚书坑儒"。汉朝"罢黜百家、独尊儒术"，统一官方意识形态。隋朝开始科举制，打破血缘世袭和世族垄断的官场用人制度，为民间士人（知识分子）开辟了阶层上升之道，但同时也把他们纳入官方学术的轨道。

---

① 陈波. 与大师一起思考. 北京：北京大学出版社，2012：1.
② 陈波. 面向问题，参与哲学的当代建构. 晋阳学刊，2010（4）：3.

从此之后，中国士人走上了皓首穷经以谋一官半职的道路，学术视野和思想自由受到极大限制，很多学术作品都以"经典注疏"的形式出现，"我注六经"成为最强大的学术传统。即使有些学人真想说点自己的思想，也常常让其隐藏在"注疏"的形式之下，有时候甚至放弃署名权，伪托古人，企图混入"经典"，以传后世。甚至像康有为这样的一代豪杰，也不得不"托古改制"，从古代和圣人那里获得思想支持和论证力量。1949年中华人民共和国建立后，许多哲学工作者都去撰写马恩列斯毛著作的解说，像贺麟、洪谦、苗力田这样有西学背景的学者，则几乎把全部精力都投放在对西方哲学经典文献的编选和移译上。自由的思想创造几成绝响，"六经注我"只是偶尔提及的一个口号，从来没有成为一个稍微有影响力的传统。

（2）师承和传统。一代一代的学者在上述氛围内长大和生活，很多东西在反复操作中成为习惯，甚至潜移默化为自己的内心选择。由这样的老师教出这样的学生，这样的学生后来又成为老师，再教出这样的学生，按照大致固定的模板不断复制，从而演变为"学术传统"。"熟知"慢慢变成了"真知"，"司空见惯"慢慢变成了"理所当然"，只有个别特立独行之士能够且敢于逸出常轨，但大多以悲剧性结局收场。

在中国学术界，有一个说法曾长期流行但实际上很成问题，即"君子述而不作"。先秦墨子对此提出了有说服力的批评："〔儒者〕曰：'君子循而不作。'应之曰：古者羿作弓，伃作甲，奚仲作车，巧垂作舟；然则今之鲍、函、车、匠，皆君子也，而羿、伃、奚仲、巧垂，皆小人邪？且其所循，人必或作之；然则其所循，皆小人道也。"（《墨子·非儒》）墨子的批评却一直没有得到应有的重视。我在读大学本科和研究生时，常常听到这样的规劝：50岁之前不要写任何东西。实际情况却是：不少哲学经典出自年轻人之手，如休谟30岁之前完成皇皇巨著《人性论》，维特根斯坦20多岁在第一次世界大战的战壕中完成《逻辑哲学论》初稿。我深感怀疑的是，一个人在50岁之前什么也不写，在50岁之后还有学术创作的冲动和能力吗?!

（3）见识和能力。如果一个年轻人只接受一位或几位特定老师的教导，他只在一种学术传统中受训，只读特定老师指定的特定类型的书，只接受其老师的解说和观点，再加上中国传统"尊师重道"，稍有不逊，就有可能被"逐出师门"，而"师门"相当于某种利益集团，则很难指望这样的学生有什么批判性思考的能力。他知道得太少，他的知识视野太窄，他的思维模式被固化，没有比较和鉴别，很难指望他们在学术上有什么突破性建树。相反，像严复、梁启超、陈寅恪、胡适、冯友兰、金岳霖等这样的学者，幼习中学，打下了很好的国学底子，然后又出国留洋，接受西方学术训练，受到中西文化的冲撞激荡，其见识和学术眼光自然不同凡响，其治学也别具气象，甚至能够成一家之言。

（4）功利性考虑。学者也是普通人，他自己要生存，他还有一家老小要养活，他需要生存资源，他要有社会地位，他必须获得社会的认可。于是，他通常会遵循当时社会的主流价值观，寻求晋升之阶，很少有人能够逆流而动。我曾看过京剧《马前泼水》，讲的是朱买臣一介书生，家贫如洗，生存能力非常有限。出生大家闺秀的妻子早年还能忍耐，对丈夫未来的前途还抱有期待。随着朱买臣屡试不中，逐渐失去耐心，在贫穷生活的逼迫下终于变成"泼妇"……当代年轻学者也面临很多生存困境，房价高企，但他们无房无车无钱，还要面对年度考核、课题结项、职称评定以及许多后面带"金"的头衔评选。他们很难做到心如止水，安坐十年冷板凳，大都选择做文化快餐式的操作。许多研究当代西方哲学的学者，不是与国外同行一起投身于某项研究之中，变成他们的对话者，而是仍然采用"哲学史"的做法，把所谓的"研究"变成了"现场直播"，找或许有些影响的外国学者的文章和著作来读，然后写成介绍类的中文文章，看得懂的地方多写一点，看不懂的少写一点，末尾再来一点无关痛痒的"简要评论"，其中很多评论他自己都不当真。这样的文章在国际刊物上绝不可能发表，却占据了国内学术期刊的主要版面。我这里做个类比：假如某位国内学者在《中国社会科学》等刊物上发表了几篇文章，其他好些人另写文章介绍该学者的观点和论证，其中没有严肃认真的商榷和批评，没有对其工作所做的有意义的扩展，这样的文章能够在国内学术刊物发表吗？发表后甚至会引起版权问题。国内学术期刊必须改变"介绍评述类"文章泛滥、真正的研究性文章很少的局面。

二、由"本"开"新"，走向创造性诠释

实际上，做原典和哲学史研究，也有两种不同的方式，一是把全部注意力都放在老老实实阅读、原原本本理解上，然后加以整理和诠释，力求忠实准确地介绍和传播给公众。二是按照傅伟勋所提出的"创造的诠释学"所指引的路径去做。我对傅伟勋的"创造的诠释学"非常欣赏，觉得他本人已经把有关步

骤、环节、要旨说得非常清楚，详细引述如下：

> 作为一般方法论的创造的诠释学共分五个辩证的层次，不得随意越等跳级。这五个层次是：(1)"实谓"层次——"原思想家（或原典）实际上说了什么？"；(2)"意谓"层次——"原思想家想要表达什么？"或"他所说的意思到底是什么？"；(3)"蕴谓"层次——"原思想家可能要说什么？"或"原思想家所说的可能蕴涵是什么？"；(4)"当谓"层次——"原思想家（本来）应当说出什么？"或"创造的诠释学者应当为原思想家说出什么？"；(5)"必谓"层次——"原思想家现在必须说出什么？"或"为了解决原思想家未能完成的思想课题，创造的诠释学者现在必须践行什么？"①
>
> 就广义言，创造的诠释学包括五个层次，就狭义言，特指"必谓"层次。如依狭义重新界定五个层次的各别功能，则"实谓"层次属于前诠释学的原典考证，"意谓"层次属于依字解义的析文诠释学，"蕴谓"层次乃属历史诠释学，"当谓"层次则属批判诠释学；"必谓"层次才真正算是狭义的创造的诠释学，但此层次的创造性思维无法从其他四层任意游离或抽离出来。
>
> 创造的诠释学坚决反对任何彻底破坏传统的"暴力"方式，也不承认不经过这些课题的认真探讨而兀自开创全新的思想传统的可能性。创造的诠释学站在传统主义保守立场与反传统主义冒进立场之间采取中道，主张思想文化传统的继往开来。创造的诠释学当有助于现代学者培养正确处理"传统"的治学态度。②

下面，我从中外哲学史研究中选取几个例子，作为傅伟勋所提倡的创造诠释学的应用事例。尽管有关当事人并不知道所谓的"创造的诠释学"，但他们实际上却是这样做的，这也从侧面证成了"创造的诠释学"的理据和价值。

1. 休谟研究和新休谟争论

休谟哲学是一个相当古老的话题，当代西方学者在这上面也能有新的创获。对休谟哲学的"传统解读"认为，休谟的因果论证和归纳论证否定了因果关系的客观必然性，也否定了归纳推理的合理性，从而威胁到整个经验科学的合理性，由此把休谟解释成一位彻底的怀疑论者，甚至是一位不可知论者。自20世纪80年代以来，出现了一种"因果实在论"解释，由此引发了一场激烈的"新

---

① 傅伟勋. 创造的诠释学及其应用. 时代与思潮, 1990 (2): 240.
② 同①257.

休谟争论"①。斯特劳森和赖特等人认为，休谟并未把因果关系等同于相似对象之间的恒常结合，相反他实际上相信外部世界中存在因果必然性或因果力，它们才是这种恒常结合的根本原因。他们的主要论证手段是：对来自休谟的某些引文进行强调和新的解释，这些引文中包含休谟对因果关系或因果力的直接指称性用法；通过区分"设想"（conceiving）和"假设"（supposing）以及对象中的因果性本身和我们关于因果性的知识，试图表明休谟的怀疑论只是针对我们关于因果性的知识，而不是针对客观的因果性本身；揭示传统解释将会遭遇到的困难：若只把因果关系解释为接续的合乎规则性，排除任何实在论意义上的因果关系，则这种合乎规则性就失去了根基，只是纯粹的混乱；休谟最后求助于人的本能、自然信念和常识：尽管我们无法从理性证明外部世界和因果关系的存在，不能证明归纳推理的有效性，但是我们的本能、习惯和常识却要求我们相信外部世界和因果关系的存在，也相信归纳推理是管用的。② 我本人不太同意对休谟关于因果和归纳的怀疑论的传统解释，而对近些年涌现出来的因果实在论解释抱有很大的同情。③

2. 弗雷格研究和新弗雷格主义

弗雷格要把数学首先是算术化归于逻辑，用逻辑概念定义算术概念，从逻辑真理推出算术真理，通过逻辑的确实可靠性来确保算术的确实可靠性。这种构想被称为"逻辑主义"。亚里士多德的主谓词逻辑不能承担这个任务，于是弗雷格自己创立了以主目-函数为基础的、能够刻画关系命题和多重量化的一阶逻辑和高阶逻辑，并着手从二阶逻辑加公理Ⅴ所构成的二阶理论中推出算术。但罗素后来证明，从公理Ⅴ可以推出逻辑矛盾，即著名的"罗素悖论"。在得知这个结果后，弗雷格构想了几个补救方案都不成功，导致他本人放弃了逻辑主义构想。数学哲学中的逻辑主义已经死了，这一看法在很长时期内几乎得到公认。从20世纪80年代开始，赖特、黑尔、赫克等学者发现，先前被弗雷格放弃的休谟原则与二阶逻辑是一致的，并且从休谟原则和二阶逻辑可以推出皮亚诺算

---

① Read R, Richman K A. The New Hume Debate: Revised Version. London/New York: Routledge, 2007.

② Strawson G. The Secret Connexion: Causation, Realism and David Hume. Oxford: Clarendon Press, 1989; Wright J. The Sceptical Realism of David Hume. Minneapolis: University of Minnesota Press, 1983.

③ 陈波. 有关休谟哲学的两个重要问题. 哲学与文化（台湾），2015（8）：3-24.

术公理，这一结果被称为弗雷格定理。有些学者对休谟原则提出质疑，其中包括恺撒问题和良莠不齐反驳。此后，不少学者尝试在保留公理 V 的前提下通过限制二阶逻辑来做下述工作：首先证明公理 V 与受限制的二阶逻辑的一致性，其次从公理 V 和受限制的二阶逻辑推出休谟原则，最后从休谟原则与受限制的二阶逻辑推出算术公理。① 这样的工作被叫作"新逻辑主义"或"新弗雷格主义"。

再说一件事。在其著名的论文《涵义和指称》（1892）中，弗雷格论述说，任一名称都有涵义和指称，语句是广义专名，其涵义是它所表达的思想，其指称是它所具有的真值（真或假）。他进而提出了"外延原则"：在一个复合表达式中，若其中的某个成分表达式被指称相同的表达式所替换，由此得到的新复合表达式的指称保持不变。但弗雷格注意到，在间接引语和命题态度等语境中，外延原则会遇到反例，例如在"哥白尼相信地球围绕太阳转"中，就不能用"哥德尔是伟大的逻辑学家"来替换"地球围绕太阳转"，尽管这两个句子有相同的真值。弗雷格由此提出了他的补救方案：在间接引语语境和命题态度语境中，表达式有间接涵义和间接指称，其间接指称就是正常语境下的涵义。例如，在"哥白尼相信地球围绕太阳转"这个语句中，哥白尼所相信的是句子"地球围绕太阳转"所表达的思想，而不是它的真值。大多数学者都为这样的补救方案鼓掌和欢呼，但克里普克却发现了严重的问题。他撰文论证说：这会导致涵义和指称的无穷倒退和无穷分层，使得很多平常可理解的句子变得不可理喻，甚至使语言学习变得不可能。例如，"张三相信李四知道王丽认为大阪是日本的首都"，在涵义和指称的三重转换中，"大阪""日本""日本的首都"都不再意谓我们通常所理解的东西，究竟意谓什么也根本说不清楚，而这样的看法是荒谬的。克里普克随后做了两件事情：解决弗雷格涵义和指称理论带来的困惑；作为解决该问题的衍生，他认为弗雷格有类似于罗素的亲知理论。②

3. 中国现代新儒家

对于中国现代新儒家，我知道一点，但并不足够熟悉。根据国学网和百度百科的"新儒家"词条，"新儒家是指民国新文化运动以来全盘西化的思潮在中

---

① 郭永盛. 什么是新逻辑主义？湖南科技大学学报，2009（3）：35-39；刘靖贤. 新逻辑主义的困境与二阶分层概括. 湖北大学学报，2014（2）：17-21.

② Kripke S. Frege's Theory of Sense and Reference: Some Exegetical Notes. Theoria, 2008, 74: 181-218；重印于 Kripke S. Philosophical Troubles, Collected Papers: Vol. 1. Oxford: Oxford University Press, 2011: 254-291.

国的影响力扩大，一批学者坚信中国传统文化对中国仍有价值，认为中国本土固有的儒家文化和人文思想存在永恒的价值，谋求中国文化和社会现代化的一个学术思想流派"。其早期代表人物是熊十力、梁漱溟和马一浮等，后来包括台港、海外和内地的一些哲学家。根据该词条，蔡仁厚曾把当代新儒家的学术贡献概括为如下五点：（1）表述心性义理，使三教智慧系统焕然复明于世；（2）发挥外王大义，解答中国文化中政道与事功的问题；（3）疏导中国哲学，畅通中国哲学史演进发展的关节；（4）消纳西方哲学，译注三大批判融摄康德哲学；（5）会通中西哲学，疏导中西哲学会通的道路。① 这样的评价是否确当，我这个外行不敢置喙。至少初看起来，现代新儒家试图把传统儒家学说与当代社会现实相连接，与西方哲学和西方文化的某些理念相融合，对其做出某些改变和发展，以便适应当代社会的需要。这是否也能算作"创造性诠释"？还是留给有关专家去评判吧。

　　两个词条都谈到了新儒家的缺陷之一："对传统儒家文化造成中国历史和现实的巨大负面影响，不是低估就是视而不见，即使有一点批判也往往是轻描淡写的。"在我看来，由儒家伦理建构出来的人格多有问题，容易出两种人：资质平庸者容易迂腐，"无事袖手谈心性，临危一死报君王"，几乎百无一用；资质好一些的容易虚伪，"满口仁义道德，满肚子男盗女娼"，光鲜的外表下掩藏着一肚子肮脏；当然也不排除曾塑造出少数既品德高尚又非常能干的儒家精英。这或许表明，儒家伦理所依据的基础理论有问题，它太喜欢唱高调，而又没有提供任何切实可行的指导。儒家常常说"内圣外王"，"修身、齐家、治国、平天下"，甚至还有大得惊人的抱负："为天地立心，为生民立命，为往圣继绝学，为万世开太平。"听起来很美，但稍微仔细思考一下，就会疑窦丛生：中国传统社会提供了实现此类抱负的制度环境吗？这是一个知识分子合理的自我期许吗？究竟如何去具体实现这样的理想和抱负？真实情况是："天下"是皇家私有的，只要你一开始想"外王""治国""平天下"，马上就有可能背上"谋反"的罪名，遭遇杀身之祸，甚至被诛灭九族。即使是那些较低层次、听起来很合理的儒家伦理，如"老吾老以及人之老，幼吾幼以及人之幼"，在生存资源非常匮乏的情况下，也会遭遇像"郭巨埋儿"之类的人伦困境。我认为，那些真想弘扬传统儒学

---

① 参见国学网"新儒家"：http://www.oureb.com/guoxue/rjxin.html；百度百科"新儒家"：https://baike.baidu.com/link? url = e3 - dNUHFl8X - wyVXNWdYBLw3sEjOsAfi3uiziv1M9BGqRjjo43Bi79fYk5GzWyaQGbbk1t64002KMNa3Xi98w_；读取日期：2016 - 08 - 09。

的中国学者，必须付出极大的理智努力，把儒学从高耸的云端拉回坚实的地面。

还有必要提请注意一种异常现象：一批海外汉学家也在那里研究中国哲学和中国文化，他们之间常常会就某些有关中国的议题发生激烈的论战，但在这样的论战中，中国学者甚至是华裔学者却常常完全缺席①，那帮汉学家有时候会得出一些相当奇怪的结论，有些甚至渐渐被视为定论。例如，前香港大学教授陈汉生在《中国古代的语言与逻辑》等论著中，从"古汉语名词没有单复数之分"这类前提出发，得出古汉语名词非常类似于西方语言中的"物质名词"如"金木水火土"，指称某种具体的物质形态，而并不表示抽象概念，由此他引出了一系列重要结论："中国古代没有一个用汉语表达的哲学系统以任何传统上重要的方式承认抽象（共相）实体的存在，或让其发挥作用，而西方语义学、认识论、本体论或心理哲学则给抽象以重要地位。"中国哲学中甚至没有"真理"概念："中国思想集中于语用的研究……较少关心语义上的真假，而较多地关心语用上的可接受性。"② "中国古代那些用来评价不同学说的'哲学理论'并不依赖西方人非常熟悉的真/假区分。"③ 假如陈汉生的这些结论真成立的话，甚至可以得出"中国无哲学"的结论，因为没有抽象概念和真理概念的哲学还能叫"哲学"吗？我曾给国际期刊投寄有关中国哲学和逻辑的英文稿件，有的审稿人就以陈汉生的这类观点对我的稿子提出了一大堆问题。假如某种谬见成为"主流"和"定论"，以后要改变会非常困难。因此，我主张：中国哲学家要与国际同行一道，全面参与到与中国哲学有关的国际性研究中去，也要全面参与到哲学的当代建构中去。对于中国学者来说，过去或许没有这样的条件和能力，但今天这样的条件和能力至少是初步具备了。

三、面向问题和现实，建构当代特色的哲学

做原创性的哲学研究，关键是要面向哲学问题，提出理论去回答和解决这

---

① 顾明栋. 语言研究的汉学主义——西方关于汉语汉字性质的争论. 南国学术, 2014 (1): 125-134; 韩振华. "语言学转向"之后的汉语哲学建构——欧美汉学界对于先秦中国思想的不同解读. 华文文学, 2014 (2): 22-39.

② 陈汉生. 中国古代的语言与逻辑. 周云之, 等译. 北京：社会科学文献出版社, 1998: 45, 74.

③ Hansen C. Chinese Language, Chinese Philosophy, and "Truth". The Journal of Asian Studies, 1985, 44 (3): 494.

些问题。中国哲学家要继续研究那些传统上仍未解决的重要学理性问题，也要直面当代社会现实生活的需要，从中提炼出相关的哲学问题，或者赋予旧问题以新形式，或者在新背景中探讨老问题，发展新的哲学理论，回答当代社会生活的关切。歌德说得好："理论是灰色的，生活之树常青。"

这里先举几个学理性问题的例子，它们仍有待哲学家们去仔细深入地研究。

（1）社会实在论研究。

当做形而上学研究时，我们不能只关注那些传统问题：这个世界上"有"什么？特别是我们所面对的自然界中"有"什么？我们更有必要把目光投向我们沉浸其中的生活世界。我们的社会生活中"有"什么？显然，有法律制度、政府机构、货币、婚姻、家庭、学校、警察、交通规则、奥运会等等，塞尔把这些统称为"社会实在"[①]。问题是：这些社会实在是如何形成的？它们又如何发挥作用？塞尔提出和论证了如下四个命题：

> 第一，所有人类制度性实在的最初形式都是通过某种语言表征被创造出来的，这种表征和宣告以及创造身份功能的话语具有相同的逻辑结构。我称它们为身份功能宣告。

> 第二，已有的制度性实在得以保存也要靠身份功能宣告。

> 第三，身份功能无一例外地产生权力，包括积极的权力和消极的权力。例如，美国总统有积极的权力，即可以否决国会的立法；他也有消极的权力或者说义务，即每年给出一个国情咨文。因此，制度性事实的目的是产生权力关系。

> 第四，这种权力有其特殊地位，因为它们通过产生行动的理由发挥作用，这些理由独立于行动者的欲望和倾向。这里提到的权力有权利、义务、责任、权限、授权、权威、要求等。所有制度性事实都是身份功能宣告产生的，这种宣告产生道义权力。当我们意识到这种权力时，它就会产生独立于欲望的行动理由。[②]

我认为，塞尔提出的议题非常重要，中国学者有必要对他的观点及其论证展开严格审查，并发展出自己独立的观点和论证，甚至是比较系统的原创性理论。

（2）自然化认识论与当代认知科学。

蒯因认为，哲学与自然科学是连续的。具体就认识论而言，它不应该站在

[①] 塞尔. 社会实在的建构. 李步楼，译. 上海：上海人民出版社，2008.

[②] 塞尔. 语言和社会本体论. 董新，译. 世界哲学，2013 (3)：11.

科学之上和之外，凭借抽象思辨，提出一些认知方法、标准和规范，试图以此规范、指导科学家的认知活动。相反，认识论研究也要使用常识和科学所使用的那些认知手段和方法，利用已有的科学成果，与其他各门自然科学一道，对人的认知过程做发生学式的研究，由此提炼并证成认知规范。蒯因把这样的认识论叫作"自然化的认识论"①，它与当代认知科学有密切关联，甚至有很多重叠的部分，它们之间必须有活跃的互动。②

（3）真理论研究。

"真""真理"在我们的日常生活以及科学研究中都是非常实质性的概念，哲学家当然要对"一个语句为真意味着什么""它在什么时候为真""如何检验和确证真理"等问题做深入系统的研究。有三种主要的真理论：符合论，强调真理与外部世界之间的关联；融贯论，强调信念体系之间的相互支持；实用论，强调真理所造成的实际效果，"不造成差别的差别就不是差别"。近年来，还有一种真理论在西方哲学界比较活跃，叫作"紧缩论"（deflationism），认为断言一个语句为真就等于断言该语句。紧缩论试图卸掉真理论的形而上学和认识论重负，我个人对它抱有极大怀疑，并认为赖特对它做了强有力的批评。③ 有些国外学者还把现代逻辑方法引入真理论研究之中，"公理化真理论"或"形式真理论"研究目前也颇为流行。我坚持认为，必须保持真理符合论的基本直觉，把真理牢牢拴在外部世界以及我们对外部世界的认知上，故我对吉拉·谢尔正在发展的"实质真理论"非常欣赏，看好其理论前景。④

（4）模糊性和连锁悖论。

像"大小""高矮""胖瘦""贫富""秃头""谷堆"等词叫作"模糊谓词"，其最大特点是没有大家公认的截然分明的界限，容易导致连锁悖论。假设

---

① 蒯因. 自然化认识论//涂纪亮，陈波. 蒯因著作集：第2卷. 北京：中国人民大学出版社，2007：401-415.

② 刘晓力. 当代哲学应该如何面对认知科学的意识难题. 中国社会科学，2014(6)：48-68.

③ Wright C. Truth: A Traditional Debate Reviewed. Canadian Journal of Philosophy: Supplementary Volume, 1998, 24: 31-73.

④ Sher G. On the Possibility of a Substantive Theory of Truth. Synthese, 1999, 117: 133-172; In Search of a Substantive Theory of Truth. The Journal of Philosophy, 2004, 101: 5-36; Epistemic Friction: Reflections on Knowledge, Truth, and Logic. Erkenntnis, 2010, 72: 151-176; Truth as Composite Correspondence// Achourioti T, et al. Unifying the Philosophy of Truth. Dordrecht: Springer, 2015: 191-210.

F 是任一模糊谓词，1 明显是 F；若 n 是 F，则 n+1 是 F；所以，对任一 n 而言，不管它是多大，n 都不是 F。这里，推理的前提似乎都正确，但结论却明显违反常识和直观，例如：尽管一粒谷不是谷堆，只加一粒谷也不会使不是谷堆的东西变成谷堆，但十万粒谷却绝对是谷堆。模糊谓词及其派生的连锁悖论对经典逻辑所奉行的二值原则（任一命题必取且只取"真""假"二值之一）提出了严重挑战，也对基于二值原则的传统认识论、真理论、方法论和形而上学提出了严重挑战，成为近几十年来西方逻辑学和哲学研究的热门话题。

（5）决定论和自由意志的关系。

决定论基于普遍因果律：对于世界的任何事件，都有先已存在的充分的原因，导致该事件必然发生。一般认为，从决定论可得到如下三个推论：（1）世界上的一切未来事件至少在原则上是可预测的。（2）每个事件都有先已存在的充分的原因。既然人的每一次选择或行动都是一个事件，根据决定论，也被其先在的原因所决定，由此推知：人没有自由意志。（3）既然人没有自由意志，人对其选择和行动就不负有任何道德或法律的责任。这些推论是高度反常识和反直观的。如何消解或调和决定论与自由意志之间的冲突？自由意志是否可能以及如何可能？这是重要的形而上学问题，也是重要的伦理学和法哲学问题，值得深入研究。

下面仅列出几个紧迫的现实性问题，由于篇幅所限，只略述其一二。

（1）不同文明的冲突、对话与共处。放眼望去，这个世界正处于剧烈动荡之中，族群分裂，区域战争频发，恐怖主义盛行。在所有这些现象背后，都可以找到不同文明冲突的影子。如何理解和对待不同文明及其派生的社会治理方式和生活方式，让它们之间真诚的对话，相互理解和尊重，做到在这个世界上和平相处？如何消除恐怖主义的根源？对这些紧迫问题的探究，中国哲学家不能缺席。

（2）社会的公平和正义。在其巨著《正义论》（1971）中，罗尔斯系统地阐发了一个核心理念：正义即公平。换句话说，没有公平就没有正义，而没有公平和正义，社会就不会安宁，就会处于冲突之中。中国近几十年的改革开放取得了很大的成就，如何让全民共享社会发展成果，如何处理保护弱势群体和让社会充分竞争的关系，如何处理公平与效率的关系，如何保持社会永续发展的活力，中国哲学家有义务参与到对这些问题的研究中去。

（3）人与自然环境的和谐。中国近几十年的高速发展带有了很多负面后果，其中每个人都能切身感知到的就是环境污染，包括土壤、水源和空气的严重污染。中国哲学家有必要从哲学上说明人与自然的关系，当下发展与永续发展的关系，当代人的利益与子孙后代福祉的关系，等等。

（4）互联网和虚拟现实。互联网已经极大地改变了信息传播方式，也随之改变了中国人的思想观念和行为方式。互联网还极大地改变了商业模式、社会的某些组织形式以及人们的生活方式，只要想一想马云所创立的阿里巴巴对中国社会所造成的革命性影响就够了。互联网还产生了所谓的"虚拟现实"问题。中国哲学家有必要从形而上学、认识论、方法论、伦理学、美学、法哲学、社会哲学等多侧面对它们进行研究。

至少有些时候，哲学家需要把他们工作的抽象程度降下来，与社会现实有所接触。所以，中国哲学家所要研究的不只是先贤、原典和思想传统，所要做的工作也不仅仅是校勘、翻译、阅读、理解、诠释和传播。至少一部分中国哲学家必须从书房里走出来，走进当代的社会现实，对其中的紧迫问题从哲学层面加以研究，提出新的哲学观点、理论，甚至是可供实际操作的政策建议。这里，与哲学界同人一起重温弗朗西斯·培根对哲学家的一些批评：

> 作为哲学家，他们只是为想象的国度制造出一些假想的法律。他们的论述就如天空中的星辰，只能给大地带来微弱的光亮，因为它们的位置太高了。

> 最后我们还要贬斥远古一些让人尊敬的哲学家和具有哲学家气质的人，他们过于纤悉，在现实生活中缺乏用场。他们为了逃避轻蔑和烦扰，轻易地从公共事务中抽身而出，而真正有道德的仁人志士，他们的意志应当如康萨罗所说的士兵的荣誉似的，像一个粗壮的网，不要那么精细，以至任何东西碰到上面都会危及它的安全。①

四、百花齐放，共同营造当代中国哲学的繁荣

面对"为义孰为大务？"这一问题，先秦墨子回答道："譬若筑墙然，能筑者筑，能实壤者实壤，能掀者掀，然后墙成也。为义犹是也，能谈辩者谈辩，

---

① 弗朗西斯·培根. 学术的进展. 刘运同，译. 上海：上海人民出版社，2015：185，141-142.

能说书者说书，能从事者从事，然后义事成也。"（《墨子·耕柱》）我们文化先辈如此明智的态度，我至为感佩，极其欣赏。我想强调的是：中国哲学界也需要有劳动分工，学者的专长领域可以有所不同，但没有高下优劣之分；只要好好做研究并且研究得很好，都应该得到鼓励和尊重。实际上，不同中国学者在不同领域以不同风格所做的高质量的学术研究，组合在一起，将会提高中国哲学研究的总体水准，为中国哲学在国际哲学界赢得尊严。唯一的要求是：谨守学术规范。

按我自己这些年的摸索和体会，按照国际性学术标准做学问，要特别注意以下几点：

（1）在一个学术传统中说话。即使是天才，也不可能平地起高楼，他也要站在巨人的肩膀上。一个原创性的思想者必须对相关的先贤、前辈和思想传统有足够专深的了解。

（2）在一个学术共同体中说话。学术研究是一种对话，一位原创性的思想者也必须足够熟悉他的同时代人的工作，他的新工作也最好在与学术同行对话的语境中展开。

（3）针对具体问题说一些自己的话。一个人的知识和能力都是有限的，一本书、一篇文章、一次讲演的容量也是有限的。要对问题有足够新颖和专深的研究，学者必须对自己的学术雄心有所节制。国内学术期刊常见两类文章：一是介绍述评类，二是针对大题目说大话和空话。这两种现象都必须改变。学术对话是一种交换，你用来交换的只能是你独特的见解和论证。

（4）对自己的观点给予比较严格而系统的论证。学术是公共产品，你不仅要告诉你的同行你思考的结果（"想什么"），而且要向你的同行展示你的思考过程（"怎么想"）。这就要求把你的思考外化为文字特别是论证，以便你的同行能够追踪和检查你的思考过程，由此来评价你思考的好坏，并决定是否同意或改进你的观点及论证，或者投入与你的学术论战。① 你不能像孙悟空那样，一个筋斗翻十万八千里，这会使你的许多同行不能理解你的思考过程及其结果，无法与你做实质性的学术交流，于是他们做出选择：不搭理你。

（5）对他人的不同观点做出适度的回应。这是由第二点所派生的，但其作用又不止如此。为了避免一厢情愿式的思考，你必须思考你的观点已经遇到哪

---

① 陈波．论证是哲学活动的本性//赵汀阳．论证．沈阳：辽海出版社，1999：73-89．陈波．与大师一起思考．北京：北京大学出版社，2014：272-287．

些反对意见，或者设想它可能遇到哪些反对意见，并对其中的部分重要意见做出答辩，由此来从反面保证你的思考及其结果的正确性。

我觉得，还有必要特别强调以下三点：

第一，新探索必须从学术传统中寻求强大支撑。即使是一位原创的思想者，也需要从学术传统和学术同行那里获得激励，从而加强自己思想的论证力量。常常有这样的学术现象，即使是那些自称原创的学者，在他们阐述自己的思想时，也会把许多伟大的先贤和著名的同辈引为同道。例如，当代美国哲学家布兰顿是"分析实用主义"的代表性人物，创造了所谓的"推理主义语义学"，但他按自己的理解，大量征引解说康德、黑格尔、弗雷格、维特根斯坦、塞拉斯、罗蒂、达米特，以及他的同事麦克道维尔，把他们视为自己的先驱和同道。[1] 但情况是否真的如此，尚需仔细甄别和研究。

第二，新探索需要学术共同体的共同参与。俗话说，"众人拾柴火焰高"。一位独立的研究者要从他的学术同行那里获得反馈，不管这种反馈是赞扬、改进、批评，还是彻底的否定，由此产生相互切磋甚至是论战，从而促进相互理解，共同进步。但中国哲学界目前的状况是：各位学者埋头于自己的工作，对同行所发表的著述基本上不读不看，当然更不评论，实际上没有形成真正意义上的学术交流。这种情况必须改变，可以仿效国外学术出版机构的做法：在匿名审稿过程中，凡是不征引、不讨论当代学术同行工作的相关论著，都不接受发表或出版，因为你身处于一个学术圈子中，应该了解和知道很多与你的工作有关联的出版品，但这一点从你的论著中却看不出来，由此就可以判定你似乎不是圈中人，你的工作质量要大打折扣。循此办法，逐渐硬性地建立起真正意义上的学术共同体。

第三，提倡少一点排斥，多一些包容；少做空泛无谓的争论，多做翔实可靠的研究；关键不在于研究什么，而在于怎么研究，以至最后拿出什么样的学术成果供国内国际学术共同体去评价。由于多种复杂的原因，学术共同体或许在某个局部、某个时段不够公正，但有理由相信，它在总体上会是公正的，至少最后会是公正的。大浪淘沙，历史无情，泡沫和浮尘终会消散或被抹去，最后留下来的可能是金子。

---

[1] Brandom R. Between Saying and Doing, Interview by Richard Marshall. 3：Am Magazine. http://www.3ammagazine.com/3am/between-saying-and-doing/. 读取时间：2016-07-20。

主要参考文献

(一) 外文部分

1. Alexander J. Experimental Philosophy: An Introduction. Cambridge and Malden, MA: Polity Press, 2012.

2. Ammerman R. Classics of Analytic Philosophy. Indianapolis: Hackett, 1990.

3. Andjelkovic M, Williamson T. Truth, Falsity, and Borderline Cases. Philosophical Topics, 2000, 28: 211-243.

4. Aquinas T. De Ente et Essentia. The Leonine Edition of Aquinas' Works: Vol. 43. Sancti Thomae De Aquino Opera Omnia. Rome, 1976.

5. Aristotle. Complete Works of Aristotle: Vol. 1, 2. N. J. : Princeton University Press, 1991.

6. Armstrong D M. In Defence of Structural Universals. Australasian Journal of Philosophy, 1986, 64: 85-88.

7. Armstrong D M. A World of States of Affairs. Cambridge: Cambridge University Press, 1997.

8. Armstrong D M. Truth and Truthmakers. Cambridge: Cambridge University Press, 2004.

9. Austin J L. Truth. Proceedings of the Aristotelian Society: Supplementary Volume, 1950, 24: 111-128.

10. Austin J L. Philosophical Papers. 3rd ed. Oxford: Clarendon Press, 1979.

11. Ayer A J. 1936. Language, Truth, and Logic. 2nd ed. London: Gollancz, 1946.

12. Ayer A J. The Revolution in Philosophy. London: Macmillan & Co.

Ltd, 1963.

13. Ayer A J. Philosophy in the Twentieth Century. London: Weidenfield and Nicolson, 1982.

14. Azzouni J. Talking About Nothing: Numbers, Hallucinations and Fictions. Oxford: Clarendon Press. 2010.

15. Baillie J. Contemporary Analytic Philosophy: Core Readings. 2nd ed. New York: Prentice Hall, 2002.

16. Balog K. Conceivability, Possibility, and the Mind – Body Problem. Philosophical Review, 1999, 108: 497−528.

17. Belnap N D. Tonk, Plonk, and Plink. Analysis, 1962, 22: 130.

18. Braun D. Empty Names. Noûs, 1993, 27: 449−469.

19. Braun D. Empty Names, Fictional Names, Mythical Names. Noûs, 2005, 39.

20. Biletzki A, Matar A. The Story of Analytic Philosophy: Plot and Heroes. London: Routledge, 1998.

21. Blackburn S, Simmons K. Truth. Oxford: Oxford University Press, 2000.

22. Block N. Psychologism and Behaviorism. Philosophical Review, 1981, 90: 5−43.

23. Boghossian P. Analyticity Reconsidered. Noûs, 1996, 30.

24. Boghossian P. Analyticity //Hale B, Wright C. A Companion to the Philosophy of Language. Oxford: Blackwell, 1997.

25. Boiger M. The Construction of Emotion in Interactions, Relationships, and Cultures. Emotion Review, 2012, 4: 221−229.

26. Brandom R. Making It Explicit. Cambridge, MA: Harvard University Press, 1992.

27. Brandom R. Articulating Reasons. Cambridge, MA: Harvard University Press. 2000.

28. Brandom R. Tales of the Mighty Dead. Cambridge, MA: Harvard University Press. 2002.

29. Brandom R. Reason in Philosophy. Cambridge, MA: Harvard University Press. 2009.

30. Brown B, Priest G. Chunk and Permeate, A Paraconsistent Inference Strategy. Journal of Philosophical Logic, 2004, 33: 379-388.

31. Burge T. Frege and the Hierarchy. Synthese, 1979, 40: 265-281.

32. Burge T. Postscript to "Frege and the Hirarchy" // Burge T. Truth, Thought and Reason: Essay on Frege. Oxford: Oxford University Press, 2004.

33. Burge T. Wherein is Language Social// Burge T. Foundations of Mind, Philosophical Essays, Vol. 2. Oxford: Clarendon Press, 2007.

34. Burgess J. Fixing Frege. Princeton: Princeton University Press, 2005.

35. Byrne R. The Rational Imagination. Cambridge, MA: MIT Press. 2005.

36. Capaldi N. The Enlightenment Project in the Analytic Conversation. Dordrecht: Kluwer Academic Publishers. 2000.

37. Caplan B. On Sense and Direct Reference. Philosophy Compass, 2006, 1: 178-179.

38. Caplan B. Millian Descriptivism. Philosophical Studies, 2007, 133: 183-184.

39. Casullo A. Articulating the A Priori-A Posteriori Distinction//Casullo A, Joshua C. The A Priori in Philosophy. Oxford: Oxford University Press, 2013: 249-273.

40. Casullo A. Four Challenges to the A Priori-A Posteriori Distinction. Synthese, 2015, 192: 2701-2724.

41. Carnap R. Logical Syntax of Language. London: Kegan Paul, 1937.

42. Carnap R. Meaning and Necessity, A Study in Semantics and Modal Logic. Chicago: University of Chicago Press. 1947.

43. Carnap R. The Old and the New Logic//Ayer A J. Logical Positivism. New York: The Free Press, 1959.

44. Carnap R. Inductive Logic and Inductive Intuition// Lakatos I. The Problem of Inductive Logic. Amsterdam: North - Holland, 1968.

45. Carnap R. Quine on Analyticity//Creath R. Dear Carnap, Dear Van: The Quine - Carnap Correspondence and Related Work. Berkeley: University of California Press, 1990.

46. Carruthers P. How We Know Our Own Minds: The Relationship be-

tween Mindreading and Metacognition. Behavioral and Brain Sciences, 2009, 32: 121-138.

47. Cartwright R. Philosophical Essays. Cambridge: MIT Press, 1987.

48. Chakravartty A. A Metaphysics for Scientific Realism: Knowing the Unknowable. Cambridge: Cambridge University Press, 2007.

49. Chalmers D. The Conscious Mind. Oxford: Oxford University Press, 1996.

50. Chalmers D. Two-Dimensional Semantics// Lepore E, Smith B. The Oxford Handbook of the Philosophy of Language. Oxford: Oxford University Press, 2006.

51. Chalmers D. The Foundations of Two – Dimensional Semantics//Garcia-Carpintero M, Macia J. Two-Dimensional Semantics, New York: Oxford University Press, 2006.

52. Chalmers D. The Character of Consciousness. New York and Oxford: Oxford University Press, 2010.

53. Charland L. The Natural Kind Status of Emotion. British Journal for the Philosophy of Science, 2002, 53: 511-537.

54. Chen Bo. Xunzi's Politicized and Moralized Philosophy of Language. Journal of Chinese Philosophy, 2009, 36: 107-140.

55. Chen Bo. Proper Names, Contingency A Priori and Necessity A Posteriori. History and Philosophy of Logic, 2011, 32: 119-138.

56. Chen Bo. A Descriptivist Refutation of Kripke's Modal Argument and of Soames's Defense. Theoria: A Swedish Journal of Philosophy, 2012, 79.

57. Chen Bo. Kripke's Semantic Argument against Descriptivism Revisited. Croatian Journal of Philosophy, 2013, 13: 421-445.

58. Chen Bo. Kripke's Epistemic Argument against Descriptivism Reconsidered. Journal of Chinese Philosophy, 2013, 40 (3-4): 486-504.

59. Chomsky N. What is Language? The Journal of Philosophy, 2013, Cx (12): 645-662.

60. Church A. A Formulation of the Logic of Sense and Denotation// Henle P, Kallen H M, Langer S K. Structure, Method, and Meaning, Essays in Honor of H. M. Scheffer. New York: The Liberal Arts Press, 1951.

61. Church A. Outline of a Revised Formulation of the Logic of Sense and Deno-

tation. Nous, 1973, 7: 24-33.

62. Chisholm R. The Logic of Knowing. Journal of Philosophy, 1963, 60 (25): 773-795.

63. Clarke D S. Philosophy's Second Revolution: Early and Recent Analytic Philosophy. La Salle, 1997, Ill: Open Court.

64. Coffa J A. The Semantic Tradition from Kant to Carnap. Cambridge: Cambridge University Press, 1991.

65. Cohen L J. The Dialogue of Reason: An Analysis of Analytical Philosophy. Oxford: Clarendon Press, 1986.

66. Conee E, Sider T. Riddles of Existence: A Guided Tour of Metaphysics. New York: Oxford University Press, 2007.

67. Currie G. The Nature of Fiction. Cambridge: Cambridge University Press, 1990.

68. Currie G, Ravenscroft I. Recreative Minds: Imagination in Philosophy and Psychology. Oxford: Oxford University Press, 2002.

69. Davidson D. Inquiries into Truth and Interpretation. Oxford: Clarendon Press, 1984.

70. Davidson D. Subjective, Intersubjective, Objective. Oxford: Oxford University Press, 2001.

71. Davidson D. Truth, Language, and History. Oxford: Oxford University Press, 2005.

72. Davidson D. Truth and Predication. Boston: Harvard University Press, 2005.

73. Devitt M. Realism and Truth, 2nd ed. Princeton: Princeton University Press. 1991.

74. Dolev Y. Time and Realism: Philosophical and Anti-Philosophical Perspectives. Cambridge: MIT Press, 2007.

75. Dewey J. Logic: The Theory of Inquiry. New York: Henry Holt and Company, 1938.

76. Donnellan K. Reference and Definite Descriptions. The Philosophical Review, 1966, 77: 281-304.

77. Donnellan K. Proper Names and Identifying Descriptions. Syntheses, 1970, 21 (3-4): 335-358.

78. Dretske F. Misrepresentation// Bogdan R. Belief: Form, Content and Function. Oxford: Oxford University Press, 1986.

79. Dretske F. Explaining Behavior: Reason in a World of Causes. MIT: Bradford Press, 1988.

80. Dummett M. Frege: Philosophy of Language. 2nd ed. Harper & Row, 1981.

81. Dummett M. Truth and Other Enigmas, London: Duckworth, 1978.

82. Dummett M. The Interpretation of Frege's Philosophy. London, UK: Duckworth, 1981.

83. Dummett M. The Logical Basis of Metaphysics. Cambridge, MA: Harvard University Press, 1991.

84. Dummett M. Origins of Analytical Philosophy. Cambridge, MA: Harvard University Press, 1993.

85. Dummett M. Truth and the Past. New York: Columbia University Press, 2004.

86. Dummett M. Justification of Deduction. British Academy Lecture. The Logical Basis of Metaphysics. Cambridge, MA: Harvard University Press, 1991.

87. Dummett M. Frege: Philosophy of Language. London: Duckworth, 1973.

88. Etchemendy J. Tarski on Truth and Logical Consequence. Journal of Symbolic Logic, 1988, 53: 51-79.

89. Evans G. The Causal Theory of Names. Aristotelian Society Supplementary, 1973, 47: 187-208.

90. Evans G. The Varieties of Reference. Oxford: Oxford University Press, 1982.

91. Everett A. Referentialism and Empty Names//Everett A, Hofweber T. Empty Names, Fiction and the Puzzles of Non-Existence. CSLI Publications, 2000.

92. Everett A. Recent Defenses of Descriptivism. Mind & Language, 2005, 20 (1): 103-139.

93. Everett A, Hofweber T. Empty Names, Fiction and the Puzzles of Existence.

Stanford: CSLI Publications, 2000.

94. Field H. Tarski's Theory of Truth. Journal of Philosophy, 1972, 69: 347-375.

95. Field H. Science without Numbers. Princeton, NJ: Princeton University Press, 1980.

96. Field H. Truth and the Absence of Fact. Oxford: Clarendon Press, 2001.

97. Field H. Saving Truth from Paradox. New York: Oxford University Press, 2008.

98. Fisher J. On the Philosophy of Logic. Belmont: Thomson Wadsworth, 2008.

99. Fitting M, Mendelsohn R. First-Order Modal Logic. Dordrecht, Boston, London: Kluwer Academic Publishers, 1998.

100. Fodor J. A Theory of Content and Other Essays. Cambridge, MA: MIT Press. 1990.

101. Fodor J. Concepts: Where Cognitive Science Went Wrong. Oxford: Oxford University Press, 1998.

102. Frege G. 1879. Begriffsschrift, a Formula Language, Modeled upon that of Arithmetic, for Pure Thought//Heijenoort J. From Frege to Gödel. Cambridge, MA: Harvard University Press, 1967.

103. Frege G. Conceptual Notation and Related Articles. London: Oxford University Press, 1972.

104. Frege G. 1884. The Foundations of Arithmetic. 2nd ed. Austin J L, trans. Oxford: Blackwell, 1953.

105. Frege G. 1892. On Sense and Reference//Geach P, Black M. Philosophical Writings of Gottlob Frege. Blackwell, 1952.

106. Frege G. The Basic Laws of Arithmetic: Exposition of the System. Berkeley: University of California Press, 1964.

107. Frege G. Posthumous Writings. Chicago: University of Chicago Press, 1979.

108. Frege G. Philosophical and Mathematical Correspondence. Chicago: University of Chicago Press, 1980.

109. Frege G. The Frege Reader. Oxford: Blackwell Publishers, 1997.

110. Frege G. Posthumous Writings. Long P, White R, trans. Oxford: Blackwell. 1979.

111. Frege G. Philosophical and Mathematical Correspondence. Translated by Kaal H. Oxford: Blackwell, 1980.

112. Frege G. Collected Papers on Mathematics, Logic, and Philosophy. Black M, et al, trans. Oxford: Blackwell, 1984.

113. Frege G. Frege's Lectures on Logic: Carnap's Student Notes, 1910−1914, Reck E H, Awodey S, trans. Chicago: Open Court, 2004.

114. Føllesdal D. Knowledge, Identity, and Existence. Theoria, 1967, 33 (1): 1−27.

115. Gettier E. Is Justified True Belief Knowledge? Analysis, 1963, 23: 121−123.

116. Geach P. Arthur Prior: A Personal Impression. Theoria, 1970, 36 (3): 185−188.

117. Gendler T S. The Puzzle of Imaginative Resistance. Journal of Philosophy, 2000, 97: 55−81.

118. Gendler T S, Hawthorne J. Conceivability and Possibility. New York: Oxford University Press, 2002.

119. Gendler T S. On the Relation between Pretence and Belief// Kieran M, Lopes D M. Imagination, Philosophy, and the Arts. London: Routledge, 2003.

120. Goldfarb W. Frege's Conception of Logic// Floyd J, Shieh S. Future Past: The Analytic Tradition in Twentieth-Century Philosophy. New York: Oxford University Press, 2001.

121. Glock H-J. The Rise of Analytic Philosophy. Oxford: Blackwell Publishers, 1997.

122. Göhner J, Jung E-M. Susan Haack, Reintegrating Philosophy. Springer Verlag, 2016.

123. Grice P. Aspects of Reason. Oxford: Clarendon Press, 2001.

124. Grice P. Logic and Conversation// Cole P, Morgan J L. Syntax and Semantics: Vol. 3. Speech Acts. New York: Academic Press, 1975.

125. Haack S. Deviant Logic. Cambridge: Cambridge University Press. Deviant Logic, Fuzzy Logic: Beyond the Formalism. Chicago: The University of Chicago Press, 1996.

126. Haack S. Philosophy of Logics. Cambridge: Cambridge University Press, 1978.

127. Haack S. Theories of Knowledge: An Analytic Framework. Proceedings of the Aristotelian Society, 1982 – 1983, 83: 143−158.

128. Haack S. Recent Obituaries of Epistemology. American Philosophical Quarterly, 1990, 27 (3): 199−212.

129. Haack S. Double-Aspect Foundherentism: A New Theory of Empirical Justification. Philosophy and Phenomenological Research, 1993, 62 (1): 113−128.

130. Haack S. Evidence and Inquiry: Towards Reconstruction in Epistemology. Oxford: Blackwell. Evidence and Inquiry. Amherst, NY: Prometheus Books, 2009.

131. Haack S. Manifesto of a Passionate Moderate: Unfashionable Essays. Chicago: University of Chicago Press, 1998.

132. Haack S. A Foundherentist Theory of Empirical Justification// Belmont L P. The Theory of Knowledge: Classic and Contemporary Readings. 2nd ed. CA: Wadsworth, 1998.

133. Haack S. Defending Science-Within Reason. Amherst, NY: Prometheus Books, 2003.

134. Haack S. Pragmatism, Old and New: Selected Writings. Amherst, NY: Prometheus Books, 2006.

135. Haack S. Putting Philosophy to Work: Inquiry and Its Place in Culture. Amherst, NY: Prometheus Books, 2008.

136. Haack S. Evidence Matters: Science, Proof, and Truth in the Law. Cambridge: Cambridge University Press, 2014.

137. Hale B. Abstract Objects. Oxford: Basil Blackwell, 1987.

138. Hanna R. Kant and the Foundations of Analytic Philosophy. Oxford: Oxford University Press, 2001.

139. Hanna R. Rationality and Logic. Cambridge, MA: MIT Press, 2009.

140. Hansen C. Chinese Language, Chinese Philosophy, and "Truth". The

Journal of Asian Studies, 1985, 44 (3): 491-519.

141. Harman G. The Inference to the Best Explanation. Philosophical Review, 1965, 74: 88-95.

142. Harman G. Internal Critique: A Logic is not a Theory of Reasoning and a Theory of Reasoning is not a Logic//Gabbay D M, Johnson R H, Ohlbach H J, Woods J. Handbook of the Logic of Argument and Inference: The Turn Towards the Practical. Amsterdam: Elsevier Science, 2002.

143. Heck R G. Tarski, Truth, and Semantics. The Philosophical Review, 1997, 106: 533-554.

144. Heck R G. Frege and Semantics. Grazer Philosophische Studien, 2007, 75: 27-63.

145. Hill C S. Imaginability, Conceivability, Possibility and the Mind – Body Problem. Philosophical Studies, 1997, 87: 61-85.

146. Hintikka J. Quantifiers in Deontic Logic. Societas Scientiarum Fennica Commentationes Humanarum Litterarum, 1957, 23.

147. Hintikka J. Modality as Referential Multiplicity. Ajatus, 1957, 24 (2): 49-179.

148. Hintikka J. Modality and Quantification. Theoria, 1961, 27 (3): 119-128.

149. Hintikka J. Knowledge and Belief: An Introduction to the Logic of the Two Notions. NY: Cornell University Press, 1962.

150. Hintikka J. Knowing Oneself and Other Problems in Epistemic Logic. Theoria, 1966, 32 (1): 1-13.

151. Hintikka J. Existence and Identity in Epistemic Contexts. Theoria, 1967, 33: 138-147.

152. Hintikka J. Individuals, Possible Worlds, and Epistemic Logic. Noûs, 1967, 1 (1): 33-62.

153. Hintikka J. Language-Games for Quantifiers. American Philosophical Quarterly, Monograph Series 2. Oxford: Basil Blackwell, 1968.

154. Hintikka J. Models for Modalities: Selected Essays. Dordrecht: Reidel, 1969.

155. Hintikka J. "Knowing that One Knows" Reviewed. Synthese, 1970, 21: 141-162.

156. Hintikka J. Logic, Language-Games, and Information. Oxford: Clarendon Press, 1973.

157. Hintikka J. Quantifiers vs. Quantification Theory. Linguistic Inquiry. 1974, 5 (2): 153-177.

158. Hintikka J. The Principles of Mathematics Revisited. Cambridge: Cambridge University Press, 1996.

159. Hintikka J. Inquiry as Inquiry: A Logic of Scientific Discovery. Boston: Kluwer Academic, 1999.

160. Hintikka J. Socratic Epistemology. Cambridge: Cambridge University Press, 2007.

161. Ho H L. A Philosophy of Evidence Law, Justice in the Search of Truth. Oxford: Oxford University Press, 2008.

162. Horwich P. Truth. Oxford: Blackwell, 1990.

163. Jackson F. Reference and Description Revisited// Tomberlin J E. Philosophical Perspectives 12: Language, Mind and Ontology. Oxford: Blackwell, 1998.

164. Jackson F. From Metaphysics to Ethics: A Defence of Conceptual Analysis. New York: Oxford University Press, 1998.

165. Jackson F. Language, Names, and Information. Oxford: Wiley-Blackwell, 2010.

166. Jenkins C. A Priori Knowledge: Debates and Developments. Philosophy Compass, 2008, 3 (3): 436-450.

167. Jenkins C, Kasaki M. The Traditional Conception of the A Priori. Synthese, 2015, 192 (9): 2725-2746.

168. Jeshion R. Frege's Notion of Self-Evidence. Mind, 2001, 110: 937-976.

169. Jeshion R. The Epistemological Argument against Descriptivism. Philosophy and Phenomenological Research, 2002, 64 (2): 325-345.

170. Joseph H W B. An Introduction to Logic. Oxford: Clarendon Press, 1916.

171. Kallestrup J. Actually-Rigidified Descriptivism Revisited. Dialectica, 2012, 66 (1): 5-21.

172. Kant I. Critique of Pure Reason. Translated by Smith N K. London: Palgrave Macmillan, 1929.

173. Kaplan D. Quantifying in. Synthese, 1968, 19: 178-214.

174. Kaplan D. On the Logic of Demonstratives. Journal of Philosophical Logic, 1978, 8 (1): 81-98.

175. Kaplan D. Demonstratives// Almog J, Perry J, Wettstein H. Themes from Kaplan. Oxford and New York: Oxford University Press, 1998.

176. Keefe R. Theories of Vagueness. Cambridge: Cambridge University Press, 2000.

177. Keefe R, Smith P. Vagueness: A reader. Cambridge, Mass. : MIT Press, 1997.

178. Ketner K L. Peirce's Ethics of Terminology. Transactions of the Charles S. Peirce Society, 1981, 17 (4): 327-347.

179. Khlentzos D. Naturalistic Realism and the Antirealist Challenge. Cambridge, MA: MIT Press, 2004.

180. Kitcher P. Theories, Theorists and Theoretical Change. Philosophical Review, 1978, 87 (4): 519-547.

181. Kitcher P. The Advancement of Science: Science without Legend, Objectivity without Illusions. Oxford: Oxford University Press, 1993.

182. Kripke S. Identity and Necessity// Munitz M K. Identity and Individuation. New York: New York University Press, 1971.

183. Kripke S. Naming and Necessity// Davidson D, Harman G. Dordrecht Semantics of Natural Language. Boston: Reidel, 1972.

184. Kripke S. Outline of a Theory of Truth. The Journal of Philosophy, 1975, 72 (19): 690-716.

185. Kripke S. A Puzzle about Belief//Margalit A. Meaning and Use. Dordrecht and Boston: Reidel, 1979.

186. Kripke S. Naming and Necessity. Cambridge, MA: Harvard University Press; Oxford: Blackwell Publishing, 1981.

187. Kripke S. Frege's Theory of Sense and Reference: Some Exegetical Notes. Theoria, 2008, 74: 181-218.

188. Kripke S. Philosophical Troubles, Collected Papers: Vol. I. Oxford: Oxford University Press, 2011.

189. Kripke S. Reference and Existence, The John Locke Lectures for 1973. Oxford: Oxford University Press, 2013.

190. Kroon F. Causal Descriptivism. Australasian Journal of Philosophy, 1987, 65 (1): 1-17.

191. Kroon F. Characterizing Non - Existents. Grazer Philosophische Studien, 1996, 51: 163-193.

192. Katz J J. Has the Description Theory of Names been Refuted? //Boolos G. Meaning and Method: Essays in Honor of Hilary Putnam. Cambridge: Cambridge University Press, 1990, 31-62.

193. Lakoff G. Women, Fire, and Dangerous Things: What Categories Reveal about the Mind. Chicago: The University of Chicago Press, 1987.

194. Lakoff G, Johnson M G. Metaphors We Live By. Chicago: The University of Chicago Press, 2003.

195. Lakoff G, Johnson M G. Philosophy in the Flesh: The Embodied Mind and Its Challenge to Western Thought. New York: Basic Books, 1999.

196. Langacker R. Grammar and Conceptualization. Berlin: Mouton de Gruyter, 1999.

197. Landini G. Russell's Theory of Definite Descriptions as a Paradigm for Philosophy//Jacquette D. A Companion to Philosophical Logic. Oxford: Blackwell, 2006.

198. Levine J. Anti-Materialist Arguments and Influential Replies// Velmans M, Schneider S. The Blackwell Companion to Consciousness. Oxford: Blackwell, 2007.

199. Levinson J. Emotions in Response to Art: A Survey of the Terrain//Hjort M, Laver S. Emotion and the Arts. Oxford: Oxford University Press, 1997: 20-34.

200. Lewis D. Truth in Fiction. American Philosophical Quarterly, 1978, 15: 37-46.

201. Lewis D. Putnam's Paradox. Australasian Journal of Philosophy, 1984, 62 (3): 221-236.

202. Lewis D. Naming the Colours. Australasian Journal of Philosophy, 1997, 75 (3): 325-342.

203. Lipton P. Inference to Best Explanations, 2nd ed. London: Routledge, 2004.

204. Linsky L. Reference and Referents// Steinberg J. Semantics. Cambridge: Cambridge University Press, 1976.

205. Lowe E J. Does the Descriptivist/Anti-Descriptivist Debate Have Any Philosophical Significance? Philosophical Books, 2007, 48 (1): 27-33.

206. Lowe E J, Ramichandran A. Truth and Truthmaking. Stockfield: Acumen, 2009.

207. Lynch M. The Nature of Truth: Classic and Contemporary Perspectives. Cambridge, MA: MIT Press, 2001.

208. Lynch M. Truth and Multiple Realizability. Australasian Journal of Philosophy, 2004, 82 (3): 384-408.

209. Lycan W. G. Philosophy of Language: A Contemporary Introduction. New York: Routledge, 2008.

210. Lycan W G. Names// Devitt M, Hanley R. Philosophy of Language. Oxford: Blackwell, 2006.

211. Macdonald G, Papineau D. Teleosemantics: New Philosophical Essays. Oxford: Oxford University Press, 2006.

212. Marcus E. Why Zombies are Inconceivable. Australasian Journal of Philosophy, 2004, 82: 477-490.

213. Martinich A P, Sosa D. Analytic Philosophy: An Anthology. Oxford: Blackwell Publishers, 2001a.

214. Martinich A P, Sosa D. A Companion to Analytic Philosophy. Oxford: Blackwell Publishers, 2001b.

215. McDowell J. Mind and World. Cambridge, MA: Harvard University Press, 1996.

216. McDowell J. Mind, Value and Reality. Cambridge, MA: Harvard University Press, 1998.

217. McDowell J. Meaning, Knowledge and Reality. Cambridge, MA: Harvard University Press, 1998.

218. McDowell J. The Engaged Intellect. Cambridge, MA: Harvard University Press, 2009.

219. McDowell J. Having the World in View. Cambridge, MA: Harvard University Press, 2009.

220. McGinn C. On the Necessity of Origin. The Journal of Philosophy, 1976, 73: 127-135.

221. McGinn C. Mindsight: Image, Dream, Meaning. Cambridge MA: Harvard University Press, 2004.

222. Millikan R. Varieties of Meaning. Cambridge, MA: MIT Press, 2004.

223. Montague R. Universal Grammar//Thomason R. Formal Philosophy. New Haven: Yale University Press, 1974.

224. Mulligan K, Simons P, Smith B. What's Wrong with Contemporary Philosophy? Topoi, 2006, 25: 63-67.

225. Murphy G. The Big Book of Concepts. Cambridge, MA: MIT Press, 2002.

226. Nagel T. What is It Like to be a Bat? Philosophical Review, 1974, 83: 435-350.

227. Nagel T. The View From Nowhere. Oxford: Oxford University Press, 1986.

228. Nagel T. The Last Word. Oxford: Oxford University Press, 1997.

229. Nelson M. Descriptivism Defended. Noûs, 2002, 36 (3): 408-436.

230. Nichols S. Imagination and the Puzzles of Iteration. Analysis, 2003, 63: 182-187.

231. O'Connor D J. Philosophy and Ordinary Language. The Journal of Philosophy, 1951, 48 (26): 797-808.

232. Papineau D. Philosophical Naturalism. Oxford: Basil Blackwell, 1993.

233. Papineau D. The Philosophy of Science. Oxford: Oxford University Press, 1996.

234. Parsons T. Nonexistent Objects. New Haven: Yale University Press, 1980.

235. Parsons T. Frege's Hierarchies of Indirect Sense and the Paradox of Analysis. Midwest Studies in Philosophy, 1981, 6: 37-57.

236. Peirce C S. The Essential Peirce: Vol. 2. Bloomington and Indianapolis: Indiana University Press, 1998.

237. Peirce C S. Collected Papers of Charles Sanders Peirce: Vol. 5. Cambridge, MA: Harvard University Press, 1934.

238. Pinillos A. Ambiguity and Referential Machinery//Suikkanen J. Advances in Experimental Philosophy of Language. London: Bloomsbury Publishing, 2015.

239. Pelletier F, Stainton R. On "The Denial of Bivalence is Absurd". Australasian Journal of Philosophy, 2003, 81: 369-382.

240. Plantinga A. The Nature of Necessity. Oxford: Oxford University Press, 1974.

241. Plantinga A. The Boethian Compromise. American Philosophical Quarterly, 1978, 15 (2): 129-138.

242. Priest G. Toward Non-Being: The Logic and Metaphysics of Intentionality. Oxford: Clarendon Press, 2005.

243. Prinz J. Furnishing the Mind: Concepts and Their Perceptual Basis. Cambridge, MA: MIT Press, 2002.

244. Prior A N. The Runabout Inference Ticket. Analysis, 1960, 21 (6): 124-128.

245. Putnam H. The Meaning of "Meaning" //Gunderson K. Minnesota Studies in the Philosophy of Science: Vol. 8. University of Minnesota Press, 1975.

246. Putnam H. Reason, Truth and History. Cambridge: Cambridge University Press, 1981.

247. Putnam H. Realism and Reason, Philosophical Papers: Vol. 3. Cambridge: Cambridge University Press, 1985.

248. Putnam H. Realism with a Human Face. Cambridge, MA: Harvard University Press, 1990.

249. Putnam H. Pragmatism: An Open Question. Cambridge, MA: Blackwell, 1995.

250. Putnam H. The Threefold Cord: Mind, Body and World. New York: Columbia University Press, 2000.

251. Quine W V. From A Logical Point of View. 2nd ed. Cambridge, MA: Harvard University Press, 1961.

252. Quine W V. Word and Object. New York: John Wiley and Sons; Cambridge, MA: MIT Press, 1960.

253. Quine W V. The Ways of Paradox and Other Essays. New York: Random

House, 1968.

254. Quine W V. Ontological Relativity and Other Essays. New York: Columbia University Press, 1969.

255. Quine W V. The Web of Belief (with Ullian J S). New York: Random House, 1970.

256. Quine W V. Philosophy of Logic. Englewood: Prentice Hall, 1970.

257. Quine W V. The Roots of Reference. La Salle, Ill: Open Court, 1974.

258. Quine W V. Theories and Things. Cambridge, MA: Harvard University Press, 1981.

259. Quine W V. Pursuit of Truth. Cambridge, MA: Harvard University Press, 1990.

260. Quine W V. From Stimulus to Science. Cambridge, MA: Harvard University Press, 1995.

261. Quine W V. Quintessence-Basic Readings From the Philosophy of W. V. Quine. MA: Belknap Press, Harvard University, 2004.

262. Quine W V. Confessions of a Confirmed Extensionalist and Other Essays. Cambridge, MA: Harvard University Press, 2008.

263. Quine W V. Quine in Dialogue. Cambridge, MA: Harvard University Press, 2008.

264. Ramsey F. The Foundations of Mathematics and Other Logical Essays. London: Routledge & Kegan, 1931.

265. Read R, Richman K A. The New Hume Debate: Revised Version. London/New York: Routledge, 2007.

266. Reining S. Apriority and Colour Inclusion. Dissertation, Barcelona: University of Barcelona, 2014.

267. Rorty R. The Linguistic Turn: Essays in Philosophical Method. The University of Chicago Press, 1992.

268. Rorty R. A Pragmatist View of Rationality and Cultural Difference. Philosophy East and West. 1992, 42 (4): 581-596.

269. Russell B. On Denoting. Mind, 1905, 14 (56): 479-493.

270. Russell B. The Problems of Philosophy. London: Williams and Norgate;

New York: Henry Holt and Company, 1912.

271. Russell B. Our Knowledge of the External World. Chicago and London: The Open Court Publishing Company, 1914.

272. Russell B. Introduction to Mathematical Philosophy. London: George Allen and Unwin, 1919.

273. Russell B. An Inquiry into Meaning and Truth. London: George Allen and Unwin; New York: W. W. Norton, 1940.

274. Russell B. Human Knowledge: Its Scope and Limits. London: George Allen and Unwin; New York: Simon and Schuster, 1948.

275. Russell B. Logic and Knowledge: Essays, 1901−1950. London: George Allen and Unwin; New York: The Macmillan Company, 1956.

276. Russell B. Mysticism and Logic and Other Essays. London: Unwin, 1917.

277. Russell G. Truth in Virtue of Meaning: A Defence of the Analytic/Synthetic Distinction. Oxford: Oxford University Press, 2008.

278. Ryle G. Collected Papers: Vol. 2. London and New York: Routledge, 2009.

279. Sainsbury R M. Paradoxes. 3rd ed. Cambridge: Cambridge University Press, 2009.

280. Salmon N. Reference and Essence. Princeton, NJ: Princeton University Press, 1981.

281. Salmon N. Frege's Puzzle. Cambridge, MA: MIT Press, 1986.

282. Salmon N. Reference and Information Content: Names and Descriptions//Gabbay D, Guenthner F. Handbook of Philosophical Logic: Vol. 4. D. Reidel Publishing Company, 1989.

283. Salmon N. Nonexistence. Noûs, 1998, 32: 277−319.

284. Salmon N. Reference and Information Content: Names and Descriptions//Gabby D M, Guenthner F. Handbook of Philosophical Logic. 2nd ed. Dordrecht: Kluwer Academic Publishers, 2003.

285. Salmon N. Reference and Essence. 2nd ed. Prometheus Books, 2005.

286. Searle J. Proper Names. Mind, 1958, 67 (266): 166−173.

287. Searle J. Intentionality: An Essay in the Philosophy of Mind. Cambridge:

Cambridge University Press, 1983.

288. Sellars W. Science, Perception and Reality. Atascadero: Ridgeview Publishing Company, 1991.

289. Sellars W. Science and Metaphysics. Atascadero: Ridgeview Publishing Company, 1991.

290. Sher G. Epistemic Friction: An Essay on Knowledge, Truth, and Logic. Oxford: Oxford University Press, 2016.

291. Sher G. Epistemic Friction: Reflections on Knowledge, Truth, and Logic. Erkenntnis. 2010, 72: 151-176.

292. Sher G. In Search of a Substantive Theory of Truth. The Journal of Philosophy, 2004, 101: 5-36.

293. Sher G. On the Possibility of a Substantive Theory of Truth. Synthese, 1998/1999, 117: 133-172.

294. Sher G. Functional Pluralism. Philosophical Books, 2005, 46 (4): 311-330.

295. Sher G. Truth as Composite Correspondence// Galinon H, Achourioti D, Fujimoto K, Martinez J. Unifying the Philosophy of Truth. Springer, 2015.

296. Sider T, Braun D. Kripke's Revenge. Philosophical Studies, 2006, 128: 671.

297. Soams S. What is a Theory of Truth. Journal of Philosophy, 1984, 81: 411-429.

298. Soames S. Beyond Rigidity: The Unfinished Semantic Agenda of Naming and Necessity. Oxford: Oxford University Press, 2002.

299. Soames S. Philosophical Analysis in the Twentieth Century: Vol. 2. Princeton, NJ: Princeton University Press, 2003.

300. Soames S. Reference and Description: The Case against Two-Dimensionalism. Princeton, NJ: Princeton University Press, 2005a.

301. Soames S. Reference and Existence//Jackson F, Smith M. The Oxford Handbook of Contemporary Philosophy. Oxford: Oxford University Press, 2005b.

302. Sorensen R. Conditional Blindspots and the Knowledge Squeeze: A Solution

to the Prediction Paradox. Australasian Journal of Philosophy, 1984, 62 (2): 126-135.

303. Sorensen R. Blindspots. New York: Oxford University Press, 1988.

304. Sorensen R. Thought Experiments. Oxford: Oxford University Press, 1992.

305. Sosa D. Rigidity in the Scope of Russell's Theory. Noûs, 2001, 35 (1): 1-38.

306. Stalnaker R. Inquiry. Cambridge, MA: MIT Press, 1984.

307. Stanley J. Truth and Metatheory in Frege. Pacific Philosophical Quaterly, 1996, 17: 45-70.

308. Stanley J. Names and Rigid Designation// Hale B, Wright C. A Companion to the Philosophy of Language. Oxford: Blackwell Publishers, 1997.

309. Stanley J. Hermeneutic Fictionalism. Midwest Studies in Philosophy, 2001, 25: 36-71.

310. Stoljar D. Two Conceivability Arguments Compared. Proceedings of the Aristotelian Society, 2007, 108: 27-44.

311. Strawson P F. Analysis and Metaphysics. Oxford: Oxford University Press, 1992.

312. Strawson G. The Secret Connexion: Causation, Realism and David Hume. Oxford: Clarendon Press, 1989.

313. Stevenson J T. Roundabout the Runabout Inference Ticket. Analysis, 1961, 21 (6): 124-128.

314. Stroll A. Twentieth Century Analytic Philosophy. New York: Columbia University Press, 2000.

315. Tarski A. The Concept of Truth in Formalized Languages//Tarski A. Logic, Semantics, Metamathematics. Indianapolis: Hackett Publishing, 1983.

316. Taschek W. Would a Fregean be Puzzled by Pierre? Mind, 1988, 97 (385): 99-104.

317. Taylor B. Models, Truth and Realism. Oxford: Oxford University Press, 2006.

318. Tennant N. The Taming of the True. Oxford: Clarendon Press, 1997.

319. Thellefsen T. Charles S. Peirce's Ethics of Terminology Revisited. Semioti-

ca , 2004 (151): 72-73.

320. Urmson J O. Philosophical Analysis: Its Development between the Two World Wars. Oxford: Oxford University Press, 1956.

321. Van Fraassen B C. The Scientific Image. Oxford: Oxford University Press, 1980.

322. Van Fraassen B C. The Empirical Stance. New Haven: Yale University Press, 2002.

323. Van Heijenoort J. Logic as Calculus and Logic as Language. Synthese , 1967, 17: 324-330.

324. Van Inwagen P. The Possibility of Resurrection//Stewart M. Philosophy of Religion: An Anthology of Contemporary Views. Sudbury, MA: Jones and Bartlett Publishers, 1996.

325. Wright G H. A Treatise on Induction and Probability. London: Routledge and Kegan Paul, 1951.

326. Wright G H. An Essay on Modal Logic. Amsterdam: North-Holland Publishing Co, 1951.

327. Wright G H. Norm and Action: A Logical Inquiry. London: Routledge and Kegan Paul, 1963.

328. Wright G H. The Varieties of Goodness. London: Routledge and Kegan Paul, 1963.

329. Wright G H. The Logic of Preference: An Essay. Edinburgh: University of Edinburgh Press, 1963.

330. Wright G H. An Essay in Deontic Logic and the General Theory of Action. Amsterdam: North-Holland Publishing Co, 1968.

331. Wright G H. Explanation and Understanding. Ithaca, New York: Cornell University Press, 1971.

332. Wright G H. Causality and Determinism. New York: Columbia University Press, 1973.

333. Wright G H. Wittgenstein. Oxford: Basil Blackwell, 1982.

334. Wright G H. Practical Reason. Philosophical Papers. Oxford: Basil Blackwell, 1983.

335. Wright G H. Philosophical Logic. Philosophical Papers. Oxford: Basil Blackwell, 1983.

336. Wright G H. Truth, Knowledge, and Modality. Philosophical Papers. Oxford: Basil Blackwell, 1984.

337. Wright G H. The Tree of Knowledge and Other Essays. Leiden: E. J. Brill, 1993.

338. Wright G H. In the Shadow of Descartes. Dordrecht: Kluwer Academic Publishers, 1998.

339. De Waal C. Susan Haack, a Lady of Distinctions: A Philosopher Replies to Her Critics. Amherst, NY: Prometheus Books, 2007.

340. Warnock G J. English Philosophy Since 1900. Oxford: Oxford University Press, 1958.

341. Wehmeier K F. In the Mood. Journal of Philosophical Logic, 2004, 33: 619-620.

342. Wetzel L. Types and Tokens on Abstract Objects. Cambridge, MA: MIT Press, 2009.

343. Williamson T. Vagueness and Ignorance. Aristotelian Society Supplementary Volume, 1992, 66: 145-146.

344. Williamson T. Inexact Knowledge. Mind, 1992, 101: 217.

345. Williamson T. Vagueness. London and New York: Routledge, 1994.

346. Williamson T. Knowledge and Its Limits. Oxford: Oxford University Press, 2000.

347. Williamson T. The Philosophy of Philosophy. Oxford: Blackwell, 2007.

348. Williamson T. Modal Logic as Metaphysics. Oxford: Oxford University Press, 2013.

349. Williamson T. How Deep is the Distinction between A Priori and A Posteriori Knowledge? //Casullo A, Thurow J C. The A Priori in Philosophy. Oxford: Oxford University Press, 2013.

350. Wilson J C. Statement and Inference with Other Philosophical Papers. Oxford: Clarendon Press, 1926.

351. Wittgenstein L. Philosophical Investigations. Anscombe G E M, trans.

Oxford: Basil Blackwell, 1953.

352. Wright C. Realism, Meaning and Truth. Oxford: Blackwell, 1993.

353. Wright C. Truth and Objectivity. Cambridge, MA: Harvard University Press, 1992.

354. Wright C. Truth: A Traditional Debate Reviewed. Canadian Journal of Philosophy, Supplementary Volume. 1998, 24: 31-73.

355. Wright J. The Sceptical Realism of David Hume. Minneapolis: University of Minnesota Press, 1983.

356. Zalta E. Abstract Objects: An Introduction to Axiomatic Metaphysics. Dordrecht: D. Reidel Publishing Company, 1983.

357. Zalta E. Referring to Fictional Characters. Dialectica, 2003, 57: 243-254.

（二）中文部分

1. 阿思海姆. 指称与意向性. 张建军，万林，译. 南京：南京大学出版社, 2014.

2. 罗纳德·艾伦. 证据法的理论基础和意义. 张保生，张月波，译. 证据科学, 2010（4）.

3. 艾耶尔. 语言、真理与逻辑. 尹大贻，译. 上海：上海译文出版社, 1981.

4. 詹斯·奥尔伍德. 语言学中的逻辑. 王维贤，等译. 北京：北京大学出版社, 2006.

5. 乔恩·巴威斯，约翰·佩里. 情境与态度. 贾国恒，译. 南京：南京大学出版社, 2015.

6. 乔治·贝克莱. 人类知识原理. 关文运，译. 北京：商务印书馆, 1973.

7. 美国联邦刑事诉讼规则和证据规则. 卞建林，译. 北京：中国政法大学出版社, 1996.

8. 波普尔. 猜想与反驳. 傅季重，等译. 上海：上海译文出版社, 1986.

9. 巴斯摩尔. 哲学百年——新近哲学家. 洪汉鼎，陈波，等译. 北京：商务印书馆, 1996.

10. 保罗·利科. 哲学主要趋向. 李幼蒸，等译. 北京：商务印书馆, 1988.

11. 陈波. 蒯因. 台湾：台湾三民书局东大图书公司，1994.

12. 陈波. 奎因哲学研究——从逻辑和语言的观点看. 北京：三联书店，1998.

13. 陈波. 冯·赖特. 台湾：三民书局东大图书公司，1998.

14. 陈波. 分析哲学——回顾与反省. 成都：四川教育出版社，2001.

15. 陈波. 苏珊·哈克访谈记——一位逻辑学家、哲学家的理智历程. 世界哲学，2003（5）.

16. 陈波，韩林合. 逻辑与语言——分析哲学经典文选. 北京：人民出版社，2005.

17. 陈波. 逻辑哲学. 北京：北京大学出版社，2005.

18. 陈波. 与大师一起思考. 北京：北京大学出版社，2012.

19. 陈波. 理性的执着——对语言、逻辑、意义和真理的追问. 北京：北京师范大学出版社，2014.

20. 陈波. 逻辑哲学研究. 北京：中国人民大学出版社，2014.

21. 陈波. 悖论研究. 2版. 北京：北京大学出版社，2016.

22. 陈波. 语言和意义的社会建构论. 中国社会科学，2014（10）.

23. 陈波. 有关休谟哲学的两个重要问题. 哲学与文化（台湾），2015（8）.

24. 陈波. "以事实为依据"还是"以证据为依据"——科学研究和司法审判中的哲学考量. 南国学术，2017（1）.

25. 陈光中. 证据法学. 3版. 北京：法律出版社，2015.

26. 陈汉生. 中国古代的语言和逻辑. 周云之，等译. 北京：社会科学文献出版社，1998.

27. 陈嘉映. 语言哲学. 北京：北京大学出版社，2003.

28. 陈康. 陈康：论希腊哲学. 北京：商务印书馆，1995.

29. 陈晓平. 贝叶斯方法与科学合理性——对休谟问题的思考. 北京：人民出版社，2010.

30. 迈克尔·德维特. 实在论与真理. 郝苑，译. 北京：科学出版社，2013.

31. 达米特. 形而上学的逻辑基础. 任晓明，等译. 北京：中国人民大学出版社，2004.

32. 达米特. 分析哲学的起源. 王路, 译. 上海: 上海译文出版社, 2005.

33. 戴维森. 意义、真理与方法——戴维森哲学文选. 牟博, 等译. 北京: 商务印书馆, 2008.

34. 戴维森. 对真理与解释的探究. 2版. 牟博, 等译. 北京: 中国人民大学出版社, 2007.

35. 邓生庆, 任晓明. 归纳逻辑百年历程. 北京: 中央编译出版社, 2006.

36. 冯·赖特. 知识之树. 陈波, 等译. 北京: 三联书店, 2003.

37. 冯·赖特. 解释与理解. 张留华, 译. 杭州: 浙江大学出版社, 2016.

38. 冯棉. 经典逻辑与直觉主义逻辑. 上海: 上海人民出版社, 1989.

39. 冯棉. 相干逻辑研究. 上海: 华东师范大学出版社, 2010.

40. 弗雷格. 算术基础. 王路, 译. 北京: 商务印书馆, 2001.

41. 弗雷格. 弗雷格哲学论著选辑. 王路编, 译. 北京: 商务印书馆, 2006.

42. 傅伟勋. 创造的诠释学及其应用. 时代与思潮, 1990 (2).

43. 格勃尔. 哲学逻辑. 张清宇, 等译. 北京: 中国人民大学出版社, 2008.

44. 古德曼. 事实、虚构和预测. 刘华杰, 译. 北京: 商务印书馆, 2007.

45. 歌德. 歌德谈话录. 朱光潜, 译. 北京: 人民文学出版社, 1987.

46. 苏珊·哈克. 证据与探究——走向认识论的重构. 陈波, 等译. 北京: 中国人民大学出版社, 2004.

47. 苏珊·哈克, 陈波, 刘靖贤. 走向哲学的重构——陈波与苏珊·哈克的对话. 河南社会科学, 2016 (1).

48. 韩林合. 分析的形而上学. 北京: 商务印书馆, 2003.

49. 汉密尔顿. 数理逻辑. 朱水林, 译. 上海: 华东师范大学出版社, 1986.

50. 黑格尔. 精神现象学. 贺麟, 王玖兴, 译. 北京: 商务印书馆, 1979.

51. 黑格尔. 逻辑学. 梁志学, 译. 北京: 人民出版社, 2002.

52. 洪谦. 维也纳学派哲学. 北京: 商务印书馆, 1989.

53. 洪谦. 逻辑经验主义. 北京: 商务印书馆, 1982/1984.

54. 黄耀枢. 数学基础引论. 北京: 北京大学出版社, 1987.

55. 霍布斯. 利维坦. 黎思复, 黎廷弼, 译. 杨昌裕, 校. 北京: 商务印书馆, 1986.

56. 江天骥. 归纳逻辑导论. 长沙: 湖南人民出版社, 1987.

57. 江怡. 西方哲学史学术版第八卷: 现代英美分析哲学. 北京: 人民出

版社，2011.

58. 江怡. 分析哲学教程. 北京：北京大学出版社，2009.

59. 杰奎特. 逻辑哲学. 刘杰，郭建萍，译. 北京：北京师范大学出版社，2016.

60. 金岳霖. 知识论. 北京：商务印书馆，1983.

61. 金岳霖. 论道. 北京：商务印书馆，1987.

62. 卡茨. 意义的形而上学. 苏德超，张离海，译. 上海：上海译文出版社，2010.

63. 凯勒斯特拉普. 语义外在论. 李龑，译. 北京：华夏出版社，2016.

64. 康德. 逻辑学讲义. 许景行，译. 北京：商务印书馆，1991.

65. 康菲尔德. 20 世纪意义、知识和价值哲学. 江怡，等译. 北京：中国人民大学出版社，2016.

66. 克里普克. 命名和必然性. 2 版. 梅文，译. 上海：上海译文出版社，2001.

67. 柯普宁. 科学的认识论基础和逻辑基础. 王天厚，彭漪涟，等译. 上海：华东师范大学出版社，1989.

68. 蒯因. 从逻辑的观点看. 江天骥，等译. 上海：上海译文出版社，1987.

69. 蒯因. 逻辑哲学. 邓生庆，译. 北京：三联书店，1991.

70. 蒯因. 语词和对象. 陈启伟，等译. 北京：中国人民大学出版社，2005.

71. 蒯因. 蒯因著作集：6 卷本. 涂纪亮，陈波，主编. 北京：中国人民大学出版社，2006.

72. 莱肯. 当代语言哲学导论. 陈波，冯艳，译. 北京：中国人民大学出版社，2011.

73. 拉里·劳丹. 错案的哲学：刑事诉讼认识论. 李昌盛，译. 北京：北京大学出版社，2015.

74. 赖欣巴赫. 科学哲学的兴起. 伯尼，译. 北京：商务印书馆，1991.

75. 刘易斯. 约定论——一份哲学上的考量. 北京：三联书店，2009.

76. 洛克. 人类理解论. 关文运，译. 北京：商务印书馆，1959.

77. 罗素. 数理哲学导论. 晏成书，译. 北京：商务印书馆，1982.

78. 罗素. 逻辑与知识. 苑莉均，译. 北京：商务印书馆，1996.

79. 罗素. 我们关于外在世界的知识. 任晓明，译. 北京：东方出版社，1992.

80. 罗素. 哲学问题. 何兆武, 译. 北京：商务印书馆, 1999.

81. 罗素. 意义与真理的探究. 贾可春, 译. 北京：商务印书馆, 2009.

82. 罗素. 我的哲学的发展. 温锡增, 译. 北京：商务印书馆, 1982.

83. 刘叶涛. 意义、真理与可能世界. 北京：社会科学文献出版社, 2014.

84. 马丁·戴维斯. 逻辑的引擎. 张卜天, 译. 长沙：湖南科学技术出版社, 2005.

85. 马蒂尼奇. 语言哲学. 牟博, 等译. 北京：商务印书馆, 1998.

86. 马库斯, 等. 可能世界的逻辑. 康宏逵, 译. 上海：上海译文出版社, 1993.

87. 麦克道尔. 心灵与世界. 韩林合, 译. 北京：中国人民大学出版社, 2014.

88. 穆尼茨. 当代分析哲学. 吴牟人, 等译. 上海：复旦大学出版社, 1986.

89. 内格尔, 等. 哥德尔证明. 陈东威, 连永君, 译. 北京：中国人民大学出版社, 2008.

90. 欧阳康. 当代英美哲学地图. 北京：人民出版社, 2005.

91. 欧阳康. 当代英美著名哲学家叙述自述. 北京：人民出版社, 2005.

92. 欧阳康. 对话与反思：当代英美哲学、文化及其他. 北京：人民出版社, 2005.

93. 培根. 新工具. 许宝骙, 译. 北京：商务印书馆, 1984.

94. 培根. 学术的进展. 刘运同, 译. 上海：上海人民出版社, 2015.

95. 普特南. 理性、真理与历史. 童世骏, 李光程, 译. 上海：上海译文出版社, 1997.

96. 普特南. 实在论的多副面孔. 冯艳, 译. 北京：中国人民大学出版社, 2005.

97. 邱仁宗. 科学哲学和科学动力学——现代科学哲学概述. 上海：知识出版社, 1984.

98. 杉克尔. 20世纪科学、逻辑和数学哲学. 江怡, 等译. 北京：中国人民大学出版社, 2016.

99. 赛恩斯伯里. 虚构与虚构主义. 万美文, 译. 北京：华夏出版社, 2015.

100. 塞尔. 意向性——论心灵哲学. 刘叶涛, 译. 上海：上海人民出版社, 2007.

101. 塞尔. 心灵、语言与社会——实在世界中的哲学. 李步楼, 译. 上海：上海译文出版社，2006.

102. 塞尔. 社会实在的建构. 李步楼，译. 上海：上海人民出版社，2008.

103. 施太格缪勒. 当代哲学主流. 王炳文，等译. 北京：商务印书馆，1986/1992.

104. 斯蒂芬·里德. 对逻辑的思考——逻辑哲学导论. 李小五，译. 沈阳：辽宁教育出版社，1998.

105. 斯特罗. 二十世纪分析哲学. 张学广，译. 北京：中国社会科学出版社，2014.

106. 宋文淦. 符号逻辑基础. 北京：北京师范大学出版社，1993.

107. 苏珊·哈克. 逻辑哲学. 罗毅，译. 北京：商务印书馆，2003.

108. 苏珊·哈克. 证据与探究——走向认识论的重构. 陈波，等译. 北京：中国人民大学出版社，2004.

109. 苏珊·哈克. 理性地捍卫科学：在科学主义与犬儒主义之间. 曾国屏，袁航，译. 北京：中国人民大学出版社，2008.

110. 彭漪涟. 事实论. 上海：上海社会科学出版社，1996.

111. 索振羽. 语用学教程. 北京：北京大学出版社，2000.

112. 塔尔斯基. 逻辑与演绎科学方法论导论. 周礼全，等译. 北京：商务印书馆，1963.

113. 涂纪亮. 分析哲学及其在美国的发展. 北京：中国社会科学出版社，1987.

114. 涂纪亮. 语言哲学名著选辑：英美部分. 北京：三联书店，1988.

115. 涂纪亮. 英美语言哲学概论. 北京：人民出版社，1988.

116. 王浩. 逻辑之旅——从哥德尔到哲学. 邢滔滔，等译. 杭州：浙江大学出版社，2009.

117. 王浩. 超越分析哲学——尽显我们所知领域的本相. 徐英瑾，译. 杭州：浙江大学出版社，2010.

118. 王路. 弗雷格思想研究. 北京：社会科学文献出版社，1996.

119. 王路. 走进分析哲学. 北京：中国人民大学出版社，2009.

120. 王维贤，李光焜，陈宗明. 语言逻辑引论. 武汉：湖北教育出版社，1989.

121. 王宪均. 数理逻辑引论. 北京：北京大学出版社，1982.

122. 威廉·涅尔，玛莎·涅尔. 逻辑学的发展. 张家龙，等译. 北京：商务印书馆，1985.

123. 威廉姆森. 知识及其限度. 刘占锋，陈丽，译. 北京：人民出版社，2013.

124. 维特根斯坦. 逻辑哲学论. 贺绍甲，译. 北京：商务印书馆，1996.

125. 维特根斯坦. 哲学研究. 李步楼，译. 北京：商务印书馆，1996.

126. 夏基松，郑毓信. 西方数学哲学. 北京：人民出版社，1986.

127. 徐利治. 数学方法论选讲. 武汉：华中工学院出版社，1983.

128. 徐友渔. "哥白尼式"的革命. 上海：上海三联书店，1994.

129. 休谟. 人性论：上册. 关文运，译. 北京：商务印书馆，1997.

130. 休谟. 人类理智研究 道德原理研究. 周晓亮，译. 沈阳：沈阳出版社，2001.

131. 叶峰. 一阶逻辑与一阶理论. 北京：中国社会科学出版社，1994.

132. 叶闯. 理解的条件——戴维森的解释理论. 北京：商务印书馆，2006.

133. 叶闯. 语言、意义、指称——自主的意义与实在. 北京：北京大学出版社，2010.

134. 约翰·洛西. 科学哲学历史导论. 邱仁宗，等译. 武汉：华中工学院出版社，1982.

135. 张家龙. 数理逻辑史. 北京：社会科学文献出版社，1993.

136. 张建军. 逻辑悖论研究引论. 修订版. 北京：人民出版社，2014.

137. 张建军，等. 当代逻辑哲学前沿问题研究. 北京：人民出版社，2014.

138. 张留华. 皮尔士哲学的逻辑面向. 上海：上海人民出版社，2012.

139. 张清宇. 逻辑哲学九章. 南京：江苏人民出版社，2004.

140. 张庆熊，等. 二十世纪英美哲学. 北京：人民出版社，2005.

141. 张尚水. 数理逻辑导引. 北京：中国社会科学出版社，1990.

142. 张尚水. 当代西方著名哲学家评传：第五卷：逻辑哲学. 济南：山东人民出版社，1996.

143. 赵敦华. 西方哲学简史. 修订版. 北京：北京大学出版社，2012.

144. 赵敦华. 现代西方哲学新编. 2版. 北京：北京大学出版社，2014.

145. 中国社会科学院哲学研究所. 金岳霖学术思想研究. 成都：四川人民

出版社，1987.

  146. 周北海. 模态逻辑导论. 北京：北京大学出版社，1997.

  147. 周晓亮. 休谟及其人性哲学. 北京：社会科学文献出版社，1996.

  148. 周礼全. 逻辑——正确思维和成功交际的理论. 北京：人民出版社，1994.

  149. 朱新民. 现代西方哲学逻辑. 上海：复旦大学出版社，1987.

  150. 祖尔，卢米斯. 分析性. 徐韬，译. 北京：华夏出版社，2016.

图书在版编目（CIP）数据

分析哲学——批评与建构/陈波等著．—北京：中国人民大学出版社，2018.8
ISBN 978-7-300-25997-0

Ⅰ.①分… Ⅱ.①陈… Ⅲ.①分析哲学-研究 Ⅳ.①B089

中国版本图书馆CIP数据核字（2018）第158473号

分析哲学
——批评与建构（上、下卷）
陈波　等著
Fenxi Zhexue

出版发行	中国人民大学出版社		
社　　址	北京中关村大街31号	邮政编码	100080
电　　话	010-62511242（总编室）	010-62511770（质管部）	
	010-82501766（邮购部）	010-62514148（门市部）	
	010-62515195（发行公司）	010-62515275（盗版举报）	
网　　址	http://www.crup.com.cn		
	http://www.ttrnet.com（人大教研网）		
经　　销	新华书店		
印　　刷	涿州市星河印刷有限公司		
规　　格	170 mm×240 mm　16开本	版　次	2018年8月第1版
印　　张	51.5 插页4	印　次	2018年8月第1次印刷
字　　数	853 000	定　价	158.00元（上、下卷）

版权所有　侵权必究　　印装差错　负责调换